劳动力市场
政策评估国际手册

冈特・施密德（Günther Schmid）
杰奎琳・奥赖利（Jacqueline O'Reilly）等 著
克劳斯・朔曼（Klaus Schömann）
杨伟国 陈华娟 等 译
曾湘泉 杨伟国 校

International Handbook of
Labour Market Policy and Evaluation

中国人民大学出版社
・北京・

图书在版编目（CIP）数据

劳动力市场政策评估国际手册/施密德等著；杨伟国等译. —北京：中国人民大学出版社，2014.7
ISBN 978-7-300-19636-7

Ⅰ.①劳… Ⅱ.①施… ②杨… Ⅲ.①劳动力市场-劳动政策-评估-世界-手册 Ⅳ.①F249.1-62

中国版本图书馆 CIP 数据核字（2014）第 151213 号

劳动力市场政策评估国际手册
冈特·施密德
杰奎琳·奥赖利 等 著
克劳斯·朔曼
杨伟国 陈华娟 等 译
曾湘泉 杨伟国 校
Laodongli Shichang Zhengce Pinggu Guoji Shouce

出版发行	中国人民大学出版社		
社　　址	北京中关村大街 31 号	**邮政编码**	100080
电　　话	010－62511242（总编室）		010－62511770（质管部）
	010－82501766（邮购部）		010－62514148（门市部）
	010－62515195（发行公司）		010－62515275（盗版举报）
网　　址	http://www.crup.com.cn		
	http://www.ttrnet.com（人大教研网）		
经　　销	新华书店		
印　　刷	涿州市星河印刷有限公司		
规　　格	185 mm×260 mm　16 开本	**版　　次**	2014 年 8 月第 1 版
印　　张	41.25 插页 3	**印　　次**	2014 年 8 月第 1 次印刷
字　　数	986 000	**定　　价**	89.00 元

前　言

本书从三个层面对劳动力市场政策评估的研究现状进行了系统的阐述。第一，它简要介绍并评价了先前评估研究使用过的各种方法。第二，它关注特定的目标领域，对先前一些评估研究的结果进行了回顾，这些研究考察了不同背景下不同政策工具和政策体制的作用。第三，它对制度框架以及当前劳动力市场监督和信息系统进行了评估，指出了这些系统的不足，以及如何通过新方法实现更好的政策设计和政策评估。

本书的一大特点在于对目标导向型劳动力市场政策评估方法的介绍。研究者们不仅试图从方案目标的各不同维度对特定政策方案的影响进行测量，而且运用目标导向法，分析在什么样的经济和制度条件下，通过怎样的政策结合，能够最大限度地实现政策目标。与方案导向型评估不同，目标导向型评估从累积影响的角度考察劳动力市场政策评估的结果；累积影响包括不同政策和政策体制之间的相互影响，及其对特定目标领域劳动力市场结果的影响。

本书的另一个特点在于国际分析。它首先介绍了欧洲和北美著名研究者的观点，这些研究者拥有设计和开展评估研究的第一手经验。其次，各章作者都运用了国际比较框架；在回顾相关领域研究现状的过程中，不少作者还对国际比较研究方法的发展做出了贡献。最后，除了方法论部分，所有章节都围绕政策目标展开，对各评估方法及其结果进行了实证比较。比较的内容涵盖了 OECD 国家当前最关注的各项劳动力市场政策。

这本手册适用于政策或决策的制定者、方案评估专家以及对劳动力市场政策和政策评估感兴趣的学者。实务工作者也能从本书中了解到怎样对政策工具、政策方法的合适程度进行评价，以及为什么要进行系统性的影响评估。本书不是方案执行手册，我们的目标是使读者从中借鉴先前评估的宝贵经验。本书指出了人们在选择特定评估方法或引入和执行特定政策时所面对的优势和劣势。我们希望这本手册能够推进评估研究，为政策的有效制定与执行提供支持。

最后，感谢三年来为本书的创作提供支持和资助的朋友们。从筹划到出版，本书凝聚了很多人的不懈努力。我们无法将所有人的名字列在这里，只以其中一部分作为代表。

首先，感谢我们的秘书，Karin Reinsch，正是她的不畏繁杂，使整个项目得以顺利进行。她组织了两次大型会议，在会上，所有作者就各自章节的初稿展开了讨论。她的工作卓有成效。在她的积极协调下，学者、编辑、翻译、文字处理和出版社的工作得以有条不紊地进行。她成功地应对了不断增加的工作压力。我们希望这本书能够对她所付出的辛劳和所遭遇的挫折给予一定的补偿。我们感谢 WTD（Wissenschaftlicher Text-Dienst）的 Bettina Recktor，她完成了本书的文本制作工作，并坚强、娴熟地克服了这个庞大工程中的重重困难。我们感谢 Pinkuin 的排版员，正是他们，将我们的初稿转化为最终格式。我们还要感谢文字编辑 David Antal，Niamh Warde 和 Andy Watt，他们使本书的文字更符合语言习惯。他们对引文和拼写进行了辛苦的校对，还特别注意了学者们对语言方面的其他要求。我们非常感谢 Holger Schütz，他完成了本书的词汇表。他既具创造力，又有责任心。我们同时感谢 Christoph Albrecht，这本书的诞生归功于他在学者、编辑、翻译和有关机构之间的协调。我们诚挚地感谢布鲁塞尔欧盟委员会理事 V 将军，他为这本书提供了慷慨的资助。我们特别感谢 Armindo Silva 和 Sergio Piccolo，他们推进了本书的诞生，并对学术上的时间延误表示谅解。最后，感谢 Edward Elgar 和 Julie Leppard，他们的出版公司推动了整个项目的进展。

至于我们自己，我们对协调这一巨大工程所遇到的困难，以及合作所带来的益处有了直接而清晰的了解。我们对参与这一跨学科项目的同事们表示深深的感谢。在此，我们还要感谢给我们提出宝贵意见的顾问们：Anske Bouman（荷兰），Christine Bruniaux（法国），Karsten Jensen（丹麦），Jaap de Koning（荷兰），Guy Standing（国际劳工办公室，日内瓦）以及 John Temple（英国）。我们希望这本书能让每个人都有所收获，特别是，能够为那些致力于劳动力市场政策评估的读者提供丰富的资料来源。

Günther Schmid

Jacqueline O'Reilly

Klaus Schömann

于柏林社会科学研究中心

1996 年 5 月

目　录

第Ⅳ篇 欧洲层面政策目标的评估

第1章 导论：劳动力市场政策和评估的理论与方法论

Günther Schmid，Jacqueline O'Reilly，Klaus Schömann

在过去的20年里，所有主要工业国都遭遇了大规模的结构性失业。这种现象在欧盟成员国中尤为明显。OECD（经济合作与发展组织）国家的平均失业率从1965年的3.4%上升到1994年的7.8%，而在同一时期，欧洲的失业率从2.0%飙升至11.2%。《OECD职位研究》（OECD，1994）、《增长、竞争力与就业白皮书》（欧盟委员会，1994）和1994年12月9日和10日的欧洲理事会埃森峰会（Essen Summit），三者共同指出了这次大规模失业的五个主要原因（欧盟委员会，1995）：职业培训投资不足、经济增长对就业的促进作用小、非工资劳动成本高、劳动力市场政策效果差，以及长期失业。据此，欧盟制定了再就业战略，内容包括：增加职业培训投资，改善劳动力就业机会；采用鼓励更为灵活的工作安排等手段，加大经济增长对就业的拉动力度；减少非工资劳动成本，特别是不合格雇员的非工资成本；通过就业政策从消极向积极的转变，强化就业政策的效果；针对不同类型的长期失业采取不同的措施。

上述问题是这本手册的核心，借助这些问题，我们致力于深入分析结构性失业，提出新的方针政策，从而最终找到结构性失业问题的解决方法。写作本书的意图，一是回顾劳动力市场政策评估研究方面的既有知识，二是开发和运用新方法、提出新见解。导论的第1部分提出了本手册对“劳动力市场政策和评估”的新定义，论述了进行重新定义的必要性和新定义背后的理论依据；第2部分讲述了市场失灵和政策失灵，它们是目标导向型评估研究的理论起点；第3部分具体描述了现代劳动力市场的这两类失灵；第4部分对常见劳动力市场政策及其类型进行了划分；第5部分回顾了目标导向型评估研究的有关方法论问题；第6部分对这本手册的内容进行了简要介绍；第7部分为结论。

1．目标导向型与方案导向型政策评估

通常情况下，“政策评估”一词涵盖着广泛的研究活动。它包括不同的学科视角和不同的研究领域，尽管这些领域之间常常是互补的，比如，关于政策的形成、执行和影响的评估研究。在这些不同分支中，最后一项，即影响分析，可以说是政策评估的核心。由此可见，现代社会常常通过比较各目标领域内的目标影响和实际影响来对公共政策干预进行

评判。政策评估，即通过科学调查方法对政策影响进行评估，是本书的核心。而对政策的形成和执行进行分析，能够为不同政策环境和不同政策方案的不同影响提供解释，因而也很重要。

传统的劳动力市场政策评估有一个特点，即强调单个政策工具或方案。对于这些单一目标方案的影响，通常通过对比方案目标与可测量的方案结果，自上而下进行评估。[1]在传统方法中，政策的形成和执行过程在很大程度上被视为黑箱。目标影响以货币形式进行测量，比如收入或收益的增加，然后将之与所测得的成本进行比较。在这样的模型中，做决策的潜规则很简单。如果成本收益率小于 1，或二者的差额为负，方案就是不划算的。如果方案 A 的成本收益率大于备选方案 B 和 C，则应优先选择方案 A（见图 1—1）。

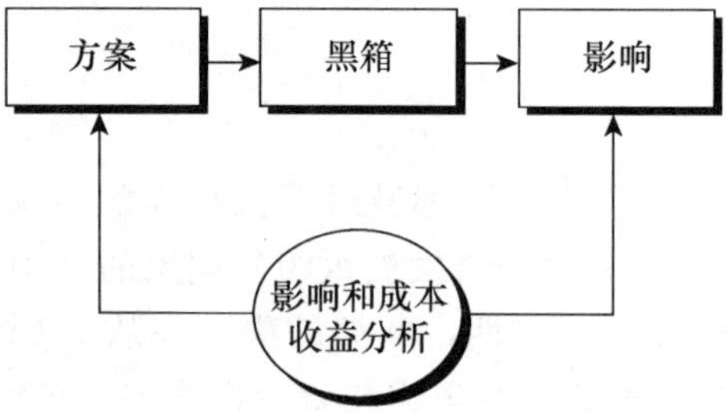

图 1—1　传统的方案评估

这样一来，方案评估往往忽略了两点：一是不同的政策干预之间相互作用而产生的激励，二是政策体制对目标领域内各行为主体的态度和可观测行为的累积影响。[2]在就政策对劳动力市场行为和结果的真实影响进行评估时，多数方案导向型评估研究的结果都是令人失望的，其原因实际上就在于这些被忽略的因素（Teitz，1978；Wilensky，1985）。

由于忽略了政策之间的相互联系和相互作用，忽略了管理某一特定目标领域的制度机制，传统的评估方法没有考虑到不同政策和方案间的互补性、相互抵消性以及功能等价性，或称相互替代性（Schmid and Schömann，1994）。在政策的跨国协调越来越普遍的时代，对界定和分析不同劳动力市场政策间的相互联系、相互作用和累积影响的需求愈发迫切。为找到实现特定目标的最有效政策，政策制定者对跨国比较评估研究越来越感兴趣（欧盟委员会，1994，1995）。

为了克服方案导向型评估方法的缺点，我们提出一种新方法——目标导向型政策评估。这是汇编本手册过程中所遵循的组织原则或“哲学”。虽然也以实证为指导，也是通过直接观察或运用复杂方法测算得出单个政策或方案的最终影响，但目标导向型政策评估在传统评估方法的基础上有所突破。目标导向法不仅仅局限于从方案目标的各不同维度对特定政策方案的影响进行测量，它还将广义的政策目标作为出发点。例如，拓宽个人参与劳动力市场的选择余地、促进从学校到工作的转换、为难安置人群创造就业机会等。这样，借助目标导向型评估研究，人们可以根据不同的社会经济条件和不同的政策体制，找到实现这些目标的最佳政策或政策组合。

评估过程本身至少包括四个步骤：（1）以对市场失灵和政策失灵的分析为基础，确定目标；（2）通过财力、物力指标，监督执行过程；（3）运用实验性或非实验性研究方法进行绩效监督，评估最终影响；（4）估算净成本或净收益（考虑机会成本）。这四步可以通过一个简单的模型表示（见图 1—2）。

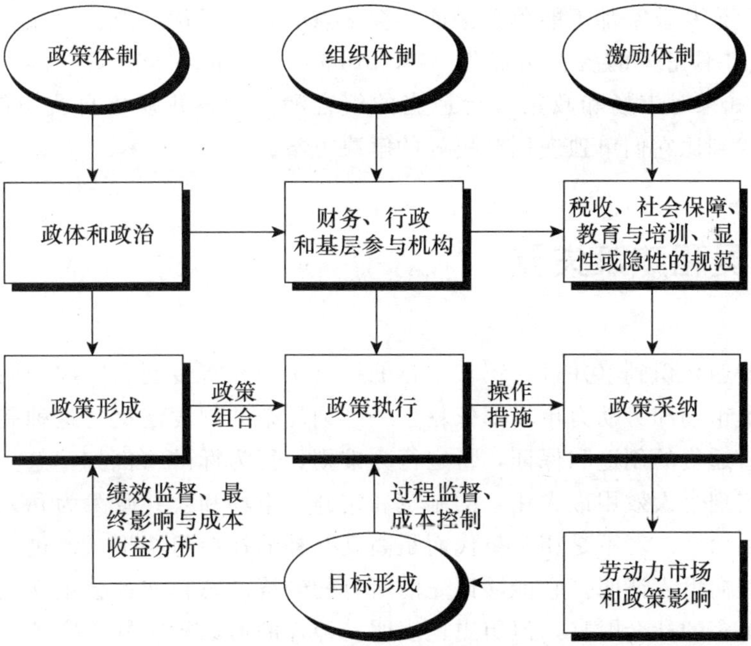

图 1—2　劳动力市场研究的目标导向型政策评估

与传统的方案导向法不同，目标导向型评估研究采用自下而上的视角，即从所有相关主体的角度考察政策的影响。这些主体包括：政策所针对的人群，以及他们对特定政策的接受或反对程度（政策采纳）；承担政策执行任务的机构及其他有关部门；政策形成过程中的关键人物——政治领域的决策者。

从这个角度看，单一政策只是广义制度框架的一个组成部分。广义的制度框架包括三个基本要素：政策体制、组织体制和激励体制。政策体制反映了国体或政体，是不同利益集团之间或政见不同的政党之间展开政治斗争的基础。这些政治斗争的结果最终决定了劳动力市场政策的性质和规模，即政策组合。组织体制决定了政策执行的财务情况和行政部门。激励体制包括税收、社会保障制度、教育和培训体系、显性或隐性的社会规范等，所有这些因素都影响着目标人群对政策的采纳情况。

总之，制度框架可以约束个体行为，从而能够提倡和支持某些行为，阻止和反对另一些行为。从制度框架的广义定义可以看出，不论是劳动力市场，还是旨在影响劳动力市场行为的政策，都不是单独存在的，因此，系统性评估需要整体性的方法。我们还可以看出，劳动力市场政策能否收到效果，取决于不同政策领域的相互作用，比如，积极的劳动力市场政策与劳动法之间的关系，既定劳动力市场结构下劳动力市场行为主体的利益与行为能力之间的关系。

因此，目标导向型评估注重成功的政策设计和执行的三个核心方面：协调、合作与调整。在政策形成过程中，目标和方案之间的协调是非常关键的。在执行阶段，不同行为主体间的相互作用与合作，关系着政策的成败。最后，特定行为主体与目标群体针对既有政策干预所做的协调决定了他们未来能够采纳的政策的范围。从这个意义上说，目标导向型评估研究是一种理论驱动法（Chen ，1990），它通过一系列一般理论观点，分析劳动力市场的运行，分析政策形成、政策执行和政策调整对市场过程和市场结果的作用。这些观点的核心是市场和公共政策都不能单独保证社会热点问题的最优解决。事实上，市场和政策都应当被看作“不完美的备择方案”（Kaufmann，Majone and Ostrom，1986，p. 799；Wolf，1987）。如果对市场和政策进行适当的组合和协调，并强化自我组织形式的合作，那么我们将能找到比它们单独使用时更好的解决方案。

2. 市场失灵和政策失灵

人们已经普遍认识到（并且，正在进行的社会主义经济转型又一次证明了这一观点），商品市场、资本市场和劳动力市场都依赖于一系列复杂的制度前提。这种制度前提包括明晰的产权界定，通货的创造和保证，特定行为准则、行为标准（例如，禁止通过盗窃、抢劫和奴役行为实现个人效用最大化）的制定和实施。市场和公共政策为私人市场交易确立了法律框架，因而，二者不是相互替代而是高度互补的社会组织形式。进一步讲，尽管现代市场经济已经向世人证明，它能够比先前所有的经济形态和前社会主义竞争对手为绝大多数人创造出更多的社会财富，但历史也表明，纯粹的市场机制并不完美，它不能协调社会所需要的所有行为。相反，市场有不少缺点，如果没有制度予以纠正、抑制和平衡，可能导致令人失望的社会结果或者市场失灵。在有关文献中，市场失灵的主要类型有：外部性、不完全信息和以买方垄断或卖方垄断形式出现的权力不对称（Bator，1958；Ledyard，1987；Musgrave and Musgrave，1980；Simon，1982；Spulber，1989；Stern and Ritzen，1991；Wolf，1987）。以往的研究表明，公共政策干预能够有效弥补市场缺陷，从而通过各种途径增进社会福利，这些途径包括：建立不可剥夺、不可转让的个人权利；分散风险，避免市场保障不足；生产和提供公共物品，避免由于外部性而导致的市场供给不足。[3]

但是即使政策制定者持最好的意图，公共政策仍然可能失灵。研究文献指出了政策失灵的四个主要根源：政府对某些行业的垄断，缺乏有效的预算约束，政府机构处理信息的能力弱，以及自利的官僚体系（Le Grand，1991；Musgrave and Musgrave，1980；Niskanen，1971；Simon，1982；Wolf，1987）。[4]因此，政策可能收效甚微，甚至会损害而不是促进市场的运行。政策失灵有其自身的根源，它可能发生在政策过程的各个阶段。例如，政策形成过程中，需要将公认的政策目标具体到可行的政策方案中，并植入既定的法律体系，因此，在这一阶段形成充分的政治共识至关重要。政策执行过程中，依法制定的政策方案必须体现在执行部门的行为中，它们负责贯彻、实施和向目标群体宣传政策方案。最后，在政策采纳阶段，为了引导目标行为和实现预期结果，必须将政策方案与目标群体的态度和行为成功地联系在一起。[5]

可见，政策能否成功达到预期目标主要取决于三个因素：（1）政策方案的选择与执行；（2）政策方案与影响目标群体行为的其他政策之间的协调；（3）目标领域自身的结构和动态。因此，政策制定者所面对的问题是，哪种政策方案（例如，在具体的政策目标、政策约束和目标领域激励结构既定的情况下，应当采用哪种方案或方案的组合，其中包括财务和执行模式）能够在不产生负面影响的情况下，最显著地改变目标主体的行为和实现目标结果。

3. 现代劳动力市场的特点

本书的核心是劳动力市场政策。劳动力市场政策是为实现社会所需要的结果，直接改善劳动力市场运行状况的所有政策干预的总和。劳动力市场因其某些特点，易于出现市场失灵，从而给政策制定者带来诸多挑战。尽管各国的政策干预模式存在很大差别，但现代劳动力市场比商品市场和资本市场受到更多、更直接的政策干预。

首先，劳动力市场上交易的对象和它的提供者（劳动者）密不可分。其次，劳动力市场上的谈判、市场交易和实际交换（即生产过程中对劳动的生产性雇用）有其显著特点。与时间点性质的市场交易不同，劳动力市场合同意味着一个时间段内的持续交换，在雇佣关系的持续期内，双方都必须确保另一方遵守最初的合同条款。进一步讲，雇佣关系持续期内，要想获得关系特殊投资的回报，就必须延续这种雇佣关系。最后，劳动力市场行为主体拥有不同的资源、能力和行为选项，这就意味着我们不能想当然地认为，进行有效市场交易的前提——平等主体之间进行自由、不受约束的谈判——能够得到满足。

雇员和企业之间的交换具有时间特性，并且，这种交换会给双方带来共同沉没投资，这两点表明，劳动力市场上的交易具有高度的不确定性。双方的不完全信息带来信息的不对称，信息不对称又意味着机会主义行为的风险，由于双方对未来都没有把握，这可能导致市场失灵。有效的劳动力市场合同要求双方成功地制定出一系列双方同意的、正式或非正式的制度，这些制度要能够：(1) 有效地抑制机会主义行为；(2) 保证双方都能从共同沉没投资中获得全部回报；(3) 为处理未来未知事件保留足够的灵活性。

由于种种原因，通过私人契约难以为雇佣关系建立起上述制度，即使可以，交易成本也极高。而且，不论私人契约设计得多么详尽，它还是会遗漏某些潜在的外部性。当市场交易涉及最初谈判所未料及的成本时，负的或正的外部性便可能产生，例如，由于大量下岗人员的存在，社区和社会保障体系的成本会上升。另外，当私人投资的收益溢出到第三方，投资者不能完全得到投资收益时，就可能产生搭便车问题，如人力资本投资。交易成本高和外部性的存在都可能导致私人市场交易无法取得最优结果或导致市场失灵。后者就要求政策干预的介入，从而为私人劳动力市场交易创造一个有力的支持结构。因此，减少交易成本（如向所有市场参与者提供信息）和抑制私人最优行为的外部性（如强制交易方考虑交易的全部成本，或向创造社会收益的某些行为提供补贴），能够改善劳动力市场的运行，从而增进总的社会福利。以上因素表明，目标导向型评估研究不仅依赖于对不同劳动力市场政策的行为影响所进行的细致观察，而且依赖于有关在缺乏自我组织的集体行动或公共政策干预的情况下劳动力市场如何运行的经验假设。

政策干预的目的不仅仅是防止市场失灵，还是出于社会公平和再分配目标的考虑。因此，保证足够的最低收入，创造公平的就业机会，补偿市场所导致的社会困难群体等，也是劳动力市场政策的任务。当公正和平等影响生产率，并且由于市场失灵，私人市场交易不能确保公平时，作为劳动力市场政策目标之一的公平也是效率的需要（Schmid，1993）。

对于以理论为指导、以目标为导向的劳动力市场政策评估，其最终标准是，政策能否比市场本身更好地解决社会问题。因此，目标导向型评估研究的关键出发点是：在各不同的目标领域，可能出现哪些类型的市场失灵？哪类政策干预能最大限度地弥补和纠正这些市场失灵？

此外，传统的市场和公共政策二分法需要由其他中间形式的集体社会组织加以补充。纯粹市场或纯粹政策协调所导致的失灵推动了这类组织的发展，其中包括：企业（集团）、互惠网络（如供需双方之间）和自发结成的协会（工会、雇主协会或商贸联合会）。隐性的规范、习俗和社会价值，如公平观念，也应纳入考虑范围（Lindberg，Campbell and Hollingsworth，1991）。然而，到目前为止，这些组织和非正式社会经济协调机制的作用一直为政策评估研究所忽略。

4. 政策及其类型

公共政策分析通常区分政策类型。虽然在现实中，政策往往以各种各样的组合形式出现，但是每种政策不论在执行方面还是在对目标领域的影响方面都各不相同。

市场失灵的古典划分法将政策分为四个关键领域：竞争政策、结构政策、收入政策、公共物品和服务的提供。竞争政策强调市场各方的平等，目的在于界定和分配产权，建立和实施市场交易的基本规则，防止买方垄断和卖方垄断。这类政策有民法、反托拉斯管制、结社权保障、禁止已倒闭公司与劳动者建立劳动关系等。结构政策通过调整经济活动的相对价格来改善市场资源的配置。例如，政府向市场准入门槛高或需要巨额研发投资的新企业、新行业提供补贴或选择性税收减免。当私人市场交易结果与政治上所要求的分配目标相矛盾时，可通过收入政策对市场交易收益进行重新分配，例如，社会保障政策，它能够为各种社会风险如疾病、失业、工伤和年老提供补偿。最后，政府本身可以充当公共物品和服务的提供者，因为这些物品和服务仅通过市场无法得到足够的供应，例如：基础教育和公共设施，特殊物品（如专门为严重伤残人员提供的特殊工作场所）（Musgrave and Musgrave，1980）。

上述古典分类法的划分依据是公共政策干预所对应的市场过程的不同阶段，因而它反映了自工业化早期以来公共政策所应当扮演的各不同角色。另一种分类法更注重工具概念，对政策为实现其目标所采用的不同手段和工具进行了划分，类别包括：管制政策、程序管制、财政激励方案、信息宣传和基础设施政策。古典强制性管制政策运用法律规定、约束性标准、执照和许可要求等，对合法行为予以明确规定，禁止和处罚违规行为。程序管制规定了约束性程序规则或强制性谈判内容，以便各主体对其行为进行协调，程序管制不直接对这种协调的具体结果加以引导或限制。财政激励方案的目标是通过改变主体可采取的各种行为的相对成本或相对收益来影响和引导某些行为，手段有直接补贴、扣押、税收和税收豁免等，但不直接强制主体采取特定行为。信息宣传或劝说性政策方案旨在通过向市场行为主体免费提供它们无法直接了解到的信息，或对某种行为选项添加正的或负的附加价值，引导主体行为。最后，基础设施政策，通过直接生产和提供公共物品，创造额外的选项，让行为主体自己决定是否采纳这些选项。不难看出，这些政策工具或要素对行为的规范性依次递减。在现实中，一项政策方案往往结合了上述几种类型的政策工具（Scharpf，1991）。

其他分类依据包括公共政策干预的时间长短、政策执行主体的性质和政策措施的种类。这样，政策可以分为无期限方案和短期或实验性限期方案（也称落日立法）。还有一种分类法，依照负责执行政策方案的机构来划分。管制可由多种机构来执行，如：国家、法院、得到授权的准政府组织或非政府中介组织，如贸易协会、商会、专业协会。一种最为常见的划分是积极政策和消极政策：消极的政策以法定权利为基础，政策制定者或执行机构不得自行酌情调整资源配置；相反，积极的政策，又称主动政策，允许行为主体根据目标领域内的变化情况调整政策干预，调整政治优先权，具有更大的灵活性。

5．政策影响评估

一旦认识到市场失灵和“自我协调型集体行动”失灵的根源，政策评估工作的任务便明确了，即定义标准，用经验证据证明哪些政策类型及其组合能够更好地解决社会协调问题，从而进一步增进总福利。传统的评估研究主要以内部法为基础，用隐性或显性方案目标的完成或未完成程度衡量方案结果。通常隐含这样几个基本问题：方案是否影响到了目标群体？在目标领域内可以观察到哪些直接的政策效果？与控制组相比较，其他条件相同的情况下，方案是否提高了受益人的收入？可以观察到哪些间接效果（包括未预料到的副作用）？方案的其他目标完成了吗？传统的评估研究很少会考虑到方案执行的有效性，及其对方案效果所带来的影响。

相应地，在传统评估研究中，政策成败的评判标准单一。例如，岗位创造方案，衡量成败的标准是参与者的数量，以及参与者和非参与者中找到工作的人群所占的比重。又如，解雇保护法，通常以解雇案的数量、劳动者起诉不公平解雇案的数量和结果评价政策效果。至于内部绩效指标，美国式和欧洲式评估存在一个有趣的差别。欧洲政策研究侧重于被采纳的措施，和方案参与所带来的分配结果；而美国学者倾向于直接进行货币测量，如收入影响（de Koning，1991；Manski and Garfinkel，1991）。

然而，这些内部方案绩效指标不能反映出政策对整个劳动力市场的运行所带来的普遍影响，而这一问题更为根本。例如，如果充分考虑选择效应（如削脂效应），或者雇主雇用了那些在没有就业补贴情况下也会被雇佣的雇员（即无谓效应或意外暴利），那么方案参与者找到正式工作的几率不一定比非参与者高。更为糟糕的是，政策可能是以减少非参与者的就业机会为代价，实现参与者就业机会的增加（即替代效应）。在这种情况下，方案本身仅仅是重新分配或重组了就业机会，而没有创造出新的就业机会。此外，一项方案还可能在既定目标领域之外产生始料未及的副作用。这些副作用可能源自方案的财务层面，例如通过税收从私人部门挤出资源，从而减少了用于生产的资源。替代效应还可能导致市场扭曲，例如：有些企业雇佣的是享有津贴的方案参与者，而另一些企业雇佣的是非津贴享有者，那么前者更具竞争优势。最后，必须考虑机会成本。即使一项方案对就业的确具有促进作用，我们也不清楚其他备选政策（包括原有政策的废止和原有管制的撤销）在相同条件下能否以相同或更低的成本取得同样甚至更好的就业效果。

由此可见，目标导向型评估方法依赖于更加复杂的研究设计，它运用了一系列不同的评估方法论，在技术上远远超过了简单的方案会计核算和传统的政策监督。在这些评估方法论中，比较法起着重要作用。通过实验性或非实验性的研究设计，对方案参与者和非参与者的结构、行为、绩效分别进行微观层面的比较，可以对选择效应实现系统的控制。时间序列或纵向数据既能反映特定政策引入前后的情况，又能体现方案参与者参与方案前后的变化。对这些数据进行微观或宏观层面的比较，能够控制未观察到的方案结果，能够对政策影响实现系统的评估。若要评估不同政策方案和政策体制在达到相同或相似政策目标时的相对成功程度，可以进行地区间和国家间的系统比较。

为了测得政策干预的总体影响、预期和非预期影响，目标导向型评估研究不能把目光局限于直接目标变量，如净就业增长、净收入影响、方案参与者或非参与者的就业职业等；而有必要将视野扩展至全部微观和宏观变量，这样才能考察直接目标领域以外的非预期副作用，如挤出效应。这一方法要求了解目标领域内各主体可能采取的所有行为，要获得这些信息，可以结合方案绩效和有关过程数据进行专门的调查研究。由于劳动力市场政策不是单独运行，我们还必须弄清目标领域内各不同政策的相互作用如何影响我们能够观察到的劳动力市场行为和绩效。政策间的相互作用可能会强化或抵消某些效果。这种问题的一种解决方法是总体影响分析，它可以评估不同政策对可观测总体政策结果的贡献。进一步讲，系统的成本收益分析试图对政策方案的总成本（包括机会成本、方案执行成本，以及非预期副作用带来的成本）和可用货币估量的（直接和间接）收益进行比较。成本收益分析不仅关注可测量成本和收益的规模，而且关注其来源，即成本由谁承担，收益由谁享有。如果成本和收益在不同的集团或行为主体之间分摊，就可能引发制度上的不一致，从而，各参与主体之间的合作和各项政策之间的协调都会大打折扣。最后，为了将测得的方案结果归因至具体的方案结构和方案执行过程，系统性政策评估必须深入分析政策的形成和执行过程。例如，系统性评估研究需要考虑：所选择的政策工具是否足够，执行机构行政理性的潜在假定是什么，方案资金是否充足，以及方案的行政管理结构是否合理。

同时，上述评估方法论和技术表明，不同类型的政策需要不同的评估方法。这一事实可以通过对比针对性积极劳动力市场政策和普遍性管制政策加以证明。积极的劳动力市场政策通常具有可清晰界定的目标群体、方案参与者和执行机构。相反，普遍性方案为所有市场参与者制定约束性规则和标准，如反歧视准则和不公平解雇保护等。因此，对于它们，不宜采用实验设计、构建控制组进行因果分析、执行研究等评估技术，而应当使用更加复杂的评估方法。例如，即使我们成功估算出，在解雇法的约束下，解雇一名或一批劳动者的直接成本的大小和分配，仅依据实际解雇案的信息也难以说明解雇法对行为的总体影响和解雇法的其他影响。后者主要表现在对某些行为的限制。例如，通过提高大规模解雇相对于其他备选行为（如劳动力贮藏）的成本，抑制大规模解雇行为。管制性约束所带来的可观测直接成本与政策干预的总体经济成本是完全不同的。而且，经济行为主体会通过调整它在其他领域内的行为（如改变雇佣措施或改变企业地点）来规避管制，如解雇保护和反歧视法。

就评估而言，这些政策差异表明了两点：首先，如前所述，政策的影响可能超出目标领域。因此，为了找出这些受到政策预期和非预期影响的非目标领域，评估研究需要详细了解有关主体的行为倾向及其可采取的全部行为。其次，在政策推行初期，管制政策的影响与其他政策截然不同。因为管制政策刚刚推出时，行为主体还没有根据政策的新约束调整它们的行为（调整是有成本的）。而在政策实施一段时间后，各主体才有能力调整它们的行为以适应新环境。

目标导向研究方法论的另一个重要特点是，事前评估、事中评估和事后评估分别采用了不同的评估方法，因而具有不同的意义。大多数传统评估研究属于事后评估。方案的执行、影响、成本和收益都是事后追溯评估的。这类研究有两种形式：一是在一项短期政策方案结束后，对该方案进行整体评价；二是对于一项正在贯彻执行的无期限政策方案（如新劳动法），待其实施时间足够长，直接或间接影响充分显现后再进行评估。事后评估可以为今后制定类似政策方案提供借鉴。而事中评估的优点是可以直接分析政策方案的执行过程，因而可以为执行过程提供有用信息，促进方案的设计和执行在执行过程中的改进。如果将事中政策监督和评估融入方案本身，那么在执行过程中，内嵌式学习机制将不断对政策方案做出修改。

最后，事前评估，或称形成评估，与事中评估、事后评估都不同，它需要评估目标领域内备选方案和方案设计可能的作用范围和潜在影响。尽管事前评估能显著提高方案设计及其模式的合理性，但事前评估的实例十分罕见，部分原因在于事前评估的方法论问题仍然有待解决。事前评估的方法主要是系统地收集潜在目标群体的规模和结构信息，估算方案受益人的可能数量。社会和经济预测中已使用过的技术有：微观和宏观模拟试验、德尔菲法、潜在目标群体参与政策形成过程法等。形成评估可用于预测一国政策能否被他国成功采用；进一步说，它有助于我们了解成功采取某项政策所需要的环境和条件（Rose，1990）。

6．本书的目标、结构和内容

本书的目的在于对劳动力市场政策评估的研究现状进行系统的概述。从这个角度出发，本书对劳动力市场政策评估所进行的研究可以分为三个层次：第一，它概括和评价先前评估研究中使用过的各种方法。第二，它关注特定目标领域，对先前一些评估研究的结果进行了回顾，这些研究考察了不同背景下不同政策工具和政策体制的作用。第三，它对制度框架以及当前劳动力市场监督和信息系统进行了评估，指出了这些系统的不足，以及如何通过新方法实现更好的政策设计和政策评估。

本书的一大特点在于对目标导向型劳动力市场政策评估方法的介绍。研究者们不仅试图从方案目标的各不同维度对政策方案的影响进行测量，而且运用目标导向法分析，在什么样的经济和制度条件下，怎样的政策结合，能够最大限度地实现政策目标。目标导向法强调，政策设计和执行能否取得成功，一方面取决于政策目标与各方案之间的协调，另一方面取决于相关主体的行为倾向（利益）及其可采取的全部行为（能力）之间的协调。与方案导向型评估不同，目标导向型评估从累积影响的角度审视劳动力市场政策评估的结果；累积影响包括不同政策和政策体制之间的相互影响，及其对特定目标领域劳动力市场结果的影响。

本书的另一个特点在于三个层面上的国际分析。第一，编撰本书使我们有机会将来自西欧和美国的著名研究者聚集到一起，他们拥有设计和开展评估研究的第一手经验。他们凭借在各自研究领域的专业知识，对各自领域的评估研究进行了回顾，提出了独到的见解。第二，在回顾政策评估的当前进展时，所有作者都运用了国际比较框架，有些还推进了国际比较研究方法的发展。第三，除了方法论部分（第Ⅱ篇），其他章节都围绕政策目标展开，对各种评估方法及目标领域结果进行了经验比较。这些目标领域都是当前 OECD 国家劳动力市场政策关注的焦点。

因此，本书计划实现三个目标：(1) 深化对决定劳动力市场政策影响和劳动力市场结果的环境因素的理解；(2) 找出当前的知识与研究方法论之间的差距，指出未来评估研究需要解决的问题；(3) 协助政策制定者和统计机构为系统性政策评估准备必要的信息。

本书适用于政策决策制定者、方案评估专家，以及对劳动力市场政策和政策评估感兴趣的学者。实务工作者也能从本书中了解到怎样对政策工具、政策方法的合适程度进行评价，以及为什么要进行系统性的影响评估。本书不是方案执行手册，我们的目标是使读者从中借鉴先前评估的宝贵经验。本书指出了人们在选择特定评估方法或引入和执行特定政策时所面临的优势和劣势。我们希望这些经验和反思能够推进评估研究，促进政策的有效制定和执行。

本书分为四大部分，第Ⅰ篇共 6 章，介绍了传统评估研究的方法论以及评估研究者所能使用的工具。书中列出了很多实例，体现了以往评估研究中使用过的各种研究方法。第Ⅱ篇共 15 章，每一章对应一个特定的目标领域，这些目标领域是根据大多数 OECD 国家共同的劳动力市场政策目标确定的。这一部分还对以往评估研究的方法论、结论和实际结果进行了回顾。该篇的前几章从个人角度讨论了劳动力市场转换以及旨在促进转换的政策的影响。这一部分的其余章节讨论了一些具体的政策措施，以应对市场失灵和纠正不合理的劳动力市场分配结果。第Ⅲ篇共 5 章，从不同角度考察了各种宏观制度框架和政策体制对劳动力市场政策和劳动力市场绩效的影响。第Ⅳ篇分别从美国和整个欧洲的层面分析了劳动力市场政策监督及未来要求。

第Ⅰ篇 劳动力市场政策评估方法论

传统评估研究的方法主要源自自然科学中所使用的方法技术。这些方法将在第 2～第 7章中得到讨论，从中可以看出这些方法的优缺点以及这些方法背后的理论依据。对政策变化所带来的影响进行估计可以与科学家测试新药物相类比：根据实验组和控制组的不同反应来衡量特定政策的影响。但是，由于方法论、道德和操作方面的原因，这一观点有其局限性。因此，正如随后的章节中将介绍的那样，我们需要许多其他技术、相应的数据资源，以及定量和定性方法。

Heckman 和 Smith 在第 2 章中讨论了评估研究的基本方法论问题。在政策评估中经常被问及的一个问题是：特定政策对具体目标群体的影响是什么？换言之，相对于没有政策干预的情形，劳动力市场的绩效发生了什么样的变化？为回答这一问题，作者详细阐述了实验性评估与非实验性评估的基本区别，指出了构建反事实基准、将最终方案结果与之相比较的思路在方法论方面的困难。参与者的选择偏差、应用随机化选择过程的困难，以及采用其他替代方案的可能性使得实验方案难以对反事实情形进行准确界定和操作化。于是，作者开始介绍非实验性评估方法：工具变量法、固定效应法、特殊抽样设计等。在本章最后部分，作者论述了怎样在各种非实验性方法中进行选择。

第 3 章中，Björklund 和 Regnér 讨论了经典实验的作用。在经典实验中，潜在的方案参与者被随机分配到实验组和控制组中。该章根据最近一项美国实验和三项欧洲实验展开了讨论。作者得出结论，实验性评估方法不是灵丹妙药，但它可以就方案的影响提供有用的见解。特别是，实验性研究适用于分析新方案或现有政策的变化，但不适用于分析正在执行的政策方案。作者建议，欧洲的政策制定者应当更加重视这一方法论，他们还分别就三个政策领域内如何开展实验给出了详细示意，这三个政策领域分别是：流动补助、供需约束下的培训方案，以及作为当前工作搜寻活动备选模式之一的工作搜寻俱乐部。

在第 4 章中，Schömann 阐述了纵向数据在设计评估研究方面的应用，它使我们能够更好地估计方案影响。作者提倡纵向设计在数据收集中的广泛应用。他讨论了四类纵向信息的优缺点。除去四种“纯”纵向数据形式——面板数据、回顾性数据、行政记录、时间序列数据，纵向设计最大的待开发潜能是这四类数据的多重结合。为了证明纵向评估设计的优点，作者选择了两个领域——参与培训方案和“告别失业”方案之后的收入变化——进行分析。最后作者得出结论，在所收集的数据中，只要能够确定各事件和政策干预的时间结构，就可以解答各种评估问题，并对方案影响做出可靠估计。

总体影响分析旨在测量劳动力市场政策对宏观经济绩效变量（如总就业、失业和工资等）的影响。Bellmann 和 Jackman 在第 5 章中从一般均衡出发，讨论了这一问题。作者强调了这种均衡的潜在扭曲，从理论上论述了劳动力市场政策如何从根本上消除这种不均衡。他们指出，测量总体就业影响的最好方法是分别分析总体和各细分目标群体的失业流出率。这种方法还考虑到了无谓、替代和置换效应。最后，他们回顾了关于失业流出率的实证研究，总结了表明政策效力的证据。

成本收益分析（cost-benefit analysis，CBA）是有助于设计和评估劳动力市场政策的另一工具，Delander 和 Niklasson 在第 6 章中讨论了这一方法。他们论述了测量成本和收益时需考虑的原则及其适用性，将成本收益分析视为关于备选方案的一种“思考方式”。书中还就三项劳动力市场政策分别计算了政策成本和收益，这三项政策是：瑞典的增加公共就业办公室职员计划、美国的工作队计划，以及瑞典的残疾人工资补贴计划。最后，作者指出，从决策制定到政策执行的整个过程都应该考虑备选方案。他们认为，决策制定者应多采用成本收益分析框架进行评估研究。

第Ⅰ篇的最后一章主要讨论评估方法论。Schmid 提出了一个过程评估的系统框架。政策失灵可能导致目标模糊或不一致，还可能导致方案设计与要解决的问题不匹配。此外，政策执行上的变化可能强化或削弱预期政策影响。可见，政策的形成和执行是过程评估的根本要素。通过回顾早期研究所采用的方法论，作者讨论了过程评估的起源。在政策周期的控制论模型中，劳动力市场政策的最终结果取决于四个“过滤阶段”：方案的选择、执行、采纳和影响。作者还提出了各过滤阶段的绩效指标。最后，作者得出结论：新兴的“合作性劳动力市场政策”更需要清晰、系统的过程评估。

第Ⅱ篇　特定目标领域内的劳动力市场政策评估

在该篇各章中，作者更加详尽地分析了劳动力市场政策干预的具体目标领域，以及在这些目标领域中评估政策绩效和影响的各种方法。该篇前几章主要讨论的是促进个体实现劳动力市场转换的政策。这可以类比心理学上的人生转型理论（毕生发展理论或关键人生事件理论），劳动力市场转换可以看作关键事件或突发事件作用的结果，如失业、脱离教育系统、家庭的形成、分居或退休。这些变化可能产生积极的影响也可能产生消极的影响，取决于人们应对变化的方式。转换常常导致焦虑，这是因为，习惯性解决问题的方式失灵了或者在变化了的环境中产生了始料未及的结果。劳动力市场政策作为一种制度机制，可以帮助人们应对这类关键劳动力市场转换。在随后的章节中，为了判断劳动力市场政策能否促进公正有效的劳动力市场转换，本书回顾了劳动力市场政策和相关的政策评估研究。其中涉及的劳动力市场转换主要有：从失业到就业、从学校到工作、家庭的形成与有偿就业之间、从就业到退休。

Schmid 和 Reissert 在第 8 章中考察了 OECD 国家失业补偿计划的基本类型，以及失业补偿体系对劳动力市场转换的影响。该章结合经验证据，分析了不同体系对受益人比率、收入替代率和社会总成本的影响。作者以 16 种转换为基础，回顾了评估失业补偿激励的既有文献，这 16 种转换发生在就业、失业、参与特定方案和非劳动力之间。书中进一步讨论了将资金由消极的收入替代转向积极的再就业或培训服务的制度性激励。最后，作者强调，我们需要开展更多的关于劳动力市场转换的纵向研究，需要对与失业补偿相替代或互补的政策措施进行研究。

在第 9 章中，Erhel，Gautié，Gazier 和 Morel 关注的是促进长期失业向就业转换的政策。作者首先讨论了“就业能力”这一概念，对“难安置”的特征进行了界定。还特别讨论了美国的工作福利与欧洲的“安插”政策或再就业政策之间的差别。本章回顾了当前 OECD 国家用于解决难安置问题的政策计划，以及既有的主要评估研究，这些研究的评估对象包括：短期公共岗位创造计划、针对性就业补助、特殊培训计划、工作搜寻协助等方案。作者对这些既有的评估研究进行了评论，指出了未来改善政策执行及评估的途径和首要考虑。

在第 10 章中，Ryan 和 Büchtemann 讨论的主题是：促进从学校到工作这一关键转换的政策。本章主要关注“补偿性”劳动力市场政策，如：面向失业青年、辍学者等提供的补习教育、青年培训和工作经验项目；调整青年劳动力市场工资和劳动力成本的政策；以及强化中学学习、加强学校与就业之间联系的政策。作者对关于这三类政策方案的评估研究进行了分类，分类依据是方法论的严谨程度，特别是反事实模型（例如，无政策干预情况下的转换模式）的严谨性，随后，作者对这些研究的主要结论进行了评论。作者注意到，收益的估计值与评估方法的技术复杂程度之间存在反向关系，同时也强调，各项研究结果之间存在很大差别，因此，对于促进从学校到工作转换的政策方案，难以得出有关其成效的一般结论。

在第 11 章中，Fagan 和 Rubery 开始讨论家庭的形成与有偿就业之间的转换。他们对欧盟成员国当前的制度安排进行了考察，试图探究这些政策是弱化还是强化了传统的男性养家的家庭组织模式。评估研究表明，对于需要照料子女的女性，一些政策比另一些能够更有效地改善她们的就业持续性。他们特别比较了三种政策的效果：各种父母产假、暂时性缩短工时政策和提供照顾儿童的公共机构或补贴（包括学校开课时间）。与新古典主义观点不同，作者认为，让女性专门从事无报酬工作的做法是无效率的。作者还指出，未来的比较研究可能会面临一些方法论问题，如：不同国家工作安排上的差异、追踪儿童抚养期内劳动力市场转换的行为和态度数据。

还有一项共同的政策目标：政府、企业或社会政策通过养老金、退休或裁员计划使劳动力退出劳动力市场。在第 12 章中，Casey 发现先前的评估研究主要集中于政策对失业流出率、工作安置率和成本有效性的影响。许多早期的退休计划与鼓励工作分享的政策和减少劳动力的社会管理联系在一起。但是，为了延长老年劳动者留在劳动力市场的时间，有时也采用相反的政策。作者注意到，由于政府试图减少开支，近年来，这类政策措施已经减少了。政府越来越希望由公司或个人来承担这种退出转换的成本。遗憾的是，目前，我们尚未对政策成本既定和政策的积极就业作用既定情况下的主要数据进行搜集和评估。

“搭便车”问题是围绕公共劳动力市场政策成本和企业内部人力资源相关成本的一个核心问题。比如，A 公司没有承担任何成本，却从 B 公司的投资中获得收益。这类行为在培训领域中的一个典型例子是，A 公司通过支付更高的薪酬挖走 B 公司培训的员工。这种行为会导致企业提供的培训总量呈螺旋式下降，因为对各单个企业而言，挖其他企业培训的员工比自己培训员工更节省成本。这种成本收益的不对等分配可能导致市场的无效率、社会总福利的损失以及不合理的分配结果，因而需要通过政策干预加以纠正。除了由于外部性而导致的市场失灵外，过高的交易成本、信息不对称、流动性约束和社会歧视也可能导致市场无效率。针对这些问题，该篇其他章节所讨论的公共政策通过直接作用于市场失灵的根源，以及无约束市场交易中产生不合理分配结果的根源，实现对劳动力市场运行状况的改善。这些章节重点考察的是最近的一些政策，如：通过促进劳动力市场信息交流增加劳动力市场灵活性的政策、鼓励终身学习和技能调整的政策、抑制内部人—外部人劳动力市场分割的政策、鼓励弹性工作时间的政策、扩大市场参与者合同选择余地的政策。

在第 13 章中，Walwei 讨论了工作匹配问题，以及公共和私人失业安置服务的作用。作者根据公共和私人失业安置服务的组合方式对国家进行了分类。不少研究者对这些不同制度安排的影响和结果进行了评估研究，书中简述了他们的主要结论。在一些国家，私人部门挑走了易于安置的失业者，而将难以安置的留给了公共部门。在另一些国家，公共部门和私人部门在提供的服务上几乎没有差别。目前，许多 OECD 国家正在对公共部门进行深入的改革，要将更多的市场因素融入公共服务，因此，对公共和私人失业安置服务并存的政策进行评估将成为研究热点。

在工作机会和收入的性别歧视问题上，市场失灵更为明显。在第 14 章中，Rubery，Fagan 和 Maier 对旨在抑制由职业隔离和性别歧视所导致的不公平和无效率的劳动力市场政策进行评估。这些政策的初衷是为了消除职业隔离（如反歧视行动政策）和削弱职业隔离所导致的结果（如同工同酬政策）。职业隔离状况好转不一定是某项公平政策作用的结果，它有可能源于行业和职业构成的动态变化。传统的评估研究忽略了职业性别构成的变化，因而这种评估方法的效度受到了质疑。我们应当更多地开展以工作场所为基础的评估，从而避免将职业构成视为既定，这样，雇佣关系的变化不再独立于平等机会政策的执行。

技能短缺和不匹配是市场失灵的另一重要体现。很多欧洲政府都将终身学习作为高技能、高工资职位战略的一部分，在第 15 章中，Tuijnman 和 Schömann 便对这一政策的作用进行了讨论。终身学习起初是指通过缩小教育系统中所产生的技能差别来改善不平等的一种方式，但是当前，该领域讨论的焦点更多地集中在劳动力市场效率和生产率方面。一系列证据表明，终身学习能够影响个人的职业生涯，包括职业地位、收入增长、流动性和失业风险等方面。但是，宏观层面的证据表明，终身学习的生产率作用并不令人满意，可能需要在终身学习的概念下重新思考教育和继续培训。这一领域的评估研究还存在不少缺陷，我们需要找到更为直接的测量能力、技能提升和技能贬值的方法，并将终身学习政策与其制度背景结合起来。

第16章谈的是一种新的匹配机制——自我雇佣，它可以作为依赖性工资雇佣的备选方案。Meager回顾并评估了鼓励失业者自我雇佣的政策。作者描述了有助于自我雇佣的经济和制度环境以及支持这种环境的政策，讨论了评估这类政策所涉及的理论和现实问题，评价了先前研究中所使用过的各种评估方法论。作者重点回顾了欧洲国家和美国的几项评估研究，并审视了其中的实证发现。最后，作者指出，既有评估的一个重大缺陷在于缺乏相关证据来反映特定政策——鼓励未参与过企业家活动的劳动者实现自我雇佣的政策——对经济福利、收入水平和社会保障的长期影响。

促进劳动力市场调整的政策也有目标群体。Delsen在第17章中讨论的是关于帮助残疾人获得有偿工作的政策评估。在不同的国家中，残疾人职业康复和残疾人就业的制度安排存在很大差异，这种差异为体现目标导向法的价值提供了一个理想的实例。作者首先回顾了目标的形成过程，介绍了对“残疾”的不同操作性定义，然后讨论了各种政策措施：平等就业机会立法、配额政策、解雇保护、传统的职业咨询和指导服务、培训、特殊教育、保护性就业、工资和雇佣补贴、对雇员的技术性帮助等。最后，作者指出，由于目标群体的异质性，需要对政策进行不同的组合，需要对整合过程进行更全面的评估研究。

Biffl在第18章中进一步拓展了目标群体的范围，他关注的是整合移民劳动力的政策。在工业化社会，迁移已经成为劳动力市场的一个普遍特征。但各国的主要政策目标各不相同，这些目标影响着移民的迁移时机、迁移方向、规模和构成。移民的数量在很大程度上取决于接收国的政策。但是，接收特定国家移民的国际政治压力限制了各国的移民政策。完善的移民整合支持体系有助于建立多元文化社会，而移民整合措施不足却可能导致少数族裔下层社会人员的增多。作者认为，当前的评估研究并没有充分考虑移民体系日益复杂的趋势，也没有充分考虑到有关移民劳动力的经济和社会政策需要进一步的协调。

弹性工作时间也是一种促进劳动力市场匹配的方法。在第19章中，O'Reilly从三个层面阐述了有关非全日制工作的理论争议和目标协调问题：在劳动力市场层面，考察了非全日制工作在减少失业、创造工作岗位方面的总体影响；在单个雇员层面，分析了弹性工作时间在生命周期中的作用；在企业层面，讨论了非全日制工作能否提高企业的生产率和效率。影响该目标领域主体行为的积极劳动力市场政策包括：鼓励非全日制工作的财政激励、针对青年和老年劳动者的进入和退出措施、非全日制父母产假等。消极的劳动力市场政策包括来自税收系统、社会保障体系和就业保障管理部门的激励措施，这些措施影响着非全日制劳动力的供给和需求。本章讨论了以往评估研究的方法论问题和主要结论。作者最后提出了一些政策工具，这些工具可以使各项劳动力市场措施得到更好的执行和相互协调，作者还对未来的评估研究提出了建议。

在第20章中，鼓励弹性工作时间的政策仍然是核心。Mosley和Kruppe考察了缩短工时方案对冗员劳动者工作稳定性的影响。一个关键问题是，缩短工时是维护人力资本、分享工作、稳定就业的真正有效措施，还仅仅是延迟解雇的一种“软”工具。作者对各国的缩短工时计划及其模式和趋势进行了比较。他们认为，缩短工时计划的采纳，不仅与这些计划的相对慷慨程度有关，而且受其他制度因素的影响，如：就业保护法的严格程度，以及可供企业选择的其他灵活性措施。这些因素的相互作用对于理解雇主如何调整其雇佣规模至关重要。最后，作者指出，暂时性或周期性缩短工时是一种有效的劳动力市场协调机制，但将缩短工时运用于结构性调整则会带来诸多问题。

通过改变工作时间对劳动力进行调整，在功能上与雇佣和解雇劳动力是等价的。在第 21 章中，Rogowski 和 Schömann 对影响雇佣合同灵活性的法律管制进行了比较评估。本章的基本政策目标是增加劳动力市场的数量灵活性。作者集中考察了当前欧洲的一项政策：通过鼓励固定期限就业，放宽就业保护管制。他们提出了一种理论驱动型方法，该方法可用于国家评估和比较评估研究，其基础是有关劳动力市场的法律和社会经济理论。大部分立法改革评估都从具体国家的角度切入，这表明，近年来的立法改革具有环境依赖性，同时，各国的法律体系有其各自的特点。每个国家的管制体系都有一系列功能等价的政策来保证劳动力投入的灵活性。在作者看来，一个详细的微观层面的分析足以满足该领域内国家评估和比较评估的需要。

关于就业保障政策和解雇保护管制的影响、成本和收益，学界存在很大的分歧。Büchtemann 和 Walwei 在第 22 章中指出，关于就业保障机制的争论持续至今，是因为缺乏结论性的评估结果。因而这一争论不仅反映了问题的复杂性，也反映出以往的大多数评估尝试都缺乏足够的理论基础。因此，作者首先提出了一个理论框架，并据此制定了一系列分析标准，用以测量和评估解雇保护机制的实际影响。接下来，他们对欧洲（成文法）和北美（普通法）两种不同的管制体系进行了简要介绍。对不同评估方法的系统性回顾表明，高标准的解雇保护不一定与就业政策目标和经济效率相冲突。最后，由于这方面的证据不是很充分，作者希望未来的研究能够对截然不同的法律体系进行更加详细、理论性更强的国际实证比较。

第Ⅲ篇　劳动力市场政策的制度框架评估

第Ⅰ篇和第Ⅱ篇主要讨论的是改善劳动力市场运行的政策和促进目标群体劳动力市场转换的政策，接下来，第Ⅲ篇关注的是中观或宏观层面的政策目标。我们必须承认，为完善广义制度框架而采取的政策干预越来越重要，广义制度框架包括就业管理、产业关系、工资谈判体系等。也就是说，该篇讨论评估方法和评估研究的焦点不再是单个政策或政策方案在不同目标领域内对劳动力市场结果的影响。以下章节讨论的重点是宏观制度环境，它可以促进或阻碍有效劳动力市场政策的形成和执行，也可以对总体劳动力市场绩效产生有利或不利的影响。

在第 23 章中，Janoski 从宏观层面着手对劳动力市场政策进行评估。作者首先介绍了工业化国家在劳动力市场政策开支上的巨大差异。通常认为，开支模式主要受经济、人口和政策变量的影响，但 Janoski 不同意这种看法，他认为，劳动力市场制度对开支模式的影响要大得多。他的分析表明，强大的就业服务和劳资联合委员会的存在、各种各样的公共或半公共培训和教育机构的存在，以及三方决定工资的机制，共同为积极的劳动力市场政策创造了有利条件。研究证明，自主权和丰富的就业服务资源是最强有力的制度变量，其次是公司的自我管理。本章的分析数据源自一个涵盖了 18 个 OECD 国家 1950—1989 年间有关资料的丰富而新颖的制度数据库。作者最后得出结论，要进行更为动态或更为复杂的分析，需要对制度变量做进一步的提炼，并以劳动力市场体制转型指标作为补充。

Janoski 的兴趣在于解释各国不同的支出水平，而 Bellmann 和 Jackman 在第 24 章中试图考察开支对其他总体劳动力市场变量的影响。由于缺乏合适的理论框架，关于劳动力市场政策对宏观经济影响的实证研究一度十分罕见，但在过去10年间该领域涌现出不少研究，从而填补了这一空白。Bellmann和Jackman运用Layard和Nickell提出的劳动力市场模型，基于截面数据进行了国际比较，从而得出自己的估计。结果表明，采取措施提高劳动力参与率、鼓励失业的外部人参与求职竞争、估测工作搜寻者的数量及其工作意愿，不仅可以减少企业的工资压力，还可以增加常规就业。但我们不能确定，改进供求匹配将对劳动力市场均衡带来怎样的影响。针对长期失业问题的政策对劳动力供给具有积极作用，从而引起就业上升。但是，所有的影响都很微弱，这表明，单靠积极的劳动力市场政策不能解决欧洲的高失业问题。

劳动力市场政策失灵或不见成效的一个重要原因是，缺乏适当的政策形成过程，缺乏足够的基础设施来执行政策决定。由于日益增长的预算赤字限制了开支的规模，并且增加开支不一定能收到更好的效果，所以，新公共管理越来越关注组织的变革。在第25章中，Schmid通过将过程评估的分析框架应用于继续培训，讨论了这些问题。作者对丹麦、德国、荷兰和英国的相应政策及其执行机制进行了比较，并根据回应和组织效率对政策和执行机制的变动进行了评估。然后，作者尝试测量了激励体制的变动对方案参与规模和选择性的影响，以及对就业、失业、生产率和成本有效性的影响。作者按协调失灵这一理论框架对结果进行了讨论。最后，作者得出结论，劳动力市场政策管理需要多种协调机制，在这些机制中，竞争与合作是重要的互补因素。

在第26章中，Appelbaum和Schettkat进一步讨论了这一主题，他们评估了工资谈判制度对劳动力市场绩效的影响。传统研究采用的是集体谈判体系的狭义定义，而且只考察了总体真实工资对就业和失业的影响。本章作者运用了广义的制度定义，包括与政府政策的协调，还考虑了工资谈判制度的变动对工资结构、雇佣结构，以及经济增长对就业拉动力度的影响。在就业增长与生产率增长高度相关的时期，工资谈判体系的作用不大；而在后工业服务社会，工资谈判体系及其与政府的协调方式成为受人瞩目的话题。20世纪80年代，在行业间工资差距小、集体制度发达的国家中，总体就业增长达到最低。

工作岗位的增加也与税收有关，因为税收影响劳动力的价格。因此在第27章中，Gustafsson为研究税收制度对劳动力市场绩效的影响构建了一个分析框架。税收导致了供求价格之间的楔子，从而改变了市场均衡。作者比较了主要OECD国家的税收制度，并对欧盟的税收协调及税收对就业的影响进行了评论。经济理论表明，任何针对劳动力供给的所得税都会影响劳动者所受到的激励。然而，税制改革的实证评估表明，由于工资的工时内生性、工时的需求约束，以及单独或联合的所得税，研究者们难以就收入效应和替代效应做出精确估计。至于目标导向法，Gustafsson认为，要使评估尽可能完备，就必须考虑税制改革给目标群体和其他劳动者带来的各种可能影响。

第Ⅳ篇　评估欧洲层面的政策目标

本书的最后三章对欧洲层面的政策目标进行了讨论，从而进一步拓宽了宏观因素的范围。这三章介绍了欧洲政策机构的政策倡议，这些机构试图实现欧洲劳动力市场的社会和经济整合，并已取得不同程度的成功。这三章还分析了这类欧洲机构能够在多大程度上执行、监督和评估这些政策。

欧洲社会基金（ESF）是欧洲最大的社会方案之一，它为欧洲相对落后地区的就业项目提供资金。在第 28 章中，Lindley 简要回顾了与欧洲社会基金有关的欧洲结构基金的发展历程，并根据欧洲结构基金评估和欧洲社会基金评估的类似之处，总结了政策评估经验。他指出，由于欧洲社会基金涵盖了很多不同的政策方案，评估研究面临着很大的挑战，因而他提出一种通用评估方法。在评估欧洲社会基金所资助的项目时，该方法有助于研究者更加严谨地组织可获得的研究资源，进行更深入地研究，从而实现对研究资源的更有效利用。

在第 29 章中，O'Reilly，Reissert 和 Eichener 试图进一步研究欧洲层面的劳动力市场政策，他们评估了欧洲一体化进程中劳动力标准的统一程度。本章没有去分析 OECD 所提倡的国家标准的经济影响，而是尝试回答：为什么一些标准能够成功地引入欧洲，而另一些却遭到了欧洲各国政府的一致排斥？引入这些标准是为了防止在欧洲劳动力市场上出现社会倾销。本章关注四个关键领域：工作场所参与、工作时间、健康和安全、社会保障。虽然程度不同，但欧洲国家在这四个领域都分别达成了共识。作者认为，影响共识形成的主要因素有：决策过程的变化，反对或支持这类管制的同盟形式，该标准融入国家现有体制的挑战性。未来的一个核心议题是，欧盟委员会能在多大程度上保证它的指示得到有效执行，能在多大程度上监督其执行结果。

在本书的最后一章中，Auer 和 Kruppe 探讨了劳动力市场政策监督问题，作者回顾了研究现状，并提出了可供欧盟成员国进行系统性监督、会计核算和国际比较的标准。由于种种原因（权力分散、财政约束、政府及行政部门更为严格的责任制度和新信息技术等），我们迫切需要开发出一种实用、快捷、简便的方法来搜集关于过程绩效及结果的信息。与复杂的事后评估不同，现代监督系统在政策形成和执行过程也建立了反馈环。作者最后得出结论，大多数国家的监督系统都不够先进，而且在建立新的监督机制的过程中会出现许多新问题。例如，对方案管理者的负面激励作用，目标形成和目标控制的再度集权化。因此，让监督机构参与目标制定，有助于保证“智能”监督体系的效率。

7. 结　论

本章介绍了劳动力市场政策评估的主要争论和核心概念。[6]我们认为，书中所提倡的目标导向法有助于应对当前工业化社会劳动力市场上日益严重的长期失业和结构性失业问题，从而使分析更有成效。过去的市场失灵和政策失灵使我们认识到，我们需要对劳动力市场政策进行更为全面的评估，需要制定出一系列更为有效的干预政策。尽管手册所涵盖的话题多种多样，但核心议题只有几个，读者在很多章节中都会碰到这些议题。在我们看来，未来劳动力市场政策和评估的关键问题是：各项政策干预能够在多大程度上相互协调，从而提高劳动力市场的灵活性，改善劳动力市场的运行。有观点认为，未来社会中，在工作着的穷人和过度工作的富人之间，分割和两极分化将越来越严重。要避免这种情况，我们需要通过政策在当前的劳动力市场上创造更多的流动机会和转换机会。

我们希望，这本书能够使劳动力市场政策的制定者、执行者和评估者的视野更加开阔，能够使读者从先前的评估研究中汲取经验和教训。希望通过本书能使人们认识到：通过各参与主体间的协调与合作，未来的政策如何得以比过去的政策更成功地实现既定目标。如果本书能够达到这些目标的一半，在我们看来也是巨大的进步。基于这样的考虑，我们编写了这本手册，希望对未来的政策形成与评估有所帮助。

注释

[1]关于最新的概述，参见 Berk and Rossi (1990) and Wholey，Hatry and Newcomer (1994)。关于德国技术政策评估的元评估，参见 Kuhlmann and Holland (1995)。Bouder，Cadet and Demaziere (1994)，de Koning (1991)，Haveman and Saks (1985)，Jensen and Madsen (1993)，Manski and Garfinkel (1991) 和 OECD (1991，1993) 提供了事关劳动力市场政策的极为有用的概述与事例。Haveman 和 Saks 指出，美国与欧洲政策评估传统的一个主要的区别是，在美国，政策评估在技术上是极为先进的(特别是就实验研究而言)，如职业化的；而在欧洲，政策评估则不那么职业化而是更加制度化的。在 Mayne，Bemelmans－Videc，Hudson and Conner (1992) 主编的著作中可以找到制度化评估（审计作为治理过程的一个常规部分）的最好概述。

[2]在第 2 章，Heckman 和 Smith 引入了“替代偏差”这个术语来表述不同政策干预之间的相互作用。

[3]关于市场失灵的讨论，可参见本手册第 13 章 (Walwei)、第 22 章 (Buchtemann and Walwei) 和第 25 章 (Schmid)。

[4]关于政策失灵的讨论，可见本手册第 22 章和第 25 章。

[5]关于启动政策项目的三个关键阶段，Teubner (1985，p. 309) 提到了现代市场经济中政策制定者面临的“管制的三重困境”。

[6]我们想感谢 Christoph Buchtemann。他参与了本书构思的第一阶段，并对本章第 2～第 5 部分的初稿贡献巨大。

参考文献

Bator, F. M. (1958), 'The Anatomy of Market Failure', *Quarterly Journal of Economics*, 72, 351–79.

Berk, R. and P. H. Rossi (1990), *Thinking about Program Evaluation*, Newbury Park, CA: Sage.

Bouder, A., J.-P. Cadet and D. Demazière (1994), *Evaluer les effets des dispositifs d'insertion pour les jeunes et les chômeurs de longue durée. Un bilan méthodologique*, Document no. 98 (Série Synthèse), Marseille: Cereq.

Chen, H.-T. (1990), *Theory-driven Evaluations*, Newbury Park, CA: Sage.

de Koning, J. (1991, May), 'Evaluation and Manpower Policy: The State of the Art', paper presented at the MISEP (Mutual Information System on Employment Policies) Meeting, Ryswyk, The Netherlands.

European Commission (1994), *Growth, Competitiveness, Employment*, White Paper (suppl. 6/93 of the Bulletin of the European Communities), Luxembourg: Office of Official Publications of the European Communities.

European Commission (1995), *Employment in Europe 1995*, Luxembourg: Office of Official Publications of the European Communities.

Haveman, R. H. and D. H. Saks (1985), 'Transatlantic Lessons for Employment and Training Policy', *Industrial Relations*, 24, 20–36.

Jensen, K. and P. K. Madsen (eds) (1993), *Measuring Labour Market Measures: Evaluating the Effects of Active Labour Market Policy* (Proceedings from the Danish Presidency Conference), Kolding, Denmark: Ministry of Labour, Denmark.

Kaufmann, F.-X., G. Majone and V. Ostrom (eds) (1986), *Guidance, Control, and Evaluation in the Public Sector*, Berlin: de Gruyter.

Kuhlmann, S. and D. Holland (1995), *Evaluation von Technologiepolitik in Deutschland*, Heidelberg: Physica.

Le Grand, J. (1991), 'The Theory of Government Failure', *British Journal of Political Science*, 21, 423–42.

Ledyard, J. O. (1987), 'Market Failure', in J. Eatwell, M. Milgate and P. Newman (eds), *The New Palgrave: A Dictionary of Economics*, London: The Macmillan Press, Vol. 3, pp. 326–8.

Lindberg, L. N., J. L. Campbell and R. J. Hollingsworth (1991), 'Economic Governance and the Analysis of Structural Change in the American Economy', in J. L. Campbell, R. J. Hollingsworth and L. Lindberg (eds), *Governance of the American Economy*, Cambridge: Cambridge University Press, pp. 3–34.

Manski, C. F. and I. Garfinkel (eds) (1991), *Evaluating Welfare and Training Programs*, Harvard: Harvard University Press.

Mayne, J., M. L. Bemelmans-Videc, J. Hudson and R. Conner (eds) (1992), *Advancing Public Policy Evaluation: Learning from International Experiences*, Amsterdam: North-Holland.

Musgrave, R. A. and P. B. Musgrave (1980), *Public Finance in Theory and Practice*, 3rd ed., New York: McGraw-Hill.

Niskanen, W. W. (1971), *Bureaucracy and Representative Government*, Chicago: Aldinge Atherton.

OECD (1991), *Evaluating Labour Market and Social Programmes: The State of a Complex Art*, Paris: OECD Publications.

OECD (1993), 'Active Labour Market Policies: Assessing Macroeconomic and Microeconomic Effects', in *OECD Employment Outlook 1993*, Paris: OECD Publications, pp. 39–80.

OECD (1994), *The OECD Jobs Study: Evidence and Explanations. Part I: Labour Market Trends and Underlying Forces of Change; Part II: The Adjustment Potential of the Labour Market*, Paris: OECD Publications.

Rose, R. (1990), *Prospective Evaluation through Comparative Analysis: Youth Training in a Time-space Perspective*, Studies no. 182, Glasgow: Centre for the Study of Public Policy.

Scharpf, F. W. (1991), 'Political Institutions, Decision Styles, and Policy Choices', in R. M. Czada and A. Windhoff-Héritier (eds), *Political Choice: Institutions, Rules, and the Limits of Rationality*, Frankfurt on the Main/New York: Campus and Westview, pp. 53–86.

Schmid, G. (1993), 'Equality and Efficiency in the Labor Market: Towards a Socio-economic Theory of Cooperation in the Globalizing Economy', *The Journal of Socio-Economics*, 22 (1), 31–67.

Schmid, G. and K. Schömann (1994), 'Institutional Choice and Flexible Coordination: A Socio-economic Evaluation of Labour Market Policy in Europe', in G. Schmid (ed.), *Labour Market Institutions in Europe: A Socio-economic Evaluation of Performance*, Armonk, NY: M. E. Sharpe, pp. 9–57.

Simon, H. A. (1982), *The Sciences of the Artificial*, Cambridge, MA: MIT Press.

Spulber, D. F. (1989), *Regulation and Markets*, Cambridge, MA: MIT Press.

Stern, D. and J. M. Ritzen (eds) (1991), *Market Failure in Training*, Berlin: Springer.

Teitz, M. B. (1978, April), 'Evaluating Program Evaluation', *AIP Journal*, 214–18.

Teubner, G. (1985), 'After Legal Instrumentalism? Strategic Models of Post-regulatory Law', in G. Teubner (ed.), *Dilemmas of Law in the Welfare State*, Berlin: de Gruyter, pp. 299–326.

Wholey, J., H. P. Hatry and K. E. Newcomer (eds) (1994), *Handbook of Practical Program Evaluation*, San Francisco: Jossey-Bass.
Wilensky, H. (1985), 'Nothing Fails Like Success: The Evaluation-research Industry and Labor Market Policy', *Industrial Relations*, 24 (1), 1–19.
Wolf, C., Jr. (1987), *Markets or Governments? Choosing between Imperfect Alternatives*, Cambridge, MA: MIT Press.

第Ⅰ篇

劳动力市场政策评估方法论

第2章　实验性评估和非实验性评估

James J. Heckman，Jeffrey A. Smith

在一个政府预算紧张的时代，对积极的劳动市场政策做出可信的评估显得非常重要。然而，在评估研究方面还存在许多争论。学界主要有两种观点。一种认为，社会实验是唯一有效的评估方法；而另一种认为，社会实验有价值，但也有局限性。根据近来非实验性评估方法所取得的进展，后一种观点的支持者提倡一种更为平衡的方法。

首先，本章将对评估问题进行概述，并对学术界的争论加以讨论。我们会说明，社会实验如何解决某些形式的评估问题，但同时，它对于许多其他我们感兴趣的评估问题也无能为力。接下来，我们讨论参数和非参数的非实验性评估方法。这些方法利用了已有的一些理论和经验知识，即我们已知的决定项目参与决策和结果（例如，收入和就业）的因素。

在本章的最后几部分中，我们会简要讨论其他几个比较重要的问题。首先，我们考虑既定环境下如何在非实验性方法中进行选择的问题。学术研究中的非实验性评估技术具有多样性，有人认为，这是非实验性评估方法的缺点，因而支持社会实验方法。有观点认为，在众多方法中做出选择很难，甚至是不可能的，我们重新审视了支持这一观点的论据。我们发现，这些论据不像人们普遍认为的那样强有力。其次，考虑到有些政策项目会影响非参与者，有些项目对参与者的影响取决于参与者群体的规模或构成，我们简要分析了这些问题给评估带来的困难。最后，我们对本章的主要观点进行了总结。

1．评估问题概述

1.1　背　景

为了使讨论更为具体，我们以美国《职业培训协作法》（Job Training Partnership Act，JTPA）这一典型培训项目为例。[1]JTPA项目与加拿大和欧洲为失业者和重新进入者提供就业和培训服务的项目非常类似。同这些项目一样，JTPA项目提供一系列就业和培训服务，包括针对基本技能的补习培训，针对职业技能的课堂式培训，工作搜寻协助，以及与私人部门企业在职培训相结合的工资补贴。JTPA项目是自愿参加的，由项目官员对申请者进行筛选。

1.2 评估社会项目时我们感兴趣的问题

在培训项目中，有很多很有意思的评估问题。就培训项目而言，最引人关注的问题是培训对于受训者的影响：

问题 1：培训对于受训者的影响是怎样的？也就是说，与没有培训的情况相比，他们的劳动力市场结果发生了怎样的变化？

这是大多数评估研究的底线。从问题 1 的答案中减去此项目的成本，并将收益适当贴现，就得到了这个项目关于一群固定受训者的净收益。

问题 2：培训对随机挑选的受训者有什么影响？

这个问题常常同第一个相混淆。当一项原本自愿参加的项目变为强制参加时（假设不存在一般均衡效应），对这个问题的回答会很有意义。

问题 3：补贴、广告、当地劳动力市场状况、家庭收入、种族和性别对申请决策有什么影响？

问题 4：培训中心的绩效标准和当地劳动力市场状况会如何影响培训中心接收申请者并提供就业和培训服务的决策？

问题 5：家庭收入、种族、性别和当地劳动力市场状况如何影响个人退出项目的决策？如何影响完成项目的时间长度？

问题 6：当地劳动力市场状况等因素对于受训者完成培训之后的就业率和平均工资率有何影响？

问题 7：通过各种可能的方式培训一名劳动者的成本是多少？

为突出评估问题的主要特征，我们只关注上述问题中的少数几个。特别是，我们将注意力集中于问题 1、问题 2，以及问题 3 和问题 4 的结合：

问题 3′：问题 3 和问题 4 所列各因素对个人申请决策和培训中心的接收决策有何影响？

为简化分析，在本章我们假设项目中只包含一种培训方式，因而项目申请人无须考虑参加哪种培训。我们还假设，没有受训者中途退出项目，项目的时间长度也是固定的。虽然不同的人对培训的回应会不同，但如果项目的持续时间很短并且向每个参与者所提供的培训都是同样的，那么这些假设就是现实的。

1.3 结构化方法

解决评估问题的结构化方法就项目的参与和结果过程构建模型，从理论上预测人们对根本不存在的项目的反应。在早期估计负所得税政策对劳动力供给的影响的研究中，结构化方法就已经得到了很好的应用。负所得税政策通过改变参与者的税后工资率和收入水平来影响劳动力供给。根据新古典劳动力供给理论，如果能够得出税后工资和收入水平对劳动力供给的影响，即替代效应和收入效应，就可以得知谁将参加这一项目。通过常用的行为参数就可以模拟出任何负所得税项目的劳动力供给效应。[2]

社会实验的早期提倡者试图通过设计实验，得到样本个体税后工资率和收入水平的最大可能独立变动，从而获得对工资和收入效应的精确估计。Cain and Watts（1974）指出，在他们所使用的横截面数据中，工资和收入是高度相关的，收入的变动非常小，以至于很难甚至不可能分别估计出工资和收入效应对劳动力供给的影响。但是通过认真实验得出的数据变动能够使分析人员获得工资和收入效应的精确估计。

结构化的方法非常吸引人。它集中于构建项目回应模型。它为不同的项目提供了共同的分析框架，为各种社会科学知识提供了一种共同的语言。结构化方法在评估研究中的使用，要求评估人员考虑各种估计量的行为意义，也使评估人员在解释估计量时能够采用各种社会科学知识。在结构化方法所提供的框架中，可以通过持续评估来积累我们对政策的了解。

尽管我们通过经济模型来提出假设，并论证其合理性，但我们不会长时间地讨论结构化估计的细节，因为标准的结构化方法建立在参数的基础之上，而评估人员在回答上述不同问题时使用的参数是各不相同的。在本章稍后我们会回到这一点。标准的结构化参数和通常使用的评估参数常常被人们混淆。通常使用的评估参数并不是结构化参数。要想在研究中积累有关参数的知识非常困难，对此我们将在下文进一步阐述。

1.4　评估问题和项目评估模型

评估问题的实质是同一个人不可能同时处于两种或两种以上不同的劳动力市场状态。在培训中，对于每一个受训者，都有一种假设（或者反事实）状态，表明如果他不接受培训将会做什么。对于每一个未接受培训者，也都有一种作为受训者的假设状态。当某人参加培训时定义变量 D 等于 1，否则等于 0。如果某人参加了培训，他的收入是 Y_1，否则是 Y_0。于是，

$$Y=Y_1 \quad 当 \quad D=1 \qquad (2.1)$$
$$Y=Y_0 \quad 当 \quad D=0$$

令 Y_1 和 Y_0 取决于 X。定义它们之间关系的一种数学处理是使用条件期望，即 $E(Y_1 \mid X)=g_1(X)$和 $E(Y_0 \mid X)=g_0(X)$。假定 X 包含了受训者所接受的培训以及环境因素和当地劳动力市场的状况。采用线性表达式，有

$$E(Y_1|X)=g_1(X)=X\beta_1 \qquad (2.2a)$$
$$E(Y_0|X)=g_0(X)=X\beta_O \qquad (2.2b)$$

如果 X 包含了导致 Y_1 和 Y_0 的所有原因，那么条件期望的值就等于 Y_1 和 Y_0 的值，于是有 $Y_1=E(Y_1 ½ X)$和 $Y_0=E(Y_0 ½ X)$。

还可以用其他方式来定义 X 和 Y 之间的关系，比如假定一个联立方程模型来定义 $Y_j(j=0,1)$ 与 X 之间的决定关系。在这个模型中，$Y_j=g_j(X)+U_j$，其中 U_j 是“扰动”。本章中绝大部分情况下，我们假设 $E(U_j \mid X)=0$，于是有 $E(Y_j \mid X)=g(X)$。

Z 代表决定项目参与的变量。这些变量包含个人、家庭或制度因素，它们共同决定一个人是否参与培训。正式的表示是：

$$Z\in\psi, D=1; \quad Z\notin\psi, D=0 \qquad (2.3)$$

式中，ψ 是 Z 所有可能取值的一个子集。也就是说，如果某人拥有集合 ψ 中的特征，他就会参加培训项目，否则他就不会参加培训项目。为了简化符号，我们将所有解释变量重新

表示为$C=(X, Z)$，其中X和Z可能含有相同的变量。如果可以观测到样本中每一个人的C的所有元素，同时如果$U_1\equiv 0$且$U_0\equiv 0$，那么就有$Y_1=g_1(X)$和$Y_0=g_0(X)$，但g_1，g_0和ψ仍有可能无法得出。因为可用样本中可能没有包含足够的变动来得到g_1，g_0或者ψ。

假设没有不可观测的变量，同时假设在解释变量上样本具有充分的变动性，那么就可以利用参与者的数据来估计g_1，利用非参与者的数据来估计g_0，利用两个合并的样本来估计ψ。从而可以为每个人构建出Y_1和Y_0，同时估计出样本中每一个人的总参与收益。有了g_1，g_0和ψ，就可以就样本中的每个人回答评估问题中的问题1、问题2和问题3′。[3]

在实际分析中，分析者不能观测到C的所有元素，因为我们从来没有准确地预测出Y_1或Y_0，也没有准确地预测出D值。收入函数和参与函数中不可观测的部分是评估问题产生的主要根源。受限于可以获得的信息，这些缺失部分使我们将Y_1，Y_0和D看成是随机变量。这种内在随机性使得不可能为每一个人估计出Y_1和Y_0。取而代之的是，在可用信息及其特征既定的情况下，我们采用统计方法估计Y_1，Y_0和D的联合分布。

令下标a代表可用信息。那么，C_a包含着分析者能够得到的决定Y_1，Y_0和D的变量。这些变量可能既包含着C的部分元素，又包含着缺失成分的代理变量。当$C_a=c_a$时，Y_1，Y_0和D的联合分布为：

$$F(y_0, y_1, d|c_a)=Pr(Y_0\leqslant y_0, Y_1\leqslant y_1, D=d|C_a=c_a) \tag{2.4}$$

在这里我们遵循惯例，用大写字母表示随机变量，小写字母表示它们的具体值。如果式（2.4）已知，C_a的分布已知，那么就可从以下几方面回答问题1、问题2和问题3′：得出Y_0，Y_1的总体分布；参与项目的总收益的总体分布，$\Delta=Y_1-Y_0$；得出在既定C_a下$D=1$的概率。但即使拥有理想的实验数据，要想得到联合分布（2.4）也很困难。这是因为即使在实验里，也不可能对每一个人既观测到Y_1又观测到Y_0。

1.5 项目评估中我们感兴趣的参数

如果知道参与者潜在收入的联合分布，$F(y_0, y_1 \mid D=1, c_a)$，那么问题1就可以在总体层面而非个体层面得到回答。从收入的联合分布出发，可以得出培训项目的影响$\Delta=Y_1-Y_0$的分布，即$F(\Delta \mid D=1, c_a)$。用所有人潜在收入的分布，$F(y_0, y_1 \mid c_a)$，可以从总体层面回答问题2。$F(y_0, y_1 \mid c_a)$可由式（2.4）和解释变量的分布经过基本的概率运算得到。这样我们就可以知道随机地将一个人由分布$F(y_0 \mid c_a)$移到分布$F(y_1 \mid c_a)$所能得到的收益。由式（2.4）计算参与可能性，$Pr(D=1 \mid c_a)$，便可回答问题3′。

许多评估方面的文献从收入变量的平均值出发将问题1的答案定义为：

$$E(\Delta|D=1, c_a)=E(Y_1-Y_0|D=1, c_a) \tag{2.5}$$

将问题2的答案定义为：

$$E(\Delta|c_a)=E(Y_1-Y_0|c_a) \tag{2.6}$$

尽管在评估研究中人们考察平均影响，但影响的分布，$F(\Delta \mid D=1, c_a)$和$F(\Delta \mid c_a)$

的中位数及其他分位数引起了人们更大的兴趣。在评估社会项目时，除了平均影响之外，我们还有兴趣知道：

（1）从项目中获益的参与者的比例，$Pr(Y_1>Y_0 \mid D=1)$；

（2）参与者影响分布的特定分位数$\inf_\Delta\{\Delta: F(\Delta \mid D=1)\geqslant q\}$，式中，$q$ 是影响分布的分位数；

（3）非参与者收入分布上特定点的参与者的影响分布，$F(\Delta \mid D=1, Y_0=y_0)$；

（4）收入最大值的期望值：$E[\max(Y_1, Y_0)]$。

解决这些问题都需要知道(Y_1, Y_0)的联合分布。目标（1）是出于我们想知道参加项目会使多少人受益，目标（2）是出于我们想知道从培训项目中获益最多（和最少）者所受的影响，目标（3）是出于我们想知道获益的分布如何取决于未参加状态下的收入，目标（4）是出于我们想知道如果行为主体可以在 Y_1 和 Y_0 之间选择，并且参加项目可获得工作补贴而不参加则没有时，项目所创造出的选择价值，即 $E[\max(Y_1, Y_0)]-E(Y_0)$。(see Clements, Heckman and Smith (in press)，他们定义和估计了 JTPA 项目的几个选择价值。)

即使式（2.5）或式（2.6）中的平均影响是零，我们仍然有兴趣知道参与者或总体中从项目获益的人所占的比例。计算第一个概率需要知道 $F(\Delta \mid D=1, c_a)$，它等于 $Pr(\Delta>0 \mid D=1, c_a)$。为了确定“削脂行为”是否存在，即培训中心选择最优秀的人参加项目（他们拥有更高的 Y_1 和 Y_0 值），我们有必要对 Y_1 和 Y_0 之间的相关性或随机依赖性进行考察。这需要知道联合分布 $F(y_1, y_0 \mid D=1, c_a)$ 和 $F(y_1, y_0 \mid c_a)$ 的特征。[4]

1.6　选择偏差

对于参与者，我们能观测到 Y_1，但缺失 Y_0，这一问题使得我们用非参与者的收入来推断如果那些参与者不参加项目收入将会怎样。分析人员可通过社会项目的行政记录以及普通非实验性对照组的数据得到参与者的收入分布 $F(y_1 \mid D=1, c_a)$和非参与者的收入分布 $F(y_0 \mid D=0, c_a)$。有时，项目记录数据非常完整和丰富，使我们能够得到项目的参与概率，$Pr(D=1 \mid c_a)$。但是除非有更深入的信息可以利用，或提出进一步的行为假设，否则这些信息不足以得出式（2.4）甚至式（2.5）。

通常，对于相同的 C_a 值，$C_a=c_a$，那些项目参与者如果不参加项目时的收入分布并不等于那些非参与者的收入分布。因此，

$$\begin{aligned} &F(y_0|D=1,c_a)\neq F(y_0|D=0,c_a)\\ &F(y_1|D=1,c_a)\neq F(y_1|D=0,c_a) \end{aligned} \tag{2.7}$$

这就导致了收入分布中的选择偏差问题。对选择偏差问题更为习惯的表述是从均值角度切入：

$$E(\Delta|D=1,c_a)\neq E(Y_1|D=1,c_a)-E(Y_0|D=0,c_a) \tag{2.8}$$

简单来说，即使在对 C_a 调整之后，那些参与者在未参加状态下的平均收入也不同于那些非参与者的平均收入，从这个角度来讲，参与者不同于非参与者。例如，其他条件相似，参与者比非参与者更易受到激励。如果受到激励后既能提高收入又会影响项目参与决

策，那么即使参与者不参加培训，他们也比非参与者挣得多。如果不能控制评估中的这种差异，我们会将易受激励者的较高收入不正确地归因于他们参加了培训项目。

学界要么从均值的角度要么从整体分布的角度提出了很多方法来解决选择偏差问题。Heckman（1990a，1990b），Heckman and Honoré（1990），Heckman and Robb（1985，1986a，1986b）从计量经济学和统计学角度提出了在非实验性评估中解决这一问题的方法。Heckman（1992）以及 Heckman and Smith（1993，1995a）总结了实验性方法。不管使用的是实验性方法还是非实验性方法，必须采用一些不可验证的前提假设来复原分布中缺失的部分。所有评估问题的解决方法都依赖于假设。构建假设通常会产生争论，因为分析人员对于什么才是满意的假设通常不能达成一致。我们将在第 2 部分和第 3 部分讨论构成实验性和非实验性评估方法基础的各种假设。

2. 实验性评估方法

2.1 实验如何解决评估问题

在回答问题 1 和问题 2 时，总会提及随机化社会实验的例子。[5] 从这一点出发，回答问题 3′的参与方程却是一个“冗余函数”，因为这个方程可能产生选择偏差问题。如果项目参与决策随机决定，那么这种随机化会使参与状态在统计上独立于(Y_1, Y_0, C)。为了简化符号，我们在本章接下来的部分去掉 C 的下标 a，让它隐藏起来。

为了将随机化阐释得更为清楚，再引入两个变量是很有用的。第一个是 D^*，它与前面曾定义的变量 D 类似，但反映的是随机分配情况下的项目申请和接受。随机化情形中，如果某人选择参加项目，则 $D^*=1$；否则 $D^*=0$。第二个新变量是 R，指的是当 $D^*=1$ 时随机进入实验处理组。如果某人被随机分入处理组，则 $R=1$；否则 $R=0$。在这里我们假设每个随机进入实验处理组的人都参加培训项目。$D^*=1$ 时 $R=1$ 的概率用 p 来表示，当没有随机化时 $p=1$。

如果随机化影响参与决策，那么 D 与 D^* 就不相同。在标准的社会实验方法中，随机化是在得到 D^* 值之后进行的。当 $D^*=1$，R 被构建出来并独立于(Y_1, Y_0, C)。随机化并没有对同一个人既得出 Y_1 又得出 Y_0，所以从这个意义上讲，它并没有解决评估问题。

随机化的支持者隐含了这样一个假设：存在 p，使得

$$Pr(D=1|c)=Pr(D^*=1|c,p) \tag{AS-2.1}$$

或假设它在“实践中”是正确的，因而随机化没有改变人们参加项目的可能性。如果这个假设不正确，那么随机化下参与者的特征将不同于没有随机化时参与者的特征。很多理由使我们质疑假设（AS-2.1）的正确性。当它不成立时，实验数据估计的是 $E(\Delta \mid D^*=1, c)$ 而不是 $E(\Delta \mid D=1, c)$。只有当随机化是被评估项目的永久特征时，我们才有兴趣知道前者（即 $E(\Delta \mid D^*=1, c)$。如果随机化影响了参与过程，那么这两个参数将显著不同。

除此之外，定义随机化情况下的收入为(Y_0^*, Y_1^*)，实验需要假设随机化下的收入分布同非随机化下的一样。也就是说，他们需要以下假设，对$(y_1^*, y_0^*)=(y_1, y_0)$，

$$F(y_1^*, y_0^*, c \mid D^*=1)=F(y_1, y_0, c \mid D=1) \tag{AS-2.2}$$

如果假设（AS-2.1）或假设（AS-2.2）不成立，将会导致参数估计的随机化偏差。我们会在后面详细讨论这个问题。

如果假设（AS-2.1）和假设（AS-2.2）是正确的，因而不会有随机化偏差，那么，

$$F(y_1, c \mid D^*=1, R=1)=F(y_1, c \mid D^*=1)=F(y_1, c \mid D=1) \tag{2.9a}$$

$$F(y_0, c \mid D^*=1, R=0)=F(y_0, c \mid D^*=1)=F(y_0, c \mid D=1) \tag{2.9b}$$

且

$$E(Y_1 \mid R=1)-E(Y_0 \mid R=0)=E(\Delta \mid D=1) \tag{2.10}$$

社会实验通过对本来的参与者进行随机分配来直接获得缺失的反事实分布，$F(y_0, c \mid D=1)$，以“解决”评估问题。对参与者和随机剔出的非参与者进行简单的均值差异估计就可以从均值角度回答问题 1。由于 R，样本中参与者和非参与者在解释变量 C 的分布上是相同的。从这个意义看，随机数据是理想的。未受过统计训练的人，比如政府官员和项目管理者，能够理解均值，同时不需要对数据进行复杂的统计调整和函数形式假设。

此外，即使假设（AS-2.1）和假设（AS-2.2）不成立，式（2.10）仍有可能正确。这种情况存在于 Heckman（1978）提出的被广泛使用的虚拟应变量模型中。例如，

$$Y_1 \equiv \alpha + Y_0 \tag{2.11}$$

式中，α 是一固定常数，对每个人都相同，且不受随机分配的影响。在统计学中，这个模型被称为“所有单元固定处理效应模型”。在线形回归模型中，我们可以将式（2.11）写为 $X\beta_1=\alpha+X\beta_0$。即使假设（AS-2.1）和假设（AS-2.2）不成立，式（2.10）仍是正确的，因为参与的影响对每个人都是一样的，所以即使随机分配存在时参加项目的人与随机分配不存在时参加项目的人不同也没有关系。虚拟应变量模型被广泛应用于实际工作。经常也将 α 当作 X 的函数，比如 $\alpha(X)=\varphi' X$。在这些模型中问题 1 与问题 2 有相同的答案，同时随机化保证了答案的可信度。

处理效应同质（每个人都有相同的 α）的要求可以放宽，并且即使不满足假设（AS-2.1）和假设（AS-2.2），式（2.10）仍然有可能成立。假设一个随机回应模型，有时也称随机系数模型，比如

$$Y_1 = Y_0 + (\alpha + \varphi) \tag{2.12a}$$

式中，φ 代表在有了一个一般回应 α 之后每个人的特殊回应，同时有

$$E(\varphi \mid D^*=1)=0 \tag{2.12b}$$

如果潜在的受训者和培训中心在培训开始之前不知道 φ，那么在做出项目参与决策时用 α 来代替 $\alpha+\varphi$，式（2.10）仍然正确。在这种特殊情形中，即使对处理的回应是异质的，使用实验数据的简单均值差异估计量仍然能够对问题 1 就均值差异进行回答。如果自变量要通过模型得出潜在结果，那么式（2.12b）必须扩大以将它们包含在条件集合中。我们将在 3.4 部分对这个例子使用工具变量法进行非实验性评估。

2.2 随机分配的局限

社会实验有一些不足之处。Heckman and Smith（1993，1995a），Burtless（1993，1995）对社会实验的价值进行了一般性讨论。在第2部分接下来的篇幅中，我们将详细讨论三种类型的不足：随机化偏差，替代偏差，以及当 $D=1$ 时依赖于结果联合分布的参数无法通过实验数据获得。

社会实验还有其他一些局限，也曾在文献中得到了讨论。Heckman and Smith（1993，1995a）指出，在项目参与过程中，由于制度性限制，往往不能在最优的时间点进行随机分配。Burtless and Orr（1986）讨论了道德对随机分配的影响。Torp，Rauum，Hernaes and Goldstein（1993）描述了挪威的一次实验性评估如何遭到了敌对官员的破坏。Bloom（1984）和 Heckman，Smith and Taber（1994）考虑了实验处理组中有人退出项目，没有接受或只接受了部分培训的问题。

最后，我们需要指出，除了问题1和问题2，政策制定者还关注问题3、问题7和其他类似问题的答案。[6]这些问题中的一部分在理论上可以通过随机分配得以评估，但在大多数情况下，现实中几乎不可能这样做。比如，项目进入补贴或完成补贴在理论上可以被随机分配，但家庭背景变量和当地劳动力市场状况不能被随机分配。既然实验只能回答评估人员所感兴趣的问题中的一部分，那么积累社会科学基础知识仍然非常重要，它可以使我们更好地运用非实验性方法，也可以通过提供工具使我们能够对实验数据进行更广泛的分析。

2.3 随机化偏差

在农业实验和生物实验中假设（AS-2.1）和假设（AS-2.2）是完全自然的，随机化实验的费雪模型最初也是为它们提出来的。但是对社会科学而言，费雪模型会产生误导。人依目的行事，对他们的选择环境进行随机化后他们的行为也会改变。[7]

在非随机化机制中，某人本希望被接收参与培训。引入随机化后，接受阶段的不确定性将可能改变他的申请决策或使他采取一些行为来补充培训。风险厌恶者倾向于避开此类项目。如果培训中心在筛选程序之后再进行随机化，那么他们将筛选出更多的人以达到他们的绩效目标。这会导致受训者质量的降低。

人力展示研究公司（Manpower Demonstration Research Corporation，MDRC）最近完成了一份报告（Doolittle and Traeger，1990）。报告的基础是作者最近实施JTPA项目实验性评估时的经历。这份报告为随机性偏差在实践中的重要性带来了启示。单个JTPA工作培训中心参与实验是非强制的。在争取地理上分散的各个培训中心时，MDRC遭遇了超过90%的拒绝率。Doolittle and Traeger（1990）提到，培训中心主要担心的是，在保障固定的服务人数的前提下，加入一个控制组会迫使他们降低项目的准入标准。项目参与者质量的降低会有损培训中心的绩效，从而会减少他们所获得的激励性报酬。因为在JTPA绩效标准系统中，培训中心的报酬取决于受训者的劳动力市场结果。这类因随机化而导致的管理上的改变是随机化偏差的重要来源。MDRC（Doolittle and Traeger，1990）的分析人员总结道：

> 在一个正提供各项服务的项目中实施一个复杂的随机分配研究方案，将不可避免

地以某种方式改变这个项目的运行……随机分配研究最有可能引起的差异是……所服务客户的组成发生改变。为了得到控制组而不断扩大招聘的努力会引入与早期所服务人群不相一致的新申请者（p.121）。

由此可见，随机化偏差不仅仅是一个理论问题。它也是一个经常被社会实验的提倡者所忽视的很重要的实证问题。

2.4 替代偏差

当实验控制组成员能够得到实验处理的相近替代时，比如由其他提供者提供的相似服务或者不同资金安排下的相同服务，替代偏差就会产生。在医学临床实验中，这种情况经常发生，当病人发现自己被拒绝治疗，他们就会试图从其他地方获得医疗服务。当替代偏差存在时，控制组的结果不再与其未受处理时的状态相一致。

为了说明这一点，考虑下面这个简单的例子。假设在某项目中一半参与者将会因接受培训而获益10 000美元，而另一半只能获益100美元。参与者在参加了项目之后正式培训之前知道了他们所属的类型。进一步假设，这个项目包含补贴，能够将培训的价格从200美元降至0。在实验中，处理组中的每个人都会参加培训，但是控制组中只有那些获益10 000美元的人会参加培训。因为对于控制组的其余人，200美元的成本已经超过了100美元的收益。对实验性平均影响的估计（不包含成本）将会是50美元。相反，如果控制组中没有人参加培训，那么无偏的实验性影响估计值将会是5 050美元。两次估计中这5 000美元的差异就是由于只有一半控制组成员接受了被评估的培训所导致的替代偏差。

替代偏差的潜在实证重要性从Heckman，Hohmann，Khoo and Smith（1994）所作的JTPA评估中得到了证明。行政纪录显示，在随机分配后的18个月里，处理组中65%的人接受了培训。但是，根据处理组成员的自我报告，只有48%的人在这一期间接受了培训。同时，控制组中32%的成员自我报告说在同一时期从其他渠道获得了培训。通过对四个实验地点符合条件但是没有参加JTPA项目的人员的调查，15%～24%的人报告说，在相似的时期内获得了培训。这些数字说明控制组中一个较大的比例在实验期内接受了培训。以那些符合资格的非参与者为基准，控制组获得培训的水平超过了通常观测到的符合JTPA项目资格的低收入群体所获得的培训水平。

替代偏差问题不仅限于JTPA实验。许多早期的评估都遇到过同样的问题。例如，MDRC在对职业起始项目的评估中指出了许多相近替代物的存在（Cave and Quint，1991，pp.36-51）。Abt公司关于食品券雇佣和培训项目的研究也遇到了很严重的替代偏差问题（Puma，Burstein，Merrell and Silverstein，1990）。那些被随机剔出项目的人经常能够找到很好的替代物。一个详细全面的实验性评估必须解释不同替代物之间的选择和替代物的内容。亦即，当存在替代偏差时，有必要采取补充性的非实验性分析。

2.5 对只能从结果的联合分布中得以体现的参数的约束

理想的实验能够得到边际结果分布，$F(y_1 \mid D=1)$ 和 $F(y_0 \mid D=1)$，而不是结果的联合分布，$F(y_1, y_0 \mid D=1)$。这些边际分布足以使我们找出大量感兴趣的参数，包括实验的平均影响。要了解许多其他我们感兴趣的参数，需要结合联合分布的知识。

边际分布 $F(y_1 \mid D=1)$ 和 $F(y_0 \mid D=1)$ 对联合分布 $F(y_1, y_0 \mid D=1)$ 的约束问题

是数理统计中一个经典问题。Hoeffding（1940）和 Frechet（1951）证明了联合分布受到可以从实验数据中得到的边际分布的两个函数的制约，于是，

$$\mathrm{Max}[F(y_1|D=1)+F(y_0|D=1)-1,0]\leqslant F(y_1,y_0|D=1) \tag{2.13}$$
$$F(y_1,y_0|D=1)\leqslant \mathrm{Min}[F(y_1|D=1),F(y_0|D=1)]$$

这些约束离实际应用很遥远。为了简化，考虑离散型结果变量的情况，比如是否被雇佣。那些被随机分配进项目的人在完成项目之后被雇佣记为 E，没有被雇佣记为 N。那么被随机剔出项目的人在评估期间也有可能被雇佣或不被雇佣。这种情况下潜在的分布是双变量二项式。让$(Y_1,\ Y_0)$代表两种状态下的结果，这里 $Y_1,\ Y_0\in\{E,\ N\}$。与四种可能结果相对应的概率分别用 P_{EE}，P_{EN}，P_{NE} 和 P_{NN} 表示。

离散情况下 Frechet-Hoeffding 约束所得到的范围有多宽？Clements et al.（in press）使用来自 JTPA 实验的数据计算了这些范围，他们发现这些范围非常宽。即使不考虑抽样误差，成年男性的实验性证据与 P_{EN} 是一致的（实验处理后被雇佣，否则不会被雇佣的比例），范围从 0.01 到 0.29。[8] P_{NE} 的范围（实验处理后未被雇佣，否则反被雇佣的比例）一样很大，少则 0%多则 28%的人如果不参加项目反而可以找到工作。这两种可能性并非相互独立。因为平均影响 T 是已知的，$T=P_{EN}-P_{NE}$，较高的 P_{EN} 同较高的 P_{NE} 相联系。由此可见，我们不能区分以下两种情况：JTPA 项目使很多人找到工作而获益，但也使很多人比不参加项目时更难找到工作而受害；或者这个项目仅使它所服务的人中的一小部分受益或者受害。

类似的宽界限也出现在对 JTPA 实验得到的收入数据的检验上。对于成年男性，处理组与控制组收入（随机分配之后整整 18 个月内）之间的相关系数处于－0.79 与 1.00 之间，项目影响（定义为处理组和控制组之间的收入差异）的标准差介于 821 美元与 21 857 美元之间。对于所有四类人群，这个重要的参数都显著不等于零，这意味着数据与所有人具有同等项目影响的模型是不一致的。这些发现表明，未经先验信息和额外假设调整的实验数据难以对许多我们感兴趣的评估参数进行精确估计。只有当评估问题被从均值的角度唯一限定，才能说实验会提供一个精确的答案。Clements et al.（in press）给出了通过将先验信息融入对实验数据的分析来减少其内在不确定性的方法。

3. 非实验性评估方法

3.1　非实验性方法如何解决评估问题

因为上面已讨论的原因，社会科学家很少能够像实验室里的自然科学家那样得到真正的实验性数据。不能使用实验室方法来独立地改变实验并借此去除或分离假的因果关系制约了社会科学中获取客观知识的可能性。社会科学家经常使用主观思维实验代替实验室里的实验性变动，用假设替代缺失的数据。

由于最小识别假设不能由数据来验证（对于一个模型，最小识别假设的所有可能集合都能很好地解释观测数据，至少在大样本情况下如此），同时，用实证方法估计因果关系对这些假设很敏感，因此，在对社会科学数据因果关系的理解上不可避免地有争论。背

景、信仰和先验理论都决定了因果关系解释上的差异（参见 Simon（1957）对这个观点的早期阐述）。社会科学数据分析中的选择偏差问题是社会科学中因果关系推断这个一般问题的一个特例。本节考虑不同的假设，这些假设曾被用来解决由于选择偏差所导致的因果关系推断问题。我们将在培训对于收入的影响这一良好公式化的模型中来考虑这些假设的可信度。为估算不存在选择偏差情况下培训对收入的影响，我们的假设需要使用两类数据：（1）培训后收入的单一横截面数据；（2）同样的个体在不同时间的纵向数据。[9]

我们发现，和横截面分析相比，纵向分析中可以使用许多不同的和不必要的更为似是而非的假设。在纵向数据中可使用更多种最小识别假设的事实（因为纵向数据既可以当作单一横截面数据又可以当作重复横截面数据使用）并没有增加对纵向数据单独使用这些假设的可信度。

使用各种数据源一致估计无选择偏差情况下培训对收入的影响需要各种假设。在对这些假设的分析中，我们集中关注需要做出多少关于收入函数和控制参加与否的决策规则的先验信息的假设。我们证明除非采用明确的分布假设，否则所有的横截面评估量都需要至少一个表示决策规则的自变量，决策规则能够决定是否参加培训但又不直接表现在结果方程中。这看起来无关紧要，但是它排除了完全的非参数横截面方法。没有先验信息，就不可能在收入函数解释变量假设值的基础上对观测值进行分类，也不可能在无选择偏差情况下就培训对收入的影响做“无自变量”估计。相反，纵向和重复横截面评估量不需要排除性约束，因为它们假定影响结果的可观测和不可观测因素是加法可分离的，同时它们对不可观测因素的时间序列属性做出了假设。加法可分离性的假设是纵向方法所固有的，但对大多数横截面方法则并非如此。

我们只详细考虑了在非实验性评估中去除选择偏差的基本方法。绝大部分应用文献都依赖于这些方法。它们提供了一个讨论这些重要概念的简单背景。我们集中于识别问题，因为当前社会科学和统计学文献对该问题的研究还不够清晰。在讨论识别问题以及保障识别的各种假设之间的权衡问题时，我们认为，不存在可以应对所有情况下的选择偏差的“灵丹妙药”。有些分析人员声称找到了解决选择偏差问题的普适方法，而事实上，这些方法建立在很强的隐性行为假设基础上，在我们看来，这对有关选择偏差和项目评估方法的文献带来了损害。

早期关于选择偏差的研究经常施加不必要的强假设，比如正态性（例如，Little and Rubin（1987）通过引入随机正态性假定来“解决”数据缺失问题）。在对早期计量选择模型的批判中，这些强假设经常被当作攻击的靶子（比如 Heckman and Robb（1986b）所做的评论）。运用选择偏差程序分析所得的估计量具有高变动性，部分原因就在于强加了各种不必要的条件，而这些条件不能为识别我们感兴趣的参数提供帮助。早期文献为控制样本选择偏差对分布和函数形式的强假设如今已得到了放宽，推动了研究的进步。近期大量关于半参数和非参数估计的理论文献可以作为说明，包括 Andrews（1991），Cosslett（1991），Heckman，Ichimura，Smith and Todd（1995a，1995b），Heckman，Ichimura and Todd（1995a，b），Ichimura and Lee（1991），Powell（1989，1995）以及 Heckman（1990a，1990b，1993）等。Newey，Powell and Walker（1990）为其中部分方法的应用提供了实例。从不必要的假设中分离出必要假设是本部分的主要目标。

3.2 符号和项目参与模型

为集中于解决评估问题的计量方法本质，假设每个人只有一次机会参加培训。这次机会在第 k 期发生。对于参与者，培训只需要一期就可以完成。培训期间，参与者收入为零。我们假设收入就是我们感兴趣的结果的量度。

将某个人 i 在 t 时期的潜在收入定义为 Y_{0t}，为避免复杂，这里省略了下标 i。潜在收入是个人如果没有参与培训时的收入，与第 2 部分中所用的符号 Y_0 是一样的。潜在收入依赖于可观测特征组成的一个向量 X_t。

在 $t>k$ 的每一期，一个人有一对潜在的收入（Y_{0t}，Y_{1t}），分别与参加培训和未参加培训两种状态相对应。用式（2.2a）和式（2.2b）表示，当 $t>k$ 时，有

$$Y_{0t}=g_0(X_t)+U_{0t} \tag{2.14a}$$

$$Y_{1t}=g_1(X_t)+U_{1t} \tag{2.14b}$$

当 $t<k$ 时 $Y_{0t}=g_0(X_{0t})+U_{0t}$。对式（2.14a）和式（2.14b）的一种理解是，g_0 和 g_1 为条件概率，所以有 $E(Y_{0t}\mid X_t)=g_0(X_t)$ 和 $E(Y_{1t}\mid X_t)=g_1(X_t)$。对式（2.14a）和式（2.14b）的另一种理解是，它们是将可观测变量 X_t 与不可观测（指分析人员不可观测）的随机变量(U_{0t}，U_{1t})结合起来得到测量结果的函数关系。这是一种经典的理解，例如，Amemiya（1985）和 Haavelmo（1944）。

式（2.14a）和式（2.14b）的一种线性表达是：

$$Y_{0t}=X_t\beta_{0t}+U_{0t} \tag{2.15a}$$

$$Y_{1t}=X_t\beta_{1t}+U_{1t} \tag{2.15b}$$

这个模型最常见的情况是，假设 $U_{0t}=U_{1t}=U_t$，同时，除了截距，β_{0t}和β_{1t}相同。这就是 Heckman（1978）提出的虚拟应变量模型。在这个模型中，当 $t>k$ 时 Y_t 的观测值可写为：

$$Y_t=(1-D)Y_{0t}+DY_{1t}=D\alpha+X_t\beta_t+U_t$$

当 $t<k$ 时，写为 $Y_t=X_t\beta_t+U_t$。因而，在这个模型中，$Y_t=Y_{0t}+\alpha D$，$t>k$。

另一种被广泛使用的情况保持了 $U_{0t}=U_{1t}=U_t$ 的假设，但是允许对 X 的回应在接受培训和未接受培训状态下不同，所以 β_{0t}不必等于β_{1t}。在这种情况下，Y_t 的观测值由下式给出：

$$Y_t=D(\beta_{1t}-\beta_{0t})X_t+X_t\beta_{0t}+U_t=Y_{0t}+D(\beta_{1t}-\beta_{0t})X_t$$

一个更为一般的模型将两个假设都放宽，当 $t>k$ 时

$$Y_t=(1-D)Y_{0t}+DY_{1t}=X_t\beta_{0t}+DX_t(\beta_{1t}-\beta_{0t})+U_{0t}+D(U_{1t}-U_{0t})$$

这个模型同计量经济学中的随机系数模型相似（see Judge，Hill，Griffiths and Lee，1985）。接受培训的影响既依赖于可观测的特征又依赖于不可观测的特征。这个模型也是 Quandt（1972，1988）的转换回归模型。在这个模型中，评估问题 2 的答案——大样本情况下接受培训对于一个被随机挑选的人的影响等于 $E(Y_{1t}-Y_{0t}\mid X_t)$。假设 X_t 外生，有 $E(U_{1t}\mid X_t)=0$ 和 $E(U_{0t}\mid X_t)=0$，于是有 $E(Y_{1t}-Y_{0t}\mid X_t)=X_t(\beta_{1t}-\beta_{0t})$。在更为一

般的联立方程模型中我们有：

$$E(Y_{1t}-Y_{0t}\mid X_t)=X_t(\beta_{1t}-\beta_{0t})+E(U_{1t}-U_{0t}\mid X_t)$$

回答评估问题 1 的参数是 $E(Y_{1t}-Y_{0t}\mid X_t,D=1)$，式中，$E(Y_{1t}-Y_{0t}\mid X_t,D=1)=X_t(\beta_{1t}-\beta_{0t})+E(U_{1t}-U_{0t}\mid D=1,X_t)$。

可以看出，从状态 0 变为状态 1 不可观测的平均收益只是我们感兴趣的参数定义的一部分。

这个参数不同于传统计量经济学结构分析的观点，式中，U_{0t}和 U_{1t}通常被认为是冗余项，β_{1t}和 β_{0t}是“我们感兴趣的结构参数”。事实上，根据传统的外生性定义，$E(U_{1t}-U_{0t}\mid D=1,\ X_t)$ 要求等于零。传统的结构化方法与评估分析所采用的方法之间存在差异，这是因为，在评估中我们允许对接受培训的回应因人而异，并且，我们感兴趣的参数以个体的选择为前提。注意，在评估框架中，如果不同的研究考察的总体不同，那么不同研究所估计的参数也不同。这使得难以通过不同研究积累关于参数的知识。这种结构化方法强调对“深层”参数的估计，这些参数不因条件不同而改变。

如果 $E(U_{jt}\mid D=1,\ X_t)=E(U_{jt}\mid X_t)$，$j=0$，1，问题 1 和问题 2 的答案将是相同的。如果 $U_{0t}=U_{1t}$，这种情况也会发生。给定 X_t，如果 U_{1t}和 U_{0t}都独立于 D，这种情况仍会出现，这恰恰是对这些条件的定义。

在可分离模型中，平均结果出现选择偏差的条件是：

$$E(U_{0t}\mid D=1,X_t)-E(U_{0t}\mid D=0,X_t)\neq 0$$

在虚拟应变量模型中，这个条件是 E (U_t½$D=1$，X_t)^{1}0，即传统的外生定义。

3.3　决策规则

项目评估的结构化方法研究的是 D 和不可观测的(U_{0t}，U_{1t})之间的关系。参与培训的决策可能由潜在的受训者决定，也可能由项目管理者决定，或由两者共同决定。不管决策规则的具体内容是什么，结构化方法都是从指标函数的角度来考察（Heckman and MaCurdy，1986b）。令 IN 代表合适的决策制定者从参加培训中所获得的净收益。它包括了 k 期因为参加培训而损失的收入。它是可观测变量 Z 和不可观测变量 V 的函数。Z 变量可能包含在 X 变量中。但是，不出现在 X 变量里的那部分 Z 变量的存在，对于理论研究中几种针对选择偏差问题的解决办法是非常重要的。

我们将指标 IN 定义为：

$$IN=IN(Z,V) \tag{2.16}$$

根据这一函数，如果 $IN\geqslant 0$，则 $D=1$；否则 $D=0$。这是式（2.3）所定义的参与决策规则的一个具体形式。

一个常见的线性表达式是 $IN=Z\gamma+V$。V 的分布由 $F(v)=Pr(V<v)$ 定义。V 经常被假设为对每个人独立同分布，但这并不必要。令 $p=E(D)=Pr(D=1)$ 并假设 $0<p<1$。如果 V 的分布独立于 Z——这对于我们所考虑的大多数评估量都是不必要的，我们可以写为：$Pr(D=1\mid Z)=F(-Z\gamma)$，并得到一个熟悉的离散选择模型。

决策行为模型要求我们选择包含在 Z 里面的变量，并对结果过程的时间序列结构构建假设。首先，我们来考虑受训者自我选择模型，该模型的建立基础是对接受和不接受培训两种情况收入期望值的比较。为简便起见，我们假设培训项目接受所有的申请者。假设所有潜在的受训者都用一个共同的因子 $1/(1+r)$ 来贴现收入流。培训每期提高收入 α，这里的 α 对每个人可能相同也可能不同。在培训中，受训者获得补贴 S，当参与项目有直接成本时，S 可能为负。在第 k 期受训者没有收入。为了简化表达式，我们假设人永远存活。

在第 k 期，对于一个不接受培训的人来说收入的现值是

$$PV(0)=E_{k-1}\left[\sum_{j=0}^{\infty}\left(\frac{1}{1+r}\right)^{j}Y_{0,k+j}\right]$$

E_{k-1} 代表潜在受训者在第 $k-1$ 期有关信息的数学期望。受训者收入的期望现值是

$$PV(1)=E_{k-1}\left[\sum_{j=1}^{\infty}\left(\frac{1}{1+r}\right)^{j}Y_{0,k+j}+\sum_{j=1}^{\infty}\frac{\alpha}{(1+r)^{j}}\right]$$

对于一个考虑是否参加培训的人，若其风险中性且追求财富最大化，则当 $PV(1)>PV(0)$ 时他参加项目，或令 IN 表示式（2.16）所示决策规则的指标函数，

$$IN=PV(1)-PV(0)=E_{k-1}(S-Y_k+\alpha/r)>0$$

因此，培训决策由下式给出：

$$D=1 \quad 如果 \quad E_{k-1}(S-Y_k+\alpha/r)>0$$
$$D=0 \quad 其他$$

令 W 表示分析人员可观测到的那部分补助，并赋予系数 φ。令 τ 代表分析人员没有观测到的那部分，于是 $S=W\varphi+\tau$。该模型的一个特例是，在行为主体完全预期的情况下，有 $E_{k-1}(S)=S$，$E_{k-1}(Y_k)=Y_k$，$E_{k-1}(\alpha/r)=\alpha/r$。这种情况下有

$$\begin{aligned}&D=1 \quad 如果 \quad S-Y_k=W\varphi-X_k\beta+\alpha/r+\tau-U_k>0\\&D=0 \quad 其他\end{aligned} \tag{2.17}$$

于是，式（2.16）中，$(t-U)=V$ 并且 (W, X_k) 与 Z 一致。

假设决策规则（17）决定是否接受培训，并且 α 对于每个人相同。如果参加项目的成本对于所有的 t 都独立于 U_t（于是 W 和 τ 都独立于 U_t），那么当且仅当第 t 期不可观测变量的平均值独立于第 k 期不可观测变量时，有 $E(U_t \mid D)=0$；即对所有 $t>k$ 有 $E(U_t \mid U_k)=0$。U_t 与 D 相关与否关键取决于 U_t 的序列相关性。如果 U_t 是 m 阶移动平均，那么

$$U_t=\sum_{j=1}^{m}\eta_j\varepsilon_{t-j}$$

式中，ε_{t-j} 独立同分布。那么对 $t-k>m$，有 $E(U_t \mid D)=0$。但是，如果 U_t 遵循一阶自回归模式，正如我们在下面将讨论的，对于所有的 t 和 k 有 $E(U_t \mid U_k)\neq 0$。

这里的参与决策规则为讨论选择偏差问题提供了一个背景。本部分所讨论的估计量在对这些规则特征的依赖上存在很大不同。有些估计量并不要求了解决策规则的具体内容，有些估计量却对规则的详细程度有着种种要求。围绕决策规则的详细程度不可避免地存在

争论，分析人员往往偏好几乎不需要决策规则先验信息的估计量。但是，我们应该看到，抑制对参与决策的经济分析将导致带有强隐含行为假设的非正式经济分析。

3.4　解决评估问题的横截面方法

Heckman and Robb（1985，1986a，1986b）对各种横截面估计量进行了全面地讨论。他们论证了有必要拥有一个在 Z 中但不在 X 中的变量，使得不做(U_{0t}, U_{1t})的分布假设或条件均值假设就能回答评估问题。这个要求——有一个处在 Z 中但不在 X 中的变量——被称为排除性约束。工具变量法就是利用此原理的一种被广泛使用的横截面估计量。它也能被应用于纵向数据。但是，传统的纵向估计量利用的是未被观测变量的时间序列结构。单个横截面基础上的横截面方法不能利用这些信息。我们的讨论从工具变量估计量开始，同时考虑为这种方法的应用提供支持的行为假设和统计学假设。然后我们考虑其他横截面评估量，放宽行为假设，但代价是增加对不可观测变量的均值假设或分布假设。

3.5　工具变量法

工具变量法现被广泛运用于评估研究。Angrist，Imbens and Rubin（in press）最近对它做了进一步发展，但在评估研究中最早讨论工具变量法始于 Heckman and Robb（1985，1986a，1986b）。为了在最简单的环境中理解这种方法，来考虑下面这种被广泛使用的评估项目模型。令 Y 代表结果，比如收入。[10] 当某人参加培训项目时，定义 $D=1$，否则 $D=0$。使用标准回归模型，我们有 $Y=\beta+\alpha D+U$，这里 U 是均值为零的误差项，即 $E(U)=0$；假设 α 对每个人都是相同的。

在这个模型中，D 与 U 相关将导致选择偏差问题。那些参加项目的人可能正是那些如果不参加项目就有较高 U（或 Y）的人。正式的表达即，对选择偏差问题的关注就是对 $E(U \mid D=1)\neq 0$ 的关注。比如，如果更易被激励的人有更高的 U 值，同时更可能参加项目，那么这一项将会是正的，对 β 的简单回归估计将会偏高。

一个工具变量 Z 有两个属性。它与 U 无关，即 $E(U \mid Z)=0$；但同 D 相关，所以 $E(D \mid Z)=Pr(D=1 \mid Z)$是 Z 的非平凡函数，它对不同的两个 Z 值取至少两个不同值。将这一属性应用到收入方程中，并取 Z 的条件概率，我们得到

$$E(Y|Z)=\beta+\alpha Pr(D=1|Z)$$

考虑 Z 的两个不同值，比如说 Z_1 和 Z_2，有 $Pr(D=1 \mid Z_1)\neq Pr(D=1 \mid Z_2)$。分别估计 $Z=Z_1$ 和 $Z=Z_2$ 时的情况，有 $E(Y \mid Z_1)=\beta+\alpha Pr(D=1 \mid Z_1)$和 $E(Y \mid Z_2)=\beta+\alpha Pr(D=1 \mid Z_2)$。用其中一个等式减去另一个等式，解得

$$\alpha=\frac{E(Y|Z_1)-E(Y|Z_2)}{Pr(D=1|Z_1)-Pr(D=1|Z_2)}$$

使用样本矩代替总体矩，我们就得到了工具变量估计量。

这种方法需要一个工具 Z。社会科学数据中通常使用的工具可信度有多高？什么样的条件下这些方法能发挥作用？这些方法能不能推广到前面介绍过的、不同人不同 α 的模型中去？本部分讨论了这些问题。我们认为，在每个人回应不同的情况下，除非各人的具体回应不会影响他们参与项目的决策，否则无法使用工具变量法。这就要求，社会科学家通

过可用变量无法预测的个人项目收益不会影响被研究者是否参加项目的决策。一种可能的情况是，个人拥有关于项目收益的私人信息，这些信息无法从可用数据中得到反映，那么，工具变量方法不能估计出我们感兴趣的行为方面的评估参数。工具变量模型对人们如何处理信息的假设极其敏感。

本部分的剩余篇幅考虑 3.2 部分介绍的模型，在这里，特征 X 下的条件均值是 $E(Y_1 \mid X)=g_1(X)$ 和 $E(Y_0 \mid X)=g_0(X)$，于是

$$Y_j=g_j(X)+U_j, \quad j=0,1 \tag{2.18}$$

其中，$E(U_0 \mid X)=0$，$E(U_1 \mid X)=0$。在通常的回归中，$g_0(X)=X\beta_0$，$g_1(X)=X\beta_1$。结果的观测值 Y 可以写为 $Y=DY_1+(1-D)Y_0$。令式（2.18）中的 j 等于 0 和 1，代入，得

$$Y=g_0(X)+D(g_1(X)-g_0(X)+U_1-U_0)+U_0 \tag{2.19}$$

这是在 3.2 部分讨论过的“双态”或“转换回归”模型。

这一项乘以 D 就是收益，它由两部分构成。第一部分是 $g_1(X)-g_0(X)$，表示拥有特征 X 的人的平均收益。第二部分是 U_1-U_0，表示每人的特殊收益。在这个式子中，令 $\Delta=Y_1-Y_0$，那么平均收益——评估问题 2 的答案，由下式给出：

$$E(\Delta|X)=g_1(X)-g_0(X)$$

培训对于受训者的影响，即评估问题 1 的答案，由下式给出：

$$E(\Delta|X,D=1)=g_1(X)-g_0(X)+E(U_1-U_0|X,D=1)$$

后者与前者的差异在于后者多了一项 $E(U_1-U_0 \mid X, D=1)$。这一项说明了受训者的平均收益与整个人群平均收益之间的差异。它就是从状态 0 变至状态 1 的期望收益。尽管整个人群的平均收益是 $g_1(X)-g_0(X)$，但是不同的参与者具有不同的收益。我们可以从这些参数的角度将式（2.19）重新写为

$$Y=g_0(X)+DE(\Delta|X)+[U_0+D(U_1-U_0)]$$

和 $$Y=g_0(X)+D[E(\Delta|X,D=1)]+\{U_0+D[U_1-U_0-E(U_1-U_0|X,D=1)]\}$$

这个式子很复杂，但它可以简化。令 $g_0(X)=\beta(X)$，$\alpha(X)=g_1(X)-g_0(X)+U_1-U_0$。令 $\varepsilon=U_1-U_0$，同时令 $U_0=U$。为简便起见，我们不考虑 β、α 决定于 X 的具体关系式，于是有 $\beta(X)=\beta$ 和 $\alpha(X)=\alpha$。这样，式（2.19）可以写为一个虚拟变量回归

$$Y=\beta+D\alpha+U \tag{2.19$'$}$$

但是现在，即使控制了特征 X，由于回应的异质性，整个人群的 α 不同。

上式可以写为

$$Y=\beta+D\bar{\alpha}+(U_0+D\varepsilon) \tag{2.20$'$}$$

$\bar{\alpha}$ 表示人群中的一个平均人放置进项目的情形。（通常情况下，是 $\bar{\alpha}$ 关于 X 的函数 $\bar{\alpha}(X)$，这里对 $\bar{\alpha}(X)$ 进行了与 $\beta(X)$、$\alpha(X)$ 同样的处理。）培训对于受训者的影响是

$$E(\Delta|X,D=1)=E(\alpha|D=1,X)=\bar{\alpha}+E(\varepsilon|X,D=1)=\alpha^*$$

X 不重要是因为它被假设独立于 U，$E(U1/2X)=0$。与式（2.21）对应的是

$$Y=\beta+D\alpha^*+\{U+D(\varepsilon-E(\varepsilon|D=1))\} \tag{2.21'}$$

可以在有截距的情况下做 Y 对 D 的回归来估计 $\bar{\alpha}$ 和 α^* 吗？D 的回归系数总可以写为两均值之间的差异。设 α 依概率收敛于 $\tilde{\alpha}$，则 $\tilde{\alpha}$ 为大样本情况下回归系数的值。对该极限值有三种不同的表示：

$$\tilde{\alpha}=E(Y|X,D=1)-E(Y|X,D=0) \tag{2.22a}$$

$$\tilde{\alpha}=\bar{\alpha}+E(\varepsilon|X,D=1)+[E(U|X,D=1)-E(U|X,D=0)] \tag{2.22b}$$

$$\tilde{\alpha}=\alpha^*+E(U|X,D=1)-E(U|X,D=0) \tag{2.22c}$$

由式（2.22b）可知，$\bar{\alpha}$ 偏离 $\tilde{\alpha}$ 的量是

$$E(\varepsilon|X,D=1)+[E(U|X,D=1)-E(U|X,D=0)]$$

由式（2.22c）可知，α^* 偏离 $\tilde{\alpha}$ 的量是

$$E(U|X,D=1)-E(U|X,D=0) \tag{2.23}$$

式（2.23）有时被称为选择偏差项。它说明了基本状态收入在项目参与者和非参与者之间的差异。这种差异不是由项目引起的。按前面的符号，$U_0=U$，有

$$\begin{aligned}E(U|X,D=1)-E(U|X,D=0)&=E(U_0|X,D=1)-E(U_0|X,D=0)\\&=E(Y_0|X,D=1)-E(Y_0|X,D=0)\end{aligned}$$

$\bar{\alpha}$ 和 α^* 之间的差异是整个人群（被定义为 0）中的一个平均人未被观测到的收益与一个平均参与者的未被观测到的收益之间的差异。这个差异是

$$E(\varepsilon|X,D=1)=E(U_1-U_0|X,D=1)$$

因此，α^* 和 $\bar{\alpha}$ 之间的差异就是由 D 所定义的两个群体未被观测到的收益之间的差异。这些未观测收益也许能被那些决定参加项目的人观测到，只是对试图估计项目影响的社会科学家而言它们才是不可观测的。只有当既定 D 和 X 条件下未被观测的平均收益为零时二者才是一致的，即当下式成立时，α^* 与 $\bar{\alpha}$ 相等：

$$E(\varepsilon|X,D=1)=0=E(U_1-U_0|X,D=1)$$

现在，我们给出 $\bar{\alpha}=\alpha^*$ 的两个重要特例。一是当 $U_1=U_0$ 时。这种情况下，收益中不存在不可观测部分。这就是 3.2 部分中介绍过的被广泛使用的虚拟应变量或共同系数模型。它假设，对于相同的特征 X，参加项目对每个人的影响相同。

第二个特例更为微妙。在这种情况下 $U_1\neq U_0$，但是 U_1-U_0，或与 U_1-U_0 相联系或依赖于 U_1-U_0 的信息，并不决定谁将会参加项目。例如，假设人们在参加项目时不知道 $\varepsilon=U_1-U_0$，他们对 ε 的最好预测是零或其他常数。那么，如果他们关于 ε 的经验是整个人群的对 ε 的经验的典型，有 $E(\varepsilon \mid X, D=1)=0$ 并且 $\bar{\alpha}=\alpha^*$。这种情况和传统计量经济学中的随机系数模型有很多共同特征。

我们注意到，不论是 $U_1=U_0$ 的情况，还是在做出参与决策时 ε 不可预测的情况，利

用受训者和非受训者结果之间的差异来估计 $\bar{\alpha}$ 或 α^* 的问题都可以归结为 D 是否独立于 U 的问题。

我们还注意到，对于（2.21′）的参数估计，由 α^* 的定义可知，D 同 $D[\varepsilon-E(\varepsilon \mid X, D=1)]$ 无关。因此，不论 $E(\varepsilon \mid X, D=1)=0$ 是否成立，

$$E=(\varepsilon-E(\varepsilon|X,D=1)|X,D=1)=E(\varepsilon|X,D=1)-E(\varepsilon|X,D=1)=0$$

即使参加项目的决策至少部分地根据收益的不可观测部分做出，如果我们感兴趣的系数是 α^*，那么培训对于受训者的影响，即"误差项"和 D 之间关系的唯一来源，取决于 U。

工具变量必须满足两个基本条件和一个派生性条件，即第三个条件。首先，工具必须独立于式（2.20′）或式（2.21′）中的误差项，而依赖于我们感兴趣的参数。识别 $\bar{\alpha}$ 需要条件

$$E(U+D\varepsilon|X,Z)=0 \tag{IV-2.1a}$$

识别 α^* 需要条件

$$E(U+D(\varepsilon-E(\varepsilon|D=1))|X,Z)=0 \tag{IV-2.1b}$$

第二个条件是，D 按下式取决于 Z：

$$E(D|X,Z)=Pr(D=1|X,Z) \tag{IV-2.2}$$

因此，上式是 Z 的一个函数。换句话说，Z 并不能由 X 做出全面解释。一个隐含的假设是，参与概率取决于两个或更多 Z 值，这样，参与概率取决于 Z。同样，参与概率取决于 X。

第三个条件是 Y 对 Z 的依赖只通过 D 来实现。这个条件是前两个条件的结果，但是它很重要，所以值得单独列出。我们知道，β，$\bar{\alpha}$ 和 α^* 可能依赖于 X，对 $\bar{\alpha}$ 而言，导出的第三个假设是

$$E(Y|X,Z)=\beta+\bar{\alpha}E(D|X,Z)=\beta+\bar{\alpha}Pr(D=1|X,Z) \tag{IV-2.3a}$$

对 α^* 而言，所需要的假设是

$$E(Y|X,Z)=\beta+\alpha^* E(D|X,Z)=\beta+\alpha^* Pr(D=1|X,Z) \tag{IV-2.3b}$$

对于 Z 的两个不同值 Z_1 和 Z_2，使 $Pr(D=1 \mid X, Z_1)\neq Pr(D=1 \mid X, Z_2)$，我们可以通过构建一个简单均值差异来识别 $\bar{\alpha}$ 或 α^*。因此，由条件（IV-2.1a）、条件（IV-2.2）和条件（IV-2.3a）得

$$E(Y|X,Z_1)-E(Y|X,Z_2)=\bar{\alpha}[Pr(D=1|X,Z_1)-Pr(D=1|X,Z_2)]$$

于是我们有

$$\bar{\alpha}=\frac{E(Y|X,Z_1)-E(Y|X,Z_2)}{Pr(D=1|X,Z_1)-Pr(D=1|X,Z_2)}$$

用样本均值来代替总体均值，可以得到工具变量估计量。在标准条件下，该估计量相

合于 $\bar{\alpha}(X)$。同理，条件（IV-2.1b）、条件（IV-2.2）和条件（IV-2.3b）意味着

$$\alpha^* = \frac{E(Y|X,Z_1)-E(Y|X,Z_2)}{Pr(D=1|X,Z_1)-Pr(D=1|X,Z_2)}$$

简单来说，工具变量就是“不出现在总体结果方程中”，但“出现在”参与决策预测方程中的变量。

在共同影响模型中，$\varepsilon=U_1-U_0=0$，Heckman（1978）说明了传统的工具变量能够识别出 $\alpha^*=\bar{\alpha}$。在这个模型里，ε 不是 D 的决定因素，即

$$Pr(D=1|X,Z,\varepsilon)=Pr(D=1|X,Z)$$

或 $$Pr(D=1|X,Z,Y_1-Y_0)=Pr(D=1|X,Z)$$

Z 也必须满足相同的条件，即它必须与 U 无关，并且不出现在结果方程中。我们可以忽视 $D\varepsilon$ 这一部分，因为

$$E(D\varepsilon|X,Z)=E(\varepsilon|X,Z,D=1)Pr(D=1|X,Z)=0$$

这又因为 $E(\varepsilon \mid X,\ Z,\ D=1)=0$。

因此，$\bar{\alpha}=\alpha^*$ 的这两个特例就是我们可以使用传统工具变量法的情形。（Heckman and Robb，1985，1986a，1986b 对这两个特例进行了进一步讨论。）更一般的情况该怎么办呢？考虑与 α^* 相联系的式（2.21′）。既然误差项与 D 相关的唯一来源是通过 U，而不是通过 $D[\varepsilon-E(\varepsilon \mid X,\ D=1)]$，那么工具变量法看起来就比较有希望。如果条件（IV-2.1b）、条件（IV-2.2）和条件（IV-2.3b）得到满足，那么就可能用这种方法识别 α^*。我们需要一个影响参与决策但与方程参数无关的变量。这就要求

$$\begin{aligned} E(\bar{\alpha}+\varepsilon|X,Z,D=1) &= g_1(X)-g_0(X)+E(\varepsilon|X,Z,D=1) \\ &= g_1(X)-g_0(X)+E(U_1-U_0|X,Z,D=1) \end{aligned}$$

不依赖于 Z。

在 $U_1-U_0=0$ 或 $E(\varepsilon \mid X,\ Z,\ D=1)=0$ 的情况下，该条件能够自动得到满足。当 ε 不能由 Z 但可以由 X 来预测时，它同样得到了满足。Heckman and Robb（1985，1986a，1986b）证明，这个条件在决策规则明晰的模型中很难被满足。如果个人根据未被观测到的收入或者根据（随机地）依赖于未被观测到的收入的变量来选择是否参加项目，这个条件将不会得到满足。

在人们对培训的回应不同时，要使用工具变量法来估计培训对受训者的平均影响，都需要做出一个关于人们如何做出参与决策的行为假设。这个问题不能通过统计分析来解决。

我们来看一个被普遍认为是成功使用工具变量法的例子。要识别服兵役对收入的影响，征兵随机号码被认为是一个理想的工具变量（Angrist，1990）。1969 年征兵的过程中，不同的优先号码 Z 被随机分配给不同生日的人。号码越大，被征入伍的可能性越小。持有大号码的人事实上不可能被选去服兵役。令“1”代表士兵，“0”代表普通公民，如果人们可以部分地预料收益，$U_1-U_0=\varepsilon$，或者将他们是否参军的决策建立在与 ε 相关的变量上，那么选择参军（即 $D=1$）的高 Z 值持有者，很可能拥有较高的 ε 值。这违反了

条件（IV-2.3b），并使得征兵号码成为一项无效的工具。我们尚不清楚决定入伍的人在做决策时是否比使用标准数据的分析人员拥有更多的信息。如果这些信息在预测入伍所获收益时确实发挥了作用，那么征兵号码就不是一个有效的工具。

还有另外两个原因能够说明征兵随机号码是拙劣的工具变量。首先，Z 有可能就是 X，因为拥有高 Z 值的人，被征走的几率低，他们对那些向员工进行投资的雇主可能更具吸引力。因为他离开企业服兵役的可能性小，所以一个不可能被征走的人可能是一项更好的投资。因为 Z 就是 X，所以违反了条件（IV-2.3b）。其次，从无规则的征兵转换为随机号码征兵制减少了不确定性，并有可能改变各个 Z 值水平上的人们的投资行为。在这种情况下，从普通征兵转变为随机号码征兵制会影响 α^* 和 $\bar{\alpha}$，因为它根本地改变了学校教育和工作培训投资决策。因此，了解随机号码征兵制中兵役如何影响收入将不会有助于我们了解普通征兵制中兵役对收入的影响。

第二个例子，有人提议用福利收益的跨州变动作为估计培训对受训者影响的工具。让 Y_0 代表没有参加培训时的收入，Y_1 代表参加了培训的收入。福利收益水平的决定因素 Z，不一定进入 $g_0(X)$或 $g_1(X)$。但是它们能进入

$$E(\varepsilon|X,Z,D=1)=E(U_1-U_0|X,Z,D=1)$$

因为如果各州的(U_0, U_1)分布相同，同时，慷慨的福利计划对参与培训项目有抑制作用——因为这会诱使人们停留在劳动力市场之外，并且项目参与者参加项目时至少部分地了解 U_1-U_0，那么拥有较高 U_1-U_0 值的人将趋向于出现在高福利州的项目参与者中。在这种情况下，条件（IV-2.3b）遭到了破坏，福利的跨州变动不能通过工具变量法识别 α^*。

可能有人认为，既然

$$E[U_1-U_0-E(U_1-U_0|X,D=1)|X,D=1]=0$$

或等价地，既然

$$E[\varepsilon-E(\varepsilon|X,D=1)|X,D=1]=0$$

那么可以得出 $E[U_1-U_0-E(U_1-U_0 \mid X, D=1) \mid X, Z, D=1]=0$。这是不对的。一般而言，$E[U_1-U_0 \mid X, Z, D=1] \neq E[U_1-U_0 \mid X, D=1]$。对 X 和 Z 更细微的限定并不能得到和对 X 进行限定一样的结果。因此，即使 $E(U \mid X, Z)=0$，条件（IV-2.1b）也不被满足。在这种情况下，Z 不是识别 α^* 的良好工具。同理，即使 $E(U \mid X, Z)=0$，条件（IV-2.1a）也不可能被满足，这是因为

$$E(D\varepsilon|X,Z)=E(U_1-U_0|X,Z,D=1)Pr(D=1|X,Z)\neq 0$$

在这种情况下，Y_0 也不是识别 $\bar{\alpha}$ 的有效工具。

3.6　对可观测量的选择

解决评估问题的另一种方法是采用假设，在 X 和 Z 既定的条件下，不论 $D=1$ 是否成立，Y_1 和 Y_0 的分布或均值是相同的。这种思想是匹配研究的基础（Heckman，Ichimura and Todd，1995a，b；Rosenbaum and Rubin，1983）。基本思想是以 X 和可观测的 Z 为

条件，去除 X 既定情况下参与者和非参与者之间在不可观测方面的选择性差异。使用 Dawid（1979）的符号，

$$(Y_1,Y_0)\perp\!\!\!\perp D|Z,X \tag{AS-2.3}$$

式中，$\perp\!\!\!\perp$ 表示以 Z 和 X 为条件，Y_1 和 Y_0 都从统计上独立于 D。这个条件的一个较弱形式是均值独立性，由下式给出

$$E(Y_1|D=1,Z,X)=E(Y_1|Z,X) \tag{AS-2.4a}$$

和

$$E(Y_0|D=1,Z,X)=E(Y_0|Z,X) \tag{AS-2.4b}$$

这样，就能够通过可观测量解决平均收入的选择偏差问题。

这种方法之所以能起作用是因为它允许我们使用非参与者来估计参与者如果不参与的影响。因此，我们可以使用非参与者的均值

$$E(Y_0|D=0,Z,X)=E(Y_0|Z,X)$$

来估计参与者在不参加情况下的均值：

$$E(Y_0|D=1,X,Z)=E(Y_0|X,Z)=E(Y_0|D=0,X,Z)$$

假设（AS-2.3）也意味着同样的方法可以被用来估计非参与者在参加情况下的结果分布。

在一个线性共同系数模型中，$U_0=U_1=U$ 且 $\beta_1=\beta_0$。Barnow，Cain and Goldberger（1980）写出下式：

$$E(Y|D=1,X,Z)=\alpha+X\beta+E(U|D=1,X,Z)$$

采用假设（AS-2.4a）和假设（AS-2.4b），于是 Z 满足

$$E(U|D=1,X,Z)=E(U|X,Z)$$

他们同样也作了一个线性假设，$E(U \mid X, Z)=(X, Z)'\varphi$；同时，假设不存在多重共线性，即 $D-E(D \mid X, Z)$ 是一个合适的随机变量，这样，X 和 Z 就不能完全预测 D。在这些假设下，最小二乘法能一致估计 α。我们注意到，如果目标是估计 α，那么就不需要排除性约束。如果 X 不能完全预测 D，那么即使 φ 和 β 不能被识别，也可以识别出 α。

不论是收入方程或条件均值的线性，还是共同影响假设，对于我们运用可观测量选择法来估计感兴趣的评估参数都不是必需的。从理论上讲，我们可以使用共同的 (X, Z) 特征来匹配参与者和非参与者。对每一个 (X, Z) 单元，可以构建

$$E(Y_1|D=1,X,Z)-E(Y_0|D=0,X,Z)=E(Y_1|X,Z)-E(Y_0|X,Z) \tag{2.24}$$

该式能够对每一个 (X, Z) 单元一致估计培训对受训者的影响。取单元估计的加权平均能够得到关于培训对受训者影响的估计。该估计不依赖任何有关收入方程或不可观测量条件均值的函数形式的假设。此外，假设（AS-2.3）、假设（AS-2.4a）和假设（AS-2.4b）一旦被使用，就不需要排除性限制。Heckman，Ichimura and Todd（1995a，b）给出了一个行为模型，解释和扩展了匹配法，并对这种方法的有效性提供了经验证据。

3.7 对不可观测量的选择

基于 Heckman（1974，1976，1979），一个更为一般的方法并不采用有关可观测量的强假设来消除选择偏差问题。这种方法只关注平均结果，不需要假设不可观测量不影响项目参与者的决策规则，虽然这一假设对于工具变量法至关重要。

对于均值而言，这种方法建立在下列等式上：

$$E(Y_1|X,Z,D=1)=g_1(X)+E(U_1|X,Z,D=1) \tag{2.25a}$$

和

$$E(Y_0|X,Z,D=0)=g_0(X)+E(U_0|X,Z,D=0) \tag{2.25b}$$

$E(U_0 \mid X, Z, D=0)$和$E(U_1 \mid X, Z, D=1)$在文献中被称为“控制函数”或“广义残差项”。Heckman（1974，1976，1979）假设，(U_1, U_0)联合正态且随机独立于(X, Z)。由这种方法能够得到控制函数$E(U_0 \mid X, Z, D=0)$和$E(U_1 \mid X, Z, D=1)$，未知参数为一个有限的集合。g_1 和 g_0 以及控制函数的参数能够通过使用 Heckman and Robb（1985）给出的条件从参数关系中得到识别。研究文献中提出了各种分布假设。Heckman and MaCurdy（1986）对此作了一个全面的综述。Amemiya（1985）详细地讨论了这类模型。Heckman（1990a）在一个以指标函数表示项目参与决策规则的模型中考察了 g_1 和 g_0 以及(U_0, U_1)联合分布的非参数识别问题。Heckman（1990a）、Heckman 和 Smith（1995b）在排除性限制和 Z 具有充分变动性的条件下建立了 g_1 和 g_0 以及(V, U_0)和(V, U_1)联合分布的非参数可识别性。在决策规则为 $Y_1>Y_0$ 时 $D=1$，否则 $D=0$ 的情况下，Heckman and Honoré（1990）考虑了识别 g_1 和 g_0 的条件。对于这一决策规则，该类模型在经济学中称为 Roy（1951）模型。

这种方法最基本的思想是当 Z 具有充分的变动性时，有可能识别出 g_1 和 g_0，从而得到条件均值$E(U_1 \mid X, Z, D=1)$和$E(U_0 \mid X, Z, D=0)$。为了理解这种思想，假设 Z 在$\bar{Z}^1$ 中取值，于是对 $Z \in \bar{Z}^1$，$Pr(D=1 \mid Z, X)=1$。对于满足 $E(U_1 \mid X, Z)=0$ 的 Z 值，有 $E(U_1 \mid X, Z, D=1)=0$，因为在这个子群中每个人都参加了项目。因而，在这个子集中我们可以识别出 $g_1(X)$。同样，对 $Z \in \bar{Z}^0$，令 $Pr(D=0 \mid Z, X)=0$。对于这一子集，我们可以识别出 $g_0(X)$。因此，我们可以回答评估问题 1 和问题 2。因为，只要在 Z^1 和 Z^0 中能够找到 X 的全部对应量，如果我们假设 $E(U_1 \mid X, Z)=0$ 和 $E(U_0 \mid X, Z)=0$，我们就可以估计

$$E(Y_1-Y_0|X)=g_1(X)-g_0(X)$$

同样，我们可以估计

$$E(Y_1-Y_0|X,D=1)=E(Y_1|X,D=1)-E(Y_0|X,D=1)$$

为了构建这个表达式右边的第一项，当 $D=1$ 时对 Z 求式（2.25a）的平均。于是，

$$E(Y_1|X,D=1)=\int E(Y_1|X,Z,D=1)dF(Z|D=1)$$

对 $D=1$ 情况下的 Z 取均值，便可从样本中得到一致估计。为了构建第二项，注意到我们可以识别 $g_0(X)$，因此，我们有

$$E(Y_0|X,Z,D=0)-g_0(X)=E(U_0|X,Z,D=0)$$

既然我们假设 $E(U_0 \mid X, Z)=0$，就能通过迭代期望法则来估计 $E(U_0 \mid X, Z, D=1)$

$$\begin{aligned} 0 &= E(U_0|X,Z) \\ &= E(U_0|X,Z,D=0) \quad Pr(D=0|X,Z) \\ &\quad + E(U_0|X,Z,D=1) \quad Pr(D=1|X,Z) \end{aligned}$$

由 $Pr(D=0 \mid X, Z)$ 和 $Pr(D=1 \mid X, Z)$，就可以得到

$$E(U_0|X,Z,D=1) = -E(U_0|X,Z,D=1)\frac{Pr(D=0|X,Z)}{Pr(D=1|X,Z)}$$

当自变量缺乏足够的变动时，要采用这种办法就必须对控制函数的形式或者不可观测量的分布函数形式做出假设。有了充分强的函数形式假设，排除性限制就不需要了。

这种方法不像工具变量法那样需要强行为假设。行为主体在做出他们的参加决策时就可以预测收入中不可观测的部分，这种办法也能够得到回答评估问题 1 和问题 2 的一致估计量。实践中还需要加入强分布假设。Björklund and Moffitt（1987）曾用这种方法来解决项目评估问题。但是，这些分布假设不是这种方法所固有的（Heckman，1990b）。Heckman and Robb（1985，1986a，1986b）讨论了为利用横截面数据而做出的各种分布或函数形式假设。做出这些假设后，在解决评估问题过程中就不必假设 $E(U_0 \mid X, Z)=0$ 和 $E(U_1 \mid X, Z)=0$ 了。

3.8　解决选择偏差问题的倾向性分数

Rosenbaum and Rubin（1983，1985）在一系列论文中提倡在用匹配估计法控制和减少非实验研究中存在的偏差时使用倾向性分数，$Pr(D=1 \mid Z)$。他们建议使用倾向性分数来定义匹配，或者使用它替代(X, Z)来定义单元，如 3.6 部分所讨论的那样。假如所有单元的平均或部分单元的平均是我们感兴趣的参数，那么使用倾向性分数有可能显著减少匹配问题的维数。倾向性分数有时也可以被用来构建类似于 3.7 部分所讨论的控制函数。

在考虑倾向性分数法时，需要区分两个问题。第一个是只依赖于倾向性分数（和一些参数）的控制函数存在的条件。第二个是匹配方法的效度。在 3.6 部分我们已经讨论过第二个问题，本章不再讨论。[11]为了集中于主要的思想，我们来考虑最简单的情况，即横截面模型。

倾向性分数法建立在假设（AS-2.3）的基础上。即，如果存在选择偏差，那么它唯一的来源是 3.6 部分中所定义的对可观测量的选择。对不可观测量的选择被排除了。为简便起见，这里集中于共同系数情形，并使用 Rosenbaum and Rubin（1983）的定理 3，如果假设（AS-2.3）成立，那么

$$E[Y|D,X,Pr(D=1|Z,X)] = X\beta + D\alpha + E[U|Pr(D=1|Z,X)]$$

按照前面讨论过的 Heckman and Robb（1985，1986a）的观点，$E[U \mid Pr(D=1 \mid Z, X)]$ 可被用来作为控制函数。使用这种方法估计 β 的一个关键假设是 Z 中存在一个排除性约束。相反，如果只是估计 α，那就不需要排除性限制。唯一的要求是，由 Z 和 X 不能完全预测 D。由于 Z 不要求独立于 U，Z 的元素不需要作为 D 的有效工具。假设控制函数 $Pr(D=1 \mid X, Z)$ 是线性的，就可通过回归方法识别 α。或者放弃式（2.24）中所描述的

单元匹配，依 $Pr(D=1 \mid X, Z)$ 建立一维单元匹配。维数的减少是这种方法在实践中的一大优势。这种方法可以被应用于更为一般的情况，异质性回应模型适用的地方这种方法也适用。

正如前面所指出的，仅对可观测量进行选择是选择偏差这个一般问题的特例。但是，Heckman et al.（1995a，1995b）给出证据说明，在评估培训对收入的影响时，如果拥有关于 Z 的充足而丰富的数据，那么基于倾向性分数的半参数法也许能够比较有效地控制选择偏差。

倾向性分数也能被应用于一个完全不同的背景中，比如当存在对不可观测量的选择时。假设在式（2.16）中 X 和 Z 是独立于 U 和 V 的。在这种情况下，正如 Heckman（1980）、Heckman and Robb（1986a）所讨论的，可观测量的条件均值，$E(U \mid D=1, X, Z)$ 和 $E(U \mid D=0, X, Z)$ 能够被整合进仅取决于倾向性分数的“控制函数”或“广义残差”。对于这里考虑的模型，定义 $F(u, r)$ 是 U、V 的点密度

$$E(U \mid D=1,X,Z)=\frac{\int_{-\infty}^{\infty} u \int_{F^{-1}[1-Pr(D=1|X,Z)]}^{\infty} f(u,v)\,\mathrm{d}v\mathrm{d}u}{Pr(D=1 \mid X,Z)}$$
$$=K_1[Pr(D=1|X,Z)]$$

$$E(U \mid D=0,X,Z)=\frac{\int_{-\infty}^{\infty} u \int_{F^{-1}[1-Pr(D=1|X,Z)]}^{\infty} f(u,v)\,\mathrm{d}v\mathrm{d}u}{Pr(D=0 \mid X,Z)}$$
$$=K_0[Pr(D=0|X,Z)]$$

式中，$K_1[Pr(D=1 \mid X, Z)]Pr(D=1 \mid X, Z)+K_0[Pr(D=0 \mid X, Z)]Pr(D=0 \mid X, Z)=0$，并且，$K=K_1D+K_0(1-D)$ 是仅决定于倾向性分数和未知参数 K_0、K_1 的控制函数。

我们也许可以将控制函数 K 作为收入方程的自变量，以此来控制不可观测量的选择性差异

$$E(Y|D,X,Z)=X\beta+D\alpha+K[P(D=1|X,Z)]$$
$$=X\beta+D\alpha+DK_1[P(D=1|X,Z)]+(1-D)K_0[P(D=0|X,Z)]$$

这就是 3.7 部分中所讨论过的控制函数法。Heckman and Robb（1985）给出了识别式中参数的条件。正如 3.7 部分中所指出的，控制函数法可以被应用于更为一般的模型，比如对处理的回应是异质的，再比如潜在的参与者所预测的不可观测量（see Heckman and Robb，1985；Björklund and Moffitt，1987）。

然而，该控制函数所要求的假设，与 Rosenbaum and Rubin（1983）针对可观测量的选择而构建的控制函数所需要的隐含假设有很大不同。在 Z 独立于 U 的假设下（或者 Z 中至少有一个元素与 U 无关），Z 中合适的元素也许可以作为 D 的工具，但是在 Rosenbaum and Rubin（1983）的假设下它们通常不是有效的工具。Z 作为工具的有效性取决于共同影响模型。

3.9 纵向方法

在不对函数形式做出假设的情况下，允许存在对不可观测量的选择的横截面法需要一

个排除性约束，即一个在 Z 中但不在 X 中并且满足上述识别条件的变量。纵向方法不要求这样的假设。它依靠的是收入方程

$$Y_{jt}=g_j(X_t)+U_{jt},\quad j=0,1$$

的加法可分离形式和关于不可观测量时间序列属性的假设。

纵向方法没有做出下列假设：排除性约束、丰富的条件信息假设、不可观测量的分布或条件均值的函数形式假设、自变量变动性的假设，它采用的是关于不可观测量时间序列结构的特殊假设。比如，我们将在下一节讨论的广为使用的固定效应法就是建立在强假设 $U_{1t}=U_{0t}=U_t$ 基础之上的。简单起见，在讨论纵向方法时我们采用参数线性表达式，在实际工作中，这种表达式虽未被严格要求，但得到了广泛的应用。于是，我们假设 $g_0(X_t)=X_t\beta_0$ 和 $g_1(X_t)=X_t\beta_1$。我们同时假设对每个人能够得到至少两期的数据。

3.10　固定效应法

固定效应法是由 Mundlak（1961，1978）提出，Chamberlain（1982）提炼。设有 X_t，$t=1$，…，T，构成向量 X。假设一个普通系数模型，于是 α 对每个人相同，$X_t\beta_1=\alpha+X_t\beta_0$。固定效应法以下列假设为基础：

$$\text{对所有满足 } t>k>t' \text{ 的 } t,t',\text{有 } E(U_t-U_{t'}\mid D,X)=0 \tag{2.26}$$

作为这个假设的推导结果，我们可以写出一个差分回归式

$$\text{对 } t>k>t',E(Y_t-Y_{t'}\mid D,X)=(X_t-X_{t'})\beta+D\alpha$$

假设式（2.26）成立，同时假设分析人员能够得到参加项目前某年份和参加项目后某年份的收入数据，以任意项目后年份的收入与任意项目前年份的收入之差为应变量，对这些年份中自变量的改变量和一个关于培训状况的虚拟变量做回归，就能得到 α 的一个一致估计量。

一些决策规则和收入的误差处理能够保证式（2.26）的成立。比如，考虑一个确定性环境中，收入残差有一个永久—暂时结构：

$$U_t=\phi+\upsilon_t \tag{2.27}$$

其中，对 $t\neq t'$，υ_t 是一个独立于 $\upsilon_{t'}$ 的零均值随机变量；φ 是个人特殊的不随时间改变的零均值随机变量；二者相互独立。假设在式（2.27）所示决策规则中，S 独立于所有 υ_t（可能不包括 υ_k），那么式（2.26）将得到满足。有了两期数据（第 t 期和第 t'期，$t>k>t'$），α 恰好能被识别。如果有了多期面板数据，这个模型就可以被过度识别，于是式（2.26）就可以得到检验。

在一个不确定性环境中，式（2.26）也可能得到满足。假设式（2.27）为收入等式中的误差结构，同时 $E_{k-1}(\upsilon_k)=0$ 且 $E_{k-1}(\varphi)=\varphi$，那么行为主体就不能预测他们收入的变化，但是知道各自的永久收入部分。如果 S 独立于所有 υ_t（可能不包括 υ_k），这个模型也能得出式（2.26）。

但是这些模型非常特殊。很容易就能找到看似满足但其实不满足式（2.26）的模型。比如，即使 U_t 满足式（2.27），如果式（2.17）中的 S 对于除 υ_k 外的所有 υ_t 不具有相同

的联合（双变量）分布，式（2.26）就可能不成立。即使式（2.17）中的 S 对于所有 t 都独立于 U_t，仍然不是式（2.26）在一般模型中被满足的情形。比如，假设 X_t 独立于所有 U_t，并令 $U_t=\rho U_{t-1}+v_t$，这里 v_t 是均值为零的独立同分布随机变量，且 $|\rho|<1$。如果 $\rho\neq 0$ 并且完全预期的决策规则决定着参加与否，那么，对所有 $t>k>t'$，式（2.26）都不能得到满足，因为

$$
\begin{aligned}
E(U_t|D=1)&=E(U_t|U_k+X_k\beta-\alpha/r<S)=\rho^{t-k}E(U_k|D=1)\\
&\neq E(U_{t'}|D=1)=E(U_{t'}|U_k+X_k\beta-\alpha/r<S)
\end{aligned}
$$

除非对所有 t 和 $k-t'=t-k$，条件期望是（对 U_k）线性的。在这种情况下，我们有 $E(U_t\mid D=1)=\rho^{t-k}E(U_k\mid D=1)$，于是只有当 $(t,\ t')$ 满足 $k-t'=t-k$ 时，才有 $E(U_t-U_{t'}\mid D=1)=0$。因此，式（2.26）并非对所有的 $t>k>t'$ 都满足。对于更为一般的 U_t 表达式和 S、U_t 二者间的随机依赖关系，式（2.26）都不能得到满足。只有某几个非常特殊的行为模型适用固定效应估计量。尽管固定效应法广泛应用于实际工作，但其实很多经济模型看似满足、实际上并不能满足该方法的使用条件。所以，由固定效应法推导出的结果具有误导性。在估计培训对收入的影响时，固定效应估计量一般表现出极大的误导性（Heckman and Smith，1995c；LaLonde，1986）。

最后，我们注意一下一阶差分估计量的特点。首先，文献中提到的几乎所有非实验性估计量都需要一个控制组，即一个由非参加培训人员构成的样本。唯一的例外是在时间同质性环境下的固定效应估计量。在这种情况下，如果式（2.26）成立，若令 $X_t\beta=\beta_t$ 以简化符号，同时如果环境是时间同质性的，则有 $\beta_t=\beta_{t'}$，用类似 $E(Y_t\mid D=1)-E(Y_{t'}\mid D=1)$ 的样本函数便能一致估计 α。“如果环境是固定的，你并不需要控制组”（Bassi，1983，1984）的说法是错误的，除非有能够应用固定效应估计量的特殊条件。[12]

其次，我们这里讨论的大多数程序在仅有项目后数据时即可使用，而一阶差分法是个例外。最后，当没有随机样本假设时，固定效应估计量也能发挥作用。比如，假设式（2.26）得到满足，但是可用数据对应的样本中受训者人数过多或过少，那么样本中接受培训者的比例就不会收敛于 $p=E(D)$。进一步假设分析人员不知道 p 的真实值。尽管如此，一阶差分回归仍然能够识别 α。许多其他程序，如横截面法和纵向法，都不具备这种性质。

我们现在放宽共同系数假设，考虑当每个人对培训的回应都不同时固定效应估计量的使用。从总体中随机挑选出一部分人，为估计决定这部分人对项目的预期影响的参数（评估问题 2 的答案），一阶差分法严格地依赖于假设 $U_{1t}=U_{0t}$。这个假设意味着对培训的回应不再是可观测量的确定性函数，而具有异质性。如果 $U_{1t}\neq U_{0t}$，那么要使用一阶差分法，就需要一个更强的条件：

$$\text{对所有满足 } t>k>t' \text{ 的 } t,t'\text{，总有 } E(U_t-U_{t'}|D=1,X_t,X_{t'})=0 \tag{2.26'}$$

其中，当 $t>k$，$U_t=DU_{1t}+(1-D)U_{0t}$；当 $t<k$，$U_t=U_{0t}$。改写这一条件，得

$$E(U_{0t}-U_{0t'}|D=1,X_t,X_{t'})+E(U_{1t}-U_{1t}|D=1,X_t,X_{t'})=0$$

对 U_{0t} 应用式（2.26），使得第一项变为零。要使第二项变为零，需要与工具变量法的使用条件相类似的限制性条件。使用工具变量法来估计 $\bar{\alpha}$ 的条件是，在可观测量既定的条

件下，项目参与决策不取决于这两种状态之间结果差异的不可观测部分。

但是，使用固定效应法估计培训对于受训者的影响（评估问题 1 的答案）时需假设

$$E(U_{0t}-U_{0t'}\mid D=1,X_t,X_{t'})=0 \tag{2.28}$$

因为培训对于受训者的影响是

$$E(Y_{1t}-Y_{0t}\mid D=1,X_t,X_{t'})=X_t(\beta_{1t}-\beta_{0t})+E(U_{1t}-U_{0t}\mid D=1,X_t,X_{t'})$$

所以式子右边第二项在我们感兴趣参数的定义式中加入了关于 α 偏差的定义式中的一项。如果固定效应法的其他使用条件都得到了满足，在式（2.28）下，一阶差分法就能得出回答评估问题 1 的估计量。

对这个结论至关重要的一点是，假设在 k 期前，所有的受训者只有一个选择，即当 $t<k$ 时，有 $U_t=U_{0t}$。如果在 k 期前，有第二种选择，那么

$$\begin{aligned}&E(Y_{1t}-Y_{0t'}\mid D=1,X_t,X_{t'})\\&=X_t(\beta_{1t}-\beta_{0t})-X_{t'}(\beta_{1t'}-\beta_{0t'})+E[(U_{1t}-U_{0t})-(U_{1t'}-U_{0t'})\mid D=1,X_t,X_{t'}]\end{aligned}$$

固定效应法所识别的参数并不是评估问题 1 的答案。在假设（2.28）成立的情况下，这个参数表明了在 t 期和 t' 期之间培训对受训者影响的变动。

3.11　U_t 遵循一阶自回归过程

有关收入等式中误差程序的大多数证据都不支持永久—暂时模型（例如，参见 MaCurdy（1982）中的证据）。我们换一种假设，设 $U_{1t}=U_{0t}=U_t$，并且 U_t 遵循一阶自回归，有 $U_t=\rho U_{t-1}+v_t$，在这里，$E(v_t)=0$，$|\rho|<1$，v_t 是相互独立（不一定要同分布）的随机变量。起初，假设共同系数模型成立，那么 α 对每个人都是相同的。使用式（2.15）的普通系数形式，且 U_t 遵循一阶自回归，消去 U_t，得到

$$Y=[X_t-(X_{t'}\rho^{t-t'})]\beta+(1-\rho^{t-t'})D\alpha+\rho^{t-t'}Y_{t'}+\sum_{j=0}^{t-(t'+1)}\rho^j v_{t-j} \tag{2.29}$$

$t>t'>k$ 是该等式成立的一个条件

进一步假设，式（2.17）的完全预期规则决定了参加与否，并且 v_j 独立于式（2.17）中的 S 和 X_k。[13] 如果对所有 j，j'，X_j 独立于 $v_{j'}$（一个过强的条件），那么对等式（2.29）应用最小二乘法可以一致估计 α，观测值数目越大，估计量越接近真实值。（施加合适的交叉系数限制可改进效率。）在固定影响估计量的情况中，面板长度的不断增长能使模型被过度识别从而可以进行检验。

一般而言，当对培训的回应不同时，这种方法就不起作用。为了证明这点，注意 $Y_t=DY_{1t}+(1-D)Y_{0t}$，可以写出

$$Y_t=X_t\beta_{0t}+DX_t(\beta_{1t}-\beta_{0t})+U_{0t}+D(U_{1t}-U_{0t})$$

令 $U_{1t}=\rho_1U_{1,t-1}+\upsilon_{1t}$ 和 $U_{0t}=\rho_0U_{0,t-1}+\upsilon_{0t}$，这里，$\upsilon_{1t}$ 和 υ_{0t} 是序列不相关的、均值为零的随机变量。将这些对 U_{0t} 和 U_{1t} 的表达代入上述方程直至 t'，得到

$$Y_t=X_t\beta_{0t}+DX_t(\beta_{1t}-\beta_{0t})+\sum_{j=0}^{t-(t'+1)}\rho_0^j\upsilon_{0,t-j}+D\Big[\sum_{j=0}^{t-(t'+1)}(\rho_1^j\upsilon_{1,t-j}-\rho_0^j\upsilon_{0,t-j})\Big]$$

$$+D[\rho_1^{t-t'}(Y_{1t'}-X_{t'}\beta_{1t'})-\rho_0^{t-t'}(Y_{0t'}-X_{t'}\beta_{0t'})]+\rho_0^{t-t'}(Y_{0t'}-X_{t'}\beta_{0t'})$$

在完全预期环境中，给定决策规则式（2.17），$\upsilon_{1,t-j}$和$\upsilon_{0,t-j}$能决定D，与单态模型情况一样。即使在k期这一时间点不能预测$\upsilon_{1,t-j}$和$\upsilon_{0,t-j}$，替代策略也不能消除$U_{0t'}$和$U_{1t'}$。它并没有得到回答评估问题 1 的估计量，即培训对受训者的影响，因为U_{1t}和U_{0t}被替换了。这说明，该程序依赖于以下假设：培训对受训者的影响在各期相同。Heckman and Robb（1985）对其他纵向估计量进行了综合分析。

3.12 非随机抽样计划

可被用来分析培训对于收入影响的数据通常是非随机样本。这些数据一般来自：（1）从项目记录中挑选出来的受训者样本；（2）从某个国民样本中选出的未受训者样本。通常，受训者在样本中的比例远高于他们在总人口中所占的比例。这导致了 Manski and Lerman（1977）以及 Manski and Mcfadden（1981）所分析的基于选择的抽样问题。基于选择的抽样问题是加权分布问题（Patil，1965；Rao，1965）的特例。对于加权分布问题，众所周知的解决方法是根据随机样本比例加权样本分布。潜在问题的另一个根源是污染误差，当比较组样本中有人接受了培训而不为人所知时污染性偏差就产生了。经过调整，几乎所有的方法都可以解释基于选择的抽样和培训状态测量误差。一些方法完全不需要修正。比如，所有建立在控制函数基础上的方法对基于选择的抽样问题都很有效。

Heckman and Robb（1985）就各种计量模型对基于选择的抽样问题和污染性问题的稳健性进行了广泛的讨论。通常，以解决基于选择抽样问题和污染性偏差的稳健性作为我们选择估计量的标准并不能得出横截面、重复横截面以及纵向估计量之间的一个清晰排序。

3.13 如何在不同的非实验性方法中进行选择

多种多样可用的非实验性评估策略引发了如何在特定评估环境中选择最好的评估方法的问题。这方面的代表性文献有 LaLonde（1986）和 Fraker and Maynard（1978），他们认为这个问题很难或几乎不可能解决，并因此表示出支持社会实验的观点。我们认为，LaLonde（1986）以及 Fraker and Maynard（1987）的研究具有重大局限性，从而削弱了他们的证明的一般性。此外，这些研究没有全面应用可用的模型设定检验。他们在对所研究的各种非实验性评估策略进行分类时，也没有积累有关收入和参与决策程序的证据。

LaLonde（1986）以国家扶持性工作项目（NSW）的实验性评估作为标杆，与非实验性估计作比较。他结合由当前人口调查（CPS）以及收入动态面板调查（PSID）得到的比较组，利用 NSW 实验处理组来估计培训的影响。他使用了几个常见的非实验性估计量，得到了各种各样的影响估计结果，大多数结果与相对应的实验性评估有明显差别。有限的模型筛选测试没能去除掉产生这种变动性的模型。[14]

LaLonde（1986）的研究极大地推动了实验性方法在评估一般社会项目特别是就业与培训项目时的应用（比如，Hansen，1994，p.101）。尽管他的影响很大，但是他的研究具有重大的局限性，从而限制了这一方法论结论的一般性。

选择偏差的产生是由于缺少影响参与情况及其结果的常见因素的数据。解决选择偏差最令人信服的方法是收集更好的数据。LaLonde（1986）所使用的数据要么缺乏决定 NSW 项目资格的足够信息，要么就是在构建比较组过程中未将资格作为筛选标准。此外，样本规模太小，并且在 LaLonde 的数据中，可利用的人口统计信息不充足，使得难以将比较组群体和项目参与者放入同一个劳动力市场中。简而言之，LaLonde（1986）的选择偏差问题至少部分是因为他的数据粗糙。Heckman，Ichimura and Todd（1995b）论证了这些因素是所测得选择偏差的主要来源。

来自 NSW 参与者的数据以及来自 CPS 和 PSID 的比较组成员的数据的第二个局限性是，对这些数据并不能使用在文献中提出的许多非实验性估计量。比如，NSW 参与者的数据只包含唯一一个年份的参加项目前的收入信息，这样就排除了 Heckman and Robb（1985）所讨论的建立在收入的纵向结构基础上的许多估计量。此外，CPS 和 PSID 中条件变量或自变量的相对缺乏排除了通过包含丰富的可观测量来控制不可观测量的策略。LaLonde（1986）也没有指出他的样本基于选择的本质，这将影响到许多他所考察的估计量的性质（Heckman and Robb，1985）。对某些计量方法不恰当的使用部分导致了他所发现的变动性。

第三个局限性在于 LaLonde 研究将对比较组的选择和对估计量的选择当成一个统计问题而不是一个经济问题。结果，他忽视了不断累积的社会科学知识可以指导这些选择的潜力。近些年我们可以明显看到有关个人收入动态性以及选择进入社会项目过程的实证知识的积累。这些知识充分地排除了一些常用的项目影响估计量，比如 3.10 部分所描述的固定效应估计量或多重差分法估计量。在对非实验性数据应用模型设定检验时，这些估计量总是被拒绝（Heckman and Smith，1995c）。因为忽视了从不断累积的社会科学知识中得到的证据，LaLonde（1986）对非实验方法论的检验缺乏说服力，且不够全面。

限制了该研究结论一般化的第四个因素是它没有利用建立在标准模型设定检验基础上的各种模型选择策略。Heckman and Hotz（1989）重新分析 NSW 数据发现，一个简单的模型设定检验就可以成功地筛选出重现实验性方法结果的非实验模型。他们总结道，模型设定检验对于非实验分析是一个很有希望的工具。但是，Heckman（1993）以及 Heckman and Roselius（1994）中讨论了这些测试的局限性，并指出，对于某些偏差，他们也难以侦测到。

4. 一般均衡

当前的大多数实验性和非实验性评估都假设局部均衡框架就足以回答我们感兴趣的评估问题。也就是说，假设一个给定项目对一个参与者的影响独立于其他参与者的人数及组成，同时，这一项目对非参与者的劳动力市场结果没有影响。尽管这些假设极大地简化了评估问题，但是，在实践中，它们经常遭到严重地违背。比如，一些由于参加了培训项目获得额外的人力资本而找到了工作的失业者可能会置换那些没有接受培训的人力资本较低的劳动者。这种置换代表了培训项目的一般均衡效应，而这种效应的精确值无法通过本章所讨论的局部均衡方法获得。局部均衡方法只考虑了项目对参与者的影响，忽视了它对非参与者的任何负面（比如置换）或正面的（比如与更高水平的人力资本相联系的外部性）影响。

对一般均衡评估方法的详细讨论超出了本章的范围。Auerbach and Kotlikoff（1987）、Kydland and Prescott（1991）、Shove and Whalley（1992）以及 Tinbergen（1956）对政

策的影响作了全面的一般均衡分析。Davidson and Woodbury（1993）检验了面向失业保险金领取者的再就业奖金计划所产生的置换作用。Heckman and Smith（1995b）讨论了一般均衡问题，同时将本章所讨论的影响参数与传统的成本收益分析联系起来。

5. 摘要及结论

评估问题从根本上说是数据缺失问题。如果人们并非处于他们当前被观测到的状态，那么缺失数据就是反事实的。于是，对于一个受训者，缺失数据就是如果他不参加培训将会发生的情况。所有评估方法都是通过建立假设来解决这一问题的。在社会实验的情况下，通过随机拒绝一些本来可以参加项目的人接受培训，来获得那些参与者反事实的结果分布。其中必要的假设包括不存在随机化偏差和替代偏差。在非实验性方法中，通过将非参与者的数据和有关结果（比如收入）和项目参与过程的假设结合起来估计这一反事实的结果分布（或分布特征）。总的来说，实验性方法所需要的假设不一定比非实验性方法所需要的假设更接近现实，一种非实验性方法所需要的假设也不一定比另一种非实验性方法所需要的假设更接近现实。

现存文献往往忽视或不重视实验性方法所要求的假设，却对非实验性方法的假设做出了过多的要求。尽管在使用某些常见非实验性方法时研究者对结果和参与方程不可观测部分做出了强分布假设，但实际上有些假设并非为相应方法所必需。比如，我们看到，工具变量法所要求的假设得到了放宽，即使如此，在实践中要找到一个满足要求的工具也很困难。相比横截面数据，纵向数据需要不同的、不一定更为简单也不一定更为接近现实的假设。我们指出了统计学对倾向性分数法的诸多限制，但是也指出，最近的事实表明，不断改善我们对数据的收集也许可以使这些方法成为有效的实证工具。我们认为，很难或者不可能在非实验性评估量中做出选择这一观点的证据并不像人们所认为的那样强。

我们以两个重要的一般性观点来结束本章。首先，尽管本章仅考察了局部均衡评估法，但是，一般均衡效应仍是评估研究中一个重要的领域，一个我们知之甚少的领域，同时也是评估实践中常常被完全忽略的领域。其次，没有理由认为，单个方法能解决每个或几乎每个评估问题。所有的评估方法都需要假设。在每一个特定评估背景中考察这些假设与现实的接近程度是解决评估问题过程中最重要的一步。

注释

[1] JPTA 项目及最近对它的实验性评估在 Doolittle，Traeger（1990）以及 Bloom，Orr，Cave，Bell，Doolittle（1993）中有所介绍。

[2] See Ashenfelter（1983）.

[3] 这里假设，样本中 X 和 Z 变量包含了我们感兴趣的目标人群中的这两个变量值。

[4] See Clements et al.（in press）.

[5] 一个很重要的例外是少数用实验来估计项目规模边际变化影响的文献。参见 Björklund（1988）、Björklund and Moffitt（1987）、Heckman and Smith（1995b），以及本手册第 3 章。

[6] Moffitt（1992）在评估项目的进入效应时对实验的局限性进行了讨论。

[7] Kramer and Shapiro (1984) 指出，在医学临床实验中，随机化也引发了争论，这项研究有时被视为社会科学的典范 (Ashenfelter and Card，1985)。

[8] 雇佣被定义为随机分配后的第 16、17、18 个月自我报告实现正的收入。

[9] Heckman and Robb (1985，1986a) 对多次横截面数据的方法进行了彻底的讨论。

[10] 为了符号简便，我们在 3.5、3.6、3.7 和 3.8 部分去掉下标 t。

[11] 已经发表的有关匹配的文献中没有提供任何正式证据来表明自变量连续情况下匹配估计量所具有的我们渴望的属性。(当所有的自变量在有限的分类中代表各类型时，构建匹配的最优属性价值不高。) 最近有人声称，当不知道回归模型的函数形式时匹配法的稳健性是未知的。这种观点既不被已发表的系统性理论观点所支持，也不被令人信服的蒙特卡罗实验或经验证据所支持。Heckman，Ichimura and Todd (1995a，b) 指出了连续自变量情况下使匹配方法具有一致性和渐近正态性的一般定理。

[12] Heckman and Robb (1985) 对这一点进行了深入讨论。

[13] Heckman and Wolpin (1976) 在分析反歧视行动计划时采用了相似的假设。

[14] Fraker and Maynard (1987) 使用相似的方法来估计不同的比较组设计。他们的研究和 LaLonde (1986) 具有相同的局限性。

参考文献

Amemiya, T. (1985), *Advanced Econometrics*, Cambridge, MA: Harvard University Press.

Andrews, D. (1991), 'Asymptotic Normality of Series Estimators for Non-parametric and Semi-parametric Regression Models', *Econometrica*, 59, 307–45.

Angrist, J. (1990), 'Lifetime Earnings and the Vietnam Era Draft Lottery: Evidence from Social Security Administration Records', *American Economic Review*, 80, 313–35.

Angrist, J., G. Imbens and D. Rubin (in press), 'Identification of Causal Effects Using Instrumental Variables', *Journal of the American Statistical Association.*

Ashenfelter, O. (1983), 'Determining Participation in Income-tested Social Programs', *Journal of the American Statistical Association*, 78, 517–25.

Ashenfelter, O. and D. Card (1985), 'Using the Longitudinal Structure of Earnings to Estimate the Effect of Training Programs', *Review of Economics and Statistics*, 67, 648–60.

Auerbach, A. and L. Kotlikoff (1987), *Dynamic Fiscal Policy,* New York: Cambridge University Press.

Barnow, B., G. Cain and A. Goldberger (1980), 'Issues in the Analysis of Selectivity Bias', in E. Stromsdorfer and G. Farkas (eds), *Evaluation Studies Review Annual*, Vol. 5, San Francisco: Sage, pp. 43–59.

Bassi, L. (1983), 'The Effect of CETA on the Post-program Earnings of Participants', *Journal of Human Resources*, 18, 539–56.

Bassi, L. (1984), 'Estimating the Effects of Training Programs with Non-random Selection', *Review of Economics and Statistics*, 66 (1), 36–43.

Björklund, A. (1988), 'What Experiments are Needed for Manpower Policy?', *Journal of Human Resources*, 23, 267–77.

Björklund, A. and R. Moffitt (1987), 'Estimation of Wage Gains and Welfare Gains in Self-selection Models', *Review of Economics and Statistics*, 69, 42–9.

Bloom, H. (1984), 'Accounting for No-shows in Experimental Evaluation Designs', *Evaluation Review*, 8 (2), 225–46.

Bloom, H., L. Orr, G. Cave, S. Bell and F. Doolittle (1993), *The National JTPA Study: Title IIA Impacts on Earnings and Employment at 18 Months*, Bethesda, MD: Abt Associates.

Burtless, G. (1993), 'The Case for Social Experiments', in K. Jensen and P. K. Madsen (eds), *Measuring Labour Market Measures: Evaluating the Effects of Active Labour Market Policies*, Copenhagen: Ministry of Labour, pp. 15–34.

Burtless, G. (1995), 'The Case for Randomized Field Trials in Economic and Policy Research', *Journal of Economic Perspectives*, 9 (2), 63–84.

Burtless, G. and L. Orr (1986), 'Are Classical Experiments Needed for Manpower Policy?', *Journal of Human Resources*, 21, 606–39.

Cain, G. and H. Watts (1974), 'Toward a Summary and Synthesis of the Evidence', in G. Cain and H. Watts (eds), *Income Maintenance and Labor Supply*, Chicago: Rand McNally, pp. 328–73.

Cave, G. and J. Quint (1991), *Career Beginnings Impact Evaluation: Findings from a Program for High School Students*, New York: Manpower Demonstration Research Corporation.

Chamberlain, G. (1982), 'Multivariate Regression Models for Panel Data', *Journal of Econometrics*, 18, 1–46.

Clements, N., J. Heckman and J. Smith (in press), 'Making the Most Out of Social Program Evaluations: Reducing the Intrinsic Uncertainty in Evidence from Randomized Trials with an Application to the National JTPA Experiment', *Review of Economic Studies*.

Cosslett, S. (1991), 'Semiparametric Estimation of a Regression Model with Sample Selectivity', in W. A. Barnett, J. Powell and G. Tauchen (eds), *Nonparametric and Semiparametric Estimation Methods in Econometrics and Statistics*, Cambridge, UK: Cambridge University Press, pp. 175–98.

Davidson, C. and S. Woodbury (1993), 'The Displacement Effect of Reemployment Bonus Programs', *Journal of Labor Economics*, 11(4), 575–605.

Dawid, A. P. (1979), 'Conditional Independence in Statistical Theory', *Journal of the Royal Statistical Society*, Series B, 41, 1–31.

Doolittle, F. and L. Traeger (1990), *Implementing the National JTPA Study*, New York: Manpower Demonstration Research Corporation.

Fraker, T. and R. Maynard (1987), 'The Adequacy of Comparison Group Designs for Evaluations of Employment-related Programs', *Journal of Human Resources*, 22, 194–227.

Frechet, M. (1951), 'Sur Les Tableux de Correlation Dont Les Marges Sont Données', *Annales de l'Université, Lyon* Sect. A, 14, 53–77.

Haavelmo, T. (1944), 'The Probability Approach to Econometrics', *Econometrica*, 12, S1–S118.

Hansen, J. (ed.) (1994), *Preparing for the Workplace: Charting a Course for Federal Post-secondary Policy*, Washington, DC: National Research Council.

Heckman, J. (1974), 'Shadow Prices, Market Wages and Labor Supply', *Econometrica*, 42, 679–94.

Heckman, J. (1976), 'Simultaneous Equations Models with Continuous and Discrete Endogenous Variables and Structural Shifts', in S. Goldfeld and R. Quandt (eds), *Studies in Nonlinear Estimation*, Cambridge, MA: Ballinger, pp. 235–72.

Heckman, J. (1978), 'Dummy Endogenous Variables in a Simultaneous Equations System', *Econometrica*, 46, 931–61.

Heckman, J. (1979), 'Sample Selection Bias as a Specification Error', *Econometrica*, 47, 153–61.

Heckman, J. (1980), 'Addendum to Sample Selection Bias as a Specification Error', in E. Stromsdorfer and G. Farkas (eds), *Evaluation Studies Review Annual*, Vol. 5, San Francisco: Sage, pp. 69–74.

Heckman, J. (1990a), 'Varieties of Selection Bias', *American Economic Review*, 80 (2), 313–18.

Heckman, J. (1990b), *Alternative Approaches to the Evaluation of Social Programs:*

Econometric and Experimental Methods, Barcelona Lecture, World Congress of the Econometric Society, 1990.

Heckman, J. (1992), 'Randomization and Social Policy Evaluation', in C. Manski and I. Garfinkel (eds), *Evaluating Welfare and Training Programs*, Cambridge, MA: Harvard University Press, pp. 201–30.

Heckman, J. (1993), 'The Case for Simple Estimators: Experimental Evidence from the National JTPA Study', University of Chicago. (Unpublished manuscript)

Heckman, J., N. Hohmann, M. Khoo and J. Smith (1995), 'Analyzing Experimental Data in the Presence of Substitution Bias', University of Chicago. (Unpublished manuscript)

Heckman, J. and B. Honoré (1990), 'The Empirical Content of the Roy Model', *Econometrica*, 58, 1121–49.

Heckman, J. and V. J. Hotz (1989), 'Choosing among Alternative Nonexperimental Methods for Estimating the Impact of Social Programs: The Case of Manpower Training', *Journal of the American Statistical Association*, 84, 862–80.

Heckman, J., H. Ichimura, J. Smith and P. Todd (1995a), 'Nonparametric Characterization of Selection Bias Using Experimental Data, Part I: Definitions, Applications and Empirical Results', University of Chicago. (Unpublished manuscript)

Heckman, J., H. Ichimura, J. Smith and P. Todd (1995b), 'Nonparametric Characterization of Selection Bias Using Experimental Data, Part II: Econometric Theory and Monte Carlo Evidence', University of Chicago. (Unpublished manuscript)

Heckman, J., H. Ichimura and P. Todd (1995a), 'Matching as an Econometric Evaluation Estimator: Part I, theory and methods', University of Chicago. (Unpublished manuscript)

Heckman, J., H. Ichimura and P. Todd (1995b), 'Matching as an Econometric Evaluation Estimator: Part II, empirical results', University of Chicago. (Unpublished manuscript)

Heckman, J. and T. MaCurdy (1986), 'Labor Econometrics', in Z. Griliches and M. Intriligator (eds), *Handbook of Econometrics*, Vol. 3, Amsterdam: North-Holland.

Heckman, J. and R. Robb (1985), 'Alternative Methods for Evaluating the Impact of Interventions', in J. Heckman and B. Singer (eds), *Longitudinal Analysis of Labor Market Data*, New York: Cambridge University Press, pp. 156–245.

Heckman, J. and R. Robb (1986a), 'Alternative Methods for Evaluating the Impact of Interventions: An Overview', *Journal of Econometrics*, 30, 239–67.

Heckman, J. and R. Robb (1986b), 'Alternative Methods for Solving the Problem of Selection Bias in Evaluating the Impact of Treatment on Outcomes', in H. Wainer (ed.), *Drawing Inferences from Self-selected Samples*, Berlin: Springer, pp. 63–107.

Heckman, J. and R. Roselius (1994), 'Evaluating the Impact of Training on the Earnings and Labor Force Status of Young Women: Better Data Help a Lot', University of Chicago. (Unpublished manuscript)

Heckman, J. and J. Smith (1993), 'Assessing the Case for Randomized Evaluation of Social Programs', in K. Jensen and P. K. Madsen (eds), *Measuring Labour Market Measures: Evaluating the Effects of Active Labour Market Policies*, Copenhagen: Ministry of Labour, pp. 35–96.

Heckman, J. and J. Smith (1995a), 'Assessing the Case for Social Experiments', *Journal of Economic Perspectives*, 9 (2), 85–110.

Heckman, J. and J. Smith (1995b), 'Evaluating the Welfare State', University of Chicago. (Unpublished manuscript)

Heckman, J. and J. Smith (1995c), 'Ashenfelter's Dip and the Determinants of Participation in a Social Program: Implications for Simple Program Evaluation Strategies', University of Chicago. (Unpublished manuscript)

Heckman, J., J. Smith and C. Taber (1994), 'Accounting for Dropouts in Evaluations of Social Experiments', National Bureau of Economic Research, Technical Working Paper no. 166.

Heckman, J. and Wolpin, K. (1976), 'Does the Contract Compliance Program Work?: An Analysis of Chicago Data', *Industrial and Labor Relations Review*, 19, 415–33.

Hoeffding, W. (1940), 'Masstabinvariate Korrelationstheorie', Schriften des Mathematischen Instituts und des Instituts für Angewandte Mathematik der Freien Universität Berlin, 179–251.

Jchimura, H. and L. F. Lee (1991), 'Semiparametric Least Squares Estimation of Multiple Index Models: Single Equation Estimation', in W. A. Barnett, J. Powell and G. Tauchen (eds), *Nonparametric and Semiparametric Estimation Methods in Econometrics and Statistics*, Cambridge: Cambridge University Press, pp. 3–50.

Judge, G., C. Hill, W. Griffiths and T. Lee (1985), *The Theory and Practice of Econometrics,* New York: John Wiley.

Kramer, M. and S. Shapiro (1984), 'Scientific Challenges in the Application of Randomized Trials', *Journal of the American Medical Association*, 252, 2739–45.

Kydland, F. and E. Prescott (1991), 'The Econometrics of the General Equilibrium Approach to Business Cycles', *The Scandinavian Journal of Economics*, 93 (2), 161–78.

LaLonde, R. (1986), 'Evaluating the Econometric Evaluations of Training Programs with Experimental Data', *American Economic Review*, 76, 604–20.

Little, R. and D. Rubin (1987), *Statistical Analysis with Missing Data*, New York: John Wiley.

MaCurdy, T. (1982), 'The Use of Time Series Processes to Model the Error Structure of Earnings in a Longitudinal Data Analysis', *Journal of Econometrics*, 18 (1), 83–114.

Manski, C. and S. Lerman (1977), 'The Estimation of Choice Probabilities from Choice-based Samples', *Econometrica*, 45, 1977–88.

Manski, C. and D. McFadden (1981), 'Alternative Estimators and Sample Designs for Discrete Choice Analysis', in C. Manski and D. McFadden (eds), *Structural Analysis of Discrete Data with Econometric Applications*, Cambridge, MA: MIT Press, pp. 117–36.

Moffitt, R. (1992), 'Evaluation Methods for Program Entry Effects', in C. Manski and I. Garfinkel (eds), *Evaluating Welfare and Training Programs*, Cambridge, MA: Harvard University Press, pp. 231–52.

Mundlak, Y. (1961), 'Empirical Production Functions Free of Management Bias', *Journal of Farm Econometrics*, 43, 45–56.

Mundlak, Y. (1978), 'On the Pooling of Time Series and Cross Section Data', *Econometrica*, 46, 69–85.

Newey, W., J. Powell and J. Walker (1990), 'Semiparametric Estimation of Selection Models', *American Economic Review*, 80 (2), 324–8.

Patil, G. (1965), *Classical and Contagious Discrete Distributions*, New York: Pergamon Press.

Powell, J. (1989), 'Semiparametric Estimation of Censored Selection Models', University of Wisconsin at Madison. (Unpublished manuscript)

Powell, J. (1995), 'Estimation of Semiparametric Models', in R. Engle and D. McFadden (eds), *Handbook of Econometrics*, Vol. 4, New York: Elsevier Scientific B.V., pp. 2444–521.

Puma, M., N. Burstein, K. Merrell and G. Silverstein (1990), *Evaluation of the Food Stamp Employment and Training Program: Final Report*, Bethesda, MD: Abt Associates.

Quandt, R. (1972), 'A New Approach to Estimating Switching Regressions', *Journal*

of the American Statistical Association, 67, 306–10.
Quandt, R. (1988), *The Econometrics of Disequilibrium*, New York: Basil Blackwell.
Rao, C. (1965), 'On Discrete Distributions Arising Out of Methods of Ascertainment', in G. Patil (ed.), *Classical and Contagious Discrete Distributions*, New York: Pergamon Press, pp. 320–32.
Rosenbaum, P. and D. Rubin (1983), 'The Central Role of the Propensity Score in Observational Studies for Causal Effects', *Biometrika*, 70, 41–55.
Rosenbaum, P. and D. Rubin (1985), 'Constructing a Control Group Using Multivariate Sampling Methods That Incorporate the Propensity Score', *American Statistician*, 39 (1), 33–8.
Roy, A. (1951), 'Some Thoughts on the Distribution of Earnings', *Oxford Economic Papers*, 3, 135–46.
Shoven, J. and J. Whalley (1992), *Applying General Equilibrium*, Cambridge. UK: Cambridge University Press.
Simon, H. (1957), 'Spurious Correlation: A Causal Interpretation', in H. Simon (ed.), *Models of Man*, New York: John Wiley, pp. 37–49.
Tinbergen, J. (1956), *Economic Policy: Principles and Design*, Amsterdam: North Holland.
Torp, H., O. Rauum, E. Hernaes and H. Goldstein (1993), 'The First Norwegian Experiment', in K. Jensen and P. K. Madsen (eds), *Measuring Labour Market Measures: Evaluating the Effects of Active Labour Market Policies*, Copenhagen: Ministry of Labour, pp. 97–140.
Wainer, H. (1985), *Drawing Inferences from Self-selected Samples*, Berlin: Springer.

第 3 章　欧洲劳动力市场政策的实验性评估

Anders Björklund，Håkan Regnér

在关于劳动力市场政策的评估研究中，看起来存在着两种截然相反的做法。在美国，政策方案的规模一般很小，因而常采用建立在随机化基础上的经典实验来进行评估。而在欧洲，劳动力市场政策的总支出（相对其经济规模）要高得多，但只实施了很少几个实验。这是否意味着欧洲有很多方面需要向美国学习，或者正是这种制度环境上的差异使得实验在美国有用而在欧洲没有用处？

本章中，我们将说明，实验是切实可行的，并能够为我们提供有关欧洲以及美国劳动力市场政策影响的有用信息。但要成功地应用实验却明显受到了范围限制。实验适用于对新方案以及既有方案的具体变动进行分析。我们重新审视了在美国劳动力市场政策上实施过的以及少数几个在欧洲劳动力市场政策上实施过的随机化实验，最终得出了这一结论。一些实验可能是失败的，但另一些实验可以说是成功的，因为它们能够为我们提供有关劳动力市场影响的有用新见解。

对此类实验的研究是本章的中心。第 1 部分对评估问题作了一个简短的介绍，并简要论述了为什么经典实验能够从理论上解决这一评估问题。第 2 部分我们回顾了与实验相关的主要问题。第 3 部分我们从这些问题出发审视了早期的实验。在第 4 部分中，我们提出了几个可以用来评估一些重要的欧洲劳动力市场政策方案的实验。第 5 部分是主要结论。

1．评估问题和实验

大多数劳动力市场政策方案评估者所关心的问题是，将方案对参与者的影响与这些参与者没有参与方案时的情况进行比较。但我们无法观测到参与者在竞争劳动力市场上的这两种状态，这是所有评估研究的核心问题。按照定义，每一名参与者都有一个相对立的状态，即没有参加方案时的状态，而每一名未参与者也有一个作为参与者的假设状态（若要了解更一般和更全面的讨论，请参见 Heckman（1993）和 Heckman and Smith（1993））。同一个人，如果参加方案（$D=1$），他能获得收入 Y_1；如果不参加方案（$D=0$），则得到收入 Y_0。同样还有一系列决定收入的变量（X_1 和 X_0），包括个人背景变量和当地劳动力市场状态变量。这些变量和所测得结果之间的关系可通过下面两个线性等式更为正式地表示出来：

$$Y=Y_1=X_1\beta_1+u_1 \quad 如果 \quad D=1 \tag{3.1}$$

$$Y=Y_0=X_0\beta_0+u_0 \quad 如果 \quad D=0 \tag{3.2}$$

式中，u_0 和 u_1 是评估者未观测到的特征。典型的衡量结果的变量是收入和是否被雇用。如果方案是成功的，那么参与者拥有更高的未来收入和更大的受雇可能性。

基本的评估问题还包括选择偏差问题，当对方案参加者的选择取决于一些不可观测的特征时，这个问题就产生了。比如，如果参加方案的决策是由符合参加方案条件的人作出的，或是由方案管理者作出的，或是由两者共同作出的，那么就会产生选择偏差。在有关非实验性评估的文献中，研究者们提出了各种统计模型以修正这种偏差，这样，基本问题就是如何在不同的估计量之间做出选择。对这一问题的分析可参阅 Heckman and Hotz (1989)（美国数据）以及由 Regnér (1993)（瑞典数据）所作的一个类似研究。但这一问题也可以通过在实验中很好地运用随机分配法而得到解决，即符合条件的参与者被随机分配到方案处理组和不采用任何方案的控制组（反事实组）。这样，这两个由随机选择得到的群体在不可观测的特征上就没有平均差异。因此，方案后的差异就只能归因于方案。一个良好实验的优势在于，这两个群体之间结果变量的简单均值差是真实平均方案影响的一致估计量。因此，不存在对不同估计量进行选择的问题（参见第 2 章第 2 部分）。

2. 随机化的困难

一个设计得恰到好处的实验可以解决许多非实验性评估设计中的基本问题。但同时，实验也有它自己的问题。有一些是实验自身所引起的，也有一些在非实验研究中也会产生。

实验可能产生随机化偏差。当随机化程序本身影响了潜在的方案参与者的行为时，这种偏差就出现了。如果潜在的方案参与者知道是在做实验，那么他们可能会选择不申请方案，从而导致方案申请者人群发生显著变化。这样，处理组可能并不能代表通常参加方案的人群。因为潜在的符合条件的人群总体已经发生改变，影响的估计值不能推广到真正的总体。但是，当待评估的是一个全新的方案时，这种改变就不是一个问题。

如果参与者知道他们正在被研究，那么，实验也可能会影响他们在方案中的行为。他们可能会更加努力地工作，这样，实验就直接影响了方案结果。行为的潜在改变通常被称为霍桑效应。

实验对方案执行者也会有影响。如果他们控制着决定某个人是否符合条件的过程，他们就能故意改变选择标准，使得这个人群由那些适合参加方案的人组成。官员也能改变方案的内容，比如提供新的更有能力的教员、新书、计算机等，这意味着参与者比正常情况下得到了更好的服务。以上这些都是中断偏误的特例，是由于随机化改变了被评估的方案所引起的。

方案执行者同样也能故意向控制组提供一些相似的服务，这些服务是处理组所受服务的相近替代品（替代偏差）。对新方案的评估可能不会受这一问题的影响，因为要找到这些新方案的相近替代物可能很困难。当然，方案执行者也能改变其行为方式，即当他们知道自己是实验的一部分时，他们会比平时投入更多的努力在工作上。

官员行为问题取决于方案所处的具体环境，很难预测特定行为会有什么样的危害性。一个一般规则是，方案评估者应当解释实验的目标和意图。这种阐述可能会使方案执行者的行为与他们日常的工作方式更为一致。

由于道德原因，随机分配经常被认为是不可能的。主要问题在于，拒绝控制组中的成员参加方案是不道德的。这一问题随方案、国家和时间的不同而不同。比如，如果参加方案是一项有着悠久历史的权利，并且已经写入法律，那就几乎不可能开展实验。这确实是一个很大的困难，因为即使实验最终得以实施，道德方面的考虑仍然影响官员们实施实验时的积极性。当新政策刚刚引入或申请人数比方案名额多——即对特定方案存在过剩需求时，才可能比较容易实施随机分配。如果一项劳动力市场方案的成本高昂，而净收益具有很高的不确定性，实验也有可能被采纳。

与标准的非实验方法相比，高成本经常被认为是实验的一大主要缺点。原因在于，需要花费大量的时间来进行研究设计，以及预备提供给管理人员和参与者的信息，这些任务的完成有时导致从开始实施到最后进行分析要持续很长一段时间。如果这个实验的结果要为政治决策提供参考，那么较长的持续期就是一个很大的缺点。但是，这个问题不仅会在实验性研究中出现，它也是基于调查的非实验性研究的一大障碍。

不论实验性设计还是非实验性设计，一个基本的假设是未参与者不受方案影响。这个假定可能是有效的，但我们不能忽略这样一种可能：实验组的成员在接受处理后找到了新工作，而控制组却正经历着与此相反的遭遇。这就是方案的置换效应，这一问题的严重程度随方案的贯彻力度和本地劳动力市场状况的不同而不同。我们可以很容易地想象一种极端情况，即每一份新工作都为实验组成员所获得，控制组成员无法得到工作机会。这里方案只起到了一种分配效应。尽管上述情形很少出现，但在一个小的地方劳动力市场中，置换效应可能很大。

3. 现实中的实验

显然，劳动力市场政策的实验性评估具有一些潜在的问题，但问题在于能否通过巧妙的设计和有效的执行来避免它们。要回答这个问题，一种方法是检验在劳动力市场上已经实施过的那些随机化实验研究，学习这些例子的经验。在本节中，我们将会给出和讨论美国最近的一些非常重要的实验和 3 个我们所了解的欧洲实验；读者可以参考 Björklund (1989)，他对截至 20 世纪 80 年代后期的主要实验作了类似的回顾。我们相信这些研究将会为我们上一堂有关方法论和政策观点的有趣的一课。

3.1 最近美国的实验

3.1.1 《职业培训协作法》(JTPA)[1]

JTPA 方案开始于 1982 年，它的目的是向经济拮据的美国公民提供关于职业技能的课堂培训、私人部门企业里的在职培训、工作搜寻协助和其他的雇佣和培训服务。JTPA 由联邦政府出资，在各地通过服务实施区域（后简记为 SDAs）进行管理。在全美国大约有 600 个 SDAs，由它们来设计提供给人们的方案组合；通常，它们不直接提供服务，而是委托其他机构做这些。在不同的 SDAs 中，这种服务的组织方式也不相同，一些 SDA 将大部分服务都外包出去，包括对方案准入资格的决定权，也有一些 SDA 使用自己的员工提供除职业技能培训以外的所有服务。

20 世纪 80 年代，JTPA 方案对参与者的选择方式发生了变化。1985 年以前，其他机构鼓励人们参与这个方案，但是后来，随着经济开始复苏，SDAs 不得不自己搜寻参与者。参加实验的大多数 SDAs 在研究期内都难以填满它们的培训名额。

这次实验由美国劳工部发起，由 Abt 联合公司和人力展示研究公司（MDRC）实施，其样本覆盖了全国 16 个 SDAs。数据来自那些符合享受 JTPA 服务资格的人群，他们被随机地分入实验组和控制组；实验组成员能够参与方案[2]，而控制组成员在 18 个月内未参与方案。由于随机分配的进行是在参与者已经被指定参加某一种服务之后，因此，他们并不是被随机指定参加哪种服务。随机分配覆盖了 1987 年 11 月至 1989 年 9 月这段时间，共有 20 606 人被随机分配，大约 1/3 进入了控制组。

该方案的总体印象是只有成年女性的收入受到了显著的积极影响，成年男性所受到的影响很微弱。而对于青年，事实上，这个方案看起来会对他们未来的收入带来负面影响。

这个实验同时受到了官员的抵制和随机化偏差的影响。在邀请 SDAs 参与研究时，他们中约有 90％拒绝了此次实验。MDRC 在信息上花费了大量的时间和金钱。他们为方案执行者和参与者制作了专门的信息包（手册和视频），以解释此次实验的意义和目的。即便如此，仍然难以说服 SDAs 来参加此项研究，而那些最终决定参加的 SDAs 得到了更多的报酬。平均而言，报酬水平比初始值提高了 4 倍。参与实验的这种不乐意导致对 SDAs 的选择不具代表性。与真正的总体相比，样本中来自美国中西部地区的 SDAs 太多，而来自南部的太少。

MDRC 给出的数据显示，不参加实验的主要原因在于道德方面，也就是说，参加实验的 SDAs 将不得不拒绝控制组的成员参加方案。同时，SDAs 担心控制组的随机分配将导致未来对方案更低的参与率。在实验开展期间，大多数 SDAs 都有过剩的培训名额，他们认为实验将进一步降低对他们服务的需求。另一层担心在于实验将会影响绩效测量，比如，降低了培训完成后的受雇比率。对绩效的这种测量在美国是重要的。

SDAs 的担心也缩短了控制组不得参与方案的期限，这一期限原本为 30 个月。基于道德和操作层面的原因（潜在参与者的流失），SDAs 认为这个期限太长了，因而缩短至 18 个月。这可能不会影响对结果的评估，但它表明，官员行为和担忧会对实验结果造成相当大的影响。

3.1.2 失业保险实验[3]

为评估美国失业保险体系的改革，研究者们进行了一系列重要实验。此次改革的目的是提高失业保险金领取者再就业的几率同时降低失业保险的成本。这些实验可以根据它们的设计分为两组。第一组是现金奖励实验，即向那些迅速找到工作并在工作岗位上工作了一定时间的失业保险领取者提供奖励。第二组是工作搜寻实验，该实验为失业保险领取者提供一系列服务，包括关于空缺职位的更详细的信息，更多的工作安置服务，以及加强失业保险领取者的工作搜寻力度。这两组虽然方法不同，但具有相同的目标，所以我们把这两组实验放在同一个标题下进行讨论。

研究者们已经实施了四个使用奖金的实验。[4]第一个是由当地州政府出资进行的；而其他三个，部分由美国劳工部提供资金支持。这些实验的基本设计简单直接：符合资格的失业保险领取者被随机分配到控制组和实验组，控制组成员享受的是既有的服务和福利，而实验组成员可以得到奖励。其中一项实验还向实验组提供了其他一些服务。

各项实验所提供的奖励金额是不同的；在奖励实验中，要赢得奖金，参与者必须在规定时间内找到工作，各实验对这一时间（资格期）的规定也不同；此外，参与者还必须在新的岗位上持续工作一段时间，对这一时间长度（再就业期）的要求也各不相同。失业保险的领取资格和实验组成员得知奖励计划的时间点也不同。毫无疑问，每个实验组都获得了奖励计划，这是实验设计的核心要素，因此这 4 个实验可以放在一起讨论。

伊利诺伊实验的奖励金额固定为 500 美元，约为周平均失业保险金的 4 倍。新泽西实验提供平均 1 644 美元的奖励，大约是每周失业保险金的 9 倍，但每拖后一周奖金额度下降 10%。宾夕法尼亚州提供的奖励金额和伊利诺伊相同。华盛顿实验所提供的奖励为 110～1 250 美元不等，平均水平为 560 美元。

所有的奖励实验（参见 Decker（1992），那篇文章对新泽西州和伊利诺伊州实验有一个全面的分析）都显示出，经济激励确实影响领取失业保险金的持续时间。表 3—1 显示了实验之后，参与者和未参与者在领取失业金的周数和季度收入上的平均均值差。比如，伊利诺伊实验中，领取失业金的持续时间缩短了 1.15 周。其他实验的结果也支持这一结论。所有的实验中，收入影响都很小并且不显著。

表 3—1　　奖励实验对失业保险金领取周数和季度收入的影响

	伊利诺伊州	新泽西州	宾夕法尼亚州	华盛顿州
领取失业金的周数	−1.15（0.21）	−0.90（0.25）	−0.92（0.27）	−0.73（0.34）
再就业后的季度收入（美元）	8（66）	79（85）	120（70）	−22（127）

说明：括号中为标准误差。

资料来源："Lesson from the U. S. Unemployment Insurance Experience" By B. Meyer, 1995, *The Journal of Economics Literature*, 33（1）. Copyright 1995 by B. Meyer. Adapted by permission.

这些实验的一个主要优点是，它们不会干扰或打断一个正在进行的方案，它们也不必面对拒绝向未参与者提供服务的问题——在 JTPA 实验中这一问题严重影响了官员的行为。但是 Meyer（1995）指出了这些实验的两个不可避免的问题。[5]首先，可能会有置换效应，也就是说，这些符合奖励资格的行为在某种程度上减少了控制组所能得到的空缺数量。其次，失业金领取者缩短了他们领取失业保险金的持续时间，原因可能在于他们是实验的一部分，而不在于奖励。也就是说，霍桑效应发生了。Davidson and Woodbury（1993）表明，置换效应在奖励实验中可能很严重。

工作搜寻实验和奖励实验有着相同的目标，但是它们不提供货币奖励，而是向实验组提供扩展服务或为个人量身定制的服务。研究者们已经实施了六个工作搜寻实验，这些实验略有不同[6]，比如，与潜在的方案参与者建立联系的时间，对参与资格的规定以及扩展服务的数量和类型。但是，所有实验的基本设计是一样的，符合条件的个人要么被分到实验组享受扩展服务，要么被分到控制组接受常规服务。

表 3—2 与表 3—1 大致相同，所有实验都显示出，领取失业保险金的持续时间缩短了（see Johnson and Klepinger，1993，他们对华盛顿实验进行了深入的分析）。由内华达州Ⅰ实验我们可以看到，扩展服务使领取失业保险金的持续时间缩短了将近 4 周。这些实验比奖励实验对领取失业保险金持续时间的影响更大。

表 3—2　　工作搜寻实验对失业保险金领取周数和季度收入的影响

	内华达州Ⅰ	查尔斯顿	新泽西州	内华达州Ⅱ	华盛顿州	明尼苏达州
领取失业保险的周数	−3.90（0.41）	−0.70（0.39）	−0.50（0.22）	−1.60（0.30）	—	−4.32（0.16）
再就业后的季度收入（美元）	—	—	28（77）	—	292（211）	—

说明：括号中为标准误差；—表示没有可用的数据。

资料来源："Lesson from the U. S. Unemployment Insurance Experience" By B. Meyer，1995，*The Journal of Economics Literature*，33（1）. Copyright 1995 by B. Meyer. Adapted by permission.

所有这 10 个实验都有一个共同特征：在它们各自的政策设计下，它们对失业者再就业的几率都有积极的影响，但对收入的影响很小，甚至没有。不同的工作搜寻实验之间以及这些实验和奖励研究之间，所估计的对失业保险领取周数的影响存在数量上的差异。由此推测工作搜寻实验中的服务组合对结果有影响，并不是不合理的。表 3—3 总结了一些基本的差异。

表 3—3　　工作搜寻实验的主要特征

	内华达州Ⅰ	查尔斯顿	新泽西州
实验	（1）更多更为密集的服务，每周面谈和进行资格核查，所有的服务都来自相同的工作人员	（1）两次关于安置的强化面谈和一个必须参加的 3 小时工作搜寻协助会议 （2）两次面谈 （3）一次面谈	（1）必须定期与就业服务机构进行联系，提供有关工作搜寻的材料 （2）工作搜寻协助以及培训和再安置帮助
	内华达州Ⅱ	**华盛顿州**	**明尼苏达州**
实验	（1）高质量的就业和失业保险服务，所有的服务都来自相同的工作人员	（1）不要求报告联系雇主的情况 （2）个人工作搜寻 （3）强化工作搜寻协助，其中包括为期 2 天的工作搜寻专题讨论	（1）个性化工作搜寻协助，所有的服务来自相同的工作人员

资料来源：*Policy Lesson from the U. S. Unemployment Insurance Experience* by B. Meyer，1992，The National Bureau of Economics Research，working paper no. 4197.

明尼苏达州实验所估计的影响最大，而新泽西州实验所估得的影响最小。前者提供给实验组的扩展服务包括一个由相同工作人员提供的个性化工作搜寻协助。后者采取两种措施，其一是定期与就业服务机构联系，提供工作搜寻材料；其二是在工作搜寻协助方面提供培训和再安置帮助。内华达州实验Ⅰ的结果和明尼苏达州实验相似，它也使用相似的服务，即提供更加密集的服务，每周面谈以及对领取失业保险金的资格进行仔细核查。所有服务都是由就业服务机构和管理失业保险的机构里的工作人员所提供。内华达州实验Ⅱ也提供相似的服务，尽管它强调的是就业服务和失业保险服务的质量（未定义）。在这个例子中实验组所获的全部服务也都来自相同的工作人员。

查尔斯顿和华盛顿州实验中提供了所有工作搜寻实验中最全面的协助，两者都包含三个部分。查尔斯顿实验中，第一部分包括两次精心安排的安置面谈和一个 3 小时的工作搜寻协助会议，第二部分包括两个新面谈，第三部分仅包括一个面谈。华盛顿州实验也包含三部分服务。第一，与其他所有实验不同，华盛顿州实验很少对参与者的工作搜寻活动进行检查（在美国，失业保险要求失业金领取者积极寻找工作）。直到参与者表示他们不再符合领取失业保险金的条件时，失业金的支票才会发给他们。参与者在参与主动的工作搜寻时也能得到指导，但是他们不必报告自己的活动。第二，他们能够享有根据自己的需求量身定制的工作搜寻协助。第三，一个加强型的工作搜寻协助，包含一个为期 2 天的工作搜寻专题讨论。

Meyer（1995）指出，这两种实验之间的关键差异是，搜寻方法没有对人们产生成为失业保险金领取者的激励，同时，因为工作搜寻改善了雇员和雇主的匹配，所以置换问题就不那么严重。但是，相对奖励实验而言，工作搜寻实验中的霍桑效应可能更强，从实验的设计可以看出，就业服务机构与实验组成员的联系非常频繁，有可能导致这个组按实验设计来行为。

对于奖励实验，因为它们并不会干扰或打断一个正在进行的方案，这可能是这些实验相对成功的一个重要原因。

3.2 欧洲的实验

3.2.1 瑞典埃斯基通纳的强化就业服务研究[7]

这项研究开展于 1975 年，瑞典中部一个小镇埃斯基通纳的地方就业办公室。研究所评估的样本为约 400 名失业工作搜寻者，他们在这个办公室的登记失业时间为 3 个月以上。实验期间，从 1975 年 3 月 10 日到 6 月 6 日，埃斯基通纳办公室加大了人力。实验期间，实验组成员得到了就业办公室平均 7.5 小时的服务，而控制组为平均 1.5 小时。后者得到的是常规服务，这就是为什么这项研究的目的是测量增加服务的影响。此外，新增的人力使得就业办公室工作人员可以更加关注每个个体的问题，而不是为工作搜寻者和招募工人的企业提供一般的劳动力市场信息。

这项研究由 Lennart Delander 发起，他成功地争取到了瑞典国家劳动力市场委员会（AMS）和埃斯基通纳当地就业办公室负责人的大力支持。由于有机会测试强化就业服务能否产生更好的结果，这位研究者和管理机构的代表们热情高涨。我们也了解到，就业办公室的工作人员都积极参与到这个项目中。这项研究由劳动部研究署资助。

总体而言，这项实验产生了相当积极的影响。表 3—4 给出了重要结果。前两行给出了对影响（如就业和失业）的不同定量测量。测量结果清楚地显示了对实验组的积极影响。有意思的是，第 3～第 5 行显示，安置的质量也得到了改善。这些差值中大多数都显著不等于零，也就是说，它们不是偶然的。

前面所讨论过的那些问题会在多大程度上歪曲这些结果呢？首先，很明显，这项研究没有受到道德和成本问题的影响。此外，这里也没有出现替代偏差。但却有随机化偏差和置换效应；同时，在这种情况下，不能根据对实验影响的估计推测出人力永久加强将会怎样影响劳动力市场。

表 3—4　　埃斯基通纳人力强化实验的影响

	实验组（n=216）	控制组（n=194）
实验期结束时拥有工作者所占百分比	48	34
从实验开始到接下来 9 个月内的失业周数	11	18
就业者平均每月收入（SKE）	3 588	3 386
拥有持久工作的百分比	92	68
对工作质量持消极态度的百分比	12	27

资料来源："Studies kring den arbetsförmedlande verksamheten" by L. Delander，1978，States Offentliga Utredningar，60. Copyright 1978 by L. Delander，Adapted by permission.

在这种情况下，随机化偏差的一个潜在来源是工作人员对于尝试新的服务方式具有很高的热情，也许他们也希望新方法会带来更好的结果。一般而言，这种行为对潜在的长期影响会导致高估，但我们认为这种偏差并不会使这项研究失去意义。毕竟，我们看到，更多的资源和更热情的工作人员确实有助于目标群体！这种积极的影响有效地排除了与接受公共就业服务机构的帮助相联系的负面的耻辱效应的可能性。瑞典和美国有关劳动力市场政策的讨论中都曾提到过这种负面的耻辱效应。

另外，很明显，由于额外的服务而找到工作的长期失业者有可能取代了控制组成员（也可能取代了其他失业人群）。因此，从这项研究中无法得出对总体失业或就业的净影响。无论如何，对目标群体具有有益影响的结论是毋庸置疑的。

因此，我们的一般结论是，这项瑞典埃斯基通纳研究，尽管有潜在的随机化偏差和置换效应，仍然为我们提供了有关所评估方案的影响的有用见解。

3.2.2　挪威的培训实验[8]

20 世纪 80 年代后期，挪威的失业率由原本很低的 2%的水平急剧上升至 5%。为了抑制失业的这种发展，政府决定采取积极的劳动力市场政策。这些积极劳动力市场措施中，最重要的一项是面向已经失业或受到失业威胁的人群提供培训课程。在 90 年代早期，挪威有约 1%的劳动力参加了这项新的培训课程。

很明显，这种方案应当接受评估，于是有关的政府部门邀请了两个研究机构来实施评估研究。政府官员希望开展一个大型的评估，要求在非实验性研究（这里不作讨论）之外再加一个经典实验。但是，实验研究只能用于拥有过剩需求的课程，即课程的申请者多于培训名额。这样，尽管处理组将被拒绝进入培训，培训名额也能完全填满。

研究者共挑选了来自 3 个县的 18 个地方就业办公室参加实验，覆盖了开始于 1991 年 8 月和 9 月的课程；目的是估计这些课程对参与者在 1992 年 5 月和 11 月拥有工作的可能性的影响。课程的平均持续时间只有 5.3 周。研究者们对每一种课程都进行了随机化处理，这是此项研究实施过程中的主要繁杂之处。

尽管这个项目得到了中央有关部门的支持，但是许多地方管理者持怀疑态度且不愿意配合。他们认为，那些能够从培训中获益最多的人有可能被分进控制组，从而无法接受培训。此外，Raaum 和 Torp 指出，他们遇到的麻烦是通常使用的选择程序会被评头论足并受到潜在的批评。为得到管理者的配合，研究人员采取了不少措施。比如，允许被分进控制组的那些申请者接受当地就业办公室的常规服务。在 Raaum 和 Torp 的报告中，他们强调控制组中的一些失业者可能因此而得到了可作为所研究方案相近替代品的服务。

实验期间，课程的申请程序和平常一样，当地的管理者会在这些申请者中做第一次筛选，以“阻止”那些不符合课程资格要求的人。然后对第一次筛选之后保留下来的地方官员进行随机分配，分进处理组或控制组。由于在正常条件下一直存在对课程的过剩需求，我们预期申请人数会多于培训名额；因而能够在通过第一次筛选的人群中进行随机分配。但是，由于当地管理者知道这是在做研究，从而可能改变对培训者进行第一轮筛选的方式。Raaum and Torp（1993）证实，许多课程的筛选程序都做了修改；对于只有 10 个名额的课程，80 个申请者里面有 70 个都被“阻止”了。

因为这些限制，Raaum and Torp（1993）对数据做了多种不同的分析。总的说来，该方案对于主要结果变量——课程结束后第 12 个月参加者拥有工作的可能性——的影响不显著或者只有很微弱的积极影响。他们还强调，不同课程的影响差别很大。

我们认为这其实需要判断地方官员的抵制在多大程度上破坏了这次实验。毫无疑问，对参与者的选择不同于方案正常运作时的选择程序。因此，研究最多只能提供当选择（在某种程度上）不同于其实践中的做法时对培训方案影响的估计。如果方案管理者在通常情况下能够选出从方案中获益最多的人，而实验阻止了这些人参与培训，那么，可以想见，此次实验低估了方案正常运作时的影响。从挪威实验中得到的一般的方法论教训是，要成功地实现对正在进行的培训方案的实验性评估，同时需要中央管理者和地方管理者的合作。

3.2.3 英国的重启方案[9]

1987 年英国在全国范围内推出了重启方案，因为当时英国的失业水平接近其在 1983 年的最高水平。该方案的官方目标是促进工作搜寻行为，抑制在不具备资格的情况下申领失业保险金的行为，同时提供有关职位空缺和其他机会的信息。重启方案的主要内容是一名失业者和一名官员（重启顾问）在当地就业办公室进行一次面谈。这次面谈发生在失业后的第 6 个月。失业者必须参加面谈，否则将取消他的失业保险金。工作搜寻者会被邀请在某个确定的日期参加面谈；面谈一般持续 20 分钟，目标是得出一个清晰的结果，比如将失业者推荐至某个工作岗位，或让他参与某种培训或就业方案，或者其他。重启成为个人参与其他积极劳动力市场政策计划的起点。当然，除了重启，也可以通过其他途径参与那些方案。

评估研究是由就业服务机构——起初是就业部系统的一部分，后来成为一个政府机构——委托进行。就业服务机构明确要求研究采用随机化实验。数据分析由政策研究所——一个独立的研究组织承担。研究在 1989 年 3—6 月间进行，此时，重启已经运行两年了。

拒绝符合资格的人参加方案这个问题从以下几个方面影响了实验的设计。首先，控制组很小，仅由约 500 人组成。其次，这些人从地域分布上来讲遍布全国。最后，那些被随机分进控制组的人如果要求进行面谈，也会给予面谈。要求方案当时提供的其他服务，也都得到了满足。实验的这些设计看起来能够消除地方层面对实验的抵触。

数据的分析主要集中于失业持续期和失业流出率。总体而言，方案的影响是积极的，考虑到面谈的低成本，其效果已经非常理想了。但是，既然控制组成员能够参与其他积极方案，那么一部分影响可能不应当归功于该方案。例如，失业者可能实际上是通过面谈之后的其他方案，而不是因为面谈找到了工作。

这项研究的结果在多大程度上受到了经典实验典型问题的影响呢？据我们了解，研究过程中不存在出于道德原因的抵制，实验也没有受到成本问题的困扰。由于控制组成员在要求参加方案时能够享受与实验组成员相同的服务，因而这里存在替代偏差问题。这个问题将导致用简单差估计时会低估总影响，因为如果控制组成员没有得到任何服务，两组之间的差异会更大。但是，这个问题不会使实验发现失去意义。我们看到，尽管如此，方案的影响还是令人满意的。最后，不能排除置换效应的存在。因此，和所有的微观数据研究一样，总影响可能都无法通过一项研究来单独说明（参见第 5 章，第 2.1 部分）。

像重启这类方案的目的是改善长期失业者的就业前景。这项研究的结果明确表明，重启能够实现这一目标，即使不能排除重启影响中的一部分是以其他群体的利益为代价的。我们的总体评价是类似上面的随机化实验为我们提供了有关影响方向的有用信息，即使在总影响仍然不确定的情况下。

4. 对欧洲劳动力市场政策的建议

4.1　瑞典和其他欧洲国家的迁移补助

瑞典在 20 世纪 50 年代开始给那些为了新工作而搬往另一个地区的失业者提供迁移补助。在 60 年代和 70 年代，每年大约有 30 000 人，将近 1%的劳动力，得到了这种补助。就业办公室提供有关迁移补助的信息，并将对这个方案的管理作为日常工作的一部分。无论从支出上还是从人数上，这项补助从来都不是瑞典劳动力市场政策的主要部分。尽管如此，这些补助表明了瑞典劳动力市场政策对工作岗位和地理迁移的重视。

但在 20 世纪 80 年代后期，对这项措施的政治支持消失了，议会决定停止这项补助，除了“关键性人才”迁移到瑞典特定区域这类特殊情况。在作出这项决定之前，关于补助的讨论主要有以下几种观点。补助的反对者提出，补助并不能显著地影响失业的工作搜寻者的行为，反而使那些原本就想搬迁的人有了一笔额外的收入。我们经常听到这样一种观点，补助被滥用了，尤其对于那些完成学业或服完兵役的青年。

我们确信，在这种情况下，可以通过一个经典实验来获得更多有关补助影响的信息。美国就失业者奖金方案所做的实验和英国的重启评估可以作为这类研究的范例。实验的起点必须对正常情况下符合补助领取资格的失业工作搜寻者的总体进行定义。在这个总体中，随机选定一个实验组，实验组成员可以得到迁移补助。当然，也可以选择多个实验组，提供给他们不同规模的补助或者规定不同的领取资格。[10]另一种可能是用其他方式来区分规则。比如，瑞典的迁移补助过去常常能够为失业者无限期利用，而不像美国大多数奖励方案那样，仅仅限定在一个有限的失业期内。如果能在这些维度对实验组加以区分，就能从研究中得出更多见解。

在实验中，必须告知实验组成员，在他们为了新工作而搬往另一个地区的情况下，他们有权获得补助（或奖金）。还必须告诉他们对新工作的条件要求；工作必须持续多久，每周必须保证多少个工作小时等等。可能也有必要解释这项补助是评估研究的一部分。这些信息可以通过下面几种方式告知实验组。一种是像重启方案一样，寄一封信告诉他们可以享受补助。另一种是在候选者来访就业交流办公室时告诉他们。还可以通过电话来联系。

最后，必须收集有关实验组和控制组劳动力市场结果的数据。一般来说，为了研究对十分详细的变量的影响，例如工作环境、工资率和生活满意度，对实验组和控制组进行调查是十分必要的。不幸的是，调查经常遭受很高的无回应率。但是在这里，调查并不是必要的。由瑞典就业办公室自动生成的注册信息为我们提供了所有在瑞典登记失业的人的信息。因此，一个定义为"是否登记失业"的结果变量可以从就业办公室得到，这样就不必进行调查了。此外，还可以从瑞典统计局得到关于年收入的其他注册信息。[11]对实验组和控制组结果变量的均值进行简单比较，就足以揭示研究结果。如果样本容量足够大，还可以得到特殊群体（比如，年龄组）的有关结果。

现在，我们来考虑这样一项实验性评估可能遇到的潜在阻碍或问题。道德层面的抵制并不明显。既然政治家想放弃这项政策工具，从而拒绝向可能的受益人提供这项服务，那么，暂时向实验组提供这项服务同时拒绝向控制组提供服务很难说是不道德的。特别是，在这种情况下，由于实验可能得到有关政策工具影响的有用信息，不道德行为的危害很小。另一个障碍可能是这项研究无法将潜在的置换效应考虑在内。这确实是一个障碍，不仅对于本实验如此，对奖励和重启也一样。无疑，这个实验不能告诉我们，实验组更高的就业率究竟代表了对就业的净效应还是实验组成员只是夺得了原本属于其他人的就业机会。但是，这项实验可以告诉我们，补助对行为到底有没有影响。虽然这样的信息确实比有关方案净就业效应的信息具有更多的局限性，但它是有价值的。我们还要注意到，有关迁移补助的政治争论，其焦点在于补助对迁移行为的影响。

4.2 相比于培训位置有更多的申请者的培训方案

对于欧洲的培训方案，符合条件的申请者人数往往比培训名额多。这种情况下，我们可以说存在对培训的过剩需求，或方案受到供给约束。如前所述，20 世纪 90 年代早期，挪威培训方案所提供的许多课程都出现了这种情况。我们在第 3 部分所描述的实验性评估只限于这种供给—约束型课程。我们也参与了对丹麦培训方案进行评估的计划，在这个国家，过剩的需求看起来是惯例而非例外。[12]在这种情况下，对方案的平均影响进行评估这类常规话题往往能引起人们很大的兴趣。同样显而易见的是，这种情况下产生了这样一个政策问题，即通过增加方案名额缓解或消除排队现象，允许更多的申请者参与方案的做法是否是有益的。由于随着方案规模的扩大更多的人能够参与进来，后一种影响也称边际影响。

我们认为，如果能够保证与地方管理者的合作——他们对申请者进行最终选择，那么，这种情形为实验性研究提供了不少有意义的机会。不过，我们需要考虑一个能揭示方案正常运作情况下的平均影响的实验设计。在这种情况下，地方管理者必须对方案的申请者做同样的筛选，就像正常操作时他们所做的那样。还必须允许研究人员在经过筛选的申请者里随机分配一些进入实验组，另一些进入控制组。后者当然不能参与方案。两组结果的简单比较——注意置换效应——就可以得出对方案平均影响的估计。但问题是，实验期间，方案的规模会缩减，这可能会导致组织层面的问题并成为地方管理者的抵制行为的根源。

幸运的是，可以通过实验设计避免组织层面的问题并取得更有价值的结果。一种可能是要求地方管理者比平时挑选更多的参与者，然后从这个规模比平时大的群体中随机选择控制组成员。这样就可能填满所有方案的名额，从而避免组织层面的问题。实验组和控制组之间的简单比较能够提供在方案规模比平时大的情况下方案对平均影响的估计。如果存在扩大方案名额的政治兴趣，这样的实验将具有很大价值。

如果方案的执行机构能够根据申请者被给予的参与方案的优先权对申请者进行排序，研究将更有价值。假设正常情况下允许 100 人参加，但是因为实验的原因挑选了 200 名可能的参加者，其中 100 人被分到实验组，而另 100 人被放进控制组。然后，如果方案执行机构能够根据他们被给予的参与方案的优先权对这 200 个被选中的参与者进行排序；按顺序将其分成两类就够了。正常条件下，是被允许参与方案的 100 人和因方案规模扩大到原来两倍之后才被允许参与方案的另 100 人。研究者可以从两类中分别挑选实验组和控制组。这样就有机会估计正常条件下方案的平均影响（第一类的参加者和未参加者之间的结果之差）以及如果方案规模扩大至原来两倍之后方案对那些将被允许参与方案的人的平均影响（第二类的参加者和未参加者之间的结果之差）。事实上，可以认为，后者就是扩大方案的边际影响。

当然，这类实验可能会遇到前面所讨论的问题。本节的导言中曾经提到，地方管理者必须接受研究并愿意按照实验规则对申请者进行筛选。挪威的研究证明，这样的合作很难争取到。在其他环境中，在中央劳动力市场管理部门更大的努力下，我们相信有可能实现更好的合作。此外，在需要将申请者分为高优先权组和低优先权组的实验中，地方管理者也许有激励去合作，因为低优先权组的成功结果有可能会为方案赢得更多的资源。可能有人会认为，排序所带来的激励可能会以其他方式对实验构成破坏。但我们相信，在这类研究中，地方管理者有两种强烈的激励。首先，要显示出高优先权组比低优先权组表现得更好。如果不是这样，那么他们选择申请者的能力就会遭到质疑。其次，要显示出低优先权组也能从方案中受益。这样就有理由相信，这两种激励共同降低了研究无效的风险，同时使得“激励相容”。

另一个可能产生的潜在问题是替代偏差，即未参与者得到了其他能够替代被研究方案的服务。由研究团队和中央劳动力市场管理部门对评估项目进行细致的监督有助于避免这个问题。

4.3　培训名额多于申请者人数的培训方案

一些培训方案的特点是培训名额比申请者人数多，这意味着有过剩的培训供给，或该方案受到需求约束。20 世纪 80 年代，瑞典的培训方案经常面临这种情况，虽然其程度随课程的不同而不同。

在这种情况下，令人感兴趣的是通过提高培训补助使方案更具吸引力的做法是否有意义。80 年代，在培训名额过剩的情况下，瑞典国家劳动力市场委员会提出了提高培训补助的要求。对于这一点，我们不会感到惊讶。对那些因更高的津贴而参与方案的人的影响可称为需求约束型方案的边际影响。

要清楚地回答这个问题，一项实验性研究至少需建立在三个潜在参与者的随机样本上，在这里，潜在参与者指的是符合参加培训的资格要求的失业工作搜寻者。让其中一组参与正常运作的情况下的方案；让另一组参与条件不同（比如更高的培训补助）的方案，即政策讨论的对象；让最后一组作为控制组，不参与方案。将第一组和控制组的结果进行比较，就能得到方案正常运作时的平均影响。在两个实验组之间对结果进行比较，就可以得知方案是不是规模报酬递减；如果具有更高补助的实验组比正常情况下的参与者的结果差，就可以认为报酬递减。最后，将具有更高补助的实验组与控制组作比较，可以告诉我们方案对那些因为更高补助而参与进来的人群是否具有积极效应。这样一个比较将会揭示出因为提高了培训补助而扩大了的方案规模的边际影响。应该指出，所有这些比较都是在允许参与计划的实验组和不允许参与计划的控制组之间做出的。因此，这种影响是提供方案带来的。（参见 Björklund（1988）就提供方案带来的影响和参与影响二者之间的关系进行的详细的技术讨论。）

4.4 组织工作搜寻活动的备择模式——工作搜寻俱乐部

我们最后的提议与组织工作搜寻活动的方式有关。事实上，我们确信这是一个经典实验能发挥最大作用而传统问题最易于应对的领域。

由于劳动力市场结构的变化，以及通信技术的飞速发展，就业办公室所处的环境一直发生着改变。因此，就业办公室必须定期审视自身的运行模式，采用新的和更有效的完成他们职能的方式。经典实验对于评估和测试新型工作组织特别有效。在我们对以上实验进行回顾的过程中，我们发现，美国在这一领域的实验和瑞典 1975 年的研究都非常成功。英国的重启评估考察的是一个正在进行的方案，但在那种情况下可能出现的具体问题看起来已经在很大程度上得以避免，并且对就业办公室工作方式的研究得出了有用的见解。

在欧洲的评估研究中存在一些没有受到应有的关注的方案，其中一个典型例子是以组或俱乐部为单位的工作搜寻组织，被称为工作搜寻俱乐部。这个主意起源于美国，但是越来越多的欧洲国家对它产生了兴趣。英国和瑞典在 20 世纪 80 年代建立了这样的俱乐部，法国最近也引进了它。这种俱乐部可以以多种方式组织起来，这就是为什么合适的评估非常重要的主要原因；对俱乐部运作的不同设计可以加以比较。但是，一般的思路是参与者们组成一个群体，在拥有一名指导者的情况下讨论如何寻找空缺职位、接近潜在雇主，以及在面试时该如何表现。对于失业保险金领取者，工作搜寻俱乐部可以是自愿参加也可以是强制参加。

仿照美国工作搜寻实验和瑞典埃斯基通纳研究的路线，我们可以很容易地对这个实验进行设计。当实施工作搜寻俱乐部的想法被提上劳动力市场政策的日程上时，首先应当将这个方案的目标群体界定出来。然后从目标群体中挑选一个（或者多个，如果有多于一种类型的俱乐部需要被研究）随机样本作为实验组。在自愿型俱乐部的情况下，实验组被提供参与机会；在强制型俱乐部的情况下，则要求小组成员必须参与，否则取消他们的失业保险金。我们感兴趣的结果变量、失业持续期或类似的工作搜寻成功指标，可以直接由就业办公室的注册信息获得，目标群体的其余人就可以被定义为控制组。如果需要通过调查来获得结果变量，成本考虑将迫使这项实验使用一个规模有限的控制组。

那么这种实验研究的潜在问题或阻碍是什么呢？道德层面的抵制并不强烈。特别是在自愿型工作搜寻俱乐部的情况下，因为没有工作搜寻者将被拒绝享有其在正常情况下有权获得的服务。这里存在替代偏差的风险，除非能够保证控制组不会从其他方案中得到补偿。这样的保证依赖于就业办公室工作人员的合作。随机化偏差也可能出现。比如，如果指导者知道这是个实验，那么他可能比平时更有效率地投入工作。最后，有可能存在置换效应，因为实验组成员找到工作可能是以控制组成员失去工作机会为代价的。后两个问题要求我们在解读结果时要格外小心。为了做出有关工作搜寻俱乐部的进一步决策，了解参与者是否确实比控制组做得好是很有价值的。了解一个实验性的工作搜寻小组是否比其他任何小组表现都好也是有用的。

5. 结　论

要成功地实施一项经典实验性的劳动力市场政策方案，无疑会涉及很多相关问题。我们看到了一部分现实实验遇到的问题，虽然这些问题还不致使整个实验完全失败，但也会使实验不像我们所期望的那样有价值。当然，很多实验都得出了有价值的新见解。因此，我们认为，在未来美国和欧洲的评估研究中，经典实验将有一席用武之地。我们将实验可以发挥的作用概括为以下五点：

（1）实验的前提是控制组成员在实验期间要被拒绝提供方案中的服务。由于拒绝向符合条件的人提供方案服务经常被认为是不道德的，这一前提在很多情况下排除了实验法的应用。但在正常情况下，符合资格的申请者也经常被拒绝进入方案，这样，临时进行随机分配以获得更多有关方案影响的信息就是可以接受的了。此外，在新方案和现存方案出现变化的情况下，道德考虑不会排除实验法。

（2）因为新的和修改过的方案是很好的实验候选者，实施一项实验的决策有时或多或少是同改变政策的政治决策同时做出的。因此，政治与研究机构之间应当建立起紧密的联系，这样才能充分利用这类评估研究机会。附属于政府责任部门的研究和评估机构将有助于建立和密切这种联系。

（3）成功实验的一个先决条件是来自中央和地方管理者的配合。理想状况是，管理者就好像方案正常运行时一样行动，尽管这个要求很高。比如，上面所描述过的挪威研究，清楚地说明了地方管理者的不合作给评估带来的负面影响。过分热情的地方管理者也会带来问题，如果他们在实验期间以与正常情况下不同的——更有效率的——方式来行动。在这两种情况下我们都认为实验期间方案的运作不同于平常。但是，这种差异不会使研究完全失去意义。了解方案在略有不同的条件下如何运行，尤其是当前有关方案的知识还很少时，是很有价值的。

（4）所有研究——包括实验性和非实验性研究——的一个主要缺点是，在通过比较参与者和未参与者之间的结果来推断方案影响时，没有考虑间接影响。比如，那些得到方案额外服务的人找到工作可能是以未参与者的损失为代价的，即我们所说的置换效应。实验一般没有将这种效应考虑在内。比如，美国对失业工作搜寻者的奖励实验研究显示，相比没有提供奖励的控制组，那些被提供了奖励的人再就业的可能性更高（同时失业的持续期更短）。很显然，这个结果表现当激励改变时，“一些事情发生了”。但是，美国研究并没有告诉我们奖励系统的普遍引入对总体再就业几率以及失业持续期的影响将如何。我们认为，即使一些重要的问题仍未得到回答，由这些实验所提供的见解仍然十分有用。

（5）另一个我们需要注意的限制是实验通常集中于某特定政策方案的影响或方案改变的影响，这里研究者依赖于“其他条件相同”的假设。通常，尤其在欧洲国家，各种各样的劳动力市场政策构成了一个完整的措施体系，因而不应当对政策进行孤立的考察。一个典型的例子是用培训和就业方案来检测失业保险金领取者的“工作意愿”。在这种情况下，可以预料，非参与者会因为方案而改变其行为，即使他们在参与过程中的表现并不积极。因此，对于构成劳动力市场政策体系重要组成部分的方案，在解读方案结果时，必须特别小心，欧洲国家的例子有时就是这样。我们还认为，实验可以用来“微调”单个方案。要评估这种系统，还需要其他方法，特别是国际比较。

很明显，强调实验性评估研究的局限性以及在解读实验结果时所应有的注意有很多原因。尽管如此，我们提倡欧洲国家更大程度地学习美国的例子，通过建立在随机分配基础上的实验手段来评估政策的变化和测试新政策。之所以这样建议，是因为我们今天对欧洲国家劳动力市场政策的影响所知甚少。比如，每当国际专家考察瑞典的积极劳动力市场政策时，都会发现，我们对政策影响了解得太少。当缺乏一种能够为我们提出的所有有关劳动力市场政策的问题提供清晰答案的方法时，我们不能忽视由很多实验中得出的见解。

注释

[1] 本部分主要基于 Dolittle and Traeger（1990）。

[2] 实验组成员中约 70%接受了在职培训或职业技能的课堂培训。其他 30%得到了工作搜寻协助或其他服务。

[3] 本部分主要基于 Meyer（1995）。

[4] 按时间排序，这四个实验分别是：伊利诺伊州的失业保险激励实验（1984 年），新泽西州的失业保险再就业研究（1986—1987 年），华盛顿州的再就业奖励实验（1988—1989 年），宾夕法尼亚州的再就业奖励研究（1988—1989 年）。

[5] 事实上，他指出了四个问题，但是，其中有两个涉及永久奖励系统的影响，这是大多数实验都会遇到的一般性问题，即我们难以将实验发现推广至永久系统。

[6] 按时间排序，这些实验分别是：内华达州面向失业金领取者的安置方案（1983 年）、查尔斯顿失业金领取者的安置和工作测试研究（1983 年）、新泽西州的再就业研究（1987 年）、华盛顿州的工作搜寻实验（1986—1987 年）、内华达州失业金领取者的就业方案（1988—1989 年），以及明尼苏达州的再就业项目（1988—1990 年）。

[7] 本部分主要基于 Delander（1978）以及我们与他的个人交流。

[8] 本部分主要基于 Raaum and Torp（1993）以及我们与他们的个人交流。

[9] 本部分主要基于 White and Lakey（1992），White（1992）以及我们和他们的个人交流。

[10] 当然，这导致了需要多大的样本才能使推断具有合理的精确度的问题。这是一个经常被忽略的重要问题，但我们在这里对此不进行讨论。

[11] 在 Regnér（1993）所做的关于培训的一项非实验性评估研究中已经这样做了，从而省去了调查的必要。

[12] 这是一个正在进行中的工作；该项目由丹麦社会研究所的 K. Langager 负责。

参考文献

Björklund, A. (1988), 'What Experiments Are Needed for Manpower Policy?', *The Journal of Human Resources*, 23 (2), 267–77.

Björklund, A. (1989), *Evaluations of Training Programmes—Experiences and Suggestions for Future Research*, WZB discussion paper 89–3, Wissenschaftszentrum Berlin für Sozialforschung.

Davidson, C. and S. Woodbury (1993), 'The Displacement Effect of Re-employment Bonus Programs', *Journal of Labor Economics*, 11 (4), 575–605.

Decker, P. (1992), 'The Impact of Re-employment Bonuses on Insured Unemployment in the New Jersey and Illinois Reemployment Bonus Experiments', *The Journal of Human Resources*, 29 (3), 718–41.

Delander, L. (1978), 'Studier kring den arbetsförmedlande verksamheten', *Statens Offentliga Utredningar*, 60, 183–248.

Dolittle, F. and L. Traeger (1990), *Implementing the National JTPA Study*, New York: Manpower Demonstration Research Corporation.

Heckman, J. (1993), 'Alternative Approaches to the Evaluation of Social Programs', Department of Economics, University of Chicago. (Unpublished manuscript)

Heckman, J. and J. Hotz (1989), 'Choosing among Alternative Non-experimental Methods for Estimating the Impact of Social Programs: The Case of Manpower Training', *Journal of American Statistical Association*, 84 (408), 862–74.

Heckman, J. and J. Smith (1993), 'Assessing the Case for Randomized Evaluation of Social Programs', in K. Jensen and P. Madsen (eds), *Measuring Labour Market Measures*, Copenhagen: Ministry of Labour, pp. 35–95.

Johnson, T. and D. Klepinger (1993), 'Experimental Evidence on Unemployment Insurance Work-search Policies', *The Journal of Human Resources*, 29 (3), 695–717.

Meyer, B. (1992), *Policy Lessons from the U.S. Unemployment Insurance Experiments*, working paper no. 4197, The National Bureau of Economic Research.

Meyer, B. (1995), 'Lessons from the U.S. Unemployment Insurance Experiments', *The Journal of Economic Literature*, 33 (1), 91–131.

Raaum, O. and H. Torp (1993), *Evaluering av AMO-kurs: Sysselsättningseffekter og seleksjon till kurs*, SNF Report 72/1993, SNF, Oslo.

Regnér, H. (1993), *Choosing among Alternative Non-experimental Methods for Estimating the Impact of Training: New Swedish Evidence*, working paper no. 8, Swedish Institute for Social Research, Stockholm University.

White, M. (1992), 'Evaluating the Effects of the UK's Restart Programme', Policy Studies Institute, London. (Unpublished manuscript)

White, M. and J. Lakey (1992), *The Restart Effect: Does Active Labour Market Policy Reduce Unemployment?*, London: Policy Studies Institute.

第4章 评估研究中的纵向设计

Klaus Schömann *

对理论驱动型评估的追求（Chen and Rossi，1983，p. 284；Rossi，1991，p. 384）改变了评估研究的方法和基本设计，包括数据的采集方式。大部分劳动力市场理论或其他与劳动力市场过程相关的理论，都就劳动力市场结果的变动提出了假说，包括我们合意和不合意的变动。在它们最简单的形式中，这些理论都对参与特定劳动力市场项目的预期结果做出了预测。这些假说会估计，比如说，参与一个项目后可能的再就业概率。本章主要解决的问题是，如何对这些假说进行最好的检验。为了避免与前面各章内容的重复，我们不区分实验性和非实验性设计（在 Heckman 和 Smith 撰写的本手册第 2 章以及 Björklund 和 Regnér 撰写的第 3 章中有所阐述），以及它们各自的分析方法；纵向设计在这两类分析中都很常见。同样地，本书提到的其他方法，如过程评估和成本收益分析，也可能会用到由纵向观测值和数据结构所产生的指标。

评估者经常被要求进行事后评估，也就是说，他们的评估是在项目结束后才开始的。在这种情况下，他们通常不得不依赖于现有的从过程中产生的数据资源。此外，收集回顾性数据也可以使项目的影响得到衡量。评估的方法论问题以及在这些评估中的解决方法，在第 2 章中有所涉及。本章主要关注四类理想型评估研究方案，从而突出评估设计的关键特征。本章的主要议题是，纵向信息在大多数情况下对真正的评估分析研究十分必要（Blossfeld and Rohwer，1995）。

本章关注的评估研究设计需要包含至少两个时间点的足够的比较信息：个体参与的项目前后的情况。如果对于政策的评判仅仅以参与项目后不久得到安置的人数为依据——这一做法仍然相当普遍——那么将容易导致对项目影响的高估或低估。如果在分析中忽略了决定项目参与的决策，那么这一风险将更加明显。以单一瞬间横截面评估为基础对项目影响进行估计时，这种情况经常会发生。例如，假设一个高质量培训项目的管理者仅从失业者中选择那些他们认为最合格的参与者。如果没有对这种参与者选择机制进行控制，那么，与没有对参与者进行筛选的情况相比较，评估者很可能高估了劳动力市场政策的影响。在项目参与之后专门安排的调查易于形成误导性的结论和政策建议。

---

* 感谢 Albert C. Tuijnman，他曾与我就如何构建本章进行了讨论。Anders Björklund，Ulrich Rendtel，Uli Pötter，Rolf Becker 和 Sylvia Zühlke 在我写作本章的过程中给我提供了非常有帮助的建议。

在关于评估的方法论文献中，这个问题被称为选择偏差（Heckman，1979，p. 153）。关于某项措施有效性的结论只有在这些先决条件被充分考虑的情况下才是可信的。对项目影响的估计，必须根据选择偏差进行调整。当某劳动力市场项目应用于另一个环境（可能是另一个地区），或对项目进行规模相当的延伸时，如果能够得出类似的结论，那么，这种估计就是可信的。在作为项目影响评估基础的样本中，未被控制的异质性问题与估计未受异质性影响下项目结果的方法论问题有关（Chamberlain，1985；Heckman and Borjas，1980，p. 247）。如果在评估中没有对难以观测的异质性进行控制，那么这种异质性可能会显示出状态依赖性。例如，在第一次失业后，重复失业的概率趋于上升。然而，先前的失业经历也许仅仅是许多其他不可观测特性的代理变量，这些不可观测的特性与时间有关。如果这种潜在的过程始终未被察觉到，评估研究可能会得出误导性结果，并且，任何由这个误导性结果推出的政策结论都会存在一个不清晰的实证基础。

本章提议，要多关注数据收集的早期阶段和评估研究的设计。只有综合了各式各样的纵向设计，才能够有效地处理上述会在随后的统计分析中遇到的方法论问题。

1. 纵向研究在评估研究中的定义

纵向研究在社会科学中不是一个新现象。然而，随着新的数据类型和分析方法逐渐加入到现有的研究中，对于构成纵向分析的组成成分的理解仍处于不断扩张中。在这一节，我们会考察纵向评估设计的新进展，并讨论已往的文献对纵向研究的定义。

Baltes and Nesselroade（1979，pp. 1－2）在探讨纵向研究的历史和理论基础时指出，对于“纵向”这个词的理解，在社会科学各不同领域之间的差异是相当大的。20 世纪六七十年代，社会学家将纵向研究视为面板设计，即反复对同一个体进行访谈。在心理学关于具有相同人口统计特征的某群体的研究（多表现为与年龄相关的反复测量）中，这种纵向设计最常见。经济学家和政治学家则更喜爱时间序列分析，这种测量是不连续的，可能是每年、每季度甚至每月进行一次。

因此，将评估研究中的纵向维度定义为“随时间反复对某一特定现象进行测量”（Nesselroade and Baltes，1979，p. xi），或更普遍的，随时间进行反复的调查，并不会令人感到惊讶。随后，纵向研究在广义上被重新阐述为“对过程的时序研究”（Baltes and Nesselroade，1979，p. 2），这一定义很好地强调了纵向研究的分析要素——分析对象是过程。然而，这种理解并没有涵盖当前纵向研究的所有方面。我们的定义利用了对构成纵向研究的各组成部分的更广义理解。基于纵向评估的理论驱动方面，我们的定义更多地来自纵向方法和应用于纵向数据的因果分析的新进展，而不是来自调查技术视角。我们将纵向研究定义为一种基于理论的分析研究，纵向研究所使用的数据中，信息的时间结构清晰明确。

纵向研究作为分析研究的资格与评估研究的理论驱动部分有关（Chen and Rossi，1983）。纵向研究的目的不仅是描述不同时点上的不同情况，而且要解释这种变化发生或者不发生的原因。因此，纵向研究的目的是要解释牵涉在这种变化之中的过程。以劳动力市场干预为例，这些过程是更为一般的工作流动或获得工资过程中的政策干预。尽管很少有劳动力市场理论能够清晰地解释政策干预，但是关于干预的可能结果的假说可从大多数劳动力市场理论中推得（Heckman and Robb，1985，p. 159）。

实际上，横截面研究和纵向研究之间最重要的区别在于信息的时间结构。然而，从同一总体的不同样本中抽取的一系列连续的横截面数据，有时可以估计出与运用纵向数据一样的参数，这一事实说明了这种评估过程中不同时点的重要性（Heckman and Robb，1985）。为了概括以上几点，信息的时间结构被加入到对纵向研究的定义中。例如，对劳动力市场过程及制度的事件历史分析中，必须合理运用事件的时间结构。这种结构可能由直至项目参与者的劳动力市场行为发生特定变化的时间组成，也可能由劳动力市场制度与时间有关的变化组成。事件历史分析让我们能够将所有回应者提供的信息包含进去，这些回应者是总体中正面临着某种事件风险的一部分人，如失业事件前的就业期间。对这些事件的所谓右向删失，关键在于确定调查日期这一时点后是否发生了值得考虑的变化。左向删失发生在，例如，在开始收集数据这一时点，工作已经开始了。

随后几部分将简要介绍纵向研究的几种主要类型[1]及相应的实例。为了对决策过程提供指导，我们讨论了特定纵向设计的优势和劣势。例如，在评估调查研究中，针对特定的研究兴趣，采用哪种研究类型最为合适。

1.1 面板研究

我们对纵向评估研究的广义定义包含了同一参与者在至少两个时点上获得访谈的情况。在一些例子中，前一个时点与后一个时点之间的时间间隔可能非常短。这种研究主要是对特定干预或转换（如从学校到工作的转换或退出劳动力市场的转换）发生后的变化进行跟踪研究。典型的情况是，进行这种研究的调查者与劳动力市场项目的参与者进行访谈，参与项目之前访谈一次，完成项目几个月之后再访谈一次。有时，这种最小限度的两次面板研究会跨越一个相当长的时间跨度。与教育、培训有关的调查，经常将这种长期影响考虑在内，比如，在同龄项目参与者离开学校或其他培训机构 5 年或更长时间之后再进行第二次访谈。针对劳动力市场政策的长期面板研究十分少见。在欧洲，有一个这类研究的例子，即荷兰的 OSA（战略性劳动力市场研究组织）面板，涉及 4 020 个个体，该机构每两年对他们进行一次访谈（Vissers and Dirven，1994）。

在美国，关于劳动力市场政策纵向评估的最主要数据资源是国家纵向调查（NLS）和收入动态面板调查（PSID）。NLS 数据的采集分为几组。第一组是定期对 5 000 名 45～59 岁的男性进行访谈。同时，与第二组——14～24 岁的青年男性——始终保持联系并进行访谈，直至 1981 年。随后增加了同龄女性调查组和男女混合同龄调查组，并对他们进行跟踪。PSID 自 1967 年开始，每年进行一次数据采集。

一些纵向面板研究对同一参与者两次调查的时间间隔更长一些。Malmö 研究（Tuijnman，1989）在一段时间内对一组同龄人进行跟踪访谈，以了解他们职业生涯的发展变化。预期研究开始于 1938 年，最初是对一组 10 岁大的孩子进行访谈。这群孩子之后被反复跟踪调查了 7 次，分别在他们 15 岁、30 岁、35 岁、40 岁、43 岁、52 岁和 56 岁的时候。在调查的不同阶段，对被调查者提的问题是依据抽样时所关注的政策问题所确定的，所以控制组自 1938 年抽样以来从未变化过。该项调查获得了广泛的信息。例如：家庭背景、10～20 岁时的认知能力、最初的教育及继续教育、职业生涯和收入等，这使得研究者可以对这些背景变量加以控制。该调查的时间间隔足够长，使我们能够构建依赖于时间的有关维度，对商业周期可能给劳动力市场项目参与情况带来的影响进行控制。

虽然最基本的面板研究设计只要求进行两次访谈，但大多数情况下，同一个被调查者会被采访两次以上。社会科学领域最常用的大型面板研究则是每年重复一次访谈（见表4—1）。这类研究的例子越来越多。美国的收入动态面板调查（PSID）（Duncan and Morgan，1984；Hill，1992）和德国的社会经济面板研究（Sozio-ökono-misches Panel，SOEP）（Hanefeld，1987；Rendtel，1995；Wagner，Burkhauser and Behringer，1994）影响较大，此后的研究常采用与它们类似的结构，对家庭样本进行长期跟踪调查。[2]从欧盟各成员国调查得到的欧洲家庭面板，是最新的一项大规模研究（Bechtold and Blanke，1994）。第一轮访谈是在 1994 年，涵盖了当时的 12 个欧盟成员国，共涉及 60 000 个家庭。之后每隔一年重复一次访谈。

表 4—1 **面板数据结构**

观测时点	因变量	自变量（与时间有关或无关的自变量[a]）	项目参与者[b]
t_1	Y_1	X_1	D_1
t_2	Y_2	X_2	D_2
⋮	⋮	⋮	⋮
t_n	Y_t	X_t	D_t

a. 与时间有关的自变量的一个例子是劳动收入，劳动收入随着观测时点的变化而变化；与时间无关的自变量的一个例子是出生日期，一个人的出生日期不随观测时点的变化而变化。

b. 项目参与情况在离散的时点上得到记录。通常情况下，变量 D 在每个观测时点上取值 0 或 1，表示项目参与者的参与情况（参见第 2 章和第 3 章）。

关注定性信息变化的面板设计较为罕见。这些定性信息可以帮助研究者确定工作搜寻信息的纵向特性和满意度，包括公共或私人安置服务所提供的工作搜寻信息和特殊心理协助公共再就业项目所提供的工作搜寻信息。定性面板设计的另一个应用领域是技术工人的社会学习和道德开发（Hoff，Lempert and Lappe，1991）。

在 20 世纪 90 年代，研究视角开始发生转变。许多研究者认识到，不仅需要对劳动力市场供给方面的数据进行面板分析，而且需要对需求方面的数据进行纵向估计。换言之，企业被视为劳动力市场政策的潜在使用者（Projektgruppe Betriebspanel，1994）。虽然用于评估企业经济成败的企业层面的面板数据较多，但到目前为止，用于劳动力市场政策评估的这类数据资源还是相当稀缺的。

然而，面板数据也存在一些缺陷。[3]很明显，不能保证第一轮调查的所有参与者都能参加随后的访谈。在统计上，这种面板人群的流失问题被称为“损耗”（Rendtel，1995）。长期的面板调查研究既要应对随调查的推进而产生的个例损失问题，又要应对所有调查技术都会面临的项目无回应问题（Verbeek and Nijman，1992）。

有时，面板研究的损耗可能很高。在历时 10 年的每年追踪访谈之后，参与者可能迁移到其他地方，从而无法再被调查到，或者他不想再参与这个研究。这两种情况都可能导致对项目影响的评估偏差。在 Michigan 收入动态面板调查（PSID）中，从项目的起始年 1968 年到项目的结束年 1989 年，约有 50%的样本在累积的损耗中流失（Fitzgerald，Gottschalk and Moffitt，1994）。从某种程度上来说，规模较大的一个样本损耗情况发生在德国的社会经济面板研究（SOEP）中。1984—1991 年，项目的最初参与者中约 1/3 退出了调查项目，并且再也没有得到这些人任何更进一步的信息（Rendtel，1995，p.11）。如果面板损耗与项目参与有关，那么，要可靠地评估出项目对劳动力市场过程（如获得工资）的影响，就需要对这种选择性偏差进行处理（Heckman and Robb，1985；Verbeek and Nijman，1992）。

面板研究的成本通常比单个访谈高很多，同时，需要投入大量的资源来从统计上衡量和控制由面板损耗所导致的信息缺失。访谈的次数越多，这个问题就越突出（Rendtel，1995）。即使每年进行一次调查，由于回顾或回忆误差，也会涉及很多不精确的地方。如果仅仅依靠长时间间隔（项目的参与到效果的反馈之间的时间间隔很长）的调查所提供的信息进行研究，这个问题将更加严重。对于与面板数据有关的无回应，Verbeek and Nijman（1992，pp.264-265）提出了一种很有用的分类方法。他们将无回应分为五种情况：(1) 开始无回应，第一次联系时便决定不参加调查；(2) 个体无回应，无法获得某一个体的任何数据信息，如家庭中的一个成员；(3) 项目无回应，即缺失某一特定变量，如收入；(4) 调查无回应，是指个人或者家庭在某轮或某几轮的调查中没有回应；(5) 损耗，多次参与调查的个体最后失去了联络。在某些情况下，这种无回应的情况可以被忽略。这些特定的情况在有关的方法论文献中有所论述，并且对可忽略和不可忽略的选择标准进行了检验（Rendtel，1995；Verbeek and Nijman，1992）。

1.2 回顾性研究

采用回顾性设计（在社会学和人口学中比较常见）的劳动力市场研究也很少见，这种研究设计依赖于被调查者准确回忆事件的能力。回顾性研究是一种可以在一次访谈中就得到纵向数据的方法。关注定性信息的回顾性研究可以应用传记法（Bourdieu and Balazs，1993），而关注由代表性样本所得定量信息的回顾性研究可以采用以事件为导向的（参见表4—2）、标准化的调查问卷和访谈（Brückner，1993；Mayer and Brückner，1989）。特定事件（如失业）发生前的持续期是数据采集的主要部分，它促进了纵向研究方法的应用（对这些方法的综述，参见Tuman and Hannan（1984））。

表4—2　　回顾性数据的采集

就业时间	t_0-t_1			t_3-t_4	t_4－访谈[a]
失业时间		t_1-t_2	t_2-t_3		
项目参与时间[b]			t_2-t_3		

a. 右向删失的时期信息，仍然可以被用在大多数的持续期数据统计分析中，如在访谈调查的观测期之外的就业持续时间。

b. 观测计划强调就业持续期、失业持续期、项目参与的持续期或者项目结束后等待工作的时间的重要性。

人口学研究中，回顾性研究常被用于分析政策影响，如针对家庭的某特定项目的影响。而在劳动力市场项目评估领域，只有很少的几个例子。回顾性的德国生活历史研究（see Mayer，1990，1993；Schömann，1994；Schömann and Becker，1995）为劳动力市场过程和项目，尤其是培训项目的评估提供了有用资源。

德国生活历史研究的最初形式仅包含三个出生年份组：1929—1931年、1931—1941年和1949—1951年。年龄更大和更小的出生年份组在随后被加入研究，以覆盖进入劳动力市场的其他时间段以及与时间相关的不同的劳动力项目参与情况。这个数据结构最重要的特征是它并不按照年份来编排，而是按照“事件历史”来编排。这种方式便于对项目干预而致的劳动力市场事件进行分析。这种分析所关注的劳动力市场事件有：工作转换、职业发展和相同工作岗位上的工资增长等。

与其他抽样调查一样，回顾性研究中也易出现无回应情况而导致的偏差。然而，更具体地说，回顾性调查必须应对回忆误差问题。也就是说，有时调查的参与者并不能准确地回忆起事件发生的确切日期。一种应对方法是，给被调查者足够的时间，使他们能够将调查所涉及的问题与自己的记录进行核对。或者，当不同的被调查者对特定日常事件或项目参与进行回忆的精确度各不相同时，可以采用一种选择性纠正形式。Van der Vaart，Van der Zouwen and Dijkstra（1995）提出运用清单来提高被调查者回答回顾性问题的准确度，这些问题涉及态度和行为项目。[4] 为了测量这些误差的边界值，我们需要就回忆误差对估计量的影响进行额外的敏感度分析（see Courgeau，1991；Schömann，1994）。

可以设想回顾性评估研究和预测性评估研究相互混合的情况。这种研究由一个详细的回顾性调查问卷开始，随后的过程类似于面板研究。这种项目非常昂贵，所以在社会科学中很少采用。一个回顾性研究的例子是对原联邦德国某出生时间组的调查，在德国统一之后，又对这群人进行了访谈（Huinink and Mayer，1993）。这类纵向设计可以最大限度地分辨出年龄、时期和相同人口统计特征群体的影响（Schömann，1994）。

1.3　基于行政记录的研究

在大多数国家，行政记录，如社会保障收入或养老金收入记录，都被视为机密数据，只有公共行政部门（Blien and Rudolph，1989；Fachinger，1994）或私人保险公司可以获得。为分析欺骗行为的根源和监控这些基金的流动情况，需要对社会保障覆盖率进行定期审查，这种需求使我们积累了很多数据。仅有的以这种社会保障记录为基础的纵向研究，都是从某一给定时间点的个体记录中选取一些人作为样本，之后对该样本中个体的职业生涯进行数年的跟踪调查（见表 4—3）。特殊的抽样技术，如多选取一些劳动力市场项目的参与者，并计算加权指标，使得研究者可以分析特定劳动力市场项目——对参与者，或更一般地，对失业保险系统——的长期劳动力市场结果。在德国，这类数据在进行处理的时候，需要保证这些数据不能够回溯到提供这些数据的个人。这样，这些数据才能被用来进行政策评估。至于对劳动力市场政策，尤其是工资政策的地区差异进行纵向评估，德国的例子可以参见 Blien（1994），加拿大的例子可以参见 Belzil（1995）。

表 4—3　　基于行政记录的数据

观测时间点	因变量	自变量 （与时间有关或无关的自变量）	项目参与[a]
登记进入 t_1	Y_0 左向删失；Y_1	X_1	D_1
t_1-t_2	Y_2	X_2	D_2
⋮	⋮	⋮	⋮
登记退出 t_n	Y_t 右向删失	X_t	D_t

a. 大多数行政记录都是以正式程序为基础，从进入项目时，即当个人进入一家企业或者开始他的工作时（以社会保障记录为例），开始记录信息。大致说来，表 4—1 和表 4—2 的数据结构都是可能的。除了右向删失的时期以外，当一个项目已经处于实施过程时，左向删失的时期也有可能出现（也就是说，没有信息的起始时间）。

基于行政记录的研究，相对于以其他类型纵向数据为基础的研究而言，有其自身的缺陷。因为这些数据通常源自官方记录，所以它们的使用范围被严格限制。这些记录都是由标准行政事务产生（即过程数据），所以它们包含了非常有限的家庭背景信息、工作搜寻过程信息以及行为改变的原因等。这样就会同时遗漏一些非常重要的解释变量。这使得用这些数据对完备的模型进行评估变得复杂化。从统计上来说，重要的变量没有被考虑到，会导致评估方程的省略误差，进而导致对政策影响的错误估计。对于这种信息缺失问题的一个可能的补救方法是从其他数据资源提取合适的数据或者对偏误进行检验，以获得可能的偏误规模或方向。

另一类适合纵向研究的行政数据是最广义的劳动力市场制度记录。这类数据存在于这些制度的建立、扩张、重组以及终止等活动中。

公司人事记录，包括就业持续期、内部流动和工资（Brüderl，1991），也可以被用于政策评估，尤其当该公司是某特定公共政策的目标时。如果这两类行政数据的数量足够多，相关时间信息足够准确，那么它们就可以被用于对制度和内部过程进行纵向分析。在目前仅有的这类研究的例子中，事件历史评估技术经常被用到（Janoski and Hicks，1994，pp. 19－20）。在事件历史分析中，我们会考察事件的时间结构，会特别关注事件发生前的等待时间。尽管事件历史技术很少被用到，而且大多都应用于行政改革、公共就业服务以及工会组织之类的劳动力市场制度的建立和解体，但是事件历史技术仍然有其潜在的价值。

1.4 时间序列研究

尽管越来越多的评估研究使用了行业甚至是企业层面的数据以及时间序列评估技术，但是以时间序列数据为基础的劳动力市场政策评估大多使用的是总体数据。在本手册第5章中，Bellmann and Jackman 讨论了总体影响分析的理论模型和估计。因此，我们仅简要介绍选择一种或其他分析方法的优点和缺点。对于长期趋势的评估需要一种形式或其他形式的总体层面上的时间序列数据（见表4—4）。即使是涉及长期过程的微观研究也包含着这些信息，以了解经济、人口统计背景变量的变化情况（Blien，1994；Blossfeld，1989）。

表4—4　　时间序列数据结构[a]

观测点	因变量	自变量	项目参与
t_1	Y_1	X_1	D_1
t_2	Y_2	X_2	D_2
⋮	⋮	⋮	⋮
t_n	Y_t	X_t	D_t

a. 时间序列数据结构与面板数据结构非常类似。最主要的区别在于观测单位不同，时间序列数据结构主要是总体层面的。在以时间序列为基础的分析中，项目参与者总人数或每年项目的总成本构成评估研究的基础。

单一国家时间序列研究的最主要困难是确定何种过程是内生的，何种过程是外生的。当内生变量和外生变量以相近的速度同时朝相同方向变化，围绕共同时间趋势波动的幅度非常小时，这两类变量就更加难以区分。针对积极或消极劳动力市场政策支出的研究经常需要解决这类问题（Kraft，1994，p. 11）。这个问题有时可以通过对不同国家进行对比或在多国分析中使用整合估计技术予以规避（Engle and Granger，1987）。

近些年来，出现了另一种类型的研究：时间序列研究和个体横截面数据相结合。一些学者将这类研究称为“伪面板数据”（Verbeek，1992），它们实际上是以重复横截面为基础进行的评估。这类研究之所以被归类为时间序列研究，是因为它们在对项目影响的评估中广泛地使用了滞后内生变量，这是劳动力市场时间序列模型的标准实施过程（Collado，1991）。尽管由这种数据难以得到对一些动态过程的一致评估，但是它也具有许多优点，如不受面板损耗的影响，也不涉及冗长的一系列观测过程。

1.5　解释与因果关系

评估研究的各种纵向设计都有一个共同的特征：关于劳动力市场干预和政策结果的研究都是为了解释劳动力市场结果的变化。只有当政策结果的变化可以被归因于先前的政策干预时，潜在的因果关系才可以被理顺。因此，纵向研究的一个主要目标就是分析社会经济结果保持不变或发生改变的潜在原因（Plewis，1985；Tuma and Hannan，1984）。

因果关系分析需要清晰地了解过程、事件以及干预的起始时间。Zvi Griliches 在 1986 年的《计量经济学手册》（Handbook of Econometrics）中写道：

> 最近……计量经济学家们实际上开始参与数据收集的主要过程。一旦尝试过，就会发现，这项工作比事先所预想的要困难得多，这教会了我们谦逊。即使拥有相对较大的预算，问合适的问题、搜集相关的回答都是相当困难的（p. 1467）。

在上述考虑之外，我们将时间维度加入到了怎样问“合适的问题”的困难中。对干预的时机和与时间有关的劳动力市场过程结构进行更为全面的考虑后，我们可能会进一步认识到与时间有关的环境变量的重要性，以及制度保持不变或发生改变的重要性。

近来，在整合个体层面信息和总体数据方面，研究者们取得了一些进展，即一系列多重线性模型。多层模型源自随机系数模型的一般化，它通常有一个由个体层面测得的因变量，以及由个体和群体层面数据共同得到的自变量。所谓群体层面，可以是以特定区域内工作者的个体信息为基础而得到的区域信息（Blien，1994；Kreft and Deleeuw，1988）。虽然实证应用也关注两个层面（个体和区域）的信息，但方法论在这两个层面之外还会考虑所分析的各层级之间的相互作用。

2．纵向设计在评估中的应用

当前，纵向设计在评估研究中的应用已经非常普遍。为了解释纵向设计的潜在和实际的优点，我们对现存的纵向评估进行评论并试图厘清有关这类设计的典型研究问题。综合应用各类纵向设计最多的两个领域是：(1) 作为培训项目结果衡量指标的收入；(2) 促进个体脱离失业状态。根据现有研究的数量和应用纵向方法的“最好实践”，我们对评估研究进行了筛选。通过筛选，我们得出的最主要结果是，前面讨论过的四类纵向设计，在理论上具有不同的特点，使得我们能够根据不同的研究兴趣，对这些类型进行多重组合。

2.1　作为培训项目结果衡量指标的收入

人力资源培训项目的微观评估经常将重心放在项目参与者相对于非参与者的劳动收入

的增长上。为了更好地测量这种变化以说明项目影响的大小，我们必须选择对照组。对于应当使用实验性控制组还是非实验性控制组做这种对比的问题，仍然存在很大的争议（参见第 2 章和第 3 章）。我们不去评价这些争议，而是强调两种方法中的纵向因素。

关于培训项目评估的规模最大的一次尝试是在 1973 年的美国。《综合就业和培训法》（Comprehensive Employment and Training Act，CETA）促进了大规模的数据收集，这些数据可应用于对项目影响的评估中。对劳动力市场项目进行实际评估所遇到的第一个难题是，评估研究经常会遇到内容广泛的项目，对这种项目需要进行多重测量。在 CETA 评估中，项目范围包括直接的工作经验、公共部门就业、在职培训以及教室培训。信息来自 1975 年的 6 700 名项目参与者和 1976 年的 13 300 名参与者。随后，将这些数据与当前人口调查（CPS，与人口普查数据一致）、社会保障行政记录数据进行合并，其中，社会保障行政记录数据包含了 1951—1978 年间参与者与控制组在参与项目前后的收入情况。

一些研究者对有关 CETA 评估的文献进行了评论（See Bassi and Ashenfelter，1986；Björklund，1989），得到的一般结论是：CETA 项目能在中等程度上提高男性收入，大概是几百美元；能在更大程度上提高女性收入（Barnow，1987，p. 189）。CETA 一例有几点特别的研究价值：（1）因为在同一个评估研究中同时运用了实验性和非实验性技术，所以能够对这两种技术进行对比；（2）将项目参与者的信息、反映社会经济状况及背景的普查数据和社会保障记录中所申报的收入信息结合起来，是一次从各种不同来源获取数据[5]的罕见尝试。

尽管细心地处理了有关控制组的选择、选择性偏误的来源、具体模型设定等计量经济学方面的问题，项目影响的评估仍然会面临各种不确定性。Björklund（1989）就曾论证过回归系数的每一个点估计的误差边界。在 95%的置信区间，估得的项目影响需要加上或减去 2 倍的相应变量标准差。Bassi（1984）的研究显示，项目具有正影响，参与项目后的第一年，白人女性的收入增长 740 美元。如果是在 95%的置信区间，项目影响的变动范围就是 480～1 000 美元。对于少数族裔女性，点估计量较小，426 美元，标准差为 235 美元，项目影响的变化范围是 896～－44 美元。换句话说，这个点估计量并没有得到关于项目影响的确定的正面结论。在对少数族裔男性进行分析时，误差范围更大。因此，由该评估得到的一个实际结论是，一定要选择足够大的样本，以减小项目影响的标准差（Westergard-Nielsen，1993）。当然，更大的样本就意味着更高的成本。

影响估计值偏差的第二个重要来源是可获得的解释变量的偏差，或评估本身（模型的设定）。一些研究依赖于个体关于劳动力参与的回顾性信息，这些信息给评估增添了又一种纵向维度。由依附于劳动力转为劳动力，或一般劳动力经验，是对待工作的态度的重要指标，而且有可能从通常被忽略的源头上消除某些未被观测到的异质性。

Barnow（1987）提到，CETA 的评估结果对控制组成员的劳动力忠诚度是敏感的。当控制组中包含有调查前的非劳动力时，项目的估计影响增大了。如果 CETA 项目的管理者仅仅选择坚定的劳动力依附者，项目的影响对于这类人可能是非常小的。将那些具有不稳定的劳动力依附属性的人纳入符合条件的人群，能够扩大项目的积极影响，尤其是对于女性而言（Dickinson，Johnson and West，1986）。

大多数评估研究假定教育与收入具有线性关系（在这种情况下，教育被直接加入模型）。一些研究者也对非线性关系（经常是在模型中加入教育变量值的平方）进行了检验。评估中模型设定的不同，将会导致解释变量的其他影响发生实质性的变动，这是所有分析中都会存在的情况。模型的设定本身取决于项目评估的理论考虑和劳动力市场理论。[6]

所有非实验性微观层面评估方法都面临一个共同的问题，即难以评定选择控制组和项目参与者的各个阶段。对项目参与者的选择至少有两种类型：(1) 项目申请人员的自我选择过程；(2) 项目工作人员对于符合条件的项目参与者的甄选。这一事实会影响项目管理者对为了参与项目的目标群体的选择。它强调了了解个体特征、劳动力经验和对劳动力的依附性等细节信息的重要性。以这类信息为基础，项目可以更好地满足可能的项目参与者的特定需求。项目的设计者如果能够考虑更多的个人特定劳动力背景，那么他们设计的项目就会越有效。

以纵向数据为基础的项目影响的敏感性很大程度上依赖于对符合条件的项目参与者的定义。另一个难以了解到的干预过程是项目管理者应用这些规则的严格程度。实验性评估技术的应用使我们可以在"好"的项目评估和"好"的项目执行之间进行权衡取舍。出于项目评估的目的，我们需要十分详细的劳动力市场项目和严格挑选符合条件的参与者。另一方面，增加执行项目的灵活性也可以强化项目的效果。

即使在实验环境中，一些效应对于评估来说仍然是外在的。与 CETA 项目类似，1980 年俄亥俄州，以福利接收者为目标群体，向 916 名项目参与者提供了一个为期两周的培训课程，教给他们如何实现就业（Burtless，1985）。实验随机地选取了三组项目参与者。第一组得到税务信用优惠，即项目参与者的雇主能够得到税收减免。第二组项目参与者的雇主能够得到一笔直接的现金补贴。第三组是控制组，没有任何工资方面的优惠。结果表明，那些有工资优惠的实验主体在遇到可能的雇主时，相比较那些没有工资优惠的人，反而处于不利地位。[7] 在这个实验中，工资优惠显然成了一种"信号"，传达给雇主这样的信息：这个求职者曾经一度是社会福利的接收者。如果雇主不乐意雇佣社会福利接收者，那么工资优惠就给求职者打上了一个不利的烙印，使得他们找到工作的可能性比控制组成员小。

Groot，Hartog and Oosterbeck（1990）分析了决定参与培训的决策过程及其结构。参与培训的选择包含三个选项：在职培训、脱产培训和不参与培训。他们还对这些决策选择过程是否同时发生进行了分辨，也就是说，是否参与培训和参与何种类型培训的决策过程是同时进行的还是先后进行的。在估计的第一步中，因变量是参与一种或另一种培训的概率。随后，这些估计量被加入到工资方程中，工资方程的因变量是 1985—1986 年小时工资率的变化量。这样，我们需要将两年的工资数据作为基本的纵向信息。

结果显示，个体参与在职培训的可能性随受教育年限的增加而增加，但同一个体参与脱产培训的概率却没有增加。Groot et al.（1990）认为，这个结果表明了正式教育与在职培训之间的互补关系，这可能是因为大多数在职培训是由雇主发起的，而脱产培训更多是由雇员发起的。德国的 Schömann and Becker（1995）以三个出生年份组为样本，通过回顾性研究设计，也得到过类似的结论。然而，美国的 Lynch（1990）得出的估计结果显示，参与在职培训的概率并不随教育年限的增加而增加。教育和培训系统的组织形式以及雇主对在职培训的态度在各国间存在差异，这可以用来解释跨国研究结果所出现的分歧。如果是以国际比较为目的，这种系统性差异也需要通过某种途径予以衡量。

还有其他一些关于培训的纵向评估研究。包括对公共和私人培训组织的评估。Lynch（1990）的研究严格地区分了在以营利为目的的教育机构中开展的正式脱产培训与公共部门提供的培训。关于政府直接补助培训项目的影响，研究很少涉及。政府直接补助的项目既有在职培训，也有脱产培训，同时还对雇主或雇员提供某种形式的经济激励。到目前为止，大多数对培训及培训后收入概况的评估都没有考虑奖学金或其他形式经济资助等细节信息。这一缺陷很可能导致评估结果的严重偏差，因为不同的经济安排会影响参与培训的动机和其他结果。

瑞典的一项关于参与培训对培训后收入的影响的研究（Regnér，1993）发现，1989 年的培训参与者在 1990 年的工资水平反而下降了。然而，一年后，即培训结束两年后，这种负面影响已变得很微弱，这表明，培训对收入具有正的长期影响。遗憾的是，很少有研究考虑到了宏观劳动需求对个人的影响。长期个体层面的研究需要与劳动力市场政策及商业周期的时间序列数据相结合，以控制宏观劳动力市场状况对个体摆脱失业状态的影响。培训项目的平稳影响看上去取决于个体接受工作机会的概率，这实际上取决于劳动力市场是否繁荣。

然而，不考虑以个体层面数据为基础的纵向评估设计，研究文献一致认为，培训项目对收入具有促进作用（参见 Tuijnman 和 Schömann 在本手册中关于终身学习和技能发展的章节）。横截面设计只能用于研究某一时点上的收入影响，或通过工龄工资数据对教育回报率进行对比来估计准纵向影响（Heckman and Robb，1985）。典型地，纵向研究解决的是在职培训是否提高了目前工作的工资水平而不是以后其他工作的工资水平，或者，脱产培训是否会提高下一份工作（变换工作或变换雇主）收入而对目前工作的工资水平几乎没有影响（Becker and Schömann，1995；Groot et al.，1990；Lynch，1990；Schömann，1994；Tuijnman，1989）。

开展关于培训对工资影响的评估还有一种设计思路，即很多研究表明，项目对男性的影响和对女性的影响差异非常大（Westergard-Nielsen，1993）。或者，样本要足够大，使研究所涉及变量之间的相互作用得到充分体现（也就是说，能够分别对男性和女性进行估计）；或者，研究中需要考虑一些性别特殊作用项，以控制选择机制、职业的性别隔离和培训结果的不同形式。

2.2 就业促进

关于失业或参与项目后的再就业概率的评估研究经常采用纵向研究设计及方法，这样才能对参与项目前后的就业机会进行比较。近年来，研究者越来越关注摆脱失业状态的过程，特别是失业持续时间的依赖性或滞后依赖性（Heckman and Borjas，1980）。对这一过程进行研究主要以面板数据为基础，如美国的 PSID、荷兰的 OSA 面板、德国的 SOEP、丹麦的纵向数据库（LDB）和奥地利的失业登记样本。这些数据中的纵向元素构成了对失业持续期的观察，特别是那些所谓的完整的失业持续期。标准的横截面调查问卷仅能识别出截至某一时点的失业持续期，而不能了解到在这一时点之后，即经过这段失业持续期之后，被调查者的失业持续时间。即使是纵向数据，也需要解决在访谈时失业持续期未终结的情况，但在随后的调查中，越来越多的这种未终结失业持续期都会因劳动者摆脱失业状态而终止。[8]

Lancaster and Nickell（1980）是最早的纵向研究之一，它采用事件历史型分析方式，在摆脱失业状态的概率中包含了右侧删失的失业期，该研究使用的是英国总体家庭调查（General Household Survey，GHS）数据。Moffitt（1985）使用的是失业金管理过程所产生的数据。Hujer and Schneider（1987）就劳动力市场状态进行了一个特殊调查，并结合了社会保障行政数据。虽然在 PSID 之前，SOEP 和其他类似面板研究提供了非常充分的数据资源，但是直到 PSID，研究者才可以对失业者重新就业的过程进行分析，甚至是对男性和女性进行分别的研究（Hunt，1991；Katz and Meyer，1990；Wurzel，1993）。从开始面板研究，到进行足够多次的调查（以包含尽可能多的完整失业持续期），到分析数据和撰写报告，通常需要 5 年的时间。只有社会保障记录之类的行政数据样本（Belzil（1995）应用了加拿大的数据）和回顾性设计能够早些得出结论（Galler and Pötter（1987）应用了德国的 SOEP 回顾性调查信息）。

和关于培训的研究一样，在对再就业概率和持续期进行分析时也涉及自选择、动机和气馁问题。Allen，McCormick and O'Brien（1991）就失业者的再就业概率对英国的培训政策进行了调查。他们重点关注谁在寻求参与再培训，对这个问题的回答构成了再培训项目的需求。因为他们假设，短期失业对于某些劳动者来说可能是有效率的，所以他们认为，并不是所有的失业者都需要再培训。关于再培训需求结构的研究发现有助于我们了解对未来再培训机会的需求。数据来自从 1985 年夏天离开 Sunderland 求职中心的人群中随机抽取的一个样本。这些人曾在至少 4 周的时间内积极地寻找着工作。

调查结果所依据的样本由 203 名男性失业者组成，其中，133 名因为企业裁员而失业。结果表明，申请参加再培训课程的概率在失业期持续 9 个月以后迅速地下降。在那时，大部分的失业者或者已经参与过再培训，或者根本就不太可能参与任何培训，而这又进一步降低了再就业概率。该研究是对纵向设计的一次有趣应用，因为它提供了搜寻再培训的努力可作为失业者动机和就业信心的证据。只有纵向设计才能够使这样一个“隐变量”的改变显现出来，正如很多研究者所认同的那样，这个“隐变量”确实对脱离失业状态的总体概率产生了影响。

Ting（1991）也对失业者的再就业概率进行了评估，他使用的是社会经济学方法。他通过对美国 20 世纪 80 年代初的一系列倒闭的工厂进行深入调查来探究职业培训项目对下岗工人再就业概率的影响。该研究的数据来源是 1984 年 CPS 下岗工人调查，它是对当前人口调查的一个补充。研究样本由年龄 20～65 岁的人组成，他们由于工厂的倒闭或迁移，自 1979 年起纷纷从非农业岗位上下岗。满足这个条件的工人样本中一共有 2 394 人。估计方法采用的是二阶段过程。第一步是估计工人被选中参与一个或几个劳动力市场项目的概率，第二步是在 1984 年的调查中对就业概率进行估计。结果表明，相对于没有接受过培训或仅接受过工作搜寻帮助的工人，基本技能培训、职业技能培训和在职培训都能增大工人的再就业概率。

在随后的对《职业培训协作法》的评估中，Ting（1991）提到了对培训项目进行微观评估的一个内在的难题。由于项目管理者会按一定的选择标准对申请者进行筛选，项目管理者更倾向于选择那些能成功完成培训课程的失业者，这也就增加对参与者进行削脂的可能性。“削脂”指的是那些被项目管理者选中参与培训的失业者同时也是那些有着较高再就业概率的失业者。但是，安置成功和对筛选过程的反复测量可以得到对这种削脂效应的可靠估计（Schömann and Becker，1995）。

纵向研究问题在两项研究中得到了阐述，这两项研究分析了失业者的长期劳动力市场机会，如就业稳定性。Breen（1992）的分析数据来自对爱尔兰一些离校者的追踪调查，这些离校者在小学毕业之后便离开了学校。对他们的第一轮调查是在 1983 年，然后在 1984 年和 1988 年又分别进行了两轮调查，目的是了解他们的就业经历。在失业模型中，研究者发现，先前状态变量，如"在当前工作之前处于失业状态"，具有重要影响。那些从政府提供的培训项目或从失业状态获得就业的个体，比起那些在就业前处于全日制教育系统的个体，在再次失业前的就业时间要短。这个结果表明，先前的失业经历和参与政府所提供的培训都会给这些人带来一种不利的影响。Breen（1992）认为，先前状态变量实际上是关于工作的其他不可测量的变量的代理变量，而不是个人特征的代理变量。

Korpi（1994）关于劳动力市场项目的评估以瑞典面向青年失业者的培训项目为研究对象。他的数据来自对 1981 年 Stockholm 的 850 名失业青年的一次纵向调查。1981—1985 年，对这些样本进行了持续的追踪。样本成员的组建方式如下：样本成员在 t 时点都拥有工作，他们在上一个时间段（$j-1$）要么处于失业状态，要么正在接受劳动力市场培训或工作救济，其中，接受培训或救济的这群人在时间段（$j-2$）处于失业状态。工作被定义为固定期限和无固定期限两种。研究结果表明，参与积极的劳动力市场项目可以提升就业的稳定性。通俗说就是，参与项目可以延长就业持续期。此外，在关于失业概率转换模型的评估中，相对较高的当地劳动力需求可以减少个人失业的风险。

在伊利诺伊州实施的一项实验是这一领域仅有的几项研究之一，实验随机选取了一些失业者，并规定，如果他们能够在享受失业金的 10 周之内找到工作，就会得到一笔奖金。这种金钱的激励带来的失业持续时间的减少，在统计上虽然是显著的，但是幅度很小。这表明，失业者所面临的就业、工作搜寻和培训三种选择，"不是简单地而是压倒性地由收入和对劳动的厌恶感之间的权衡取舍所决定"（Solow，1990，p. 12）。

3. 结　论

这一章的目的是阐明为什么理论驱动型评估需要纵向的研究设计。本章所引用的研究都就劳动力市场干预的可能影响提出了可验证的假说，这些假说的基础来自劳动力市场理论，例如，人力资本理论、劳动力市场分割理论和效率工资理论等。如果要对这些假设进行有价值的验证，就必须对这类研究所提出的大部分问题进行长期观测。我们基于构成评估研究的纵向元素的广义定义，提出了四类理想型纵向设计。我们试图通过从纵向角度分析劳动力市场政策和评估的研究实例来表明，不同纵向设计的主要但尚未充分开发的潜能存在于各种纵向信息的组合中。

由于开展纵向研究的成本很高，样本规模往往不会超过能对样本所代表的相关总体（一个国家、区域或者特定的社会经济目标群体）做出有效推断的最低要求。然而，这种最低要求策略降低了对劳动力市场干预的影响进行估计的准确性（Björklund，1989）。要缩小劳动力市场项目影响估计的误差边界，一种可能的方法是，通过增加原始样本的规模或者延长观察的时期来获取更丰富的数据。例如，这种变化也会增加所观测到的完整失业持续期的数目。

所包含的劳动力市场项目时间信息更加具体，对时间的测定更加准确的评估研究越来越多，但是与专门性评估研究的数量相比还是不多。这主要是因为缺少能够开展这种评估研究的合适数据。此外，大多数项目评估仅仅关注在项目结束后短期内可衡量的那些影响，这一问题正逐渐受到研究者的重视。这种结果指标强调的是项目结束后短期内的工作安置率、工作流动情况或脱离失业状态的情况，以及项目结束后短期内的收入水平。然而，多数情况下，这种干预指标都面临着过于“短视”的风险。也就是说，参与项目所带来的影响可能过段时间才能显现（例如，就业的稳定性或灵活性，或同一工作岗位的工资概况）。某些政策干预只是间接地作用于个体劳动力市场结果上，如制度改革，这些干预所起的作用是渐进的，所以它们的可衡量的影响具有相当长时间的滞后性。

将时间滞后结构模型化，虽然是当前宏观经济层面政策评估研究的做法（See Bellmann and Jackman，本手册第 5 章；Kraft，1994），但是在关于劳动力市场项目的微观层面评估中很少见。对这种滞后影响加以处理，或将个体层面信息与总体、国家层面指标相结合的长期纵向研究几乎没有。特别地，关于继续培训动机的评估研究（Korpi，1994；Schömann and Becker，1995；Tuijnman，1989；Tuijnman and Schömann，本手册第 5 章）显示，参与培训的收益在课程结束几年后才能够被衡量。社会变革理论和个体对自己职业流动和职业模式的认知改变都要求我们在若干年内对一个或几个具有相同人口统计特征的样本进行追踪调查，以得到关于变化着的参与模式的结论。

为了使劳动力市场项目更具针对性，评估必须依据更加详细的个人劳动力市场经历和其他履历信息。对不可观测的异质性和自选择所带来的影响进行更加细致的处理有助于实现政策的改进；对不可观测的异质性问题的处理能够使关于项目影响的估计结果更加可信，并可以显示出，对参与资格更加明确的陈述如何增强项目的效果。因此，无论是通过收集回顾性数据还是通过对参与者样本和控制组进行追踪，事件与干预的路径依赖性是项目成败的决定因素。

评估研究的一个首要目的是从过去或现在的经历中汲取经验，以完善未来的劳动力市场项目。如果能够明确过程或政策发挥作用的制度环境，那么这些经验对多个国家和地区都是非常有用的。类似地，应用商业周期指标将有助于研究结论的一般化。出生年份组别和进入劳动力市场时的历史环境至少部分地决定了影响，因而会对结果的衡量造成影响。这些因素在很多政策评估中都被忽略了，从而导致了偏差。因此，将所得到的结论类推至以后的事件或其他的组织环境中，便受到了严重的限制。样本选择偏差（Heckman，1979）有损参数估计，从而影响统计推断的有效性。

我们认为，长期的纵向评估仍然是不够的，无论是前瞻性的（如面板研究（Tuijnman，1989））还是回顾性的（如同龄群体分析（Schömann，1994；Schömann and Becker，1995））。只有采用这种长期视角，才可能得到参与项目对职业结果的影响。就政策而言，对短期的偏好都过于明显，不需要进一步的评论；但是，许多劳动力市场动机必须持续相当长的时间才能产生预期结果。

本章强调了制度性因素在决定管理项目参与的选择机制方面的重要作用。这些因素包括，是否处于特定年龄段、是否离开学校、是否第一次参与新的劳动力市场项目。执行一个特定项目的过程很重要，尽管它经常被评估研究所忽略。微观层面的评估也存在类推程度的问题，如果额外的资金使项目得到了进一步推广，能否由原先的项目评估结果推得现在的情况。这个问题在某种程度上触及了总体的微观—宏观问题，该问题尚未得到解决：如何将很多项目的微观层面评估结果综合起来，得到劳动力市场政策总体绩效的有效推论（Schmid and Schömann，1993）。

只有将宏观和微观层面的评估结合起来，才可能得到公共项目的无谓效应、置换和替代效应。如果在有关领域中公共部门的计划挤占了私人部门的计划，那么，对公共培训项目的评估即使在微观层面得出了令人满意的结果，也可能在宏观层面得出不合意的结果。最后，一个遗留问题是，项目的参与者被赋予了在职位空缺面前插队的权利。等待工作空缺的队列结构发生改变不会对其总体长度产生影响。因此，劳动力市场政策评估研究必须将原先没有建立过联系的宏观和微观评估整合起来。在这一点上，不存在对学科领域的偏好。要解决这些政策评估问题，广泛使用纵向设计是重要的一步。

注释

[1] 欧洲科学基金会出版了一部社会科学领域的纵向研究的目录（Schneider and Edelstern，1990）。然而，在那之后进行的许多纵向研究都还没能被收入数据库为我们所用。最近又出现了许多研究，特别在劳动力市场研究领域。它们中的大部分对于我们的劳动力市场政策评估是非常重要的。

[2] 不列颠家庭面板调查（Buck，Gershuny，Rose and Scott，1994）由于易于使用，已成为最著名的面板研究之一，当然，也还有其他一些著名的调查。它们大部分都可以通过位于卢森堡 Walferdange 的"卢森堡收入研究项目"得到。

[3] 一些分析家解释面板研究的缺陷时认为，在许多案例中，两轮面板调查时间间隔内没有收集到任何信息。这阻止了对劳动力市场过程的分析，而对劳动力市场过程分析的抑制又阻碍了对失业或就业持续期的准确信息的获得。这个缺陷可以通过缩短面板调查的时间间隔来克服。

[4] 他们实际使用的是荷兰国家面板数据库，这些数据反映的是一些出生于 1961 年、1965 年或 1969 年的年轻人的社会融合过程，在 1987 年和 1991 年分别进行了访谈，在访谈间隔期遗漏的信息以回顾的方式重新获得。

[5] 从 20 世纪 70 年代中期开始，出于数据保护的考虑开始增多，这使得与 CETA 评估类似的数据搜集方式在大多数欧洲国家都无法实现。

[6] 一个解决最优模型设定难题的可能方法可以在计量经济学检验中找到。然而，这一主题太大，此处不做讨论。

[7] 在工作搜寻技术培训后的 8 周内，20％的控制组成员找到了工作，仅有 13％被提供税收减免优惠的人和 13％的直接现金补贴求职者找到工作。

[8] 因为摆脱失业的过程主要取决于失业保险系统的存在和劳动力市场制度的特定特征，所以我们关注那些包含了失业补贴或救助系统及其享有资格的研究（see Schmid and Reissert，第 8 章）。

参考文献

Allen, H. L., B. McCormick and R. J. O'Brien (1991), 'Unemployment and the Demand for Retraining: An Econometric Analysis', *The Economic Journal*, 101 (1), 190–201.

Baltes, P. B. and J. R. Nesselroade (1979), 'History and Rationale of Longitudinal Research', in J. R. Nesselroade and P. B. Baltes (eds) (1979), *Longitudinal Research in the Study of Behavior and Development*, London: Academic Press, pp. 1–40.

Barnow, B. S. (1987), 'The Impact of CETA Programmes on Earnings—A Review of the Literature', *Journal of Human Resources*, 22 (2), 157–93.

Bassi, L. J. (1984, February), 'Estimating the Effect of Training Programs with Non-random Selection', *The Review of Economics and Statistics*, 4, 36–43.

Bassi, L. J. and O. Ashenfelter (1986), 'The Effect of Direct Job Creation and Training Programmes on Low-skilled Workers', in S. Danziger and D. Weinburg (eds), *Fighting Poverty*, Cambridge, MA: Harvard University Press, pp. 73–89.

Bechtold, S. and K. Blanke (1994), 'Piloterhebung zum Europäischen Haushalts-pane—Erfahrungen aus der zweiten Befragungswelle', *Wirtschaft und Statistik*, 8, 617–21.

Becker, R. and K. Schömann (1995), 'Berufliche Weiterbildung und Einkommens-dynamik: Eine Längsschnittstudie über den Einfluß von beruflicher Weiterbildung auf Einkommensverläufe', Lehrstuhl für Makrosoziologie Technische Universität Dresden. (Unpublished manuscript)

Belzil, C. (1995), 'Unemployment Insurance and Unemployment over Time: An Analysis with Event History Data', *The Review of Economics and Statistics*, 113–26.

Björklund, A. (1989), *Evaluations of Training Programmes: Experiences and Proposals for Future Research*, WZB discussion paper FS I 89–13, Wissenschaftszentrum Berlin für Sozialforschung.

Blien, U. (1994, April), 'Analysing Regional Wages with Multilevel Linear Models', paper presented at the Conference of the Applied Econometrics Association, Aix-en-Provence.

Blien, U. and H. Rudolph (1989), 'Einkommensentwicklung bei Betriebswechsel und Betriebsverbleib im Vergleich—Empirische Ergebnisse aus der Beschäftigten-stichprobe des IAB für die Gruppe der Arbeiter', *MittAB*, 4, 553–67.

Blossfeld, H. P. (1989), *Kohortendifferenzierung und Karriereprozeß. Eine Längsschnittstudie über die Veränderungen der Bildungs- und Berufschancen*, Frankfurt on the Main: Campus.

Blossfeld, H. P. and G. Rohwer (1995), *Techniques of Event History Modeling. New Approaches to Causal Analysis*, Mahwah, New Jersey: Lawrence Erlbaum Associates.

Bourdieu, P. and G. Balazs (eds) (1993), *La Misère du Monde*, Paris: Edition du Seuil.

Breen, R. (1992), 'Job Changing and Job Loss in the Irish Youth Labour Market: A Test of a General Model', *European Sociological Review*, 8 (2), 113–25.

Brückner, E. (1993), *Lebensverläufe und gesellschaftlicher Wandel—Konzeption, Design und Methodik der Erhebung von Lebensverläufen der Geburtsjahrgänge 1919–1921, Part 1–5*, Berlin: Max-Planck-Institute for Human Development and Education.

Brüderl, J. (1991), *Mobilitätsprozesse in Betrieben. Dynamische Modelle und empirische Befunde*, Frankfurt on the Main: Campus.

Buck, N., J. Gershuny, D. Rose and J. Scott (eds) (1994), *Changing Households: The BHPS 1990 to 1992*, Colchester: University of Essex.

Burtless, G. (1985), 'Are Targeted Wage Subsidies Harmful? Evidence from a Wage Voucher Experiment', *Industrial and Labor Relations Review*, 39, 606–39.

Chamberlain, G. (1985), 'Heterogeneity, Omitted Variable Bias, and Duration Dependence', in J. J. Heckman and B. Singer (eds), *Longitudinal Analysis of Labor Market Data*, Cambridge, UK: Cambridge University Press, pp. 3–38.

Chen, H. and P. H. Rossi (1983), 'Evaluating with Sense: The Theory-driven Approach', *Evaluation Review*, 7, 283–302.

Collado, M. D. (1991), 'Estimating Dynamic Models from Time Series of Cross-sections', London School of Economics. (Unpublished manuscript)

Courgeau, D. (1991), 'Analyse des Données Biographiques Erronées', *Population*, 46, 89–104.

Dickinson, K. P., T. R. Johnson and R. W. West (1986), 'An Analysis of the Impact of CETA Programmes on Participants' Earnings', *Journal of Human Resources*, 21 (1), 64–91.

Duncan, G. J. and J. N. Morgan (1984), 'Behavioral Research with the Panel Study of Income Dynamics in Retrospect and Prospect', *Vierteljahreshefte zur Wirtschaftsforschung*, 4, 415–27.

Engle, R. and C. Granger (1987), 'Co-integration and Error Correction: Representation, Estimation and Testing', *Econometrica*, 55, 251–76.

Fachinger, U. (1994), 'Lohnentwicklung im Lebensablauf: Empirische Analysen für die Bundesrepublik Deutschland', Frankfurt on the Main: Campus.

Fitzgerald, J., P. Gottschalk and R. Moffitt (1994, February), 'A Study of Sample Attrition in the Michigan Panel Study of Income Dynamics', paper presented at the Conference on Nonresponse in Panels, Washington, DC.

Galler, H. P. and U. Pötter (1987), 'Unobserved Herogeneity in Models of Unemployment Duration', in K. U. Mayer and N. B. Tuma (eds), *Applications of Event History Analysis in Life Course Research*, Berlin: Max-Planck-Institut für Bildungsforschung, pp. 628–50.

Griliches, Z. (1986), 'Economic Data Issues', in Z. Griliches and M. D. Intriligator (eds), *Handbook of Econometrics*, Amsterdam: Elsevier Science Publishers, 3, 1466–514.

Groot, W., J. Hartog and H. Oosterbeck (1990), 'Training Choice and Earnings', discussion paper no. 9027, Department of Economics, University of Amsterdam.

Hanefeld, U. (1987), *Das Sozio-ökonomische Panel: Grundlagen und Konzeption*, Frankfurt on the Main: Campus.

Heckman, J. J. (1979), 'Sample Selection Bias as a Specification Error', *Econometrica*, 47, 153–61.

Heckman, J. J. and G. J. Borjas (1980), 'Does Unemployment Cause Future Unemployment? Definitions, Questions and Answers from a Continuous Time Model of Heterogeneity and State Dependence', *Economica*, 47 (187), 247–83.

Heckman, J. J. and R. Robb (1985), 'Alternative Methods for Evaluating the Impact of Interventions', in J. J. Heckman and B. Singer (eds), *Longitudinal Analysis of Labor Market Data,* Cambridge, UK: Cambridge University Press, pp. 156–246.

Hill, M. (1992), *The Panel Study of Income Dynamics: A User's Guide*, Newbury Park: Sage.

Hoff, E., W. Lempert and L. Lappe (1991), 'Persönlichkeitsentwicklung in Facharbeiterbiographien. Eine Längsschnittstudie', *Schriften zur Arbeitspsychologie*, Vol. 50, Bern: Huber.

Huinink, J. and K. U. Mayer (1993), 'Lebensverläufe im Wandel der DDR', in H. Joas and M. Kohli (eds), *Der Zusammenbruch der DDR. Soziologische Analysen*, Frankfurt on the Main: Suhrkamp, pp. 151–71.

Hujer, R. and H. Schneider (1987), 'Unemployment Duration as a Function of Individual Characteristics and Economic Trends', in K. U. Mayer and N. B. Tuma (eds), *Applications of Event History Analysis in Life Course Research*, Berlin: Max-Planck-Institut für Bildungsforschung, pp. 301–26.

Hunt, J. (1991), 'The Effect of Unemployment Compensation on Unemployment Duration in Germany', discussion paper, Department of Economics, Harvard University.

Janoski, T. and A. M. Hicks (1994), 'Methodological Innovations in Comparative Political Economy: An Introduction', in T. Janoski and A. M. Hicks (eds), *The Comparative Political Economy of the Welfare State*, Cambridge, UK: Cambridge University Press, pp. 1–27.

Katz, L. F. and B. D. Meyer (1990), 'The Impact of the Potential Duration of Unemployment Benefits on the Duration of Unemployment', *Journal of Public Economics*, 3, 337–62.

Korpi, T. (1994), 'Escaping Unemployment: Studies in the Individual Consequences of Unemployment and Labor Market Policy', discussion paper no. 24, Swedish Institute for Social Research, Akademitryck AB, Edsbruk.

Kraft, K. (1994), *An Evaluation of Active and Passive Labour Market Policy*, WZB discussion paper FS I 94–208, Wissenschaftszentrum Berlin für Sozialforschung.

Kreft, G. G. and E. D. DeLeeuw (1988), 'The See-saw Effect: A Multilevel Problem?', *Quality & Quantity*, 22, 127–37.

Lancaster, T. and S. Nickell (1980), 'The Analysis of Reemployment Probabilities for the Unemployed', *Journal of the Royal Statistical Society*, 143, 141–65.

Lynch, L. M. (1990, June), 'Private Sector Training and the Earnings of Young Workers', working paper no. 2060–88, National Bureau of Economic Research, Washington, DC.

Mayer, K. U. (1990), 'Lebensverläufe und sozialer Wandel. Anmerkungen zu einem Forschungsprogramm', in K. U. Mayer (ed.), 'Lebensverläufe und sozialer Wandel', *Kölner Zeitschrift für Soziologie und Sozialpsychologie*, 31 (Special issue), Opladen: Westdeutscher Verlag, 7–21.

Mayer, K. U. (1993), 'The Case for Micro-analytic Longitudinal Studies from a Social Policy Perspective: The German Experience', paper presented at the meeting on Research and Policy: The Use of Longitudinal Cohort Studies in the Policy Process, London, 15 March.

Mayer, K. U. and E. Brückner (1989), 'Lebensverläufe und Wohlfahrtsentwicklung. Konzeption, Design und Methodik der Erhebung von Lebensverläufen', *Materialien aus der Bildungsforschung*, no. 35, Berlin: Max-Planck-Institut für Bildungsforschung.

Moffitt, R. (1985), 'Unemployment Insurance and the Distribution of Unemployment Spells', *Journal of Econometrics*, 28, 85–101.

Nesselroade, J. R. and P. B. Baltes (eds) (1979), *Longitudinal Research in the Study of Behavior and Development*, London: Academic Press.

Plewis, I. (1985), *Analysing Change—Measurement and Explanation Using Longitudinal Data*, Chichester, NY: John Wiley & Sons.

Projektgruppe Betriebspanel (1994), 'Das IAB-Betriebspanel: Ergebnisse der ersten Welle 1993', *Mitteilungen aus der Arbeitsmarkt- und Berufsforschung*, 1, 20–32.

Regnér, H. (1993), 'Choosing among Alternative Non-experimental Methods for Estimating the Impact of Training: New Swedish Evidence', discussion paper, Swedish Institute for Social Research, Stockholm.

Rendtel, U. (1995), *Die Analyse von Paneldaten unter Berücksichtigung der Panelmortalität: Theorie und Empirie am Beispiel des Sozio-ökonomischen Panels (SOEP)*, Frankfurt on the Main: Campus.

Rossi, P. H. (1991), 'Comprehensive, Tailored, Theory-driven Evaluations: A Smorgasbord of Options', in W. R. Shadish, T. D. Cook and L. C. Leviton (eds), *Foundations of Program Evaluation: Theories of Practice*, Newbury Park: Sage, pp. 377–440.

Schmid, G. and K. Schömann (1993), 'Institutional Choice and Flexible Coordination: A Socio-economic Evaluation of Labour Market Policy in Europe', in G. Schmid (ed.), *Labor Market Institutions in Europe*, New York: Sharpe.

Schneider, W. and W. Edelstein (eds) (1990), *Inventory of European Longitudina Studies in the Behavioural and Medical Sciences*, Strasbourg: European Scienc Foundation.

Schömann, K. (1994), *The Dynamics of Labor Earnings over the Life Course. A Comparative and Longitudinal Analysis of Germany and Poland*, Berlin: editior sigma.

Schömann, K. and R. Becker (1995), 'Participation in Further Education over the Life Course: A Longitudinal Study of Three Birth Cohorts in the Federal Republic of Germany', *European Sociological Review*, 11 (2), 187–208.

Solow, R. M. (1990), *The Labor Market as a Social Institution*, Oxford: Basil Blackwell.

Ting, Y. (1991), 'The Impact of Job Training Programmes on the Reemployment Probability of Dislocated Workers', *Policy Studies Review*, 10 (2/3), 31–44.

Tuijnman, A. C. (1989), *Recurrent Education, Earnings, and Well-being. A Fifty-year Longitudinal Study of a Cohort of Swedish Men*, Stockholm: Almqvist & Wiksell International.

Tuma, N. B. and M. T. Hannan (1984), *Social Dynamics: Models and Methods*, New York: Academic Press.

Van der Vaart, W., J. Van der Zouwen and W. Dijkstra (1995), 'Retrospective Questions: Data Quality, Task Difficulty, and the Use of a Checklist', *Quality & Quantity*, 29, 299–315.

Verbeek, M. (1992), 'Pseudo Panel Data', in Lmátyás and P. Sevestre (eds), *The Econometrics of Panel Data*, Dordrecht: Kluwer, pp. 302–15.

Verbeek, M. and T. Nijman (1992), 'Incomplete Panels and Selection Bias', in Lmátyás and P. Sevestre (eds), *The Econometrics of Panel Data*, Dordrecht: Kluwer, pp. 262–302.

Vissers, A. and H.-J. Dirven (1994), *Fixed-term Contracts in the Netherlands: Some Evidence from Panel Data*, WZB discussion paper FS I 94–212, Wissenschaftszentrum Berlin für Sozialforschung.

Wagner, G., R. V. Burckhauser and F. Behringer (1994), 'The English Language Public Use File of the German Socio-economic Panel', *The Journal of Human Resources*, 28 (2), 429–31.

Westergard-Nielsen, N. (1993), 'Effects of Training: A Fixed-effect Model', in K. Jensen and P. K. Madsen (eds), *Measuring Labour Market Measures: Evaluating the Effects of Active Labour Market Policies*, Copenhagen: Ministry of Labour Denmark, pp. 35–96.

Wurzel, E. (1993), 'An Econometric Analysis of Individual Unemployment Duration in West Germany', Heidelberg: Physica.

第5章　总体影响分析

Lutz Bellmann，Richard Jackman

在本章中，我们讨论积极的劳动力市场政策（ALMPs）的总体影响，即不是对特定个体，而是对总体经济变量——特别是就业和失业——的影响。我们首先考察这类政策产生总体影响的机制，并论证任何这类分析都必须明确或隐含地以劳动力市场的某种一般均衡模型或宏观经济模型为依据。第一节列举了一些可能的模型，并对适用这些模型的政策范围进行了讨论。然后，我们回到对政策干预总体影响的评估，对该领域中计量经济研究的范围和结果做出评论。

那些接受过培训或曾经受雇于临时工作岗位的人拥有更好的工作前途或者更高的收入是否代表了经济的净收益？还是这种计划仅仅使参与过培训的人通过“插队”得到了原本属于排在他前面的其他失业者的空缺职位？如果劳动力市场政策不能影响工作岗位的总数量（或工作量），那么，很明显，这些劳动力市场政策的影响就只有分配作用。将工作优先分配给青年，或优先分配给需抚养孩子的劳动者，或实现更平均的分配（如长期失业救助政策）也可能是政策的一个目标，但是在工作数量既定的情况下，这些政策不可能产生经济或财政收益来抵消政策的成本。

相反，如果 ALMPs 能够改变工作岗位的总数量，从而对整体经济的产出和失业产生影响，那么不仅会带来总体经济收益，而且会形成财政收入，因为税收收入的增加和失业金给付的减少，弥补了政策的成本。同样地，从经济角度出发，只有在初始市场不完善的情况下，ALMPs 才有可能增加产出。因此，找出市场不完善的根本所在就变得重要，这样，我们就可以评估干预能否对此加以抵消。

很多实证研究采用了扩大匹配函数。也就是说，将失业者的流出与职位空缺、失业者联系起来，从而控制了 ALMPs 的干预水平。在评估 ALMPs 的影响时运用匹配函数法的一个优点是，与以个体失业持续时间为基础的研究方法不同，匹配函数法考虑了这些计划的净影响。而微观持续时间模型能更好地控制个体特征对风险率的影响，因此，匹配函数法与微观持续时间模型是互补的。

进一步说，OECD 国家在处理相同的问题时，对 ALMPs 的执行却各不相同，有时会随着时间的推移对这些政策的设计进行根本的改变。因此，通过将政策变化之前和之后的匹配方程估计量进行国际比较，我们能够更深入地了解 ALMPs 的影响。

1. 方法论与模型

我们首先考察ALMPs对整体就业和失业水平的影响。一种观点认为，ALMPs可能是一个减少总体失业的途径，这显然违反了传统的凯恩斯观点，即失业水平仅是经济总需求水平的产物。然而，许多国家的经验表明，总体需求的增加最终导致了通货膨胀的发生。这让人们认识到，仅凭借扩大需求的方法，政府是不能持续控制失业水平的。事实上，这类研究的目的在于寻找一种政策，一种可以减少劳动力市场的不均衡、刚性和扭曲，使需求增加，其结果是减少失业且不产生通货膨胀的政策。

因此，起点就是失业的“均衡”比率这一概念，或者非加速通货膨胀失业率（NAIRU）。什么决定了NAIRU？在何种情况下它会降低？我们考虑三类基本的模型，分别描述：（1）失业的潜在原因；（2）模型中的失业是否有效；（3）ALMPs是如何影响均衡的。这三类模型是：市场出清（搜寻）模型；非市场出清（如工会谈判或效率工资）模型；结构模型，其中包含了最低工资、收入税和其他“楔子”因素。

1.1 搜寻模型

搜寻模型主要研究在工资和价格完全弹性的经济中就业和失业的决定因素，并且该经济中没有政府管制和非竞争劳动力市场制度。搜寻模型的目的在于阐明基本的市场摩擦，这种摩擦出现在工作分配过程中，它导致了即使在最灵活的劳动力市场中也无法减少的失业最小值。模型关注劳动者和工作的异质性，一个隐含的假设是，某些工作匹配比其他匹配更有成效，因此，花费精力去搜寻更好的工作匹配，而非仅仅接受第一份工作或录用第一个应聘者，对于劳动者和企业而言都是值得的。这个过程需要一段时间，可能是因为不完全信息，所以需要时间来了解工作机会的特征，也可能是因为市场交易凝滞，合适的工作机会必须隔段时间才能出现。

在上述模型中，失业从某种程度上来说是“有生产力的”，因为相对于强制接受第一份工作机会而言，人们可以得到更适合自己的工作。但是这并不是说该模型中的失业水平是最优的。很多因素都会导致搜寻过程的无效率，主要有：（1）搜寻过程本身的外部性；（2）信息的公共物品特性；（3）资本市场的不完善。

关于第一点，搜寻过程既有正的外部性，又有负的外部性（Diamond，1981；Pissarides，1990）。如果一个人决定延长工作搜寻时间，他就会期待能从更好的工作匹配中得到个人收益，但是由于这样做增加了空缺职位的应聘者数目，从而降低了其他工作搜寻者的就业前景（拥挤外部性）。同时，更丰富的应聘者储备资源可能会鼓励企业增加录用人数，这也就帮助了其他失业者（密集市场的外部性）。企业关于职位空缺的决策也有类似的考虑。实证中很难确定这些外部性是否重要。有一种假设认为，如果雇佣方程具有恒定的规模收益（通常正是如此），那么上述外部性就不重要。总之，从这个角度对干预所做的论述对政策争论的影响不大，部分是因为外部性本身就是深奥的，但可能更重要的是因为没有证据证明这些因素在实践中的作用很大。在任何事件中，外部性都有正有负，从而可能相互抵消。

至于搜寻过程无效率的第二个来源，仅由一个中介机构作为提供职位空缺信息的信息库，能够降低工作搜寻的成本。在缺乏私人提供信息服务的情况下，这种节省效应便成了公共就业中介的一个强有力的论据。但是，由单一就业中介提供服务的效率收益本身并不能阻止私人提供。专业报纸或期刊所刊登的招聘或求职广告可以向登广告者和读者都收取费用，并且刊登的广告越多，收费越高。这就形成了提供有效工作机会信息的激励。在实践中，各个领域的求职者都不停地遭受着信息轰炸，所以私人市场在这方面能否提供足够的信息仍然是不清楚的。

公共就业中介机构倾向于在低技术水平和低专业化的劳动力市场领域发挥作用，特别是技能要求低的空缺职位或临时工。在这些部门，私人广告可能难以收到效果，因为它们更多地依托于专业出版物。即便如此，对于公共就业中介是否确实促进了工作搜寻，仍然有人表示怀疑。这方面的微观经济证据并不令人满意。很多国家的证据表明，其他情况相同，使用公共就业服务的劳动者比使用其他工作搜寻方式的劳动者的失业时间更长（Blau and Robins，1990；Osberg，1993；Wielgosz and Carpenter，1987）。然而，我们并不清楚，这是否表明，依靠公共就业中介服务的失业者比其他失业者的效率低并缺乏进取心。还可以这样辩解，比如，公共就业服务是工作搜寻者在尝试了其他方式都失败的情况下的最后求助途径。有证据表明，雇主认为由公共就业中介机构介绍来的求职者比由其他途径甄选的求职者质量要低（Bishop，1993；van Ours，1994）。这表明，公共就业中介机构所面对的失业者比其他人更难以安置。

这一微观经济证据并没有解决公共就业服务是否改善了经济的总体就业匹配程度的问题。例如，公共中介机构介绍的可能是低层次的工作，资质较好或者较积极的失业者凭借自己的能力却可以做得更好。

第三个影响工作搜寻的市场缺陷来源于资本市场。资本市场的“不完善”可能会使失业者在工作搜寻期间不能负担消费支出，因而被迫接受一份工作，即使对于求职者来说继续搜寻是一项能够带来收益的投资（使用市场利率）。因此，失业虽然减少，却并不有效。人们往往据此提倡支付失业补贴，失业补贴的给付使得失业者能够负担工作搜寻期间的消费支出。但同时，这种非劳动收入也削弱了失业者寻找工作的动力。从逻辑上分析，可以这样认为，为弥补失业所带来的损失，依据保险原理，失业补贴的给付应当一次性付清，而不应每周支付（或者可以以贷款的形式支付而不是无偿赠与）。

搜寻模型为分析失业补贴的给付对失业率的影响提供了一个非常有用的框架。标准观点认为，只要处于失业状态就可以无条件领取失业补贴的做法，会减弱失业者的工作搜寻强度并提升他们的保留工资（也就是说，人们对他们准备接受的工作类型更为挑剔）。这种效应降低了失业者接受工作的概率并因此提高了均衡失业水平。如果失业补贴的数量相对于工作收入是不可忽略的，那么毫无疑问这将导致无效率的高失业率。

因此，在包含失业补贴的搜寻模型中，必须充分考虑从降低失业水平的政策中得到的效率收益，来抵消由于支付补贴而产生的效率损失。工作搜寻补贴或帮助就属于这类政策。公共就业服务可以直接提供工作搜寻帮助，比如，在工作申请过程中提供帮助，或帮助支付由寻找工作引起的费用（如工作搜寻俱乐部）。尽管这种帮助能够提高工作搜寻强度，但同时也提高了保留工资（这种方式使得失业者认为继续搜寻工作更有价值）。因此，从理论上说，工作搜寻帮助不一定能提高失业流出率。

公共就业中介机构的一个重要功能是监测失业者的工作搜寻行为。例如，失业补贴的支付可以以工作搜寻活动为条件。实际上，理论研究所假设的无条件的失业补贴与现实中大部分失业保险系统对工作搜寻的要求并不一致。例如，大部分失业保险系统都规定，如果失业者拒绝一份工作机会，那么他就会失去享受失业补贴的权利。在极端情况下，如果失业者拒绝一份工作机会，那么失业补贴就会自动终结，从而保留工资也就降到了没有这种津贴时的水平。

原因何在？试想一名失业者得到了一个工作机会，那么他所面临的选择就是接受这份工作或继续失业但没有失业补贴。在这两个选项中，失业者就会采用他在没有补贴情况下的保留工资，因为此时，他如果不接受这个工作机会，就无法继续领取补贴，虽然在他得到这个工作机会之前他是享有补贴的。于是，失业者甚至不得不接受一份工资收入低于他之前所领取的失业补贴的工作。当然，现实中，在工作收入太低的情况下，失业补贴的管理者可能允许他继续领取失业补贴。

乍一看，有条件的失业补贴似乎解决了资本市场的不完善，因为它在支付失业补贴的同时并没有提高保留工资。但仔细思量不难发现，有条件的失业补贴可能会带来更多的问题。特别是，它可能降低工作搜寻强度。试想，一名失业者听说了一个职位空缺，而他无法确定这个工作是否适合他。如果他申请了这个工作并得到了这个工作机会，他可能没有别的选择，无论这个工作是否适合，都只能接受，因为拒绝这份工作就意味着他将失去失业补贴。于是，人们便会将自己的工作搜寻范围限制在他们非常确定的自己很想得到的工作类型上。综上，由于工作搜寻强度的内生性，没有理由认为以工作搜寻活动为条件的失业补贴给付能够提高流出率。

以上的分析可能有助于解释为什么看起来失业者只在工作搜寻上面花费很少的时间和填写很少的工作申请表。例如，1978 年的对英国失业男性的群组调查（Wood，1982；see also Layard，Nickell and Jackman，1991，第 5 章）发现，失业者平均每月仅填写一份求职申请表，每周花在寻找工作（包括读报）上面的时间仅为 5 小时。很明显，近些年政策的重点是鼓励失业者更积极地寻找工作。

当然，可以对失业者的工作搜寻活动提出要求。一个例子是，在每个单位时间段内必须提交固定数目的工作申请表。但是让失业者接受不合适的工作不符合他们的私人利益，因此，这些条件可能很难实行。对于失业者来说申请高质量的工作符合他们的利益，即使他们得到这个工作机会的可能性很小。他们不愿意申请一份低水平的工作，因为这会让他们面临接受一份还不如失业补贴有吸引力的工作机会的风险。

在这种情况下，ALMPs 就可以发挥作用，使就业服务本身也参与到提供工作机会（或提供培训名额）的过程中。如果拒绝接受就业服务所提供的工作机会，通常也就意味着失业补贴的终结。在一些国家中，失业者领取失业补贴的权利是有严格的时间限制的（如在瑞典是 60 周，在丹麦是 30 个月），这样，就业中介机构就得在他们的失业补贴到期前给他们提供工作机会或者培训名额。不管是哪种情况，失业者所面临的选项都只有两个，要么接受政府项目的安排，要么继续失业但没有失业补贴。总之，只要比没有津贴的失业状态好，失业者将会接受政府项目——这是典型的情况，除非失业者就业于“非正式”部门、享有家庭资助或者个人收入。

这种政策能够从以下几个方面增加“真正”的失业流出。首先，某些失业者也许并不厌恶依靠失业补贴生活，但是如果他们不能继续享有补贴，他们就会更加努力地搜寻工作，以期找到比政府计划所提供工作更好的常规工作。对瑞典的分析（Carling，Edin，Harkman and Holmlund，1994）表明，当失业补贴到期，人们面临着进入政府计划的前景，此时，从失业群体流向常规工作的人数会增多（尽管失业补贴即将到期时的失业流出率的增长比美国要慢）。

其次，正如 Jackman（1994）所论述的，许多失业者就业于非正式部门或者由他们的家庭成员或其他人资助，所有这些收入加上失业补贴比常规工作对他们更具吸引力。因此，这些人并不积极地寻找工作，所以赋予他们领取失业补贴的权利是不合适的。但是，难以对工作搜寻要求进行有效的监督，在萧条的劳动力市场中尤其如此。如果撤销失业补贴，那么这些人也许仍然不积极，或做一些临时性的工作，但他们不会再给公共财政带来负担。然而，另一些人将会搜寻常规工作，因为失业补贴的终结消除了他们不工作的动机。

因此，ALMPs 能够抑制失业补贴的道德风险问题。从某种意义上来说，将强制人们去工作作为继续享受政府资助的条件，可以将那些无法找到工作而确实需要帮助的人跟游手好闲的人和骗子区分开。

在这种模型中，摩擦性失业能够通过干预性政策予以减少，因而在工作数量上不存在分割问题。人们常常推测，在摩擦性失业的“市场出清”模型中，空缺职位的数量和失业者的数量应该是相等的（Beveridge，1942）。这样，失业的减少可以通过更快速的工作匹配来达到，也就是仅仅填补现存的职位空缺即可而不需要创造新的工作岗位。然而，通常没有理由保证这个要求能够成立。特别是，如果工作性质的差异比劳动生产率的差异大，那么劳动者将会比企业在工作搜寻上面花费更多的时间，这样，任何时间点上，失业者人数都将超过空缺职位数（Reder，1969）。于是，失业的减少不能简单地通过填补职位空缺而达到；必须创造出额外的工作岗位。在市场出清模型中，这个任务不难达到。保持供给方激励结构不变，工资的调整（也就是说，下降）将为所有需要工作的人创造出工作岗位。

这个分析框架的主要局限在于，将这么多失业者（尤其是欧洲国家的失业者）所经历的失业持续期都归因于对现行失业补贴水平下失业状态的偏好，是令人难以置信的。高失业率和持续失业表明，许多失业者不能得到他们想要的工作，虽然他们符合那类工作的资格要求。看来，工作配给是存在的，至少在部分劳动力市场中是存在的。于是，可能出现一个次级劳动力市场，在那里，可以找到工作，但是工作机会很有限，甚至对于某些失业者来说是贬低身份的。我们随后会对二元劳动力市场模型进行分析，但我们先来讨论劳动力市场政策在工作配给模型中的作用。

1.2　工作配给模型

在工作配给模型中，工资是按照雇主或工会的目标制定的，而不总是遵循市场出清工资水平。由于强大的工会，或由于雇主激励雇员提高生产率，雇主可能会就工资做出妥协，从而使工资超出供给价格。但是如果所有的雇主都跟随这种工资方案，总体工资水平就会超过市场出清水平，最终导致总体工作岗位的短缺。

ALMPs 是否能增加这个模型中的工作数量呢？很明显，这个问题的答案取决于工资如何确定，如一个标准的工会工资谈判模型（如 Layard et al.，1991）。谈判所设定的工资高于外部机会，高出的幅度取决于工会谈判力量和产品市场竞争性等因素，而外部机会依赖于失业率（失业率可以衡量失业后可能的持续期）所反映的劳动力市场状况、其他部门的工资、失业补贴和影响失业者生活水平的因素。

从理论上讲，在这个模型中，ALMPs 可以通过多种渠道影响工作数量（see Calmfors，1994；Calmfors and Lang，1995；Calmfors and Nymoen，1990）。例如，如果这些政策鼓励失业者更努力地去搜寻工作，那些现在拥有工作的劳动者会更加不愿意失去工作（因为来自失业者的更有效的竞争使得他们更难找到新的工作）。既然外部工作机会的吸引力减小，那么，企业内部的工资水平也将下降，从而工作数量增加。

一种相反的观点是，丧失工作的就业者也可以从 ALMPs 中受益。如果劳动者并不特别担心丢掉工作——因为他们相信政府能够帮助他们找到新的工作——那么他们就会放宽对工资的约束，即要求更高的工资水平。通过这种途径，ALMPs 可能导致更高的工资水平，从而导致更少的工作机会。如果 ALMPs 为失业者提供有吸引力的或有价值的培训机会或者临时工作，那么失业经历也就变得不那么令人厌恶。这再一次表现为工资约束的放宽。

综上，ALMPs 对于工资的影响取决于：（1）这种政策是否主要用于帮助失去工作的劳动者而不是为新进入的劳动者提供培训（Calmfors and Lang，1995）；（2）ALMPs 是改善还是损害了个人处于失业状态时的福利。关于第一点，在大多数国家中，政府计划都主要作用于某些特定的目标群体（青年、长期失业者），而不是近期刚刚失业的劳动者，虽然工作安置和其他就业中介服务对所有失业者来说都是可以利用的。

说得更具体一些，我们假定工会谈判模型中的工资不受失业率的影响，而是受失业者预期失业持续期的影响。则对这个期望失业持续期的反面——单位时间内找到工作的概率（也就是雇佣概率 h）——给出一个简化的表达式（Layard et al.，1991，第 5 章，p. 218）：

$$h_i = c_i h\,(V/cU, 1) \tag{5.1}$$

式中，c 表示失业者的平均搜寻有效性，c_i 表示劳动者在失业风险下的搜寻有效性。在这个模型中，失业水平不如失业求职者的搜寻有效性所起的作用重要，而失业求职者的搜寻有效性与在工资谈判中面临风险的就业者的搜寻有效性有关。

ALMPs 的某些类型，如针对青年群体的政策，可能在提高失业者的平均搜寻有效性上非常成功，但可能对面临失业风险的就业者的搜寻有效性没有任何作用。根据式（5.1），对于给定的 c_i，c 的任何增长都伴随着 h_i 的减少、预期失业持续期的延长，从而导致严格的工资约束和更多的工作机会。另一方面，对即将失业的劳动者（c_i 的增加）提供特殊帮助将会带来相反的作用。如果 ALMPs 等量地提高每个人的搜寻有效性，那么它们对 c_i 的提高与对 c 的提高相同，但这会再次提高 h_i（因为 h 对于 V/cU 的弹性小于 1）。如果每个人的搜寻都更有效率，那么失业持续期就会缩短，即使当 ALMPs 不去影响不同群体的相对优势时。

在这个背景下提供面向长期失业者的 ALMPs 将导致一系列问题。如果当前的工作者具有完全的预期，那么他们将会认识到，如果他们丧失当前的工作则可能很难再找到一份新的工作，因而面临长期失业的风险。同时，他们可能也认识到，沦为长期失业之后可能面临的问题可以由于 ALMPs 的提供而得到很大程度的缓和。因此，从理论上说，针对长期失业的 ALMPs 会对工资的制定产生负面影响，因为 ALMPs 可以缓和劳动者对长期失业的恐惧。

我们认为，可以从两个方面来反驳这个结论。首先，人们普遍认为，长期失业者的失业流出率比短期失业者低（如 Jackman and Layard，1991）。如果这种差异源自状态依赖，那么个体的失业流出率应该随失业持续时间的延长而降低。并且，如果个人是短视的，即他们不能预期自己失业的时间越长，找到工作的前景就越渺茫，那么，劳动者就会以他们各自的短期失业经历作为工资谈判的参考依据而不是总体失业者的经验。长期失业流出率的增加会增加 c 而不会影响 c_i，因为劳动者在工资谈判过程中是短视的，仅仅参考短期失业流出率。他们认为短期失业流出率是与自身相关的。于是，针对长期失业的政策在减少总体失业方面能够带来收益效应。

大量的研究都在讨论失业流出率下降的原因究竟是状态依赖还是异质性的问题。Calmfors and Lang（1995）所作的分析表明，状态依赖不能提供充分的解释。短视的猜想也同样重要。一些调查的证据能够支持这种假设。例如，Gregory（1986）在引用澳大利亚民意调查的发现时指出，当被问及倘若失业再找工作所面临的前景时，那些工作着的劳动者认为，在总体失业大幅增长时，他们自己的前途在一段时间内不会被削弱。

尽管短视假设可能在解释特定历史时期时是合适的，如失业率大幅增长时期（例如，20 世纪 80 年代前半期的澳大利亚），但是当长期失业成为经济环境的永久特征时，这个解释就不那么有吸引力了。另一个极端，完全预期假设在实践中似乎不太可能。经济环境、政府和政策都在不断地变化，对任何一个目前有工作的劳动者来说，将对工资的要求建立在对超过 1 年的长期失业政策的假设上都是非常不理智的。在瑞典，有很多持续的政策承诺来帮助失业者，它可能是唯一如此关注 ALMPs 对工资谈判潜在影响的国家，这也许并非巧合。

因此，要回答上述第一个问题，首先必须假定目前有工作的劳动者普遍认为，针对劳动力市场各类弱势群体（青年、长期失业者、缺乏技能的人）的 ALMPs 主要是使其他人而非他们自己受益。

其次，ALMPs 是改善还是损害了失业者个人的福利，所提供政策的形式是这个问题的症结所在。如果 ALMPs 为工作搜寻提供补贴，为失业者提供更多的工作机会或从总体上降低失业的无效用性，不论哪种方式，终究是要使失业变得不那么可怕。这样，它们改善了工资谈判中的外部选择，从而增加了工资压力。另一方面，正如前面所讨论过的那样，如果将 ALMPs 与有条件的补贴结合起来——这种有条件的补贴能够向失业者施加压力，使他们更加努力地搜寻工作——那么失业这个选项就变得不那么愉快了。在这种情况下，即使失业持续期缩短，ALMPs 也能够减轻工资压力。

总之，在这个模型中，针对弱势群体的 ALMPs 如果对失业者施加压力，使他们更加努力地寻找工作，或者使他们拒绝一份工作机会变得更为困难，那么这些政策就能减少工资压力，增加工作机会。相反，那些力求使失业经历变得比较令人愉快的政策，可能产生相反的效果。

1.3 结构模型

许多研究持续失业原因的学者指出，在20世纪80年代，很多国家都受到了持续失业的困扰，如今的失业在本质上基本都是结构性的（如OECD，1990）。尽管结构性这一术语能够包括各种现象，但在这里，结构模型仅关注劳动力供给与需求在横截面上的不平衡。如果经济中的失业主要集中于某些特定部门，那么，ALMPs能否缓解这些部门的问题从而减少总体失业呢？

近年来，最显著的部门不平衡与技能有关。许多国家眼下正经历着这样一种显著的转变，即劳动力需求越来越集中于高技能职位，而技能要求不高的工作岗位上劳动力需求越来越少。尽管劳动力的技能水平已经有所提高，这个过程仍然显得滞后于对技能的需求的增长。结果，高技能劳动者的相对劳动力市场前景（以及在某些国家的相对工资水平）得到了改善，而低技能劳动者的境遇则恶化了。这意味着，许多国家中，失业者多为低技能劳动者。

显然，要应对这种日益增长的结构性不平衡，合适的劳动力市场对策是促进部门间的流动。从这个角度看，ALMPs可以在促进劳动力流动方面发挥重要作用，特别是向失业者提供培训，使他们能够达到劳动力需求增长的工作岗位对技能水平的要求。

从经济福利的角度来分析，我们需要考虑，在这种背景下导致市场失灵的原因是什么？以及在多大程度上需要政府干预？无论是否接受雇主对培训的投资可能不足的观点(因为受过培训的雇员可能会离开给他们提供培训的企业)，这里显然都存在财政对失业者的消极激励。失业补贴的支付削弱了失业者承担获取新技能和资格要求的成本和风险的动机。

为了将这个问题简化为一个简单分析模型，我们假设，经济中仅存在两种类型的工作，技术性工作（部门1）和非技术性工作（部门2）。由于技术与其他原因，劳动力需求的模式会发生变化，变化率为每年x个工作岗位，其中x外生。劳动者获得技能后从部门2流向部门1的比率，部分是外生的（每年y个劳动者），部分取决于经济激励，我们用部门间工资和失业率的差别来表示。起初，x大于y，部门1的失业率下降而部门2上升。即使工资水平没有差别，劳动者也会从部门2向部门1迁移，因为部门1的工作机会更好。所引起的迁移率（m）为迁移收益与成本差的增函数：

$$m=m[(u_2-u_1)(1-b)-c] \tag{5.2}$$

式中，u_1表示技术工人的失业率，u_2表示非技术工人的失业率，b表示工作安置率，c表示培训成本（b和c都是通过工资来衡量的）。每个部门的失业率衡量了预期的失业持续期及与工资相关的长期失业成本（根据失去的工资收入）是$(1-b)$。

在均衡状态，技术工作岗位的增加速度与技术工人的增加速度相等，或

$$x=y+m \tag{5.3}$$

所以，
$$u_2-u_1=[m^{-1}(x-y)+c]/(1-b) \tag{5.4}$$

在这个简单框架中，失业补贴的给付将增大失业差别（结构性失业）。同时，政府为

促进劳动力流动，采取干预措施降低获取技能的成本，这将减小失业差别。如果通过降低失业期间的生活水平来为培训付费，那么，私人收益将低于社会收益，因此，需要政策加以干预。

这类模型也说明了政策干预在劳动力需求方面可以发挥的作用。如果能够减缓对技术工人需求的相对增长，即减少 x，那么结构性失业也会减少。在这个框架中，减缓部门变革的政策可以降低失业，但所付出的成本是经济发展的减缓。这类政策有两种形式，一种是鼓励企业采用非技术劳动密集型生产方式（例如，调整雇佣税或社会保障税以减轻低收入劳动者的负担），另一种是使政策向非技术工人受雇的行业倾斜（如对制造业的补贴）。在部门失业率很高、一些工人无法在扩张部门中找到工作的情况下，政府可以采用诸如工作分享或提前退休之类的政策。

表 5—1 对这些论断作了一个总结。各类模型都表明，ALMPs 能够从总体上促进就业和降低失业。因此，接下来要解决的问题是，ALMPs 是否真的发挥了这样的作用。可以通过验证特定模型所提出的假设来解决这一问题，因为各模型中 ALMPs 的作用正是来源于这些假设。也可以通过一些相当粗略的方法来解决这一问题，如“黑箱”计量模型。在这个模型中，因变量为总体变量（就业、工资或者失业），而各种可能的原因因素，包括 ALMPs 的措施，是自变量。

表 5—1　　搜寻模型关于劳动力市场政策的论断

需要劳动力市场政策的原因	论断	政策的意义 ALMP，是或否
1. 外部性 －充溢太多搜寻者 ＋密集的市场	＋增加 －抵消	ALMP，否
2. 信息为公共物品	关于工作的信息已经非常丰富	ALMP，否
3. 改善匹配，加速搜寻过程	雇主发现，ALMP 招募的劳动者质量低	ALMP，是
4. 资本市场失灵	借得搜寻期间的消费	ALMP，是
5. 失业补贴使人们更挑剔	如果 UB 很高，会导致无效率的长时间搜寻	更低的 UB 或有条件的 UB
6. ALMP 提供工作机会和 UB 过期	(1) 使那些不喜欢 ALMP 工作的人加大搜寻强度 (2) 非正式部门的工作可以转为正式	使 UB 取决于合适的工作机会

说明：ALMP 即积极的劳动力市场政策；UB 即失业补贴。

2. 积极的劳动力市场政策与失业流出率

最关键的问题是，ALMPs 通过帮助失业者重返工作岗位是否提高了总体失业流出率。为了确定政策的总体影响，我们必须对总体失业流出率而不是某个人所受到的影响进行考察。就项目对个体的影响进行研究，可以看出，某个参与过项目的劳动者 A 是否比没有参与过项目的其他条件类似的劳动者 B，在找工作方面拥有更好的机会。这有可能是因为 A

的工作前景得到了改善而B没有，但也可能是因为这个项目使A插队至B的前面，从而对正在寻找工作的失业者总人数没有影响。

2.1 无谓损失，替代效应和置换效应

通常，我们用无谓损失、替代效应和置换效应来讨论政策的有效性。这几个术语的定义如下（see Haveman and Hollister，1991；OECD，1993）：

当项目为原本就会发生的事情付费时，就会产生无谓损失。例如，企业在录用失业者之后，发现自己符合领取招募补贴的资格要求；或者失业者在申请参加培训课程之后，发现自己可以享有政府补助。

替代效应表示政府补贴或项目帮扶的劳动者（如参与过培训项目的劳动者）替代了无补贴劳动者，而没有给企业的就业带来任何净影响。例如，如果政府向雇佣长期失业者的企业支付招募补贴，那么企业可能会雇佣长期失业者而取代雇佣短期失业者。同样地，为了利用劳动力市场部门所资助的计划，当地政府和公共部门的政府机构可能会雇佣更少的常规员工。由于这个原因，往往需要对公共工作项目施加额外条件（see Grubb，1993）。

置换效应是指产品市场竞争所致的常规雇员的减少或挤出。例如，雇佣享有补贴的劳动者可以使企业削减开支，从而使企业从雇佣常规员工（无补贴）的企业那里争得市场份额。当然，竞争不一定被限制在同一行业的企业中。企业雇佣受补贴的劳动者可以降低价格，从而吸引其他产品的消费者。因此，要在微观经济研究中确定置换效应是不可能的。置换效应降低了受影响企业的招募率，但更深层次的问题在于，置换的同时，可能很多劳动者失去了工作（失业流入的增加）。

项目有效性的微观经济评估可以揭示无谓损失。例如，一个特定的项目对项目参与者个人摆脱失业状态的前景没有任何影响。但是就项目对个人的影响进行研究并不会揭示替代和置换效应的程度。这两种效应反映的是同样的情况，即以其他非目标群体失业流出率的减少（或流入率的增加）为代价实现目标群体失业流出率的增加。然而，对总体失业流出率的研究能够显示项目是否带来了净影响效果。如果信息更充分，对特定失业群体流出率的研究（按年龄或失业持续期来划分）不仅有助于确定政策对目标群体的作用，而且能够确定项目对受到替代和置换效应影响的群体的影响，以及这种影响的规模。

零（或者小于100%）替代或零置换效应并不一定意味着项目或者政策为长期失业者创造了全新的工作岗位。可能的情况是，目标群体成员得到了现有的工作岗位，而这些岗位上被替换掉的常规劳动者将被吸纳到劳动力市场中。劳动力市场中正常的工资调整、市场出清过程将会通过第一节中所描述的过程来增加常规工作岗位的数量。

但是，依赖于劳动力市场的常规调整过程会产生时间范围问题。劳动力市场最终会进行自我调整，但是这种调整是需要花费时间的，比如，调整过程可能要求更高的短期失业率。政策可能需要产生较高的短期替代或置换效应，以促进长期必要调整。

假定经济中的工资水平是由谈判过程决定的，这个谈判过程会对短期失业而非总体失业水平做出反应（如1.2部分所讨论的那样）。设想此时政府引入了一项针对长期失业者的政策，如招募补贴。在短期，雇主可能会雇佣长期失业者来替代其他劳动者，从而导致长期失业率的下降，但同时，短期失业率将发生相同规模的上升（替代效应100%）。根据假

设，短期失业率的上升将降低谈判所决定的工资水平，从而导致更多的工作岗位。这个过程将会继续下去，直到短期失业率重新回到起始水平。这样，短期失业流出率也将回到起始水平，从而看起来是零替代。遗憾的是，在大多数实证研究中都无法区分项目影响与长期替代效应或置换效应。

2.2　分析框架

其他情况保持不变，总体失业流出率的增加将伴随着稳定状态失业者人数的等比例下降。在稳定状态下，失业率是恒定不变的，失业流入人数（I）必须与失业流出人数（A）相等。流出率（A/U）是失业流出人数与总失业人数（U）的比值。给定流入人数 I，流出率的增加意味着失业人数的同比例下降。

$$U=U(I/A)=I/(A/U)=\text{流入人数}/\text{流出率}$$

失业流出率主要取决于经济状态。我们需要评估的是，在劳动力市场状态变动对失业流出率带来的影响之外，各种政策对失业流出率所起的作用。这就需要对影响失业流出量的因素作一个完整的分析。这里，我们采纳 Haskel and Jackman（1988）、Layard et al.（1991）、Lehmann（1990）和 Pissarides（1986）的研究方法。关键变量是劳动力市场状态，用空缺 V 和失业者的平均搜寻有效性 c 来衡量。我们用 ALMPs 来提高搜寻有效性，在既定就业措施下，实际的搜寻有效性为：

$$c^{*}=c(1+kM)$$

式中，M 是就业政策行为构成的一个向量，k 衡量的是每一种就业政策行为对平均搜寻强度的净影响。

失业流出人数由雇佣关系得到

$$A=f(V,c^{*}U),f_1,f_2>0 \tag{5.5}$$

假定函数 f 表现出恒定的规模收益。该假定合理且为实证研究所支持。因此，式（5.5）可以改写成：

$$A/U=c^{*}f(V/c^{*}U) \tag{5.6}$$

式（5.6）写成对数—线性形式

$$\begin{aligned}\ln(A/U)&=\ln c^{*}+b\ln(V/c^{*}U)\\&=b\ln(V/U)+(1-b)\ln c(1+kM)\\&=b\ln(V/U)+(1-b)\ln c+(1-b)kM\end{aligned}$$

（假定措施的有效性足够小，以至于可以近似地认为 $\ln(1+z)=z$）

2.3　实证检验

基于这个框架的实证研究已经在英国、德国以及许多国家得到实施。尽管对有关 ALMPs 总体影响的实证研究的讨论可以在本手册第 24 章找到，但是我们在此将对应用了本章所述流动框架的实证研究做一个简单回顾，以结束本章。

在英国，Haskel and Jackman（1988）考察了社区项目的影响。社区项目主要为在 20

世纪80年代失业超过6个月的社区居民，主要是青年，提供非商业性的有偿工作。他们发现，这个项目提高了青年的失业流出率，但对年龄在55～60岁的老年劳动者产生了负面影响。这可能是因为雇主原本可以雇佣年长的劳动者来完成的工作，现在可以通过社区项目更廉价地完成。总体失业流出率的影响是积极的。Lehmann（1990，1993）考察的是再启动项目，该项目为失业超过6个月的失业者提供强制的就业指导。他发现，再启动项目提高了长期失业的流出率，却对短期失业流出率造成了不利的影响。然而，总体效果再一次表现为积极的。

Bellmann and Lehmann（1990）调查了德国的岗位创造、工资补贴、继续培训和再培训项目的影响。他们用当地就业办公室的一个横截面数据，按年龄和失业持续期观测了失业流入和流出率。然而，他们只确定了岗位创造项目的积极作用——提高了短期失业流出率，而培训和工资补贴项目的作用则不明显。Schmid（1979，1980）所作的较早的一项研究，分析的是德国的工资补贴项目和劳动促进法，研究发现，工资补贴项目有严重的无谓效应（占联邦政府项目的75%）。他还发现，劳动促进法在改善目标群体——长期失业者——的就业安置方面并不成功，但是对青年失业者的就业安置很有帮助。

这些评估与其他国家关于工资补贴影响的研究是一致的，如美国（Bishop and Haveman，1979）、法国（Kopits，1978）、澳大利亚（就业、教育和培训部门，1989）、爱尔兰（Breen and Halpin，1989）和荷兰（de Koning，1991）。这些研究表明，总岗位创造数量中70%～90%具有无谓效应或替代效应（关于实证研究的综述，也可参见Hübler（1982）和OECD（1993））。瑞典的Vlacho（1985）发现，大部分接受招募补贴的企业也会有新的雇佣。

至于置换效应，Forslund and Krueger（1994）按区域观测了行业就业情况，并试图对置换效应进行估计。他们发现，建筑业的就业增加幅度仅为岗位创造总数的1/3，这表明对常规就业的置换约为60%～70%。但是，在健康和福利领域置换效应则低得多。然而，这些结论并不清晰。某一行业中更多的就业可能是以其他行业工作数量的减少为代价的，同样可能的是，被置换的劳动者从一个行业转移到另一个行业，从而增加了其他行业的劳动力供给，带来了经济中其他领域的就业增长。

3. 结　论

在本章中，我们分析了ALMPs能否影响经济中工作岗位总量的问题。我们提出这样一个观点作为开端：只有通过消除或削弱不平衡、刚性、财政或其他扭曲带来的影响，使劳动力市场效率得到改善，才能实现就业的持续增长。

我们认为，从理论上说，ALMPs可以通过很多途径改善劳动力市场效率。它们为求职者的工作搜寻过程提供信息和指导，还要抵消失业补贴对搜寻强度和工作接受的负面影响。在整个劳动力市场通过自我调节能够为所有劳动力创造出更多就业机会的情况下，ALMPs也使一些在找工作方面有特殊困难的失业者重新开始了工作，如没有技能的劳动者或者长期失业者。

因此，我们认为，确定总体影响的最好方法是既分析总体失业流出率的决定因素，也分析特殊群体失业流出率的决定因素。这种方法考虑到了无谓损失、替代效应和置换效应。最后，我们对有关失业流出率和政策有效性的实证研究进行了简短的回顾。

参考文献

Bellmann, L. and H. Lehmann (1990, September), 'Active Labour Market Policies in Britain and Germany and Long-term Unemployment: An Evaluation', paper presented to the conference of the European Association of Labour Economists, Lund, Sweden.

Beveridge, W. H. (1942), *Social Insurance and Allied Services*, Cmd 6404, London: HMSO.

Bishop, J. (1993), 'Improving Job Matches in the U.S. Labor Market', *Brookings Papers on Economic Activity*, 1, 335–400.

Bishop, J. and R. Haveman (1979), 'Selective Employment Subsidies: Can Okun's Law be Repealed?', *American Economic Review*, 69, 124–30.

Blau, D. M. and P. K. Robins (1990), 'Job Search Outcomes for the Employed and Unemployed', *Journal of Political Economy*, 98, 637–55.

Breen, R. and B. Halpin (1989), *Self-employment and the Unemployed*, Dublin: Economic and Social Research Institute.

Calmfors, L. (1994), 'Active Labour Market Policy and Unemployment–A Framework for the Analysis of Crucial Design Features', *OECD Economic Studies*, 22, 7–47.

Calmfors, L. and H. Lang (1995), 'Macroeconomic Effects of Active Labour Market Programmes in a Union Wage-setting Model', *Economic Journal*, 105.

Calmfors, L. and R. Nymoen (1990), 'Real Wage Adjustment and Employment Policies in the Nordic Countries', *Economic Policy*, 11, 397–448.

Carling, K., P.-A. Edin, A. Harkman and B. Holmlund (1994), *Unemployment Duration, Unemployment Benefits and Labour Market Programmes in Sweden*, working paper no. 12, Department of Economics, Uppsala University.

de Koning, J. (1991, September), 'Measuring the Placement Effects of Two Wage-subsidy Schemes for the Long-term Unemployed', paper presented to the conference of the European Association of Labour Economists, El Escorial.

Department of Employment, Education and Training (1989), *Jobstart Evaluation*, Canberra, Australia: Canberra.

Diamond, P. (1981), 'Mobility Costs, Frictional Unemployment and Efficiency', *Journal of Political Economy*, 89, 798–812.

Forslund, A. and A. Krueger (1994), *An Evaluation of Swedish Active Labour Market Policy: New and Received Wisdom*, NBER working paper no. 4802, National Bureau of Economic Research.

Gregory, R. G. (1986), 'Wages Policy and Unemployment in Australia', *Economica*, special issue, 53, S53–S74.

Grubb, D. (1993), 'Some Indirect Effects of Active Labour Market Policies in OECD Countries', Paris: OECD. (Unpublished manuscript)

Haskel, J. and R. Jackman (1988), 'Long-term Unemployment in Britain and the Effects of the Community Programme', *Oxford Bulletin of Economics and Statistics*, 50, 379–404.

Haveman, R. and R. Hollister (1991), 'Direct Job Creation: Economic Evaluation and Lessons for the United States and Western Europe', in A. Björklund, R. Haveman, R. Hollister and B. Holmlund (eds), *Labour Market Policy and Unemployment Insurance*, Swedish Trade Union Institute for Economic Research (FIEF), Studies in Labour Market and Economic Policy, Oxford, UK: Oxford University Press.

Hübler, O. (1982), *Arbeitsmarktpolitik und Beschäftigung: Ökonometrische Modelle und Methoden*, Frankfurt on the Main: Campus.

Jackman, R. (1994), 'What Can Active Labour Market Policy Do?', *Swedish Economic Policy Review*, 1, 221–57.

Jackman, R. and R. Layard (1991), 'Does Long-term Unemployment Reduce a Person's Chance of a Job? A Time Series Test', *Economica*, 58, 93–106.

Kopits, G. F. (1978), 'Wage Subsidies and Employment: An Analysis of the French Experience', *IMF Staff Papers*, 25, 494–527.

Layard, R., S. Nickell and R. Jackman (1991), *Unemployment: Macroeconomic Performance and the Labour Market*, Oxford, UK: Oxford University Press.

Lehmann, H. (1990), *Employment Measures in Britain: Their Effects on the Overall and Duration Specific Outflow Rates from Unemployment*, working paper no. 1173, London: Centre for Labour Economics, London School of Economics.

Lehmann, H. (1993), *The Effectiveness of the Restart Programme and the Enterprise Allowance Scheme*, discussion paper no. 139, London: Centre for Economic Performance, London School of Economics.

OECD (1990), *Labour Market Policies of the 1990s*, Paris: OECD.

OECD (1993), *Economic Outlook*, Paris: OECD.

Osberg, L. (1993), 'Fishing in Different Pools: Job Search Strategies and Job-finding Success in Canada in the Early 1980s', *Journal of Labour Economics*, 11, 348–86.

Pissarides, C. A. (1986), 'Unemployment and Vacancies in Britain', *Economic Policy*, 3, 499–559.

Pissarides, C. A. (1990), *Equilibrium Unemployment Theory*, Oxford: Basil Blackwell.

Reder, M. (1969), 'The Theory of Frictional Unemployment', *Economica*, 36, 1–28.

Schmid, G. (1979), 'The Impact of Selective Policy–The Case of a Wage-cost Subsidy Scheme in Germany 1974–75', *Journal of Industrial Economics*, 27, 339–58.

Schmid, G. (1980), *Strukturierte Arbeitslosigkeit und Arbeitsmarktpolitik*, Königstein (Taunus): Athenäum.

van Ours, J. C. (1994), 'Matching Unemployed and Vacancies at the Public Employment Office', *Empirical Economics*, 19, 37–54.

Vlachos, V. (1985), 'Temporära lönesubventioner–En studie av ett arbetsmarknadspolitiskt medel', *Lund Economic Studies*, 34, Department of Economics, Lund University.

Wielgosz, J. B. and S. Carpenter (1987), 'The Effectiveness of Alternative Methods of Searching for Jobs and Finding Them', *American Journal of Economics and Sociology*, 46, 151–64.

Wood, D. (1982), *Men Registering as Unemployed in 1978–A Longitudinal Study*, London: Department of Health and Social Security (DHSS).

第6章　成本收益分析

Lennart Delander，Harald Niklasson

成本收益分析（cost-benefit analysis，CBA）的目的是评估或者评价项目（或措施等），也就是说，为在各种事件过程中做出选择提供基础。CBA经常用于公共项目（或公共政策措施等），也就是在代表公共利益的组织内部做出选择。

本章的主要目的是讨论和评价CBA是否有助于对劳动力市场政策（LMP）措施的评估和评价。

我们没有过多地考察CBA的理论基础，而是集中讨论了CBA所体现的思维方式，以及CBA在评价和评估LMP项目中的应用及其应用价值。我们也没有详细地说明或阐述CBA在具体的选择问题中的实际应用。在本章最后，我们试图证明之前所讨论的原理的意义和实用性，我们引用了一些计算LMP项目成本和收益的实例。[1]

1. 框　架

对于针对某具体问题的项目，须清晰定义至少两个备选的事件过程。项目应当被定义为从这些政策中的一个（选项A）向另一个（选项B）的过渡。项目的影响（或效果）是有关B的事件过程与有关A的事件过程之间的差异。

从A向B的过渡在0时刻所产生的影响不应当被认为是从0时刻之前到0时刻之后社会状态所发生的改变，而应理解为0时刻之后两种不同事件过程（或某具体时间段内的两种不同社会状态）之间的差异。社会状态，包括目标群体的生活状况，在两种情况下——选择A或者B，都会随时间发生改变。结果，“和之前一样”或“无所作为”等表述可能变得很含糊，此时应当明确地陈述所讨论的政策选项。

在决策者看来，项目所产生的影响中，有些是有益的，而有些是不利的。因此，CBA与代表公共利益的决策者所面对的这些评估和总体问题有关。本章稍后会讨论“代表公共利益”的含义。

接下来，我们对“分析者”和“决策者”进行了明确的区分（详细内容参见Sugden and Williams（1978)，特别是229～242页）。分析者的任务是做CBA，而决策者的任务是做决定，也就是在备选的事件过程中进行选择。通常，我们将决策者看作公共部门，如政府或地方就业交流机构。然而，为简便起见，我们经常将决策者和分析者作为个体来讨论。

我们通常会认为，CBA 用于在事前对策划中的项目进行评估。但更可能的情况是在事后进行 CBA，也就是，对过去已经做出的决策（选择）进行评估研究。这种事后 CBA 是有关事前 CBA 的基础。

1.1 成本收益分析在政策分析中的作用

任何具体的 CBA 都必须进行影响评估，这些评估通常涉及大量的猜测。当然，分析者们希望能证明他们猜想的合理性，如通过对所研究的项目进行影响评估。

诚然，CBA 拓宽了影响评估的视角。尽管如此，仍有人认为，CBA 只是以一种很狭窄的视角看待问题。原因是每个具体的 CBA 都事先设定了两个定义明确的政策选项。CBA 本身并不新颖。我们会认识到并认真研究（例如，进行成本收益分析）哪个政策选项和哪种选择问题，在很大程度上取决于不同的政策制定者所面对和所操纵的社会政治和制度环境，以及相应的政策形成与执行过程的特点（see Schmid，本手册第 7 章）。

潜在的最优政策选项 B 在这种环境和过程中可能尚未被发现和开发，所以我们无法做出政策 B 优于政策 A 的假设。进一步说，即使每个人都意识到了选项 B 的存在，某些环境和过程也可能导致没有决策者意识到 B 是 A 的备选。因此，我们应当将 CBA 视为其他更加全面和严谨的政策形成和执行分析（包括过程评估）的补充，或其中的一个组成部分。

同样可能的是，某些制度框架不允许决策者花很多精力去清晰地考虑各个备选方案，而这正是进行成本收益分析的第一步。这种制度框架能够产生更多的“反应”类“决策”，它们源于各种“信号”或“经验规律”。如果是这样，CBA 在实践中的作用将会非常有限，决策者也几乎不会采用 CBA。此外，由独立分析者所实施的 CBA 可能只局限于“他们自己的生活”，从而独立于政策制定之外。

1.2 成本收益分析是目标导向型方法

政策评估的目标导向法是本书强调的重点，主要目的是找到能够实现特定目标的最合适的政策，而 CBA 与目标导向型政策评估方法直接相关。要判定某种政策选项是否最优，我们需要对从这一政策选项向实现同一目标的其他可能政策选项的过渡进行影响估计和权衡，证明其成本超过收益。（试图在最小总成本的条件下达到特定目标的 CBA 也常被称为成本有效性分析，即 CEA。）

目标可能是，比如，“改善劳动年龄残疾人的生活条件”（see Delsen，本手册第 17 章）。从政策选项 A 开始，从某种意义上说，意味着“和之前一样”，有人可能提出三种其他政策选项：“增加现金收益”（B）、“推广工资补贴的使用”（C）和“创造更多的保护性就业机会”（D）。如果以上四个政策选项都不能由于不可能或没有意义而被排除，那么就需要做三个 CBA。

所有三种方案（“从 A 到 B”、“从 A 到 C”和“从 A 到 D”）都可能给目标群体带来净收益。如果这三种政策手段已经在政策 A 中得到了广泛应用，那么很可能会导致“其他群体”的净损失。运用 CBA 的目的是找出三种方案中的一种，使得目标群体得到一单位收益时所造成的“其他群体”的损失最小。这里仍然存在一个问题：相应的“其他群体”的最小损失是否足够小，只有在足够小的情况下，执行被选中的方案才是合理的。

假设上述CBA得出结论：“从A到B”，即“增加现金收益”，在这里，要优于其他两个方案。进一步讲，假设在这个例子中，“从A到B”的CBA显示，目标群体境况的改善等于可支配收入的增加，如增加1埃居①。伴随这种增长的“其他群体”的损失等于可支配收入的减少，为2埃居。那么，是否采用“从A到B”的方案呢？

决策者必须做出决定，但是这两个备选方案都没有违背公共利益。B符合“残疾人”的利益，而A符合“其他群体”的利益。但C和D无益于任何群体的利益。因此，这两个政策选项不符合公共利益。

决策者为公共利益服务的假定意味着，如果采纳其他可行的政策选项能够使决策者在不损害任何人利益的情况下改善某些人的境况，那么就不应当继续执行当前政策。当然，决策者实施的方案经常导致一些人受损而另一些人受益，这并不必然构成对这一假定的违背。

通过排除两个选项，并阐明剩下选项的结果，分析者能够帮助决策者做出符合公共利益的行为。如果由独立的分析者（事前或事后）进行CBA，那么他们将能促进决策者为自己所实施的政策给公众所带来的影响承担责任。这是CBA的一个重要方面（see Sugden and Williams，1978，pp. 229－242）。

1.3　识别并消除不一致

让我们简短地考虑一个很常见的复杂情形：对于同一种政策手段，存在许多决策者。如果这些决策者分别采用不同的价值标准，那么他们共同选择的结果将可能是“无效率的”，因为能满足各方利益的政策选项可能仍有待发现或开发。扩展我们前面所讨论的例子，很容易说明这种可能性。

假设在选择政策手段时存在两个决策者，并且其中一个拒绝了“残疾人”收益每增加1埃居“其他人”损失1.5埃居的方案，而另一个接受了“残疾人”收益每增加1埃居“其他人”损失2.5埃居的方案。显然，这里出现了公共决策的不一致。考虑随后的社会状态，人们可能意识到，如果这两个决策者合作，那么他们就有可能用前一项政策代替后一项政策，从而使这两个群体的状态同时得到改善。因此，向这个备选方案的过渡与这两个决策者的价值标准是一致的。

我们已经看到，两个决策者之间达成共识，可以扭转既存的无效率状况，两个决策者之间的这种共识并不一定包含上例中关于“分配权重”的一致意见。然而，如果决策者相互独立，例如，在分权式的“目标管理系统”中，不进行合作，那么更好的政策选项可能一直没能被发现或开发。因此，分析者最重要的工作任务之一，就是去揭示并帮助消除公共决策领域所存在的不一致。

就劳动力市场政策而言，识别那些或多或少得到了清晰定义的目标群体通常是非常重要的。相应的目标变量代表了这些群体中个体生活状况的不同方面。每个目标变量都能受到不止一个劳动力市场政策手段（以及其他政策手段）的影响。在相应的政策形成与执行

---

① 即European Currency Unit，ECU，欧洲货币单位。——译者注

过程中也不只有一个决策者。这些决策者可能在价值标准上有着很大的不同，从而导致他们在选择上的不同。更具体地说，与目标变量相对应的隐性“价格”（如分配权重）不同，其结果可能是显著的无效率。由于对明确性的要求，CBA有助于消除无效率。也就是说，CBA要求明确地表述政策选项，以及相应的关于不同备选方案共同优劣势的思考。

1.4 成本收益分析与政策的形成

如前所述，关于实施CBA的分析者所起的作用，也就是CBA的作用，存在两种略有不同的看法。一种认为，分析者受雇于决策者，或者分析者是某项具体工作的顾问。另一种观点则认为分析者独立于决策者。在前一种情形中，分析者通过协助决策者而参与了决策过程。在后一种情形中，分析者的角色是促使决策者对公众（包括受到CBA所分析的决策影响的个体）负责的评论家或会计员（see Pignataro，1993）。

在这两种情形中，分析者都从下述假设着手：如果某方案符合每一个人的利益，那么决策者应当视之为合意；如果不符合任何人的利益，那就是不合意的。两种情形中，进行成本收益分析时，都应当明确表述所考虑的备选方案和所应用的价值标准，并且应当保持一致。由于CBA所固有的加总特性，符合公共利益且能够明确表述出来的价值标准应当得到一致的应用。

比较CBA在公共部门中的作用和盈利计算在竞争性商业企业中的作用，是一个很有趣的议题。通常认为，这类企业中的很多决策者都是为股东利益服务的。在做决策——也就是从备选方案中进行选择——的时候，决策者应当选择能够带来最大商业利润的选项。他们这样做的动机非常强。错误的决策会反映在损益表中。如果这种错误太严重或者太频繁，那么企业将会被竞争所淘汰。决策者知道，他们必须能够向上级和股东证明他们的决策符合盈利标准。决策者经常会召集顾问来协助他们对重大的选择问题进行细致的分析。

我们可以认为，CBA在公共决策中的作用类似于盈利计算在商业部门中的作用。我们也可以认为，在实践中，商业评估经常被解释为或视为CBA。如果由私企所实施的一个项目具有商业盈利能力，那么，该项目通常也被认为是符合公共利益的。这一点正是以下各节的出发点。

2. 对影响进行估价和加总

除了对明确性和一致性的要求，CBA还有一个显著特点，那就是在估价和加总过程中对记账单位的使用。方便起见，往往以货币作为记账单位。

当我们说某人从项目中获益 x 埃居时，这表明项目的结果对于这个人而言等价于给予他（如果 x 是正的）或要求他支付（如果 x 是负的）相应数目的钱。还可以这样解释：这一数目代表了这个人对从项目中收到的利益（如果 x 是正的）或损失（如果 x 是负的）的“支付意愿”。

接下来我们讨论项目的“净收益”，我们在前面已经定义过，它是所有个体收益和损失的加权和（其中损失为负值）。因此，CBA中的加总需要用到分配权重。当然，不论如何设定这些正的权重，对于那些只有受益者而没有受损者的项目，净收益都是正的；而对于那些只有受损者没有受益者的项目，净收益则是负的。因此，将 CBA 作为决策标准不会与公共利益相背离。在现实中，多数项目本身就意味着有些人受益，有些人受损。

2.1　是均匀分配权重吗

大部分 CBA 的一个前提假设是，所有人的得失都被赋予权重 1。如果这样设定权重，那么，对特定项目进行 CBA 将得到个人得失（为负值）的直接加总。对权重做出这种简单而又非常特殊的设定有哪些理由呢？

一种可能是，这样做能真实地反映决策者的价值标准。在决策者看来，个体获益 x 埃居或损失 x 埃居，与个体的身份（或所属群体）无关。

另一种可能的理由建立在下述观点的基础上：按这种方式求和，如果净收益大于零，那么受益者的总收益（受益者愿意为该方案的实施支付的最高额）就大于受损者的总损失（为补偿受损者损失所需支付的最小额）。换言之，"共同蛋糕"的尺寸变大了。或者，再换个方式说就是，受益者能够在补偿受损者的损失后仍有盈余。

当然，不应期望受益者会自愿地补偿受损者。但我们能够推测到，如果决策者在不付出较大成本的情况下就能实现再分配，也就是上文提及的补偿，那么，通过这种方法算得净收益为正的项目，我们应该接受；净收益为负的项目，则应被否决。

然而，用支付意愿的直接加和来计算净收益的这些理由难以让人信服。显然，大多数公共决策者都不认为，得到或损失 x 埃居与个体所属的群体无关。同样，他们一般也不可能在个体和群体间无成本地实施补偿再分配。

2.2　作为 CBA 的商业计算

让我们从另一个角度研究 CBA 的作用和性质。当谈到竞争市场中的企业如何做决策时，我们常常会断言或隐含地假设，接受能带来商业利润的项目，否决带来损失的项目是符合公共利益的。

这个立场是以经济理论——价格所反映的不仅是支付意愿也是机会成本——为基础的。基于某些假设，我们可以认为，盈利能力计算代表了个人对项目影响的支付意愿之和。项目的积极影响是（通过增加产出）增加了市场上的物品数量，从而增加了个人可以得到的物品。对这些影响的支付意愿通过现行价格（或预测价格）加以衡量，它代表了盈利能力计算中的收益。项目的消极影响是减少了市场上其他物品的数量，并可能（通过增加投入）加大劳动力流动，这将最终加重个人的负担。相应地用价格（包括要素价格）衡量的支付意愿代表了商业计算中的成本。

这就是为什么盈利能力计算——在某些条件至少基本得到满足的情况下——经常被看作或被认为是一种可接受的 CBA。如果商业企业的运营由公共机构接管，那么根据前面的解释，这些机构会和商业企业一样，要求得到类似的信息，做类似的计算。

上面的讨论所隐含的条件是，不存在明显的"外部效应"，并且市场竞争充分。例如，不存在由垄断价格所引起的明显无效率。这些条件经常不能得到满足。如果人们相信商业盈利能力计算与相应的 CBA 有着相当程度的或系统性的偏离，那么就需要考虑或引入各种干预措施。如果是这样，我们需要考察各种干预措施（"做些什么"）共同的优缺点和不干预（“什么都不做”）的优缺点。可选择的政策手段主要有三类：(1) 管制；(2) 税收和补贴；(3) 政府引导，即通过政府生产或购买，指导人们生产什么产品 (Layard and Glaister，1994，p. 3)。

至于必要的公共决策，需要具有一致性。公共机构对 CBA 的设计和解读应当与解读和接受相当于 CBA 的商业盈利能力计算的动机（即背后的思维方式）相一致。因此，应当采用下述基本原则：存在支付意愿（正或负）的任何影响都应被包括进来，并被赋予数值以表示这种意愿的大小。通常这种 CBA 可以通过直接对相应的商业盈利能力计算进行调整和补充来建构。

2.3 一个例子

当某商业盈利能力计算被视为 CBA 时，这项计算中所包含的劳动力成本的变化就可以作为对相应成本或收益的近似。由于非自愿失业和税收楔子的存在，只有在项目对于经济中总体就业的影响可忽略不计时[2]，这种近似才是合理的。对许多劳动力市场政策措施而言，这一要求都无法得到满足。通常，劳动力市场政策方案的基本目标是减少不同目标群体的失业率。在这种情况下，有时可以以相应的商业分析计算为出发点进行调整和补充，来构建我们所需要的 CBA。

假设，一个很小的“就业机会创造”项目对特定的目标群体产生下列影响：(1) 该群体的失业减少；(2) 该群体的可支配收入增加 100 000 埃居。进一步假设，目标群体成员认为这两种影响等价于在失业不变的情况下可支配收入增加 80 000 埃居。算得该群体的总劳动收入（雇主的劳动力成本）为，比如，500 000 埃居。基于这些数据和前面提出的原则，“商业计算”还应当被补充以额外收益，这个额外收益等于 480 000 埃居（500 000－20 000）。因而，就业影响本身意味着市场物品产量的上升和某些受影响个体的利益损失，人们对前者的支付意愿是 500 000 埃居，而为避免后者这种损失的支付意愿是 20 000 埃居。因此，就业影响在本质上意味着公共蛋糕增大 480 000 埃居。

接下来的商业计算主要是成本分析，如一个 550 000 埃居的“净项目成本”。如果是这样，并且，如果对“其他人群”的就业影响可以忽略不计，那么 CBA 的结果是，该项目使公共蛋糕减小了 70 000 埃居。当然，如果我们预计项目也会对“其他人群”产生就业影响，就应当像处理目标群体的就业影响一样，将这些影响纳入考虑范围。

2.4 分配效应的处理

到目前为止，我们一直在讨论如何看待 CBA 的意义和作用。假定扩大公共蛋糕的方案应予以接受，而减小蛋糕的方案应遭到否决，那么，CBA 的分析结果正与此相一致。但是，如何分配以及是否公平呢？这方面问题尚未得到解决。我们没有理由忽略分配和公平方面的问题，因为事实上，这方面在政策的形成过程中发挥着重要的作用，如在比较与目标群体有关的各种劳动力市场政策措施时。

在商业计算中忽略分配和公平问题是很容易解释的，因为企业没有考虑这些问题的动机。然而，如果对商业企业进行一些激励，让它们在评估项目的时候考虑分配影响（也就是使用分配权重），多数情况下，并不会有很大的差别。如果绘制图表进行分析，经常可以发现，这种分配效应相对来说不显著。然而，更重要的是另外一个方面。在绝大多数情况下，与判断公共蛋糕大小变化的方向（对项目影响的支付意愿总和的符号）相比，证实和衡量项目的分配影响要困难得多，即使只是非常粗略的估算。

我们认为，决策者对物品和劳务生产的主要考虑如果以下述标准为基础：增大公共蛋糕则接受，减小公共蛋糕则否决，那么就是符合公共利益的。这一观点与公共决策者试图影响蛋糕分配的假设并不矛盾。

让我们暂时回到前面那个经过简化的例子。考虑分析者可能向决策者传递两条信息。第一条是：我的 CBA 表明，该项目将使公共蛋糕减小 70 000 埃居。第二条信息，源自上例中的数据：我的分析显示该项目将给目标群体带来 80 000 埃居的收益，但同时会给“其他人群”带来 150 000 埃居的损失。显然，这两条信息的内容是一致的。决策者可能会认为后者所包含的信息量多于前者。设想这样一种情形：当仅仅得到前一条信息时，他否决这个项目；而当他得到后面那条信息时，却接受了这个项目。这并不能表明决策者的行为与公共利益相悖。然而，对于目标群体收益每增加 1 埃居“其他人群”的损失小于 1.875 埃居（150 000/80 000）的其他一些方案，如果这名决策者在知悉这些信息的情况下拒绝了这些方案，那么他的行为就是不一致的，从而不符合公共利益。

事实证明，在很多情况下，考虑分配影响是不合适或不可能的（因为成本太高），但这并不意味着，只有当它合理而且可能时，公共决策者才必须或应当去考虑它。我们要再一次强调一致性和明确性的重要性。

3. 困难和可能性

以将 CBA 作为应用福利经济学的规范工具为基础，我们目前所提出的这一简单思考方式看起来具有十分强大的潜力。既然如此，为什么 CBA 在实践中的作用（例如，在评价和评估 LMP 措施方面的作用）却非常有限呢?

首先，再强调一遍，CBA 本身并不新颖，CBA 的发起和应用取决于现有的制度环境和决策者所面对的激励结构。然而，关于 CBA 在实践中作用有限，还存有其他解释。一种常见的解释是，在现实世界中要对既存的选择问题进行明确定义，面临着重重困难。分析者和决策者通常不得不应对有关所讨论项目的直接和间接影响的不完全信息问题，即相应的事件过程有不确定性（see Hanley and Spash，1993；Zerbe and Dively，1994）。进一步说，行为主体必须面对并非所有影响都发生在同一时期所带来的困难——到目前为止我们的讨论都没有涉及这一点（see Arrow and Lind，1994；Stiglitz，1994；Zerbe and Dively，1994）。

上面提到的这些问题无法简单地通过使用其他评估或评价方法而得到解决。进一步说，所有这些我们所提到的困难是无数从事商业盈利分析和计算的分析者们每天所必须面对的。这些计算——无论对错——经常被看作或视为可接受的 CBA。当然，任何旨在论证或驳斥某一项目的研究都需要进行影响评估，并与其他事件过程进行比较。因此，CBA 的许多困难都与影响评估有关。

能得到的信息通常是不完全的，难以解释的，以及不可靠的。但决策者不可避免地要做出决定；他们不得不从选项中做出选择。承担 CBA 任务的分析者必须以此为出发点。

人们希望，分析者在实施 CBA 时所付出的努力——既要追求明确性和一致性，又要应对决策者所面对的问题——能够提高最终决策符合公共利益的可能性。毕竟，分析者的努力可能降低基于不一致、误解、遗漏、重复计算或其他“混乱思维”做出决定的风险。另外，分析者也有助于其他决策者，如政府或最终的投票者，理解决策者的处境。

然而，一个试图应用 CBA 的分析者必须处理好两个关键问题，这两个问题与一些“CBA 特殊”问题和困难有关：

（1）应当识别和估计哪些影响？

（2）应当怎样对这些影响进行估计和加总？

3.1 生产影响

根据第 2 部分讲述的原理，实施 CBA 通常要求先计算受项目影响的个体对最终可供消费的市场物品（物品和劳务）的净支付意愿。这种生产影响经常通过价格来计算，因为价格被认为能够反映相关的支付意愿。[3] 通常，我们先进行商业计算，然后根据计算“净生产影响”的要求进行必要的修正和补充，这样做是合适、可行的。具体到 LMP 措施，所必需的这种“修正和补充”经常与就业影响有关。

在第 2 部分，我们曾举过计算项目成本（550 000 埃居）的一个例子，我们需要补充计算该项目的就业影响所引起的产量增加（500 000 埃居）。因此，该项目将导致最终可供消费的物品净损失 50 000 埃居。

当然，现实世界中的情形通常要复杂得多。但是，在实践中对 LMP 项目所导致的“净生产影响”进行符号和数量级的判断，并非不可能。要进行这种估计，首先需要对项目的直接和间接就业影响的规模和构成进行评估。

3.2 非市场物品

到目前为止，我们没有考虑这样一种可能，即对项目影响的支付意愿不能用当前价格或期望价格来衡量。项目可能影响环境条件、可使用的公共物品、通勤时间、事故和疾病的频率等。如果存在这些影响，那么分析者必须进行进一步的修正或补充。当然，这类影响中，有些会影响市场上可供消费的物品总量。这种效应会反映在“净生产影响”的计算中。然而，除了市场物品的消费，人们可能对“更好的环境条件”本身，或“更低的伤亡风险”本身具有较强的支付意愿。接下来，我们集中考察就业影响的其他方面。

关于我们先前例子中的就业影响，有些人认为，有必要牺牲“闲暇”或者“便利”来促进劳动力进一步流动。对于这些人，项目的净收益小于相应的可支配收入的增加。这一负面影响使得项目的净收益小于－50 000 埃居的“净生产影响”。从另一方面说，由于存在“非自愿失业”（或其他的劳动力市场失衡情形），有些人可能认为他们的净收益大于收入的增长。如果是这样，那么，该项目的净收益大于－50 000 埃居。因此，如果我们将物品产值的净变化作为项目的净收益，那么，我们实际上在假设，就业影响给个体带来的净收益与他们的净收入增长相等，从而不需要进行修正和补充。

在我们第 2 部分的例子中，我们假设群体的净收益小于他们的净收入增长：分别为 80 000 埃居和 100 000 埃居。如果这一假设成立，那么用总产值的净变化去估计净收益时将高估 20 000 埃居。因而必须引入一个补充成本项，在数量上等于 20 000 埃居，代表个体在“闲暇”和“便利”方面的损失。净收益将是−70 000 埃居。

在实践中，就 LMP 项目对不同目标群体因 LMP 项目所带来的净收入影响（即与我们的例子中目标群体 100 000 埃居的净劳动收入相对应的项）进行符号和数量级的判断，是可能的。然而，对个体的净收益进行评估，即使非常粗略，也是极为困难的。因为这些人生活状况的很多方面都发生着变化，而且可能是非常剧烈的变化。对于非自愿失业（或其他类型的劳动力市场失衡），就业效应可能会给受到影响的个体带来各种巨大的变化。

在我们的例子中，目标群体的净收益被简单地假定为 80 000 埃居，这意味着人们愿意为消除某些损失，如“闲暇时间”和“便利”的损失，支付 20 000 埃居。根据 CBA 原理，20 000 埃居的数量应该代表了个体关于对政策影响的支付意愿所作的诚实回答的总和。这个回答在人与人之间可能存在很大的差别。甚至可能对于同样的影响，有些人认为是不利的，而另一些人却认为是有利的。因此，在实践中，判断相关支付意愿之和的符号和数量级可能十分困难。对于大多数影响都是如此，因为这些影响本身没有反映在物品市场上。

为解决这些难题，研究者们想出了一些方法，并用到关于交通项目、环境政策和健康保健政策等的 CBA 中（更多的例子，参见 Hanley and Spash（1993）和 Layard and Glaister（1994））。有些方法——“显示性偏好方法”——试图通过观察他们的行为（即他们对于既有选项的选择方式），利用概率来揭示偏好（有关的支付意愿）。另一些方法——“陈述性偏好”或者“情境评估方法”——以被调查者的回答为基础，这些被调查者，作为受到政策影响的个体的代表，回答一系列问题，包括在精心设计的假设选项中如何做出选择，以及在精心建构的假设市场上如何行为等。

在对 LMP 项目进行 CBA 时，我们认为应当采用上述方法。正如前面所指出的那样，LMP 项目对目标群体个体生活状态的影响经常是多方面的并且是剧烈的。关注公共利益的决策者应该了解有关诸如可支配收入变化之类的影响对于受政策影响个体的相对重要性。

3.3　个人偏好和决策者的价值标准

需要指出，关于 CBA 的基本原理，一个很大的困难在于：个人偏好是不稳定的，更重要的是，它会受公共政策的影响。更进一步讲，包括 LMP 项目在内的各种政策措施，其目标就是改变个人偏好，即行为模式。

假设现在是 0 时刻，考虑两个失业者。其中一个人 L，已经失业相当长一段时间了。另一个人 S 则是几周前刚刚失业。若干年以前，这两个人都有工作；他们那时的生活状态基本相同，他们的偏好也几乎一样。但之后，L 失业了，他的工作岗位不存在了。那么，几年以后，到 0 时刻，他们生活的条件已经大不相同了。结果，不仅他们的能力，甚至可能偏好和行为模式都变得迥异。从他们对假设问题的回答或他们的行为可以看出，S 可能比 L 更急于找到工作。这种个人之间的差异，可通过支付意愿得到体现，可能正意味着对某个 LMP 项目进行 CBA 的一个相应的收益项，这个收益项让 S 优先于 L 得到工作岗位。（当然，L 和 S 可被视为两个目标群体的代表。）但是，今天的政策选择可能会影响到个体在将来某一时点上的行为方式与偏好。既然现在的偏好是过去经历的结果，为什么 CBA 要优先考虑个体在 0 时刻的偏好呢？

我们并不是说，决策者不应当去了解个体关于 LMP 项目影响的现期偏好。我们只是想指出，面对这样的信息，分析者和决策者会遇到对其进行解读和评价的难题。决策者对某些价值的判断可能超出了分配权重。[4] 例如，他们所做的决策可能表明，他们的价值立场是人们渴望得到工作，也就是说人们认为他们从工作中得到的净收益不比他们从中获得的净劳动收入少。如果是这样，分析者应当对这些评价标准予以详细地解释和说明。

3.4　预算约束

很明显，公共决策制定者通常非常关注项目对财政收支的影响，即对公共预算平衡的影响。这可能只反映了决策制定者的价值标准，而不是对个人价值标准的接受程度和对分配权重的应用。现在，我们先忽略这种可能性。另一个可能的解释是，对预算平衡的考虑能够影响以个人支付意愿之和表示的项目净收益的规模及其分配。

在后面的章节中，为简便起见，我们将各种不同的公共预算统称为“公共预算平衡”，用 B 表示。考虑一个项目，预期它会使 B 减少 100 000 埃居。根据一个初步的 CBA，这个项目能够产生 50 000 埃居的净收益，代表了“净生产影响”；其他方面的净收益则忽略不计。我们假定，到目前为止，分析者忽略了 B 的减少对于物品生产的可能影响。因此，在 B 减少之前，从私人的角度来说，购买力增长了 150 000 埃居。

假设现在，为了平衡 B 的减少，政府增加税收。这可能仅仅是对购买力的一种简单再分配。从公共预算角度来说，变化为零；但从私人角度而言，购买力增长将等于项目的净收益，50 000 埃居。按照这种逻辑，决策者不需要被对 B 的影响所困扰；真正值得关注的只是这个净收益的符号。

然而，税收的增加带来了真实成本，即生产总量的净减少。实践中用到的某些税收参数可以反映税收楔子，它存在于企业所面对的工资、价格与劳动者个人所看到的工资、价格之间。这种税收楔子会导致经济中的各种无效率。如果税收已经很高了，那么进一步增加税收将会导致显著的效率损失，也就是说，市场物品的产量将明显减少。例如，假设税收每增加 1 埃居，会产生 0.6 埃居的成本。那么，项目的净收益是－10 000 埃居（50 000－0.6×100 000）。另一种思考方式是，B 每变化 1 埃居，所对应的影子价格是 1.6 埃居，换言之，“个人购买力增长 1 埃居”。这样计算可得，项目的净收益为 150 000－1.6×100 000 埃居，当然最后算得的净收益也是－10 000 埃居。

从显示性偏好的角度考虑，我们可以认为，在上述情形中，政府赋予 1 埃居边际财政支出的价值是 1.6 埃居。高于 1.6 埃居（或低于 1.6 埃居）的价值与政府不增加（或不减少）税收和支出的事实不符。结果，如果政府通过削减公共支出来平衡 B 的减少，那么方案的净收益仍为－10 000 埃居。

我们认为，计算对财政收支的影响是 CBA 的一个重要组成部分。当然，在实践中，财政预算往往不止一个，所以我们需要考虑多种预算，找出并消除由财政不协调所导致的不一致性（see Schmid，本手册第 7 章）。

3.5　贴现率的选择

项目的影响通常有一个时间维度。如果存在一个具体、明确的“CBA 实际贴现率”，那么在技术上不难对之前的部分进行补充，使事件和影响的起始时点以及相应的成本收益的时间维度被纳入考虑范围。然而，困难在于，对这样一个明确且有根据的 CBA 实际贴现率的推导。

很多情况下，如培训项目、康复项目或以预防为主的项目，主要成本先发生，而主要收益要晚于成本，有时甚至间隔很久。这时，我们所选择的贴现率发生一个相对小的变化也可能导致项目净收益的符号发生改变。于是，如果按 CBA 关于贴现率的常规用法，令其等于零，那么将导致严重的不一致和无效率。

既有的关于选择 CBA 贴现率和在 CBA 中处理不确定性与风险（see Stiglitz，1994；Zerbe and Dively，1994）的文献数量众多，本章无法对此进行总结。然而，我们认为，分析者应该清晰地表述事件和影响的起始时点。更普遍地，我们坚持认为，应当这样安排和开展 CBA：严格的审查者能够很容易地用他自己的假设、估计（猜想）和评价，包括贴现率，来替代分析者所做的设定。当然，如果分析者也进行一些敏感性分析（基于备择假设的计算），那么这种操作将会更加便捷。

推导合适的 CBA 贴现率要求作进一步的研究，这里，我们再次强调对一致性的要求。对于类似的项目，不同的公共决策制定者往往使用不同的贴现率，我们应当认识到并消除这一问题；而对不同的项目应用不同的贴现率是合理的。不仅如此，公共决策者使用的贴现率应当与普遍接受的商业投资计算中所使用的贴现率是一致的，因为商业投资计算是一种可以接受的 CBA（see Sugden and Williams，1978，pp. 211－228）。这样推导出来的实际 CBA 贴现率通常比名义借贷利率要小且更稳定。

3.6　小　结

毫无疑问，我们必须摒弃那种认为 CBA 主要是对项目“净收益”进行计算的认识。我们首先在本章第 1、第 2 部分提出了分析框架和原则，接着考虑了前面讨论过的各种困难，小结如下，对具体的 LMP 项目实施特定的 CBA 应当：

（1）用当前或预期价格估计项目的生产影响的符号（正向或负向）、数量级和起始时点；

（2）分析项目对收入分配的影响，包括对特定目标群体收入增长的符号、数量级和起始时点进行合理的估算；

（3）除去第 1、第 2 点所包含的影响，分析这些个体是否还受到了其他影响，以及这些影响的相对重要性；

（4）估计项目对公共收支的影响的符号、规模和起始时点；

（5）根据明确的实际贴现率和具体的期望值计算现值（或等价物）。

任何出于公共利益考虑的决策者都应当认为上述过程是有意义的，因为它能为决策提供依据。毕竟，CBA 的主要目的就是为决策提供进一步的依据。

当然，在解读和汇总时仍有很多难题。在这种情况下，当决策制定者的决策考虑不能被观测到，也就是说所做出的决策不能被明确证明是合适的，那么公共决策中的不一致风险，以及其所导致的无效率可能都是不容忽视的。

在实践中重要的是，应当结合当前制度背景框架中政策的形成和执行过程来实施 CBA（参见 Williams（1993），79 页，列出了在开始项目评估或评价时应当考虑到的各种问题)。然而，这些过程和背景可能使得 CBA 无法进行。因此，认为 CBA 用途很广的这种乐观看法是建立在对参与者的行为和思维方式过于简单的理解之上的（参见 Rizzo (1993)，对 CBA 在公共决策过程中的作用进行了更多、更一般性的讨论)。在分权的目标管理系统中，如北欧国家的劳动力市场管理机构，我们希望每个机构都会对自己的决策进行评价和评估。(公共决策中的分权情况以及中央政府参与的原因在 Mayston and Muraro，1993 中有所讨论。）然而，在实践中，这种期望是难以实现的（see Niklasson and Tomsmark，1994)。

4. 示　例

下文集中描述了三个评估，这三个评估所考察的社会项目的目标各不相同，为估计干预与不干预情形的差别所采用的方法也不同。第一个评估考察的是以影响劳动力市场匹配过程为目标的一套方案。它对瑞典公共机构工作人员数量的增长进行了研究。第二个例子中的项目试图通过向经济弱势青年提供职业技术培训、基础教育等，影响劳动力供给。最后一个例子关注的是残疾人工资补贴，它会影响劳动力需求。

对影响进行评估的策略，增加就业机构工作人员的评估是以对两组不同社区的就业机构进行前后对比为基础的，一组是就业机构的工作人员已经增加，另一组则没有增加。评估项目对经济弱势青年的影响仅对比了一组项目参与者在参与项目之后与一组非项目参与者的情况。在第三个评估中，关于向残疾人提供工资补助，评估者不得不求助于推测，即对残疾人劳动力市场没有受到干预的状态进行有根据的推测。

在应用评估结果时，我们也必须作一些思考。然而，这三个评估分别是传统的三类评估应用的实例（Rich，1977)。由于用于增加公共就业机构工作人员的额外拨款是决策者的一个实验，我们有理由相信，决策者已准备好将评估结果作为工具使用。而对经济弱势青年项目的评估，有人认为这个发现也许会有理论上的用途，即为提高特殊青年就业可能性提供一种思路。根据政治家和政策制定者对残疾人工资补助评估结果的陈述，可以认为，他们的目的在于提高说服力，也就是支持这个方案。

4.1　对瑞典就业服务机构工作人员数量增长的评估

1987 年，瑞典政府决定拨给国家劳动力市场管理委员会一笔额外的资金，用于在公共就业服务机构增加 250 个公务员和咨询师（增幅约为 5%)。政府很明显是想评估工作人员数量的增长对公共就业服务机构所服务的工作搜寻者和雇主的影响。然而，这表明，我们也需要评估实际资源的影响和对公共收支的影响。

考察两组（每组三个）就业机构，其中一组（项目机构）工作人员增加了 15%～25%，另一组（对照机构）工作人员数量保持不变或仅有轻微的增长。对这两组就业机构进行前后对比，我们就可以估计出增加工作人员数量（净效应）带来的影响（Behrenz，1993)。这两组就业机构代表了中等规模的社区，但并不是随机选取的，而是由国家劳动力市场管理委员会、劳动部，以及评估者共同协商决定的。每个项目机构都与一个其他地区的对照机构配对，对照机构所在地的劳动力市场与相应的项目机构很接近。评估净影响背后的逻辑如表 6—1 所示。

表 6—1　　关于增加工作人员数量的净影响结果的评估方案

	工作搜寻者和职位空缺方面的结果		
	增加工作人员之前	增加工作人员之后	差额
项目机构	P_1	P_2	$P=P_2-P_1$
对照机构	C_1	C_2	$C=C_2-C_1$
净影响			$P-C$

尽管影响效果评估的基础并不理想（社区数据很少，且不是随机分配的），但是这一研究设计以社区作为分析单位，是对获取宏观影响的一种尝试（Garfinkel，Manski and Michalopoulus，1992）。

评估内容包括：

（1）所有于1986年11月到1987年10月（工作人员数量增长以前）以及1989年5月到1990年4月（工作人员数量增长以后）在项目机构和对照机构登记的工作搜寻者（既包括积极的转换工作者，又包括失业的求职者）；

（2）所有于上述两个时期在就业机构登记空缺时间超过10天的职位；

（3）所有于1986年11月和1988年11月在项目机构和对照机构登记的长期失业者（失业超过6个月的失业者）。

4.1.1　对享受公共就业服务的工作搜寻者的影响

关于失业的求职者和长期失业者，评估的目的是估计项目对下列求职者失业持续时间的影响：

（1）在公开市场上找到工作的求职者；

（2）在公开市场上找到工作的求职者，或被安置在有工资补贴或收容性的工厂工作的求职者，或被安置参加"就业培训中心"之外的培训的求职者。

为简便起见，我们将结果（1）称为"常规就业"，结果（2）称为"就业"。

关于完全就业的失业持续时间分析是以下式为基础的，其中，因变量采用了对数形式：

$$\ln T=\beta_0+\beta_1 X_1+\cdots+\beta_{15} X_{15}+e \tag{6.1}$$

式中，T——失业时间的长短；

X_1-X_{15}——背景变量[5]。

回归结果表明，工作人员数量的增加并没有给失业持续时间带来令人满意的结果。这一发现既适用于那些因为得到常规就业而被从就业机构的登记名单中除去的失业者（前一期是2 433，后一期是1 863），也适用于那些从广义上来说重新就业的失业者（前一期是2 894，后一期是2 116）。

当然，截至这两个观察期结束时，仍有一些失业的求职者尚未结束其失业持续期，这导致观测值被截断。因此，需要采用一个能应对缺失观测值（仅包含有我们所关心的随机变量的部分信息）问题的模型（参见 Kiefer（1988）关于将风险模型用于分析劳动力市场过程的讨论）。然而，基于这样的模型，我们仍然不能得出平均失业持续时间因工作人数的增加而发生变动的结论。

4.1.2　对职位空缺的影响

对于在两个时期内，报告给项目机构和对照机构的职位空缺，评估的目标是要衡量工作人员数量的增长对填补职位空缺的速度的影响（如果存在的话）。因此，在这个分析中，仅考察了没有特定申请时限的职位空缺。评估等式如下：

$$\ln DV=\beta_0+\beta_1 X_1+\cdots+\beta_9 X_9+e \tag{6.2}$$

式中，$\ln DV$——以日为单位的职位空缺持续时间取对数。

X_1-X_9——背景变量[6]。

就业机构虚拟变量反映了求职者是在项目机构还是对照机构登记，我们可根据该变量前参数的估计值推断工作人员数量的增加所带来的影响。前后两个时期参数估计值的比较表明，职位空缺持续时间发生了显著的改变，平均缩短了一天。

4.1.3　收益和成本

该研究的目的之一就是评估工作人员数量的增长是否会导致所生产的物品和劳务价值的净增加。因此，我们需要计算与增加工作人员相关的实际资源成本，并将之与由加速填补职位空缺所带来的产出增加值进行比较。后者的价值用人们对新增物品和劳务的支付意愿来衡量，可根据平均工资成本进行估计，如式（6.3）所示。

$$MVO=N[W(1+t_1)(1+t_2)] \tag{6.3}$$

式中，MVO——一年中所增产出的市场价值；

N——每年由于职位空缺的加速填补而增加的生产天数，4 118 天；

W——日平均工资，362 瑞典克朗；

t_1——工资税率（或其他伴随性工资成本），0.5；

t_2——间接税率，0.25。

将上面这些数字代入式（6.3），得到估计结果：由于平均职位空缺持续时间缩短了 1 天，产值每年约增长 280 万瑞典克朗的价值。

一年中，与在三个项目机构中人员增长相关的实际资源成本（薪水、培训和计算机成本、房屋成本、办公耗材等）估计为 345 万瑞典克朗。因此，根据估计结果，每年的成本超过支出 65 万瑞典克朗（345－280）。为了使收支相抵，必须使“生产天数”增加，即

$$N=3\,450\,000/(362\times1.50\times1.25)=5\,083$$

已知后一期中，共 2 059 个没有特定申请时限的空缺职位登记于项目机构，平均职位空缺持续时间必须进一步缩短为 2.5 天（5 083/2 059）。

4.1.4　公共财政效应

由表 6—2（Behrenz，1993）可以看到，一方面，失业者对公共救济的依赖减少；另一方面，由失业转换为就业能够为政府增加税收。二者之和约为平均每天 540 瑞典克朗（在后一期中）。

表 6—2　　公共部门支出的减少和收入的增加：工作一天与失业一天的比较

	人均值		
	失业保险	劳动力市场现金补助	没有失业津贴
支出减少	326 瑞典克朗	123 瑞典克朗	82 瑞典克朗
收入增加来源			
收入税	11 瑞典克朗	72 瑞典克朗	109 瑞典克朗
工资税	145 瑞典克朗	145 瑞典克朗	145 瑞典克朗
增值税	136 瑞典克朗	136 瑞典克朗	136 瑞典克朗
每天总计	618 瑞典克朗	476 瑞典克朗	472 瑞典克朗
失业百分比	45%	5%	50%
加权平均	618×0.45+476×0.05+472×0.50=537.90 瑞典克朗		

资料来源：Effekt-och effektivitetsanalyser av 1987 års personalförmedlingen（Effect and Efficiency Analyses of the Increase of Staff in 1987 at the Employment Service）（p. 108）by L. Behrenz，1993，Lund：Department of Economics，University of Lund. Copyright 1993 by L. Behrenz. Reprinted by permission.

项目机构工作人员数量的增加所产生的政府支出与实际资源成本数量相同，为 345 万瑞典克朗。已知后一期在项目机构登记的工作搜寻者有 3 442 名，失业持续时间平均减少 1.9 天 [3 450 000/(537.90×3 442)]，才能使公共部门在工作人员数量增多的情况下收支相抵。

4.1.5　小　结

在关于瑞典就业机构工作人员数量增多的评估研究中，评估者认识到，尽管衡量结果存在不确定性，但是增加工作人员对于加速填补职位空缺的作用的确有限，同时也没有证据表明，它能对失业持续时间产生影响。所以，定量分析表明，这种投资未能通过成本—收益检验，不能弥补政府的预算支出。然而，一个关于囚徒与其环境的实验——在这个例子中，经济繁荣，即经济周期中的一个阶段，在这一阶段，就业服务机构对劳动力市场的匹配过程所施加的影响比在均衡时期更加有限（see Walwei，本手册第 13 章）。因此，评估者指出，将这一结论推广至其他环境时需要考虑到经济活动的水平。

4.2　工作队计划的成本收益分析

该评估的目的是就针对经济弱势青年的社会项目、工作队计划，从经济效率和分配效应的角度对其各种影响进行评估。参加工作队计划的人，能够在住宿中心享受职业技术培训、基础教育和卫生保健，目的是增进他们的就业能力（Long，Mallar and Thornton，1981）。

对于项目效果的评估以对比工作队成员与非参与者为基础，其中，非参与者与参与者之间有着较强的关联（并非一个随机化的控制组）。[7] 数据的采集由一次基本访谈和两次跟进调查组成，最后一次调查开展于工作队成员完成项目之后平均 18 个月之时。这里对访谈数据采用了多元回归技术，以分析工作队成员在访谈期间的行为和经历与他们在没有参加工作队情况下的差异。

我们有足够的理由相信，至少有一部分收益（如对工作组成员收入和产出的影响）能够延续至访谈结束之后，Long et al.（1981）通过假设这些收益的规模随时间的推移而递减，从而用外推法对这些收益进行了估计。收益和成本用样本工作队成员进入项目时的价格来评估。对随时间分配的收益和成本使用的贴现率为每年5%。

为了既考察项目的效率又考察其分配效应，分析者将收益及成本放在一个会计框架中进行分析（如表6—3所示）。经济效率问题（也就是，对社会可以获得的物品和劳务总值的影响）是从社会的视角来分析的，包括项目所节约、生产或消费的资源，但不包括资源在社会成员之间的转移。从工作队成员的角度考察了项目对参与者机会的影响，而从社会其他成员的角度则研究了项目对非工作队成员的影响。当我们对成本和收益的净现值进行累加时，工作队成员和非工作队成员之间的转移相互抵消，从而不会出现在社会净现值中。

表6—3　　估得的每位工作队成员的净现值（美元）

项　目	视角		
	社会	工作队成员	其他社会成员
收益			
A. 工作队成员的产出			
1. 项目期间的产出	757	83	673
2. 项目结束后产出的增加	3 896	3 896	0
3. 由于项目收入的增加而增加的税收支付	0	−582	582
4. 由于对工作的偏好超过对福利[a]的依赖而增加的效用	+	+	+
B. 对转移项目依赖度的降低			
1. 减少的转移支付	0	−1 357	1 357
2. 减少的行政成本	158	0	158
C. 减少的犯罪活动			
1. 减少的司法审判体系成本	1 152	0	1 152
2. 减少的人身伤害和财产损失	645	0	645
3. 减少的盗窃财产损失	315	−169	484
4. 减少的心理成本[a]	+	+	+
D. 减少的毒品/酒精的使用			
1. 减少的治疗成本	30	0	30
2. 由于减少对毒品/酒精的依赖而增加的效用[a]	+	+	+
E. 减少对替代服务的使用			
1. 工作队之外的公共就业服务、培训和教育项目所减少的成本	390	0	390
2. 减少的培训津贴	0	−49	49
F. 其他收益			
1. 再分配[a]所增加的效用	+	+	+
2. 由工作队成员[a]福利的改善而增加的效用	+	+	+
总收益	7 343	1 823	5 520
成本			
G. 项目的运行支出			
1. 住宿中心的运行支出，不包括对工作队成员的转移支付	2 796	0	2 796
2. 对工作队成员的转移支付	0	−1 208[b]	1 208
3. 中央行政成本	1 347	0	1 347

续前表

项　　目	视角		
	社会	工作队成员	其他社会成员
H. 工作队成员在项目期间的劳动力机会成本			
1. 损失的产出	881	881	0
2. 损失的税收支付	0	—153[b]	153
I. 工作队成员劳动力成本之外的非预算支出			
1. 资源成本	46	0	46
2. 对工作队成员的转移支付	0	—185[b]	185
总成本	5 070	—665	5 736
净现值（总收益小于总成本）	2 271	2 485	—214
收益—成本比率	1.45	1.82	0.96

a. 该项被认为是净收益（+），但没有在分析中予以衡量。
b. 因为工作队成员从该项获益，所以表现为负的成本。
说明：由于四舍五入，分项之和可能不等于总数。

4.2.1　收　益

收益主要来源于两个因素。首先，工作队成员的所有基本需求都由工作队来满足，并受到严格的监督。因此，成员很少参与其他的公共项目，并且犯罪率更低。其次，参与者们接受了职业培训、基础教育和其他能够提高他们长期就业能力的服务，这将在之后的年份里带来物品和劳务产出的增加，对社会福利的依赖减少，以及反社会行为的减少。项目的影响用一个乘积表示，其中一个乘数是工作队成员的行为和工作经验的改变，这个量可以通过与非参与者群组的对比得到；另一个乘数是相应的货币价值，这个值来自工作队发布的数据资源、调查数据、会计记录，以及工作队中心所开展的一些特殊研究。两类最大的收益是产出的增加和犯罪活动的减少。

对于产出的增加，分析表明，工作队成员在参与项目期间和离开工作队以后所生产的物品和劳务有着显著的差异。工作队成员在项目期间所生产的与职业培训有关的产出价值（表 6—3 中的 A.1 项），使用其他供给者提供相同物品或劳务时所收取的价格进行估算。对这些价格，以及工作队成员与非工作队成员产出价值差额的估计来自案例研究，这些案例是从工作队中心的工作项目中随机抽取的。工作队成员产出增长的另一个组成部分是在他们离开这个项目之后产生的（A.2 项）。评估是以根据调查数据得到的收入效应为基础的。这种效应被认为平均每 5 年减弱 50%。时间范围是预期工作队成员在劳动力队伍中的平均时间长度：约为加入工作队之后的 43 年。项目后收入效应伴随着税收支付的增加，这代表了从工作队成员到非工作队成员的转移（A.3 项）。

项目带来的另一项重要收益是犯罪活动的减少，主要包括：(1) 减少了犯罪司法审判体系的负担；(2) 减少了与犯罪有关的人身伤害和财产损失；(3) 减少了被盗财物的数量。估计由犯罪减少所带来的收益以参与工作队项目所引起的刑拘人次的变化为基础。前两者所节约的资源代表了普遍意义上的社会收益（表 6—3 中的 C.1 项和 C.2 项），而最后一项的减少（表 6—3 中的 C.3 项）是非工作队成员的一项收益。然而，它的部分价值是工作队成员的成本，据估计：小偷净赚他偷得的物品价值的 35%（然而，需要注意的是，受害者的财物损失价值并未改变）。假设犯罪活动的影响在离开工作队 5 年以后才能完全消退。

上述假设也被用来估计毒品或酒精使用的减少以及替代服务使用的减少，但对转移项目的依赖度所受的影响，假设平均每5年衰减50%。对工作队之外的教育、培训项目，毒品或酒精治疗项目使用的变化，以及与减少使用转移项目相关的行政成本的变化被视为实际资源的节约，即社会普遍意义上的收益（B.2项，D.1项，E.1项）。从社会的角度分析，可以不考虑培训津贴和转移支付的减少，因为它们仅仅影响了在工作队成员和非工作队成员之间的转移（B.1项，E.2项）。

4.2.2 成 本

住宿中心的运行开支和中央行政成本（表6—3中的G.1项和G.3项），对于非工作队成员和社会来说是一项成本。然而，现金津贴和实物性质的转移支付，项目在食品、衣物、医疗保健和住房方面的支出（G.2）仅仅是从非工作队成员向工作队成员的资源转移。这三个成本项的价格根据工作队成员留在项目中的平均时长乘以每个成员每月的开支，而对每月开支的估计来自项目财会系统的有关数据。

然而，仍然有些成本没有体现在财务报表中。项目的参与者放弃了他们可能得到的就业机会，这既导致工作队参与者的收入遭受损失，相应的提供给社会的物品和劳务减少，也减少了工作队成员向非工作队成员的税收支付（H.2项）。不仅是工作队成员的劳动力机会成本，项目所使用的其他资源（由州和地方机构提供的医药卫生服务，由公立学校项目补贴的食品支出）也没有体现在工作队的财务报表中。虽然上述资源的使用中，有些给社会带来了成本（I.1项），但是多数项目都是由非工作队成员向工作队成员的转移（I.2项）。

4.2.3 小 结

如表6—3所示，每个工作队成员的净现值是一个“标杆”估计，为了使评估进行得更顺畅，评估者做出了如下假设：(1) 收入、税收和转移效应以每5年50%的速度衰减；(2) 其他效应在参与者离开工作队5年后完全消失；(3) 对由于参与工作队而减少的刑拘人次进行了适当的调整，因为访谈中被调查者自己提供的回答存在低估倾向；(4) 贴现率为5%；(5) 工作队成员在离开工作队后还有43年的工作时间。结果表明，在标杆假设下，项目给社会和工作队成员带来了净收益。社会的其他人群由于不得不承担工作队运行和转移支付给工作队成员的成本，从项目中得到了一个很小的负现值。因此，在标杆假定下，该项目实现了社会对资源的有效利用，也实现了资源从非工作队成员转移到工作队成员的再分配过程。

考虑到关于这些假设可能存在不一致的看法，评估者还计算了其他一些净现值，每一个估算值对应着改变标杆假设中某一种假定时的项目影响。这些检验结果表明：只要这些影响在项目结束后的观察期内衰减速度不超过每年50%，那么这个项目就是经济有效的。在另外两个敏感性检验中，估计净现值时所使用的实际贴现率分别为3%和10%；在这两种情况下，社会净现值是正的。在其中一个检验中，直接采用访谈得到的刑拘人次来估计净现值。由于非工作队成员得到的收益大部分来自犯罪的减少，这一改变对社会其他人群净现值的影响非常大；社会净现值下降了差不多40%，但仍然是正的。

4.3 对残疾人工资补贴的评估

1987年，瑞典政府决定出资评估1980年起施行的残疾人工资补贴政策。这项决定是对此前瑞典议会、残疾人社会组织关于政策效果和效率讨论的一个回应。评估由独立的研究者来实施，评估的背景、设计和结果公布在劳动部的一篇报告中（Arbetsmarknadsdepartementet，1989：19）。

由国家公共预算提供资金支持的残疾人工资补贴目的是使残疾人能够在常规劳动力市场上就业而非保护性就业，从而使他们不依赖于伤残抚恤金或提前退休金。补贴是分等的，严重残疾者的工资补贴较高。工资补贴的发放须经过审核，享有补贴的劳动者名单也必须提交就业机构。（Wadensjö（1984）对这项及其他瑞典残疾人政策进行了考察。）

众所周知的事实是，许多情况下，最好的影响评估方案难以，甚至是不可能，在现实中得到施行。这时，要么采用次优的评估方案，要么放弃评估。在评估残疾人工资补贴时，评估者可以说是使用了“足够好”的标准（Rossi and Freeman，1985，p. 190），考虑到时间和资源的有限性、操作性和可行性，没有使用控制组或对照组。实际上，评估项目的净社会价值时所参照的基础，可以看作鉴定评估或专家评估，即关于没有项目情形下残疾人劳动力市场绩效的一个经验估计（“影子”控制）。这一经验估计以下述信息为基础：来自就业机构咨询师和安置员的信息，有关医疗专家所提供的信息，以及一组残疾人样本数据。根据这个部分的评估，没有证据表明，相当数量的残疾人能够在没有工资补贴的情况下找到工作。假设残疾人只有两种可能，要么享受工资补贴从而实现就业，要么领取伤残抚恤金或提前退休金。那么，在这一标杆假定下，项目净收益的估计基于这样一个假设：享受工资补贴实现就业的残疾人没有就业机会成本，也就是说，他们在没有工资补贴的情况下不就业。

4.3.1　成本收益计算

进行评估的那一年（1986—1987 财年）中，从一组约 47 000 名当时享有工资补贴实现就业的残疾人来看，他们的平均收入为 86 000 瑞典克朗。考虑到工作能力的差异，评估者对收入作了一定的下调，然后用这些调整以后的收入去估计残疾劳动者的物品和劳务产出。在这个过程中，一个潜在的假设是，雇主支付的报酬等于残疾劳动者的边际产品价值，这个值约等于雇主工资补贴之外的工资成本。在计算过程中，由于难以量化或难以估价，评估者没有考虑下述收益：与很多人领取伤残抚恤金或提前退休金相比所节约的社会服务成本；目标人群由于对工作的偏好超过养老金而增加的效用；福利的增进和心理成本的减少；社会其他人群由于对向残疾人提供就业机会的偏好大于通过伤残抚恤金或提前退休金向残疾人提供转移支付而增加的效用。

由于工资补贴而实现的就业岗位所创造的物品和劳务的价值由下式得到：

$$MVO=[W\times Q(1+t_1)(1-s)]/(1-t_2) \tag{6.4}$$

式中，MVO——所增产出的市场价值；

W——平均每年劳动收入，86 000 瑞典克朗；

Q——评估所考察的年份中，享有工资补贴的人数（转换为全时工作人数），47 000；

t_1——工资税率，0.40；

t_2——间接税率，0.08[8]；

s——工资补贴率，0.50（平均补贴为包括工资税在内的工资成本的 50%）。

代入具体数字，计算得 MVO=30.75 亿瑞典克朗，即每个全时工作 65 400 瑞典克朗。

残疾人的补贴性就业可能会产生对其他低能力劳动者的替代效应。由于缺少关于效应规模的信息，关于成本的计算只能基于下述假设：那类工作搜寻者的失业持续时间平均延长了一个月（在研究所覆盖的时间段内，该类人群的平均失业持续时间延长了约 30%）。受到影响的工作搜寻者的数量与上述收益计算中的全时工作数量相同，即 47 000。

由于替代效应而造成的个人福利和产出价值的损失如下所示：

$$VLW=Q\ (W-U) \tag{6.5}$$

$$MVLO=[W\times Q(1+t_1)]/(1-t_2) \tag{6.6}$$

式中，VLW——福利损失的价值；

Q——受替代效应影响的工作搜寻人数，47 000；

W——平均每月劳动收入，7 200 瑞典克朗；

U——22 天（与失业一个月相对应）的平均失业补偿金，6 400 瑞典克朗；

$MVLO$——产出损失的市场价值；

t_1——工资税率，0.40；

t_2——间接税率，0.08。

代入具体数字，得到估算成本 $VLW+MVLO=5.526$ 亿瑞典克朗。因此，当考虑了可能的假定规模的替代效应，在研究所覆盖的年份内，残疾人工资补贴的净收益为 25.22 亿瑞典克朗 $[MVO-(VLW+MVLO)=30.75-5.526]$。

以同样的方式计算成本，要使成本与收益完全相等，替代效应的规模将使其他低能力劳动力的失业持续时间平均延长 5.5 个月。

如前所述，上述计算过程是以以下假设为基础的，即残疾人要么享受工资补贴从而实现就业，要么领取伤残抚恤金或提前退休金。然而，为了确定估计结果对标杆假设的敏感性，评估者进行了一个简单的检验。用研究所覆盖年份的净收益除以每个残疾劳动者产出的市场价值，得到（25.52 亿瑞典克朗/65 400 瑞典克朗）38 500 人。如果这些残疾人——80%的人在这一年得到工资补贴——在没有补贴的情况下也能够就业，那么社会净收益就被抵消了。考虑到工资补贴的使用规则，并参考类似的研究，这种结果可以说是不可能的。因此，可以得出结论：工资补贴在所有可能的情况下都能够给社会带来十分可观的净收益。

4.3.2 公共财政影响

不考虑可能的替代效应，假设残疾人要么享受工资补贴实现就业，要么领取伤残抚恤金或提前退休金，那么公共部门的财政成本为：

（1）向雇主支付的工资补贴；

（2）来自伤残抚恤金或提前退休金的收入税的减少。

下列各项分别代表了政府和地方机构减少的成本和增加的收入：

（1）伤残抚恤金或提前退休金成本的减少；

（2）与收入相关联的转移支付的减少（如房租补贴）；

（3）劳动收入税的增加；

（4）工资税的增加；

（5）残疾劳动者的产出带来的间接税的增加。

假设工资补贴所实现的就业不会导致对其他劳动者的替代，根据评估结果，在研究所覆盖的年份中，残疾人工资补贴给公共部门带来了 19.41 亿瑞典克朗的财政盈余。

前面已经描述过替代作用的性质和规模，我们知道，替代作用会给政府带来成本，因为除了税收和向 47 000 名失业者支付平均长达一个月的失业补偿金，政府还会有工资补贴等支出。这样，总体财政所受到的净影响减少到 17.49 亿瑞典克朗。

4.3.3　小　结

该研究非常谨慎地指出，虽然估计结果表明残疾人工资补贴项目给社会带来了净收益，并给公共部门带来了财政盈余，但我们对这一结果应当持保留态度，原因在于，研究者只能了解到享受就业工资补贴的残疾人在劳动力市场上的绩效，而不能得知如果没有工资补贴项目，他们的劳动力市场绩效会发生怎样的改变，因而融入了评估者及其他专家的主观判断。尽管如此，评估者认为，评估的结果表明，残疾人工资补贴可能是最具成本有效性的瑞典劳动力市场政策方案之一。

5. 结　论

我们的主要结论是，与重大选择问题有关的评估和评价，在实施时，应当与决策和执行过程结合起来。

这样做的前提是，有关行为主体知道他们的决策是要从几种行为过程中作出选择，即明确的“选择性思考方式”。例如，他们必须认识到，实施特定的行动方案意味着拒绝了具有相同目标的其他行动计划，也就是说后者被认为不及前者。因此，所有的决策当局应该被召集起来或向他们提供激励，来清晰地界定所面对的重要选择问题，并证明其决策的合理性。

毫无疑问，这种关于决策合理性的论证会揭示决策机构决策基础的严重缺陷。因此，所有的决策当局也应该被召集起来进行某些研究，包括对政策的影响进行评估和评价，从一定程度上弥补这种缺陷。证明决策合理性的努力要求我们就各种不同选择的优缺点展开讨论，只进行一些研究——我们称之为 CBA——是远远不够的。毕竟，实施 CBA 的主要前提是对各不同选项进行清晰的思考，以及对估价和加总问题有着充分的了解。

注释

[1] 本章的基本概念和推理主要基于 Sugden and Williams（1978）以及 Williams and Giardina（1993）。其他主要来源有 Gramlich（1981）、Hanley and Spash（1993）、Layard and Glaister（1994）和 Zerbe and Dively（1994）。

[2] 这是所考察经济中存在“非自愿失业”和“税收楔子”的结果。

[3] 当项目改变相对价格时，生产影响必须通过介于两种情形之间的“影子价格”来计算，这样，由项目引起的消费者剩余和生产者剩余的变动也被考虑在内。

[4] 这种可能性有时被阐述为“优值物品”。See，for example，Sugden and Williams（1978，pp. 179－180）.

[5] 背景变量包括：性别虚拟变量，年龄虚拟变量，失业保险虚拟变量，劳动力市场现金补贴虚拟变量，中学教育虚拟变量，大学教育虚拟变量，反映职位搜寻经历的两个虚拟变量，反映残疾的两个虚拟变量，移民虚拟变量，UV 比率，地理迁移虚拟变量，就业机构（项目或者对照机构）虚拟变量和表示职位搜寻过程中的培训的虚拟变量。

[6] 背景变量为：固定月薪的虚拟变量，表示职位所要求的受教育程度的两个虚拟变量，所要求的工作经验虚拟变量，仅为兼职雇佣的虚拟变量，兼职或者全职雇佣的虚拟变量，夜班虚拟变量，UV 比率，就业机构虚拟变量（项目或者对照机构）。

[7] 为应对工作队成员与对照组之间的样本选择偏差，包括用对照组替代随机化的控制组时可能存在的不可观测的差异，这里采用了一些计量技术。

[8] 70%的残疾劳动者所从事的都是公共服务事业，考虑到公共服务不在市场上出售，因而对间接税率进行了下调。

参考文献

Arbetsmarknadsdepartementet (1989), *Lönebidrag för arbetshandikappade* (Ds 1989: 19), Stockholm: Arbetsmarknadsdepartementet.

Arrow, K. J. and R. C. Lind (1994), 'Risk and Uncertainty: Uncertainty and the Evaluation of Public Investment Decisions', in R. Layard and S. Glaister (eds), *Cost–benefit Analysis* (2nd ed.), Cambridge: Cambridge University Press, pp. 160–78.

Behrenz, L. (1993), *Effekt- och effektivitetsanalyser av 1987 års personalförstärkning till arbetsförmedlingen*, Lund: Department of Economics, University of Lund.

Garfinkel, I., C. F. Manski and C. Michalopoulos (1992), 'Micro Experiments and Macro Effects', in C. F. Manski and I. Garfinkel (eds), *Evaluating Welfare and Training Programs*, Cambridge: Harvard University Press, pp. 253–73.

Gramlich, E. M. (1981), *Benefit–cost Analysis of Government Programs*, Englewood Cliffs: Prentice Hall.

Hanley, N. and C. L. Spash (1993), *Cost–benefit Analysis and the Environment*, Aldershot: Edward Elgar.

Kiefer, N. M. (1988), 'Economic Duration Data and Hazard Functions', *Journal of Economic Literature*, 26, 646–79.

Layard, R. and S. Glaister (eds) (1994), *Cost–benefit Analysis* (2nd ed.), Cambridge: Cambridge University Press.

Long, D. A., C. D. Mallar and C. V. D. Thornton (1981), 'Evaluating the Benefits and Costs of the Jobs Corps', *Journal of Policy Analysis and Management*, 1 (1), 55–76.

Mayston, D. and G. Muraro (1993), 'Project Finance and Decentralization in Public Investment', in A. Williams and E. Giardina (eds), *Efficiency in the Public Sector*, Aldershot: Edward Elgar, pp. 129–45.

Niklasson, H. and L. Tomsmark (1994), *Att målstyra arbetsmarknadspolitik* (TemaNord 1994: 573), Copenhagen: The Nordic Council.

Pignataro, G. (1993), 'The Role of Analysts in the Public Investment Decision-making Process', in A. Williams and E. Giardina (eds), *Efficiency in the Public Sector*, Aldershot: Edward Elgar, pp. 146–57.

Rich, R. F. (1977), 'Uses of Social Science Information by Federal Bureaucrats', in C. H. Weiss (ed.), *Using Social Research for Public Policy Making*, Lexington, MA: D.C. Heath, pp. 199–211.

Rizzo, I. (1993), 'The Public Decision-making Process and Cost–benefit Analysis', in A. Williams and E. Giardina (eds), *Efficiency in the Public Sector*, Aldershot: Edward Elgar, pp. 158–70.

Rossi, P. H. and H. E. Freeman (1985), *Evaluation. A Systematic Approach*, Beverly Hills, CA: Sage.

Stiglitz, J. E. (1994), 'Discount Rates: The Rate of Discount for Benefit–cost Analysis and the Theory of the Second Best', in R. Layard and S. Glaister (eds), *Cost–benefit Analysis* (2nd ed.), Cambridge: Cambridge University Press, pp. 116–59.

Sugden, R. and A. Williams (1978), *The Principles of Practical Cost–benefit Analysis*, Oxford: Oxford University Press.

Wadensjö, E. (1984), 'Disability Policy in Sweden', in R. H. Haveman, V. Halberstadt and R. V. Burkhauser (eds), *Public Policy towards Disabled Workers. Cross-national Analyses of Economic Impacts*, London: Cornell University Press, pp. 444–516.

Williams, A. (1993), 'Cost–benefit Analysis: Applied Welfare Economics or General Decision Aid?', in A. Williams and E. Giardina (eds), *Efficiency in the Public Sector*, Aldershot: Edward Elgar, pp. 65–79.

Williams, A. and E. Giardina (eds.) (1993), *Efficiency in the Public Sector*, Aldershot: Edward Elgar.

Zerbe, R. O. and D. D. Dively (1994), *Benefit–cost Analysis in Theory and Practice*, New York: Harper Collins.

第7章　过程评估：政策的形成与执行

Günther Schmid

过程评估的目的在于通过审查政策的形成和执行过程，得出政策与其影响之间的系统性关系。通常认为，执行政策的动态过程对于政策的成败起着至关重要的作用。我们的最终目标是要优化执行过程。当我们无法改变现行过程时，过程评估至少能够告诉我们，如何改进才能更加有效。

绝大多数情况下，这类问题被视为“黑箱”，被想当然地认为不需要进行分析，从而被忽视。而现在，已经有三种主要观点填补了这一空白。Hasan（1991）指出了过程评估的两种职能：监测与调控。通过监测可以看出项目的设计和执行是否与政策目标相一致；而调控能够表明政策的执行能否被有效控制。从方法上看，过程评估被认为是“定性的”，影响评估则被视为“定量的”。Nathan（1991）认为，影响评估强调个体层面，而过程评估强调的是制度层面。为保证项目得到有效执行，不偏离其既定目标，需对各管理层级进行管制和提供经济激励，这方面内容即属于制度层面。Schellhaaβ 和 Schubert（1992）认为，理论上说，过程与影响分析没有本质差别。他们建议，将影响评估至今未予考虑的、反映过程特征的一些解释变量也包括到影响评估中来。

这三种观点都正确地指出了过程评估的中心内容。然而，从理论驱动、目标导向的角度看，过程评估需要被放在一个更大的背景中，这个背景既包含了个人层面和制度层面，又包含了定性和定量方法。过程评估不能被局限于“打开黑箱”或“用经验数据评估项目的传导”（Scheirer，1994，p. 40）。政治，也就是政策形成和目标选择的过程，也需要考虑进来。项目，常被理解为“旨在实现一个或几个共同目标的资源和行动的集合”（Scheirer，1994，p. 41），不能被孤立地考察。任何一个单独项目都与其他项目有着密切的联系，它们相互影响，进而影响结果（Gautié，Gazier and Silvera，1994，p. 21）。过程评估也应当能解释为什么一些政策措施普遍受欢迎，而另一些不是；以及为什么政策的执行过程复杂多变。最后，过程评估还需要研究多变的执行过程如何作用于传导绩效及政策的最终影响。

因此，本章的目标是，为研究和评估政策形成与政策执行构建一个更为广泛的分析框架。第1部分简要介绍了过程评估的起源，其中举了一些劳动力市场政策研究所使用的方法作为例子。简介的主要目的并不是再次回顾这一学科的全新面貌，而是为一致的、全面的分析框架建立了标准。[1]第2部分讲述了一个控制论模型，指出决定劳动力市场政策影响的四个“过滤阶段”：政策选择、政策执行、政策采纳与政策影响。第 3、第 4 部分以继续培训为例，提出了对组织体制进行比较分析的分类框架；这两部分还就各过滤阶段的绩效指标展开了讨论。第 5 部分得出结论，并对进一步的研究提出建议。[2]

1. 执行研究：学科现状

我们应当知道，执行研究在美国成为一门学科，是源于联邦层面（心怀林登·约翰逊总统伟大社会的情感）制定的（干预性）政策与地方或州的政策结果之间所存在的长期差异。[3]定义为“将决策付诸实施”的“执行”，被认为是症结所在。Pressman and Wildavsky（1973）的早期研究分析了美国联邦政府一项落空了的政策——在奥克兰创造3 000个工作岗位。这一分析对第一代执行研究产生了重要影响。

执行研究产生于美国而非欧洲，可能与在美国所常见的政策干预类型有关。美国的政策干预主要靠管制，通常与经济激励结合使用。相比之下，这种政策的成败更易被察觉。在欧洲，政府执行它自己的决定；政策的失败，在理想情况下能够顺利地诉诸法律，在较差的境况下能够为官僚政治所掩饰。因此，在欧洲，执行研究更加关注政策的管制类型是不足为奇的；在关于环境和劳动力市场的研究中表现得尤为明显（Mayntz，1983）。如今，越来越多的国家由直接控制商品与劳务的供给，转向市场主导型干预；执行研究兴起于此时也并不令人惊讶。

1.1　第一代过程评估

第一代执行研究采用自上而下单一项目的研究方式（Goggin，Bowman，Lester and O'Toole，1990；Sabatier，1986）。这些研究提出的问题是，政策的分权化执行能否实现中央政策制定者的目标？如果不能，原因何在？这些研究使用的方法多属于描述层面，主要是案例分析和对法律文件的阐释。大多数研究得出的结论都是——项目失败了：政策目标过于模糊或相互冲突，项目背后的因果关系并不存在，执行者或“基层官员”依旧执行他们自己的那套政策或谋求自己的利益。

这一代中，只有少数几项研究在方法上值得我们借鉴。其一便是（上文提到过的）Pressman 和 Wildavsky 的经典研究，他们采用了一些形象的（基本已被我们遗忘的）工具，如决策树，以及决策点和准许点的概念。[4]他们通过简单的计算表明，随着决策点与必要准许点的增加，项目成功的可能性呈指数下降。这意味着两点：政策设计宜尽可能简单；政策形成之初须考虑到可能的执行困难（Pressman and Wildavsky，1973，p. 143）。换言之，“形成评估”应成为项目发展的一部分，尤其当项目将转化为操作性措施时。[5]

1.2　第二代过程评估

一群欧洲学者对第一代研究进行了根本性的批判，他们标榜自己是“自下而上者”（Hanf，1982；Hjern and Porter，1981；Hjern and Hull，1982）。这一观点在 20 世纪 80 年代为许多执行研究者所接受，其中也包括一些美国学者。他们反对将政策形成和政策执行严格分开；他们强调，执行本身也是政策形成的过程，“基层官员”的自治不应当被认为是缺点，反而应视作优点（Ferman，1990；Héritier，1993；Mayntz，1983；Palumbo and Calista，1990b）。

根据这种观点，执行分析不是从政策决策开始，而是从探讨政策问题的参与者入手。研究显示（正如我们预期的那样），"适应性执行"，如果不是作为对未得到详细阐述的政策项目的补偿，便是为重新制定政策进行探索。然而，在方法上，仍停留在描述层面；至多也只是进行了分类，以探索横向或纵向相互作用的网络模式。通过对不同国家和地区的政策执行过程进行比较，研究得出了一些中观理论。然而，Sabatier（1986，p. 315）在一篇批评性评论中得出了这样的结论，虽然"自下而上者"开发了一些很形象的工具，但他们几乎不能将自己的网络分析转化为一个可行的因果模型，使模型包含法律、社会经济等因素对个体行为的间接影响。

第二代研究中仅有极少数同时采用了定性与定量分析方法，或从根本上推动了理论的演进。[6]例如，Peters 和 Schmid 对德国一项工资补贴计划进行了评估，该计划实施于存在特殊就业问题的那些地区。通过多元回归分析，他们发现，项目的采纳在不同的地区存在巨大的差异，而这些差异至少有一半能够为执行策略的不同所解释（Peters and Schmid，1982a，1982b；Schmid and Peters，1982）。但是，他们并没有在模型中明确地指出这些执行变量。他们建议（根据模型的残差）选取极端个案进行归纳。在地区社会经济因素（如产业结构、失业的规模和结构等）保持不变的情况下，对这些"极好"或"极差"的个案进行系统性比较；即使是纯粹的描述分析，也能够得出最优政策网络和执行策略方面的有用线索。

事实上，一项补充研究揭示了成功个案的一些有趣的共同点。首先，优秀的就业办公室与雇主保持着持续而密切的联系；其次，优秀的就业办公室在执行政策的过程中积极与当地的关键部门（工会、商业监管部门、市政当局及学校）进行联络；最后，优秀的就业办公室通过建立公共培训机构和就业指导制度，成功地使弱势群体获益（Scharpf，1983）。

在同一项研究中，Scharpf 采用交换理论解释并预测了政策执行者与激励计划（如工资补贴）的利益群体之间的关系。他得出了三条重要的、相互联系的结论。第一，政策的设计必须在经济激励与（规范的）社会条件之间取得平衡。如果为照顾弱势群体而选择过于严苛、冒进的政策，那么，（兴致不高的）雇主们往往不愿采纳；如果政策过于宽松，虽能得到普遍采纳，但可能导致大规模的无谓效应或暴利。第二，有观点认为，（市场导向型）激励计划的执行成本较低，事实并非如此；原因在于，（上文所提到的）适当的平衡有赖于"官僚密集型"执行，称职的负责人应与地方网络保持密切的联系。第三，为了更好地完成工作，执行者需要充分的自主权以根据各地的具体情况对规则进行调整（Scharpf，1983）。

最近一项荷兰的研究对执行过程中的地区差别进行了量化处理，从而直接测得了这些差别对结果的影响（de Koning and van Nes，1991）。在这一研究中，他们对全部 64 个地区的劳动力交流办公室进行了调查，调查的中心问题是如何执行面向长期失业者的工资补贴计划，调查方式为问卷与电话访谈相结合。在控制了地区劳动力市场差别的情况下，通过对横截面数据进行多元回归分析，研究表明，调查所得与结果，特别是目标群体的安置率密切相关。由此而得出的方程可被用来模拟执行过程与结果，这样，通过改变执行过程，可以实现尽可能出色的结果。

研究表明，由“需求导向”型政策转向“供给导向”型政策之后，安置结果上升了38%。在需求导向型政策下，执行者更加注重填补职位空缺，他们依靠常规途径从目标群体中挑选合适人选。而供给导向型政策则是从工作搜寻者的特点出发，积极寻找与目标群体的能力相匹配的空缺职位。例如，走访潜在雇主，与项目有关的执行（建立任务小组），定期采访长期失业者，与其他中介机构合作，以及向目标群体分配更多的人力资源等。换言之，通过积极与其他组织合作、对职位空缺进行预测，劳动力交流办公室可以使安置结果提高38%。如果所有的劳动力交流办公室都转而实行供给导向型政策，那么，平均安置百分比将上升约10%。如果每一个劳动力交流机构都额外增加一名项目执行人员，总的安置结果将能提高20%。

1.3　走向第三代的过程评估

上文所举的最后一个例子堪称定量过程评估的真正先驱。尽管如此，它也再次证明了对单一项目进行过程评估的局限性。首先，正如作者本人最后也承认的那样，增加人员投入要么会增加劳动成本，要么会顾此失彼，使其他项目的执行受到不利影响。要估计机会成本，还需要一些额外信息（see Delander and Niklasson，本手册第 6 章）。其次，在该项研究结果公布之时，项目已几经修改，最终被整合成一个更大的项目；因此无法在相同的基本条件下检测执行结果。最后，由横截面数据得出的弹性与动态过程中的弹性是否一致是一个值得探讨的问题。由委托—代理理论或博弈论可知，代理人——此处为雇主——将“与规则博弈”。也就是说，他们会根据新的激励结构调整自己的行为；在这里，则是依据工资补贴计划和他们自己的利益进行调整。在这一调整过程中易产生很多间接的、始料未及的影响，比如，人员轮换，即在阶段 1 享受补贴的人员到了阶段 2 被另一批享有补贴的人（他们的生产率可能较高）置换；这种分配作用有利于短期绩效，但随着过程的持续，却可能不利于长期绩效。[7]

我们已简要回顾了过程评估的起源，现将从中得到的经验加以总结，并试图为正在发展的第三代研究建立标准：

第一，“自上而下”和“自下而上”的观点逐步融合。集中指导与调控仍是普遍现象，并且比自下而上者所认为的要有效得多；另一方面，创新的动力源于基层，在地方层面，项目执行策略的选择余地越来越大（Héritier，1993；Sabatier，1986）。

第二，在评估所制定的各类政策的成效时，必须考虑一个合理的时间跨度。由于政策的形成和执行有一个摸索阶段，我们通常采用 5～10 年的时间跨度（Sabatier，1986）。

第三，执行结构（如劳动力市场政策的经费和组织）本身正逐渐成为制定政策的一项目标，甚至取代新项目而成为唯一目标；这一趋势呼唤新的、反身类绩效指标的开发，这些指标不仅与作为政策最终受益者的个体有关，而且能够反映整个系统的情况，如政策体制、执行体系等（Héritier，1993；Palumbo and Calista，1990a）。

第四，过去常常从政策的决策开始，再考察政策的意义；现在，更多地是从政策问题或政策目标开始，再分析这一政策已经涉及和潜在涉及的各行为主体（Héritier，1993；Sabatier，1986）。

第五，执行过程的复杂性要求采用多重方法，需从各不同角度搜集资料，将问题明朗化；因此，执行分析依赖于各种技术方法（Goggin et al.，1990）。

第六，虽然研究现状表明，研究对象的复杂性需要一些兼收并蓄的理论，但我们仍需要使理论构建和理论检验更加明确；我们的目标并不是提出一整套公理性的推理陈述（如万能法则），认识与预测便是当前执行研究的两大现实目标（Mayntz，1983，p. 16；v. Hayek，1972）。

第七，政策形成和政策执行是相互联系的，均有其历史的、特殊的社会经济背景。在进行过程评估时，我们必须意识到路径依赖的存在，意识到项目处于一个广阔的政策空间中（Héritier，1993，p. 13）；在进行国际比较时，我们也应当考虑类似的因素（Schmid and Schömann，1994）。

以上述七项为基础，下面我们讨论过程评估的分析框架，以为国际比较研究提供指导。基本的理论背景包括系统理论、组织社会学和制度经济学。本手册第 25 章就是对该框架的应用。

2. 过程评估的控制论模型

政策体系与劳动力市场之间的关系可以被模型化为一个简单的控制论反馈环（见图 7—1）。我们从简化了的控制论术语开始：政策体系向劳动力市场以（管制型和激励型）项目的形式“发出信号”，产生“反馈信号”，将反馈信号与事先设定的目标进行比较，不断地调整规则与项目，直至实现目标。

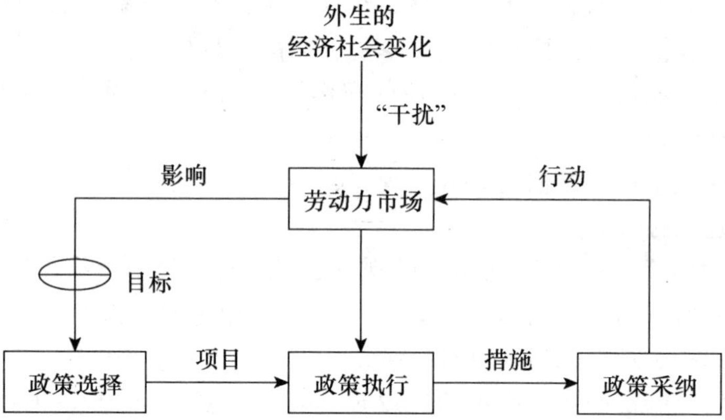

图 7—1　政策循环图

现实世界更为复杂，但劳动力市场政策反馈环的结构依然不变：由于外生的“干扰”（经济社会变化）会对劳动力市场造成影响，反馈信号显示出现实与目标（如“充分就业”）的偏离。这些偏离被纳入复杂的决策过程，从而形成新的政策（政策选择）。与自动反馈环不同，新的政策项目可能设定了新目标，植入现行的政策执行结构；当然，改变现行执行结构本身也可能成为目标。为改变目标群体（即失业者、就业者与雇主）的行为，新的政策措施对他们施以积极的或消极的激励（政策采纳）。然而，劳动力市场措施的政策影响并非个体行为的简单相加，因为外生的变化（“干扰”）和个体行为之间的相互作用可能导致系统性失败，除非所有行为主体都十分理性（Schelling，1978）。劳动力市场变化最终又将影响政策的决策制定过程；系统得到改进，或（当决策制定结构不完整时）未得到改进。

那么，面对经济、社会环境的持续变化，是什么使得就业体系奏效的呢？接下来，在分析决定劳动力市场各行为主体之间协调情况的制度要素之前，我们先来认识结构要素。

2.1　劳动力市场政策体制的结构要素

对于组织体制，狭义的结构要素与制度要素是容易区分的（Granovetter，1979）。结构要素首先具有历史依赖性，其次具有关系依赖性。行为主体都处于组织中，每一个组织都有自己的发展历程，因而处于各自的动态过程中。同时，他们又处于相互联系中，两两之间的关系能产生额外的影响。因此，每一个主体——家庭、企业、劳动力市场管理部门、失业保险系统、继续培训机构、集体组织，以及各级政府——都处于“他们的”组织环境中。

劳动力市场政策反馈环及其效应，取决于整个社会的协调。传统的二分法将社会描述成下述类型：“市场/计划”、“公共/私人”、“集权/分权”等，而对于现代社会，这种划分是不够的（see Salamon，1989）。在后工业社会里有很多决策中心；各行为主体为实现目标所面对的约束与机会不一样，因而这些决策中心在公有资源和私有资源的结合方式上也各不相同。

因此，个体行为总会受到社会因素的影响。个人或行为主体所面对的纷繁复杂的环境的总和，称为组织体制。劳动力市场政策的行为主体包括就业咨询机构、就业安置机构的工作人员，企业的董事与经理，工会成员和雇主代表，培训中心的管理者与教员，党政官员，以及失业者和（将来的或曾经的）就业者。就业系统的绩效取决于这些行为主体之间的协调方式，而这也正是管理机构所关注的焦点。

2.2　劳动力市场政策体制的制度要素

制度要素主要是成文法和不成文法，换言之，是被“普遍”遵守的社会准则（North，1990）。

协调机制主要有四种：价值观与价值标准，这是行为的合同前状态（也是社会建立的基础）；规范合作或竞争行为的合同规定（联系或狭义社会建立的基础）；价格与工资（市场建立的基础）；以及立法（国家建立的基础，同时也是执法的基础）。[8]

奖惩措施，即褒奖遵守者、惩罚违背者的方式，将影响上述机制的有效性。对遵守的积极激励或消极激励有多种形式。如，从感情和心理上遵从或抵触社会准则；社会对于遵守或违背行为准则者的包容或排斥；遵循或破坏市场规律所导致的经济利益得失；还有政治权利，即遵守国家法规者所享有的权利和违法者所受到的处罚。

按协调机制的四种类型，制度约束也可相应地划分为：道德激励（即社会规范、价值观及其标准根据认知水平、宗教信仰等因素对行为所作的调整）；社会激励（按社会交换和互惠原则通过合作与谈判所进行的协调）；经济激励（价格与工资依市场规律所进行的调节）；政治激励（法律法规依据制衡原则、投票的大多数原则或比重原则等所作的协调）。这一划分方法主要受到了下述作者的影响：Deutsch（1966），Elster（1989，1992），Etzioni（1968，1988），Granovetter（1979），Le Grand and Bartlett（1993），Mayntz（1992），Okun（1975），Rawls（1990），Scharpf（1988，1992），Williamson（1985）。

在现代社会中，协调的上述所有形式都十分有效[9]；组织体制混合使用着各种协调机制，并呈现出不同的特点。例如，在自由市场经济中，竞争性个人主义指导着人们的行为，金钱激励与私人组织之间的竞争占主导地位，如美国。在社团主义市场经济中，诸如工资决定这类关系国计民生的重大问题，一般通过谈判来解决，谈判者在政策的执行过程中也发挥着重要作用，如德国。在福利市场经济中，法定权利作为制度支持的另一来源指导着人们的行为，例如，带薪产假、照顾不能自理者的带薪休假、接受教育期间的带薪休假，以及长期失业人员享受培训或工作安置服务的权利，如瑞典。

对于过程评估，我们现在可能会提出这样一个问题：组织结构（政策体制、执行体制与激励体制）的不同对特定劳动力市场目标的实现是否具有显著影响？为回答这一问题，我们首先需要一个分类框架，便于我们确定组织体制的有关差别及维度。下文将围绕继续培训一例展开。

3. 组织体制评估的分类框架

过程评估的第一步是认识有关的组织体制。三个主要问题是：谁？如何决策？哪项政策（如继续培训政策）？第三个问题能够判定政策体制的类型。然后是谁、如何执行该政策（如继续培训措施）。这一问题涉及执行体制的类型。目标群体对政策做出了怎样的反应？例如，失业者是否积极参与为其提供的继续培训课程；在既有义务提供继续培训，又有权利享受招募补贴的情况下，雇主的培训计划是否有所改变。这里，我们问的是激励机制的类型。接下来我们给出一个分类框架，以对组织体制进行全面的描述（见图 7—2）。

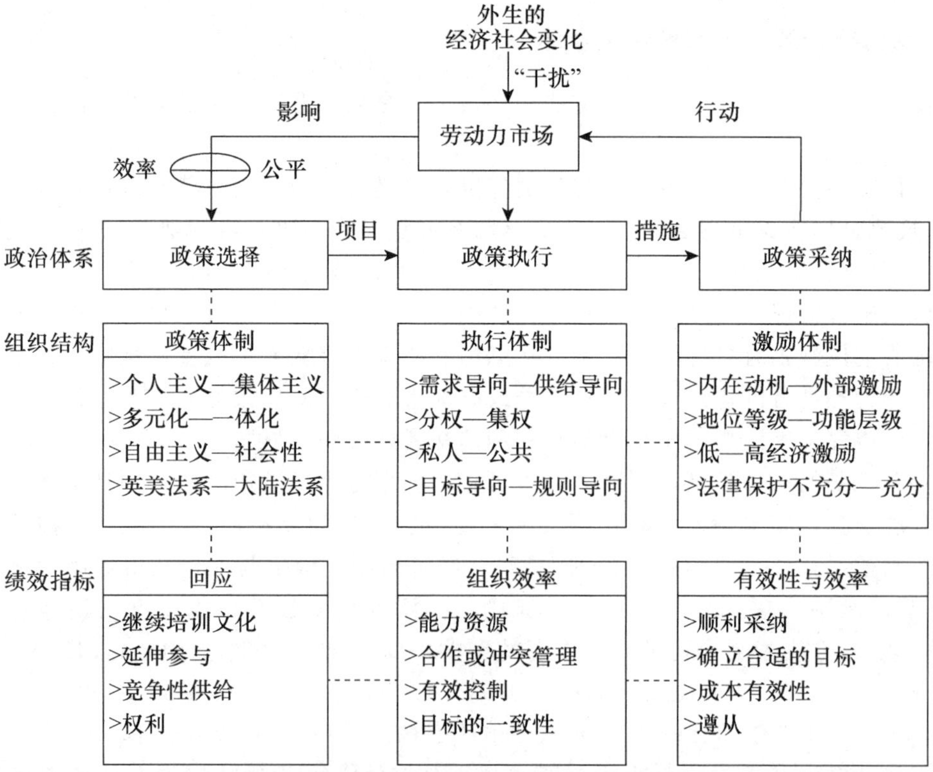

图 7—2　劳动力市场政策评估的分析框架

3.1　政策体制

政策体制是决定政策选择，从而决定着劳动力市场政策的类型与构成的第一道过滤器。此外，政策体制还是有效执行必不可少的制度基础。

社会协调具有四种模式，政策体制也相应地具备四个特点。第一，劳动力市场政策拥有价值和态度结构，它是个人主义与集体主义行为倾向的统一体。根据博弈论的观点，这种双重性可进一步分为：侵略性个人主义倾向（最小化他人的利益）、竞争性个人主义倾向（最大化自己的利益）、团结性合作主义倾向（最大化所有人的利益）和利他性集体主义倾向（最大化他人的利益）。[10]在个人主义体制中，劳动力市场干预更具有市场导向性；而在集体主义体制中，政策干预更倾向于完善公共基础设施与法律规定。例如，赋予失业者享受继续培训的法定权利。

第二，联系结构处于“多元化”与“一体化”这两极之间。一体化体制的特点是横向协调，通过谈判和各大利益集团（尤其是工会和雇主组织）之间的协议来实现；政府在谈判中与其他方地位平等。在多元化体制中，中央政府拥有唯一决策权，各压力集团可以影响政府的决策，但它们彼此间一般没有横向协调关系。一体化体制中，政策体制较为稳定，拥有适合执行政策的公共基础；而多元化体制不稳定，因为各利益集团之间的联合是不断变化的。另一方面，多元化体制比一体化体制新颖，一体化体制中主要是“传统利益”，较少涉及“新利益”。相关内容可参阅 Olson 关于这方面的经典文献（1965，1982），以及由 Appelbaum 和 Schettkat 撰写的本手册第 26 章。

第三，物质交换（市场）的社会体系以更加自由或更加社会化的市场经济（如果基本的导向是资本主义）为特点。在自由市场经济体制中，以自由劳动力市场为例，工资由边际劳动生产率及其市场价值决定；在社会市场经济中，工资不是由集体谈判决定，便是由政府进行管制（收入政策）；此外，社会市场经济中的公共部门通常较为强大，而在自由市场经济中公共部门的比重较小。自由市场体制类型倾向于采用边际人群培训政策，即关注能力水平最低的群体，因为对于这一目标群体，巨大的工资差距并不足以激励他们进行人力资本投资。而社会市场体制侧重于普遍的培训计划（甚至更为关注能力较强的人群），因为微小的工资差别所提供的经济激励难以使中等培训水平的人群进行人力资本投资。[11]

第四，一个国家的基本法律结构不是以英美法系为基础，便是沿袭了大陆法系。谈判过程和雇佣合同的内容，在以大陆法系为基础的政策机制中能够找到正式、普遍的规定；而在英美法系中灵活性较大，它以判例法和已往的判例为基础，因而普遍有效的法定权利（如关于失业金或继续培训限额的具体规定或统一标准）较少。英美法系倾向于持续不断地再管制，而大陆法系则以稳定、完备的劳动法为中心，变化十分微小。大陆法系体制由于覆盖面广，有利于杜绝机会主义行为，有利于长期规划；而英美法系体制的优点在于其灵活性与创新性。[12]

3.2　执行体制

我们可以用与定义政策体制相同的方法来描述执行体制。第一个维度是能力结构（知识、态度），它决定着政策执行者（如负责执行继续培训项目的人员）的行为。项目管理人的数量以及他们的资格、能力水平都十分重要。de Koning 和 van Nes 的研究（见 1.2

部分）表明，劳动力交流办公室属于需求导向型（填补企业中即将产生的职位空缺）还是供给导向型（为失业者积极寻找空缺职位）也会产生影响，尤其当考虑到分配效应时。

执行体制的第二个维度是决策与责任结构。第一个问题是在使用资源和将政策项目转化为操作措施方面所采用的决策方式，是自主分权还是高层集权，抑或介于二者之间的合作型决策结构。[13]第二个问题是，责任范围是单一职能还是多重职能。据此可按这一维度将执行结构划分为四种类型：专门分权或综合分权结构，专门集权或综合集权结构。以面向失业者的继续培训为例，可以分权至专门的政府部门或代理机构（可以是私人企业），也可以由担负着其他职能（如管理咨询和工作安置）的单位来负责。继续培训还可以设立专门的一套系统（通常属于公共部门），从中央到地方逐级执行。最后一种情况则是这套系统并非专门负责继续培训，而是同时担负着其他职能，例如，负责失业保险和工作安置服务。

执行体制的第三个维度是所提供的服务的经济结构与生产结构。例如，继续培训可以由公共部门，也可以由私人组织提供资金和执行。在极端情况下，由失业者自己为其所接受的继续培训付费，相关部门以商业运营的方式提供相应的服务。在另一个极端，由税收收入为失业者提供继续培训，并由公共培训中心提供培训服务。通过集体成员缴费而形成共有资金也是一种筹资方式，缴费者享有相应的权利；由税收收入为继续培训筹资时就无法体现这种缴费与权利之间的对等关系（Schmid，Reissert and Bruche，1992）。生产结构的形式有两种：由公共部门提供服务，收取低于成本的价格；由私人部门提供服务，收取补助性价格。

执行的第四个维度是项目的法律形式及内容。从法律上说，项目的设计可以针对某一特定目的，也可以规定一些条件要求。在第一种情况下，只有目标是事先确定的，而实现目标的具体方式由执行政策的机构来决定。在第二种情况下，必须明确表述出享受特定法定权利的条件。当然，我这里说的是理想类型，现实中完全的单一类型几乎是不存在的。此外，目标项目和条件项目（在管制程度上）都很复杂，因而，在执行这些项目时允许存在调整的空间。

项目合理性与执行合理性之间可能存在分歧，这个问题很有趣，但我们对此尚无深入的了解。在回顾过程评估的起源（1.2 部分）时，我曾经说过，当执行过程与项目规则（甚至项目目标）发生偏离时，应当被视为一件好事情。执行合理性对项目合理性可以起到进一步规范和补充的作用，虽然我们并没有做出这样的假设。第二代执行研究所提出的事先分权方式受到了新理性选择理论的质疑（Elster，1989，1992）。新理性选择理论认为，项目的执行者是地方或区域机构，它们倾向于使“地方效用”最大化（个体理性），而非“整体效用”最大化（系统理性），它们彼此之间可能存在冲突。

这方面的一个例子是位于德国东南部的 Saxonian 地区政府。当时（1995 年夏），在德国东部，学徒岗位普遍紧俏，55 000 名申请者争夺 11 000 个岗位。于是，当地政府为鼓励劳动力流动，向离开学校在外地谋得学徒岗位的人提供每月 300 马克（相当于 150 欧元）的补贴。与之相邻的 Mecklenburg-West Pommerania 地区政府不久便发出了一封言辞激烈的抗议信，因为他们担心 Saxonian 地区政府的这一政策将导致邻区学徒岗位的紧张。这个例子说明，由于个体行为的结果相互影响，地方理性会导致宏观层面的非理性行为（Schelling，1978）。如果所有的地方政府都鼓励流动，这些政策将不会收到任何效果。[14]

为了概括这一点，我们一起回忆一下 Elster（1992，p. 222）提出的行为功利主义与规则功利主义之间的重要区别。前者要求我们在每种情况下都做出使当时效用最大化的行为；而后者则只是要求我们遵循规则，各时间、空间的总效用便会达到最大化。通常，按行为功利主义行事并不能实现时间、空间总效用的最大化。[15]但是遵循某些其他规则，即使从个案的角度看没有实现最优效用，也能使总效用最大化。在地方，行为功利主义（或者代理限制型行为功利主义）是十分普遍的。因而，在进行过程评估时，我们需注意区分执行项目时的“地方效用”与“整体效用”。

正如我们所看到的那样，为执行政策项目而采取的具体措施并不能保证整体上的成功。我接下来要讲的是另一种可能的政策失败，其根源主要在于政策的形成，而非政策的执行。即使从管理角度看，项目已得到了有效的执行，但行为主体仍没有做出政策所预期的行为。因此，我们需要第三道过滤器——激励体制，它决定了政策项目与措施能否以及怎样为目标群体所接受。

3.3 激励体制

第一，即道德激励结构，动机决定行为。这些动机源自内化了的价值观（内在动机）或外部信号（外在动机）。对于那些曾经从事高技能工作的失业者，我们可以假定，他们有着强烈的内在动机去掌握相关领域的最新知识，这样他们才能更具竞争力，才能重新获得工作。要促进他们重返工作岗位，继续培训只需着重提高他们的职业或专业技能（“高级培训”），因为他们都具有强烈的内在动机，尤其在那些职业或行业代表着社会身份和地位的国家。对于那些缺乏技能或技能水平较低的失业者，我们可以假定他们对于继续培训的要求主要源自外部激励，例如，工作的真实前景（不一定意味着更好的经济环境）、在可预见的将来能够实现的一个目标或一纸有用的证书。两种动机都需要一步一步或模块化的步骤。然而，当劳动力市场需要全面的再培训时，只针对特定职位进行培训可能会起妨碍作用。如果失业者之前所从事的行业正处于衰退中，如造船业或采矿业，他们的内在价值观将对继续培训造成极大的阻碍。在这种情况下，要激励失业者接受继续培训，外部信号是至关重要的。使失业者愿意接受继续培训的另一个先决条件是，新职位与先前职位在本质上的相似性，换言之，先前职位和将要从事的职位之间的心理落差不能太大。

第二，当教育决定社会地位时，参与继续培训的激励中还包含有社会动机。与制度化的（绩效相关型）职能层级体制相比，在地位差别占主导地位的激励体制中，建立在经济激励（即更高的收入）基础上的继续培训收效甚微。当教育本身意味着社会地位时，即使没有经济激励，失业者参与继续培训的意愿也十分强烈。即使在经济与社会地位密切相关的情况下，这种关系的跨文化差异也非常重要。这一点已经为事实所证明，例如，对（与继续培训相关联的）收入增长的重视程度各不相同：在欧洲大陆，再就业的目的是重新获取社会地位，而不在于增加收入；盎格鲁-撒克逊文化则恰好与此相反。[16]

第三，上文已经提到过经济激励，例如，对投资于继续培训的人群给予经济上的回报。工资和教育水平的相关性能够为继续培训提供正向激励。相反，如果工资结构对技能差别不敏感（换言之，提高技能的努力不能得到经济上的回报），这将不利于继续培训政策的实行。另一方面，如果边际差距过大（例如，技术工人与非技术工人之间、医生与护士之间），工资或薪水的差别则会带来负面影响。经济激励还可以采用非货币形式，例如，允许将企业设备用于个人用途。

第四，源自法定权利、法律和禁令的政治激励也必须被我们纳入考虑范围，它能够加强或削弱其他激励。那些与技能水平有关的法定权利，如从事某项工作的任职资格要求、反对不公平竞争的保护性政策等，能够对经济激励予以补充和补偿。[17]

过程评估的目的当然不仅仅是描述政策的形成与执行体系。我们希望最终能够对绩效进行评估，并能够有力地证明如何对“黑箱”进行改进以实现更好的结果。因此，下一部分我们将讨论测量过程绩效的可能性。

4. 过程评估的绩效测量

在进行过程评估时，我们需要考虑两种不同类型的成功或绩效指标。第一个有趣的问题是，组织在时空上的不同是否会引起过程质量的差异，例如，执行继续培训项目的各行为主体之间实现更好的协调（过程效率）。第二个问题是，这些差异能否提高劳动力市场政策的分配效率。劳动力市场政策的有效性还取决于宏观背景，即问题的经济结构和各微观决策的总体影响（图 7—2）。过程评估的最终目标是在经济条件不变的情况下，分析特定的组织结构及其变化对劳动力市场绩效的影响。[18]

我们再次根据政策循环（图 7—2）阶段——从政策选择到政策执行、政策采纳和政策影响——对过程效率的维度进行划分。公平（社会公平）与效率的成本—收益关系可能形成新的政策选择，这也被纳入到了政策循环的过程中。政策选择过程的成功指标为“回应”；政策执行指标则是“组织效率”；政策采纳指标为“政策接纳”。下面我们对这些概念进行阐述，并提供一些有关过程评估的操作实例。

4.1 回　应

根据传统的系统理论，“回应”可以被表述为一个行为主体或系统向其他主体或系统的需求开放的能力（Deutsch，1966，p. 230；Etzioni，1968，p. 6；Le Grand and Bartlett，1993，p. 15）。社会的基本目标不仅不同，而且十分模糊，甚至彼此冲突，所以，对成功指标在政策体制中进行操作化定义是非常困难的。在工业高度发达的民主国家，人们强调多元化与参与精神，我们可以假定，他们的价值观不会使他们做出极端（侵略性或利他性）行为，而是走中间（竞争性和团结性）路线。我们还可以假定，大多数人都倾向于以竞争与生产力增长为基础的经济，这类体制从制度上规定了选择政治领导人的竞争性选举流程（党派竞争）和社会权利（福利状况）。尽管如此，在下列对“回应”指标的定义中，个体的价值判断仍然难以避免。

与社会协调的分类相一致，政治体系的回应可以相应地从四个层面来衡量。我们仍以继续培训为例，回应的关键指标：一是继续培训文化；二是参与决定培训内容；三是技能的灵活多样；四是继续培训权。

- “继续培训文化”的存在反映了人们对继续培训的重要性的普遍认识，以及对继续培训的积极态度。因为教育具有正的外部效应，所以过程效率的这一标准越来越重要：为了促进正的外部效应，即正的博弈和，一定程度的团结与合作是必要的。要形成良好的继续培训文化，不但需重视继续培训，而且需保证参与继续培训的平等机会。

• 关于组织结构，很多观点都倾向于利用参与结构减少继续培训的未来需求的不确定性。唯有通过交流（Habermas，1987），普遍但并非随处可得的“实际知识”（Hayek，1945）才能得到整合和迅速传播，并得到合适的定义。[19]特别是，这意味着，例如，法律首先赋予集体组织（如工会和行会等）合法地位，再保证它们的参与机会，这样，集体组织才能够采取策略性行为。

• 第三种应对不确定性的方式是使继续培训的内部弹性和外部弹性制度化，即促进个人或生产单位技能的多样化，或鼓励外部流动；更重要的是，在供给方面，许多继续培训机构的存在保证了政策体制的回应。基于“必要的多样性”原理，系统的内部复杂程度必须与其外部复杂程度相对应（Ashby，1970；Schmid and Schömann，1994）。

• 低技能失业者（或面临失业危险的就业者）接受培训的法定权利，可以作为回应的第四个指标。当制度保证了反复接受继续培训的可能性时，一个人的终身学习过程将面临更多的选择，这也可以作为指标之一。

下面是关于对劳动力市场政策体制回应进行操作化的一些建议。首先，什么是劳动力市场政策的积极程度？它衡量的是用于“积极”促进就业的总支出占劳动力市场预算的比例；当预算中没有任何消极的失业金和提前退休支出时，这一比例将达到 100%。积极程度反映了劳动力市场政策各行为主体对于充分就业的促进程度。其次，政府财政对积极劳动力市场政策的负担程度如何？这可以用平均至失业率每一个百分点的、用于劳动力市场政策的实际支出占 GDP 的百分比来表示。这一指标也反映了与积极程度有关的实际财政支出规模。财政负担程度低的情况下，相关支出少，随着失业规模的扩大，相关支出进一步减少；财政负担程度较高的情况下，支出也相对较多，随着失业规模的扩大，财政支出基本保持不变。财政负担程度指标可应用于不同的政策工具，如继续培训。用于对就业者进行继续培训的支出应当被包括在积极财政支出中，因为它预防了失业，减轻了劳动力市场的负担。[20]在理想状态下，职位空缺率应被视为标准化的基础，因为它能反映技能需求未得到满足的程度。

4.2　组织效率

将项目转化为具体措施过程中的组织效率，仍可以从社会协调的四个维度来考察：行为的能力资源、合作或冲突管理（谈判）、有效控制（或预算约束），以及目标的一致性。

• 组织效率的第一个方面是行为的能力资源，即负责计划、执行与管理的人员，例如，继续培训项目必须配备必要的能力和资源。人员的数量和受教育水平、对从事继续培训人员所开展的持续培训，以及行业认可的质量标准（据此可对人员绩效进行再评估），都可以作为反映效率的指标。只有这样，才能形成继续培训的职业道德。在比较研究中，这些指标需要根据“问题的规模”（如失业人员的数量）进行标准化。

• 再看联系层面，在通过公平的程序来解决冲突的环境中，合作或谈判形式的高参与度是有效“政策网络”的关键成功指标。我们难以对合作进行操作化，因为在计划或执行继续培训时，哪些行为主体之间需要什么程度的合作，事先是难以预见的。在不同的国家，甚至针对不同的问题，合作的条件都各不相同。向难以安置的失业者提供继续培训需要合作，而解决匹配不当问题更需要不同形式的合作。与合作相对的是通过公平的程度解决纠纷；利益冲突需要得到解决，因而需要建立谈判和仲裁制度。

同样，成功难以衡量。因罢工而损失的工作时间总量（少）可以反映产业关系（好），从而可以反映各社会伙伴与劳动力市场管理部门的合作情况（好）。从另一个角度说，几乎不存在冲突也可能反映出管理的独裁性和工人或社会伙伴的无组织性。此外，工会与雇主组织的组织程度也可以反映潜在的组织效率；因此，如果各社会伙伴都参与到项目的操作化进程中，那么各项政策措施将更易被接受；如果组织程度高，将能对企业的人事制度产生影响。此处，专家访谈、文件内容分析和新闻评论都可以为过程评估提供系统性信息。关于定性方法的一个不错的简介，see King et al.（1994）。

- 至于传导结构，供给方的竞争或需求方的竞争与绩效控制（监测）是同一硬币（即组织效率）的两面；这两个要求可共同测量控制的有效性。在第一种情况下，被劳动力市场淘汰的威胁施加了有效控制（用系统理论的术语来表示，即“反馈”）；第二种情况下，通过绩效导向型监测所获得的“反馈”能告诉我们需要采取的措施，例如，降低预算配额，停止晋升甚至解雇（参见 Auer 和 Kruppe 在本手册第 30 章中关于监测的论述）。

在这一层面上测量组织效率，再次成为一个棘手的问题。但通过案例分析，能够大致估计出供给方或需求方的实际竞争情况。通过调查目标群体对政策执行机构的满意度，或专家访谈，也可以获得有用的信息。关于监测绩效的信息系统（官方统计及文件系统）的评论也十分有用。对有关文件系统或统计数据在内容、形式、频率、分布方面的变化的组织变革进行分析，可以提供进一步的宝贵资料。事实证明，“制度的不一致”[21]定理对于评价筹资结构很有用；如果劳动力市场政策的财政成本与收益之间存在较大差距，那么可能存在投资不足或投资过度（比如对继续培训投资不足或投资过度）。

- 我们如何评判劳动力市场项目的正式（法定）规则好还是不好呢？一种方法是考察目标的一致性，即目标与规则之间是否相符。要为项目设定一个合适的目标，第一个先决条件是要有一套好的理论，能够解释为什么劳动力市场没有实现这一目标（参见本手册第1章）。因而，我们需要探索或检验劳动力市场政策背后的理论。第二个先决条件是，政策选择和政策执行的重要行为主体之间目标的一致性。如果连执行者之间的外在或内在项目目标都不一致，那就无法实现组织效率。从理论上说，如果出现用于失业者继续培训的反周期支出，那就说明积极劳动力市场政策不能阻止失业人数的增加，从而说明对该项目的管制有待加强。

项目的时间跨度也是研究对象。规则与目标的连续性和明确程度也会影响组织效率。如果行为主体需要不断地应对法律或措施的变动，他们将无法形成稳定的行为预期或行为方式；出现消极或机会主义行为的可能性大大增加。断断续续的政策，未对违规者进行制裁等，都会导致组织无效率。

4.3 接 纳

接纳是成功的政策采纳所具有的共同属性，如图 7—2 所示，它是前三道过滤器（政策体制、执行体制和激励体制）所产生的结果。要分辨出哪层过滤对于实际参与者的数量具有决定性作用通常是困难的。与前面介绍的四维分类方式相一致，可得出下列用于衡量整个过程最终绩效的指标：项目所得到的广泛利用或采纳、社会的选择性、成本的有效性和遵从。

• 第一个标准，即项目或其他政策措施所得到的广泛利用容易衡量，将参与者的人数与就业者或失业者人数相比较便可。如果项目设有目标参与人数，目标实现程度即可反映接纳程度。如果实际参与人数远少于目标人数，则说明接纳不足。我们常常会忽视两条决定利用水平的重要信息：措施的持续时间和反映措施是否顺利完成的信息（退出率）。因此，对未参与者和退出者进行调查可以使我们发现项目设计或执行中的不足（Rossi, Freeman and Wright，1979，p. 131）。

• 社会的选择性或社会偏好衡量的是社会层面的绩效。仍以继续培训为例，参与者的构成是否反映了劳动力市场上特定目标群体的偏好，对目标群体的心理激励是否充分等，都是令人关注的问题。对于继续培训政策，那些原本无法得到安置的目标群体受政策影响越大，则说明政策越成功。然而，广泛的利用与高选择性是相互冲突的。一种解决办法是让执行管理者根据接纳的起始和趋势做出非常敏感的反应，鼓励受到激励的人群参与项目；因而这里存在对最成功群体的"削脂"。

• 成本的高有效性是经济层面的主要绩效指标。成本有效性反映的是支出既定情况下的目标实现程度。例如，每单位项目支出能够使占目标群体（如长期失业人员）多大比重的人享受继续培训。要测量这一指标，首先需要设定一个明确的目标。在比较具有相同目标的不同项目时，对成本有效性的测量很有用（关于成本收益分析，参阅 Delander and Niklasson，本手册第 6 章）。但将它作为监测系统的绩效指标时，可能会导致错误的激励（关于监测，参阅 Auer and Kruppe，本手册第 30 章）。

• 最后一个政策采纳指标是对法律的遵从，即对措施的合法利用；利用措施时，不仅要符合法条的字面规定，而且要遵循项目或措施规则的精神。从"政治"激励条件（适用于所有政策措施）的角度看，劳动力市场政策必须具备公认的合法性与公正性。要衡量这一指标可使用下列数据，例如：请求返还公共补贴个案的相对数量，个体投诉的频率，申请中遭到拒绝的相对数量，因拒绝接受合理工作或拒绝接受继续培训机会而受到制裁的个案的相对数量。

4.4　劳动力市场政策的成功

评判劳动力市场是否成功的主要标准同样可按四个维度展开，仍以面向失业者的继续培训政策为例，包括：就业效应、分配效应、生产率效应和效率。

• 就业效应衡量的是面向失业者的继续培训是否最终实现了就业。如果面临失业威胁的人群在接受了继续培训之后能够避免失业，那么政策就是成功的。从这个角度看，劳动力市场成功的重要指标有：失业持续时间的缩短，继续培训措施之后或一两年后失业者重返工作岗位的比率（与控制组进行比较）。

• 分配效应反映的是政策措施能否促进社会公平。该指标的假设基础是：劳动力市场上公平竞争的要求通常不能得到满足。此外，市场过程也能引起新的社会不平等。弱势群体（例如，低技能人群、重新进入劳动力市场的女性、长期失业者、大龄失业者及外国人）在接受了继续培训之后能否重返工作岗位可以反映分配效应。即使是失业率极高的地区，劳动力市场政策也可以促进社会公平。这样，正的劳动力市场效应可以表现为失业人数更加迅速地减少（这可归因于继续培训），或失业风险的降低。从而，对比接纳指标，便可测得劳动力市场效应。高选择性，例如受女性欢迎，不能作为评判劳动力市场成功的标准；高选择性是必要的，但它本身不能保证劳动力市场政策的成功；招聘过程中直接或间接的歧视将会导致过程失效（即没有回应、没有组织效率、不被接纳）。

- 生产率效应测量的是由技能水平普遍提高和有关技能的不平衡（即不匹配）得到改善所引起的经济效率的提高。虽然这一指标可被直接测量，但它无法应用于国际比较。企业或范围更广的经济的生产率取决于很多因素，资格仅是其中之一。更直接的成功指标有：空缺持续时间缩短，失业者在接受继续培训之后找到了新工作、（相对于控制组）收入的增长幅度更大且更为迅速，职位不匹配的现象减少，以及失业的地区差距缩小。

- 效率反映了实际的最终效应与预期效应（减去非预期的效应）之间的关系，以及实现这一实际效应的成本（待评估的成本有效性）。在评估之前往往先设定一个比较标准，这个标准可以是机会成本（这笔钱如果花在别处将得到什么）的形式，也可以采用组织比较（机构 A 与机构 B 相比怎样）的形式。例如，同是为期 6 个月的继续培训，如果机构 A 的成本比机构 B 低，而失业者接受培训后重返工作的效果相同，那么机构 A 更有效率。广义的效率衡量的是成本与收益之间的关系（通过成本有效性来评估）。例如，如果机构 A 在采用某项措施时的收益（如参与者在措施实行前后的收入变化）超过了成本，且将相同成本用于别处（机会成本）无法实现更高的收益，那么机构 A 的这项措施便是有效的。

接纳指标可以通过直接测量参与人数与支出金额来获得，而在评判劳动力市场政策是否成功时，为了评估“净影响”，即总影响减去无谓效应（或意外暴利）、置换效应及替代效应，我们需要进行更多的分析：

- 无谓效应指的是即使没有特定政策，某些项目或其他措施也会发生的情况。例如，一家企业雇佣了一名女性失业者，得到了在岗培训补贴；但是，即使没有相应政策，这家企业自身也会为这种培训提供资金。

- 我们要区分两种置换效应：第一种是，政策向部分人群倾斜，使得他们代替了其他人。例如，在没有补贴的情况下，一名短期失业者能够得到某份工作，但由于雇佣长期失业者能够享受补贴，一名长期失业者得到了这份工作；更严重的情况是，企业为得到补贴，解雇一名员工再去新招一名。[22]第二种是，享受补贴的企业可以承受低于市场水平的价格，从而使其竞争对手处于不利地位。例如，纺织厂 A 对其员工进行高级培训，培训费用由就业办公室提供，而其竞争对手 B 也对自己的员工进行相同的培训，但培训费用由 B 自己承担，这样，A 就可以将其产品价格定至 B 以下，从而将 B 赶出市场。

- 替代效应也分两种。第一种指的还是产品市场，但与置换效应不同，这一次我们关心的是不同种类的产品。假设生产谷物的农民得到了补贴，于是作为消费品的面条也就得到了补贴，这对于种植土豆的农民来说是不利的，因为假定消费者行为的价格弹性不变，土豆的消费量将下降。第二种替代效应一直不受重视，指的是竞争性政策项目：当前的雇佣补贴使得一位失业者重新获得了工作，那么他就不大可能参与继续培训项目了。

在所有三种情况（无谓效应、置换效应和替代效应）中，我们都没有谈到，或者说，都忽略了净效应。效率通常会由于无谓效应的存在而被削弱，置换效应和替代效应则可能是符合目的的；因此，我们不能认为它们总是发挥负面作用。例如，为使一些人享受优惠待遇而牺牲另一些人的利益（如让女性享有比男性更多的晋升机会、让残疾人拥有比健康人更多的就业机会、让长期失业者优先于短期失业者实现就业等），很可能是实现某些社会政策目标的需要（可参阅本手册第 9、第 14、第 17 章）。此外，通过直接的工资补贴或税收减免影响要素价格，实现资本密集化向劳动密集化的转变，也是实现产业目标或社会政策目标的需要（参见本手册第 9 章）。

5. 结　论

如本章所述，过程评估的研究现状尚不成熟。过程评估已成为全面政策评估的一部分，但到目前为止，大多数评估研究均未涉及过程评估。如果政策的形成和执行缺乏有效性，那么，政策选择、项目及各具体措施都无法实现最优。离开了过程评估，我们无法判断某个项目或某几个项目的组合在将来能否维持当前的成效，也不能肯定在一个国家中实施成功的政策能否应用于其他国家。我们也无法对政策制定者提出有益于设计政策执行、监测、调控与探索过程的建议。

本章的中心在于为过程评估构建一致的分析框架。我划分了四个“过滤阶段”，它们影响着劳动力市场政策的最终结果，同时，我也就绩效指标的操作化提出了一些建议：

第一阶段为政策的形成，确定政策选择或政策项目。这一阶段的主要问题是，决策者们是否对个体的不同需求以及经济形势的变化做出了反应；要收到高回应，需要对执行状态保持敏感。“黑箱”本身不仅是政策形成过程的主体，也正逐步成为政策形成的客体。

第二阶段为政策的执行，关注的是政策选择或政策项目向操作性措施的转化。在这一阶段，主要议题是组织效率，换言之，项目由专业人才予以执行，地方层面各重要行为主体之间协作良好，成本具有有效性，法律上较稳定，从而保证了长期发展前景（规划保障），以及执行者与目标群体之间的相互信任关系，同时保持成本的有效性。

第三个过滤阶段，政策采纳，反映的是项目和措施是否适合目标群体的动机、利益及能力。在这一阶段，我们可以测得执行的直接结果绩效，例如，参与者的数量（总就业影响），参与者的结构构成（项目的选择性），措施的质量指标（持续时间、退出率等）以及对规则的遵从。

第四阶段又联回第一阶段，我们非常关注过程评估的反馈环。由项目或政策选择的影响，包括评估研究，所得到的经验能否用于改进政策体制？政策选择（项目）之间可能存在冲突、不一致或不透明。执行（过程分析）、结果（监测）和影响（影响分析）方面的系统性信息有助于缩小现实问题的冲突范围，有助于提高一致性与透明度。但是，过程评估并不能保证理性选择，因为对同样的结果存在不同的解释。即使是真实的实验，能够得到的经验也十分有限，因为将同样的项目大范围推广时，项目的影响可能迥异（see Björklund and Regnér，本手册第 3 章）。

本章的主要结论是：倡导一种新的劳动力市场政策组织范式，将过程评估的分析框架纳入考虑范围。传统框架背后隐含的模型属于集权式、项目导向型“积极劳动力市场政策”。新的框架以分权式、目标导向型“合作性劳动力市场政策”假设为基础。在这样一种新的范式中，项目的形成与执行是关键的决定因素，从而不再被视为既定或“黑箱”。我们在更广阔的就业政策和特定劳动力市场体制的框架中进行研究，相对以往来说，我们需要了解更多。网络、公私混合以及绩效导向型预算分配构成了现代劳动力市场政策的主要部分。过程评估（即关于政策形成与政策执行的分析）的重点必须根据这种新现象进行调整。

注释

[1] 从严格的项目导向角度对过程评估的实用方法所做的介绍，可参见 Rossi，Freeman and Wright（1979，pp. 121-158）和 Scheirer（1994）；只是这些研究分析的是健康、社会和教育政策（例如，毒品预防项目、培训课程拓展），而不是劳动力市场政策。读者也可以参考本手册第 28 章“分类评估”，作者 Lindley 建立了一个实用框架，对欧洲社会基金的有关项目进行了审计、监测和评估。

[2] 我受到了 Christine Bruniaux，Bernard Gazier，Birgitta Rabe and Ralf Rogowski 的启发。我也十分感谢 Niamh Warde 娴熟的翻译。感谢 Jacky O'Redilly，他使我的表述更为明确，改进了我的文风。当然，文责自负。

[3] 事实上，执行研究在政治科学领域并不新鲜；它只是再一次强调了该学科的一个根本问题，即社会意志（“政治”）怎样才能被有效率、有成效地实现（“管理”）；随着学科的进一步细分，这一问题被遗忘了（Hjern and Hull，1982，p. 105）。

[4]“项目运行过程中要求达成协议的每一个时间点，称为决策点。每一次需要得到单个参与者准许的情境，称为准许。在项目的整个过程中，与决策点有关的准许的增多将使读者认为这是在对执行提供保障”（Pressman and Wildavsky，1973，p. xvi）。

[5]“‘形成评估’所使用的数据来自小规模试验环境和试验受众，这些数据能够反映出项目所提倡的行为是否可行，以及对于既定的目标环境和受众该项目是否合适，这些反馈信息有助于项目的改进”（Scheirer，1994，p. 48）。或者，换句话说：形成评估是政策形成过程的一部分，它相当于为大规模实证调查作初步检验。

[6] 这并不是说，在科学层面上，定性分析不及定量分析。比如，当定量研究不符合推断逻辑，没有好的研究设计方案，缺少可信、有效的数据时，定性分析可能更合适。然而，由于过程评估严重依赖于定量方法，如果读者对定量研究技术感兴趣，我强烈推荐 King，Keohane and Verba（1994）；对于德国读者，Hucke and Wollmann（1980）的综述文章可以提供有用的指导。

[7] 关于工资补贴的 40 种可能影响所作的一次激动人心的讨论请参见 Gautié et al.（1994），特别是其中关于动态和交互分析的章节（pp. 233-241）。

[8] Bessy，Eymard-Duvernay，Gomel and Simonin（1994）只考察了三种协调形式：管制、激励和合作（主要通过互联网的形式）。管制对应的是这里所说的立法，但其他两类与我的分类框架有所不同。我认为，明确区分不同形式的激励很有用，同时，将网络协调仅仅理解为合作，遗漏了一种重要的协调形式——谈判会。

[9] 社区、社团（“社会”）、市场和国家可能也按此顺序对应着制度演进的各历史阶段。这些协调机制彼此间越来越独立，以及采用这些机制的地理区域不断扩大，已成为现代化的特征。

[10] 关于博弈论，除了 Neumann and Morgenstern（1947）的经典文献外，还可参见 Rasmusen（1989）。社会科学理论的一个主要不足在于，它没有解决何种条件下涉及何种行为倾向的问题。Frank（1988）充满新思想的研究在团结性和利他性倾向方面前进了一大步。

[11] 同样有趣的是，政策体制如何决定工资补贴的功能与类型。Gautié et al.（1994）有力地证明了

英国（20 世纪 80 年代的一个自由市场体制的例子）：(1) 对工资补贴计划的使用不及瑞典（更接近社会市场体制）广泛；(2) 通过工资补贴来实现工资的降低，而社会市场体制（瑞典和德国）往往是出于反周期或补偿低生产率边际工人的需要而使用工资补贴。参见 Erhel，Gautié，Gazier and Morel，本手册第 9 章。

[12] 对法律体系的比较评估刚刚起步。英美法系体制与大陆法系体制是理想类型。现实中，它们在历史和政策领域方面截然不同。同时，大陆法系正处于根本性转变的过程中。这种转变的标志包括：大陆法典的减少、宪法的增多，以及欧洲联邦主义的增长（Merryman，1985，p. 151）。由于英国（英美法系的诞生地）是欧盟的成员国，而欧盟的其他成员国大多沿袭大陆法系的传统，我们可以预见，大陆法系与英美法系传统将“重修旧好”。从各不同角度对法律制度所进行的探讨和国际比较，可参见 Rogowski and Wilthagen（1994）。

[13] 在执行层面，合作激励可以独立于经济激励决定人们的行为。例如，当不合作有损社会声望时；进一步说，与博弈论相一致，合作激励在很大程度上取决于对未来是否会再与同一潜在伙伴进行博弈的预期；如果存在重复博弈的可能，那么，分配冲突也更容易得到解决；因而，究竟采取短期效用最大化的行为还是长期效用最大化的行为，很大程度上取决于合作激励。至少存在五个不同的合作原因：外部性、帮助、惯例、合伙和私序。集体行动理论处理的是前两种类型的合作，谈判理论则对应着后三种合作。集体行动理论认为，“搭便车”问题是合作的主要障碍。谈判理论认为，问题主要在于未能就合作利益的分配达成一致。Elster 对这两种方式的相互作用进行了讨论，他指出，集体行动失败往往是由于谈判受挫。

[14] 然而，撒克逊类的政府为这一决定做出了辩护，他们认为，在某些地区，特别是德国西部，学徒是短缺的，无法填满所有学徒岗位。

[15] 我（在 Elster 论述的基础上）增加了空间维度，因为不仅存在“路径依赖性”，而且存在“空间（或水平）依赖性”。

[16] 因而，“新教伦理”的成功秘诀可能在于经济地位与社会地位的广泛一致性。

[17] 举个例子：1992 年，德国对医疗保健系统进行结构改革（其中一个原因是要增加医生数量和预期的过剩医生数量）时，保险基金要求，医疗保险专门医生的执照仅局限于那些以专门医生的身份参与过继续培训的人群（还有其他的法律要求）。

[18] 如果所有三种条件都得到了满足——过程高效率、分配高效率和劳动力市场高度有效——那么可以预见，成本收益关系即使不是最优，也是令人满意的。参见 Delander and Niklasson，本手册第 6 章。

[19] 例如，与 Thorstein Veblen 一样，诺贝尔奖得主 Kenneth Arrow 非常重视促进发展、经济增长和繁荣的“社会知识”的产生与传播（Arrow，1994，pp. 6-8）。由此可知，继续培训越来越具有战略价值。反之，由于失业者不参与社会知识的交换过程，特别是“技术知识”的交换与传播，所以失业（尤其是长期失业）的负面影响不仅是一个经济问题，更是一个信息问题，特别是在工资补偿金相对慷慨的情况下。Schellhaaβ and Schubert（1992）正确地强调了 Hayek 对通用知识和实际知识的重要划分，前者可以集中起来分配给所有人，而后者在传递给他人时信度和效度会严重受损（Hayek，1945）。政策的形成与执行过程能否收到成效在很大程度上取决于组织设计是否合适，能否解决这种信息问题。Schellhaaβ 和 Schubert 认为，分权的执行结构本身在处理这类问题上就比集权结构效果好，然而这种观点遭到了质疑。原因之一在于，人们可以垄断或策略性地运用那些不可传递的知识。

[20] 在丹麦和瑞典的项目中，通常是就业者参与外部培训，这样可以缩短失业者参与培训的持续时间。

[21] 关于筹资的不一致，参见 Bruche and Reissert（1985）和 Schmid et al.（1992）。用经济术语来表述，“制度的不一致”是指没有实现正（或负）外部效应的内在化。当前的趋势是，在项目分权管理的执行体制中成本日益膨胀，而筹资结果却是中央或集体层面的责任。要抑制成本膨胀（即没有效率），可以设定预算上限；也可以对项目进行严格的条件限制。前者给分支机构保留了在决定项目内容方面的决策余地，但当各地的问题严重性不同时，这种方式缺乏灵活性；后者完全不留决策余地，但在应对各地

不同的压力时更灵活。

[22] 在文献中，后一种情况也称为替代。“置换”与“替代”指的都是功能等价效应，因而经常可以互换。

参考文献

Arrow, K. J. (1994, May), 'Methodological Individualism and Social Knowledge', *Papers and Proceedings of the American Economics Association*, 1–9.

Ashby, R. W. (1970), *An Introduction to Cybernetics* (2nd ed.), London: Chapman & Hall University Paperbacks.

Bessy, C., F. Eymard-Duvernay, B. Gomel and B. Simonin (1994), 'Les Politiques Publiques d'Emploi: Le Role des Agents Locaux', *La Lettre*, 33, 1–12, 34, 1–10, Centre d'Études de l'Emploi, 93 166, Noisy: Le-Grand.

Bouder, A., J.-P. Cadet and D. Demazière (1994), 'Evaluer les Effets des Dispositifs d'Insertion pour les Jeunes et les Chômeurs de Longue Durée. Un Bilan Méthodologique', *Cereq Document*, 98 (Série Synthèse), Marseille.

Bruche, G. and B. Reissert (1985), *Finanzierung der Arbeitsmarktpolitik*, Frankfurt: Campus Verlag.

de Koning, J. and P. J. van Nes (1991), 'A Quantitative Approach to Process Evaluation: The Case of the Vermeend–Moor Act', *Government and Policy*, 9, 111–18.

Deutsch, K. W. (1966), *The Nerves of Government. Models of Political Communication and Control* (2nd ed.), New York/London: The Free Press/Collier-Macmillan.

Elster, J. (1989), *The Cement of Society. A Study of Social Order*, Cambridge: Cambridge University Press.

Elster, J. (1992), *Local Justice. How Institutions Allocate Scarce Goods and Necessary Burdens*, New York: Russell Sage Foundation.

Etzioni, A. (1968), *The Active Society. A Theory of Societal and Political Processes*, New York/London: The Free Press/Collier-Macmillan.

Etzioni, A. (1988), *The Moral Dimension. Toward a New Economics*, New York/London: The Free Press/Collier-Macmillan.

Ferman, B. (1990), 'When Failure is Success: Implementation and Madisonian Government', in D. J. Palumbo and D. J. Calista (eds), *Implementation and the Policy Process. Opening Up the Black Box*, New York: Greenwood Press, pp. 39–50.

Frank, R. H. (1988), *Passions within Reason. The Strategic Role of the Emotions*, New York/London: W. W. Norton & Company.

Gautié, J., B. Gazier and R. Silvera (1994), *Les Subventions à l'Emploi: Analyses et Expériences Européennes*, Paris: La Documentation Française (Collection Document Travail et Emploi).

Goggin, M. L., A. O'M. Bowman, J. P. Lester and L. J. O'Toole (1990), 'Studying the Dynamics of Public Policy Implementation: A Third-generation Approach', in D. J. Palumbo and D. J. Calista (eds), *Implementation and the Policy Process. Opening Up the Black Box*, New York: Greenwood Press, pp. 181–98.

Granovetter, M. (1979), 'The Theory Gap in Social Network Analysis', in P. W. Holland and S. Leinhardt (eds), *Perspectives on Social Network Research*, New York: Academic Press, pp. 501–18.

Habermas, J. (1987), *Theorie des kommunikativen Handelns* (4th ed.), 2 Vols, Frankfurt: Suhrkamp.

Hanf, K. (1982), 'The Implementation of Regulatory Policy. Enforcement as Bargaining', *European Journal of Political Research*, 10, 159–72.

Hasan, A. (1991), 'Evaluation of Employment, Training and Social Programmes. An

Overview of Issues', in OECD (ed.), *Evaluating Labour Market and Social Programmes—The State of a Complex Art*, Paris: OECD, pp. 7–18.

Hayek, F. A. von (1945), 'The Use of Knowledge in Society', *American Economic Review*, 35 (4).

Hayek, F. A. von (1972), *Die Theorie komplexer Phänomene*, Tübingen: Mohr.

Héritier, A. (1993), 'Policy Analyse. Elemente der Kritik und Perspektiven der Neuorientierung', in A. Héritier (ed.), *Policy-Analyse*, Opladen: Westdeutscher Verlag, pp. 9–39.

Hjern, B. and C. Hull (1982), 'Implementation Research as Empirical Constitutionalism', *European Journal of Political Research*, 10, 105–15.

Hjern, B. and D. Porter (1981), 'Implementation Structures: A New Unit of Administrative Analysis', *Organization Studies*, 2, 211–24.

Hucke, J. and H. Wollmann (1980), 'Methodenprobleme der Implementationsforschung', in R. Mayntz (ed.), *Implementation politischer Programme*, Königstein im Taunus: Anton Hain, pp. 216–35.

King, G., R. O. Keohane and S. Verba (1994), *Scientific Inference in Qualitative Research*, Princeton: Princeton University Press.

Le Grand, J. and W. Bartlett (eds) (1993), *Quasi-markets and Social Policy*, Houndmills/London: The Macmillan Press.

Mayntz, R. (ed.) (1983), *Implementation politischer Programme II. Ansätze zur Theoriebildung*, Opladen: Westdeutscher Verlag.

Mayntz, R. (1992), 'Modernisierung und die Logik von interorganisatorischen Netzwerken', *Journal für Sozialforschung*, 32 (1), 19–32.

Merryman, J. H. (1985), *The Civil Law Tradition. An Introduction to the Legal Systems of Western Europe and Latin America* (2nd ed.), Stanford, CA: Stanford University Press.

Nathan, R. (1991), 'Evaluation Strategies with Particular Emphasis on Demonstration Studies', in OECD (ed.), *Evaluating Labour Market and Social Programmes—The State of a Complex Art*, Paris: OECD, pp. 21–42.

Neumann, J. von and O. Morgenstern (1947), *The Theory of Games and Economic Behavior* (2nd ed.), Princeton: Princeton University Press.

North, D. C. (1990), *Institutions, Institutional Change and Economic Performance*, Cambridge: Cambridge University Press.

Okun, A. M. (1975), *Equality and Efficiency. The Big Trade-off*, Washington: The Brookings Institution.

Olson, M. (1965), *The Logic of Collective Action*, Cambridge, MA: Harvard University Press.

Olson, M. (1982), *The Rise and Decline of Nations*, New Haven, CON: Yale University Press.

Palumbo, D. J. and D. J. Calista (eds) (1990a), *Implementation and the Policy Process. Opening Up the Black Box*, New York: Greenwood Press.

Palumbo, D. J. and D. J. Calista (1990b), 'Opening the Black Box. Implementation and the Policy Process', in D. J. Palumbo and D. J. Calista (eds), *Implementation and the Policy Process. Opening Up the Black Box*, New York: Greenwood Press, pp. 3–17.

Peters, A. and G. Schmid (1982a), *Aggregierte Wirkungsanalyse des arbeitsmarktpolitischen Programms der Bundesregierung für Regionen mit besonderen Beschäftigungsproblemen, Zwischenbericht*, WZB discussion paper IIM/LMP 82–1, Wissenschaftszentrum Berlin für Sozialforschung.

Peters, A. and G. Schmid (1982b), *Aggregierte Wirkungsanalyse des arbeitsmarktpolitischen Programms der Bundesregierung für Regionen mit besonderen Beschäftigungsproblemen. Analyse der Beschäftigungswirkungen*, WZB discussion paper

IIM/LMP 82–32, Wissenschaftszentrum Berlin für Sozialforschung.
Pressman, J. L. and A. B. Wildavsky (1973), *Implementation*, Berkeley/Los Angeles/ London: University of California Press.
Rasmusen, E. (1989), *Games and Information. An Introduction to Game Theory*, Cambridge: Basil Blackwell.
Rawls, J. (1990), *A Theory of Justice* (10th ed.), Oxford: Oxford University Press.
Rogowski, R. and T. Wilthagen (eds) (1994), *Reflexive Labour Law. Studies in Industrial Relations and Employment Regulation*, Deventer/Boston: Kluwer Law and Taxation Publishers.
Rossi, P. H., H. E. Freeman and S. R. Wright (1979), *Evaluation. A Systematic Approach*, Beverly Hills/London: Sage Publications.
Sabatier, P. A. (1986), 'What Can We Learn from Implementation Research?', in F. X. Kaufmann, G. Majone and V. Ostrom (eds), *Guidance, Control, and Evaluation in the Public Sector*, Berlin/New York: de Gruyter, pp. 313–25.
Salamon, L. M. (ed.) (1989), *Beyond Privatization. The Tools of Government Action*, Washington, DC: The Urban Institute Press.
Scharpf, F. W. (1983), 'Interessenlagen der Adressaten und Spielräume der Implementation bei Anreizprogrammen', in R. Mayntz (ed.), *Implementation politischer Programme II*, Opladen: Westdeutscher Verlag, pp. 99–116.
Scharpf, F. W. (1988), 'Verhandlungssysteme, Verteilungskonflikte und Pathologien der politischen Steuerung', in M. G. Schmidt (ed.), 'Staatstätigkeit', special issue 19, *Politische Vierteljahresschrift*, 61–87.
Scharpf, F. W. (1992), 'Einführung: Zur Theorie von Verhandlungssystemen', in A. Benz, F. W. Scharpf and R. Zintl, *Horizontale Politikverflechtung. Zur Theorie von Verhandlungssystemen*, Frankfurt/New York: Campus, pp. 11–27.
Scheirer, M. A. (1994) 'Designing and Using Process Evaluation', in J. S. Wholey, H. P. Hatry and K. E. Newcomer (eds), *1994. Handbook of Practical Program Evaluation*, San Francisco: Jossey-Bass Publishers, pp. 40–68.
Schellhaaß, H.-M. and A. Schubert (1992), 'Internationale Entwicklungen der Evaluierungsmethoden für arbeitsmarktpolitische Programme', *Mitteilungen aus der Arbeitsmarkt- und Berufsforschung*, 3, 371–80.
Schelling, T. C. (1978), *Micromotives and Macrobehavior*, New York/London: W. W. Norton & Company.
Schmid, G. and A. Peters (1982), 'The German Federal Employment Program for Regions with Special Employment Problems. An Evaluation', *Regional Science and Urban Economics*, 12, 99–119.
Schmid, G., B. Reissert and G. Bruche (1992), *Unemployment Insurance and Active Labor Market Policy*, Detroit: Wayne State University Press.
Schmid, G. and K. Schömann (1994), 'Institutional Choice and Flexible Coordination: A Socioeconomic Evaluation of Labor Market Policy in Europe', in G. Schmid (ed.), *Labor Market Institutions in Europe. A Socioeconomic Evaluation of Performance*, Armonk/New York: Sharpe, pp. 9–58.
Wholey, J. S., H. P. Hatry and K. E. Newcomer (eds) (1994), *Handbook of Practical Program Evaluation*, San Francisco: Jossey-Bass Publishers.
Williamson, O. E. (1985), *The Economic Institutions of Capitalism. Firms, Markets, Relational Contracting*, New York/London: The Free Press-Collier/Macmillan.

第Ⅱ篇

特定目标领域内的劳动力市场政策评估

第 8 章　失业补偿与劳动力市场转换

Günther Schmid，Bernd Reissert *

失业补偿从很多方面影响着劳动力市场转换。它不仅能够防止失业所带来的收入中断，而且会对工作激励和雇佣决策造成影响。换言之，在实现其主要目标——保障或效率——的过程中，由于逆向选择和道德风险，它还会对劳动力市场的运行产生一定的负面影响或副作用。

失业风险最高的人往往最愿意参加失业保险，从而导致了逆向选择问题。在私人市场中，这种情况可能导致保险不足，因为那些存在风险的人可能无法负担昂贵的保险费以补偿他们的收入损失。这种市场失灵正是公共失业保险方案产生的主要原因，公共失业保险的强制性覆盖最大限度地抑制了逆向选择。道德风险是指那些买了保险的人改变自己的行为，从而更可能得到保险金。在失业保险体系中，购买了失业保险的工人比在没有失业保险的情况下更容易主动辞职，或失业持续时间更长，因为失业保险提高了他们的保留工资。而雇主也更加频繁地雇佣和解雇员工，因为他们的“社会责任”已经被失业保险体系外在化了。

20 世纪 80 年代，随着失业率的持续上升，很多人认为，公共失业补偿体系的负面作用已难以承受，甚至已成为欧洲大规模失业的祸首。事实上，表面看来，1994 年，欧盟 12 个成员国中长期失业的比重达到 48.1%，而美国仅为 12.2%，日本为 17.5%（OECD，1995）。但是，这种认为失业补偿导致长期失业的观点受到了质疑。因此，需要对失业补偿计划带来的激励进行细致的评估，从而为近年来热烈讨论的各种制度改革提供指导。

于是，评估失业补偿体系的目的就是，在尽可能减少逆向选择和道德风险的情况下，在确保劳动力市场转换尽可能顺畅的前提下，找到能最大限度实现保障目标的制度安排（Schmid，1995）。更进一步的评估标准还有公平目标，考察的是失业补偿对个人、企业和地区收入的分配作用。由于逆向选择、道德风险和出于公平的考虑使得公共失业补偿体系的社会成本非常高昂，以财政激励工作而非失业的制度性激励也是对失业补偿进行目标评估的另一个焦点问题。

在本章中，我们将介绍欧盟国家、日本和美国当前失业补偿计划的几种基本类型（第 1 部分）。考察失业补偿制度对受益人比率（第 2 部分）的影响，并按家庭类型和失业持续

* 作者在此感谢 Holger Schütz 和 Sylvia Zühlke 在计算和信息收集方面提供的帮助，卢森堡的 Eurostat 提供了欧洲劳动力调查（ELFS）的数据。十分感谢 Lutz Bellmann，Anders Björklund 和 Håkan Regnér 针对初稿提出的建议。

期的长短考察它对收入替代的影响（第 3 部分）。我们还测量了失业补偿的总成本（第 4 部分），回顾评估失业补偿对雇主、雇员、失业者和非劳动力的影响的有关文献，并通过一个转换模型对既有研究进行总结（第 5 部分）。接下来，准考察将财政支出从“消极的”收入替代转向“积极的”工作和培训激励的制度性激励（第 6 部分）。最后，我们将谈到未来的评估研究任务，并对失业补偿改革进行展望（第 7 部分）。[1]

1. 保险计划与救济计划

失业补偿计划需遵循两个基本原则：保险原则和福利原则。前者要求失业金的水平取决于失业前所缴纳的保险费和工资水平（失业保险），而后者能够保证失业者的最低收入（失业救济）。

通常，失业保险计划的保险费与工资水平相关，它由雇主和/或雇员承担。只有那些先前有过工作，并支付过保险费的人可以享受失业保险金。领取失业保险金的持续时间是有限的，它取决于先前工作的时间长度。保险金的水平与先前的工资水平有关，有时还与先前工作的持续时间有关。个人需求标准对领取保险金没有影响。

另一方面，失业救济金通常与先前的工资水平和缴费情况无关。它由税收支持，依据经济状况调查结果给付。救济金的水平会受需求标准的影响，但通常低于失业保险计划。领取失业救济金的持续时间一般不受限制。

在大多数 OECD 国家中，失业补偿体系通常包含两层福利。第一层，在失业的初期予以支付，通常遵循失业保险原则。第二层，在失业持续时间更长时予以支付，通常依照失业救济原则。但在实际操作中，两种计划并没有完全分开。比如，德国的失业救济计划（Arbeitslosenhilfe），救济金与需求相关联，却又与先前的收入有关。而英国的失业保险金取决于所缴纳的保险费，但与先前的工资水平无关。有些国家中，失业救济是一项单独的福利，而在另一些国家，失业救济与最低收入保障计划（社会救济、收入资助）融合在一起。最低收入保障计划面向所有需要收入保障的人，不论他们是否登记失业，不论他们能否参加工作。在这个基础上，我们在这一章中讨论三种不同的国家资助体系：

（1）失业保险：意大利、日本、美国和希腊。

（2）失业保险和失业救济并存：德国、西班牙、法国、爱尔兰、瑞典、奥地利、芬兰和葡萄牙。

（3）失业保险和最低收入保障（社会救济）并存：比利时、丹麦、卢森堡、荷兰和英国。[2]

我们所考察的所有国家中都有失业保险计划。但是，上面提到的典型特征在国家体系中并不明显。如表 8—1 所示，十个主要欧盟国家、日本和美国的失业保险制度非常复杂、多样，且往往不一致。[3]至于筹资模式，德国、西班牙、法国、日本和美国最接近理想的保险原则。在这些国家中，保险金几乎全部来自与工资相关联的保险费。在美国，这些保险费甚至是与风险相关联的（经验费率厘定）。雇主和雇员如何分担保险费在各国之间差异很大。但是，间接工资成本可以转化为价格或工资的事实表明，这些差异并不重要。在其他国家中，失业保险计划的筹资与纯粹的保险原则有三点不同：

表 8—1　　欧洲、日本和美国的失业保险和救济制度（1994 年）

	比利时	丹麦	德国	西班牙
		失业保险（UI）		
1. 福利名称	"Allocation de chômage"	"Arbejdsløsheds-forsikring"	"Arbeitslosengeld"（Alg）	"Prestación por desempleo，nivel contributive"
2. 资金来源	雇主 1.41%，雇员 0.87%，国家担负支出的主要部分	固定的单一费率，雇主和国家担负支出的 80% 左右	雇主 3.25%，雇员 3.25%，国家弥补不足	雇主 6.2%，雇员 1.6%
3. 资格条件	年龄不同而不同，从过去 18 个月中缴费 12 个月到过去 36 个月中缴费 24 个月	缴费至少 12 个月，并且在过去 3 年中至少工作了 26 周	过去 3 年中至少工作并缴费 12 个月	过去 6 年中至少工作并缴费 12 个月
4. 等待期	无	无	无，除了自愿辞职（12 周）	无，除了自愿辞职（6 个月）
5. 替代率（初期）	总工资的 60%（无赡养担负的同居者 55%），含税	总工资的 90%，但不得超过每周 2 545 丹麦克朗，含税	净工资的 67%（没有孩子则为 60%），但不得超过每月 7 600 德国马克（西部）或 5 900 德国马克（东部）	70%，但不得超过法定最低工资的 170%（有孩子则为 220%），不含税
6. 持续时间及动态	没有限制，但递减；当失业持续期为当地平均水平的两倍时，福利终止	两年半	根据缴费和年龄，6～32 个月不等	根据缴费，4～24 个月不等；递减（6 个月后 60%）
7. 替代计划	缩短工时工作补偿，部分失业补贴	非自愿的非全日制失业和下岗时期补偿	缩短工时补贴，鼓励冬季生产，天气补助	缩短工时工作，提前退休
		失业救济（UA）/最低收入保障（GMI）		
8. 福利名称	没有单独的失业救济；最低收入保障计划："Minimex"	没有单独的失业救济；最低收入保障计划："Social Bistand"	UA："Arbeitslosenhilfe"（Alhi）；"Sozialhilfe"（GMI）	"Subsidio por desempleo"（UA）；不同地区的社会救济计划各不相同
9. UA 资格条件	—	—	登记为失业，但是满足下列条件之一：（1）不符合 Alg 的领取条件；（2）超过 Alg 领取期限。在（1）的情况下要求在过去一年中至少工作并缴费 150 天	登记为失业，但是满足下列条件之一：（1）不符合领取失业保险金的条件；（2）超过失业保险金的领取期限。在（1）的情况下要求至少工作并缴费 3 个月
10. UA 的给付水平和持续时间	—	—	净收入的 57%，没有孩子则为 53%；按经济状况调查结果给付；没有时间限制	现行最低工资的 75%；按经济状况调查结果给付；只面向有赡养负担或 45 岁以上的人群；持续时间为 3～21 个月（52 岁以上失业者则享受至退休年龄）

续前表

	法国	爱尔兰	意大利	日本
失业保险（UI）				
1. 福利名称	“Allocation de base”（AB）； “Allocation de fin de droits”（AFD）	“Unemployment Benefit”（UB）和“Pay-related Benefit”（PRB）	“Trattamento ordinario di disoccupazione”	“Unemployment Benefit”（UB）
2. 资金来源	雇主 4.18%， 雇员 2.42%～2.97%	包含在雇主和雇员所缴纳的社会保险费中	雇主（工业 4.41%，商业 1.61%），雇员 0.30%；国家补贴	雇主 0.55%，雇员 0.55%，工作搜寻者福利的 25%来自国家用于“就业稳定化”的另一项基金，该项基金由雇主单独负担
3. 资格条件	取决于年龄；AB 和 AFD 的最低要求是工作并缴费 6 个月	至少缴费 39 周	至少工作并缴费 2 年，其中 1 年在失业前两年之内	失业前一年中至少缴费 6 个月
4. 等待期	取决于未休假期	UB：3 天；PRB：3 周；自愿或因不诚实行为失业，则为 6 周	7 天；自愿或因不诚实行为失业，则为 30 天	无；自愿辞职则为 3 个月
5. 替代率（初期）	AB：40%+一次性支付（55.29 法郎/天）； AFD：统一支付 85.25 法郎/天；含税	统一支付（UB：61 爱尔兰镑/周）+周收入（介于 97.5 至 220 爱尔兰镑之间）的 12%（PRB）；含税	最后工资的 30%	基本工资的 60%（对低收入者最高可达 80%）；不包括奖金和加班工资
6. 持续时间及动态	4～60 个月不等，取决于年龄和缴费工作年限；递减	UB：最高可达 390 天；PRB：最高可达 375 天（每周 6 天）	180 天	取决于年龄和缴费年限；最短 90 天；最高可达 300 天（55 岁以上人群）
7. 替代计划	缩短工时工作；提前退休	—	针对冗员的特殊失业保险金（80%，最长可达 90 天）；对缩短工时进行补偿的工资补偿基金	旨在稳定就业的工资补贴；在经济衰退时期提供培训
失业救济（UA）/最低收入保障（GMI）				
8. 福利名称	UA：“Allocation de Solidarité Spécifique”（ASS）；“Allocation d'Insertion”（AI）； “Revenue Minimum d'Insertion”（RMI=GMI）	“Unemployment Assistance”（UA）； GMI 计划：Supplementary Welfare Allowance	没有普遍的 UA；某些地区有“Sussidio straordinario”（SS）；地方 GMI 计划	没有单独的 UA
9. UA 资格条件	ASS：不符合 AB/AFD 的申领条件或已超出其支付期限的失业者；AI 的救济对象为正寻找第一份工作的青年、单身母亲、有犯罪前科的人	不符合 UB 的申领条件或已超出其支付期限的失业者	—	特殊情况下（地区失业率高、个人困难），扩大 UB 的覆盖范围
10. UA 的给付水平和持续时间	ASS：74.01 法郎/天；AI：43.70 法郎/天；按经济状况调查结果给付；ASS 没有时间限制；AI 最长一年	每周最高 61 爱尔兰镑，取决于需求和失业持续时间等；无时间限制	—	—

续前表

	荷兰	瑞典	英国	美国
失业保险（UI）				
1. 福利名称	"Werkloosheids Uitkering"（WW）	"Arbetslöshetsersättning"（UB）	"Unemployment Benefit"（UB）	"Unemployment Benefit"（UB）
2. 资金来源	雇主 2.3%， 雇员 0.9%， 各行业不同	小额一次性缴费至 45 项工会失业保险基金；国家承担 90%以上，其中 65%来自特殊收入税	国家保险基金，但其中雇主和雇员所担负的比率越来越高	雇主；经验费率厘定；州与州之间各不相同；联邦支付管理成本、就业服务和其他福利的 50%
3. 资格条件	在失业前 12 个月中至少工作 26 周	缴费 12 个月，其中失业前一年中缴费 5 个月	过去 2 年间，缴费至少达到周收入最低限的 50 倍	最低收入或去年工作 14～20周；各州不同
4. 等待期	无	1988 年及以前，5 天； 1989－1994 年，无； 1994 年以后，5 天	3 天；自愿或因不诚实行为失业则最长可达 6 个月	大多数州都为 1 周
5. 替代率（初期）	总工资的 70%；含税	之前总工资的 80%，但不得高于中等收入水平；含税	统一支付（45.45 英镑/周）和家庭抚养补助；含税	各州不同；通常为总工资的 50%；上限较低；含税
6. 持续时间及动态	6～54 个月不等，取决于工作年限和年龄；相同给付水平下延长一年	最长 60 周；55 岁以上则为 90 周	1 年	大多数州最长为 26 周
7. 替代计划	提前退休和残疾人补贴	某种形式的缩短工时补偿；由于劳动力市场的原因提前退休	冗员补助；职位津贴	16 个州实施了缩短工时补偿方案；低采纳率
失业救济（UA）/最低收入保障（GMI）				
8. 福利名称	没有单独的 UA； GMI 计划："Social Bijstand"（"Algemene Bijstandswet"（ABW），"Rijksgroepregeling Werkloze Werknemers"（RWW））	UA："Kontant Arbetsmarknadstöd"（KAS）； GMI 计划："Socialbidrag"	没有单独的 UA； GMI 计划： "Income Support"（IS）	没有单独的 UA；特定情况下扩大失业保险金的覆盖范围
9. UA 资格条件	ABW，RWW：不符合 WW 申领条件或已超出支付期限的困难注册失业者；计划也向其他困难群体提供救济	面向不符合 UI 申领条件的失业者；对年长人群而言，是 UB 的延伸	IS：不符合 UB 申领条件或已超出支付期限的注册失业者；计划也向其他困难群体提供救济	EB：州失业率高于 5%，且比前两年的数字高 120%
10. UA 的给付水平和持续时间	ABW，RWW：按年龄和职位给付，例如，向独居的单身人士支付 1 243 荷兰盾/月；按经济状况调查结果给付；无时间限制	单一给付水平，远低于 UB；最长 150 天（老年人则 450 天）；不依据经济状况调查结果	按年龄和陪伴给付，如向 25 岁以上单身人士支付 198.03 英镑/月；按经济状况调查结果给付；无时间限制	EB：UB 最长可延长 13 周

资料来源：Table 8.1 has been compiled from Hemmings，1994；MISSOC，1995；OECD，1991，pp. 227－231，and national data.

（1）主要的永久性补助由政府预算拨付给保险基金（比利时、丹麦、意大利、荷兰和瑞典）。

（2）每一笔保险费都计入失业保险计划基金，并作为一个整体纳入社会保险体系（爱尔兰和英国）。

（3）保险费实行单一费率，不与收入相关联（丹麦和瑞典）。

在我们研究的所有国家体系中，失业保险制度都规定，享受保险金以一定的缴费工作年限为条件。这个时限从法国和美国的6个月到大多数国家的12个月。20世纪70年代中期以来，保险原则强的国家（特别是德国、法国、西班牙和美国）由于要应对长期失业增加和失业保险基金赤字膨胀的局面，延长了享受保险金的最低缴费工作年限要求，并使领取保险金的持续时间更加紧密地与之前的工作年限联系起来。在大多数国家中，领取保险金的最长持续时间因先前工作年限的不同而不同（有时也与年龄有关）；这个期限对于老年人可长达5年（如法国），在比利时更是无限制。在一些国家（特别是给付水平较低，持续时期较短的国家，如意大利、爱尔兰、英国、美国和瑞典）中，需要等待一段时间才能领取失业保险金。

在那些保险金水平与工资水平相关联的国家，最初的失业保险金水平（通常都有上限）从之前总收入的30％ 、50％（如意大利、爱尔兰、日本和美国）到70％、90％（荷兰、瑞典和丹麦）不等。只有在德国，失业保险金水平与净收入而非总收入相关联；只有在英国是保险金的额度是统一的，不与收入相关联。在一些国家中，包括比利时、西班牙和法国，失业保险金是递减的，也就是说，保险金随着失业持续时间的延长而减少，这是为长期失业的增长趋势所迫。

一些国家中，在失业补偿体系之外还有其他的辅助计划。尤其在意大利，失业保险体系只覆盖了失业者中的一小部分，这些人先前参加过工作。1990年，468 000个失业者中，只有大约56 000人有过工作经验从而获得了失业保险金，余者大多数得到了其他特殊计划的救济。值得一提的是，工资补偿基金（Cassa Integrazione Guadagni）保证了冗员享有一定水平的收入，从而使得这些人仍然维持着正式就业状态。比利时和德国（以及法国、西班牙和美国的部分州也在一定程度上）将缩短工时补偿作为对失业补偿的一种实际补充。如果没有这项计划，比利时在1980—1982年的经济衰退时期的失业率将比实际情况高出2个百分点；而德国会高出1个百分点（Vroman，1992）。德国对缩短工时计划的应用主要集中在统一以后对东部劳动力市场进行改革的第一阶段（see Mosley and Kruppe，本手册第20章）。日本在经济衰退时期和深度结构变革时期对雇主进行工资补贴，以实现就业的稳定化。还有一些其他计划，如提前退休（特别在法国和德国）、残疾人补贴（特别在荷兰）和冗员补助（英国）也经常采用（see Casey，本手册第12章）。

德国、法国、西班牙和爱尔兰，已经采用了一些专门的失业救济计划，在特殊情况下对那些不符合失业保险申领条件或已超出领取期限的失业者根据其需求提供救济。在很多其他国家，这类失业者唯一的保障来源是国家救济体系，该体系提供最低收入保障。在瑞典，失业救济体系秉承了该国的全民收入保障传统，不按经济状况调查结果给付。但保障水平很低，而且不包括20岁以下的青年。20岁以下的青年，则提供岗位保障（Björklund and Holmlund，1991）。除了西班牙和瑞典，只要申领人没有其他收入来源并愿意就业，就可以领取失业救济，而在德国、西班牙和瑞典，失业救济计划并非向所有困难失业者提供救济，而只向那些曾领过失业保险金或曾工作过一段时间的人提供。失业救济通常都是统一给付的，给付上限随年龄和家庭状况而不同。德国的情况比较特殊，失业救济与先前的工资或薪酬挂钩，低于失业保险的给付水平。

总体而言，面向失业者的国家保障体系（包括失业保险和失业或社会救济）都在不同程度上遵循了保险或福利原则。德国、法国、西班牙遵循的程度较低，而日本和美国的失业补偿体系，严格以保险原则为基础，给付水平一律与之前的工作、工资和缴费挂钩。从某种程度上说，英国、爱尔兰和瑞典则截然不同，给付水平与缴费等之间的关联要弱得多。补偿体系的资金越来越多地来自普遍社会保险基金和国家预算，统一的给付水平，按家庭状况提供不同的福利，等等，这些都表明，英国体系以普遍的福利原则为基础，保障最低收入；而保险原则所提供的是与工资相关联的收入保障（Clasen，1994；Schmid，Reissert and Bruche，1992，pp. 70−113）。

20 世纪 70 年代中期以来，失业补偿制度的历史进程表明，保险原则主导的体系与福利原则主导的体系没有交集（Schmid et al.，1992，pp. 111−112）。在失业率持续上升以及巨大的财政压力下，两种体系进一步深化了各自的特征。德国、法国和西班牙的保险类体系都加强了给付水平与缴费工作年限之间的联系；而福利导向的英国体系则削弱了这种关联。1981 年英国废除了与收入相关联的一项补充计划，1985 年引入了累进式保费缴纳，并逐渐把失业补偿支付由失业保险转入社会救济（收入保障）计划。

2．受益人比率

要评估失业补偿体系，首先应当评估有多少工人在失业时得到了工资替代。计划首先要评估工人在失业时获得的工资替代水平。考察该目标的一个指标是受益人比率，即失业者中实际领到失业保险金或救济的比例。另一个指标是工资补偿的相对水平——替代率——这将在后面予以讨论。我们关心的一个问题是，这两个目标之间是否存在权衡取舍。当失业保险基金出现赤字，或经济政治原因使得难以从国家预算中得到支持时，应对的政策可以是降低相对于工资的给付水平，也可以是通过提高资格要求，降低受益人比率。除了制度上的变化，劳动力市场的变化也可能使受益人比率降低，如超出受益期的长期失业人数增加，或不符合申领条件的“边际劳动力”增多。

在实践中，总受益人比率在欧盟各成员国之间差别很大。1993 年欧洲劳动力调查（ELFS）显示，在每周有偿就业不足一小时且积极寻找工作并随时可以工作的人群中，失业补偿申请者所占的比重从希腊的 7% 到丹麦的 87%（见图 8—1）。但我们在使用这些比较性数据时应谨慎，因为其中一些与其他出版物中的数据有较大出入，虽然那些出版物使用了不同的定义。[4]除去方法论方面的问题，各成员国之间的受益人比率还是明显不同，值得我们深思。

1993 年法国的受益人比率仅为 47%，低得惊人。这可能反映了这样一个事实：法国的失业保险计划很少得到国家预算的资助，因而比丹麦、比利时等国家更坚持保险原则。在丹麦和比利时，受益人比率约为法国的两倍，申领条件更为宽松，领取期限也更长（在比利时甚至没有时间限制）。

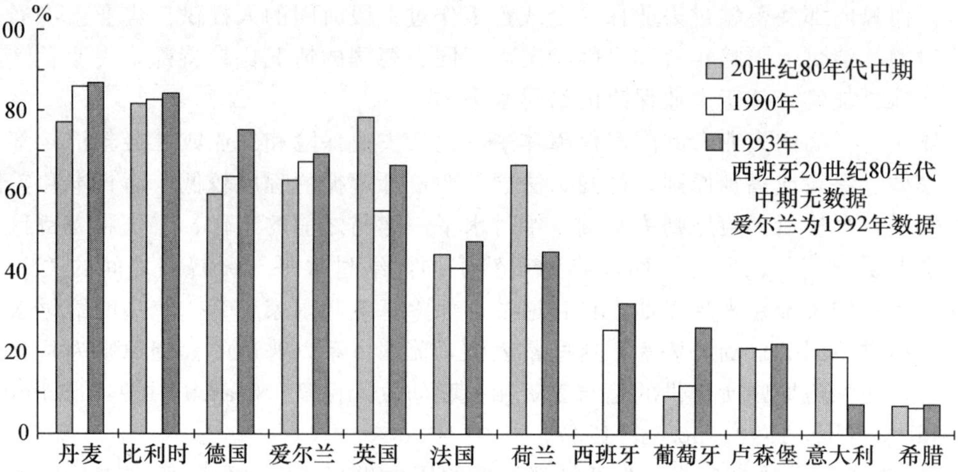

图 8—1　欧盟 12 国获得失业补偿的失业者比例（20 世纪 80 年代中期、1990 年及 1993 年）

资料来源：Eurostat.

分析 80 年代中期以来受益人比率的变化，可以将各国分为三组：受益人比率持续上升组（丹麦、德国、爱尔兰、西班牙、葡萄牙），受益人比率波动组（英国、法国、荷兰），受益人比率稳定组（比利时、卢森堡、希腊）。丹麦不仅是受益人比率最高的国家，也是 80 年代后期受益人比率增长最快的国家。这反映了丹麦在控制长期失业方面的成功，它通过积极的劳动力市场措施，减少了长期失业者——他们可能已经超出了失业保险的受益期限——的相对人数。德国受益人比率的大幅增长与德国的统一和产业结构重组有关。当时，大量短期失业的核心劳动力得到了失业补偿。东部的妇女对受益人比率的上升贡献尤为明显，因为她们比西部妇女与劳动力市场的联系更加紧密。

而从 80 年代中期到 1990 年，受益人比率在英国（从 78%到 55%）和荷兰（从 66%到 41%）出现了明显下降，直到 1993 年才稍有恢复。在英国，女性受益人比率的减少多于男性，而在荷兰，男性受到的影响相对更大。在英国，短期失业者和女性青年失业者的受益人比率下降幅度最大，这主要是由于资格要求的改变。1987 年，一项主要改革规定，青年失业者如果拒绝参加或中途退出青年培训计划，则降低他（或她）所享有的失业补偿水平。自愿辞职的青年则需要在获得失业补偿之前等待更长的时间。相似地，在荷兰，青年失业者受益人比率大幅下降（从 69%到 42%）的主要原因也是申领条件的改变。1987 年改革规定，在 6 个月后，若想继续获得补助，需要在之前的 5 年中至少缴费 3 年，这一规定使很多青年得不到失业补偿。

除了比利时，女性比男性获得失业补偿的可能性小（见图 8—2）。典型如英国、荷兰以及西班牙，这些国家中，女性的受益人比率仅为男性的一半，在希腊和卢森堡也差不多如此。造成这一差异的首要原因是，保险计划相对严格的资格条件排除了更多的女性，因为她们与劳动力市场的联系弱于男性。另一个主要原因是，按照经济状况调查结果给付的失业救济计划，遵循传统的养家模式，更注重保障男性。

许多成员国的失业补偿计划中，保险原则还体现在受益人的年龄差别上（见图 8—3）。原则上，失业保障与年龄之间的联系受两个因素的影响。第一，年龄越大，越可能满足资格要求。第二，随着年龄的增长，失业持续时间超出受益期限的可能性也逐渐增大。一些

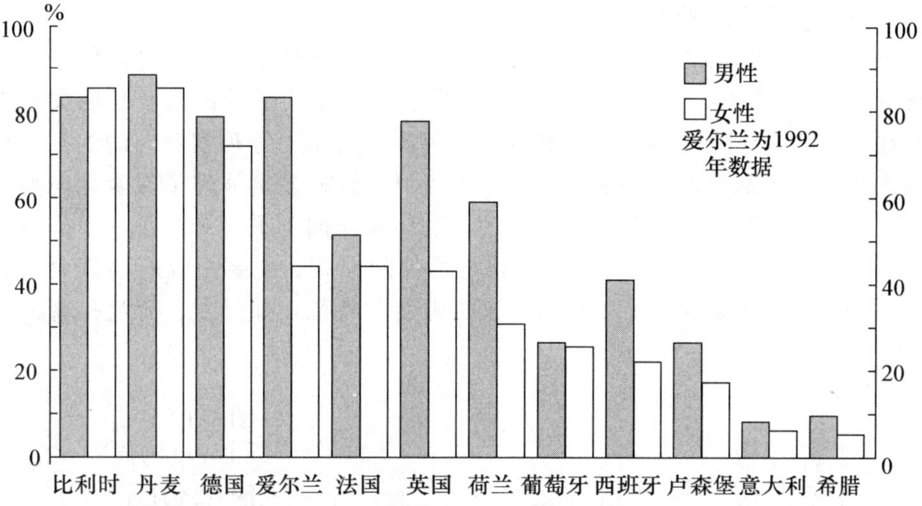

图 8—2　欧盟获得失业补偿的男性与女性比例（1993 年）

资料来源：Eurostat.

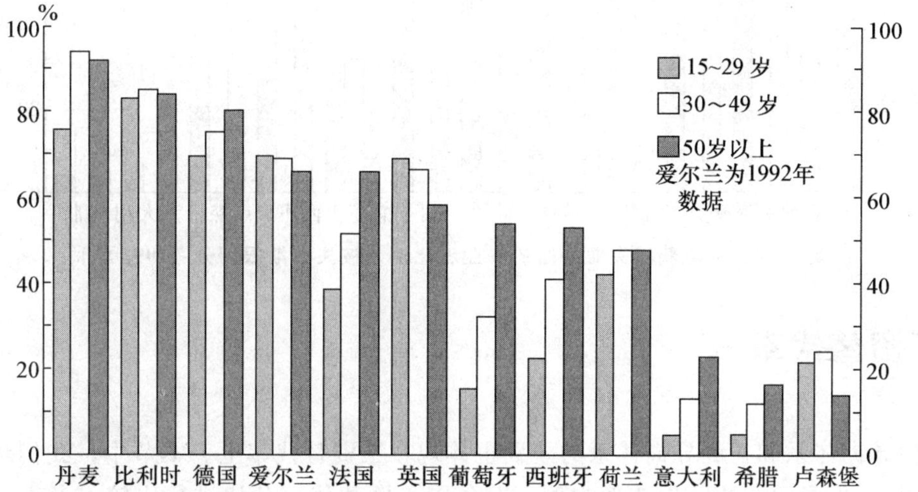

图 8—3　欧盟获得失业补偿的失业者比例：按年龄组划分（1993 年）

资料来源：Eurostat.

国家——保险原则很强的德国、法国和西班牙——在 80 年代，由于持续的高失业率，通过使受益期限更加依赖于年龄或工作年限，加大了对年长人群的保障力度。在这些国家中，年长者比年轻人得到更多的保障。

在其他一些保险原则稍弱的国家中，如丹麦、葡萄牙、荷兰、意大利和希腊，年龄与失业保障之间的关系也很明显。在英国、爱尔兰等福利导向型体系中，失业保障的主要目的是保障最低收入，它与之前的收入无关，因而政策不需要将收益期限与年龄或工作年限相关联。在这样的体系中，受益人比率不随年龄的增长而增长。相反，它们甚至会略有下降（见图 8—3）。在保险导向的体系中，年长者能够得到更好的保障。和这些体系一样，年轻人得到的保障较少。[5] 因而，保险导向的体系更偏向于保护核心劳动力（男性、年长），而不是边缘劳动力（女性、年轻、临时工），但在福利体系中，人们得到更加平等的对待（除了没有工资来源的女性）。

不同失业持续时期的受益人比率差异揭示了保险导向体系和福利导向体系的又一个不同（见图 8—4）。在德国、法国、西班牙这些保险导向很明显的国家，长期失业人员的受益人比率比刚失业 3～12 个月的失业者低。在英国、爱尔兰等福利导向的国家，长期失业者的受益人比率等于甚至高于失业不足一年的人群。这些差别体现了保险导向型体系更倾向于排除“贫困风险”（即长期失业者），而福利体系倾向于平等对待每一个失业者，虽然仅保证最低水平的收入。[6]其他一些不严格遵循保险原则、主要由政府预算而非保费提供资金来源的失业补偿体系也具有不排斥长期失业者的特征，如丹麦、荷兰和瑞典。

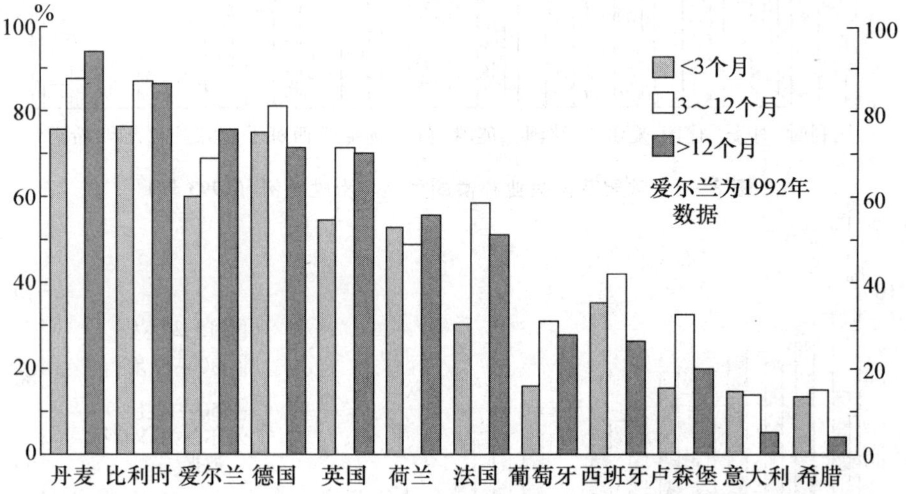

图 8—4　欧盟获得失业补偿的失业者比例，按失业期限划分（1993 年）

3. 工资替代率

保险导向体系和福利导向体系的差别也体现在工资替代率上。本节中，我们将以一名有着 10 年工作经验的适龄失业者为例，对各国工资替代百分比进行比较，来说明替代率的不同。

假设我们讨论的这名失业者 40 岁，无论他是否已婚，都没有孩子，之前的工资处于我们所考察国家的平均水平。虽然我们假设的这个人不一定能作为失业者的代表，但由于失业者们在个人特征上有着很大差异，我们难以为其他人群（如年轻人、年长者、无工作经验者、非全日制工人等）做出详细的假设。我们对这名假设的失业者计算了他在各国的总工资替代率——税前收益与平均总工资比率——分别考虑了三种情况：（1）这名失业者单身；（2）已婚且配偶拥有全日制工作；（3）已婚，配偶没有工作并依靠这名失业者养家。每种情况下，收益包含了 1991 年给付水平下他所申领的所有补偿金（失业保险金、失业救济和最低收入保障）。[7]

在那些依照福利原则的国家中，如英国、爱尔兰，补偿金的最初水平（与之前的收入相比）是最低的，且与失业时的家庭状况有关（见表 8—2）。因为它们遵循的是福利原则，旨在提供所需的最低收入，而与之前的收入水平无关。

表 8—2　　1991 年失业补偿的总工资替代率

	失业补偿占之前收入的百分比							
	失业初期				失业两年后			
	全部	单身	配偶有工作	配偶无工作	全部	单身	配偶有工作	配偶无工作
瑞典	83				22			
荷兰	70					34	34	39
西班牙	66					0	0	25
葡萄牙	65					30	0	34
丹麦	61				61			
希腊		50	50	60	0			
芬兰	58					24	0	24
法国	57				23			
日本	49				0			
德国	45					40	0	40
比利时		43	39	43		30	25	43
奥地利	43					39	0	42
爱尔兰		25	25	36		20	0	30
美国	34					4	0	8
英国		15	15	25		14	0	22

资料来源：The OECD Jobs Study (Part 2, pp. 171－223) by OECD, 1994, Paris: OECD Publications; "Benefit Entitlement and Replacement Ratio Data for the OECD Countries" by P. Hemmings, 1994, Paris: OECD (unpublished manuscript); national data; and own calculations.

在大多数其他国家中，初始的收入替代率明显高一些（43%～83%），通常与家庭状况无关。这表明，至少在失业初期，大多数国家的失业保险保障的是与工资相关联的收入水平，与家庭状况和其他需求标准无关。需要注意的是，在一些国家——比利时、丹麦、西班牙和瑞典——实际的工资替代率明显低于失业保险所规定的收益率（见表 8—1）。这是由于对补偿金的绝对水平设置了上限。

随着个人失业持续时间的延长，大多数国家中，工资替代率逐渐下降，与婚姻和家庭状况的联系越来越密切。这是由于，一段时间之后，失业者领完了他可以享受的失业保险金，他只能依赖失业救济和最低收入保障，除非他有其他收入来源。失业两年后，配偶有工作的失业者不再享有任何失业补偿，因为他的家庭收入位于最低水平以上。但单身或配偶无工作的失业者仍然能够在相当长一段时期内，甚至是无限期领取补偿金，虽然补偿金的水平比失业初期低。这种情况下，单身失业者的补偿金水平往往比配偶无工作的失业者低。

但是，考虑到长期失业状况，一些国家采取了与这种一般模式不同的补偿制度。例如，在丹麦、比利时、法国、荷兰，配偶有工作的失业者在失业两年后仍然享有失业补偿金。在丹麦、比利时、奥地利，配偶无工作的失业者在失业两年后的补偿金水平与失业初期基本相同。但在日本和希腊，长期失业者得不到任何失业补偿。美国（除了向困难人群提供食物券）也是如此，西班牙的单身失业者亦如此。

除了上面提到的四个国家，对长期失业的保障明显不同于一般模式的是英国。在英国，单身和配偶无工作的失业者可以继续领取补偿金，其水平与失业初期的保险金一样低，这表明，福利体系强调按需提供最低收入，不论失业多久。

4. 补偿体系的直接成本[8]

以上所讨论的受益人比率和工资替代率的国际差别，也体现在用于失业补偿的公共支出水平上。一些国家支付给每一名失业者的补偿金明显高于其他国家，反之亦然。如丹麦、荷兰和比利时的失业保障支出明显多于与其失业率相近的法国和英国，而意大利、希腊和美国的支出则少得多。因此，当失业率发生变化，失业补偿总支出占GDP的比重变动很小（见图8—5）。

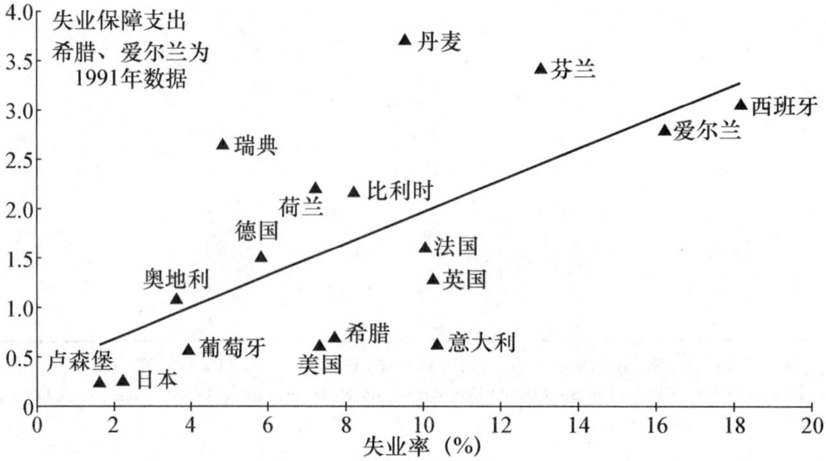

图8—5 失业保障支出占GDP比重与失业率：欧盟、日本与美国（1992年）

资料来源：OECD（1995），Employment Outlook，Paris：OECD Publ：cations；OECD（1995），Economic Outlook，57，Paris：OECD Publications.

根据上文对体系特征的描述，我们能够预期到这些差异。比如，丹麦和瑞典比其他OECD国家的支出多，是因为它们的受益人比率和工资替代率高。[9]比利时的受益人比率很高，并且失业补偿支付没有时间限制；荷兰失业初期的工资替代率很高。而在希腊和意大利，失业补偿计划只向失业者中的一小部分提供保障，因而成本低（虽然至少在意大利，保障失业者收入的负担被归入公共预算的其他项目）。最后，美国的支出水平低，是因为收益期短，仅为6个月，且与大多数欧洲国家相比，替代率低。

失业补偿的支出水平与体系以保险原则为基础还是以福利原则为基础没有明显关联。英国和爱尔兰等福利体系，与法国、西班牙等保险体系在失业者人均支出上几乎没有差别（见图8—6）。这反映了福利导向体系和保险导向体系的主要权衡取舍：前者向绝大多数申领者提供低水平的补偿，而后者为有限的核心工人提供高水平的补偿。二者的公共支出水平相差无几。

比较从80年代中期到1993年之间失业率与补偿支出的变化，可以看出保险导向体系和福利导向体系的又一点不同。大多数国家，失业补偿占GDP的比重随着80年代后期失业率的降低而降低，随90年代初期失业率的升高而升高。但是，多数情况下，失业者人均支出相对于GDP增长了（见图8—6）。[10]但英国和爱尔兰是两个典型的例外，根据失业情况调整后的失业给付明显降低。

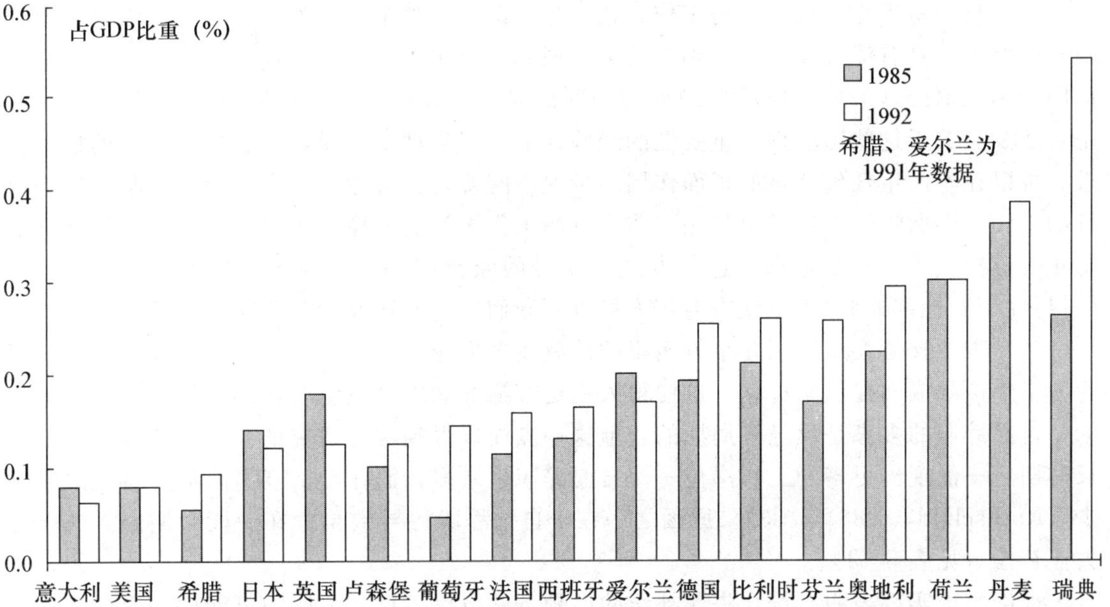

图 8—6　每 1%失业所产生的失业保障支出比重（占 GDP）：欧盟 15 国、日本与美国（1985 年，1992 年）

资料来源：OECD（1995），Employment Outlook，Paris：OECD Publications；OECD（1995），Economic Outlook，57，Paris：OECD Publications.

英国和爱尔兰严格以福利原则为基础，这表明，福利体系比保险导向体系更容易减少失业补偿。这一点并不令人惊讶，保费与保险金之间的紧密联系导致了保险金的某种财产权，因而相对于福利支出，保险金难以削减。因此，当我们考虑保障失业时收入这一主要目标时，保险导向体系比福利导向体系更有效率。但可能的次要或副作用呢？我们将在后面章节中讨论。

5. 失业保险金对劳动力市场转换的影响

失业补偿体系的激励作用（及其对劳动力市场运行的影响）可以通过劳动力市场转换模型予以考察。共有 16 种可能的流动方向（见表 8—3）。

表 8—3　失业补偿对劳动力市场流动的影响

从＼到	就业	失业	劳动力市场措施	非劳动力
就业	1	2	3	4
失业	5	6	7	8
劳动力市场措施	9	10	11	12
非劳动力	13	14	15	16

失业保险主要影响 2 和 5，即由就业流入失业，以及告别失业投入工作。越来越重要但到目前经常被忽略的是，失业保险对从失业流向劳动力市场措施（7）和从劳动力市场措施流向就业（9）的影响。然而，补偿政策也间接影响了其他可能的流向。但是，失业补助政策也不直接地影响了其他流动，这种可能我们在后面会考虑到。这些作用都是程式化的，根据各国不同的制度安排，存在一些细节上的差异。[11]

(1) 从一份工作转向另一份工作，或工作流动，会带来更大的失业风险，因此失业保险对跳槽可能具有促进作用。特别是从大公司到小公司，从永久合同到定期合同，从公共部门到私人部门（最后一项源自最近的一项提议：公务员参与缴纳失业保险费）。遗憾的是，还没有关于这些影响现实重要性的经验证据。但从理论上说，对功能性流动的任何促进，可以在不产生任何严重的负面作用的情况下间接防止失业。让失业保险为临时性非全日制工作提供保障，即促进全日制与非全日制工作之间的转换，为提高劳动密集程度从而防止失业提供了又一个选项。这种方式为年轻的家长们一边带孩子一边工作提供了激励（对男性、女性都如此），也使得老年人可以逐渐而非突然转换为非劳动力。

(2) 失业补偿会从以下几个方面影响从就业向失业的流动。从工人的角度看，失业保险为工作搜寻成本提供了补贴。这使得人们更容易辞职以寻找更合适的工作。搜寻理论认为，自愿辞职的多寡是反经济周期的，但这一点尚未得到实证研究的证实。相反，经济增长时期——涌现出更多的工作岗位——自愿辞职也增多，而在经济衰退时期，自愿辞职减少（Rothschild，1988，p. 33）。原因之一在于自愿辞职将导致至少在一段时期内无法享受失业补偿（见表 8—1）。

理论与现实都表明，符合失业补偿的申领条件将提高自愿离职的可能性，而当享有补偿金的期限达到最长时限时（如果受益期限存在差别的话），自愿离职的可能性进一步提高（Green and Riddell，1994）。但这种影响在非季节性工作中很小，虽然尚无证据。这种可能的影响引发了一个问题：如何为失业保险设计最优的领取要求。等待期（等待期中不能享有补偿金）是解决这一问题的措施之一。但尚无证据表明等待期是防止失业保险滥用，即防止自愿失业的有效方法。考虑年老员工的情况，当他们符合最高补偿金的资格要求时，他们可能会使用（或滥用）失业保险金退出劳动力市场。这种情况下，等待期不再起到促进流动或工作搜寻效率的作用，看似应当让个人承担更多的工作调整成本。过高的成本会阻碍自愿流动，而过低的成本会促进无效的工作搜寻甚至失业保险系统的滥用，因此，一般需要在这两者之间保持平衡。[12]

提前退休及失业保险的明确工具化遭遇了更大的争议。一些欧洲国家已经采用这种方法应对结构变化。这种策略是用老年员工换取青年的工作机会，它通过失业保险计划为老年员工失业的间歇期提供补贴（Casey，本手册第 12 章；Kohli，Rein and Guillemard，1991）。在防止长期失业方面，这既是一种高成本的方法，又是一种没效率的方法，因为它浪费了潜在的生产资源。上面提到的灵活退休计划（如非全日制退休），由失业保险予以补贴，从社会和经济角度看，更受欢迎。

再来看雇主方，失业保险使雇主更容易解雇工人，因为能减少被解雇工人所提出的要求，同时能够减少雇主在剥夺工人生计来源时的责任感。因而其他条件相同时，雇主采用冗员风险高的生产方式的倾向增大。当雇主的失业保险缴费与风险相关联，即下岗或解雇越多，保费越高时，这种激励能受到一定抑制。至于对领取要求高度敏感的职位，即低工资的季节性工作，有人建议，宜引入经验费率厘定制。经验费率厘定对非季节工作的作用尚不确定。例如，一项研究对一家经验费率厘定企业（美国）和一家非经验费率厘定企业（加拿大）进行了比较，并没有发现后者增加下岗或减少培训（Bechterman and Leckie，1994）。

欧盟成员国均没有采用经验费率厘定失业保险体系，尽管经验费率厘定经常受到推崇。事实上，非经验费率厘定失业保险体系对建筑业、宾馆和餐饮业等季节性行业提供了更高的补贴。[13] 由于每种经济都需要这类工作，因此，政策应当确定在何种程度上通过这种方式间接补贴这类劳动力市场灵活性。这类体系的滥用容易对行政规章予以抑制，如不同的受益期限。总之，除了临时性下岗（在美国和丹麦，这种情况非常普遍），尚无证据表明，失业补偿对从就业向失业的流动具有重要影响（Atkinson and Micklewright，1991，p. 1715）。

（3）失业保险促进从就业向劳动力市场措施转换的例子仍然很少见，但它越来越重要了。因此，既有文献对此几乎完全忽略是不妥当的。少数几个国家（如比利时、德国和日本）有着在经济衰退时期缩短工时的悠久传统，在衰退期，失业保险体系按实际接受的服务计价，提供工资替代。这一方案越来越多地为其他国家所采用，其采取非全日制失业补偿等功能等价物，如法国和荷兰（see Mosley and Kruppe，本手册第 20 章）。

（4）当老年人失业不需要登记时，即使他们享受着保险金，也不被计入失业人数，不再被视作失业者。这样，失业保险可能促进了从就业向非劳动力的流动。另一方面，资格效应（Hamermesh，1977）——为符合领取失业补偿的资格条件，员工继续留在劳动力队伍中的激励——倾向于减少从就业向非劳动力的流动。这两种相反的效应中哪一种更强仍然有待于实证研究给予回答。理论上说，德国的长等待期能够稳定就业。但如果使用这种方式防止失业，要避免其负面作用，必须采用内部灵活性措施加以补充。

（5）根据传统经济理论，高的工资替代率会降低由失业流向就业的可能性（Johnson and Layard，1986）。失业者的受益期限越长，这种影响就越明显。受益期即将结束或补偿金逐渐减少时，这种影响就会减弱。对那些没有参加保险的失业者，则可能出现相反的作用。即保险计划的存在为他们提供了尽快找到工作的激励，因为当他们再次失业时就能够享有失业保险金了（Mortensen，1977）。在某种程度上，参加保险的人和没有参加保险的人在找工作时存在竞争关系。空缺岗位越少，期望补偿金越高，竞争愈激烈。此外，如果积极的工作搜寻需要资金，那么高额的失业保险金可以增加用于系统性搜寻的资金，从而增加了再就业机会（Atkinson and Micklewright，1991，p. 1700）。这种影响与高额补偿金对享有保险人群在找工作方面的负面影响能够相互抵消，这种权衡取舍可以解释为何很多有关的实证研究得出了相互矛盾的结果或在失业保险与个人失业持续期之间没有发现明显的联系。[14]

教科书上所说的失业保险金与道德风险之间的关系也会受到其他因素的影响。一个例子是某些劳动力市场措施的存在，如有效安置服务，为失业者提供工作并借此了解工作的可得性（下面也提到了这一点）。即使结果是显著的，其影响也很小。例如，Meyer（1990，p. 780）认为他的结果是近年来的研究中最精确的：替代率上升 10 个百分点可导致持续期延长一个半星期。瑞典的一项研究表明，失业流出率关于补偿金水平的弹性为 −0.06；对于享有保险金的失业者，失业持续期比未参加保险者平均长四周（Carling，Edin，Harkman and Holmlund，1994，p. 19）。大多数研究都没有详细考察失业持续期结束后的就业状态。但一项法国的研究指出，反映是否享有失业保险金的变量，对接受不稳定的工作具有显著的负面影响，但对接受常规工作显著性较弱（男性）甚至不显著（女性）（Atkinson and Micklewright，1991，p. 1714）。

至少从理论上说，提倡短期高额失业保险金，但在长期中补偿金水平逐渐降低，以促进从失业（或非劳动力）向就业的流动。还可以考虑采用更强的激励，例如向找工作快于一般失业者的人提供资本化的补偿金。但这种激励应当更倾向于弱势人群或地区，以避免易找到工作的人群得到意外暴利。这种措施也可以应用于其他具体的目标，如引导失业者自雇佣（see Meager，本手册第16章）。

日本为促进从失业向就业的转换，采用了一种特别的内置式激励计划。如果失业保险金的领取者在其受益期限的前半部分开始他的新工作，那么，他将得到“再就业奖金”。根据补偿金的受益期限和开始新工作的时间，这笔奖金为余下补偿金资本化价值的1/3～2/3不等。例如，如果补偿金的受益期限为90天，工作搜寻者领取补偿金不足45天便找到工作，那么他可以一次性得到金额相当于30天补偿金的奖金。只有通过公共就业服务找到工作才有资格领取奖金，因此再就业奖金一个可能的副作用是，间接鼓励雇主登记空缺职位。

在一些国家中，领取补偿金的时期很长甚至没有期限，这时，向失业者支付相当于他（或她）的剩余补偿金的奖金，是不现实的或过于昂贵的。可以考虑固定额度的奖金，但这不太可能成为雇佣决策过程中的主要因素。受到OECD（1992，p.143）高度称赞的日本再就业奖金计划，其开支仅占全部失业补偿开支的7%。尚无对这一计划进行全面评估的研究。因而我们无法得知，奖金获得者是否置换了非奖金获得者，从而使得后者的失业持续时间延长。

一些研究对美国的实验进行了评估。1984年的伊利诺伊实验有力地支持了再就业奖金理念。用于奖金的每一美元，能够使失业保险金的支付减少2美元多，使失业保险金的平均持续时间减少1.2周（Woodbury and Spiegelman，1987）。在宾夕法尼亚和华盛顿实验中，虽然奖金额度更高，但影响较小（O'Leary，Spiegelman and Kline，1993），他们最后得出结论，如果计入计划的管理成本，那么“从（失业保险）体系的角度看，奖金并不是成本有效的”（Decker and O'Leary，1994，p.20）。如果从社会的角度来考察成本收益关系，那么上面最后一项研究得出，在再就业奖金得到最优设计（高额奖金，较长领取期限）的情况下，每个领取者可获益347美元。

遗憾的是，虽然美国研究代表了最好的评估方法论（see Björklund and Regnér，本手册第3章），但这些评估并没有得出明确的结果。这不仅是由于相互矛盾或大相径庭的结果，也是由于方法论问题。即使实验性研究也不能反映，当实验转化为常规或大规模的方案时，由于参与主体的学习效应等因素的存在，实验结果将发生怎样的变化。此外，到目前为止，还无法将置换的可能性纳入考虑范围。Meyer（1995）对美国的失业保险实验评估进行了全面和精彩的评价，他还指出了其他两种非预期的行为影响，这两种影响很可能抵消了经济激励对缩短就业持续期的微弱促进作用。首先，在永久方案中，可能有更多符合资格的人申请奖金，从而会增加奖金计划的成本。而在实验中，符合条件人群的采纳率（参与效应）仅为55%～65%。其次，通过提高领取失业保险金初期的奖金额度，永久性奖励可能会导致更多的人更换工作从而更多的人领取失业保险（进入效应）。对工作搜寻实验（而非经济激励实验）进行回顾之后，Meyer得出的结论支持下述观点：为确保由失业向就业的转换，加大失业保险领取资格的审核力度，同时大力推进安置服务，比经济激励更具成本有效性。但若要了解应当如何对控制和服务进行组合，仍有待于更多的实验性研究（Meyer，1995，pp.126-128）。

（6）失业保险金的存在显然会增加失业者安于失业状态的概率。大多数实证研究表明，保险金的持续时间比保险金的水平更重要（Atkinson and Micklewright，1991，pp.1716-1717；Florens，Fougère and Werguin，1990，pp.455-463）。但花更多的时间寻找工作，不一定会降低分配效率（Rothschild，1988，p.31）。事实上，延长工作搜寻时间对于专业化的职位可能是必要的。至少在这种情况下，失业保险延长失业者处于失业状态的时间是有利的（Franz，1982，p. 47）。另外，促进人职匹配也可以缩短失业的未来持续时间，从而减小了长期以来由就业流向失业的规模（Burtless，1987）。

（7）相形之下，关于从失业向劳动力市场措施转换的决定因素，失业保险金与参与各项劳动力市场措施所享有的补贴之间差异的影响，我们所知甚少。三项优秀的瑞典研究建立模型，研究了从失业向劳动力市场措施的转换以及工作保证的存在对失业向就业转换所带来的影响。[15]不过这几项研究的结果略有不同。

在其中一项研究（Korpi，1994，p. 4）看来，就业概率的缓慢下降（与其他大多数国家不同）是由于劳动力市场措施接收了就业前景最不好的那群失业者。这项研究没有发现任何证据证明，劳动力市场方案的推广会降低失业者搜寻和接受常规工作的积极性。第二项研究（Carling et al.，1994，p. 23）表明，补偿金快到期时，失业流出率上升，这意味着，补偿金快到期时存在更努力搜寻工作的激励，工作保证并没有消除这一激励。他还指出了劳动力市场措施的另外两个积极作用。第一项研究显示失业时人们的心理受到很大的负面影响，而参与劳动力市场措施可以使这种情况得到改善。同样，有证据表明，方案参与可以使之后的就业更加稳定，从而影响失业的流入率（Korpi，1994，p. 6）。

第三项研究（Ackum Agell，Björklund and Harkman，1995）得出了较具批判性的结果。失业补偿、参与劳动力市场方案以及参与5个月后重获失业保险金的领取资格，导致在方案参与、季节性工作和临时性公共部门岗位之间反复出现失业期。作者估计这一人群在劳动力中至少占1%，因而提倡更为严格的工作要求。然而，他们也指出，反复失业的人群中，大部分都是低收入工人，因而存在公平与效率之间的权衡。

当失业保险金相对于参与政府计划所能得到的补贴发生下降时，参与劳动力市场措施以提高技能水平的意愿可能增强（Atkinson and Micklewright，1991，p. 1714）。但在实践中，大多数国家中培训补贴与失业保险金之间没有差别，即使有，也很小。例如，德国1969年的《就业促进法案》（AFG）中，培训补贴与失业保险金之间存在较大差距。但德国陆续缩小了这些差距。1994年以来，这些差距已经完全消除。在英国，1988年以来，政府会在原先的失业补偿之外每周多支付至少10英镑的补贴。（但这似乎仅仅弥补了培训所带来的成本，并不能促进培训；参见Schmid，本手册第25章。）

不对参与培训提供明确的激励可能是因为工作搜寻和培训之间的取舍关系。一方面，培训期间，人们不能积极地搜寻工作，虽然积极的搜寻在很多情况下可能比接受不一定有用的技能培训更有效率。如此看来，比失业保险金高的培训补贴反而给出了错误的信号。另一方面，像英国计划所反映的那样，培训措施会产生额外的成本，至少应使人们参与培训的成本得到补偿。创造差别激励也可能有用，即向技能水平低的失业者提供比技能水平高的失业者更高的培训补贴。

（8）失业保险降低了失业者退出劳动力市场的可能性，即使他实际上已经不再可能参加工作了。尚无明确的数据来体现这种“滥用”对持续高失业率的贡献程度。积极的劳动力市场方案，以及失业者定期证明自己随时可以投身工作的要求，有助于限制这种滥用的规模，此外还有提前退休计划，使失业者能够依法退出劳动力市场。

（9）失业保险通过受益期限可能会间接影响从劳动力市场措施向就业的流动。在很多国家，某些措施，如全日制培训，不会使失业者重新具有领取失业保险金的资格，而其他一些措施，如临时性公共工作或私人部门的补贴岗位，可以使参与者再次享有失业保险金。后一类劳动力市场措施降低了失业者再度走向常规就业的可能性（同样见（7）中瑞典的例子）。这就意味着，培训措施更为优越，它不仅能提高个人生产率，而且能够促进常规就业。可惜的是，现在还没有这方面的系统性评估。

（10）前已提及，某些劳动力市场措施可以提供再次获得失业补偿的机会，从而提高了再次失业的可能性。某些计划甚至就是以这一作用为目的，尤其在严重衰退时期。例如，德国的就业岗位创造计划（ABM）的目的之一就是在就业岗位有限时，如衰退期，对公共工作机会进行再分配，使长期失业者能够重新获得享受失业保险金的资格。除了公平目标，这种做法背后还有一层宏观经济原因：这种收入的再分配能够稳定有效需求。这种政策的危险在于，可能会形成依赖于劳动力促进计划的职业生涯，并巩固了所谓的次级劳动力市场。

（11）这一系列的寻根问底引得我们对另一种流动的关注：从一种劳动力市场措施流向另一种劳动力市场措施。同样，受益期限可能会使培训措施的参与者转而参与那些提供再次享有失业保险机会的劳动力市场措施。积极开展一系列劳动力市场措施的另一个原因可能是，失业保险计划带来了错误的激励，引导人们去参与，比如低质量的培训，而放弃积极搜寻或接受一份稳定但起始工资很低的工作。另一方面，"促进链"对很多失业者来说可能很有用，否则他们难以融入常规劳动力市场。目前尚没有这方面的评估研究为我们应对这类困境或权衡取舍提供指导。

（12）以上讨论的直接结果是，我们开始关注失业保险对从劳动力市场措施流向非劳动力的潜在间接影响。从成本收益的角度来看，这样的流动纯粹是一种浪费。但从变化的劳动力市场的角度看，这种转换在一种特殊的情况下是有利的。对于老年或残疾人群，就业补贴（例如，非全日制失业保险金的给付，或退休前一年的工资补贴）形式的劳动力市场措施可能是有用的，并逐渐得到推广。这类措施会促进从劳动力市场措施向部分非劳动力的流动。但至今也没有关于这一劳动力市场桥梁的研究。

（13）最经常提及的失业保险受益期限的好处是，吸引原本为非劳动力的人群进入劳动力市场。特别是，如果一名家庭成员失业了，并且没有参加保险，或保险不足，其他原本为非劳动力的家庭成员可能不得不积极寻找工作来补充家庭收入。另一方面，由于失业保险需要资金来源，与工资相关联的缴费减少了雇员拿回家的收入和跳槽的冲动。雇主因为需要缴纳保险费而会减少雇佣新人，从而减少了从非劳动力（或失业）流向就业的人数。对于这两种作用中哪种为主这一实证问题，评估研究尚未给出明确的回答。

（14）失业保险还可能会引导一些非劳动力去登记失业，即使他们无法得到现金补偿。登记失业可以享有很多非货币的补偿，如参与专门的劳动力市场措施，享受安置和咨询服务，某些消费的减免（如观看戏剧、电影、歌剧，或公交车票的折扣）以及其他社会福利，如医疗保健服务和养老金。

（15）既然劳动力市场措施与领取失业补偿的资格有关，那么失业保险也会促进从非劳动力向劳动力市场措施的流动。

（16）以上讨论的直接结论是，失业补偿会减少人们停留在非劳动力状态的可能性。失业保险，实际上是向正式的劳动力参与提供了补贴，从而可能会减少人们对非正式或"黑色"经济的参与。但在这方面，要得出令人信服的结论仍然需要专门的研究。

总而言之，失业保险对劳动者和雇主的激励作用并不确定。至少在短期内提供较高收入保障的激励计划，肯定会促进从就业向失业的流动，并延长失业的持续时间，但这种作用的规模及其对劳动力市场运行的意义具有很大的争议性或很微弱。同时，我们必须考虑其他重要影响，如对劳动力参与的影响、对参与劳动力市场措施的影响。对那些只关心短期选票周期的政治家来说，这个观点有助于避免推广先前消极的收入转移的诱惑。因此，接下来，我们将全面讨论为何应当将支出用于积极的而非消极的劳动力市场政策。

6. 失业保险与积极劳动力市场政策

把资源用于创造岗位和提高技能（积极措施）而不是保障收入（消极措施）是很有道理的。两个重要原因在于，特定技能的供给与需求之间的持续不匹配和公共基础设施的日益不足。另一个重要原因是，积极劳动力市场政策的净成本（它给公共预算带来的实际成本）比总成本（用于积极措施的公共支出）要少得多。大多数国家中，对失业的财政成本的估计和对政策方案的评估都表明，用于积极就业措施的公共支出能够减少失业的成本，因为失业保险或救济将被增加的税收收入和/或社会保障缴费抵消，而增加的税收和缴费归根到底来自那些得益于这些措施而实现再就业的人。因而，积极劳动力市场政策的净成本相对很小，只占总成本的一小部分（Schmid et al.，1992，pp. 137－141）。[16]

但在大多数 OECD 国家中，用于失业补偿的公共支出仍然多于积极政策支出（见图 8—7 和图 8—8）。OECD 24 个国家中的 22 个，在 1992 年，用于积极措施的支出（GDP 的 0.94%）平均不到失业补偿和提前退休计划支出（GDP 的 1.9%）的一半。所以，平均积极率——用于积极措施而非收入保障的支出所占的比重——仅为 33%。但是，积极率的分布，最小值为西班牙的 16%，最大值为葡萄牙的 59%，荷兰和法国几乎处于平均水平，而瑞典（53%）和德国（46%）一直高于平均水平（见图 8—9）。

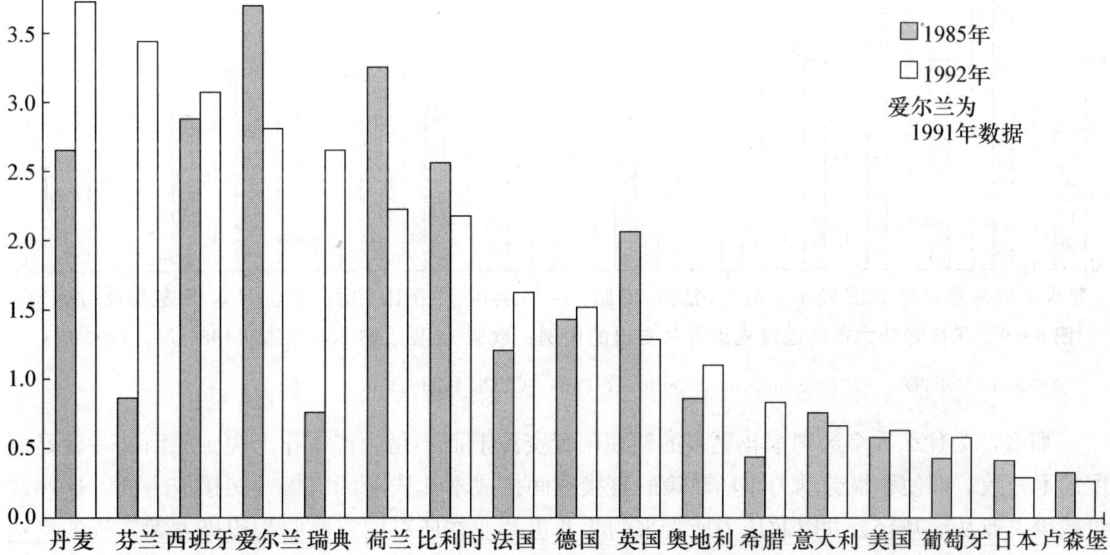

图 8—7　失业保障支出占 GDP 比重：欧盟 15 国、日本与美国（1985 年，1992 年）

资料来源：OECD（1995），Employment Outlook，Paris：OECD Publications.

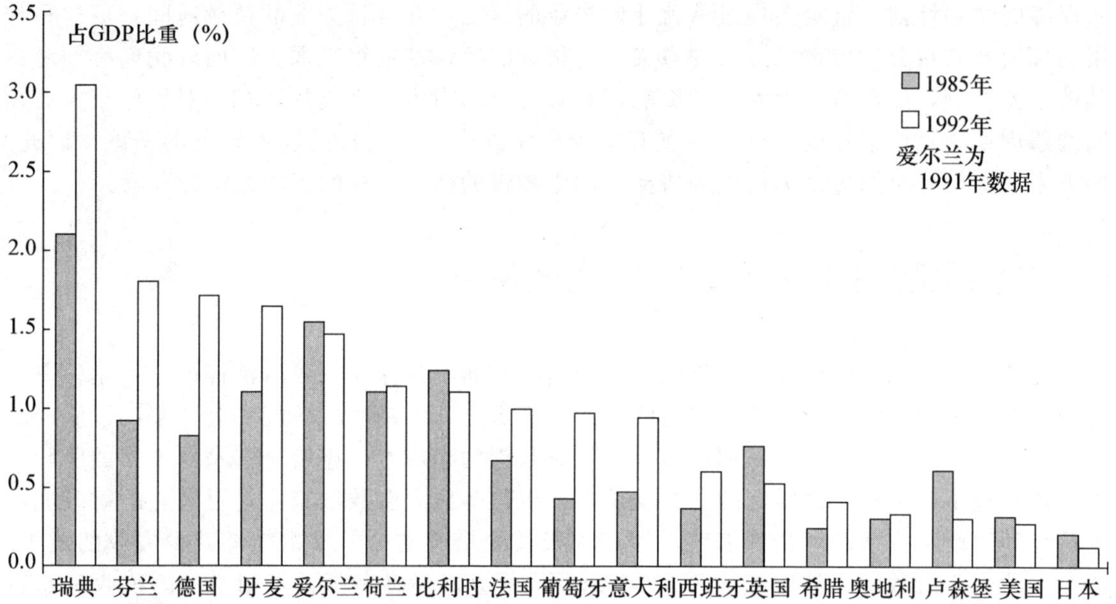

图 8—8 积极措施支出占 GDP 比重：欧盟 15 国、日本与美国（1985 年，1992 年）

资料来源：OECD（1995），Employment Outlook，Paris：OECD Publications.

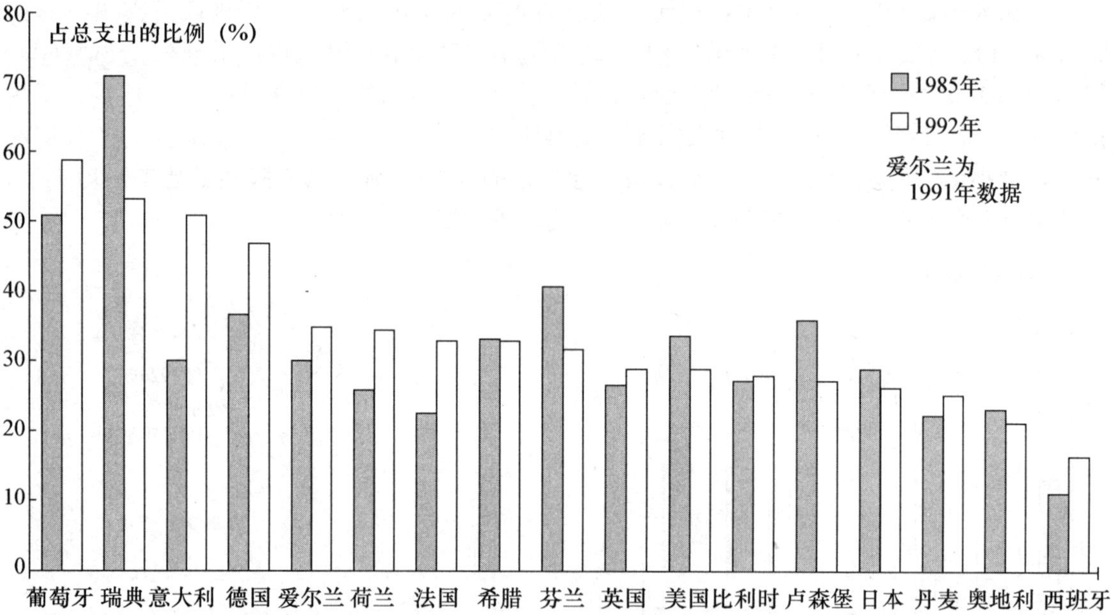

图 8—9 积极劳动力市场政策支出占总支出的比例：欧盟 15 国、日本与美国（1985 年，1992 年）

资料来源：OECD（1995），Employment Outlook，Paris：OECD Publications.

那么，为什么大多数国家花更多的钱在闲置资源上而不是生产工作上呢？原因之一就是制度的不一致。即使积极劳动力市场政策的直接或间接成本比失业的直接或间接成本低，这些政策减少失业从而减轻公共财政压力所带来的收益也并非在所有国家都归为积极方案筹资的机构所有。通常，收益中的很大一部分都由未参与积极劳动力市场政策的机构享有（Schmid et al.，1992，pp. 205−209）。因此，从制度上说，财政上的分离不利于减少失业。[17]

用于积极措施的支出与失业正相关，尽管很微弱。积极率与失业负相关：失业率越高，积极政策的相对支出越少（见图 8—10），这是因为收入保障支出总是优于积极劳动力政策支出这一事实。因此，当失业率上升时，消极措施支出挤出了积极政策支出。而且，失业水平越高，积极措施缓解问题的效果越不明显，同时越来越倚重于宏观经济政策。第三种解释是，高的积极率有助于降低失业率。这种可能的“因果链”得到了以下事实的支持：1985—1992 年间，积极率增长幅度最大的国家，失业率下降幅度也很大。

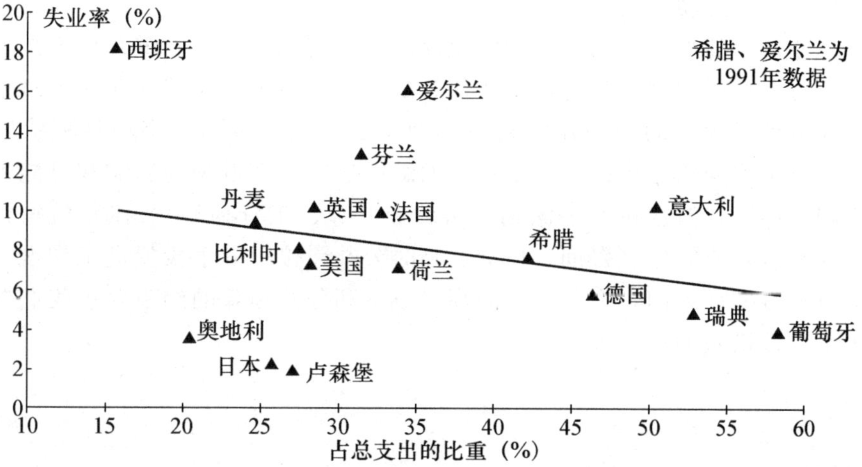

图 8—10　积极劳动力市场政策支出比重与失业率的关系：欧盟 15 国、日本与美国（1992 年）

资料来源：OECD（1995），Employment Outlook，Paris：OECD Publications；OECD（1995），*Economic Outlook*，57，Paris：OECD Publications.

当然，要比较劳动力市场政策的效果和效率，公共支出的规模既不是一个完备的也不是一个理想的衡量指标。它忽略了特定劳动力市场方案之外的其他财政政策，而且没有考虑到非财政措施和私人部门的项目。所以，高的积极率，即相对高的积极支出，本身并不能保证失业得到有效的预防和减少。唯有通过更广泛的制度评估和对单个方案的深入分析，我们才能得出最终的结论。

7. 结　论

在这一章中我们考察了失业保险制度机制的巨大差异。诸多细节之外，一些基本的原则对制度的安排及其对结构变化所作的调整起最终决定作用。福利导向型失业保险体系（如英国）收入保障水平低，但更公平，并可以更有效地抑制道德风险。保险导向型失业保险体系（如德国）在保障收入方面更有力，但当持续存在大量失业者时，它无法覆盖边缘人群。而且还易出现道德风险，尤其在提供无限收入保障的情况下。尚未发现这些原则的交融。

失业保险对劳动力市场行为的影响并不确定。但仍可以从三个不同层面得出一些普遍的结论。在宏观经济层面，一个有效的收入保障体系可以稳定失业者的购买力。从中观经济层面来说，一个统一的失业保险体系可以重新分配地区间的购买力，从而避免陷入落后地区购买力越来越弱的怪圈。一个运行良好的补偿体系对维持良好的劳动关系非常关键。如果工会得知他们的会员在失去工作后可以得到足够的保障，那么他们在对结构变化作出调整的过程中就会更加配合。在微观层面，一个设计良好的失业保险体系将会减少社会分层，也对无过错却失去工作的人来说更加公平。如果在短期中可以得到高额的失业补偿，那么人们更愿意冒着高失业风险参加再培训，接受新工作，从而保持他们在劳动力市场上的流动性和灵活性。但在长期中，可能出现道德风险，这就需要对不同的目标群体不同对待，并且需要积极的劳动力市场政策加以辅助。

保持公平和效率的平衡，以及控制失业保险的道德风险仍需要继续研究。本章已经清楚地指出，面对急切的制度改革时，哪些信息是必需的。第一，就失业保险对个人行为的影响和对劳动力市场运行的影响建立动态模型，必须包括劳动力市场各种状态之间的流动。第二，从方法论的角度来说，需要更多的纵向研究来衡量长期影响和可能的副作用或非预期的影响。第三，对通过经济激励（再就业奖金、工资补贴），控制措施（更为严格的工作要求和测试）或服务（咨询、培训、临时公共岗位）等手段促进工作搜寻的其他方法进行评估也很重要。第四，失业保险的高昂成本和公共预算的约束要求我们探索将消极支出转而用于积极措施的巧妙方法。

注释

[1] 关于 20 世纪 70 年代和 80 年代有关研究的全面回顾，可参阅 Atkinson and Micklewright (1991)，Atkinson and Mogensn (1993)。对背景知识的补充介绍可参见《OECD 职位研究 1991》的第七章（“失业金规则与劳动力市场政策”）和《OECD 职位研究 1994》的第八章（“失业和相关福利”）。对于德国读者，Stoernack (1991) 所做的回顾很有价值。Björklund and Holmlund (1991) 对瑞典体系的分析也非常出色。

[2] 失业保险和失业救济并存的一些国家也向那些未被或未完全被这两项计划覆盖的人群以社会救济的形式提供最低收入保障。

[3] 表 8—1 所示数据之前的数据可参见 Reissert (1993, pp. 20－21) 和 Schmid (1994, pp. 86－91)。欧盟其他成员国失业补偿制度的有关数据，可查阅资料来源。

[4] 若要了解对失业的不同定义如何影响受益人比率，请参阅 OECD (1994, Vol. 2, pp. 186－190)。ELFS 使用的是国际劳工组织（ILO）对失业的统一定义——有偿就业不足每周一小时，寻找工作，随时可以就业——与很多国家的登记失业研究所使用的定义不一样。同时，ELFS 可能会低估一些国家的受益人数，因为给付水平低或缺少明确的规定，甚至领取者都没有意识到自己正享受着失业补偿。

[5] 比如，法国，1993 年，30 岁以下的人，在失业者中占 45%，在失业补偿受益人中只占 36%；而 50 岁以上的人，在失业者中占 10%，在受益人中占 15%。在英国（福利体系），相应的数字分别是 45%、47%、18%、16%。

[6] 但观测到的受益人比率与福利体系的这一趋势并非特别吻合，原因是存在提前退休和积极劳动力市场政策计划。超出享受失业补偿期限的人可以参与这些计划，从而不被计为失业者，于是提高了受益人比率。

[7] 我们的计算使用的是 OECD 数据 (Hemmings, 1994; OECD, 1994, pp. 171－223)，我们对数据有误之处进行了调整。意大利和卢森堡因缺少可比性数据而未包含在计算中。德国的失业补偿金水平与净工资相关联，但为保证与其他国家的可比性，我们对补偿金（加上我们估计的收入税）和总工资的比值进行了估算。如果要估计对可支配收入的替代，衡量税后补偿金与净收入之间比值的净替代率明显比

总替代率更为合适（Schmid et al.，1992，pp. 122–137）。但是，就税收的影响建立模型太困难。要了解OECD国家的净替代率，可参阅OECD（1994，pp. 225–227），虽然其中没有就个人特征进行区分。

[8] 当然，如果考虑与损失的税收有关的成本、保费损失，以及因生产率降低、灰心丧气的工人增多等导致的间接成本，失业的总财政成本可能为直接成本的3～4倍。

[9] 我们不清楚OECD将用于培训或岗位创造措施的失业补偿如何计入其统计类别。直觉告诉我们，尤其在丹麦，失业补偿项目下的有些支出实际上是积极措施中的生活补贴支出。

[10] 瑞典的这一增长十分明显，使得政府把初期补偿率从80%～90%（1993年）降到了70%（1994年）。

[11] 我们采用了Clark and Summers（1982）的方法论，将之应用于劳动力市场措施并稍做了一些修改。这些流动中，对角线上的四种，1、6、11、16，别有特点。从语义上说，当然不存在自己向自己的流动。但失业保险能够影响不同工作职位之间的流动（例如，部门和企业之间或部门内、企业内，通常所说的流动或劳动力或工作流动），从一项劳动力市场措施向另一项措施的流动，以及各种非劳动力之间的某些流动（尤其是家务劳动与非正式经济之间）。从失业向失业的流动，正是我们在这里所讨论的，它是失业自我延续的因素。

[12] 1995年德国引进一条新规定，如果54岁以上的员工无故离职，那么在现有的暂停补偿金12个月的规定之外，受益期至少缩短1/4。这一目标群体的失业补偿受益期最高可达32个月，于是，这条新规定将受益期减少了8个月。

[13] 加拿大一项出色的研究发现，经验费率厘定使得失业保险费由"对工作征税"变为"对失业征税"。在非经验费率厘定体系中，再分配过程明显倾向于初级行业和建筑业，行业内的再分配也很明显。因而，行业相关的经验费率厘定机制，也会在某种程度上受到抵制。而且，只有一小部分企业是净收益者（Corak and Pyper，1994）。

[14] 近来的研究综述可参见Atkinson and Micklewright（1991，pp. 1710–1715），Schmid et al.（1992，pp. 154–159）以及Stobernack（1991）。Layard，Nickell and Jackman（1991）得出下述结论："期望持续期的补偿金弹性一般为0.2～0.9，取决于劳动力市场状态和所考察的国家，虽然估计值可能有时低至0，有时高达3.3"（p. 255）。

[15] 瑞典的特点是将严格有限的收益期（55岁以下人群的收益期不得超过60周）与工作保证相结合，工作保证的形式有临时公共岗位（"救济岗位"）和培训方案（如1993年）两种，二者可以使失业者在参与方案5个月后重新获得60周的失业保险受益期。

[16] Bruche and Reissert（1985，pp. 81–144）比较了1982年失业和各种劳动力市场政策的预算影响，计算出德国全日制培训的公共成本是失业成本的147%；临时公共岗位创造的公共成本为98%（1981）至110%（1986）；缩短工时的公共成本仅为92%。

[17] 关于积极劳动力市场政策支出差异的其他政治性和制度性决定因素的探讨，参阅本手册第23章。

参考文献

Ackum Agell, S., A. Björklund and A. Harkman (1995), 'Unemployment Insurance, Labour Market Programmes and Repeated Unemployment in Sweden', *Swedish Economic Policy Review*, 2 (1), 101–28.

Atkinson, A. B. and J. Micklewright (1991), 'Unemployment Compensation and Labour Market Transitions: A Critical Review', *Journal of Economic Literature*, 29, 1679–727.

Atkinson, A. B. and G. V. Mogensen (eds) (1993), *Welfare and Work Incentives: A North European Perspective*, New York: Clarendon Press.

Bechterman, G. and N. Leckie (1994), *Employer Responses to UI Experience Rating: Evidence from Canadian and American Establishments*, Ottawa: Human Resources Development Canada.

Bellemare, D. and L. Poulin (1994), 'Les coûts économiques du chômage: plus de 30 milliards volatilisés au Québec en 1993' (Edition Speciale), *Forum Express*, 2, Montréal.

Björklund, A. and B. Holmlund (1991), 'The Economics of Unemployment Insurance: The Case of Sweden', in A. Björklund, R. Haveman, R. Hollister and B. Holmlund, *Labour Market Policy and Unemployment Insurance*, Oxford: Clarendon Press, pp. 101–78.

Bruche, G. and B. Reissert (1985), *Finanzierung der Arbeitsmarktpolitik*, Frankfurt on the Main: Campus.

Burtless, G. (1987), 'Jobless Pay and High European Unemployment', in R. Z. Lawrence and C. L. Schultze (eds), *Barriers to European Growth: A Transatlantic View*, Washington, DC: The Brookings Institution, pp. 105–62.

Carling, K. and P.-A. Edin, A. Harkman and B. Holmlund (1994), 'Unemployment Duration, Unemployment Benefits, and Labour Market Programs in Sweden', Working Paper series 12, Uppsala University, Department of Economics.

Clark, K. B. and L. H. Summers (1982), 'Unemployment Insurance and Labour Market Transitions', in M. N. Baily (ed.), *Workers, Jobs and Inflation*, Washington, DC: Brookings, pp. 279–323.

Clasen, J. (1994), *Paying the Jobless. A Comparison of Unemployment Benefit Policies in Great Britain and Germany*, Aldershot: Avebury.

Corak, M. and W. Pyper (1994), *Firms, Industries, and Cross Subsidies: Patterns in the Distribution of UI Benefits and Taxes*, Ottawa: Human Resources Development Canada.

Decker, P. T. and C. J. O'Leary (1994), 'Evaluating Pooled Evidence from the Reemployment Bonus Experiments', Staff Working Papers 94–28, Kalamazoo, MI: Upjohn Institute.

Florens, J.-P., D. Fougère and P. Werguin (1990), 'Durées de chômage et transitions sur le marché du travail', *Sociologie Du Travail*, 4, 439–68.

Franz, W. (1982), 'The Reservation Wage of Unemployed Persons in the Federal Republic of Germany: Theory and Empirical Tests', *Zeitschrift für Wirtschafts- und Sozialwissenschaften*, 1, 29–51.

Green, D. and C. Riddell (1994), *Qualifying for Unemployment Insurance*, Ottawa: Human Resources Development Canada.

Hamermesh, D. S. (1977), *Jobless Pay and the Economy*, Baltimore, MD: Johns Hopkins University Press.

Hemmings, P. (1994), 'Benefit Entitlement and Replacement Ratio Data for the OECD Countries', Paris: OECD. (Unpublished manuscript)

Johnson, G. and R. Layard (1986), 'The Natural Rate of Unemployment: Explanation and Policy', in O. Ashenfelter and R. Layard (eds), *The Handbook of Labour Economics*, Amsterdam: North-Holland, Vol. 2, pp. 921–99.

Kohli, M., M. Rein and A.-M. Guillemard (eds) (1991), *Time for Retirement: Comparative Studies of Early Exit from the Labour Force*, Cambridge, UK: Cambridge University Press.

Korpi, T. (1994), *Escaping Unemployment: Studies in the Individual Consequences of Unemployment and Labour Market Policy*, Swedish Institute for Social Research, Dissertation Series no. 24, Edsbruck: Akademitryck.

Layard, R., S. Nickell and R. Jackman (1991), *Unemployment—Macroeconomic Performance and the Labour Market*, Oxford, UK: Oxford University Press.

Meyer, B. D. (1990), 'Unemployment Insurance and Unemployment Spells', *Econometrica*, 58, 757–82.

Meyer, B. D. (1995), 'Lessons from the U. S. Unemployment Insurance Experiments', *Journal of Economic Literature*, 33, 91–131.

MISSOC (Mutual Information on Social Protection) (1995), *Social Protection in the Member States of the European Union. Situation on July 1st 1994 and Evolution*, Luxembourg: Office for Official Publications of the European Communities.

Mortensen, D. T. (1977), 'Unemployment Insurance and Job Search Decisions', *Industrial Labour Relations Review*, 30, 505–17.

OECD (1991), *Employment Outlook*, Paris: OECD Publications.

OECD (1992), *Employment Outlook*, Paris: OECD Publications.

OECD (1994), *The OECD Jobs Study: Evidence and Explanations; Part 1: Labour Market Trends and Underlying Forces of Change; Part 2: The Adjustment Potential of the Labour Market*, Paris: OECD Publications.

OECD (1995), *Employment Outlook*, Paris: OECD Publications.

O'Leary, C. J., R. G. Spiegelman and K. J. Kline (1993), 'Reemployment Incentives for Unemployment Insurance Beneficiaries: Results from the Washington Reemployment Bonus Experiment', Staff Working Papers 93–22, Kalamazoo, MI: Upjohn Institute.

Reissert, B. (1993), 'National Unemployment Support Schemes in the EC', *inforMISEP* (Employment Observatory), 43, 19–27.

Rothschild, K. W. (1988), *Theorien der Arbeitslosigkeit. Einführung*, Munich: R. Oldenbourg.

Schmid, G. (ed.) (1994), *Labor Market Institutions in Europe: A Socioeconomic Evaluation of Performance*, Armonk, NY: M. E. Sharpe.

Schmid, G. (1995), 'Is Full Employment Still Possible? Transitional Labour Markets as a New Strategy of Labour Market Policy', *Economic and Industrial Democracy*, 16, 429–56.

Schmid, G., B. Reissert and G. Bruche (1992), *Unemployment Insurance and Active Labor Market Policy: An International Comparison of Financing Systems*, Detroit: Wayne State University Press.

Stobernack, M. (1991), 'Der Zusammenhang von Arbeitslosenversicherung und Arbeitslosigkeit im Lichte der Empirie: Ein Literatursurvey', *Zeitschrift für Wirtschafts- und Sozialwissenschaften*, 2, 251–71.

Vroman, W. (1992), 'Short-time Compensation in the U.S., Germany and Belgium', Washington, DC: The Urban Institute. (Unpublished manuscript)

Woodbury, S. A. and R. G. Spiegelman (1987), 'Bonuses to Workers and Employers to Reduce Unemployment: Randomized Trials in Illinois', *The American Economic Review*, 77, 513–30.

第9章 难安置人员的工作机会

Christine Erhel，Jérôme Gautié，Bernard Gazier，Sylvie Morel

难以安置是一个老问题。第二次世界大战以来，这些人的就业问题一直是实现完全就业的一大挑战。Reubens（1970）说道：“对于就业难或安置难的问题，我们有信心应对，并会通过政策加以引导。特别是，它使那些原先被完全忽视或主要依靠经济救济的人得到就业机会。”（p. 6）

20世纪六七十年代以来，两种趋势影响了针对弱势群体的具体政策的形成与发展。第一，很多人认为应该专门化，把一些人区分开来并特殊对待，如残疾人。第二，近来欧洲的大量失业使越来越多的人就业困难，产生了新的目标群体，并且规模不断壮大。我们将在第17章讨论针对残疾人的就业政策，在本章则主要考察以长期失业者为目标群体的政策。

1. 难安置人员

1.1 问题的本质

在此全面讨论劳动力市场上持续弱势的原因既不可能，也无必要。简而言之，包括两个主要步骤。第一，对于某些固定群体，暂时或永久地无法从事或无法得到工作。这种状态可能是绝对的（普遍的工作配给），也可能是相对的（需求方的工作特点和雇主要求，与供给方工人的技能、预期和行为之间的“结构性”不平衡）。这种情况可能源自劳动力市场的各种不足，包括停滞的总需求、雇主和/或雇员的偏见、社会规范、为实现其他目标所形成的制度干预、缺少信息、工资调整约束等。

第二个过程是一种自我强化机制。失业持续时间越长，找到工作的可能性就越小。关于这一过程背后的基本原理，存在很复杂的争论，主要有两种相互补充、相互作用的原因。

（1）异质性：我们在后面会讨论到，难安置人员是异质的。那些个性、技能和经历更具吸引力的人更容易找到工作，于是剩下的人越来越难安置。

（2）技能下降和灰心丧气：除非采取纠正措施，不成功的求职者随时间的推移，技能和积极性都会下降。失业越久，搜寻的努力程度也越低。这也是雇主更愿意雇用短期失业者的原因之一。

我们主要关注的是与造成被排除在有偿就业之外这种风险最相关的影响因素，这些影响因素包括一系列市场失灵和制度失灵。

工资刚性和地区流动性低是工业化国家劳动力市场的典型不足。对于难安置人员，主要的问题是他们所预期的生产率水平和满足最低需求的工资之间的差距。但这仅仅是问题的一部分，因为一些研究表明，失业者中的绝大多数愿意接受任何水平的工资待遇，而不想依旧失业。几乎没有接受过教育、技能水平低的人和大龄工人一般不愿意由萧条地区转移到发展迅速的地区。毕竟，离开家、亲戚和朋友是一件很不情愿的事。因而，难安置人群就像John Stuart Mill在100多年前所说的那样，是没有竞争力的群体。

在这方面，信息问题可能是劳动力市场缺陷的主要部分。考虑统计性歧视。依据Phelps（1972）所作的一项著名的分析，为了估计职位申请者的生产率和动机，雇主通常会简单地依赖申请者所属群体的平均生产率。这种态度构成了一种成本低廉的筛选方法，甚至可能是最低廉的，尤其在不景气的时期。依据群体生产率特征这种“合理”行为可能导致真正的歧视，但这种方法可能导致更大的歧视。耻辱烙印是劳动力市场的普遍特征，虽然帮助工作搜寻者传递“正确”的生产率信息可能从某种程度上改善这种状况，但这个问题仍然根深蒂固。

就业政策中固有的问题，如削脂，我们待会儿会谈到。在这里，我们仅讨论其他制度所带来的影响。学界的争论和相关研究集中于救济体系、失业保险、福利给付和最低收入补贴可能带来的负向激励，这些制度向失业者提供经济帮助，同时向额外的收入征税，这可能会降低工作搜寻者的努力程度。这方面的证据并不明朗，具体的情况我们在第8章和第27章展开讨论。但至少，弱势群体可能会受到这些负向激励的影响，濒临贫困线的人们寻找工作的动机也可能因此而削弱。

对此有三种可能的应对政策。第一种是直接提供就业相关的服务，这些服务一般不易得到，如向贫困人群提供培训或安置服务。第二种应对政策在学界引起了激烈的讨论，即撤销或抵消劳动力市场上导致雇佣调整缓慢的一些限制，比如仍在讨论中的美国和欧洲的最低工资问题。一种更为复杂的选择是对失业补偿所带来的负向激励提供双重控制措施。规定补偿给付随失业持续时间的延长而减少，同时辅以激励和动员方案。这种措施带来了第三种政策回应，也是一种相对较好的方法：解决长期失业所带来的问题，尽可能地影响市场供给方和需求方的行为。OECD国家的大多数政策都属于这一类，它可以与前两种政策结合使用。

1.2　就业能力的概念

就业能力初看似乎是识别和解决劳动力市场弱势的一种自然方法（Gazier，1990）。它按照与招募相关的一系列标准和三类个人特征来评判个人绩效。

（1）客观、无法改变的特征（如年龄、性别、种族、犯罪记录和过去的职业）；

（2）客观、至少部分可改变的特征（如技能、地域、外貌）；

（3）主观特征（如动机、行为）。

一些研究者从上述类型中选择部分项目进行组合，并对各项目赋分，建立“就业能力量表”。这样便可以了解就业能力的强弱和就业能力之间的差距。

我们自然而然地会将注意力放在可改变的特征上，通过改变它们，对不可改变的不足进行补偿。例如，对一名技能水平低的大龄失业者，可以提供再培训，或帮助他们迁离经济萧条的地区。他也可能从针对性就业补助中受益。

但现在的问题是没人注意到对个人和劳动力市场环境的改变。当个人特征、工作数量或工作要求发生改变后，在某时某地被认为就业困难的人，在其他时间、其他地方可能具有很强的就业能力。除去一些生理、心理缺陷的问题，雇主对各人的个人特征还是会或多或少地不满意。社会规范、偏见，与各类工人的工资预期、相对市场地位相互作用。各类工人可能相互融合或分散，取决于劳动力市场的宽松程度。我们观察到，企业的要求随经济周期发生改变，一些所谓的社会“弱势”实际上仅仅是一种标准，在工作紧缺的时候，企业能够借此对求职者进行排序，从而排除不理想的求职者。在劳动力市场紧凑之时，这种标准就失去意义了。

这种基于就业能力、出于个人意愿的方法是先发制人的，但存在过度强调求职者个人特征和行为的风险，而没有考虑到集体行动和劳动力市场的运行。结果，一些国家（如法国），从不同的意义上使用就业能力这一概念，仅局限于失业者各群体的集体事后统计变量：失业流出率，即平均失业持续时间的反面。按这种方法，经济周期的减缓将会降低就业能力。这种方法的缺点与出于个人意愿的方法所遇到的问题相反。它是客观且没有争议的，但它忽略了个人责任和发展空间，而且过于强调市场的客观需求。

在评判针对难安置人员的政策时，我们必须谨慎地使用就业能力的概念，而且必须将它放在特定的社会、经济环境中考察。

争论的另一个结果是，严格说来，在评价那些政策的就业影响时，存在三个层面的评估：（1）直接影响（在经济周期的某特定阶段）；（2）整个周期中的影响（例如，难安置人员在整个经济周期中，包括衰退阶段，获得或维持工作的能力）；（3）长期影响（如，使难安置人员永久留在常规劳动力市场中）。在现实中，最后一种影响难以实现。

1.3 难安置人群的定义和特征

有很多特征和处境可以形成劳动力市场弱势，因而在特定时点，我们可以看到各种不同的难安置人群。随着国家和地区环境的变化，各不同难安置人群的组合也会发生变化。这种变化形成了难安置人口的异质性。有三个主要组成部分：

（1）主要人群已经得到了明确的定义：长期失业者。这一定义易受习惯的影响，但有两个方面值得强调：

● 多长时间算长期？在大量失业之初，长期的起点是 6 个月；而现在，最常见的是一年。在一些国家中，统计数据会公布失业 2 年甚至 3 年的失业者人数，相应地，政策对长期失业的定义也为 2 年或 3 年。

● 长期失业者常被视为“社会残疾”人，在某些国家（如瑞典），一些方案同时应用于这两类人群，尽管对残疾和“社会残疾”进行了明确的划分。长期失业人员很有可能随着动机的衰减、心理负担的增多，停止对工作的积极搜寻，进一步增加了就业难度。

（2）第二个组成部分是一个定义不太清晰的特殊弱势群体，他们通常有过不好的就业记录，或者有着以下一个或多个问题：有犯罪记录，受教育水平低，或者屡次失业、就业持续期很短的青年，等等。

（3）第三个组成部分是不属于积极劳动力的福利领取者，他们可能是长期失业者，也可能不是（如美国享有福利的母亲，大多数欧洲国家中最低收入保障的领取者）。“依赖问题”的产生突显了自主能力和经济自立能力的政治和社会价值，福利制度通常或多或少地采用强制手段来推动他们就业。

除了这三种不同群体及其所面临的问题的异质性，还需要考虑每种群体内部的异质性。比如，在考虑第一个组成部分（长期失业者）时，可以预见，其中包括一部分大龄、低技能、低受教育水平的人。虽然事实上确实如此，但长期失业者中相当一部分人年轻、技能水平高且受教育水平高。事实上，其中有些人甚至达到了大学学历。OECD 1992 年关于荷兰所做的报告中写道：“在荷兰，一小部分（10%）长期失业者资质很好。”（p. 11）这种情况也出现在其他国家。在长期失业者中，少数族裔和女性较多，但他们所占的比例差别很大。

至于难安置问题的严重程度，在 20 世纪 90 年代初期，OECD 国家中有 700 万人失业超过一年，而其中超过 600 万人在欧洲。由于缺少可比的数据，甚至没有任何数据，我们无法对第二和第三个组成部分进行国际比较。90 年代初，在美国，超过 400 万名母亲受到抚养孩子家庭援助计划（AFDC）的帮助。但其中只有 15%的成年受助者参与了就业方案（美国国会，1993）。对于弱势青年，屡次失业是很常见的。

2. 措施类型

从针对难安置人员的各种就业政策中，我们归纳了五种其他的方案类型。

2.1　非营利部门中的临时就业

直接岗位创造方案的目标是，通过增加空缺岗位数量，满足私人部门无法满足的需要。这种岗位创造计划通常会限制雇主的类型（属于公共部门或非营利部门），并要求就业类型符合社会利益（如通过社会、文化或环境项目增进社会利益。这些就业应该是“附加的”，也就是说，如果没有政策干预，它们是不存在的）。[1] 劳动力成本通常全部或部分由中央和地方财政承担。这些方案中可能还包括培训部分。

大多数 OECD 国家和欧盟国家中都有这类方案。例如，美国（社区工作经验项目，CWEP），瑞典（青春节拍项目），德国（就业岗位创造计划，ABM），英国（20 世纪 70 年代的岗位创造方案，1981 年的社区企业方案，也称社区方案，以及 1991 年的就业行动），法国（社区服务或公益性劳动（TUC），以及之后的互助就业契约（CES）和比利时（第三类工作网络）。所有这些措施都雇佣了不少难安置人员：1987 年 260 000 人参加了社区方案，80 年代中期，100 000 人参加了 ABM（Disney，1992，p. 90，p. 164）。但这些数字如今都有所下降。就业行动现在每年提供 60 000 个岗位，而 ABM 自 1990 年来稳定在每年提供 80 000 个岗位的水平上。法国是个特例，在这里还出现了上升趋势（1991 年有 334 600 人参加了 CES）（MISEP 的法国基本信息报告，1992）。虽然这些人大多被公共部门和非营利部门接收，但一些措施，如 ABM，以及最近的丹麦就业项目也不排斥私人部门的雇主。

这些就业基本都是短暂的。有时，某些私人部门的企业能够提供一些较长久的就业机会，如法国的中介协会和安置企业。尽管如此，这些岗位介于临时工作和保护性就业之间。

2.2 就业补贴

对雇佣难安置人员的企业给予补贴。为了弥补难安置人员的弱势，鼓励（私人部门的）雇主招募这些人，同时也为了补偿他们多花的招募成本（熟悉工作和培训成本），政府一般会向雇佣难安置人员的企业提供补贴。这样的补贴可能在招募时一次性付清，也可能持续支付（最好在新员工熟悉工作所需要的时间持续支付），此外可能还会对雇主的社会保障缴费予以部分甚至全部减免。

这一基本模型可能有很多变化形式，但这是很多OECD国家鼓励雇主招募特定目标群体最常采用的技术。在美国，政府以税收优惠的方式对雇主进行补贴。1978年以来，针对难安置人员（困难家庭中的青年、低收入家庭中有犯罪前科的人、福利接收者、残疾人）的主要帮扶方案是目标工作税收减免，对第一年工作收入中的第一个6 000美元工资减税40％（Levitan，Gallo and Shapiro，1993，p. 88）。工资成本的补贴水平在各国也不同。比如德国，1982年的就业补偿项目提供高额补贴，以大力推动难安置人员（长期失业者，大龄工人，无专业技能的年轻人）就业。在雇佣初期，政府向雇主提供高达工资成本80％的补贴（Schmid，1982）。法国（重返就业岗位合同（CRE））、荷兰和意大利（再就业合同）提供的则是社会保障缴费减免[2]（相关信息见MISEP的国家基本信息报告）。[3]

鼓励自雇佣和创办新企业。这些计划（详细的讨论请参见本手册第16章）的目的是鼓励自雇佣，而不仅仅针对难安置人员。尽管如此，难安置人员中一小部分得益于这类方案（指那些动机强烈、技能水平高的人，但只占一小部分）。

在这里，英国的创业方案（取代了企业补贴计划）值得我们给予特别的关注，因为其中含有针对难安置人员的专门服务（虽然该方案面向的是所有失业者）。方案设立“商业中心”，以帮助弱势的女性和少数族裔创建他们自己的企业。中心还提供专门培训、信贷和商业咨询等服务。每周的补助介于20～90英镑之间，领取期限为26～66周不等。

2.3 培训计划

这里的“培训计划”包括课堂学习、其他机构培训和在职培训等。这些方案的目的一般是向难安置人员提供各种形式的人力资本，从而使得他们对潜在的雇主更具吸引力。

课堂培训。课堂培训是提升难安置人员技能水平的经典方式，它与在职培训不同，在职培训是一种制度安排，由私人雇主提供相关服务，使弱势人群在实际操作中积累工作经验。二者可以结合使用，既可以在综合性方案中相继进行（参见2.5部分综合性计划），也可以同时开展（双重或交替计划）。

由于难安置人员的需求各不相同，课堂培训的内容也分为不同种类。OECD（1992，p. 2）划分了两种主要方向：（1）对缺少基本的必备条件的人提供补习教育（这种情况需要专业教学人员和新培训方法)；(2) 就需要中等及以上技能水平的职位进行专业培训(培训应当与劳动力市场的实际需求紧密相联，因而需要雇主的参与)。

工作经验。工作经验[4]计划的目的是向难安置人员传授有偿工作所需要的最低行为能力（服从、守时等）。在美国，这些措施主要应用于弱势青年（如夏季青年就业方案）和其他难安置人群（如面向接受 AFDC 的女性、有吸毒或犯罪记录的人、辍学者的国家支持工作实验）。在荷兰，一个专门的安置网络（工作池计划）被用来向最难安置的人群提供一定的工作经验。除了这些专门的工作经验计划，公共部门（或非营利部门）的临时就业也可以看作向难安置人员提供工作经验的一种方法（见 2.1 部分）。

调整培训的类型，以适应劳动力市场的技能需求。美国的 JTPA（1983）与之前的 CETA 不同，它建立的基础是雇主与公共就业服务机构的合作，以提供能够满足雇主需要的培训。1988 年英国就业培训方案的目标是“为空缺的职位培训没有工作的工人”，即回应当地劳动力市场的技能需求。这种互动型培训方案在比利时也得到了发展（见 MISEP 的基本信息报告）。

2.4　加强和改进工作搜寻

跟培训计划相似，一些方案通过系统性求职技术的实践，向难安置人员提供工作搜寻过程中所需要的基本技能，从而增强他们的自信心，提高他们成功的几率。这类方案的形式通常为一个为期一两周的培训，有时会嵌入内容更广泛的工作搜寻计划，如工作俱乐部和引导/动员方案。

英国的重启方案通过所谓的重启课程提供这种技能。在为期一周的课程中，将形成个人工作搜寻计划，这些课程主要面向长期失业者开设。事实上，失业两年以上以及申请参与就业或培训方案遭到拒绝或被忽略的人是强制要求学习这些课程的。1991—1992 年，重启方案共提供了 120 000 个培训机会（MISEP 的英国基本信息报告，1992）。

动员计划的目标是帮助难安置人员了解他们各自的需要和目标，并将之融合到再就业计划中。同时也使得就业服务对于弱势群体的作用更为积极。

个人面谈是评价个人经验和勾画再就业计划时最常用的工具，包括一个或几个职位的入职培训或培训计划。这方面有很多例子，如法国失业第 13 个月的强制面谈，比利时的“Weer-werk”行动和英国的重启计划（每 6 个月进行一次个人面谈）。

还有一种新颖的方式是通过工作俱乐部计划鼓励自助。工作俱乐部的会员能够在工作搜寻技术方面得到指导和专家建议，还可以免费使用文具、邮票、电话、打字机等设备，以为他们的工作搜寻提供便利。这些方案一般并非专门针对长期失业者，但英国和比利时是例外，它们将方案的服务对象限定为长期失业者。有些工作俱乐部计划是强制性的。例如在英国，成员在找到工作前必须参加。

“工作搜寻俱乐部”的构想源自加拿大，传播至美国和新西兰，随后又于 1984 年传入欧洲。在英国，现在共有 940 个工作俱乐部，这一方法在瑞典、荷兰和比利时也得到了应用。

为促进工作搜寻，还会提供经济激励（通过使低收入工作更具吸引力，也缩短了工作搜寻过程所需的时间）。经济激励的形式有很多，下面给出一个例子。[5]

英国的工作启动补助是向“前失业者”提供的工资补贴。对任何一名长期失业者，只要他的工资收入不高于每周 90 英镑，便可在长达 6 个月的时间内享受每周 20 英镑的补贴。从 1986 年实施以来，这是唯一一个直接向“前长期失业者”提供补贴的计划。

2.5 综合性计划

很多国家近来都试图制定综合性计划。美国的工作队（产生于 1964 年）为这类方案提供了一个很好的范例。它综合了基本的技术层面的课堂培训、个人评价计划和面向弱势青年的个人咨询服务。我们还可以举出例子，比如，面向福利领取者的工作机会和基本技能方案（JOBS），如加利福尼亚的独立大道计划（GAIN），也提供综合性服务，以增加 AFDC 受助者的就业，服务内容包括：评价面谈、向两种主要服务（基础教育和工作搜寻活动）的引导、个案管理服务、帮助照料儿童，并对交通费以及与工作相关的其他开支予以报销。

在欧洲，英国的就业培训方案、法国的整合与培训行动（AIF），以及西班牙面向长期失业者的培训方案，也结合了培训（课堂培训与在职培训）和个人咨询服务。

尽管我们只对部分既有计划进行了简要的描述，但可以看出，各国已经采取了很多措施来改善难安置人员的就业选择，而且各种措施之间的界限也越来越模糊。

3. 一些国家的经验

在 OECD 国家帮扶长期失业者的措施中，与工作搜寻相关的活动越来越受重视。人们普遍认为，培训也是帮助难安置人员重回劳动力市场的一项必要的政策。相比之下，创造受补助的岗位和公共部门岗位的做法用得越来越少（OECD，1992）。在这些共同趋势之外，OECD 国家之间还存在一些差异值得我们关注。

在欧洲，长期失业问题受到更多的关注，而非美国所谓的“经济弱势群体”。欧洲向大量难安置的失业者提供直接的岗位创造方案。招募补贴也得到了较广泛的应用。[6] 而美国更重视供给方方案，即教育和培训措施。[7] 里根政府废除了很多先前的岗位创造计划。

欧洲国家中，就业政策的框架很完善，针对长期失业者的帮助措施也在这一框架内执行。在这方面，瑞典是一个极端的例子，它很重视积极劳动力市场政策。而美国的就业政策往往不明确且不连贯：“美国的就业政策总是不稳定的，表现为失败的开端、敷衍的执行，以及举棋不定的财政支持”（Weir，1992，p. 8）。面向难安置人员的政策与美国的就业政策一样。由于这些都被视为“社会福利”政策，在政治上，它们通常是不稳定。它们很难得到大众的广泛支持，因为只有贫困人群从这些政策中获益。针对经济弱势群体的劳动力市场政策由联邦财政提供资金，也使得这些政策易受政治优先权的影响（Schmid，Reissert and Bruche，1992）。

下面将比较美国的“工作福利”和法国的“融合”政策，因为这两者强调了福利体系和劳动力市场转换过程中组织方面的社会差异。事实上，两者能够体现美国和欧洲就业政策的大方向。工作福利是解决难安置问题的典型美国方式，而融合代表了欧洲国家应对这一问题的特点。

3.1　福利与就业：美国“工作福利”与法国“融合”政策的比较

“工作福利”和“融合”这两个概念体现了两国在福利和就业政策方面的重要差别。二者都是针对福利领取者的就业方案（在美国是 AFDC 计划，在法国则是最低融入社会救济金，RMI 计划）。

工作福利和融合政策有一些相似之处。二者都出现于 20 世纪 70 年代初，都与“积极劳动力市场政策”相关。二者的目的都是用经济支持与就业服务相结合的方式代替单纯的收入维持方案。因此，工作福利和融合政策的内容非常丰富，包括工作搜寻、教育、培训、工资补贴和工作经验方案，其中一些还与国家人力政策相关联。在两种政策下，福利接收者都需要履行新义务。工作福利和融合政策都依赖强制性的要求，而不是通过强化工作激励促进就业。在这两个国家中，福利接收者都可以不遵从这种强制性要求。工作福利和融合政策可以被视为“合同”形式。它们的潜在依据是国家和福利接收者之间的“相互义务”原则。它可以采用协议的形式明确规定双方的义务；在法国，法律支持这种协议（安置合同）。最后一个相似点是，工作福利和融合政策都面临着很多执行约束，从而导致目标与方案结果之间的巨大差距。

工作福利和融合政策也反映了两国福利政策的不同方向。工作福利的作用是抵制“福利依赖性”（因为它是 AFDC 受助者的通病），推动有关家庭实现“自给自足”。而融合政策的目标是防止“社会排斥”，即认为贫困不仅限于金钱方面，而是一个多方面的问题，人们需要一系列的支持服务。工作福利被认为是福利改革的一种较具“惩罚性”的方式，因为它强调福利的享有权与社会责任的对等。而融合政策，并不要求体格健全的福利接收者努力实现自给自足，而是强调社会对“被排斥者”（即无法接触社会主流的人）的责任。在“社会一体化”（这方面的社会服务包括住房、健康和教育）思想的影响下，融合政策比工作福利所包含的内容更广泛，后者只与就业活动有关。最后，融合政策不如工作福利那么关注家庭问题，这反映了不同的福利制度结构。AFDC 是专门为单亲家庭设计的方案，而 RMI 是最低收入计划，它不会因为家庭境况而有所偏向。

工作福利和融合政策可以看作是从“收入策略”向“服务策略”的转变（Nathan，1993）。但是考虑到不同的制度背景和对贫困和公民的不同定义，它们又代表着两种不同的社会方式。

从看待劳动力市场上工作质量的方式可以看出美国和欧洲的社会差异。美国现在的问题是越来越多的工作着的“穷人”，而欧洲劳动力市场的中心问题则是大量失业，特别是长期失业。这群人的贫困可以分为两种，一种是因为失业，另一种是因为收入低（OFCE，1994）。为解决这些问题，产生了不同的就业政策，这些政策也反映了劳动力市场制度绩效方面的不同社会标准。

根据 Levitan et al.（1993），工作的穷人这种矛盾的说话仍备受关注：“工作和贫困二者同时发生，违背了美国理念：愿意工作可以带来物质水平的提高，并否认了一种普遍观点：造成具有工作能力的成年人贫困的原因在于道德层面，特别是缺乏敬业精神”（p. 3）。在美国，贫困工人还是很多的。1991 年，共有 200 万全年全时工作的工人，720 万非全日制工人和没能全年工作的全时工人，收入低于官方贫困线（比1978年多59%）（Levitan et al.，1993，p. 3）。全时工作的穷人令人十分担忧。就像Ellwood（1988）所说的那样，这些人得到的保障水平最低："事实上，在存在转移支付的情况下，全时工作却贫困的家庭是穷人里最穷的"（p. 103）。

造成这一状况的原因有很多。其中之一就是很多人不愿意设定有意义的最低工资标准。比如，在80年代，联邦最低工资的购买力下降了很多。低工资劳动力市场的结构自70年代以来也发生了很大的变化。高收入的制造业岗位减少，而低收入的服务业岗位增多。技能水平不同的工人之间，日益严重的收入不平等也是这一问题的原因之一。虽然收入差距不断扩大是80年代所有OECD国家的共同特点，但欧洲国家的这种趋势没有美国严重。在欧洲，真实的最低工资和真实的一般工资都比美国高。失业率却在持续攀升。1993年，欧共体的失业率高达10.4%，而美国仅为6.7%（OFCE，1994）。

"使工作有收入"是克林顿政府福利改革的主要议题之一。他们认识到接受救济的穷人和工作的穷人其实是同样的问题。要全面分析针对弱势群体的就业政策，我们不仅要看就业政策本身，还应考察就业政策之外的财政政策。在美国，从这个角度看待这一问题是十分必要的。美国联邦政府越来越依赖劳动收入税减免（EITC）方案来解决"工作的穷人"问题，并将它作为解决贫困问题的普遍方法。EITC向有孩子的低收入工人在劳动收入之外提供返还性补贴。[8]1993年，这一减免的力度加大，将可能成为面向有孩子的低收入家庭最大的现金或类现金方案。预计到1998财年，EITC将花费联邦政府245亿美元，而AFDC的开支中联邦政府将承担160亿美元（Scholz，1994）。

将EITC作为解决贫困问题的普遍方法是因为，它的目标是鼓励人们工作。方案的给付额随劳动收入的增长而增多（直至达到方案中规定的最高水平）。1994年（在新法律的规定下），对于劳动收入低于7 750美元、有一个孩子的纳税人[9]，减免额达到收入（包括工资、薪水、自雇佣和农场收入）的26.3%，因而最高给付额为2 038美元（Scholz，1994）。[10]通常认为，给付额与工作挂钩的做法属于"促进工作"的福利政策。而且，EITC方案的推行不会对雇佣带来不利影响，因为它虽然增加了收入，却没有使雇主的直接劳动力成本发生改变。该方案的成本由税收收入承担，从而会减少联邦财政收入，因此，EITC是使工资成本"社会化"的一种方式。另一方面，在帮助"工作的穷人"方面，由于EITC逐渐成为公共政策的基石，缓解了工资增长的压力，从而导致了低工资水平和差工作条件的延续。和工作福利一样，它只强调了就业本身，而不考虑工作质量和工资水平。

一般而言，欧洲国家都选择确保高水平的社会保障和高收入，包括工资，以及失业保险或最低社会救济所提供的替代收入。这类政策的一个范例是荷兰。那里的法定最低工资很高，1991年时的最低工资为每月2 102.10荷兰盾（23岁及以上的有工作者），而对单身（23岁及以上）和单亲家庭的最低社会救济分别为最低工资的70%和90%（MISEP，1991，p. 20）。从那时开始，这样的保障水平一直受到批评。在其他国家，有些就业政策与美国的EITC相似。比如，在法国，社会保障工资税的减免（或工资补贴）得到了日益广泛的应用；尤其在英国，根据降低工资激励策略，就业补贴方案在80年代也改变了方向。但这样的例外屈指可数，因此，总体而言，欧洲的政策制定者还是更关注劳动力市场融合的质量。

4. 评　估

根据 Nicaise et al.（1994）的研究，这些措施可能会带来三种影响：

（1）分配效应（政策措施如何覆盖到目标人群，不同人群的就业如何受到影响，包括对非目标群体的可能副作用）。

（2）参与者的劳动力市场结果（就业机会、收入、工作质量等）。

（3）宏观经济影响（对总体就业水平和失业水平的影响，对工资和价格的影响，对政府预算的影响等）。

我们在这里只考虑分配效应和参与者的劳动力市场结果。[11]很少有研究在一个简单框架中分析所有这三种影响，虽然偶尔有一些尝试过成本收益分析框架。

当然，我们不可能就这一议题在这里回顾所有有关 OECD 国家的研究。[12]所以我们只讨论对每类方案（非营利部门的临时就业，针对性就业补贴，培训，工作搜寻能力的提高和综合计划）最具代表性的评估。

4.1　临时性公共就业

对于面向难安置人员的公共部门和非营利部门临时就业，评估结果较复杂。虽然，对就业的直接影响很明显，但参与者的劳动力市场结果不尽如人意。

从对难安置人员的覆盖情况来看，临时就业计划通常比其他计划覆盖得广，但在高失业率国家中，一些容易就业的人也会参与这类计划以获得收入。这样就存在对难安置弱势群体的替代风险。比如，20世纪90年代初，法国的CES计划，超过50%的参与者都有技术证书或其他文凭。德国统一以后，东部的ABM方案也面临同样的问题。

公共就业方案带来的就业净增长随财政替代的发生而减少，比如，地方政府原本打算创造新的岗位，但当联邦政府通过补贴创造岗位时，地方政府就放弃原来的安排了。与美国的研究不同，欧洲的研究对这一问题并不关注。但是，Haveman and Hollister（1991）曾指出，“针对难安置人员的方案对财政替代没有那么敏感，因为受雇的目标群体工人与普通公共雇员在技能构成上有着明显差别”（p. 39）。比如，美国的公共就业服务（CETA方案的一部分），就业岗位的净增加值占全部新创造岗位的40%～60%。附加原则——比如德国的ABM方案——可能无法完全避免财政替代。

将难安置人员放在“辅路”上，甚至是没有出路的辅路上，有可能堵塞常规就业渠道，从而拉大他们与普通劳动力市场之间的距离，这样做是有风险的（Nicaise et al.，1994）。比如，临时就业与失业之间不断地转换可能产生“锁定”效应。

关于德国的ABM方案，存在大量研究。用就业可能性表示的结果很难分析，因为在所有研究中都没有合适的控制组。Spitznagel（1989）指出，在刚刚参加完ABM后，参与者中只有22.4%的人找到了工作，32个月后，这一比例上升至41.2%。Spitznagel更早的一项研究（1979）发现了大龄失业者和女性的“ABM职业生涯”——失业到ABM再到失业的恶性循环。Spitznagel（1985）曾经试图进行成本收益分析，但最终没有得出结果。

Bonnal，Fougère and Sérandon（1994，1995）的评估比较成功，他们分析了在80年代的法国十分重要的一个方案——TUC。他们分析的基础是一个关于持续时间和工作搜寻的结构模型。异质性偏差（至少在第一个研究中）得到了很好的控制。可惜的是，他们仅考虑了年轻人，不知这样的结果是否可以推广至所有难安置人员。对于没有任何技能的青年，参加TUC后，就业可能性得到了提高，但是就业的平均持续时间比参与培训措施的情况下要短。对于那些已经拥有技术证书的青年，与不参加任何措施的情况相比，这项政策具有负面作用。对第一份工作工资水平的估计也证明了这些结果。参加TUC之后，没有证据表明，技能水平低的人相对受益，而对技能水平较高的女性来说还有负面作用。一种可能的解释是，临时公共就业方案的参与者中，技能水平高的人比技能水平低的人更容易打上"耻辱烙印"或更易遭受人力资本的损失。

4.2 针对性工资补贴

如果说对临时公共就业的评价是全面的，那么对工资补贴的评价一般多为负面的。补贴通常不足以弥补雇主雇佣就业困难人群时的不情愿。另一方面，广泛的目标通常只换来广泛的无谓效应。对年轻、缺少工作经验的人来说，也许可以提供财政激励（虽然在这种情况下，高替代率可能源自无谓效应），但严格说来，它对难安置人员来说却是没有效率的。有人曾得出结论，传统的就业补贴并不能很好地解决难安置人员的长期问题（Schmid，1982）。

关于美国针对性工作税减免政策的评估显示，只有极少数企业采用了这一措施，大多数雇主在做决策时总是放过了享受税收减免的机会（Burtless，1984）。信息问题是原因之一（Bishop和Hollenbeck，出版中），还有一个可能的原因是企业害怕政府对其账目和运行施加太多控制。削脂是很明显的。享受工作税减免的人群中，2/3的就业者年龄低于25岁，而福利接收者只占12%。根据Bishop and Hollenbeck（in press）的研究，暴利和置换效应也很明显（75%～90%）。此外还有耻辱烙印的作用，如下述实验所示（Burtless，1985）。在美国俄亥俄州的代顿，一个人力中介机构将其客户随机分为三组。前两组给予补助凭证（税收减免或现金补贴的形式），而第三组则不发给凭证也不知道补贴方案。经过5～8周的搜寻，没有补助的人中共21%找到了工作，而有补贴的人中只有13%找到了工作。

Schmid（1982）对一项德国的就业补贴方案（融合补贴）进行了评估。首先，他指出，三个目标人群（大龄工人、女性和长期失业者）没有得到方案足够的帮助。在就业中介进行的定性面谈显示，雇主很不情愿雇佣就业经历不稳定、缺乏技能和工作经验的人："对于那些就业经历不稳定或有过长期失业历史的人，甚至100%以上的补贴都无法帮助他们得到安置"（Schmid，1982，p. 192）。该项研究还指出，工人们也不愿意帮助这些"局外人"融入工作。该研究通过四个多元回归估计了方案对失业的净影响。这一方案对年轻人看来是没有作用的。而对大龄工人以及长期失业者来说，即使是高额的补助，也没有什么效果。但是，他们一旦就业，就更容易保住工作。

在英国和法国，和雇主进行面谈，也证实了他们在接收难安置人员，特别是长期失业者时的不情愿（Gazier and Silvera，1993）。与参加法国CRE计划的雇主进行面谈，显示该计划创造出的岗位中，50%都是无谓的。如果向青年提供补贴，那么平均80%的岗位都是无谓的（Gautié et al.，1994）。从这项研究还可以看出，大企业的选择更严格。但这一点没有为比利时的调查（Van der Linden，1995）所证实。在研究中，将近 60%的企业都表示，即使没有补贴，它们同样也会雇佣现在所雇佣的弱势群体[13]（36%的企业表示，如果没有补贴，它们将雇佣其他人；12%的企业表示，如果没有补贴，它们不雇人），而且大企业也没有显现出更明显的无谓效应。

有些方案将补贴支付给工作搜寻者而非雇主，关于这类方案的研究很少见。我们在此只讨论在美国五个州所进行的现金奖励实验。[14]失业保险的领取者必须在规定时限内找到工作，并且在这一岗位上工作一定时间，才能得到奖金。结果，实验组成员的失业持续时间受到了很大影响。由于该方案对他们的工资报酬没有影响，因此，失业持续时间之所以能够缩短，不是因为求职者降低了他们的保留工资（即他们可以接受的最低工资），而是他们加大了工作搜寻力度。

4.3　培　训

首先要强调的是，应当根据难安置人员的能力和需要，合理设计培训计划。课堂培训不适合那些在校学习不好的人，会影响他们的自信心和动力。另一个难点是所提供的培训与雇主的要求可能不匹配。这让方案设计者左右为难。一方面，满足雇主的需要可能会加重削脂；另一方面，满足难安置人员的需要，又可能影响方案创造就业的效果。因此，需要在雇主和难安置人员的利益之间找到平衡。

很多培训计划都有很高的退出率，特别是最弱势的人群。在德国，关于成人培训效果的研究集中考察培训目标（Disney，1992）。在经典的培训计划中，技能水平最低的人最容易退出，从而不得不引入“联邦劳动计划”（Bundesanstalt für Arbeit）让他们先掌握必备的基础，再接受培训（Hofbauer and Dadzio，1984）。再培训和进修培训的退出率比在职培训（即促进职业调整的工资补贴计划）高。1989 年，德国在职培训方案“熟悉化补助”（Einarbeitungszuschuβ）的接收者中只有 15%的人失业一年以上，12%的人 45 岁以上，不到 10%的人没有辍学证明。因此，可以得出结论，这项计划没有真正帮助到难安置人群。

英国的就业培训方案是为了满足地方劳动力市场的技能需求而设计的。然而，以 1989 年为例，60%～70%的申请者放弃参加培训，而且参加的人也只有 43%完成了所有课程（Atkinson and Meager，1989；Disney，1992）。只有 5%的受训人超过了 50 岁，20%以上的受训人在参加该计划之前失业不到 6 个月（Finn，1989）。

美国的 JTPA 计划，和就业培训一样，也是以雇主和公共就业服务的合作为基础，提供满足雇主需求的培训。人力政策代理机构的绩效指标是安置率，Donahue（1989）认为，这一指标会激励政府及代理机构从符合条件的人中挑选最可能成功的人参加培训，而不论他们的人力资本是否得到了真正的提高。

根据既有的研究，没有哪一种培训计划（如在职培训）总是比其他计划（如课堂培训）好。成功与否不仅仅取决于目标人群，我们从对 CETA 和 JTPA 方案的评估中也可以看出这一点。

关于 CETA 方案的评估很多，数据多来自持续追踪人力调查（CLMS）和社会保障管理部门，前者提供了参与者的人口统计特征和劳动力状态的改变，后者能够追踪收入。关于这些研究的综述，可参阅 Barnow（1987）。这些研究的结果令人困惑。对于任一方案、任一人群，研究所估得的收入影响都大相径庭。这些估计对模型设定非常敏感。由于数据的非实验性，并且无法充分检验选择过程的假设是否成立，我们无法对不同研究所得出的结果进行比较（Barnow，1987）。但还是可以得出三个大概的结论（Haveman and Hollister，1991）。CETA 方案对先前劳动力市场经验很少的人很有用。对女性的作用比对男性大。在各个不同的方案中，在职培训比单纯的工作经验和课堂培训效果更好。

但 Bishop（1989）的研究发现，CETA 培训中强度最大的课堂培训，对参与项目之后的工资具有一定的影响，而强度不及课堂培训的干预措施，如公共服务就业和在职培训合同，收到了更好的效果，可能是耻辱烙印的作用。从方法论的角度看，要得到结论，需要更长时间的追踪。最近，美国的研究表明，理论知识的提高至少需要 6 年的时间才能从工作中体现出来（美国劳工部，1995）。

对 JTPA 的评估，也建立在实验的基础上，研究将方案申请者随机分配至控制组或处理组（Orr，1992）。它的结论与 CETA 的结论有些不同。方案的影响随劳动力市场弱势程度的不同而不同，其中，劳动力市场弱势是指失业所面对的三个“障碍”：接收救济、受教育水平有限、工作经验不丰富。没有这些障碍的人受到的影响更大。成年女性所受的影响比成年男性要明显。他们还发现，方案对男性辍学者的工资收入具有负面影响。

在关于工作经验方案“支持性工作”的研究中，Hollister，Kemper and Maynard（1984）也发现，接受救济的女性受到了正面的影响，但低收入青年和有犯罪记录的人却几乎没有受到影响（虽然对有吸毒记录的人具有正面作用）。

在德国，培训计划的结果，从就业角度看，在职培训计划的效果较好。但这是因为目标群体（大龄工人、长期失业者、残疾人和女性）的代表性不足（Disney，1992）。培训后的就业可能性随年龄的增长而下降。但更常见的情况是，没有合适的控制组供我们比较这些方案在参与者再就业方面的成功程度。Hofbauer and Dadzio（1987）在比较了培训前和培训结束两年后的岗位状况之后发现，女性的职业流动性较高。[15]但是，这些成人培训计划的净成本相对较高（Bach，Kohler and Spitznagel，1986；Spitznagel，1985）。而且，计量评估也表明，在控制了无谓效应和替代效应之后，继续培训和再培训不及直接的岗位创造措施成功（Disney，1992）。

4.4 提高工作搜寻能力

提供建议和咨询服务，以提高工作搜寻能力，这样做是有价值的；至少一些实验建议采取这一措施。在美国五个州（明尼苏达州、内华达州、新泽西州、南卡罗来纳州、华盛顿州）[16]实行的一系列随机分配的实验，对一项两阶段（特征分析和工作搜寻帮助相结合）方案的效果进行了研究。特征分析阶段使用人口统计学信息和职业经历找出失业保险领取者中最可能长期失业的人。一旦找出，就向他们提供最大可能的工作搜寻帮助。结果，他们能够比控制组成员更快找到工作。而且，他们找到的工作报酬不比控制组成员的低。（实际上，他们在就业第一年的工资比控制组成员要高。）如果考虑到失业率的降低（因而失业保险的给付减少）和税收收入的增多，这项方案从宏观经济的角度来说具有成本有效性（用于这一方案的每 1 美元能够带来约 2 美元的收益）。

在瑞典，一项更早一些的实验（Delander，1978）也得出了相似的结论，该实验实施于 1975 年的 Eskilstuna 镇，实验结果表明，受到更多工作帮助的人得到了更好的结果。[17]这项研究中，实验组成员所找到的工作在质量上也比控制组的好。

这些实验的主要问题在于，它们都只实施于地方层面。在宏观层面，置换作用可能更为显著，从而高估了工作搜寻帮助的效果。好的结果有时也可能是源自统计上的处理。例如，1986 年引入英国的重启方案，经常被认为是导致 80 年代后期英国失业率下降的主要原因。根据官方数据，参加面谈的失业者中大约 20％的人随后都找到了工作。但实证研究发现，只有 5％的人找到常规工作或被安置进社区方案。大多数情况下，难安置不是简单的缺少动力或缺乏信息的问题。而且在宏观层面，他们的失业也并非简单地源自劳动力市场上的摩擦性不匹配。

4.5　综合计划

综合计划包括各种服务，从工作搜寻帮助到各种各样的培训和工作经验项目。所以这一节与前两部分会有重叠。我们在这里主要讨论美国针对最难安置人群的帮助方案，其中，最难安置人群包括社会弱势的过失青年、救济接收者等。

工作队方案使得高质量的评估成为可能（用当时最好的计量方法控制选择偏差，并进行仔细的成本—收益分析（see Long，Mallar and Thornton，1981)。研究认为，用收入和低犯罪率表示的方案收益高于方案成本。就像 Burtless（1984）所说："工作队方案的相对成功说明，要消除终身弱势的影响，可能需要昂贵的努力"（p. 20)。

关于工作福利方案影响的结论就没有那么乐观了（美国劳工部，1995)。该方案的很多影响都已经通过随机分配实验得到了严格的评估。在加利福尼亚州和佛罗里达州实行的 GAIN 方案给参与者的收入和就业带来了一定的显著成效（Riccio，Friedlander and Freedman，1994)。但长期研究发现，这些成效在 5 年后就基本消失了。而且，尽管参与了这些方案，仍然有很多人失业和贫困。比如，3 年前参与加利福尼亚州 GAIN 方案的人中，有 80％收入低于评估时的贫困线。这些评估的另一个结论和上文培训计划的类似，旨在加快工作安置的方案比课堂培训更成功。

5．对评估研究的评估

从西方国家中可以学到哪些经验和教训？应当优先研究什么？为深化对当前所讨论问题的认识，需要进行哪些新研究？

5.1　公平和效率的考虑

在选择目标群体和设计方案时，必须仔细考虑公平和效率的平衡。比如，下述权宜之计往往很诱人：通过让失业者提前退休或向他们提供其他形式的收入支持，把他们从登记失业名单中去掉，而不考虑他们的就业意愿。另一方面，社会压力有时会使救济接收者不得不工作，而没有看到随之而来的个人和社会成本（如对接受救济的母亲）。结果，正如 Nicaise et al.（1994）所指出的那样，公平意味着平等对待所有人。作为一种原则，它意味着避免强制性措施。关于这些问题还存在很多争议。工作福利的支持者认为，劳动力市场的主要局限在于，求职者常常认为工资和工作条件不可接受，而不是工作岗位本身的缺乏；因此，对他们而言，从效率的角度出发，强制工作有助于融合目标的实现（Mead，1988）。

5.2 覆盖率和目标

一个重要的问题是怎样合理定义目标。失业持续时间有时并不是一个好的标准。如果"就业能力"差是由个人特征（而非国家原因）所导致，那么在这些人刚开始失业时就把他们找出来，会更有效。而且，失业持续时间这一标准排除了反复失业者，而他们同样也需要提高"就业能力"。越来越多的方案考虑到了这一点，从而将失业持续时间定义为在特定时期内每次失业持续时间的总和。

通常，政策方案所覆盖的难安置人员并没有它所应该覆盖的那样多。这源自所有行为主体的态度。最难安置的人员由于缺少动力和自信，往往不愿意参加引导他们走向常规就业的政策方案。劳动力市场政策机构都企图削脂，特别当它们自己的绩效标准就是简单的安置率时。[18]至于雇主，我们前面已经提到过，他们会尽量采用各种措施挑选那些原本就会被雇佣的工人。结果，方案的设计者面临一个进退两难的局面。如果政策措施的目标太大，那么，不但没有使难安置人员真正受益，而且导致很多无用功。如果太小，会面临两个困难：雇主不愿意参加，而且会加重参与者的耻辱烙印。因此，对目标群体的定义很有挑战性，既不能太大，以防止削脂和雇主的甄选手段，又不能太狭窄，以致雇主招不到合适的工人。这样，雇主为避免接收不合适的员工，将拒绝方案的所有参与者。为解决这一问题，就业办公室的工作人员要积极进行甄选，根据最难安置人员的需求制定合适的计划。他们必须规避两种危险的做法：一是努力将完全不适合就业的人安置到常规劳动力市场上，这样做注定会失败，使这群人的问题更加严重。但同时，也不能将这群人安排到没有结果的计划中，如公共部门的临时就业。

另一个值得注意的地方是，难安置人员的异质性要求提供不同类型的培训和就业服务。美国劳工部报告（1995）曾说："结果表明，不宜采用'统一'的模型。"（p. 63）

5.3 针对难安置人员的劳动力市场政策的内部一致性

内部一致性是指不同劳动力市场方案之间的关系。[19]比如，在鼓励提前退休——随之而来的风险是，这意味着大龄工人都不是最合适的工人——的同时，开发措施鼓励企业招募大龄员工，二者就是不一致的，在某些国家中确实存在这样的事实，如法国。劳动力市场政策应该避免目标群体和方案的重合，否则易导致那些不同群体之间的替代效应（Nicaise et al.，1994）。

5.4 避免可能出现的困难，以及需要解决的困境

在失业率高的国家，推出大型的临时就业方案，吸引尽可能多的人参与，以加强收入分配并降低失业率，这种做法因其能在短期内带来令人满意的分配作用而颇具吸引力。[20]但是如果我们从人力资本累积和长期就业前景的角度衡量劳动力市场结果，那么，这种短期目标的实现实际上是以难安置参与者的劳动力市场结果为代价的。而且，这些项目的经济价值也很有限。另一种做法是鼓励社会服务活动中"次级劳动力市场"的形成，实际上，这种劳动力市场的潜在需求很大。但这会导致这些活动中私人产出的置换风险。难点

就在于防止这种“第二市场”转变为“次级市场”，因为在次级市场中，弱势人群往往陷入一种困境，没有流动的可能。

为限制无用功，就业补贴所针对的目标群体范围不宜大。经济激励必须与雇主需要克服的不情愿程度成比例，但又必须足以弥补固定雇佣成本。[21]但是对于有些人群，即使给予雇主很高的补贴，雇主也不愿意雇用，这时，合适的培训似乎是唯一的解决办法。对于最难安置的人群，可能需要提供综合的培训。尽管如此，工作队的相对成功表明，要弥补难以改变的社会弱势，需要很大的投资。

5.5　行动优先和科学发展优先

我们在手册中反复提到，当前缺少高质量的评估研究，尤其在欧洲国家。即使有时关于同一问题有很多研究，这些研究的结果却大相径庭，从而为解读这些结果带来了很大困难。很多情况下，我们只能得出和 Björklund（1991，p. 90）瑞典培训计划研究相似的结论：“我们的研究结果具有很高的不确定性，从而无法得出明确的政策结论。”此外，国际比较也很难进行，因为各国的政策各不相同，各国的宏观经济背景和制度背景也有其特殊性。尽管如此，我们在这里给出几点一般的评论。

很多研究把注意力放在劳动力市场措施对参与者收入的影响上。但正如 Bishop（1989）所言，事实证明，政府措施的参与者都被打上了耻辱烙印，结果他们被雇佣时得到的工资相对较低，因此，评估者低估了这些措施对生产率的实际贡献。还应考虑到，难安置人员找到的大多数工作都处于次级市场，人力资本的回报很低。更一般地说，需要更加系统地研究长期效果（不是一两年），因为它们可能不同于短期影响。

即使对措施的结果做出了很好的估计，往往也很难把他们归结成一个确切的原因。当混合了各种措施时，如补贴、培训和雇佣合同的非标准形式（如社会保障待遇等），尤其如此。Grubb（1994）指出，在这种情况下，难以将补贴的影响与放松管制和/或培训的影响分开。

另一个问题是，政策的作用要在一段时间之后才能显现。美国劳工部报告（1995）指出：“许多成功的难安置人员培训方案，在评估之前已经实施了 5 年以上……这表明，在实践中掌握的知识和经验是决定方案成功与否的重要因素。”（p. 63）

一些用微观数据进行的研究，在控制了个人特征的基础上，寻找收入和就业可能性与措施的关系；当我们考察这类研究的结果时，我们需要了解这些研究的全球经济和制度背景。首先，在评估难安置人员方案的效率时，需要考虑全球就业短缺（尤其在欧洲）的问题。培训或工作搜寻帮助很有价值，因为它不是“授人以鱼”（如收入支持措施和临时公共就业），而是“授人以渔”。但是，如 Burtless（1984）所说：“机敏的受训人自然会问：鱼在哪儿？”（p. 19）

其次，即使难安置人员能够找到工作，他们的就业也很不稳定，而且收入很低。Lange 和 Shackleton 指出，很少有研究考察工作是否稳定，难安置人员是不是只是暂时脱离了失业。结果，难安置问题很快就变为“就业难以稳定”问题，或“工作的穷人”问题，如美国。

最后，在理解和评价面向弱势群体的劳动力市场政策时应当采用系统性的方法。要了解难安置人员的处境，需要综合考虑职业培训系统、失业保险和福利体系，以及企业的人力资源战略。根据这一观点，我们得到一条经验：要找到更好的预防措施，事事都须考虑到。

以上看法可以推出一个相当消极的结论：面向难安置人员的劳动力市场政策措施是必要的，在未来也是必要的，但它远不足以解决问题。增长率的持续走低（相对于战后时期）和对回到传统“充分就业”的怀疑，以及出于公平和效率的考虑，使得西方国家——特别是欧洲国家——不得不采取更强有力的措施，而非单纯的临时计划或经济激励。[22]

注释

[1] 这样的限制是为了避免转移作用，详见下文（4.1 部分）关于财政替代效应的讨论。

[2] 1994 年，CRE 计划还向最难安置人员提供了 10 000 法郎（1993 年 20 000 法郎）的补贴。1995 年 6 月起，CRE 为“主动就业合同”所替代，提供更高的经济激励。

[3] 除了这些补贴计划，OECD 还提供非货币形式的帮助来“提高雇主意识”（OECD，1992，p.41），如加大宣传力度，鼓励他们对各自的招募过程进行审视和修改。例如，美国和澳大利亚。

[4] 工作经验也可以与教育和培训活动独立开来，如美国面向福利接受者的 CWEP 计划。

[5] 激励体系也可以用来鼓励难安置人员完成培训方案。在比利时，每一个完成培训方案（这些方案至少需培训 6 个月）的长期失业者在方案的最后一个月都可以得到金额为 10 000 比利时法郎的补贴（MISEP，基本信息报告，比利时，1992，p.119）。

[6] 英国是一个例外，见 2.1 部分。

[7] 关于美国经验的全面讨论，请参见 Bane，Ellwood and David（1994）；Gueron and Pauly（1991）；Manski and Garfinkel（1992）；Mead（1986，1992）；Moffit（1992）；Morel（1994）；Murray（1984）以及 Nathan（1993）。

[8] 返还性减免是指，如果一个人的免税额超过他应交的税，那么他就可以得到两者的差额。

[9] 对于有两个或两个以上孩子的纳税人，减免达到劳动收入的 30%。

[10] 收入高于 7 750 美元低于 11 000 美元的人得到最高额。收入超出这一水平时减免额度将减小。原先 2 038 美元的减免，劳动收入比 11 000 美元每高出一美元，这一减免额就减少 15.9%。当收入达到 23 760 美元时，则不再享受减免。

[11] 因此，我们不对劳动力或失业者中的长期失业率进行国际比较。

[12] 至于其他议题，美国和欧洲的评估研究之间在定性和定量方面存在明显的差异。美国劳工部报告（1995）对美国方案的评估研究进行了全面回顾。

[13] 弱势群体包括：技能水平低的青年、长期失业者、救济接受者、残疾人，以及 5 年以上没有工作过的女性。

[14] 关于方法论和实验结果的详细信息，参见 Björklund and Regnér，本手册第 3 章“欧洲劳动力市场政策的实验性评估”。

[15] 这项研究的方法论遭到了 Kasparek and Koop（1991）的严厉批评。

[16] 参见 Mayer（1992）。关于方法论和结果的详细讨论，见 Björklund and Regnér，本手册第 3 章。

[17] 关于方法论和结果的详细讨论，见 Björklund and Regnér，本手册第 3 章。

[18] 例如，在上文所提到的 JTPA 的例子中就是这样。

[19] 外部一致性是指劳动力市场方案与其他形式的公共干预（如失业保险或救济）之间的关系。

[20] 在缺少收入支持或收入支持不足的国家，地方劳动力机构把劳动力市场政策作为在短期内保障失业者收入的方法，而不是解决就业问题的手段。

[21] 按照这一观点，简单的社会保障缴费减免可能是不够的。

[22] See, for example, Schmid (1995).

参考文献

Atkinson, J. and N. Meager (1989), 'Employer Involvement in Adult Training Initiatives', Institute of Manpower Studies, report no. 158, University of Sussex, Brighton.

Bach, H.-U., H. Kohler and E. Spitznagel (1986), 'Arbeitsmarktpolitische Maßnahmen: Entlastungswirkung und Kostenvergleiche', *Mitteilungen aus der Arbeitsmarkt- und Berufsforschung*, 19 (3), 370–75.

Bane, M., J. Ellwood and T. David (1994), *Welfare Realities: From Rhetoric to Reform*, Cambridge, MA: Harvard University Press.

Barnow, B. S. (1987), 'The Impact of CETA Programs on Earnings: A Review of the Literature', *Journal of Human Resources*, 22, 157–93.

Bishop, J. (1989), 'Towards More Valid Evaluations of Training Programs Serving the Disadvantaged', *Journal of Policy Analysis and Management*, 8 (2), 209–28.

Bishop, J. and K. Hollenbeck (eds) (in press), *The Effects of TJTC on Employers*, National Center of Research in Vocational Education, Columbus, OH: Ohio State University.

Björklund, A. (1991), 'Labour Market Training: The Lessons from Swedish Evaluations', in A. Björklund, R. Haveman, R. Hollister and B. Holmlund (eds), *Labour Market Policy and Unemployment Insurance*, Oxford: Clarendon Press, pp. 87–91.

Bonnal, L., D. Fougère and A. Sérandon (1994), 'L'impact des dispositifs d'emploi sur le devenir des jeunes chômeurs: une évaluation économétrique sur données longitudinales', *Economie et Prévisions*, 115 (4), 1–28.

Bonnal, L., D. Fougère and A. Sérandon (1995, May), 'Une modélisation du processus de recherche d'emploi en présence de mesures publiques pour les jeunes', *Revue économique*, 46, 1–11.

Burtless, G. (1984), 'Manpower Policy for the Disadvantaged: What Works?', *The Brookings Review*, 3 (1), 18–22.

Burtless, G. (1985), 'Are Targeted Wage Subsidies Harmful? Evidence of a Wage Voucher Experiment', *Industrial and Labour Relations Review*, 39, 105–14.

Delander, L. (1978), 'Studier kring den arbetsförmedlande verksamheten', *Statens Offentliga Utredningar (SOU)*, 60, 183–248.

Disney, R. (ed.) (1992), *Helping the Unemployed. Active Labour Market Policy in Britain and Germany*, London: Anglo-German Foundation.

Donahue, J. D. (1989), *Shortchanging the Workforce: The JTPA and the Overselling of Privatized Training*, Washington: Economic Public Institute.

Ellwood, D. T. (1988), *Poor Support, Poverty in the American Family*, New York: Basic Books.

Finn, D. (1989, Autumn), 'Employment Training: Success or Failure?, *Unemployment Bulletin*, Unemployment Unit.

Gautié, J., B. Gazier and R. Silvera (eds) (1994), *Les subventions à l'emploi: Analyse et expériences européennes*, Paris: La Documentation Française.

Gazier, B. (1990), 'L'employabilité: brève radiographie d'un concept en mutation', *Sociologie du travail*, 4, 575–84.

Gazier, B. and R. Silvera (1993), 'L'allègement du coût salarial a-t-il un effet sur l'embauche?', *Travail et Emploi*, 55, 60–70.

Grubb, D. (1994), 'Direct and Indirect Effects of Active Labour Market Policies in OECD Countries', in R. Barrel (ed.), *The UK Labour Market: Comparative Aspects and Institutional Developments*, Cambridge, UK: Cambridge University

Press, pp. 183–213.
Gueron, J. and E. Pauly (1991), 'From Welfare to Work', Russell Sage Foundation. (Unpublished manuscript)
Haveman, R. and R. Hollister (1991), 'Direct Job Creation: Economic Evaluation and Lessons for the U.S.A. and Western Europe', in A. Björklund, R. Haveman, R. Hollister and B. Holmlund (1991), *Labour Market Policy and Unemployment Insurance*, Oxford: Clarendon Press, pp. 5–100.
Hofbauer, H. and W. Dadzio (1984), 'Berufliche Weiterbildung für Arbeitslose', *Mitteilungen aus der Arbeitsmarkt- und Berufsforschung*, 17 (2), 183–200.
Hofbauer, H. and W. Dadzio (1987), 'Mittelfristige Wirkungen beruflicher Weiterbildung', *Mitteilungen aus der Arbeitsmarkt- und Berufsforschung*, 20 (2), 129–41.
Hollister, R., P. Kemper and R. Maynard (eds) (1984), *The National Supported Work Demonstration*, Madison: University of Wisconsin Press.
Kasparek, P. and W. Koop (1991), 'Zur Wirksamkeit von Fortbildungs- und Umschulungsmaßnahmen', *Mitteilungen aus der Arbeitsmarkt- und Berufsforschung*, 20 (2), 129–41.
Lange, T. and J. Shackleton (1994, September), 'A Critical Assessment of Active Labour Market Policies', paper presented at the European Association of Labour Economists Annual Conference, Warsaw.
Levitan, S., F. Gallo and I. Shapiro (1993), *Working But Poor, America's Contradiction*, Baltimore, MD: Johns Hopkins University Press.
Long, D. A., C. D. Mallar and C. Thornton (1981), 'Evaluating the Benefits and Cost of the Job Corps', *Journal of Policy Analysis and Management*, 1 (1), 55–76.
Manski, C. and I. Garfinkel (1992), *Evaluating Welfare and Training Programs*, Cambridge, MA: Harvard University Press.
Mead, L. M. (1986), *Beyond Entitlement: The Obligations of Citizenship*, New York: Free Press.
Mead, L. M. (1988), 'The Potential of Work Enforcement: Study of WIN', *Journal of Policy Analysis and Management*, 7 (2), 264–88.
Mead, L. M. (1992), *New Politics of Poverty: The Nonworking Poor in America*, New York: Basic Books.
Meyer, B. (1992), 'Policy Lessons from the US Unemployment Insurance Experiments', National Bureau of Economic Research (NBER), working paper no. 4197, Cambridge, MA.
MISEP (1991), *Pays-Bas, Institutions, Procédures et Mesures*, Commission des Communautés Européennes.
MISEP, *Basic Information Reports on Employment Policies in Europe* (Belgium 1992, France 1992, Germany 1992, Italy 1992, Netherlands 1991, United Kingdom 1992), Brussels, European Community Publication.
Moffitt, R. (1992), 'Incentive Effects of the US Welfare System: A Review', *Journal of Economic Literature*, 30, 1–61.
Morel, S. (1994), 'Les programmes d'intégration à l'emploi pour les allocataires de l'assistance sociale. L'approche américaine du "workfare"', *Revue française des Affaires sociales*, 3, 125–45.
Murray, C. (1984), *Losing Ground: American Social Policy 1950–1980*, New York: Basic Books.
Nathan, R. (1993), *Turning Promises into Performances: The Management Challenge of Implementing Workfare*, New York: Columbia University Press.
Nicaise, I., J. Bollens, L. Dawes, S. Laghaei, I. Thaulow, N. Verdier and A. Wagner (1994, September), 'Pitfalls and Dilemmas in Labour Market Policies for Disadvantaged Groups', paper prepared for the European Association of Labour Economists Annual Conference, Warsaw.
OECD (1992), 'The Long-term Unemployed and Measures to Assist Them', *Labour*

Market and Social Policy, Occasional Papers, 7, 94.
OFCE (Observatoire Français des Conjonctures Economiques) (1994), 'Groupe international de politique économique de l'OFCE', *Pour l'emploi et la cohésion sociale*, Paris: Presses de la Fondation nationale des sciences politiques.
Orr, L. L. (1992), *The National JTPA Study, Title II A: Impacts on Earnings and Employment at 18 Months*, Bethesda, MD: Abt. Associates Inc.
Phelps, E. S. (ed.) (1972), *Microeconomic Foundations of Employment and Inflation Theory*, New York: Norton.
Reubens, B. G. (1970), *The Hard to Employ. European Programs*, New York: Columbia University Press.
Riccio, J., D. Friedlander and S. Freedman (1994), *GAIN: Benefits, Costs, and Three-year Impacts of a Welfare-to-work Program*, New York: Manpower Demonstration Research Corporation.
Schmid, G. (1982), 'Public Finance Measures to Generate Employment for Hard-to-place People: Employer Wage Subsidies or Public Employment Programs?', in R. Haveman (ed.), *Public Finance and Public Employment*, Detroit: Wayne State University Press, pp. 189–209.
Schmid, G. (1995), 'Is Full Employment Still Possible? Transitional Labour Markets as a New Strategy of Labour Market Policy', *Economic and Industrial Democracy*, 16, 429–56.
Schmid, G., B. Reissert and G. Bruche (1992), *Unemployment Insurance and Active Labor Market Policy: An International Comparison of Financing Systems*, Detroit: Wayne State University Press.
Scholz, J. K. (1994), 'Tax Policy and the Working Poor: The Earned Income Tax Credit', *Focus*, 15 (3), 1–12.
Spitznagel, E. (1979), 'Arbeitsmarktwirkungen, Beschäftigungsstrukturen und Zielgruppenorientierung von allgemeinen Maßnahmen zur Arbeitsbeschaffung (ABM)', *Mitteilungen aus der Arbeitsmarkt- und Berufsforschung*, 12 (2), 198–216.
Spitznagel, E. (1985), 'Arbeitsmarktpolitische Maßnahmen: Entlastungswirkung und Kostenvergleiche', *Mitteilungen aus der Arbeitsmarkt- und Berufsforschung*, 18 (1), 0–23.
Spitznagel, E. (1989), 'Zielgruppenorientierung und Eingliederungserfolg bei allgemeinen Maßnahmen zur ABM', *Mitteilungen aus der Arbeitsmarkt- und Berufsforschung*, 22 (4), 523–39.
US Congress, House Committee on Ways and Means (1993), *Green Book 1993*, Washington, DC: US Government Printing Office.
US Department of Labor Report (1995, January), *What's Working (and What's Not)? A Summary of Research on the Economic Impacts of Employment and Training Programs*, Washington, DC: Office of Chief Economist.
Van der Linden, B. (1995), 'Effets de perte sèche et de substitution des formations professionnelles et des aides à l'embauche: une évaluation par enquête auprès des employeurs', *Bulletin de l'IRES*, 180, Université Catholique de Louvain-la-Neuve.
Weir, M. (1992), *Politics and Jobs: The Boundaries of Employment Policy in the United States*, Princeton: Princeton University Press.

第10章　从学校到工作的转换

Paul Ryan, Christoph F. Büchtemann

从学校到工作的转换关心的是教育和工作之间的制度联系，因为它们影响着年轻人在学校教育和工作之间的移动。从学校到工作的转换同时涉及学校与工作。政策通常横跨负责教育和劳动力的部门，而研究也横跨劳动经济学和教育研究学科。

本章的关注点限于发达的经济体，限于在获得第一个学位之前就已从正式教育中退学的年轻人，限于主要是青少年的年龄段。但在美国、法国和意大利，该年龄段的上限延伸到了25岁以上。

"从学校到工作"这个问题既是定性的，也是定量的。也就是说，它与劳动力质量和失业有关（Garonna and Ryan，1991a）。如今看来，质量问题在美国是非常严重的。许多观察者认为，美国年轻劳动力的技能不足以应对有效的国际竞争，特别是与德国、日本等教育培训体系非常成功的国家相比较。在美国和英国，技能短缺通常被认为是学校和工作场所学习不足的缘故（Grant Foundation，1988；National Commission on Education（NCE），1993；US DE，1993）。另一个质量问题是青年就业，特别是美国，制度学派视高工作流动为浪费，而竞争理论家却把它看成是富有成效的（Osterman，1980；Topel and Ward，1992）。

在定量方面，从20世纪70年代中期开始，大部分先进经济体中，青年失业人数——无论是绝对数还是相对于成年失业人数——都急剧上升（Garonna and Ryan，1991a）。这种恶化被归于不同的原因：技术变迁和成年女性引起的更加激烈的竞争，导致青年人能够找到的低技能、低进入门槛的工作减少了；由于更多的青年人花费更长的时间接受全日制学校教育，导致青少年劳动力供给的质量下降了（Ashton and Lowe，1991）。另外，长久以来，青年的高失业在美国已成为一个结构性特征，特别是少数族裔和城市居民。20世纪70年代，少数族裔和城市居民中，青少年无工作的比率大约升高至1/2（Freeman and Holzer，1986；Freeman and Wise，1982；Rees，1986）。

应对"从学校到工作"问题的政策有三种类型。学校教育内容政策关注学习动机、课程设置、教育和工作之间的联系以及职业辅导。薪资成本政策的目的是减少工作场所内青年人活动导致的雇主成本，从而促进青年就业和培训。劳动力市场项目为青年劳动者综合提供补习教育、培训、工作经验和支持服务等，以此作为改变低技能和失业状况的一剂良药。

政策组合在国与国之间是不同的。美国政策强调面向最弱势的青年劳动者推出针对性劳动力市场项目，最近又补充了学校学习和工作学习之间的联系。在欧洲，政策干预更为广泛，政府通常提供面向所有失业青年的资助活动。法国迅速提高了中学教育中通用资格认证和职业资格认证的通过比率，制定了特殊合同和资助计划以鼓励雇主雇佣青年劳动者。英国倾向于为失业的离校青年提供基于工作的培训，还向他们提供全日制的职业高中学习。瑞典的政策将公共部门的工作创造、基于雇主的培训和工作经验结合在一起。

问题很快就产生了。哪一种政策最有用，甚至，哪一种政策适用于所有国家呢？当特定政策不起作用时，是否需要制度上的变化？合适的政策能否在国家政治体系内形成？在美国，所有三个政策领域内都存有争议。在英国，基于学校和基于工作的青年职业准备受到了不同程度的推崇（Marsden and Ryan，1990；Soskice，1993）。法国广泛讨论了国外从学校到工作安排的优点（Campinos-Dubernet and Grando，1988；Verdier，1994）。

本章将通过对研究结果的回顾寻找这些问题的答案。干预的方法和目的将在第 1 部分中讨论。接下来的第 2 部分评估方法论。第 3 部分讨论评估结果，第 4 部分是结论。我们主要关注近期的主要研究，特别是与美国、法国和英国有关的研究。关于美国劳动力市场和对基于学校的项目的评估，更为全面的综述可参见 W. N. Grubb（in press）和 Stern，Finkelstein，Stone，Latting and Dornsife（1995）。

我们的回顾力求在两个方面具有特殊性。第一，与政策评估的目标导向法保持一致（见本手册第 1 章），诸如学徒期、年龄工资级别和学校—雇主联系之类的制度都会被考虑到，而不仅仅考虑像“工作队”这样的特殊计划。第二，从社会实验到国际比较，本章广泛采用了各种评估方法，以期多种方法的应用能够有助于我们的分析。所有的方法论看起来都是不完善的，但是各种方法论都可以为这个领域或那个领域的知识作出贡献。

1. 政策目标与选择

关于“从学校到工作”的讨论提出了各种可能的政策目标。常见的包括：

（1）普遍完成普通高中教育，学业成绩合格并被授予证书，拥有继续接受教育的机会；

（2）高质量的职业准备，包括职业导向型教育、与工作相关的培训和终身继续教育的准备；

（3）向稳定、以职业为导向、高报酬工作的快速过渡；

（4）青年失业率低，特别是长期失业率低；

（5）青年劳动者与工作的有效匹配；

（6）青年人之间机会公平，青年人可以改变自己的职业轨道，并拥有所从事职业轨道的其他机会。

有些项目追求的是上述之一的单一目标，例如，受教育程度上升和高工资。有些项目则覆盖得较为广泛，追求低犯罪率、减少毒品使用和怀孕等等。

对一系列可以选择的目标进行排序和精简是有价值的。福利经济学至多将上面的目标作为中间目标，并仅仅以最终标准：效率和公平，去判断目标的合理性。效率表示在一系列固定的投入下产出最大化；公平，指经济福利更公平的分配。一些中间目标的状况是简单直接的。长期青年失业不仅由于浪费资源而降低了效率，而且还由于不均衡地影响了最弱势的青年人而破坏了平等主义目标，因此，它尤其不受欢迎。

其他中间目标的状况并不那么清晰。其中一些由于没有考虑到成本和收益而遭到了效率层面的批评。在法国和英国，普及青年高中学历和普及青年培训已经成为政策目标，但实现该目标的成本将很高，而且，如果很多工作对技能的要求依旧很低，那么这些政策可能几乎不会对生产率产生影响。这些措施的出发点往往是公平而不是效率（Heckman，Roselius and Smith，1994；Ryan，1984）。

再者，对于效率来说，机会成本很重要。假设用于干预的资源是有限的，相对于其他需要帮助的群体，如成年失业者，青年人的特性是非常关键的。在教育和培训中，考虑到年轻人学得更快，获取回报的时间更长，从效率出发，教育和培训的提供倾向于向年轻的劳动者而非年老的劳动者倾斜。然而，考虑到青年失业者一般失业周期短，对就业状态的依赖性小、责任小的特点，青年失业所导致的效率和公平的损失可能比成年失业低（Ellwood，1982；Garonna and Ryan，1991a）。

上面的目标 3 到目标 5 存在另一个不同的问题。即使它们有优先权，政策要实现其目标也依赖于经济如何运行。在美国，较高的青年流动率和摩擦性失业率被制度学派视为青年人在分割的劳动力市场上被排除在职业和培训之外的证据，制度学派认为这是极度浪费的，特别是，相比之下，德国青年能迅速纳入职业就业（Bucgtemann，Schupp and Soloff，1993；Defreitas，Marsden and Ryan，1991）。也有人认为这是由于不同的劳动者和工作之间相互匹配，虽然耗费了时间，但在不完全信息情况下这是有成效的（Klerman and Karoly，1995；Topel and Ward，1992），相反，他们认为德国的学徒制对匹配过程带来了不必要的推延（Heckman et al.，1994）。上述哪一种观点成立，对于判定降低青年流动率的政策是否可取具有巨大的影响。然而，有关证据虽具提示性，却不能从根本上解决“哪一种观点成立”这一问题（McNabb and Ryan，1990）。

最后，并不是所有的目标都可以归纳为效率和公平。个人发展、社会凝聚力、政治动荡不安和儿童福利都能对政策和制度的制定产生影响，如美国面向处于弱势的青少年母亲的“新机遇”政策和德国大规模的学徒制。

这表明，对单一结果进行评估，其价值是有限的。相反，包含许多结果、赋予经济价值、减少资源成本和确定分配效应的评估——即进行成本收益分析的评估，则能引起特别兴趣。同时，公共目标异常宽泛、分散的情况下，难以实现全面评估。

2．评估方法

评估方法间的区别主要体现在三个方面：成本和收益的覆盖范围、实验条件的近似和关于劳动力市场的假设。以上讨论的第一个方面导致了三种区分：尝试成本收益分析的研究；只就部分结果的影响进行评估，而不评估收益的研究；最没有雄心的仅进行定性评估的研究。在这一部分，我们仅仅考虑后两方面：实验状况和劳动力市场假设。

2.1　实验状况

自然科学家通常依赖于实验程序来研究原因和影响，使用实验室条件来使影响结果的其他因素保持不变。经济学家很少能进行实验室实验，取而代之的是，关键影响随时间、地点而变化的经济统计数据。

要从经济错综复杂的相互作用过程中理顺特定原因和影响，两个特点处于核心位置：反事实情境的构建和潜在原因变量的可变性。让我们分别考察每一个特点。

2.1.1　反事实情境的构建

反事实情境提出的问题是："如果这个项目没有实行，而其他条件不变，那么参与者（或劳动力、整体经济等）的状况将怎样？"这通常是这样实施的，选择一群不受特定项目影响的行为主体，他们的经历就可以作为不实行项目情况下的参与者状况。他们的结果和参与者结果之间的差别，对两组在其他方面的相关差异进行必要调整后，就是这个项目的影响。

构建反事实情境的方法从社会实验或这里所采用的术语高实验性方法开始（方法 1，表 10—1）。符合项目资格要求的申请人被随机分配到实验组或控制组。在大样本情况下，项目参与者和控制组成员在根本特性上几乎没有任何不同，所以两组结果均值之差，不需要经过调整，即是项目影响的一个无偏估计量。

表 10—1　　按反事实情境构建手段分类的评估方法

	实验状况	控制/对照的选择	对结果平均差异的调整
1.	高	个体控制组，随机分配	无
2.	准	个体对照组，结构模型	根据可观测量和不可观测量进行调整
3.			只根据可观测量进行调整
4.	弱	分组比较	
		a. 其他项目	无
5.		b. 其他年龄组/性别	无
6.		c. 自身的历史（之前/之后）	无
7.		d. 其他国家	无
8.		e. 行为主体的推测	推测性
9.		f. 专家解释	不适用
10.	零	总结果	不适用

第二套方法通常称为准实验性方法。选择一个由非参与者组成的、尽可能与参与组相似的对照组。回归分析通过组与组之间其他因素（如劳动力质量）的差异对两组结果的原始差异进行调整。最简单的是方法 3，这种方法根据所有相关可观测属性调整了结果。方法 2 更进一步，它意识到大多数数据库不包含对所有属性的测量，如动机和能力，而这些属性决定了是否参与项目的决策。于是，方法 3 可能由于选择偏差而产生扭曲。方法 2 尝试着对两组之间不可观测量的差异进行纠正，它结合了那些主要受相同不可观测量影响的其他结果的信息，特别是参与决策信息。

构建反事实情境的其他方法称为弱实验性方法，因为这些方法没有使所有的相关影响保持不变。一个项目的参与者结果，可与其他项目的参与者结果，或与相同年龄组的未参加项目者结果进行比较（表10—1，第4行和第5行），可与参与者自己之前的经历进行比较（第6行），或与其他国家的可比组进行比较（第7行）。表10—1还包括了推测方法，即通过有根据的观点推断反事实情境。参与者本人可能会被要求估计自己如果当初没有这个项目时的情况（第8行）。像这样的判断也许会以专家意见为基础，比如分析家从经济理论和操作性证据的某种组合中得出解释（第9行）。最后是缺乏具体反事实情境要素的所谓非实验性评估方法，它们仅考察参与者的结果，如就业安置率（第10行）。

在表10—1中，理论的复杂性和对数据的要求逐行降低，从精确的数据要求和前两个方法各自的计量模型到有限的控制甚至是弱实验性方法中对反事实情境的粗略认识。推测方法尤其容易受到行为主体和专家认知偏见和政治偏见的影响。非实验性方法在实践中被证明几乎没有价值（Gay and Borus，1980）。[1]

2.1.2 识别变动

构建反事实情境要求所关心的原因变量具有足够的可变性。如果关注点根本不发生变动，它的效果就不可能被分离。我们必须搜集和筛选数据，以保证充足的识别变动。

实验条件越相近，一个实验理想地改变关键变量（如项目参与量、最低工资的覆盖范围）而保持其他变量不变的预期困难就会越少，在实践中事情会更加复杂。社会实验通常缺乏实验室般的纯粹性。社会实验会产生交叉偏差，特别是当非参与者可通过其他途径获得与参与者相同的服务时，从而缩小了识别变动（Heckman and Smith，1993）。为了分离出关键因素的真正变动，准实验评估需要对项目参与者和对照组之间的相关差异进行可靠的测量。实践中，准实验评估的结果对于选择过程的假设和对照组的选择很敏感（Fraker and Maynard，1987；LaLonde，1986）。[2]

虽然弱实验性方法的控制变量通常不充足，但它从被评估的参与组中识别变动的能力较强。对比数据和历史数据有时比单一时点的微观数据更加丰富，尤其是当我们的评估对象是制度而非特定政策时（Ryan，1991）。再者，组合使用有时可能会减小弱实验性方法的局限性。例如，为使国家特征保持不变，可以在国际比较中使用随时间而发生的变化（Marsden and Ryan，1991a）。

我们得出结论：（1）没有任何一种方法能够单独提供令人信服的证据，尽管社会实验看起来似乎可以这样；（2）多种方法和多种证据来源比单一的方法和来源更受青睐；（3）弱实验性方法通常更适合于制度问题的研究。

2.2 劳动力市场假设

第三个方法论问题关心的是关于劳动力市场的假设。最主要的是置换，置换是项目对非参与者的影响，它在项目对参与者的影响与项目对整体经济的影响之间插入了一个楔子。当工作稀缺时，项目参与者收入的任何增长都可能是以减少非项目参与者的收入为代价的。参与者如果不参加项目，他们会在某些岗位工作，但由于他们参与了项目，这些岗位被闲置。如果这些空闲的岗位能够由空闲的非参与者予以填充，参与者花费在项目上的时间可能就不会给经济增加产出成本。

忽略置换问题的评估容易产生偏差。如果成本收益分析忽略了参与过程中的置换，那么由于它高估了参与者时间的机会成本，从而低估了净收益。如果评估忽略了参与项目之后的置换，那么它将因高估总产出的增长而高估净收益，因为前参与者所引起的总产出的增长被高估了。这两种偏差朝相反的方向起作用。

因此，置换的重要性取决于劳动力市场条件和项目类型。在不存在非自愿失业的竞争市场上，置换是一种次要现象，它包含了作为市场就业调节的边际产量变化，这些市场就是参与者参与项目前所在的市场和参与项目后所进入的市场。然而，如果存在非自愿性失业，置换则是首要现象。考虑两种项目类型。第一种，项目也许仅仅使参与者在同一个市场分割内循环流动。这种情况下，置换的成本和收益都很高，因而它对净收益的影响不确定。第二种，项目也许会将参与者从劳动力过剩的市场转移至劳动力短缺的市场。前参与者填补长期的职位空缺时不会取代其他劳动者，唯一的例外是，已被雇佣的劳动者正在参与项目时，前参与者才会取代他们。这时，如果忽略置换就会低估净收益。针对低技能工人的工作经验项目通常属于前一种类型；稀缺技能的职业培训项目属于后一种类型（Johnson，1979）。

虽然置换被认为是普遍存在的（Haveman and Sakes，1985；Solow，1990），但是很少能得到合适的信息；而且，即使在置换问题较突出的成本收益分析中，置换也很少被实际估计到。

在其他方面，关于工资决定的假设也很重要。在竞争性工资决定中，工资等于边际产品和边际闲暇的价值，这为评估者提供了对生产率和机会成本的测量。由于劳动力市场分割和工资刚性，好的工作机会是定量供应的，此时的工资既不意味着劳动力质量也不意味着机会成本（Katz and Summers，1988；Lindbeck and Snower，1988；McNabb and Ryan，1990）。

大多数关注工资决定和置换问题的项目评估都隐含了这样一个假设：工资在很大程度上由竞争决定，因而置换问题并不重要。这一假设使得下面考虑的许多估计的准确性遭到了质疑。

3. 评估结果

在这一部分，我们讨论三类“从学校到工作”的问题：劳动力市场项目，薪资成本的减少，以及学校教育本身的变化。对于每一类，我们先对实践中使用的方法进行描述，再评价评估结论。同时，我们也会用表格简要地列出最近的主要研究。

3.1　劳动力市场项目

这里关注的是旨在通过各种服务提升劳动力质量的项目，服务内容包括：补习教育、职业和工作培训、工作经验、工作搜寻帮助、咨询和个人支持服务。进一步的目标可能是为那些如果不参加项目就会失业的参与者提供有利条件，这里，不考虑长期收益。这些项目也称人力政策和积极的劳动力市场政策。

3.1.1　评估方法

就范围而言，在所有国家中，大多数的评估都是针对单一结果的研究。在过去的 10 年中，一些成本收益评估对此进行了补充，这种变化主要发生在美国。就方法而言，在美国，社会实验的使用很大程度上局限于官方赞助的研究中，这始于 20 世纪 70 年代的国家扶持性工作项目（NSW），随后扩展至所有针对退学青年的主要项目中。类似地，对“工作队”计划经常使用高实验性评估。美国在准实验性类别上也占有优势。从20世纪70年代起，已有大量研究对所有的青年项目进行了评估，并发展出准实验性方法论。弱实验性方法在美国曾经非常普遍，但现在已很少使用了（Levitan and Johnston，1975）。

英国和法国涌现出一些准实验类的评估，评估的对象主要是英国的青年培训计划（Youth Training Scheme，YTS）以及法国向失业青年提供的短期合同和补贴。公开发表的还有一些关于瑞典和爱尔兰的项目研究。德国的计量评估尤其少（Björklund，1991；Schellhaass，1991）。迅速膨胀的欧洲学术研究文献依然局限于单一结果形式，这种形式至今仍在美国研究中居于主导地位。

欧洲，尤其是公共机构，经常在最基本的定量和分析水平上使用弱实验性方法。

3.1.2 评估结果

随着表10—1中研究方法层次的升高，评估结果对项目的赞成度呈降低趋势。诸如总结果报告和前后比较的简单方法，通常表明项目是起作用的。较为复杂的方法，特别是高实验性方法，很少在特定结果中发现显著的收益，成本收益分析通常得出净社会损失。

因此，在较低的评估层级中，对于英国青年培训计划（YTS）基于工作的培训，官方评估通常指出了在计划结束后获得“正结果”的参与者的比例，以及对计划所提供培训感到满意的参与者的比例。它们没有指出反事实情境。这可能隐含着一个反事实情境，即如果没有该项计划，几乎没有参与者能够得到正的结果（Breen，1991；UK ED，1991b）。类似地，英国财政部对一些项目进行了评估，以判断这些项目能否应对经济学理论所界定的市场失灵，如外部性（UK ED，1991a）。无论这一标准的操作属性[3]如何，青年计划都很容易满足这样的标准。最后，欧盟委员会对产业与大学的培训合作项目进行了评估，该研究主要考察执行问题，尽管如此，也从未得出“COMETT项目”的有利影响（CEC 1993）。[4]

另一方面，对美国青年项目的实验性评估发现，项目对参与者几乎没有带来持续性收益（表10—2）。收益的标准是，由小时工资的增长或工作时间的延长而导致的劳动收入的提高。通过对美国弱势青年参加的为他们设计的项目后1.5～9年间的结果进行测量，研究者发现，四个项目中没有一个对参与者随后的收入产生了显著影响。[5]

表10—2　基于社会实验的美国青年劳动力市场项目评估

项目	操作属性		服务（待遇）	影响的估计值			
	实施期间	人群		时期长度（年）	项目期间的收入%[a]	总收入%	上一期的小时工资%
(1)	(2)	(3)	(4)	(5)	(6)	(7)	(8)
扶持性工作项目	1975—1981年	弱势退学者，17～20岁	wex，supp，js	3.0	A：+170.0*（9个月）	A：+25.1	A：−17.5
				9.0		A：0	A：n. a.
工作启动计划	1985—1988年	弱势高中退学者，17～21岁	ed，oct，js，supp	4.0	A：−19.2* M：−21.7* F：−14.6	A：+1.3 M：−1.2 F：+6.1	A：+5.4 M：+2.1 F：+8.6

续前表

项目	操作属性		服务（待遇）	影响的估计值			
	实施期间	人群		时期长度（年）	项目期间的收入%[a]	总收入%	上一期的小时工资%
(1)	(2)	(3)	(4)	(5)	(6)	(7)	(8)
《职业培训协作法》第 II-A 条	1987—1989 年	弱势群体，失学者，16～21 岁	ed，oct，ojt，wex，js	2.5	A：+0.8 M：+2.4 F：−0.3	A：−0.7 M：−3.6 F：+1.3	A：−4.3 M：−3.5 F：−4.8
新机遇计划	1989—1992 年	依赖福利的母亲，退学者，16～22 岁	ed，oct，wex，js，supp	1.5	F：−26.1*（1 年）	F：−20.0*	F：−6.3

* 在 $p=0.05$ 的水平上显著不为零。

a. 评估的第一时期（这里是 0.5～1.0 年）。

说明：第 4 列：ed 即普通/补习教育；oct 即职业培训；ojt 即在职培训；wex 即工作经验；js 即工作搜寻/安置；supp 即支持服务（如交通、儿童照顾、咨询）。

第 5 列：表示从参加项目到测量结果之间的时间。

第 6～第 8 列：A，M，F 分别表示全部、男性和女性。

资料来源：From *The National JTPA Study：Overview，Impacts，Benefits and Costs of Title II-A* by H. S. Bloom，L. L. Orr，G. Cave，S. H. Bell，F. Doolittle and W. Lin，1994，Bethesda，MD：Abt Associates，Exhibits 5，6；*JOBSTART：Final Report on a Programme for School Dropout* by G. Cave，H. Bos，F. Doolittle and C. Touissant，1993，New York：Manpower Demonstration Research Corporation（MDRC），Tables 3，5.2，5.8，with estimates for females sa unweighted means of those who do and do not live with their own children；"New Evidence on the Long-term Effects of Employment Training Programs" by K. A. Couch，1992，*Journal of Labor Economics*，10，380−388，Table 1；"The Impacts of Supported Work on Youth" by R. A. Maynard，1984，in R. G. Hollister，P. Kemper and R. A. Maynard（eds），*The National Supported Work Demonstration*，Madison：University of Wisconsin Press，pp. 205－38，Table 7.4；*The National JTPA Study：Overview，Impacts，Benefits and Costs of Title II-A* by L. L. Orr，H. S. Bloom，S. H. Bell，W. Lin，G. Cave and F. Doolittle，1994，Bethesda，MD：Abt Associates，Exhibits 5.18，excluding males previously arrested；*New Chamce ：Interim Findings on a Comprehensive Programme for Disadvantaged Young Mothers and Their Children* by J. C. Quint，D. F. Polit，H. Bos and G. Cave，1994，San Francisco：MDRC，Tables 6，8.2，8.3.

将评估方法扩展到成本收益分析，对美国四个主要项目进行成本收益分析的结果依旧不太赞同青年项目（表 10—3）。对于长期、密集的工作队计划，确实估计出了正的社会净收益：由于收入的增长和青少年犯罪的减少，20 世纪 70 年代的每一位参与者收益 2 300 美元。另一个亮点是诸如《就业培训协作法》（JTPA）、工作启动计划以及针对低收入年轻母亲的新机遇计划等项目收到了教育成果。

然而，用于显示成效的 GED 测试分数相同，则意味着较低的教育有效性或者是对随后就业的低影响（W. N. Grubb，in press）。工作队计划的收益也是可疑的，因为它们是在准实验性方法而不是在高实验性方法下产生的，三个高实验性评估都得出了负的净收益。扶持性工作项目、工作启动计划和《职业培训协作法》第 II-A 条对项目后收入的影响至多也只是少量的增长（在一些情况下还存在项目收入损失），对犯罪率、毒品使用、青少年怀孕的抑制作用也是有限的，但项目本身的资源成本却很高昂。

即使是对各项目净收益的最优估计，也伴随着相当大的不确定性，并且，没有一项研究认真地考虑了置换效应。对于许多项目，置换效应的影响既可能导致高估，也可能导致低估。然而，不论假定置换效应是高估还是低估，对扶持性工作项目和《职业培训协作法》的评估结果都表明，这两个项目确实取得了一些成效。除去工作队计划的相关问题不说，与那些针对其他受众，特别是成年福利接受者的项目不同，面向美国青年劳动者的计划似乎已经失败了（W. N. Grubb，in press；Heckman et al.，1994）。

表 10—3　　美国青年劳动力市场项目的成本收益分析：按类别、大小和分布分析而得的净收益

项目	评估属性		人均净收益（美元，现值）			收益类别				
	覆盖的时期	方法	参与者	非参与者	(4)+(5)	收入	教育成果	犯罪和毒品	福利收入	青少年怀孕
(1)	(2)	(3)	(4)	(5)	(6)	(7)	(8)	(9)	(10)	(11)
工作队计划	1977—1979 年	Q-E	+2 485	−214	+2 271	+	n. a.	+	+	n. a.
扶持性工作项目	1975—1979 年	HE	+891	−2 355	−1 464	0	n. a.	0	n. a.	n. a.
工作启动项目	1987—1988 年	HE	+254	−4 540	−4 286	0	+	0	0	n. a.
《职业培训协作法》第 II-A 条	1987—1989 年	HE	−620（男）	−2 824	−2 904	0	+	−	0	
			−83（女）	−1 087	−1 170	0	+	0	0	n. a.
新机遇计划	1989—1992	HE				−	+	n. a.	0	−

说明：第 1 列：项目的内容见表 10—2；工作队计划是针对多数 16～20 岁弱势人群的住宿计划，主要涉及普通教育、职业教育及咨询。

第 3 列：HE 和 Q－E 分别表示高实验性和准实验性研究设计。

第 7～第 11 列：+，0，−分别表示在 $p=0.05$ 的水平上获取收益、无影响和损失。

资料来源：From*The National JTPA Study*：*Overview*，*Impacts*，*Benefits and Costs of Title II-A* by H. S. Bloom，L. L. Orr，G. Cave，S. H. Bell，F. Doolittle and W. Lin，1994，Bethesda，MD：Abt Associates；*JOBSTART*：*Final Report on a Programme for School Dropout* by G. Cave，H. Bos，F. Doolittle and C. Touissant，1993，New York：Manpower Demonstration Research Corporation（MDRC），Tables 2，6，7 and 7.9；"A Benefit-cost Analysis of the Supported Work Experiment" by P. Kemper，D. A. Long and C. Thornton，1984，in R. G. Hollister，P. Kemper and R. A. Maymard (eds)，*The National Supported Work Demonstration*，Madison：University of Wisconsin Press；"Evaluating the Costs and Benefits of the Job Corps" by D. A. Long，C. D. Mallar and C. V. D. Thornton，1981，*Journal of Policy Analysis and Management*，1，55−76，Table 6；*New Chamce*：*Interim Findings on a Comprehensive Programme for Disadvantaged Young Mothers and Their Children* by J. C. Quint，D. F. Polit，H. Bos and G. Cave，1994，San Francisco：MDRC，Tables 3−6.

我们发现，净收益估计值和方法复杂性之间具有反向关系，其原因是，第一，实验类方法能够更有效地实现反事实情境，而成本收益分析抓住的是更大范围的变量，特别是项目成本。第二，评估方法和标准通常是一起变化的。复杂研究所对应的标准是效率，而不那么复杂的研究中，标准是表现为参与者短期收益的公平。诸如扶持性工作的工作经验项目满足公平标准却不满足效率标准：当参与者处于计划之中时，他们的收入（相对于控制组）增加了；但对整体经济的净收益则是负的（表 10—2 和表 10—3）。考虑到大西洋两岸地区在目标和方法上的差异，扶持性工作项目在欧洲也许能得出有益的评估结果。

3.1.3　准实验性研究

由于对照组的选择方式以及对结果影响的建模方式不同，特定项目的准实验评估结果各不相同。于是，关于扶持性工作项目对青年参加项目 3 年后收入增长的影响，高实验性评估中得到的估计值几乎可以忽略，而在准实验性研究中这个估计值在－300 美元和－1 900 美元之间（表 10—4）。不同性别/种族类别之间收益模式的不连贯和不稳定使得人们对简单准实验性方法的信任程度进一步降低（Barnow，1987；Betsey，Hollister and Papageorgiou，1985；Heckman and Hotz，1989）。

表 10—4　　关于扶持性工作的实验性评估和准实验性评估的结果

1975—1977 年间，扶持性工作项目的 17～20 岁参与者与控制组或对照组成员之间在 1979 年时的平均工资差异（用 1979 年美元表示）。

对照组	收入模型			
	基本	未调整的收入差异	个体固定效应	无
基准组	−1 179*	−1 154*	−1 547*	
随机样本	−1 937*			
短单元匹配清单	−687*			
统计上的匹配组	−339			
随机化的控制组				−18

* 显著性差异 $p=0.05$。

说明：男性控制组（所有年龄）1978 年的平均收入为 5 090 美元（R. J. LaLonde，1986，“Evaluating the Econometric Evaluations of Training Programmes with Experimental Data”，*American Economic Review*，76，604−620）。

所有对照组来自当前人口调查（Current Population Survey）。

资料来源：From “The Adequacy of Comparison Group Designs for Evalutions of Employment-related Programmes” by T. Fraker and R. Maynard，1987，*Journal of Human Resource*，22，194−227.

这些难点向当前依赖于准实验方法的欧洲研究提出了警告，尤其是，准实验性方法的结果不能与社会实验结果进行比较。对于欧洲研究最集中的青年项目、英国的“青年培训计划”，评估表明，使用相似方法、以美国准实验评估为特点的不同研究之间存在差异。关于青年培训计划的工资效应，据估计，其变动幅度为−8%～+20%（表 10—5）。就业效应一般被推断为正，但并不是所有的研究都考虑了选择偏差，甚至有研究得出了显著的负就业效应。从这样的证据中我们无法简单地得出“青年培训计划”是否提高了参与者的潜在收入和可雇佣性。

表 10—5　　对美国以外的青年劳动力市场项目所进行的准实验性评估：属性与结果

国家和项目	计划的属性		研究细节				平均影响	
	内容	资格	作者	结果：年份	时间跨度[a]（年）	对选择偏差的修正	小时工资%	雇用量变动百分点
(1)	(2)	(3)	(4)	(5)	(6)	(7)	(8)	(9)
英国：YTS	Oct，wex	16～18 岁的失业者	Dolton et al.（1994a，1994b）	1989	0～1	是	男：−8* 女：−14*	男：<0* 女：0
			O'Higgins（1994）	1986	0～2	是	n. a.	+21*
			Whitfield and Bourlakis（1991）	1986	2～3	是[b]	−8*[c]	+4*
			Main（1991）	1987	1～3	否	n. a.	+14* +19*[d]
			Main and Shelley（1990）	1986	0～1	是	+16 +39[d]	+11* +17*[d]
			Hutchinson and Church（1989）	1984	0～1	否	−8*	n. a.

续前表

国家和项目	计划的属性		研究细节				平均影响	
	内容	资格	作者	结果：年份	时间跨度[a]（年）	对选择偏差的修正	小时工资%	雇用量变动百分点
(1)	(2)	(3)	(4)	(5)	(6)	(7)	(8)	(9)
法国： a. SIVP b. TUC	a oct b wex	16～25岁，新进入者，长期失业者	Bonnal et al. (1995)	1986—1988	1～10	是	n. a.	a. >0* b. <0
瑞典	oct; js	16～24岁的失业者	Ackum (1991)	1981—1985	0—6.5	是	−1 (oct)	n. a.
	oct; js	16～24岁的失业者	Korpi (1994)	1981—1985	0～6.5	否	n. a.	+*e
爱尔兰	a oct b wex	n. a.	Breen (1991)	1983—1988	1	是	n. a.	a. +7* b. +10*

a. 时间跨度为从参与到所测量的影响之间的时间间隔。

b. 仅调整了工资方程。

c. 仅对于完成者而言。

d. 估计量的范围。

e. 失业流出率。

说明：YTS即青年培训计划；SIVP即“Stages d'Insertion à la Vie Professionelle”；TUC即“Travaux d'Utilité Collective”；oct即职业培训；wex即工作经验；js即工作搜寻/安置。

资料来源：From Youth “Unemployment, Labour Market Programmes and Subsequent Earnings” by S. Ackum, 1991, *Scandinavian Journal of Economics*, 93, 531–543;

“L'impact des dispositifs d'emploi sur le debenir des jeunes chomĕurs une évaluation économetrique sur données longitudinales” by L. Bonnal, D. Fougère and A. Sèrandon , 1995, Economie et Prevision, 115, 1–128;

“Assessing the Effectiveness of Training and Temporary Employment Schemes—Some Results from the Youth Labour Market” by R. Breen, 1991, *Economic and Social Review*, 22, 177–198;

“The Youth Training Scheme and the School-to-Work Transition” by P. J. Dolton, G. H. Makepeace and J. G. Treble, 1994a, *Oxford Economic Paper*, 46, 629–657;

“The Wage Effect of YTS: Evidence from the YCS” by P. J. Dolton, G. H. Makepeace and J. G. Treble, 1994b, *Scottish Journal of Political Economy*, 41, 444–453;

“Wage, Unions, the Youth Training Scheme and the Youth Workers Scheme” by G. Hutchinson and A. Church, 1989, *Scottish Journal of Political Economy*, 36, 160–182;

“Escaping Unemployment: Studies in the Individual consequences of Unemployment and Labour Market Policy” by T. Korpi, 1994, study no. 24, Swedish Institute for Social Research, Stockholm;

“The Effect of the Youth Training Scheme on Employment Probability” by B. G. M. Main, 1991, *Applied Economics*, 23, 367–372;

“The Effectiveness of the Youth Training Scheme as aManpower Policy” by B. G. M. Main and M. A. Shelley, 1990, *Economica*, 57, 495–514;

“YTS, Employment and Sample Selection Bias” by N. O'Higgins, 1994, *Oxford Economix Papers*, 46 (4), 605–628;

“An Empirical Analysis of YTS, Empolyment and Earnings” by K. Whitfield and C. Bourlakis, 1991, *Journal of Economic Studied*, 18 (1), 42–56.

其他国家也进行了一些准实验性评估。对法国的政府资助型短期培训合同的评估、对爱尔兰的培训和工作经验项目的评估表明，这些项目促进了随后的就业。而对法国的工作经验合同所进行的评估却没有得到类似结论。瑞典的职业培训和岗位创造项目似乎没有增加参与项目后的收入。但是，这些计划至少为可雇佣的年轻劳动者提供了一条脱离失业的途径，从而在一段时期内确实阻止了失业者退出劳动力市场比率的降低（Ackum，1991；Korpi，1994）。

对于特定项目尤其是“青年培训计划”评估结果的差异，原因可能在于所涉及时期的不同，这些差异导致了各项研究之间市场条件和项目性质的不同。考虑到在选择充足的对照组上存在特殊困难，美国研究经验表明，对评估结果差异的另一种解释，是看不同评估关于收入决定假设和项目选择假设的差异。[6]

3.1.4　弱实验性研究

为推断项目的影响，一些评估在很大程度上仅仅依赖于由非参与者组成的相似组（表10—1）。法国的研究常使用其他计划的参加者作为参照，并将资格类型与就业结果联系起来（见下面的 3.3 部分）。关于法国“青年人措施”的研究中，另一性别被用作一个比较因素（Chevalier and Silberman，1988）。这项研究表明，该项目给女性带来的结果并不理想。Jonzon and Wise（1989）调查了成年青年群体，该研究根据不同年龄组的失业状况与其在劳动力市场项目中的活动状况存在负相关关系，指出瑞典的计划减少了青年失业，至少在实施期间减少了青年失业。类似地，由于缺乏成人的任何等效计划，D. Grubb（1994）将英国 20 世纪 80 年代时 16～19 岁人群失业率相对其他年龄段的急剧下降归因于“青年培训计划”的大规模实施。

其他国家的群体经验虽然主要用于与劳动力成本和学徒制有关的政策，但也能提供弱比较因素（见下面的 3.2 部分和 3.3 部分）。对于劳动力市场项目，相继地考虑不同的国家而不是直接地对比国家，弱化了国家层面的比较内容（如 Greenaway，1993）。真正的对比方法带来更多影响。Ryan（1994）将成年青年失业率作为一个比较因素，评估 20 世纪 80 年代各发达经济中成年青年计划的影响。

但是，缺乏对其他群体特征的统计控制可能会扭曲这类比较，正如缺乏对个体性质的控制会扭曲准实验性微观数据的比较一样。例如，国家机构、群体规模和福利制定对年龄特殊失业率的影响是独立于劳动力市场计划的。一个可能的反应是，尝试去除群体特殊固定效应，从而研究影响随着时间的变化。Jonzon and Wise（1989）用政策发生改变的时间和年龄失业率的峰值来识别瑞典青年政策的效果。Ryan（1994）将青年失业率的相关变化和青年计划的相关费用联系起来，发现了较强的影响和反映因果关系的滞后。

最后，采用推测性方法的研究者询问参与者（理想情况下也问非参与者），如果没有特定项目计划他们会干些什么，然后运用这些结果去推断反事实情境，进而估计项目的影响。从雇主的回答中，研究者已经推断出“青年培训计划”下的高置换率，这大大降低了该计划的预期收益（Begg，Blake and Deakin，1991；Deakin，1995）。即使在“青年培训计划”中受训者替代雇员遭到了普遍反对，从而使雇主可能低估了置换现象，但由于对置换的估计是罕见的，这样的评估仍然具有很高的价值（Ryan，1995）。

3.2　青年薪资成本的降低

青年薪资成本构成了美国、英国、法国和许多其他国家关于当代“学校到工作转换”讨论中的主要议题。放松管制的政策试图通过减少这些成本来增加青年的就业量和基于工作的学习。有三种政策类型：

第一，工资结构的直接改变。不管是通过降低最低工资和集体合同中年龄工资的级别，还是更根本地废除这类级别，最终都是选择竞争性工资决定办法。因此，20 世纪 80 年代荷兰青年的最低工资被降低到成年工资（15～23 岁的人群）的 30%～100%。英国于 1986 年废除了面向青年人群的法定最低工资。1990 年，定在成年工资 85%水平上的青少年最低工资被写入美国联邦最低工资。降低青少年最低工资的建议已经在法国得到了广泛的讨论。

第二，在既定的工资结构内减少无报酬就业和培训成本，也许可以间接地减少青年薪资成本。无论是通过较低的薪金税、较高的补贴还是限制雇用权的方式。在法国、意大利和英国，所有这三种方法都已形成针对青年人的特殊合同。

第三，直接通过青年，或者间接地通过父母，减少青年的非工资收入特别是公共收益，可能会降低青年供给价格。因此，20 世纪 90 年代的瑞典和英国就取消了离校青年获得公共收入支持的资格。

前两种方法的目的是引导雇主增加他们对于青年劳动力的需求，引导他们提供更多的基于工作的培训。第一种方法还试图通过促进全日制教育或休闲的措施来减少青年劳动力的供给，从而减少青年失业。第三种方法可能会增加青年劳动力供给，增加失业和降低学校入学率，但瑞典和英国已经用它来引导青年参与劳动力市场项目了。[7]

为青年人参加工作和培训进行标价的政策饱受争议。批评家否认这些政策为青年人提供了重大的利益，他们断言，任何利益的获得都是以其他劳动者的利益损失为代价的。这些政策还由于可能加剧支付结构的不平等和劳动力之间的冲突而受到了抨击（Cette，Cuneo，Eyssartier and Gautiè，1995；Garonna and Ryan，1991b）。

3.2.1 评估方法

评估研究主要集中于最低工资。给定青年劳动者的低收入潜力和高培训要求，人们认为，最低工资会以特殊的力量影响青年劳动者。以劳动力市场项目为标准，这方面的研究方法至今仍算不上复杂。

在美国，对于最低工资的研究中，准实验性方法占据了主要地位，从而容易产生两方面的限制：（1）总体单一方程简化形式的使用，单方程的解释和随时间的稳定性都是有问题的；（2）时间序列数据的使用，其中最低工资的识别变动和对其他影响的控制相对较差（Brown，Gilroy and Cohen，1983）。类似的问题在法国对于青年就业补贴的研究中也存在。

既有的关于工资率的实验资料要少于关于向失业青年所提供的服务的实验资料。20 世纪 70 年代，美国的收入维持实验尝试获得工资率数据，但实验由于控制组和实验组之间的非随机指定而遭到了破坏。然而，最近美国的修正主义研究从国家和联邦最低工资的增长中得到了近似实验性证据——这些研究并没有将行为主体随机地分配到实验组和控制组，而是将相似州或低工资工人较少的州的同类雇主作为近似实验性控制组（Card and Krueger，1995）。

在表 10—1 中，较低级别的弱实验性方法已用于研究制度性薪资结构，尤其是集体协议中的年龄工资级别，它随时间跨度和国家而改变，因而需要进行历史比较和国际比较（Marsden and Ryan，1991a，1991b）。最后，推测的反事实情境已为青年就业补贴的置换效应提供了证据（Begg et al.，1991）。可见，评估方法的范围在上一个 10 年中得到了明显的拓宽。

3.2.2 评估结果

新的研究方法使关于美国最低工资对青年和成年人的就业影响的研究结果发生了很大变动（表 10—6）。早期的共识是最低工资对青年人的就业存在少量不利影响，而对失业却没有影响，因为研究总是发现，更高的青年工资降低了劳动力参与（Wellington，1991）。基于个体微观数据的横截面估计结果支持了这样的结论，这与基于州层面总体数据产生的高估计值形成了对比（Meyer and Wise，1983；Welch and Cunningham，1978）。

表 10—6　对于影响青年薪资成本的政策和制度的评估

政策范围	研究	研究属性			青年类型（年龄）	对青年的影响估计值		
		数据	反事实情境的构建方法	自变量		就业	劳动力	失业
(1)	(2)	(3)	(4)	(5)	(6)	(7)	(8)	(9)
法定最低工资	Wellington (1991)	美国全国时间序列 1954—1986 年	周期性可观测量和其他可观测量	最低工资水平和覆盖范围	16～19 岁	−0.06*	−0.08[a]	0
	Card (1992)	加利福尼亚 1987—1989 年	对照区域观测量	最低工资 27%的增长，1988	16～19 岁	+6%*	+6%*	−2%*
	Meyer and Wise (1983)	美国工人 1973、1978 年	收入的对数正态分布	最低工资的存在	16～19 岁 20～24 岁	−7% −2%	n. a. n. a.	n. a. n. a.
	van Soest (1989)	荷兰工人 1984 年	同上	青年最低工资减少 10%	15～22 岁		n. a.	−28%
	Bazen and Martin (1990)	法国总体 1963—1985 年	总体控制变量	最低工资 10%的增长	16～19 岁	−5%	n. a.	n. a.
	Cette et al. (1995)	法国就业结构	间接参数化	青年人最低工资，80%的比例	18～26 岁	0～4%	n. a.	n. a.
	Hashimoto (1982)	美国横截面 1966—1969 年	人力资本，观测到的和未观测到的	最低工资在 1967—1968 年间的增长	14～24 岁，男性	−15%*[b]	n. a.	n. a.
年龄工资级别	Marsden and Ryan (1989)	区域，6 国 3 年	成年人工资	青年的相对工资	男性，<21 岁	−1.9*～−3.2*[a]	n. a.	n. a.
	Marsden and Ryan (1991a)	战后德国和英国的申请者的联邦就业服务登记数据	随着时间的国家变化	申请者的相对工资	男性	+	n. a.	n. a.

续前表

政策范围	研究	研究属性			青年类型（年龄）	对青年的影响估计值		
		数据	反事实情境的构建方法	自变量		就业	劳动力	失业
(1)	(2)	(3)	(4)	(5)	(6)	(7)	(8)	(9)
就业补贴	Colin and Espinasse (1979)	1971—1973 年法国宏观模型	宏观结构的稳定性	1～2 年，无薪资税	离校青年	＋7～＋30％	n. a.	n. a.
	Begg et al. (1991)	1989 年英国雇主调查	假设的情况	无受训者薪资成本	16～17 岁	＋20％	n. a.	n. a.
公共收入支持	Venti (1984)	1971—1975 年美国福利家庭	对照组[c]，对可观测量进行调整	收入支持和税收组合	16～21 岁，依赖他人供养	n. a.	－30％*	0

* 在常规水平下统计性显著。

a. 弹性；

b. 对基于工作的培训的影响；

c. 抚养孩子家庭援助计划的接受者。

资料来源：From ‘Incidence du salaire minimum wur les gains et l’ emploi en France’ by S. Bazen and J. Martin, 1990, *Revue Economique de l’ OCDE*, 16, 199–221; ‘YTS and the Labour Market’ by I. G. Begg, A. P. Blake and B. M. Deakin, 1991, *British Journal of Industrial Relations*, 29, 223–36; ‘Do Minimum Wages Reduce Employment? A Case Study of California, 1987–89’ by D. Card, 1992, *Industrial and Labour Relations Review*, 46 (1), 38–54; ‘Les effets sur l’ emploi d’ un abaissement du cout du travail des jeunes’ by G. Cette, P. Cuneo, D. Eyssarier and J. Gautiè, 1995, in G. Benhayoun and S. Bazen (eds), *Salaire minimum et Bas Salaires*, Paris: L’ Harmattan,; ‘Les subventions à l’ emploi’ by J.-F. Colin and J.-M. Espinasse, 1979, Travail et Emploi, 1, 37–50; ‘Minimum Wage Effects on Training on the job’ by M. Hashimoto, 1982, *American Economic Review*, 72, 1070–87; ‘Statistical Tests for the University of Youth Employment Mechanism in Segmented Labour Markets’ by D. W. Marsden and P. Ryan, 1989, *International Review of Applied Economics*, 3, 148–69; ‘Initial Training, Labour Market Structure and Public Policy: Intermediate Skills in British and German Industry’ by D. W. Marsden and P. Ryan, 1991, in P. Ryan (ed.) International Comparisons of Vocational Education and Training for Intermediate Skills, Lewes: Falmer,; ‘The Effects of the Minimum Wage on the Employment and Earnings of Youth’ by R. H. Meyer and D. A. Wise, 1983, *Journal of Labour Economics*, 1, 66–100; ‘Minimum Wage Rates and Unemployment in the Netherlands’ by A. van Soest, 1989, *De Economist*, 137 (3); ‘The Effects of Income maintenance on Work, Schooling, and Non-market Activities of Youth’ by S. F. Venti, 1984, *Rview of Economics and Statistics*, 66 (1), 16–25; ‘Effects of the Minimum Wage on the Employment Status of Youths: An Update’ by A. J. Wellington, 1991, *Journal of Human Resource*, 26 (1), 27–46.

最近，以近似实验性状态对数据进行分析的结果表明，美国最低工资的增加对青年就业几乎没有影响，或者只存在温和的正效应。使用 5 个相似州的情况作为反事实情境，1988 年加利福尼亚最低工资的上涨使青少年就业增长了约 6%。对劳动力参与的影响再一次类似于对就业的影响，研究发现，影响的正负号更加模棱两可，这使得对青年失业的影响可以忽略（Card，1992）。

关于得克萨斯州和新泽西快餐店的研究，以及对州总体就业的研究也得出了类似的结果（Card and Krueger，1995）。虽然结果的一般性仍不确定，但是可以认为它们是普遍存在的雇主垄断势力的证据。修正主义者有效地防止了他们的研究受到最低工资批评家的攻击，他们将这种次要的不利影响作为那些有能力的青年人离开学校进入劳动力市场的更大的诱惑。而在劳动力市场中，这些有能力的青年退学者取代了低技能员工，但是对于总体的青年就业几乎不存在净影响（Neumarl and Wascher，1995）。

欧洲关于最低工资的研究使用的方法和数据类似于美国早期常用的方法和数据，而且研究一般推断出对青年就业的负面影响。利用总体时间序列资料，关于法国和荷兰最低工资的准实验性研究已经发现对青年就业的负面影响（Bazen and Martin，1990；van Soest，1989）。

弱实验性证据也得到了使用。一项关于法国青年最低工资的实验在相关生产函数中加入关键参数的先验值，推测出对青年就业的适度不利影响（Cette et al.，1995）。1981—1983 年，荷兰青年最低薪资降低之后，连续 4 年离校青年和其他劳动者之间的失业率差距持续缩小，至 1986 年，两种失业率之间的大小关系实现了逆转（van Opstal and van de Pol，1991）。目前还没有研究涉及国家之间青年相对最低工资的高可变性。

然而，有人提出需要谨慎对待欧洲这些关于最低工资的不利评估。先前关于美国劳动力市场项目的评估结论，由于更精密的资料和方法投入使用，已得到了修正。这种考虑表明，随着证据和方法的改进，欧洲研究可能会得出对于最低工资的有利评估。这样的发展在英国正在进行（Machin and Manning，1994）。任何情况下，最低工资对青年就业的影响都是一个开放性问题。美国修正主义者承认，当最低工资相对于平均收入增加时，它可能会减少就业量。因为法国最低工资在平均收入中的比重高于美国，所以在法国负面的就业影响也许占支配地位，而在美国却不会。

最低工资可能还会影响青年劳动者基于工作的培训。如果雇主将普通培训成本转嫁给受训者的能力受到最低工资的限制，雇主首先会减少培训。Hashimono（1982）发现了这一影响的间接证据：在联邦最低工资上调之后，受到影响的青年劳动者工资呈现较低的增长。

集体谈判中的年龄工资级别，而非最低工资中的年龄工资级别，构成了一个制度性特征，而不是一个政策变量。通过国际比较，我们发现，欧洲国家之间与年龄级别相关的相对青年工资有着显著差异。德国、荷兰、英国的青年就业比例比法国、比利时和意大利高，年龄工资被认为是引起这一事实的一个因素（Marsden and Ryan，1991b）。控制国家特性不变，观察随时间发生的其他变化，研究发现，英国学徒实践减少的一个主要原因是，战后英国学徒制的级别工资相对于德国有所增长。

这些研究表明，放松管制的政策所面临的问题不仅仅是较低的青年工资能否增加青年人在工作场所的活动，而是较低的工资在制度上能否行得通。德国的“双重体系”长期以来的特点是：在相同职位上，多年的学徒工资率不超过能胜任工作的成年人的一半。而在20世纪80年代，美国经过长期的政治斗争制定了青年最低工资，但这个青年最低工资仅仅包含了15%的优惠，而且至多持续6个月。较低的年龄工资要想赢得广泛的赞同，必须确保培训的质量。相对于德国的情况，在这方面，简单的放宽管制的提议在美国几乎没有取得进展，考虑到德国经济受管制的程度较美国高，因而产生这种现象的原因可能在于缺乏合适的制度（Heckman et al.，1994）。

在劳动力成本领域，关于其他政策的研究发现非常少。诸如英国青年培训计划的劳动力市场项目中包含着隐性的青年就业补贴，它们的影响之前已经讨论过了。明确向青年提供就业补贴的情况较为罕见，但法国在20世纪70年代早期确实采用过这类政策，在离校青年参加就业后的2年内暂时性停止征收薪资税。通过使用宏观经济模型显示反事实情境，对该政策的分析，得到相关年龄组的就业量增加了7%～30%（Colin and Espinasse，1979）。

最后，20世纪70年代的美国收入维持实验估计了非工资收入对青年劳动力供给的影响（Venti，1984）。由于分配到这个项目的人员事实上是非随机的，所以不得不使用准实验性方法，尽管它没有对选择偏差进行修正。据估计，家庭福利收入的增加和边际收入税率的降低使得青年劳动力参与率降低了13个百分点，并且使得教育参与率增加了9个百分点，但对失业没有显著影响。因此，负的收入税收可能会鼓励低收入家庭的青年去学习而不是去工作。

3.3 学校教育：课程及其与工作的联系

其他很多政策从学校教育这一角度分析从学校到工作转换的问题，研究的主要兴趣在于密切学校教育与工作之间的联系。正如之前所说的，劳动力市场项目很少取得成功，因而，人们开始关注作用于早期发展阶段，即青年仍处于正式教育系统中的政策（W. N. Grubb，in press）。这些政策对于个人的发展有着重要意义，但通常人们主要用规范的效率标准来判断它们。

主要有五种类型。第一，改进普通教育成效的尝试。美国和英国的中学生在国际测试中的表现较差，尤其是相对于德国和日本的青年而言，这表明，美英两国的学生在国家学校系统中的学习不够充分，这进而损害了经济绩效。鉴于此，英国已开始采用国家课程和同步成绩测试。为了增加学生的学习动力，美国已经做出努力将雇主的雇佣决策和学生的成绩联系在一起（Bishop，1992；Prais，1993；Ryan，in press；US NCES，1993）。

第二，对职业课程的提倡。例如，美国“针对工作的学校教育”方案、法国针对高中资格的公共政策（Green，1995）。职业化，在狭义上可以理解为美国中学的传统职业培训，或者在广义上——为了得到一个更好的概念——可以理解为真正的技术教育，它不是学业成绩不合格者的存储柜，而是将理论和应用要素的优势融合在一起，并能够激发多数年轻人的兴趣。教育学家对后一种理念特别感兴趣，特别是德国和美国的教育学家（Taylor，1981）。它促进了英国20世纪80年代以职业为导向的高中学习的发展。在美国，自1990年以来，它已成为职业教育公共基金的法定要求，其中，有关计划包括职业学院、吸引力学校和技术准备计划（Ryan，in press；Stern et al.，1995；Stern，Raby and

Dayton，1992)。

第三，学校和工作的结合将学校教育和工作作为潜在的互补实践并列在一起。中学可能会为它们的学生提供外部工作经验积累计划，或者将工作经验插入到职业课程中，美国的“合作教育”和以学校为依托而建立的企业就分别是这样的例子。更根本的做法是用学徒制将兼职教育和在工作场所的职业培训结合起来。德国的学徒身份介于学生和雇员之间。最近，英国的“青年培训计划”和美国的青年学徒计划都开始模仿德国学徒制的一些做法，只是在美国常常是学校而不是雇主来组织学习课程。

第四，美国和英国的许多地方政府依照《波士顿协定》(Boston Compact) 的做法，发展学校和雇主之间的联系。在《波士顿协定》中，雇主用暑假工作和永久雇佣来奖励那些被甄选出来的地方中学生，作为他们在学校达到成绩和出勤相关标准的回报。日本的学校与特定雇主建立联系，不仅为它们的学生提供就业途径，还为相关的雇主提供招聘服务 (Rosenbaum and Kariya，1989)。

第五，支持服务主要通过就业指导和工作搜寻帮助来帮助年轻人完成从学校到工作的转换。在美国的一些学校，成人会对缺乏经验的学生进行指导。

3.3.1　评估方法

因为这些问题具有多样性，而且许多政策都是最近才实行的，所以除了传统的职业政策，研究者对它们的评估相对较少。再者，权利准则和教育要求通常排除了对随机选择的控制组不提供服务的可能性，所以高实验性方法不容易被采用。极少数的例外包括针对处于弱势的 14～15 岁人群的选择性暑假项目，进入纽约职业吸引力学校以及当前在职业学院将职业和理论相结合的课程 (Crain，Heebner and Si，1992；Sipe，Grossman and Milliner，1988)。

相比之下，结合了人力资本收入函数的准实验性方法长久以来一直被用于研究收入和学校教育之间的联系 (Mincer，1974)。研究已经估计出与能力和家庭背景相关的选择偏差 (Willis and Rosen，1979)。然而，在从学校到工作的研究中，较不精确的方法仍旧占主导地位。最基本的成本收益分析偶尔会被使用，而单一结果评估占据了统治地位 (Stern，Dayton，Paik，Weisberg and Evans，1989)。对个人历史进行回归分析已成为美国关于职业学习对劳动力市场结果影响研究的标准，但是由于对照组与参与者通常有着根本的差异，同时，对选择偏差的修正还不普遍，所以这些研究结果只能提供有限的参考价值。[8] 在这种情况下，弱实验性方法仍有意义。国际比较被广泛用于有关教育成果和学徒制培训的研究。

3.3.2　研究结果

一些国家发现，自己在与其他国家的比较中相对落后，于是开始制定旨在提高普通教育效率的政策，这些政策仍处于策划或执行过程中，因而还没有对它们进行评估。[9] 相比之下，职业计划在美国已被广泛评估，而且证实了一个长久以来的观点，即高中阶段的传统职业培训对受训者收入的影响既不显著也不持久 (表 10—7)。研究发现，传统职业培训对男性或女性的随后收入存在温和的积极影响 (但不论对男性还是女性都不存在持续影响)。少数参与者随后从事的职业就是他们在学校里所受培训的职业，对于他们，传统职业培训也同样存在积极影响。

表 10—7　　对学校教育中与工作有关的属性的评估

属性/项目	研究	评估方法	地点和年份	时间跨度（年）	影响		
					教育成果	工资	就业
(1)	(2)	(3)	(4)	(5)	(6)	(7)	(8)
职业课程：（1）中学	Meyer and Wise (1983)	QE (3)	1969—1972 年	1～4	—	0	0
	Rumberger and Daymont (1984)	QE (3)	1972—1979 年	0～3	n. a.	M：0 F：＋	M：＋ F：＋
	Kand and Bishop (1989)	QE (3)	1976—1980 年	0～2	n. a.	M：＋ F：0	M：＋ F：＋
	Ziderman (1989)	QE (3)	以色列，1961—1964 年	6～13	n. a.	0	
	Altonji (1992)	QE (2, 3)	1969—1972 年	12	n. a.	0，＋[a]	n. a.
（2）专科	Grubb (1993)	QE (3)	1972 年—	0～12	n. a.	M，F：0[b]	
	Zilbert et al. (1992)	QE (3)	1980 年—	0～3	n. a.	M：0；F：＋	
资格和就业	Affichard (1981)	WE (4)	1973 年 1979 年	0.75	n. a.	n. a.	0 ＋
	Minni and Vergnies (1994)	QE (3)	1989—1992 年	0.75	n. a.	n. a.	＋
职业课程和普通课程的融合	Crain et al. (1992)	HE (1)	1988 年	0～3	＋	n. a.	n. a.
	Stern et al. (1989)	QE (3)	1985—1988 年	1～3	＋	n. a.	n. a.
在校期间的工作经验	Meyer and Wise (1983)	QE (3)	1968—1972 年	1～4	0	＋	＋
	Farkas et al. (1983)	QE (3)	1978—1980 年	0～2	＋	n. a.	＋
	Sipe et al. (1991)	HE (1)	1987 年	0.3	＋	n. a.	n. a. ＋
学徒制	Tan et al. (1991)	QE (3) NE (7)	美国，英国，澳大利亚，20 世纪 70 年代	n. a.	n. a.	＋	n. a.
	Blanchflower and Lynch (1994)	QE (2) WE (7)	美国：1979—1986 年 英国：1964—1981 年	11～19	n. a.	M：＋ F：0	n. a.
	Bonnal et al. (1995)	QE (2)	法国：1986—1988 年	1～10	n. a.	n. a.	＋
	Marsden and Ryan (1990)	WE (7)	欧洲共同体，1966 年，1972 年，1978 年	0～3	n. a.	n. a.	＋

续前表

属性/项目 (1)	研究 (2)	评估方法 (3)	地点和年份 (4)	时间跨度(年) (5)	影响 教育成果 (6)	工资 (7)	就业 (8)
学校—雇主联系	Büchtemann et al.（1993）	WE（7）	美国，德国，1973—1990 年	6～9	n. a.	n. a.	+
	Rosenbaum et al.（1990）	WE（7，9）	美国，日本	n. a.	n. a.	n. a.	+

a. 分别指工业和商业课程。

b. 对随后的工作培训和工作经验进行控制。

说明：第 3 列：HE、QE、WE 分别指高实验性、准实验性和弱实验性方法。

第 4 列：除特别说明，否则地点为美国。

第 6～第 8 列：+，-，0 分别指在传统检验中统计上的显著增加、显著减少和没有显著影响。

资料来源：From "Quels emplois après l'école：la valeur des titres scolaires depuis 1973" by J. Affichard，1981，*Economie et Statistique*，134，7-26；"The Effect of High School Curriculum on Education and Labour Market Outcomes" by J. G. Altonji，1992，Working paper no. 4142，National Bureau of Economic Research（NBER），Cambridge，MA；"Training at Work：A Comparison of US and British Youths" by D. G. Blanchflower and L. M. Lynch，1994，in L. M. Lynch（ed.），*Training and the Private Sector*：*International Comparisons*，Chicago：University of Chicago Press，pp. 223-260；"L'impact des dispositifs d' employ sur le devenir des jeunes chômeurs：une évaluation économetrique sur données longitudinale" by L. Bonnal，D. Fougere and A. Sérandon，1995，Economie et Prévision，115，1-28；"Roads to Work：School-to-Work Transition Patterns in Germany and the US" by C. F. Büchtemann，J. Schupp and D. Soloff，1993，*Industrial Relations Journal*，24，97-111；*The Effectiveness of New York City's Career Magnet Schools*：*An Evaluation of Ninth Grade Performance Using an Experimental Design* by R. L. Crain，A. L. Heebner and Yin-Pong Si，1992，Berkeley：National Center for Research in Vacational Education；"The Youth Entitlement Demonstration：Subsidized Employment with a Schooling Requirement" by G. Farkas，D. A. Smith and E. W. Stromsdorfer，1983，*Journal of Human Resources*，18，557-573；"The Varied Returns to Postsecondary Education：New Evidence from the Class of 1972" by W. N. Grubb，1993，*Journal of Human Resources*，28，365-382；"Vocational and Academic Education in High School：Complements or Substitutes" by S. Kang and J. Bishop，1989，*Economics of Education Review*，8，133-148；"Institutional Aspects of Youth Employment and Training Policy in Britain" by D. W. Marsden and P. Ryan，1990，*British Journal of Industrial Relations*，28，351-370；"The Effects of the Minimum Wage on the Employment and Earnings of Youth" by R. H. Meyer and D. A. Wise，1983，*Journal of Labor Economics*，1，66-100；"La diversité des facteurs de l'insertion professionnelle" by C. Minni and J.-F. Vergnies，1994，*Economie et Statistique*，277，45-61；"Market and Network Theories of the Transition from High School to Work：Their Application to Industrialized Societies" by J. E. Rosenbaum，T. Kariya，R. Settersten and T. Maier，1990，*Annual Review of Sociology*，16，263-299；"Economic Value of Academic and Vocational Training Acquired in High School" by R. W. Rumberger and T. N. Daymont，1984，in M. E. Borus（ed.）*Youth and the Labour Market*：*Analyses of the National Longitudinal Survey*，Kalamazoo，MI：W. E. Upjohn Institute for Employment Research；*Summer Training and Education Programme*：*Report on the* 1987 *Experience* by C. L. Sipe，J. Grossman and J. A. Milliner，1988，Philadelphia，PA：Public/Private Ventures；"Benefits and Costs of Dropout Prevention in a High School Programme Combining Academic and Vocational Education：Third-year Resulrs from Replications of the California Peninsula Avademics" by D. Stern，C. Dayton，I. Paik，A. Weisberg and J. Evans，1989，*Educational Evaluation and Policy Analysis*，10（2），161-170；*Youth Training in the United States*，*Britain*，*and Australia* by H. W. Tan，B. Chapman，C. E. Peterson and A. Booth，1991，Santa Monica，CA：Rand；"Training Alternatives for Youth：Results from Longitudinal Data" by A. Ziderman，1989，*Comparative Education Review*，33（2），243-255；"Selection Bias and the Earnings Effects of Postsecondary Vocational Education" by E. E. Zilbert，J. C. Hearn and D. R. Lewis，1992，*Journal of Vocational Education Research*，17（1），11-34.

美国高中的职业研究所得到的低个人收益或零个人收益反映了选择偏差，或较低的教育增值。通常，学术方面能力相对较弱的人参加职业项目，所以忽略了根据能力进行选择的研究可能会低估参与者的收益。一项修正了选择偏差的研究发现，只有商业课程提高了工资，提高幅度有限，且主要针对女性课程接受者（Altonji，1992）。而且，职业课程所教的东西可能没有多大用处。与德国不同，美国缺乏判断成果的标准，这意味着激励学生成绩所需要的信息和激励结构都没有到位，这导致了低教育抱负和低技能产出（Boesal and McFarland，1994）。因此，虽然还没有就这个问题做过成本收益分析，但是职业课程的高资源成本可能将抵消参与者和社会整体的任何收益（Psacharopoulos，1987）。

上述令人失望的结论不一定能够推广到另一种目标远大的职业教育理念——试图将理论和职业培训融合为一个完全的技术教育，而不是简单地提供就业前培训。有研究表明，职业研究的专业化与低收入预期相联系，尽管没有控制可能会使结果产生偏差的因素，Kang and Bishop（1989）推断，职业学习和理论的中学学习具有互补性。加利福尼亚的职业学院和纽约的职业吸引力学校是对新职业理念做出响应的两项美国计划。研究发现，相对于相匹配的随机控制组成员而言，这两个项目提高了教育参与水平和参与者收益（Crain et al.，1992；Stern et al.，1989）。这种项目的目标之远大可与德国教育的“洪堡教育理想”相提并论。至于项目参与者能否获得持久的收益，以及收益能否超过他们的成本，还有待进一步的研究。

美国同样在高中以上水平对职业项目的收益进行评估，社区学院提供的职业文凭给参与者带来的利益很有限：一旦引入对随后培训和工作经验的控制，收入的中期收益就会消失（W. N. Grubb，1993）。对选择偏差的修正确实得到了积极收入影响的证据，但这仅仅是对女性而言的（Zilbert，Hearn and Lewis，1992）。

过去20年间，在法国，教育证书和就业机会的联系不断得到强化，吸引了众多研究者的关注。虽然没有对选择偏差进行处理，但研究已经从纯粹的描述层面转到了引入一些个人和社会属性的控制变量，对“证书对就业影响依然存在”进行证实（Affichard，1981；Minni and Vergnies，1994）。国际比较也得出一些结论：法国新合格熟练工职业等级下降的现象比英国更为广泛，原因在于英国的职业市场和工作培训更为普遍（Marsden and Germe，1991）。

对于将学校和工作同时联系起来而不是一前一后联系起来的政策，评估结果显示，这些政策也取得了一些成功。在美国，主要的研究问题是高中时工作是否影响教育成果和随后的收入。在高中阶段，甚至是偏多的工作小时数也不会有损教育成果，可能还有助于毕业后获得较高收入（Meyer and Wise，1982）。之后的研究也支持这种关于离校后收入和就业的结论，这表明，适当的工作小时数事实上提高了教育成果（Stern et al.，1995）。研究还发现，美国20世纪70年代为弱势高中生提供有偿工作的“青年激励试点项目”通过提高入学率提高了非白人的就业率，即使考虑了置换效应，结果依然如此（Farkas et al.，1983）。然而，近期美国高中旨在通过合作教育提升系统性工作经验的项目在参与行为和随后的劳动力市场结果之间没有建立一致的联系（Stern et al.，1995）。但是，大多数这种研究的结果由于缺少对选择偏差的控制或者对其控制很弱而表现得缺乏说服力。

学徒制是学校学习和工作之间潜在的系统联系，对它的评估通常都是令人满意的。研究还没有产生高实验性的证据，但是注意了选择偏差的准实验性研究发现。在美国，学徒制与随后的收入正相关（Lynch，1992）。虽然至今几乎没有构建关于潜在关键选择过程的模型，但是对英国、美国和澳大利亚的个体微观数据的分析也得到了学徒制收入效应的类似结果。在英国，学徒制没有使女性获益。对于男性，学徒制对高工资的贡献也许部分地反映了它作为进入高租金市场的入场券的功能，但是，由于非工会工人的工资增长并不比工会工人的工资增长少，从而可以推断，工资增长源自显著的技能进步（Blanchflower and Lynch，1994；Tan et al.，1991)。法国的微观数据显示，学徒制对就业可能性也表现出有利的影响（Bonnal et al.，1995)。

弱实验性证据，特别是国际比较，也有利于学徒制。相对于美国青年 12 年的面板数据，德国青年的经验表明，德国普遍的学徒培训不但减少了从学校到工作转换过程中的失业，还使技能供给和需求之间实现了更好的匹配（Buchtemann et al.，1993)。与制度化青年引导和培训较少的国家相比，学徒制普遍的欧洲国家已经取得了更令人满意的青年就业水平和失业水平（Marsden and Ryan，1990)。

比较证据对于学校和雇主之间的联系同样重要。学校和雇主之间的联系在日本很紧密，但是在美国很疏远甚至不存在。日本的学校根据学业成绩将学生排序，相关的雇主通常根据学校的排名雇用学生，这就创造了很强的信息流和对学生努力学习的激励。日本已经形成较高的学校成就和向职业工作的快速移动，它帮助日本避免了美国青年劳动市场上的高失业和高流动。如果没有对两个国家总体失业率和就业实践差异进行控制，那么将难以分离出学校和雇主之间的联系对青年结果差异的贡献。再者，美国可能从延迟选择、更多的再选择机会、劳动者与职业间更好的终身匹配等方面获益。然而，研究结论确实表明了日本从学校和雇主联系中获得的有效收益，也表明了美国对于这种密切联系的需求（Kariya and Rosenbaum，1987；Rosenbaum and Kariya，1989；Rosenbaum et al.，1990)。

4. 结　论

对于从学校到工作转换问题的评估在过去的 20 年里发展迅速。它们的复杂性迅速提高。在美国，随机选择和成本收益分析已成为劳动力市场项目的准则，而且近似实验性数据已使研究进入了最低工资领域。

各种各样的评估方法仍然被广泛使用。运用准实验性方法的单一问题评估在美国的学术评估中仍然非常普遍，特别是对于与学校教育相关的政策评估。在欧洲，尽管信息与假设的比率较低，但是准实验性方法的单一问题评估也很常见。弱实验性方法同样也被采用，特别是应用于比较资料和历史资料以识别制度因素变动。实践中，准实验性文献和弱实验性文献很少关注彼此。考虑到两者都很重要，而两者在从学校到工作转换的问题上又可以相互补充，因此我们将它们并列起来。

评估结果显示，近期政策干预的结果大多都不尽如人意。对于多数美国劳动力市场项目，消极的结论几乎不可避免。这些项目几乎没有带来收益，如果确实带来了一点收益，那么，青年人得到的收益少于成年人。而且这些项目大部分导致了总体效率的损失。同样地，标准的职业课程并没有为青年人带来一致的或持久的收益，而最低工资的减少对于青年就业的影响很微弱，可能还会减少青年就业，至少美国的情况如此。

然而，结果并不都是消极的。工作队计划具有显著收益的研究结论在高实验性评估中依然存在。根据“在项目期间改善参与者境况”这个与公平有关的标准，诸如美国“扶持性工作计划”之类的项目有其各自的优点，虽然这种改善并不持久。在欧洲，这样的评估也很多。如果没有工作损失，那么更高的最低工资是非常受欢迎的。

青年项目的问题部分是由于弱势的项目参与者引起的，部分是由于措施流于表面引起的（Wilensky，1992）。更宏大的措施可能会产生更多的利益。我们来看深浅措施之间的两个对比：一是在学徒制和劳动力市场项目计划之间，二是在技能教育和传统职业学校教育之间。各种评估方法显示，学徒制带来了相当大的收益，同样的结果还出现在当前对职业学院和将普通课程和职业课程相融合的其他方法的研究中。在每一个对比中，更宏大的项目都瞄准了更大的技能改进。即使在其他项目失败的情况下，这些更宏大的项目也可能成功。所有这些措施都试图对中级技能进行培训，这些中级技能经常会出现技能短缺现象。

然而，任何深入的政策提议都必须处理三个问题。首先是制度的发展。特别是学徒制和低青年薪酬成本，只有在持续的政治保证和制度发展下，只有在关键利益群体——雇主、雇员、政府和青年人自身——被充分调动起来的情况下，才能收到良好效果（Marsden and Ryan，1991a；Soskice，1990；Streeck，Hilbert，van Kevalaer，Mayer and Weber，1987）。相应地，任务也非常艰巨，特别是在缺乏有效雇主和雇员代表的国家。

其次，最弱势的青年人群不一定可以从学徒制和技术教育中直接获益。即使在德国，离校青年中约有10%未被青年学徒制所覆盖，他们参与的是标准劳动力市场项目。但现实并不意味着，什么有用的事情都不能完成。美国的工作队计划向弱势青年提供昂贵且集中的服务，至少到目前为止，评估表明，该计划对参与者和社会都会带来长期的收益。即使那些长期收益消失了，这依然是“平等地为最难安置的青年人群提供有益实践”的一个典型实例。

最后，对深入的政策也需要进行评估，尽管这个任务比起标准项目更令人望而生畏。在评估制度时遇到的困难可通过各种研究方法予以解决，如弱实验性方法和准实验性方法。如果评估研究受制于我们能够得到哪些数据，那么更大的问题将是对因果关系的推断，而且，得到的将是关于公共政策潜力过于悲观的结论。

注释

[1] 表10—1概括的评估方法包括个体和分组数据的各种组合。在保持每一个领域通用惯例的基础上，应用个体数据的方法实验性较强；应用分组数据的方法实验性较弱。然而，这种模式是不固定的，例如，在某些最低工资研究中，实验性与分组数据相结合，或在国际比较中使用个体数据（Blanchflower and Lynch，1994；Card and Krueger，1995）。

[2] 关于选择偏差的适当修正既取决于项目的影响，也取决于时间和个人特殊不可观测量的性质。因而需要对它们做出假设。指标检验和由具有参与资格的当地非参与者组成的对照组似乎改进了结果（Heckman，1993；Heckman and Hotz，1989），但是，假设与证据的比例依然高得让人不安。不可观测量可能是重要的，但是它们只能通过方程中不可解释的变动隐含地反映出来。当项目从一开始便没有得到充分的执行（这种可能性可通过过程评估加以研究），识别变动还会进一步减少（Lee，Rickman and Duncombe，1990）。

[3] 近期的两个副作用说明了财政部标准的不足（Marquand，1994）：(1) 部门之间的冲突，其中支出部门（如就业部门）用经济学专家的意见强调相关的外部性，而财政部的经济学者则试图推翻它们；(2) 学术研究想方设法地寻找与培训有关的外部性（Booth and Snower，1995）。

[4] COMETT评估包括来自七位独立专家、欧洲所有国家政府和国家咨询企业的报告，但是关于项目的效果，依旧没有找到令人信服的证据。无论美国官方赞助的评估研究有多大的局限性，欧洲同类的

研究还仅仅涉及问题的表面而已。

[5] 样本规模从 861（NSW）到 4 361（JTPA），但是时间变化带来的损耗通常会减小样本规模，所以，参与者和控制组在项目结束后的收入差异很大也缺乏统计上的显著性。

[6] 为了构建对照组，"青年培训计划"评估之间的差异应当通过只依靠两个纵向数据集进行控制。从参与者先前的收入历史中可以推断出对"青年培训计划"参与行为不可观测的影响因素，但是，大多数参与者缺乏先前的收入历史。再者，"青年培训计划"是一个权利项目，它保证所有具备资格的人都可以参与计划，所以对应的非参与者对照组无法被组建。因此需要求助于由其他同年龄群体组成的隐含对照组。可见，结果依赖于对收入和参与函数的精确建模和精确估计，但是英国的微观数据缺少对这类任务所要求的能力和动机变量的测量。

[7] 如果青年人不进入劳动力市场的同时也不会在学校学习，那么青年人群中更高的劳动力参与率是受欢迎的，美国许多弱势的少数族裔青年就属于这种情况。如果他们进入劳动力市场的同时减少了教育，那么这种更高的青年劳动力参与率是不受欢迎的，英国 20 世纪 80 年代的青年培训计划（YTS）就是这样一个例子（Ree，1986；Whitfield and Wilson，1991）。

[8] 如果教育的选择是基于多重、补偿标准做出的，那么对于选择的忽略可能几乎不会产生偏差。但是，通常不能保证选择都是基于这样的标准做出的（Willils and Rosen，1979 ）。

[9] 英国的国家课程以及相关的测试不久就能产生年度数据，运用这些数据可以评估教育的净产出和与教育相关的投入。

参考文献

Ackum, S. (1991), 'Youth Unemployment, Labour Market Programmes and Subsequent Earnings', *Scandinavian Journal of Economics*, 93, 531–43.

Affichard, J. (1981), 'Quels emplois après l'école: la valeur des titres scolaires depuis 1973', *Economie et Statistique*, 134, 7–26.

Altonji, J. G. (1992), 'The Effect of High School Curriculum on Education and Labour Market Outcomes', working paper no. 4142, National Bureau of Economic Research (NBER), Cambridge, MA.

Ashton, D. and G. Lowe (1991), 'School-to-work Transitions in Britain and Canada: A Comparative Perspective', in D. Ashton and G. Lowe (eds), *Making Their Way: Education, Training and the Labour Market in Canada and Britain*, Milton Keynes: Open University Press, pp. 1–14.

Barnow, B. S. (1987), 'The Impact of CETA Programmes on Earnings: A Review of the Literature', *Journal of Human Resources*, 22, 157–93.

Bazen, S. and J. Martin (1990), 'Incidence du salaire minimum sur les gains et l'emploi en France', *Revue Economique de l'OCDE*, 16, 199–221.

Begg, I. G., A. P. Blake and B. M. Deakin (1991), 'YTS and the Labour Market', *British Journal of Industrial Relations*, 29, 223–36.

Betsey, C. L., R. Hollister and M. R. Papageorgiou (eds) (1985), *Youth Employment and Training Programs: The YEDPA Years, Committee on Youth Employment Programs*, Washington, DC: National Academy Press.

Bishop, J. (1992), 'Workforce Preparedness', in D. Lewin, O. S. Mitchell and P. D. Sherer (eds), *Research Frontiers in Industrial Relations and Human Resources*, Madison, WI: Industrial Relations Research Association.

Björklund, A. (1991), 'Evaluation of Labour Market Policy in Sweden', in *Evaluating Labour Market and Social Programmes: The State of a Complex Art*, Paris: OECD, pp. 73–86.

Blanchflower, D. G. and L. M. Lynch (1994), 'Training at Work: A Comparison of US and British Youths', in L. M. Lynch (ed.), *Training and the Private Sector: Inter-*

national Comparisons, Chicago: University of Chicago Press, pp. 223–60.
Boesal, D. and L. McFarland (eds) (1994), *National Assessment of Vocational Education, Final Report to Congress*, Washington, DC: US Department of Education.
Bonnal, L., D. Fougère and A. Sérandon (1995), 'L'impact des dispositifs d'emploi sur le devenir des jeunes chômeurs: une évaluation économetrique sur données longitudinales', *Economie et Prévision*, 115, 1–28.
Booth, A. and D. J. Snower (eds) (1995), *Acquiring Skills: Market Failures, Their Symptoms and Policy Responses*, Cambridge: Cambridge University Press.
Breen, R. (1991), 'Assessing the Effectiveness of Training and Temporary Employment Schemes—Some Results from the Youth Labour Market', *Economic and Social Review*, 22, 177–98.
Brown, C., C. Gilroy and A. Cohen (1983), 'Time-series Evidence of the Effect of the Minimum Wage on Youth Employment and Unemployment', *Journal of Human Resources*, 18, 3–31.
Büchtemann, C. F., J. Schupp and D. Soloff (1993), 'Roads to Work: School-to-work Transition Patterns in Germany and the US', *Industrial Relations Journal*, 24, 97–111.
Campinos-Dubernet, M. and J.-M. Grando (1988), 'Formation professionnelle ouvrière: trois modèles Européennes', *Formation Emploi*, 22, 38–48.
Card, D. (1992), 'Do Minimum Wages Reduce Employment? A Case Study of California, 1987–89', *Industrial and Labour Relations Review*, 46 (1), 38–54.
Card, D. and A. B. Krueger (1995), *Myth and Measurement: The New Economics of the Minimum Wage*, Princeton: Princeton University Press.
CEC (Commission of the European Communities) (1993), *COMETT II: Evaluations*, Luxembourg: Office for Official Publications of the European Communities.
Cette, G., P. Cuneo, D. Eyssartier and J. Gautié (1995), 'Les effets sur l'emploi d'un abaissement du coût du travail des jeunes', in G. Benhayoun and S. Bazen (eds), *Salaire Minimum et Bas Salaires*, Paris: L'Harmattan.
Chevalier, L. and S. Silberman (1988), 'Peut-on encore parler d'insertion pour les jeunes sans formation?', *Formation Emploi*, 23, 74–8.
Colin, J.-F. and J.-M. Espinasse (1979), 'Les subventions à l'emploi', *Travail et Emploi*, 1, 37–50.
Crain, R. L., A. L. Heebner and Yin-Pong Si (1992), *The Effectiveness of New York City's Career Magnet Schools: An Evaluation of Ninth Grade Performance Using an Experimental Design*, Berkeley: National Center for Research in Vocational Education.
Deakin, B. M. (1995), *The Youth Labour Market in Britain: The Role of Intervention*, Cambridge: Cambridge University Press.
DeFreitas, G., D. W. Marsden and P. Ryan (1991), 'Patterns of Youth Employment in Segmented Labour Markets in the US and Europe', *Eastern Economic Journal*, 17 (2), 223–36.
Ellwood, D. (1982), 'Teenage Unemployment: Permanent Scars or Temporary Blemishes?', in R. Freeman and D. Wise (eds), *The Youth Labour Market Problem*, Chicago: National Bureau of Economic Research (NBER)/University of Chicago Press.
Farkas, G., D. A. Smith and E. W. Stromsdorfer (1983), 'The Youth Entitlement Demonstration: Subsidized Employment with a Schooling Requirement', *Journal of Human Resources*, 18, 557–73.
Fraker, T. and R. Maynard (1987), 'The Adequacy of Comparison Group Designs for Evaluations of Employment-related Programmes', *Journal of Human Resources*, 22, 194–227.
Freeman, R. B. and H. J. Holzer (1986), 'The Black Youth Employment Crisis', in R. B. Freeman and H. J. Holzer (eds), *The Black Youth Employment Crisis*,

Chicago: National Bureau of Economic Research (NBER)/University of Chicago Press, pp. 3–20.

Freeman, R. B. and D. A. Wise (1982), 'The Youth Labour Market Problem: Its Nature, Causes and Consequences', in R. B. Freeman and D. A. Wise (eds), *The Youth Labour Market Problem*, Chicago: National Bureau of Economic Research (NBER)/University of Chicago Press, pp. 1–16.

Garonna, P. and P. Ryan (1991a), 'The Problems Facing Youth', in P. Ryan, P. Garonna and R. C. Edwards (eds), *The Problem of Youth: The Regulation of Youth Employment and Training in Advanced Economies*, London: Macmillan, pp. 1–31.

Garonna, P. and P. Ryan (1991b), 'The Regulation and Deregulation of Youth Economic Activity', in P. Ryan, P. Garonna and R. C. Edwards (eds), *The Problem of Youth: The Regulation of Youth Employment and Training in Advanced Economies*, London: Macmillan, pp. 35–81.

Gay, R. S. and M. E. Borus (1980), 'Validating Performance Indicators for Employment and Training Programmes', *Journal of Human Resources*, 15, 29–48.

Grant Foundation (1988), *The Forgotten Half: Non-College Youth in America*, Washington, DC: William T. Grant Foundation.

Green, A. (1995), 'Core Skills, Participation and Progression in Post-compulsory Education and Training in England and France', *Comparative Education*, 31 (1), 49–67.

Greenaway, D. (1993), 'Economic Aspects of Youth Training in Industrialised Countries', *Economic Journal*, 103, 1259–60.

Grubb, D. (1994), 'Direct and Indirect Effects of Active Labour Market Policies in OECD Countries', in R. Barrell (ed.), *The UK Labour Market*, Cambridge, UK: Cambridge University Press.

Grubb, W. N. (1993), 'The Varied Returns to Postsecondary Education: New Evidence from the Class of 1972', *Journal of Human Resources*, 28, 365–82.

Grubb, W. N. (in press), *Evaluating Job Training Programmes in the United States: Evidence and Explanations*, Training Policy Study, Geneva: International Labour Office.

Hashimoto, M. (1982), 'Minimum Wage Effects on Training on the Job', *American Economic Review*, 72, 1070–87.

Haveman, R. H. and D. H. Saks (1985), 'Transatlantic Lessons for Employment and Training Policy', *Industrial Relations*, 24, 20–36.

Heckman, J. J. (1993), 'The Case for Simple Estimators: Experimental Evidence from the National JTPA Study', technical report no. 5, Harris School Job Training and Partnership Act (JTPA) Project, University of Chicago.

Heckman, J. J. and V. J. Hotz (1989), 'Choosing among Alternative Nonexperimental Methods for Estimating the Impact of Social Programmes', *Journal of the American Statistical Association*, 84, 862–80.

Heckman, J. J., R. L. Roselius and J. A. Smith (1994), *US Education and Training Policy: A Re-evaluation of the Underlying Assumptions behind the 'New Consensus', Labour Markets, Employment Policy and Job Creation*, Boulder: Westview Press, pp. 83–121.

Heckman, J. J. and J. Smith (1993), 'Assessing the Case for Randomized Evaluation of Social Programmes', in K. Jensen and P. Madsen (eds) (1993), *Measuring Labour Market Measures: Evaluating the Effects of Active Labour Market Policy Initiatives*, Copenhagen: Ministry of Labour, pp. 35–96.

Johnson, G. E. (1979), 'The Labour Market Displacement Effect in the Analysis of Manpower Training Programmes', in F. E. Bloch (ed.), *Evaluating Manpower Training Programmes: Research in Labour Economics* (suppl. 1), Greenwich, CT: JAI Press, pp. 227–57.

Jonzon, B. and L. R. Wise (1989), 'Getting Young People to Work: An Evaluation of Swedish Youth Employment Policy', *International Labour Review*, 128, 337–56.

Kang, S. and J. Bishop (1989), 'Vocational and Academic Education in High School: Complements or Substitutes?', *Economics of Education Review*, 8, 133–48.

Kariya, T. and J. E. Rosenbaum (1987), 'Self-selection in Japanese Junior High Schools: A Longitudinal Study of Students' Educational Plans', *Sociology of Education*, 60, 168–80.

Katz, L. F. and L. H. Summers (1988), 'Industry Rents: Evidence and Implications', *Brookings Papers on Economic Activity*, 3, 209–75.

Klerman, J. A. and L. A. Karoly (1995), *The Transition to Stable Employment. The Experience of US Youth in Their Early Labour Market Career*, Santa Monica, CA: RAND Corporation.

Korpi, T. (1994), 'Escaping Unemployment: Studies in the Individual Consequences of Unemployment and Labour Market Policy', study no. 24, Swedish Institute for Social Research, Stockholm.

LaLonde, R. J. (1986), 'Evaluating the Econometric Evaluations of Training Programmes with Experimental Data', *American Economic Review*, 76, 604–20.

Lee, D., D. Marsden, P. Rickman and J. Duncombe (1990), *Scheming for Youth: A Study of YTS in the Enterprise Culture*, Milton Keynes: Open University Press.

Levitan, S. A. and B. H. Johnston (1975), *The Job Corps: A Social Experiment That Works*, Baltimore: Johns Hopkins University Press.

Lindbeck, A. and D. H. Snower (1988), 'Wage-setting, Unemployment and Insider–Outsider Relations', *The Insider–Outsider Theory of Employment and Unemployment*, Cambridge, MA: MIT Press, pp. 75–83.

Lynch, L. M. (1992), 'Private Sector Training and the Earnings of Young Workers', *American Economic Review*, 82, 299–312.

Machin, S. and A. Manning (1994), 'The Effects of Minimum Wages on Wage Dispersion and Employment: Evidence from the UK Wages Councils', *Industrial and Labour Relations Review*, 47, 319–29.

Marquand, J. (1994), 'Training Policy and Economic Theory: A Policy Maker's Perspective', in R. McNabb and K. Whitfield (eds), *The Market for Training*, Aldershot: Avebury.

Marsden, D. W. and J.-F. Germe (1991), 'Young People and Entry Paths to Longer-term Jobs in France and Great Britain', in P. Ryan, P. Garonna and R. C. Edwards (eds), *The Problem of Youth: The Regulation of Youth Employment and Training in Advanced Economies*, London: Macmillan, pp. 178–99.

Marsden, D. W. and P. Ryan (1990), 'Institutional Aspects of Youth Employment and Training Policy in Britain', *British Journal of Industrial Relations*, 28, 351–70.

Marsden, D. W. and P. Ryan (1991a), 'Initial Training, Labour Market Structure and Public Policy: Intermediate Skills in British and German Industry', in P. Ryan (ed.), *International Comparisons of Vocational Education and Training for Intermediate Skills*, Lewes: Falmer.

Marsden, D. W. and P. Ryan (1991b), 'The Structuring of Youth Pay and Employment in Six European Economies', in P. Ryan, P. Garonna and R. C. Edwards (eds) (1991), *The Problem of Youth: The Regulation of Youth Employment and Training in Advanced Economies*, London: Macmillan, pp. 82–112.

McNabb, R. and P. Ryan (1990), 'Segmented Labour Markets', in D. Sapsford and Z. Tzannatos (eds), *Current Issues in Labour Economics*, London: Macmillan, pp. 151–76.

Meyer, R. H. and D. A. Wise (1982), 'High School Preparation and Early Labour

Force Experience', in R. B. Freeman and D. A. Wise (eds), *The Youth Labour Market Problem*, Chicago: University of Chicago Press, pp. 1–16.

Meyer, R. H. and D. A. Wise (1983), 'The Effects of the Minimum Wage on the Employment and Earnings of Youth, *Journal of Labor Economics*, 1, 66–100.

Mincer, J. (1974), *Schooling, Experience and Earnings*, New York: Columbia University Press.

Minni, C. and J.-F. Vergnies (1994), 'La diversité des facteurs de l'insertion professionnelle', *Economie et Statistique*, 277, 45–61.

National Commission on Education (NCE) (1993), *Learning to Succeed*, London: Heinemann.

Neumark, D. and W. Wascher (1995), 'The Effects of Minimum Wages on Teenage Employment and Enrollment', working paper no. 5092, National Bureau of Economic Research (NBER), Cambridge, MA.

Osterman, P. (1980), *Getting Started*, Cambridge, MA: MIT Press.

Prais, S. J. (1993), 'Economic Performance and Education: The Nature of Britain's Deficiencies', Keynes Lecture, Royal Academy, London.

Psacharopoulos, G. (1987), 'To Vocationalize or Not To Vocationalize? That Is the Curriculum Question', *International Review of Education*, 33 (2), 187–211.

Rees, A. (1986), 'An Essay on Youth Joblessness', *Journal of Economic Literature*, 24 (2), 613–28.

Rosenbaum, J. E. and T. Kariya (1989), 'From High School to Work: Market and Institutional Mechanisms in Japan', *American Journal of Sociology*, 94 (6), 1334–65.

Rosenbaum, J. E., T. Kariya, R. Settersten and T. Maier (1990), 'Market and Network Theories of the Transition from High School to Work: Their Application to Industrialized Societies', *Annual Review of Sociology*, 16, 263–99.

Ryan, P. (1984), 'The New Training Initiative after Two Years', *Lloyds Bank Review* 152, 41–55.

Ryan, P. (1991), 'Comparative Research on Vocational Education and Training', in P. Ryan (ed.), *International Comparisons of Vocational Education and Training for Intermediate Skills*, Lewes: Falmer, pp. 1–20.

Ryan, P. (1994, May), 'Youth Unemployment: Public Intervention in International Perspective', paper presented to the Economic and Social Research Council (ESRC) seminar on unemployment, New University of Ulster.

Ryan, P. (1995), 'Trade Union Policies towards the Youth Training Scheme: Patterns and Causes, *British Journal of Industrial Relations*, 33 (1), 1–34.

Ryan, P. (in press), 'The Institutional Setting of Investment in Human Resources in the UK', in C. F. Büchtemann and D. Soloff (eds), *Human Capital Investment and Economic Performance*, New York: Russell Sage.

Schellhaass, H.-M. (1991), 'Evaluation Strategies and Methods with Regard to Labour Market Programmes: A German Perspective', in OECD (ed.), *Evaluating Labour Market and Social Programmes. The State of a Complex Art*, Paris: OECD, pp. 89–106.

Sipe, C. L., J. Grossman and J. A. Milliner (1988), *Summer Training and Education Programme: Report on the 1987 Experience*, Philadelphia, PA: Public/Private Ventures.

Solow, R. M. (1990), 'Government and the Labour Market', in K. G. Abraham and R. K. McKersie (eds), *New Developments in the Labour Market: Toward a New Institutional Paradigm*, Cambridge, MA: MIT Press, pp. 275–90.

Soskice, D. (1990), 'Reinventing Corporatism', in R. Brunetta and C. dell'Arringa (eds), *Labour Relations and Economic Performance*, London: Macmillan, pp. 170–211.

Soskice, D. (1993), 'Social Skills from Mass Higher Education: Rethinking the Company-based Paradigm', *Oxford Review of Economic Policy*, 9 (3), 101–13.

Stern, D., C. Dayton, I. Paik, A. Weisberg and J. Evans (1989), 'Benefits and Costs of Dropout Prevention in a High School Programme Combining Academic and Vocational Education: Third-year Results from Replications of the California Peninsula Academies', *Educational Evaluation and Policy Analysis*, 10 (2), 161–70.

Stern, D., N. Finkelstein, J. R. Stone, J. Latting and C. Dornsife (1995), *School to Work: Research on Programs in the United States*, Lewes: Falmer.

Stern, D., M. Raby and C. Dayton (1992), *Career Academies: Partnerships for Reconstructing American High Schools*, San Francisco: Jossey Bass.

Streeck, W., J. Hilbert, K.-H. van Kevalaer, F. Mayer and H. Weber (1987), *The Role of the Social Partners in Vocational Education and Training in the Federal Republic of Germany*, Berlin: European Centre for Vocational Education and Training (CEDEFOP).

Tan, H. W., B. Chapman, C. E. Peterson and A. Booth (1991), *Youth Training in the United States, Britain, and Australia*, Santa Monica, CA: Rand.

Taylor, M. E. (1981), *Education and Work in the Federal Republic of Germany*, London: Anglo-German Foundation.

Topel, R. H. and M. P. Ward (1992), 'Job Mobility and the Careers of Young Men', *Quarterly Journal of Economics*, 57 (2), 439–80.

UK ED (1991a), 'The Evaluation of Employment Policies and Programmes', in *Evaluating Labour Market and Social Programmes: The State of a Complex Art*, Paris: OECD, pp. 159–66.

UK ED (1991b), *YTS Progress Report, 1988/89*, Sheffield: Employment Department.

US DE (1993), *Goals 2000, Educate America: Building Bridges from School to Work*, Washington, DC: US Department of Education.

US NCES (1993), *Education in States and Nations*, Washington, DC: US Department of Education, National Center for Education Statistics.

van Opstal, R. and F. van de Pol (1991), *The Transition from School to Work in 1979–1987 in the Netherlands*, Onderzoeksmemorandum no. 82, 's-Gravenhage: Centraal Planbureau.

van Soest, A. (1989), 'Minimum Wage Rates and Unemployment in the Netherlands', *De Economist*, 137 (3).

Venti, S. F. (1984), 'The Effects of Income Maintenance on Work, Schooling, and Non-market Activities of Youth', *Review of Economics and Statistics*, 66 (1), 16–25.

Verdier, E. (1994, February), 'Vocational Training of Young People in France: A Resource Difficult to Exploit', *European Journal of Vocational Training*, 34–43.

Welch, F. R. and J. Cunningham (1978), 'Effects of Minimum Wages on the Level and Age Composition of Youth Employment', *Review of Economics and Statistics*, 6 (1), 140–45.

Wellington, A. J. (1991), 'Effects of the Minimum Wage on the Employment Status of Youths: An Update', *Journal of Human Resources*, 26 (1), 27–46.

Whitfield, K. and R. A. Wilson (1991), 'Staying on in Full-time Education: The Educational Participation Rate of 16-year olds', *Economica*, 58 (231), 391–404.

Wilensky, H. L. (1992), 'Active Labour Market Policy: Its Content, Effectiveness, and Odd Relation to Evaluation Research', in C. Crouch and A. Heath (eds), *Social Research and Social Reform*, Oxford: Clarendon Press, pp. 315–50.

Willis, R. J. and S. Rosen (1979), 'Education and Self-selection', *Journal of Political Economy*, 87 (5), S7–S36.

Zilbert, E. E., J. C. Hearn and D. R. Lewis (1992), 'Selection Bias and the Earnings Effects of Postsecondary Vocational Education', *Journal of Vocational Education Research*, 17 (1), 11–34.

第 11 章　家庭的形成与有偿就业之间的转换

Colette Fagan，Jill Rubery

在过去的几十年中，成为母亲对女性参与劳动力市场的影响发生了巨大的变化。成为母亲以后仍然留在劳动力市场的女性比例普遍上升，但各国之间还存在一些差异（Delacourt and Zighera，1988；欧盟委员会，1994a；Meulders，Plasman and Vander Stricht，1993；Rubery，Fagan and Smith，1995；联合国，1994）。在法国和北欧国家，女性在其整个生命周期中参与劳动力市场的程度一直很高。相比之下，在其他欧洲国家，孩子的到来通常促进了劳动力市场的退出和重新进入，很多情况下建立在非全日制工作的基础上（例如，英国、德国西部）。女性的活动率之所以呈现出不断提高的长期趋势，需求方的因素起了重要作用，尤其是服务部门的日益壮大（Rubery and Fagan，1994，pp. 153－156）。同时，供给方的有关因素也对这种趋势起到了促进作用，因为它们改善了女性的就业前景，或向女性的劳动力供给决策施加了更大的经济压力。这些因素包括：教育的普及、生育率的下降、离婚率的上升和单亲家庭的增多、现代消费模式，以及高通货膨胀。

实现女性就业的增长，是平等机会政策所明确提倡的目标之一，也是 OECD（1994a）和欧共体委员会（1991）政策方案的目标之一。然而，女性进入劳动力市场不仅关系到公平问题，还涉及宏观经济中的效率问题。第 1 部分中我们将详细讨论这一问题，我们认为，在养育孩子的早些年中，促进就业连续性的制度既能提高劳动力市场效率又能促进性别平等。第 2 部分对欧盟成员国中各种促进母亲就业连续性的政策进行了比较。第 3 部分，我们将回顾几项重要的研究，这些研究评估了不同国家的政策机制对女性就业的影响，并提出了该政策领域内评估研究的几个相关问题。在此基础上，我们在最后一部分中试图找到能够很好地协调就业与父母责任的政策工具及其组合，此外，还就未来评估研究提出了一些相关的问题和信息要求。

1. 为什么需要通过政策干预来协调就业与父母责任

女性承担了家庭中的大部分家务工作。这限制了女性的劳动力供给，也使她们的终生收入和职位晋升机会较男性少。因此，为促进性别平等，显然需要政策加以干预，但是，这种干预往往会导致市场效率的扭曲。事实上，一些经济学家反对政策干预，他们认为，当前的家庭劳动分工既有效率，又很好地反映了个人偏好和社会准则（例如，Main，1993）。这种效率假设的基础是 Becker（1981）的“新家庭经济学”模型。这个模型的支持者假设，女性预期她们生命的大部分时间都会和一名有工作的男性生活在一起，并且两人会有孩子；他们还假设，母亲责任将降低女性对劳动力市场的参与（相对于男性而言）。这种预期使得女性在教育上的投资相对较少，她们更可能从事某些低报酬的工作，而不是高报酬的“男性养家者”职位，因为前者使她们得以兼顾家庭劳动。这样一来，组建家庭以后，女性的低工资为她们提供了专心于家庭劳动的激励，长此以往，女性就进一步减少了人力资本投资，而高收入的男性在劳动力市场上投入更大的精力，以实现家庭收入最大化。

对“新家庭经济学”理论的一种批评观点认为，该理论利用既有的关于父母责任的性别分工来解释劳动力市场上各种结果的性别差异，如女性的低收入，但它没有考虑，这些不平等的结果如何限制了改变现有劳动分工的机会从而加剧了这种现状（Berk and Fenstermaker-Berk，1983；Humphries，1995）。这种来自经济需求方的反馈影响了劳动力供给决策。个人偏好和预期植根于社会环境之中，并根据机会和生活经历的变化不断做出调整；同时，个人偏好和预期还存在代际差别（Dex，1988；Rose，1988）。因此，女性的工作偏好和她们对教育培训的投资，至少部分地受到她们所面临的工作机会的影响。无论对于女性还是男性，当存在明显的性别隔离工作模式，当无法了解有关工资差别的信息，当性别歧视可以被预见时，选择传统的工作，而不是非传统的工作，更加理性。

因此，家庭的组织与现存的劳动力市场状况只是相对独立的（Humphries and Rubery，1984）。这两个领域的相互影响维持了这种“性别秩序”（Connell，1987），因为女性的实际或预期家庭责任促进了性别隔离就业模式的形成。这种情况所导致的总体市场失灵就是在劳动力市场上，女性的技能没有得到充分的开发和利用（Rubery，Fagan and Maier，本手册第 14 章）。当然，女性的劳动力供给会随经济和社会条件的变化而变化，年轻一代在养育孩子的早期阶段所经历的劳动力市场中断更少，时间也更短。有人认为，这种趋势表明市场并没有失灵，只是变化得很缓慢，在长期中仍可以实现效率。但是，如果这种关于女性就业的市场失灵长期存在，经济就会陷入次优状态，从而无法充分地利用女性的技能（Bruegel and Perrons，1995）。相反，政策干预会通过建立各种促进持续参与劳动力市场的制度来激发一个长期的、累积的螺旋式增长。因此，促进性别平等的政策干预是实现市场效率的先决条件，而不是一种代价（Humphries and Rubery，1995；Schmid，1994）。

劳动力供给决策中的有限理性导致了家庭层面的市场失灵。个体无法完全掌握或了解其未来的家庭环境，以及当前的培训和就业决策的意义。有时候事与愿违，一些女性可能一直没有生孩子或一直单身，从而得以更加连续地参与劳动力市场，与她们自己在刚进入劳动力市场时所预想的不一样。那些结婚或同居的人如果因为生孩子而中断了就业，一旦男人的工资由于失业、死亡或婚姻破裂而受损失，就会产生意料之外的未来成本。甚至那些声称传统的家庭分工有效的经济学家也承认由于婚姻破裂而导致的市场失灵，因为在这种情况下，家庭分工的好处更多地为男性所获得，而女性没有得到对她所承担的家庭劳动所应有的补偿（Main，1993）。

当女性退出劳动力市场转而照顾孩子时，家庭可能并不是有效率的。这种中断经常会给女性再次进入劳动力市场时的职业地位带来损失，对女性的未来收入和养老金造成负面的影响（Dex and Shaw，1986；Dex，Walters and Alden，1993；McRae，1991）。为使整个生命周期的家庭收入最大化，女性在有孩子以后仍留在工作岗位上才是有效的，即使照料孩子的成本意味着她们难以即时获得经济上的净收益。而且，由于工作中断使得女性在家庭中很大程度上依赖于丈夫的收入（Joshi and Davies，1995），所以，由男性支付照顾孩子的成本，而不是把它视为女性的与工作相关的成本，是有效率的。换句话说，夫妻双方共同从事有偿工作、共同照顾孩子，才能使家庭效率最大化，而不是让其中一方过于专注于无酬工作（Owen，1987）。原因有二，一是女性退出劳动力市场会造成工作回报的巨大损失；二是连续工作的情况下，投入工作的时间所得到的回报率递减。很少有家庭能够清楚地计算出这种由于女性工作中断而失去的家庭收入。事实上，来自英国的证据表明，通常的经济考虑是，将照顾孩子的成本与女性当前的工资进行比较，这样算得的净收益决定了女性在产假结束后是否重返工作岗位（Brannen and Moss，1991；McRae，1991）。

因此，如果没有公共政策来协调母亲就业和照顾孩子的责任，家庭的私人决策由于不可预期的成本从长期来看可能是次优的。我们可以合理地假设，就业的即时经济回报会促进女性的工作动机，于是，引入儿童照顾补贴能够提高效率，这种政府补贴或转移支付可以支付给父母，也可以支付给儿童托管机构。此外，即使母亲仍然选择在家照顾小孩，在她们重新进入劳动力市场时，职业地位的下降可能是由劳动力市场障碍而非技能的贬值所导致的。这种障碍可能包括雇主过分依赖工作经验来判断生产率，内部劳动力市场对年龄或工龄的限制，以及与资历有关的晋升制度。更长的产假或者较多的非全日制工作机会将使女性成为母亲以后工作技能得不到充分利用的情况有所缓解。

政策干预不仅能够提高家庭的效率，而且能够解决由雇主行为导致的市场失灵问题，从而有利于整体经济。女性工作中断给雇主带来的直接成本是，雇主损失了有经验的员工，或者难以对女性劳动力进行调整以应对技能短缺。长期总成本是，没有充分挖掘出女性对正规经济的贡献。当然，雇主可能会采取各种措施留住或招募一些带小孩的母亲，比如更多的假期、弹性工作或者照顾孩子的补贴。事实上，英国的一些公司采取了各种“家庭友好型”策略，因为它们发现，这种方法比招募其他人代替这些工作熟练的母亲更为划算。然而，依赖于雇主行为易受到搭便车问题的困扰。如果只有少数企业采用这种策略，一旦雇员对这类政策的需求减少了，如孩子长大了，他们就可能被竞争对手挖走。而且，如果这种策略的动机是一种短期的考虑，那么在经济萧条时期，这些策略可能会被撤销，在英国已经发生过很多这样的例子，阻碍了有利于长期市场发展的家庭政策，并可能导致经济复苏时期的技能短缺问题。相比之下，广泛采取政策，就产假和照料儿童做出规定，可以在雇主之间更平均地分摊成本，增加女性的总体劳动力供给。

因照顾孩子而中断工作所带来的收入损失，可能会对工资和公共支出造成压力。女性在家庭中的经济依赖给男性的工资带来了压力，它潜在地要求男性主导的部门提供“养家者补助”。如果由政府负担照顾儿童的成本，以促进女性在整个生命周期中实现更为连续的就业，或者通过带薪产假提供补贴，那么这种压力就可以得到缓解。女性的工资损失同时也会增加公共支出成本，不仅收入税受到损失，而且政府要向低收入家庭提供补助。税收收入的增加和福利给付的减少，能够在某种程度上抵消产假或儿童照料所导致的成本（Holtermann and Clarke，1992）。此外，双收入家庭和无收入家庭的两极分化日趋严重（OECD，1995a，pp. 34−38），单亲家庭越来越多，这些事实以及家庭构成上的其他变化，改变了传统的“男性养家”的家庭组织模式，于是，原有的政策变得越来越不合适。这种情况下，诸如产假和政府出资照料儿童等直接使父母和儿童受益的政策比针对特定家庭类型的政策更有效率，因为前者更直接地将资源分配给负有家庭责任的人。

最后，如果家庭不能在父母责任与就业之间实现很好的协调，将会产生广泛的社会成本。从政府的教育支出、与儿童有关的转移支付和各种家庭政策，我们可以看到，确保子孙后代的成长、教育和延续具有重要意义。然而，在一些国家，女性兼顾工作和生儿育女将面临重重困难，结果是，越来越多的女性只生一个孩子，甚至不生孩子。这种家庭策略部分地解释了近来一些国家生育率的急剧下降的原因，比如意大利和德国（Bettio and Villa，1993；Maier，Quack and Rapp，1994），并且这种私人解决方法会导致未来的公共成本。法国很久之前就已经意识到这个问题，出于出生率的考虑，同时也为了促进性别平等，法国的家庭政策以满足女性兼顾工作和家庭的需要为前提（Jensen，1994）。同时，确保儿童得到充分的照料，也是符合公共利益的。儿童缺乏照料不一定必然减少劳动力市场参与，但是对孩子会产生负面影响，从而导致一些社会问题，比如青少年犯罪。

我们已经论证了“男性养家”的家庭模式——被新家庭经济学认为是理性和效率的家庭模式——事实上无论对于家庭、雇主还是经济都是无效率的。因此，通过政策促进女性在家庭形成后的就业，改变“男性养家”的家庭模式，既能够提高效率，又有利于公平。为了实现这一目标，各种政策需要相互协调，这就是下一部分中将要讨论的问题。

2. 女性就业政策体制的比较研究

这一节将着重介绍促进家庭形成时期就业连续性的两种政策类型：各种休假或工作时间的缩短，照顾孩子的公共服务或补贴（包括儿童在学校的时间）。不同的政策组合构成了不同国家女性就业政策体制的核心。还有一种补充政策，我们在这里没有直接介绍，它的目的是促进女性在工作中断之后重返劳动力市场。这种重返方案不同于普通的面向失业者的积极劳动力市场政策，它们根据女性的特殊需要量身定制，通常不要求女性在登记失业之后才能参与（Rubery，Smith，Fagan and Grimshaw，1996）。欧盟开展的“女性新机遇”（NOW）方案就属于这类政策。

支持带小孩的母亲实现连续就业的政策干预在 Lewis（1992）所称的“弱男性养家”的国家中力度最大。这些国家通过政策的明文规定，协调男女双方照顾孩子和养家糊口的责任，从而促进女性在生儿育女之时的工作连续性。这些政策有的强调灵活的休假权利，如瑞典；有的强调儿童照顾补贴，如丹麦（Leira，1994）。相比之下，促进母亲就业的思想在“强男性养家”的福利国家中会遭到很多抵制，这些国家将女性主要视为妻子和母亲，而不是劳动力市场的参与者。休假权利和政府出资照顾儿童的做法，在有些国家很有限，因为它们认为养育孩子主要是私人的事情（如英国、爱尔兰），在有些国家得到较广泛的潜在应用，鼓励母亲在生儿育女的早期阶段待在家中然后从事非全日制工作（如德国西部）。法国是一个“中度男性养家”的国家，它根据不同利益集团之间的力量对比调整着家庭政策的侧重点和方向：主张机会平等的人追求促进女性就业；生育主义者希望政策能够使女性在维持就业的同时养育更多的孩子；更为传统的“家庭主义”者提倡大家庭，认为母亲待在家中才是最好的社会安排（Jensen，1994）。最近，关于如何减少失业的争论，使法国采取了“家庭主义”的政策（Gauvin，Granie and Silvera，1994）。

如表 11—1 所示，在欧盟 12 个成员国中，父母产假、照顾儿童补贴和母亲的就业率之间普遍存在正相关关系。[1]就业率在这里被认为是一个重要的衡量指标。因为劳动参与率排除了作为非就业人口的失业女性，却包含了由于要照顾孩子而离开原来工作岗位的母亲。在丹麦这一“弱男性养家”国家中，带薪产假体系与高水平的公共儿童照顾场所并存，因而母亲的就业率最高。相比之下，三岁以下孩子的母亲就业率最低的国家均为“强男性养家”国家，它们的政策环境不鼓励母亲就业。然而，在葡萄牙，尽管照料补助和休假都很有限，但是母亲就业率很高，这说明其他的社会特征也很重要。此外，非全日制工作在不同国家差异也很大：在南部国家很少；在丹麦、法国和比利时，则与高比例的全职工作并存；然而，在英国、德国西部和荷兰，非全日制工作是母亲的主要就业形式，这与退出和重返劳动力市场的“女性归来者”模式有关。

表 11—1　　不同“男性养家”程度下的父母产假与儿童照料融资政策

男性养家程度	带薪父母产假	儿童照料场所政府出资的百分比		20～39 岁母亲的就业率，1991 年			
				孩子 3 岁以下		孩子 3～6 岁	
		3 岁以下	3 岁至学龄	就业比例（非全日制就业比例）	总参与率	就业比例（非全日制就业比例）	总参与率
弱							
丹麦	有	48	85	72（31）	85	77（39）	88
中等							
比利时	低报酬	20	95+	59（36）	68	62（39）	71
法国	低报酬	20	95+	52（27）	62	64（27）	73
强							
意大利	低报酬	<10	85	42（13）	50	42（13）	51
德国	低报酬	<10	65～70	38（53）	41	48（66）	52
希腊	无	<10	65～70	39（9）	45	40（4）	46
西班牙	无	<10	65～70	32（12）	43	35（13）	48
葡萄牙	无	<10	<55	67（9）	73	72（7）	78
荷兰	无：仅限于非全日制	<10	<55	37（87）	42	42（89）	49
英国	无：仅限于母亲	<10	<55	40（65）	47	57（71）	63
爱尔兰	无：仅限于母亲	<10	<55	33（22）	41	30（34）	40
卢森堡	无：仅限于公共部门	<10	55～60	36（29）	33	42（37）	44

资料来源：*Childcare in the European Communities* 1985－1990. *Women of Europe* by EC Childcare Network，1990，Brussels：Commission of the European Communities (DG X)；*Changing Patterns of Working-time in the European Union and the Impact on Gender Divisions* by J. Rubery，C. Fagan and M. Smith，1995，Brussels：European Commission；Table 11. 3 below.

因此，当我们在这一章关注休假以及儿童照料政策时，很多其他的制度安排也影响着家庭在父母工作与有偿就业之间的协调。在供给方，家庭税和福利体系所产生的激励结构，可能会强化或削弱母亲就业政策的影响。尽管总体上女性参与率的水平或形式与税收制度（Schettkat，1989；Vermeulen et al.，1995）或儿童照顾水平（Bradshaw，Ditch，Holmes and Whiteford，1993）之间不存在简单的相关关系，然而已婚女性边际税率的降低往往会增加她们的劳动力供给（OECD，1994b）。旨在促进母亲就业的政策必须与有关儿童权利和福利的家庭政策相协调，因为它们在是否应当鼓励幼儿的母亲留在家中这一问题上可能持相反的态度。最后，要想使政策有效果，供给方的政策必须与需求方的干预协调进行，因为女性所面临的工作类型和工资能够影响她们的劳动力供给。这种干预包括专门的性别平等或“性别”政策，也包括有关教育、培训和招募体系，各种工资和工时管制的一般劳动力市场政策的性别影响（see Rubery et al.，本手册第14章）。

2.1 提供照料孩子的休假以实现就业的连续性

1992年，欧盟关于怀孕妇女工作保护的指示，要求所有欧盟成员国向女性提供14周的带薪产假。事实上，大多数成员国已通过法律对带薪产假做出了规定，产假期限从14周到18周不等，而且产假期间收入的替代率也很高。欧盟这一指示对英国有重要的影响，因为英国在此之前产假是根据工作时间、服务长短确定的（欧盟儿童照料网，1994）。1983年，欧盟曾发布一项指示，要求各成员国通过法律赋予父母产假权和家庭原因（如照顾生病的小孩）休假权，但是这项指示的落实遭到了主要来自英国的阻挠。

虽然父母产假权可能会鼓励一些母亲在孩子很小时减少她们的劳动力供给，但有两个原因会使女性劳动力供给实现净增长。首先，为获得休假的权利，女性可能更愿意参加工作或全职工作，直至孩子出生（OECD，1995a，p.189）。其次，女性的工作回报会得到有效的保障，这与以前她们在照顾孩子时被迫退出又重新进入劳动力市场的境况形成鲜明对比。然而，父母产假在密切女性与劳动力市场关系的同时，也可能巩固了“男性养家”模式下“第二挣钱者”的地位，这取决于政策计划的细节及其与社会和经济背景的相互影响。有四个问题非常重要：是否带薪休假；休假的长短和灵活性；是否辅以政府出资照顾儿童；男性能否和女性一样休假。

如果父母产假是无薪的（如葡萄牙、希腊）或者工资替代率很低（如比利时、德国），则这种政策对于性别关系的转变贡献很小，因为它假设休假者有带薪的配偶或其他收入来源。如果无薪休假仅限于女性，只是作为产假的补充（如英国、爱尔兰），或者父母产假权以家庭而非个人为单位享有，因而男性没有休假的动力，那么，情况将更加糟糕。鉴于女性平均工资较低，工资替代率必须足够高，才能从经济上对她们的休假起到激励作用。工资替代率低会使女性更倾向于选择中断工作来照顾孩子。而且，单亲家庭和低收入双职工家庭承担不起休假的成本。

在某些国家，普遍的家庭安排都是让女性退出然后重新进入劳动力市场，这时，有人会说，低替代率或无薪休假是有效的，因为它避免了为无论如何都会发生的劳动力退出筹资的无谓成本。但是，女性在孩子出生的早期阶段依赖配偶生活的假设，使得某些经济部门在设定男性工资时的“家庭工资”津贴合法化了，即使这种单人养家的局面持续时间很短。一个可能更有效的做法是将资源集中用于家庭形成的早期，换句话说，在家庭收入最为紧张之时。

休假的期限在大多数国家都不足一年，在少数国家为 2～5 年不等（奥地利、芬兰、法国、德国、比利时）。较长的假期未必是有利的。长期休假的经历可能会疏远女性与劳动力市场的关联，同时，会被认为降低了技能水平，有时，技能水平也确实下降了。为了解决这个问题，法国和西班牙最近颁布立法，赋予休假者在假期结束时接受再培训的权利（OECD，1995a，p. 189）。一个可能更好的安排是增强休假计划的灵活性。在 15 个成员国中，瑞典的休假制度最先进，休假期间的薪酬水平很高，同时具有很高的灵活性，可以全日制休假，也可以非全日制休假，还可以分期休假（见表 11—2）。父母在孩子 8 岁以前有权缩短每天的工作时间（正常工作时间的 75%），由此造成的收入损失可以部分地由父母津贴弥补，它可以提供半天或 1/4 天的工资（欧盟儿童照料网，1994）。与全日制休假相比，减少工作时间有很多好处：父母可以始终保持就业状态，从而维持其知识和技能水平；可以缩短工作时间而不必改变工作；当休假时间的工资按每小时固定金额扣除，而不是以工资为基础扣除时，还可以提高家庭收入。但全日制和非全日制工作的可行性取决于非全日制儿童照料服务的供给。减少雇员的工作时间而不是给予雇员全日制假期，对于雇主也可能是有益的；但在某些工作领域，在短期中安排非全日制工作比安排全日制工作要困难。因此，一个灵活的政策计划需要给雇主与雇员之间的协调留有更大的选择余地。

表 11—2　　欧盟成员国的法定父母产假

A：休假类型

	是个人权利还是家庭权利	最长期限	休假时间	非全日制工作选择权	分段休假[a]
带薪					
奥地利	家庭	104 周	直到孩子 4 岁	有[c]	没有
比利时	个人	260 周[b]	整个职业生涯	有[c]	有
丹麦[d]	F：家庭	F：10 周	F：紧随母亲产假	F：没有	F：没有
	I：个人	I：26 周[e]	I：直到孩子第 9 个生日	I：没有	I：有
芬兰[d]	家庭	B：26 周	B：紧随母亲产假	B：没有	有
		E：直到孩子 3 岁	E：直到孩子 3 岁	E：有	
法国	家庭	直到孩子 3 岁[f]	直到孩子 3 岁	有	没有
德国	家庭	直到孩子 3 岁[f]	直到孩子 3 岁	有[c]	有
意大利	家庭	26 周	紧随母亲产假	没有	没有
瑞典	家庭	15 个月	直到孩子 8 岁	有	有
非全日制					
荷兰	个人	26 周	直到孩子 4 岁	只有非全日制	没有
无薪					
西班牙[g]	家庭	直到孩子 3 岁[f, h]	直到孩子 3 岁[h]	没有	没有
葡萄牙	家庭	26 周[i]	紧随母亲产假	没有	没有
希腊	个人[j, k]	13 周	直到孩子两岁半	没有	有
无薪，有限权利					
卢森堡	公共部门	52 周	直到孩子 4 岁	有[l]	没有
英国	母亲	22 周	母亲产假的延长	没有	没有
爱尔兰	母亲	4 周	母亲产假的延长	没有	没有

B：父母产假薪酬

	覆盖范围＋就业条件	薪酬类型＋水平	最长期限
奥地利	经济活动人口且过去两年中工作了52周	统一标准。基础：每天181先令，提高：每天268先令	2年
比利时	服务12个月以上的雇员	统一标准，以雇佣替代员工为条件（平均手工业工资的20％～25％）	260周[b]
丹麦	经济活动人口。要享受家庭休假权，需要在休假前13周内工作120小时	统一标准，与失业保险金相关联（失业保险金＝平均手工业工资的65％ 家庭：100％失业保险金	F：10周
		个人：80％失业保险金，1997年降为60％	I：26周[e]
法国	从第二个孩子开始且过去5年内工作2年	统一标准（平均手工业工资的35％～40％）	直到孩子3岁
芬兰	所有父母	B：年收入的66％	B：26周
		E：统一标准，每月1 908～3 435马克不等	E：直到孩子3岁
德国	所有父母	统一标准（平均手工业工资的22％），从第7个月开始进行收入调查	104周
意大利	雇员	收入的30％	26周
瑞典	所有父母；享受与收入相关联的福利，要求生育之前连续240天最低收入	10个月收入的80％，2个月收入的90％，3个月的统一给付标准	65周

a. 分段休假即可以将假期分为几个部分，而不是一次性连续休完；

b. 比利时“职业中断”的持续时间与其他国家的父母产假不能直接进行比较，因为它指的是整个职业生涯，而不是每一个孩子；

c. 根据雇主的安排；

d. 对于丹麦，F表示可以分享的家庭休假，I表示个人休假；而对于芬兰，“B”和“E”分别表示基本和延长的假期；

e. 如果孩子一岁以上，则为13周；根据雇主的安排，假期可延长至52周；

f. 包括母亲产假；

g. 带薪母亲产假的最后四周可以转换为父亲的产假；

h. 从1995年3月开始，工作保障持续整整3年；

i. 特殊情况下，休假期限可以延长至2年；

j. 如果当年劳动力中超过8％的人申请休假，雇主可以不予批准；

k. 父母中的另一方也必须有工作；

l. 非全日制工作的权利可延长至孩子15岁；

m. 从第三个孩子开始，在过去的10年中工作2年。

资料来源：*Employment Outlook*（Tables 5.1 and 5.2）by OECD，1995a，Paris：OECD；*Changing Patterns of Work and Working-time in the European Union and the Impact on Gender Divisions* by J. Rubery，C. Fagan and M. Smith，1995，Brussels：European Commission；*Social Welfare and Economic Activity of Women in Europe*，V/2184/94-EN by CERC，1994，Brussels：European Commission.

只有与儿童照料服务结合起来，父母产假才能发挥作用，否则只是推迟女性退出劳动力市场的时间。例如，1993年，德国将法定父母产假由1年延长至3年，但是，由于非全日制儿童照料服务很有限，女性在休假结束后很难继续工作。即使有相对完善的儿童照料补助制度，延长休假的长期影响也可能是把资源从儿童照料支出中转移出来，而不是扩大女性在工作与照料孩子之间的选择空间。例如，1994年丹麦颁布了延长法定父母产假的法案，该法案允许各市级政府在父母休假薪酬的全国水平（在第二年中休假薪酬水平将下降）上加以补充。地方政府支付额外的休假薪酬的初衷是降低对公共儿童照料服务的需求（Boje，1994，p. 80）。如果这种需求的减少最终导致服务供给的逐渐取消，那么女性的休假时间将延长，而女性作为"第二挣钱人"的意识也会得到强化，除非延长休假也能成为男性就业模式的特点。

效率和公平的目标也要求男性广泛采纳父母产假，通常它也是工作分享这种劳动力市场政策的一部分，比如最近实行的丹麦方案和比利时"职业中断"计划（see Boje，1994；MISEP，1995；Rubery et al.，1995）。如果休假政策仅仅针对母亲，这种不平衡会削弱休假制度对工作分享政策的作用，因为通过休假制度而进行的再分配变成了女性主导部门的专利，对于男性之间或男女之间分享工作的影响很小。

最后，休假安排是更广泛的工作时间政策的一个组成部分，影响着父母责任和工作责任的平衡。弹性工作时间的发展主要是由于雇主的需要，同时也兼顾雇员的需要和偏好，尤其在私人部门（Bosch，Dawkins and Michon，1993；Rubery et al.，1995）。当可变的和非标准的工作时间得到越来越多的应用，将就业和日常的家庭生活结合起来可能更加困难。在一些北欧国家，旨在促进男女平等和弹性工作时间的政策使得公共部门的员工拥有更多的机会转向非全日制工作；同时，在一些国家中，比如法国和比利时，这种机会与回到全职工作的权利并存（Hewitt，1993，表 2—1）。荷兰最近提出了一项法案，赋予所有的雇员在他们现在的岗位上以非全日制的形式工作的权利（Plantenga and van Velzen，1994）。在更多的工作岗位上普及这种非全日制工作的权利能够缓解非全日制工作的隔离，并有助于实现工作分享目标。但是，非全日制工作的推广也可能扩大工作时间上的性别差异，除非采取措施鼓励父亲也以非全日制的方式工作。

2.2　提供照料孩子的服务和补贴以实现就业的连续性

在照料孩子的服务方面，政府出资所提供的服务数量在各国之间差异很大。在表 11—1 所列的国家中，丹麦、法国和比利时的数量最多，瑞典紧随其后（Leira，1994）。无论父母产假的有无和长短，照顾 3 岁以下儿童的场所都很少（见表 11—2）。孩子 3 岁以后进入学前教育阶段，服务场所的数量增加，但在义务教育年龄以前，数量仍然不足（OECD，1995b）。这种不足意味着，母亲的休假权利一旦用完，就要依靠其他家庭成员照顾孩子或者交由以市场为基础的私人机构照顾，否则就不能继续工作。

学前教育和初等教育每天的上学时间也要加以考虑。无论上学时间在各周之间怎样变化，也不管这个时间是否随着孩子的年龄而变化，每天的上学时间和假期的长短都是非常重要的考虑因素，因为它们可能会影响母亲所需要的工作时间安排方式和/或她们对学校外照料的安排。例如，德国大多数幼儿园都是非全日制开放的，孩子在午饭时间就回家了（欧共体儿童照料网，1990）。这种非全日制在德国一直延续到小学，相比之下，法国和比利时的学校开放时间更长（见表 11—3）。另外一个值得考虑的因素是午休和空闲时间由学校来监护（如英国）还是由父母来监护（如德国）。因此，学校的时间安排需要与其他儿童照料安排相互协调；在孩子放学期间，或者由其他机构照料，或者父母调整工作时间来照顾。例如，在法国，孩子在每周三放假，母亲通常都会调整工作时间照顾孩子，父母和雇主共同负责孩子放学后以及假期的生活安排（Dex et al.，1993；欧共体儿童照料网，

1990)。除丹麦外，大多数国家用于放学后孩子照料的公共支出都是微乎其微的（欧共体儿童照料网，1990)。

表 11—3 **小学每周开放时间**

国家	义务教育入学年龄	每周上学时间
长天		
比利时	6岁	8：30～15：30，周三下午放假，学校不负责1小时午休的监护。
法国	6岁	8：30～16：30，周三下午放假。
长天，有中断		
西班牙	6岁	9：00～17：00，午休3小时，越来越多的市区学校负责午休时的监护。
荷兰	5岁，大多数4岁	9：00～16：00. 周三下午放假。午休2小时，学校负责监护。越来越多的学校实行短天制（8：30～15：00，午休1小时)。
短天，不间断		
丹麦	7岁	各地自行设定，通常介于8：00至15：00，每天的起止时间可能不同。随着年龄的增长，学校开放时间延长：7岁为15～22小时/周，10岁以上为20～27小时/周。
英国	5岁，大多数4岁	4岁时每天到学2.5小时（上午或下午)。从5岁开始，9：00～15：30，学校监护午休。
爱尔兰	6岁，大多数5岁	5岁时一般为非全日制。从6岁开始，9：00～15：00/15：30，学校监护午休。
半天		
意大利	6岁	8：30～12：30，周一至周六。也有一些儿童每天到校8小时。
德国	6～7岁	每天4小时，起止时间可能不同。中午回家午休。
希腊	5.5岁	随着年龄的增长，学校开放时间延长：5.5～8.5岁为20小时/周，8.5～11.5岁为24或26小时/周。由于学校设施的短缺，有的学生上午到校（8：00～12：00)，有的下午到校。
葡萄牙	6岁	9：15～16：00，午休2小时。部分学校监护午休。由于学校场地短缺，学生们轮流到学：8：15～13：00或13：00～18：00(20世纪80年代中期，60%的学校采用轮流机制)。
卢森堡	5岁，大多数4岁	8：00～11：30或12：00×6天+14：00～16：30×3天。学校不负责午休时的监护。

资料来源：*Childcare in the European Communities* 1985—1990. *Women of Europe*, Supplement 31 by EC Childcare Network, 1990, Brussels: Commission of the European Communities (DG X).

最后一个问题是父母工作时间本身的安排。不仅各国的休假长短不同，而且每天和每周的工作时间也不一样。工作时间的安排越来越灵活的趋势，有助于某些父母调整自己的工作时间，使得它和学校的开放时间相协调，但对其他父母，组织日常工作的复杂性增加了。的确，照料孩子的公共支出变得越来越重要，它使父母能够满足雇主对灵活性的需求。这种支出还可能产生更多的经济利益。事实上，就业白皮书上已经指出了儿童照料服务创造工作岗位的潜力（欧盟委员会，1994b)。

除了直接提供资金，还可以对照顾儿童的成本实施税收减免。很多欧盟国家都提供税收减免，但是与儿童照料服务的补贴水平相比显得微不足道（欧共体儿童照料网，1990；Rubery et al.，1996)。这与美国的情况完全不同，在美国，个人税收补助是儿童照料补贴的主要形式，父母主要依靠私人的托儿所和保姆照顾孩子。而在欧洲，这种税收返还的额度很小（在 20 世纪 80 年代中期，不足儿童照料成本的 20%），且并非所有女性的收入都高到能够享有这项返还（Dex and Shaw，1986）。尽管税收减免能够激励市场提供更多的儿童照料服务，但是这种方法要发挥作用具有一定的局限性。首先，这种制度只能帮助高收入女性持续就业，因为对低收入女性来说，她们不能承担市场照料儿童的成本。其次，在一些国家这种补助与税收体系是不相容的。例如，过去 20 年中，英国的税收体系已经把很多可减免的支出减到最低，大多数雇员的收入税已被减免，极少数员工有额外的税收返还。因此，如果仅仅因为管理的原因，那么采用这种税收津贴的成本将是很高的，不像那些已经有了比较完善的税收补贴制度的国家。最后，如果儿童照料服务的供应既是为了实现教育目标，也是为了促进女性就业，那么比起协调税收管理和对服务的监管部门来说，政府资助建立场所以及制定质量标准将更加有效。

在下一节中，我们将回顾几项研究，这些研究代表了学者们在评价相关劳动力市场政策体制中不同要素的影响上所做出的努力，也对国家和雇主的潜在成本收益进行了分析。

3. 不同女性就业政策体制对女性劳动力供给的影响

经济学家在试图解释女性劳动力供给的决策时主要关注就业的经济回报。计量经济学的分析经常考虑一系列的价格变量：过去对教育、培训和工作经验所做的“人力资本”投资；目前的收入潜力；税收和与工作相关的成本，如照顾孩子的成本；其他收入来源，如国家转移支付或配偶的收入（相关的文献综述可参阅 Killingsworth，1983）。然而，这些因素（如照顾孩子的成本）的准确信息是很难获得的，尤其是微观层面的分析。另外，这种方法没有考虑非价格变量的影响，而把这些变量简单地看作静止的、外生的。例如，非报酬工作的数量，或者关于母亲是否应该在家照顾孩子的态度等。将技能或职位包含在这个模型中时，能够部分地反映人口中偏好和道德标准的分布，因为抱负与就业机会之间存在一定相关性（Dex，1988）。但我们更愿意直接衡量这些特征，尤其当我们同时考察不同的国家时，因为各国关于女性就业的态度差异与不同的家庭政策安排有关（Alwin，Braun and Scott，1992）。

制度分析法强调国家政策对女性劳动力供给决策的影响，采用这种分析框架的研究者结合需求方差异的影响，进行了跨国分析，试图将女性就业的不同模式与照顾儿童等家庭政策的影响结合起来。由于数据的限制，这些分析一般依赖于就业指标的总体比较（例如，Dale and Glover，1990；OECD，1994a；Rubery，1988；Rubery et al.，1995），但也有一些学者使用了微观水平的家庭数据，建立劳动力供给函数，从国家间的其他差异了解政策的效果（Dex and Shaw，1986；Dex et al.，1993）。一种相关的方法是，运用典型的女性生命周期中就业概况的数据，估计母亲身份成本的国际差异（Joshi and Davies，1992）。

第三种方法考察不同政策的潜在和实际需求，以及采纳情况。然而，这些方面的信息往往是不完全的（欧盟儿童照料网，1994；Humblet，1994），或者很难进行国际比较，因为各国的概念界定不同，如在提供儿童照料服务方面（欧共体儿童照料网，1990）。

3.1 各国的女性就业体制与政策协调

Dex et al.（1993）通过对法国和英国的比较分析，探索政策环境对女性劳动力供给的影响。这两个国家中女性就业模式形成了鲜明的对比，在法国，母亲就业模式的连续性很强，而在英国，很多女性的就业经常中断。利用可比数据，他们进行了回归分析，把母亲身份对于劳动力市场参与的影响从其他可能影响女性参与率的因素中分离出来，如教育水平和工资差异。结果发现，孩子年龄在3岁以下的妇女在这两个国家中劳动力市场参与率都很低，而潜在收入和女性就业之间呈显著的正相关关系。然而，这两个国家的结果有两个重要的差异：小孩的负面影响在英国是法国的两倍，而个人收入对参与率的正效应在法国显著得多。事实上，一个收入在平均工资以上的法国妇女在有小孩时仍参与就业的可能性是英国妇女的两倍，而在英国，高工资的吸引力要小于小孩所带来的阻力。

一种解释是英国妇女有比较强烈的照顾孩子的偏好。但是，之前的一个多元回归分析（Dex，1988）的结果显示，态度与安排孩子照料的限制相比作用很小。因此，他们转而考察国家间的政策差异，结果表明，在法国，孩子对母亲劳动力供给所施加的限制被儿童照料补助计划和较长的学校开放时间减弱了。他们还指出，法国女性的工资差距较大，加上税收制度的差别，高收入的女性有更大的经济激励参与就业。

这项研究表明，女性劳动力参与率会受到国家政策环境的影响。在评价这项政策时，经常将女性收入的增长与政策的成本相比较，用女性收入的增长反映女性持续就业的生产率收益。收入差距在法国和英国的不同让我们想到了评估研究一个重要的方法论问题；也就是说，收入不仅取决于生产率水平，而且与薪酬决定制度有关。因此，如果女性主导型岗位的薪酬水平较低（如公共部门的护士），那么仅仅依赖价格测量可能低估了生产率收益。事实上，如果促进就业的连续性能够减少企业的招募和培训成本，提高照料病人的水平，那么总的生产力收益可能比当下的私人收益大。

曾有一项研究直接检验了政策对女性就业连续性的影响，它对英国的母亲权进行了调查，该项调查开展于英国扩展母亲权之前（McRae，1991）。休产假的女性比其他在怀孕时继续工作的女性在孩子出生9个月后拥有工作的可能性大，而且她们也更可能回到原来的雇主那儿从事全日制工作。利用logistic回归，结果表明，产假权的作用仍未改变，但其他变量变得更加显著。人们能够料想到，高收入、高技能的女性更可能重返工作岗位，但是更显著的影响变量是合同所保证的母亲产假薪酬。就业条件的提高似乎增强了母亲产假制度的有效性，只是，要获得休假薪酬，女性在假期结束后必须回来工作3个月（McRae，1991，p.137）。因此，可能有些女性在调查结束后不久就退出劳动力市场了，或许怀着拿到休假薪酬后马上离开的动机，或许发现全日制工作的压力太大了。

McRae（1991）的研究说明了产假权在家庭形成初期对促进女性持续就业的重要性，但同时也说明研究需要更长时期的跟踪调查数据。事实上，尽管教育和收入是重要的，但是一个更显著的关系是，女性在生第二个孩子之后重新工作的可能性比生第一个孩子时大。一个长期的跨国研究结果也表明，那些在第一个孩子学前时期工作的女性，职业生涯更连贯（Kempeneers and Lelievre，1991）。这种趋势说明了家庭形成时期的一个过滤过程，有第一个孩子以后继续工作的女性学会了如何兼顾工作与照顾孩子，因而她们在有第二个孩子以后也会选择继续工作。在英国和其他一些北欧国家，儿童照料补贴很有限，在这种情况下，女性若要兼顾工作与家庭责任，一种可能的方式是非全日制工作。在这些国家，如果雇主准许母亲在原先的岗位上非全日制工作，则更能留住员工。McRae（1991）发现，那些重返劳动力市场但跳槽的母亲多数是为了找到非全日制工作。这个论断让我们想起了 Dex et al.（1993）强调的儿童照顾的局限性问题，同时也说明，一项政策如果没有其他制度安排的配合，它的有效性就会削弱。

3.2　现有政策的采纳，不同政策的潜在需求以及政策协调

了解女性需要什么样的政策以及如何利用这些政策，对于评估干预效果是相当重要的。询问女性偏好的就业模式和理想的照顾孩子的安排，有助于我们了解女性当前的劳动力供给在多大程度上受到了限制，如缺少价格合适的儿童照料服务等。同时，因为偏好是由人们所面临的机会和局限性决定的，所以过度地依赖态度数据会低估照料服务的应用潜力。类似地，有关资格要求和政策采纳的信息能够告诉我们，政策对日标群体是否发挥了作用，哪些因素影响了政策工具的成败。只是，根据这类信息，我们无法对累积和无谓效应做出估计。事实上，当政策干预同时影响人们的态度和行为时，我们难以区分出政策影响和无谓效应。

大多数女性都会行使享受带薪产假的权利。这是因为产假有益于母亲和孩子的健康，并提供了很好的就业保障，大多数国家中产假期间的工资替代率都很高，因而收入的直接损失很小（欧盟儿童照料网，1994）。然而，如果当前的工作对孕妇的健康有威胁，而这些女性又没有换工作的权利，那么她们就不得不在产假前退出工作岗位，如西班牙（Molto，1994，p. 67）。产假结束后，女性的就业模式各异，这种不同不仅发生在国家之间，而且发生在同一国家的不同群体之间，这说明在产假结束与照顾孩子或下一阶段的休假政策之间存在衔接问题。

只有少数儿童照料制度相对完善的国家会监测对儿童照料服务的需求（例如，法国、丹麦、比利时），但这种监测在这些国家缺少标准化，同时，很多其他国家缺乏相关的信息，这妨碍了跨国比较（Humblet，1994）。英国的态度数据显示了这种信息在评估研究中的重要意义（McRae，1991）。儿童照料服务的缺乏是女性就业中断的主要原因。有的女性本打算孩子出生以后继续工作，可是在产假结束之后由于要照料孩子而不得不放弃工作。数据显示，只有 20%的女性打算在孩子出生后就放弃工作，而 2/3 的女性希望全天照顾自己的孩子。在英国，由于儿童照料服务有限，这些想法显然受到了影响，调查发现，有些女性更偏好长期休假，有些女性由于儿童照料问题推迟了她们重返工作岗位的时间。这些数据表明，缺少儿童照料服务和较长的休假，使得孩子尚小的母亲们很难重返劳动力市场，同时也削弱了产假制度的效果。

当前的调查资料和行政记录无法就父母产假的采用情况提供足够的信息（OECD，1995a，p. 183）。然而，最近一个关于欧盟成员国的综述中有几个重要发现（欧盟儿童照料网，1994）。首先，无薪休假权利很少使用。比如，1992 年，在法国，只有不到 2%的父母选择休假，而其中绝大多数都是有 3 个以上孩子因而享有一些经济资助的女性（Gauvin et al.，1994，p. 74）。相反，在瑞典和丹麦，选择休假的人就很多，因为这两国的工

资替代率都相当高。此外，丹麦的休假时间延长以后，选择休假的人数稳步增长，尤其在这项权利被规定为法定权利以后（MISEP，1995）。

其他就业条件也会影响政策参与。如果休假后的就业得不到足够的保障，或者休假影响资历和晋升，那么雇员可能会放弃休假。另一个阻力是雇主的态度，小企业的雇主可能尤其不情愿，这种情况下，休假更令人担忧。两方信息的缺乏也会降低政策参与度（欧盟儿童照料网，1994，pp. 22-23）。较低的政策参与度也可能是由于存在功能等价的或更合适的其他方案。例如，在法国，无薪休假与非全日制工作相竞争，尤其在公共部门，可以每天工作正常工时的 50%～90%，这为母亲们创造了更大的灵活性（Gauvin et al.，1994，p. 16）。

参与度还受性别和职业地位的影响。高技能或高收入的女性往往选择更少或更短的休假。教育投资和潜在收入对劳动力供给的影响为人力资本理论（如 Becker，1981）提供了一些支持，但是高收入也使女性能够支付照料孩子的成本。另一个重要的影响是这些职位上的女性往往具有更强的事业心和更高的工作满意度（Dex，1988；Hakim，1991）。相反，公共部门比私人部门的雇员更倾向于选择较长的休假。这种差异是由于公共部门的假期补助较高，同时，公共部门的组织文化也更支持休假（Bettio and Villa，1994，p. 44；欧盟儿童照料网，1994）。除了瑞典，男性一般利用父亲假和节假日陪伴孩子，而很少休父亲陪产假（欧盟儿童照料网，1994）。和女性一样，公共部门的男性更可能休假，同时，就职于女性主导型工作的男性也更倾向于休假。此外还有一类男性最可能休假，他们的受教育水平很高，拥有高学历、高收入且敬业的配偶。换句话说，当女性的假期较短时，男性更可能休假。

瑞典的休假计划鼓励男性休假，该计划的主要特点是灵活性大，支付水平高：随着孩子逐渐长大，父亲的休假也越来越多，而且主要是非全日制休假（欧盟儿童照料网，1994）。尽管男性休假稳步增多，但实际上瑞典的大多数休假仍为女性享有，女性休假天数在 1990 年占到了父母假总休假天数的 93%。瑞典还对父亲和雇主进行了大量的信息宣传，但目前还没有关于这些补充措施有效性的评估研究。同样，也没有关于行使减少工时权利的父母人数的数据。但是，有证据表明，由于雇主组织工作以支持这种权利的义务缺位，父母行使这项权利意味着必须要把相同的工作量在更短的时间完成，还有一些人不愿意减少工作时间以防止他们的同事抢占位置（Widerberg，1991）。

儿童照料补贴和休假计划的公共成本显然取决于计划的慷慨程度和参与程度，二者又相互影响（欧盟儿童照料网，1994）。进一步说，对直接成本的简单估计是不够的。就像最近关于英国的估计一样，由于存在对税收收益的第二轮影响①，同时与收入相关的福利申请也减少了，所以政策的净成本大大降低（Holtermann and Clarke，1992）。另外一个减少净成本的途径来源于先前失业者对休假者的替代，这有助于工作分享。这在丹麦是一种主要形式，丹麦有 65%的女性在母亲假和父母产假期间有人代替工作（欧盟儿童照料网，1994）。短暂的假期，如照顾生病的子女，对雇主来说损失更大，但如果没有这些正式的休假权，雇主会因父母请病假或在工作时分心承担更高的成本。总之，需要对成本和收益进行更加全面的评估，需要包括更多的定性变量，如员工满意度的上升和忠诚度的提

① 此处指女性重新就业以后政府获得的税收收入。——译者注

高等（Holtermann，1995）。

3.3 不同女性就业模式对终身职业流动和收入的影响

对工作经历数据的研究显示，劳动力市场中断容易使女性在重返职场时遭遇职业地位上的损失，特别是重返后从事非全日制工作（Dex and Shaw，1986；Dex et al.，1993；McRae，1991）。她们重新工作以后，小时工资会降低，工作时间会缩短，外加工作年数的减少，总之，不连续的就业模式降低了终生收入（Joshi and Davies，1992）。职业资格有助于防止职业地位的损失，部分原因在于资格水平高的女性往往休假很短而且假期结束后就返回全职工作。事实上，英国的证据显示，这类女性向下流动的可能性越来越小（McRae，1991）。处于职位层级中部的女性，尤其是公司职员，最容易受到职业地位上的损失，因为她们拥有企业特殊技能，而低职位层级的女性已经没有向下流动的空间了。

工作经历研究通常强调，人力资本的损失是就业中断后职业地位损失和收入下降的原因，这低估了劳动力市场组织的影响。女性为就业中断所付出的代价还受到需求方几个重要因素的影响，比如，内部劳动力市场对就业中断工人的排斥，非全日制工作集中于临时的、低报酬的劳动力市场（Rubery，1994，p. 34）。这些需求方的因素在各国之间不同。例如，在英国的酒席承办行业，很少强调正式培训和运作上的灵活性，相反，这个行业通过非全日制工人实现数量上的灵活性。这些职位主要由青年人和重返劳动力市场的女性填充，而且其中很多女性以前都拥有很高的工作地位和报酬（Rubery，Fagan and Humphries，1992）。与英国相比，德国就很少有这种向下流动的情况（Kempeneers and Lelievre，1991），这种差异的部分原因在于，德国劳动力市场是更紧密地围绕正式技能资格组织起来的，这种正式资格从双重培训体系中获得（Maier，1995）。类似地，如果存在较多在高层次职位上从事非全日制工作的机会，那么，需要这种时间安排的女性拥有更多的选择，从而更容易找到与之前类似的工作（Rubery and Fagan，1993）。

由此可见，成为母亲后的经济损失在各国是不同的，既由于劳动力供给模式的不同，也是因为就业中断在不同就业体系中的成本不同。Joshi and Davies（1992）对英国、德国、瑞典和法国拥有两个孩子的母亲在整个生命周期中的收入损失分别进行了估计。他们的估计以各国的终生收入数据为基础，因而融入了国家间的工资差异。例如，在法国，连续就业女性的工资在生命周期中扶摇直上，这说明就业中断对女性收入的惩罚比在英国重（Dex et al.，1993）。相比之下，在瑞典，工龄对女性终生收入的影响不大。这主要是因为瑞典经济中的收入差距很小（Blau，1992）。

在英国与德国，女性终身就业模式的特点是，就业中断时间很长，之后又一直从事非全日制工作，这种模式的成本最高，据估计，在英国，这种终生收入的损失高达57%，德国略小，为49%。瑞典女性由于中断期较短、非全日制工作时期也较短，损失只有16%。法国母亲的收入损失最小（1%），主要是因为母亲产假期短，而且一般返回劳动力市场后继续从事全职工作。在英国和德国，收入损失主要发生于第一个孩子出生时，而在另外两个国家，每一个孩子对女性收入损失的影响几乎相同（Joshi and Davies，1992，pp. 573－574）。一项基于其他数据的研究表明，在丹麦，成为母亲的成本与瑞典相近，两个孩子总共减少母亲收入20%左右，收入损失由非全日制工作和母亲产假共同造成（Bonke，1992， pp. 311－315)。

这些关于女性终生收入和就业轨迹的研究说明，要减少成为母亲对女性有偿就业的职业生涯及退休收入的影响，关键在于维持连续、全日制职业生涯的能力，而不在于女性主导型非全日制劳动力市场的参与机会。产假能够从两方面影响成为母亲的成本，其一是离开工作的时间长短，其二是产假可能导致整个生命周期中的低工资率。瑞典一些公司关于男性和女性员工休假的记录证明了这个观点。该研究表明，男性休假的成本比女性高，但不论男性还是女性，随时间的流逝，收入会逐渐恢复。男性的休假成本之所以较高主要因为，一是男性集中的岗位上，收入增长的空间更大；二是休假者会被认为不敬业，这也可能是高学历、高收入母亲休假时间较短的原因（Sundstrom and Stafford，1994）。延长休假的安排对终生收入的性别差异所带来的影响在某种程度上由于瑞典相对较小的收入差距而被削弱了；在收入差距大的国家，影响也会相应增大；随着瑞典工资体系的逐渐分权化，这种影响也会日益明显。

这些研究的结果表明，对工作经历数据的分析，从两个方面为我们理解成为母亲对女性终生收入和就业的影响提供了参考。第一，如果各国就业系统的组织模式具有明显差异，那么仅根据人力资本和技能的贬值不能完全解释就业中断的成本。第二，与男性收入的对比分析也应该纳入整个分析体系，因为相对于男性的终生收入，成为母亲的代价可能更大（Rubery，1994，pp. 34－37）。换句话说，母亲这一社会角色可能导致所有女性的收入下降，而不论她是否有孩子。

4. 结　论

女性在家庭形成时期劳动力供给的中断变得越来越少，也越来越短（Rubery et al.，1995）。然而，仍然有许多女性在孩子很小时退出劳动力市场，这样一来，女性工作年数减少了，当她们重新工作时又可能遭遇向下的职业流动从而降低了收入，因此就业的中断会给女性带来很大的收入损失。当做母亲会导致向非全日制就业的转换时，由于非全日制工作多为低收入、低层次的职位，收入的损失将会更大。

从动态的视角看，就业中断对家庭、雇主和宏观经济都是无效率的。家庭形成时期连续的劳动力市场参与能够更有效地利用女性在经济中的实际能力和潜能。对于家庭来说，连续的劳动力供给能够增加收入，并避免劳动力市场中断可能引起的成本。

评估研究说明国家政策环境对母亲的就业连续程度具有重大影响。延长休假（不论全日制还是非全日制）权和儿童照料补助计划有利于父母协调工作和家庭的关系。同时，这些研究也说明，如果没有其他政策的配合，一项政策很难收到效果。例如，如果没有其他休假和儿童照料服务，休假权利可能只是推迟了女性退出劳动力市场的时间。

父母就业政策中不同休假和儿童照料因素之间的协调，是强化这些市场干预效果的一个必要而不充分的步骤。这些政策组合的效果会因为与下列因素的协调（至少是考虑到这些因素）变得更好：学校和商店的开放时间；收入税和福利体系；鼓励工作分享的“分性别”劳动力市场政策。另一个需要考虑的重要因素是任一经济中不同工作的组织需求。一些工作采用非全日制可能比其他工作容易，虽然这种情况可能会发生变化。然而，雇主在摸索如何把新的休假权融入既有的组织实践时，找一个全职的替代者对于某些职位或工作场所而言可能更有效，至少从短期来看是这样的。

瑞典实行灵活的父母产假制度，在孩子上学之前的任意时间段父母都可以选择全日制或非全日制的休假，这种制度为需投入大量时间照顾孩子的阶段提供了有效的桥梁，也为协调雇员和雇主的需求提供了更多途径。然而，由于雇主和雇员需求的多样性，不论休假制度如何具有灵活性，二者的需求都不可能单凭休假制度就得到完美的协调。在有些环境下，儿童照顾补助可能更有效，也就是说，儿童照顾补助只是父母就业政策体制中的一个互补成分，而不是替代品。

实际上，如果休假制度仅仅把延长的母亲产假制度化，从而巩固了劳动的性别分工，进而影响到后代的教育、培训以及劳动力供给决策，那么休假制度的有效性就减弱了。休父母产假的男性很少，尽管在瑞典人数逐渐增多，因此与做父亲相比，成为母亲对终生收入和职位晋升的影响依然更大。到目前为止，这种影响由于瑞典较小的收入差距被减弱了，但是，由于瑞典工资决定制度的重构，休假成本可能升高，除非休假制度变得更普遍，而且男女参与度相近。男性参与率低也可能减弱该政策作为鼓励工作分享的工具的效果。因此，尽管最近的延长休假制度在丹麦很普遍，然而要想进一步推进工作分享，鼓励男性参与是必要的。

虽然有证据表明延长休假制度和儿童照料补助计划在促进女性就业方面的重要作用，但是仍需要进一步研究和讨论在不同国家、不同部门的劳动力市场条件下各种有效的政策组合。由于家庭政策需要其他制度安排的协调才能收到效果，于是，一项政策直接从一种环境搬到另一种环境很难产生相同的结果。有三个研究问题需要进一步探讨。首先，以下政策对女性就业和职业生涯的衔接会有哪些影响：一个长假、多个短假、一段时期的非全日制工作，以及儿童照料补助？其次，什么样的环境能够鼓励男性休假或减少工作时间？最后，对雇主来说不同政策的成本和收益分别是什么？父母就业政策的开发和应用在哪些国家和部门取得了成就？

目前，与其他劳动力市场政策干预相比，监测和评估这些政策的信息比较少。同时，要追踪这些政策的影响，还需要成为父母之初的流量信息，就像休假和其他减少工时方面的信息，和过去相比，已经更容易获得，也更标准化了。此外，关于停止就业和就业限制的态度数据也越来越多，质量也在提高，这就增加了欧盟劳动力调查的价值。同时也需要进行工作场所调查，了解雇主是如何实施这些政策的。最后，工作场所定性的案例研究也发挥着重要作用，它能够把雇员和雇主结合起来。这种研究应关注父母就业政策在实施过程中所遇到的阻碍，以及顶尖企业的创新做法。

注释

[1] 对于 1995 年加入欧盟的国家（瑞典、芬兰和奥地利），缺少关于照顾儿童的筹资情况和母亲就业率的可比数据。

参考文献

Alwin, D. F., M. Braun and J. Scott (1992), 'The Separation of Work and the Family:

Attitudes towards Women's Labour Force Participation in Germany, Great Britain and the United States', *European Sociological Review*, 8 (1), 13–37.

Becker, G. (1981), *A Treatise on the Family*, Cambridge, MA: Harvard University Press.

Berk, R. A. and S. Fenstermaker-Berk (1983), 'Supply-side Sociology: The Challenge of the New Home Economics', *Annual Review of Sociology*, 9, 375–95.

Bettio, F. and P. Villa (1993), 'Strutture familiari e mercati del lavoro nei paesi sviluppati. L'emergere di un percorso mediterraneo per l'integrazione delle donne nel Mercato del lavoro', *Economica e Lavoro*, 2, 3–30.

Bettio, F. and P. Villa (1994), *Changing Patterns of Work and Working-time for Men and Women*, working paper for the European Commission, available from the Network of Experts on the Situation of Women in the Labour Market: Manchester School of Management, UK: UMIST.

Blau, F. (1992, September), 'Gender and Economic Outcomes: The Role of the Wage Structure', keynote speech, Fourth European Association of Labour Economists, University of Warwick.

Boje, T. (1994), *Changing Patterns of Work and Working-time for Men and Women: Towards the Integration or the Segmentation of the Labour Market*, working paper for the European Commission, available from the Network of Experts on the Situation of Women in the Labour Market: Manchester School of Management, UK: UMIST.

Bonke, J. (1992), 'Lifetime Income of Men and Women—The Case of Denmark', *Journal of Consumer Studies and Home Economics*, 16, 303–16.

Bosch, G., P. Dawkins and F. Michon (1993), *Times are Changing: Working Time in 14 Industrialised Countries*, Geneva: International Labour Organization.

Bradshaw, J., J. Ditch, H. Holmes and P. Whiteford (1993), *Support for Children: A Comparison of Arrangements in 15 Countries*, London: HMSO.

Brannen, J. and P. Moss (1991), *Managing Mothers: Dual Earner Households after Maternity Leave*, London: Unwin Hyman.

Bruegel, I. and D. Perrons (1995), 'Where Do the Costs of Unequal Treatment for Women Fall? An Analysis of the Incidence of the Costs of Unequal Pay and Sex Discrimination in the UK', in J. Humphries and J. Rubery (eds), *The Economics of Equal Opportunities*, Manchester: Equal Opportunities Commission, pp. 155–74.

CERC (1994), *Social Welfare and Economic Activity of Women in Europe*, V/2184/94–EN, Brussels: European Commission.

Commission of the European Communities (1991), *Equal Opportunities for Women and Men—Social Europe*, 3, Office for Official Publications of the European Communities, Luxembourg.

Connell, R. W. (1987), *Gender and Power*, Oxford: Polity.

Dale, A. and J. Glover (1990), *An Analysis of Women's Employment Patterns in the UK, France and the USA: The Value of Survey Based Comparisons*, research paper no. 75, London: Employment Department Group.

Delacourt, M.-L. and J. A. Zighera (1988), *Women's Work and Family Composition: A Comparison of the Countries of the European Economic Community*, DG V V/1795/88–EN, Brussels: Commission of the European Communities.

Dex, S. (1988), *Women's Attitudes towards Work*, London: Macmillan Press.

Dex, S. and L. Shaw (1986), *British and American Women at Work: Do Equal Opportunities Policies Matter?*, London: Macmillan.

Dex, S., P. Walters and D. Alden (1993), *French and British Mothers at Work*, London: Macmillan.

EC Childcare Network (1990), *Childcare in the European Communities 1985–90. Women of Europe* (suppl. 31), Brussels: Commission of the European Communities (DG X).

EU Childcare Network (1994), *Leave Arrangements for Workers with Children: A Review of Leave Arrangements in the Member States of the European Community and Austria, Finland, Norway and Sweden*, report prepared for the Equal Opportunities Unit, DG V, Brussels: European Commission.

European Commission (1994a), *Employment in Europe*, 381, Office for Official Publications of the European Communities, Luxembourg.

European Commission (1994b), *Growth, Competitiveness, Employment—the Challenges and Ways Forward into the 20th Century*, White Paper, Office for Official Publications of the European Communities, Luxembourg.

Gauvin, A., C. Granie and R. Silvera (1994), *The Evolution of Employment Forms and Working Time among Men and Women: Towards the Integration or the Segmentation of the Labour Market*, working paper for the European Commission, available from the Network of Experts on the Situation of Women in the Labour Market, Manchester School of Management, UK: UMIST.

Hakim, C. (1991), 'Grateful Slaves and Self-made Women: Fact and Fantasy in Women's Work Orientations', *European Sociological Review*, 7 (2), 101–21.

Hewitt, P. (1993), *About Time: The Revolution in Work and Family Life*, London: Institute for Public Policy Research/River Oram Press.

Holtermann, S. (1995), 'The Costs and Benefits to British Employers of Measures to Promote Equality of Opportunity', in J. Humphries and J. Rubery (eds), *The Economics of Equal Opportunities*, Manchester: Equal Opportunities Commission, pp.137–53.

Holtermann, S. and K. Clarke (1992), *Parents, Employment Rights and Childcare*, research discussion series no. 4, Manchester: Equal Opportunities Commission.

Humblet, P. (1994), *Monitoring Childcare Services for Young Children*, V/460/94–EN, Brussels: European Commission.

Humphries, J. (1995), 'Economics, Gender and Equal Opportunities', in J. Humphries and J. Rubery (eds), *The Economics of Equal Opportunities*, Manchester: Equal Opportunities Commission, pp. 55–86.

Humphries, J. and J. Rubery (1984), 'The Reconstitution of the Supply Side of the Labour Market: The Relative Autonomy of Social Reproduction', *Cambridge Journal of Economics*, 8 (4), 331–46.

Humphries, J. and J. Rubery (eds) (1995), *The Economics of Equal Opportunities*, Manchester: Equal Opportunities Commission.

IRS (1991), 'Working Time in Europe', *European Industrial Relations Review*, London: Industrial Relations Services.

Jensen, J. (1994, May), 'Family Policy and Women's Citizenship in Mitterrand's France', paper presented to the Crossing Borders conference, Centre for Women's Studies, Stockholm University.

Joshi, H. and H. Davies (1992), 'Day Care in Europe and Mothers' Forgone Earnings', *International Labour Review*, 132 (6), 561–79.

Joshi, H. and H. Davies (1995), 'Social and Family Security in the Redress of UnequaOpportunities', in J. Humphries and J. Rubery (eds), *The Economics of Equal Opportunities*, Manchester: Equal Opportunities Commission, pp. 313–44.

Kempeneers, M. and E. Lelievre (1991), *Employment and Family within the Twelve. Eurobarometer 34*, V/383/92–EN, Brussels: Commission of the European Communities.

Killingsworth, M. (1983), *Labour Supply*, Cambridge: Cambridge University Press.

Leira, A. (1994), 'Combining Work and Family: Working Mothers in Scandinavia and the European Community', in P. Brown and R. Crompton (eds), *A New Europe? Economic Restructuring and Social Exclusion*, London: University College London, pp. 86–107.

Lewis, J. (1992), 'Gender and the Development of Welfare Regimes', *Journal of European Social Policy*, 2 (3), 159–73.
Maier, F. (1995), 'Skill Formation and Equal Opportunity—A Comparative Perspective', in J. Humphries and J. Rubery (eds), *The Economics of Equal Opportunities*, Manchester: Equal Opportunities Commission, pp. 203–18.
Maier, F., S. Quack and Z. Rapp (1994), *Changing Patterns of Work and Working-time for Men and Women: Towards the Integration or the Segmentation of the Labour Market*, working paper for the European Commission, available from the Network of Experts on the Situation of Women in the Labour Market: Manchester School of Management, UK: UMIST.
Main, B. (1993), 'Where "Equal" Equals Not Equal: Women in the Labour Market', *Sex Equality: Law and Economics. Hume Papers on Public Policy*, 1 (1), Edinburgh University Press.
McRae, S. (1991), *Maternity Rights in Britain*, London: Policy Studies Institute.
Meulders, D., R. Plasman and V. Vander Stricht (1993), *The Position of Women on the Labour Market in the European Community*, Aldershot: Dartmouth Publishing.
MISEP (1995), *Policies*, 49, 15–16.
Molto, M. L. (1994), *Changing Patterns of Work and Working Time: Towards the Integration or Segmentation of the Labour Market in Spain*, working paper for the European Commission, available from the Network of Experts on the Situation of Women in the Labour Market, Manchester School of Management, UK: UMIST.
OECD (1994a), *Women and Structural Change: New Perspectives*, Paris: OECD.
OECD (1994b), *The OECD Jobs Study: Taxation, Employment and Unemployment*, Paris: OECD.
OECD (1995a, July), *Employment Outlook*, Paris: OECD.
OECD (1995b), *Education at a Glance*, Paris: OECD.
Owen, S. (1987), 'Household Production and Economic Efficiency: Arguments for and against Domestic Specialisation', *Work, Employment and Society*, 1 (2), 157–78.
Plantenga, J. and S. van Velzen (1994), *Changing Patterns of Work and Working Time: Towards the Integration or Segmentation of the Labour Market in the NL*, working paper for the European Commission, available from the Network of Experts on the Situation of Women in the Labour Market, Manchester School of Management, UK: UMIST.
Rose, M. (1988), 'Attachment to Work and Social Values', in D. Gallic (ed.), *Employment in Britain*, Oxford: Basil Blackwell, pp. 128–56.
Rubery, J. (ed.) (1988), *Women and Recession*, London: Routledge & Kegan Paul.
Rubery, J. (1994), *Changing Patterns of Work and Working Time: Towards the Integration or Segmentation of the Labour Market in the UK*, working paper for the European Commission, available from the Network of Experts on the Situation of Women in the Labour Market, Manchester School of Management, UK: UMIST.
Rubery, J. and C. Fagan (1993), *Occupational Segregation in the European Community. Social Europe* (suppl. 3), Luxembourg: Office for Official Publications of the European Communities.
Rubery, J. and C. Fagan (1994), 'Does Feminization Mean a Flexible Labour Force?', in R. Hyman and A. Ferner (eds), *New Frontiers in European Industrial Relations*, Oxford: Blackwell, pp. 140–66.
Rubery, J., C. Fagan and J. Humphries (1992), *Occupational Segregation in the UK*, working paper for the Commission of the European Communities, available from the Network of Experts on the Situation of Women in the Labour Market, Manchester School of Management, UK: UMIST.
Rubery, J., C. Fagan and M. Smith (1995), *Changing Patterns of Work and Working-time in the European Union and the Impact on Gender Divisions*, report for the Equal Opportunities Unit, DG V, Brussels: European Commission.

Rubery, J., M. Smith, C. Fagan and D. Grimshaw (1996), *Women and the European Employment Rate*, report for the Equal Opportunities Unit, DG V, Brussels: European Commission.

Schettkat, R. (1989), 'The Impact of Taxes on Female Labour Supply', *International Review of Applied Economics*, 3 (1), 1–24.

Schmid, G. (1994), 'Equality and Efficiency in the Labor Market: Toward a Socio-economic Theory of Cooperation', in G. Schmid (ed.), *Labour Market Institutions in Europe*, New York: Sharpe, pp. 243–79.

Sundstrom, M. and F. Stafford (1994), *Time Out for Childcare and Career Wages of Men and Women*, Stockholm Research Reports in Demography, no. 85, University of Stockholm.

UN (1994), *Regional Platform for Action—Women in a Changing World—Call for Action from an ECE Perspective*, Preambular Declaration, UN E/ECE/RW/HLM/L.3/Rev.2. United Nations: Economic and Social Council, Economic Commission for Europe.

Vermeulen, H., S. Dex, T. Callan, B. Dankmeyer, S. Gustafsson, M. Lausten, N. Smith and J. D. Vlasblom (1995), *Tax Systems and Married Women's Labour Force Participation: A Seven Country Comparison*, working paper of the EC Human Capital and Mobility Female Labour Force Network, no. 95–8, ESRC Research Centre on Micro-social Change, University of Essex, United Kingdom.

Widerberg, K. (1991), 'Reforms for Women—on Male Terms—the Example of the Swedish Legislation on Parental Leave', *International Journal of the Sociology of Law*, 19, 27–44.

第 12 章　退出劳动力队伍的选择*

Bernard Casey

退出劳动力队伍可以采取两种形式。一种是暂时的，例如，参加继续教育和培训，生育和抚养孩子，或长假、公休假等引起的退出。另一种是永久的，这要么是出于主观意愿，要么是客观使然，这种形式与退休、健康的严重恶化或工作能力的丧失有关。关于第一种退出形式的劳动力市场政策，本书在其他章节予以讨论。本章考察退出的第二种形式，并集中讨论与这一目标——通过支持“提前退休”来缓和劳动力市场（从而减少失业）有关的劳动力市场政策。[1]

1. “提前退休”的程度

过去 20 年，西方工业国家劳动力市场最显著的发展之一是，有偿就业人群中，老年人比例的下降。这一下降影响了那些年龄高于正常退休年龄（65 岁）的人群，同时也影响了年龄低于正常退休年龄的人群。但是到目前为止，政策的关注点主要在于比这一退休上限年轻 5～10 岁且不再工作的人群在劳动力队伍中比例的不断攀升。

对于老年男性，他们从劳动力市场提前退出的程度直接体现在关于劳动力市场参与和就业的时间序列中。表 12—1 对此进行了概括，表中所列的这些国家在 1975—1990 年间 55～64 岁男性的就业率[2]都出现了幅度或大或小的下降。

表 12—1　　　部分国家 1975—1990 年间老年男性就业率的变化

出现大幅下降的国家	55～59 岁	60～64 岁
芬兰	－16.8	－27.1
法国	－17.1	－36.0
荷兰	－16.2	－41.5
英国	－18.1	－23.6

* 作者要感谢 Günther Schmid 和 Holger Schütz 承担了本章最后的编辑工作，还要感谢 Günther Schmid 在本章编写过程中给予的宝贵建议。

出现小幅下降的国家	55～59 岁	60～64 岁
日本	+2.4	−6.2
瑞典	−3.9	−9.4
美国	−5.4	−9.6

资料来源：OECD，1995.

至于老年女性，对就业率的简单调查具有欺骗性。多数西方国家的数据表明，老年女性参与工作的比例不变，甚至有所提高，但是这些数据描述的是各代人的情况，由于女性劳动力参与率的上升，每一代人的就业率都会比他们的上代人高。既然后代人起初的就业率比上代人的高，那么后代人比上代人更早离开劳动力市场的趋势与数据所显示的不变甚至增长的就业率并不矛盾。通过将 5 岁跨度的年龄组的就业率与 5 年前年龄小 5 岁的 5 岁跨度年龄组的就业率进行比较[3]，准定群分析（Quasi-cohort analysis）证实，在很多西方国家，女性在正常领取养老金年龄之前脱离就业的比例至少和男性的比例一样高，有时甚至明显高于男性（OECD，1995，pp. 95−99）。

这一章的其余内容将被分为两块。第一块（第 2 部分）考察的是旨在促进提前退休的劳动力市场和社会政策规定，既包括国家所做的规定，也包括企业所做的规定。该部分在描述劳动力市场政策措施的同时，也概述了一些业已产生劳动力市场结果的社会政策措施。第二块（第 3 部分）关注的是对某些规定的评估，这些规定具有非常明确的降低失业的目标。借助当代的调查研究，该部分不仅考察了这些计划对失业率的影响以及这些计划的成本有效性，而且简要讨论了计划可能造成的其他结果。最后（第 4 部分）为摘要和结论。

2. 政策的角色

如果“结果”包括非预期的结果，“政策”既包括国家政策也包括企业规定[4]，那么提前脱离就业的趋势大部分都可以理解为“政策”的结果。

战后西方工业国家变得越来越富有，国家养老金体系的慷慨程度和覆盖率也在提高。企业养老金体系也经历了类似的发展。另外，个人也可以以财产、股票、债券和银行存款的形式建立自己的储蓄。增加的财富和收入中，一部分用于承担提前退休的经费，而不是用于提高退休后的生活标准；一部分用于向那些由于健康状况丧失工作能力的人提供更慷慨的补助；还有一部分用于允许那些从事过特别艰苦的工作（如法国），或长时期就业并向养老金体系缴费的人（如德国）提前退休。

美国的政策努力使退休具有更大的灵活性，劳动者可以提前或推迟领取养老金，不过养老金的金额会因此而减少或增多。尽管没有证据表明这样做的目的是改变人们停止工作的平均年龄，但是，养老金之所以会减少或增多，是因为那些提前退休的人没有进行足额的缴费，因为他们缴费的年限缩短了而领取的年限延长了，相应地，推迟退休的人没有得到足额的补偿。毫无疑问，这种保险计算上的不对称性鼓励提前退休。

首先，这一章所讨论的不是那些具有非预期结果的规定，而是专门促进劳动者提前从就业和劳动力市场中退出的规定。这类提前退休计划的大范围应用始于20世纪70年代初（OECD，1995），虽然在这之前有过一些小规模的例子，但可以认为它们是劳动力市场衰退和随后发生的就业机会减少的一个结果。促成各种规定的逻辑是简单的，甚至是过分简单了。这些规定被看作将失业者划归为退休者以减少公开失业的手段，也是在重视和不重视闲暇的人群之间重新分配失业的方法。这里所讨论的很多规定都是劳动力市场部门的直接责任，严格意义上的“劳动力市场政策”亦如此；但有些是社会事务部门的责任。在一些国家，它们不是由国家，而是由企业单独提出或联合提出的，在某些这样的国家中，企业规定和国家规定一样重要，甚至还超越了国家规定。本部分首先考察国家规定，然后分析公司计划。我们还提供了一个简要的附录，其中介绍了主要目标为社会政策目标，但同时也对劳动力市场造成影响的那些规定。

2.1 具有劳动力市场目标的公共规定

西方工业国家的这类政策措施可分为四种形式。

2.1.1 面向失业者的提前退休金

允许老年失业者领取提前退休金或类似补助的规定是十分普遍的。有些国家，它们是养老金和退休金体系的一部分（如德国和瑞典）；有些国家，它们不属于养老金和退休金体系，资金来源也与之独立（如在法国和丹麦，这些规定是失业补偿体系的一部分）。这类规定源于下述假设：即使总体劳动力市场状况相对理想，老年失业者重新获得就业的可能性也较小。给付水平与养老金持平，不会因为提前偿付而有所减少，有时甚至高于养老金。

在法国，有两个大规模的计划：面向60～64岁人群的“裁员收入保证”计划（实施于1972—1982年），和面向55～59岁人群的“国家就业基金”资助项目（实施于“裁员收入保证”计划之后，但在20世纪70年代也曾小规模试验过）。参与第一个计划的人数在1983年达到最高峰（1982年进入计划），相当于相应年龄段人口的1/12；第二个计划所覆盖的人数在1988年达到峰值，相当于相应年龄段人口的1/16。

瑞典在1974—1991年间废止了有关提前退休的规定，提前领取养老金要求申请者已经领取了90周的失业保险金。然而，裁员时，企业、下岗工人和就业办公室的工作人员之间常常会达成关于提前退休的非正式协议。从60岁里减去90周使得实际的提前退休从58.25岁开始。同样，1972—1991年间，那些62岁以上且已经领取完450天失业救济金的人可能被归为完全没有就业能力的人群，并直接转入提前养老金接收者的行列。

除了20世纪70年代以来发生改变的这些国家之外，德国的养老金法律中有一项已经实施了很久的规定，即失业12个月以上的人群，在满足相关缴费要求的条件下，可以在60岁时如数获得养老金。1989年的德国养老金改革决定，将从2001年开始逐渐废除这项规定。后面在失业补偿部分将进一步讨论德国向长期失业者提供的提前退休金。

2.1.2 特殊的自愿提前退休计划

在丹麦和法国，至少有一部分工人可以在没有失业经历的情况下获得足额的退休金，在法国甚至还高于足额的退休金。丹麦和法国的这些计划声称其目标是释放那些将可能由失业者填补的职位。1979年开始推行的丹麦提前退休支付计划已经得到了广泛的采用。

20 世纪 80 年代末，60～64 岁人口中，超过 1/4 的人根据该计划的有关规定领取提前退休金。1977—1982 年间的法国退休收入保证计划也允许在 60 岁时退休。1983 年，1/12 的 60～64 岁人口根据该计划的规定领取退休金。

许多国家引入了自愿提前退休计划，但这些计划明确要求雇主招募失业者填补自愿提前退休人员的岗位。这种性质的计划最早实施于比利时（1976 年）和英国（1977 年）。法国（1982 年）和德国（1984 年）也有这类计划。

法国的团结契约（1982 年和 1983 年对申请者开放）覆盖了很多老年工人。例如，1984 年，超过 1/20 的 55～59 岁人口根据这项计划的规定提前退休。根据法国的团结契约得以提前退休的工人来自所有行业；而在英国，依据岗位释放计划提前退休的人主要是中等技术水平或无技术职位上的低工资工人。这从某种程度上反映了英国计划的统一支付（而法国的给付水平与收入相关联），它使得提前退休对于收入处于平均水平及以上的人群不具吸引力。

在某些国家，为了给失业者创造非全日制工作机会，制定了“部分退休”计划。工人缩短每周的工作时间使得雇主能够在被减少的时间里雇佣失业者。但采用这种计划的人相对少很多。在法国，与根据团结契约计划完全退休相比，几乎没有或根本没有经济上的激励去选择部分退休计划；在英国，企业年金将按最后工资的一定比例支付，如果这些雇员参加部分退休计划，减少工作时间，那么他们的养老金水平将会降低（Laczko，1988）。

2.1.3　适应劳动力市场目标的伤残抚恤金

20 世纪 60 年代末和 70 年代，许多国家在审批伤残抚恤金的给付时都会将申请者成功获得工作的可能性作为考虑因素之一。结果，许多抚恤金都给了那些完全丧失了工作能力的人，他们由于身体缺陷没有任何合适的工作岗位。伤残退休金则是向找工作有困难的大龄工人提供补偿（至少是部分补偿）。

在德国，1969 年法庭裁定，如果局部伤残人员（不能从事比非全日制形式强度大的工作）在地方劳动力市场上找不到非全日制工作，那么他们将享有全额伤残退休金。在这一裁定出台之前，伤残退休金的领取资格是抽象的——这个人能否从事非全日制工作；在这项裁定之后，领取资格就具体了——有没有得到非全日制工作。

1987 年，荷兰的伤残抚恤金计划认识到，丧失工作能力的比例仅为 15%，那么相对而言，抚恤金的水平和持续时间显得较为慷慨。1973 年，负责监督该系统的、由两方组成的联合医疗服务委员会一致同意：找不到合适非全日工作的局部伤残人员有资格享受全额伤残退休金。然而，1987 年，全额伤残退休金的计算比例从先前收入的 80%降为 70%，而且劳动力市场状况不再影响对伤残程度的评定。另外，局部伤残和部分失业不再被当作完全残疾来对待。

1968—1979 年间，在荷兰，新残疾抚恤金的比例持续增长，对其背后成因的分析（Van den Bosch and Petersen，1983）证实了下述推断：伤残退休金实际上是失业补偿金的一种形式。在就业紧缩最严重的行业分支，进入伤残退休金的比例是最高的（Casey and Bruche，1983）。许多伤残退休金的受益人都来自夕阳工业部门（纺织、制衣和建筑），这些部门在 20 世纪 70 年代受到了产业衰退和需求衰减的重创。

由于越来越多的大龄工人失业，瑞典的伤残抚恤金在 1970—1972 年间发生了变化。1970 年，瑞典的社会保险当局修订了相关的伤残补偿法规，要求负责审批大龄工人的人员“主要关注申请人的能力，以及该申请人通过以前已经完成的工作或通过其他合适、可行的工作获得持续收入的可能性”（see Casey and Bruche，1983）。非正式的证据表明，对于面临失业威胁的工人，实际操作中的伤残要求并没有那么严格（Björklund and Holmlund，1991）。同时，雇主削减劳动力时往往会在这些员工达到正常退休年龄之前，将提前伤残退休金加满至足额。

2.1.4 失业补偿金的持续支付和登记要求的放宽

某些国家的失业补偿体系允许对大龄失业者延长补偿金的给付期限，有时一直支付至他们达到正常的退休年龄。这样的规定实际上使受益者领取了提前退休金。由于很多受益人不再积极寻找工作，所以劳动力调查可能将他们归为“退出劳动力”而不是“失业”。

在荷兰，失业时的年龄达到 57 岁半及以上的人可以持续领取失业补偿金至 65 岁。这一规定为企业解雇 57 岁半及以上的员工提供了某种激励，因为他们在 65 岁之前一直享有相对慷慨的补偿金。这也意味着，虽然 57 岁半及以上的补偿金领取者会被计为失业者，但事实上他们“提前退休”了。类似地，在德国，长期失业者在 60 岁时可以领取养老金这一事实导致不少 59 岁及以上的工人被裁员，因为他们可以先申请一年的失业补偿金，然后转入接受养老金。20 世纪 80 年代前半段，大龄工人享受失业补偿金的持续时间得到了延长，54 岁及以上的受益人的领取期限长达 32 个月。其结果是裁员实践的变化，即普遍从“59 岁行动”转变为“57 岁行动”。

除了延长失业补偿金的领取期限，有些国家还放宽了大龄失业者在就业办公室登记的要求。这意味着老年失业者等同于处于退休状态。英国自 1981 年以来，不再要求 60 岁以上的男性长期失业者必须登记为工作搜寻者才能享有家计调查救济金。1983 年起，60 岁以上的男性失业者进行登记仅仅是为了建立养老金缴费记录。这表明，大龄失业男性实际上被作为老龄退休者来对待，他们也同样享有最低收入保证。1982—1985 年间，登记失业的 60～64 岁男性减少了 2/3，所减少的这个登记数目相当于相应年龄段男性人口的 1/8。

2.2 企业计划

单个或几个企业所作的有关规定，可以分为三种形式。有些在不少国家都很常见，但有些只见于个别国家。

2.2.1 裁员安排

需要削减劳动力的企业通常会自主制定一些引导计划，以顺利推进裁员过程，在这些引导计划中，一个常见的组成部分是提供提前退休（see Casey，1992a）。正如我们所看到的那样，在一些国家，如瑞典和德国，这类规定是对国家社会保障体系的补充；而在另一些国家，却是对它们的替代。因此，在英国，通常会以增加职业（或企业）退休金来奖励那些接受裁员的大龄工人，形式有：消除或抑制提前退休导致的退休金水平的下降，或额外增加工龄。增加退休金的成本有时通过企业向养老基金进行特殊的一次性支付来承担，或者像 20 世纪 80 年代那样，由养老基金的结余来承担。1986 年，大约 2/3 的企业养老金计划对于应雇主要求的退休，不会减少提前退休金，即使减少，幅度也很小（Casey，1992b）。另外，英国的法律要求对被裁撤的员工进行一次性总额支付，支付水平由年龄和工龄决定；大型企业通常自愿提高一次性支付的额度，这样，冗员所得到的福利由两个部分组成——提前退休金和一次性支付。

美国大型企业为削减劳动力制定了可取的“提前退休激励计划”（ERIPs），这些计划要么放宽了领取企业退休金的资格要求，要么对被裁撤员工的退休金（通常不会减少）予以额外的补充。例如，对雇员之后可以领取的国家退休金进行补贴。通常，这类激励仅在一个有限的时期内提供，因此被称为“窗口计划”。

在那些社会保障体系本身就提供基本的提前退休金的国家，企业的角色仅仅是对它进行补充。因此，德国雇主在裁减大龄工人时需要遵守一个谈判议定的“社会计划”，对这些冗员的失业补偿金进行补充，使之达到他们失业前的净收入水平，直到他们有资格领取面向特定失业者的公共提前退休金。同样地，荷兰也存在集体商议达成的“补足”协议，适用于正式被裁撤的工人和符合享受伤残福利资格的工人。瑞典（面向蓝领和白领工人的）“就业保障基金”，由雇主集体出资，向由于被裁员而失业的大龄工人提供一次性的总额支付，有时也提供持续性支付。

2.2.2　鼓励“适时”退休的措施

很多美国评论家指出了美国企业养老金计划在保险统计上的不公平性（Ippolito，1990）。他们认为，即使在没有对养老金进行补充或没有根据特殊情况进行调整的情况下，企业养老金计划也是鼓励提前退休的。由于雇主支付了这些计划的成本，所以可以推测出他们能够从中获益。传统上，雇主获益的方式分为两种。其一，提供提前退休的机会有助于实施“隐性”的雇佣合同；为提高员工对企业的忠诚度，工人在他们职业生涯早期所得到的工资少于他们的边际产品，而之后的工资多于边际产品。为使工人待在企业整个时期中所获得的收入与产出相等，“提前退休”激励保证了工人不会延长工资超过边际产品的时期。其二，虽然年龄歧视法反对雇主规定强制退休年龄，但提供提前退休的机会有助于确保雇员在企业认为最佳的时间点退休。[5]

2.2.3　自愿提前退休计划

为应对严重的青年失业问题，荷兰于 20 世纪 70 年代末开始推行自愿提前退休计划，该计划由行业或企业层面的集体协议加以规范。这些提前退出计划（VUT 计划）的覆盖面增长迅速；截至 1979 年底，已达到私人部门就业的 80%，在最低退休年龄由 63 岁或 64 岁降至 60 岁或 61 岁之后的几年内，其覆盖面一直维持在 80%以上。支付给提前退休人员的补助金在工作停止和有资格获得国家养老金的日期之间架起了桥梁，并且由于社会保险缴费是足额的，未来的养老金水平也不会受到影响。最后工资的总替代率为 70%～85%不等。虽然政府在扶持某些早期试点方案时曾承担部分成本，但随后 VUT 计划作为集体谈判过程的一部分，其成本的分担也与其他集体谈判过程一样，因此该计划的部分成本实际上是通过放弃工资增长来承担的。

2.3　相关的社会政策规定

到目前为止，我们讨论的所有规定，无论是国家的还是企业的，都可视为劳动力市场政策，或至少是人事管理政策。制定这些规定是为了使一国或单个企业的劳动力市场得以更好的运转，或呈现出更好的面貌。然而，本手册还必须提及许多对实现劳动力市场目标有益的社会政策规定，即使劳动力市场目标并非这些政策制定者的意图。比较相关的例子有三个。

2.3.1 国家养老金计划下的提前退休

1973年，德国推出“弹性退休”计划，缴费年限满35年的情况下，工人可以在63岁时退休。这项改革的主要出发点是使更多的人得以享受战后经济增长所带来的益处，但它也为第一次油价震荡之后试图削减劳动力的企业提供了便利。根据德国1989年的养老金改革议案，“弹性退休”从2001年起废除。

2.3.2 部分退休金

瑞典的部分退休金计划一般被认为是旨在调节从工作向退休的过渡和减少“养老金冲击”的社会政策工具。在这个计划下，雇主没有接受雇员提出的转至非全日制工作要求的义务，也没有招聘劳动力填补部分退休工人所空出的劳动时间的义务。这个计划的成本由雇主应支付的补充工资税来承担。因为所有雇主都必须支付，因此，对于雇主，存在使用该计划规定的激励（Casey and Bruche，1983）。有迹象表明，一些雇主发现这项规定有助于它们削减劳动力（Laczko，1988）。

2.3.3 没有特殊劳动力市场规定的伤残抚恤金

对美国伤残抚恤金体系的调查表明，失业变化对补助金接受者数量的影响是不对称的：失业降低引起的领取者数量上的减少仅仅是失业同等程度增加时领取者数量增加规模的1/3（Lando and Krate，1976）。一项英国的研究表明，1970—1980年间由于伤残而处于非经济活动状态的人数的增加，一半可归因于失业的增加（Piachaud，1986）。同时另一个覆盖1979—1984年的研究表明，这一时期失业的增加是伤残抚恤金增长的主要解释（Disney and Webb，1991）。在这方面，值得一提的是，无论是美国计划还是英国计划，领取资格都仅由相关医疗因素决定。

3. 评估

前一部分所描述的政策，无论是国家的还是企业的，无论是实现了目标结果的还是带来非目标结果的，总体上都具有一些数量特征。目前尚没有研究去评估这些政策在过去20年里对就业率的下降做出了多少贡献，虽然在某些国家，如法国，这个贡献看来似乎很大。[6]尽管如表12—2所示，其中许多政策导致了很大的公共开支，但也没有多少研究去评估这些政策的目标实现情况。[7]

表12—2　部分国家出于劳动力市场原因用于促进提前退休的支出，以国内生产总值（GDP）的百分比表示

	1985年	1986年	1987年	1988年	1989年	1990年	1991年	1992年	1993年	1994年
奥地利	0.13	0.14	0.17	0.16	0.13	0.11	0.09	0.08	0.10	0.13
比利时	0.87	0.85	0.82	0.80	0.75	0.75	0.74	0.74	—	—
丹麦	—	1.26	1.24	1.24	1.26	1.22	1.25	1.29	1.40	1.41
芬兰	0.47	0.57	0.62	0.59	0.55	0.51	0.52	0.49	0.48	0.46

续前表

	1985 年	1986 年	1987 年	1988 年	1989 年	1990 年	1991 年	1992 年	1993 年	1994 年
法国	1.21	1.05	0.90	0.77	0.65	0.56	0.47	0.40	0.38	—
德国	0.01	0.02	0.02	0.02	0.02	0.02	0.30*	0.47*	0.59*	0.49*
意大利	0.29	0.30	0.33	0.33	0.34	0.29	0.27	0.26	—	—
卢森堡	0.74	0.65	0.73	0.77	0.58	0.56	0.52	—	—	—
西班牙	0.02	0.01	0.04	0.07	…	…	…	…	…	…
瑞典	0.12	0.11	0.11	0.10	0.09	0.08	0.08	0.06	0.05	0.02
英国	0.05	0.03	0.02	0.01	…	…	…	…	…	…

* 1991 年之后包括前一年的 GDP。

说明：— 表示数据无法获得。

资料来源：OECD，*Employment Outlook*，various years.

许多我们所提到的规定，除了基本的行政数据之外难以获得其他信息。基本的行政数据只能显示出在特定时期内（通常一年）有多少人进入了这项计划，或有多少人受到了该计划的资助，以及该计划的管理费用和给付总额。在有些国家，从行政资料中得到的信息特别有限，如英国的岗位释放计划；在其他一些国家，却能得到非常详细的信息，如德国的预退休计划（也是一项附有替换要求的计划）定期发布信息，内容包括提前退休者以及被雇来替代他们的人员的基本人口特征和行业特点。至于由企业而非国家执行的规定，可以得到的行政数据都集中于单个企业层面，总体数据（即使可行）也非常少。

比监测更进一步，在评估上述提前退出规定的劳动力市场影响方面，人们最为关注的是允许提前退休的特殊劳动力市场计划，尤其是含有替换条件的提前退休。[8]这一点不足为奇。我们举出了六个这类计划作为例子，见表 12—3。

表 12—3　　一些因劳动力市场原因而提供提前退休的计划及其主要特征

国家和方案	提前退休的最长持续期	替换的最短持续期	资金来源
比利时（1976—1987 年）			
法定预退休	5 年，从 55 岁（女）或 60 岁（男）起	6 个月	国家
提前退休养老金	5 年，从 60 岁（男）起	12 个月	国家
英国（1977—1988 年）			
岗位释放	从 60 岁起 5 年（残疾男性） 62～65 岁，3 年（其他男性） 59～60 岁，1 年（女）	给予无固定期限合同	国家
法国（1982—1983 年）			
团结契约	5 年，55～60 岁（养老金年龄）	12 个月	国家
德国（1984—1988 年）			
预退休	最长可达 7 年，从 58 岁至养老金年龄（通常，男性 63 岁，女性 60 岁）	2 年或直至能够领取养老金的年龄（如果不足 2 年）	雇主，但如果进行替代雇佣，国家给予补助（35%）

续前表

国家和方案	提前退休的最长持续期	替换的最短持续期	资金来源
荷兰（1977—1979 年）			
提前退出规定	从 63 岁或 64 岁起至 65 岁，后阶段从 60 岁或 61 岁起至 65 岁	无替代要求	雇主，但是国家在试验阶段给予补助
丹麦（1979 年之后）			
提前退休支付	60～67 岁，后阶段 55～67 岁	无替代要求	国家

在这些计划所产生的行政数据之外，往往会补充从雇主处收集来的数据，有时还会补充从提前退休人员那里收集来的数据。大多数情况下，评估都是一次性的过程，除了岗位释放计划；该计划的行政数据很零散，反复且有限的评估贯穿于该项措施的整个生命周期。

由于上述计划的目的是缓和劳动力市场，因此对这些计划的评估集中于它们创造新岗位的程度上。第二种调查思路是针对这些计划实现其结果的最终成本，这种调查并不是在任何地方都实施。本部分将先后讲述这两个问题。随后再提出其他更宽泛的问题。

3.1 就业效果

按照定义，含有替换条件的计划，要求当一个人提前退休时要招募其他人来填补。在这一方面，德国和英国的计划是最严格的，它们要求必须对空缺职位进行直接或间接的替换，但间接替换时，必须能够明确证明所调整职位之间（例如，一系列岗位轮换或晋升）的关系。相反，比利时和法国的计划仅仅要求企业维持其雇佣总水平，而不对提前退休人员之前所在单位的就业水平加以约束。因此，这些计划可用于促进劳动力结构的大规模重组——从空间、职位或操作层面，从而提高了对真实替换率进行评判的难度。再者，虽然提前退休在一些国家可以持续 5 年，但是替代行为须持续的最短期限通常短得多。比如，比利时法定预退休计划下，提前退休能持续 5 年，但是替换性招聘仅须持续 6 个月；即使在严格得多的德国预退休计划下，也仅须持续 2 年。

在我所了解的评估中，没有一个试图对参与计划的企业在诸如提前退休整个持续期之类的事情上进行跟踪；大多数评估至多关注第一年。在法国团结契约案例中，评估者从一定程度上考察了直接替代的程度，也就是说，这里的替代不是由一系列相关联的转换和晋升所导致的。这个直接影响的估计值仅为 25%——这样的替代更可能发生在没有形成战略计划的小企业和积极响应社会政策的企业当中（Galland，Gaudin and Vrain，1984）。

对表 12—3 中的前四个计划，已有研究者尝试计算有效替代率，结果如下：比利时（法定预退休计划）67%；英国（岗位释放计划）85%～90%；法国（团结契约）95%；德国（预退休计划）50%或者 80%（50%反映的是招聘替代，80%包含避免的裁员人数）。我们可以将这些结果与另外两个不强制要求替代的计划进行比较，荷兰（提前退出规定）66%（包括内部转换和外部招聘）和丹麦（提前退休支付）25%～50%。[9] 在后两个计划，以及德国的某些计划中，由雇主支付提前退休金，但是如果雇主实现了替代，就能领取国家补助。没有实现完全替代的事实表明，提前退休计划避免了原本不可避免的裁员。在替代率的基础上，研究者作出了一些调整，新的“劳动力市场影响”的估计值为 80%。也就是说，在没有这个计划的情况下，总失业的增长幅度不止 50%，而是计划参与者数量的 80%。

计算计划的失业降低系数——登记失业相对于提前退休人员数量的相对减少量——是某些（但不是所有）评估的下一个步骤。既有的研究已经得到四个计划的失业降低系数。英国（岗位释放）0.93%；法国（团结契约）0.5%～0.65%；德国（预退休）0.60%；荷兰（提前退出规定）0.25%。[10]

替代率和失业降低系数之间的差异可以从以下几个方面来解释：有些招聘所招得的员工来自登记失业者群体，有些招聘并不构成真正的替代，有些招聘在任何情况下都会发生，有些招聘不具有持续性。英国的系数相对高，是因为岗位释放计划严格要求用登记失业者替代提前退休人员；法国的系数相对低，是由于团结契约关于替代的定义较为宽泛，并且没有限定招募来源。

3.2　计划的成本

对于成本—有效性的兴趣激发了许多对英国岗位释放计划的评估。在法国，也进行了成本—有效性评估，但程度要弱很多。在德国，主要的兴趣在于计划成本在不同国家机构之间的分配，比如，在劳动力市场的各种官方组织、社会保险机构和财政部等机构之间的分配，以及国家和企业之间的分配。

相关评估以失业降低系数、支付的提前退休金、节省的失业救济金及其他补助为基础，并且考虑了税收的增加和提前退休计划可能带来的社会保障净收入，结果如下：英国（岗位释放计划）的净成本是失业救济金成本的 112%，是所有专门就业措施平均成本的 90%。法国（团结契约）相应的数字在 115%～175%和 77%～117%的范围内。[11]

德国政府在第一次提出预退休计划时就对成本进行了估计。在估计总成本时，他们考虑了给予替代招聘的补贴，但没有考虑这些招聘所带来的失业救济金的节省（Bundestag，1984）。作为对政府提议的反应，随后的“模型计算”试图估计这些节省部分，结果表明，虽然该计划会给企业带来成本，但将国家作为一个整体来看时，却节约了资金。不但失业补偿支付的开支减少了，而且如果不存在这一新计划，在该计划下提前退休的一些老人也会在其他的公共资助规定下提前退休，如伤残退休金体系（Helberger，1985；Kirner，Meinhardt and Zwiener，1984）。另一方面，一些评论家指出，企业可能会“滥用”预退休计划，以实际并不符合要求的替代去申领补贴（Schewe，1984）。如果这样，那么企业是以牺牲国家的利益为代价从中获利。一旦计划真正提出并得到实施，对成本的兴趣就降低了，不一定能保证收支平衡。

3.3　更广泛的成本和收益

除了国家还有其他行为主体可以从提前退休计划中获益，如表 12—4 所示。

表 12—4　　提前退休计划给各行为主体带来的成本和收益

行为主体	收益	成本
退休人员	增加的闲暇	工作的社会地位
	提前退休金	工作的社会接触
	没有失业的耻辱感[a]	损失的工作收入

续前表

行为主体	收益	成本
替代人员	工作的社会地位 工作的社会接触 工作收入	减少的休闲 损失的失业补偿支付
雇主	更好的产业关系和外部形象 更年轻、更具生产力的劳动力 较低的工资成本	经验损失 提前退休金成本的分担
政府	总体失业降低 税收和社会保障收入提高[b] 失业补偿金开支减少	提前退休金的开支 税收和社会保障收入降低[c]

a. 假设如果不提前退休就会失业。

b. 假设提前退休金高于失业补偿金或所发生的替代。

c. 假设提前退休金低于失业补偿金或替代没有发生。

资料来源：Adapted from Mirkin，1987.

前一部分描述的成本收益基本上只与表12—4的最后一行有关。到目前为止，除了申领不合标准的补贴，我们还没有考察雇主的收益。也没有涉及提前退休人员和替代人员的收益。

虽然提前退休人员和替代人员的净收入状况不是很难估算，但是表12—4前三行所列的其他成本和收益，通常，好则难以量化，差则不可量化。在对行为的可行性进行评估时，假设由于劳动力年轻化给单个雇主带来的收益已经计算出来了，虽然之后有时会听到关于重要技术和经验损失的抱怨。至于老年人工作和不工作的好处和坏处，更多是推测得到，而不是通过测量得到。但是无论如何，它们都是随着时间变化的，这种变化可能是因为对退休这一事实的逐渐接纳，也可能是因为最初对“闲暇、花在家庭和爱好上的时间”的热情渐渐淡去，或者感受到了退休后的空虚。由于多数评论家都提到，一些预期自己有可能提前退休的人会经受“道德压力”——提前退休会使他们感觉自己有责任“站到一旁”，“为年轻人让路”——因此放弃工作对某些老年人几乎没有好处。

前一部分所描述的成本收益分析还有一个缺点，即它的静态性。它没能考虑到一个政策持续进行的长期结果。提前退休计划可能存在以下不足。第一，只要提前退休计划给国家带来正的净成本，它们就会对政府施加增加税收或增加借债的压力。这两种情况最终都会抑制就业，增加失业。第二，只要计划的融资是雇主的直接责任，它们就会提高劳动力成本，从而抑制劳动力需求。第三，只要这些计划能减少失业，它们就会对工资的通货膨胀率产生影响。工资通货膨胀率的上涨，会降低就业量。上述结果，都是传统意义上的“第二轮效应”，虽然它们不会直接、迅速地抵消正的“第一轮效应”，但我们仍应将它们纳入考虑范围。

4. 结　论

作为管理劳动力市场的一项明确的国家政策，推进和便利老年人从劳动力市场退出的措施大幅度减少。值得指出的是，这一章所讨论的劳动力市场导向性较强的国家提前退休规定，集中于 20 世纪 70 年代末、80 年代初至 80 年代中期。劳动力市场政策公共开支的时间序列表明了这类措施的大量缩减。只有丹麦和比利时仍然为这类政策承担开支。一方面，缩减反映了对国家计划中（至少是隐含的）“工作分享”/“劳动总量”措施的抛弃；另一方面，也反映出政府不愿意给那些无所事事的人们支付补偿（国家政策经常会受到这样的批评），而宁可运用积极劳动力市场政策的各项资源促进岗位创造，提高和再培训劳动力和非劳动力的技能。[12]

虽然社会政策规定没有明显受到缩减的触动，但仍受到了影响。一些向老年失业者提供提前退休金的规定已经或者将要被废除，如瑞典和德国。一些对这一群体延长补助金支付的慷慨规定也同样被抽回，如德国和荷兰。许多国家为抑制伤残抚恤金体系规定了非常严格的申领标准，如英国和荷兰。

与此相反，所有证据，经验的或非经验的，都表明，企业规定不但丝毫没有缩减，反而在扩大。显然，企业乐于用社会可接受的方式来实现劳动力的减少和结构重组，以及劳动力的年轻化。至少大型盈利企业愿意为实现这类人事政策承担较高的成本。此外，国家规定是企业建立自身计划的依据，国家规定的缩减并没有妨碍企业制定自身的计划。相反，企业计划填补了国家废止所有或部分规定所带来的空白。虽然企业自身的规定会带来更多的直接成本，但是它为雇主创造了更多的甄选机会，以及依据雇主自身利益，而不是雇员利益或公共利益，管理企业劳动力的机会。

在促进退出的规定方面，未来是否存在国家介入的机会是一个问题。值得一提的是，几乎在德国开始施行预退休计划、鼓励老年员工参与该计划的同时，德国劳动部——同时也是社会事务部——提醒雇员：为保证养老金体系在资金上的延续性，员工将来必须工作更长的时间。在所有西方国家，人口都在老龄化，政府和社会政策制定者所关心的是，寻找抑制退休不是促进退休的途径。美国率先提高了可以领取养老金的年龄，瑞典也紧随其后；德国和法国通过取消提前退休金和延长获得全额养老金所必需的缴费年限，也正逐步提高有效养老金年龄。英国提出要统一养老金年龄，这一政策使养老金年龄向上统一（女性上升至 65 岁），而不是向下统一（男性下降到 60 岁）。

如果人口统计学方面的压力指向上述方向，那么短期到中期的劳动力市场前景依然需要能减少失业的政策。这一需求要求“工作分享”和作为其特殊形式的“提前退休”，仍可能部分地解决失业问题。然而，如果要做出这方面的新规定，必须保证国家不会为企业所获得的利益承担成本，也必须要求提前离开劳动力市场从而享受到额外闲暇的老年人支付适当的缴费作为交换。几乎在所有西方国家的退休体系中，由于会计核算方面增减的可能，退休年龄都可以变得更加灵活。在今后的国家系统中，养老金实现完全或部分地流动将成为可能。当然，需要对养老金金额进行必要的调整。此外，由于更大的灵活性，部分退休使老年人延长待在劳动力队伍中的时间成为可能，从而在一定程度上减轻了人口老龄化所带来的社会保障负担。

企业退休金体系和国家养老金体系一样缺乏灵活性，企业退休金所缺少的不是在较低退休金下提前退休的灵活性，而是向下调节工作时间同时又不损害养老金领取权的灵活性。日益普及的“货币购买”或“固定缴费”计划，比起许多与工资相关联的计划或固定收益的计划来说，在这一方面提供了更多的机会。[13]

尽管许多国家出于劳动力市场目的在推行提前退休计划时都要求对退出人员的替代，

这个条件对于实现“工作分享”目标并不是必要的。就像这一章讨论的许多例子所表明的那样，提前退休规定最主要的贡献可能在于，通过社会可以接受的方式有效地减少劳动力。另外，对雇主所作的替代要求会严重限制老年员工提前退休的机会，还可能带来一个有损雇主积极性的官僚监督体系。

撇开提前退休规定的内容，仅考察关于这些规定的评估，我们只能做出很少的几点总结。评估非常少，所考察的范围也很有限，许多评估除了对观察者基本的跟踪观察之外，没有进一步的举措。关于劳动力市场影响的计算也很少以“拇指规则”之外的其他程序为依据。此外，尚没有研究去尝试估计政策的长期影响。长期影响往往通过（回顾性）推测得到，通常还是由计划的潜在反对者而不是拥护者推测的。考虑到政府有时为这类计划承担了不少开支——不论是绝对额，还是相对于其他劳动力市场手段的支出额——都很可观，这一事实必须引起关注。

然而，我们不仅缺少关于专门的劳动力市场规定的评估资料，我们更缺乏有关各种明确能引起老年人就业率降低的社会政策规定的信息。其中有些规定——尤其是伤残抚恤金计划——由于预算原因已经引起了关注。但是关于这些规定的就业影响，以及这些规定对什么样的企业或个人、在什么情况下产生影响，都所知甚少。对于企业自身的规定，我们也同样不了解。在这一方面，搜集基本数据的需求极为迫切，因为最有趣、最新颖的提前退休就发生在这里。

注释

[1] 关于“提前退休”合适程度的评估，参阅 Casey and Laczko (1989)。

[2] 就业率指的是特定年龄组中工作的人数与该年龄组总人数的比值。它与参与率有所不同，参与率的分子中不包括失业人数。

[3] 例如，将 1985 年时 50～54 岁女性的就业率与 1990 年时 55～59 岁女性的就业率进行比较。实际要做的是对前者在时间上进行跟踪，5 年后，她们就变为后者了 (OECD，1995，pp. 95–99)。

[4] 考虑到本书的性质，这里的重点是前者。

[5] 读者会发现这里的隐性合同，从定义上说，是不具法律效力的。隐性的降职或转到较乏味工作的威胁足以影响工人接受退休。当代表机构参与进来时，工人可能会迫于其他工人的压力而退休，因为工会不希望自己与管理方所达成的关于如何管理劳动力的一系列共同协议遭到破坏。通常，人们希望退休金计划能够提供足够的经济激励。

[6] 即使在这种情况下，也需要通过反事实情形找出真实影响。毫无疑问，旨在减少公开失业、重新分配失业机会的提前退休计划促进了就业率的降低，但是部分或全部的就业率降低也许在没有提前退休计划的情况下也会发生，它可能是“灰心丧气的工人”效应、更多的申领伤残抚恤金的机会或企业特殊提前退休机会的形成等因素共同作用的结果。

[7] 请注意该表不包括诸如伤残抚恤金计划（如荷兰）或由公共养老金体系提供的提前退休金（如德国）之类的社会政策规定，也不包括由企业支付的有关计划（如美国）。没有可供比较的早期数据。英国 1983 年的开支相当于 1985 年的两倍，法国 1975 年的开支已将近当年 GDP 的 0.2%。

[8] 伤残抚恤金计划通常会产生大量的行政数据，可以想象，这些数据主要涉及导致伤残的原因和康复措施的效果。

[9] 资料来源：André，1985；for Great Britain：Bushell，1984；for France：Magnier，Ricau and Jeancharles，1984；for Germany：IAB，1988.

[10] 资料来源：for France：Lacroix and Guergoat，1984，Frank and Tregoat，1983；for Great Brit-

ain：Bushell，1984；for Germany：Autorengemeinschaft，1991；and the Netherlands：Soza，1982，Autorengemeinschaft，1991，以及作者以下述数据为基础所作的计算：有关计划参与者的社会保险统计数据，关于计划减少失业的程度的估计。

[11] 资料来源：Casey 1985，based on Bushell，1984，and Colin，Elbaum and Fontenau，1984；在法国，失业降低系数介于 0.5 和 0.65 之间。

[12] 德国可能是该理论的一个反例，统一之初，为抑制东部地区失业的急剧上升，国家大力倡导提前退休。

[13] 货币购买计划实际上是在退休时一次性总付一笔钱，这笔钱可以用来购买年金或养老金。这笔钱的金额取决于缴费和这些缴费的投资结果。与工资相联系的计划所支付的养老金是工资（通常是最终工资）的一定比例，该比例的大小取决于工作时间的长短。显然，在退休前转至非全日工作可能会减少后一种计划下所获得的养老金。而在前一种计划下，这只会在很短的一段时间内减少缴费、降低投资水平，因而所获得的总额与不转至非全日工作相比只是稍微低了一点点。

参考文献

André, M. (1985), 'The Various Early Retirement Provisions in Belgium', in International Security Association (ed.), *Social Security, Unemployment and Premature Retirement*, Studies and Research, 22, Geneva, pp. 26–40.

Autorengemeinschaft (1991), 'Der Arbeitsmarkt 1991 und 1992 in der Bundesrepublik Deutschland', *MittAB*, 4, 621–34.

Björklund, A. and B. Holmlund (1991), 'The Economics of Unemployment Insurance: The Case of Sweden', in A. Björklund, R. Haveman, R. Hollister and B. Holmlund (1991), *Labour Market Policy and Unemployment Insurance*, Oxford: Clarendon Press, pp. 101–78.

Bundestag (1984, March), *Beschlußempfehlung und Bericht des Ausschusses für Arbeit und Sozialordnung zu dem von der Bundesregierung eingebrachten Entwurf eines Gesetzes zur Erleichterung des Übergangs vom Arbeitsleben in den Ruhestand*, BT–Drucksache 10/1175.

Bushell, R. (1984), 'Evaluation of Early Retirement Systems: Great Britain, the Job Release Scheme', Department of Employment, London. (Unpublished manuscript)

Casey, B. (1985), *Early Retirement Schemes with a Replacement Condition: Programmes and Experiences in Belgium, France, Great Britain and the Federal Republic of Germany*, WZB discussion paper IIM/LMP 85–6a, Wissenschaftszentrum Berlin für Sozialforschung.

Casey, B. (1992a), 'Redundancy and Early Retirement: The Interaction of Public and Private Policy in Britain, Germany and the USA', *British Journal of Industrial Relations*, 30 (2), 425–43.

Casey, B. (1992b), 'Paying for Early Retirement', *Journal of Social Policy*, 21, 303–23.

Casey, B. and G. Bruche (1983), *Work or Retirement? Labour Market and Social Policy for Older Workers in France, Great Britain, the Netherlands, Sweden and the USA*, Aldershot: Gower.

Casey, B. and F. Laczko (1989), 'Early Retired or Longterm-unemployed? The Situation of Non-working Men Aged 55–64 from 1979–1986', *Work, Employment and Society*, 4, 509–26.

Colin, J.-F., M. Elbaum and A. Fontenau (1984, April), 'Chômage et politique de l'emploi 1981–1983', *Observations et diagnostics économiques*, 7, 95–122.

Disney, R. and S. Webb (1991), 'Why Are There So Many Long-term-sick in

Britain?', *Economic Journal*, 101 (405), 252–63.

Frank, D. and J.-J. Tregoat (1983), 'Une politique active en matière d'emploi et de lutte contre le chômage a marqué 1982', *Bulletin mensuel des statistiques du travail* (suppl. 104), 15–36.

Galland, O., J. Gaudin and P. Vrain (1984, December), 'Contrats de solidarité et stratégie des entreprises', *Travail et Emploi*, 22, 7–20.

Helberger, C. (1985), 'Die Kosten des Vorruhestands—Werden die öffentlichen Haushalte be- oder entlastet?', *Sozialer Fortschritt*, 34 (4), 73–80.

IAB-Kurzbericht (1988), *Aktualisierte Befunde zur Vorruhestandsregelung, Teil I: Globale und wirtschaftszweigspezifische Ergebnisse*, 21, Nuremberg: Institut für Arbeitsmarkt- und Berufsforschung.

Ippolito, D. S. (1990), 'Toward Explaining Early Retirement after 1970', *Industrial and Labor Relations Review*, 43 (5), 556–69.

Kirner, E., V. Meinhardt and R. Zwiener (1984), 'Mögliche Beschäftigungseffekte der Vorruhestandsregelung', *DIW–Wochenbericht*, 51 (18).

Lacroix, T. and J.-C. Guergoat (1984, June), 'Le succès des préretraites a permis de stabiliser le chômage', *Dossiers statistiques du travail et de l'emploi*, 3–4, 15–32.

Laczko, F. (1988), 'Partial Retirement as an Alternative to Early Retirement: A Comparison of Gradual Retirement Schemes in Britain, France and Scandinavia', *International Social Security Review*, 2, 172–96.

Lando, M. and A. Krate (1976), 'Disability Insurance: Programme Issues and Research', *Social Security Bulletin*, 39 (10), 3–17.

Magnier, G., G. Ricau and G. Jeancharles (1984, January), 'Application des contrats de solidarité. Résultats d'une enquête sur les conditions du respect de la clause du maintien des effectifs', *Dossiers statistiques du travail et de l'emploi*, 1, 17–32.

Mirkin, B. A. (1987, March), 'Early Retirement as a Labour Force Policy: An International Overview', *Monthly Labour Review*, 19–33.

OECD (1995), *The Transition from Work to Retirement*, OECD, *Social Policy Studies*, 16, Paris: OECD Publications.

Piachaud, D. (1986), 'Disability, Retirement and Unemployment of Older Men', *Journal of Social Policy*, 15 (2), 145–62.

Schewe, D. (1984), 'Die finanziellen Auswirkungen des Gesetzes zur Erleichterung des Übergangs vom Arbeitsleben in den Ruhestand für die Betriebe—Gutachten zum Vorruhestandsgesetz', IG Chemie-Papier-Keramik (Abt. Tarifpolitik), Hannover.

SoZa (1982), 'Rapportage Arbeidsmarkt 1982', Ministerie van Sociale Zaken en Werkgelegenheid, Den Haag.

Van den Bosch, F. and C. Petersen (1983), 'An Explanation for the Growth of Social Security Disability Transfers', *De Economist*, 131 (1), 65–79.

第13章　通过安置服务促进工作匹配

Ulrich Walwei

工作安置的组织和制度规定当前正发生着全面的变化。虽然新的挑战和批评使得公共就业服务机构正经历着变革，但在大多数国家，公共就业服务机构依然是安置服务的最主要提供者。旧的官僚机构逐步发展成为顾客导向型的服务组织。随着欧洲市场的融合，诸如有关空缺职位和求职者的信息，在交流方面的障碍正得到逐步消除。建立欧洲就业服务网（EURES）的目的是促进跨国界流动。私人机构也开始在工作安置领域发挥更加重要的作用。私人部门急剧膨胀，特别是在20世纪七八十年代，而且这一趋势似乎还在继续，这也是不断自由化趋势的结果。但是，关于这些变化对服务的使用者以及对整个劳动力市场的可能影响，我们了解的还不多。

本章以安置服务作为劳动力市场中介这一角色的理论思考为开端，继以对各种工作安置制度和组织的概述。本章的主体部分分析了先前研究所采取的各种不同方法，这些研究评估了安置服务机构中介服务的绩效和影响。在最后一部分，概括了这些研究的实证结果，并讨论了这一领域未来评估研究的可能方向。

1．劳动力市场和中介：市场失灵和政策失灵的根源

市场在很多方面都缺乏透明度。一个人在哪里可以得到或提供某些东西，必须支付或能够得到什么样的价格，以及交易物的质量等等，都存在不确定性。要提高透明度，一种可能的途径是获取信息；然而，信息并不总是免费提供的。收集信息需要花费时间和金钱；越急切地需要材料，价格通常也越高。信息具有价格这一事实证明了某些能够提供有效交换服务的机构和制度存在的合理性。这类信息渠道包括：报纸广告、非正式合同、中介等。中介（中间人）有两种类型，即市场的创造者和匹配的促进者（Yavas，1994）。市场的创造者自行设定卖出和购买时的要价和出价（如股票市场专家、二手车经销商）。相反，匹配的促进者不做买卖；他们仅仅将市场上的卖方和买方匹配起来（如房地产经纪人、安置服务机构）。如果信息对于交换双方的净回报由于匹配促进者而增加，尤其是（与其他信息渠道下的成本和总回报相比）总回报更高或交易成本更低，那么，促进匹配者的服务就可能得到支持。

劳动力市场是搜寻市场的一个典型例子。首先，它们不具有同质性。由于工作和技能不论在水平上还是内容上都存在很大的差异，劳动力市场被分割为许多不同的部门。此外，市场双方的个人态度也发挥着重要作用。这种异质性给劳动力供给与需求的匹配带来了问题。匹配过程可以用匹配函数来描述，这个函数将安置量作为求职者数量和空缺职位数量的函数（Blanchard and Diamond，1989）。但是我们必须清楚，任何特定时间点上空缺职位和失业求职者的并存并不必然反映不匹配，因为空缺的填补和工作的搜寻总会导致摩擦，因而总需要一定的时间。只有在空缺职位和失业求职者的数量超过摩擦最小值时才能谈及不匹配。必须指出，由于对技能的要求更高，从而加大了搜寻力度，摩擦性空缺职位和失业所占的比例随时间的推移有所上升。

匹配函数通常包含很多因素，包括工作和劳动者的地理分布、技能分布、信息缺陷和搜寻强度等。因此，不匹配可能有多种原因。匹配的可能性取决于潜在的买者和卖者能否彼此接触（接触可能性），能否达成最终的合同（合同可能性）。地理上的不匹配主要会降低接触可能性（因为某个地区的工作数量或劳动力数量不足），而技能的不匹配主要会降低合同可能性（例如，求职者不能满足雇主的需求）。搜寻强度取决于能够得到的信息、合适的保留工资，以及失业救济金的水平和持续受益期（see Franz，1991；Jackman，Pissarides and Savouri，1990）。当然，在许多OECD国家中，调整问题是否，以及在多大程度上导致了失业的增加，是实证性的。常用的不匹配指标有：既定失业水平下的职位空缺率（贝弗里奇曲线），不同技能群体或不同地区之间失业率的差异，以及失业和空缺的持续时间。不过，从实证研究来看，对技能不匹配和地理不匹配趋势的测量结果并不一致，有的显示该问题正日益恶化，有的没有（Abraham，1991）。对于测量结果相互矛盾现象的一种可能的解释是，贝弗里奇曲线的向外移动（这意味着越来越严重的调整问题）可能是永久的，也可能是周期性因素导致的暂时移动（Hansen，1970）。关键的问题是，劳动力市场对某些结构性不平衡会做出怎样的反应，不论这些不平衡是永久性的还是暂时性的。

从事工作安置的就业服务机构所发挥的作用可看作是劳动力市场中的一个中介。就业服务机构是匹配的促进者，它拉近了买方（企业）和卖方（劳动者）之间的距离。从而减少了双方的不确定性，获得盈余（Yavas，1994）。这里存在不确定性是由于雇主或求职者的努力未必能导致恰当的匹配这一事实。当然，一个可能的原因就是前面已经提到的劳动力市场的异质性。另一个原因是，工作的质量和劳动者的绩效是经验物品（Spence，1973）。一方面，好的安置要求对公司的技术需求有很好的了解；另一方面，它依赖于工人对于企业的合适程度。只有当安置服务机构对具体的劳动力市场部门有了充分的了解之后，才可能起到搜寻过程中的中介作用。中介的使用可以带来收益，特别是在个人的搜寻成本很高的情况下。反之，如果搜寻实际上是免费的，那么使用中介的这一收益几乎为零（Yavas，1994）。由于劳动力市场的上述特性（质量的不确定性、经验物品），安置服务机构的市场信誉在实际运营中非常重要。这类安置服务可认为是一种经验物品（Buttler and Walwei，1995）。

因此，就业服务机构的中介活动可以构成纠正某些市场失灵（如由信息不畅导致的市场失灵）的一种方式。如果没有这种中介，特别难填补的工作岗位和特别难安置的劳动者都会被淹没在整个市场中。当然，要应对地理不匹配和技能不匹配问题，仅仅通过中介来提高市场的透明度是不够的，还必须同时考虑向失业求职者提供特殊激励的政策措施（如鼓励地域迁移的资金支持）或旨在提高技能的政策措施（如为改善参与者就业前景而制定的培训方案）。后一种政策背后的基本原理和关于它们的评估见本手册第 9、第 10 和第 15 章。这里将集中考察就业服务机构作为空缺职位和求职者之间的中介，所发挥的重要作用。

假设劳动力市场存在对中介服务的需求，关键的问题在于，这些服务机构能够，以及应该，如何组织起来。一方面，市场失灵导致交易成本，进而阻碍市场交易。另一方面，政策干预能减少这些交易成本，但同时可能带来其他的交易成本。这种情况，有人称之为“政策失灵”。政策失灵可能有三种。第一种政策失灵与公共就业服务机构（PES）的效率和效力有关。有效的公共就业服务既需要有充足的资源，又要求对这些资源的充分利用，目的在于以适当的方式将登记职位空缺和登记求职者匹配起来。第二种（可能的）政策失灵与私人就业服务部门（PRES）的角色有关。这里的问题在于，给予私人就业服务部门更多的市场空间能否提高匹配过程的有效性。第三种政策失灵可能同时涉及公共和私人就业服务机构。公共就业服务机构和私人就业服务部门的活动可能会导致二者互相封锁自己所掌握的求职者和空缺职位信息，也不向第三方提供这类信息。这种信息排他性可能会降低预期的市场透明度。

2. 组织体制和安置服务机构的角色

2.1　公共机构和私人机构

早在 20 世纪初，一些国家就已经拥有公共就业服务机构了，20 世纪 50 年代，OECD 国家都设立了公共就业服务机构。公共就业服务机构通常是一个国家机构，由政府或政府授权的机构进行管理。只有比利时、瑞典和美国是例外，这些国家的公共就业服务由地方管理机构运行（Walwei，1995）。大多数国家的公共就业服务都由财政税收提供资金。在某些国家（如奥地利和德国），主要的资金来源是雇主和/或雇员的缴费。公共就业服务一般是不收费的，只有少数例外（一个典型的例子是大规模地委托招聘或对应聘者实施高成本的比较测试）。

中介服务通常是公共就业服务的一个组成部分。除了工作安置之外，公共就业服务机构还承担着其他公共服务任务，如确定求职者的可获得性以及发布定量和定性的劳动力市场信息。另外，它们还负责通过积极劳动力市场政策（岗位创造计划、工资成本补贴、培训课程）促进失业者恢复工作和生活。这些任务相结合有一个好处，即全面、积极的各项政策具有同一个来源。具体地，要求公共就业服务机构抑制结构性失业、提高长期失业者和难安置求职者的就业能力。就这些群体来说，积极的政策通常是成功安置的先决条件。然而，在 OECD 国家之间，组织层面的最主要差异是对失业金的管理。有些国家，失业金的管理由公共就业服务机构承担，而有些国家将这项任务交给了其他机构。这种职能分割的优势在于它使得公共就业服务更加以服务为导向，只是不同机构所执行的活动存在部分重叠也有其弊端。

公共就业服务机构采用不同的中介程序来填补登记的职位空缺。我们将其划分为四种类型：自我选择、有条件的自我选择、管理性匹配和选择性匹配（Ours，1994）。在自我选择和有条件的自我选择下，公共就业服务机构作为中介扮演着相对被动的角色，即它们的活动集中于获得空缺职位信息以及处理含有求职者和空缺职位数据的文件。自我选择以文件共享的计算机系统为基础，在屏幕上为客户提供所有的相关信息。雇主和求职者都可以直接进入这一系统，不需要进一步联系公共就业服务机构的工作人员。近来，很多国家都建立了向求职者开放的自服务系统，但类似的向雇主开放的信息体系仍然很少。有条件的自我选择主要是以网络或卡片登记的形式向求职者提供职位空缺的基本信息。雇主和求职者必须通过公共就业服务机构的工作人员才能得到进一步的详细信息。当求职者对某特定职位感兴趣时，他们会被邀请去咨询相关顾问，以此作为最初的筛选。那些适合这一岗位的人会拿到潜在雇主的名址。以有条件的自我选择为基础的中介程序也称半开放的自服务系统。无论是开放的还是半开放的系统主要都是提供信息；安置机构的工作人员几乎不在甄选求职者上花时间。

相反，管理性匹配是指对登记空缺职位和登记求职者进行匹配。潜在的合适的求职者被通知以合适的空缺职位，同样，雇主也能得到求职者的姓名，并同这些求职者联系。显然，管理性匹配比自我选择对工作人员能力的要求更高，因为公共就业服务机构需要为空缺职位匹配合适的求职者。最耗时的程序是选择性匹配。除了将求职者与空缺职位进行匹配，公共就业服务机构还投入时间来筛选应聘者（比如，根据能力、工作经验、教育和动机进行甄选）。

通常情况下，求职者自愿选择是否使用公共就业服务机构所提供的匹配服务，但失业金领取者则必须进行选择。自服务系统并不要求失业者去申请空缺职位，而那些被“管理性匹配”或“选择性匹配”匹配上的求职者必须申请被推荐的工作。试图填补空缺职位的企业自愿使用公共就业服务。但有一个例外：某些国家强制规定，有空缺职位必须告知。但这一规定的实际意义其实很小，因为不登记空缺职位似乎不会受到严厉的制裁。不进行严厉制裁的原因可能在于，公共就业服务机构不一定能找到合适的求职者来填补经济内的所有空缺职位。再者，执行这项规定需要投入大量的行政方面的努力，并且，强制要求告知空缺职位可能会严重损害公共就业服务机构与当前已自愿登记空缺职位的企业之间的关系。

公共就业服务机构和私人就业服务机构之间存在一些差异。公共就业服务机构是政府或地方当局建立的，而私人就业服务机构是由私人发起、建立的。公共就业服务机构一般免费提供服务，而私人就业服务机构通常收取费用。私人就业服务机构可以以营利为目的，也可以不以营利为目的。由于这个机构覆盖了非常广的服务范围，中介可以是私人机构的主要行为，也可以是次要行为。私人就业服务公司的例子是猎头公司（高管搜寻公司）、人事顾问、新职介绍公司、临时就业和招聘代理机构以及慈善自助组织（要了解更详细的信息，请参阅 International Labour Office（1994））。

猎头和慈善自助组织专门从事针对特殊人群的服务。猎头主要关注填补高层管理人员。在自助组织中，有些是为社会弱势群体（如释放的犯人）工作的慈善组织，有些是行业或职业协会，如工会，为成员的利益服务。招聘代理机构和人事顾问专门从事应聘者的甄选。临时就业代理机构和新职介绍公司仅仅是间接地与实际的匹配相联系。临时就业代理对求职者做出的安置并不永久，求职者只是在一段有限的时间内得到雇佣。如果他随后被用人公司以永久雇佣合同录用，那么临时就业代理实际上就承担了与其他私人就业服务机构（如招聘代理）相类似的工作。新职介绍公司主要提供专业化的咨询服务，包括安置冗员。它们的服务是为了促进这类人员的再就业，通常由前雇主支付费用。

2.2　系统的体系分析

匹配服务的组织有三个常见模型：垄断体系、并存体系和市场体系（见图 13—1）。垄断体系既可以是严格垄断，也可以是适度垄断。完全垄断的目的是为了确保公共就业服务机构的强势地位，因而禁止任何形式的私人就业服务机构，并强制要求空缺职位必须予以登记。而在适度垄断体系中，是否使用公共就业服务对于雇主和求职者都是自愿的（虽然对于失业者不是如此）。在适度垄断体系中，只在少数例外情况下才允许私人就业服务机构的存在，例如，针对某些职业人群（比如高管和演艺人员）的机构，或针对某些行为（比如临时就业）的机构。但是必须注意到，在完全禁止或部分禁止私人就业服务机构的垄断体系中，存在一些合法和不合法的方式可以避开这个限制。相关规定主要集中于禁止私人就业服务机构从事招聘活动，但并不禁止它们承担人事顾问（包括甄选）和临时性工作。国际社会保障协会（International Social Security Association，ISSA）授权的一项调查表明，截至 1994 年末，20 个 OECD 国家中，只有 7 个国家仍然坚持垄断模型（Walwei，1995）。在这 7 个国家中，1 个国家（土耳其）实行的是严格垄断，其他 6 个实行的都是适度垄断，只是程度上存在些许差别。

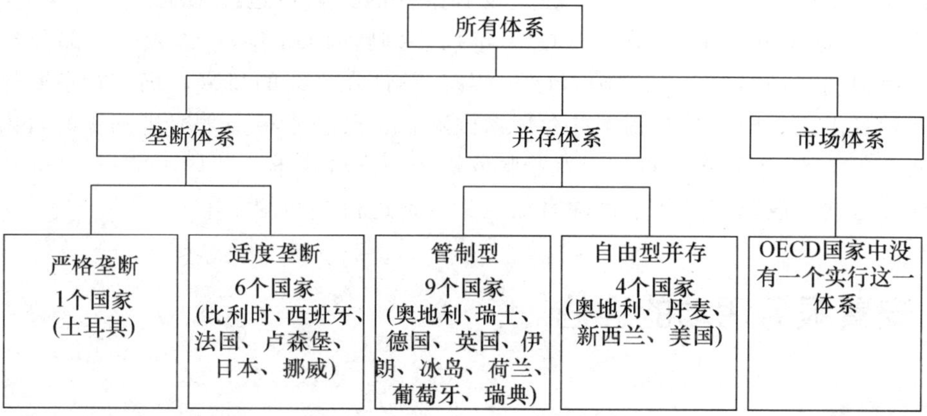

图 13—1　工作安置体系的类型分析（1994 年）

资料来源：*Enrwicklungen bei der Organisation der Arbeitsvermittlung* by U. Walwei, 1995 ISSA working paper no. AC/28/2, International Social Security Association.

在并存体系中，公共就业服务机构和私人就业服务机构并行运转。并存体系甚至允许营利性私人就业服务机构的存在，并且不向它们施加任何地理限制，允许它们面向所有职业群体开放。管制型并存体系会对私人就业服务机构的运营许可和质量标准作出规定。国际社会保障协会调查所覆盖的 13 个实行并存体系的国家中，有 9 个国家对私人就业服务机构有所限制。其余 4 个国家中，私人就业服务机构不需要得到专门的许可，也不受其他限制。正如其他公司一样，这些机构只需要进行商业注册，并向税务部门申报，就能获得合法地位。许可规定的好处是，它在人员要求和运营要求方面“人为”地创造了市场准入门槛。这就降低了潜在客户受损的风险，因为它限制了那些只顾短期利润、不负责的机构。但安置服务本身就具有质量的不确定性，因此，即使对进入市场施加了限制，“害群之马”也难以避免。质量标准和国家机关的监督会向消费者提供进一步的保护。但是关于许可和质量要求的规定不宜施加过高的标准，因为标准过高会阻碍市场进入，从而减少竞争；并且，考虑到安置服务对信誉的依赖，完善的竞争能够消除“害群之马”。通常，所能实现的长期利润足以使商业性私人就业服务机构以负责任的方式运营。

在一个纯粹的市场体系中（这在任何 OECD 国家中都不存在），只有私人就业服务机构提供各种中介服务。这样的体系不一定意味着不存在任何政府干预。例如，匹配任务可能会被公共就业服务机构外包给私人就业服务机构。允许大量私人就业服务机构的国家（如乌拉圭）一般没有公共就业服务机构，这也并一定意味着很自由，相反，它可能是由这些国家的经济发展阶段决定的。

不难看出，随着时间的推移，私人就业服务部门逐步朝向自由化发展。根据国际社会保障协会的调查，1985 年，有 14 个国家实行垄断体系，6 个国家实行并存体系。从那以后这个关系就被倒转了。1994 年底，有 13 个国家实行并存体系，有 7 个国家实行垄断体系。但是自由化的程度是不同的，并且是逐步推行的。挪威（1994 年）、西班牙（1993 年）、奥地利（1992 年）和德国（1994 年）有条件地承认了私人就业服务机构。在奥地利和德国，高层管理人员的安置服务首次允许运营。在挪威，从事艺术家安置和海外安置的专门私人服务机构被合法化。在西班牙，只有非营利私人就业服务机构才允许经营。在其他 7 个国家，私人就业服务机构的存在是没有条件的，它们是：冰岛（1985 年）、葡萄牙（1989 年）、丹麦（1990 年）、荷兰（1991 年）、瑞典（1993 年），以及——部分自由化之后的——奥地利（1994 年）和德国（1994 年）。预计在不久的将来，仍实行垄断体系的国家也会开始自由化。即使是管制型并存体系国家，也已经或将要采取进一步的自由化。例如，新西兰于 1987 年废除了对私人就业服务机构的许可要求。英国可能在 1995 年采取类似的做法。这两个改革都是为了消除官僚主义，促进机构间的竞争。

3. 对安置服务活动的评估

3.1 绩效测量

对安置服务活动的评估有两个目的：过程测量（绩效评估）和结果测量（影响评估）。就安置服务而言，绩效评估测量的是就业服务做了些什么；而影响评估则尝试着评估由于就业服务的存在而产生了什么。对私人就业服务的使用基本上来自市场的自由运作，而公共就业服务的使用在很大程度上依赖于立法机构和财政机构所赋予的优先权。就私人就业服务机构而言，额外的资源，比如工作人员，只有在预期能获得额外利润的情况下才会被雇佣。因此，对于私人就业服务机构，利润本身可以被认为是一个非常明显的绩效指标。相反，在（以非营利为导向的）公共就业服务机构中，额外工作人员的使用并不一定意味着更高的效率，因为他们的行为可能带来的收益更加难以测量。关于就业服务活动的很多评估研究所关注的焦点都是公共就业服务的作用。但其中有些研究也以私人就业服务机构的绩效及结果作为参考点。

评估绩效时会用到一些指标。这些指标的目的是测量就业服务机构相对于其他搜寻渠道的市场重要性（市场份额）以及它的顾客满意度。绩效指标向就业服务机构的管理者提供了定量信息，有助于他们确保项目和服务的有效传导；这些指标也会在经营绩效偏离预期绩效目标时及时预警。

反映就业服务市场份额的指标有很多。一种是测量在就业服务机构登记的求职者比例或空缺职位比例。这种登记率或使用者比率能反映雇主或求职者使用安置帮助的频率。这个比率越高，市场双方就会有更多的客户预期能够得到成功的安置，就业服务机构也就有更多的机会去帮助雇主和求职者。公共就业服务机构尤其感兴趣的是在它那里登记的失业求职者的比例。但是，失业求职者的登记率高不一定意味着公共就业服务机构的效率高，原因有两个：首先，在许多国家，失业求职者在不同程度上被要求在公共就业服务机构登记。其次，按照劳动力调查的定义，许多登记者并没有积极地寻找工作，因而不能算是失业者（OECD，1992）。

另一个指标测量的是登记成功率和使用者成功率，即成功得到填补的空缺职位所占的比例和成功得到安置的使用者所占的比例。总得分取决于两个方面，一个是就业机构能否向求职者提供空缺职位和向雇主提供求职者（尝试率），另一个是在尝试之后双方能否达成合同（成功尝试率）。成功尝试的分数高意味着就业服务机构就空缺职位对求职者进行了仔细的筛选，可视为对质量和内部有效性的测量。但同时，相对较高的成功率可能意味着进入市场的渠道过于狭窄。因此，看成功率时必须把它和登记率（或使用率）结合起来。

绩效指标

A：空缺职位

登记率＝登记空缺职位的增加数/总空缺职位的增加数　(1)

登记尝试率＝提议的安置数量/登记空缺职位的增加数　(2)

成功尝试率＝被填补的空缺职位/提议的安置数量　(3)

登记成功率＝被填补的空缺职位/登记空缺职位的增加数
＝尝试率×成功尝试率　(4)

登记渗透率＝被填补的空缺职位/总空缺职位的增加数
＝登记率×尝试率×成功尝试率
＝登记率×成功率　(5)

B：求职者

使用者比率＝登记求职者的增加数/总求职者的增加数　(1)

使用尝试率＝提议的安置数量/登记求职者的增加数　(2)

使用成功尝试率＝安置的求职者数量/提议的安置数量　(3)

使用成功率＝安置的求职者数量/登记求职者的增加数
＝尝试率×成功尝试率　(4)

使用渗透率＝安置的求职者数量/总求职者的增加数
＝使用者比率×尝试率×成功尝试率
＝使用者登记率尝试率×成功率　(5)

登记率、使用者比率和成功率的乘积是渗透率，即在就业服务机构的协助下实现的所有雇佣所占的比例。其他条件相同，渗透率升高，意味着更多的雇主和求职者使用就业服务，并且就业服务机构成功匹配客户与登记空缺职位的次数增多。表13—1列出了OECD国家关于填补空缺职位的登记率、成功率和渗透率。本章第四部分将就这些结果展开讨论。渗透率的分子，即安置数目，也与其他变量有关。每次安置的平均操作成本可以根据总操作成本计算，每个工作人员的安置数目可以根据从事安置的人员数目计算。

表13—1　公共就业服务机构的绩效指标
（OECD国家：20世纪90年代早期的数据）

国家	垄断（M）或并存（C）	总空缺职位的增加数（千个）	登记的空缺职位（千个）	安置数（千个）	登记率（%）	成功率（%）	渗透率（%）
奥地利[a]	M	1 000	267	120	27	45	12
澳大利亚	C	2 300	607	397	26	65	17
比利时	M	562	142	95	25	67	17
智利	C	500	35	15	7	43	3
德国[a,b]	M	6 364	2 157	1 532	34	71	24
丹麦	C	—	130	76	—	55	—
西班牙	M	2 395	459	459	19	76	15
法国	M	4 236	1 184	504	28	43	12
英国	C	6 000	1 987	1 459	33	73	24
爱尔兰	C	102	30	10	29	33	10
日本	M	10 850	7 960	1 356	73	17	12
挪威	M	486	237	84	49	35	17
荷兰	C	1 100	243	130	22	53	12
葡萄牙	C	—	53	28	—	53	—
瑞典[a]	M	827	300	206	36	69	25
美国	C	76 619	6 792	3 690	9	54	5

a. 奥地利、德国和瑞典在1992年以前实行的是垄断体系。

b. 仅为德国西部的数据。

说明：—表示没有相关数据。

资料来源：*Enrwicklungen bei der Organisation der Arbeitsvermittlung* by U. Walwei，1995 ISSA working paper no. AC/28/2，International Social Security Association.

还有一个重要的绩效指标，回应时间，它测量的是空缺职位从登记到安置提案的时间。但是使用这个指标时应当谨慎，因为快速的回应不一定意味着优质的匹配。完美的匹配需要时间，因为需要对企业的要求和应聘者的条件进行尽可能的协调。不同职位的平均回应时间差别很大，因而需要分开测量。最后，近年来，公共就业服务机构定期开展满意度调查，以进一步了解客户的需求，改进和拓展它们的服务范围。

作为绩效指标，市场份额——按上文的定义——相对重要一些。尽管如此，对于市场份额，仍然存在一些批评。第一，对相关就业服务市场的界定。通常对总市场的测量使用的是实际雇佣总量或潜在雇佣总量，即预期的就业变化，其中包括合同终止和退休情况下的替代。然而“预期的就业”用经验术语很难界定。在特殊情况下，出现一个空缺职位的同时，可能一个合适人选正在申请工作。第二，许多求职者通过直接联系雇主的方式寻找工作。在这种情况下，雇主可能并不积极地搜寻，而仅依赖于工作申请者的“自发”流入。考虑到这一点，我们似乎应当考虑“要求积极搜寻的预期雇佣”。但同样，搜寻行为可能主要采取的是非正式接触的方式，如联系以前的雇员或通过当前的雇员去搜索。这些空缺职位中，很大一部分实际上是不对就业服务开放的。第三，测量相关市场的一种更实际的方法可能是所有公开宣布的空缺职位，即在就业机构登记的空缺职位加上在报纸广告上公布的空缺职位。

计算这些市场份额所使用的数据可以以特定的调查数据为基础，也可以以过程产生的数据为基础。两种方法的结果都可以有很大的变动。一方面，变动可能源自统计抽样问题，和/或有关群体对不同搜寻渠道实际成效的错误认识。另一方面，安置和空缺职位登记过程所产生的数据可能是有偏差的，要么高估，要么低估。有人认为，关于操作过程的统计数据是被处理过的，特别是对于公共就业服务机构，因为成功得到填补的空缺职位的数量仍然是评判地方就业中心是否成功的一个重要指标。例如，当一个求职者（已经成功地完成了由公共就业服务机构赞助的培训计划后）在其他地方找到了工作，那么地方就业中心就会自己登记一个空缺职位，并做出该职位由公共就业服务机构成功填补的记录，这样，他们的数据看起来会更好一些。相反，许多人可能在公共就业服务机构的帮助下找到了工作，却没有反映在任何统计数据中。开放型自服务系统的引入在这方面尤其会产生问题，因为自服务交易并不容易统计。在有些国家，自服务是工作搜寻和员工搜寻的主要手段，这时，作为绩效指标，登记率显得更为重要。一般而言，既定时点上的市场份额固然重要，但是它随时间推移的发展趋势更加重要。如果测量这个指标的方法保持不变，产生的偏差可能也是恒定的。

市场份额的测量指标（如渗透率、登记率）不仅受相关活动的影响，还取决于就业机构无法影响到的某些因素，因而可能产生其他问题。首先，有限的预算可能使得公共就业服务机构不具备成功处理和获得空缺职位所需要的能力。其次，空缺职位的登记数量还与经济周期有关。在繁荣时期，空缺职位的数量和自愿求职者的数量都很大，因而公共就业服务机构的市场份额相对较低；在经济衰退时期，情况则相反。私人就业服务机构的情况似乎也与公共就业服务机构的情况相反。

此外，高市场份额可能并不是一个值得提倡的目标，尤其对于公共就业服务机构而言。为实现高安置率，公共就业服务机构可能会特别将目标群体定为那些在寻找工作方面已经具有优势的求职者，即公共就业服务机构会在那些就业前景较好的求职者自己找到工作之前，尽力为他们提供帮助。这样，就业前景不那么好的求职者可能不得不依靠自己的力量独自寻找工作，因为帮助他们反而可能导致市场份额数据变得不理想。像市场份额这样的绩效指标只能反映出有多少空缺职位通过就业服务机构得到了填补，以及有多少人找到了工作。我们并不知道这些安置将对劳动力市场产生怎样的影响。在同一时期，通过就业服务机构得到填补的职位中，有多少可以通过其他渠道被具有相同特征的人所填补。我们也不知道，在同一时期，如果没有就业服务机构的帮助，那些在就业机构任何形式的帮助下找到工作的人中，有多少依旧会找到工作。影响评估研究可能有助于我们回答这些问题。

3.2　微观影响

微观影响评估的关键问题在于，如果使用者没有从就业机构得到服务，将会发生什么。公共就业服务机构和私人就业服务机构所提供的中介服务确实会影响工作搜寻和雇佣的成本与收益。其他条件相同，如果由于就业机构的活动，搜寻的总收益增加和/或总成本降低，那么就业服务就带来了净收益。对于求职者，我们需要考虑以下因素（通常与其他搜寻渠道作比较）：使用这些机构的成本（对于公共就业服务机构，这一成本为零，对大多数私人就业服务机构也为零）；了解和挑选工作机会的成本；在某段时期内处于失业或不充分就业状态的成本；工作的特征（如起薪或长期收入前景）。在雇主一方，我们也有类似的考虑。相关因素有（也是与其他搜寻渠道相比较）：使用就业机构的成本（仅在公共就业服务机构中为零）；独自填补空缺的成本（包括报纸广告和甄选程序）；空缺职位没有得到填补或填补效果令人不满意所造成的成本；员工的生产率及预期工作年限。

对于这种评估，可以通过随机化的实验得到明确的结果。这类分析需要将接受了特定服务的个体所受到的影响与控制组个体所受到的影响进行比较，控制组成员是那些虽然申请了这项服务，也有资格享受该服务，但却被随机分配到控制组从而没有得到相应服务的人。我们可以假设私人就业服务机构提供的收费服务是具有成本有效性的，否则人们就不会去使用它。前面已经提到，公共就业服务机构的情况是不同的，因为它们的服务对使用者免费。但是，这些服务对于社会而言不是免费的。公共就业服务机构的资金来自纳税人，纳税人所期望的回报是有效的公共机构。因此，随机化的实验对于研究公共就业服务机构所提供的中介服务尤其有用。显然，这种实验不太可能。公共就业服务机构习惯上一直（预计将来也是）向所有客户开放。不让公共就业服务机构向指定组提供服务是不合理的（see Björklund and Regnér，本手册第 3 章）。相反，准实验性研究设计可能更为可行。例如，可以要求公共就业服务机构将某个已经提交给特定空缺职位的求职者与特定时期内另一个没有提交给该职位的相似求职者匹配起来。总的来说，考察就业服务微观影响的评估研究越来越重要，但数量仍很少。下文中的例子主要来自美国。这些研究考察了就业服务在工作搜寻结果、职位空缺持续时间、受雇员工的工作年限和生产率，以及雇佣成本方面的作用。

在一些美国研究中，研究者提出了这样的问题：工作搜寻方法是否会影响搜寻结果。Bortnick and Harrison Ports（1992）调查了失业者所使用的工作搜寻方法。数据来源为当前人口调查（CPS），这是一个月度住户调查。该研究采用的方法是，将给定月的工作搜寻信息与下一个月的信息结合起来，构成关于个体工作搜寻努力结果的纵向数据。将失业者在第一个月使用的工作搜寻方法作为起始点，接着在第二个月评估这一方法对于失业者劳动力状态（就业、仍然失业、退出劳动力）的影响。这样就能测算出哪种方法最常用和最成功。

其他的研究采用了不同的方法。有些分析使用了多元回归模型，在可能对工作搜寻结果产生影响的可观测因素（如种族、教育和年龄）保持不变的情况下，对公共就业服务的使用者与类似的非使用者进行了比较（这方面的概述可参阅 Jacobsen，1994）。这类研究中提出的典型问题是，公共就业服务的使用能否缩短失业的持续时间或者增加收入。不同的研究使用了不同的数据类型。有些研究者使用了调查数据，有些则采用了过程产生的数据。至于研究的效度，很大程度上依赖于是否存在同时影响使用公共就业服务和工作搜寻结果却没有观察到的特征，以及对选择性问题做了怎样的调整。

还有一些研究从另一个不同的角度考察了工作搜寻结果，分析了各种因素如何影响特定求职者得到公共就业服务成功安置的概率（比如，Dercksen and de Koning，1995；US，General Office and Employment Service，1989，1991）。通过控制影响安置难度的外部因素，某些研究对公共就业服务成本有效性的差异进行了测量。如果外部因素保持不变，比如，劳动力市场状况或劳动者的特征保持不变，那么，成功安置的可能性所剩下的变化也许就可归因于管理措施的差异了。

也有少数研究考察了就业服务填补空缺职位的效果。例如，Ours（1994）通过分析不同中介方法对工作职位空缺持续时间的影响，研究了匹配过程。他试图运用过程产生的数据来解释职位空缺的风险率。风险率是一个比值，分子是某一时期内公共就业服务机构或其他招募渠道所填补的空缺职位数量，分母是这一时期起初尚未填补的空缺职位。风险率可能会受下列因素的影响：所要求的技能，雇主和空缺职位的特征，当地情况和中介方法。我们在 2.1 部分已经指出，各种中介方法在强度上有所不同，尤其在对机构人力资源的使用方面。在这方面，Ours（1994）区分了管理性匹配和选择性匹配（即有没有先对潜在的申请者进行仔细的筛选再匹配）的效果。

Bishop（1992）的研究重点是工作匹配的质量和成本，就业服务填补空缺职位的效果是该研究的内容这一。在质量方面，该研究分析了匹配的盈利能力和生产率的决定因素。如果劳动者的生产率和他的保留工资存在很大差距，就认为匹配盈利性很高。生产率的测量来自对雇佣时预期生产率和试用期实际生产率的比较。Bishop（1992）运用雇主调查数据，测量了不同招聘方法对新雇员匹配盈利能力和生产率的影响；在这个多元回归模型中，控制背景变量（如受教育年限、年龄、性别和种族）保持不变。该研究的范围很广，它还对雇佣的直接成本，即使用不同招聘方法所需承担的不同成本，进行了评估。成本测量的是企业在招募、甄选和面试应聘者上所投入的时间。

3.3　宏观影响

在微观层面，就业服务可以促进劳动力与空缺职位的匹配。另一个问题是，就业服务是否带来了总体就业的增加以及总体失业的减少。

当然，就业服务不能纠正劳动力市场上的严重不平衡，比如高失业，因为就业服务不能为他们的客户创造额外的工作岗位。但空缺职位的总量有两个组成部分：空缺职位的增加量和空缺的平均持续时间。

虽然总空缺职位中有多大比例会在就业服务机构登记也许不受中介活动的影响，但更有效率的就业服务可以实现更快的匹配。效率高的就业机构可以将职位空缺的持续时间降至最短，这个最短持续时间被定义为空缺职位和工作应聘者的最佳匹配。微观层面上（由于就业服务更有效率），职位空缺持续时间的缩短不一定能使就业人数实现相应的增加。首先，企业的相互竞争使得这种影响减弱。一个企业由于（迅速）填补空缺职位而引起的扩张，会导致其他企业工作岗位的减少和/或空缺职位的取消。其次，如果一个空缺职位的迅速填补是从其他企业挖取了一个员工，那么将产生一个新的职位空缺，并且这个空缺可能很难得到填补。最后，如果安置服务变得更有效率，那么对能够影响就业总量的某些就业措施（如临时工人）的需要程度可能就不一样了。

中介活动对失业的潜在影响是另外一个复杂的议题。失业率是两个不同影响的结果：失业者的流入和失业的平均持续时间。图 13—2 中的失业率曲线代表了流入率和持续时间的可能组合，这些组合所产生的总体失业水平是相同的，这表明失业水平的降低可以通过流入率的减少，和/或通过平均失业持续时间的缩短来实现。这两种情况都会导致曲线的向下移动。我们也可以看到，沿着曲线向左移动等同于失业组成的改进，即较短的平均持续时间与较高的流入量并存。工作安置可以影响流入率、平均持续时间和失业的构成。

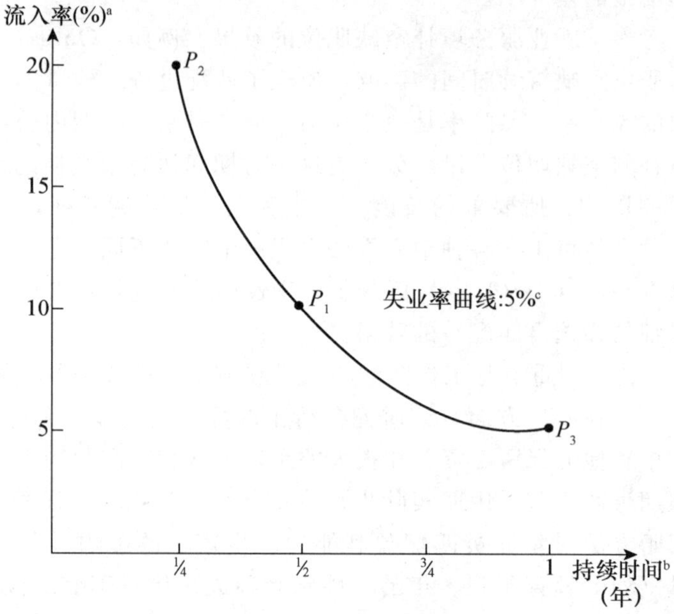

图 13—2　失业的分解

a. 流入率＝一年中新登记的人数×100/劳动力数量；
b. 持续时间＝平均失业存量/一年中新登记的人数；
c. 失业率（UR）＝流入率×持续时间。

此外，通过在匹配过程提供帮助，有效地安置服务有助于延长就业的平均持续时间。安置服务有助于将工人安置到能够最有效使用工人的工作中，从而降低了不匹配的可能性，以及（由于不匹配而导致的）失业风险。如果可得的工作能更快且在更大程度上被失业求职者填补，那么失业的持续时间就会缩短。虽然高效的就业服务对就业和失业的可能影响看起来都是积极的，但是它对失业组成的影响可能是消极的。因为在选择申请人时，高效的就业服务将注意力集中于前景最被看好的求职者，这样，在剩下的失业者中，难安置人员越来越密集。

宏观水平上的评估所关注的一个主要问题就是公共就业服务机构的活动对于就业和失业的未知影响。困难在于，公共就业服务机构对空缺职位的填补和对失业者的安置不一定会影响劳动力市场。如果公共就业服务机构没有予以填补，这些职位通过其他招聘渠道无法或者不能如此迅速地得到填补。只有在这种情况下，公共就业服务才对就业带来积极的影响。如果公共就业服务机构不予以安置，这些失业的求职者通过其他搜寻渠道无法或者不能如此迅速地找到工作。只有在这种情况下，公共就业服务才对失业带来积极的影响。因此，是否存在劳动力市场收益，以及收益的大小，依赖于公共就业服务机构的活动是否具有无谓效应、替代效应和置换效应。

当雇主和求职者通过其他方式也可以像通过公共就业服务机构一样快速地找到相似的

工人或工作时，公共就业服务机构的活动就具有无谓效应。替代效应是对没有接受公共就业服务的求职者和没有在公共就业服务机构登记的企业的不利影响。宏观水平上可能产生的成本有：非公共就业服务机构使用者长期和短期收入的减少，和/或他们所收到的转移支付的增加；填补空缺职位所需时间的延长以及随后在未登记企业之间的员工流动。在极端情况下，所有使用者的收益全部被其他人的成本所抵消。最后，当公共就业服务机构将中介服务的其他提供者（如私人机构）逐出时，公共就业服务机构就具有置换效应。

在上一部分，我们了解到，就业服务活动的微观影响难以测度。同样，要做出就业服务活动对整个劳动力市场的影响的经验估计更加困难。通常，要详细分析宏观影响，需要使用模拟模型，模型中包括一系列相关的变量，并覆盖整体经济。如果没有这样的模型，或模型不能用于这个目的，人们就必须依赖其他更实际的方法。

Clark（1998）运用多元回归模型尝试解释公共就业服务机构和私人就业服务机构的产出质量（以安置永久工作的失业者数目进行测量）和生产成本（产出/员工比）。他的数据来自美国就业服务机构和一家大型私人就业服务公司。Osberg（1993）考察了失业工人工作搜寻的方法，集中分析了 20 世纪 80 年代早期这些搜寻方法能否成功的决定因素。该研究的核心问题是公共就业服务所带来的社会收益是否随经济周期发生变化。

4. 就业服务效率：评估研究的结论

在实证层面，我们对就业服务机构的绩效了解较多，但是对就业服务活动的影响却知道得很少。表 13—1 就几个公共就业服务机构绩效指标进行了国际比较，从中可以看出明显的差异。然而，即使在公共就业服务机构渗透率最高的国家，由公共就业服务机构填补的空缺职位也不足 25%。换言之，绝大部分的空缺职位是由其他招聘渠道填补的。一些关于企业招聘行为和求职者搜寻行为的国家调查表明，报纸广告和非正式接触是获取信息的最主要渠道（OECD，1992）。私人就业服务机构的渗透率通常比公共就业服务机构的低（见表 13—2）。但是，在美国和瑞士这两个国家中出现了相反的模式。

表 13—2　　**私人就业服务机构的绩效指标**

（OECD 国家：20 世纪 90 年代早期的数据）

国家	私人就业服务机构（或执照拥有者）的数量	安置量（千个）	渗透率（%）
瑞士	1 747	92	18
丹麦	340	9	—
英国	13 642	270	5
伊朗	250	—	—
荷兰	800	90	8
新西兰	80	—	—
美国	14 000	—	—

说明：—表示没有相关数据。

资料来源：*Enrwicklungen bei der Organisation der Arbeitsvermittlung* by U. Walwei，1995 ISSA working paper no. AC/28/2，International Social Security Association.

有迹象表明，公共就业服务机构的渗透率在过去20年间有所下降。20世纪60年代和70年代，一些国家的渗透率就已经下降过（如德国、荷兰和美国），很明显，这一趋势持续到了80年代。比如，以下国家在80年代初拥有较高的公共就业服务机构渗透率（OECD，1984）：奥地利（23%）、比利时（20%）和瑞士（10%）。渗透率下降的原因是多方面的。第一，在最近几十年里，低技能工作的数量开始下降，尤其在制造业中。许多这类工作都是由公共就业服务机构填补的，因为它们的客户主要为失业者、重新进入市场的人群和劳动力市场的新进入者。第二，在高失业和失业增长的时期，福利管理又向公共就业服务机构增加了新的负担，降低了它们提供中介服务的能力。第三，许多国家已经建立了自服务系统，尤其是面向求职者的自服务系统，由于难以测量，可能低估了成功率和渗透率（详细情况见3.1部分）。第四，由于公共就业服务机构注重安置长期失业者，它们可能会遭到雇主的抱怨。国际社会保障协会的调查表明，雇主们的主要抱怨（除对应聘者的筛选不足之外）是公共就业服务机构时常没有能力提供合适的工人（见表13—3）。换言之，由公共就业服务机构推荐的一些应聘者身上的烙印似乎被打到了公共就业服务机构身上（Walwei，1995）。

表13—3　　企业使用公共就业服务的动机

	相对重要性[a]
支持（n=27个国家）	
需要使用所有的招聘方式	1.8
低成本	1.7
回应的质量和速度	2.1
对失业者的社会责任	2.5
国家补助	2.2
反对（n=25个国家）	
失业者没有工作意愿	1.9
申请者不合适	1.6
服务机构过于官僚	2.1

a. 该调查的两个问题都有三个可能的答案：（1）经常；（2）有时；（3）从不。以括号里的数字作为权重，对答案进行加权平均得到相对重要性。这两个问题的答案由就业服务领域的国家专家提供。

资料来源：*Enrwicklungen bei der Organisation der Arbeitsvermittlung* by U. Walwei，1995 ISSA working paper no. AC/28/2，International Social Security Association.

此外，公共就业服务机构还面临着其他新的挑战。随着欧洲共同市场的完成，我们需要进一步消除余下的障碍，如工作和求职者之间信息不畅。欧洲就业服务网（EURES）的建立（Bosscher，1994）在便利跨国流动和提高透明度方面尤为重要。欧洲就业服务网为欧洲范围的空缺职位和求职者提供了交流平台，也促进了各国在生活水平和工作条件方面的信息交流，有助于各国就业政策实现更好的协调。可以把欧洲就业服务网看作国家公共就业服务机构的网络。特别是对于国际性职位的空缺和国际流动的求职者，欧洲就业服务网要求高质量的输入。目前尚不清楚如何保证——除了边界地区——国家公共就业服务机构向国际系统输入的不仅仅是该国的“非卖方”。这一疑问主要是由于两个事实。第一，如上所述，公共就业服务机构所服务的典型市场通常并不包括面向流动求职者（如“欧洲主管”或大学毕业生）的工作。第二，由于有些国家的失业问题较严重，而且国家层面的职位空缺信息具有排他性，看起来似乎没有真正的激励将有吸引力的工作机会传递到欧洲就业服务网中。

与公共就业服务机构相反，私人就业服务机构的数量及其实现的安置量在 20 世纪 80 年代和 90 年代早期出现了大幅增长（see Buttler and Walwei，1995）。业务增长的原因包括：管制自由化、企业寻找高技能劳动力的难度加大，以及这些企业对某些人事职能实行外包政策（见表 13—4）。为了满足客户的需求，私人就业服务机构在功能（如甄选和招募）、地区和职位方面高度专业化。私人就业服务机构主要活跃于大都市地区；它们的客户更可能是大型企业和处于就业状态的求职者；它们经手的职位空缺要求很高的或很专业的技能。因为从高管到家政都被包括在安置范围内，所以，当雇主难以在区域市场或职业市场中找到合适的补缺人时，私人就业服务机构显然能够得到具有吸引力的那部分市场。

表 13—4　　企业使用私人就业服务机构的动机（*n*＝13 个国家）

	相对重要性[a]
人力资源部门任务的外包	1.5
高技能员工和高管人员的提供	1.5
快速推荐	1.7

a. 见表 13—3 的注。

资料来源：*Enrwicklungen bei der Organisation der Arbeitsvermittlung* by U. Walwei，1995 ISSA working paper no. AC/28/2，International Social Security Association.

公共就业服务机构和私人就业服务机构在劳动力市场不同部门的市场份额的比较表明，两者之间不存在或几乎没有竞争关系。在公共就业服务机构和私人就业服务机构并存的国家，二者存在不同程度的互补关系。公共就业服务机构优先安置长期失业者。技能水平较低的求职者和相应的工作主要在公共就业服务机构登记。相反，私人就业服务机构主要处理那些要求高技能或特殊技能的工作，因而它们接触的多为处于就业状态的有经验的求职者。表 13—1 进一步表明，公共就业服务机构的绩效（用渗透率测量）不仅仅依赖于特定的制度模式——是公共就业服务机构垄断，还是公共就业服务机构和私人就业服务机构并存。一方面，这种垄断不一定能保证公共就业服务机构的高渗透率；另一方面，并存也不必然导致低渗透率。因此，市场参与者使用这些服务机构的程度似乎基本上取决于各服务机构在特定市场部门的吸引力水平。例如，在美国和瑞士，公共就业服务机构渗透率低的主要原因（除了它们的人员和资源水平不高之外）是它们将工作重点放在了难以安置的失业者上。这可能使它们难以在雇主中得到良好的口碑。这样，公共就业服务机构甚至会最终丧失它们服务于弱势群体的能力，美国的情况就是如此（see Bishop，1992）。

私人就业服务机构的渗透率相对较低也许还有其他的原因，如丹麦。即使在自由化的两年后，私人就业服务机构的渗透率依然很低。这一现象产生的原因有（详情请参见 Csonka，1993）：首先，自由化发生于经济停滞、失业增加的时期。由于缺乏需要填补的职位空缺，私人就业服务机构无法获得潜在的市场。其次，很显然，私人就业服务机构确定其业务范围需要时间，企业和求职者在搜寻过程中将私人就业服务纳入考虑范围也需要时间。最后，由于公开了私人就业服务机构的错配事件，许可证和其他质量标准的缺乏，尤其在初期——至少在某些行业中，如艺术家和海外安置——对私人就业服务机构的声誉存在负面影响。

当然，了解人们使用公共就业服务机构和私人就业服务机构的频率以及为什么使用它们是非常重要和有意义的。然而，无论是绝对数还是相对数都不能反映使用者和劳动力市场的收益。可能只有少数评估研究回答了这些问题。这些研究的方法论设计和所涉及的问题在上文中进行了介绍（见 3.2 部分和 3.3 部分）。在解释结论时，我们需要留心研究所使用的方法和数据。关于失业者工作搜寻的结果，Bortnick and Harrison Ports（1992）发现，“咨询雇主”是最常使用的搜寻方法（大约覆盖了样本中失业者的 72%），接下来是“发放和答复广告”和“公共就业机构”。虽然私人就业服务机构在失业者所使用的搜寻渠道中显然是最不重要的方式之一，但是在 1991 年，失业者通过私人就业服务找到工作的可能性最大。然而，我们并不能认为，这些结果表明，使用私人就业服务机构是最有效的搜寻方法，因为这些作者并没有或者不能对诸如失业求职者的技能和资格之类的背景变量进行控制。尽管如此，如果工作搜寻通过私人就业服务获得了成功，甚至对于不经常使用它们的失业求职者也获得了成功，那么，可以考虑为公共就业服务机构和私人就业服务机构创造更多的合作机会。尽管公共就业服务机构和私人就业服务机构的互补性明显限制了合作的范围，但是不能排除在有限的领域中开展合作，如双边推荐，可以提高两类机构的匹配可能性。从总体经济的角度来看，公共就业服务机构和私人就业服务机构的合作在“消除私人机构信息排他性（可视为市场失灵）和提高劳动力市场透明度”方面也具有优势。

一些研究对公共就业服务机构的使用者和类似非使用者的工作搜寻结果进行了比较，也得出了十分相似的结论（Jacobsen，1994）。这类研究表明，公共就业服务机构所提供的安置服务明显缩短了失业持续时间。公共就业服务机构的服务对随后的收入也存在一些积极影响。因为公共就业服务机构的服务没有直接的使用者成本，公共就业服务机构看起来成本有效性很高。这些研究还得出了其他结论，包括：公共就业服务机构对女性的效果似乎比对男性的效果明显，在失业金领完之后的效果强于在失业金领完之前的效果。公共就业服务机构所提供的中介服务在降低失业保险给付方面也发挥着重要作用。因此，Jacobsen（1994）认为，公共就业服务机构能够向那些缺乏有关工作收入和地点等信息的求职者，或那些通过其他工作搜寻方法没有找到工作的求职者提供支持。

从需求方着手的影响研究很少，它们在就业服务的效果方面得出了不同的结果。Ours（1994）基于过程产生的数据发现，通过集中的中介服务（包括筛选），公共就业服务机构显著缩短了职位空缺的平均持续时间，这说明公共就业服务机构也许有能力改进招聘过程。相反，Bishop（1992）的研究以雇主调查为基础，保持员工的一些背景变量不变，研究发现，公共就业服务机构（包括其他公共机构）推荐来的员工给雇主带来的利润（约为平均生产率的 15%）比从其他招聘渠道招募的员工要少。他的结果还表明，私人就业服务机构推荐的人（在生产率方面）也不比通过其他渠道招聘的雇员要好（甚至与公共就业服务机构相比也是如此）。但是，事实情况是，一方面，雇主要求由公共就业服务机构推荐的任何人员；另一方面，他们又向私人就业服务机构支付大量的费用。因此，Bishop（1992）想知道该如何解释这种现象。一种猜测是，使用这些招聘资源有可能会降低雇用成本。但是 Bishop（1992）就招聘、筛选和对应聘者进行面试的时间投入进行了比较，发现使用非正式渠道的决策所花费的时间较少，而牵涉公共就业服务机构和私人就业服务机构时花费的时间多得多。由此，Bishop（1992）认为，“雇主（1）不关心公共就业服务机构和私人就业服务机构所推荐的人有多差；（2）由于某个职位难以得到填补，难以找到其他应聘者，而不得不使用公共就业服务机构和私人就业服务机构所推荐的人选；（3）出于利他原因而雇用由公共代理机构推荐的人（比如，他们被要求给予弱势群体或残疾人一些工作机会）”。

关于从宏观层面考察就业服务的总体效率，上文已经提到过两项研究（Clark，1998；Osberg，1993）。Clark（1988）对公共就业服务机构和私人就业服务机构的产出质量和生产成本进行了比较，由此得到的结果似乎支持了“非最优政府产出”的观念。但是，这些结果的信度依赖于下述假设：公共就业服务机构和私人就业服务机构的产出相似。Clark（1988）用安置永久工作的人数来测量产出的质量，这样看来，公共就业服务机构的申请者似乎更难以安置，因为他们的技能水平较低，积极性也相对较低。数据表明，公共机构的成本相对较高，这一点并不令人感到惊讶。Osberg（1993）研究的是加拿大公共就业服务机构所带来的收益，结果发现，在 1983 年的衰退时期，社会收益很人，而在 1981 年和 1986 年的繁荣时期，社会收益则相对较低。一种可能的解释是，工作搜寻的方法随着经济周期发生了相当大的变化。

5. 结论和对未来评估的启示

综上，对于各种就业服务机构所提供的中介服务，它的潜在作用主要在于尽快地为空缺职位填补合适的应聘者和尽快为求职者找到合适的空缺职位。乍一看，这项服务是由公共机构提供还是由私人机构提供似乎是次要的。关键在于，怎样的制度结构和管理规定能够最大限度地利用中介服务的潜力。私人就业服务机构日益成为劳动力市场实体的一部分。已有的以及正在计划中的自由化措施会加强这一趋势。私人就业服务机构的优势在于它们通常所服务的客户群体不同于它们的公共同行。私人就业服务机构具有额外的安置能力，如果将私人就业服务机构作为额外的搜寻或招聘方法，至少能够在劳动力市场的某些部门（比如有着高要求或专业要求的职位空缺）促进工作匹配。目前，我们还没有足够的有关私人就业服务机构所提供的服务或活动的量化信息。大多数 OECD 国家都不要求私人机构报告统计数据。为了填补该领域的这一空白，就私人就业服务机构的使用进行调查和分析是必要的。这类信息有助于我们了解“市场能够带来什么”以及“在哪些领域需要政府的干预”。今后的评估研究者还应该考察私人就业服务机构和公共就业服务机构的互补性是本身就存在的，还是仅仅由并存引起的。在近期推行自由化的国家（比如奥地利、德国和瑞典），对公共就业服务机构渗透率（在某些劳动力市场部门的渗透率）的变动进行纵向分析，也许有助于回答这些问题。

然而，仅仅通过增加高度专业化的私人就业服务机构显然不能解决当前劳动力市场的结构性问题（尤其是大量的长期失业和目前的技术瓶颈）。我们需要的是对遭到市场双方日益激烈的竞争所淘汰的工人和工作进行匹配。在这一方面，公共就业服务的效果仍然很重要，因为公共就业服务机构拥有所有相关的信息，并且它们有能力将安置与积极的劳动力市场政策结合起来。公共就业服务机构也在尝试向所有地区的人群提供它们的全部服务，而不论经济周期是处于上升还是下降阶段。我们需要从成本和收益的角度对公共就业服务机构的安置活动进行仔细的评估。单纯的安置数量既不能反映它们所投入的努力，也不能反映每一个安置带来的收益。这些评估之所以重要，是因为资金压力可能会降低工作中心帮助弱势求职者的有效性（OECD，1984）。例如，如果自服务系统使求职者独自在劳动力市场搜寻工作变得更容易，那么必须考虑从事安置工作的员工数量。对自服务系统的依赖程度上升不一定会导致相应的员工减少，但必须对人力资源进行重新分配，如让更多的人员从事那些直接应对长期失业者需求的任务。关于影响评估的研究需要估算出对不同类型服务（如自服务或集中的中介）的需求程度，在这类研究中更多地使用实验是有益的。例如，如果（属于某一目标群体的）个体是随机选择的，那么就可以分析不同“服务包”的有效性。其优势在于，没有根据事前判断对个体表现出好恶。此外，影响评估研究是绩效测量的必要前提。影响评估有助于我们合理地定义绩效标准，从而使跨机构的相对效率比较成为可能。然而由于各种因素之间复杂的相互作用，要确定应该运用哪些变量和评估程序去测量绩效和界定绩效目标仍有很多工作需要我们去做。这里，有人也可能会考虑更频繁地使用实验。可以对“实验地区”和控制地区进行前后比较研究。虽然对前后变化的调查可能牵涉到绩效指标的改进，但是这样的研究设计甚至使得分析宏观影响成为可能（如通过使用匹配不当指标）。

参考文献

Abraham, K. (1991), ‘Mismatch and Labour Mobility: Some Final Remarks’, in F. Padoa-Schioppa (ed.), *Mismatch and Labour Mobility*, Cambridge: Cambridge University Press, pp. 453–80.

Bishop, J. (1992), *Improving Job-worker Matching in the U.S. Labour Market*, working paper 92–40, Ithaca/NY: Cornell University, Center for Advanced Human Resource Studies.

Blanchard, O. J. and P. Diamond (1989), ‘The Beveridge Curve’, *Brookings Papers on Economic Activity*, 1, 1–60.

Bortnick, S. and M. Harrison Ports (1992), ‘Job Search Methods of the Unemployed’, *Monthly Labor Review*, 1991, 115, 29–35.

Bosscher, A. (1994), ‘Introduction: Free Movement of Work and Migration’, in Commission of the European Communities and Department of International Law of the Catholic University of Louvain UCL (eds), *The Future of the Social Policy*, Louvain-la-Neuve: Louvain University Press, pp. 199–206.

Buttler, F. and U. Walwei (1995), ‘Different Institutional Arrangements for Job Placement’, in F. Buttler, W. Franz, R. Schettkat and D. Soskice (eds), *Institutional Frameworks and Labor Market Performance. Comparative Views on the U.S. and German Economies*, London/New York: Routledge, pp. 248–59.

Clark, W. (1988), ‘Production Costs and Output Qualities in Public and Private Agencies’, *Journal of Labour Economics*, 11, 348–86.

Csonka, A. (1993), *Liberalization of Job-centre Services*, Copenhagen: The Danish National Institute of Social Research.

Dercksen, W. J. and J. de Koning (1995), ‘The New Public Employment Service in the Netherlands (1991–1994)’, in *EALE Proceedings*, Vol. 6, 7th Annual Conference, September 7–10, 1995.

Franz, W. (1991), 'Match and Mismatch on the German Labour Market', in F. Padoa-Schioppa (ed.), *Mismatch and Labour Mobility*, Cambridge: Cambridge University Press, pp. 105–39.

Hansen, B. (1970), 'Excess Demand, Unemployment, Vacancies, and Wages', *Quarterly Journal of Economics*, 84, 1–23.

International Labour Office (1994), 'The Role of Private Employment Agencies in the Functioning of Labour Markets', *Report VI*, International Labour Conference, 81st session, Geneva.

Jackman, R., C. Pissarides and S. Savouri (1990), 'Labour Market Policies and Unemployment in the OECD', *Economic Policy*, 11, 449–89.

Jacobsen, L. (1994), 'The Effectiveness of the US Employment Service', 2nd draft for the Advisory Commission on Unemployment Compensation. (Unpublished manuscript)

OECD (1984), *The Public Employment Service*, Paris: OECD.

OECD (1992), 'The Public Employment Service in Japan, Norway, Spain, and the United Kingdom', *OECD Employment Outlook*, 117–51.

Osberg, L. (1993), 'Fishing in Different Pools: Job Search Strategies and Job-finding Success in Canada in the Early 1980s', *Journal of Law and Economics*, 31, 379–93.

Ours, J. v. (1994), 'Matching Unemployed and Vacancies at the Public Employment Office', *Empirical Economics*, 19, 37–54.

Spence, M. (1973), 'Job Market Signaling', *Quarterly Journal of Economics*, 87, 355–76.

US General Accounting Office and Employment Service (1989), *Variation in Local Office Performance*, GAO/HRD, 89–116 BR, 3 August 1989.

US General Accounting Office and Employment Service (1991), *Improved Leadership Needed for Better Performance*, GAO/HRD, 91–88, 6 August 1991.

Walwei, U. (1995), *Entwicklungen bei der Organisation der Arbeitsvermittlung*, ISSA working paper no. AC/28/2, International Social Security Association.

Yavas, A. (1994), 'Middlemen in Bilateral Search Markets', *Journal of Labor Economics*, 12, 406–9.

第14章 职业隔离、歧视与机会平等

Jill Rubery，Colette Fagan，Friederike Maier

就业的性别隔离是西方工业社会长期以来的一个重要特征。缓解或削弱隔离的政策具有重要意义。首先，美国和欧盟[1]等绝大多数西方经济体都有一个使命，就是男性和女性在劳动力市场中得到平等对待，而就业的性别隔离是性别不平等的表现，甚至可能是性别不平等现象持续存在的原因。其次，了解性别隔离这一顽疾的产生过程，能使我们更好地理解劳动力市场体系的整体运转，并对一些看起来使人困惑的现象给出解释。例如，为什么大多数新工作是由劳动力市场之外的那些人而不是由登记失业者来填充，为什么某些职业和部门采用非全日制的工作方式，而在其他职业和部门却没有。再次，就业的性别隔离还引发了我们对劳动力市场效率和公平定义的思考。一种观点认为，当前的性别隔离模式可视为性别差异的证据。假设女性在家务劳动方面具有比较优势，那么即使女性的潜在技能没有在劳动力市场上得到充分利用，社会福利仍然可以达到最大化。这种观点认为，当前的偏好独立于劳动力市场制度及其运行过程，只有在当前偏好与劳动力市场机会存在不匹配的领域，政策干预才具有合理性。

另外一种观点则认为，这类偏好在很大程度上内生于劳动力市场制度，当前的家庭劳动分工是由于在分性别的劳动力市场中女性工作回报的期望值比男性低（例如，Humphries and Rubery，1995）。因此，女性在培训和工作方面的决策受到两方面的影响，一是社会对家务劳动分工的期望；二是她们对特定劳动力市场部门实际就业机会的评价。存在性别隔离的劳动力市场使得女性的选择机会受到了约束，这种约束反映为女性表现出对某些工作和职业生涯的偏好。由于雇主根据性别来判断劳动者的潜在行为和态度，女性难以选择非传统的工作或职业。上述两种观点中，第二种观点给予了政策干预更广阔的理论支持。具体来说，可以通过政策干预从本质上消除男性和女性的选择机会所受到的约束，从而改进技能、资质与工作的匹配。

性别隔离不仅是性别不平等的表现，还可能产生和加剧不平等。男性主导型职位和女性主导型职位的划分为男女就业条件差异的持续提供了基础。一旦第二种观点得到认同，那么，政策要关心的问题不仅仅是让非传统职业领域的工作机会同时向男性和女性公开，还需要改善女性当前就业领域的就业条件。这样，政策目标不是消除性别隔离，而是消除由隔离带来的一切不利结果，不论这些结果是由水平隔离或垂直隔离造成，还是由女性主导型职位的价值被低估所造成，只要它们限制了女性在劳动力市场上施展她们的潜力和技能，就应当被消除。在某些情况下，甚至隔离本身都不构成一个问题。例如，北欧国家中，不同性别的工资水平高度平等，尽管北欧劳动力市场的性别隔离非常严重。当然，收入平等仅仅是劳动力市场平等的一个维度，由于性别隔离的存在，在将来，性别不平等由于职业差异的扩大而加剧是可能的。

然而，改变隔离的形式也决不是性别平等的充分条件。我们在下文中还将讨论到，女性进入非传统职业这种行为本身也牵扯到有关职业的地位和收入的改变，女性的进入还可能导致了职业的细分，从而形成新的劳动力性别差异。更为合适的一种看法是，在劳动力市场中存在与性别相关联的职业等级。在任何技能或资历水平，女性的报酬和地位都比男性低（Gottschall，1995）。考虑到以上这些情况，制定消除性别不平等的政策变得很复杂，并不能简单采用积极行动或反歧视行动和公平工资立法之类的一般方法，因而对政策措施的评估也要从全局考虑，既要考虑职业结构的变化，也要考虑劳动力性别构成的变化。一些女权主义者还提倡一种更广泛的定性评价方法，他们认为，在现有的劳动力市场结构内提高女性的地位不是性别平等的唯一内容，也不是其主要内容，而应该把改变劳动力市场的性别等级结构作为“长久之计”（Cockburn，1991）。虽然我们很难在政策评估分析中对这一结构变迁目标进行评估，但我们应该记住这种观点，因为它为公平的含义提供了更宽广的视角。

以下是本章的结构。第 1 部分简要介绍了近年来性别隔离和性别不平等的程度及其发展趋势。学界就劳动力市场性别隔离的产生和发展提出了各种不同的理论解释。在第 2 部分中，我们会对这些理论解释进行回顾，以期认清问题的本质以及当前性别隔离制度的利弊。第 3 部分是回顾已有的关于性别平等政策的影响评估。在结论部分，我们提出了未来政策发展及政策评估的一些原则。

1. 就业的性别隔离趋势

性别隔离存在于就业的许多维度。在某些领域，女性所占的比重高于其占整个劳动力队伍的比重。这些领域有时是某些职业或行业，有时是某种企业类型，有时是特殊的就业形式，如非全日制或家务劳动。列举上述不同形式的隔离主要是想提醒我们，劳动力市场的分类并非只有职业这一个标准。事实上，正如上文已经讨论过的那样，政策考虑所关注的是按特定维度划分的隔离所带来的不利结果。如果非全日制工作和全日制工作之间或者大企业和小企业之间的就业质量存在明显的差别，那么这些维度的隔离就会加剧性别不平等问题。但在这里，我们主要关注较为传统的隔离测度，即对职业隔离的测量。

习惯上，我们用总体指数来测量性别隔离（表 14—1 列出了欧盟成员国的有关数据，关于测量问题的讨论请见第 3 部分）。对不同国家的隔离进行测量和比较的最好方法是使用细分的职业数据，但对职业的分类标准必须统一。由于这些标准难以满足，表 14—1 只提供了 12 个 * 欧盟成员国在 1983—1990 年间的数据（详见第 3 部分关于监督和评估的讨论）。这些数据表明，总体劳动力市场的隔离水平持续偏高，且在整个 80 年代几乎没有变动（Barbezat，1993；Rubery and Fagan，1993）。指数结果向我们展示的隔离水平非常稳定，只有很小的波动，但这只是表象，实际上，在就业结构的各不同部分，存在不同的反

* 表 14—1 中只有 11 个国家，原书如此。——译者注

隔离和再隔离过程及趋势。一方面，不管是在欧洲还是美国，女性在专业技能要求较高的职业中所占的比例普遍提高。另一方面，在一些国家的中低层次职业中，隔离现象还在持续甚至恶化。女性在文书类职业中的比重持续增加，即使是这类职业已经高度女性化的那些国家，也依然存在这种趋势。沿职业等级往下，劳动力的性别差异几乎没有任何改观的迹象，至少在欧盟成员国中如此。大多数体力劳动和运输类职业还是由男性承担，而低技能服务性工作的从业人员大部分为女性（Rubery and Fagan，1993）。

表 14—1　　职业隔离趋势的指数表（1990 年所有就业人员）

国家（按隔离水平排序）	1983 年	1987 年	1990 年
丹麦			
隔离指数	—	—	0.59（1）
差别指数	—	—	0.59（=1）
英国			
隔离指数	0.59（2）	0.57（1）	0.56（2）
差别指数	0.62（2）	0.59（2）	0.57（=3）
卢森堡			
隔离指数	0.61（1）	0.56（2）	0.54（3）
差别指数	0.63（1）	0.61（1）	0.59（=1）
法国			
隔离指数	0.53（3）	0.53（3）	0.53（=4）
差别指数	0.54（5）	0.54（=6）	0.54（=6）
爱尔兰			
隔离指数	0.52（4）	0.52（=4）	0.53（=4）
差别指数	0.57（3）	0.56（=3）	0.56（5）
德国			
隔离指数	—	0.52（=4）	0.51（=6）
差别指数	—	0.55（5）	0.54（=6）
荷兰			
隔离指数	—	0.50（=6）	0.51（=6）
差别指数	—	0.54（=6）	0.57（=3）
比利时		0	
隔离指数	0.49（6）	0.49（8）	0.48（=8）
差别指数	0.55（4）	0.56（=3）	0.47（9）
西班牙			
隔离指数	—	0.46（9）	0.48（=8）
差别指数	—	0.51（9）	0.53（8）
葡萄牙			
隔离指数	—	0.43（10）	0.43（10）
差别指数	—	0.47（10）	0.46（10）
希腊			
隔离指数	0.50（5）	0.50（=6）	0.35（11）
差别指数	0.53（6）	0.53（8）	0.43（11）
列出的国家数目	6	10	11

说明：希腊 1987—1990 年隔离程度降低的主要原因是对农业就业的不同处理。

资料来源：Eurostat Labour Force Survey；International Standard Classification of Occupations（ISCO）（68）two-digit data；From "*Occupational Segregation of Women and Men in the European Community*", by J. Rubery and C. Fagan，1993，Social Europe Supplement，3.

尽管女性可以进入更高层级的职业以及一些男性主导型职业，但却不一定会降低隔离的程度，主要有以下两个原因。第一，传统上主要由女性承担的护理类工作中，女性从业人员仍然太过集中，比例不协调。这类工作又大多集中在公共部门，所以很多情况下，男性主导型职业中女性所占的比例在公共部门中高于私人部门。公私部门的这种差异，以及其他就业维度，如雇佣合同和企业规模，今后可能会成为这一劳动者群体性别隔离越来越重要的特征。第二，女性进入非传统的职业后，相应职业的地位往往会下降，或者女性集中在这些职业或专业中声望较低的那些部门（Crompton and Sanderson，1990）。

虽然女性正在日益融入工资经济，但至今为止还没有形成完全一体、没有隔离或者说没有分割的就业体系，也没有形成对应着稳定持久的性别就业分配模式的持续性隔离。虽然传统的性别角色可能会阻碍劳动力市场的调整进程，但在另一方面，性别差异也可能成为就业结构重组过程的一个潜在甚至明确的维度。此外，如果就业调整看起来似乎改变了传统的按照性别分配劳动力的模式，那我们必须考虑它的长期结果，是将实现更好的性别整合，还是仅仅围绕一个新的就业模式进行再隔离的过程。

另一个测量性别不平等的传统指标就是性别工资差距。表 14—2 表明，多数国家，至少欧洲国家中，性别工资平等的进程在 20 世纪 80 年代放慢了，甚至有时摇摆不定。美国是这种趋势的一个例外，它的性别工资差距在 70 年代保持稳定，而在当时欧洲的性别工资差距有所缩小。到了 80 年代，美国的这一差距缩小了 12 个百分点（女性收入占男性收入的百分比从 1979 年的 63%上升到 1989 年的 75%）。这种差距的缩小反映了男性实际工资的下降，或女性实际工资相同程度的上涨（Mishel and Bernstein，1993）。然而，不管是从工资还是从隔离指标来看，性别平等的政策目标还没有实现。

表 14—2　　制造业（据欧共体经济活动命名法 1～5）中女性小时收入与男性小时收入的比值：体力劳动者

	1980 年	1985 年	1991 年	1993 年
比利时	70.3	74.3	75.6	75.7
丹麦	86.1	85.8	84.5	84.5
德国	72.4	72.8	73.8	74.4
希腊	67.5	78.8	79.2	77.1
西班牙	—	—	72.2	77.1
法国	78.3	80.8	80.3	80.8
爱尔兰	68.7	67.3	69.5	69.7
意大利	83.2	82.7	79.3[a]	—
卢森堡	64.7	65.9	68.0	70.6
荷兰	73.1	73.6	76.2	77.8
葡萄牙	—	—	70.8	72.7
英国	69.8	67.1	67.2	68.4

a. 通过国家数据计算而得（see“Wage Determinaion and Sex Segregation in Empoyment in the European Community”by J. Rubery and C. Fagan，1994，Social Europe Supplement，4）.

资料来源：Eurosta，Earnigs：Industry and Servives，various issures.

2. 职业隔离过程及其政策意义

许多学科都对性别隔离理论做出了贡献，包括经济学、社会学、心理学、政治科学及组织理论。然而，根据本章的目的，我们将主要从经济学或劳动力市场的视角解释隔离，同时参考其他学科的观点来加深对劳动力市场过程的理解。

2.1 隔离的动态性

隔离理论需要能够解释当前的隔离模式，还要能够从需求方和供给方的角度解释隔离模式随时间的演变过程。一方面，供给方和需求方可能会相互适应，使得不同性别的劳动力在偏好和期望上与劳动力需求的性别结构相一致，从而加强了既有的“性别秩序”(Connell，1987)。另一方面，改变的压力可能来自需求方，也就是雇主的措施，也可能来自女性自身的态度、期望和行为。要构建一个令人满意的理论框架，还需要立足于历史和制度因素，才能够解释不同时间、不同国家之间隔离模式的异同。

起初，学者研究了女性就业随经济周期的动态演变（Rubery，1988)；后来，Reskin and Roos（1990）又对性别隔离的变化进行了分析。这些研究为我们识别那些支撑性别隔离体系的关键因素提供了基础。我们先从需求角度来看哪些因素可能引起就业模式的性别差异，可以分为四类：

（1）技能差异：在劳动力市场上，男性和女性拥有不同的技能可能是隔离形成的原因。这些技能可能是天生具有的，也可能是后天习得的；它们所反映的可能是不同的社会化过程，也可能是人力资本投资的差异。

（2）劳动力供给条件的性别差异与劳动力市场分割：隔离也可能由男性和女性在就业时所要求的待遇和条件（如工资、工作时数和工作稳定性）的差异引起。这些差异源于女性就业的供给约束及需求方歧视两个方面。前者包括家庭劳动分工和以男人养家的家庭经济模式为基础的失业和社会保障体系；后者产生挤出效应，在相同生产率水平下降低女性的机会工资。雇主可能为了利用这些劳动力供给的差异，将男性和女性隔离到条件待遇不同的工作中。性别隔离可能还与以生产率和支付能力为基础的产业结构相关，支付能力低的企业尤其可能雇佣弱势群体（如女性)。

（3）统计性歧视：雇主可能认为男性和女性带来的风险是不一样的，因为女性辞职的可能性更高，所以雇主拒绝雇佣女性从事那些企业投资较高的工作。

（4）偏好歧视：不论男性还是女性，当他们进入非传统职业时，雇主可能表现出负面的偏好，从而因歧视而拒绝雇佣他们。下列情况下，雇主可能会按他们的偏好行事：市场允许雇主自由裁决，他们对顾客或其他员工的意见做出反应，第三种情况是雇主只是在无意识地遵守他们在社会化过程中所形成的社会准则。

这四类因素有助于我们理解当前的歧视模式，以及隔离模式如何因雇主政策的变化而发生改变。按照技能差异的观点，不同性别所具有的不同特质是解释性别隔离或至少是论证性别隔离合理的主要因素。这一看法不仅为隔离和女性的集中化提供了依据，也为解释隔离模式随时间的演变过程提供了基础。举例来说，近来，某些非传统职业对女性劳动力的需求越来越大，因为这些职业越来越强调顾客服务和其他社交技能，而人们通常认为女性拥有出色的沟通和社交能力（Reskin and Roos，1990）。

第二个因素，即就业条件待遇的差异，为隔离提供了一种解释，或者可以说它是隔离的结果。后一种表述方式与 Bergmann（1974）的挤出模型相一致。根据这个模型，女性在一个很窄的工作范围内过度拥挤，导致了供给过剩，从而降低了她们的工资水平。但是，Bergmann（1986）指出，因果方向不一定总是由隔离导致低工资，因为当女性成功进入非传统职业时，企业有激励在这类职业内部进行细分，从而隔开男性和女性劳动力。通过这种策略，企业只需要向女性支付反映她们在外部劳动力市场边际机会工资的工资水平。这就使得该理论更接近另一种观点，即认为劳动力市场隔离的一个成因是女性劳动力供给条件的不同。雇主将他们的工作结构划分为男性和女性两部分，是为了以最小的成本满足男性在高工资、工作稳定性、全日制就业等方面的期望（Beechey，1997；Siltanen，1994）。

劳动供给条件的差异可以为隔离模式的动态变化提供重要线索。如果按工资、地位、晋升前景或者稳定性给职业划定等级，其中一种职业的等级降低了，那么这种职业对男性的吸引力减小，雇主就可能需要考虑新的招募来源。雇主可能会降低对应聘者受教育程度的要求，也可能会考虑改变雇佣劳动力的性别。结果，女性开始涌入传统上主要由男性从事的职业领域，企业会发现，传统的男性劳动力资源开始枯竭，而女性劳动力排起了很长的队伍，企业可以在工资率不变的情况下，招到质量更高、更稳定、更忠诚的女性劳动力。有时，企业为了适应新的市场或技术环境，不得不改变某些职位的工资、地位、技能水平或其他特征，这样，企业可能会主动调整劳动力的性别构成（Reskin and Roos，1990）。

第三个因素，认为女性中断就业的风险更大，为个体能够自由选择职业的观点提供了一个重要的反例。企业的特殊技能非常普遍，甚至超过了文献中所通常假设的普遍程度（Rubery，1994）；当这类技能很重要时，雇主不仅会控制从事这类职位的人，而且会控制从事这类工作所必需的培训机会。假设雇主的看法是对的，也就是说男性与女性的平均风险不同（这一观点还值得怀疑），那么由于雇主利用性别来预测将来的行为，很显然，女性很难有机会根据自己的偏好来决定自己参与市场的模式；单个家庭也会因此而受到约束，很难实现与主要社会准则相悖的家庭劳动分工。要想改变这种隔离，可能只有等雇主随着时间的推移逐渐认识到那种老套的模式已不再是主流。但是这种逐渐的认识很难实现，除非某个职业的从业人员中已经含有足够多的女性，雇主才能对男性和女性进行实际比较。

虽然个人与社会的准则和价值观通常是维持和巩固性别隔离的，但是这些因素在某些特殊情况下也能改变隔离模式。例如，通过以社会意识为后盾的法律规定，使得雇主如果在招募和甄选决策中故意歧视就无法保持好的名声。一个组织承诺采取积极的反歧视行动方案可能出于多种原因，如为了宣传这个组织或者树立它的先进创新雇主形象，但是，在签署这类计划的过程中，该组织可能还得重新评价或改变它关于性别角色的观点。

劳动供给方也存在一系列相应地巩固隔离过程的因素，在某些特殊情况下，也可能引起隔离模式的改变，甚至导致就业意愿与就业机会之间的冲突。一方面，女性确实在起初的教育和培训以及岗位方面做出了不同的选择，这种选择上的差异不能完全由积极的雇主选择过程来解释。女性似乎确实表现出了对某些形式工作的偏好，这可能反映了她们利用自己在传统的女性活动（如护理）中的比较优势（天生或后天习得）；近些年，许多女权主义研究认为，问题不在于女性从事低技能工作，而在于人们仅仅因为“女性工作”而低估了女性所从事工作的价值（Phillips and Taylor，1980）。女性在最近几年加大了教育投资，原来用女性不愿意投资来解释隔离的理论因此而遭到了质疑，但是，由于家务责任的存在，女性仍可能中断她们的职业生涯，从而会影响她们的选择（Polachek and Siebert，1993）。

尽管如此，女性对其工作机会的评价也会影响她们的偏好和选择。劳动力市场就业机会的变化会反过来影响女性的教育和培训选择，这就反驳了认为供给方的偏好仅仅由生理和社会特征决定的观点。举例来说，商业与金融曾经属于传统的男性就业领域，由于其市场机会的改善，参与商业和金融培训的女性比例上升。相反，某些非传统职业的培训不受女性欢迎，是因为女性认为那些工作场所的文化不支持，甚至是抵制她们的进入，所以，除非有极高的回报可以补偿损失，否则女性不会冒险进入。

不管家庭组织中“男人养家”体系是真实的还是假设的，它确实引发了增大女性获得低工资可能性的一系列因素。很多福利体系都假设夫妻双方中有一个全日制连续就业（男性），另一个不就业且经济上不独立（女性），如果以这种假设为基础来决定失业金的享受权利，那么女性享有失业金的可能性比男性要小。女性可以从配偶处得到一些收入转移，也可以从其配偶的社会保障缴费中得到一些派生权利。她们在履行家务责任的同时去寻找工作，就不得不选择非全日制工作，而不论这些工作与她们的技能和资历是否相匹配。利用女性特殊的劳动供给条件，雇主很可能让女性从事工资低且不稳定的边缘工作，这不仅加剧了性别隔离，而且使得女性由于无法连续参与劳动力市场，只能充当家庭的第二收入来源。

类似的观点也适用于第三个因素，即雇主认为女性辞职或中断职业生涯的可能性比男性大。女性不太可能去申请内部劳动力市场很强大的那些职位，因为在这些职位上，因家庭原因辞职会带来很大的成本。雇主也觉得没有必要为了满足那些被家务缠身之人的需求而对就业政策作任何改变。因此，供需双方的行为共同维持了传统的隔离模式。然而，就像我们已经提到的，当女性不再愿意采用这样的参与形式，或者劳动力市场所提供的就业形式无法再支撑男性作为唯一收入来源的家庭组织时，矛盾就产生了。即使某些国家将女性不连续就业看成一种传统，但是随着女性的职业生涯变得更加连续，所有国家的雇主最终会改变他们之前的性别偏见，至少会对高学历女性另眼相看，因为她们连续的职业生涯逐渐成为一种普遍现象（Rubery，Fagan and Smith，1995）。

就业中断能在多大程度上为隔离提供合理的解释因国家而异，在某些国家，很多女性活跃于劳动力市场，与男性劳动力一样稳定。在这种情况下，关键问题在于，是不是由于退出劳动力市场会面临高额成本，从而女性不得不采取男性的生命周期模式。另一个重要的政策问题是对生育的影响。在南方国家中，有证据表明，这种劳动力市场状况迫使女性在工作和生孩子之间作出选择，结果导致了生育率的急剧下降（Bettio and Villa，1993）。

最后，当雇主有机会实行歧视政策并有权自由裁决时，劳动供给对隔离的影响可能就非常有限了。在这种情况下，供给方的影响主要通过改变雇主的社会化来起作用。例如，雇主对其“母亲”、“妻子”和“女儿”参与劳动力市场情况的亲身体验发生改变时，其社会化过程也相应改变。

结合需求和供给两方面，可以看出，隔离的产生可以有多种解释。某些职业在劳动力市场中的地位改变了，导致男性对这些职业的相对价值重新进行估计。或者，雇主改变了他们对女性作为潜在雇员的评价，这可能是出于“客观”原因，如女性所获得的资历，也可能是出于“主观”原因，如社会准则的变化。

2.2　政策意义

上述分析表明，即使有证据表明就业模式与供给方的偏好看起来是匹配的，也不一定就不存在公平和效率问题。雇主对女性歧视，或者高度男性化的工作环境会抵制女性，这种情况下，女性个体对职业生涯并没有自由选择的权利。进一步说，即使女性看起来可以自由地按她们关于中断就业或非全日制工作的偏好做出选择，这种选择也不一定代表着一个公平或有效的结果。在某些劳动力市场中，选择从事非全日制工作，可能会迫使女性接受低层级、低技能的工作，而且她们几乎没有机会再回到原来的就业地位。从原则上说，如果女性参与就业培训，并且坚持在那些原先认为难以与家庭责任兼顾的职业领域发展下去，同时，通过适当的政策干预增加所有职业领域的非全日制工作机会，那么隔离确实是可以减轻的。政策干预可以着眼于两个方面，一是减少女性按偏好选择所面临的惩罚（如改善非全日制员工的制度环境）；二是通过提高女性全日制工作的可能性（如提供照料儿童的设施或者缩短全日制工作周），改变女性对非全日制的偏好。

我们在上文讨论过，隔离问题涉及两个方面：女性的技能没有得到充分利用以及女性所从事工作的价值被低估。在不同的劳动力市场中，这些因素的重要性是不同的。例如，在英国和德国的劳动力市场中，女性的职业生涯通常会中断。研究表明，再次回到劳动力市场时，女性所从事职业的层级往往都会降低（Dex and Shaw，1986；Dex，Walters and Alden，1993；Engelbrech，1989；Handl，1988；McRae，1991）。这种情况下，女性的潜力（即使用所受的培训来衡量）和她们在劳动力市场中的实际位置之间很可能出现不匹配。此外，女性还忍受着就业不足，因为她们被局限于很窄的技能范围，她们在生命周期内难以获得晋升，也难以得到继续培训和提高技能的机会。在北欧国家，职业之间的收入差距较小，女性所从事的工作被低估的问题消除了，但可能存在另一个值得关注的问题——垂直隔离，以及权力和权威职位对女性的排斥。然而，在很多劳动力市场中，大家首先关注的还是当今女性所从事职业的价值估计问题，当女性职业领域的就业量在增加、男性主导领域在缩小时，女性向男性主导型职业大规模转移的可能性减小，那么这个问题尤其重要（Rubery and Fagan，1994）。如果劳动力市场制度允许就业条件差异的存在，并且女性太过集中在某些雇主类型（如小企业中）或某些合同类型（如非全日制工作），那么被低估的可能性就特别大。

旨在消除性别隔离的政策并不一定只对女性有好处。考虑到现在男性由于不能胜任而失业的问题随处可见，我们的政策首先需要一个更为灵活的劳动力性别分工方式。一个高度隔离的劳动力市场会限制劳动力市场调整的范围。隔离的劳动力市场可能也是一个刚性的劳动力市场。以英国为例，许多新的就业机会从原则上说应该是所有失业者都可以得到的，但由于工资过低，只有那些家庭中已经有人挣钱养家的人才能接受这样的工作，而这种情况主要发生在女性身上。这种趋势导致了“工作富裕”和“工作贫困”家庭的差异不断加大（Gregg and Wadsworth，1995）。通过一些政策来增加这些新工作对失业者的吸引力，如在英国建立国家最低工资制度，可以提高男性在女性主导型职业领域的竞争力。

以上分析表明，如果没有相应的行动从需求方改变雇主的态度和男性占主导地位的文化，单靠供给方的行动，如培训项目，难以产生作用。显而易见的是，如果将目标定位于某职业中的女性比例，那么这个目标本身就过于狭隘。还需要考虑与女性工作相关的工资和晋升机会。即使这样仍有问题，因为改善工资和晋升机会可能会重新吸引男性参与这些职业的竞争。这些问题提醒我们：首先，我们有必要在这个领域创建一个动态的政策评估方法；其次，我们应当将性别隔离政策放在劳动力市场与社会制度相互影响的大背景中来考察，包括支付结构、失业水平、岗位创造能力、工作时间标准，以及儿童照顾和福利政策。如果大的制度环境不利于性别平等或与性别平等相冲突，那么旨在消除特定职业领域隔离的政策在长期的效果将非常有限。

2.3 针对隔离与歧视的政策

大多数与性别隔离和歧视密切相关的政策起源于欧洲法律以及美国1964年《民权法》第4条关于男女平等的规定。在美国，另外一个重要法案是1965年的《行政命令》，它要求与联邦政府订立合同的企业采取反歧视行动，确保就业中不出现歧视。美国在1967年又对这个命令进行了补充，加入了性别歧视的内容。

在欧洲，欧盟对各国反歧视政策的发展起了主要推动作用。根据《罗马条约》（1957）第119条，成员国有责任遵循男女同工同酬的原则，这里的同工概念被扩展为同等价值的工作，这样，雇主就不能再利用隔离的就业模式本身来证明依据性别给予不同工资报酬的合理性。在欧盟推行平等对待，核心在于建立相应的法律框架。部长理事会已经多次就推进男女平等对待下达指示，要求欧盟成员国必须将此纳入国家法律，建议其他一些国家加强这方面的法律框架（see Collins，1991）。第一个关于平等的指示（1975）提出了同工同酬原则，1976年，另一个指示要求男女有平等的就业机会、职业培训机会和晋升机会，并享受相同的工作条件。同时，该指示还澄清了一个问题，即为了创造平等机会，可以针对不平等现象采取暂时性的积极行动计划，这种做法并没有违背平等对待原则。其他指示还涉及社会保障和产假权方面的平等对待（参见 Fagan and Rubery 在本手册第11章中关于家庭政策的讨论）。

以针对平等机会的三个行动方案（1982—1985年，1986—1990年，1991—1995年）为基础，欧盟委员会还提出了一些劳动力市场计划，第四个方案在1996年启动。起源于这些项目的计划包括一些建议和指导政策实施的行为准则，其目的是鼓励成员国采取这些计划去促进平等对待。包括采取积极行动的建议（1984）、保护女性在工作中的尊严（反对性骚扰）（1991）、增加儿童照顾设施和休假安排（1992）以及建立工作评估备忘录。还有两项计划涉及结构性资金：1984年启动的LEI（女性的地方就业计划）向高失业率地区创业的女性提供资金；始于1990年的NOW计划（女性的新机遇）为女性创造更多的就业和职业培训机会（see Fina Sanglas，1991）。

受美国“反歧视行动”政策的影响，1984年，欧盟也推出了欧盟积极行动意见作为平等对待立法的补充（OECD，1988；Reskn and Hartmann，1986）。此后，作为该意见的补充，欧盟又在 1988 年发布了一个积极行动手册。尽管这个意见鼓励成员国制定有关积极行动的政策，在公共部门中推行积极行动方案，并鼓励在私人部门也实行类似的计划，但是，各国并没有保证该意见得到执行的法律基础。欧洲层面在积极行动方面的计划远远比不上美国的反歧视行动政策，因为美国的反歧视行动政策可以由法律来保证强制实行，至少能对与联邦订立合同的企业起作用。此外，尽管欧盟的这个手册是参照美国平等执行机构的指导方针制定的，但是它没有明确提出工作场所不同职业类别“比例示数”的量化目标（de Jong and Bock，1995）。

为促进平等对待而制定的国家政策在欧盟各成员国的执行力度并不相同。尽管所有成员国都将工资平等原则写入了国家立法，但它们在配套政策的制定上却参差不齐。并且，事实上，它们的立法导致诉讼的程度也不一样（Fitzpatrick，Gregory and Szyszczak，1994）。大多数国家都在其平等机会法案中加入了某些条款，允许以降低既有不平等程度为目的的区别对待（de Jong and Bock，1995），但不同成员国的政府、雇主组织和工会为鼓励积极行动在不同程度上采取了不同形式的计划（Chalude，de Jong and Laufer，1994；de Jong and Bock，1995；Rubery and Fagan，1993）。几乎每个政府都在公共部门中引入了积极行动计划，虽然某些国家就制定和监督该计划提出了全面的要求，而另一些国家只是偶尔有一些行动。德国的联邦法律规定，在公共部门中，只要女性拥有与男性相同的资历，就应优先提拔她们到更高的位置，但这一规定引起了争议，并在国家宪法法院遭到了男性的挑战（Quack，Maier and Schuldt，1992）。除了培训计划和在招聘中实行平等机会政策，公共部门的许多计划还强调引入家庭友好型就业措施。

虽然大多数欧盟国家都已在立法中明确准许私人部门的积极行动，但是私人部门的活动参差不齐。法国是要求实行积极行动政策最积极的国家（de Jong and Bock，1995）。为了推进积极行动计划，1983 年的 Roudy 法案从法律上要求私人部门雇主必须通报组织中男性和女性分别担任的职位。意大利在 1991 年也出台了类似的法律规定，但由于商界长久以来不予合作，拒绝给出任何报告，这个规定的实际效果非常有限。在德国，四个联邦州的法规要求在政府招标时中标的企业证明他们拥有有效的平等机会政策，但由于有人批评这项规定违反了欧洲法，这项法规并没有真正实施。比利时在 1987 年通过了一条法令，鼓励私人部门采取积极行动，1992 年颁布的一项法规要求那些获准调整劳动力就业结构的公司引入积极行动。1993 年，又规定公司必须在年度就业报告中提供员工比例的数据（Chalude et al.，1994）。在其他成员国尚没有关于积极行动的法律要求。另外，荷兰与比利时等一些政府发起了联合信息宣传活动，制定了相应的财政计划并启动试点项目，以推进积极行动计划的制定和监督在私人部门的进程。在荷兰、比利时和法国，积极行动已成为集体谈判的一个议题，但收效甚微。例如，在荷兰，1990 年仅有 8%的协议规定了拟订积极行动计划的责任（Chalude et al.，1994）。在丹麦和英国，不少雇主推出了积极行动计划，而丹麦和意大利的工会在推进积极行动时尤其活跃（de Jong and Bock，1995）。

从以上讨论中不难看出，对性别平等影响最大的政策不一定以性别平等为目标，相反，它具有一系列劳动力市场政策和制度特征。最重要的可能是工资决定体系的特征，比如，最低工资保护、行业间和职业间工资差距的大小，以及集体工资谈判的程度等。研究表明，这些政策对于缩小工资不平等的重要程度甚至超过了工资平等政策本身（Hunter and Rimmer，1995；Rubery and Fagan，1994；Whitehouse，1992）。有些其他政策尽管不是性别平等政策的核心，但也具有一定的相关性，如教育和培训制度（如内部劳动力市场现象的严重程度）（Maier，1995）、学校教育的提供及上课时间的安排、税收和社会保障体系，以及工作时间政策。虽然在这一章，我们只对以性别平等为目标的政策进行评估，但我们必须清楚，整个劳动力市场和社会制度可能更为重要。

3. 监督及评估政策对隔离、歧视和机会平等的影响

3.1 用劳动力市场指标监测

要对政策进行评估，首先必须监测和测量它们的效果。在实施监测时，困难重重，不仅涉及国际可比较数据的问题，而且对于哪种测量指标最合适也存在一些概念性问题。

用来描述就业结构中职业隔离趋势的主要指标是总体指数，但是有时，作为对这些指标的补充说明，也会用到不同职业类别中不同性别所占比例的趋势图。学者们对于构建总体测量指标的最佳方法一直存在许多争议（see Blackburn，Jarman and Siltanen，1993；Garman and Tarling，1982；Hakim，1992，1993a；Jacobs，1993；OECD，1980；Siltanen，1990a，1990b；Siltanen，Jarman and Blackburn，1993；Tzannatos 1990；Watts 1990，1992，1993）。关于这些测量指标存在以下三类问题：一是如何构建指数。虽然大家提出了许多指数，但是关于到底哪个指标最好的争论很多，围绕的一个焦点是：当就业结构与女性在劳动力中的比重同时变化时，如何定义隔离水平的变化。表 14—1 用两种不同的测量指标——传统的差别指数和新提出的隔离指数——表示了欧洲成员国的隔离水平，其中，隔离指数为 ILO 在隔离的研究中所采用（Siltanen et al.，1993）。对于这两种指数，都是数值（0～1）越大，表明隔离水平越高。理论上说，这两种指标所得出的结果可能完全不同，但在实践中，这两种指标表明，在这段时期内，欧洲成员国的隔离情况很相似：80 年代的隔离水平都很高且变化较小。

差别指数以不同性别在各职业中的分布为基础，某职业从业人员中女性所占的比例相对于她们在总体劳动力中的比重可能过低或过高。因此，这一指数对女性在劳动力中占的比例及女性比例过低或过高部门的规模变化非常敏感。构建隔离指数就是因为隔离指数不受上述两种因素的影响。这种方法以一种名为边际匹配的技术为基础，将工作按女性所占比例排序，并且将工作划分为女性工作和男性工作，划分标准是这种工作中女性占该工作从业人员的比例与女性占总劳动力的比例相等。这一指数测量的是女性劳动力在“女性工作”和“男性工作”中的相对比例。

第二类问题涉及职业分类体系的选择。测得的隔离水平对所采用的分类体系较敏感，因此，指数显示的不同时间或地点的隔离水平差异可能仅仅是分类体系差异所造成的一个假象。尽管在更新国家分类体系时可能会考虑到可比性的问题，但可比性很难实现（Marsh，1986）。采用国家数据库，我们可以就单个国家进行时间序列分析，但是各国的职业分类体系缺乏可比性，并且很难通过某些修改使它们变得可比，因而很少有跨国研究

能直接比较隔离的总体水平或各职业中不同性别所占的比例（Blackburn et al.，1993）。国际统一的数据主要局限于国际职业分类标准（ISCO，1968）中的七个主要职业类别（OECD，1988），该分类标准由 ILO 发布。表 14—1 显示的指标以欧洲劳动力调查数据为基础，职业分类采用的是 ISCO68 分类的二级类别，包括大约 80 种职业。有人怀疑这个统一数据的效度，新的 ISCO88 分类可能更具可靠性和可比性，但在欧洲劳动力调查中的应用还是存在一些问题（欧盟委员会，1995）。即使直接的数据问题能够克服，还有一个职业间国际比较的重要问题是，这些统一数据只能减少而无法根除，即社会差异问题，它决定了工作的组织方式如何影响看似相同的职位在报酬和社会地位上的差异（Marsh，1986，pp. 124－127）。

第三类问题与过度依赖指数有关，也就是说，指数隐藏了在隔离模式中普遍存在的不同趋势。具体地说，指数不能反映出就业结构的哪些部分隔离程度正在下降，哪些部分隔离程度正在上升（Garnsey and Tarling，1982；Rubery and Fagan，1993）。有人提出，用更简单的指标，如混合职业（不分性别）中的雇佣劳动力比例，作为监测变化的工具，可能比指数指标更有用（Hakim，1993a）。

另外一个对性别平等措施的影响进行监测的方法，就是看什么是对性别平等目标的最好反映，如性别工资差距。这种测量指标也存在数据和方法论方面的问题。对于国际比较，主要的可比数据集中于制造业的体力劳动者，在这个就业部门中，女性比例一直在下降（见表 14—2）。既包括私人部门又包括公共部门，既有非全日制又有全日制劳动者的平均工资数据很难得到，若只有劳动力市场的部分数据，尤其在数据所涵盖的部分中不同国家女性劳动力和男性劳动力所占比重不同时，比较的结果可能具有很强的误导性（Rubery，1992）。即使有这样的数据，也很难解释性别工资差距的变化，不能区分到底是由劳动力性别分工的变化所引起，还是源自对男性工作和女性工作评价所发生的变化。最近，美国女性的相对工资上升了，但是通过分解却发现。70%的变化要归功于男性工资的下降（Mishel and Bernstein，1993，p. 145）。理想的情况是，可以找到将职业、收入和性别联系起来的数据库，但我们现在还无法得到这样的信息。

3.2　监督立法、积极行动和平等价值计划

从狭义上来说，对诉讼进行监控是对立法进行影响评估的一个重要因素。在美国，有关政府机构会收集投诉和调查投诉方面的信息。此外，与联邦政府订立合同的企业，如果雇员规模超过 100 人，必须提供有关其劳动力性别构成和种族构成的信息。研究人员就可以利用这些信息来评估法律的执行力度和效果。

欧盟成员国对平等指示的实施和采用会受到欧盟委员会的监督。监督发现，在某些国家中诉讼出现的比其他国家频繁，并且，战略性或目标性的诉讼主要出现在英国、爱尔兰和荷兰。国家之间的差异由多种因素引起，最主要的是产业关系体系对法律冲突的替代能力和预防能力。但是，在每个成员国中，有关性别平等的诉讼数量都比普通的劳动法诉讼要少（Fitzpatrick et al.，1994）。

对诉讼的监控可以用作效果评估，而且欧盟委员会会就增强立法效力采取统一行动。包括建立具有有效制裁和纠正措施的法律程序，进一步深化和执行同工同酬和间接歧视理念，所有国家都要取消原来投诉方的举证责任而转由雇主承担，采取行动让雇主、工会、

律师及男女性个体明确了解欧共体法律中权利和义务的范围及本质（Banks，1991；Collin，1991）。

由于依赖一次性调查，对自愿积极行动计划进行监督面临着更大的困难。例如，欧盟委员会（欧洲顾问，1990）做了一项研究，以测定其积极行动建议和手册的影响。这项评估向 2 700 家公司发放了问卷，并将这些公司按成员国、部门和公司规模进行分类。但是，问卷的回收率非常低（13%）。这么低的回收率可能与偏差有关。相对于没有实施积极行动的公司，那些已经采取一些积极行动的公司更可能填写问卷。如果是这样，结果就很令人失望，因为即使是存在偏差的情况下也只有 15%的公司表示它们引入了积极行动计划。

3.3 评估平等对待立法和反歧视行动或积极行动计划

3.3.1 评估平等对待立法

评估立法对劳动力市场趋势的影响存在很多问题。立法的影响并不是孤立的，因为它的实施常常由其他社会变化引起，如女性劳动力的普遍增加。并且，立法的覆盖面通常很广，几乎每个人都会受其影响，这使得我们不可能找到控制组（OECD，1998）。诉讼数量可以在一定程度上用来衡量不同国家之间的差异，美国的一些评估研究还会关注州与州之间投诉或调查投诉的差异（Beller，1977，1978，1979，1982；Freeman，1973，1981；Leonard，1984a；Shulman，1987）或者相关支出随时间的变化情况。即使在美国，这些方法也是有问题的，因为诉讼不仅反映了歧视的程度，也反映了抵制歧视的措施（Lee Badgett and Hartmann，1995）。但如果基于诉讼来对欧洲国家进行比较，那问题就更多了，因为这些国家为保证平等机会，根据各自情况采用了不同的纠正措施。由于没有其他更好的指标，一项关于欧洲的比较研究用立法的到位所需要经历的时间长度来确定国家差异，其背后的依据是，为平等机会的有效实施创造必需的社会和文化环境需要时间（Dex and Sewell，1995）。

评估的另一个难题是很难区分政策项目所产生的影响和经济形势变化所带来的影响。因此，即使从表面上看不出什么性别工资差距缩小和隔离减轻的迹象，就像 Blau（1992）所指出的，这可能是因为针对女性的平等机会政策正逆流而上。要将政策效应从其他效应中分离出来，国际比较研究将面临更大的困难，因为经济形势及制度变化的形式和方向在各国是不同的。

部分地由于以上原因，关于平等对待立法影响的国际评估研究至今还很少。单个国家的研究往往仅限于立法前和立法后的比较评估，除非立法的实施时间上存在较大的差异。在美国，由于时间上（有关的实施行动主要集中于 70 年代，自里根政府之后急剧减少）和不同州之间的差异，可以开展的评估较多。在英国，初期研究和后续研究表明，即使在控制了同一时期的收入政策和其他可能缩小工资差距的因素之后，平等工资立法仍然对性别工资差距产生了重大的影响（Zabalza and Tzannatos，1985）。但是，Brooah and Lee（1988）及 Chiplin and Sloane（1988）对这一结论提出了异议。澳大利亚和瑞典的一些证据同样说明立法和集体协议对缩小性别工资差距非常重要（Hunter and Rimmer，1995；Lofstrom and Gustafson，1991；OECD，1988），但美国的结果比较复杂，这在一定程度反映出 80 年代以前，性别工资差距并没有拉近。

Lee Badgett and Hartmann（1995）对美国的评估研究作了回顾。这些研究运用多元回归模型来分析法律的实施对黑人和女性的影响（如 Goldstein and Smith，1976；Heckman and Wolpin，1976；Leonard，1984b，1984c，1985a，1985b，1989，1990）。研究中遇到的一个主要技术难题在于如何将法律实施变量具体化，因为围绕诉讼的有关活动可能反映了较强的执行力度，但也可能说明存在严重的歧视。另一个重要的技术问题，就是如何考虑短期调整与中长期调整在就业效应和工资效应上可能出现的分歧。评估研究的结论不完全相同，大多数研究表明，法律的实施对黑人的工资和就业都有积极的影响，但关于白人女性的结论却说法不一。

除了各个国家开展的评估，OECD（1988）也回顾了各国平等机会立法的发展，以及各国评估立法对劳动力市场趋势影响的已有研究。得出的结论是，欧盟的平等机会和反歧视行动政策比其他国家（如北美、澳大利亚和北欧国家）发展得慢。OECD 还认为，既有的研究结果各不相同，过于不一致，不足以全面评判女性的收入是否因立法而非其他社会经济变化的直接影响而得到了提高。但有人尝试作了一些国际比较。例如，Whitehouse（1992）采用回归技术，考察了平等工资立法、工会化、公共部门就业和集体工资谈判对工资差距的相对影响。她的样本包含有 13 个 OECD 国家，她发现，公共部门就业和集体工资谈判比平等工资立法和工会化对缩小工资差距的作用更大。对于其他两三个国家，一些定性评估研究也得出了类似的结论（Hunter and Rimmer，1995；Rubery，1992）。

Dext and Swell（1995）曾尝试一种新方法，试图从各国在经济结构、税收和社会保障体系、工资决定制度、儿童照顾设施及人们对女性劳动力参与的态度等方面的差异中，将平等对待和平等工资立法对女性的影响分离出来。作者还运用贝叶斯技术，解决了指标测量和缺失数据的问题，特别是那些要求在多元回归分析中删除某些国家或变量的问题。该研究的结果可能只是探索性的，而不是证明性的，但它确实表明，立法（用开始实施以来的时间长度来衡量）提高了女性在高层级职业从业人员中所占的比例，并降低了低收入职业中的女性比例，但对体力劳动者小时收入的性别差距并无影响。其他一些更普遍的政策也能对女性的就业造成影响。政府支出会影响女性在高层级职业中的就业比例，而工会化程度低以及缺少照顾儿童的设施，都与女性在低工资工作中比例较高有关。

Dext and Swell（1995）的这个调查突出了评估研究的两个重要问题。第一，某些政策可能对某些女性（如受教育水平高）的影响大于对其他女性的影响，这说明，在运用总体测量指标的同时，还应该对不同的女性群体分别进行分析。第二，除了要对狭义的“性别”政策手段进行评估，对工资制度之类的“普遍”劳动力市场政策进行影响评估也非常重要。

3.3.2　评估积极行动或反歧视行动计划

平等对待立法几乎覆盖了所有的组织和雇佣关系，而积极行动或反歧视行动计划的影响仅局限于一部分组织。因此，积极行动或反歧视行动计划的评估可以采取许多不同的方式。第一，可以从组织层面监测和评估是否采用了行动计划，尤其是自愿的计划，以及是否带来了实际的变化。第二，对组织采取积极行动或反歧视行动计划前后，女性在组织中的地位进行对比评估。第三，将实行了此计划的企业中女性的地位与未实行的企业进行对比。欧洲的评估较多地集中在第一种方法，也作了一些简单的前后影响评估。而美国已经有很多研究使用了后两种方法。

所以说，欧洲对于积极行动计划的研究一般只是对积极行动计划覆盖范围的评价，以及对“最佳措施”的寻找。大多数这类评估都表明，采用了积极行动计划的企业比例较低。

我们在前面已经提到过的一项调查研究发现，在问卷回收率只有13%的情况下，那些参与调查的企业中也只有15%采纳了欧盟委员会关于积极行动的建议。根据接受调查企业的回答情况，采用的计划中最普遍的是工作时间、休假安排和培训方面的。从私人部门来看，这些成员国的有关计划主要出现在银行和金融行业。私人部门在采取积极行动方面取得的进展很慢这一点也在相关的国家调查中得到了证实（Chalude et al.，1994；de Jong and Bock，1995）。例如，1983年以来，法国对此作出了较强的法律激励，但并没有取得很大的进展，仅有30家企业实施了积极行动计划。

与较晚提出的那些计划相关的证据并不多，结论也不一致。意大利的立法遭到了雇主的强烈反对，政府几乎没有采取任何强制措施来迫使雇主遵守法律。相反，比利时的立法已经促使雇主签订了推动积极行动的集体协议（Chalude et al.，1994）。然而，雇主积极制定计划的现象可能在英国的“机会2000”运动中最为普遍；自1991年兴起以来，不论是公共部门，还是私人部门，加入这一运动的企业数量一直在增长。至今，这一运动已经覆盖了25%的劳动力（Hammond，1994）。该运动还鼓励公司制定目标，对运动的进展情况进行监督；制定了目标的公司在不断增加。

实证表明，如果公司引入了全面的积极行动计划，女性就业比例通常会提高，虽然女性进入高级别职业的进程会减慢。

影响评估倾向于在监测公司措施变化的同时，也对不同职业女性比例的变化进行监测。此外，将参与“机会2000”的公司中女性所占比率与没有参加的公司对比。研究表明，女性所占比率在采取积极行动政策的公司中上升通常较快。

在美国，有些公司在法令和合同的要求下必须实行积极行动计划并设立目标，因而研究中还进行了控制比较。然而这样的控制比较并非没有问题，至少有一种可能是，没有签订合同的公司也可能会改变它们的政策或措施，从而和那些与联邦政府订立了合同的雇主保持一致。此外，虽然研究通常都发现积极行动对黑人有积极效果，但是关于对女性的影响，结果却不一致（Lee Badgett and Hartmann，1995）。在另一个类似的研究中，Osterman（1982）发现，反歧视行动计划通常会降低女性的辞职率，这可能间接地表明，女性认为自己在实行反歧视行动计划的企业中拥有更好的机会。在职业发展方面，影响最大的是专业职位和管理职位从业人员中女性所占的比例，但蓝领熟练工中的女性比例并没有受到大的影响（OECD，1988；Reskin and Hartmann，1986，p. 98）。考虑到银行业是一个内部劳动力市场系统，将女性在职业群体中所占的比例作为平等政策的指标进行比较时就会产生一些问题（Rubery，1995）。这时，如果女性在较高级别的职业中所占的比例上升了，可能是因为企业实行了从外部招聘管理培训生的政策，也可能是由于内部晋升体制。如果是前一种情况，那么女性占多数的文书类劳动力的晋升机会可能反而降低。因此，公司层面的评估还需要考虑到不同女性群体的机会差异（Rubery，1995）。

有时，积极行动计划并不是在整个组织层面，而只是在培训项目中实行。这些项目的目标在于移除女性在非传统领域就业的首要障碍，即女性所缺少的相应技能。德国对一些旨在提高女性在非传统领域所占比例的项目进行评估，发现即使女性在非传统职业中的比例提高了，但她们在就业中遇到的困难仍然比男性多（Wolf，1992）。另外有一个对德国东部的研究发现，即使女性成功地在非传统领域找到了工作，她们待在这一职业领域的时间可能也不会长。例如，只有不到 9%的受过培训的女性机械装配工和 11%的女性熟练建筑工人留在了相应的行业（Quack et al.，1992）。这个结果说明，即使女性能找到这样的工作，但是这些职业中的男性文化也会造成她们在工作中的不适。

上述研究结论要求我们在组织层面和工作场所层面开展更多的评估研究。许多统计性评估在某些方面几乎没有提供任何信息，包括积极行动计划起作用的过程、组织如何回应和执行积极行动计划，以及在何种条件下职业领域内性别构成的变化将遭到抵抗或顺从。在工作场所层面，许多研究都发现，就业性别隔离的变化过程是一个非常复杂的问题。有关的定性研究可分为两类。在组织层面，一些研究对实行积极行动或平等工资政策的实践进行了追踪（Acker，1990；Cockburn，1991）。这些研究揭示了与组织层面实施变革有关的政治运作，并区分了不同层级或组织对政策实施可能表现出的抵抗形式。研究还表明，制定和执行新政策（例如，以平等价值为目标的积极行动或新职位评估计划）的决策可能与其他管理目标密切相关，包括工资谈判体系或职业技能等级的变革等。这类研究有助于我们认识诸如工会或工作场所支持等因素对于有效实施的重要性。

另一种定性研究考察了传统的男性主导型，但实际上女性已成功进入的职业，深入探讨了隔离状态将在何种环境下发生改变，以及这种改变将对性别平等产生何种影响。Reskin and Roos（J1990）采用了这一方法论，对美国 80 年代女性大量涌入的一些职业进行了详细的案例研究。研究发现，就业的性别构成所发生的变化与职业变化有关，包括技术、培训、工资、地位、顾客需求等方面的变化。因此，不仅女性劳动力供给特征的变化，包括资历水平的改变，在某些情况下能够促进性别比例的变化，职业在劳动力市场中的等级地位至少也一样重要。

传统的评估技术把职业等级当作既定的，并认为平等政策的实施与组织政治和文化的产生和发展毫不相干，但上述两种定性研究对这些传统评估技术的价值提出了质疑。

4. 结　论

隔离是劳动力市场中一个由来已久的现象，它来源于供给方和需求方力量的共同作用。雇主的措施使得个体劳动者不得不面临劳动力市场中的结构性约束。并且，我们认为，女性和男性对不同工作的偏好至少部分是内生的，是由当前的劳动力市场及福利制度决定的。

隔离的成本主要由女性承担，但是引导女性进入某些职业领域也是社会的一个成本，因为女性的技能通常不能得到充分的利用。隔离还会造成劳动力市场的刚性，这实际上可能会导致男性的持续失业。虽然隔离可能给整个社会带来成本，但某些行为主体却从这一事实中获得了利益，最明显的就是低价雇佣女性劳动力的雇主，以及那些凭借垄断势力处于高工资职业领域的男性劳动者。不同的利益以及隔离的动态过程意味着必须在一系列

“压力点”进行政策干预，在干预的过程中，各项政策还须彼此协调。

我们很难将特定平等机会计划所引起的隔离水平的变化从普遍的社会和经济趋势（包括经济结构的重组）中分离出来。并且，各种职业中不同性别所占比例变化的同时，可能伴随着这些职业特性和本质的变化，甚至可能是它们导致了性别比例变化。因此，在评估隔离变化时必须同时考虑性别工资差异和雇佣结构中性别分布的变化。同时，有必要在评估时区分不同的女性群体——资历较深的与资历较浅的女性、孩子已独立的与孩子尚未独立的女性。

为了监督和评估隔离水平和形式的变化及其连续性，我们有必要在欧洲层面、国家层面及公司层面分别建立评估进展情况的不同政策工具和相关指标。在欧洲，大部分国家政策项目都源自欧洲层面的干预，这一事实说明欧盟委员会仍需要继续在这一领域发挥推动作用。除了加强已有的法律工具，欧盟委员会还必须鼓励各国在习惯法的发展和成功的政策项目方面进行信息交流，以促进现有法律措施的有效利用。政府、雇主组织及工会都是这些行动的目标群体。同时，非常重要的一点是，要将公平问题纳入到对普遍的劳动力市场变化所进行的评估中。为了监督不同国家的进展情况，还可以就女性在各职业类别中所占的比例和性别工资差异设定进展目标。在设立这些目标时，还可以强烈要求政府出台积极行动计划。为支持这种活动的开展，便于监督和评估的施行，我们还需要全面地收集职业和收入方面的数据。

在政府层面，也需要进行类似的干预。但是相比欧洲层面，这些干预更加具体并且根据各国情况做出调整，目的是与各国现有的制度框架相配套，并能针对特定国家制度在不同方面的弱点，如公平立法、教育和培训、儿童照顾设施的提供、产业关系体制等。举例来说，在有些国家，职业培训对劳动力市场机会的影响很大，那么，在这些国家中，女性参加职业培训的机会比在其他国家更加重要（Maier，1995）。而在另一些国家，改善非全日制工作的条件可能需要放在比职业培训更优先的位置上。相比欧洲层面，国家层面对劳动力市场趋势和积极行动计划实施情况的监测更加翔实。国家层面的监测还需要辅以一些案例研究，以确定公司层面成败的原因，或对女性就业历程中的定性变化进行评估。

注释

[1] 这一章主要关注欧盟成员国，但也会参考美国的一些经验。

参考文献

Acker, J. (1990), *Doing Comparable Work: Gender, Class and Pay Equity*, Philadelphia: Temple University Press.

Banks, K. (1991), 'Equal Treatment in Community Law', *European Commission*, 62–76.

Barbezat, D. (1993), *Occupational Segmentation by Sex in the World*, Interdepartmental Project on Women (IDP), working paper no. 13, Geneva: International Labour Office.

Beechey, V. (1977), 'Some Notes on Female Wage Labour in Capitalist Production', *Capital and Class*, 3, 45–66.

Beller, A. (1977), *EEO Laws and the Earnings of Women*, Proceedings of the 29th Annual Winter Meeting, Madison, WI: Industrial Relations Research Association.
Beller, A. (1978), 'The Economics of Enforcement of an Antidiscrimination Law: Title VII of the Civil Rights Act of 1964', *Journal of Law and Economics*, 21 (2), 359–80.
Beller, A. (1979), 'The Impact of Equal Employment Opportunity Laws on the Male–Female Earnings Differential', in C. Lloyd, E. Andrews and C. Gilroy (eds), *Women in the Labor Market*, New York: Columbia University Press.
Beller, A. (1982), 'Occupational Segregation by Sex: Determinants and Changes', *Journal of Human Resources*, 17 (3), 371–2.
Bergmann, B. (1974), 'Occupational Segregation, Wages and Profits When Employers Discriminate by Race or Sex', *Eastern Economic Journal*, 1 (1–2), 103–10.
Bergmann, B. (1986), *The Economic Emergence of Women*, New York: Basic Books.
Bettio, F. and P. Villa (1992), *Occupational Segregation: The Case of Italy*, working paper for the EU Communities; available from the Network of Experts on the Situation of Women in the Labour Market: Manchester School of Management, University of Manchester, Institute of Science and Technology, UK.
Bettio, F. and Villa, P. (1993), 'Strutture familiari e mercati del lavoro nei paesi sviluppati. L'emergere di un percorso mediterraneo per l'integrazione delle donne nel mercato del lavaro', *Economica e Lavoro*, 2, 3–30.
Blackburn, R., J. Jarman and J. Siltanen (1993), 'The Analysis of Occupational Gender Segregation over Time and Place: Considerations of Measurement and Some New Evidence', *Work, Employment and Society*, 7 (3), 335–62.
Blau, F. (1992, September), 'Gender and Economic Outcomes: The Role of Wage Structure', keynote speech, Fourth European Association of Labour Economists, University of Warwick.
Borooah, V. and K. Lee (1988), 'The Effect of Changes in Britain's Industrial Structure on Female Relative Pay and Employment', *Economic Journal*, 98, 818–32.
Chalude, M., A. de Jong and J. Laufer (1994), 'Implementing Equal Opportunity and Affirmative Action Programmes in Belgium, France and The Netherlands', in M. Davidson and R. Burke (eds), *Women in Management: Current Research Issues*, London: Paul Chapman, pp. 289–303.
Chiplin, B. and P. Sloane (1988), 'The Effects of Britain's Anti-discrimination Legislation on Relative Pay and Employment: A Comment', *Economic Journal*, 98, 833–8.
Cockburn, C. (1991), *In the Way of Women: Men's Resistance to Sex Equality in Organizations*, London: Macmillan.
Collins, E. (1991), 'The Implementation and Development of Community Equality Law', *European Commission*, op. cit., 33–41.
Connell, R. (1987), *Gender and Power*, Oxford: Polity.
Crompton, R. and K. Sanderson (1990), *Gendered Jobs and Social Change*, London: Unwin Hyman.
de Jong, A. and B. Bock (1995), 'Positive Action within the European Union', in A. van Doorne-Huiskes, J. van Hoof and E. Roelofs (eds), *Women in the European Labour Market*, London: Paul Chapman, pp. 182–202.
Dex, S. and R. Sewell (1995), 'Equal Opportunities Policies and Women's Labour Market Status in Industrialised Countries', in J. Humphries and J. Rubery (eds), *The Economics of Equal Opportunities*, Manchester: Equal Opportunities Commission, pp. 367–92.
Dex, S. and L. Shaw (1986), *British and American Women at Work: Do Equal Opportunities Policies Matter?*, London: Macmillan.
Dex, S., P. Walters and D. Alden (1993), *French and British Mothers at Work*, London: Macmillan.
Engelbrech, G. (1989), 'Erfahrungen von Frauen an der "dritten Schwelle": Schwie-

rigkeiten bei der beruflichen Eingliederung aus der Sicht der Frauen', *Mitteilungen aus der Arbeitsmarkt- und Berufsforschung*, 1, 100–113.

ER Consultants (1990), *An Evaluation Study of Positive Action in Favour of Women*, Brussels: European Commission.

European Commission (1991), 'Equal Opportunities for Women and Men', *Social Europe*, 3, Luxembourg: Office for Official Publications of the European Communities.

European Commission (1995), *Employment in Europe*, Luxembourg: Office for Official Publications of the European Communities.

Fina Sanglas, L. (1991), 'The Third Action Programme and the Challenges of the Future', *European Commission*, op. cit., 13–22.

Fitzpatrick, B., J. Gregory and E. Szyszczak (1994), *Sex Equality Litigation in the Member States of the European Community*, V/407/94–EN, Brussels: European Commission (DG V).

Freeman, R. (1973), 'Changes in the Labor Market for Black Americans 1949–72', *Brookings Papers on Economic Activity*, 1, 67–131.

Freeman, R. (1981), 'Black Economic Progress after 1964: Who Has Gained and Why?', in S. Rosen (ed.), *Studies in Labor Markets*, Chicago: University of Chicago Press, pp. 247–94.

Garnsey, E. and R. Tarling (1982), *The Measurement of the Concentration of Female Employment*, working paper no. 6 on the Role of Women in the Economy, MAS/WP, 6 (82), Paris: OECD.

Goldstein, M. and R. Smith (1976), 'The Estimated Impact of the Antidiscrimination Program Aimed at Federal Contractors', *Industrial and Labor Relations Review*, 29 (4), 523–43.

Gottschall, K. (1995), 'Geschlechterverhältnis und Arbeitsmarktsegregation', in R. Becker-Schmidt and G.-A. Knapp (eds), *Das Geschlechterverhältnis als Gegenstand der Sozialwissenschaften*, Campus Verlag: Frankfurt on the Main/New York.

Gregg, P. and J. Wadsworth (1995), 'Gender, Households and Access to Employment', in J. Humphries and J. Rubery (eds), *The Economics of Equal Opportunities*, Manchester: Equal Opportunities Commission, pp. 345–64.

Hakim, C. (1992), 'Explaining Trends in Occupational Segregation: The Measurement, Causes and Consequences of the Sexual Division of Labour', *European Sociological Review*, 8 (2), 127–52.

Hakim, C. (1993a), 'Segregated and Integrated Occupations: A New Framework for Analyzing Social Change', *European Sociological Review*, 9 (3), 289–314.

Hakim, C. (1993b), 'Refocusing Research on Occupational Segregation: Reply to Watts', *European Sociological Review*, 9 (3), 321–4.

Hammond, V. (1994), 'Opportunity 2000: Good Practice in UK Organizations', in M. Davidson and R. Burke (eds), *Women in Management: Current Research Issues*, London: Paul Chapman, pp. 304–18.

Handl, J. (1988), *Berufschancen und Heiratsmuster von Frauen. Empirische Untersuchung zu den Prozessen sozialer Mobilität*, Frankfurt on the Main: Campus.

Heckman, J. and K. Wolpin (1976), 'Does the Contract Compliance Program Work? An Analysis of Chicago Data', *Industrial and Labor Relations Review*, 29, 544–64.

Humphries, J. and J. Rubery (eds) (1995), *The Economics of Equal Opportunities*, Manchester: Equal Opportunities Commission.

Hunter, L. and S. Rimmer (1995), 'An Economic Exploration of the UK and Australian Experiences', in J. Humphries and J. Rubery (eds) (1995), *The Economics of Equal Opportunities*, Manchester: Equal Opportunities Commission, pp. 245–73.

Jacobs, J. (1993), 'Theoretical and Measurement Issues in the Study of Sex Segregation in the Workplace: Research Note', *European Sociological Review*, 9 (3),

325–30.
Lee Badgett, M. and H. Hartmann (1995), 'The Effectiveness of Equal Employment Opportunity Policies', in M. Simms (ed.), *Economic Perspectives on Affirmative Action*, Washington, DC: Joint Center for Political and Economic Studies, pp. 57–97.
Leonard, J. (1984a), 'Anti-Discrimination or Reverse Discrimination: The Impact of Changing Demographics, Title VII and Affirmative Action on Productivity', *Journal of Human Resources*, 19 (2), 145–74.
Leonard, J. (1984b), 'Employment and Occupational Advance under Affirmative Action', *Review of Economics and Statistics*, 66 (3), 377–85.
Leonard, J. (1984c), 'The Impact of Affirmative Action on Employment', *Journal of Labor Economics*, 2 (4), 439–63.
Leonard, J. (1985a), 'Affirmative Action as Earnings Redistribution: The Targeting of Compliance Reviews', *Journal of Labor Economics*, 3 (3), 363–84.
Leonard, J. (1985b), 'What Promises Are Worth: The Impact of Affirmative Action Goals', *Journal of Human Resources*, 20 (1), 3–21.
Leonard, J. (1989), 'Women and Affirmative Action', *Journal of Economic Perspectives*, 3 (1), 61–75.
Leonard, J. (1990), 'The Impact of Affirmative Action Regulation and Equal Employment Law on Black Employment', *Journal of Economic Perspectives*, 4 (4), 47–63.
Löfstrom, Å. and S. Gustafsson (1991), 'Policy Changes and Women's Wages in Sweden', *International Review of Comparative Public Policy*, 3, 317–30.
Maier, F. (1995), 'Skill Formation and Equal Opportunity—A Comparative Perspective', in J. Humphries and J. Rubery (eds), *The Economics of Equal Opportunities*, Manchester: Equal Opportunities Commission, pp. 203–18.
Marsh, C. (1986), 'Social Class and Occupation', in R. Burgess (ed.), *Key Variables in Social Investigation*, London: Routledge & Kegan Paul, pp. 123–52.
McRae, S. (1991), *Maternity Rights in Britain*, London: Policy Studies Institute.
Mishel, L. and J. Bernstein (1993), *The State of Working America*, New York: M. E. Sharpe, Economic Policy Institute.
OECD (1980), *Women and Employment*, Paris: OECD.
OECD (1988), *Employment Outlook*, Paris: OECD.
Osterman, P. (1982), 'Affirmative Action and Opportunity: A Study of Female Quit Rates', *Review of Economics and Statistics*, 64 (4), 604–12.
Phillips, A. and B. Taylor (1980), 'Sex and Skill: Notes towards a Feminist Economics', *Feminist Review*, 6, 79–88.
Polachek, S. W. and W. Siebert (1993), *The Economics of Earnings*, Cambridge: Cambridge University Press.
Quack, S., F. Maier and K. Schuldt (1992), *Occupational Segregation in the Federal Republic of Germany and in the Former German Democratic Republic 1980–89*, Report for the European Commission, working paper, EC Network on the Situation of Women in the Labour Market, Manchester: UMIST.
Reskin, B. and H. Hartmann (eds) (1986), *Women's Work, Men's Work: Sex Segregation on the Job*, Washington, DC: National Academy Press.
Reskin, B. and P. Roos (1990), *Job Queues, Gender Queues*, Philadelphia: Temple University Press.
Rubery, J. (ed.) (1988), *Women and Recession*, London: Routledge & Kegan Paul.
Rubery, J. (1992), 'Pay, Gender and the Social Dimension to Europe', *British Journal of Industrial Relations*, 30 (4), 605–22.
Rubery, J. (1994), 'Internal and External Labour Markets: Towards an Integrated Analysis', in J. Rubery and F. Wilkinson (eds), *Employer Strategy and the Labour Market*, Oxford, UK: Oxford University Press.

Rubery, J. (1995), 'Internal Labour Markets and Equal Opportunities: Women's Position in Banks in European Countries', *European Journal of Industrial Relations*, 1 (2), 203–27.

Rubery, J. and C. Fagan (1993), 'Occupational Segregation of Women and Men in the European Community', *Social Europe Supplement*, 3, Luxembourg: Office for Official Publications of the European Communities.

Rubery, J. and C. Fagan (1994), 'Wage Determination and Sex Segregation in Employment in the European Community', *Social Europe Supplement*, 4, Luxembourg: Office for Official Publications of the European Communities.

Rubery, J., C. Fagan and M. Smith (1995), *Changing Patterns of Work and Working-time in the European Union and the Impact on Gender Divisions*, Report for the Equal Opportunities Unit, Directorate Generale V, Brussels, Commission of the European Communities.

Shulman, S. (1987), 'Discrimination, Human Capital, and Black–White Unemployment: Evidence from Cities', *Journal of Human Resources*, 22 (3), 361–76.

Siltanen, J. (1990a), 'Social Change and the Measurement of Occupational Sex Segregation by Sex: An Assessment of the Sex Ratio Index', *Work, Employment and Society*, 4 (1), 1–29.

Siltanen, J. (1990b), 'Further Comment on the Sex Ratio Index', *Work, Employment and Society*, 4 (4), 599–603.

Siltanen, J. (1994), *Locating Gender: Occupational Segregation, Wages and Domestic Responsibilities*, London: University College London Press.

Siltanen, J., J. Jarman and R. Blackburn (1993), *Gender Inequality in the Labour Market: Occupational Concentration and Segregation, a Manual on Methodology*, Geneva: ILO.

Tzannatos, Z. (1990), 'Employment Segregation: Can We Measure It and What Does It Mean?', *British Journal of Industrial Relations*, 28, 105–11.

Watts, M. (1990), 'The Sex Ratio Revisited', *Work, Employment and Society*, 4 (4), 595–98.

Watts, M. (1992), 'How Should Occupational Segregation Be Measured?', *Work, Employment and Society*, 6 (3), 475–87.

Watts, M. (1993), 'Explaining Trends in Occupational Segregation: Some Comments', *European Sociological Review*, 9 (3), 315–19.

Whitehouse, G. (1992), 'Legislation and Labour Market Gender Inequality: An Analysis of OECD Countries', *Work, Employment and Society*, 6 (1), 65–86.

Wolf, B. (1992), 'Frauen in "typischen Männerberufen"—ein hoffungsloses Unterfangen?', in S. Damm-Rüger (ed.), *Frauen—Ausbildung—Beruf, Realität und Perspektiven der Berufsausbildung von Frauen,* Vol. 14, Bundesinstitut für Berufsbildung, Tagungen und Expertengespräche zur beruflichen Bildung.

Zabalza, A. and Z. Tzannatos (1985), *Women and Equal Pay: The Effects of Legislation on Female Employment and Wages in Britain*, Cambridge, UK: Cambridge University Press.

第15章　终身学习与技能的形成

Albert C. Tuijnman*，Klaus Schömann

欧盟委员会和OECD最近发布了它们关于发达工业国家持续高失业现象的一些研究报告，这些研究分析了持续高失业问题的成因及可能的解决办法。为通过政策战略来克服岗位创造和经济增长的结构性障碍，《增长、竞争力与就业白皮书》（*White Paper on Growth, Competitiveness and Employment*，欧盟委员会，1993）及《OECD工作研究》（*The OECD Jobs Study*，OECD，1994a）都提出了终身学习的概念，并将它作为这类政策战略的重要组成部分。白皮书在就业行动的政策选择中特别强调了终身学习和继续职业培训的重要性，并鼓励欧盟国家努力“在每个成员国中为真正的终身培训权利创造条件”（欧盟委员会，1993，p. 17）。同样，《OECD工作研究》也指出：“如果OECD经济体要促进高技能、高工资职位的形成，那么增强和提高劳动者的技能和能力必须是一个终身的过程”（p. 47）。在政府所面临的选择中，两个备受关注的领域分别是：

（1）在终身学习的框架下，需要进一步加强教育、培训和就业政策之间的联系，并制定更加有效的实施战略，作为政策领域的一个有机组成部分，并与劳动力市场政策和社会保险政策协调一致。

（2）在终身学习的框架下，需要使学员能够取得更高成就，需要提高教育系统的效率，增强效果。

我们呼吁欧洲社会发展终身学习，是因为技能的形成和更新是提高经济和劳动力市场绩效，进而导致就业增长的一个先决条件。如表15—1所示，在后期，某些欧洲国家已经落后于区域内外的其他经济体。在这种背景下，欧洲劳动力市场的状况十分令人担忧。大多数国家的失业水平随着经济衰退期的推进已经出现了持续上升的趋势。同时，其中一些欧洲国家的劳动力市场参与率和就业增长率都相对较低（OECD，1994b，p. 60）。

表15—1　　经济产出与就业增长，1960—1990年（每年变化百分比）

	人均GDP			就业			生产率		
	20世纪60年代	70年代	80年代	60年代	70年代	80年代	60年代	70年代	80年代
北美	3.0	1.8	1.6	2.0	2.3	1.7	2.3	0.5	0.8
日本	9.3	3.9	3.4	1.4	0.8	1.1	8.9	4.3	2.8

* 本章为作者的个人观点，不代表OECD或其成员国的官方态度。

续前表

	人均 GDP			就业			生产率		
	20 世纪 60 年代	70 年代	80 年代	60 年代	70 年代	80 年代	60 年代	70 年代	80 年代
欧共体	3.9	2.8	1.8	0.2	0.4	0.5	4.6	2.9	1.7
欧洲自由贸易联盟	3.6	2.6	2.1	0.6	0.7	0.9	3.9	2.2	1.5
大洋洲	3.0	2.1	1.7	2.3	1.6	2.0	2.6	1.9	1.1
OECD 全体	3.9	2.4	1.9	1.0	1.2	1.1	4.0	2.1	1.5

资料来源：*The OECD Jobs Study*：*Evidence and Explanations*，*Part 1*，*Labor Market Trends and Underlying Forces of Change* by OECD，1994b，Paris：OECD，p. 60. Copyright 1994 by OECD. Adapted by permission.

自《马斯特里赫特条约》生效以来，欧盟成员国已经达成一致，支持在欧盟层面出台加强职业教育的政策。同时，在出于公平的考虑之外，11 个成员国所签订的社会宪章也为这些国家参与终身学习活动提供了新的推动力。可以想见，如果在生命的早期阶段缺乏学习机会，延期的学习可能并不能对此提供补偿。在工业国家中，接受基础教育的真正权利是能够得到保证的，越来越多的人认识到，这一权利还包括在技能过时的情况下获得相应的再培训权利。技能过时可能由于技术进步引起，也可能发生在长时间中断就业后重返劳动力市场之时。类似地，一些工业国家（主要在欧洲）的法律和集体协议中都规定了劳动者有权要求雇主为脱产培训和教育支付报酬。

粗略地看，其实不难理解为什么要将终身学习作为高技能、高工资就业战略的一个要素加以推广，原因是高技能的劳动力比低技能劳动力更加灵活，更容易适应结构变革。于是可以推知，相对于受教育水平低的劳动者，高技能劳动者在利用新机会时更有优势。高技能劳动者失业的几率比低技能者低，而且就算失业了，与缺乏社会所需技能的人相比，拥有合适技能的人能够更快找到新工作，社会成本也较低。因此，技能的形成和调整应当成为就业战略的一部分。此外，因为劳动者技能为其他生产要素带来了规模经济，所以高质量的劳动者往往生产率较高，能够给他们自己（Schömann，1994；Tuijnman，1989）、工作环境（Steedman and Wagner，1989）及整体经济（Barro，1991；Lee and Lee，1995；Lucas，1993）创造更多的附加价值。一个增长的经济体相对于增长缓慢或有衰退倾向的经济体能承受更高的工资，并且，虽然结构重组会减少工作岗位，但一个增长的经济体能够创造出更多新的、高报酬的工作。在国际资本投资的竞争方面，一支高技能的劳动力队伍也是一种优势。因而，技能的形成和调整应当成为高工资国家所面临的政策选择的一个显著特征。

本章的分析着重关注以下问题。第一，技能的形成是关乎全体劳动力的重要问题，而不只是针对青年和新进入劳动力市场的群体。第二，终身学习意味着从教育到学习的转移。第三，技能的形成使人们开始关注学习和素质开发市场的建立及运作。最后，技能的形成意味着需要在终身学习的框架内加强教育、培训和就业政策之间的联系。基于以上推理，人们对于终身学习这一理念似乎有着很多的期望。但终身学习究竟是什么？它在高技能、高工资就业战略中处于什么地位？终身学习对于教育政策、劳动力市场政策及社会保险政策有何意义？

在这一章中，我们将通过对终身学习的概念、原理和政策目标的回顾，从劳动力市场政策和教育政策的角度来讨论这些问题。第 1 部分我们考察终身学习的定义，第 2 部分描述与技能的形成和终身学习有关的政策目标。接着在第 3 部分，我们将回顾经济理论及劳动力市场理论，检验当前提倡终身学习成为高技能、高工资就业战略关键要素的潜在假设。第 4 部分是关于终身学习政策效率和效果的研究综述，其中包含有对组织要素的考虑。第 5 部分引用相关研究，充分支持了终身学习的累积假设和性别分割的参与模式。最后，我们将在第 6 部分讨论终身学习对政策制定者及参与政策分析评估的研究人员的意义。

1. 终身学习的概念

一般来说，传统的、集中于生命早期阶段的学习方式主要局限于教育系统中的义务教育和高中及以上阶段的正式教育，而终身学习的思想所持的基本观点与这种传统的教育培训组织原则刚好相反，它认为应该将学习看作一个基础的、贯穿一生的人的发展过程(Faure，1972)。可能是由于人们越来越多地认识到终身学习的经济价值，因此除了政策制定者以外，现在这一原则也得到了越来越多其他人的认可。

终身学习说明，学习贯穿整个生命过程，并不局限于某个特殊的年龄段，也不仅仅是由教育机构所提供的教育。所以，终身学习的概念既包括正式教育这种系统性组织起来的学习活动，也包括非正式或非正规环境下的学习（Colletta，in press；Coombs，1973）。既然正式教育指的是任何由学校和其他教育机构提供的有组织的、系统的教育，那么非正规教育可以定义为在正式系统以外发生的任何有组织的、系统的教育活动。相比之下，非正式教育指的是持续一生的经验上的、开放的学习过程——一个从经验中，从所处环境的学习资源中，以及通过独立自主的学习，以非正式的形式获得某些价值观、态度、技能和知识的过程。

终身学习是一个意义广泛的总体概念，它有许多内涵。普及教育、正式的学校教育、成人教育、自主学习、继续职业培训、在职培训、工作场所的非正式学习以及面向老年人的社会教育都是终身学习的具体要素（Sutton，in press）。因此，终身学习作为一种概念，包括从婴儿到成年的所有学习活动，不管这些学习活动是发生在家庭、学校、职业培训机构、大学、工作场所还是整个社会。其价值在于，它对教育政策中将机构和年龄标准作为界定因素的做法带来了挑战，但也导致了一个问题：终身学习更多地代表了一种基于人本主义原则的哲学和理想，而不是具体的政策战略，因此迄今为止它还没有准确的定义。因为这个概念不能在准确的、可操作的层面上给出定义，所以政策分析和政策评估不能对它进行直接测量。当然，这会给政策分析家之类的人带来一个严重的问题，即限制了他们考察和理解当前终身学习有关建议的能力。有些人之所以声称终身学习是解决各种社会疾病和经济问题的万能药，是否正是因为这一术语没有准确的、可操作的定义，从而对它进行测量和评估也特别困难呢？

为实现相同的政策目标，不同的社会依靠不同的制度安排，因而在各社会之间就学习过程进行比较只有在考察终身学习这种广义的学习和教育的情况下才有意义。终身学习活动有几种不同的分类方法。一种是按学习机构的类型分类。正式教育、非正式教育和非正规教育已经成为一种常用的分类。还可以按公共支出或私人投入对学习活动的负担程度，以及营利与否进行划分。但是用两分的两类变量来描述终身学习几乎是不可能的。例如，很少有项目完全只有公共或私人成分的投资。使用连续变量这一事实表明，我们已经承认了许多终身学习机会的提供者仅仅是在分类标准的程度上有所不同。要判断一条标准是否有价值，其首要条件是：原则上，相关的供给方必须在这个变量上有很大的变异。因此，我们可以从多方面来研究提供终身学习的机构，包括它的规模、招聘战略、考核措施、员工概况、教学特征、成本分担、开支和收入以及社会参与度等。从学习者的特征出发，也可以得到另外一组相关的变量，如：初始受教育水平、年龄、性别、民族、家庭构成、就业情况、职业地位、收入情况、属于动机导向型还是闲暇导向型抑或职业导向型。

其中后一种分类方法与本章的目标密切相关。终身学习活动可以分为两类，每类分别与特定的政策目标相关联。第一类是指，为了个人发展、消费和充实闲暇而设计的学习项目。第二类是与当前或将来的就业相关联的学习项目。前者可称为“消费性学习”，后者可称为“投资性学习”。虽然区分消费性学习和投资性学习是重要的，但这个两分法的实际用途却非常有限。有无数的例子都可以证明，学习活动的投资部分和消费成分是不可分割的。事实上，许多国家废除了有关脱产教育付酬或不付酬的立法或集体协议，这也承认了上述区分的困难。此外，我们难以预测哪些知识和技能在未来是有用的，这也是一个问题。因而，尽管学习的回报不确定，但所有的学习从广义上说都是一种投资。

尽管存在这样的困难，但关于在高技能、高工资就业战略的背景下，终身学习有助于实现哪些政策目标，以及如何对这些政策目标进行概念化，这种分类能够提供一种理论方法。对于政策制定者而言，正是与投资相关的视角——该视角认为终身学习是一项在经济上有用的活动——才使得终身学习成为教育政策和劳动力市场政策的目标。投资假说认为，技能形成过程所付出的成本将通过未来的个人收益和社会收益得到补偿，这些收益可以由个人生产率的提高、经济增长的加快或劳动力市场灵活性的提高等来衡量。要实现灵活性，市场参与者必须训练有素，能利用新式经济活动（包括自我雇佣和新的职业领域）中的工作机会。终身学习的概念使我们开始重新思考前期的教育培训和后期的学习活动之间的联系。它强调了继续培训和继续教育与接受基础教育和学习基础技能之间的互补本质，并认为学习如何学习应该成为前期教育和培训的核心。

2. 终身学习的政策目标

人力资本理论产生于三十多年前，它一般把人力资本投资看作一个重要的政策目标，自那以后，教育和经济的联系不仅变得更复杂了，而且根据 OECD（1994a，1994b，1994c）的说法，二者之间的联系比以往任何时候都更紧密。教育的经济价值的增长归功于许多因素的影响。生产、通信和运输方面新技术的应用为世界贸易和投资资本的流动开辟了新的通道，国内和国际市场的竞争也变得更加激烈了。还有一些相关因素是由宏观经济环境的变化引起的，而不是变化的起因，例如，产品的进一步专门化、收入差距扩大的趋势，以及工作稳定性的降低。

上述发展变化使我们开始关注某些欧洲国家相对于它们的主要竞争对手在劳动力市场结构以及经济体制方面存在的问题。《OECD 工作研究》一书中也描述了这样一些问题：公共部门和私人部门经济活动的失衡，高失业现象（特别是对于青少年和年轻的成年人），私人部门所创造的工作岗位少，生产率低，经济增长慢，等等。此外，在大多数欧洲国家，长期失业所占比例逐渐上升这一现象也应当引起关注，因为它增大了产生社会排斥问题的风险。

可以认为，持续的失业反映出一国不能适应和充分利用全球贸易新形势所带来的机遇。缺乏适应环境变化的能力，部分是由过去的宏观经济政策引起的，例如有些国家长年实施高预算赤字政策，或依赖于工资结构在微观层次的激励效应。劳动力市场政策有助于适应能力的培养。但是，教育培训制度的刚性抑制了投资激励和学习的高绩效，扰乱了市场信号，导致学校和工作场所之间的差距难以消除。这有可能会限制社会的适应能力。

利用新经济环境的最好途径就是加强企业和劳动力市场对变化做出调整的能力，提高它们的生产率及创新的资本化。这首先决定于：政府组织有利的宏观经济环境的能力，企业有效地组织生产和做出正确的商业决策的能力，工作团队在复杂的生产过程中增加价值的能力，以及个体劳动者有效率地开展工作任务，有效地思考、创新和学习的能力。很明显，能力的含义比知识更广，它不仅与个人有人，还涉及团队、工作组织、政府及全体社会。这里的分析所指的正是终身学习，因为它被认为是技能形成的灵活战略的代表，并且我们希望通过它来削弱基于学校教育传统的、结束于生命早期阶段那种模式的主要弊端（OECD，1994c）。事实上，终身学习从各个层面上对正式教育系统的目标、结构、内容和教学方法等都提出了质疑。

因此，终身学习的首要政策目标就是提高生产率，并且通过在整个学习过程中为提高生产率而进行的持续付出，就可以在不同程度上达到这个目标。与生产率的提高密切相关的是工资的增长，也就是保持高工资水平而避免年龄—收入曲线呈现典型凹形图像的策略。但在考虑劳动收入之前，我们需要考察进入劳动力市场时的职业选择问题。因此，终身学习的目标是促进职业流动和劳动力流动，以克服劳动力市场的结构惯性。这一目标具有职业特殊性。这种劳动力市场的结构无效率可能是由男性和女性的刚性职业隔离造成。导致这种无效率的另一个因素是，不支持或不参与终身学习的人遭遇失业和停留在失业状态的概率不同于参与者。终身学习的政策目标首先需要关注公平，如辍学者获得再次教育或培训的机会，职业生涯中断或长期失业后再次融入劳动力市场的机会。类似地，有人认为，终身学习政策能够缩小生命过程中工资或收入的不平等。在本章的第 3、第 4 部分，我们将根据某些评估研究，对这些政策目标加以讨论。

3. 劳动力市场理论与终身学习

从上文可以看出，人们近来对终身学习产生的兴趣反映了政策环境的变化，同时也反映了理论的变化。例如，当前人们对终身学习的经济角色的看法就受到了“新增长理论”的影响，这一理论的代表论文有 Romer（1986）、Barro（1991）、Levine and Renelt（1992），以及 Lee and Lee（1995）。新增长理论对新古典生产函数的某些部分进行了重新概念化，但更加强调“无形”要素的作用。这些要素统称为“知识”，作为外生变量进入生产模型。因而，该理论认为，知识要素为其他生产要素带来了规模经济。这样，仅考虑原始生产要素的最优化是不够的，还需要在知识投资的回报递减很快的情况下，考察它们的最优分配。

知识和能力有很大的关联性，但它们并不完全相同。能力的概念更广，因为它包括组织知识的能力，以及在具体的环境中和需要的时候应用知识的能力。能力这一概念强调无形资本的三个重要组成部分：对知识、组织和创新的应用。因而，能力不仅指人力资本，还包括主要存在于人与人关系之中的社会资本和文化资本。如果说知识是教育系统的一个重要产物，那么能力就是技能的形成过程中所追求的标准。政策思考从“结束于生命早期阶段”的教育转向终身学习，反映了政策制定者重新定位教育系统，使之从生产知识向生产能力转变的愿望。由于能力的含义来自应用背景，因此这个术语还要求人们关注作为劳动力市场和技能形成过程之间桥梁的筛选和过滤机制。能力的这个意义与新增长理论中所强调的分配是一致的（Eliasson，1995）。

从经济学的角度来看，技能的形成涉及一个问题，即如何将稀缺资源分配到一个以生产能力为目的的学习过程中。学习过程可以用教育生产函数来表示，它是一个把投入与产出联系起来的数学表达式。这个函数中包含有许多要素。例如，投入要素中经常会涉及货币资本、人力资本和物质资本等项目，而产出往往衡量的是教育成果及不同的技能、价值观和态度。因而，要使技能的形成过程具有成本有效性，关键在于找到转换或替代资源的有效方式。之所以提倡终身学习，是因为我们相信它能提供一个灵活有效的技能形成过程的组织方式，进而形成高技能、高工资就业战略所需的人力资本、社会资本和文化资本。但这里也存在许多问题，其中很重要的一个就是，货币资本在转换为人力资本、社会资本和文化资本之后，要以生产率增长、经济增长及创造出高工资新工作的方式得到回报，通常需要经过很长的时间。

随着企业和劳动力市场的变化，一些工作会过时，同时也会出现一些新的工作。那些想在这种结构变革中扮演积极角色的雇员就可能要多次改变工作。一些大企业可能会通过对内部某些职业生涯进行重新定位来把握这种结构改革。然而，对大多数雇员来说，这将意味着更加频繁地更换雇主，因此他们需要获得新的能力来填补新的空缺。这种环境也就要求员工有终身学习的能力和意愿。尽管这种环境只能在一定程度上影响学习能力，但是在影响人们学习的意愿或者创造足够且合适的学习机会方面，它的作用都是无限的（Smith，1992）。在这两种情况下，激励都扮演了非常重要的角色。激励体制刺激了能力的发展，其核心是劳动力市场能对能力进行有效的评估和定价，所以能力市场为技能的形成和劳动力市场提供了概念上的关联（see Eliasson，1995）。

考虑到上面定义的政策目标，相关的理论有三个：人力资本理论、筛选或过滤理论和工作匹配理论。筛选理论和工作匹配理论密切相关，两者都对一个简单的观点——对技能的形成所进行的投资与劳动者的生产率之间是否存在线性关系——提出了质疑，因为这种投资也可能导致过度的学校教育。虽然个体还是会从过度的学校教育中得到正的回报，但成本可能超过回报，尤其是从整个社会来看。如果以同龄人群中接受高等教育人数的增长百分比来表示学校教育的过度，那么它还会降低个体的教育回报。将教育的正向个体回报与许多人同时追求高等教育所带来的总的负效应进行对比可知，那些投资学校教育的人还是享受了些许正的净效应（Schömann，1994），这说明，教育和个人收入之间存在非线性关系。

人力资本方法以个人收入作为标准，因而强调教育的个人收益。它认为教育和生产率之间有直接的关系：受过良好培训的劳动者能够得到高工资，是因为培训增强了他们的能力，从而提高了他们的工作效率。该方法假设存在三种关系：技能的形成对能力的发展有影响，能力对生产率有影响，而生产率对收入有影响。基于这一视角开展的研究集中关注教育和个人收入的关系，教育与生产率的关系则被视为理所当然成立的。

筛选或过滤观点对能力与收入之间的关系所持的看法与人力资本理论不同。它认为，人们之所以对技能的形成进行投资，是因为他们获得的资历能够说服潜在的雇主，使他们相信拥有这一资历的人拥有某些稀缺技能，以及其他一些个性特征，如积极性和坚持不懈的毅力，从而可能在特定岗位上比那些缺乏这些特征的竞争者拥有更高的生产率。因此，对终身学习活动的参与作为一种手段，可用来识别和甄选期望边际生产率较高的劳动者。按照这个观点，技能的形成和收入之间关系的产生基础不是生产率本身，而是自我选择。因此，技能的形成和它的直接结果，即终身学习，不一定代表着对能力的一种战略投资，因为它的目的也可能是在信息贫乏因而不完善的劳动力市场中使信号加强。

信息是筛选理论和工作匹配理论共同的核心变量，所以这两种方法是密切相关的。筛选理论强调个人的比较优势，个人掌握着关键信息，而雇主缺乏这种信息。工作匹配理论认为，劳动者和雇主都可以从劳动者参与终身学习活动的事实中获得有用的信息。双方都可以利用这种信息，来改善劳动者所拥有的技能与工作所需要的能力之间的匹配。它的核心假设为，终身学习对生产率有正效应，因为它不仅提高了与绩效相关的能力，而且提供了将正确的人分配到正确的岗位上的信号。只有当这种信号改善了雇员的工作匹配，并且雇员确实将新的能力应用于工作岗位之后，生产率才会增长。但如果终身学习扩大了劳动者能力和工作所需技能之间的差距，那么它对生产率的影响可能是零，甚至是负效应。

筛选理论认为，与雇主合作或者由雇主部分资助的终身学习，在开展之前存在一个选择过程。通常需要从企业雇员的潜在参与者中选出一部分人参与终身学习，这样，为了得到经济资助的回报，雇主希望能够参与这一选择过程。通过学习能够获得相关技能，这是一种投资，在投资回报的分享方面，企业可能还要进行第二轮筛选。有时候，培训课程可充当“评价中心”，具有对雇员的生产率进行评价的功能，其中某些雇员可能是为特定的内部职业生涯而挑选的。这种情况下，学习速度就可能在不同程度上成为企业中某些更高职位的甄选标准。这个例子只是证明，并不是所有以终身学习投资的名义进行的学习活动都会对所有的参与个体产生积极效果。另一方面，雇主可能将终身学习活动作为一种边缘福利奖励给雇员，这种福利强调消费方面，特别是对于那些没有确定预期用途的课程而言。

4. 有关终身学习的研究

有关终身学习的理论已经够多了，但是在终身学习满足多个政策目标、实现高期望的同时，研究证据对它的效率、效果及公平效果是如何评价的呢？在这一部分中，我们将回顾对终身学习的一阶效应和二阶效应进行测量的相关文献（see also Tuijnman，in press）。在涉及上述六个主要政策目标的相关研究中，终身学习一般作为自变量出现，但也有少数情况下被作为因变量。

4.1 终身学习与职业地位

许多研究都支持以下假说：对于受教育水平和工作经验相似的劳动者，终身学习能够在很大程度上为他们的劳动力市场地位差异提供解释，这即使在认知能力、成就动机和个人工作经历等其他变量保持不变时也成立。瑞典的研究发现，初始学校教育对职业地位的直接影响在一个人 30 岁时达到最大值，然后逐渐减弱。相反，继续教育和培训的作用随着职业生涯的发展而不断累积和增强（Tuijnman，1989）。随着劳动者年龄的增长，学校教育的作用逐渐被继续教育和个人工作经历所削弱。对于 50 岁以上的劳动者来说，继续教育对职业地位的影响就已经超过了初始学校教育。Bishop（1991）还发现，相比于在职培训和工作场所中的非正式学习，与工作相关的正式培训导致了更大的职业流动性。可能的解释是，从正式教育中获得的能力比在岗位上以非正式形式获得的能力更容易得到承认并作为信号来使用。这种解释对工作流动的意义在于：不太正式的学习一般是在职完成的，且没有证书，所以其他的潜在雇主很难对它进行评价，因而更可能导致劳动者对一个企业的依赖。

4.2 终身学习与劳动力流动

终身学习、就业稳定性和内部劳动力市场之内及之间的职业流动，此三者之间的关系是一个重要的问题（Gehin and Méhaut，1993）。终身学习通常被当作增强就业稳定性和促进流动的手段。然而，有证据表明，这两个目标是有冲突的。从理论上预测，企业特殊培训能改善就业稳定性，因为这些技能是企业运行的核心；相比于只有普通技能的劳动者，掌握特殊技能的劳动者在经济困难时期被解雇的风险更小。但是，由于受过培训的劳动者辞掉工作的机会减小，因此企业特殊技能的形成也可能意味着工作间的流动（Mincer，1987）。而较为普通的能力则能促进内部劳动力市场之间的流动。企业从技能的形成中得到的回报取决于劳动者在接受技能培训后留下来为雇主服务的时间长短。因此，企业会在留下来的几率较大的那些劳动者身上投入更多的资本。事实上，对这一几率的最好预测有两个，一是在同一企业内的任期，二是企业培训的参与情况。一般而言，在一个企业中工作年限较长，能够明显提高一个人参与继续教育和培训的可能性（Schömann and Becker，1995）。

接受了企业教育的员工在接受这种教育之前，平均流动率就比其他劳动者低，并且他们的流动率会因这种教育而进一步降低（Mincer，1989）。就业稳定性显然促进了为形成技能而进行的投资，并且由于雇主和雇员都试图使他们的回报最大，因此这种投资反过来又促进了就业的稳定性。这是一个重要的发现，它对过于简单化的“欧洲硬化症”观点提出了质疑。“欧洲硬化症”观点认为，低的工作流动率和不灵活的劳动力市场抑制了欧洲的经济活动。事实上，如果雇主和雇员双方都愿意开展终身学习，则更可能形成更加长久的雇佣关系。类似地，在工资和就业制度以资历工资和长期雇佣关系为基础的社会中，如果实施大规模的终身学习项目，那么大龄劳动者将可能持续地保持高生产率。

4.3 终身学习的性别观点

大量证据表明，女性在其职业生涯中进入和退出劳动力的频率比男性高，因而平均就业时间比男性短，进而影响她们参与终身学习活动的情况。如果雇主认识到女性在接受继续培训后辞掉工作的可能性比男性大，那么他们就可能偏好于选择更多的男性参加培训项目。结果就产生了某种形式的对女性的“统计性歧视”。这一假说得到了许多研究结果的支持（Mahnkopf，1991；Schömann and Becker，1995）。在同一企业中的就业期限是能否参与培训的首要甄选标准。在20世纪70年代晚期和80年代早期以前，通常还把受教育程度当作终身学习的另一个性别差异因素。但是在那以后，不同性别的受教育程度和年限逐渐均等化。因而，在与工作相关的终身学习中，初始教育程度给女性带来的劣势越来越少。另外，评估研究中也应该关注职业选择机会的性别差异，以及带有性别偏好的教学课程资源所带来的影响。

对于那些技能投资成分很高的终身学习，女性的职业隔离减少了她们的参与者人数。例如，大多数国家中，高科技、资本密集的产业部门一直非常重视组织内部的继续学习，但是，女性在这些部门中所占的比例一般较低（Gehin and Méhaut，1993）。一般来说，公共部门的内部培训机会相对公平一些。但是在使用配备给培训中心或直接补贴至个人的公共基金时，并没有考虑到改善不同性别之间的分布问题（Schömann，1993）。在评估终身学习时，我们应该更加重视基金和培训场所的公平分配。虽然这些研究结果主要针对的是欧洲国家，但美国最近的证据也表明，接受培训的男性能够从更长的就业期限和更高的培训强度中受益，女性则由于缺乏接受公司培训的机会而往往选择脱产培训（Veum，1993）。

4.4　终身学习、就业与失业

一般来说，初始受教育水平越高，失业的概率就越低（OECD，1994c）。事实证明，这个规律也适用于继续教育和培训（OECD，1991a；OECD，1991b）。相对于没有接受培训的员工，那些受过技能培训的员工表现出较低的失业概率。Mincer（1987）观测到，与受过16年及以上学校教育的劳动者相比，学校教育年限低于12年者的失业可能性增加了170%，失业的持续时间也延长了30%。并且，受教育程度高的劳动者更可能在受雇佣的同时搜寻新工作，因而降低了搜寻成本；他们对信息的获取及处理也比受教育程度低的劳动者更有效率；雇主和受教育程度高的劳动者也都会付出更多的搜寻努力来填补技能要求更高的职位（Berryman，1995）。因为这种教育对就业地位的影响是独立于初始学校教育的，所以它还能巩固甚至加强劳动者与劳动力市场的联系。因此终身学习增强了就业能力，降低了失业的可能性，并减小了一旦被解雇就长时期处于失业状态的几率。

研究表明，各种形式的培训都能有效地延长就业期，缩短失业持续时间。通过对就业人员的转换率模型进行估计，我们发现，在职培训一般能延长某些事件之间的时间跨度。在Breen（1992）的研究中，这样的事件包括找到新的雇主从而变换工作，以及失业。这就支持了在职培训能降低失业风险，以及劳动力市场政策具有预防作用的观点。更常见的观点认为，继续培训政策具有补救作用，从而鼓励劳动者在失业后马上接受培训。有一项纵向研究讨论了培训项目对脱离失业状态的影响（Korpi，1994），结果表明，培训对随后的连续就业时间具有正向作用。以上结论说明，终身学习能够（至少可能）有效地降低弱信息劳动力市场中的失业压力。

4.5　终身学习与生产率

生产率可以由一个经济体的总产出来衡量，也可以由一个行业或一个具体的工作场所或单个劳动者的产出来衡量。微观层面的研究关注技能的形成所带来的益处，尤其是那些对个体有意义的变量，例如，能否得到资格证书，能否提高生活满意度、改善就业机会，以及提高收入。宏观层面的研究关注的则是技能的形成对劳动力供给和需求、内部劳动力市场的运作、生产率及总体经济增长的影响（see Dougherty，1992）。

在研究受教育程度和总体经济增长之间的关系时，我们经常会遇到概念和方法论的问题，这些问题限制了我们能够得出的结论。然而，近期的增长核算研究（Barrro，1991；Englander and Gurney，1994；Jorgenson and Fraumeni，1993；Levine and Renelt，1992）都表明，1960年至80年代中后期，受教育水平和人均GDP的平均增长率之间存在统计上显著的相关关系。Lee and Lee（1995）通过引入衡量人力资本的变量对这些估计进行了扩展。他们用中学生的理科测验分数间接衡量了初始的人力资本存量，这项测验由国际教育成果评估协会（International Association for the Evaluation of Educational Achievement，IEA）于1983—1984年实施。该研究覆盖了17个国家，结果与以往的研究一致，但是以往的研究中只粗略地测量了入学率或学校教育年限，以此作为经济增长的一个重要因素，而Lee and Lee的这项研究使用的是学生成绩。以上研究结果强调了教育系统的组织方式和有效性、学校的课程安排、教学体系，以及学生的天资对于经济增长的重要性。但是，这些研究还是无法比较继续教育培训与学校教育或早期高等教育的总增长效应。

一些研究考察了技能的形成对企业生产率的影响。这些研究可能涉及的衡量指标有：企业的营业额乘以营业额中相关部门的增加值所占的平均百分比，劳动者所引起的年增长营业额，产量增长减去劳动量增长，盈利能力，以及市场份额随时间的变化。有些研究使用了匹配企业样本，这些企业虽然位于不同的国家，但研究者对它们按产品类型和营业规模进行了匹配，并在考虑了一系列环境变量的情况下，比较了相似工作团队的劳动生产率（Prais，1989；Prais，Jarvis and Wagner，1989；Steedman and Wagner，1989）。这些研究都发现，英国企业和工作团队比德国的生产率低，这一现象可以由技术和劳动者资历方面的差异来解释。

关于继续教育和培训与企业生产率之间关系的研究通常强调企业特殊培训的作用。Blakemore and Hoffman（1989）和Bishop（1990）等研究发现，培训力度与产量之间存在正相关关系。技术变革也是一个重要因素，因为在生产率增长高的行业中，创新和技术变革的速度也比其他行业快。与低增长部门相比，高生产率、高工资的部门倾向于招聘受过良好教育的劳动者，在培训上的投资也更多（Gill，1989）。它们还在招聘时将劳动力市场新进入者或跳槽者接受培训的能力作为首要的甄选标准（Schömann，1994）。另外，由雇主提供的培训，能够大幅提高工资水平，这种培训经常为那些面临复杂竞争市场环境且内部结构明确的大公司所采用（Knoke and Kalleberg，1994）。但很少有研究表明，培训投资能够直接影响企业产出。当然也有例外，例如Barron，Black and Loewenstein（1989），Bishop（1987）和Mendes，Cohn and Kiker（1989）发现，培训对企业的劳动生产率有显著影响。Barron et al.（1989）发现，培训投资增长10%，可以导致劳动生产率增长3%。如果培训可以提高劳动者的生产率，那么它也可能影响企业的总产出。

4.6 终身学习与工资增长

人们通常认为，教育和个人收入之间的正相关关系是劳动生产率差异的表现，并且这种生产率的差异取决于受教育水平。然而，一些微观层面的研究发现，用受教育水平得到的预测收入并不等于边际产品的实际价值（Bishop，1991；Brown，1989）。隐性工资合同理论从员工和雇主之间风险分担的角度对此进行了解释。另外一种解释则认为，雇主因为承担了特殊培训的大部分成本，所以支付给劳动者的报酬低于边际产品价值。既然特殊培训的附加价值可能大部分归雇主所有，那么以生产率增长衡量的回报应该大于雇员工资增长所反映的回报。

Blaug（1976）和 Psacharopoulos（1987）对工业国家的平均年龄—收入曲线进行了研究，结果发现，正式教育和劳动收入的相关关系逐渐增强，到 40～45 岁之间的某一点达到最大，然后减弱。并且，初始受教育水平越高，达到峰值的年龄通常就越大。这个结果可以说是对边际生产率递减的反映，并且与受过良好教育的劳动者相比，受教育水平低的劳动者的生产率贬值更早。在评估正式教育对晚年收入的影响时，更可能出现的情况是，正式教育的影响被其他变量所削弱。这些变量包括以前所处的职位或通过继续教育得到更高水平的教育证书。有证据表明，技能的形成也反映在正式教育和劳动收入的相关程度中：与没有接受培训的劳动者相比，接受过额外培训的劳动者的收入能力转折点出现的年龄较晚（Mincer，1991）。继续教育和培训对收入的累积效应似乎是随年龄增长而增长的（Brown，1989；Tuijnman，1989）。

关于正式教育个人回报率的估计在各国间达到了高度的一致（Psacharopulos，1985）。绝大多数工业国家中高等教育的回报都与美国相似。美国在 20 世纪 70 年代的个人回报率是 6%，到 80 年代中期上升至 7%～11%（Cohn and Geske，1990）。研究还发现，不论在发达国家还是发展中国家，向年轻劳动者提供培训所能得到的回报至少可以与高等教育持平（Bishop，1991；Brown，1989；Lillard and Tan，1986；Psacharopoulos and Velez，1992）。

Mincer（1991）重新分析了美国七八十年代的数据。假设折旧期限为 8 年，他发现，一年的成人教育培训给男性劳动者总体带来的回报是 23.5%，对新员工是 26.5%，对大龄组是 37.5%。如果培训投资在 25 年内偿清，相应的估计值分别变为：12.8%，16%和 26%。因此，成人教育的个人回报率比学校教育和高等教育都要高。Mincer（1991）得出的结论是：

> 采用几组不同的数据对培训给劳动者带来的回报进行估计，得出的回报率范围似乎超出了通常观测到的学校教育投资的回报率。引入劳动者在企业内的工作年限数据后，即使面临着平均的劳动力流动，培训对企业而言还是有利可图的。这里计算出来的回报率已经很大，可能足以说明培训投资相对于学校教育投资的不足（pp. 35－36）。

Tuijnman（1989）发现，一旦等式中的职位等级保持不变，继续教育和培训对个人收入的直接影响就变得统计上不显著了。但是，继续教育通过职位等级对收入的间接影响仍然表现为显著的正效应。这一发现可以由工作匹配理论来解释。该理论认为，继续教育只有在劳动者的生产率提高时才能增加收入。因此，个人的工资取决于个人是否成功地利用证书或其他手段向雇主发出信号，个人能否在工作岗位上有效地利用新技能，以及生产率的提高能否被察觉以保证更高的报酬。

集中考察微观层面的研究通常无法观测到一个干预过程，即集体协议的存在。集体协议将继续教育与一个企业或行业的职业阶梯中的职位直接联系起来（Mahnkopf，1991；

OECD，1991a）。如果这样的协议确实存在，那么学习与高报酬或向上的职业流动之间的关联本身就是协议的一部分。特别是在社会主义国家，决定获得培训资格的甄选程序非常严格，所以这种技能证书就已经与岗位晋升和高工资直接挂钩了（Schömann，1994）。在这样的就业体系中，工资不再取决于受教育水平，而是取决于继续教育所引起的受教育水平的变化，不论这种继续教育发生在企业内还是在转换工作之时。

近来，有些研究对继续培训的甄选过程进行了估计（Schömann and Becker，1995），并对这一甄选过程如何影响工作转换后的收入和内部职业生涯进行了考察（Becker and Schömann，in press），发现该过程在男性和女性之间存在差异。这些研究首先评估了甄选机制，然后分析了培训的甄选机制对随后收入的影响，结果表明，它能够促进男性的内部职业晋升以及他们向内部更高工资职位的工作转换。相反，女性虽然也会充分利用培训的甄选作用，但她们往往仍然留在原来的岗位上。

筛选理论预言，教育的个人回报大于社会回报，并且这种不平衡在继续教育和培训中比中学教育和高等教育表现得更加明显。一般的假设是，与义务教育的差别越大，社会回报率相对于个人回报率就低得越多。但因为劳动者通常对继续教育或培训几乎没有投入，同时，在形成技能的直接投资成本中，企业和社会补贴了其中很大的一部分，所以个人回报也可能比社会回报要高。遗憾的是，几乎没有证据支持或反驳这一假设。

4.7 主要研究结果摘要

政策评估是一个很大的研究领域，一些研究者已经对这方面的主要研究结果进行过回顾（Berryman，1995；OECD，1994c；Tuijnman，in press）。首先，失业的概率与受教育程度有关。劳动力市场中资历最差的劳动者比受过良好教育的劳动者失业风险更高。这种关系涉及终身学习，因为，参加继续教育尤其是由雇主出资的培训的劳动者经历失业的次数更少，并且失业持续时间更短。反过来，与受过良好教育的劳动者相比，受教育水平低的成人较少参加自主终身学习，从雇主那里得到的培训也较少。对于竞争部门特别是技术密集部门的行业或企业来说，通常技术性较强，就业量也在不断增长，它们比动态性较差的经济活动部门对劳动者的受教育程度提出了更高的要求，在终身学习机会方面做出了更多的投资，并支付更高的工资。因此，虽然许多成年人可以利用面向他们的终身学习机会，但是面对“技能形成”市场的开放和刺激，劳动力中受教育水平低、经验少的大龄劳动者的劣势也越来越明显，因为他们的学习机会和动机都很有限。

最后，收入和受教育程度显著相关。资历差的劳动者的收入比资历好的劳动者低。初始受教育水平越高，个人和雇主就越会继续投资于教育和培训，这反过来又能增强就业能力，提高生产率，增加劳动收入。然而，以上研究结论对终身学习战略的作用提出了很多关键的问题，例如，提高劳动力中资历最低者的生产率和工资，提高在工作条件较差的临时岗位上工作的劳动者的生产率和工资，或者提高少数族裔劳动者的生产率和工资。这些将在下一部分阐述。

5. 关于补偿和累积的研究

这部分介绍终身学习补偿和累积假说的相关研究证据（Tuijnman，1991）。从补偿观点来看，提倡终身学习是因为它给低技能劳动者一个更新与拓展技能、获得新资历的机会，可以补偿和抵消初始受教育水平低给他们带来的劣势。虽然累积观点并没有否认终身学习战略创造机遇和二次机会的价值，但相对于补偿观点，它还是比较悲观的。累积观点认为，至少在没有“纠正性”政策干预时，终身学习对平等机会战略不可能有任何贡献，因为终身学习对生命周期内累积学习经历的影响过程注定要以不平等的家庭教育和学校教育为背景。而且，需要对这个领域的政策干预进行严格的监督和评估（Schömann，1993），才能评价终身学习政策是否得到了公正的实施。除非对公共基金的项目目标（如覆盖到少数族裔、长期失业者或女性）进行严格的监督，否则这些项目反而可能加强技能的累积，而不是对缺失技能的补偿。

累积假说可以看作对 Coleman（1990）提出的资源转换理论的拓展。转换理论预言，生命周期内学习经验的累积不是偶然的，而是由家庭资源的数量和质量，以及初始学校教育的水平和质量决定的。由此可推知，初始受教育水平越高，质量越好，在成人时期积累额外学习经历的希望就越大，新的学习经历影响工资增长的可能性也越大。

虽然也存在一些例外（例如，see van Leeuwen，Dronkers and Dronkers，1992），但已有的研究证据以绝对优势支持了累积假说。早在 20 世纪 70 年代，一些理论研究（如 Blaug and Mace，1977；Stoikov，1975）就对反复教育战略能否促进学习机会和教育的经济回报得到更加公平的分配进行了考察，研究中所担忧的事情现在似乎得到了证实。有些纵向研究（Schömann and Becker，1995；Tuijnman，1989）发现了支持累积假说的证据。横截面研究也一致认为，与受教育水平低的人相比，受过良好教育的人从终身学习中获益更多（Dougherty，1992；Lillard 和 Tan，1986）。OECD 在 90 年代初期收集的欧洲 10 个国家的数据显示，工作相关或职业相关的继续教育培训的参与人群中，以那些起初受过更好教育的、就业的或在劳动力市场中已经获得较好职位的劳动者居多（Borkowsky，van der Heiden and Tuijnman，1995）。表 15—2 反映了初始教育—工作相关的继续教育培训之间的关系。

表 15—2　　25～64 岁就业人口中在调查期内参与过工作或职业相关的继续教育培训的人所占百分比，按初始受教育水平分类

	ISCED2[a]	ISCED3	ISCED4	ISCED6/7
1 年调查期				
加拿大（1991）	19	25	38	44
芬兰（1990）	28	47	73	74
法国（1992）	20	31	58	39
德国（1992）	11	23	38	44
挪威（1992）	16	33	53	62
瑞典（1992）	21	34	49	57
瑞士（1992）	16	39	51	53
美国（1991）	10	30	49	56
4 周调查期				
丹麦（1991）	6	14	23	27
爱尔兰（1992）	2	4	8	9

续前表

	ISCED2[a]	ISCED3	ISCED4	ISCED6/7
西班牙（1992）	1	6	5	8
英国（1992）	4	10	19	20

a. ISCED代表国际标准教育分类体系。ISCED2表示已完成初等中学教育；ISCED3表示已完成高等中学教育；ISCED5表示已完成大学以外的高等教育；ISCED6/7表示已完成大学教育。

资料来源：National submissions of data to OECD，from "Indicators of Continuing Education and Training" by A. Borkowsky，M. van der Heiden and A. C. Tuijnman，1995，in B. Bucht（ed.），*Indicators of Education and Labor Market Destinations*，Paris：OECD，Centre for Educational Research and Innovation. Copyritht 1995 by OECD. Adapted by permission.

可以看到，终身学习的学习机会和实际参与模式并不能对初次进入劳动力市场时受教育程度过低的劳动者给予补偿，反而倾向于扩大劳动者之间的技能差距。毫无疑问，终身学习强化了雇员在受教育程度及成就上的早期差异，同时这种学习产生的积极经济结果也强化了与受教育程度的早期差异相关联的积极经济结果（Berryman，1995）。上文已经回顾过的劳动力市场理论和研究证据对这一发现给出了两种主要的解释。第一，可能是劳动力市场中自选择的结果，也就是那些在初始教育上投资较多的人在就业时依然重视教育投资。第二个可能的原因是，技能的形成并没有替代早期教育，而是与它形成互补，提高了早期教育的效率。自选择和互补性并不一定冲突，并且两者都有证据支持。

这些有何政策意义呢？如果在教育的生产中更多地考虑效率，那么政策就要在保持或提高产出的同时尽可能控制教育的成本。这样做的一种可能的方法是放松管制，从而集中精力激励个体对他们自己进行学习投资，排除学习障碍，并为习得的能力提供证明。但是这样的政策可能会扩大劳动者在学习机会和学习成果上的差距。虽然从劳动力市场的角度来看，就后天习得的能力所进行的社会分配是有效率的，但是它与推进社会平等的理念相违背（Eliasson，1995）。因此，政策制定者在终身学习的框架内寻求教育产出最优化的同时，还需要权衡它的潜在收益和风险。这样看来，从社会的角度出发，最合理的做法似乎是，政府对"技能形成"市场保持一定的控制，例如：控制学习的公平性，或者在社会各合作方之间或不同区域的执行层级中扮演协调者的角色，也可以启动并资助一些针对特殊弱势目标群体的项目。

政府实施的干预措施虽然可以减少"技能形成"的自由市场带来的不良副作用，但同时也限制了市场效率的发挥。因此，必须将针对终身学习的政策干预放在其他可能的干预政策所构成的大背景中来考虑，尤其是在劳动力市场和社会保险政策领域。我们需要保险，是为了使人们和企业免受市场失灵的不利影响，并防止对"技能形成"的投资不足。风险控制政策提出要建立一个更好的人力资本核算体系，因为教育和培训的缺乏是贫困和受排斥人群的唯一显著特征（Friedman，1989）。

要提高劳动力的适应能力和创新能力，政策至少需要从以下三个方面提供支持（Hirsch and Tuijnmann，in press）。第一个是明确地支持终身学习，要求教育培训系统不再依赖"集中于生命早期阶段"的供给模式。政策的第二个要素是，使技能的形成由原来的甄选排斥过程向全面推广的方向发展。这样做的目的是保证所有年轻人在离开教育系统时都拥有参加工作所需的最低通用资格和职业资格，并保证所有成年人都拥有参与继续学习的足够机会，而不论他们的就业状态、性别、年龄和民族背景如何。第三个政策要点是：

(1) 在对与“技能的形成”有关的资源进行分配时，摒弃原来的详细行政计划的方法；
(2) 加强激励，使得学习和能力开发尽量采取类似于市场的组织方式。

6. 对劳动力市场评估的启示

劳动者的技能是生产率和经济竞争力的重要组成部分，这一观点已经得到许多政策制定者和研究人员的认同。终身学习这一议题也因此在劳动力市场政策中受到了高度重视。对终身学习的兴趣源自技能对劳动力的适应能力和创新能力的影响。这个问题是关于 20 世纪 60 年代晚期以来欧洲经济的运行效果是否，以及为什么低于期望值的一场大争论的核心（见表 15—1）。

资本、劳动力和技术自 60 年代以来的累积投入没有对劳动力市场绩效和就业增长产生预期的效果，通过这一章的研究回顾，我们可以从技能没有得到合理分配和技能短缺的角度给出部分解释。虽然这种解释并不全面，但它使得人们开始关注某些无形变量在影响其他生产要素边际生产率方面的作用，这些无形变量包括劳动者的能力、信息、社会文化资本等。总之，技能的形成已成为欧洲就业问题论战的热点，因为至少有一些证据表明，能力确实给货币资本、劳动和技术带来了规模经济。

细心的读者可能已经注意到，我们在终身学习以及它在高技能、高工资就业战略中的作用等方面还存在许多知识空白。事实上，所有的分析是否成立都依赖于这样一个假设，即技能投资可以提高劳动者和企业的生产率。为了理解劳动者的能力能否、怎样、以何种程度影响他们的生产率，仅对受教育程度和收入进行研究远远不够。相反，我们需要直接去测量自变量和因变量。这一观点要求我们认真地分析技能和能力的构成维度，终身学习如何有助于劳动者获得技能和能力，以及这些技能和能力如何影响生产（Stern and Tuijnmann，1995）。此外，终身学习与政策的执行环境也有很大的关系。诸如学校毕业生的规模（Neuman and Weiss，1995；Schömann，1994）、技术进步速度等因素都是重要的干预变量，尽管它们为该领域的许多评估所忽略。

劳动力市场分析家一般用正式受教育程度作为劳动者知识和能力的代理变量。这种方法可能适用于某些情况，但如果分析的目标是在终身学习框架下评估技能形成的过程和结果，这种方法就行不通。许多研究者都认为，如果技能的形成从真正的终身角度来看是一种能够带来期望收益的稳妥投资，那么我们有必要构建新的人力资本核算理念；而要构建新的人力资本核算理念，我们需要对能力进行直接测量，对技能的累积和贬值进行估计（Vickery and Wurzburg，1992）。还需要计算不同层面的总结果，使用不同的方法手段，将得到的“经验教训”放在它们的制度背景中进行评判。这些信息也将为政策的制定提供更加可靠的理论基础。如果没有人力资本核算的新方法，政策讨论仍将依赖于关于技能的形成对竞争力和经济增长的贡献的假设，而这些假设由于缺乏数据而无法得到验证。

参考文献

Barro, R. (1991), 'Economic Growth in a Cross Section of Countries', *Quarterly Journal of Economics*, 56 (2), 404–43.

Barron, J. M., D. A. Black and M. A. Loewenstein (1989), 'Job Matching and On the Job Training', *Journal of Labor Economics*, 7 (1), 1–19.

Becker, R. and K. Schömann (in press), 'Berufliche Weiterbildung und Arbeitseinkommen—Eine Längsschnittstudie über den Einfluß beruflicher Weiterbildung auf Einkommensverläufe', Technical University of Dresden. (Unpublished manuscript)

Berryman, S. E. (1995), 'The Contribution of Literacy to the Wealth of Individuals and Nations', in A. C. Tuijnman, I. Kirsch and D. A. Wagner (eds), *Adult Basic Skills: Advances in Measurement and Policy Analysis*, New York: Hampton Press, pp. 18–32.

Bishop, J. H. (1987), 'The Recognition and Reward of Employee Performance', *Journal of Labor Economics*, 4 (4), Part 2, S36–S56.

Bishop, J. H. (1990), 'Job Performance, Turnover and Wage Growth', *Journal of Labor Economics*, 8 (3), 363–86.

Bishop, J. H. (1991), 'On the Job Training of New Hires', in D. Stern and J. M. M. Ritzen (eds), *Market Failure in Training? New Economic Analyses and Evidence on the Training of Adult Employees*, Berlin: Springer, pp. 61–98.

Blakemore, A. and D. Hoffman (1989), 'Seniority Rules and Productivity: An Empirical Test', *Econometrica*, 56, 359–71.

Blaug, M. (1976), *Introduction to the Economics of Education*, Harmondsworth: Penguin Books.

Blaug, M. and J. Mace (1977), 'Recurrent Education—The New Jerusalem?', *Higher Education*, 6, 277–300.

Borkowsky, A., M. van der Heiden and A. C. Tuijnman (1995), 'Indicators of Continuing Education and Training', in B. Bucht (ed.), *Indicators of Education and Labour Market Destinations*, Paris: OECD, Centre for Educational Research and Innovation, pp. 139–56.

Breen, R. (1992), 'Job Changing and Job Loss in the Irish Youth Labour Market: A Test of a General Model', *European Sociological Review*, 8 (2), 113–25.

Brown, J. (1989), 'Why Do Wages Increase with Tenure? On the Job Training and Life Cycle Wage Growth Observed within Firms', *American Economic Review*, 79 (4), 971–91.

Capelli, P. and N. Rogovsky (1995), 'Self-assessed Skill Needs and Job Performance', in A. C. Tuijnman, J. S. Kirsch and D. A. Wagner (eds), pp. 75–92.

Cohn, E. and T. G. Geske (1990), *The Economics of Education* (3rd ed.), Oxford: Pergamon.

Coleman, J. S. (1990), *Foundations of Social Theory*, Cambridge, MA: The Belknap Press of Harvard University Press.

Colletta, N. J. (in press), 'Formal, Informal and Nonformal Education', in A. C. Tuijnman (ed.), *The International Encyclopedia of Adult Education and Training*, Oxford: Elsevier Science.

Commission of the European Communities (1993), *Growth, Competitiveness, Employment: The Challenges and Ways Forward into the 21st Century*, White Paper, Bulletin of the European Communities (suppl. 6/93).

Coombs, P. H. (1973), *New Paths to Learning*, New York: International Council for Educational Development.

Dougherty, C. (1992), 'Evaluation of the Economic and Labour Market Effects of Continuing Education and Training: Practice and Policy Issues', in A. C. Tuijnman (guest ed.), *International Journal of Educational Research* (Effectiveness Research into Continuing Education), 17 (6), 549–64.

Eliasson, G. (1995), *The Markets for Competence and Educational Services: Microeconomic Explanations of Macroeconomic Growth*, Paris: OECD, Centre for Educational Research and Innovation.

Englander, S. and A. Gurney (1994, Spring), 'Productivity Growth: Medium-term Trends', *OECD Economic Studies*, 22, 49–109.
Faure, E. (1972), *Learning to Be. The World of Education Today and Tomorrow*, Paris: UNESCO.
Friedman, R. (1989), *The Safety Net as Ladder*, Washington, DC: Council of State Policy and Planning Agencies.
Gehin, J. P. and P. Méhaut (1993), *Apprentissage ou Formation Continue? Stratégies Éducatives des Entreprises en Allemagne et en France*, Paris: l'Harmattan.
Gill, I. (1989), 'Technological Change, Education, and the Obsolescence of Human Capital', PhD dissertation, Chicago: University of Chicago Press.
Hirsch, D. and A. C. Tuijnman (in press), 'The Demand and Supply of Learning Opportunities for Adults. Introduction to Section 5', in A. C. Tuijnman (ed.), *The International Encyclopedia of Adult Education and Training*, Oxford: Elsevier Science.
Jorgenson, D. W. and B. M. Fraumeni (1993), 'Education and Growth', Boston, MA: Harvard University. (Unpublished manuscript)
Knoke, D. and A. L. Kalleberg (1994, August), 'Job Training in U.S. Organizations', *American Sociological Review*, 59, 537–46.
Korpi, T. (1994), *Escaping Unemployment, Studies in the Individual Consequences of Unemployment and Labor Market Policy,* Swedish Institute for Social Research, no. 24, Akademitryck AB, Edsbruk.
Lee, D. W. and T. H. Lee (1995), 'Human Capital and Economic Growth: Tests Based on the International Evaluation of Educational Achievement', *Economic Letters*, 47, 219–25.
Levine, R. and D. Renelt (1992), 'A Sensitivity Analysis of Cross-country Growth Regressions', *American Economic Review*, 82 (4), 942–63.
Lillard, L. A. and H. W. Tan (1986), *Training: Who Gets It and What Are Its Effects?*, Santa Monica, CA: RAND Corporation.
Lucas, R. E. (1993), 'Making a Miracle', *Econometrica*, 61, 251–72.
Mahnkopf, B. (1991), *A Modernization Approach of German Trade Unions: Further Training through Collective Bargaining*, WZB discussion paper FS I 91–2, Wissenschaftszentrum Berlin für Sozialforschung.
Mendes de Oliviera, M. E., E. Cohn and B. Kiker (1989), 'Tenure, Earnings, and Productivity', *Oxford Bulletin of Economics and Statistics*, 51, 1–14.
Mincer, J. (1987), *Job Training, Wage Growth, and Labor Turnover*, National Bureau of Economic Research, working paper no. 2680, Department of Economics, Columbia University, New York.
Mincer, J. (1989), 'Human Capital and the Labor Market. A Review of Current Research', *Educational Researcher*, 18, 27–34.
Mincer, J. (1991), 'Job Training: Costs, Returns, and Wage Profiles', in D. Stern and J. M. M. Ritzen (eds), *Market Failure in Training? New Economic Analysis and Evidence on Training of Adult Employees*, Berlin: Springer, pp. 15–40.
Neuman, S. and A. Weiss (1995), 'On the Effects of Schooling Vintage on Experience-earnings Profiles: Theory and Evidence', *European Economic Review*, 39, 943–55.
OECD (1991a), *Further Education and Training of the Labour Force in OECD Countries: Evidence and Issues*, Paris: OECD, Directorate for Education, Employment, Labour and Social Affairs.
OECD (1991b), *Further Education and Training of the Labour Force: A Comparative Analysis of National Strategies for Industry Training in Australia, Sweden and the United States*, Paris: OECD, Directorate for Education, Employment, Labour and Social Affairs.
OECD (1994a), *The OECD Jobs Study: Facts, Analysis, Strategies*, Paris: OECD.
OECD (1994b), *The OECD Jobs Study: Evidence and Explanations, Part 1, Labour*

Market Trends and Underlying Forces of Change, Paris: OECD.

OECD (1994c), *The OECD Jobs Study: Evidence and Explanations, Part 2, The Adjustment Potential of the Labour Market*, Paris: OECD.

Prais, S. J. (ed.) (1989), *Productivity, Education and Training: Britain and Other Countries Compared*, London: National Institute of Economic and Social Research.

Prais, S. J., V. Jarvis and K. Wagner (1989, May), 'Productivity and Vocational Skills in Services in Britain and Germany: Hotels', *National Institute Economic Review*, 4, 53–76.

Psacharopoulos, G. (1985), 'Returns to Education: A Further International Update and Implications', *Journal of Human Resources*, 20, 583–604.

Psacharopoulos, G. (1987), 'Earnings Functions', in G. Psacharopoulos (ed.), *Economics of Education: Research and Studies*, Oxford: Pergamon, pp. 218–23.

Psacharopoulos, G. and E. Velez (1992), 'Does Training Pay, Independent of Education? Some Evidence from Colombia', in A. C. Tuijnman (guest ed.), *International Journal of Educational Research* (Effectiveness Research into Continuing Education), 17 (6), 581–91.

Romer, P. (1986), 'Increasing Returns and Long-run Growth', *Journal of Political Economy*, 94, 1002–37.

Schömann, K. (1993), 'Focusing on the Micro-level', in K. Jensen and P. K. Madsen (eds), *Measuring Labour Market Measures*, Copenhagen: Ministry of Labour, pp. 141–66.

Schömann, K. (1994), *The Dynamics of Labor Earnings over the Life Course—A Comparative and Longitudinal Analysis of Germany and Poland*, Berlin: edition sigma.

Schömann, K. and R. Becker (1995), 'Participation in Further Education over the Life-course: A Longitudinal Study of Three Birth Cohorts in the Federal Republic of Germany', *European Sociological Review*, 11 (2), 1–22, 187–208.

Smith, R. M. (1992), 'Implementing the Learning to Learn Concept', in A. C. Tuijnman and M. van der Kamp (eds), *Learning across the Lifespan: Theories, Research, Policies*, Oxford: Pergamon, pp. 173–88.

Steedman, H. and K. Wagner (1989, May), 'Productivity, Machinery and Skills: Clothing Manufacture in Britain and Germany', *National Institute Economic Review*, 41–57.

Stern, D. and A. C. Tuijnman (1995), 'Adult Basic Skills: Policy Issues and a Research Agenda', in A. C. Tuijnman, I. Kirsch and D. A. Wagner (eds), *Adult Basic Skills: Advances in Measurement and Policy Analysis*, New York: Hampton, pp. 3–17.

Stoikov, V. (1975), *The Economics of Recurrent Education and Training*, Geneva: International Labour Office.

Sutton, P. (in press), 'Lifelong Learning and Continuing Education', in A. C. Tuijnman (ed.), *The International Encyclopedia of Adult Education and Training*, Oxford: Elsevier Science.

Tuijnman, A. C. (1989), *Recurrent Education, Earnings and Wellbeing: A 50-year Longitudinal Study of a Cohort of Swedish Men*, Acta Universitatis Stockholmiensis, Stockholm: Almqvist & Wiksell.

Tuijnman, A. C. (1991), 'Lifelong Learning: A Test of the Accumulation Hypothesis', *International Journal of Lifelong Education*, 10, 275–85.

Tuijnman, A. C. (in press), 'Economics of Adult Education and Training', in A. C. Tuijnman (ed.), *The International Encyclopedia of Adult Education and Training*, Oxford: Elsevier Science.

van Leeuwen, J. Dronkers and S. Dronkers (1992), 'Effects of Continuing Education: A Study on Adult Education, Social Inequality, and Labor Market Position', in A. C. Tuijnman (guest ed.), *International Journal of Educational Research* (Effectiveness Research into Continuing Education), 17 (6), 609–24.

Veum, J. R. (1993, August), 'Training among Young Adults: Who, What Kind, and for How Long?', *Monthly Labor Review*, 27–32.
Vickery, G. and G. Wurzburg (1992, October–November), 'Intangible Investment: Missing Pieces in the Productivity Puzzle', *OECD Observer*, 13–16.

第16章 从失业到自我雇佣：有关创业的劳动力市场政策

Nigel Meager

本章的核心内容是鼓励自我雇佣的劳动力市场政策，以及对这些政策的评估。具体来说，对于本章所要考察的政策，它们的目标是鼓励失业者选择自我雇佣，让自我雇佣成为与从属于雇主的就业并列的一个选项。

传统的劳动力市场政策强调创造和保持“工资就业”机会。在此背后的一个潜在假设是，自我雇佣是一种古老的工作形式，并不适合现代经济，因此，除了某些行业（如农业、手工业和小规模零售业）和职业（主要是专业技术类职业）之外，自我雇佣还会继续它逐渐衰落的历史趋势。直到近期，这个观点还在学术研究者和劳动力市场评论家身上有所反映，他们对自我雇佣并不是很感兴趣（see Steinmetz and Wright，1989）。

然而，到了20世纪80年代初，这种衰落趋势不再明显，在一些国家甚至呈现出相反的趋势。广义上的小企业（Sengenberger，Loveman and Piore，1989），特别是自我雇佣，在工业国家中的就业比例逐渐上升。事实上，在80年代，一些国家的自我雇佣出现了前所未有的增长。这种变化在英国尤其突出（Campbell and Daly，1992），它的自我雇佣人数在1979—1989年间几乎翻了一番。近些年，政策制定者和学者恢复了对自我雇佣的兴趣，部分是因为上述这种经验事实的转变，部分是因为，如Birch（1977，1979）所述，小企业已成为就业增长的主要引擎，刺激自我雇佣有助于应对失业危机。[1]

至于应该在什么样的经济状态下向失业者的自我雇佣提供补贴（本章的主题），现有的研究结果说法不一（Storey，1994，pp. 239-249）。但至少可以肯定的是，大部分这种政策都假定资本市场是不完善或定量配给的，因而不能自动形成最优的创业率。更常见的假设是，资本市场对具有某些特征（种族、性别或当前就业状态等）的个体存在歧视，因此，这些个体从事自我雇佣职业的比率低于最优比率，或者他们创立的企业更可能“投资不足”。然而，如Storey（1994）所述，很多人批评这些政策，认为它们对那些自身创业条件不好（在人力资本方面）的个体给予补贴，鼓励他们实现自我雇佣，不但不一定能消除市场失灵，反而有可能导致市场扭曲（甚至挤掉现有的企业）。关于这些问题，我们会在后面展开进一步的讨论（见4.4部分）。但是许多这种计划并不只是出于市场失灵的经济考虑，而是有着更远大的目标（见2.1部分）。

1. 解读最近的自我雇佣趋势

本章的真正目的并不是要解读自我雇佣的近期发展趋势。但是，由于这些政策提出的时期刚好是许多国家对自我雇佣外延和本质的理解发生巨大变化的时期[2]，因此大致理解这些趋势是讨论自我雇佣政策及其评估的一个重要背景。在讨论关于自我雇佣的劳动力市场政策之前，我们先简要分析一下影响自我雇佣数量和构成的非政策因素，以及这些因素在不同经济和制度背景下的作用。

1.1 经济、结构和人口统计学的影响

可能近期的研究（Acs，Audretsch and Evans，1992；Meager，Kaiser and Dietrich，1992）所得出的唯一明确的结论就是：单一因素不可能解释自我雇佣的发展。更确切地说，尽管各国的宏观经济环境趋同，并且支持自我雇佣成长的政策立场也趋于一致，但是要解释不同国家自我雇佣的不同趋势，就必须考虑到某些因素对自我雇佣水平和构成的交叉影响。其中有三种影响尤其重要。

经济周期本身。有人认为（Bögenhold and Staber，1991），失业的增长和工资就业机会的减少迫使人们选择自我雇佣。但是也有人指出（Meager，1992a，1992b），在经济增长时期成功创立自我雇佣的企业并存活下去的概率更大。这两方面的影响作用于相反的方向，因而我们无法事先预测这种宏观经济变化对自我雇佣的净影响。有时候，某些国家中"失业推力"占主导地位；但也有时候，有些国家中"需求拉力"占主导地位。

经济结构变化。大多数发达经济体从制造业向服务业的转移会增加自我雇佣人数，因为通常服务业中的自我雇佣密度比制造业大。在大多数国家，这种效应大大超过了农业就业下降的影响（其他条件相同时，该影响一般会减少总的自我雇佣人数）。

工作模式和合同内容的变化。许多国家的证据表明，大型企业对服务职能的"外包"，特许经营的增长以及其他劳动合同内容的变化扩大了"自我雇佣"劳动力群体，因而促进了自我雇佣的发展。然而这个劳动力群体还是与从属于企业的工资就业者有着许多共同的特征（合同保障除外）。

一些文献还提到了另外两种影响，但它们目前还不足以作为自我雇佣近期趋势的主要解释因素。第一个与人口结构变化有关。因为劳动力的不同部分自我雇佣的倾向不同，所以女性经济活动参与率的增长、劳动力老龄化和劳动力中少数族裔比例增加等因素可能会对自我雇佣的总体水平产生影响。但在实践中，这些因素的作用方向并不相同（女性参与率的提高倾向于减少总的自我雇佣，劳动力老龄化则会增加自我雇佣）。另外，在 80 年代自我雇佣人数大幅增加的国家中，人口统计变化的规模和速度也达不到作为主要贡献因素的程度。

第二个因素是，有人认为，最近人们对自我雇佣的普遍态度有所改变。这种观点的最大支持来自英国撒切尔主义和"创业文化"在 1979 年以后的影响。但是也有一些证据（see Blanchflower and Oswald，1990；Hughes，1992）说明人们的态度并没有发生改变。

1.2 制度因素

总结以上对有关研究的讨论，有三个因素在解释近期的自我雇佣增长时最有说服力（经济周期、部门转换、外包合同的影响）。在80年代，大多数发达经济体在这三个方面都发生了变化，因而仅根据这三个因素难以区分自我雇佣急剧增长的国家（英国）与那些保持不变（法国和德国）或下降的国家（丹麦）。因此，如果要单独对英国的反常表现做出解释，我们不仅要将80年代促进自我雇佣发展的历史因素和经济、结构因素结合起来（Meager，1993），还需要考虑法律和制度环境的一系列影响，因为它们可能会削弱以上因素的影响作用。

Meager et al.（1992）通过对英德进行对比，指出了以下两种影响。第一种是政府对创业和某些典型“自我雇佣职业”准入要求的管制体系。有证据表明，这种管制环境在英国比在德国等国家相对宽松，因而英国的自我雇佣更容易对短期的经济和文化影响做出反应。第二种影响因素与自我雇佣者面对的资本市场结构和管制有关。很明显，英国的资本市场体制没有德国等国家严格，并且由于在80年代放松金融管制，英国的资本市场体制更加宽松。上述情况，加上购房需求增大和房价上涨等因素的影响（Keeble，Walker and Robson，1993），使得英国80年代的潜在自我雇佣者越来越容易得到抵押贷款。[3]

这些论点在其他地方也得到了充分发展（Meager，1993），但是关键在于，能否沿着这个方向对不同国家的自我雇佣实践做出相应的解释。然而，由于没有可比较的数据，同时，自我雇佣总水平的理论模型也不完备[4]，因而不可能严格地从统计角度来检验不同的影响因素对自我雇佣增长的相对贡献。

1.3 （劳动力市场）政策在其他方面的影响

有些劳动力市场政策和制度虽然不是以自我雇佣为目标，但也可能对它造成重要的影响。这些政策能对自我雇佣总量带来额外的相关影响，能使任何自我雇佣政策本身的影响发生变化。例如在丹麦，如果除了导致自我雇佣下降的因素外，还存在一些在其他国家能阻碍下降趋势的因素（包括支持创业的政策立场），那么我们很难对它自我雇佣的持续下降做出解释（Meager，1993）。有人认为，丹麦失业金的工资替代率太高，抑制了可能促进自我雇佣增长的“失业推力”（OECD，1992）。此外，丹麦劳动力市场相对无管制的本质及就业保障措施的不足也可能有重要影响（抑制了丹麦雇主用转包合同关系对雇佣关系的替代）。然而，英国的实例并不支持这样的解释。英国在迅速放松劳动力市场管制的时期，它的自我雇佣的增长速度却比任何其他国家都快。无论如何，一般的观点还是认为，在解释时需要考虑其他政策和制度的影响。

1.4 “目标导向型”与“措施导向型”评估

上述讨论与本手册的一个关键主题是高度一致的，即“目标导向型评估”应当依据现有理论，广泛地将可能影响目标的自变量都涵盖进来。这些变量不应局限于劳动力市场政策，还应该包括影响劳动力市场的其他政策或制度安排。

然而，实践中很少采用“理想的”方法，所以大多数现有的关于自我雇佣计划的评估研究都属于传统的“措施导向型”。尽管如此，对这些研究进行对比评价还是有价值的。

一方面，如果关键目标是增加从失业到自我雇佣的流量，那么显然，除了要知道其他劳动力市场政策（如上面讨论的丹麦就业保护立法的作用）如何影响这个流量（也许是无意地），还要知道影响该流量的所有其他（非政策）因素。在这个制度和政策环境中，我们还必须了解所考察的措施对流量的所有影响，以及这些影响根据措施本身的设计特征会发生怎样的变化。因此，在这种背景下，一个有价值的措施导向型评估必须建立一个能够结合两种方法优点的模型，一方面要考虑到影响失业—自我雇佣流量的所有因素（包括自我雇佣措施）（前面已经讨论过），另一方面要考虑自我雇佣措施本身的所有影响（保持其他因素不变）。在本章接下来的部分，我们将讨论这些影响的相关实例。

2. 对鼓励失业者自我雇佣的计划进行评估的有关问题

20 世纪 80 年代，包括所有后来成为欧盟成员的国家在内，许多 OECD 国家的政策制定者和学者对小企业和自我雇佣的兴趣不断增加，并出台了一些劳动力市场政策，旨在鼓励和补贴失业者自我雇佣（Barker，1989）。这些计划的规模各不相同，体现在参与人数和计划支出占劳动力市场政策支出份额两方面。[5]

但这些计划有一些相同的主要特征。其中一个共同的特征是，虽然不同国家的适用标准不一样，但是作为失业金的替代，这种计划都会根据失业者的自我雇佣活动所处的创业阶段，在规定时间内向他们提供定期补贴（在某些情况下是一次性补贴）。这种计划对政策制定者最大的吸引力就在于，假设享受补贴的人如果不参与计划就会在这一期间继续处于失业状态[6]，实际上该计划的净财政成本很低（一般不考虑自我雇佣“企业”的存活率）。

本章接下来的部分，首先要集中关注评估方面的文献，了解在评估失业者自我雇佣计划的影响时必然会遇到的关键概念问题和实践问题。然后，比较这些评估研究中所采用的不同方法论，以及这些方法论的相对优势和劣势。最后，根据既有的关于不同国家这种自我雇佣计划的评估研究，对重要的研究结论进行总结。

评估这些计划时必须考虑的问题包括：（1）明确计划的目标；（2）控制环境差异；（3）无谓效应、置换效应和替代效应；（4）计划的设计和执行。下面将分别进行简要的讨论。

2.1　明确计划的目标

在回答劳动力市场政策为什么要鼓励失业者参加自我雇佣时，我们应该注意到，在不同的国家中，政策的根本目标是不同的，这一点很重要。我们在对这些计划进行国际比较评估时，也必须考虑到这种差异。然而，即使是国家层面的评估，评估过程也要以目标明确为前提，特别是当计划的目标不止一个时（并且有时是相互冲突的），对政策的影响评估就必须将这些目标都考虑进来。

从最根本的层面来看，计划的直接“产出”目标是相似的：提高失业（向自我雇佣）的流出率。但当涉及更广泛的影响时，官方政策文件所表述的目标就变得多样化了。

大部分计划方案的共同目标是通过登记失业者向自我雇佣的流动直接减少失业，这里指的是那些如果不接受计划就不能马上摆脱失业状态的登记失业者。许多官方评估研究认为，计划的总影响（用参与人数和通过自我雇佣方式存活的时间长度来衡量）等同于直接的失业效应。事实上，这种净效应对计划的无谓程度非常敏感（见 2.3 部分）。

很多计划还包含有间接减少失业的目标，通过自我雇佣者建立企业进而创造工作机会来实现。同样，在评估这个效应时，只估计由参与计划的失业者所创造的新工作数量（很多调查评估都是这样做的）是不够的，我们还必须估计这些工作中有多大比例是真正“附加的”，必须考虑到无谓效应和置换效应（见 2.3 部分）。

另一个不太明显（但在英国很明显）的目标就是在劳动力大众中宣传和弘扬“创业文化”，其本质是一种意识形态。潜在的观点似乎是，通过提高拥有自我雇佣经历的劳动者（特别是在正常情况下只有工资就业经历的社会阶层）所占的比例，使劳动者对创业持更加“积极”的态度，从而有助于经济的运行，提高经济对结构性变化的适应性。这种效果（具有主观性，一般不可测量）比其他目标更难评估。但某些国家的民意测验和态度调查涉及了相关的问题，有助于我们分析这种观念的转变。

少数情况下，尤其在德国，一个明确的目标是将合适的自我雇佣机会作为备择选项，避免低质量、低工资的就业（“Vermeidung von unterwertiger Beschäftigung”[7]）。[8] 此外，不管收入水平是不是计划的明确目标，计划对收入水平的影响必须成为评估的一个重要方面：新企业家和他们的雇员能挣多少钱？参与自我雇佣对他们的预期终生收入（包括获得社会福利和养老金的权利，以及退休后的收入）有什么影响？

最后，一些国家在这类计划的官方讨论中似乎还有一个目标与“就业能力”有关，表现为技能和“人力资本”。这里的论点是，即使在计划下建立企业没有成功，或者即使参与者在补贴期过后（或期间）脱离了自我雇佣群体，在创业过程中获得的技能和经验也会为他们立足劳动力市场带来优势，提高他们对潜在雇主的吸引力。这个效应很难直接测量，但从理论上说，我们还是可以对它进行考察的，通过研究计划参与者脱离计划后的就业经历，评估离开计划的失业者在劳动力市场中的地位相对于没有参加过该计划的失业者是否得到了改善。

2.2 控制环境差异/变化

当你试图评估这种自我雇佣政策的影响时，所面临的最严重的问题也许就是你不仅要考虑给定国家在政策缺失时必然会出现的情况，还必须考虑到在没有政策时不同国家之间的差异（在对国家之间的政策进行比较时）。经济和制度环境的本质及变化对评估至关重要，因为在没有政策时，它们也会制约或支持自我雇佣和由失业向自我雇佣的流动。

2.3 无谓效应、置换效应和替代效应

任何全面评估失业者自我雇佣计划的方法都必须能够估计：（1）领取计划补贴的失业者中有多少人在没有补贴的情况下仍会选择自我雇佣（无谓效应）；（2）由于计划参与者创办了企业或实现了自我雇佣，导致了多少原有的、没有补贴的企业被驱逐出市场（置换效应）。

通常需要在政策评估中考虑的第三种“补偿”效应是替代效应，但它与自我雇佣计划的关系不如前两种效应大。原则上，替代效应只与“外包合同”的自我雇佣或者属于“伪

装的工资雇员"类型的自我雇佣有关（见第 1 部分）。例如，如果雇主知道存在这样的计划，他们可能会改变合同安排，让原来由真正的或潜在的雇员从事的工作改由自我雇佣的合同方（之前是失业者，得到了相关计划的补贴）来承担，那么显然，总的计划效应会由于这种替代而削弱。然而，考虑到大多数国家关于自我雇佣计划的管理及执行都限制雇主的这种选择权，所以替代不是评估研究的主题，我们也有很好的理由认为这种效应很小，并且只是偶尔出现。

2.4　计划的设计和执行

众所周知，计划的影响既会受计划本身的设计参数的影响，又会受执行机制和执行过程的影响（see Schmid，本手册第 7 章）。因为针对单个国家计划的评估多为事后的横截面评估，计划设计没有变化，所以考察这个问题需要采用实验性方法（see Heckman and Smith，本手册第 2 章）、时间序列分析（当计划的设计随时间推移发生变化时），或者（最重要的是）对不同设计参数的计划进行横截面比较。但是，英国的情况很有意思，是一个特例。近年来，英国计划的执行已从国家劳动部门下移至地方的培训与企业委员会（Training and Enterprise Councils，TECs）[9]，因而它的计划特征在某些方面与国家模式存在一些差异。而这样的制度安排，正好为研究者在同一个国家内对设计的影响进行横截面分析提供了可能。[10]

在面向失业者的自我雇佣计划中，有许多设计因素会影响计划的效果，其中主要包括：

2.4.1　资格条件

这里有两个相关的维度。第一个维度关注计划参与者的个人特征，以及计划的覆盖范围（如包括所有类型的失业者）或者说将哪些特殊的失业者群体（通常是弱势群体）作为目标对象。第二个维度与自我雇佣活动本身的特征有关。因而，为了提高存活率，有些计划要求申请的企业满足多个财务标准，以证明它在未来的生存能力。

到目前为止，所有的国家计划都以增大从失业到自我雇佣的流量为目的，因此资格条件往往局限于失业者。在大多数国家中，该计划的覆盖范围都很广，覆盖了所有有资格领取失业金的人。有些国家（德国、英国和爱尔兰）将期限特别短的失业者排除在外，还有些国家（葡萄牙和丹麦）将资格条件限定为长期失业者（虽然丹麦最近缩短了必需的失业期限）。还有些计划设定了附加的资格标准（如，丹麦的计划加设了年龄标准，只适用于 25 岁以上者）。还有很多例子中，资格条件以特定的群体（如女性或少数族裔等）为目标，尤其当我们考察的是那些覆盖范围只限于某个地方或区域的计划时。

然而，许多研究证据表明，即使计划的资格条件很宽松，参与者群体所构成的样本对符合条件的失业者全体也不具有代表性。正如 Meager（1993）所指出的那样，计划参与者总是集中在失业者中的某些部分（通常是较具"优势"的部分），因此，他们不同于普通的失业者，更可能具有某些特征，如男性，资历水平较高并且失业的时间相对较短。

我们无法事先断定哪种计划设计（资格条件宽还是限制性强）对于实现政策影响最有效。一方面，如果计划的资格条件比较宽松，自我选择的参与者可能会导致较高的无谓效应。另一方面，如果计划聚焦于弱势群体或者在正常情况下不会选择自我雇佣的人，虽然无谓效应会降低，但也会面临存活率低的风险，因为这些群体很可能缺乏成功企业家所需具备的人力资本和货币资本。

按企业类型提供补贴的计划很少见，德国是个例外。德国计划明确地以某几种类型的企业为目标，因而排除了英国计划中所覆盖的许多低收入服务部门的活动。[11]

2.4.2 补贴模式

两种主要的补贴模式包括最常见的一种（向参与者定期支付补贴以代替失业金）和法国/西班牙模式，后者允许参与者选择在自我雇佣的开始阶段领取一次性资助。[12]通常情况下，一次性总额与定期补贴模式下的应得金额有关，也就是说，等价于规定时期内所能够领到的失业金的“资本化”。

支持后一种模式的一个典型理由是，它有助于自我雇佣者克服与创业有关的资本约束和准入障碍[13]；这种资助可能会对那些较稳妥的企业更有利，而这种企业一般出现在存活率较高的部门。除非存活率非常高，否则，这种方式就会显现出它的一个缺点，即它可能会大幅度提高计划的财政成本，这取决于一个“不成功”的自我雇佣者再次失业时是否有资格再次享有未来的失业金（在排除这种可能后，这两种模式从财政成本的角度看几乎没有差别）。

因此，资助模式可能至少有两种效应。第一，可能会影响进入计划的人员类型。由于弱势群体很可能自有资本不足，因而一次性总付模式可能在吸引这些人参与计划时有优势，从而减小无谓效应。第二，可能会影响计划参与者进入的商业活动类型，进而影响受补助企业的存活率。人们对英国计划（以补贴为基础，广覆盖）的普遍批评是，它鼓励人们更多地进入那些准入门槛低、回报率低的市场。在这些拥挤的、以服务部门为主的市场中，企业的存活率低，置换效应也较大（见4.4部分）。因此，关键在于，一次性模式能否避免这种后果，使计划参与者的部门分布“更合理”。

2.4.3 培训、扶持和建议

在自我雇佣者的创业阶段之前或期间，不同的计划为各自的参与者提供了不同程度的培训和其他扶持。这些扶持在提供时采取了多种多样的形式。有时候是否接受扶持是自愿的，有时候则是计划所要求的。有的与国家对小企业的其他扶持和引导机制相结合，有的没有。有的只在自我雇佣的起始阶段提供扶持，有的则在整个补贴期间持续（或延续到之后）。

一些论文认为，有效的扶持虽然增加了计划的运行成本，但它可以削弱前面所提到的无谓与存活率之间的权衡。因此，将计划的重点放在弱势群体虽然可以减少无谓效应，但若要达到高存活率，需要在自我雇佣的前几个月或前几年增加必要的扶持投入。

2.4.4 给付水平和期限

设计差异的另一个维度是补贴金额及受益期限。显然，在政策总成本一定的情况下，参与者数量、人均补贴额和给付期限的不同可以影响净就业效应，进而影响计划本身每创造一个工作岗位的净成本。

简单地考虑，下列两种极端方式中，哪种的净效应更大呢？一种极端情况是，预算一定，参与者的数量少，享受的给付金额相对较大且时间较长。例如，丹麦的计划，每年的参与者不超过5 000人，但给付金额高达他们所能领取的失业金最大值的50%，并持续3.5年之久。另一种极端情况是，相似的支出在更多的参与者身上分摊，因此给付额较小且给付期限较短。例如，英国在80年代的大部分时间所实施的计划规模都很大，每年有100 000人参与计划，但是每人的补贴很少（每周40英镑），而且只支付一年。其他国家处于这两个极端之间（see Meager，1993）。

3. 评估方法论

研究人员为了评价这些计划的净效应，使用了多种评估方法论（绝大部分在本质上是“措施导向型”的）。在这一部分，我将考察这些方法的主要类型，结合文献中的实例加以阐述，并讨论它们的相对优势和劣势。

3.1 实验性评估

从很多方面来看，实验性评估是评估的理想模式，但出于成本原因和政治利益，实验性评估应用得很少。欧洲没有一个计划采用了这种方法，所能找到的唯一的重要实例发生在美国（Wandner and Messenger，1991）。美国（在马萨诸塞州和华盛顿州）推出了两个试点计划（一个采用“以补贴为基础”的方式，另 ·个采用“以 ·次性资助为基础”的方式）。这两个地区的初步评估结果请见本章 4.9 部分。

3.2 行政数据/参与者调查

这种评估方法最常见，并且在大多数实施自我雇佣补贴计划的国家中得到了采用（特别是在关于英国的评估文献中，有很多这种类型的研究，对其中一些研究的综述发表于 PA Cambridge Economic Consultants (1990)[14]。这种方法需要用到行政数据，以及参与者在参与计划期间和/或参与计划之后的调查；前者用来确定计划参与者的特征，后者则可以确定他们的认知、经验、存活率等。除了成本和时间方面，这种方式还有一个很大的缺点，就是很难得到关于计划效果本身的结论，除非将不在计划范围内的参与者与计划所覆盖的参与者就存活率及其他维度进行对比。同样，依靠计划参与者的认知或回忆来测量无谓效应尤其是置换效应的难度很大（虽然从计划参与者的竞争对手或顾客那里得到的间接数据可能有助于解决后一个问题；see Elias and Whitfield，1987）。

由于这些数据是根据不同的研究设计收集的，因此，数据本身的国际可比性非常有限。但接下来我会尽可能地去回顾这类评估研究（见第 4 部分），并评价其中关于计划有效性的可比性结论。

3.3 总体影响分析

在采用这种方法时，我们往往通过计量方法利用总体宏观数据来反映计划的效果。假设存在一个合适的理论模型，那么，这种方法就有一个很大的优势，即从理论上说，它们考虑了无谓效应和置换效应，而这是微观方法通常所无法做到的；并且，这种方法有助于我们发现可能抵消自我雇佣计划短期收益的长期影响及“第二轮”影响（see also Bellmann and Jackman，本手册第 5 章）。但是，在作者看来，由于在解释自我雇佣流量方面缺乏强有力的理论模型，同时，（大多数国家）也不具备从统计上估计这种模型所需要的时间序列流量数据，因此，在将这种方法用于对自我雇佣计划的评估时会受到很大的限制。

尽管如此，还是有几个实例采用了这种方法，其中有的以时间序列为基础（Johnson，

Lindley and Bourlakis，1988；Meager，1993），有的以横截面（国家之间）数据为基础（Meager，1993）。同样，后面也会讨论这些研究得出的一些结论。大多数这类研究都发现，存在一个统计上显著的“计划效应”，尽管这个效应通常比较小，但它说明自我雇佣补贴计划的总体效果没有完全为无谓效应和置换效应所抵消。

3.4 其他方法

当然，还有一些在计划评估研究中得到了使用的方法无法简单地归入上述类别。下面我将简单地举两个例子。

3.4.1 地方劳动力市场研究

既然对自我雇佣计划进行总体宏观分析存在理论和数据缺陷，并且事先就预料到这种计划的置换率较高，于是，Elias and Whitfield（1987）建议进行深度案例分析，将注意力集中于地方劳动力市场，特别是置换问题。这种分析的重点是对计划参与者、他们的顾客及当地劳动力市场的竞争对手进行深度访谈。我所见过的唯一沿着这个方向前进的研究考察的是英国，后面将会作简要介绍（见 4.4 部分）。

3.4.2 代表性微观流量数据的应用

近年出现了一种新方法（Meager，1993），采用“流量数据”，以估计劳动力市场状态之间的转换率为基础。这种方法使用了欧洲劳动力调查中不同国家的数据，重点估计了从失业到自我雇佣的转换率。通过将经历这种转换的人员特征与计划参与者特征进行对比，就可以观察到计划的效果。例如，有了从这些资料中得到的流入数量，我们得以考察计划对那些“正常情况”不会参加自我雇佣的失业人群的影响程度。类似地（考虑到计划的目标定位和存活率之间可能存在权衡关系，这在上文中已经讨论过），在分析流出数据时可以将“非典型”企业家的存活率（没有政策时）与作为目标对象的计划参与者的存活率进行对比。从理论上说，这种数据还可用于考察特定的政策设计（例如，以一次性资助为基础的方式或以补贴为基础的方式）是否会影响由失业流向自我雇佣时所选择的自我雇佣活动的类别。对于通过这种方法得到的一些结论也将在下文中讨论（见 4.7 部分）。

4. 评估结果：计划的影响

利用上面介绍的各种方法，一些国际研究考察了各种失业者自我雇佣计划的效果和影响，下面我就对这些研究的结论作个总结（见表 16—1）。下文将重点以 Meager（1993）为基础，考察欧盟国家，特别是英国、法国、德国和丹麦的自我雇佣计划。我也参考了关于美国实验性试点计划的研究，以及 Storey（1994）对英国近期研究的一个概述。

表 16—1　　计划的特征和结果：总指标

	德国（原联邦德国）	丹麦	法国	英国
计划特征				
资格（个人）	宽松（失业超过 1 个月）	受限（长期失业，25 岁以上）	宽松（所有失业者）	宽松（原来要求失业 8 周，现在只要求 6 周）

续前表

	德国（原联邦德国）	丹麦	法国	英国
资格（企业）	受限（得到有能力的权威机构的认可，并满足最低收入要求）	宽松（没有限制和要求）	受限（需审查商业计划）	中等（资本量至少达到 1 000 英镑；在某些地区，还需审查商业计划）
给付形式	补贴	补贴	一次性	补贴
给付水平	高（与之前的失业金相关）	高（每年 5 400 丹麦克朗）	中等（总计 43 000 法郎）	低（每周 40 英镑，各地稍有不同）
给付期限	短（已经由原来的 3 个月增加到了 6 个月）	长（3.5 年）	未规定	中等（1 年，各地稍有不同）
扶持或提供培训的力度	低	高	低	中等
参与人数	少（每年 20 000 人）	少（大约每年 5 000 人）	中等（每年 50 000～70 000 人）	多（下降后，每年 100 000 人）
参与者特征与活动特征				
女性参与率	低	高	一般	高
青年参与率	高	低	高	高
服务部门比例	低	高	低	高
生产/制造业比例	高	低	高	低
计划的结果				
无谓效应	低（<20%）	一般（41%）	一般（35%）	高（50%～70%）
存活率（见图 16—1）	不详	高	一般	低
每 100 名参与者所新增的工作数量	不详	少（2 年后 36 个）	多（5 年后 97 个）	少（5 年后 35 个）
置换效应	（可能低，因为服务部门比例低）	（可能高，因为补贴水平高且服务部门比例高）	（可能低，因为服务部门比例低）	高（>50%）
就业能力影响	不详	不详	不详	不详
(平均) 收入水平	（高，根据资格条件推测）	低	不详	低
态度影响	不详	不详	不详	证据表明影响很小或没有影响

4.1　无谓效应

虽然无谓效应对计划的总体影响很重要，但在目前关于全国性计划的研究中，几乎还没有人对无谓效应进行估计。

德国的计划起源于原联邦德国，关于该计划的早期评估研究（IAB-Kurzbericht 1991；Kaiser and Otto，1990）没有对计划的无谓效应进行全面的估计。调查中向领取补贴的人询问了这种补贴对他们自我雇佣的前几个月有多重要，但是没有问题对如果没有补贴，这些人是否一定会采取自我雇佣的就业方式进行进一步追究。

由于上面所说的数据缺失问题，Meager（1993）采用了“Arbeitskräfte-Gesamtrechnung”中的流量数据（一组劳动力市场核算数据），试图对德国一项计划（“Überbrückungsgeld”）的无谓效应进行计量估计，该计划在由失业到自我雇佣的转换初期提供补贴。有关技术细节，请读者参考原文；这些数据首先用于原联邦德国1970—1985年间由失业到自我雇佣的总流量模型。然后用同样的方法分析了1970—1989年的情形，因为Überbrückungsgeld计划推出于1985—1986年间。分析表明，Überbrückungsgeld计划在运行的头几年（直到1989年）对由失业向自我雇佣的流入具有统计上显著的积极影响。由此可知，计划的无谓效应也很小（不超过10%）。Meager（1993）指出，除了数据问题外（如，数据既包含真正的自我雇佣者，又包括不付酬的家务劳动者），这样的总量分析还存在严重的局限性。然而，无谓水平相对较低的结论似乎是合理的，并且得到了有限的调查数据的支持。调查数据表明，对大部分参与者（66%～87%）而言，从计划中得到的资金扶持在新企业的创立阶段对自我雇佣者及其家庭的支持作用至关重要。因此，即使考虑到数据缺陷，德国计划在实施早期的无谓效应也不可能超过20%。

再看关于丹麦一项计划（“Ivaeksaeterydelsen”）的评估（see Høgelund，Langager，Jakobsen and Jagd，1992；Rosdahl and Maerkedahl，1987），有证据表明，它的无谓水平比德国计划高。1985年参加计划的人中，有17%在没有补贴的情况下也确定会采取自我雇佣的方式就业；还有39%声称可能会这样做；44%的人表示不会。假设那些不确定的人中有一半在没有补贴时选择自我雇佣，这意味着无谓效果应高达35%。对1989年该计划下创业者的一个类似调查显示，计划的无谓效应稍微增大了一点（相似的假设条件下达到41%）。

对法国一项计划（“Aide aux chômeurs créateurs d'entrprises”）早期参与者的调查（欧共体委员会，1988）显示，它的无谓程度与丹麦计划差不多。1981年，21%的参与者声称，即使没有补贴，他们也会选择自我雇佣，另外有51%的人说他们不会那么做。同样，如果剩下的人（不确定的人）中间有一半是无谓效应，总的无谓效应估计达35%。

也有研究对英国计划的无谓效应进行了估计。英国的计划发起于1983年，它的无谓效应随时间的推移发生了变化，但与其他国家相比，英国的无谓效应似乎较高，而且一直在增长。PA Cambridge Economic Consultants（1990）显示，短期无谓效应的估计值在30%～40%之间（由于“无谓”参与者的存活率较高，因此长期的无谓效应也较高）。为了计算计划的影响，官方估计（NAO，1988）保守地认为无谓效应为50%，但是对1992年计划参与者的最新调查（see Tremlett，1993）表明，无谓效应已经高达73%（虽然有一部分参与者声称，如果当时没有补贴，他们会晚一些创业）。

4.2 存活率

虽然由于不同国家计算存活率（一定时期后企业继续运营的计划参与者所占的比例）所对应的时期长度不同，很难对存活率进行直接的比较，但仍可以肯定，不同的计划之间，存活率的差异很大。对于德国的计划，我们不能得到它的全部数据，但是通过有限的数据（IAB-Kurzbericht，1991）我们发现，存活率相对较高。在给定日历年参与Überbrückungsgeld计划的人到次年 4 月 1 日为止[15]（也就是，平均时间为参与计划后 9 个月）再次失业的比例，随时间的推移而逐渐降低。1986 年计划参与者的再次失业比例是 11.5%；1987 年是 7.8%；1988 年是 5.9%，1989 年则为 5.6%（也就是说，四年平均起来，德国计划典型的 9 个月存活率大约为 92%）。

对在 1989 年参加丹麦计划的创业者的调查显示，自我雇佣两年之后的存活率为 74%；3.5 年后（计划所赋予权利的持续期限）的存活率减少至 55%。

来自法国计划的数据显示，一年后的存活率为 85%，两年后为 75%，五年后则为 53%。

关于英国计划，Storey（1994）对多个参与者调查进行了总结，发现了以下存活率特征：一年后为 87%；18 个月后为 71%；两年后为 59%；三年后为 50%；四年后为 44%；五年后为 40%。

图 16—1 汇总了四个国家的存活率数据。在解读这个图时必须特别小心，因为这些数据所对应的时期长度是不同的，并且没有考虑到不同国家小企业的总体存活率之间的差异。（特别是，原联邦德国数据描述的存活期间太短，限制了可以得出的关于这个计划的结论。）但是，从总体上看，四个国家的数据说明各个计划第一年的存活率很相似，之后才开始出现分歧（至少从三个有长期数据的计划来看是这样的），其中丹麦计划的效果明显最好，其次是法国，英国计划的效果则最差。

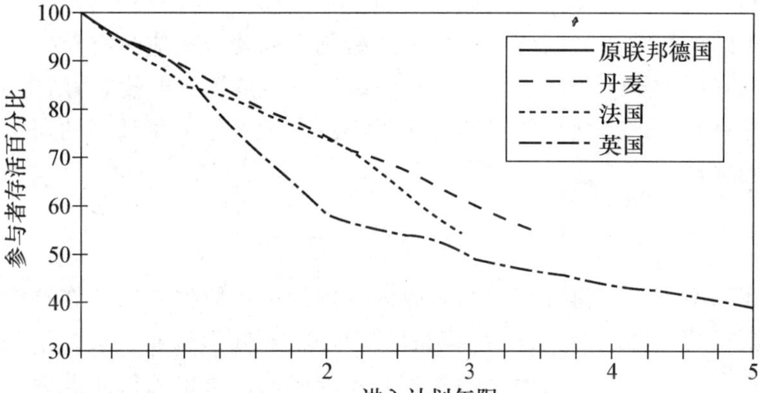

图 16—1　四个计划中自我雇佣参与者的存活率估计：原联邦德国、丹麦、法国和英国

4.3　间接的岗位创造

大多数关于单个国家计划的评估研究都提供了自我雇佣的新企业所创造的额外工作岗位（也就是除了自我雇佣补贴的受益者本人之外）的数据。和存活率数据一样，对间接的岗位创造数据很难进行直接比较，因为这些数据所对应的时期长度是不同的，但还是可以总结出一些主要的研究结果。

遗憾的是，对德国计划的评估（IAB-Kurzbericht，1991；Kaiser and Otto，1990）关注的是接受补贴的自我雇佣者本身的特征和经历，因而没能提供受扶持企业创造新工作岗位的任何信息。根据最近对丹麦计划的评估（以 1989 年参与该计划的人为基础）

(Høgelund et al. , 1992),净的岗位创造效应(即没有存活下来的企业也被考虑在内)为,每100个参与计划的创业者在计划启动后两年之内创造36个新工作岗位(不包括自雇者本人的工作岗位)。依据Dossou(1988)的计算结果,并考虑到企业的死亡率,我们可以估算法国计划的岗位创造净效应为每100个参与者在五年之后创造97个新工作岗位(不包括享受补贴的自我雇佣者本人)(这是最低估计,因为数据被限制在一定的雇佣规模之内)。至于英国,Maung and Erens(1991)(由Storey,1994重新计算)的数据表明,在考虑了无法存活的企业,并排除了受补贴的自我雇佣者本人后,三年后每100个创业者创造了大约35个(相当于全日制)工作岗位,五年后的数量也差不多(即无法存活的企业所导致的岗位损失基本上为存活企业中的岗位增加所抵消)。

如果丹麦计划像英国计划一样,岗位创造净效应没有随时间大幅减小的话,那么基于这里有数据的三个计划,法国计划的间接岗位创造效果明显比英国和丹麦好很多。

4.4 置换效应

置换效应,也就是由于自我雇佣者创办并经营有补贴的新企业而导致现有竞争对手企业工作岗位的减少。计划的置换效应很难估计,几乎没有这方面的相关证据。前面已经提到过,置换效应的估计需要对每个行业进行深入的地方劳动力市场研究,目前我只发现了一个关于英国计划的例子(Hasluck,1990)。Hasluck(1990)考察了特定地区(英格兰的西米德兰地区)两个行业(美容美发和商业服务)的置换效应,发现美容美发行业(竞争市场,边际利润低)的置换效应很高(接近100%),但商业服务行业(资本更为密集、技术也更为密集的市场,进入门槛较高,分工较细)的置换效应只有50%。关于英国计划的官方评估(NAO,1988;Storey,1994)假设计划的整体挤出效应为50%,但从地方劳动力市场的估计来看,这个估计值可能过于保守。关于其他国家计划的研究都没有对置换效应给出类似的估计。

4.5 收入水平

事实上,我们不可能获得计划参与者收入的国际可比数据。因此在这个方面我最多只能说,我能够获得的证据表明,存活参与者的平均收入低于就业人员的平均收入,其中只有德国的计划是个例外,因为它要求参与者必须证明他们所申请的企业能够保证最低限度的总收入(80年代后期,这一最低限度为每月3 400德国马克[16])。至于丹麦的计划,最新的评估(Høgelund et al. , 1992)表明,1989年参与计划的创业者中,有2/3的人年收入(总收入)低于150 000丹麦克朗。许多英国的评估也包含收入数据,同样表明参与者中大部分人的收入很低。虽然最近的研究显示,存活者的收入水平相对于早期的评估可能有所提高,但平均水平依然较低。Tremlett(1993)的研究显示,55%的存活者在自我雇佣的18个月后,每周挣得的收入低于200英镑。

4.6 其他影响:就业能力和劳动力态度

关于计划对参与者未来就业经历的影响的研究很少,因为这样的评估需要纵向数据(而多数研究为横截面的),并且为了从个体就业机会中将计划的效应分离出来,还需要将没有参与计划的失业者作为控制组。目前只有一项研究使用了这种控制组的方法,即美国的试点计划评估，该研究表明，参与计划能够提高就业能力（见 4.9 部分）。

至于计划将怎样影响劳动力对自我雇佣和创业精神的态度，以及这种态度如何促进“创业文化”的发展，这方面的研究更少。英国的态度调查结果（Blanchflower and Oswald，1990）表明，大众对自我雇佣的热情几乎没有变化。考虑到英国的自我雇佣增长速度自 80 年代初期以来一直是所有欧盟国家中最快的，并且英国官方也一直特别推崇“创业”，可以看出，这种自我雇佣计划（英国是计划规模最大的国家之一）不可能对态度有重大影响。

4.7　计划参与者及其企业的特征

最后，我将总结参与这种计划的人员类型以及他们所进入的行业类型。我的分析源自 Meager（1993），利用劳动力市场调查数据进行了一些对比：一是将各个国家的计划参与者及其企业特征与所在国家自我雇佣者总体的相应特征进行对比，二是与所有新进入自我雇佣群体的相应特征进行对比。

关于四个国家数据分析的详细结果，请参阅 Meager（1993）。这里只简要介绍一下这些结果说明的问题。关于德国计划，女性在劳动力总体特别是自我雇佣劳动力总体中所占的比例太小，而年轻人（小于 30 岁者）所占比例相对于自我雇佣劳动力总体却稍大。从部门来看，计划偏重于生产部门，而农业部门和服务部门的参与者所占比例较小。关于丹麦计划，女性所占比例相对于自我雇佣劳动力总体很大，但是它的年轻人比例较小，其中，部分原因是计划对参与者的年龄有一定限制。此外，丹麦的计划参与者明显集中于服务部门。在法国，参与者的性别构成与自我雇佣劳动力总体相似，但是年轻人（25 岁以下者）所占比例很小。另外，法国计划明显偏重于生产和制造部门。最后，英国计划中，近几年女性所占比例大于女性在自我雇佣劳动力总体中的比例（但是女性参与计划的比例一直增长很快），并且年轻人（25 岁以下者）所占比例相当大。服务部门所占比例也较大，但没有丹麦那么显著。

4.8　计划的设计及影响：总结

对于上面详细讨论过的四个国家的自我雇佣计划，表 16—1 向我们展示了这些计划在设计和效果方面的总体指标。它们都是相对值，也就是说，当某种特征或影响被描述为“高”、“中等”或“低”时，指的是与其他国家的相应特征或影响相比较而言。（其中大部分证据来源于 80 年代末和 90 年代初实行的评估。）

4.9　美国试点计划

这一部分将讨论从美国两个试点计划中得到的一些有趣的发现（Benus，Wood and Grover，1994），美国推出这两个试点计划的目的是考察失业者自我雇佣计划的可行性。由于这些计划的实验性质，同时，美国的劳动力市场环境不同于欧洲，因此，这两个试点计划与本章所讨论的欧洲计划显然没有直接的可比性。但是，这两个试点计划受到了极大的关注，因为它们设置了控制组并可能进行严格的计量影响评估，从而能为分析计划的可能影响提供更多有用的信息。对这两个计划（华盛顿州和马萨诸塞州）的评估采用的是 1990 年和 1991 年收集的参与者数据。两个计划都将领取失业保险金的人随机地分为两组，其中只有一组享有“自我雇佣服务”。在马萨诸塞州，这些服务包括深入的商业咨询和培训，并且参与者可以每两周领取一次补贴，补贴金额与他们的失业保险金相当（类似于以补贴为基础的欧洲自我雇佣计划）。华盛顿州的模式更接近法国的一次性总付方式。具体来说，参与者同样会领取与他们的失业金相等的补贴，同时享受培训、建议和商业咨询。但是，在经历了一些“重要事件”之后，如完成培训、提交商业计划和获得外部资金后，这些参与者会得到与他们剩下的补贴等价的一次性支付。

由于采取了随机抽样，因此参与者代表的是整个失业者群体，即该计划没有针对特殊对象。研究发现的几个统计上显著的结论如下：第一，与那些不能得到扶持的失业者相比，计划的参与者成为自我雇佣者的可能性较大，两个试点计划都如此。第二，相对于控制组中选择自我雇佣的失业者，参与者保持自我雇佣状态的时间可能更长。（有趣的是，这个效应在采取一次性总付方式的华盛顿州试点计划中要大得多。）第三，马萨诸塞州的参与者在观察期的收入高于没有参与计划的人（在华盛顿州却未发现），这主要是因为他们在后来的工资就业中收入较高，而不是在自我雇佣阶段本身。这一结论与计划能提高参与者“就业能力”的观点是一致的。事实上，两个试点都对参与者在观察期内的未来就业概率和就业期限产生了正面影响，这进一步支持了“就业能力假说”。最后，间接岗位创造效应在两种情况下都不明显，两个试点对非计划参与者的就业都没有统计上的显著效应。

事实支持了美国试点计划的评估人员所得出的结论：

> 根据上述结果，我们相信，自我雇佣计划，如华盛顿州的SEED宣言以及马萨诸塞州的创业项目，代表了一种促进失业保险领取者再就业的可行的政策工具。虽然这种自我雇佣项目对收入的影响还不明确，但是它们对就业结果的影响看起来很大（Benus et al.，1994，p. 61）。

5．结论及对未来研究的启示

上文中，我已经简要回顾了五个国家自我雇佣计划的设计及其效果的相关研究结果（丹麦、法国、德国、英国和美国）。

遗憾的是，这些研究结果不足以让我们像对待积极劳动力市场政策那样，用货币价值对这些计划的总体有效性进行权威的、可比的评估（例如，每创造一个岗位的净成本）。但是，Storey（1994）最近对英国的计划做出了这样的尝试。他采用了类似于上文中所描述的数据，同样考虑了存活率、无谓效应、置换效应和间接岗位创造效应。结合这些数据，以及对政府用于该计划的支出（失业金的节约量与行政成本的净值）所进行的估算，他得出，每创造一个岗位所花费的成本总额为2 000英镑。考虑到一部分参与者（收入极低的除外）还对国家的财政税收和社会保险给付做出了贡献，每个岗位的净成本可能更低。尽管人们对这个计划有很多批评，但它是一种非常有效的岗位创造政策，因为它每创造一个岗位所花费的成本大大低于许多其他的积极劳动力市场政策。

从本章的分析可以看出，对于从失业向自我雇佣转换的补贴计划，英国的计划在许多方面的效果都不如其他国家（在无谓效应、存活率、置换效应及间接岗位创造方面）。因此，很可能其他国家的那些计划也是非常有效的岗位创造政策。[17]

也有一些证据揭示了计划的设计如何影响计划的效果。第一，以一次性而非补贴的方式提供支持可以帮助参与者克服进入时的资本障碍，使得他们能够在利润更高、受到更多保护的市场（包括生产活动）中创业，而在这些市场中，收入和存活的可能性相对更高，且置换效应较小。一次性方式能够提高存活率的观点也得到了美国数据的支持。然而，这些数据没有考虑创业企业的特征，我们无法探究其中的作用机制。

第二，通过对所扶持的企业进行严格的筛选也可以达到类似的效果（例如，在德国，需要满足最低收入要求，并且商业计划需得到认可）。虽然这种选择性可能会提高存活率（并可能减小置换效应），但增大了产生无谓效应的风险（如果“较好”的商业策划出自那些没有计划时也会选择自我雇佣的人），还可能使失业者中的女性和其他弱势群体（包括长期失业者）受到歧视。因此，理想的做法是，在选择符合要求的企业的同时，选择特定的弱势群体作为目标对象给予扶持，即那些在没有补贴的情况下成为自我雇佣者的可能性最小的人。这样说来，参照德国模式中对受扶持的企业进行审查，再结合丹麦模式中以特殊失业群体为目标的做法，可能效果更加明显。

第三，如果计划以失业者中的某些弱势群体为目标，那么在自我雇佣的初期提供合适的支持和培训可能尤其重要。与我们考察过的其他国家相比，丹麦的计划看起来在这方面特别有成效。它为特定商业领域提供了更加全面的经营管理技能培训和咨询，以及更多的技术支持。由于这些措施，尽管丹麦计划的参与者多为长期失业者，且女性参与者和服务业企业的比例均相对较高，但是存活率仍相对较高。

最后，希望大家留意分析英国计划时得出的一些政策建议。Storey（1994）认为，作为劳动力市场政策，这些计划可能比较有效，但是如果政策以刺激和扶持整个小企业部门为目标，那么它们常常是相对无效的（与扶持那些增长趋势明显且存活可能性大的小企业的政策相比）。很明显，所建立的企业，特别是在扶持不具有选择性的情况下（如英国），通常质量较差，收入和增长的前景也较差。[18]英国这部分小企业的一个主要特征就是流动率高，因为小企业的创建率高，但同时失败的概率也大，这与德国等其他国家相对稳定的模式形成了对比。于是，Storey（1994）得了如下结论：

> 创业的高风险要求地方政策项目更加倚重那些有良好交易纪录的成熟企业……至于为促进新企业的创建而设计的公共政策是否符合英国经济的长期利益，仍是一个悬而未决的重要问题（Storey，1994，pp. 284－285）。

虽然这种观点可能有些极端，但是不可否认的是，国际经验建议我们在为失业者的自我雇佣行为设计劳动力市场计划时，应当更加明确计划的目标群体。这些计划不仅要确定有权享受补贴的目标人群（侧重弱势群体以减少无谓效应）[19]，还要明确能够得到扶持的商业活动（侧重潜在市场和收入潜力较大的高质量商业计划，以增加存活率，减小置换效应）。

关于鼓励那些传统上不太可能成为“企业家”和小企业主的人群（如失业者）进行自我雇佣的政策具有怎样的长期意义，目前几乎没有这方面的研究。但 Meager，Court and Moralee（1994，1995）认为，这可能是评估自我雇佣计划长期影响的一个重要维度。通过对一些数据的再分析，他们考察了英国自我雇佣的高速增长对收入水平和收入分配的影响。他们特别关注了一些特殊自我雇佣群体的收入和财富水平，这些人拥有一些在 80 年代及 90 年代初的“新自我雇佣者”中出现比例较高的特征（如女性，25 岁以下，有失业经历或创立服务业企业的群体）。

研究表明，总体上来说，自我雇佣者之间的收入差异大于相应的雇员收入差异。具体来说，与雇员的收入分布相比，自我雇佣人群中，不仅高收入者所占的比例更大，而且低收入者的比例也更大。于是，其他条件相同时，自我雇佣的人数越多，劳动者总体的收入差距就越大。但是，值得关注的是，在 80 年代，低收入自我雇佣人群的比例持续上升（其中许多人的个人特征及部门特征恰好与上面讨论的计划参与者的典型特征相符）。通过对家庭面板调查数据的多元统计分析，结果表明，1991 年的自我雇佣者沦为劳动收入分布中最低 1/10 人群的可能性是（在年龄、性别、资历、职业等方面）类似雇员的三倍以上。更值得关注的是，研究显示[20]，就业历史中有过自我雇佣经历的老年人在年老时的收入、储蓄和养老金水平较低，并且这个群体还在壮大。另外，有证据表明，自我雇佣时期社会保障和养老金缴费的中断对晚年的期望收入及退休时间都有重要影响。有自我雇佣经历的人通常比相应的只有工资就业经历的人更晚退休，这不仅是因为受到在正常退休年龄之外继续工作的欲望的影响，而且在许多情况下，经济需求也迫使他们继续工作。

关于自我雇佣的早期研究所关注的是（see Burrows，1991），在一般的自我雇佣者，或者“成功”的自我雇佣者中，有多大比例来自那些具有自我雇佣和建立小企业传统的社会群体。由于新近的自我雇佣者（包括自我雇佣计划的参与者）缺乏这种社会背景，这种模式逐步瓦解，新的问题是，这些人是否拥有相应的态度及社会化过程，使他们能够在自我雇佣过程中取得与他们的前辈同等程度的成就。显然，对这个问题的回答既影响他们自我雇佣期间的收入潜力，也会影响到他们为退休做好充分准备的可能性。英国的研究结果表明，在这个方向上存在重大影响。将来的研究应该着眼于这样的问题：是什么潜在动力使得自我雇佣经历形成了这样一种人群——他们不仅工作期间的收入低，而且退休之后的收入前景也很差，并设计出合适的应对政策。目前我们尚不清楚其他国家在多大程度上存在类似的结论，但我认为，我们需要通过国际比较研究来考察这些问题。

注释

[1] 东欧也对自我雇佣表现出了浓厚的兴趣，因为在那里，既有大规模的劳动力市场错位，又存在对自由市场和“企业家精神”的狂热推崇。

[2] 人们激烈争论的不仅是这些发展的原因，还有自我雇佣本身的本质和定义，以及这种新的“自我雇佣者”在多大程度上包含一种独立企业家的典型特征，或者是否可以说他们中有许多根本就是从属于大企业的一种“伪装的工资雇员”。值得注意的是，最近的研究显示，自我雇佣者具有高度的异质性，因而将他们作为一类来进行分析会遇到很多困难。

[3] 具有讽刺意味的是，这说明在拥有最大的自我雇佣计划（以资本定额配给为基础）的国家，自我雇佣者的经济状况却可能是最差的。

[4] 由于自我雇佣者的异质性，将他们作为一个整体来建立模型可能是不合适的。自我雇佣者中的不同人群需要不同的理论体系。对于那些天才的“企业家”，以企业理论为根基的解释也许较为合适。但是对于大多数人来说，自我雇佣在很大程度上只是一种在称谓上区别于工资就业的劳动力市场现象。考虑到这种多样性，没有一个理论体系能够充分解释各种自我雇佣者的发展也就不足为奇了。

[5] Meager（1993）提供了欧盟国家的有关数据，数据显示，这种计划占劳动力市场政策支出的份

额在总体趋势上是增加的。有些国家参加这些计划的人数很多。如英国，在 80 年代后期达到顶峰，约 10 万名失业者通过“企业补贴计划”开始自我雇佣，构成了自我雇佣群体流入量的主要部分，而当时自我雇佣人员的存量大约为 250 万。法国计划的规模与英国差不多，但（原联邦）德国的规模要小得多，每年得到《就业促进法案》(Employment Promotion Act) 第 55a 条的过渡性支持的人数从来没有突破过 2 万（IAB-Iurzbericht，1991）。

[6] 有关这些计划的“无谓损失”问题将在下文中展开进一步的讨论。

[7] 对德国计划的描述请见 Kaiser and Otto（1990）。

[8] 有趣的是，有证据表明，在英国的计划中，政策制定者将参与者的低收入作为该计划的一个优势，因为他们认为这会减小工资压力和对通货膨胀的预期（Owsens，1989）。

[9] 关于英国 TEC 计划的一个全面、客观的介绍，请参阅 Bennett，Wicks and McCoshan（1994）。

[10] 但是这种可能性还有待实现，因为在分权后对这个计划进行的唯一的全国性评估（Tremlett，1993）没有系统地评价地方设计差异的影响。

[11] 德国计划要求申请的企业通过“有能力的”权威机构（如银行、商务部或专业协会）的审查，证明它能够为自我雇佣者带来最低限度的收入。最近，英国计划于 1992 年分权到地方培训和创业委员会以后，很明显，一些培训和创业委员会对有权获得补贴的商业活动（按活动所属的部分，可能的盈利能力等）施加了限制。

[12] 这两种试点计划在美国同时实行，美国已经对这两种模式作过实验性的对比。一种是“以补贴为基础”的模式，另一种包括面向大部分参与者的“一次性资助”模式（Wandner and Messenger，1991）；参见 4.9 部分。

[13] 假设失业的潜在企业家面临不完善的货币资本市场（见本章开头的讨论）。

[14] See also Allen（1987），Allen and Hunn（1985），Hunn（1984），Marston and Pattison（1989），Maung and Erens（1991），MSC（1983），Owens（1989），Owens and Demery（1988），Pattison and Demery（1988），RBL（1987），Simkin and Allen（1988），Smith and Tremlett（1990），Tremlett（1993）and Wood（1985）.

[15] 当然，这并不能说明那些没有登记为失业的人都继续保持自我雇佣。

[16] See Kaiser and Otto（1990）. 就目前所得到的数据还不能判断该要求执行的严格程度，以及实际上有多少受补贴的企业达到了这个收入水平。

[17] 但是，上文中曾提到，采用一次性总付方式（如法国的计划）时，如果存活率较低，那么每创造一个工作岗位的成本将大幅增加。原因在于，创业失败的参与者重返失业后有权再次享受政府的福利。

[18] 关于英国的情况，一般认为，由失业者创立的企业可能比其他群体建立的企业的成功概率更小，存活率更低，但 Kitson（1995）对此提出了挑战。他的研究认为，失业者建立的小企业在一些效果特征上并不逊色于其他人群建立的企业，但是他的分析是以现存小企业而非新创建企业的样本调查为基础的，因而降低了那些创业迅速失败的新自我雇佣者在样本中的比例，偏重于那些所创办的企业存活下来并实现增长的自我雇佣者。

[19] 非常有趣的是，美国及英国的证据也在一定程度上表明，自我雇佣对于一些处于弱势或受到社会排挤、在工资就业中遭受歧视的群体来说（如少数族裔、某些种族和移民），可以作为经济整合的一种有效机制。至于少数族裔的自我雇佣能在多大程度上加深隔离和该类人群的“聚集”，文献中存在激烈的争论（see Borjas，1986；Erichsen and Sen，1987；Jones and McEvoy，1986；Light，1979；Min，1984；Waldinger，Aldrich and Ward，1990）。

[20] 该研究利用的是一个针对 55～69 岁年龄组的独立调查数据库，其中含有完整的就业历史数据，还有个体晚年的财务状况和个人情况。

参考文献

Acs, Z., D. Audretsch and D. Evans (1992), *The Determinants of Variations in Self-employment Rates across Countries and over Time*, WZB discussion paper FS IV 92–3, Wissenschaftszentrum Berlin für Sozialforschung.

Allen, D. (1987), *Enterprise Allowance Scheme Evaluation: First Eighteen-month National Survey*, Sheffield: Manpower Services Commission.

Allen, D. and A. Hunn (1985, August), 'An Evaluation of the Enterprise Allowance Scheme', *Employment Gazette*, 313–17.

Barker, P. (1989), *Self-employment Schemes for the Unemployed*, no. 10, Paris: Organization for Economic Co-operation and Development, Local Initiatives for Employment Creation.

Bennett, R., P. Wicks and A. McCoshan (1994), *Local Empowerment and Business Services: Britain's Experiment with Training and Enterprise Councils*, London: UCL Press, University College London (UCL).

Benus, J., M. Wood and N. Grover (1994), *A Comparative Analysis of the Washington and Massachusetts UI Self-employment Demonstrations*, Bethesda: Abt.

Birch, D. (1977), *Job Creation in America*, New York: Free Press.

Birch, D. (1979), 'The Job Generation Process', final report to Economic Development Administration, Cambridge, MA: MIT Program on Neighborhood and Regional Change. (Unpublished manuscript)

Blanchflower, D. and A. Oswald (1990), 'Self-employment and the Enterprise Culture', in R. Jowell, S. Witherspoon and L. Brook (eds), *British Social Attitudes: The 1990 Report*, Aldershot: Gower.

Bögenhold, D. and U. Staber (1991), 'The Decline and Rise of Self-employment', *Work, Employment and Society*, 5, 223–39.

Borjas, G. (1986), 'The Self-employment of Immigrants', *Journal of Human Resources*, 21, 485–506.

Burrows, R. (1991), 'Who Are the Contemporary British Petit Bourgeoisie?', *International Small Business Journal*, 9 (2), 223–9.

Campbell, M. and M. Daly (1992, June), 'Self-employment: Into the 1990s', *Employment Gazette*, 269–92.

Dossou, F. (1988), 'L'impacte de l'aide aux chômeurs créateurs de l'entreprise', *Dossiers Statistiques du Travail et de l'Emploi*, 57–63.

Elias, P. and K. Whitfield (1987), *The Economic Impact of the Enterprise Allowance Scheme: Theory and Measurement of Displacement Effects*, report to the Manpower Services Commission, Coventry: University of Warwick, Institute for Employment Research.

Erichsen, R. and F. Sen (1987), *Hinwendung zur Selbständigkeit bei Gastarbeitern mit besonderer Berücksichtigung von Türken*, working paper on International Migration for Employment, Geneva: International Labour Organization.

European Commission (ed.) (1988), *Chômeurs Créateurs*, report, Brussels.

Hasluck, C. (1990), *The Displacement Effects of the Enterprise Allowance Scheme: A Local Labour Market Study*, project report, Department of Employment Programme, 1989/90, Coventry: University of Warwick, Institute for Employment Research.

Høgelund, J., K. Langager, L. Jakobsen and J. Jagd (1992), *Iværksætterydelsen*, Copenhagen: Socialforskningsinstituttet/Dansk Teknologisk Institut.

Hughes, A. (1992), 'Big Business, Small Business and the "Enterprise Culture"', in J. Michie (ed.), *The Economic Legacy, 1979–92*, London: Academic Press, pp. 296–311.

Hunn, A. (1984), *Enterprise Allowance Scheme*, Sheffield: Manpower Services Commission.

IAB-Kurzbericht (1991), *Wer hat in den Jahren 1986 bis 1989 Überbrückungsgeld nach 55a AFG bezogen?*, Nuremberg: Institut für Arbeitsmarkt- und Berufsforschung.

Johnson, S., R. Lindley and C. Bourlakis (1988), *Modelling Aggregate Self-employment: A Preliminary Analysis*, project report, Department of Employment Programme, 1988/89, Coventry: University of Warwick, Institute for Employment Research.

Jones, T. and D. McEvoy (1986), 'Ethnic Enterprise: The Popular Image', in J. Curran, J. Stanworth and D. Watkins (eds), *The Survival of the Small Firm*, Gower: Aldershot (Vol. 1).

Kaiser, M. and M. Otto (1990), 'Übergang von Arbeitslosigkeit in berufliche Selbständigkeit', *Mitteilungen aus der Arbeitsmarkt- und Berufsforschung*, 22 (2), 284–99.

Keeble, D., S. Walker and M. Robson (1993), *New Firm Foundation and Small Business Growth in the United Kingdom: Spatial and Temporal Variations and Determinants*, ED research paper no. 15, London: Employment Department.

Kitson, M. (1995), *Seedcorn or Chaff? Unemployment and Small Firm Performance*, working paper no. 2, Cambridge, UK: Economic and Social Research Council (ESRC), Centre for Business Research, University of Cambridge.

Light, I. (1979), 'Disadvantaged Minorities in Self-employment', *International Journal of Comparative Sociology*, 20, 31–45.

Marston, M. and K. Pattison (1989), *EAS Postal Survey: Quality and Impact of Monitoring*, ES Research and Evaluation Branch, report no. 37, Sheffield: The Employment Service.

Maung, N. and R. Erens (1991), *Enterprise Allowance Scheme: A Survey of Participants Two Years after Leaving*, London: Social and Community Planning Research.

Meager, N. (1992a), 'Does Unemployment Lead to Self-employment?', *Small Business Economics*, 4, 87–103.

Meager, N. (1992b), 'The Fall and Rise of Self-employment (Again): A Comment on Bögenhold and Staber', *Work Employment and Society*, 6 (1), 127–34.

Meager, N. (1993), *Self-employment and Labour Market Policy in the European Community*, WZB discussion paper FS I 93–201, Wissenschaftszentrum Berlin für Sozialforschung.

Meager, N., G. Court and J. Moralee (1994), *Self-employment and the Distribution of Income*, IMS report no. 270, Joseph Rowntree Foundation Programme of Work on Income and Wealth in the United Kingdom, Brighton: Institute of Manpower Studies.

Meager, N., G. Court and J. Moralee (1995), 'Self-employment and the Income Distribution', in J. Hills (ed.), *New Inequalities*, Cambridge: Cambridge University Press.

Meager, N., M. Kaiser and H. Dietrich (1992), *Self-employment in the United Kingdom and Germany*, London: Anglo-German Foundation for the Study of Industrial Society.

Min, P.-G. (1984, Summer), 'From White-collar Occupations to Small Business: Korean Immigrants' Occupational Adjustment', *Sociological Quarterly*, 333–52.

MSC (1983), *Enterprise Allowance: Some Early Results from the Questionnaire Survey*, Sheffield: Manpower Services Commission.

NAO (National Audit Office) (1988), *Department of Employment/Training Commission: Assistance to Small Firms*, report by the Comptroller and Auditor General, no. 655, London: HMSO.

OECD (1992, July), 'Recent Developments in Self-employment', *OECD Employment Outlook*, 155–94.

Owens, A. (1989), *Enterprise Allowance Scheme Evaluation; Sixth 6-month National Survey*, ES Research and Evaluation Branch, report, Sheffield: The Employment

Service.
Owens, A. and S. Demery (1988), *Enterprise Allowance Scheme Evaluation; Fifth 6-month National Survey*, ES Research and Evaluation Branch, report no. 10, Sheffield: The Employment Service.
PA Cambridge Economic Consultants (1990), 'Evaluation of Jobclubs and the Enterprise Allowance Scheme in Great Britain', Cambridge, UK (Unpublished manuscript).
Pattison, K. and S. Demery (1988), *Enterprise Allowance Scheme: Third 18-month Postal Survey*, ES Research and Evaluation Branch, report no. 11, Sheffield: The Employment Service.
RBL (1987), *Enterprise Allowance Scheme Evaluation: Three-month National Survey*, London: RBL Research.
Rosdahl, A. and I. Maerkedahl (1987), *Uddannelses og iværksætterydelsen til langtiesledige*, Copenhagen: Socialforskningsinstituttet.
Sengenberger, W., G. Loveman and M. Piore (eds) (1989), *The Re-emergence of Small Enterprises: Industrial Restructuring in Industrialised Countries*, Geneva: International Institute for Labour Studies.
Simkin, C. and D. Allen (1988), *Enterprise Allowance Scheme Evaluation: Second Eighteen-month National Survey*, final report, Sheffield: Manpower Services Commission.
Smith, P. and N. Tremlett (1990), *Enterprise Allowance Scheme: 18 Month Interview Survey*, London: Social and Community Planning Research.
Steinmetz, G. and E. Wright (1989), 'The Fall and Rise of the Petty Bourgeoisie: Changing Patterns of Self-employment in the Post-war United States', *American Journal of Sociology*, 94 (5), 973–1018.
Storey, D. (1994), *Understanding the Small Business Sector*, London: Routledge.
Tremlett, N. (1993), *The Business Start-up Scheme: 18 Month Follow Up Survey*, London: Social and Community Planning Research.
Waldinger, R., H. Aldrich and R. Ward (1990), *Ethnic Entrepreneurs*, Newbury Park: Sage.
Wandner, S. and J. Messenger (1991), 'From Unemployed to Self-employed: Self-employment as a Re-employment Option in the United States', Washington, DC: US Department of Labor, Employment and Training Administration. (Unpublished manuscript)
Wood, D. (1985), *Two Years after the Enterprise Allowance*, London: Social and Community Planning Research.

第 17 章 残疾人就业机会

Lei Delsen *

这一章主要关注的是欧盟成员国和美国面向残疾人的职业康复和就业促进政策。对这些国家面向残疾人的职业康复和就业政策的差异所进行的研究代表了目标导向型评估方法的一个理想的潜在应用领域，这里的目标导向法指的是，对不同社会经济和政治背景下为了达到某种目标而采取的最优政策所进行的评估。在第 1 部分，我将回顾以往研究对残疾的操作性定义，以及目标群体的规模、特点和他们在劳动力市场上所处的位置。第 2 部分将介绍不同制度背景下几种主要的、面向残疾人的职业康复和就业模式及其发展趋势。在第 3～第 5 部分，会介绍几种促进残疾人公开就业的政策工具，并根据既有的评估研究来讨论这些政策工具的有效性。第 3 部分主要介绍法律干预，包括平等就业机会立法、配额制度和解雇保护法。第 4 部分考察了以下几种就业支持服务：主流的职业服务、在职培训、特殊教育，以及帮扶性就业。最后，第 5 部分将介绍几种促进公开就业的资助手段，包括工资补贴、工作场所的调整、技术支持，以及预防和早期干预。保护性就业将是第 6 部分的主题，而第 7 部分会就部分国家的几种政策进行总结，同时提出进一步研究的方向及政策建议。

1. 目标群体的界定及其特点

1.1 界定和识别

残疾的定义是对人群进行分类的基础，用来决定哪些人属于目标群体，从而有资格享受各种服务。用于判定资格的定义有很多，取决于政策方案的目的和实施机构。定义包含以下维度：残疾的严重性、永久性、类型和致残原因（欧共体，1988）。不明确的界定会影响政策措施的效率，同时会给政策评估造成障碍。当责任主要由雇主承担时，比如在法国、荷兰、英国和美国，就需要一些外部的专业评审，确保立法有效，没有漏洞。此外，

* 作者感谢参与讨论的所有人员，特别是 G. Biffl，G. Schmid 和 J. Smith，他们对本章之前的版本提出了有益的建议。

界定的问题直接关系到如何理解这个领域的政策目标和发展，与其他政策领域的相互影响，例如，退休政策和一般的劳动力市场政策（OECD，1992）。

在几乎所有的欧盟国家，残疾的定义都与工作和收入有关。丹麦、意大利、卢森堡把残疾定义为工作能力的下降。在比利时、法国、德国、荷兰、葡萄牙、西班牙和英国，残疾被定义为找到或维持工作的可能性减小。美国的定义与世界卫生组织的相同，比较宽泛。[1]在瑞典，残疾被看作个体与环境之间的一种关系（欧共体，1988；Lunt and Thornton，1993）。这样一种基于环境的、无类别的定义是有效的转换和就业政策的重要因素，因为按残疾的类型进行描述会使得人们的注意力集中在个体的缺陷上，从而使得这些个体的处境更加不利。残疾的定义逐渐从一个从静态的医学概念发展为立足于环境方面的解释。这个动态的定义说明，残疾的程度取决于个体的情况、他人的态度和期望，以及外界环境的干预和调整（OECD，1992，1994a，1994b）。在同一个国家中，关于残疾概念的应用也可能存在冲突。例如，在美国，《美国残疾人法案》（American with Dissbility Act，ADA）禁止雇主在面试时讨论残疾问题，工作补贴的领取也取决于雇员是否把自己界定为残疾人（Lunt and Thornton，1993）。

1.2　残疾人的特点

要制定合理的就业政策，我们需要了解残疾人的规模、构成及其就业形势。目前关于残疾人特点及其劳动力市场地位的统计数据很少。不同国家和同一国家的不同政府部门对残疾的定义差异很大。在 OECD 国家中，残疾人占劳动年龄人口的 10%。只有 30%～40%的残疾人参与劳动，而劳动年龄人口的劳动力参与率为 2/3 左右。在欧洲和美国，残疾人的失业率是一般失业率的 2～3 倍。不仅失业率很高，而且失业的持续时间更长。大量的失业残疾人都是长期失业者（Grammenos，1991；Haveman，Halberstat and Burkhauser，1984；Lunt and Thornton，1993；McLaughlin，Florian，Neubert，Boyd-Kjellen and Frieden，1992；OECD，1992；Semlinger，1984；Semlinger and Schmid，1985）。在欧洲和美国，处于劳动年龄的没有工作的残疾人中，约有 2/3 的人希望找到工作，并认为，只要有合适的工作，他们愿意并且有能力去完成工作任务（Delsen and Klosse，1992；Hardman，1994；OECD，1992）。他们更愿意接受有偿工作，因为它能带来现金和满意度，是重新获得社会地位的体现，同时工作也可以作为一种治疗方法（Wansbrough and Cooper，1980）。有偿工作的价值由于未来社会保障收益的减少而得到了进一步的增加。

处于劳动年龄的残疾人士以大龄男性居多，他们的受教育水平和工作地位都较低。残疾人的数量随年龄的增长而增多。大多数就业的残疾人所从事的都是简单的工作，并且由于他们的受教育程度较低，基本上都处于地位低、收入低的职位上。他们往往就业不足。残疾人领取养老金的比例在上升，在一些国家已经超过了领取失业金的比例。大多数（50%～80%）残疾人都是身体残疾，其中很多是由车祸造成的。大约 5%～15%的残疾人患有精神疾病。

欧洲和美国的经验显示，残疾人重新融入劳动力市场多发生在大企业中。因为一些大企业的老员工有了残疾之后仍继续留在该企业工作，外部的招聘很少见。小企业雇佣的残疾人相对较少，但从外部招聘的相对较多。一般而言，企业面向残疾人的政策一般仅限于那些在本企业工作时造成残疾的员工。针对企业外部或没有进入劳动力市场的残疾人的政策很少，尤其在工业部门。对残疾人来说，商业服务部门通常能提供最合适的工作条件(Delsen and Bemelmans，1987；Haveman et al.，1984；Lunt and Thornton，1993；Mul，de Winter，Nijboer and de Haan，1995；OECD，1992；Sadowski and Rendenbach，1989；Semlinger and Schmid，1985；Seyfried，1992)。

关于面向残疾人的公共政策，只能得到某些特殊项目的数据（见表 17—1)。职业康复包括能力测试、工作调整措施、特殊的培训等。为残疾人所做的工作主要包括保护性就业和常规就业补贴。当然，这些措施并不是残疾人政策的全部。相对于其他欧盟国家，瑞典和荷兰在残疾人工作（保护性就业）上投入了大量的公共资源，而丹麦的职业康复支出最高。新参与者的数量也是丹麦最多。在美国，尽管职业康复的支出相对较低，但新参与者的人数相对较多。尽管新参与者人数很多，但丹麦在残疾人工作方面的公共支出水平并不高。瑞典和荷兰的高支出并没有与新参与者人数多相关联。

表 17—1　　部分 OECD 国家中针对残疾人的公共支出和劳动力市场措施的新参与者，1992—1993 年

	职业康复		残疾人就业项目		总计	
	公共支出（占 GDP 百分比）	新参与者（占劳动力百分比）	公共支出（占 GDP 百分比）	新参与者（占劳动力百分比）	公共支出（占 GDP 百分比）	新参与者（占劳动力百分比）
奥地利	0.03	0.4[a]	0.02	0.1[a]	0.05	0.5[a]
比利时	0.05	—	0.10	—	0.15	—
丹麦	0.33	2.5	0.15	0.6	0.49	3.1
芬兰	0.08	0.7	0.10	…	0.17	0.7
法国	0.02	0.4	0.06	…	0.08	0.4
德国	0.14	0.3[b]	0.11	—	0.25	0.3[b]
爱尔兰	0.14	…	…	…	0.14	…
意大利	…	…	…	…	…	…
卢森堡	0.01	—	0.09	—	0.10	—
荷兰	…	…	0.62	0.1	0.62	0.1
葡萄牙	0.05	0.1	…	…	0.05	0.2
西班牙	…	…	0.01	0.1	0.01	0.1
瑞典	0.12	0.5	0.74	0.2	0.85	0.8
英国	…	0.1	0.02	0.1	0.03	0.1
美国	0.05	0.8	…	…	0.05	0.8

a. 1990 年数据。
b. 1992 年数据。
说明：…表示数值为零或四舍五入后为零。
—表示数值为没有相关的数据。
资料来源：*Employment Outlook* (Table I. B. 2，pp. 54−61) by OECD，1994，Paris. Copyright 1994 by OECD. Adapted by permission.

残疾人的未来就业前景可能会得到改善。劳动力老龄化、劳动力增长率下降等因素都可能迫使雇主在传统的资源之外寻找劳动者，比如残疾人。服务部门和白领工作已经逐渐向身体残疾的人敞开大门。残疾人也明显从最近的技术进步中获益，尤其是身体残疾者；例如，现在，在家里工作的可能性更大了。然而，那些有认知障碍的人和精神病患者将更加难以找到工作（Delsen and Bemelmans，1987；McLaughlin et al.，1992；OECD，1992；Sadowski and Rendenbach，1989；Seyfried，1992；Wadensjö，1984）。

2. 制度背景

在每个国家都有一些独立的机构和服务部门，帮助残疾人职业康复，促进残疾人就业，向残疾人提供学校教育和培训。它们包括政府有关部门、社会保障机构，以及目标和文化各不相同的各种残疾人（区域）组织。各国对于专家服务以及主流就业服务的依赖程度不同。在瑞典，专家服务仅限于那些为了寻找工作、获得或维持工作而需要特殊资源的人，或者主流服务不足的情况。有些国家出于社会保障收益和社会福利服务的考虑有专门的残疾人评定，专家服务在这些国家很普遍（奥地利、比利时、法国和荷兰）。在某些国家，专家服务只是主流服务的补充，例如丹麦企业中的个人助理（Lunt and Thornton，1993；Seyfried，1992）。

最近在美国和丹麦成立了很多残疾人组织，它们希望提供自己单独的专家服务（Lunt and Thornton，1993）。它们的参与能够根据残疾人的特殊需求提供更好的服务（OECD，1992）。随着残疾人组织的增加，一些欧盟国家试图把残疾人就业的责任由国家转向私人部门（Lunt and Thornton，1993；Seyfried，1992）。然而，决策的分权化限制了中央政府推出政策的权力和责任。由于各部门之间缺少交流和协调，分权化也给监督和评估政策执行带来了问题。因此，分权化使得制度、机构、权利与服务体系变得零碎、不协调，相关的政策也可能变得重叠或相冲突（Delsen，1989；Lunt and Thornton，1993；OECD，1992，1994b；Seyfried，1992）。

此外，制度的不一致会阻碍整合。[2]例如，在法国和葡萄牙，特殊教育的成本不是由国家或地方政府支付的，而是由社会保障体系承担的。在这种情况下，教育部门不愿意促进整合，因为这可能会导致原先由社会保障体系承担的巨额开支转移到他们的预算中（OECD，1994b）。在德国，由于存在轻微的消极激励，公共就业服务机构更愿意向失业者而非残疾人提供继续培训（see Schmid，本手册第 25 章）。

在微观层面上，制度的不一致会产生残疾识别中的道德风险。对于重度残疾和精神残疾来说，道德风险并不明显，因为这两种残疾较容易识别。但是，疾病和工伤就是相对的概念。如果只向受伤的人提供资金或代金券，让他们从私人部门购买康复服务，道德风险就会减弱。[3]在社会保障中，道德风险是不能彻底避免的（Lindbeck，1994）。人们可能会问：残疾人在多大程度上可以自主选择康复服务的类型、用药、方法和方向？

失业、残疾和提前退休福利是彼此交叉的。在欧盟和美国的残疾人中，隐性失业占有很大的比例。所有的残疾人项目与经济形势都是负相关的：在衰退时期，申请残疾人福利的人增多。在评估残疾程度时，失业率通常被纳入考虑范围。全额的残疾抚恤金被认为是失业补偿的一种形式（Burkhauser and Hirvonen，1989；Casey，本手册第 12 章，Delsen and Reday-Mulvey，1995；Haveman et al.，1984；Semlinger and Schmid，1985；Zeitzer，1994）。欧盟和美国的经验事实表明，渐进式退休能够抑制失业，降低病假率和减少关于全额残疾抚恤金的申请（Delsen，1987，1995；Delsen and Reday-Mulvey，1995）。

以家庭经济状况调查为基础的社会保障可能会给那些进入竞争性就业的人带来收入和

免费服务上的损失（贫困和失业陷阱）。残疾抚恤金（无论是收入关联型的还是以家庭经济状况调查为基础的）都不利于人们提高经济独立性。残疾人可能会陷入非全日制工作中。[4]如果能够促进残疾人就业，那么这些陷阱和经济上的损失就可以减小或得以避免。北美的经验表明（Harkness，1993；Haveman et al.，1984）残疾抚恤金不一定会降低工作动机。其中有替代率的原因。Harkness（1993）认为，残疾抚恤金能够减少残疾人在不合适或不满意的工作岗位上工作的可能性。像失业金一样（see Schmid and Reissert，本手册第 8 章），残疾抚恤金可能会通过支持残疾人寻找新的、更加合适的工作而提高劳动力市场效率。

3. 公开就业与法律干预

3.1　平等就业机会立法

如果劳动生产率相同，而得到的工资和就业机会却不同，就产生了就业歧视。歧视可能来源于偏见，即关于大多数劳动者和小部分劳动者平均生产率的差异信息，或者来源于对劳动者的剥削。所有欧盟国家都主张公平对待残疾人，并向他们提供参与主流职业培训项目和就业的机会，作为反歧视的一种手段。最近，加拿大、美国和澳大利亚也实行了联邦残疾人歧视立法（Haveman et al.，1984；Lunt and Thornton，1993）。《美国残疾人法案》是影响最为深远的法律。要使公共政策有效，必须能将健康限制引起的就业和工资差异与歧视引起的差异区分开。事实上，健康对就业的影响比对工资的影响大，这说明，《美国残疾人法案》在反对工资歧视方面的作用可能比促进就业的贡献更大。工资歧视同时也阻止了残疾人寻找工作。然而，这种抑制作用对残疾人和非残疾人的就业差异影响很小（Baldwin and Johnson，1994）。Epstein（1992）反对《美国残疾人法案》，因为没有足够的理由认为残疾人救助能保证残疾人（或其中的某个群体）从任何社会支出中得到正的收益。同时，收益必须比相应的成本大，而美国残疾人立法忽略或降低了这些成本。收益与成本的不匹配是所有反残疾人歧视法的致命缺点。反歧视管制对一部分残疾人十分有利，但并不是对所有人都有利。事实上，它可能会使某些代价高昂的残疾人群体的工作机会减少。反歧视法经常起到再分配的作用。Epstein 认为，最好的解决办法是废除所有干预劳动力市场运行的法律。Bulow and Summers（1986）则认为，反歧视行动政策（配额）和向弱势群体提供工作补助可能会增加总体福利。不平等的待遇会导致资源配置无效率，因为价格不能准确地反映社会成本，而且会造成资源的损失。此外，从博弈论的观点来看，过大的工资差距会影响工作的动力。Schotter and Weigelt（1992）发现，反歧视行动方案对产出的影响取决于歧视的程度。一种解释是，有时弱势群体放弃工作，不付出努力；配额制度使晋升成为可能，也就是说，做出最好的绩效是有值得的，而且，劳动者的处境越不利，这种效应就越大。另外，来自弱势群体的竞争也会激励优势群体更加努力工作。因此，这对企业是有利的，因为它能够防止企业员工陷入一个没有前景的境地，而没有前景的岗位会限制员工的努力。

一些雇主不愿意承担风险，也有一些雇主对于不同种类残疾人的工作能力缺乏全面的认识，这都阻止了他们雇佣残疾人。一些雇主是有偏见的，因为他们认为，残疾意味着工作能力低下，而且会给企业带来潜在的成本和麻烦。对精神病患者或存在认知缺陷的残疾人，雇主往往抱有很大的偏见（Delsen and Bemelmans，1987；Honey，Meager and Williams，1993；Raskin，1994；Semlinger and Schmid，1985；Söder，1994）。工作绩效取决于工作能力，而劳动者在能力上是异质的。这种差异可能导致逆向选择，因为如果劳动者的能力与保留工资正相关，那么企业的高工资就可以吸引更有能力的申请者（Akerlof and Yellen，1986）。[5]效率优先可通过工资补贴来应对，而怕麻烦的心理可通过承诺（承诺如果遇到麻烦，一定能得到帮助）来消除。要纠正雇主的偏见，一种合适的做法是，改善可以得到的信息，和/或对雇佣过程进行管制，并以对违规行为的惩罚作为后盾。一旦一个残疾人被雇佣，日常交流自然会改变之前对他所持的偏见。雇主和同事对他的认识会逐渐由"残疾人"转变为一个患有残疾的员工（Seyfried，1992）。这是一个似非而是的问题，正是残疾人的标签改变了大家对残疾人的态度（Söder，1994）。

3.2 配额制度

如果把让残疾人融入公开就业作为政策目标，那么有两种方法：自愿就业（美国、瑞典、葡萄牙和丹麦）和强制就业，即配额制度（其他欧盟国家）。其中，后者是欧洲共同体推荐的方式（欧共体，1988）。配额制度是以分享公开就业为基础的，目的是为残疾人的职业整合提供短期的解决方案。实践中的很多计划都是反歧视行动的一种形式。配额制度在强制程度、行政安排、税收制度、实际的配额比例，以及应用于公共部门还是私人部门等方面各不相同。

在丹麦和瑞典，配额制度遭到了拒绝，因为没有效果、执行困难，且存在羞辱问题。配额岗位与经济周期的走势是一致的。在英国，只有很小比例（5%）的雇主达到了配额的要求，而且这类雇主的数量还在下降。相反，由于存在罚款和补贴制度，德国的大多数企业都满足甚至超过了配额的要求。德国的配额制度主要针对的是重度残疾人，但它也会随着经济的衰退而失去效力，从而无法保障残疾人的就业。对配额制度的信心会鼓励残疾人在公共就业服务机构注册。而且，注册能带来一些好处，比如特殊的解雇保护。收缴的违规罚款形成专项基金，用于促进目标群体的职业整合（Burkhauser and Hirvonen，1989；Sadowski and Frick，1992；Semlinger and Schmid，1985；Seyfried，1992）。英国的配额制度失败了，主要有以下几个原因：一是很多英国残疾人没有认识到公共就业服务的作用；二是他们不愿意别人把自己当作残疾人看待；三是雇主雇佣残疾人不是强制性的（Lunt and Thornton，1993；OECD，1992；Wansbrough and Cooper，1980）。同样，在其他一些欧盟国家，政府也不能或不愿进行法律制裁。在法国，很多企业宁愿交更多的税，也不愿意雇佣残疾人（Seyfried，1992）。虽然配额无效是讨论的主要议题，但关于各国配额制度有效性的研究很有限。除了监管机制，配额计划的有效性还取决于执行的方式和方法（Schell，1991）。由于配额计划没有区分残疾的种类，它对那些重度残疾者是不利的。配额计划对轻度残疾的就业申请者是最有利的，有削脂倾向的企业通常选择雇佣这些人。配额的另一个问题是，雇主有时会对哪些人属于残疾人施加影响（Lunt and Thornton，1993；OECD，1992；Raskin，1994；Wadensjö，1994）。

相比于新招募残疾人，雇主们一般更倾向于留住沦为残疾人的既有员工（Honey

et al.，1993）。因此，配额制度可能只是通过留住员工的方式阻止了内部人的外流，从而保护或改善了内部人的就业地位，但是可能没有改变甚至反而减少了外部残疾人整合进劳动力市场的机会（Sadowski and Frick，1992；Semlinger and Schmid，1985；Seyfried，1992；Seyfried and Lambert，1989）。

3.3　解雇保护

英国的证据表明，《就业保护法案》（Employment Protection Act）的目的是保护现有员工的就业地位，但是它阻碍了那些有精神病史的人找到工作（Wansbrough and Cooper，1980）。德国的经历显示，有工作的重度残疾人被解雇的可能性比相应的正常员工小。解雇保护法提高了社会弱势群体的竞争力，却使他们面临更大的仍旧处于失业状态的风险。这个发现与内部人—外部人理论是一致的。解雇保护歧视那些生产率低的失业劳动者，包括重度残疾人，可能会使他们在劳动力市场中的处境更加恶化。他们所享有的特权越多，所带来的额外解雇成本就越高，于是，在其他条件相同的情况下，雇主雇佣他们的可能性就越小（Lunt and Thornton，1993；Sadowski and Frick，1992；Semlinger and Schmid，1985）。解雇保护可能会使对申请者的甄选变得更加严格，从而使那些年轻的残疾人进入劳动力市场变得更加困难（Wadensjö，1994）。因此，解雇保护对就业分配的影响是不明确的。对它的评价取决于是针对就业者（内部人）还是失业者（外部人）（Buttler and Walwei，1993）。

4.　公开就业与支持服务

4.1　主流的职业培训

培训活动有中期和长期目标。在所有 OECD 国家中，提高残疾人的就业竞争力是政策的关键。为了鼓励残疾人参与到主流的职业培训项目中来，很多国家，尤其是欧洲国家，都实施了特殊的支持服务、专门的财政安排和其他一些补助措施。关于参与职业培训计划的残疾人融入劳动力市场的情况，一般只有安置率数据，因而不能对措施的有效性进行很好的评估。在教育领域，决策的分权化，预算的限制以及学校系统的僵化都对整合产生了不利影响（OECD，1994b）。随着项目的发展，培训越来越能迎合雇主和劳动力市场的需求，培训服务的供给者之间，竞争也日趋激烈（Lunt and Thornton，1993）。然而，这些发展可能会导致更多的削脂行为（残疾人的利益受到了损失）（Burkhauser and Hirvonen，1989）以及/或者更多的残疾人选择中途退出（see Erhel，Gautié，Gazier and Morel，本手册第 9 章）。

要想使残疾人能顺利地从学校生活过渡到成人生活，学校、父母、州和地方机构、企业和三等教育机构需要密切配合。此外，在设计新的方案时，应该考虑到不同地区的具体情况，建立更加灵活的培训制度以满足残疾人的需要。向那些从学校到社会的年轻残疾人提供政策保障、设施和服务必须与面向整个青年人群体的政策、设施和服务融为一体（OECD，1994a；see Ryan and Büchtemann，本手册第 10 章）。英国和瑞典，与这种以残疾人的教育需求为基础、致力于解决残疾人标签和定义问题的新方法一致，不再把那些传统上接受特殊教育的学生划归为残疾人（OECD，1994b）。但是，即使在普通教育中，那些患有残疾的学生也会因为他们的特殊需要而被辨认出来。这是特殊群体接受主流教育所无法避免的情形。整合的障碍可能在于，一方面，判断哪些学生具有特殊需求的标准存在不一致；另一方面，缺乏合适的数据库以供合理规划之用。

4.2 在职培训

在欧洲和美国的残疾人职业培训领域存在另外一个趋势，即，作为安置的先导，常规就业环境中的在职培训越来越普遍。一些欧盟国家对残疾培训生保留了学徒制度。在美国，帮扶性就业项目被用来促进整合性就业培训（见下）。在职培训不仅能保证高质量的培训，而且能帮助学生更好地过渡到工作中。同时，雇主和残疾雇员可以通过培训的方式更好地交流，彼此熟悉，从而有助于雇主消除对残疾人的偏见。在德国，大多数面向年轻残疾人的培训项目都是由小公司提供的，这些培训使受训者对自己永久就业的期望得到了提高（Seyfried，1992）。

在法国和比利时，年轻人就业环境中的培训情况表明，这类合同并没有达到促进在职培训的效果。其中，在比利时，就业能力和工资反而受到了负面影响（Delsen，1995；see Erhel et al.，本手册第 9 章）。关于残疾人培训措施的有效性，数据还很缺乏，一般只限于参与者的人数、跟踪调查非常少。虽然有几个康复和培训项目取得了不错的成效，但仍有几个问题需要特别关注。第一，经济和劳动力市场的发展使得对高技能劳动者的需求增加，然而残疾人构成上的变化（精神残疾和重度残疾者越来越多，残疾的种类增加）进一步加大了残疾人康复和职业培训的难度。第二，社会对身体残疾的人存在偏见。第三，残疾人在制造业的从业人数增加。对于许多残疾人来说，主要的就业障碍不是缺乏工作技能，而是缺乏找工作的技巧。残疾人必须学会如何推销自己。向残疾人提供找工作技巧的课程已经成为传统的康复和培训项目的有效补充（Lunt and Thornton，1993；OECD，1992；Seyfried，1992）。

4.3 特殊教育

对于向残疾人提供特殊服务的立法一直存在争议。除了向目标群体提供服务，这些法律还会产生不利的影响，例如会给残疾人贴上标签（OECD，1992）。青年特殊教育的作用是很有限的。美国的经验表明，90％的残疾学生在离开学校以后仍然要依靠他人生活。在 OECD 国家中，就业部门更加关注年龄较大时遭受残疾情况下的再就业问题，而不太关注年轻残疾人的就业（McLaughlin et al.，1992）。这种偏见和内部人—外部人的理论也是一致的（见 3.2 部分和 3.3 部分）。因此，缺乏帮助年轻残疾人转换到工作中的项目使得很多残疾人只能在一生中依赖别人生活。这种从学校到工作的转换项目需要三方的共同作用：年轻残疾人、家庭以及专业人士。各方的协调和连续性是成功转换的关键因素（OECD，1992）。

高失业率使得残疾人的就业安置变得更加困难，这就需要政府与企业的合作。德国的残疾人职业康复中心似乎效果不错。大多数受训者都是身体残疾，很多都是骨骼损伤、车祸导致的残疾，或者内部机能失调。[6]大约 75％的受训者在完成课程后找到了工作；一年之后，只有 15％的受训者处于失业状态。荷兰的培训中心也很有效。这种成功首先归因于参与者对现代技术的熟悉，其次是中心与很多企业在培训场所的提供或实践环节的合作。重返工作岗位是以当地的劳动力市场分析为基础的。有时，这些中心建立了自己的公司。良好的就业预期激发了残疾人的学习动力，同时也提高了中心的绩效。与企业进行合作和建立残疾人公司，使职业康复与岗位创造直接联系起来。这种趋势在欧盟其他国家也有所体现，比如意大利、爱尔兰、丹麦和比利时（欧共体，1988；Lunt and Thornton，1993；Seyfried，1992；Seyfried and Lambert，1989）。

4.4　帮扶性就业

帮扶性就业是面向残疾人（通常是重度残疾人）的一种扶持项目，指由雇主付薪，同时有关机构提供持续的在职支持服务，以使雇员能够在公开就业条件下正常地工作。这种项目强调员工个人的工作偏好。培训—就业模型变成了就业—培训模型。项目的重点在于保证残疾人能够完成他们的工作，由安置机构的工作人员在工作场所对残疾人进行培训、帮助和支持。帮扶的力度可能很大，并且需要维持在一定水平上，以帮助员工留在当前岗位上（OECD，1992）。帮扶性就业的模式能够替代工资补贴的形式，同时可以填补传统的、定期的培训项目与长期的保护性就业之间的空白（Lunt and Thornton，1993；Schell，1991）。帮扶性就业的一个明显优势是能够减少残疾人在向公开就业转换过程中的各种麻烦。帮扶性就业关注了劳动力市场的供需双方，其形式有很多种（Hardman，1994；Lunt and Thornton，1993；Wansbrough and Cooper，1980）：个人安置、集中安置和流动的工作小组。[7]

由于大多数帮扶性就业项目还刚刚起步，现在对项目的收益和结果下结论恐怕为时尚早。然而，一些正在进行的评估显示，很多重度残疾人能够通过这个项目成功地与健康人一起就业。帮扶性就业项目对财政带来的影响也很难评估。美国的研究结果显示，这些项目比传统的全日中心，特别是保护性就业的成本要低。此外，这种持续性的培训和帮助比在隔离环境下的职业培训更加有效。受到帮扶的劳动者中，90%是精神残疾（Hardman，1994；Lunt and Thornton，1993；OECD，1992）。在英国，Pozner and Hammond（1993）发现，帮扶性就业机构能够有效地实现它们的目的和目标，它们帮助很多残疾人获得了常规的有偿工作，即在常规工作环境中享有真实工资的真实工作，这些工作主要集中于服务业的一些简单岗位。工作维持率很高。无法找到合适工作的情况很少出现，即使在失业率很高的地区也是如此。不过看起来，很多残疾人陷入了非全日制工作陷阱。大多数机构的服务对象都是学习能力受限的残疾人，但是有证据表明，这样的模式也适用于其他类型的残疾人。向学习能力严重受限的残疾人提供帮助的项目，成本并不太高，合理且可接受。平均下来，这些机构向每个残疾人提供就业帮助的成本是每年 1 000～5 000 英镑。另一些研究显示，其他促进就业方法的平均成本为每年 5 000～6 000 美元。美国也有一些研究表明，与诸如职业预备项目的传统方法相比，帮扶性就业项目的长期成本有效性很高，同时也有效地减少了残疾人对全日服务的依赖（Wehman，Sale and Parent，1992）。然而，要更加严格地比较帮扶性就业与其他方法的效果，还需要进行纵向研究。而要考察新增加的税收和减少的福利支出给财政带来的影响能在多大程度上抵消项目成本，还需要进行成本收益分析（see Delander and Niklasson，本手册第 6 章）。

5. 公开就业与财政扶持

5.1　工资补贴

所有欧盟成员国和美国都实行了工资补贴制度。工资补贴计划的一个普遍特点是都有时间限制，最短是澳大利亚的六个月，最长是挪威的三年。虽然补贴的数额各不相同，但是大多数情况下都在50%左右。工资补贴的目的是补偿就业初期较低的劳动生产率和相关的特殊培训和监护成本。在一些北欧国家，工资补贴是帮助残疾人实现公开就业的一种主要手段。工资补贴项目非常普遍，但相关的评估研究却很少，二者形成了鲜明的对比。有证据表明，残疾人在公开就业中所占的比例并不比其他社会弱势群体所占的比例小。然而，工资补贴制度可能会使雇主不愿意留住那些没有工资补贴的残疾员工（Lunt and Thornton，1993；OECD，1992）。在瑞典的积极劳动力市场政策下，瑞典政府扩展了这种临时性工资补贴计划；它在整个就业政策中融入了面向残疾人的帮扶性就业项目。在瑞典所有的劳动力市场政策项目中，残疾人的工资补贴可能是最具成本有效性的计划（see Wadensjö，1994；Delander and Niklasson，本手册第6章）。

事实上，几乎没有关于欧洲工资补贴项目的影响评估。大多数研究不是为了考察项目给经济环境带来的影响，而是为了找出项目的设计、控制和管理中的各个要素，以改善项目的行政效果。大多数关于工资补贴计划的评估研究都是以来自参与企业的调查数据和宏观数据的回归分析为基础的。在美国的研究中，较多使用的是成本收益分析。由于缺少合适的控制组数据和信息，我们很难就欧洲和美国工资成本补贴计划的有效性做出确定的结论。工资补贴计划并没有改善目标群体在劳动力市场上的处境。此外，因为存在无谓损失、置换效应和替代效应，工资补贴对招聘的影响不容乐观。因此，净收益低，而创造每个工作岗位的成本却很高（Haveman et al.，1984；Haveman and Palmer，1982）。欧洲和美国的经验说明，由于存在羞辱问题，这项计划对残疾人的就业能力反而可能产生不利的影响。适中的收入一般来源于较长的工作时间，而不是较高的工资（see Delsen，1995；Erhel et al.，本手册第9章）。在目前的条件下，由于缺乏配套的特殊服务，单靠工资成本补贴还不足以对激励雇主招募残疾人。要完成残疾人的在职培训，仍然需要公共就业服务机构向雇主和雇员提供后续的帮扶（OECD，1992）。经济激励也是对配额制度的一个重要补充。只有两者结合起来才能真正促进残疾人就业（Seyfried，1992；Seyfried and Lambert，1989）。[8]

5.2 工作场所的调整和技术支持

美国残疾人立法（《美国残疾人法案》）的一个重要特点是，要求雇主必须根据残疾人的情况做出合理的调整（包括物品摆设和设备的调整、工作的重新安排、非全日制或调整工作时间表、培训材料和政策，以及向残疾人提供个人帮助），促进就业机会的平等（见3.1部分）。另一个特点是，使企业面临巨大的困难，需要企业付出大量的成本。Epstein（1992）反对《美国残疾人法案》的普遍强制性，因为它给雇主带来的损失（用货币衡量）要大于有关员工的收益。该法的另外一个缺点是制度的不一致。Epstein认为，取而代之的应该是由政策支持特定的一些企业向某些残疾员工提供必要的设施。这种支持将会使政府的资源用在最能创造价值的地方。欧洲制定了普遍的关于残疾人工作和工作场所调整的法律要求。之所以进行工作场所的调整和发展技术支持，目的在于消除残疾人接受工作或培训的物质障碍，使他们的损伤对生产率的不利影响降到最低。为促进残疾人的整合而进行的技术和组织的调整也会使企业本身受益（Seyfried，1992）。实践表明，关于技术支持和工作场所调整的公共支出较少（Delsen and Bemelmans，1987；Mul et al.，1995；OECD，1992）。主要原因是缺乏专业机构的参与，缺乏相关的信息与合作。

5.3　预防和早期干预

预防和早期干预的实践表明，很多人在遭受残疾后进入了收入扶持群体，如果在处于就业状态时能得到足够的帮助和后续支持，那么他们仍会留在劳动力队伍中。研究显示，早期的信息——尤其在仍然拥有劳动合同时——对于帮助残疾人回归工作生活是一项具有成本有效性的有力措施。因此，预防和早期干预带来的经济收益是相当大的。然而，目前缺乏企业层面关于预防效果的数据（Delsen，1987）。统计和研究仍需要进一步的发展。通过立法等手段促进残疾人留在岗位上的努力在欧洲和美国产生的效果并不明确，问题在于缺乏配套的制裁和执行体系。此外，法律条文内容的不明确也削弱了法律的效力，因为雇主会按自己的理解来判断什么是合理的（OECD，1992）。在许多国家雇主没有保留边缘员工的真正激励。虽然在荷兰和瑞典，采取了系统性预防和早期康复措施的雇主能够享有补贴，但总的来说，目前几乎没有以鼓励雇主和雇员改善工作环境、采取早期康复措施为目的的、全面的公共政策方案。关于欧洲国家中以维持工作和改善职业生涯为目的的服务，信息很少。这一空白可能也从某种程度上反映出政策和服务的重点在于招聘而非维持（Delsen，1987；Lunt and Thornton，1993；OECD，1992）。

对大多数残疾人来说，非全日制工作是进入劳动力市场的唯一途径。并且，非全日制工作可以使那些没有工作经验或者离开工作岗位很久的劳动者更好地熟悉工作，有助于他们转向全日制工作。因此，鼓励非全日制就业可以促进残疾人融入公开劳动力市场。另外，非全日制工作还可以起到预防的作用，它降低了劳动者残疾的风险。欧洲和美国的经验表明，弹性较大的工作能够减少缺勤现象，同时减少工伤的概率（Delsen，1989；1995；Mul et al.，1995；O'Reilly，本手册第 19 章）。由于政府用于残疾人的支出在增加，人们已经认识到残疾预防的重要性，这可能会刺激政府把更多的资源用在残疾预防上。残疾人的劳动力市场机会取决于雇主的态度和残疾人能够得到的工作条件。工作的重新安排和调整能够起到预防残疾、降低残疾的社会成本的作用，这和医药科技的发展能够减少损伤、帮助消除残疾的道理是一样的。

6. 保护性就业

欧盟所有成员国都向那些（尚）不能融入公开劳动力市场的残疾人推出了保护性就业项目。在大多数欧盟国家中，保护性就业的群体主要是精神残疾患者，只有奥地利、荷兰、瑞典和英国除外。重度残疾人越来越难找到保护性工作。一种解决办法是针对重度残疾人采取配额制度（Lunt and Thornton，1993；Samoy and Waterplas，1992）。长期失业者也可以寻求保护性就业，这使得单独对残疾人群体进行政策评估变得更加困难。

保护性工作安排可以帮助残疾人更好地实现向公开就业的转换。虽然有些国家正在积极地促进转换，但是那些政策都不是以促进残疾人向公开就业转换为主要目标的。然而，较高的离职率并不符合保护性工作安排的利益。组织一般不愿意让高生产率的劳动者离开(Delsen and Klosse，1992；Lunt and Thornton，1993；Samoy and Waterplas，1992；Schell，1991；Seyfried，1992)。在奥地利，进入公开就业的转换率相对较高（5%～7%)，而在比利时、法国、瑞典、荷兰和英国，转换率很低（不到5%)。在法国、荷兰和瑞典，保护性就业的工资与劳动力市场工资相差不大，这可能是导致转换率低的原因之一。其他一些保护性就业计划由于以下几个问题经常遭到批评：工资低于市场水平、工作条件差、易形成隔离、没有鼓励残疾人融入健康劳动者，等等。因此，保护性就业并不能帮助重度残疾人进入公开劳动力市场，而且几乎没有出路。但另一方面，保护性就业确实对那些不适合正常就业的残疾人起到了作用，让他们拥有一些工作机会。事实上，有一些残疾人是不能够在正常条件下工作的（Lunt and Thornton，1993；OECD，1992)。

德国的经验表明，向残疾人在公共服务部门的就业岗位提供100%的工资补贴比资助保护性工作安排省钱（Seyfried，1992)。成本收益分析显示，在瑞典，工资补贴是更加有效的投资；而在挪威，保护性就业对于政府来说也是有利可图的（OECD，1992)。英国、荷兰和瑞典的成本收益计算（对所使用的实际资源和所得出的产出进行比较）显示，保护性就业的隐性收益（例如，社会福利增加了，心理状态好转了，残疾人的家庭成员照料他们的时间也减少了）很大，足以补偿企业活动所导致的显性的社会净成本。在美国，常规的隐性工作间产生了很大的收益（Haveman et al.，1984)。

为了填补保护性就业与公开就业之间的差距，欧盟建立了一些新的机构（Lunt and Thornton，1993；Seyfried and Lambert，1989)：独立的企业、残疾人合作社，残疾人就业专门机构等。包括德国的自助和社会性企业，瑞典的“内部企业”，丹麦的没有补贴的集中安置（Grandfos)，意大利的集中安置（Fiat Turin）和合作社，荷兰的集中安置(Daf Trucks）和外部工作，以及法国的保护性契约（签约的保护性工作安排必须履行就业义务)。与完全保护性就业相比，半保护性就业有很多优点（Seyfried，1992；Seyfried and Lambert，1989；Wansbrough and Cooper，1980)：它的财政成本较低；集中安置可以以保护性工作安排为基础，这样，残疾人可以逐步由工作间过渡到公开程度较高的集中安置，再过渡到完全的公开就业；雇主只需按残疾人的工作价值付酬，对残疾人的就业保护责任减少了。这些劳动者为外部雇佣，减轻了企业的成本负担。与个人安置相比，集中安置的一个优点是更容易实现对工作流程和组织结构的调整。而且事实表明，集中安置是成本有效的。与保护性就业相比，集中安置（这些劳动者并不是企业的雇员）可以提高残疾人在企业中的参与程度（见4.4部分)。半保护性就业成了残疾人进入公开就业的跳板。同时，残疾人与健康人的合作也是非常有利的；可以实现对某些损伤的补偿，可以使残疾人更好地融入社会。

7. 结论、政策建议及未来研究方向

由于各国经济条件和文化上的差异，为残疾人创造就业机会的制度和政策组合也不一样。表17—2总结了欧盟成员国和美国的主要政策内容和实施结果。

表 17—2　　职业隔离、歧视和平等就业机会

国家	残疾的定义	法律干预			财政扶持	
		平等就业机会立法	配额制度	解雇保护	工资补贴	工作场所的调整和技术支持
比利时	身体原因导致有效就业能力降低 30%以上或精神原因导致有效就业能力降低 20%以上。	1963 年颁布的《社会康复法案》(Social Rehabilitation Act) 规定残疾人在就业和社会整合中享有平等权利。	1963 年法案规定，超过 20 人的企业有义务雇佣残疾人，数量不固定。公共部门中的一些职位保留给残疾人，如 1 200 名公务员，每 55 个地方政府官员中有一名残疾人。事实情况超过了目标。	法律没有明确提到残疾人。	1963 年法案规定，不论私人部门还是公共部门，雇员适应工作时提供最高 100%，为期一年的工资成本补贴。很少使用。1975 年《集体协议法》(Collective Agreement) 第 26 条规定，由于业绩降低，私人雇主可以享受补偿(一年)。1989 年共有 2 553 名雇员享受补贴。	对残疾人使用的设备和标准设备之间的差额给予经济补助。很少使用：1988 年提供 31 笔资助，累计金额为 3 202 000 比利时法郎。
丹麦	没有官方定义。	没有明确的法律规定。	没有强制性配额。	法律没有明确提到残疾人。	对雇佣大龄、轻微残疾人的雇主提供工资补贴。 “60 − 40%”制度：对没有提前退休金的残疾人提供最高 40%的补贴。 “三分之一”制度：对已退休的残疾人，补贴的最高限额为最低工资的 1/3。结果：1987 年共 1 937 名雇员享有补贴。	对残疾人使用的工作场所、设备和工具提供经济支持。没有使用方面的数据。
法国	损伤或者身体或精神方面的能力受限导致就业能力降低的人。	1975 年《残疾法案》(Oisability Act) 规定，将残疾人融入教育系统和职业和社会生活，是国家责任。	1987 年法案。超过 20 人的企业，配额为 6%。有罚金，有补贴。结果：1991 年，3%。雇主可通过转包给隐性工作间来完成配额。	法律没有明确提到残疾人。当劳动者面临解雇威胁时，帮助他们保住当前工作的措施。	30 000 法国法郎的招聘补贴按比例分至每一家公司；雇佣残疾人从事永久工作，享有 50% 的补贴；固定期限劳动合同的，30% 的补贴。当合同类型发生变化时补齐差额。没有数据。	工作场所为残疾人所作的调整可享受资助，资助上限是成本的 80%。没有使用方面的数据。

续前表

国家	残疾的定义	法律干预			财政扶持	
		平等就业机会立法	配额制度	解雇保护	工资补贴	工作场所的调整和技术支持
德国	1974年《重度残疾人法案》(Severely Disabled Persons Act)：那些因身体、精神或心理原因导致的、永久性的融入社会能力下降的人。	根据《社会法典》(Social Code)，任何一个身体、精神或心理上残疾的人都拥有得到所需的帮助平等融入社会的权利。	1974年《重度残疾人法案》：超过16人的企业承担6%的配额；受益人：重度残疾人；对达不到要求的企业增加税负；完成配额的可免税一次。增加的税负进入目标群体就业促进基金。结果：1982年，5.6%；1989年，4.7%。	解雇重度残疾人时需要经过权威机构的审批，审批时会分析维持就业的各种可能。有利于内部人。	由公共就业服务机构向雇主提供补贴，重度残疾人的工资补贴，最高限额为80%；培训补贴，最高限额为100%，持续时间最长为三年，金额递减。之后的就业年限至少为一年。1986—1988年，共10 350人得到了增税基金的资助。	雇主必须向重度残疾人提供必要的技术支持，除非涉及不合理的要求或成本过高。增税收益被用于帮助雇主和雇员。1988年技术支持总额达到450万马克。
希腊	具有特殊需求的人：年龄在15～65岁，因身体、精神或心理上的永久性损伤导致从事职业活动的能力受限的人。	1975年宪法规定，具有特殊需求的人有权享受国家的特殊照顾。	1986年法律规定，不论是公共部门还是私人部门，超过50人的企业都须承担5%的配额。没有处罚或其他制裁措施。没有数据。	配额内的解雇受专门法律管制。	每招聘一名残疾人，可享受由人力就业组织(OAED)在一年内提供的每天2 600德拉克马的工资补贴。1988年覆盖550人。	由OAED为工作场所的调整提供资助（最高限额为120 000德拉克马）。1987年覆盖200名残疾人。
爱尔兰	损伤或残疾限制或阻碍了社会角色的正常完成，从而处于不利地位的人。	没有明确的法律规定。	从1977年开始，公共部门有3%的注册重度残疾人配额。结果：1991年，2%。	法律没有明确提到残疾人。	就业支持计划：由国家康复委员会（NRB）向重度残疾人提供工资补贴，以增加他们的就业机会(80-50%劳动生产率)。1991年覆盖95名雇员。	由NRB向工作场所的调整和特殊设备提供资助(最高限额为5 000英镑)。1993年，16个工作岗位得到了共30 000英镑的资助。
意大利	1992年法案：那些因身体、精神或心理损伤导致工作能力永久性下降的人。	1947年宪法规定，残疾人有权接受教育，有权融入工作。	1968年法律。超过35人的企业承担15%的配额；受益人：残疾人、丧偶者、孤儿和难民。罚金用于残疾人培训。1987年，覆盖了98 743名残疾人。	在配额制度下，只有当残疾人面临健康或安全危险，或者无其他就业可能时，解雇才能得到允许	国家层面没有措施。某些地区提供工资补贴或社会费用补贴。	国家层面没有措施。在某些地区，工作场所的调整能够得到资助。

续前表

国家	残疾的定义	法律干预			财政扶持	
		平等就业机会立法	配额制度	解雇保护	工资补贴	工作场所的调整和技术支持
卢森堡	1991 年法案：事故、工伤或战争致残的人，以及身体、精神或心理残疾的人。工作能力降低了 30%以上。	没有明确的法律规定。	1991 年法案。公共部门，5%的配额。超过 50 人的企业，配额为 2%；超过 200 人的企业，配额为 4%。 如果超过配额，可以免缴社会保障费用。罚金为每月最低工资的 50%。	法律没有明确提到残疾人。	由残疾人招募和职业再培训办公室（OTH）根据残疾程度提供工资成本补贴：总收入的 40%～60%，持续 3 年。	由 OTH 对工作场所的调整提供补助。1988 年，补助额达 83 000 卢森堡法郎。1991 年法案保留了这项措施。
荷兰	由体弱、疾病、精神或身体差异导致谋生能力严重受限的人。WAGW 法规定：那些领取伤残抚恤金的人，以及需要特殊措施才能完成工作的人。	没有专门的保护残疾人免受歧视的法规。WAGW 法规定，工会和雇主有义务促进每个人在职业整合方面都享有平等的机会。	1986 年 7 月 1 日实施的法律（W-AGW 法）规定，根据不同的行业，实行 3%～7%的配额。受益人：领取伤残抚恤金的人。结果：1989 年，2%～3%。	由于疾病导致残疾的前两年内不得中止劳动合同。即使残疾两年以后，如果雇主能够对就业进行调整，地区就业办公室也不会同意裁员。	所有雇佣了残疾人的雇主都可申请工资成本补贴，最高额度为工资的 20%，最多持续 4 年。	工作场所的调整和残疾人所使用的设备能够享受资助。
葡萄牙	由于身体或精神方面的能力受限，在找到或维持与自己年龄、资历或工作经验相称的工作岗位时存在困难的人。	1976 年宪法规定，不论是身体残疾还是精神残疾，残疾人和所有公民一样享有全部权利。国家会确保这些权利付诸实践。	无	对于 10 人以上的企业，如果员工因工致残，但是能力损失小于 50%，且是临时性的，则不得解雇该员工。在集体裁员时，优先保留残疾员工。	政府在适应阶段给予一次性补助。补助金额在 9 个月后减到起始额度的 25%。最长时限为 3 年。1991 年覆盖 425 人。雇主社会保障缴费可予减免（50%）；1991 年覆盖 200 人。	工作场所的调整，消除有形障碍的措施能够得到补助，最高额度为最低工资的 12 倍。
西班牙	身体、精神或心理损伤导致接受教育，参加工作和社会活动的可能性降低的人，不论这些损伤是否先天性或永久性	1978 年宪法规定，政府必须执行康复和整合政策，保证残疾人拥有平等的公民权利（工作、培训和康复的权利）。	1983 年法律：超过 50 人的企业承担 2% 的配额。1987 年法令：市政服务部门，3%。受益人：工作能力丧失 33%以上的注册残疾人。可能面临经济制裁。配额没有完成。	隐性工作间要解雇员工必须通过国家社会服务办公室的审核。	稳定就业的招聘补助。雇佣残疾人的雇主可以享受社会保障缴费减免（45 岁以下，70%；其他，90%）。1987 年受益人共 3 469 人。每一份残疾人劳动合同都可享受税收减免。	工作场所的调整，消除有形障碍的措施能够得到补助，最高额度为 15 000 比塞塔。没有数据。

续前表

国家	残疾的定义	法律干预			财政扶持	
		平等就业机会立法	配额制度	解雇保护	工资补贴	工作场所的调整和技术支持
瑞典	残疾是人与环境的一种关系。	没有以保障残疾人权利为目的的一般法律。法律条文中的某些特殊段落对整合提供了保障。	没有强制性配额。	1974年《就业保障法案》(Security of Employment Act)规定,残疾人有权享有特殊保护。残疾人再就业享有优先权。	按雇员工作能力与职位需求之间的关系提供灵活的工资补贴。在1991年有44 500名就业者享受了工资补贴。	对残疾人提供技术支持和服务所能享有的补助最高额可达50 000瑞典克朗。1989—1990年,覆盖了4 600人:其中老员工77%,新员工23%。
英国	1944年残疾人(就业)法案规定:由受伤、疾病或先天不足导致获取和维持工作时存在困难,不能获得与年龄、经验和资历相称的工作的人。	没有明确的法律规定。	1994年法案。超过20人的企业承担3%的配额。受益人:注册残疾人。有罚金,但雇主能得到许可。结果:1987年覆盖106 743名残疾人。1988年:97 000;约占1%。	1994年法案规定,当出现注册残疾人遭无理解雇的指控时,残疾人就业委员会可向政府报告。有利于内部人。	在开始阶段实行每周工资补贴。1986—1987年共有1 636个新参与者。	残疾人使用的工作设备和工作场所可享受补助(最高限额为6 000英镑)。1987—1988年约有4 200名残疾人从就业特殊援助项目中获益。
美国	1990年《美国残疾人法案》规定:残疾是指身体或精神损伤对一种或多种主要生活行为造成严重限制,有过这类损伤记录,或被认为有损伤。	1973年《康复法》(Rehabilitation Act)第503条要求与联邦政府有业务往来的雇主都要采取反歧视行动。《美国残疾人法案》对1973年法案第504条做了扩展,要求15人以上的企业必须根据残疾人的限制做出合理的调整,除非这样做有着巨大困难。《美国残疾人法案》还规定不允许在招聘时歧视残疾人。	无强制规定。	法律没有明确提到残疾人(见平等机会)。	目标岗位税收存款项目:向雇主在一年内提供相当于雇员工资40%的税收存款。总目标人群(1987年为39 448人)中6.9%为残疾人。可用于帮扶性就业。	为残疾人和大龄员工消除障碍,小企业(全日制雇员不足30人)可享受税收存款和税收减免,大企业可享受税收减免。

资料来源:*Report from the Commission on the Application of the Council Recommendation 86/379/EEC* by EC, 1988, Brussels: Commission of the European Communities; "Regulation or Deregulation of the Labour Market: Policy Regimes for the Recruitment and Dismissal of Employees in the Industrialised Countries" by M. Emerson, 1988, *European Economic Review*, 32 (4); *Disabled Persons: Statistical Data* (Vols 1-2) by S. Grammenos, 1991, Luxembourg: Eurostat; *Employment Policies for Disabled People. A Review of Legislation and Services in Fifteen Countries* (Research Series no. 16) by M. Lunt and P. Thornton, 1993, Sheffield: Employment Department, University of York; *Employment Policies for People with Disabilities: Report by an Evaluation Panel* (Labour Market and Social Policy Occasional Papers no. 8) by OECD, 1992, Paris: OECD.

在我们所考察的国家中，关于促进残疾人整合的各种政策和手段所收到的效果，我们无法得出确定的结论（Lunt and Thornton，1993；Mul et al.，1995；OECD，1992）。首先，明确界定政策目标有时很困难。只有最近出台的一些政策对政策目标进行了明确阐述。但即使是最近的政策，在执行中目标也可能发生变化。在某些国家，政策是随着社会、经济环境的变化而逐渐变化的。第二个问题是，正在进行的评估研究意义不够重大。当然，这个问题与政策目标的不明确是有关系的。不论是对哪种政策进行评估，得出确定结论的研究很少见。相关的文献中也谈到了影响政策有效性的诸多因素，但是这些陈述大多建立在实践印象的基础上，没有经过定量研究。关于就业整合的确切过程以及各种因素如何影响这些过程，几乎没有实证研究。总的来说，关于政策效果和质量缺乏足够的信息。同样，成本收益的信息也很少。至于工作参与情况（工作内容、工作条件和劳动关系），不仅没有定量信息，连定性信息都很少。这就是为什么我不能就当前政策能否有效满足残疾人需求做出明确的结论。此外，大多数研究没有考虑那些符合政策项目的资格要求但实际上没有参与项目的残疾人，这就产生了系统误差。可能的情况是，生产率最低的残疾人（健康状况最差的人）没有参与项目（逆向选择，项目和招募的削脂效应），只有那些工作前景较好的人进入了研究样本。很多信息都是得不到的，比如项目的选择机制，具备受益资格人群的总体特点等。因此，关于各种残疾人措施和事实的结论都可能是有偏的、不正确的。

最优的政策组合一般会受经济状况，特别是劳动力市场需求程度的影响。上文已经提到过，单靠（特殊）培训和学校教育是不够的，它并不能帮助参与者做好进入常规劳动力市场的充分准备；保护性就业又没有出路。只有将培训和就业结合起来才能更有效。在目前条件下，配额制度和工资补贴政策无法持续地促进残疾人的整合过程，需要企业内部的实际帮助。除了高失业率，残疾人口结构的变化也要求在传统的政策手段之外推出半隐性和帮扶性就业项目。这些政策的目的是，既要影响劳动力需求方，也要影响劳动力供给方。有些残疾人可能喜欢比较集中的帮助，有些可能并不需要；有些可能不喜欢常规的工作，而喜欢从事一些志愿活动，或者其他有意义的生活方式。因此，帮扶性就业项目对于希望实现常规就业并获得集中帮助的残疾人是很有意义的。显然，精神病患者或者有心理障碍的残疾人需要咨询和帮助。鉴于目标群体的异质性，要改善残疾人的就业机会，最好的办法就是，以当地劳动力市场分析为基础，针对不同人群，提供不同的政策组合。政策组合应当包括职业培训与康复、岗位创造措施、工作中的帮扶、工作搜寻帮助、保护性就业和非全日制工作。

至于残疾人劳动力供给政策的未来发展，新出现的劳动力市场技能短缺现象值得关注。积极的劳动力市场政策必须是一个完整的政策框架，对于维持劳动者留在劳动力队伍中可能具有重要意义。残疾人整合的另一个主要障碍是缺少合作和协调。缺乏面向残疾人的统一的就业政策，而分权化使这个问题进一步恶化。要想解决这个问题，需要将责任集中至一个部门，采用新的合作模式，整合服务资源。同时还需要加强协调，避免冲突与重复，做到行动一致，保证政策（成本）有效。

要想成功地使残疾人融入市场，应当从单个劳动者着手。成功的整合意味着残疾人的劳动力供给能够与企业的劳动力需求相匹配。这就需要了解残疾人的意愿、能力和偏好，以及工作岗位对员工身体、精神状况的要求。残疾人的个体数据、企业的微观数据以及社会宏观数据的缺乏严重阻碍了残疾人向公开就业的整合。然而，这些信息并不足以使残疾人在市场上找到永久性工作成为现实。人们对残疾人的态度也是残疾人整合的一大障碍，这种态度的转变对于实现残疾人在企业中的安置至关重要（Delsen，1989）。雇主通常不了解残疾人的就业能力，认为他们会给企业带来风险。要克服态度障碍，并不需要让企业雇佣大量的残疾人。向雇主提供必要的信息，如最好的措施、在职培训、半保护性就业和帮扶性就业项目等，就会消除偏见。缺乏政策评估和经济收益的明确结论可能是促进残疾人就业项目未来发展的一个瓶颈。因此，想要政策得到进一步发展，应该更加强调政策评估，强调政府对于残疾人康复与就业的责任（OECD，1992）。由于劳动力市场上的激烈竞争，残疾人很难完全凭借自己的努力在劳动力市场上找到满意的工作，他们的劳动力转换率很高。Raskin（1994）提出应建立职业导向型配额制度，提高残疾人在各类职位上所占的比例。

由于缺少关于残疾人在劳动力市场上处境的数据，对相关的政策项目进行评估很困难，从而难以对政策的发展提出建议。接下来值得关注的研究领域（OECD，1992）是对国家层面的调查进行调整，就残疾人的劳动力市场处境搜集更多的可比数据，开展跨国的研究项目，找出不同国家残疾人劳动力参与率不同的真正原因，为以后的政策发展提供更好的基础。此外，还应关注转移支付与旨在鼓励劳动力参与的积极措施之间在成本上的关系。

目前大多数关于特殊教育和残疾的研究都比较狭隘，在残疾人特点和残疾学生所享受待遇方面的研究过多。关于就业整合的研究，一般时间跨度都很小；而且这类研究很少。为了弥补这些不足，我们需要视角更广的研究设计，包括对整个群体和教育环境进行过程导向型的效果评估（OECD，1994b）。

如何改善评估？迄今为止，评估研究只关注过项目的成本和某些维度，而没有涉及项目的结果（OECD，1992）。除了搜集更多的数据，区分政策影响和非政策影响也很重要，例如，可以采用设置控制组的研究方法。另外一个问题是，在分析和解释评估结果时，如何将经济环境的变化、劳动力市场的变化考虑进来。清晰的政策目标是对项目的影响进行有意义的评估的先决条件。有时，项目有多重目标，这就给评估增加了难度。因此，需要准确、清晰、单一的政策目标。此外，鉴于制度的复杂性和项目的多元化，评估和研究活动的协调也很重要。

注释

[1] 损伤是心理、身体结构或智力上的损失，或其他非常态。丧失能力是指按正常的方式或在正常范围内从事某种活动的能力受到了限制，甚至缺少这种能力。残疾是由损伤或丧失能力所导致的缺陷。

[2] 制度的不一致意味着决策权和决策后果所带来的经济责任之间的不平衡（参见 Schmid 在本手册第 7 章中进行的讨论）。

[3] 代金券比折扣或部分保险要好。但是，代金券的使用可能会导致社会群体之间不合理的隔离，同时也会给低收入群体带来困难。

[4] 例如，根据英国当前的福利体系，如果残疾人延长工作时间，他们的境况反而会恶化，他们在住房方面也会受到歧视。

[5] 在逆选择模型中，如果企业在雇佣员工之后不能测量他们的努力程度，不能支付计件工资，甚至不能解雇产出过低的员工，那么一定会导致非自愿失业（Akerlof and Yellen，1986）。

[6] 在欧盟其他国家中，专门机构的培训也会偏重于非精神残疾。

[7] 个人安置指的是，由安置中心的工作人员就具体的工作任务和非工作行为提供高强度的一对一的训练。集中安置是指在常规的没有差别的工作环境中，一群重度残疾人在监护下从事工作，也就是说，在同一个行业或企业中，2～8 个残疾人与健康人一起工作，并通常享有健康人的监护。工作小组由 5～6 个残疾人组成，其中一人任组长，他们的工作地点是流动的。工作小组一般从事服务工作。

[8] 资金上的支持一般都支付给雇主，很少支付给残疾雇员。但比利时（工作交通费、工作服和工作工具）和爱尔兰（盲人服务）是例外（Lunt and Thornton，1993）。虽然国际上普通的趋势是逐渐鼓励自我雇佣，但到目前为止尚没有鼓励或维持残疾人自雇佣的政策（Lunt and Thornton，1993；Meager，本手册第 16 章）。和保护性就业一样，自我雇佣也不能使残疾人融入健康劳动者中去，从而可能不是一种非常合适的就业形式。英国可能是对这些可能性进行了系统探索的国家。据粗略估计，残疾人自我雇佣的成功率与健康人一样高（OECD，1992）。

参考文献

Akerlof, G. and J. L. Yellen (eds) (1986), *Efficiency Wage Models of the Labor Market*, Cambridge: Cambridge University Press.

Baldwin, M. and W. G. Johnson (1994), 'Labor Market Discrimination against Men with Disabilities', *The Journal of Human Resources*, 29, 1–19.

Bulow, J. I. and L. H. Summers (1986), 'A Theory of Dual Labor Markets with Application to Industrial Policy, Discrimination, and Keynesian Unemployment', *Journal of Labor Economics*, 4, (3), 376–414.

Burkhauser, R. V. and P. Hirvonen (1989), 'United States Disability Policy in a Time of Economic Crisis: A Comparison with Sweden and the Federal Republic of Germany', *The Milbank Quarterly*, 67, 1–29.

Buttler, F. and U. Walwei (1993), 'Employment Security and Efficiency: Assumptions in the Current Debate and Empirical Evidence for West Germany', in C. Büchtemann (ed.), *Employment Security and Labor Market Behaviour. Interdisciplinary Approaches and International Evidence*, Ithaca/NY: ILR Press, pp. 255–66.

Delsen, L. (1987), *Disability Prevention at Firm Level* (Research Memorandum 8705), Nijmegen: Institute of Economics, University of Nijmegen.

Delsen, L. (1989), 'Improving the Employability of the Disabled: A Practical Approach', *International Journal for the Advancement of Counselling*, 12, 125–35.

Delsen, L. (1995), *Atypical Employment: An International Perspective. Causes, Consequences and Policy*, Groningen: Wolters-Noordhoff.

Delsen, L. and Y. Bemelmans (1987), *Gehandicapten aan het Werk*, Maastricht: Presses Interuniversitaires Européennes.

Delsen L. and S. Klosse (1992), 'Integration of the Disabled in the Work Process: The Dutch Policy', *The Geneva Papers on Risk and Insurance*, 62 (17), 119–42.

Delsen, L. and G. Reday-Mulvey (eds) (1995), *Gradual Retirement in the OECD Countries. Macro and Micro Issues and Policies*, Aldershot: Dartmouth Publishing Company.

EC (1988), *Report from the Commission on the Application of the Council Recommendation 86/379/EEC of 24 July 1986 on the Employment of Disabled People in the Community*, Brussels: Commission of the European Communities.

Emerson, M. (1988), 'Regulation or Deregulation of the Labour Market: Policy Regimes for the Recruitment and Dismissal of Employees in the Industrialised Countries', *European Economic Review*, 32 (4), 775–817.

Epstein, R. A. (1992), *Forbidden Grounds: The Case against Employment Discrimination Laws*, Cambridge, MA: Harvard University Press.

Grammenos, S. (1991), *Disabled Persons: Statistical Data,* Vols 1–2, Luxembourg: Eurostat.

Hardman, M. L. (1994), 'Supported Employment: Quality Services for People with Severe Disabilities', in *Disabled Youth and Employment*, Paris: OECD, pp. 83–105.

Harkness, J. (1993), 'Labour Force Participation by Disabled Males in Canada', *Canadian Journal of Economics*, 26, 878-89.

Haveman, H., V. Halberstadt and R. Burkhauser (1984), *Public Policy towards Disabled Workers. Cross National Analysis of Economic Impact*, Ithaca/NY: Cornell University Press.

Haveman, R. H. and J. L. Palmer (eds) (1982), *Jobs for Disadvantaged Workers: The Economics of Employment Subsidies*, Washington: The Brookings Institution.

Honey, S., N. Meager and M. Williams (1993), *Employers' Attitudes towards People with Disabilities,* IMS report no. 245, Brighton: Institute of Manpower Studies.

Lindbeck, A. (1994), 'Overshooting, Reform and Retreat of the Welfare State', *De Economist*, 142 (1), 1–19.

Lunt, M. and P. Thornton (1993), *Employment Policies for Disabled People. A Review of Legislation and Services in Fifteen Countries,* Research Series no. 16, Sheffield: Employment Department, University of York.

McLaughlin, M. J., L. Florian, D. Neubert, G. Boyd-Kjellen and L. Frieden (eds) (1992), *Transition to Employment. Proceedings of the 1990 International Symposium on the Employment of Persons with Disabilities*, College Park: University of Maryland.

Mul, C. A. M., C. R. de Winter, I. D. Nijboer and H. F. de Haan (1995), *Methoden voor de (Re)Integratie van Gedeeltelijke Arbeidsongeschikten. Een Literatuurstudie*, Den Haag: Ministerie van Sociale Zaken en Werkgelegenheid.

OECD (1992), *Employment Policies for People with Disabilities: Report by an Evaluation Panel* (Labour Market and Social Policy occasional papers no. 8), Paris: OECD.

OECD (1994a), *Disabled Youth and Employment*, Paris: OECD.

OECD (1994b), *The Integration of Disabled Children into Mainstream Education: Ambitions, Theories and Practices*, Paris: OECD.

Pozner, A. and J. Hammond (1993), *An Evaluation of Supported Employment Initiatives for Disabled People,* Research Series no. 17, Sheffield: Employment Department, University of York.

Raskin, C. (1994), 'Employment Equity for the Disabled in Canada', *International Labour Review*, 133, 75–88.

Sadowski, D. and B. Frick (1992), *Die Beschäftigung Schwerbehinderter*, Idstein, Germany: Schulz-Kirchner Verlag.

Sadowski, D. and I. M. Rendenbach (eds) (1989), *Neue Zielgruppen in der Schwerbehindertenpolitik*, Frankfurt: Campus Verlag.

Samoy, E. and L. Waterplas (1992), *Sheltered Employment in the European Community: Final Report Submitted to the Commission of the European Community*, Brussels: Commission of the European Communities.

Schell, J. L. M. (1991), *Quotumregelingen in Verschillende Landen*, Den Haag: Ministerie van Sociale Zaken en Werkgelegenheid.

Schotter, A. and K. Weigelt (1992, May), 'Asymmetric Tournament, Equal Opportunity Laws, and Affirmative Action: Some Experimental Results', *The Quarterly Journal of Economics*, 511–39.

Semlinger, K. (1984), *The Employment and Occupational Promotion of the Handicapped in the Federal Republic of Germany*, WZB discussion paper IIM/LMP 84–4d, Wissenschaftszentrum Berlin für Sozialforschung.

Semlinger, K. and G. Schmid (1985), *Arbeitsmarktpolitik für Behinderte*, Basel: Birkhauser Verlag.

Seyfried, E. (1992), *Requirement for the Successful Integration of Disabled People into Working Life: Summary Report on a Study Conducted in Belgium, the Federal Republic of Germany, France, the Netherlands and the United Kingdom*, Luxembourg: CEDEFOP.

Seyfried, E. and T. Lambert (1989), *New Semi-sheltered Forms of Employment for Disabled Persons*, Luxembourg: Office for Official Publications of the European Communities.

Söder, M. (1994), 'Employers' Attitude and Handicap', in *Disabled Youth and Employment*, Paris: OECD, pp. 107–35.

Wadensjö, E. (1984), *Labour Market Policy towards the Disabled in Sweden*, WZB discussion paper IIM/LMP 84–4c, Wissenschaftszentrum Berlin für Sozialforschung.

Wadensjö, E. (1994), 'Trends in Labour Market Policies for Youth with Disabilities', in *Disabled Youth and Employment*, Paris: Organization for Economic Co-operation and Development, pp. 35–48.

Wansbrough, N. and P. Cooper (1980), *Open Employment after Mental Illness*, London: Tavistock Publications.

Wehman, P., P. Sale and W. S. Parent (1992), *Supported Employment: Strategies for Integration of Workers with Disabilities*, Boston: Andover Medical Publishers.

WHO (1980), *International Classification of Impairments, Disabilities and Handicaps. A Manual of Classification Relating to the Consequences of Diseases*, Geneva: World Health Organisation.

Zeitzer, I. R. (1994), 'Recent European Trends in Disability and Related Programs', *Social Security Bulletin*, 57, 21–6.

第18章 移民劳动力整合

Gudrun Biffl

移民不再为传统的移民国家所特有，它已经成为所有工业化经济体的普遍特征。联合国估计，全球有超过6 000万人（占世界人口的1.2%）不居住在出生国（联合国，1989）。从20世纪80年代到90年代初，几乎所有OECD国家的迁入人口都有所增长。德国成为欧洲最主要的移民迁入国，其中1992年和1993年的入迁人口分别为1 200 000人和990 000人（不包括德裔）（see Zimmermann，1995）。1987年以来，西欧总人口的增长大部分（60%以上）来自净移民。而在澳大利亚和美国，1982—1991年间，净移民在总人口增长中分别仅占1/3和1/4。

移民中的一部分是劳动力迁移。总的来说，80年代中期以来，劳动力的流动越来越多。但是劳动力迁移在移民中所占的比例仍然不高——在瑞士占40%，在德国和法国占30%，在加拿大和澳大利亚等传统的移民国家中仅占20%。事实上，在迁入OECD国家的移民中，大部分都属于投亲靠友或者难民。尽管如此，外来劳动力在劳动力市场的运行中正发挥着越来越重要的作用；它受到具有不同政策目标的复杂规章制度的影响。随着移民的压力日益增大，政策制定者需要良好的影响分析作为政策制定的向导，而这一领域的评价研究才刚刚开始受到关注。

移民方面的政策目标因国家利益的不同而不同，可以分为三个领域。第一个是经济目标，移民可以为某些技能需求提供劳动力来源，使得劳动力不会成为经济增长的制约因素。第二种政策目标考虑的是社会福利，移民不应加剧市场分割，也不应减少国民的就业机会。第三种政策目标综合考虑了与移民有关的贸易、军事和外交战略，劳务输出国的外交政策和经济活动都可能带来大量的移民。

80年代这些人口迁入国的失业率一直保持在较高的水平上并且持续上涨，然而外来人口的流入量仍然在持续增加。要解释这种现象，人口迁移的分析家们必须充分关注到生产的国际化以及产业关系中兴起的新的世界秩序。人口迁移显然是区域经济整合方式中的基本要素。国际和国内市场的相互影响、经济高速增长的经济体对劳动力的特殊需求，以及/或者针对国家间、地区间收入差距而进行的重组，这些都可以对国际人口迁移的时间、流向、规模及其构成做出解释。但是同样值得强调的是，经济增长、就业、劳动力参与率以及人口增长的结构和趋势，对于人口流动的规模、结构及其动态来说都相当重要。这些因素因国家而异，可以解释各国人口迁移现象中的很多差异，以及国际关系的普遍特征。

移民入迁，尤其是来自西欧和北非的移民，会成为世纪之交欧洲劳动力市场的一个重要影响因素，它反映了西欧国家和北非国家经济和人口的日趋不平衡，并进一步加强西欧、中欧、东欧各国的经济联系（see Appleyard，1991；Biffl，1991；Rudolph and Morokvasic，1993；Salt，Singleton and Hogarth，1994）。另外，人口迁移使得劳动供给增加，这可以提高劳动力的灵活性和流动性。移民也有助于推动一国经济中商品结构的多样化发展。移民不仅影响着劳动力供给，影响着经济生产能力，而且影响着劳动力需求。他们给基础设施带来了压力，从而可能引起国内投资的增加。因此，移民对于劳动力市场的影响是有两种，一种是通过增加劳动力供给而产生的直接影响，另一种是通过增加劳动力需求而产生的间接影响。在劳动力供给方，影响劳动力的稀缺性会导致到劳动力价格的变化；在劳动力需求方，移民会给基础设施和住房带来压力。因此，移民可能会对价格和生产利润产生影响。

移民对经济的影响会随他们法律地位的不同而不同，因为与技能相关联的法律地位影响着移民进入劳动力市场，享受公共救助和住房。根据迁出国及移民的地位而进行的劳动力重组过程通常与人口迁移的过程休戚相关；一旦劳动力流动和社会人口流动无法继续，这一重组过程可能会引起劳动力市场乃至整个社会的进一步分割。如果经济和社会整合无法达到令人满意的效果，就会产生社会不安定因素。由此，我们可以看出劳动力市场政策所面临的挑战；不仅要对现在及将来的人口迁移规模及其动态进行评估，还需要对旨在平衡社会和经济的效率与公平关系的各种国家政策进行评价。

本章首先对当前的人口迁移制度做一概述，这些制度可以分为两类移民政策导向，即入籍式和外来劳工式。尽管各国的迁移制度和迁移政策的目标各不相同，然而伴随着 80 年代人口迁移的迅猛增长，各人口迁入国都迫切要求控制外来人口流入量并打击非法移民，因此，各国的政策响应在某种程度上趋于一致。面向不同类型的移民——劳动力迁移（工作和培训），家人团聚，寻求政治庇护者，难民，学生和基于人道主义考虑的移民——制定了统一的标准。然后，通过对相关文献的回顾，探讨移民对劳动力市场的影响。近年来，各工业国在打击非法移民方面所作的努力越来越多，为此我们将专门针对非法移民的控制问题展开讨论。

1. 迁移制度及其影响

为了阐明人口迁移，我们将在人口迁移的法律框架中一一考察人口流动的复杂性、国家利益的不一致，以及人口流入国和流出国之间谈判力量的不平等问题。首先需要强调的是两类人口迁移制度[1]：

（1）入籍式，起源于美国、加拿大和澳大利亚，其目的是安置和整合外来人口（人口政策）。

（2）外来劳工式，发展于瑞士、德国和奥地利，它最初是为了满足短期的劳动力需求，后来为了延长外来劳工的雇佣期限，又针对那些招募来的外来劳工及其家属推出了一些社会和经济整合政策。

日本等 80 年代工业化发展迅速的东亚国家，以及中东地区国家的人口迁移政策都属于第二种模式，但是这些国家并不承认临时移民享有永久的公民权利。关于亚洲的迁移情况可以参见 Abella（1994）；墨西哥湾沿岸各国的移民情况可以参见 Stalker（1994）和 Shah（1994）。

在这两种模式下，人口迁移的主要原因是不同的，这也影响了人口迁移的时间、流向、规模及其构成。尽管它们的招聘和入迁战略有着本质区别，但是对于劳动力市场乃至整个社会的影响还是有相似之处的。随着时间的推移，人口迁移制度渐渐趋于融合，也越来越复杂。传统的移民迁入国引进了一些政策工具以允许和控制短期的劳动力移民，而欧洲的劳工移民国家面对移民定居的趋势，也推出了一系列整合措施。

70 年代以来，这两种传统模式的界限变得越来越模糊，至少从欧洲国家和模式一国家的比较来看，这种传统的区别已经很小。从 50 年代到 70 年代初期，传统的移民迁入国（模式一）和欧洲劳工移民国家（模式二）的人口迁移都伴随着劳动力需求的迅速增长，特别是在高速工业化时期的制造业中。这三十年间的人口迁移都有文献记录，例如，Collinson（1993）研究了欧洲的情况，Borjas（1994）研究了美国的情况，Stalker（1994）、Freeman and Jupp（1992）研究了加拿大和澳大利亚的情况。而 80 年代和 90 年代的人口流动伴随的则是经济的不断国际化和全球化以及先进的产业经济的非工业化和第三产业化。[2] 50—70 年代，各国经济都处于工业化发展阶段，这样的经济环境有利于移民的经济和社会整合。规范的、稳定的、全年不变的，以本土劳动力为主，同时也包含有外来劳动力的就业推动了这一时期移民的整合。相反，在 80—90 年代的后工业社会里，福特生产方式逐渐向灵活的专业化生产和分工转变，临时工渐渐兴起，次级劳动力变得越来越重要，工业生产向服务业转变（工会化程度不高），这些都使得外来人口的经济和社会整合过程变得更加困难。

人口迁移在很大程度上取决于人口流入国的移民政策，也就是说，人口流动主要是需求决定的。但是，如果没有推动因素，即人口流出国的迁出压力，大规模的人口迁移也不可能产生。下面我们将看到，80 年代不断增加的流亡难民一方面受到人口输出国的政治和环境推力，另一方面也受到了人口流入国的经济拉力作用。越来越多的人口从落后国家向发达国家迁移，逐渐形成了一大批人口流出国家（以及民族和种族）和一大批人口流入国家，其中，一些原先的人口流出国现在也变成了人口流入国。人口迁移现在不只是出现在低失业率的国家和地区，在高失业率的国家和地区也会存在。这种转变使得人们对 80 年代移民规模不断扩大的原因产生了怀疑。经济的关联和技术的进步为资本的跨国流通提供了空间，也为劳动力的流动创造了新的条件。80 年代，人口迁移政策在政治领域开始有了自己的地位，已不再只是传统的以劳动力市场为导向。人口的全球流动越来越快，使得 90 年代初期促进国际化合作的政策变得相当普遍。移民迁入国正在努力对人口流动（包括政治避难者和非法移民）进行更好的控制。与此同时，作为东道国的政策制定者也面临着更大的挑战，他们需要更好地推进外来人口的整合。

2．针对移民入迁的主要政策

人口迁移制度是对经济和社会力量的反应，换句话说，最初的模式能够反映长期情况。移民迁入国（入籍式）对经济周期和劳动力市场状况的反应迟缓而有限，而劳工移民国家（外来劳工式）的反应迅速而明显。不同的基本模式下会有不同的入迁移民筛选机制，迁入人口的管理机制（工作许可制，评分制，家属的迁入等），不同的工作整合措施（工作激励、教育和培训项目），不同的收入保障措施和不同的人道主义考虑，等等。同样地，针对移民流动和就业的管理机制（边境管制、非法劳工管制和/或非法居民管制、对雇主的制裁措施）也不一样。

人口迁移政策随时间发生着变化，因此，即使在同一个国家，移民的影响也会随时间推移而变化。Borjas（1990）指出，1965 年之后[3]美国所选择的家属迁移管理模式没有对家属移民提出特殊的技能要求（与加拿大不同[4]），对之后的流入人口的技能结构产生了负面影响，加剧了劳动力市场的种族分割。立法上的这一变化不仅影响了移民的技能结构，也引起了移民数量的增长（see Bean and Fix，1992）。美国在 1965 年和 1986 年的政策变化[5]，使得出生于境外的人口所占的比例从 1970 年的 4.7%上升到 1990 年的 7.9%（人口普查数据）。

20 世纪，美国的人口迁移政策基本上没有发生大的转变，与澳大利亚和加拿大相比，对移民的整合所提供的行政和财政支持相对较少。[6]而澳大利亚的政策干预性较强，工会和劳工运动都会对移民政策的制定，尤其是对于新进移民的比例、规模和技能结构，产生重要作用，这使得澳大利亚能够更好地控制劳动力供给增加所带来的不良影响。在所有的移民迁入国中，澳大利亚拥有最配套的人口迁入和安置政策，以及最精细的人口流入管理机制，该机制保持其劳动力始终供不应求，不同于美国的供大于求。有效的边境管制和人口流入管制促进了流入人口的整合，有利于本土人口对移民的接受。还有一些社会整合的专项措施用来实现社会多种文化的融合，防止外来移民（少数族裔）沦为社会底层。

西欧国家从 50 年代末 60 年代初就开始招募外来的临时劳工，以满足对额外劳动力的短期需求。随着大部分的短期移民变成了永久居民，经济和社会的整合成为亟待关注的问题。社会迫切需要采取整合措施以避免系统性的边缘化和流入人口的隔离（Werner，1994）。但欧盟及单个成员国还没有全面的整合法规能够涵盖社会保护、教育和培训、住房及文化等方方面面。不过人们渐渐认识到，实现整合是一个双向的过程，移民是否需要社会整合措施主要取决于他们从东道国获得居住条件和就业机会的可能性。允许移民获得永久居住权利是整合政策中必不可少的一部分，这样有助于移民在职业培训、语言掌握及改善住房方面的投资。因此，欧洲在 70 到 80 年代提出了合法就业和居住的专项整合措施，在试行了一段时间以后开始正式实施。但是多元文化（跨文化的教育、宗教间的沟通）却未能得到普遍认可。无论是模式一还是模式二，在允许移民维持原来的文化习惯之外，提高他们的经济和社会地位的特殊政策支持都没有得到社会的普遍认可（see Jayasuriya，1990）。

抑制人口流入的最有效办法是巧妙地操控移民获得和持续持有工作许可证的可能性。在经济衰退时期，工作许可证容易被取消或者不允许延期，它使得移民风险更大，甚至比移民定居方面的政策的影响力还大。然而，由于供给方的自我选择机制，针对移民的临时性工作许可制度会导致非技术移民的流入。与技术人才相比，非技术移民受东道国经济不稳定因素的影响较小，因为他们在家乡的经济和社会地位较低，从而移民的机会成本也较低。[7]

Borjas (1994) 指出，流入人口的规模及其技能结构一方面取决于潜在移民的供给决策，另一方面取决于对移民的需求因素。到目前为止还没有文献对这些因素进行系统的分析，因而也没有得出移民的需求函数。考虑到各国移民情况的巨大差异，缺少这种分析也就不足为奇了。任何一项移民政策都会有受益者和受损者，因为需求函数取决于政治经济的决策过程（see Betts，1988）。受益者主要受益于国内市场上物品和劳务需求的整体增长，比如土地开发商、建筑商、制造商和进口商。受益者还包括那些由于人口增长导致岗位增加的职业群体，比如教师、社会工作者、专业人士、管理者以及那些由于人口增长而扩大生产的行业中的工人。消费者也会因移民的流入而受益，商品和服务更多，价格却更低廉。高技能劳动力与非技术人员之间通常是互补的关系，而在移民中非技术劳动力占大多数，因此，移民的流入对高技能劳动力有利。一般的企业也能从外来劳工身上获得收益。劳动力市场上弱势群体的利益受到了损失，他们与移民之间是竞争的关系，会为自己的工作岗位、工资和福利而担忧。

即使假定移民的技能具有可转移性，他们在进行移民的供给决策时同样会受到各种因素的影响。如果移民接收国的技能收入分配差距比输出国大（例如，在移民接收国中，高技能劳动力的税负少，而低技能劳动力的保险少），那么高技能劳动力移民的可能性就会增大。相反，非技能劳动力（根据定义，这类劳动力的技能具有高度可转移性，他们的收入在人口输出国和输入国都低于平均水平）就会被技能收入分配差距小的国家所吸引。因为迁出是有成本的，所以那些低收入者中的技能较高的劳动者就可能去国外寻找工作，而技能较低的劳动者受到流动性约束只能继续待在原地工作。类似地，移民归国的可能性也与移民的技能结构有关。高技能劳动者中，技能水平相对较低者更倾向于归国，因为回国以后他们更有机会提高自己的经济和社会地位；非技能劳动者中技能水平相对较高者更有可能归国。实证研究的结果都比较支持上述理论观点（例如，Ramos，1992）。

3. 迁移和迁移政策的社会经济影响：评估研究回顾

特定政策措施下的人口迁移会对微观及宏观经济产生影响，国家又会根据这些影响调整各项制度。政策评估和影响研究有助于政策目标的制定。现在，我们将政策目标确定为：对经济增长、产业结构调整（企业需求）、社会政策和基础设施政策（住房、教育、卫生保健、公共交通）、科技、文化融合以及劳动力市场的影响。关于劳动力市场影响的政治讨论主要集中在移民对本土劳动力就业机会的影响，尤其是移民的替代作用和对工资的影响程度。另外一个主要的关注点是移民在劳动力市场上的整合程度，尤其是他们的经济地位和流动性。

关于人口迁入带来的经济影响一直存在争论，关于移民对东道国社会的净经济影响的研究也还没有得出确定的结论。移民对经济和劳动力市场的影响分为供给和需求两个方面。

3.1 供给方面的影响：作为劳动者的移民

（1）在移民的开始阶段，移民比本土劳动力的流动性更大，这意味着生产要素能够得到更有效的配置。在移民的后续阶段，这种优势就消失了，移民大都在大城市定居，带来了城市化的问题。认识到移民对经济的这种影响，未来的政策可能会在允许新的外来人口（临时劳动合同、与项目相联系的工作）继续流入的同时，限制外来人口定居和家人团聚。

（2）另外，关于对劳动力供给方面的影响，一些研究集中考察了移民对本土劳动力就业机会和工资的影响（see Stromback et al.，1993；美国劳工部，1989）。得出的基本结论是，移民对本土劳动力的替代性越高，流入人口增多对工资和/或失业的影响就越大。针对美国的实证研究（Simon，1989；Stark，1991）显示，移民和当地人之间的直接竞争是可以忽略的，因为移民渐渐都集中在劳动力市场上的特定部门。针对澳大利亚的研究（see Birrell，Hill and Nevill，1984）显示，由于一些促进整合的支持政策的存在，移民没有加剧劳动力市场分割。针对欧洲的研究（De New and Zimmermann，1994；Werner，1994）显示，移民对于失业影响较小，但是影响了蓝领工人的工资。外来劳工渐渐获得合法地位，产生了欧洲劳动力市场上新的社会和经济阶层，奥地利工作许可证制度的影响就证明了这一点——这一制度加剧了劳动力市场分割，不利于社会公平的发展（Biffl，1993；Matuschek，1985）。

雇主对劳动力供给的增加都很欢迎，因为这可以使工资水平降低。人们认为，低工资可以带来高利润，从而带来更高的投资，进而带动生产率和经济的增长。但事实上，外来移民大多是非技术劳动力，在这种情况下，雇主会走上劳动力密集型而不是资本密集型的道路，因此就不会出现生产率的提高，然而非技术工人的工资却因此而受到打压。[8]

如果从制度上进行管制（例如，工作许可证限定在一定的地区、职位、公司和季节），或者对经济和社会的广泛融合不给予财政和制度上的支持（这样移民就需要依靠种族或家庭关系来寻求经济和社会支持），从而将移民限定在劳动力市场某些特定的部门，那么移民和当地劳动力就会变成互补而非替代的关系。这样，以法律地位和/或种族为基础的劳动力市场分割带来了经济租金，从而使当地劳动力维持更高的人均收入水平。

（3）在实证研究中，人们还会关注到移民的另一个方面，即从国外引进技术劳动力可以节约国内的培训和教育成本。但是，不能为了这一成本优势就放弃国内的培训和高等教育，因为那样会损失当地劳动力的就业机会，从而形成长期成本，尤其是在高失业率的时期和地区（see Papademetriou，1991）。

3.2　需求方面的影响：作为消费者的移民

人口流入使得物品和劳务的需求增加，从而带动经济增长。但是，除非移民的消费模式足以影响到规模经济，即引起生产率的提高，否则人口流入不会使人均 GDP 得到增长[9]，因此，人口流入对于生产性投资的影响受到了质疑。人口的增多对社会基础设施方面（住房、公路、学校等）的资本支出有更高的需求。社会基础设施的投资所要求的是增加资本而不是提高资本的密集程度，因此不会带动生产率的提高。只有当移民劳动力的就业伴随着新技术的应用，并且其目的是推动经济的结构重组和实现更加高效的生产模式时（强调面向出口市场的商品生产），移民才会促进资本密集程度的提高和生产率的上升。这种关系对人口迁移政策有很强的指导意义，为了实现这些目标，人口迁移政策需要努力提高出口绩效。

3.3 人口流入对失业的影响

移民对失业总量并没有明显的正面或负面影响，但会影响失业结构。外来工人/移民的失业率一般比当地人的失业率高，这很大程度上是由于移民都集中在制造业，而该行业的就业正在减少。现在经济各部门都处在产业结构调整和产业结构优化的进程中，使得非技术工人的失业率高于平均水平，而移民在非技术工人中所占的比例又很高（see Werner，1994）。移民可能会使对工作岗位的争夺更加激烈。但是，劳动力供给过剩并不一定就意味着人口输入国更高的失业率，它可能意味着有更多的清洁工、服务生、园丁、家庭服务员等从事计件工作，即在核心经济领域之外有了更多的边缘职业和边缘雇主。在今天的产业化经济下，劳动力市场上的临时工越来越多，外围员工在就业与失业之间反复，高技术的核心员工却能维持稳定的工作职位和高工资。

4. 非法移民

对于非技术工人，政策的限制性一般比较强。劳务输出国的这一群体过剩，而劳务输入国又限制流入，结果导致了20世纪80年代非法移民的增加。要评价非法移民对产业化社会的影响，我们需要对不同国家的非法移民的起因及其构成进行分析，因为不同的国家有各自不同的黑市交易和非正规经济活动的历史。在美国，非法移民构成了流入人口结构的一大特点。70年代末80年代初，非法移民的急剧增加引起了社会的关注，促成了1986年《移民改革与控制法案》(Immigration Reform and Control Act，IRCA) 的通过，这部法案规定了雇主制裁条款，禁止雇佣非法移民或者“未经许可的员工”，从而达到限制非法移民的目的。《移民改革与控制法案》并没有借助更重要的推动或拉动因素限制非法移民的流入，换句话说，它并没有尝试改革接收合法移民的制度（Fraser，1994）。日本在1991年引进了限制雇佣非法移民的雇主制裁条款。

外国人也许会以合法的理由（比如旅游）进入其他国家，但是这些理由未必是真正的原因，他们有可能是在打黑工。对劳动力市场上不同形式的非法移民要区别看待：(1) 非法居住和工作；(2) 合法居住但从事非法或未申报（逃税）的工作；(3) 非法就业和实习。后两种非法行为也涉及当地居民。黑工主要存在于特定的经济部门，这些部门允许私下签订劳动合同，部门中存在大量的非标准工作，例如，建筑业，旅游业，农业，服饰、皮具的销售和生产部门，保洁和家政服务业。为了阻止各种非法行为，需要采取一系列的措施。如果对非法实习和打黑工的检测概率很低以及/或者对雇主的惩罚力度相对于所逃避的税收和工资而言太小，那么不仅移民会有非法工作行为，就连当地人也会这样做。在美国和欧洲都曾在法律上使非法行为法制化，对非法行为进行更严格的界定，在企业内实施工作许可证管制。事实表明，这些都是短期的措施，并不能真正解决问题，非法移民的流入量还是会回到先前的水平。

不过目前的情况在工业化国家中都有所好转，对实习和就业的管制都在改善。非法定居的移民进入社会保障体系受到了进一步的限制（OECD，1994）。1991年，为进一步打击劳动力市场上的各种非法行为，法国对劳动法进行了修订，还在各地的行政部门之间建立了协调机制。

5．结论、未来研究方向和欧洲共同移民政策

影响未来迁移的主要因素包括：全球进一步的国际化（形成更强大的区域经济体），欧洲中部国家、东欧国家和西欧国家之间的联系越来越密切，南北国家的社会经济差距进一步扩大。随着经济状况和人口数量的变化，人口迁移的规模还会增大（see Pang Eng Fong，1994；Teitelbaum，1991）。移民的结构能够反映各国的经济发展阶段和经济增长率。劳动力市场发展战略与经济和人力资源的发展整合之间需要相互协调。国际舆论一致认为，有必要建立全球的移民战略。而未来将选择的发展道路取决于劳务输出国和输入国的影响评估结果。本章的目的是对各种现有的研究进行回顾，总结研究中需要注意的因素，从而为未来的政策提供指导。但是，目前的研究是不够的，还需要扩展至对贸易和移民之间关系的研究：这将帮助政策制定者了解商品流通和生产要素相替代或相补充的程度。Ohlin（1993）指出，商品交换和生产要素交换是替代物：它们共同作用使生产要素平等分配并维持物价和生产要素价格的均衡。根据这一理论，欧盟消除贸易障碍的措施会导致劳动力的流动减少而商品的贸易增加。事实上，商品的贸易确实在增加，但是生产要素的流动并没有减少，只是非技术工人的流动减少了。20 世纪 80 年代技术工人的移民增加，这主要是由于不同国家的科技水平不同。技能是与特定科技相互补充的，因此技术工人会移民去科技比较发达的国家，这样他们就能将自己的技能更加有效地运用到出口商品的生产当中去。

Wood（1994）认为，70 年代以来，贸易的变化[10]对劳动力市场产生了影响，并加大了产业化国家中技能工资的差距。在促进欧洲中部国家和东欧国家向西欧国家融合的进程中，充分理解贸易与迁移之间的内在联系对于政策的制定极其重要。

注释

[1] 第三种模式源自殖民地关系，例如在英国、法国和荷兰。该模式不会在将来形成大规模的人口迁移，但它有助于解释为什么某些民族或种族出现在一些国家，而不出现在其他国家。当香港于 1997 年回归中国时，该模式也产生了一定的影响。不过从目前来看，原有的殖民地关系不会带来新的人口迁移。现代人口迁移中，日耳曼民族或希腊民族从中欧和东欧国家的“回归”迁移不应当放在这种模式下考虑，因为这种迁移是由欧洲的进一步一体化造成的。

[2] 经济的高度国际化和持续国际化伴随着大规模的、越来越多的商人、专业人员、技术人员和其他高技能劳动者的迁移。其中主要为临时性迁移，并且主要发生在各工业化国家之间。

[3] 废除了国家原先的配额制度，优先接受与美国居民有亲属关系的移民（see Reimers，1985）。

[4] 1962—1967 年间，加拿大废除了国家原先对入迁人口的限制，推出了除至亲之外的评分制。

[5] 1986 年，《移民改革与控制法案》为无记录迁入人口的合法化提供了法律框架。在合法化方案下，州政府能够得到联邦政府的资助，以应对非法移民整合过程中越来越高的成本。这样，移民入迁的成本变得十分高昂，难以对新流入人口维持同样的支持水平。该法案还引入了对雇主的制裁措施，以控制非法移民的流入。

[6] 20 世纪 70—80 年代，用于移民（包括合法移民和非法移民）整合的公共支出迅速增长；流入人口的增多，使教育、健康和福利预算受到了很大的影响。抑制这项开支的增长，是 1986 年法律变动的原因之一。

[7] 早在 1951 年（Roy，1951），Roy 就曾指出，技能收入分配在东道国和输出国之间的差别，对迁移意愿能够产生与绝对工资差距同样重要的影响。

[8] 移民对技术的变革可能具有重要影响。关于瑞典和奥地利的比较，请参阅 Biffl（1994，pp. 180－201）。

[9] 在运用计量模型预测人均经济增长时，我们发现，只有在规模经济的假设下，人口流入才会对人均经济增长带来正的影响。

[10] 贸易的旧模式，即北国的制造商品与南国的初级商品进行交换的模式，已基本为双向的制造商品交易所替代；北国现在专门生产技能密集型商品和服务，而南国生产劳动密集型商品和服务。

参考文献

Abella, M. J. (ed.) (1994), 'Turning Points in Labour Migration', *Asian and Pacific Migration Journal*, 3 (1), special issue, edited in cooperation with ILO, The United Nations University.

Appleyard, R. T. (1991), *International Migration: Challenge for the 90's*, Geneva: International Organization for Migration.

Bean, F. D. and M. Fix (1992), 'The Significance of Recent Immigration Policy Reforms in the United States', in G. P. Freeman and J. Jupp (eds), *Nations of Immigrants, Australia, the United States and International Migration*, Australia: Oxford University Press, pp. 41–55.

Betts, K. (1988), *Ideology and Immigration, Australia 1976 to 1987*, Melbourne: Melbourne University Press.

Biffl, G. (1991), *Migration in Europe in the 80's and the Prospects of Migration as a Consequence of the Transformation of Eastern European Countries*, WIFO–Vorträge, 49, International Conference on Migration, 17–21 June, Moscow.

Biffl, G. (1993), 'The Austrian Migration System', paper presented at the OECD/Canada/Spain Conference 'Migration and International Cooperation: Challenges for OECD Countries', 29–31 March, Madrid (Summary in OECD, 1994).

Biffl, G. (1994), *Theorie und Empirie des Arbeitsmarktes am Beispiel Österreich*, Wien/New York: Springer Verlag.

Birrell, R., D. Hill and J. Nevill (eds) (1984), *Populate and Perish? The Stresses of Population Growth in Australia*, Sydney: Fontana/Australian Conservation Foundation.

Borjas, G. J. (1990), *Friends or Strangers: The Impact of Immigrants on the U.S. Economy*, New York: Basic Books.

Borjas, G. J. (1994, December), 'The Economics of Immigration', *Journal of Economic Literature*, 32, 1667–717.

Collinson, S. (1993), *Europe and International Migration*, Royal Institute of International Affairs, London/New York: Pinter Publishers.

De New, J. P. and K. F. Zimmermann (1994), 'Native Wage Impacts of Foreign Labour: A Random Effects Panel Analysis', *Journal of Population Economics*, 7 (2), 177–92.

Fraser, J. R. (1994), 'Immigration in the United States and the Limits of Sanctions against Employers', in *Migration and Development: New Partnerships for Cooperation*, Paris: OECD, pp. 75–84.

Freeman, G. P. and J. Jupp (eds) (1992), *Nations of Immigrants, Australia, the United States and International Migration*, Australia: Oxford University Press.

Jayasuriya, L. (1990, Autumn), 'Rethinking Australian Multiculturalism: Towards a

New Paradigm', *The Australian Quarterly*, 50–63.

Matuschek, H. (1985), 'Ausländerpolitik in Österreich 1962–1985 (Der Kampf um und gegen die ausländische Arbeitskraft)', *Journal für Sozialforschung*, 25 (2), 159–98.

OECD (1994), *Migration and Development, New Partnerships for Cooperation*, Paris: OECD.

Ohlin, B. (1933), *Interregional and International Trade*, Cambridge, MA: Harvard University Press.

Pang Eng Fong (1994), 'An Eclectic Approach to Turning Points in Migration', *Asian and Pacific Migration Journal*, 3 (1), 81–91.

Papademetriou, D. G. (1991), 'Migration and Development: The Unsettled Relationship', in D. G. Papademetriou and P. L. Martin (eds), *The Unsettled Relationship, Contributions to Labor Studies*, New York/London: Greenwood Press, pp. 213–20.

Ramos, F. A. (1992), 'Out-migration and Return Migration of Puerto Ricans', in G. J. Borjas and R. B. Freeman (eds), *Immigration and the Work Force: Economic Consequences for the United States and Source Areas*, Chicago: University of Chicago Press, pp. 49–66.

Reimers, C. W. (1985), *Still the Golden Door? The Third World Comes to America*, New York: Columbia University Press.

Roy, A. D. (1951, June), 'Some Thoughts on the Distribution of Earnings', *Oxford Economic Papers*, New Series, 3, 135–46.

Rudolph, H. and M. Morokvasic (eds) (1993), *Bridging States and Markets. International Migration in the Early 1990's*, Berlin: edition sigma.

Salt, J., A. Singleton and J. Hogarth (1994), *Europe's International Migrants, Data Sources, Patterns and Trends*, London: HMSO.

Shah, N. M. (1994), 'Arab Labour Migration: A Review of Trends and Issues', *International Migration*, 32 (1), 3–28.

Simon, J. L. (1989), *The Economic Consequences of Immigration*, Oxford: Basil Blackwell.

Stalker, P. (1994), *The Work of Strangers: A Survey of International Labour Migration*, Geneva: ILO.

Stark, O. (1991), *The Migration of Labor*, Oxford: Basil Blackwell.

Stromback, T., G. Biffl, S. Bushe-Jones, J. Clarke, P. Dawkins, S. Nicholls and A. Preston (1993), *Immigration, Skill Transfer and Industry Restructuring in Western Australia*, Canberra: Bureau of Immigration Research, AGPS.

Teitelbaum, M. S. (1991), *The Effects of Economic Development on Out-migration Pressures in Sending Countries, OECD/Italy*, International Conference on Migration, Rome, 13–15 March, OECD/GD, 91 (29).

United Nations (1989), *World Population at the Turn of the Century*, New York.

US Department of Labor (1989), *The Effects of Immigration on the U.S. Economy and Labour Market*, Washington, DC.

Werner, H. (1994), *Integration of Foreign Workers into the Labour Market—France, Germany, the Netherlands and Sweden*, ILO working paper MIG WP.74E, Geneva.

Wood, A. (1994), *North–south Trade, Employment and Inequality, Changing Fortunes in a Skill-driven World*, IDS Development Studies Series, Oxford: Clarendon Press.

Zimmermann, K. F. (1995), 'Tackling the European Migration Problem', *Journal of Economic Perspectives*, 9 (2), 45–62.

第 19 章　通过非全日制工作进行劳动力调整

Jacqueline O'Reilly*

自 20 世纪 70 年代初的经济危机发生以来，发达工业化国家越来越注重对工作时间灵活性的改善。为促进劳动力的调整，各种各样的灵活工作时间计划不断涌现。近年来，在某些国家中，非全日制工作带来了工作模式的重大改变；但在有的国家非全日制工作还没有得到重视。关于非全日制工作也产生了一些争论，总的来说，主要围绕非全日制工作是应该得到鼓励，还是应该阻止其作为一种劳动力市场调整的形式发展起来。

那么，非全日制工作能使劳动力市场得到什么样的调整呢？为了实现这些调整目标政府出台了哪些政策组合呢？对非全日制工作如何进行评价？为了解决这些核心问题，下文尝试找到最好的政策组合，实现非全日制工作对劳动力市场的最优调整。同时，也简要地勾画了未来研究的领域，包括需要研究的问题以及研究方法。

1. 对鼓励非全日制工作的目标进行协调：理论争议

要找到非全日制工作所能实现的最优结果，例如工作时间灵活性的各个方面，一大困难在于，在这样的结果所涵盖的目标领域中，目标是多种多样的，甚至是相互矛盾的(Hinrichs，Roche and Sirianni，1991)。例如，非全日制工作在萧条时期被用来增加劳动力供给（Delsen，1995，p. 212)，但是也在萧条时期被用来鼓励通过工作分享来减少失业(Fines，Morrissey，Roche，Whelan and Williams，1994；Meager，1988；Mosley and Kruppe，本手册第 20 章)。非全日制工作也被看作一种工作转换机制，尤其是对于生儿育女之后想重新进入劳动力市场的女性。但是，关于非全日制工作能否为女性提供机会进入核心劳动力市场，它是否会导致女性局限于非核心工作中，人们也存在很大的争议。事实上，采用非全日制工作来推动劳动力的调整并没有达到最理想的效果。那么在这种情况下，市场和政策没有实现很好的协调，会造成怎样的影响呢？这方面的理论争论主要集中在三个问题上：(1) 非全日制工作对劳动力市场上就业创造的总影响；(2) 非全日制工作

* 感谢 Ulrich Walwei，Günther Schmid 和 Lei Delsen 早先就这篇文章所提出的建议，感谢 David Antal 关于初稿的详细评论。

在多大程度上增加了个人生命周期中的工作时间灵活性；(3) 新的工作时间安排对企业层面生产率和效率的促进作用。下面将对这几个问题分别进行讨论。

1.1　劳动力市场的灵活性：是减少失业还是创造就业

增加工作时间灵活性的背后有一个目标，那就是促进就业机会的更广泛分配。法国、德国和荷兰等国都将此作为促进非全日制工作政策的核心，促进非全日制工作发展的呼声也跨越了国家的界限（欧盟委员会，1994a)。某些形式的非全日制工作或半职工作已成为推动工作分享、减少工作时间，从而提高潜在就业率的一种手段（Bäcker，Schäfer，Seifert and Scholz-Willig，1994；Hegner，1993；Walwei and Werner，1995)。据 McKinsey (1994)，随着非全日制工作在德国西部的推广，新增加的非全日制工作岗位达 1 900 000 个，新增全日制工作岗位达 1 400 000 个，生产率提高 24%。它还能减轻内部人—外部人考虑所带来的工资压力。这一政策还能帮助长期失业者重返劳动力市场，从而减少失业保险金的给付成本，也防止了个人人力资本由于长期闲置而进一步荒废。Schmid (1994b) 指出，新的充分就业概念应当考虑到这些形式的工作，从而反映出劳动力市场灵活性的提高对于减少结构性失业的作用。因此，非全日制工作通过增加工作时间的灵活性和增加就业率，促进劳动力市场的调整。

然而，减少工作时间和鼓励非全日制工作并没有收到预期的效果，对于增加就业的作用并不显著，这令非全日制工作的支持者们非常失望（de Neubourg，1991，pp. 140－141；Hinrichs et al.，1991；OECD，1994b，pp. 88－100)。没有实现就业增长的原因可能在于，工作时间的减少可能源自企业生产率的提高，这使得他们没有必要雇佣额外的劳动力以弥补减少的工作时间，也可能源自公司在引进新的工作时间制度后所遇到的组织问题。未能实现失业的减少也可能是由于新进劳动者主要来自非经济活动人口，而不是失业者 (Holst and Schupp，1994；Rubery，Fagan and Smith，1995；Sundström，1991)。这类非经济活动人口主要是那些没有努力寻找工作、没有正式登记失业的女性劳动力。另外，缩短工作时间的做法可能会在无意间造成就业不足，使得寻找第二份工作或者从事第二职业的劳动者人数增加（Pinheiro，1995)。就美国而言，Tilly (1992) 指出，“如果有 500 万人在不情愿的情况下只工作部分时间，那他们的就业不足所造成的产出和就业损失相当于 250 万人完全失业”(p. 36)。所以围绕非全日制工作的发展需要关注的主要问题是对这类就业的需求。劳动者一旦被迫从事非全日制工作，就会寻找其他非正规就业途径来填充他们的工作时间和弥补他们的收入损失。

政府通过采取各种积极的或消极的措施来推动非全日制工作的普及（见第 2 部分)。这些政策在有的国家很成功，但在有的国家却不成功。例如，在法国等管制程度较高的劳动力市场上，非全日制工人的成本相对较高（O'Reilly，1994a)。但是在荷兰和英国，劳动力市场的管制程度不高，大量的非全日制工作并没有形成弱势就业形式（Fagan，Platenga and Rubery，1995)。非全日制工作发展中需要注意的一个关键问题是非全日制工作的数量和质量与它所提供的劳动力调整方式之间的联系。一些评论者认为，非全日制工作的发展使得工作的不稳定性增强，从而不利于公平和效率的实现（Schmid，1994a)；但也有人认为，在避免就业环境恶化的情况下提高非全日制工作的质量是可能的。

不论是市场还是政策方面，通过非全日制工作进行的劳动力调整都不一定能够增加总的就业量。有时甚至带来了意想不到的结果，例如，兼双职、领双薪以及弱势就业形式的集聚。尽管如此，政策制定者仍然希望通过提高非全日制工作的数量和质量让更多的失业者和非经济活动人口回到有偿的就业岗位上。

1.2 雇员生命周期中的灵活性：是选择的问题吗

很多人认为，非全日制工作使得人们可以在整个生命周期内根据自己的其他需求调整工作时间。对于年轻人来说，非全日制工作可以为他们提供机会进入劳动力市场获得工作经验。对于大龄劳动者，非全日制工作可以让他们逐渐地从有偿工作岗位上退出来，并且，随着劳动力老龄化的加剧，一部分愿意继续从事有偿工作的退休者可以通过非全日制工作留在劳动力市场。不过，非全日制工作主要是适用于女性的工作形式，这主要是由于女性承担着家庭责任。非全日制工作让女性在生儿育女时能够在劳动力市场上有立足之地，或在生儿育女之后能够重返劳动力市场。Delsen（1993，p. 88）指出，非全日制工作的发展反映了雇主试图满足非全日制工作者对灵活工作时间的期望，尽管劳动力市场分割理论者们更加强调，雇主正在将劳动力市场分割成强势的和弱势的两种就业形式（Rubery，1993）。非全日制工作的提倡者在说明非全日制工作的优势时会以瑞典等典型国家为例。例如，Delsen（1995）指出，"瑞典的劳动法和社会保障制度并没有鼓励创造边缘的非全日制工作岗位。而税收政策、部分金额养老金、非全日制人员的产假和儿童照顾津贴都促进了稳定的非全日制工作岗位的增加"（p. 244）。Sundström（1991）认为，"瑞士的非全日制工作并没有使女性处于社会的边缘，相反，提高了她们劳动力参与的连贯性，巩固了她们在劳动力市场上的地位，以及她们在经济上的独立性"（p. 167）。这主要是由于瑞典的非全日制工作者工作时间相对较长，有就业保障，能够享受全部的社会福利，并且高度工会化。Sundström（1991，p. 168）强调了工作时间长和非全日制工作者处境之间的关系。例如，1985 年瑞典只有 19%的非全日制工作者一周的工作时间少于 21 小时，而比利时、英国、德国和荷兰，这样的非全日制工作者却占到 2/3（see also Maier，1991）。

尽管近年来很多国家的非全日制工作都得到了较大的发展，但是大多数国家的非全日制工作岗位都缺乏稳定性，并不像瑞典的非全日制工作那样具有那么多优点。很多国家的非全日制工作者都要接受很差的工作待遇，不仅工资和附加福利低，而且没有培训机会和晋升机会（Maier，1994）。Büchtemann and Quack（1989）指出，并不是非全日制工作本身决定了就业的不稳定性和劣势地位，而是长期从事非全日制工作的雇员处于弱势地位。

这一领域的市场失灵和政策失灵造成了非全日制工作供给和需求的断裂。正是税收和社会保障缴费制度中各种各样的起征点，扭曲了雇主和雇员在工作时间上的选择。要么是雇主提供的工作时间少，要么是雇员限制自己的工作时间以逃避税收和社会保障缴费。而雇员最终可能会陷入不利地位，没有权利享受某些社会福利，包括养老金和失业保险。对于雇主来说，他们为了将成本控制在起征线以内而减少工作时间，这样就不利于他们对非全日制工人进行培训，从而将非全日制工作限定在低技能低工资的岗位上。想要减少工作时间的雇员可能不得不沿职位阶梯向下流动。这种情况在女性中更加普遍，最终将造成她们人力资本的荒废。另一种情况则是，有的雇员发现自己被迫继续从事全日制工作。这说明对资源的使用是无效率的，因为它扭曲了满足雇员工作时间偏好的方式，如果这些起征点不存在，岗位的设计就会不一样。要提高雇员的灵活性，就需要使稳定的非全日制工作形式对人们有吸引力，能满足人们的流动性需求，不管是对男性还是对女性，不管是在生命周期的哪个阶段。

1.3　企业层面的灵活性：能提高生产率和效率吗

在对劳动力进行组织和安排时，非全日制工作能够增加企业层面的灵活性（Atkinson and Meager，1986；欧盟委员会，1994a）。近几十年来，学术界和政策领域对这一问题进行了很多讨论（see Delsen，1995；O'Reilly，1994a，第二章；Rosenberg，1989）。这些讨论主要围绕企业能够在多大程度上成功地发展出多种不同形式的灵活性，以便让非全日制工人用来满足工作量的变化，满足不同的工作安排，延长工作时间和扩大服务范围。这样的转变可以节省劳动力成本，因为对于这些员工在非社会工作时间或者加班时间的工作不需要支付加班工资。在有些国家，非全日制员工没有被覆盖到社会保障缴费的范围内，这样，通过雇佣非全日制员工节约工资成本成了一大优势。从长期来看，企业可以通过非全日制休假的方式留住高技能员工。另外，非全日制工作可以为企业吸引那些不能从事全日制工作的劳动力以增加劳动力储备，以备劳动力短缺时之用。有的公司为了减少人员编制，鼓励员工通过非全日制工作的方式逐步退出公司（O'Reilly，1994a，p. 161）。非全日制工作的支持者指出，非全日制工作者比全日制工作者的生产率更高，能够承担更多的责任（McKinsey，1994），缺勤率也更低（Marimbert，1992，p. 94）。因此，非全日制工作能够显著提高企业的整体经济效率。

然而，并不是所有企业都愿意发展这种灵活性。非全日制工作合同给企业对工作连贯性和工作质量的管理带来了难题；与非全日制员工一起工作，也会引起全日制员工的不满。如果企业内需要进行团队工作或全方位评价，那么非全日制员工就更加难以真正融入组织（O'Reilly，1994a）。虽然雇佣非全日制工人能够提高生产率，但是 Tilly（1992）指出，雇主可能会低估所提高的生产率，尤其是资历要求更高的工作。Tilly 指出，在美国，像零售业这样的部门里，非全日制这种次级工作形式相对普遍，但这些部门的劳动生产率却出现了下降。

> 因此，当雇主为了节约劳动力成本而提供次级非全日制工作时，他们可能不太会去讨价还价……雇主可以用很低的工资雇佣劳动力，使得他们不去在意生产率的提高。因为很多服务业的雇主都选择采用次级非全日制工作形式（低工资、低生产率的选择）来节约成本，他们可能没有去搜寻和引进报酬较高的全日制工作者（p. 36）。

这种策略导致了长期组织效率和经济效率的下降。

非全日制工作的发展通常还会面临一个问题，即性别的不平等。有些国家中任职条件都有性别的附带要求，这种不公平说明了性别歧视在劳动力市场上一直存在（Fagan et al.，1995）。缩短工作时间的政策更多地为男性所采用，非全日制工作则成为女性灵活就业和劳动力调整的一种形式。这种情况说明，男性从事非全日制工作受到了严重的限制，或者，雇主根据劳动力的性别构成采用了不同的劳动力调整形式（Beechey and Perkins，1987）。

因此，总的说来，非全日制工作有利于劳动力市场的调整，不管是对个人、对企业还是从总体来说。发展积极的、稳定的非全日制工作形式应当成为政策目标。我们需要鼓励更平衡地分配工作时间，以实现更高的生产率和效率，同时，需要通过社会福利系统提供保障，确保劳动者的工作灵活性不被剥夺。显然，仅仅通过市场的力量很难实现上述结果。事实上，如果仅仅依靠市场机制的调节，那么，得到发展的将可能是次级的、劣势的非全日制工作形式。因此，需要借助政策干预来保证雇主在雇佣劳动力的竞争中遵循共同的准则（O'Reilly，1994c）。但是，这种干预在本质上是要促进最优的非全日制工作形式，以满足雇员和雇主的双重需求，收到良好的总体就业效果。下面，我们考察旨在实现这些目标的各种政策。

2. 影响目标领域主体行为的政策

首先有必要对积极的劳动力市场政策和消极的劳动力市场政策进行区分（OECD，1994b；Schömann，1995）。积极的政策包括向雇主或雇员提供财政激励，以及鼓励采用非全日制工作的各种具体的劳动力市场项目。促进青年人进入劳动力市场的项目（see Ryan and Büchtemann，本手册第 10 章）、鼓励大龄劳动者通过非全日制工作退出劳动力市场的项目（see Casey，本手册第 12 章）和父母产假协议（see Fagan and Rubery，本手册第 11 章）都能够提高非全日制工作的比例。消极的劳动力市场政策包括税收和社会保障系统（see Gustafsson，本手册第 27 章）以及关于就业保护的规定（see Büchtemann and Walwei，本手册第 22 章）。

2.1 积极的劳动力市场措施

2.1.1 鼓励非全日制工作的财政激励

积极的劳动力市场政策通过减少边际成本来鼓励非全日制工作的采用，这类政策要么关注雇主，要么关注雇员（Maier，1991，p. 53）。例如，荷兰 1980 年出台了雇主导向型的激励政策，向雇佣非全日制员工的雇主提供一定的补贴。但是到 1982 年，这项政策被取消了，因为它没有对雇主的决策造成影响（de Neubourg，1991，p. 137）。德国、英国等国家也曾试行这种补贴，但是雇主只把这种补贴看作短期的、一次性的利益。Delsen（1995）指出，“要创造更多的非全日制工作岗位需要更有效的方法，需要结构性地降低雇主的边际成本”（p. 121）。但那就意味着要改变养老金缴费、雇员保险费和税收的征收方式。法国近年来试行的一项雇主补贴政策是，自 1993 年起，雇佣非全日制员工的雇主，可以享受社会保障缴费的减免，减免额达缴费额的 30%～50%。这项政策仅适用于新招募的签署无固定期限合同（每周工作 19～33 小时）的非全日制雇员和要求从全日制转为非全日制的雇员（MISEP，1993a，p. 13；“新法”，1993）。Delsen（1995，p. 122）指出，这项措施减少了“劳动力成本和净收入之间的差额”，从而实现了雇主和雇员的双赢。

针对企业层面的政策还包括鼓励企业进一步采用工作分享制（Fines et al.，1994；MISEP，1994a，pp. 11–12；Mosley and Kruppe，本手册第 20 章）。这些项目更加关注一些特殊的目标群体，例如，失业者和正在参与就业培训的年轻人（see also MISEP，

1994c，p. 25）。1994 年 3 月，比利时政府尝试用工作分享制来实现工作在更大范围内的分配。采用工作分享计划的雇主可以享受固定额度的社会保险缴费减免（每季度 25 000 比利时法郎），但是最长只能享受两年（SYSDEM，1995，p. 4）。Maier（1991）指出，比利时的劳动力市场项目比其他国家收到了更好的成效。

> 比利时的非全日制工作中，有 50%都是政府劳动力市场政策的结果，或者说是享有政府补贴的非全日制工作；如果没有政策的支持，这些人可能还处于失业状态或者仍然从事全日制工作……值得一提的是，比利时的劳动法和社会保障制度平等地对待非全日制和全日制劳动者，因此财政激励较少，政府的项目看起来对促进非全日制工作的发展很有成效（pp. 76-77）。

比利时在 20 世纪 80 年代也采取了雇员导向型的政策措施。1982 年出台的政策措施允许失业者在接受非全日制工作以后继续领取部分失业金。但是关于这项措施的采纳，出现了明显的性别差异：这些非全日制工作者中 80%都是女性。由于这项政策让失业者感受到接受非全日制工作的压力，造成了比利时非全日制工作者的不满情绪，不情愿的非全日制工作者的比例比其他国家都要高（Maier，1991；Walwei and Werner，1995）。同时，那些一边从事非全日制工作一边领取失业金的劳动者，都没有动力去从事全日制的工作，因为一旦失去领取失业金的权利，收入的边际税率就会上升。为了削减预算，比利时政府同时尝试向雇佣非全日制员工的雇主征税，并鼓励更多的非全日制工作者向全日制工作者过渡（MISEP，1993b，pp. 13－14）。于是，政府决定开始逐步削减失业金，至 1996 年 1 月 1 日，完全停止向非全日制雇员发放失业金。最近，佛兰德斯政府尝试鼓励全日制雇员过渡为非全日制雇员，向这样的雇员发放一定的补贴：工作时间为全日制工作 51%～80%的，可享受 3 000 比利时法郎的补贴；工作时间为全日制工作 50%的，补贴为 5 000 比利时法郎。政府预期这一项目能够在地区内新增 2 000～3 000 个工作岗位，但是，这项计划并没有收到预期效果（SYSDEM，1995，p. 4）。

对于通过这些措施来推动非全日制工作发展的做法，荷兰政府的观点截然不同（MISEP，1994a，pp. 24-25）。他们认为，通过补贴来鼓励全日制劳动者向非全日制转变，这种做法只在非全日制工作已经发展得比较成熟的地方才有效果；而且，对于那些愿意转变为非全日制雇员的人来说，即使没有这些补贴，他们也会转变成非全日制员工的。荷兰政府通过失业金体系向雇员提供激励。如果劳动者在从事非全日制工作之后遭遇了失业，那么他有权领取三年的失业金，并且额度以其从事全日制工作时的工资为基准。但是，这项政策不太可能对就业产生大的影响。荷兰政府正在考察如何通过工作时间的减少来避免裁员，但又不对确实需要减少劳动力的企业形成障碍。像法国和比利时那样，从社会保险基金里拿出一部分钱作为补贴来推动工作时间的减少，需要对企业的计划进行详细的审查，但是荷兰政府不愿意这样做。他们还认为，向非全日制雇员提供部分失业金使得他们失去了寻找全日制工作或从事额外非全日制工作的动力，于是担心这项政策会被滥用，而且难以控制支出（MISEP，1994b，p. 25）。德国鼓励非全日制工作的方式相对温和。德国政府并没有对税收政策和社会保障系统进行调整，而是尝试让雇主认识到非全日制工作的优点（“Goverment Lauches”，1994）。Delsen（1995，p. 122）提到，荷兰的一些地区也成功地运用了类似的方法。

2.1.2 非全日制工作作为年轻人和大龄劳动者进入或退出劳动力市场的途径

在美国，很多年轻人都利用非全日制工作供自己完成学业（Tilly，1992）。在欧洲，近年来，通过非全日制工作进入劳动力市场越来越受到人们的青睐。在德国，大众汽车公司近来的改革要求实习生必须在从事一段时间的非全日制工作后才能进入公司（Seifert，1994，pp. 29–30）。在青年失业率很高的国家，这些政策都是争论的焦点，尽管实践证明，这些政策对于非全日制工作总量的影响并不明显。例如，法国社会公共事业工作项目（"Travaux d'Utilité Collective"，TUC）是法国针对 16～25 岁失业者采取的最大的非全日制劳动力市场措施，该项目向他们提供 3～12 个月的非全日制培训。Maier（1991，pp. 77–78）认为，这项政策意义不大，因为每年只有 0.2%的劳动力通过这种培训走上就业岗位。荷兰的劳动力市场政策所帮助到的年轻非全日制雇员也还不到非全日制劳动者总数的 1%。

有些国家鼓励雇主签订"团结协议"，按照协议，大龄员工的退出将被年轻员工的进入所抵消。执行这项政策的方式之一就是提供非全日制工作。荷兰金属加工业的集体协议允许提前退休，只要雇主同意以非全日制工作的形式雇佣年轻劳动者每周工作 32 小时。据 de Neubourg（1991，p. 137）估计，到 1984 年底，这项政策使得劳动力市场活动率提高了 1%。在荷兰，非全日制工作的使用得到了很大的提高，部分原因在于私人部门和公共部门的雇主都开始雇佣 26 岁以下的年轻员工，从事每周 32 小时的工作（de Neubourg，1991，p. 138）。

非全日制工作还可以作为大龄劳动者退出劳动力市场的一种方式。在丹麦，劳动力的老龄化使得雇主选用非全日制工作的形式来吸引老员工继续留在劳动力市场上（MISEP，1995，p. 14）。不过，养老金计划的筹算方式会影响非全日制退休的吸引力。比如在希腊，养老金是根据最后一年的收入来计算的，那么老员工就不愿意从全日制工作过渡到非全日制工作上。如果延长收入的参照期，那么员工就更愿意去考虑非全日制退休的形式（MISEP，1993c，pp. 13–14；要了解各国计算养老金的更多细节，参阅 Delsen，1995，p. 124）。"在某些 OECD 成员国—— 比利时、加拿大、法国、英国、美国——为了计算公共养老金，政府会对收入进行调查。这不利于激励老年人工作，但对边缘非全日制工作者可能是一种激励"（Delsen，1995，p. 124）。Maier（1991，pp. 36–37 and 45–46）指出，非全日制工作者（多为女性）在养老金计划中经常遭到歧视。Delsen（1995，p. 124）建议，实施全民强制性非全日制工作逐步退休计划，这样就可以防止非全日制工作的性别隔离。这项计划能够降低缺勤率，节约残疾抚恤金和失业金的给付，还能通过使工作分配得更加公平，间接地减少失业。这些相对较新的措施在瑞典收到了良好的效果（Delsen，1995）。但是在丹麦、芬兰、法国、德国、西班牙和英国却没有那么成功，因为"劳动力市场不景气，缺乏财政激励，人员替换的条件过于严格，没有达成社会一致"（Delsen，1995，p. 125）。

2.1.3 非全日制产假

社会提供儿童照管服务的程度和质量对非全日制工作的需求有很大的影响。如果社会所提供的服务程度和质量有限，那么女性就更可能选择工作时间少的非全日制工作。在瑞典等国家中，由于存在大量的儿童照管服务，非全日制工作者可以工作更长时间；而在法国等国家中，儿童照管服务很全面，因此非全日制工作的整体需求很少（Fagan and Rubery，本手册第 11 章；O'Reilly，1994a；Delsen，1995，p. 127；欧盟委员会，1994b）。

员工休产假的权利可以通过法律规定授予，也可以由单个公司或集体协议授予。这两者并不相互排斥，公司或集体协议能够对法律规定进行补充。不过，关于产假规定，并没有全面的数据资料。总的来看，丹麦、德国和意大利的法律规定比较全面，而爱尔兰、卢森堡和英国的法律规定并不完善（欧盟委员会，1994b）。

在芬兰、法国、葡萄牙、荷兰等国，子女不足一定年龄的员工可以享受非全日制产假，但是假期内没有工资。但在挪威和瑞典，员工在产假内可以享有全额工资，这使得非全日制工作变得更加普遍和广泛（欧盟委员会，1994b；Maier，1994）。从理论上来讲，非全日制产假权利的普遍可以鼓励更多的人从事非全日制工作。从事高收入、高任职资格工作的父亲，尤其是在公共部门任职的父亲，更愿意享受这样的假期；与产假相比，男性劳动者中休陪产假的更多。遗憾的是，现在还没有研究对这类假期的成本和收益进行全面的分析和国际比较。

2.2 消极的劳动力市场措施

2.2.1 税收体系

税收体系的结构能够对雇主和雇员采用非全日制工作产生激励和阻碍作用。我们可以将税收体系分为两类，一种对所有雇员按统一标准征税，一种有起征线和封顶线（see also Gustafsson，本手册第 27 章）。按统一标准征税不考虑雇员的工作时间，不利于鼓励雇主雇佣非全日制员工。因为每个雇员的成本是固定的，这种税收体系使得雇主更愿意采用加班工作——而不是非全日制工作和工作分享制——来进行劳动力调整。规定封顶线的税收制度使得雇佣两个非全日制员工的成本比雇佣一个全日制员工的成本高，因此雇主不愿意雇佣非全日制员工。Delsen（1995）认为，这种税收体系也阻碍了妻子获得收入，以作为丈夫收入的替代物。芬兰、意大利、丹麦、挪威、瑞典和比利时都废除了这种封顶线，法国、德国、希腊和荷兰则提高了原来的封顶线（Euzéby，1988）。Delsen（1995）还指出，这种税收制度的改进不在于废除封顶线，而应该将征税额与小时工资——而非周工资、月工资或年工资额——挂钩。"为每个员工支付的税额与其实际工作的时间相挂钩，而与完成指定工作量的员工数量无关，这样的制度就比较中立"（p. 127）。他还建议，为非全日制员工设定专门的封顶线，这样雇主可以得到一定的补偿，从而也能够鼓励雇主用非全日制员工取代全日制员工。

英国的非全日制工作发展水平较高，这在很大程度上是由于英国的税收制度以起征线为基础，尽管非全日制工作有时会很低下，工作时间极短，以致雇主和雇员都无须缴税（Delsen，1995，p. 128；Euzéby，1988，p. 556；Fagan et al.，1995，p. 7；Maier，1991；O'Reilly，1994b）。这些起征线阻碍了非全日制工作者向全日制工作者转变，因为一旦转变，雇主和雇员将面临边际收入回报的减少，从而担负一定的成本。例如，日本的起征线是 90 万日元，雇主和雇员都会不断调整年工作时间，将收入水平控制在起征线以下（Delsen，1995，p. 128）。德国等国家实行夫妻联合报税，这项制度使得妻子的收入成为丈夫收入的补充，家庭希望将总收入控制在起征线以内。妻子需要在有偿就业和家庭服务之间进行选择，但往往她们会因联合报税制度缩减自己在外从事有偿工作的时间，从而有助于非全日制工作的发展。

2.2.2 社会保障

社会保障基金的筹集方式、缴费的计算方法和受益条件的设定都可能阻碍非全日制工作的发展（Euzéby，1988；Quack，1992）。在大多数欧洲国家，以及日本、美国和加拿大，受益条件的最低要求通常将非全日制工作者排除在失业金、医疗补贴、残疾人抚恤金、产假和养老金的享受范围以外。这些最低要求包括就业时间的最低要求、从事有偿工作的最低小时数和/或之前缴费的最低额（Delsen，1995；Euzéby，1988；Fagan et al.，1995；国际劳工组织，1989；Maier，1994）。在西班牙、希腊和意大利，非全日制工作者按全日制工作者相应福利的一定比例享受社会保障和失业金（Delsen，1995，pp. 116－121），不过这些国家的非全日制工作比例都相对较小。

另外，如果从事非全日制工作的收入与失业金相比差距不大，失业金领取者可能没有动力去从事非全日制工作。如果失业金待遇是按照最近的工作收入水平计算的，失业者就更不愿意接受非全日制工作了。即使是全日制工作，如果这份工作从长期来看会引起失业金的减少，那么失业者仍然会拒绝接受。为了防止劳动者在领取失业金的同时偷偷从事非全日制工作，也为了鼓励失业者重返有偿就业，丹麦、比利时、芬兰、法国、爱尔兰、荷兰、西班牙、瑞典、瑞士等国（Delsen，1995，p. 121）决定允许接受非全日制工作的失业者继续领取部分失业金（Euzéby，1988，pp. 554－555）。但这样做会带来大量的失业金支出，因而瑞典和比利时都对此进行了削减（Delsen，1995，p. 121）。这些社会保障体系面向非全日制工作的不同待遇有效地促进了雇员和雇主对非全日制工作的采用。

2.2.3 就业保护

在有些国家，非全日制工作者与全日制工作者在获得法律保护和附加福利方面的待遇相差不大，但在有些国家却有很大的差别（国际劳工组织，1989）。例如，在法国等国家，劳动法明确规定了公平原则，而在英国，并没有专门的法律对公平性作出规定（Delsen，1995，pp. 112－113；O'Reilly，1994a）。即使法律作出正式规定，要求保证非全日制劳动者和全日制劳动者之间的公平性，非全日制工作者仍然会经常遭遇不公平的待遇和工作条件——尤其是工作时间短、工作报酬低（Büchtemann and Quack，1989；Jallade，1984；Maier，1994）。正如 Delsen（1995）所述：

> 事实表明，就业保障立法只是部分地覆盖到非全日制工作者，将他们排除在某些权利之外，这使得“边缘”非全日制工作越来越多，从而加剧了劳动力市场的分割：一方面，大企业中高工资、高地位的全日制员工面对严格的就业保障要求；另一方面，小企业中低工资、稳定性差的非全日制员工面对灵活的就业保障要求（p. 115）。

就业保护所覆盖的人群是否存在差别，这一问题之所以重要，是因为它能够决定非全日制工作到底是优点多还是缺点多，进而决定了非全日制工作对于雇主和雇员的吸引力（Büchtemann and Walwei，本手册第 22 章）。

总的说来，积极的和消极的劳动力市场政策都在很大程度上影响着非全日制工作这种劳动力调整形式的应用。要实现最优目标，创造合格的、稳定的非全日制工作，从个人、企业及总体层面上提高劳动力市场的流动性，需要认真地对各种政策进行协调和组合。在政策执行的过程中要特别注意政策所创造的非全日制工作的数量与质量之间的关系。如果工作条件恶化或者社会福利得不到保证，那么非全日制工作不一定会增加。实际上，非全日制工作作为一种劳动力调整的形式，目前还缺乏对雇主和雇员的吸引力，想要更广泛地吸引大家采用非全日制工作的形式，就需要从整体上切实提高非全日制工作的地位。在下文中，我将通过相关研究的结果来解释政策制定在该目标领域内的重要性。

3. 评价政策的影响：方法论和实际结果

研究者已经对非全日制工作进行了广泛的研究，这些并不是严格意义上的政策评估(本手册第Ⅰ篇曾对政策评估的方法论进行了讨论)，更像是对政策进行审计和监测。部分原因在于，非全日制工作的发展与消极劳动力市场政策的联系似乎比与积极劳动力市场政策的联系更紧密。在比利时等国，积极的政策措施得到了较多的应用，但相形之下，政策研究相对匮乏，没有研究对这些政策的效果进行评估。近年来，各国政府都希望通过与其他国家的比较，对本国就业制度的灵活性进行评估，因此研究者们开始关注非全日制工作的国际比较研究。在对该领域主要研究的结论及其研究方法进行考察之前，我需要指出评估非全日制工作的过程中存在的问题，既包括一般评估，也包括国际比较评估。

3.1 不同国家非全日制工作的比较

非全日制工作整体水平及其增长速度的统计数据显示了 OECD 各成员国之间的差异(见表 19—1)。荷兰、澳大利亚、比利时、新西兰 1973 年以来的增长速度最快（比其他国家的同期增长水平高出 10～28 个百分点)。在法国、加拿大、英国、日本、瑞典、爱尔兰、丹麦、挪威和德国，非全日制工作的增长在 5～8 个百分点，而在芬兰、卢森堡和美国则是 5 个百分点以内。意大利的非全日制工作呈现负增长。

表 19—1　　OECD 各成员国非全日制工作占就业总量的比例

国家	1973 年	1983 年	1993 年	1973—1993 年的百分比变动
澳大利亚	11.9	17.5	23.9	＋12.0
奥地利	6.4	8.4	—	—
比利时	2.8	8.1	12.8	＋10.0
加拿大	9.7	15.4	17.3	7.6
丹麦	17.0	23.8	23.3	＋6.3
芬兰	3.9	8.3	8.6	＋4.7
法国	5.9	9.7	13.9	＋8.0
德国	10.1	12.6	15.1	＋4.0
希腊	—	6.5	4.3	—
爱尔兰	4.0	6.6	10.8	＋6.8
意大利	6.4	4.6	5.4	－1.0
日本	13.9	16.2	21.1	＋7.2
卢森堡	4.5	6.3	7.3	＋2.8
荷兰[a]	4.4	21.4	35.0	＋30.6

续前表

国家	1973年	1983年	1993年	1973—1993年的百分比变动
新西兰	11.2	15.3	21.1	+9.9
挪威[b]	20.8	29.0	27.1	+6.3
波兰	—	—	7.4	—
西班牙	—	—	6.6	—
瑞典[c]	18.0	24.8	24.9	+6.9
英国	16.0	19.4	23.4	+7.4
美国	15.6	18.4	17.5	+1.9

a. 1985年以后的数据中断。

b. 1987年以后的数据中断。

c. 1986年以后的数据中断。

说明：—表示在本章写作之时尚没有相关数据。

资料来源：OECD Employment Outlook 1983，Paris：OECD；OECD Employment Outlook 1994，Paris：OECD.（这里也提供了就业的性别与部门结构。）

这个数据是对劳动力参与模式的近似测量，提供了重要的纵向数据材料。不过，对总体数据的比较掩盖了一个事实，实际上从国际比较的角度对非全日制工作进行研究的过程中存在一些方法上的难题（Dale and Glover，1989；Dex，Walters and Alden，1993）。国际劳工组织（1989）提到，

> 利用国家的时间序列数据，可以有效地对国内非全日制工作的发展进行测评，但是……在对非全日制工作的发展水平进行国际比较时需要特别谨慎。不过，在对非全日制劳动者的行业、性别、年龄分布情况进行国家间的比较时，概念界定和数据搜集方法的影响相对较小，得到的结论也相对可靠（p. 33）。

在对非全日制工作进行国际比较研究时遇到的一个主要问题是，没有一个各国统一的标准定义。在OECD成员国中主要有三种分类方法：（1）自定义，被调查者自己定义自己的就业身份；（2）按平时的工作时间进行划分，通常为每周30～35小时；（3）按参考周的实际工作时间进行划分。以实际工作时间为基础的划分方法比以平时工作时间为基础的方法得到的非全日制工作比例要高（Delsen，1995，pp. 18－19）。

在利用国家数据集进行国际比较研究时可能遇到的另一个问题是，各国的分类方式历来不同（Dale and Glover，1989）。这些类别往往不能在国家间进行直接转换，这使得对于同一现象的测量变得复杂。很多差别都会影响到就业率和失业率的测量结果，比如征兵问题以及进入和退出劳动力市场的年龄问题（see also Ryan and Büchtemann，本手册第10章）。另外，即使在一个国家内，非全日制工作者的计算方法也会存在差异。例如，荷兰在1987年对数据搜集方法进行了调整，使得估计出来的非全日制工作者总数增加了4%（更详细的解释请参阅Fagan et al.，1995，附录A）。

以上论述表明，在使用总体数据时要格外谨慎，尤其是在进行国际比较研究的时候。但是，如果完全丢弃这些数据，就会失去纵向数据资料的一个重要来源。研究者在研究非全日制工作的发展情况以及各种积极的或消极的劳动力市场政策如何对其产生影响时，采用了一系列方法来应对现存的方法论问题。其中一种方法是在收集到的OECD、欧洲统计局及各国的劳动力调查数据的基础上进行二次总量分析。第二种方法是对个人特征和偏好进行定量和定性分析。第三种方法是对企业进行案例分析。下面将通过一些研究实例来阐

述这些方法以及得到的研究结论。

3.1.1　劳动力调查和 OECD 数据的二次总量分析

Sundström（1991）利用《瑞典劳动力调查》（Sweden Labor Force Survey，LFS）得到的面板数据[1]对瑞典的非全日制工作进行了研究，这样就能够从纵向上对各类就业的存量和流量进行考察（see also Schömann，本手册第 4 章）。Sundström（1991）认为，瑞典非全日制工作的增多在很大程度上是由于 1970—1982 年间非就业女性——其中已婚妇女和有婴幼儿的母亲占大多数——进入劳动力市场。在 20 世纪 70 年代末，“全日制工作的女性倾向于减少她们的工作时间，这为非全日制工作岗位的增加提供了又一个源泉”（Sundström，1991，p. 172）。该数据允许研究者对就业稳定性进行考察。Sundström（1991）发现，“女性在非全日制工作和非就业之间来回变化的情况减少了，同样，在就业（全日制工作和非全日制工作）与非就业之间来回变化的情况也在减少”（pp. 170－171）。Sundström 还对全日制工作和非全日制工作的流入、流出人数进行了测量。从 1974 年到 1981 年，存在全日制工作者转向非全日制工作岗位的趋势，非全日制工作者则倾向于继续从事非全日制工作。1982 年以后，情况发生了改变：非全日制工作者倾向于转向全日制工作岗位，而全日制工作者不再愿意减少自己的工作时间。

如果将这些研究结论与瑞典当时的规章制度变化联系起来看，会发现有趣的结果。Sundström（1991）指出，已婚女性的边际税率发生了变化，同时缩减工作时间的机会增多，导致女性劳动力参与率上升，尤其是对非全日制工作来说，“20 世纪 80 年代的情况也为这种解释提供了又一个例证；当个人收入的边际税率降低（最大幅度为 50%）时，女性从事全日制工作的比例增加，从事非全日制工作的比例则相应减少”（p. 173）。不过，Schettkat（1989）指出，边际税率的变化并不足以解释女性劳动力供给的国际差异。他认为，要解释这一问题，还应看到产假和儿童照管服务的制度对此产生的影响。另外，O'Reilly（1994a）指出，教育也会影响女性的就业取向，与资历高的女性相比，低资历女性的职业生涯通道更加无规则（Rubery et al.，1995）。Pfau-Effinger（1993）对德国和芬兰进行了比较，他发现，工业化进程和女性劳动力的经济整合情况都会对劳动力市场制度的形成产生长期的影响。Tilly and Scott（1987）将法国和英国作比较后也得出了类似的结论。所有这些研究都支持了 Schettkat 的论断，即在考察效用曲线的时候还需要考虑到制度和工作经历。Sundström（1991）曾提到，在 70 年代，瑞典所提供的儿童照管服务翻了两番，尽管如此，她还是强调税制改革所发挥的重要作用。Schettkat（1989）指出，自 1974 年始实行产假以后，很多女性劳动力选择了进入劳动力市场，同时，产假制度也有助于她们有效地减少自己的工作时间。[2]这些争论说明，政策制定者在研究劳动力市场模式的变化时，不能盲目地减少解释变量，甚至只考虑单个原因变量。相反，由于很多政策都会影响劳动力市场主体的行为，政策制定者需要全方位地考虑这些政策的相互联系和作用。

Delsen（1995）利用 OECD 的数据，从国际比较的角度分析了女性劳动力参与率与非全日制工作总体水平之间的关系，结果表明，女性和男性劳动力参与率的增长与非全日制工作总体水平的提高有关（Delsen，1993，p. 82）。在对 21 个 OECD 成员国中非全日制工作所占比重与劳动力参与率进行了普通最小二乘估计后，他得出，女性劳动力参与率与非全日制工作的比例正相关，非全日制工作者中男性劳动力的比例与男性的劳动力参与率正相关。男性的系数比女性的系数大，这说明，推动非全日制工作发展对男性的影响更大。

但是这种总量分析也存在问题，由于各国的制度不同，一些国家女性劳动力参与率高而非全日制工作比例低，适合于这种情况的解释却不能解释非全日制工作比例高的国家的情况。各国制度所具有的特殊性及其影响都被忽略了（see Pfau-Effinger，1993；Rubery et al.，1995)，事实上，女性的高劳动力参与率并不全都与非全日制工作相关，比如葡萄牙和芬兰。但 Delsen（1995，p. 39）用这些数据也表明，在荷兰等国中，非自愿的非全日制工作出现了相对增长；并且，各国对非全日制工作的需求水平各不相同，其中欧洲南部国家的需求相对将少，男性对非全日制工作的需求也较少。

3.1.2 雇员态度和采纳程度调查

最近在有关工作时间调整的争论中，雇员的意见越来越受到重视（OECD)。其中的一个原因是，理论研究开始更多地关注供给方的偏好问题，研究发现这一因素可以用来解释特定国家的全日制工作的增长和范围；第二，非全日制工作是自愿还是强制的问题也逐渐显现出来；第三，政府在努力推动非全日制工作发展的过程中试图找到一些未开发的需求。哪些人希望从事非全日制工作：全日制工作者，失业者还是非经济活动人口？对非全日制工作的这个方面进行研究有很多种研究方法，包括定性和定量分析。

Watson and Fothergill（1993）采用定性研究的方法分析了英国女性非全日制工作者的工作态度，Strümpel，Prenzel，Scholz and Hoff（1988）也采用定性研究的方法分析了德国男性非全日制工作者的工作态度。英国的这一研究采用了一系列“专题小组”讨论的形式。被调查者样本是根据劳动力调查中所确定的某些特征因素来选取的。这种方法的优点在于能够让研究者更深入地探究从事非全日制工作的人们所受到的激励和约束。Watson and Fothergill（1993）发现，大多数非全日制工作者并不知道从事非全日制工作所能享受的最低就业保护，但他们对税收和社会保险缴费的起征线比较清楚。在评估税收制度对雇员行为的影响时，这类发现具有重要意义，在上文 Sundström 和 Schettkat 的讨论中也提到了这个问题。英国的大多数非全日制工作者都对这种工作形式很满足，不过他们在工作搜寻的过程中最看重的是灵活的工作时间。原先作为女性在生儿育女期间的一种过渡的非全日制工作现在对于某些女性来说变成了全日制工作的结束，她们在那之后就不想再从事全日制工作了。德国的这项研究并没有获得具有代表性的样本，因此对男性非全日制工作者的研究结论不具有代表性。尽管如此，Strümpel et al.（1988）还是发现了一些工作与照料儿童不能顺利兼顾的家庭。这些男性非全日制工作者大都 30 多岁，资历较深，在公共部门就职。他们减少工作时间是为了在孩子成长的过程中扮演更加积极、平等的角色。他们的妻子一般资历也很深，在公共部门从事全日制工作，并有稳定的收入。但是，在男性非全日制工作者中，这类人并不多，更多的还是年轻的男学生和年老的半退休男性。尽管 Strümpel et al.（1988）研究的只是男性非全日制工作者的某些特例，但这项研究很有意义，因为它是目前唯一的针对男性非全日制工作者的研究，同时，它肯定了以下两个因素的重要作用：收入水平和对待灵活就业时间安排的态度。作为定性研究，尽管 Watson and Fothergill（1993）以及 Strümpel et al.（1988）所使用的数据样本量有限，不具有严格的统计代表性，但是他们的研究得到了有关个人一生中工作转换方面的重要信息，也证明了家庭价值观的重要性。英国的研究中使用了专题小组讨论的形式来探讨个人的家庭环境对工作时间倾向的影响，这使得研究变得复杂化；相比较而言，德国的研究采用访谈的形式，对夫妻双方进行访谈，弥补了小组讨论的缺陷。因此，对定性数据进行结构化处理，使它与已知的定量数据联系起来，是十分重要的。

在对企业进行跨国案例研究时，研究者也采用访谈法来考察这些问题，他们对样本中的全日制员工和非全日制员工进行访谈，了解他们的工作偏好和家庭情况（Gregory，1987；O'Reilly，1994a and 1994c）。研究显示，英国的女性工作者对非全日制工作的偏好高于法国。研究者对这一现象的解释是，儿童照管服务范围在法国比在英国广泛，因而法国女性有更多的机会从事全日制工作。研究还指出，法国教育水平的提高带动了女性全日制劳动力参与率的提高。由此可见，各种相关政策的相互影响造就了女性就业的大环境，正是在这样的环境里，女性形成了关于接受非全日制工作安排的偏好和意愿。

Alwin，Braun and Scott（1992）采用 1988 年《国际社会调查项目》（International Social Survey Program，ISSP）的数据，进行了跨国定量研究。他们集中关注德国、英国和美国的情况，考察了男性和女性对于女性参与劳动力的态度。通过研究他们发现了一些国家间的相同点，例如，女性比男性更支持女性就业。研究还表明，对于有学龄前子女的女性参加工作，人们的态度在不同国家中明显不同，对此，支持的呼声在美国高于在德国。他们认为，这不仅与儿童照管服务水平、以前的就业经历和年龄有关，还与各国的制度模式和体制结构相关，这些制度能够影响各国对婴幼儿的照料和培养行为。虽然这类研究能够发现国家间的差别，但是特定国家的制度安排及其对男性和女性劳动力参与率的影响还需要得到更多的关注。

总之，关注雇员层面的研究者考察了雇员的工作态度和偏好，政策体制及其对雇员偏好的影响。但是，这些孤立地考察雇员偏好的研究也存在问题，我们需要当雇员偏好与家庭条件、工作条件联系起来，并且需要考虑到个人对税收体制和社会保障制度实际作用的认识。

3.1.3　雇主调查和公司案例研究

为克服总量分析和个体研究中的弊病，研究者们还进行了企业层面的评估研究。这些研究主要以雇主调查或公司案例研究为基础（Atkinson and Meager，1986；Blanchflower and Corry，1986；Delsen，1995；Gregory and O'Reilly，in press；Hunter and MacInnes，1992；Hunter，McGregor，MacInnes and Sproull，1993；OECD，1994b；O'Reilly，1994a）。这些研究的目的是，了解在推动劳动力调整的过程中，雇主能从非全日制工作合同中得到哪些便利。使用定量方法时，研究者试图找出雇主愿意或不愿意采用非全日制工作形式的主要原因。在定性的案例研究中，研究者则主要关注企业内部雇佣关系调整的过程及动态，目的是了解工作变化是如何发生的。

研究显示，非全日制工作并不是完全定位于低技能的工作岗位，这主要取决于非全日制工作所属的部门（Gregory and O'Reilly，in press）。雇主采用非全日制工作形式有很多原因。有时，它可以满足特殊的工作量需求（Atkinson and Meager，1986）；有时，与休假安排相结合，它可以成为一种保留技术劳动力的手段。这样，雇主可以通过合同中的非全日制工作优惠条款来保证女职工在离开一段时间（通常与生儿育女有关）以后还会回到原公司来。在有的国家这种安排是个别公司所特有的，而在有些国家这种安排却非常普及。这种企业层面的政策能够提高非全日制工作的整体水平（O'Reilly，1994c）。

新技术与既有的劳动力模式是互补的关系，同时，它也有助于新的工作时间表的执行。但是，技术本身并不能决定劳动力的使用方式。它通常能够融入现行的工作安排（Gregory and O'Reilly，in press）。雇主和全日制工作者的态度可能会限制非全日制工作的广泛应用（Delsen，1995，p. 172；OECD，1994a）。例如，法国的管理者大都不太愿意雇佣非全日制员工，因而法国的非全日制工作需求也比英国少（O'Reilly，1994a）。

企业选择哪一种劳动力调整形式——比如，延长工作时间还是提高服务质量——会随业务需求和竞争形式的变化而变化。质量竞争还是成本竞争将在很大程度上影响企业的人力资源战略。在雇佣非全日制员工时，企业考虑的主要是减少劳动力成本。在有些国家，企业雇佣非全日制员工可以支付更低的小时工资，缴纳更少的社会保险费，提供更少的附加福利。Delsen（1995，p. 173）利用欧洲八个国家的管理者调查数据，通过多元回归分析得出，德国、爱尔兰和英国的企业在雇佣非全日制员工时，能够比其他国家节约更多的小时劳动成本；比利时、丹麦和荷兰的企业在雇佣非全日制员工以后，生产率的提高程度比其他国家大。这些差别表明，社会保险费的征收制度和就业保护的相关规定对非全日制工作的发展有很大的影响。在不同的规章制度下，非全日制工作或被排斥或被接受，其被排斥或被接受的程度都会受到规章制度的影响。Appelbaum（1992）指出，"管理者可能会为了省下直接且短暂的工资成本而置企业长期的生产收益和长期单位劳动力成本于不顾，但在推进非全日制临时工取得与全日制长期雇员平等地位的过程中，管理者这样做的激励减小了"（pp. 13–14）。Fagan et al.（1995）的研究显示，荷兰非全日制工作者的就业待遇和条件比英国的非全日制工作者优越，尽管两国的非全日制工作水平都很高。这一发现表明，与非全日制工作有关的制度不一定会对非全日制工作的数量产生影响，但是可能会对非全日制工作的质量产生很大的影响。

这些研究对不同企业和部门非全日制工作的不同方式进行了区分，从而能够对由国家数据得到的总体趋势进行分解，进而详细地说明雇主在采取非全日制工作形式的时候所受到的激励和限制。这样，政策制定者就能够了解到，劳动力市场政策所产生的不同效果与就业保护、税收体制和社会保障体制有关。这些数据也有助于政策制定者评估现行积极劳动力市场措施的效果。但是这类研究中，有些只考虑了劳动力需求方的因素。成功的企业层面研究需要反映出总体趋势与各具体部门趋势之间的联系，以及雇员偏好与企业需求之间的联系，并能够发现劳动力市场管制对企业和雇主的影响。

以上我们摘选了一些实证研究，这些研究对作为一种劳动力市场调整形式的非全日制工作进行了评估，可以看到各种各样的政策及政策组合影响了劳动力市场的运行。这些研究强调，虽然很复杂，但仍需要对各种有效政策进行协调，才能使劳动力市场的整体运行效果达到最优，实现创造就业岗位，增加男性和女性劳动力在其生命周期内的就业灵活性，提高企业效率和生产率的目的。

4. 改善劳动力市场运行的政策工具

从上述讨论中我们看到，关于各种积极的财政政策和面向雇主和雇员的补贴在促进非全日制工作的发展方面到底有多大效果，一直存在很大的争议。如果将这些政策与消极措施相结合，调整税收体制和社会保障体制的结构，那么效果比只采用积极措施要好。然而，尽管不能让非全日制员工的工资高到企业支付不起的程度，但是政府也需要保证他们的长期经济利益不会因为接受非全日制工作而受损。消极的劳动力市场措施需要得到进一步的配套采用，不过这就要求改善就业保护体系，防止雇主寻找非全日制工作的边缘形式。Tilly（1992，pp. 38－39）提出，如果非全日制工作者能够在失业保险和税收方面享受平等的待遇，按比例分配福利，比如养老金和医疗保险，那么政策目标就有可能实现。例如在美国，当全日制工作者的收入超过收入上限时，非全日制工作者的实际缴税率比全日制工作者要高，因而他建议取消社会保障上限。在同一篇文章中，他支持降低养老金的转移难度，扩大全民医疗保险的覆盖范围。改善非全日制工作还需要推进最低工资制度，并根据通货膨胀对其进行指数化调整。这样，非全日制工作就会变得更有吸引力，而不再依靠社会福利，甚至没有报酬（duRivage，1992，p. 91）。在这种情况下，低工资、低生产率的经营战略不再能吸引雇主，雇主们更愿意创造更多高生产率的技能型工作岗位，广大的低收入非全日制工作者将会从中获益。鼓励雇主在企业内各个层级提供非全日制工作岗位，可以使一部分技术型员工得到放松，从事非全日制工作，其中也包括一些男性工作者。

另外，工会的介入非常重要，它应该努力促进和保护非全日制工作者获得相应的权利。Tilly（1992，p. 40）补充道，加拿大的非全日制工作者工会化程度较高，这一点可以用来解释为什么加拿大的全日制员工与非全日制员工的收入差距比美国的小。这一解释也得到了瑞典有关情况的支持，那里的非全日制工作发展较好，也与非全日制员工较高的工会化程度有关（Sundström，1991）。总的来说，在积极地政策措施方面，给予人们更多的自由去选择或停止从事非全日制工作，为员工提供公休假、产假和儿童照管服务必将改善非全日制工作条件，从而促进非全日制工作得到更多的应用。

5. 未来关于非全日制工作的评估

通过对非全日制工作进行评估，我们了解到，非全日制工作的发展范围很广。尽管研究者对非全日制工作的目标、形式、结构、增长、应用以及人们对非全日制工作的态度和偏好进行了大量的定量和定性研究，但是这些研究在所选择的主题和所使用的数据上存在关键的差别。单单非全日制工作的异质性就已经使研究变得复杂，比如对最优目标的考察。显然，对于某些非全日制工作，我们应当鼓励其发展，但是其他一些非全日制工作却可能导致就业条件的恶化。例如，在美国有各种各样的临时工，其中有一些经常无法得到统计，因而很难估计出劳动者的需求究竟在多大程度上促进了新的工作模式的发展，也难以了解劳动者是否认为“存在一些深层次的结构性问题”（duRivage，1992，p. 120）。要对这一观点作出评价，我们需要对非全日制工作的概念和就业类型进行分解。由于研究者对非全日制工作的国际比较越来越感兴趣，特别是在欧盟，各国数据的可比性需要得到提高。

另外，仅仅从企业和家庭层面进行微观分析是不够的，对于劳动力市场发展的整体情况进行宏观分析也很重要，两者应该相互结合。Delsen（1995）倡导“在国际比较的背景下选取某些企业进行案例研究——强调劳动关系和职位结构发展所面临的财政、技术和组织背景”（p. 274）。如果将非全日制工作作为一种劳动力调整的形式来分析，那么这类研究就可以发现一些宏观分析所无法解释的特征。他还建议对企业进行纵向调查，就像德国的企业面板调查，这样就能够考察企业工作模式的变化，以及企业为实现劳动力调整所使用的手段。“对于经济制度之间的相互作用，及其对经济运行情况的影响，还需要进行更多的研究”（Delsen，1995，p. 275）。这些研究需要对劳动力市场政策措施的成本有效性进行分析。另外，从事非全日制工作的决策与家庭结构有关，并且这种关联随着时间的推移而变化。欧洲层面的家庭面板数据能够为未来研究这种关联提供丰富的数据资源。

此外，关于家庭再生产的研究还需要将公共生产领域的发展纳入考虑范围（Rubery，1993）。由于研究者倾向于将社会公共生产和家庭生产看成是相互独立的，因而这类研究非常新颖。这样，人们就可以理解工作时间与家庭约束及收入之间的关系。这一研究方法还将结合政策评估——即对积极和消极劳动力市场政策措施的效果进行分析——以及关于工资决定和社会保障制度影响力的研究，这些因素都可能会激励劳动者去搜寻有偿工作岗位。

未来还有很多方面有待考察。例如，应该怎样利用非全日制工作促进劳动力调整？要寻找这一问题的答案，研究者需要关注很多内容，包括为非全日制工作者和其他不稳定工作形式提供就业保障的范围，社会保障的个性化以及非全日制工作稳定性的提高。要鼓励企业采取工作分享制，以及向非全日制雇员提供产假，需要企业组织上的支持。另外，还需要发展夫妻分开报税，取代联合报税，取消社会保险缴费的起征线和高额的累进税率，实行统一费率，废除社会保险缴费上限。在这些政策的基础上，还可以实施逐步退休计划，给予劳动者自由选择是否从事非全日制工作的权利，在目标额、配额等方面达成协议并进行可行性研究，等等，这些都能够进一步刺激非全日制工作总量的上升。可见，在未来几年里，不管是对单个国家还是从国际层面而言，非全日制工作的评估研究对企业、家庭和政策制定者都非常重要。

注释

[1] 这些数据由瑞典统计预测研究所提供。瑞典统计局从瑞典 16～64 岁人口中随机抽取了约 2 万人的代表性样本，每月进行一次调查。每一个被调查者都会在三个月内被安排八次访谈。

[2] 起初的制度规定，在生孩子之前工作 9 个月以上者可享受 6 个月的产假，并在产假期间享受全额工资。后来，产假延长至 15 个月，其中 12 个月可享受全额工资。

参考文献

Alwin, D., M. Braun and J. Scott (1992), 'The Separation of Work and the Family: Attitudes towards Women's Labour-force Participation in Germany, Great Britain and the United States', *European Sociological Review*, 8 (1), 13–37.

Appelbaum, E. (1992), 'Structural Change and the Growth of Part-time and Temporary Employment', in V. duRivage (ed.), *New Policies for the Part-time and Contingent Workforce*, New York: Sharpe, pp. 1–14.

Atkinson, J. and N. Meager (1986), *Changing Working Patterns: How Companies Achieve Flexibility to Meet New Needs*, London: NEDO.

Bäcker, G., C. Schäfer, H. Seifert and B. Scholz-Willig (1994), *Kürzer Arbeiten—mehr Beschäftigung? Vorschläge zur Verkürzung der Arbeitszeit in Ostdeutschland*, Kleinmachnow, Germany, Landesagentur für Struktur und Arbeit GmbH Brandenburg (LASA).

Beechey, V. and T. Perkins (1987), *A Matter of Hours: Women, Part-time Work and Labour Markets*, Cambridge: Polity.

Blanchflower, D. and B. Corry (1986), *Part-time Employment in Great Britain: An Analysis Using Establishment Data*, Department of Employment, Research paper no. 57, London: HMSO.

Büchtemann, C. and S. Quack (1989), *'Bridges' or 'Traps': Non-standard Forms of Employment in the Federal Republic of Germany. The Case of Part-time and Temporary Work*, WZB discussion paper FS I 89–6, Wissenschaftszentrum Berlin für Sozialforschung.

Dale, A. and J. Glover (1989, June), 'Women and Work in Europe: The Potential and Pitfalls of Using Published Statistics', *Employment Gazette*, 99–107.

de Neubourg, C. (1991), 'Where Have All the Hours Gone? Working-time Reduction Policies in the Netherlands', in K. Hinrichs, W. Roche and C. Sirianni (eds), *Working Time in Transition: The Political Economy of Working Hours in Industrial Relations*, Philadelphia: Temple University Press, pp. 126–58.

Delsen, L. (1993), 'Part-time Employment and the Utilisation of Labour Resources', *Labour*, 7 (3), 73–91.

Delsen, L. (1995), *A Typical Employment: An International Perspective, Causes, Consequences and Policy*, Groningen, The Netherlands: Woltersgroep Groningen.

Dex, S., P. Walters and D. Alden (1993), *French and British Mothers at Work*, Basingstoke: Macmillan.

duRivage, V. (1992), *New Policies for the Part-time and Contingent Workforce*, New York: Sharpe.

European Commission (1994a), *Growth, Competitiveness, Employment: The Challenges and Ways Forward into the 21st Century*, White Paper, Luxembourg: Office for Official Publications of the European Communities.

European Commission (1994b), *Leave Arrangements for Workers with Children: A Review of Leave Arrangements in the Member States of the European Union and Austria, Finland, Norway and Sweden*, European Commission Network on Childcare and Other Measures to Reconcile Employment and Family Responsibilities, V/773/94–EN, Luxembourg: Office for Official Publications of the European Communities.

Euzéby, A. (1988), 'Social Security and Part-time Work', *International Labour Review*, 5, 545–57.

Fagan, C., J. Platenga and J. Rubery (1995), *Does Part-time Work Promote Sex Equality? A Comparative Analysis of the Netherlands and the UK*, WZB discussion paper FS I 95–203, Wissenschaftszentrum Berlin für Sozialforschung.

Fines, B., T. Morrissey, W. K. Roche, B. J. Whelan and J. Williams (1994), *Work-sharing in Ireland*, Dublin: ESRI (Economic and Social Research Council of Ireland).

'Government Launches Part-time Work Initiative' (1994), *European Industrial Relations Review*, 247, 21–2.

Gregory, A. (1987), 'Le Travail à temps partiel en France et en Grande-Bretagne: temps imposé ou temps choisi?', *Revue Française des Affaires Sociales*, 3, 27–45.

Gregory, A. and J. O'Reilly (in press), 'Checking out and Cashing up: The Prospects and Paradoxes of Regulating Part-time Work in Europe', in R. Crompton, D. Gallie and K. Purcell (eds), *Changing Forms of Employment: Organisations, Skills and Gender*, London/New York: Routledge, pp. 207–34.

Hegner, F. (1993), *Teilzeit-Offensive: Weniger Arbeitslose durch Teilzeitarbeit*, LASA Study no. 12, Kleinmachnow: Landesagentur für Struktur und Arbeit GmbH Brandenburg (LASA).

Hinrichs, K., W. Roche and C. Sirianni (1991), *Working Time in Transition: The Political Economy of Working Hours in Industrial Relations*, Philadelphia: Temple

University Press.

Holst, E. and J. Schupp (1994), 'Ist Teilzeitarbeit der richtige Weg? Arbeitszeitpräferenzen in West- und Ostdeutschland', Deutsches Institut für Wirtschaftsforschung, *Wochenbericht*, 35, 618–26.

Hunter, L. and J. MacInnes (1992, June), 'Employers and Labour Flexibility: The Evidence from Case Studies', *Employment Gazette*, 307–15.

Hunter, L., I. McGregor, J. MacInnes and A. Sproull (1993), 'The Flexible Firm: Strategy and Segmentation', *British Journal of Industrial Relations*, 31 (3), 383–407.

ILO (1989), *Conditions of Work Digest: Part-time Work*, 8 (1), Geneva: ILO.

Jallade, J.-P. (1984), *Towards a Policy for Part-time Employment*, Maastricht: European Centre for Work and Society.

Maier, F. (1991), *The Regulation of Part-time Work: A Comparative Study of Six EC-Countries*, WZB discussion paper FS I 91–9, Wissenschaftszentrum Berlin für Sozialforschung.

Maier, F. (1994), 'Institutional Regimes of Part-time Working', in G. Schmid (ed.), *Labor Market Institutions in Europe*, New York: Sharpe, pp. 151–82.

Marimbert, J. (1992), *Situation et perspectives du travail à temps partiel*, Paris: Rapport au Ministre du Travail, de l'Emploi et de la Formation Professionnelle.

McKinsey (1994), *Teilen und Gewinnen: Das Potential der flexiblen Arbeitszeitverkürzung*, Munich: McKinsey.

Meager, N. (1988, July), 'Job-sharing and Job-splitting: Employer Attitudes', *Employment Gazette*, 383–8.

MISEP (Mutual Information System Employment Policy), *Employment Observatory*, Policies, no. 42 (1993a), Wissenschaftszentrum Berlin für Sozialforschung.

MISEP, *Employment Observatory*, Policies, no. 43 (1993b), Wissenschaftszentrum Berlin für Sozialforschung.

MISEP, *Employment Observatory*, Policies, no. 44 (1993c), Wissenschaftszentrum Berlin für Sozialforschung.

MISEP, *Employment Observatory*, Policies, no. 46 (1994a), Wissenschaftszentrum Berlin für Sozialforschung.

MISEP, *Employment Observatory*, Policies, no. 47 (1994b), Wissenschaftszentrum Berlin für Sozialforschung.

MISEP, *Employment Observatory*, Policies, no. 48 (1994c), Wissenschaftszentrum Berlin für Sozialforschung.

MISEP, *Employment Observatory*, Policies, no. 49 (1995), Wissenschaftszentrum Berlin für Sozialforschung.

'New Law on Employment and Part-time Work' (1993), *European Industrial Relations Review*, 230, 26–8.

O'Reilly, J. (1994a), *Banking on Flexibility*, Aldershot: Avebury.

O'Reilly, J. (1994b), *Part-time Work and Employment Regulation: A Comparison of Britain and France in the Context of Europe*, WZB discussion paper FS I 209, Wissenschaftszentrum Berlin für Sozialforschung.

O'Reilly, J. (1994c), 'What Kind of Flexibility Do Women Offer? Comparing the Use of, and Attitudes to, Part-time Work in Britain and France', *Gender, Work and Organisation*, 1 (3), 138–49.

OECD (1994a), *Employment Outlook*, Paris: OECD.

OECD (1994b), *The OECD Jobs Study: Evidence and Explanation, Part II: The Adjustment Potential of the Labour Market*, Paris: OECD.

OECD (1994c), *Women and Structural Change: New Perspectives*, Paris: OECD.

Pfau-Effinger, B. (1993), 'Modernisation, Culture and Part-time Employment: The Example of Finland and West Germany', *Work, Employment and Society*, 7 (3), 383–410.

Pinheiro, J. (1995, May), 'Mesure du sous-emploi visible', paper presented at the Employment Observatory Annual Conference (Directorate General V and Eurostat), Lisbon.

Quack, S. (1992), *Dynamik der Teilzeitarbeit: Implikationen für die soziale Sicherung von Frauen*, Berlin: edition sigma.

Rosenberg, S. (1989), 'From Segmentation to Flexibility', *Labour and Society*, 14 (4), 1–24.

Rubery, J. (1993, July), 'The UK Production Regime in Comparative Perspective', paper presented at the International Conference on Production Regimes in an Integrating Europe, Wissenschaftszentrum Berlin für Sozialforschung.

Rubery, J., C. Fagan and M. Smith (1995, April), *Bulletin on Women and Employment in the EU*, for European Commission Directorate General V Manchester: University of Manchester Institute of Science and Technology (UMIST).

Schettkat, R. (1989), 'The Impact of Taxes on Female Labour Supply', *International Review of Applied Economics*, 3 (1), 1–24.

Schmid, G. (1994) (ed.), *Labor Market Institutions in Europe: A Socioeconomic Evaluation of Performance*, New York: Sharpe.

Schmid, G. (1994a), 'Equality and Efficiency in the Labour Market: Toward a Socioeconomic Theory of Cooperation', in G. Schmid (ed.) (1994), *Labour Market Institutions in Europe*, New York: Sharpe.

Schmid, G. (1994b), *Übergänge in die Vollbeschäftigung. Formen und Finanzierung einer zukunftsgerechten Arbeitsmarktpolitik*, WZB discussion paper FS I 93–208.

Schömann, K. (1995), *Active Labour Market Policy in the European Union*, WZB discussion paper FS I 95–201, Wissenschaftszentrum Berlin für Sozialforschung.

Seifert, H. (1994), 'Kürzer oder länger arbeiten?', *Aus Politik und Zeitgeschichte*, (Supplement to *Das Parlament*), B12–13, 24–34.

Statistisches Bundesamt mit Metzler-Poschel (eds) (1995, June), 'Die Arbeitskräfteerhebung der Europäischen Union', *Wirtschaft und Statistik*, 518–29.

Strümpel, B., W. Prenzel, J. Scholz and A. Hoff (1988), *Teilzeitarbeitende Männer und Hausmänner: Motive und Konsequenzen einer eingeschränkten Erwerbstätigkeit von Männern*, Berlin: edition sigma.

Sundström, M. (1991), 'Part-time Work in Sweden: Trends and Equality Effects', *Journal of Economic Issues*, 25 (1), 167–78.

SYSDEM (System of Documentation on Employment) (1995), *Labour Market Flexibility: Experiences from the 12 Member States*, draft report, European Commission, DG V, Brussels.

Tilly, C. (1992), 'Short Hours, Short Shift: The Causes and Consequences of Part-time Employment', in V. duRivage, *New Policies for the Part-time and Contingent Workforce*, New York: Sharpe, pp. 15–44.

Tilly, L. and J. Scott (1987), *Les femmes, le travail et la famille*, Marseilles: Editions Rivages.

Walwei, U. and H. Werner (1995), 'Mehr Teilzeitarbeit als Mittel gegen die Arbeitslosigkeit? Ein internationaler Vergleich der Teilzeitbeschäftigung und deren Einfluß auf den Arbeitsmarkt', Institut für Arbeits- und Berufsforschung (IAB) der Bundesanstalt für Arbeit, Nuremberg. (Unpublished manuscript)

Watson, G. and B. Fothergill (1993, May), 'Part-time Employment and Attitudes to Part-time Work', *Employment Gazette*, 213–20.

第 20 章 通过缩短工作时间实现就业稳定化

Hugh Mosley，Thomas Kruppe

缩短工时能够通过减少现有劳动力的工作时间避免裁员，使企业得以迅速地根据经济形势调整劳动力的投入和成本。缩短工时是企业在应对劳动力需求的周期性萎缩时普遍采用的一种内部劳动力调整模式。它减缓了裁员的压力，在结构调整的过程中发挥着重要作用，从而促进了自然损耗和其他“温和”的调整模式的使用。

即使没有公共项目的支持，企业也大都会选择采取这种战略，但是，公共缩短工时计划的推出能够在原有的基础上大力推进劳动力调整过程中的工作分享。大多数欧洲国家都明确鼓励通过工作时间的临时性减少来缓解裁员压力。减少工作时间的员工所损失的工作时间通常能够从失业保险系统获得工资替代补偿。欧盟的奥地利、比利时、法国、德国、意大利、波兰和西班牙都制定了专门的劳动力市场方案，鼓励通过工作时间的临时性减少来抑制解雇。在其他国家中，这方面的支持很有限，除了在临时失业和不完全失业时能从失业保险系统获得失业金以外，几乎没有别的措施（丹麦、爱尔兰、卢森堡、荷兰、瑞典和英国）。加拿大从 20 世纪 70 年代后期开始实施工作分享制以减少裁员，美国的一些州（例如加利福尼亚）也采取了这种做法。

1．缩短工时的目标和政策干预的理论依据[1]

就像大多数的政府项目一样，使用短时工作的目标和意图也有很多种。根据采用短时工作的不同背景，可以将其概括为三种：

（1）短期或临时的产量下降，特别是由于周期性原因。在这种情况下，缩短工时的目标是为了临时维持就业的稳定性，帮助企业保留人力资本。

（2）持续时间相对较长，但仍是临时性的劳动力需求萎缩。这种情况下采用短时工作的目标与第一种相同，但是时间跨度更长。在结构重组完成以后，企业又能恢复正常运转，其劳动力也将恢复正常的工作时间。

（3）缩短工时作为一种配套措施，有助于缓解大量裁员带来的社会影响。它可以应用于正在经历结构重组的企业，使一部分劳动力不会丢掉工作，也可以在企业倒闭的时候用来延长劳动力调整的时间。对劳动者个人来讲，结构性短时工作仅仅发挥了“降落伞”功能——减缓他们失业的过程。对于整个社会而言，短时工作则是社会的“缓冲器”，可以缓解一部分社会压力。

在这几种情况中，短时工作项目的目的不仅是提高就业的稳定性，还要为处于困境中的企业提供援助。并且，结构性短时工作甚至没有起到稳定就业的功效，而仅仅是延缓了永久性裁员。考虑一种极端形式，零工作小时，那么这时采用短时工作只是外部流动的一种“温和”模式，在这种模式下，员工能够有更长的时间待在企业里，但是在这段时间里他们仅仅是形式上的员工，而没有从事实际的生产（Mosley and Kruppe，1995）。由于本章主要讨论的是公共政策对于提高就业稳定性的作用，因此我们不会花太多笔墨在这后一种情况上。

短时工作项目代表了公共政策干预企业人力资源战略的一种尝试，它鼓励企业在人员调整的过程中采用短时工作的形式而不是裁员。在对短时工作项目进行考察之前，我们先来讨论一下这种政府干预背后的基本原理。

一般认为，即使在没有政府项目的情况下，企业也会选择缩短工时，这是因为短时工作有其内在的优势，它能够帮助企业维持与有经验的员工之间的劳动关系，即使在经济衰退期也不会失去这些优秀的员工。短时工作能够帮助企业节约成本，比如在经济回升时期的招募成本和培训成本，以及解雇成本，包括解雇对员工士气造成的负面影响。另外，与烦琐的裁员程序及外部招聘相比，短时工作能够帮助企业在经济衰退时期以最快的速度减少劳动力投入，并在经济复苏的时候迅速提高生产率。因此，即使在没有公共项目的情况下，企业也愿意利用短时工作。Huberman and Lacroix（1995）表明，这种工作分享的形式早在 19 世纪和 20 世纪初就已经得到了广泛的应用，比公共福利计划的推出还要早。

劳动力市场公共政策通过对短时工作加以管制和补贴，促进了短时工作在劳动力调整过程中的更广泛应用。公共政策之所以努力推动短时工作的应用，最主要的目标是用这种工作分享形式来代替公开失业。政策方面选择用短时工作来抵制失业，是因为失业会带来很高的外部成本（失业金以及对个人和社会的影响），这些外部成本是雇主在决策过程中所考虑不到的（“市场失灵”）。并且，州政府和劳动力市场管理当局因补贴短时工作所耗费的成本却很低，因为熟练劳动力即使不参加短时工作也可以获得失业补偿。最后，如果没有短时工作项目，失业保险体系会给予失业者补助，这样就阻碍了工作分享制的推广；而有了短时工作的存在，就可以平衡这种情况，劳动者无论选择哪种情况都能享受补贴。[2]

在管制程度较高的欧洲劳动力市场上，短时工作的一项重要功能在于向雇主提供另一种灵活的选择。特别是，严格的就业保护限制使得裁员的成本太高，而且裁员用于短期劳动力调整时作用缓慢。公共政策一方面约束员工的外部流动，另一方面提供短时工作，这样就能够利用工作的内部灵活性保留住雇员。[3]

尽管从理论上说，采用短时工作甚至补贴很有说服力（下面将会举例讨论），但在实际中短时工作项目可能会遭遇政策失灵，原因有很多，包括项目的设计特点及其与国家制度体系的内在联系等。在下面的第 5～第 7 部分将会具体讨论劳动力市场政策执行过程中存在的这些问题（例如，采纳率低、无谓损失，以及资源配置的扭曲）。

2. 缩短工时计划

短时工作项目具有丰富的制度多样性，使得这些项目的效果也会受到影响。表 20—1、

表 20—1　　法国和德国的短时工作计划

国家	法国		德国	
	常规项目	结构性干预	常规项目	结构性干预
项目名称	不完全失业	长期短时薪酬补贴（TRILD）	短时津贴	
政策目标	降低由企业经营活动减少而对工资薪水造成的影响；防止裁员	帮助企业渡过重组时期	在工作时间临时性减少的情况下，维持就业，避免解雇	对于正在经历结构性变革的行业，专门的制度允许通过缩短工时来避免大规模裁员
特殊条件	没有		工作时间的缩短程度至少要达到正常工作时间的 10%，至少要涉及公司 1/3 以上的员工，持续时间至少 4 周	
适用员工	所有员工[a]		所有缴纳失业保险费的员工[b]	
享受补贴	先前小时工资的 50%，另外还有统一的最低小时补贴		与失业金相同：67%（没有孩子的员工则为 60%）	
受益期限	每年 700 小时	12～18 个月内 1 200 小时（TRILD）	6（24）个月[c]	24 个月
资金来源	由政府和雇主负担。企业每缩短一个小时工作时间，政府就支付给企业一笔固定的补偿金（1994 年为 22 法郎）。补偿金与员工短时补贴之间的差额由企业负担。政府也会支付特殊的补助，最高限额为雇主成本的 100%，以阻止经济裁员（CP-F. N. E.）	对于缩短的工作时间中超过 700 小时的部分，雇主可以得到每小时 25 法郎的补偿，其中的 10 法郎来自失业保险基金（UNEDIC）	与失业保险相同。集体协议中所要求的更高工资替代率由雇主承担	
社会保障	企业不需要为短时员工缴纳社会保险费用		雇主按正常标准负担企业和员工的社会保险缴费（约为总收入的 31%）	

a. 如果非全日制工作者的周收入不足最低小时工资（SMIC）的 18 倍，那么他们就不能参与该项目。但在实践中，这一规定并不重要。

b. 只有失业保险起征线（每周工作时间不足 15 小时或月收入低于 580 德国马克）以下的雇员和学生没有被该项目所覆盖。

c. 在当前这一衰退时期，临时延长至 24 个月。在 3 个月的正常工作时间之后，可以再次享受 6 个月的短时补贴。

表 20—2 概括了欧洲五大主要劳动力市场中的四个——法国、德国、意大利、西班牙——的短时工作项目的基本特征（英国没有短时工作项目）。这四个国家的短时工作项目，从理论上说既适用于临时性调整，又适用于结构性调整，其中在法国，只是在最近几年才得到了这样的发展。

表 20—2　　意大利和西班牙的短时工作计划

国家	意大利		西班牙	
	常规项目	结构性干预	常规项目	结构性干预
项目名称	工资补偿基金；CIG-O	特别干涉；CIG-S	就业管制的应用：临时暂停工作和缩短工作时间；ERE	
政策目标	公司临时停止运转时为员工提供收入补偿	企业或部门在结构调整过程中长期面临困难时提供工资补偿	经济或技术原因造成就业下降时避免失业	
特殊条件	企业员工人数超过 15 人（1991 年以来）[a]	工业公司员工至少达 15 人，商业公司员工至少达 200 人（1991 年以来）[b]	工作时间至少要缩短 1/3，至少要涉及公司 10% 以上的员工（对于员工人数少于 100 人的企业，至少要涉及 10 名员工）	
适用员工	任期达 90 天及以上的所有员工[c]		所有符合领取失业金条件的员工[d]	
享受补贴	总收入的 80%，但每月不得超过 1 248 021 里拉[e]		与失业金相同：前 180 天为先前收入的 70%，之后为 60%[f]	
受益期限	最长不得连续 3 个月以上[g]	a. 在结构重组的情况下最长期限为 2 年，甚至可以延长至 4 年；b. 在危机干预的情况下最长期限为 12 个月[h]	最长不超过 2 年	
资金来源	公共基金和用人单位共同负担。雇主缴费全部进入工资补偿基金（CIG），由国家社会保障局（INPS）管理。员工人数少于 50 人的企业缴纳工资的 1.9%，其他企业缴纳 2.20%	政府、公共基金、用人单位和雇员共同负担。用人单位负担 0.6%，员工个人负担 0.3%；使用 CIG-S 的企业负担员工工资替代补贴的 4.50%（员工少于 50 人的企业负担 3.0%）。受益两年之后，负担比例翻倍。政府财政负担差额部分	失业保险基金（雇主负担 5.2%，雇员负担 1.1%）	
社会保障	企业不需要为短时员工缴纳社会保险费用		企业不需要为短时员工缴纳社会保险费用	

a. 临时将覆盖范围扩大至员工人数为 5～15 人的企业，截止时间为 1995 年底。

b. 临时将覆盖范围扩大至员工人数为 50～200 人的企业，截止时间为 1995 年底。

c. 从 1991 年开始，白领员工不再享受 CIG-O。

d. 1993 年之前，资格要求为最近 4 年内失业保险缴费达 6 个月；现在则为最近 6 年内缴费达 1 年。

e. 1993 年，这一上限约为意大利平均收入的 65%。

f. 失业保险金的上限为国家最低工资的 220%。1993 年以前，前 6 个月中失业金是先前工资的 80%，第二个 6 个月中为 70%，第二年为 60%。

g. 极少数情况下，受益期限可延长至 1 年。享用 CIG 基金达 12 个月的企业要再次提出受益申请，至少须在正常运营 52 天以后。

h. 若要再次享用政府项目，至少须在第一次干预时间的 2/3 以后，并且受益时限为 5 年内不得超过 36 个月。

不过各国所提供的补贴在额度和期限上有着很大差别，雇主所分担的成本也大不一样。其中，意大利的缩短工时补贴最高，领取期限也最长，从事短时工作的员工可以获得以前工作总收入的 80%，在结构性调整的情况下（CIG-S），领取短时补贴的时限最高可达 4 年。[4]在西班牙，从事短时工作的员工领取的补贴是递减的，而且最长不超过 2 年。在从事短时工作的开始 180 天内可以领取先前收入的 70%，之后便减少为 60%。[5]德国的补贴水平比西班牙略低一些：之前净收入的 67%（对于没有孩子的员工则为 60%），最长也不得超过两年。法国的短时补贴仅为先前收入的 50%，而且最长不超过 700 个工作小时（如果每天的工作时间是正常工作时间的 50%，大约可以领取 9 个月的补贴）。即使在新的"长期短时薪酬补贴"（TRILD）计划下，补贴的领取期限也相对较短。

如果人们长期从事短时工作，尤其是当工作的时间较少时，那么，这可能是由于失业金相对缺乏吸引力。在法国，失业金（70%）比短时补贴高得多，而意大利的普通失业金很低（只有 30%），针对集体裁员失业者的特殊补贴则更少，虽然从 1991 年开始特殊补贴水平有所上升，但仍不及短时补贴（领取时间更短，而且不是就业状态）。结果，法国的劳动者宁愿失业也不愿意从事短时工作，意大利的劳动者则更多地选择短时工作。德国和西班牙的失业金和短时补贴的工资替代率相同。在法国、德国和意大利，短时工作不会有损劳动者今后享受失业金的权利，而在西班牙，失业金的受益期限将因短时工作而缩短。

从雇主劳动力成本的角度来看，意大利的短时工作项目最为慷慨。按照规定，在周期性项目（CIG-O）中，雇主只需要负担短时工作成本的 8%；在 CIG-S 项目中，雇主只需负担 4.5%的成本（两年以后 CIG-S 中的企业负担比例翻一番）。雇主不需要为短时工作缴纳社会保障费用。相反，德国的雇主需要负担的费用非常高。最近的制度变化要求德国的雇主既要为短时员工缴纳社会保险费用，还要向他们支付短时补贴。另外，很多部门的集体协议经常要求雇主抬高短时员工的福利，使之达到正常工资水平的 70%～90%。西班牙的雇主需要负担的成本最低，缩短工时的全部成本都由失业保险体系承担，而且费率不会根据经验数据来厘定。[6]

3. 功能等价物

企业想要提高自身顺应市场紧急变化的能力，并控制人员流动的成本不至于过高，还有其他一些潜在的人力资源战略可供选择。这些选项的可行性和吸引力在不同的国家有很大差别，主要取决于各国的制度背景。

3.1 临时解雇

在一些国家，企业在面对劳动力需求减少的情况下可能会选择临时解雇，由常规的失业保险系统提供补偿。尤其是在劳动合同规范化水平较低的国家，由于雇主裁员的成本相对较低，这种选择应用得更为广泛。不过，在所有就业体制下，都或多或少地有临时解雇情况的发生。[7]

在美国，临时解雇是短期调整的最常见形式，几乎没有企业采用短时工作。美国的经济学文献认为，这是由于失业保险制度的潜在影响，因为失业保险制度更支持临时解雇

(Feldstein，1978)。例如，Burdett and Wright (1989) 指出，“(美国失业保险系统中的) 非连续保险计划鼓励企业在经济衰退时期选择临时解雇，而不是工作分享”[8]。

部分地由于上述原因，现在美国只有 20 个州推出了短时工作项目（比如，加利福尼亚州于 1978 年推出），并且，这些项目几乎没有得到采用，因而对企业的调整行为几乎没有产生任何影响。Kerachsky，Nicholson，Cavin and Hershey (1986) 估计，在这些州中，只要不到 1%的雇主曾经使用过短时工作，失业保险申领中也只有不到 1%属于短时补偿。即使是这些使用过短时工作的雇主，他们公司所减少的总工作时间大部分还是源自解雇，解雇所导致的工作时间的减少是缩短工时的八倍（Kerachsky et al.，1986)。短时工作的使用水平仍然很低（Vroman，1992)。

美国自推出短时工作项目以来，该项目的利用水平就一直很低，相比较而言，欧洲则更多地依赖于工作时间的调整，这其中，除了雇主和雇员能否选择短时工作之外，还有其他一些原因。比如，欧洲对劳动合同有更加严格的法律规范，尤其是关于就业保护的规定；而且在大多数欧洲国家，短期调整过程中是不允许进行临时解雇的。[9] 另一个可能的解释是，美国的员工福利成本很高（Abraham and Houseman，1993)，而社会保障系统的税收上限却相对较低（FitzRoy and Hart，1985)，所以雇佣的固定成本很高。缩短工时项目本身的规定也会影响其应用：美国的工资替代率很低，失业金的领取时间也相对较短，而从事短时工作将进一步减少领取失业金的时间。[10]

3.2　弹性工作时间

弹性的工作时间制度（尤其是，能够根据企业的劳动力需求，灵活调整单个员工的工作时间）对于短时工作的应用非常重要。短时（和加班时间一样）是根据各个企业或行业劳动合同中的标准工作时间确定的。不过，在大多数欧洲劳动力市场上，都存在增加工作时间弹性的明显趋势。这不仅意味着更加充分地利用周末时间和轮班工作来提高工厂和设备的利用率，而且在规定单个员工的标准工作时间时也更加讲究灵活性。在高弹性工作时间制度（比如德国工业常见的工作时间制度）下，并不需要严格地遵守合同所规定的工作时间（比如每周 38.5 小时），只需要在一个相对较长的时期（比如 6～12 个月）内平均工作时间达到一定标准即可。这样，企业可以在业务繁忙的时候安排员工工作相对较长的时间，而在需求下滑的时候缩短员工的工作时间，只要保证在固定时期内总工作时间达到合同标准即可。

显然，这种制度可以在一定程度上节约企业为加班或缩短工时而承担的成本。但是这一制度能否对短时工作的应用产生影响，尚不明确。在弹性工作时间安排下，企业就不需要提供短时补偿，这对于季节性或其他周期性生产企业尤为合适。在某些国家，短时补贴是企业缩短工作时间的主要成本。缩短工时在多数情况下被用来应对企业的周期性调整，然而，这种以一段时期为基础的弹性工作时间制度对于短时工作的影响可能较为有限。原因在于，这种弹性时间安排要求：(1) 具有可预见性；(2) 波动处于固定时期内。这两个条件在周期性波动中都无法得到满足。此外，在很多国家，要享受短时补贴都有最低要求，工作时间的微小波动是不能领取补贴的：这些成本通常都由雇主承担。例如，在德国，短时补贴的支付条件是，缩短的工作时时必须不少于正常工作时间的 10%，必须影响到企业内至少 1/3 的员工，并且持续 4 周以上（见表 20—1、表 20—2)。

3.3 临时就业

企业也可以通过内部劳动力市场分割来实现灵活性，在内部劳动力市场中，核心员工享受高度的就业保障，而经济波动造成的影响大部分由固定合同期的员工和其他灵活就业者来承担（例如，临时代理及其他临时工、转包等）。但是固定合同期的雇员人数在工业部门的总就业量中只是相对较小的一部分，而且他们大多是以试用期的形式从事固定合同期工作的，在试用期过后就会签署长期的劳动合同（Schömann，Rogowski and Kruppe，1995）。尽管固定期限合同在期满之后给企业带来了劳动力调整的空间，但是对于企业来讲，如果其目的是留住熟练的员工，并根据需求的减少迅速降低劳动力成本，那么固定合同期工作并不能真正取代短时工作。

关于短时工作与弹性工作时间或固定合同期雇佣之间的关系，还没有系统的评估研究。Mosley，Kruppe and Speckesser（1995）利用部门层面的汇总数据进行研究发现，虽然自20世纪80年代初以来，法国和德国的固定合同期工作逐渐增多，工作时间的弹性也得到了提高，但是从长期来看短时工作的应用并没有减少。对于这一问题的研究还需要更详细的行业数据或企业调查数据。

4. 评估短时工作计划

短时工作项目在欧洲长期被作为劳动力市场的一个政策工具，美国和加拿大也从20世纪70年代末就开始采用短时工作。尽管如此，相关的系统性评估却很匮乏。只有美国和加拿大的国家劳动力市场管理当局委托研究者采用准实验设计的研究方法对短时工作进行了评估。但是美国的研究（Kerachsky et al.，1986）仅仅涉及三个州（美国各州独立决定是否采用短时工作）[11]，因此真正全国层面的评估研究只有Graves and Dumas（1993）对加拿大工作分享制所作的研究。这项调查选取了620家采用短时工作的企业和460家没有采用的企业以及这两类企业中的2 070名员工作为样本，样本量相对较大。而在欧洲，只有对德国东部短时工作的研究强度较大。Büchel and Pannenberg（1992）以及Schwarze，Rendtel and Büchel（1993）运用德国社会经济面板数据，采用准实验设计的研究方法，研究了德国东部转型过程中短时工作对单个参与者的影响。Seifert，Ochs，Besselmann and Machalowski（1993）对1 000多家使用短时工作的德国东部企业进行了调查。[12]但是，由于德国东部的情形比较特殊，这项研究的结论难以得到推广。

其他的研究主要采用专家访谈法、案例研究法或对项目汇总数据进行分析，例如，Lefèvre，Béraud and Sidhoum（1994），Tronti（1993）和Linke（1993）。也有少数比较研究（Abraham and Houseman，1993；Mosley et al.，1995；Vroman，1992）。[13]最后，Schenkel（1994）对短时工作项目行政记录登记在案的参与企业进行了调查，还对该项目的影响进行了生存分析，像这样的实证研究非常少。

不仅仅是这方面的评估研究相对匮乏，有些国家甚至缺少相关的监测数据，无法对项目的实施情况进行评定。例如，法国只是在短时工作的批准之日采集了数据，对于实际的应用情况则没有进行相应的统计。在欧洲，短时工作应用最广泛的国家之一就是意大利，但它却没有短时工作持续时间的统计数据，尽管这仍然是一个有争议的问题。缩短工时在多大程度上仅仅是永久解雇的前奏，而不是继续就业的桥梁？在整个欧洲，甚至没有一个国家有这一问题的相关数据。

在下面的部分，我们将根据短时项目的目标，在五个标题下讨论短时工作，每一个标题对应着短时工作评估研究中的一个基本问题：（1）项目的实施水平、模式和发展趋势；（2）劳动力市场影响；（3）对参与者个人的影响；（4）对企业的影响；（5）短时工作的收益和成本。

5. 项目的实施：水平、模式和趋势

5.1 短时项目的实施情况及其决定因素

在不同的国家，短时工作的普及情况有很大差别。比利时、意大利和西班牙短时工作的使用率很高，最高时在工业部门依赖于雇主的就业中能占到6%～8%，加拿大短时工作的比例逐渐上升到 2%到 3%之间，处于中间水平，甚至超过了原联邦德国的最高水平（见图 20—1）。德国使用短时工作的比例一直稍高于法国，法国短时工作在依赖于雇主的就业中所占比例一直没有超过 1%。在 1990—1991 年间，短时工作在德国的使用水平甚至超过了意大利和西班牙，因为当时德国东部经济转型期间的结构性调整在很大程度上采用了缩短工时的形式。加拿大在引进短时工作项目方面非常成功；参与人数最多时达到约 200 000人，项目的实施水平与许多欧洲国家相当。[14]

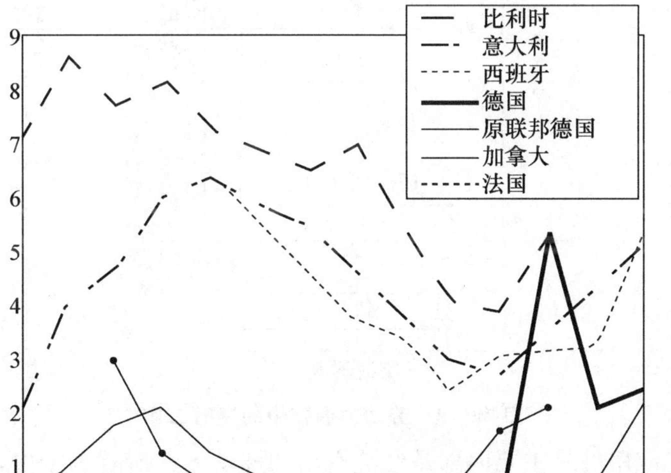

图 20—1 比利时、加拿大、法国、德国、意大利和西班牙短时工作的使用水平，1980—1993 年

资料来源：根据项目数据和工作时间数据估计。来自 *Flexible Adjustment through Short-time Work: A Comparison of France, Germany, Italy, and Spain* by H. Mosley, T. Kruppe and S. Speckesser, 1995, WZB discussion paper FS I 95-206, Wissenschaftszentrum Berlin für Sozialforschung。

在特定的国家里，短时工作的使用主要由哪些因素决定？这一问题可以用一个简化的模型来概括（见图20—2）。这些决定性因素包括：（1）调整的需求往往由经济环境的变化所致，因而一个决定性因素就是这种经济环境变化的类型和规模；（2）缩短工时项目本身的性质；（3）劳动力市场的管理制度；（4）产业关系环境；（5）企业的特点。该模型指出，影响雇主和雇员采用短时工作的不仅仅是经济条件，还包括国家缩短工时项目的特点，制度背景及功能等价物的实用性。

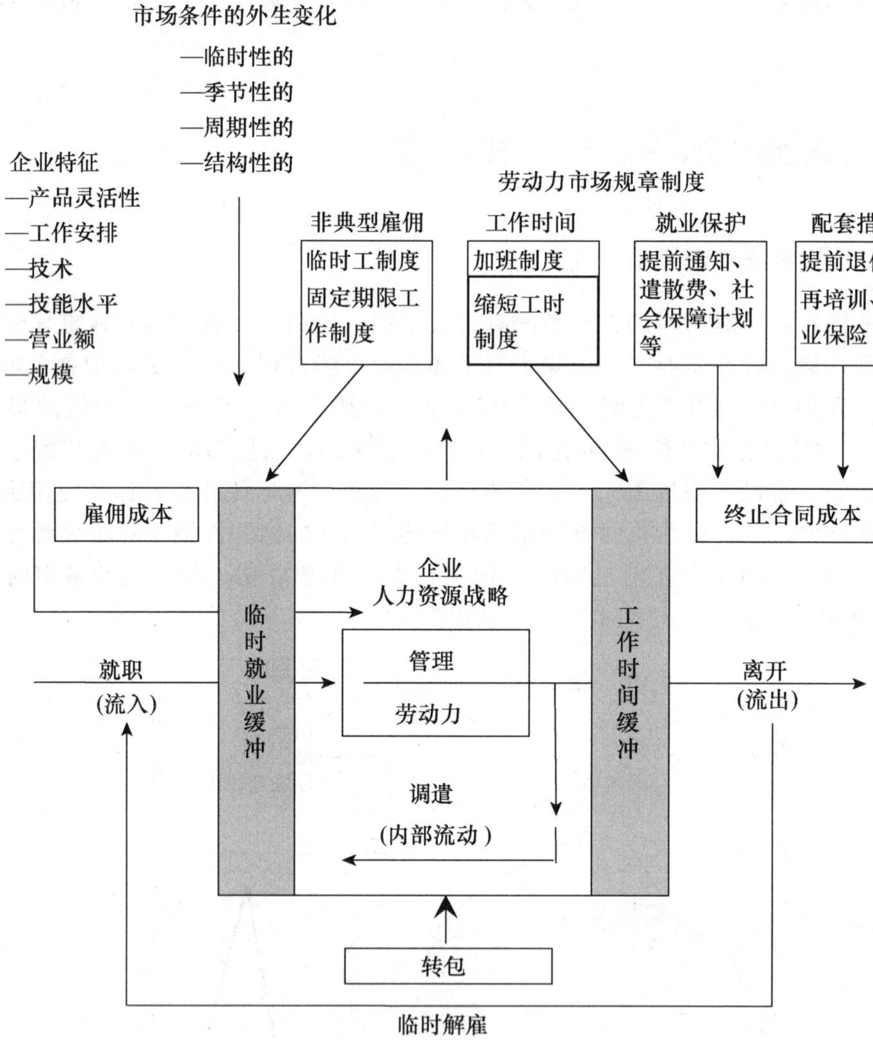

图20—2 劳动力调整中的短时工作

决定短时工作应用的最主要因素是经济产出的波动。在所有国家中，短时工作的运用都具有高度的周期性和季节性（Vroman，1992；Mosley et al.，1995）。不过即使在一个经济周期之内，短时工作的使用情况也存在明显的国际差异。这主要是由于各国的制度体系之间存在不同，仅仅考虑经济因素还无法完全解释国家间存在的一贯性差异。

5.2 影响短时工作采用情况的激励因素

以上所讨论的国家制度体系各要素的影响可以用一个激励结构来解释，这个激励结构说明了雇主使用（或不使用）短时工作的原因。雇主的激励结构可以概括为：（1）终止合同成本；（2）（重新）雇佣成本；（3）员工关系成本；（4）短时补贴；（5）其他灵活性安排的实用性。

对雇主来言，缩短工作时间之所以重要，是因为它可以提高劳动力的灵活性，尤其在企业面临劳动力需求的临时性下降时，作用更大；而对于员工来说，短时工作是提高工作稳定性的一项工具，尽管它会造成一定程度的收入损失。对全体雇员而言，短时工作的最主要作用是：在劳动力投入的减少量既定的情况下，短时工作将劳动力的调整分摊给了更多的雇员。例如，可以不必让企业中 10％的员工下岗，只需要所有的员工每人缩短 10％的工作时间。由于工作分享制对每个员工的利益会产生不同的影响，因此它的运用要求企业员工高度团结。

在上面，我们详细地考查了四个国家主要的短时工作项目，其中，意大利的短时工作得到了广泛使用，这要归因于意大利短时项目的特征和相关的规章制度，即严格的就业保护、高额的短时补贴、地方层面的工会化以及其他灵活选择的匮乏。西班牙短时项目的工资替代率更高，受益期限也更长（见表 20—2），但是短时项目的使用情况并没有期望的那么突出，仅仅和意大利差不多。但与意大利不同，在西班牙，固定合同期就业的情况很常见；在考察劳动力调整的时候，我们认为，固定合同期就业是短时工作的功能等价物。短时工作在德国比在法国得到了更广泛的使用，这是由于德国向雇员提供的短时补贴更多，更重要的是，德国的短时工作可以持续更长时间。

5.3 部门[15]

在我们的研究中，尽管各国使用短时工作的水平有很大差异，但是在四个主要的欧洲劳动力市场上，短时工作在各部门的分布情况却大致相同。绝大多数的短时工作都集中在工业部门（见图 20—3）。短时工作在各国的工业部门中都很常见，服务业中则几乎没有企业使用短时工作。[16]对此，一个可能的解释是，工业部门的生产会出现周期性经济波动，从而经常需要进行人员调整，而对于从事生产工作的人而言，短时工作是一种常规的调整形式。服务业的企业则可以采取其他的调整策略，比如自然减员和非典型雇佣。

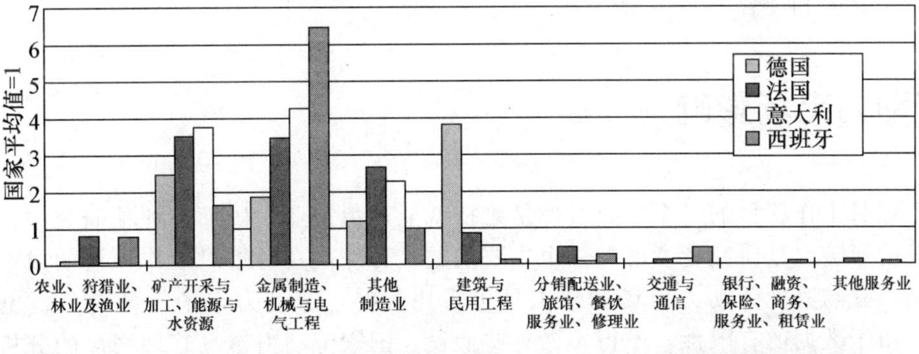

图 20—3 法国、德国、意大利和西班牙分行业短时工作的使用情况，1983—1991 年

说明：相对使用率指数可经由每年一部门的短时工作比例除以该部门依赖性就业比重简单计算得到。指数值为 1 表明短时工作比例与这个部门的就业比重完全相同。图 20—3 报告了 1983—1991 年间所有年度均值的平均值。

资料来源：基于国家项目数据计算所得，来自 *Flexible Adjustment through Short-time Work: A Comparison of France, Germany, Italy, and Spain* by H. Mosley, T. Kruppe and S. Speckesser, 1995, WZB discussion paper FS I 95-206, Wissenschaftszentrum Berlin für Sozialforschung。

5.4 企业规模

尽管数据有限，无法进行精确的比较，但依然能看出，在这四个国家中，大型企业比小企业更可能采用短时工作这种调整策略（Mosley 等人，1995）。由于组织和文化的原因，小企业比大企业更加依赖于外部人员流动的形式。而且，他们在采用外部人员流动时受到的限制也更少。例如，大企业的就业保护制度更加严格，而且劳资联合委员会的规章（德国、法国）、社会规划的要求（法国、德国）、集体裁员的特殊程序（法国、德国、意大利）和不公平解雇立法（德国、意大利）都规定了适用企业的规模。

5.5 结构性短时工作

运用短时工作及其他形式的工作分享来维持雇佣关系，可能会对资源的分配过程产生负面影响，因为它延缓了劳动力市场和经济所必需的调整过程，尤其对于结构性而非周期性调整而言。

自 20 世纪 70 年代中期以来，欧洲除了英国之外的各大劳动力市场都逐渐开始采用短时工作来应对结构性变迁（Mosley and Kruppe，1995）。意大利率先推出了劳动力市场政策，在这个方向上做得最为深入（Tronti，1993）。相反，法国的短时工作项目相对较小，并且由于周期性原因，受益期限较短，工资替代率较低，因而无法最大限度地鼓励人们采用短时工作（Lefèvre et al.，1994）。直到 1993 年，法国出台长期短时薪酬补贴计划（TRILD）时，仍然没有结构性干预的政策项目。与现行计划相比，新的项目为正处于长期结构重组过程中的企业提供了更多的支持（12～18 个月内 1 200 小时）（见表 20—1）。

在德国，东部转型时期的劳动力市场危机促进了结构性短时工作的广泛应用，以减少大规模的裁员行为。在这次危机之前，德国的结构性短时工作仅在个别行业比较普遍（煤矿业和钢铁业）。短时工作——通常采用临时解雇的形式——实际上被作为德国东部经济转型时期休克疗法之后的社会减震器（Seifert et al.，1993）。它能够对紧急情况迅速做出反应，却歪曲了短时工作项目的本质，因为它错误地把特殊情况当成了规律。在 1990—1991 年间，德国短时工作的应用水平甚至超过了意大利，可想而知，结构性短时补贴也应该超过了意大利。

6. 劳动力市场影响

由于短时工作项目的一个主要目标是维持就业避免失业，因而在评估研究中，它对劳动力市场的影响也是研究者考虑的一个主要问题。另外，在对短时工作项目的成本有效性进行分析，并与其他劳动力市场调整工具进行比较时，劳动力市场的影响分析也非常有用。但是由于数据的有限性，不得不做一些假设，国家劳动力市场管理当局的分析研究只能是近似的估计。在对短时工作项目的劳动力市场影响进行评估的过程中，会遇到一些方法论问题，本节将举例加以说明。我们所选取的例子是德国劳动力市场管理当局——联邦就业服务总署（Federal Employment Service）的就业研究所（Institute for Employment Research，IAB）的评估过程。

由于从事短时工作的员工每周缩短的工时数可以小到几个小时，大到被临时解雇，因此在对短时工作进行评估时，首先需要将其转化成全日制工作的等价物。当然这取决于能得到什么样的国家项目数据。例如，德国的项目数据仅仅包含参与者人数及短时等级，共有四个等级，按缩短的工时占正常工作时间的百分比进行划分（10～25，26～50，51～75，76～100），该项目下短时工作时间的总量只能根据这四大类别的加权平均进行估算。该项目下的短时工作相当于多少个全日制工作，则要根据年工作时间来计算，在计算过程中需要根据病假和年假情况对年工作时间进行调整。德国的一项研究（Flechsenhar，1979）保守地评估了项目的影响，因为它使用的是平均工作时间，而不是短时工作占全日制工作时间的加权，我们知道，短时工作主要集中在工业部门，工业部门的工作时间相对较少。

这样得出的等价于全日制工作的数量就可以用来估算就业效果，即通过该项目保留下来的职位数量。例如，1993 年参加这一项目的总人数是 767 000 人，估算出来的就业效果相当于 228 000 个等价全职工作者。但是这一评估过程高估了项目带来的就业效果，因为它没有考虑到一些意外的收益。有些企业在周期性经济萎缩的情况下也会例行公事地储备劳动力（Bosworth and Westaway，1991），而短时项目对于它们来说是一个额外的激励。例如，一项加拿大的研究表明，在没有短时项目的情况下，项目参与者中有约 7%的人仍然不会被解雇（Graves and Dumas，1993）。[17]我们还不知道其他估算意外收益的可靠方法。[18]为了尽量减少这种意外收益，短时项目可以附加一些特殊的初始条件。例如，德国就要求缩短的工时必须超过正常工作时间的 10%，必须涉及企业 1/3 以上的员工，并且至少持续 4 周的时间。

最后，在估测短时工作项目对失业的影响时，研究者需要减去劳动力供给方面的影响。据德国官方估计，短时项目所减少的失业人数远少于它的就业效果，因为就业研究所（IAB）假设，如果没有短时工作，就业减少量的 1/3 人都退出了劳动力市场。这样估得的 1993 年短时工作所减少的失业人数仅有 152 000 人（Bach，Kohler and Spitznagel，1986；Flechsenhar，1979）。尽管我们有必要对如果没有短时工作就会退出劳动力市场的参与者人数比例进行估算，但是德国的统计假设（33%）成了一种拇指法则。有趣的是，就业研究所最初的假设是，在德国东部，如果没有短时项目，那么该项目的所有参与者都会失业。显然，在任何国家的劳动力市场上，这一（及其他）劳动力市场项目的评估都需要考虑到劳动力供给的影响。

6.1 对参与者个人的影响

对于劳动者个人来说，短时工作项目的主要目标是通过减少解雇行为的发生来提高就业（和收入）的稳定性。其次，短时工作有助于熟练员工维持现有的技术水平，避免企业特殊技能的贬值，因为在外部劳动力市场上这些技术将失去其价值。所以在考察短时项目对劳动者个人的影响时，评估研究应当考虑这两个问题及其他一些相关问题。

短时项目的短期就业效果较好，因为根据定义，工作分享制的参与者能够留在他们的工作岗位上，虽然工作时间减少了，但是可以相应地减少被解雇的劳动力。但是从长期来看，参与短时工作项目对个人职业生涯的影响则不明确，原因有很多。

（1）对于很多劳动者来说，尤其是在结构性调整的企业中，短时工作仅仅起到了延迟失业的作用，而不是维持就业（“降落伞”功能）。这种情况在意大利和德国东部特别常见，可能还包括西班牙（Mosley and Kruppe，1995；Seifert et al.，1993）。即使短时工作通常不是为了应对结构性调整，在缩短工时之后随之而来的也可能是永久性失业。例如，Graves and Dumas（1993）研究发现，加拿大短时项目的参与者中有29%随后都会面临失业，有21%都是永久性失业。

(2) 参与短时项目的员工有很大一部分之后在经济的自然波动过程中可能会自愿地离开原来的雇主。在这两个因素下，只有小部分的短时项目参与者能够继续被原来的雇主雇佣。[19]

(3) 另一方面，在存在解雇的国家和企业中，很大一部分临时员工和被解雇员工在经济条件复苏后能够重新回到原来的企业（Feldstein，1978）。如前所述，这种调整模式在劳动合同规范化程度不高的国家里较为普遍（例如，美国、加拿大、丹麦），但在其他一些地方也会存在。对于雇主和雇员来说，临时解雇和缩短工作时间具有相同的优点：维持企业特殊技能，节约人员流动成本。据Graves and Dumas（1993）估计，加拿大有35%的临时解雇员工在调查期间重新回到原来的企业。换句话说，短时员工的中期就业连续性仅比临时解雇员工高24%。

(4) 很多被解雇的员工都找到了新的工作（从事短时工作的雇员也是如此）。[20]因此，从中期（18～30个月）来看，加拿大短时项目的参与者与非参与者之间，就业水平的净差值不大。访谈期间，有85%的参与者找到了工作，而被解雇的劳动者中也有77%找到了工作。不过，被解雇的劳动者所承受的压力更大由经济的不确定性所导致的心理成本也相对更高。这一点可以从访谈中的行为看出来，控制组的被解雇者会表达对当前经济地位的不满，这一情况发生的概率大约是短时项目参与者的3倍(41%比15%)，尽管事实上他们的经济情况基本相同（即被解雇者所得到的失业金与短时工作收入金额相当）。[21]我们可能并不能据这些研究结果推测欧洲就业体制的情况，因为欧洲的就业体制更加规范，可惜欧洲却没有类似的研究。另外，在评估短时工作对个人职业生涯产生的影响时，不仅要考虑到对就业的影响，还应该考虑到对个人收入的影响。[22]

在评估短时工作对个人职业生涯的影响时，还需要考虑的一个重要问题是，短时工作者的技能能否得到维持和发展。显然，劳动者从事短时工作有助于维持现有的劳动技能，因为他们能够继续工作，尽管工作的时间减少了。另外，由于劳动者经历外部流动的可能性降低，他们所掌握的企业特殊技能贬值的可能性也相应减小。然而，有证据显示，虽然短时工作有助于维持现有的技能，但是它减缓了技术的更新速度。Graves and Dumas (1993) 研究发现，短时工作者很少参加培训以巩固现有的技能或学习新技能（短时项目参与者中只有4%参与了培训，而控制组的这一比例是10%）。[23]另外，被解雇的员工中有更多人重新找到了工作（据加拿大的一项研究，被解雇者中大约有39%，短时项目参与者中只有26%，找到了新的工作），这就意味着他们会更多地学习新技术，至少会在新的岗位上学习一些新的技能。虽然数据很有限，但从研究中仍然可以看出，培训与短时工作的结合并不成功。其原因尚不清楚，可能是由于企业不能充分利用培训机会，也可能是由于员工个人参加培训的积极性不高。

在使用短时工作期间，将培训和短时工作相结合是一项人们很感兴趣的策略，对于结构性短时工作的长期调整来讲尤其如此。然而，这一领域的政策实践并不理想。在法国和意大利，短时员工一直都可以参加培训，然而在德国，直到 1990 年，结构性短时员工才允许参加培训，而享受固定补贴的员工直到 1994 年才得到允许。德国在这一方面的落后显然是出于对企业的考虑，是为了更好地顺应使用短时工作的企业的培训需求。因为短时员工通常都不会被作为企业培训的优先考虑对象。在法国和意大利，倒不会因为雇主的利益而不乐意允许短时员工接受培训；问题在于，即使允许短时员工参加培训，雇主也很少会去进行培训（Mosley and Kruppe，1995）。加拿大不仅允许而且鼓励雇主将短时工作用于培训目的，培训的直接成本由联邦政府承担（Graves and Dumas，1993）。即使在这种情况下，培训率仍然很低。

结构性短时工作，是避免大规模解雇的一种方式，将它与培训结合起来会遇到一些特殊的问题。企业从根本上只愿意为它想留住的员工提供培训。让大龄员工从事短时工作通常是一种预提前退休的形式，因此企业并没有兴趣去培训这些大龄员工。让年轻一些的员工参加培训（或采取其他积极的措施）并没有十分的必要，那么就更难找到理由让企业对这些从事短时工作的员工进行培训了，因为很多的长期短时员工的实际工作时间是零小时。虽然雇主没有什么动机开展培训，但是对德国东部转型过程的研究发现，再培训（Büchel and Pannenberg，1992）特别是长期的再培训（6 个月以上）（Schwarze et al.，1993）对于个人的职业发展很重要，不仅有助于寻找新工作，也有助于提高收入。

6.2　对企业的影响

向处于经济困境中的企业提供资助也是短时工作项目的一个主要目标，但是在评估研究中，这一目标并没有得到足够的重视。上面我们已经讨论过，在管制程度较高的欧洲就业体制中，短时工作可以帮助企业灵活地留住员工，这样企业在就业不景气的情况下能够暂时中止劳动合同。

6.2.1　劳动力成本

企业可以立刻减少劳动力成本，虽然实际减少的劳动力成本取决于各国短时工作项目的具体规定（见表 20—1、表 20—2）。据 Mosley et al.（1995）估算，意大利的企业只需为短时劳动力承担 3%～5%的成本，法国的企业通常要承担 9%～14%[24]，德国的雇主需负担26%～40%。[25]西班牙的体系不是按经验费率厘定的，因而雇主不需要为短时员工承担常规的劳动力成本。另外，企业还可以避免终止合同的成本，并且，经济复苏时的重新雇佣成本和培训成本也可以省去。

在管制程度较低的劳动力市场上，即使企业可以解雇员工，短时工作也具有成本优势，因为与解雇相比，短时工作也适用于高工资的资深员工。这样也可以节约大笔的加班工资。Graves and Dumas（1993）估计，加拿大的企业每避免解雇一个员工就能够节约 800～1 800 加元的成本——这 1 800 加元包括了所节约的加班成本（Graves and Dumas，1993）。

企业之所以能从短时项目中获益，是因为它既保留了员工的企业特殊技能，又避免了新员工的招募和培训成本，但是这一切的实现是有前提的，企业缩短员工的工作时间必须是临时性的，并且受到影响的员工必须一直留在企业内。因此，在对短时项目的中期影响进行评估时，需要考虑到随后可能发生的永久性解雇以及自然波动的情况（一些员工甚至可能由于工作时间的缩短而离开）。企业如果预期会进行永久性裁员，那么它就没有必要采用短时工作。

在有些国家中，临时性解雇也是可行的，那么即使没有短时工作项目，被解雇的员工大多也能重新回到原来的企业。例如，Graves and Dumas（1993）估计，加拿大参加短时项目的员工在两年后能够恢复原来工作状态的比例仅仅比临时解雇的员工高 24 个百分点。这两种情况下所节约的招聘和再培训成本是一样的。

由于企业采用短时工作的主要原因是为了保留企业特殊人力资本，减少人员流动成本，所以工作分享计划可能会被更多地应用于高工资、高技能的劳动力。这在 Graves and Dumas（1993）的研究中也间接地得到了证实，他们发现，工作分享计划的采用情况与劳动力的平均任职时间有很大的关系。[26]

6.2.2 对员工关系的影响

应当说，工作分享计划的一个重要好处在于，它改善了产业关系。到目前为止，只有一项加拿大的研究对此进行了探讨。Graves and Dumas（1993）提出，与选择解雇的企业相比，采用工作分享计划的企业中，员工士气较高，雇员对雇主的态度也更为积极。对采用短时工作的企业的失业保险记录进行分析也发现，这些企业在过去也很少解雇员工。

6.2.3 调整的速度

在调整的过程中，美国在就业方面的收效比德国和许多其他欧洲国家要快，美国的短期调整中，工作小时数的变动发挥了更大的作用。FitzRoy and Hart（1985）指出，由于短时工作的应用太少，无法用它来解释各国调整模式的差别。不过，Abraham and Houseman（1993）对法国、德国和比利时生产工人的调整速度进行了计量分析，他们发现，因为短时工作大多集中在制造业，所以在制造业中，短时项目的应用明显提高了工时调整的速度。Van Audenrode（1994）指出，在隐性合同的约束下，正是短时工作项目的慷慨程度与遣散费的要求之间的相互作用，促进了企业的工时调整。

6.2.4 经济效率

接下来，我们想知道，短时工作对企业的短期和长期经济前景有什么样的影响。Graves and Dumas（1993）发现，加拿大参与短时项目的企业在短期内能够更加迅速地恢复全部生产能力，并且在采用工作分享制期间能够比其他企业获得更多的利润。但是，短时项目并不能给企业带来盈利能力和生产能力上的长期优势。另一方面，很多长期从事结构性短时工作的员工不能恢复正常工时，这不论对企业来讲还是对个人而言都是对调整的一种阻碍。Schenkel（1994）研究发现，在意大利，申请结构性短时项目基金（CIG-S）的资助时遭到了拒绝的企业中，有 10%的企业存活率骤减。另一方面，在第一个政策干预期（6 个月）结束后，有的企业申请继续享受资助[27]，有的企业则没有，这两类企业的存活率没有差别；在申请继续享受资助的企业中，获得批准的与遭到拒绝的企业在存活率上也没有差别。这可能是由于最初的资助对于企业的存活影响较大，长期短时工作对企业存活的影响则较小。

7. 短时工作的成本和收益

和其他公共政策一样，我们需要对劳动力市场政策项目的成本和收益进行考察（see Delander and Niklasson，本手册第 6 章）。由于短时工作项目的目标有很多（个人目标、企业目标和公共政策目标），因而对收益进行界定和衡量都很困难。以往关于短时项目的研究对于这个问题，一般都是将短时项目和等价的被解雇人数给公共财政带来的成本进行比较，得出一个相对成本。

对于短时工作和解雇的成本—收益关系，二者比较的结果在很大程度上取决于各个国家短时项目和社会保险系统的特点（见表 20—1、表 20—2）。在某些国家，短时工作的成本大部分由雇主（法国）或雇员（德国）承担；而在其他国家中，短时工作的成本主要由公共项目来承担（例如，意大利和西班牙）。由于享受短时补贴的人在没有短时项目的情况下也可以领取失业保险金，因此，提供这种维持就业的措施，净成本其实很低，不过这要取决于各国的体制特征。

德国的官方研究显示，短时工作的公共预算成本与等价人数的失业金相比要少得多。该研究建立了一个具有综合乘数效应的静态投入一产出模型，在此基础上估计得到，1994 年德国西部的 20 000 名被解雇员工给财政带来的负担（税收收入的减少和支出的增加共达 12 亿德国马克）要大于 60 000 名短时员工的成本（8.5 亿德国马克），其中，这些员工缩短 33%的工作时间（Bach and Spitznagel，1992，1994）。换句话说，选择短时工作的财政成本是负的。为什么这两者的公共预算成本会有差别呢？这主要是由于雇主要为短时员工支付养老保险费和医疗保险费，而失业者的这些成本全部由失业保险基金承担。这一模型不仅考虑了直接的税收，还包括了间接的税收；不仅考虑了社会保障缴费，还考虑了失业的成本，以及其他可能发生或避免的各项社会福利。当然，从财政成本的角度来看，最好的方式是没有短时补贴的工作分享制度。

相反，Graves and Dumas（1993）发现，在加拿大，短时工作比解雇给失业保险基金带来的成本要高，尽管二者的筹资和给付没有什么差别。这主要有三个原因：（1）短时补贴不像失业保险，它没有等待期；（2）30%的被解雇员工都没有领取失业金；（3）29%的短时员工随后还是会被解雇，然后领取失业保险金，这是最重要的一点。最后他们得出结论，尽管短时工作能够避免某些社会就业成本，并且能给企业带来利益，但是它所消耗的财政支出是这些所无法抵消的。

8. 结　论

短时工作的激励体系不仅与短时项目的慷慨程度密切相关，还与制度体系内的其他要素有关，比如就业保护、实现灵活性的其他方式以及劳工代表。考虑到劳动力流动的成本，雇主在进行临时性人员调整时最常选择短时工作，而结构性短时工作的使用动机则不大。

对等价的全日制工作进行评估分析的结果显示，在比利时、意大利和西班牙，短时工作使用得最广泛，而在德国、加拿大和法国，短时工作的使用水平不高，在美国的使用水平最低，因为美国的短期调整多采取临时解雇的形式。关于使用情况的这种排序不仅仅取决于短时项目的相对慷慨程度，还与一系列其他的制度因素有关。在为雇主节约劳动力成本方面，德国短时项目的效果最差。

在我们研究的所有国家中，短时工作都更多地集中在工业部门和规模较大的企业。这并不是短时项目本身的特点及其适用条件所决定的，而是由市场和调整类型的差异决定的。一个重要的政策问题是：能否通过适当的项目调整，将短时项目推广至白领员工及服务行业（甚至在公共部门），或者是否需要利用其他新的不同的政策工具，将这种工作分享制度推广到传统的应用范围以外。

如果企业采用短时工作不是由于劳动力需求的周期性或临时性减少，那么我们就需要考虑，在企业实现结构重组之后，这些短时员工能否继续留在原来的工作岗位上。虽然有时我们不能肯定能否恢复正常工作时间，但是至少在决策是否采用短时工作的时候，需要明确地将它作为一个目标。如果采用短时工作的唯一目标只是延迟所有或部分劳动者失业，那么短时工作的使用就有问题了。在这种情况下，缩短工时仅仅减缓了企业的人员调整过程，还向员工传递了错误的信号。另一方面，如果采用短时工作是为了维持企业的人力资本和提高就业的稳定性，那么，就能在低成本的情况下实现积极劳动力市场政策的有效协调功能。

注释

[1] 感谢 Christoph Büchtemann 对本文初稿提出的宝贵建议，感谢 Silke Bothfeld，Roberto Goldin，Stefan Speckesser 和 Robyn Wiesener 的协助。

[2] 事实上，失业金对于雇主和雇员的相对成本因国家而异，这是出于政策目的进行微调的一种方式（见下文第 2 部分）。

[3] 当经济状况不确定时，缩短工时有助于缓解雇佣新员工时的顾虑。

[4] 这类补偿金有一个月度上限，这一上限约为同一行业同一时期平均收入的 2/3。因此，即使是收入为平均水平的劳动者，如果他们工作零小时，也达不到 80%的工资替代率。

[5] 月度上限为国家最低工资的 220%。

[6] 以集体协议为基础的附加费很少见，甚至不存在。

[7] 据 Feldstein（1978）估计，在 20 世纪 70 年代的美国，失业持续时间中约 50%为临时解雇。在 80 年代的加拿大，这个比例介于 60%～80%之间（Corak，1995）。丹麦在 1979—1984 年间，这个数字是 40%（Jensen and Westergård-Nielson，1990）。在瑞典，从 70 年代中期至 80 年代中期，临时解雇所占的比重仅为 1%～3%（Edebalk and Wadensjö，1995）。关于奥地利和德国的情况，请参见 Fischer and Pichelmann（1991）和 Mavromaras and Rudof（1995）。

[8] 经过激烈的理论讨论，作者认为，短时补偿也可能导致无效的工作时间，或者说，就业不足，除非雇主缴费按经验费率厘定，并且对收益以均一税率征税。总之，该文章认为，缴费的经验费率厘定和受益收入的均一税率能够最大限度地提高就业和工作时间的效率水平。

[9] 在美国，短时工作项目很少得到采用的另一原因是，临时解雇与产业关系措施之间的关系，以及雇主、雇员和工会的偏好。美国的集体协议中只有很小一部分明确允许雇主缩短工作时间。集体协议允许雇主在需求发生波动的第一时间临时缩短工作时间。在集体协议所规定的时期（一般约为四周）之

后，按资历裁员（Medoff，1979）。

［10］在加利福尼亚州，符合资格要求的人中 42%没有申请短时工作，显然，这是因为他们希望“保留”他们失业保险金的领取时限，因为在美国，从事短时工作会缩短失业金的受益期限（Kerachsky et al.，1986）。

［11］美国劳工部最近又委托研究者对短时工作重新做一次评估。

［12］对德国东部劳动力市场的一项专门的面板调查也为研究德国东部短时工作参与者的劳动力市场经历提供了特有的数据（Völkel，1992）。

［13］Abraham and Houseman（1993）只是在对比利时、法国和德国的短期调整进行计量分析时附带考察了短时工作。

［14］对美国和加拿大短时工作的实施情况进行比较研究，可能会有助于我们找到短时工作在美国的使用水平较低的原因。

［15］关于不同国家分行业和企业规模的短时工作采用情况的更详细的讨论，请参阅 Mosley et al.（1995）。

［16］在本章所考察的四个国家中，服务业对短时工作的使用仅出现在“交通与通信”业（西班牙）和“物流、旅馆和餐饮”业（法国和西班牙）。

［17］根据对照组的经验来看，主要原因有：（1）由私人提供资金的工作分享；（2）遵循企业的利益储存劳动力；（3）未料到的经济形势的改善。

［18］Kerachsky et al.（1986）对企业层面申领失业保险的情况进行了回归分析，在此基础上，他们对美国拥有短时项目的三个州的“解雇转换率”进行了估算。但结果无章可循，解雇转换率由 0.01 至 0.95 不等。在访谈中，参与短时项目的企业中有 20%宣称，即使没有短时项目，他们也不会选择解雇。然而，由于美国短时项目的规模很小，制度背景非常特殊，这一结论难以推广至其他国家和地区。

［19］例如，据 Graves and Dumas（1993）估计，加拿大短时工作项目的参与者中，只有 59%在 18～30 个月后仍然受雇于原来的雇主。

［20］在加拿大的一项研究中，临时解雇的员工中有 39%找到了新的工作（工作分享计划的参与者中 26%找到了新工作）（Graves and Dumas，1993）。

［21］不过，工作分享计划的参与者仍享有与工作相关的福利，而被解雇者中约一半的人失去了这些福利（Graves and Dumas，1993）。

［22］Schwarze et al.（1993）就属于这类研究。

［23］企业层面的对比更明显——3%对 14%。

［24］9%对应的是非熟练工的正常劳动力成本，14%对应的是熟练工的正常劳动力成本，假设直接工资为总报酬的 70%。

［25］在德国，雇主必须承担社会养老保险和医疗保险的全部缴费（养老保险缴费，1994 年为 19.2%；医疗保险，12%～15%，取决于保险基金），也就是正常劳动力成本（工资加法定费用）的 26%。虽然没有系统的数据，但是，德国集体协议中关于提高短时报酬的规定自 20 世纪 90 年代以来越来越少见。如果雇主承担高限的 40%正常劳动力成本，那么这意味着对于一个领取金属加工行业平均工资且无子女的员工而言，雇主需要将短时补贴提高到净工资的 90%。

［26］工作分享计划的参与者，平均任职时间为 52 个月；而对照组雇员的平均任职时间仅为 12 个月（see Graves and Dumas，1993）。

［27］有 60%～70%的参与企业申请继续享受资助。

参考文献

Abraham, K. G. and S. N. Houseman (1993), *Does Employment Protection Inhibit Labor Market Flexibility? Lessons from Germany, France and Belgium*, working paper 93–16, Kalamazoo: Upjohn Institute for Employment Research.

Auer, P., H. Gross, R. Kotulla and G. Rachel (eds) (1992), *Kurzarbeit und Qualifizierung in den neuen Ländern von der internen zur externen Anpassung: Erfahrungen aus Fallstudien und der Qualifizierungsberatung*, WZB discussion paper FS I 92–3, Wissenschaftszentrum Berlin für Sozialforschung.

Bach, H.-U., H. Kohler and E. Spitznagel (1986), 'Arbeitsmarktpolitische Maßnahmen: Entlastungswirkungen und Kostenvergleiche', *Mitteilungen aus der Arbeitsmarkt- und Berufsforschung*, 3, 370–84.

Bach, H.-U. and E. Spitznagel (1992), 'Arbeitsmarktpolitische Maßnahmen—Entlastungswirkungen und Budgeteffekte', *Beiträge zur Arbeitsmarkt- und Berufsforschung*, 163, 207–27.

Bach, H.-U. and E. Spitznagel (1994), 'Modellrechnungen zur Bewertung beschäftigungsorientierter Arbeitszeitverkürzungen', in *Beschäftigungsorientierte Arbeitszeitregelungen—Chance oder Illusion?*, workshop report no. 2, pp. 13–22, Nuremberg: Institute for Labor Market and Occupational Research of the Federal Institute for Labour (IAB).

Best, F. (1988), *Reducing Workweeks to Prevent Layoffs: The Economic and Social Impacts of Unemployment Insurance-supported Work Sharing*, Philadelphia: Temple University Press.

Bosworth, D. and T. Westaway (1991), 'Labour Hoarding and Recorded Unemployment in OECD Countries', in P. R. G. Layard, S. Nickell and R. Jackman, *Unemployment: Macroeconomic Performance and the Labour Market*, Oxford: Oxford University Press, pp. 150–64.

Büchel, F. and M. Pannenberg (1992), 'Erwerbsbiographische Folgerisiken von Kurzarbeit und Arbeitslosigkeit. Eine empirische Analyse für Ostdeutschland', *Mitteilungen aus der Arbeitsmarkt- und Berufsforschung*, 2, 158–67.

Burdett, K. and R. Wright (1989), 'Unemployment Insurance and Short-time Compensation: The Effects on Layoffs, Hours per Worker and Wages', *Journal of Political Economy*, 97 (6), 1479–96.

Çorak, M. (1995), *Unemployment Insurance, Temporary Layoffs and Recall Expectations*, Ottawa: Human Resources Development Canada.

Dahms, V., M. Kaiser, M. Koller and H.-E. Plath (eds) (1993), 'Analyse der Arbeitslosigkeit und Kurzarbeit nach Berufsgruppen und Branchen in Ostdeutschland: Regionale Arbeitsmärkte und Arbeitsmarktpolitik in den neuen Bundesländern', *Beiträge zur Arbeitsmarkt- und Berufsforschung*, 168, 105–14.

Edebalk, G. and E. Wadensjö (1995, September), *Temporary Layoff Compensation and Unemployment: The Case of Sweden*, Proceedings of the European Association of Labour Economists (EALE) Conference, Lyon: EALE.

Feldstein, M. (1978), 'The Effect of Unemployment Insurance on Temporary Layoff Unemployment', *American Economic Review*, 68 (5), 834–46.

Fischer, G. and K. Pichelmann (1991), 'Temporary Layoff Unemployment in Austria: Empirical Evidence from Administrative Data', *Applied Economics*, 23 (9), 1447–52.

FitzRoy, F. R. and R. A. Hart (1985), 'Hours, Layoffs and Unemployment Insurance Funding: Theory and Practice in an International Perspective', *The Economic Journal*, 700–713.

Flechsenhar, H.-R. (1979), 'Kurzarbeit—Strukturen und Beschäftigungswirkung', *Mitteilungen zur Arbeitsmarkt- und Berufsforschung*, 3779, 362–72.

Grais, B. (1983), *Lay-offs and Short-time Working in Selected OECD Countries*, Paris: OECD.

Graves, F. and T. Dumas (1993), *Work Sharing Evaluation*, final report, Ottawa: Employment and Immigration Canada.

Huberman, M. and R. Lacroix (1995, September), *Work Sharing in Perspective: Implications for Current Policy*, Proceedings of the Seventh European Association of Labour Economists Conference, Lyon: EALE.

Institut für Arbeitsmarkt- und Berufsforschung (IAB) (1991), 'Kurzarbeit in den neuen Bundesländern', Parts 1–3, *Beiträge zur Arbeitsmarkt- und Berufsforschung*, 42 (13), 141–60.

Jensen, P. and N. Westergård-Nielsen (1990), 'Temporary Layoffs', in J. Hartog, G. Riddes and J. Theeuwes (eds), *Panel Data and Labor Market Studies*, Amsterdam: Elsvier, pp. 173–90.

Kerachsky, S., W. Nicholson, E. Cavin and A. Hershey (1986), *An Evaluation of Short-time Compensation Programs*, occasional paper 86–4, Unemployment Insurance Service, Washington, DC: Department of Labor.

Lefèvre, G., M. Béraud and N. Sidhoum (1994), *Le recours des entreprises au chômage partiel*, Paris: La Documentation Française.

Linke, L. (1993), *Kurzarbeit im Strukturwandel. Eine Analyse in der Bundesrepublik während der achtziger Jahre unter Einbeziehung erster Erfahrungen in den neuen Bundesländern*, WZB discussion paper FS I 93–206, Wissenschaftszentrum Berlin für Sozialforschung.

Macoy, R. and M. Morant (eds) (1984), *Short-time Compensation: A Formula for Work Sharing*, New York: Pergamon Press.

Mavromaras, K. and H. Rudolf (1995), '"Recalls"—Wiederbeschäftigung im alten Betrieb', *Mitteilungen aus der Arbeits- und Berufsforschung*, 2, 1–24.

Medoff, J. L. (1979), 'Layoffs and Alternatives under Trade Unions in U.S. Manufacturing', *American Economic Review*, 69 (3), 380–95.

Mosley, H. and T. Kruppe (1995), 'Kurzarbeit im Strukturwandel: Europäische Erfahrungen', *WSI Mitteilungen*, 7, 451–62.

Mosley, H., T. Kruppe and S. Speckesser (1995), *Flexible Adjustment through Short-time Work: A Comparison of France, Germany, Italy, and Spain*, WZB discussion paper FS I 95–206, Wissenschaftszentrum Berlin für Sozialforschung.

Pedersen, P. (1981), *Økonomiske effekter au arbejdsløshedsforsikring*, Copenhagen: Teknisk Forlag.

Richards, J. and A. Carruth (1986), 'Short-time Working and the Unemployment Benefit System in Great Britain', *Oxford Bulletin of Economics and Statistics*, 48 (1), 41–59.

Schenkel, M. (1994, December), 'The Cassa Integrazione Guadagni Straordinaria: Some Empirical Evidence from the Point of View of the Firm', paper presented at the WZB workshop 'Short-time Working and Structural Change', Wissenschaftszentrum Berlin für Sozialforschung.

Schenkel, J. and M. Zenesini (1993), 'Alcuni aspetti della Cassa integrazione guadagni: un'analisi empirica', *Rivista internazionale die Scienze sociali*, 94, 87–112.

Schömann, K., R. Rogowski and T. Kruppe (1995), *Fixed-term Contracts and Their Impact on Labour Market Efficiency and Individual Job Careers in the European Community*, report prepared for the Commission of the European Communities, Wisschenschaftszentrum Berlin für Sozialforschung.

Schwarze, J., U. Rendtel and F. Büchel (1993), *Income Effects of Unemployment and Short-time Work in the East German Transformation Process*, discussion paper no. 76, Deutsches Institut für Wirtschaftsforschung, Berlin.

Seifert, H., C. Ochs, K. Besselmann and G. Machalowski (1993), *Kurzarbeit und*

Qualifizierung. Bedingungen und Gestaltungsmöglichkeiten der Kurzarbeit zur Nutzung der beruflichen Qualifizierung, research report no. 235, Bundesministerium für Arbeit und Sozialordnung, Bonn.

Tronti, L. (1993), 'Employment Protection and Labour Market Segmentation: Economic Implications of the Italian "Cassa integrazione guadagni"', in C. F. Büchtemann (ed.), *Employment Security and Labor Market Behavior: Interdisciplinary Approaches and International Evidence*, Ithaca: Industrial and Labor Relations Press (ILR).

Van Audenrode, M. (1994), 'Short-time Compensation, Job Security and Employment Contract: Evidence from Selected OECD Countries', *Journal of Political Economy*, 102, 76–102.

Völkel, B. (1992), *Kurzarbeit—eine Zwischenbilanz*, IAB workshop report no. 4, Nuremberg: Institute for Labour Market and Occupational Research of the Federal Institute for Labour (IAB).

Vroman, W. (1992), 'Short-time Compensation in the U.S., Germany and Belgium', Washington, DC: Urban Institute. (Unpublished manuscript)

第 21 章　法律管制与劳动合同的灵活性

Ralf Rogowski，Klaus Schömann

本章讨论的主要是劳动力市场政策的法律层面。为提高劳动力市场的灵活性，有时会放宽原有劳动法的管制，本章我们所要分析的正是这些法规上的变更。这种劳动法变更背后的政策目标是：通过消除就业保护措施来鼓励创造就业，通过简化劳动法来提高劳动法的透明度，提高法律的灵活性以推动各项人事政策的落实。早在 20 世纪 80 年代，一些欧盟成员国就已经推出了这些所谓的放松管制政策，而且针对这些政策的理论和经验评估研究也很多，不仅有针对国家的研究，也有国际比较研究。

我们将对欧盟四个主要国家中非典型雇佣的放松管制政策进行讨论，并特别对有关固定期限合同的法律政策的评估进行总结。我们认为，在对劳动力市场政策进行全面评估时，掌握特定的法律维度是不可或缺的。在本章，我们将考察对法律进行法学评估和非法学评估的差别。不过我们的基本观点是：如果研究者能够充分理解法学评估与经济学评估视角的不同，他们的研究就能够相互补充。这种理解似乎与将来采用比较法进行的评估研究特别相关。

1．关于放松管制的法律评估和社会经济学评估

对规范劳动力市场及就业条件的法律规定所进行的各种评估会因为学科的不同而产生差异。一些非法律学科，像社会学、政治学和经济学，有时将法律作为解释变量，有时作为因变量；这些不同的理解来源于各不同学科的概念范式。这些学科的研究者将法律作为影响劳动力市场发展的众多因素之一，他们研究的前提是假设法律的发展取决于社会和经济的发展。

另一方面，律师和法学者所主要关注的并不是法律对社会的影响。他们更加关注促进法律发展的法律因素和法律环境，他们通常认为法律是社会上的自主力量，可以独立地决定自己的发展方向。

法律学科和非法律学科的这两种方法各有特点。我们认为，应该将这两种方法看成是相互补充的，而不是相互排斥的。法学研究方法与社会学和经济学的研究方法是有关联的，反之亦然。因此，社会学科在研究劳动力市场时需要采用更为广泛的概念体系，包括

纯法学观点。对法律规范的传统经济学研究将法律看作外生的制度环境因素，现在这些研究也需要进一步的扩充。

1.1 非典型雇佣的劳动法理论

在针对法律的各项发展（比如针对非典型雇佣的法律规范）进行劳动法评估时，关于影响法律规范发展的因素及函数的基本理论假设不同，会导致评估的结果也不同。我们将对两种劳动法的研究方法进行比较讨论，以此来论证理论假设上存在的这种差异。从表面上看，这两种研究方法采取了不同的分析视角。这两种方法分别是正规雇佣关系理论和反身劳动法理论。我们将这两种研究方法与第三种方法进行对比，第三种方法是经济学中经常采用的，它将法律作为一个制度环境变量。

1.1.1 正规雇佣关系理论

按照正规雇佣关系理论，劳动合同和劳资双方的关系（即就业地位）是不同的。法定就业保护的对象是雇佣关系，特别是，各项权利的建立和保护，这些权利与书面或非书面的劳动合同所规定的权利和义务无关。因此，正规雇佣关系理论的理论假设是：法律规范和劳资双方的实际关系之间的联系是通过就业地位而非劳动合同表现的。就业保护措施是从法律角度来提高就业地位。

正规雇佣关系理论从概念上对这种关系的条件“常态”作出了进一步的假定。它的主要假设是：这种关系构成了雇员的经济基础。为了维持雇员及其家庭成员的生计，我们需要对正规雇佣关系给予法律保护。正规雇佣关系被视为人们在参与和融入社会生活过程中实现满意度的最低条件。

正规雇佣关系理论认为，典型的雇佣关系是全日制的、终身受雇于同一雇主。所有工作都在公司里完成，这是雇员确立社会身份和参与集体活动的最重要场所（Fourcade，1992；Gerritsen，1995）。就业的各种非典型形式，包括固定期限合同，都被认为是破坏正规雇佣关系的力量。正规雇佣关系理论的支持者认为，新的就业形式改变了正规雇佣关系的重要元素，并将逐渐地侵蚀正规雇佣关系（Mückenberger，1985）。

正规雇佣关系理论最初是完全规范性和规定性的。但是关于社会过程的政治经济学评估研究认为，新的就业形式，诸如非全日制工作、家庭工作、代理工作，以及临时工和固定期限合同工，才能更好地反映雇主的需求。因此，劳动法的一项功能是要保护雇员，抵制雇主的这些需求（Deakin and Mückenberger，1989；Mückenberger，1989）。[1]

近来，正规雇佣关系理论已经对新的就业形式持更加积极的态度。过去对正规雇佣关系理论的维护受到了指责，因为在它的理论模型中，男性所取得的工资收入要负担整个家庭的生活，这一模型已越来越不切实际（Mückenberger，1993）。此外，固定期限合同和其他新的就业形式不再被认为是仅仅迎合了雇主的需求，它体现了现代生活方式的文化转变和一般趋势。越来越多的女性进入劳动力市场，这意味着，除了雇主，雇员也越来越需要新的就业形式，特别是非全日制工作的出现。劳动法的任务不再是压制这些新的就业形式的发展，不再是一味地认为正规雇佣关系理论神圣不可侵犯，不再对损害正规雇佣关系的新就业形式一味地持否定态度。相反，劳动法应该建立起与这些新的就业形式相适应的社会保护理念（Keller and Seifert，1993）。

1.1.2　反身劳动法理论

反身劳动法理论的理论假设是，经济发展只会间接地影响法律的发展。这一理论假定，在现代劳动法体系内，法律变革往往是对先前立法所造成的社会或法律结果做出的反应。该理论的支持者对“法律规范—社会结果—法律规范的反馈循环”非常感兴趣（Teubner，1986，p. 309）。反身劳动法理论特别强调对劳动法法律规范范围的认识（Rogowski and Wilthagen，1994）。

在这一理论背后，社会的系统理论观点认为，与其他的社会功能体系一样，法律体系是通过自我再生过程不断发展的。制度创新不再是政治体系内的独立产物。它是由法律体系的内在因素、流程及其结构决定的，是反复进行的。根据这一观点，法律的发展主要是由法律体系的内部流程决定的。

对非典型雇佣进行规范是劳动法体系越来越复杂的一种体现。针对固定期限合同制定规范正是为了解决就业保护措施本身所造成的问题。同样，规范劳动力市场和劳动合同的相关法律法规正是对已有劳动力市场法律规范的回应。因此，在对劳动法进行评估时，首先要从这一假设出发，即新的法律规范从根本上讲是劳动法律体系内部流程的产物。

我们在对欧盟有关固定期限合同的法律规范进行分析时采用了反身劳动法研究方法（Schömann，Rogowski and Kruppe，1995）。通过这种方法，我们的研究显示，各国关于固定期限合同和其他非典型雇佣形式的规范是在各自既有劳动保护体系的基础上成长起来的，尤其是根据各自的解雇规定发展而来。在解雇保护体系比较精细的国家，比如德国和西班牙，非典型雇佣的法律规范很大程度上受到解雇保护体系中“保护”意识的推动。

1.2　在经济学分析中被作为制度环境因素的法律

在很多劳动力市场的经济学和社会学研究中，有关雇主和雇员双方建立劳动关系的合同方面的问题并不在研究者感兴趣的研究领域之内。传统的考察法律规范对劳动力市场运行过程的影响的研究主要关注的是实际得到的工资和就业地位，它们都被当作结果变量。劳动力市场法规常常建立在“其他条件不变”的假设之上，并且这一假定在很长时间内基本上是不变的。经济学研究通常将劳动力缺乏流动归因于制度体系和劳动法规过于僵化（OECD，1993）。但是，这一观点遭到了质疑，因为我们看到，劳动法的变更已经越来越频繁地被作为劳动力市场的一项政策工具，同时，关于灵活性方面的讨论（Pollert，1991）也反对这种观点。

经济学研究常常粗略地将制度背景作为宏观经济时间序列模型中的一个变量，来解释国家的经济状况。对于法律制度、就业保护体系和固定期限合同法规，按等级进行评定，往往会被定义为二分变量，即严格的规章制度或灵活的规章制度。然后这些静态特性就会作为一个解释变量进入模型，来解释劳动力市场上的行为。但是，在劳动力市场分析中这样使用法律规范这一变量是有问题的，这些法规的发展是相互独立的，但是在分析中却对它们进行了高度的提炼。集体协议及劳动法庭的裁决所引起的修改是动态的，而这些在经济学模型中都无法体现（Schömann et al.，1995）。在微观和宏观的计量模型中，法律法规被看作外生因素，但是制度背景变量的本质要求我们改变这一观点。国家的法律体制并非零散的片段，从一个过渡到另一个并非不连续的，它们是随时间不断演变的。这就意味着法律本身及其随时间的演变是一个内生过程，那么相应地，在经济学研究中也应将它作为内生的变量来处理。

现在有关劳动合同期限的、直接的劳动力市场理论还很少。Schömann and Kruppe (1993) 运用有关法律体系变化的正规劳动力市场理论和假设对劳动合同的这些方面进行了讨论。劳动经济学认为，工资和其他就业条件的谈判所带来的交易成本只发生一次，即在雇佣员工的时候。连续的固定期限合同可以使每份合同的到期时间得到延长，但需要重新进行谈判，而且，能否签订新的合同也有了更多的不确定性。随着固定期限合同到期，延续雇佣关系要经历重新谈判，由此引发了新的交易成本。

另外，长期的雇佣关系比固定期限的雇佣关系更能激发雇主进行人力资本投资。特别是雇佣期间的再培训及其他形式的教育应该与过去雇佣的回报相挂钩。如果雇佣关系不是长期的，那么雇主面临无法再续约之风险，雇员面临固定期限合同期满即失业的风险，这样，双方就不愿意对普通人力资本（尤其是企业特殊人力资本）进行投资了。雇佣期限缩短，人力资本投资的回报期也相应缩短，这本身就可能导致人力资本投资的减少。在进行对比分析时，就可以假定，在就业模式不稳定的国家中，初始投资比就业稳定（固定期限劳动合同很少见）的国家少。

二元劳动力市场分割理论将劳动力市场分为一级劳动力市场和二级劳动力市场，一级劳动力市场提供长期的、终身职位，职业生涯具有稳定的前景；二级劳动力市场上的工作岗位工资低，没有培训机会，没有晋升机制，是缺乏稳定性的就业模式。关于雇佣关系的法律规范注重一级劳动力市场上雇员的就业条件，但缺乏对二级劳动力市场上雇员的就业保护。从这一角度来看，二元劳动力市场上的工资差别是由工作岗位的二元分割导致的，而这一切都是由于劳动合同的形式不同（Schömann and Kruppe，1993）。

效率工资理论关于劳动法的一个潜在假设是，劳动法无法控制逃避工作的行为，法律程序也不能有效地制裁这种行为。这样，推动固定期限合同的使用是为了使就业体系的“员工纪律”更加严格，更加具有约束力。但是效率工资理论忽视了执行过程中的问题，例如，企业、雇员和劳动法庭对法律规定上的这些新变化将作何反应。

2. 政策评估和固定期限合同评估

欧盟各主要成员国为提高劳动力市场政策的灵活性进行了某种形式的尝试。即放宽现有的就业保护制度和对劳动关系的管制，将立法的重心从实施就业保护转向促进人事政策和人力资源管理措施的落实。特别是非典型雇佣方面的制度被发掘出来作为劳动力市场上的政策工具。

放松管制使得各国劳动法体系的重心发生了很大的转移。在成熟的法律体系内，约束劳动力市场的法律规定构成了劳动法的子系统。这一子系统在以往只对下述内容进行规范：劳动力管理、职业培训和再培训、特殊的短期就业项目，以及公共和私人的劳动力交流中心。相形之下，劳动合同、解雇和罢工等方面的有关规定，成为就业保护和劳动关系的行为准则。现在，放松管制的法规打破了劳动法体系内的传统划分，将以往的就业保护领域也归入劳动力市场管制的名下，包括劳动合同和解雇保护等。事实上，放松管制也要求我们对就业保护的法律观点进行重新审视，同时，在考察劳动法的过程中不再采用各种内部观点，而是采用简单化的外部经济指标来分析，即就业率和失业率。接下来（2.1 部分），我们将就四个欧盟成员国在 20 世纪 80 年代到 90 年代间的放松管制政策及相应的政策评估进行介绍，这四个国家的现行政策都在不同程度上对传统的劳动法理念提出了异议。这四个国家分别是西班牙、德国、法国和英国，它们关于固定期限合同的规定见下面的表 21—1。

如果能从国家间比较的角度来分析劳动法对非典型雇佣的影响将会收到更好的研究效果。固定期限合同是一种不稳定的（Michon and Ramaux，1993）或者说灵活的（OECD，1993）劳动合同类型，政府试图通过立法来影响这种合同的使用情况，但是大多数研究在分析固定期限合同和政府立法时，通常都是在国家层面进行的。关于特定国家中固定期限雇佣的评估研究在规模和研究方案上都存在差异。我们将既有的四个国家的研究放在一起比较，不仅能够发现研究方法方面的一些有趣的问题[2]，而且能够显现出比较研究所面临的挑战。有抱负的未来研究者应该直面这些挑战，通过比较研究来分析劳动力市场政策中的法律法规及其对劳动力市场的影响。在 2.2 部分我们将尝试向这个方向发展。

2.1　对特定国家的评估

劳动法这一规则和规范体系是历史发展的结果，并且明显具有国家立法特点，难怪大多数的评估研究在分析放松管制政策和非典型雇佣时所考察的都是单个国家内法律体系的变化，包括已经发生的变化和提议需要进行的改变。在这些改善现存就业保护体系的政策中，有些是为了在不降低就业保护水平的情况下提高该体系的灵活性，有些则是通过取消某些保护措施来达到放松劳动法管制的目的。关于这些法律政策的评估研究，利用个人、企业和国家的数据对这些政策进行了全面的评估。有的研究在数据设计中还囊括了工会和劳动力办公室方面的内容。

2.1.1　西班牙

西班牙的非典型雇佣法是针对其严格的就业保护法制定的，这些严格的就业保护法可以追溯到佛朗哥政权时期。非典型雇佣法使得雇主可以通过固定期限合同应对严格的解雇保护法。不过，西班牙的雇主要签订固定期限合同，必须有充分的理由（见表 21—1）。因此，严格地说，西班牙的改革实际上并没有放松管制，尤其是 1984 年以后的政策。西班牙的就业政策，特别是非典型雇佣形式的尝试，实际上是对现存就业保护体系的反映，与其说是放松就业保护法的管制，不如说是对现有就业保护法的修正。

表 21—1　西班牙、德国、法国和英国关于固定期限合同的法规

	西班牙	德国	法国	英国
法条来源	1970 年《劳动者法》（Workers' Statue）；1984 年 8 月 2 日第 32 号法规；1993 年 12 月 3 日第 18 号法规	《民法》（Civil Code）第 620 条；1985 年《就业促进法案》（Employment Promotion Act）；1985 年《关于大学和研究机构中固定期限就业的规定》	1990 年 7 月 12 日修订的《劳动法》（Labor Code）第 L 122—1 条（及后面的规定）	1978 年《就业保护法》第 13（2），20（2），49（4），55（2），83（2），142（1）（2）条

续前表

	西班牙	德国	法国	英国
关于采用固定期限合同的原因的规定	11种原因，包括具体目的，但不包括季节性工作	判例法中有7类原因，包括季节性工作、顶替性工作，以及本身具有临时性特点的工作	10种原因，包括季节性工作、顶替性工作，以及本身具有临时性特点的工作	无
期限	最长固定期限为3年	《就业促进法案》规定，固定期限合同最长为18个月，特殊情况下24个月	根据理由的不同，最长期限从9个月到2年不等	没有最长和最短期限
续约	不得超过最长期限	一般情况下不得超过最长期限，就业促进法案规定，隔四个月后才可以签订新的合同	续签一次，不得超过最长固定期限	没有限制
是否会自动转成永久性合同	是，如果违反了固定期限合同的法律规定	是，如果在合同有效期满或最长期限届满后继续雇佣，或者违反了固定期限合同的法律规定	是，如果在合同有效期满或最长期限届满后继续雇佣	是，如果所签订的固定期限合同期限不到1个月或者雇佣时间超过期限3个月
固定期限合同结束后的补偿	有，每服务一年补偿12天的工资	没有	有，工资总额的6%，季节性工作除外	没有
国家法规的特点	严格的解雇保护法促进了固定期限合同的使用	使用固定期限合同所需要的理由由联邦劳动法庭制定	关于固定期限合同的法规和临时工作、代理工作方面的法规类似	合同方面的习惯法适用于某些特殊情况

资料来源：K. Schömann，R. Rogowski and T. Kruppe，*Employment Observatory Policies*，47，Autumn 1994，pp. 38–39. Copyright 1994 by Wissenschaftszentrum Berlin für Sozialforschung. Adapted by permission.

西班牙的劳动法涵盖了很多种非典型雇佣合同。其中，有些合同形式的引入是出于劳动力市场目的，是为了鼓励雇主雇佣失业者从事固定期限的工作。例如，创造就业的合同，其期限最短为1年，最长为3年；面向大学毕业生的实习劳动合同，其最长期限为2年。要签订这些合同，必须在当地的劳动力办公室登记。另外，我们还考察了最低工资立法和工作时间规定。与其他国家不同，西班牙的劳动法将季节性工作视作一种只是在季末中止的永久性就业。

由于政府为鼓励使用固定期限合同采取了一系列措施，固定期限就业数量逐渐增加，西班牙的劳动力市场上发生了巨大的变化（Schömann et al.，1995）。固定期限合同工占雇员总数的比例从1984年的10%上升到1991年的30%。这时，西班牙政府意识到，固定期限合同工的数量已经超过了最初出于灵活性考虑的预期水平。于是政府请研究者对固定期限雇佣的实践情况进行评估，这些评估研究包括 Alba-Ramírez（1991），Bentolila and Saint-Paul（1992），Jimeno and Toharia（1991），以及一个专家组所作的评估（Segura，Durán，Toharia and Bentolila，1991）。

Bentolila and Saint-Paul（1992）的报告是对固定期限雇佣的宏观经济学分析。他们借用了 Bertola（1990）建立的西班牙经济中的劳动力需求模型，在此基础上引入了劳动力内生性的概念，将劳动力分成两类，并假定这两类劳动力在生产率、工资和解雇成本上都是不同的。第一类劳动力（“刚性”劳动力）签署的是永久性劳动合同，给企业带来相当高的解雇成本；另一类劳动力（“弹性”劳动力）签署的是固定期限合同，对企业而言，没有解雇成本。根据效率工资理论，这两类劳动力的生产率和工资被假定是相等的，因为固定合同期员工的工资虽然相对较低，但是企业为了防止他们逃避工作，需要承担更多的管理成本。政策体制可分为三类：(1) 不允许使用固定期限合同；(2) 固定期限合同很容易申请；(3) 从没有固定期限合同的就业体系向新的就业体系转变，在新体系下，企业的解雇成本降低。将这一模型应用于西班牙的数据，只是从短期角度进行的分析，因为所使用的数据集中于 1985—1988 年间。实证分析的样本由制造业中 1 214 家非能源类私人企业构成。该研究采用面板数据的分析技术对这些企业的雇佣、资产负债表和销售数据进行了分析（Bentolila and Saint-Paul，1992）。分析结果证实了理论模型的假设，即在允许固定期限合同的就业体系中，当经济受到外部冲击时，固定期限合同工的工资弹性和灵活劳动力弹性都更强。在西班牙，固定期限雇佣形式的引入，使得劳动力需求更能顺应周期的变化，即在经济繁荣时期迅速增加就业，而在衰退期私人部门的企业可以更为迅速地减少雇员。但是在观察期内（主要处于西班牙的经济繁荣时期），固定期限合同仅仅使劳动力需求的弹性增加了 1.5 个百分点。可以预见，在经济萎缩期会有大量的失业，并且，急速的大量失业必然导致销售量的进一步下降。

同时，Jimeno and Toharia（1991）也对 20 世纪 80 年代末西班牙固定期限雇佣的发展情况进行了评估。他们的研究中融入了一些更微观的评估，首先描述了近来固定期限员工和永久雇佣员工的个人特征。1984 年立法改革中最重要的就是废除了申请固定期限雇佣须有合理原因的要求，同时废除了 3 年的最长时间限制。研究中使用了两个数据库，西班牙劳动力调查和西班牙企业资产负债表调查（其中包含有企业雇员的信息）。这两项调查的数据均显示，固定期限合同更多地为新成立的小公司所采用。从行业来看，固定期限雇员比例超过 30%的行业有农业、建筑业、鞋和皮革生产业、旅馆和餐饮业。固定期限雇员的年龄结构也是倾斜的，20～24 岁的年轻人中有 2/3 都是固定期限雇员。

研究者采用多元评估方法估算了参加工作头 12 个月内获得永久性工作的概率。研究者选取了失业后第一年中的两个时间点来估算这一概率。劳动力调查数据的分析结果证实了固定期限雇佣在年龄和行业上的选择性。而且明显可以发现，大多数固定期限雇员都是刚刚进入市场的劳动力，而不是失业后再就业的劳动者。以理论模型为基础，Jimeno and Toharia（1991）提出了下述假说：由于在企业中存在永久性雇员和固定期限雇员的区别，平均生产率将受到影响，因而，固定期限雇佣形式的出现增加了企业内的协作关系，提高了工作效率。

在法律体系和就业保护体系的整体评估方面，Jimeno and Toharia（1991）试图评估固定期限雇佣对工资的影响。从法律上讲，向两类员工支付不同的工资是不可能的：实际上，西班牙劳动法禁止集体谈判协议就永久性雇佣和固定期限雇佣制定两种不同的工资率，就像不允许针对男性和女性制定不同的工资率一样。因此，任何形式的收入歧视在事先就已遭到了排斥。不过，文中对法律体制的评估恰恰就假定在劳动力市场上存在这种情况。采用西班牙统计局 1990 年的专题调查数据，研究者对工资的变动进行了多元实证分析，结果显示，在其他特征（如年龄、性别、行业和受教育程度）相同的情况下，固定期限雇员的小时工资率平均比永久性雇员低 11%。

除了个人工资受到的影响，Jimeno and Toharia（1991）还对不同行业就某些年份进行了横截面分析。在分析中，研究者从行业生产指数估算出劳动生产率的增长速度，将增长率作为因变量。不管是在控制个人特征和员工构成（固定期限/永久性雇员比例）的情况下，还是在没有控制这些变量的情况下，研究结果都显示，固定期限雇佣的比例与劳动生产率之间呈负相关关系，不过这种负相关关系随时间的推移而减弱。在行业层面，Jimeno and Toharia（1991）发现，大多数行业和企业在引进固定期限雇佣形式后，西班牙的工会并没有推动收入的降低，即使考虑到不同企业工资谈判会产生不同的效果，结果也是如此。另外一个主要的研究发现是，工资率与固定期限雇员所占比例似乎是内生的，这意味着这二者之间几乎是相互独立的（Bentolila，1991；Jimeno and Toharia，1993，pp. 320-321；Segura et al.，1991）。

同时期的研究还有 Alba-Ramírez（1991），他的研究也表明，西班牙放松对固定期限合同的管制促进了劳动力市场的分割。与 Jimeno and Toharia（1991）类似，他发现，20 世纪 80 年代以来，劳动力市场上性别、家庭地位、学历和年龄的影响越来越大，市场分割也随之越来越厉害。同样以劳动力市场调查数据为基础，Alba-Ramirez 在对企业使用固定期限合同的情况进行评估时，通过估计收入方程，考察了可能发生的分割或歧视给固定期限雇员带来的不利影响。实证检验得出合同期的回报率是正的，并且对于任职 12 年以上的员工来讲，资历给工资带来的增长是相当可观的，但是固定期限的雇员却无法享受这种工资增长。在控制了行业及工作岗位和个人特征的其他因素以后，根据这些数据计算得出，固定期限雇员和永久性雇员之间的收入差距大约是 12%。

Alba-Ramírez（1991）不仅在收入方程的基础上进行了个人层面的研究，还对大中型企业进行了考察，他使用的是经济与财政部实施的关于集体协议的年度调查数据，调查样本是员工人数在 200 人以上的企业。尽管样本数据显示，固定期限员工的总体比例较低（可能是由于样本中所涵盖的都是规模较大的企业），但是研究结果同样证实了其他西班牙企业研究得出的结论，即固定期限雇员较多的企业支付的工资明显较低（低 3%～4%）。但与 Jimeno and Toharia（1991）不同的是，Alba-Ramírez（1991）发现，企业更多地采用固定期限的形式雇佣员工可以提高企业内部的劳动生产率。由于这两项研究的样本容量都较小，因此在分析企业层面时所得出的固定期限雇佣对生产率的促进作用并不是完全确定的。

2.1.2 德 国

在德国，劳动法的放松管制是以特定的法律视角为基础的。它采取了反身理论的观点，不仅考虑到了立法的基本原则，还考虑到了现有就业保护法规的司法解释。德国放松管制的措施并没有取代就业保护的位置，而是将劳动力市场的视角带到了劳动法之中来。

自由—保守型政府所实施的放松管制措施中最具代表性的就是 1985 年颁布的《就业促进法案》。在这项法案中，固定期限合同作为一项工具，被用来提高劳动力市场的灵活性。结果，过去签订固定期限合同需要有合理原因的司法要求（注意：不是法定要求！）

被取消了。在该法案下，雇主在聘用新员工时，可以自由地选择签订固定期限合同。但是，固定期限合同的时间不得超过 18 个月（如果企业刚刚成立不到 6 个月，并且员工人数不到 20 人，则不得超过 2 年），而且不能续签（除非两份固定期限合同之间有 4 个月的时间间隔）。

德国劳动法的主要立场仍然是将非典型雇佣视为一种例外，而永久性雇佣合同才是常规情况。德国劳动法中表现了对固定期限合同及其他非典型雇佣形式的不信任，并且规定，它们只是回避解雇保护的工具。这种观念与将劳动法作为劳动力市场政策工具的想法相互冲突，因此放松管制措施给德国劳动法方面的传统学说带来了压力。

依照这种严格的法律观点，关于 20 世纪 80 年代德国的评估主要关注的是就业保障和正规雇佣关系的"腐蚀"。另外，德国立法者在一开始就将该法案作为一项试验，规定它的适用时间为 5 年。联邦劳工部组织研究者对这一法案进行了大规模的评估，根据评估的研究结果在 80 年代末和 90 年代中期两次对它进行了修正。到目前为止，这项法案的使用期限已经被延长了两次，就当前来看，到 2000 年以前它会一直生效。

对 1985 年法案进行的第一次评估是由工会实施的。研究者对灵活性提高以后的社会影响进行了评估（Möller，1988）。这项研究以对服务业 20 个企业的案例研究为基础，对提高劳动力市场灵活性的措施进行了批判，指出它给服务业的员工带来了高风险，使他们很容易陷入贫困，同时这些措施还加剧了企业内部的劳动力分割。Adamy（1988）对关于放松管制效果的实证研究进行了综述，他搜集并比较了一系列全国抽样调查的信息，比如劳动力调查和社会经济面板调查。他指出，1984 年（放松管制之前，固定期限雇佣比例为 4.2%）至 1986 年间（放松管制之后，固定期限雇佣比例为 8.0%），固定期限劳动合同急剧增长。他的研究结果还支持了固定期限雇佣在年龄上的选择性，即刚进入劳动力市场的年轻人更可能从事固定期限工作。

在对《就业促进法案》进行第一次修订之前有两项大规模的评估研究：由政府发起、Büchtemann and Höland（1989）所作的研究，由工会发起、Linne and Voswinkel（1989）所作的研究。后者采用案例研究法，在企业、工厂、车间层面进行了一系列的定性访谈。核心劳动力和边缘劳动力的分割、员工间缺乏团结和协作，这些都是放松《就业促进法案》管制的负面影响。Büchtemann and Höland（1989）的研究对调查数据进行了二次分析，包括劳动力调查和三个专项调查：（1）对 2 392 家私人部门企业的抽样调查；（2）与 1 968 名安置专员和公共就业服务机构代表的访谈；（3）对 6 468 名就业者和失业者的调查，这些人在接受调查的 6 个月之后要接受第二次调查，以评估它们就业状态的改变以及从固定期限雇佣转为永久性雇佣的概率。通过这种多层次研究，研究发现，在私人部门企业中有 36%的新雇佣者都是从固定期限雇佣开始工作的（公共部门的这一比例是 50%：Büchtemann and Höland，1989，p. 42）。除了公共部门，只有在小企业中才会集中地使用这一新制度，因为小企业的工作量更易出现季节性波动

Büchtemann and Höland（1989）的一个主要发现是，大多数情况下，企业愿意雇佣更多的固定期限雇员，往往并不是因为受到放松管制的直接影响。雇主反映，只有 1/5 的固定期限合同是在《促进就业法案》的影响下签订的，即《促进就业法案》每年使约 25 000 名员工能够签订固定期限合同。据估计，每年约有 75 000 份永久性雇佣合同为固定期限合同所取代。因此，对放松管制最初几年的评估显示，它的效果远没有达到工会所担

心的程度，而且与政府的期望也有一段差距。

总的说来，Büchtemann and Höland（1989）的研究创新性地将不同的数据集结合起来，并融合了雇员、企业、管理者和公共安置服务人员的不同视角。但该研究缺乏多元估计技术，它对《就业促进法案》效果的评估仅仅是初步的，因为观察期太短，很难对固定期限雇佣向永久性雇佣的转换情况进行准确的评定。这一研究的结论是：放松对终止合同的管制对于雇主的雇佣行为只产生了边缘效应（Büchtemann，1993，p. 293）。

Kraft（1993）就固定期限雇佣对企业层面雇佣措施的影响进行了多元评估研究。他运用德国21个制造行业的数据对1970年—1987年间德国就业调整的速度进行了分析。研究中将行业内就业量的变化作为因变量，并引入了一个反映产品需求和名义工资的变量。作者还在他的研究中增加了工会化方面的信息。特定的工会（如金属工会）是否存在被设为虚拟变量，在时间趋势变量的函数（spline function）中反映《就业促进法案》的效果。但是，与作者的其他研究（Kraft，1994）不同的是，1993年的研究报告中指出，在德国的制造业中，尤其是在以金属工会集体谈判为主导的行业中，实施放松管制措施以后，就业调整的速度开始放慢。

Hunt（1993）在对1977年1月到1992年12月期间202个行业的月度数据进行分析的基础上，对一个与Kraft（1993）及其他西班牙研究者所使用的类似的模型进行了估计。在模型中，他用到了就业调整、工资、销售额方面的信息，针对蓝领和白领员工的模型分别进行了估算。Hunt（1993）的研究证实了Kraft（1993）研究的结论，即1985年《就业促进法案》的颁布减缓了就业调整的速度。

Schömann and Kruppe（1993）的研究中分析了员工个人层面的信息。他们选用的数据库是德国东部和德国西部的社会经济面板数据（SOEP），文中主要回答了两个基本问题：(1) 哪些员工更可能被雇主以固定期限的形式雇佣？(2) 固定期限合同工的工资是否低于永久性雇佣合同工？

对社会经济面板调查的四“波”数据的分析结果显示，《促进就业法案》的实施增强了固定期限雇佣在年龄上的选择性，即更多的年轻员工被采用固定期限的形式雇佣，而且该法案的实施也增加了固定期限蓝领工人所面临的风险。固定期限员工的行业分化使得大规模的工程公司和手工业企业都不可能采用固定期限的形式雇佣员工。德国西部的数据分析发现，在同一行业中，具有同样学历、工作经历和技能的固定期限雇员的工资要比永久性雇员低10%。[3]但是对德国东部1992年以前的数据进行分析并没有发现这种工资差别，当时德国东部的工资水平明显低于西部。遗憾的是，该面板数据无法使我们精确地探究长达几年的持续就业时间。由于在调查中涉及固定期限雇佣问题的只有1985年、1988年和1991年这三个年份，而且在这三年的调查中也没有精确地反映出这三个时点间的直接变化，因此在对固定期限和永久性雇佣之间的转换过程进行分析时，研究者所能够使用的纵向模型受到了很大的限制。

普遍存在（至少在有关德国固定期限雇佣的评估研究中普遍存在）的一个问题是，评估仅局限于立法变动，即《就业促进法案》。法律规定放松了对固定期限合同的管制，但是在一些行业中集体协议却抵消了这些法律规定的影响，特别是在制造业中，虽然法律规定的固定期限最长为18个月，但是制造业企业却将这一期限缩短到6个月。因此很多研究，尤其是针对制造业的研究，都得出了违背直觉的结论，这要归咎于对国家就业保护体系各部分的测量和对劳动法整体的测量不够充分。

2.1.3　法　国

法国从 1972 年起就开始尝试提高就业保护体系的灵活性。1972 年 1 月 3 日颁布的法令第一次为固定期限合同和临时性就业确立了法律基础。自此，法国就开始尝试针对临时工作和代理工作以及固定期限合同制定统一的法律规范，建立更广泛的法律基础。

法国 1979 年提出了非典型雇佣的自由化发展，但是 1982 年颁布的《Auroux 法案》部分地否决了这一提案，该法案限制了固定期限合同和临时性就业的使用。但是在 20 世纪 80—90 年代，社会学者和保守党政府将这些合同类型和劳动法的运用视为劳动力市场上的重要政策工具。劳资关系各方也都支持这种观点，他们通过谈判在集体协议中确定非典型雇佣的规则，以此来推动法国就业体制的灵活化。

1982 年提出的这些限制条款中有一部分在 1985 年被废止了，从那时起，法律就开始鼓励非典型雇佣形式的使用。固定期限合同工的人数急剧攀升，直到 1990 年，新的立法又开始约束固定期限合同的进一步普及（Michon and Ramaux，1993）。研究者们在立法发展的各个阶段都对这些变化进行过评估，主要关注的是这种劳动合同形式在法国的具体实践情况（Ministère du Travail et de la Formation Professionnelle，1992）。

在促进固定期限合同和代理就业等临时性就业的灵活化措施之下，对放松管制政策的评估方法也更加全面，从而得以对不同法律领域的变化进行分析，它们都是劳动力市场政策的一部分。这一观点将固定期限合同与临时性工作都归入了非正规就业形式的范畴（Michon and Ramaux，1993），这样就更方便研究者比较它们与正规就业形式的相同点和不同点。

这样一种观点至少在广义上有助于对三种可能的效应所具有的规模进行评估（Michon and Ramaux，1993）：（1）替代效应，当立法者对一种非正规就业形式放松管制时，就可能引起这种就业形式对其他就业形式的替代。（事实上，Guergoat and Hocquaux（1991）研究显示，法国在 80 年代确实出现过这种替代效应，不过是发生在不同的固定期限合同之间：受补助的固定期限雇佣量减少，相应地，非补助型的固定期限雇佣量增多。）（2）互补效应，当针对劳资关系不同方面的法律规范联合起来共同促进这些就业形式的应用时就会出现互补效应。（3）放大效应，当对一种就业形式放松管制能够引起对另一种就业形式也放松管制，而且这两者能够互相促进时，就产生了放大效应。尽管难以通过实证研究对这些效应进行考察，但是有关的研究在分析法国对代理工作和固定期限合同的放松管制和重新管制及相关法律规定时，发现这些就业形式之间是相互联系的。类似地，在法国使用临时雇佣和固定期限雇佣的合法原因（见表 21—1）紧密相关，从而相比于其他国家，互补效应和放大效应受到了更多的限制。

目前尚没有研究者对法国固定期限合同的工资缩减效应进行评估，不过 1984 年的一项调查显示，代理工人的工资相对会少 20%，这主要是由于非正规就业员工的资历地位不会带来工资的上升（Henry and Guergoat，1987）。法国的分析者主要研究了什么类型的企业更愿意采用固定期限工作和代理工作的形式。在对企业进行连续十年的调查和描述统计的基础上，Guergoat and Hocquaux（1991）总结出企业规模会影响非正规就业形式的使用。很少有小企业会采用固定期限合同，但是那些使用固定期限合同的小企业确实在很广泛地使用这种合同形式。总的来看，1977—1987 年间，非正规就业的数量逐渐增多，主要是由于越来越多的企业开始使用这种就业形式，而不是由于单个企业雇佣了更多的非正规就业员工。

同时，固定期限合同和代理工作的使用还存在行业差异。在法国，固定期限雇佣主要用于季节性工作和顶替缺席的员工，并且大多集中在服务业，如旅馆业、餐饮业、商业，以及农业（包括食品工业）（Michon and Ramaux，1993，p. 107）。

尽管法国的分析者们很难评估法律变更对劳动力市场结果产生的影响（Michon and Ramaux，1993，p. 96），但是与德国劳动力市场相比，法国法律改革带来的灵活度与非正规就业的普及程度之间的联系或者说相关性要更大，不过与西班牙相比就要小一些了。Ramaux（1993）在对跨越两个地区、涵盖所有行业的 24 个案例进行研究的基础上，指出了一种可能的情况，即在法国经济的繁荣时期，两种形式的临时性就业都可能会增加。为了就固定期限合同的使用进行更有效的对比，对不同国家中使用固定期限合同的弹性进行比较尤为重要，但是到目前为止还没有这类比较。

在微观层面上，不少评估研究是从社会经济学的角度来探讨不稳定就业问题的。他们通常将它与青少年的社会化研究联系起来讨论（例如，Join-Lambert and Viney，1988；Nicole-Drancourt，1992）。通过对大量毕业生样本进行分析，研究表明，在法国，新进入劳动力市场的年轻人所经历的固定期限雇佣的试用期在延长。不同于德国，法国劳动者第一次进入劳动力市场时的情况对随后的职业生涯并没有显著影响。在法国，后续就业的质量或职业生涯的动态促进了人们进入劳动力市场，同时也带来了在经历几次间歇性失业之后引发的社会排斥的风险（Join-Lambert and Viney，1988）。

2.1.4 英　国

英国的就业保护水平一直都比较低。直到 20 世纪 80—90 年代，玛格利特·撒切尔夫人和约翰·梅杰统治下的保守党政府对当时的就业保护体制进行了改革。此次改革的目标是为了减少就业保护，和与工会之间的合作，以铲除“商业上的负担”（英国贸易与产业部，1985）。

80 年代，英国废止了对妇女和未成年工的保护法（Deakin，1995），同时，将某些员工排除在就业保护范围之外。最重要的放松管制措施也许当数程序上的。在产业法庭受理不公平解雇或裁员费诉讼之前，对员工就业年限的最低要求从六个月增加到一年（1979 年），随后又进一步增加到两年（1985 年）。尽管英国摆出了高昂激进的政治姿态，但是放松管制政策并没有触及 70 年代所建立的就业保护体制的核心。这主要是由于，事实上人事管理决策中很少涉及就业保护问题。就像 Dickens（1994）的评论：“在英国，企业想要采取灵活性战略，并不需要放松管制政策做什么”（p. 236）。

我们有必要对英国关于就业权利的放松管制做一说明，当时的历史背景是英国正在对传统的唯意志主义劳资关系体系进行改革。70 年代及以前，英国的劳动法一直认可企业通过集体谈判就工资和劳动条件所进行的自治，法律只是略加节制。80 年代和 90 年代的保守党政府打破了这种传统的做法，阻止工会通过劳工运动的方式来保护就业。英国在 80 年代颁布了一系列就业法案，包括《工会法》（Trade Union Act，1984），以及后来的《工会与劳资关系法》（Trade Union and Labor Relations，1992），这些法案都是为了限制工会的力量，要求工会在处理其内部事务时采用投票选举的方法和程序，以抑制劳工运动。

对于英国，有关固定期限合同的劳动力市场放松管制政策的评估很少。20 世纪 80 年代的主要议题是灵活性问题（Pollert，1991）。但到目前为止，还没有这方面的宏观或微观层面的大规模研究。不过，对劳动力调查中的个人数据和《工作场所劳资关系调查》（Workplace Industrial Relations Survey，WIRS）中的企业数据进行描述性分析显示，1983—1987 年间，英国的固定期限员工和临时工人的比例一直很稳定，维持在 5%～6%（Casey，1991，p. 182）。但是人们仍在争论，在整个就业者群体中，非正规就业的几种交叉形式究竟是逐渐形成了一种弱势，还是反映了员工的个人偏好？研究者在调查中遇到了一些困难，因为很多被调查者都拒绝回答自己从事固定期限工作的原因。虽然如此，仍然可以发现英国有很多员工主动要求工作一段固定的时间，自愿从事固定期限工作。只有在失业率较高的地区，非自愿从事固定期限工作的员工才较多。部门分析还显示，80 年代，英国公共部门中固定期限员工的比例比私人部门增长得要快（Casey，1991）。

在英国，人们通常把固定期限工作、代理工作、非全日制工作和自我雇佣都划归非正规就业。这种关于灵活劳动合同的宽泛分类与法国的形成了对比，在法国，似乎只包括固定期限合同和代理工作，因为这两种形式的管制方式相同。英国的这种划分在某种程度上与德国比较一致，在德国，固定期限合同被视为非全日制工作的功能等价物（Büchtemann and Höland，1989；Delsen，1995）。不过，英国的分类似乎比德国更进一步，它将自我雇佣也作为固定期限合同的功能等价物。如果要对非典型雇佣和自我雇佣进行比较，我们需要确定自我雇佣的法定形式和劳动法下的“正规劳资关系”的基本模式。

2.2　比较评估

在对劳动力市场管制措施和劳动力市场运行的关系进行比较研究时，研究者会遇到一些困难，找不到适合各种制度背景下劳动力市场管制措施和劳动力市场运行的研究方法。于是研究者们大都从国家的层面来研究劳动力市场的运行情况，因为这时可以假设特定制度背景的基本要素是十分清楚的，没有必要再去明确制度要素。而固定期限合同的比较评估主要集中于对管制措施的特征及其最近的变动进行比较（Meulders，Plasman and Plasman，1994；OECD，1993；Walwei，1991）。一些研究几乎是在专门进行数据搜集工作（欧洲改善生活和工作条件基金会，1992），或者说是在汇编各种描述性信息（Meulders 等人，1994；OECD，1993），以反映固定期限员工和永久性员工在各种社会经济群体中的分布情况。这种对劳动力市场运行的抽象化比较研究通常都很难深化，其研究深度无法与国家层面的研究相提并论。

在国家比较研究中，法律条例都被抽象化或一般化，通常采用一个按国家分类的矩阵来比较法律条例的某些特征。具体到就固定期限合同对有关法律条例进行比较评估，矩阵的列标题列出了法律条例的基本要素：（1）使用固定期限合同可能受到的限制；（2）需要具备的“客观”理由或原因；（3）续约选择；（4）固定期限合同的最长时间限制（cf. Emmerson，1998，p. 796；Walwei，1991，p. 26）。在 OECD 的矩阵中（1993，p. 19），固定期限合同条例的特征会多一些，包括有无终止合同费用、有无解雇保护以及能否自动转成无固定期限合同。不过除了少数几个例外，这一矩阵基本上是用是或否来回答的。根据这些细节信息，结合描述性数据分析所得出的任何结论都仅仅是提出一种观点，而不是严格的多元评估分析。《就业展望》(Employment Outlook, OECD, 1994, p. 144) 对法律规范的比较研究更加完善了一步，它更加关注管制措施的动态调整，特别是用于规范固定期限合同的管制政策最近所发生的变动。这一扩充非常有用，因为它有助于我们认识管制体系内的路径依赖性，也有助于我们了解制度调整的速度和范围。对不同的劳动法规的动态调整模式和劳动力市场运行情况进行比较研究可以揭示就业体制的一些特征，而到目前为止，这些特征还没有得到人们的关注。

除了对管制措施和员工所受到的影响进行比较，欧洲改善生活和工作条件基金会还协助搜集了企业层面的数据进行评估 (Delsen and Huijgen, 1994)。调查中，企业被问及“这些工作形式得以发展的原因；雇主在实践过程中所感受到的优势和劣势；更多就业形式的选择在多大程度上满足了雇主和雇员的经济和社会需求/愿望”(Delsen and Huijgen, 1994, p. 5)。一些企业中45%的员工采用了灵活的就业形式，这些企业的管理人员声称他们企业的这些员工全部或大多都能转变为永久性就业。但是这种情况并不适用于季节性工作，此外，企业采用固定期限合同的另一个可能原因是，企业的未来经济前景具有不确定性，在这种情况下，续签的合同仍为固定期限合同的可能性更大 (欧洲改善生活和工作条件基金会，1992)。

虽然固定期限合同的比较评估有了更多新的视角，比如对政策目标的评价，即评价雇主使用固定期限合同的情况，但是由于调查选取的是单一的时间点，难以有效地反映出企业中固定期限合同的实际使用情况，也不可能体现出法律的变更所引起的固定期限合同使用情况的变化。欧共体委员会第二总司 (Directorate-General Ⅱ) (1991) 也在企业层面开展过一个类似的调查，调查结果显示，招聘和解雇方面缺乏灵活性是企业招募新员工时所面临的“重要”，甚至“非常重要”的障碍。但是在欧洲，有些雇主同意了集体合同中的要求，限制固定期限合同在自己企业内的使用，以及固定期限合同的期限。

Schömann et al. (1995) 为欧共体委员会第五总司 (Directorate-General Ⅴ) 进行的研究试图充分展现管制与市场关系中的两个要素，即在分析法律条例变更的同时，将其与欧共体数据的实证分析挂上钩。但是只有调查之前那年的横截面数据以及少量的回顾性信息是可得的。另一方面，欧洲劳动力调查 (欧洲统计局，1993) 的规模意味着大量的自变量可以纳入考虑范围，从而呈现出成员国在行业和职业结构，以及家庭和劳动力参与模式等方面更多的信息。由于篇幅有限，我们仅对上面讨论到的四个国家进行分析，因为这四个国家关于固定期限合同的制度规范变化最大。Schömann et al. (1995) 的报告中有1991年12个欧盟成员国的研究结果，以及详细的数据描述、变量定义和估算方法。

在1.1部分，我们曾讨论劳动合同的劳动力市场理论和法律理论，其目的是确定理论导向下的政策目标。在对固定期限雇佣形式进行评估时，需要将区分固定期限合同和正规劳动合同的分类或选择机制视为一项政策目标。对这一分类机制进行比较评估有助于掌握就业体制的动态结构及其对固定期限合同下的招聘行为的影响。Schömann et al. (1995) 使用1991年欧洲劳动力调查中的全部样本，估算出了使用固定期限合同概率的多元逻辑斯蒂回归模型。表21—2列出了其中的部分结果。因变量为员工签订的是固定期限合同还是正规劳动合同。正号表示该项能够增加固定期限合同的使用概率，带括号则表示在显著性水平为5%的情况下不显著。

表 21—2　　1991年固定期限合同使用概率的决定因素

	西班牙	德国	法国	英国
女性	+	(−)	+	(+)
单身	+	+	+	+
丧偶、离异、分居	+	+	+	(+)
户主	−	+	−	−
户主的配偶	(+)	+	(−)	(+)
	西班牙	德国	法国	英国
年龄（每五岁为一个年龄组，15～19，……）	+4	+4	+4	+1
欧共体国籍	(+)	(−)	(−)	+
非欧共体国籍	(+)	+	+	+
义务教育	+	−	−	−
A−level/Bac/Abi/BUP/COU	(+)	−	−	−
一年前的就业状况				
	西班牙	德国	法国	英国
失业	+	+	+	+
上学	+	+	+	+
非经济活动人口	+	+	(−)	+
自我雇佣	+	(+)	(+)	+

说明：表中所列估计值以劳动力调查的全部样本为基础，该样本涵盖了十个不同行业，估计过程中还使用了六个职位类别虚拟变量。全部估计结果请参见 Schömann et al.（1995）。A-level/Bac/Abi/BUP/COU 分别表示几种不同的受教育程度：Abi＝Abitur；Bac＝Baccalauréat；BUP＝Bachillirato Unificado Polivalente；COU＝Curso de Orientacion Universitaria。—表示无相关数据。

资料来源：Data from Labour Force Survey 1991 calculated by Eurostat，Luxembourg：Office des publications officielles des Communautés européennes on behalf of WZB.

由表21—2，我们发现，西班牙和法国的女性员工更可能签订固定期限合同。在这四个国家中，与已婚者相比，单身、寡妇、离异或分居的人更可能签订固定期限合同。所有成员国同时具有的最明显的特征是，年轻员工中有更多人签订的是固定期限合同。考虑到理论和历史原因，这一发现并不让人意外，因为一些成员国直到20世纪80年代才开始采用固定期限合同，因此固定期限合同主要用于劳动力市场上的新进者和变更工作的劳动者，而其中后者较少。这四个国家中明显的年龄选择效应表明，旨在推广固定期限合同的法律体制调整主要影响到的群体是新进入劳动力市场的年轻人。在德国、法国和英国，与本土劳动力相比，非欧共体国民的劳动者更有可能签订固定期限合同。1991年在英国和德国，与受过高等教育（例如，有大学文凭）的人相比，学历较低的人签订固定期限合同的可能性实际上更小；不过在西班牙，学历低的员工更有可能从事固定期限工作。

被调查者提供了调查前一年的经济活动信息，这样我们就可以考察这四个国家中的招聘动态。我们关注的是失业和就业的连续情况，以及就业和不工作之前或自我雇佣之前用在教育上的时间。在对这四个国家的分析中加入这些回顾性信息很重要，因为采用特定劳动合同形式的招聘过程是“路径依赖”的，也就是说，先前的失业时间、有没有接受过高等教育以及处于非经济活动人口的时间都能够反映员工或失业者一些可观测的特征。从理论角度来讲，劳动力市场分割理论明确了劳动者就业史的重要性。那些失业过或者工作中断过的劳动者似乎被认定为不可靠的。在我们研究的四个国家中，很多企业在招募员工时，都是为了延长试用期而签订固定期限合同的。

在进行跨年度比较时（详细情况参见 Schömann et al.，1995），我们发现，企业从失业者中招募固定期限员工似乎出现了一个停滞的趋势。固定期限员工中，很大一部分在过去一年里要么属于非经济活动人口，要么在接受全日制教育。在德国和法国，与1988年相比，从失业者中招募的固定期限员工数下降了。虽然法国又出台了一些管制固定期限合同的政策措施，但是在德国，固定期限合同所受到的管制较少，却并没有刺激企业采用固定期限形式招募失业者；两个国家中，固定期限员工所占的比例均保持不变。在法国和德国西部，与从失业者中招募固定期限雇员的情况相比，固定期限雇佣在年轻人中的年龄选择效应要更强。看起来，劳动合同的非正规形式更多地适用于劳动力市场的边缘人群。

3. 结 论

本章先对放松管制类措施进行了概述，随后就有关的评估研究进行了回顾，现在我们略做几点总结。为了提高劳动力市场灵活性而进行的就业保护体制改革在很大程度上受到了既有劳动法，尤其是解雇保护制度的限制。实际上，所谓的放松管制经常只是在对就业法规的现有理解基础上增加了一些劳动力市场政策的观点。另外，放松管制仅仅是将一些劳动力排除在就业保护体系之外。除了英国在程序上做了一些调整，将试用期延长到两年，没有一个欧盟成员国对解雇保护制度进行过程序上的改革。出于劳动力市场政策目的而进行的劳动法改革受到了既有法律规定和就业保护体制的严重制约。到目前为止，我们可以从放松管制措施中得出一个结论，就是关于固定期限合同的管制始终与解雇保护制度紧密相联。就业保护体制某一方面的改革对其他方面常常产生一些意外的持续影响，于是难以实施进一步的改革，从而无法提高劳动力市场制度结构的灵活性。但是，我们真的需要降低就业保护——特别是解雇保护——的标准吗？对这一问题的回答目前仍没有定论。一些经济学家指出，减少解雇保护实际上反而可能增加交易成本，因为劳动力的流动更快了，这将对整个就业前景产生不利的影响（Franz，1994）。

对法国（Michon and Ramaux，1993；Ministère du Travail et de la Formation Professionnelle，1992）、西班牙（Alba-Ramírez，1991；Segura et al.，1991）和德国（Büchtemann and Höland，1989；Infratest，1994）固定期限合同进行的主要评估研究都是单个国家层面的研究。他们都没有与使用过类似劳动力市场政策工具的其他国家进行比较，换言之，劳动力市场各主体所面临的制度环境没有发生改变。如果评估报告的主要议题是一国的立法变革，那么这样做是可以理解的，但是这种做法的不足之处在于，它容易忽视其他国家中所使用过的有效的功能等价物。单一国家研究的优点是，在分析劳动力市场的运行过程时，基本不需要特别关注该国就业体系的制度背景。但是有的研究仅仅对法律制度的某些部分进行评估，并将法律当作一个外部因素，不考虑它的动态变化，而采用静态的观点来研究它，这样就忽视了立法本身的不稳定性，它会因为立法修正、集体合同和司法解释而不断地发生改变。

通过对四个国家的评估研究进行比较，也可以看出针对特定国家进行研究的优点。这些研究对法律体系进行了多层次的分析。对于从国家比较的角度进行的评估，每个国家的法律体系都有可能就其管制的某个特定方面提供某种形式的数据，比如，工资谈判制度对固定期限雇佣及其功能等价物（如代理工作）的影响。一个国家内个人层面和企业层面有关就业保护和与工会之间合作情况的纵向数据可用于计算固定期限雇佣向永久性雇佣的长期转换率。即使在某些国家，劳动力调查的调查对象被分为几组，按组轮流参与调查，也能进行同样的分析。

尽管国家研究具有自己的优势，但是我们认为，未来的评估研究中需要加入比较分析，这样才能将国家研究的发现联系在一起。为此，我们需要找到一些具有良好理论基础的比较维度。比如，未来可能的比较维度包括雇佣关系的正式化程度（see Schmid，本手册第 7 章），通过法院行使权力的范围，在固定期限结束时或者劳动合同终止时支付的补偿金。从社会经济学的角度来看，还可以包括固定期限向永久性雇佣的转换率，固定期限员工的社会经济背景或就业史，非典型雇佣的工资差别的大小。进行这种比较分析，对跨国的政策制定和立法会有特别的帮助。

比较研究会面临一些困难，不仅要维持国家研究的分析深度，而且由于不同国家的就业体制不同，还要弄清楚多重的研究维度（Janoski and Hicks，1994）。由于不同的就业体制有各自的发展史，在一个国家中可视为功能等价物的事物在另一个国家中却不是有效的等价物，因而详细的国家研究能够为比较研究所提供的帮助十分有限。以往的做法都是对很多不同的国家使用几乎相同的变量，这种方法需要改进。我们建议在劳动力市场运行理论的研究基础上，运用多元微观估计技术，来进行劳动力市场法律方面的国家比较研究（2.2 部分）。如果这类研究能够与宏观经济模型相结合，就更加理想了，因为宏观经济模型能够反映出经济周期对劳动力市场运行所产生的影响。

注释

[1] 还可参阅 Däubler 关于《欧洲基本权利宪章》（Europäische Grundrechtsakte）的提案，尤其是第 37 篇：只有在雇员主动要求，或用以顶替暂时不能工作的雇员的情况下，固定期限合同才是合法的（Däubler，1989）。

[2] 关于就业保护体系各组成部分的更深入的讨论，包括代理工作或集体裁员能在多大程度上相当于固定期限合同，参见 Emmerson（1988）、Mosley（1994），以及 Büchtemann and Walwei，本手册第 22 章。

[3] Vissers and Dirven（1994）对西班牙和荷兰的研究也得出了类似的结果。他们所使用的也是面板数据，也采用了类似的估计技术。

参考文献

Adamy, W. (1988), 'Deregulierung des Arbeitsmarktes—Zwischenbilanz des Beschäftigungsförderungsgesetzes', *WSI-Mitteilungen*, 8, 475–82.

Alba-Ramírez, A. (1991), *Fixed-term Employment Contracts in Spain: Labor Market Flexibility or Segmentation?*, working paper 91–29, Departamento de Economia Universidad Carlos III de Madrid.

Bentolila, S. and G. Saint-Paul (1992), 'The Macroeconomic Impact of Flexible Labor Contracts, with an Application to Spain', *European Economic Review*, 36, 1013–53.

Bertola, G. (1990), 'Job Security, Employment and Wages', *European Economic Review*, 34, 851–79.

Büchtemann, C. F. (1993), 'Employment Security and Deregulation: The West German Experience', in C. F. Büchtemann (ed.), *Employment Security and Labor Market Behaviour—Interdisciplinary Approaches and International Evidence*, Ithaca/New York: ILR Press, pp. 272–96.

Büchtemann, C. F and A. Höland (1989), *Befristete Arbeitsverträge nach dem*

Beschäftigungsförderungsgesetz, research report no. 183, Bonn: Bundesminister für Arbeit und Sozialordnung.

Casey, B. (1991), 'Survey Evidence on Trends in Non-standard Employment', in A. Pollert (ed.), *Farewell to Flexibility*, Oxford: Basil Blackwell, pp.179–99.

Commission of the European Communities (1991), 'Arbeitsmarktentwicklungen in der Gemeinschaft—Ergebnisse einer Umfrage bei Unternehmern und Arbeitnehmern', *Europäische Wirtschaft*, 47, 7–164.

Däubler, W. (1989), *Sozialstaat EG? Die andere Dimension des Binnenmarktes (Strategien und Optionen für die Zukunft Europas)*, Gütersloh: Bertelsmann.

Deakin, S. (1990), 'Equality under a Market Order: The Employment Act 1989', *Industrial Law Journal*, 19, 1–19.

Deakin, S. and U. Mückenberger (1989), 'From Deregulation to a European Floor of Rights: Labour Law, Flexibilisation and the European Single Market', *Zeitschrift für internationales Arbeits- und Sozialrecht (ZIAS)*, 3, 153–207.

Delsen, L. (1995), *Atypical Employment: An International Perspective—Causes, Consequences and Policy*, Groningen: Wolters-Noordhoff.

Delsen, L. and F. Huijgen (1994), *Analysis of Part-time and Fixed-term Employment in Europe Using Establishment Data*, working paper no. WP/94/14/EN, Dublin: European Foundation for the Improvement of Living and Working Conditions.

Department of Trade and Industry (1985), *Burdens on Business*, London: HMSO.

Dickens, L. (1994), 'Deregulation and Employment Rights in Great Britain', in R. Rogowski and T. Wilthagen (eds), *Reflexive Labour Law, Studies in Industrial Relations and Employment Regulation*, Deventer: Kluwer, pp. 225–47.

Emmerson, M. (1988), 'Regulation or Deregulation of the Labour Market—Policy Regimes for the Recruitment and Dismissal of Employees in the Industrialised Countries', *European Economic Review*, 32, 775–817.

European Foundation for the Improvement of Living and Working Conditions (1992), *New Forms of Work and Activity, Survey of Experiences at Establishment Level in Eight European Countries,* Dublin.

Eurostat (1993), *Labour Force Survey 1983–1991,* Luxembourg: Office des publications officielles des Communautés européennes.

Fourcade, B. (1992), 'Evolution des situations d'emploi particulières de 1945 à 1990', *Travail et Emploi*, 52, 4–19.

Franz, W. (1994), 'Chancen und Risiken einer Flexibilisierung des Arbeitsrechts aus ökonomischer Sicht', *Zeitschrift für Arbeitsrecht (ZfA)*, 25, 439–62.

Gerritsen, D. (1995), 'Jenseits des "Normalarbeitsverhältnisses". Ansätze zu einer Sozialanthropologie der Beschäftigung', in S. Erbès-Seguin (ed.), *Beschäftigung und Arbeit. Eine Diskussion zwischen Ökonomie und Soziologie*, Berlin: edition sigma, pp. 101–21.

Guergoat, J.-C. and C. Hocquaux (1991), 'L'utilisation du CDD et de l'intérim par les entreprises', *Dossiers statistiques du travail et de l'emploi*, no. 75–76, Paris: SES–Ministère des Affaires Sociales et de l'Emploi.

Henry, R. and J.-C. Guergoat (1987), 'Le salaire des travailleurs intérimaires en octobre 1984', *Dossiers statistiques du travail et de l'emploi*, no. 33, Paris: SES–Ministère des Affaires Sociales et de l'Emploi.

Hunt, J. (1993), 'Firing Costs, Employment Fluctuations and Average Employment: An Examination of Germany', Department of Economics, Yale University. (Unpublished manuscript)

Infratest (1994), *Befristete Beschäftigung und Arbeitsmarkt. Empirische Untersuchung über befristete Arbeitsverträge nach dem Beschäftigungsförderungsgesetz (BeschFG 1985/1990)*, Munich.

Janoski, T. and A. M. Hicks (1994), 'Methodological Innovations in Comparative Political Economy: An Introduction', in T. Janoski and A. M. Hicks (eds), *The Comparative Political Economy of the Welfare State*, Cambridge, UK: Cambridge University Press, pp. 1–27.

Jimeno, J. F. and L. Toharia (1991), 'Productivity and Wage Effects of Fixed-term Employment: Evidence from Spain', Department of Economics, London School of Economics. (Unpublished manuscript)

Jimeno, J. F. and L. Toharia (1993), 'Spanish Labour Markets: Institutions and Outcomes', in J. Hartog and J. Theeuwes (eds), *Labour Market Contracts and Institutions—A Cross-national Comparison*, Amsterdam: Elsevier, pp. 299–322.

Join-Lambert, E. and X. Viney (1988), 'L'insertion des jeunes à la sortie de l'école entre 1983 et 1987', *Economie et Statistique*, 216.

Keller, B. and H. Seifert (1993), 'Regulierung atypischer Beschäftigungsverhältnisse', *WSI–Mitteilungen*, 9, 538–45.

Kraft, K. (1993), 'Eurosclerosis Reconsidered: Employment Protection and Work Force Adjustment in West Germany', in C. F. Büchtemann (ed.), *Employment Security and Labor Market Behaviour—Interdisciplinary Approaches and International Evidence*, Ithaca/New York: ILR Press, pp. 297–304.

Kraft, K. (1994), *A Comparison of Employment Adjustment Patterns in France, Germany, Great Britain and Italy*, WZB discussion paper FS I 94–207, Wissenschaftszentrum Berlin für Sozialforschung.

Linne, G. and S. Voswinkel (1989), *Vielleicht ist ja noch alles offen—Eine empirische Untersuchung über befristete Arbeitsverhältnisse*, Hamburg: Institut für sozialwissenschaftliche Forschung.

Meulders, D., O. Plasman and R. Plasman (eds) (1994), *Atypical Employment in the EC*, Dartmouth: Aldershot.

Michon, F. and F. Ramaux (1993), 'Temporary Employment in France: A Decade Statement', *Labour*, 7 (3), 93–116.

Ministère du Travail et de la Formation Professionnelle (1992), *Evolution récente du travail précaire*, Rapport au Parlement, Paris.

Möller, C. (1988), 'Flexibilisierung—Eine Talfahrt in die Armut. Prekäre Arbeitsverhältnisse im Dienstleistungssektor', *WSI–Mitteilungen*, 8, 466–75.

Mosley, H. G. (1994), 'Employment Protection and Labor Force Adjustment in EC Countries', in G. Schmid (ed.), *Labor Market Institutions in Europe: A Socioeconomic Evaluation of Performance*, Armonk/New York: M. E. Sharpe, pp. 59–82.

Mückenberger, U. (1985), 'Die Krise des Normalarbeitsverhältnisses', *Zeitschrift für Sozialreform*, 7, 415 ff., 8, 457 ff.

Mückenberger, U. (1989), 'Non-standard Forms of Employment in the Federal Republic of Germany: The Role and Effectiveness of the State', in G. Rodgers and J. Rodgers (eds), *Precarious Jobs in Labour Market Regulation. The Growth of Atypical Employment in Western Europe*, Geneva: International Institute for Labour Studies (ILO), pp. 267–85.

Mückenberger, U. (1993), 'Ist der "Sozialraum Europa" noch auf der historischen Agenda? Neue Beschäftigungsformen und deren europäische Regulierung', *WSI–Mitteilungen*, 9, 593–600.

Nicole-Drancourt, C. (1992), 'L'idée de précarité revisitée', *Travail et Emploi*, 52, 57–70.

OECD (1993), *Employment Outlook*, Paris: OECD.

OECD (1994), *Employment Outlook*, Paris OECD.

Pollert, A. (1991), 'Introduction', in A. Pollert (ed.), *Farewell to Flexibility?*, Oxford: Blackwell, pp. xvii–xxxv.

Ramaux, C. (1993), *Comment s'organise le recours aux CDD et à l'intérim*, working paper, Université de Paris I—Panthéon Sorbonne no. 919.

Rogowski, R. and T. Wilthagen (eds) (1994), *Reflexive Labour Law. Studies in Industrial Relations and Employment Regulation*, Deventer: Kluwer.

Schömann, K. and T. Kruppe (1993), *Fixed-term Employment and Labour Market Flexibility—Theory and Longitudinal Evidence for East and West Germany*, WZB discussion paper FS I 93–204, Wissenschaftszentrum Berlin für Sozialforschung.

Schömann, K., R. Rogowski and T. Kruppe (1994, Autumn), 'Fixed-term Contracts in the European Union', European Commission, *Employment Observatory Policies*, 47, 30–39.

Schömann, K., R. Rogowski and T. Kruppe (1995), *Fixed-term Contracts and Their Impact on Labour Market Efficiency and Individual Job Careers in the European Community*, WZB discussion paper FS I 95–207, Wissenschaftszentrum Berlin für Sozialforschung.

Segura, J., F. Durán, L. Toharia and S. Bentolila (1991), *Análisis de la contratación temporal en España*, Madrid: Ministerio de Trabajo y Seguridad Social.

Teubner, G. (1986), 'After Legal Instrumentalism: Strategic Models of Post-regulatory Law', in G. Teubner (ed.), *Dilemmas of Law in the Welfare State*, Berlin/New York: De Gruyter, pp. 299–325.

Vissers, A. and H. J. Dirven (1994), *Fixed-term Contracts in the Netherlands: Some Evidence from Panel Data*, WZB discussion paper FS I 94–212, Wissenschaftszentrum Berlin für Sozialforschung.

Walwei, U. (1991, January/February), 'Fixed-term Contracts in EC Countries', *Intereconomics*, 25–31.

第22章　就业保障与解雇保护

Christoph F. Büchtemann, Ulrich Walwei

在大多数西方工业化国家中，就业保障，以及法律关于雇主终止劳动合同所作的限制对劳动力市场带来的影响，一直是劳动力市场政策领域的热点问题。那些支持解雇限制的学者认为，对雇主的解雇行为予以管制，有助于建立劳动力市场行为主体之间的平等、公平关系，同时能够稳定就业，因而是必要的。反对者则认为，这种管制降低了劳动力的调整速率，增加了固定的人工成本，降低了市场配置资源的效率。他们认为，这至少是欧洲国家（与美国相比）就业增长缓慢、长期失业率居高不下的原因之一。在20世纪80年代，尽管这样的批评还只是建立在抽象的概念上，而不是企业经验事实的层面上，但是，一些欧洲政府出台了新的劳动力市场政策，放宽了对企业解雇员工行为的部分法律限制，或者为企业规避解雇员工留出更多的空间，例如，允许企业更加自由地使用临时工（see Rogowski and Schömann，本手册第21章），鼓励大龄员工提前退休（see Casey，本手册第12章）。尽管政策出现了这些变化，但是关于就业保护政策对于劳动力市场的影响的争论丝毫没有削减，这从《就业展望》（Employment Outlook，OECD，1993，pp. 95－104）和《欧洲就业》（Employment in Europe，欧共体委员会，1993，pp. 173－185）两本书中可以看出，两本书分别花了一整章来讨论这一问题。

在过去的20年中，关于就业保障的争论引发了大量的科学研究。但是，关于当前就业保障政策对劳动力市场影响的研究结论却大相径庭，因而需要改进评估方法和研究方案的设计。特别地，大多数以前的研究没有明确的理论基础，缺乏对现代劳动关系本质的准确定义，对市场失灵的潜在原因分析不清，没有很好地比较不同政策工具的影响。同时，由于法律法规的影响范围很广，要确定和测量这些政策带来的复杂的行为影响，具有方法上的难度。关于就业保障的规定不是对具体的、可观察的行为进行限制，这与一些运用有形激励机制（如直接的经济补贴）的积极劳动力市场政策不同。因为这些政策的目标是明确（如再培训项目的参与率）的，所针对的群体是固定的。就业保障政策往往只是限定了最低标准，规定了终止劳动合同的程序、对违约行为（如不公平地解除劳动合同）的判定和制裁，以及对受害者的补偿办法。结果，很难区分政策的参与者与非参与者。由就业保障政策导致的当事人行为变化是很难观察的，这就难以使用传统的政策评估方法。

本章中所讲的“就业保障与解雇保护”，并不是说绝对地保障所有劳动者都不被解雇。在现代市场经济中，对绝大多数劳动者来说，就业保障只是保护劳动者不被雇主专断地、没有理由地终止合同。[1]换句话说，劳动关系的终止需要符合某些标准、规则和程序。规定的严格程度因国家、劳动者、职位的不同而不同。可见，就业保障机制是一个持续的过程，而不是一个固定点。它涉及法律的事前规定，资历制度，基本的公平解雇标准，雇主与工人代表之间达成的强制性协议，管理部门的受理程序等。这些规定及其对员工和企业的影响，对整体劳动力市场结果的影响是本章讨论的核心内容。

本章接下来将这样展开：第 1 部分讨论现代就业关系的基本特点，及其对"有效"就业保障政策的启示，以减少市场失灵和政策失灵的风险。这个讨论将形成一系列的理论标准，用来评估就业保障机制的经济影响。同时也会提出一些问题，要求政策评估研究来解答。第 2 部分将介绍几种不同的解雇保护制度，尤其是欧洲与美国的对比，同时会根据各国解雇保护制度的相对严格程度尝试做一个分类。第 3 部分将对既有的评估研究做一个回顾和总结，考察这些研究所使用的研究方法及评估指标。第 4 部分是该领域的现状及未来研究方向。

1. 理论探讨

任何关于就业保障和解雇保护政策的评估研究都需要首先明确实现劳动力市场效率[2]的条件，以及最优的社会和经济结果。找到这些条件有助于我们从理论层面提出一些标准，用以评估现有的解雇保护机制及其对经济行为和劳动力市场结果的影响。从分析的视角看，该领域是否需要政策干预主要取决于两个问题。第一，从个人和集体利益最大化的角度来看，现代劳动力市场和劳动关系的特点需要政策就终止雇佣关系的条件和有关事宜做出规定吗？第二，这些条款应当采取怎样的形式？政府政策（立法）的形式或仅仅是劳动者和企业之间契约的形式，哪一个更有效率？

1.1 现代劳动力市场与劳动关系的本质特征

自 20 世纪 70 年代以来，实证研究所显现的铁饭碗的就业模式以及就业对需求波动的调整滞后或不完全，都推动着劳动力市场分析的理论探索。为了解释企业和员工为什么能够自发地保持长期稳定的雇佣关系，理论界提出了很多观点。其中争论的焦点是资产专用性和特质交易所导致的市场不完全性的问题。换句话说，劳动者与企业之间的交易（与传统的产品市场交易不同）涉及一些不可逆转的投资，形成这种雇佣关系特殊资本（沉没成本），只要两方的交易在继续，就会在他们之间（双垄断）形成经济租金，产生共同的利益，维持长期的就业关系。[3]更具体地说，在这个框架下的理论模型更多关注的是固定就业成本（劳动力流动成本），它产生于就业之初（比如甄选成本、雇佣成本、特殊培训、职位匹配等）。其他一些模型强调，员工比企业更加厌恶风险，这样，企业通过隐性合约将收入流分配到一个较长的时期中的做法更为理性。还有一些模型，如效率工资理论，强调了信息的不对称，以及工作过程中对努力程度的监督成本。这些理论证明了资历工资、延期支付计划的有效性。最后，内部劳动力市场理论结合了上述部分观点，认为劳动力的流动具有双重性。在某些经济部门中，内部劳动力的调整较缓慢（主要是大企业），而在其他一些涉及外部劳动力市场的部门中，劳动力的调整速度较快（如传统职业：手工业部门，或者主要雇佣临时工的二级劳动力市场等)。从这个理论看，内部劳动力市场中的技术因素要求进行企业特殊投资，而信息的不对称产生了监督成本：员工通过接受延期支付的形式做出培训和监督的沉没投资。与此同时，企业也在共担培训成本和增加无形资产中(如在劳动力市场上的声誉)做出了沉没投资(Cohen and Wachter，1989，p.245)。总之，这些理论观点表明，即使从严格的微观意义上说，长期稳定的雇佣关系与经济效率的提高也绝不是矛盾的，有时甚至有助于提高效率，实现社会福利的最大化。

同时，理论也表明企业和员工之间的长期雇佣关系也会给双方带来很高程度的不确定性。首先，信息不对称可能会带来企业或员工的机会主义行为。为了减小员工怠工的风险，企业需要设计特殊的薪酬计划，激励员工努力工作，与此同时，企业保留解雇员工的权利，解雇那些不满足企业要求的员工。另一方面，从员工的角度讲，如果没有约束性的制度或公平标准，就不能相信企业不会解雇他们，也不能相信他们之前为企业付出的努力能够得到回报。员工面临的这种风险首先会使他们不愿意接受延期支付的工资计划。第二，由于信息的不完全性，企业和员工双方都面临着未来雇佣关系的不确定性。而要收回各自的初始投资，二者间的雇佣关系必须延续。例如，如果在产品市场上，对企业产品的需求突然急剧减少，企业可能不得不减少劳动力数量，从而无法履行延期支付的承诺。在信息不对称和未来不确定的情况下，双方对于维持这种涉及沉没投资的长期雇佣关系的意愿依赖于他们能否在彼此之间建立一种管理机制，以实现相互信任和风险共担。

> 相互信任，要求能够防止对方的机会主义行为。这就意味着企业不能随意地解雇员工(或单方面改变合同条款)，从而不能侵占员工在共同沉没投资的租金中所应得的份额；员工也不能怠工，因为怠工会降低企业的投资收益，会遭到解雇。
>
> 风险共担，则需要一套可行的规则，使得双方能够在其相应的能力范围内，分担未来突发事件所可能引起的损失。这也就是说，当经济环境发生改变时，不能强制企业维持雇佣关系，因为这会严重危及企业的生存，但是，企业必须对员工之前的努力做出补偿。

换言之，要实现长期稳定的雇佣关系，使劳资双方都能在具有不确定性的未来享有投资收益，取决于就工资和工时(see Hall and Lazear，1984；Rosen，1985)，特别是就在何种情况下哪一方可以终止雇佣关系的具体条件，达成共识，签订合同。正是由于规范雇佣关系终止的各种规程具有这种内在的经济利益，因此即使在没有法律的外在约束的情况下(或在法律规定产生之前)，通常也会见到各种规定，包括关于试用期的成文或不成文规定，规章制度，提前告知要求，选择性解雇，遣散费等(Büchtemann，1993b)。这对于评估不公平解雇政策具有重要意义：如果企业和员工在建立用于规范雇佣关系终止行为的规则、标准和程序时确实存在经济利益，那么不公平解雇政策的直接经济成本可能并不像一些模型所预期的那么大，因为那些模型建立在完全竞争劳动力市场的假设基础之上。

1.2　市场失灵的来源和公共政策干预的合理性

从上面的分析来看，员工在工作中的权利是“自主交换”的结果(Addison，1989，p.136)，因此不需要法律规定。这个观点也就是自由主义学说对于劳动关系的看法。他们认为，只要产权明晰，当事人之间的自主谈判和协商就能产生最优结果(Epstein，1984；

Posner，1984，pp. 990−995；Soltwedel et al.，1990)。要想反驳这一观点，需要证明只有私人的契约是不能实现市场效率的，而且这种无效率可以通过第三方的干预减小或者避免。

事实上，已经有很多关于劳动法（Leslie，1989；Schwab，1989）和其他领域的法律研究（Cooter and Ulen，1988；Shavell，1984；Spulber，1989）指出了市场失灵可能出现的各种情况，认为第三方的参与会产生更优的结果。比如，外部组织可以通过制定规则和标准降低谈判双方原本很高的交易成本。随着沉没投资的增加，收回租金期限的延长，经济环境变化的日益频繁，企业和员工之间的交易成本会增加。还有一种情况表明需要政府的政策干预。如果当事双方（在这里指企业和员工）的契约影响到第三方利益（外部性），市场就不是完全有效的。在这种情况下，通过法律规定以实现外部成本的内部化会提高效率。

此外，私人合约的执行成本很高，而法律的强制性成本低，因此法律规定可以提高效率。比如，当事人对合同的遵循很难监督，合同的条款内容模糊，可能会产生相互冲突的解释，违约行为所造成的损失很难测量，当事人行为与违约造成的损失之间的因果关系不容易确立。在这些情况下，关于合同条款的争议最容易发生，这就需要有外部仲裁人对每个案例逐一进行调查，成本非常高。这个过程对双方都产生了法律上的不确定性（see Kolstad，1990)。事实上，正是以上描述的这些问题促进了欧洲模式的不公平解雇法在美国的实行与发展（see Gould，1993，pp. 63−108；Krueger，1991；Maltby，1994)。鉴于现代雇佣关系的复杂性和不确定性[4]，传统的习惯法制度已越来越不适用（Leonard，1988，p. 636；see also Fisher，1994；Krueger，1992)。

最后，Levine（1991）指出，私人合同可能无法解决无固定期限雇佣关系中固有的逆向选择和道德风险的问题。可以说，只要就业关系中止的条款由当事双方协商决定，提供公平条款的企业肯定比那些随心所欲的企业更吸引员工，因为员工在后一种企业中面临着更高的解雇风险。对企业来说，求职者的逆向选择与员工工作以后的怠工风险会使企业倾向于不提供公平的条款和解雇标准，这当然会影响那些不怠工的员工。在这种情况下，法律通过针对当事双方的行为制定统一的标准和行为准则，可以解决“囚徒困境”的问题，从而提高总体效率。

上面的推理说明，需要在解雇立法所带来的直接成本与仅依靠私人合同情形下的成本，以及沉没投资的社会经济成本之间做出权衡。此外，美国在很大程度上可以说没有关于终止劳动关系的法律，这方面的争议按民事合同法处理。美国的经验也向解雇法提出了质疑，是否民事合同法就可以解决现代长期劳动关系中的各种复杂问题（see Dertouzos and Karoly，1993；Maltby，1994；Troy，1990)。从法律经济学理论来看，民事合同法解决终止雇佣关系问题的成本和潜在的低效率是解雇法的机会成本。[5]

1.3 有效的解雇保护机制的要素

虽然现在得出了结论，在某些情况下，法律约束可能比单纯的私人合同更加有效，但是这并没有说明什么样的法律对于达到这个目标是最优的。不过，上面的理论讨论仍然可以为我们提供一些启示，也就是，有效的就业保障政策具有哪些要素和特点。

首先，为了支持企业和员工共同进行投资并从中得到回报，解雇保护政策必须考虑到现代劳动力市场背景下私人合同中的沉没成本问题。具体地说，主要考虑以下两点。

（1）为了减小机会主义行为的风险，有效的解雇保护机制应该包含一些限制性条款，使雇主不能随心所欲地解雇员工。也就是说，在条款中要对解雇员工的条件有所规定，比如员工不能胜任工作、怠工或渎职等。此外，由于不能胜任或怠工的员工存在逆向选择的风险，企业可以对新员工规定试用期。在试用期期间，企业可以不受解雇保护条款的限制，从而可以对新员工进行仔细的在职甄选，反之亦然。双方的投资随着任期的增加而增加，因此解雇保护条款的严格程度会随着员工资历的增长而上升。

（2）在经济萧条时期，劳动力需求下降。风险共担意味着，如果市场形势严峻，企业保留单方面解雇员工的权利，只要企业在解雇前已经尝试过用各种"合理的"[6]手段留住员工，例如调整劳动力的形式，通过停止招聘或工作分享来缩短工时，等等。当解雇不可避免时，如果存在延期支付计划，有效的解雇保护政策应该规定首先解雇年轻的员工（解雇顺序与资历相反），支付遣散费，以对年老员工过去的工作给予部分补偿。

其次，为了避免企业在追求自身利益最大化时所产生的外部性，有效的解雇保护政策应该能够使社会成本内部化。总的来说，当企业解雇员工带来的外部成本大于企业留住员工的私人成本时，外部性就产生了。为了减小外部成本，就业保护政策应该包含提前告知的要求，要解雇员工时应事先告知，使员工能够在尚未被解雇时寻找新的工作，减少由于摩擦性失业给政府带来的失业保险负担。此外，因为员工的后天人力资本投资不同，所以他们找到新工作的可能性也不相同，提前告知的期限应该随着工龄或年龄的增加而延长。

另外，大规模的解雇员工也会产生很大的外部性，震动当地的劳动力市场，给当地带来各种各样的成本（例如，减少产品需求、降低房地产价格等）。为了减小这种外部性，有效的解雇保护机制应该要求企业在大规模的解雇员工之前向当地的劳动力市场监管部门报告。监管部门根据实际情况有时会要求延缓解雇，从而避免当地劳动力市场的震荡。

第三，考虑到现代雇佣关系中的沉没成本主要产生于大中型企业（因为大中型企业拥有内部劳动力市场），有效的解雇保护机制应该对小企业予以照顾。小企业由于规模小，组织结构简单，难以采取其他的劳动力调整模式，因此解雇保护政策给小企业带来的成本可能要高于大企业。

基于以上三点的解雇保护立法不仅可以抵御高昂的市场失灵成本，而且可以鼓励企业和员工对二者的雇佣关系特殊资本进行投资，提高总体经济效率。此外，通过清晰地界定产权和事先建立统一的解雇标准、规则和程序，解雇立法不仅减少了私人主体之间进行谈判的交易成本，而且避免了民事合同法在解决劳动合同条款争议中遇到的困难。由于某些劳动合同的条款内容模糊，按照民事合同法的规定，只能在事后通过对每个案例的透彻分析确立标准，而这样做的成本很高。美国的经验显示，这种事后的责任决定机制加大了法律的不确定性。而法庭判决及先例向其他市场参与主体所传递的这种不确定性的信号，会影响法律的执行力度。也就是说，当事人可能根本不改变自身的行为，或者可能改变过度，不能达到社会最优（see Craswell and Calfee，1986；Spulber，1989，p. 405）。正是因为这种事后决定的机制存在缺陷，所以有必要在事前建立明确的规则，规范个体的行为，规定不公平解雇的补偿办法，以及对违约者的制裁。

1.4　风险和政策失灵的原因

上述关于现代劳动市场中解雇保护机制的理论分析所得出的结论与许多欧洲国家解雇

保护制度的基本框架和构成（在日本和美国，虽然没有解雇保护立法，也有一些大企业自发地以成文或不成文的形式建立了这种制度）是一致的，这并非巧合。从历史上看，解雇保护法律能够成为许多欧洲国家普遍的法律实践，与内部劳动力市场的发展密切相关，同时伴随着资本密集型企业的增加，规模经济的发展，劳动分工的细化，劳动力流动成本的增加。事实上，在 20 世纪 60—70 年代这些欧洲国家实行解雇保护法律以前，很多企业已经采用了法律后来所规定的规则和程序。在这种情况下，法律只是对经济中主要部门和先进部门既有的实践予以认同和规范化，并推广到其他经济部门（see Büchtemann，1993a）。

但是，这并不是说解雇保护机制给经济带来的好处和收益一定大于政策的经济成本。相反，正像我们指出的市场失灵的几种原因（在缺乏政策干预的情况下产生次优结果）一样，一些政策失灵的现象也会存在，这些政策失灵同样引起了市场的扭曲和无效率。

（1）设计失灵

当政策的设计破坏了劳动力市场达成有效私人合约的基本逻辑，减少了员工和企业对双方的雇佣关系特殊资本所进行的投资，或者阻碍了劳动力市场的交易时，政策失灵便产生了。在解雇保护法律领域中，如果政策的设计不是仅仅为了消除私人合同的外部性，而是承担了过多社会分配等目标的责任，政策失灵就很容易产生。例如，法律为某些群体（例如重度残疾或大龄员工）所提供的绝对就业保护。在缺乏其他配套措施（例如，有针对性的就业或培训补贴）的情况下，这种绝对保护政策强迫企业承担了员工保护的全部成本，从而违反了有效劳动合同的风险共担原则。过于严格的就业保护制度可能会产生不利的后果，比如企业在招聘过程中会歧视受保护群体，从而产生了典型的内部人一外部人问题。

另外一种政策设计失灵的情况是设计的规则和标准很模糊，不能清晰地界定产权，对违法和违规行为没有规定明确的处罚措施和起诉程序，进而产生了矛盾的法律解释和高昂的诉讼成本，导致了法律的不确定性。[7]最后，法律的适用范围也会产生无效率，例如多大的企业规模才适用解雇保护法律。这种规定可能会产生某种无效率（并且经常会诱导企业采取一些规避行为）：当企业雇佣一个员工之后，规模正好超过了法律的临界点，该企业所有员工的劳动合同条款可能都要改变。

（2）执行失灵

政策失灵的另一个可能来源是公共政策、法律和制度的执行方式。具体到解雇保护法，它主要由劳动法庭（或者相应的劳动仲裁机构或特别法庭）和专门的公共管理机构（例如当地负责解决集体下岗事务的劳动部门和负责判定残疾人等特殊群体所遭受的解雇是否公平的专门委员会）予以执行。在这里，造成无效率的一种重要原因可能是劳动法庭（或相应部门）的判决不当，或劳动法庭之前的判例不当。在执行一些不明确的法律条款时，法官可能改变了法律的内容（与以前案例中对法律的解释相比），从而会反过来影响现有的定义和产权的分配，由于这一判决又建立了新的判例，因此它会在某种程度上改变相应领域内的劳动关系（see Hamermesh，1993）。事实上，德国的雇主最近经常批评劳动法庭判决的不一致性，经常改变劳动标准，法律的信息成本很高，不确定性很大（see Deregulierungskommission，1991，p. 135；Soltwedel et al.，1990，pp. 28—31）。类似地，最近在欧洲对 2 000 个企业所做的一个调查（see UNICE，1995，p. 33）显示，企业对于政府管制的主要抱怨之一就是公共部门对法律的执行具有不一致性。另外一种执行失灵来源于冗长的管理或仲裁程序。它除了给劳动力市场主体带来较高的耽搁成本，还经常使得改进措施不能实行（例如回聘被不公平解雇的员工），因为当判决结果出来时情况可能已经发生了很大变化。

（3）由结构的不一致和制度的不协调导致的政策失灵

政策失灵一个最常见的来源是一种不协调。一边是制度所提供的激励和法律所要求的行为，另一边是变化中的机会结构，以及经济主体（企业和员工）可能采取的行为的集合；这二者之间的不协调导致了政策失灵。换句话说，一种制度在一定的历史时期和经济环境下可以提高效率，但是当经济环境和经济组织的形式发生变化时，原有的制度可能就不奏效了。此外，公共政策干预所提供的行为动机和信号会受到更广泛的制度环境的影响。例如，劳动力市场的变化速度加快，外生的技术变革也在加快，这会增加雇主的就业保障成本，降低了企业维持与员工的长期劳动关系的积极性。在这种情况下，调整速度成为企业保持持续竞争力的先决条件（时间竞争）。这样一来，现有解雇保护政策带来的稳定的内部劳动力市场与迅速地重新配置劳动力的要求产生了冲突，也与劳动关系特殊投资回报率的下降相悖。当解雇保护机制不能适应经济环境的变化时，如果政策不能及时调整（制度惰性），便会导致无效率。

另一种情况是，其他领域的制度变化（如最低工资提高了）可能不利于企业和员工对二者劳动关系特殊资本的共同沉没投资，或者鼓励企业规避解雇保护法的管制（如企业与员工签订固定期限劳动合同）。由于不确定性和有限理性，雇主可能选择与员工签订固定期限劳动合同，这样既降低了终止劳动关系的潜在成本，同时也放弃了在长期、无固定期限劳动关系情况下共同沉没投资所获得的租金。

从上面关于市场失灵和政策失灵的讨论可以看出，要评估解雇保护法律对劳动力市场效率和社会总福利的影响，不仅需要对当前的解雇保护机制和劳动力市场环境作深入的分析，而且需要谨慎地权衡成本与收益。理论上说，后者需要包括现有政策的机会成本，也就是说，要考虑其他用于规范复杂的劳动力市场和现代劳动关系的方法的成本和收益。很明显，由于执行的困难以及数据的局限，大多数的评估研究都不能满足上述要求。然而，这些理论上的要求却为先前评估研究的设计、方法和结果提供了理论标准，帮助我们正确评价这些研究的相对价值，政策建议的贡献等。

2. 不同的政策体制

2.1　制度多元化：欧洲和美国

与美国不同，大多数欧洲国家运用法律的手段对劳动关系的终止进行规范。尽管如此，欧洲国家的解雇保护机制各不相同。每个国家的政策体制都受到本国的劳动力市场状况、社会政治环境、重大历史事件和政策动机等因素的影响，因而并没有统一的政策框架。从这些政策出台时的背景和动机来看，一些政策强调失去工作时的经济补偿，其原始动机是鼓励劳动力流动，而不是保住劳动者现有的工作（例如英国）。其他国家（如德国和意大利）强调工作的维持，恢复那些被不公平解雇的劳动者的就业地位。还有一些国家

（如法国）的政策动机是防止失业保险政策执行过程中的道德风险。一些国家（如法国、西班牙、葡萄牙和荷兰）更加法律化、集权化、统一化，而另外一些国家（如意大利和英国）更多地依赖契约的方式，通过集体谈判得出解决问题的程序和措施。由于解雇保护机制依赖于集体谈判的力度，因此单纯地考察法条本身并不能得出有说服力的结论。

尽管在历史根源、根本的政策动机和制度途径等方面存在差异，但是大多数欧洲解雇保护机制有很多共同点，比如试用期，以资历为基础的解雇提前告知制度，向工人代表征求意见的强制要求，大规模解雇和企业倒闭的行政审批制度，为不公平解雇提供补偿、或为缓解劳动者失业后的经济压力而建立的遣散费制度，在企业违规情况下恢复员工原有工作的措施，等等。更重要的是，与美国不同，主要的欧洲国家都规定了解雇的公平条款，即只有在满足一些条件的情况下企业才能解雇员工。员工存在严重问题时（例如不能胜任工作、渎职或频繁旷工），可以解雇。经济出现问题时（需求下降，职位削减，工厂倒闭等），可以解雇。然而，公平条款的具体内容和对解雇流程的规定（如事先警告或记档）因国而异。大多数欧洲解雇保护机制都规定了不公平解雇情况下雇主将会受到的处罚和员工将会得到的补偿（想要了解不同欧洲国家的具体规定，请参见 Barnard et al.，1995；Blanpain，1990；Büchtemann，1993a；CNEL，1995；Kuechle，1990；Mosley and Kruppe，1992；Rodriguez-Pinero，1992）。

如果仅考虑解雇保护政策，而不考虑其他配套政策，那么分析问题就不完整。比如，失业金，工作分享补助，提前退休计划等，都对解雇成本的水平和分配有着直接的影响。在欧洲国家，这些配套的制度扮演着很重要的角色（在美国没这么重要），但是在政策目标、政策构成、规模和执行过程上存在很大的差异（要了解详细情况，请参见 Schmid and Reissert，本手册第 8 章；Casey，第 12 章；Mosley and Kruppe，第 20 章）。最后，各个国家劳动法的严格程度不同，规避法律管制的可能性也不同。例如，一些雇主试图利用这些法律上的漏洞，通过签订固定期限劳动合同、雇佣临时工（见本手册第 21 章），或者把工作转包给自我雇佣者，避开解雇保护政策。

下面考察美国的情况。美国通常被认为是唯一的几乎没有解雇保护机制的高度工业化的国家。这使得很多学者在讨论欧洲劳动力市场的灵活性和放松管制的过程中以美国作为参照。直到最近，19 世纪末的“雇佣随心所欲”理论仍然在美国大部分地区盛行：劳动关系的任何一方可以因任何原因（“可以是合理的原因，可以没有原因，甚至可以是出于有悖于道德的原因”）在任何时间解除劳动合同，不需要提前告知（Payne v. Western and Atlantic Railroad，1884）。[8]关于解雇和裁员的法律规定和程序一般只在公共部门和有工会的私人部门实行；但在过去的 20 年中，工会的数量持续下降（目前，工会会员占私人部门雇员总量的比重不到 13%）。[9]然而，在工会化程度下降的时期，也就是 20 世纪 70—80 年代，随心所欲的雇佣理念受到了越来越多的挑战，很多州最高法庭开始认识到劳动关系已经越来越复杂，它们的判决也开始与这一理念背道而驰。在此期间，民事法庭受理的不公平解雇诉讼急剧增加，而且判决结果往往是原告获胜，原告可以拿到数额很大的补偿金（see Weiler，1990，pp. 48-60；Youngblood and Bierman，1994）。这些变化主要与两个因素有关：（1）隐性合约的打破。换句话说，解雇员工的方式违反了企业在员工手册上关于就业保障的承诺；（2）公平交易和诚信契约的打破。也就是说，尽管雇主对员工以前的绩效感到满意，并对其进行过一些晋升，尽管这表明继续二者之间的雇佣关系是符合雇主的利益的，但雇主最终还是解雇了员工。

直到最近美国联邦政府和州政府才开始采取措施，制定一些关于就业安排的法律法规。80 年代后期，法律开始规定提前告知制度，即工厂在关闭或者大规模减员之前要提前 60 天告知员工。同时，蒙大拿州政府初步规定了终止劳动合同的公平标准（参照欧洲标准）(see Brierman, Vinton and Youngblood, 1993)。接下来可能会颁布更多新法律。在美国，随心所欲的雇佣理念（Krueger, 1991, 1992）导致了无效率、高昂的法律成本和法律的不确定性，这也促使美国立法机关提出了各种提案来规范劳动关系。如果这些提案得到通过，成为法律，将是美国自 1988 年蒙大拿法和由联邦法律委员会[10]起草的《雇佣终止法案》(Model Employment Termination Act, META）之后最重要的解雇立法。与欧洲国家的很多法律类似，雇佣终止法案规定了各类解雇的公平标准，一年的试用期，享有公共补助的仲裁，对弃权行为的法律限制，以及对遣散费、赔偿金、损失费的限制（详细情况请参见 St. Antoine, 1994)。

2.2　解雇保护的"相对严格程度"：各国排序

尽管各国的制度背景很复杂，最近仍然有一些研究运用不同的标准和研究方法对不同国家的解雇保护机制进行了分类和比较。分类标准主要是各国法律的严格程度以及雇主提出解雇的成本（见表 22—1)。

其中，Grubb and Wells（1993）最全面，对不同国家的解雇保护机制进行了分类。在研究中，他们设计了一个"严格程度"指数，包含了解雇程序方面的要求，推迟和提前告知规定，无过失解雇的遣散费，不公平解雇的定义和潜在成本（包括恢复就业）等方面的信息。分析得到，葡萄牙、西班牙、意大利、奥地利和希腊的解雇保护法律最为严格，紧随其后的是德国、法国、荷兰和比利时、英国和丹麦的法律对解雇的限制最少（表 22—2，第四栏)。

表 22—1　　根据解雇保护机制的严格程度对各国排序

	IOE (1985)	Kuechle (1990)	Bertola (1990)	Bentolila and Bertola (1990)	Lazear (1990)	Mosley and Kruppe (1992)		Grubb and Wells (1993)	
						a	b	a	b
比利时	s	7	2	—	7	5	4	8	4
丹麦	m	—	9	—	6	10	7	10	7
法国	f	5	3	2	5	4	6	6	9
德国	f	6	5	3	8	6	8	5	6
希腊	—	7	—	—	4	8	3	4	1
爱尔兰	s	—	—	—	11	9	11	9	10
意大利	f	4	1	1	1	1	1	3	2
荷兰	f	3	7	—	—	2	9	7	8
葡萄牙	f	2	—	—	3	7	10	2	5
西班牙	f	1	—	—	2	3	2	1	3
瑞典	—	—	4	—	9	—	2	—	—

续前表

	IOE (1985)	Kuechle (1990)	Bertola (1990)	Bentolila and Bertola (1990)	Lazear (1990)	Mosley and Kruppe (1992)		Grubb and Wells (1993)	
英国	*I*	8	6	4	10	11	5	11	11
美国	—	—	10	—	12	—	—	—	—

说明：IOE (1985)：基于国家商业协会官员的主观评定；f，s，m 和 i 分别表示终止劳动关系所遇到的阻力为中等、严重、较小和可以忽略。

Kuechle (1990)：基于法律条文方面的详细信息。

Bertola (1990)：以 IOE 和 Emerson (1988) 所提供的法律条文方面的信息为基础。

Bentolila and Bertola (1990)：基于他们计算出来的解雇成本；其中，成本的计算公式包含有法定提前告知、告知期间的工资、解雇员工的上诉率、平均遣散费等信息。

Lazear (1990)：基于法定提前告知时间方面的信息，以及十年工龄的员工被解雇时所能得到的遣散费。

Mosley and Kruppe (1992)：(1) 基于雇主对下述问题的回答："在雇佣和削减劳动力方面没有足够的灵活性"是"不能雇佣更多员工"的原因吗？是非常重要的一个原因/是重要原因/不是主要原因；(2) 基于法定提前告知时间方面的信息，以及遣散费的平均支付周数。

Grubb and Wells (1993)：(1) 基于法律关于程序延误、提前告知时间、强制遣散费、诉讼和解决成本等方面的规定；(2) 基于法律关于雇佣临时工和使用固定期限合同的条件的规定。

资料来源：S. Bentolila and G. Bertola (1990), "Firing Costs and Labour Demand: How Bad is Eurosclerosis?", *Review of Economic Studies*, 57, 381-402; G. Bertola (1990), "Job Security, Employment, and Wages", *European Economic Review*, 34, 851-886; M. Emerson (1988), "Regulation or Deregulation of the Labour Market. Policy Regimes for the Recruitment and Dismissal of Employees in the Industrialised Countries", *European Economic Review*, 32 (4), 775-817; D. Grubb and W. Wells (1993), "Empoyment Regulation and Patterns of Work in EC Countries", *OECD Economic Studies*, 21, 7-58; IOE (International Association of Employers) (1985), "Adapting the Labour Markets", Geneva. (Unpublished manuscript); H. Kuechle (1990), "Kündigungsvorschriften im internationalen Vergleich", *WSI Mitteilungen*, 43 (6), 392-400; E. P. Lazear (1990), "Job Security Provisions and Employment", *Quarterly Journal of Economics*, 105, 699-726; H. Mosley and T. Kruppe (1992), *Employment Protection and Labour Force Adjustment*, WZB discussion paper FS I 92-99, Wissenschaftszentrum Berlin für Sozialforschung.

表 22—2　欧洲国家解雇保护机制和临时工规定的严格程度指数（20 世纪 80 年代末到 90 年代初）

	程序限制 (1)	无过失解雇时的提前告知和遣散费 (2)	解雇和法律求助的难度 (3)	严格程度总排序 (4)	固定期限合同 (5)	临时工（代理工作）(5)
奥地利	10[a]	10	11	13	5	—
比利时	4.5	13	3	5	16	8
丹麦	1	11	5	4	2.5	4
芬兰	14	9	4	9.5	11.5	—
法国	9	7	6.5	6	13	3
德国	13	2	12	9.5	14.5	6
希腊	8	12	10	12	10	10
爱尔兰	6.5	3	6.5	3	2.5	1.5
意大利	3	16	15	14	14.5	10
荷兰	16	1	8	7	7.5	5
挪威	6.5	6	14	8	6.5	—
葡萄牙	12	15	16	16	9	7
西班牙	15	14	13	15	7.5	10
瑞典	11	8	9	11	6	—
瑞士	2	4	2	1	2.5	—
英国	4.5	5	1	2	2.5	1.5

a. 指数值越大表示越严格；反之亦然。

说明：(1) 咨询要求和告知的延误。(2) 不属于不公平解雇的解雇仲裁。(3) 包括"不公平解雇"的定义和安排试用期的可能性。(4) 按解雇限制的严格程度排序。(5) 包括能够使用这类合同的工作的种类，所允许的最长期限；关于续签次数的限制。

资料来源：D. Grubb and W. Wells (1993), 'Employment Regulation and Patterns of Work in EC Countries', OECD Economic Studies, 21, 7-58; OECD (1994), *The OECD Jobs Study: Evidence and Explanations, Part 2: The Adjustment Potential of the Labour Market*, Paris: OECD.

总的来看，不同研究的分类和排序结果相差不大。欧洲南部的国家（包括法国）对解雇的规定最严格，限制最多，解雇成本最高，德国排在中间，丹麦、英国、爱尔兰和美国则限制最少。然而，这些研究存在一些缺陷，我们不得不怀疑，对解雇保护机制的这种宽泛的分类能否成为我们评估其经济影响的有效出发点。[11]

第一，仅仅分析解雇保护法律的条文容易让我们忽略法律的其他细节，以及各国劳动法庭和公共政策机构在法律执行过程上的差异。这些不同不仅影响着雇主的直接解雇成本，而且对总的经济成本也有影响（例如影响对直接解雇成本的预期）。

第二，这种排序忽略了行业或企业层面的集体合同对解雇和下岗的规定与限制。这些合同通常能够填补法律的空白（如在英国）。同时，大多数研究没有考虑到其他制度的作用，例如工作分享补贴，公共提前退休项目或三方共同筹资的提前退休项目。这些制度在很多国家（如法国和德国）都起到了降低潜在解雇成本的作用。

第三，也许有人认为，通过对雇主和商业组织官员的大规模调查、让他们做出主观评价可以避免以上缺点，但是这些评价的效度令人怀疑。这些研究都是以国家调查为基础，雇主和官员的主观评价通常都不是从跨国比较的视角出发的。这些主观评价常常缺乏明确的参照物，用它们构建而得的比较指数在研究方法上是有问题的。

最后，排序的潜在假设在某种程度上站不住脚，因为雇主所承担的解雇成本是按照法律条文的要求来计算的。例如，计算提前告知程序的成本时使用的是，在企业做出解雇决定与员工实际离开企业之间这段时期，员工的工资与减少的工作业绩（原因是雇主分配给员工的任务减少或者员工的积极性降低）之间的差额。当宏观经济原因导致解雇发生时，企业承担的解雇成本在很大程度上取决于雇主对市场需求减少（如新订单数的下降）的预见能力，这一点也为排序所忽略。[12]

鉴于以上这些不足，在比较研究中，如果使用这种国家排序作为自变量，那么在对结果进行讨论时应特别谨慎。此外，雇主的主观评价（可从欧盟调查数据中得到）与基于法律条文得到的国家分类结果在统计上的相关性并不大（see Grubb and Wells，1993，p. 30），这就进一步要求我们谨慎对待这些评估研究的结果。

3. 评估方法

接下来的部分将总结一下评估研究方法，并对既有的解雇保护政策评估研究结果做一个综述。这里需要指出的是，目前关于就业保障政策与解雇立法的研究非常多，范围广泛。研究的异质性强，研究者的目标各异，使用的研究方法种类很多，其中有很多研究从严格意义上讲甚至算不上评估研究。同时，只有很小一部分的研究分析了解雇保护机制各个方面的实际运转和执行情况，因为所涉及的经济主体很多。尽管这一小部分研究忽略了广泛的经济成本和解雇保护政策的影响，但是这些研究对于评估雇主实际承担的直接成本是必不可少的。类似地，很少有学者研究集体谈判中就业保障条款的范围及其对解雇成本的影响，比如德国劳资联合委员会在大规模裁员期间通过谈判签订的社会计划。

相比之下，大多数研究都忽略了执行环节。它们一般通过控制影响劳动力市场结果的其他变量，根据可观察到的各国劳动力市场结果差异，分析解雇保护政策对广泛的劳动力市场结果的影响。此外，有些研究试图考察解雇保护立法的变化对劳动力市场各项指标的影响，比如总就业（按人数或工时计算）对于产量或销量变化的调整速度。还有一些研究（主要是一些美国的研究）从微观经济层面研究解雇保护政策的特定组成部分，例如提前告知制度和试用期制度，以及它们对工作搜寻行为、临时离岗后的失业、工资与员工甄选的影响。最后，认识到要分离出解雇保护政策对雇主行为的影响十分困难，一些研究采用了直接调查的方法，搜集企业层面的数据，考察解雇政策对企业人力资源管理措施和劳动力调整政策的影响。

借助上述理论探讨，我们可以看到，大多数研究（考虑执行环节的研究除外）最主要的缺点是没有区分开除和经济原因引发的劳动关系终止，看起来，它们反而更关注经济原因导致的员工转移。这给我们提供了一个很重要的启示。大多数研究不仅理论依据过于简单，而且没有克服测量解雇保护政策对经济影响时存在的困难，尤其是对于员工士气以及企业与员工之间合作关系的影响。在关注这方面问题的研究中，论据一般是推断性的，不能建立起明确的因果关系（see Brown，Reich and Stern，1992；Levine and d'Andrea Tyson，1990）。此外，大多数研究缺乏对解雇实践的直接观察，从企业调查或人口调查中直接获取的数据很少。即使有这些数据，往往也不能适用于跨国比较和时间序列评估研究。与其他领域的研究一样，人们面临着两难境地。当理论模型非常完备，足以考察解雇保护政策对劳动者、企业行为和劳动力市场结果的复杂影响时，获得实证数据的困难使理论模型很难得到有效验证。反之，可以得到的数据往往不能满足进行深入理论分析的要求，使得研究者不得不进行简化，不得不建立大胆的假设，研究难以细化，不能看出解雇保护政策的真正影响。

为了阐述既有评估研究所使用过的研究方法，总结主要研究结果，我们有必要区分绩效评价和影响评估。前者关注实际解雇的具体情况、各个方面，以及能够决定解雇过程和结果的各主体的行为；后者则直接或间接地研究解雇保护政策对主体行为的影响，对企业人力资源管理实务的影响，对就业调整模式的影响以及对劳动力市场的整体影响。

3.1 绩效评价

既有的绩效评价包括：少数几个详细考察解雇保护制度整个执行过程（从解雇人员的选择到争议案件的处理）的研究；分析解雇过程某些方面的几项研究，比如提前告知的时间长短，诉讼概率，遣散费的数量和分配，以及补偿措施，包括解雇损失费和重新安排工作等。尽管这些研究主要考察的是可观察的行为，忽略了解雇保护政策所引起的行为变化，但是它有助于我们推断解雇的直接成本，为影响评估提供必要的基础信息。

绩效的一个核心指标就是，在不同的解雇政策下，在不同受保护程度的劳动者中解雇事件的发生率。但是，在大多数国家，无论是个人还是集体解雇，如果不超过一定标准都无须向政府报告。因此，数据并不是从常规渠道获得，而是通过专门的调查获取。这样，往往只能得到某个时点的信息，很难进行时间序列研究，而且不易控制经济周期的影响。

仅有的数据显示，大多数国家的解雇率（占就业人数的百分比）很低，即使在那些没有解雇限制法律的国家中也是如此。在 20 世纪 80 年代，很多国家的年解雇率（包含各种原因的解雇）都不到 4%：德国（1984—1987 年：3.5%～3.7%），法国（1984—1987 年：3.6%），意大利（1984 年：3.1%），英国（1984—1990 年：3.5%～4%）（see

Büchtemann，1993b，p. 21)。这些结果与欧洲劳动力抽样调查的结果是一致的。抽样调查显示，因解雇而随后失业的比例不到就业总人数的 1%（see Mosley and Kruppe，1992，pp. 139-142)。如果不算暂时性的离岗（下岗总数中暂时离岗的比例在过去的十年间持续下降)，人们可以发现，即使在美国这样解雇限制很少的国家，解雇率也是很低的：根据几种不同的数据来源，美国年解雇人数约为就业人数的 6%（see Büchtemann，1993b，p. 21；Stieber and Rodgers，1994)。

德国是解雇保护法律和集体谈判制度非常完善的国家，而且覆盖了绝大多数劳动力（see Büchtemann，1993c)。从德国的社会经济面板数据（一个具有全国代表性的纵向住户调查）中可以得到德国每年的离职和解雇率的时间序列信息（见表 22—3)。从表中可以看到，年离职率在各年间的变化很小，但是从 1984 年到 1994 年，年解雇率明显呈现出顺应经济周期的趋势，自愿离职率的趋势则与经济周期相反。可见，在 1984—1989 年的就业增长时期，解雇率明显下降，在 80 年代末降到最低点——1.2%。在 1990—1994 年的经济萧条时期，年解雇率提高到 6%以上，在 1993—1994 年，解雇人数达到了 140 万（而在 1989—1990 年只有 25 万)。这就对德国严格的解雇限制大幅提高了解雇成本的说法提出了挑战。

表 22—3　　按调查时的离职类型和就业状态分的德国离职情况（百分比）

年份	总离职率	离职原因			离职员工的构成		总就业的净增量	总工时的净增量
		解雇	主动辞职	其他	调查时处于就业状态	调查时处于失业状态		
1984—1985	16.6 (n=733)	3.5	4.4	8.7	57.2	42.8	0.2	−0.3
1985—1986	17.2 (n=869)	2.9	5.3	9	57.6	42.4	0.7	−0.6
1986—1987	18.6 (n=877)	2.5	7.2	8.9	62.9	37.1	1.4	0.7
1987—1988	18.5 (n=855)	2.6	7.2	8.7	56.8	43.2	0.7	0
1988—1989	19.9 (n=851)	2	7.6	10.3	59.3	40.7	0.8	1
1989—1990	18.8 (n=822)	1.2	7.2	10.5	65.6	34.4	1.5	0.2
1990—1991	19.0 (n=828)	3	8.4	7.6	65.8	34.2	3	0.8
1991—1992	18.4 (n=802)	3.9	7.6	6.9	58.7	41.3	2.6	1.6
1992—1993	20.7 (n=860)	4.9	8	7.8	57.5	42.5	0.9	1.7
1993—1994	18.0 (n=705)	6.3	5.3	6.4	45	55	−1.7	−3.1

资料来源：German Employment Agency—Institute for Employment Research; Federal Socio-Economic Panel (SOEP), waves 1-10 (data kindly supplied by Dr. Jürgen Schupp, German Institute for Economic Research, DIW); calculations by the authors.

遗憾的是，以上关于解雇率的数据没有区分开除和经济原因导致的解雇。从其他数据来源看，前者依赖于在经济周期中所处的时点，占到了解雇总数的 1/2～2/3（德国的情况，见 Falke et al.（1981)，pp. 965-967；美国的情况，见 Stieber and Rodgers（1994))。开除，尽管很少为系统性影响评估所关注，却在解雇行为中扮演着重要角色。

20 世纪 70 年代末和 80 年代的几个研究向我们描述了更详细的解雇实务。其中最有代表性的是 Max-Planck 国际民法研究所对 1978—1980 年间的德国所进行的一项研究（see Falke et al.，1981)。他们的调查涉及 612 家私人部门的企业，740 个工人代表，880 个解雇员工，243 个劳动法庭法官。他们还对法庭案例和集体协议进行了深入的分析。结果显示，解雇主要发生在小企业，被解雇的员工大多工龄较短。德国的法律规定，雇主解雇员工之前要征求劳资联合委员会的意见。调查显示，只在极少数（8%）情况下，劳资联合委员会对雇主的解雇决定提出了反对意见。然而，有劳资联合委员会的企业比没有该组织的企业解雇率低（see Frick，1995），这说明有劳资联合委员会的企业采取的劳动力调整策略是软着陆的方式（比如提前退休，员工买断等）。另外，Falke et al.（1981，pp. 965－967）的研究发现，70 年代后期，在所有的解雇中，只有不到 8%的雇员采取了法律行为，并且，随着工龄的增加，解雇时发生诉讼的可能性越来越大。由企业开除员工引起诉讼的概率（10%）明显比由经济原因引起诉讼的概率（4%）大。也就是说，在企业开除员工时更可能产生冲突。总的来说，工龄在三年以上的被开除员工有 1/3 运用法律手段，通过劳动法庭解决争议。与这些发现类似，时间序列数据也显示了解雇诉讼概率变化的周期性。在经济繁荣时期，被解雇的员工诉诸法律手段的可能性最大，因为在这一时期，大多数解雇都属于企业开除员工的类型（见表 22—4）。

表 22—4　　德国年离职、解雇和员工提起诉讼的不公平解雇案数量：1984—1993 年

年份	总离职数量[a]	解雇所占比例[b]	解雇案件总数[c]	仲裁率[d]
1984	5 491	21.1	163.6	14.1
1986	5 593	13.4	155.2	20.7
1988	5 859	10	146.1	24.9
1990	6 685	16	127	11.9
1992	6 823	23.7	183	11.3
1993	6 567	35.1	230.4	9.9

a. 强制社会保险缴费岗位的离职总数。资料来源：Federal Employment Agency.

b. 由不同数据来源计算得到。

c. 劳动法庭受理的不公平解雇案件数量。资料来源：Federal Ministry of Employment and Social Affaires.

d. 不公平解雇案件数除以解雇数。

Falke et al.（1981，pp. 773－779）的研究进一步显示，劳动法庭受理的案例中大多数都在法庭判决前就有了结果，只有 15%的案件由法庭最终判决（其中有 1/3 继续上诉至高级法院）。在所有法庭判决中，劳动者获胜的比例占到将近一半。然而，尽管德国的劳动法把恢复劳动者工作作为对不公平解雇的主要解决办法，但是实际上真正回到以前工作岗位的员工很少，只占到所有不公平解雇诉讼案件的 0.4%，劳动者胜诉案件的 2%。胜诉的原告通常仅获得对于失去工作的经济赔偿。赔偿金根据工龄计算，每工作一年获得一个月总收入的 60%。

总的来说，德国的证据似乎表明，实际解雇的直接成本要比单纯分析复杂的解雇保护法律得出的结果低。由于大多数解雇都集中发生在低工龄员工之中，因此实际的提前通知时间往往比较短，在 1984—1991 年大约一半的案例中不超过 4 周（see Frick，1993，p. 9）。大多数通过劳动法庭裁决的案件，从提起诉讼到法庭做出判决之间的时间很短，有 64%的案件在 3 个月内就有了判决结果（1993）。根据德国社会经济面板数据，1/5 的解雇事件都涉及了遣散费，包括通过集体谈判签订的社会计划中所规定的遣散费。遣散费的中位数约为劳动者 45 天的总收入（see Büchtemann，1994；Falke et al.，1981，pp. 101－115）。

然而，单个企业所面临的遣散费支出可能比研究数据所显示的要高，尤其在大规模裁员的情况下，劳资双方需要谈判签订社会计划，而且需要经过劳动力市场监管部门的审批。对 80 年代 163 个社会计划协议的研究显示，在社会计划下，总的遣散费支出超过了 100 万马克（遣散费支出与被解雇员工的比例及其工龄情况有关），因此给企业带来了很大的负担，尤其对小企业而言（Hemmer，1988）。每四年一次的欧盟劳动力成本调查显示，在过去的 20 年中，德国拥有 50 名或更多员工的制造业企业总的遣散费支出逐步增加，在 1992 年的经济萧条时期占到了总劳动力成本的 1%（见表 22—5）。这些巨额数字表明，除解雇外，其他形式的离岗（例如，被迫辞职，提前退休）也会产生遣散费。1992 年的一个项目对各种类型的离岗做了调查，研究发现，平均的遣散费不超过 1 400 马克。

表 22—5　　德国 1972—1992 年 50 人及以上制造业企业的遣散费支出和人均遣散费金额

	所有企业的解雇补偿金总额（千马克）	变动百分比	平均每人补偿金（马克）	变动百分比	大企业（50 人以上）平均每人补偿金（马克）	变动百分比	补偿金占人工成本的比重	每名员工人工成本变动百分比
1972 年	157 703	—	21.1	—	30.3	—	0.1	—
1975 年	544 893	245.5	74.0	250.7	105.0	246.9	0.2	36.6
1978 年	567 267	4.1	88.0	18.9	122.3	16.5	0.2	23.8
1981 年	1 174 464	107.0	164.0	86.4	226.2	85.0	0.3	27.3
1984 年	2 514 080	114.1	382.0	132.9	538.9	138.2	0.7	22.3
1988 年	2 650 313	5.4	393.0	2.9	526.2	−2.4	0.6	15.8
1992 年	6 326 084	138.7	758.0	92.8	1 223.5	132.5	1.0	21.7

资料来源：Federal Statistical Office，*Personal-und Personalkostenerhebungen im produzierenden Gewerbe*，various vols；calculations by the authors.

Dickens，Jones and Weekes（1985）对英国的企业做了研究。在英国，由于资格要求较严格，法定就业保护的覆盖面约为私人部门企业雇员的 65%（而在德国，这一数字为 80%）。与德国的研究不同，英国的研究主要关注开除事件，分析行政记录和不公平解雇诉讼过程中的程序数据。结果显示，在约 1/10 的解雇案例中，被解雇的劳动者就解雇的公平性问题向产业法庭提出了投诉。其中 2/3 的投诉得到了中立的顾问、调解、仲裁服务机构（ACAS）的解决或驳回。在剩下 1/3 的案件中，产业法庭撤销了雇主的解雇决策。但是只有 2%的胜诉原告恢复原职，尽管恢复先前的工作也是英国法律下的主要解决措施。与德国类似，经济赔偿是实践中最主要的补偿方式，1992—1993 年产业法庭判决中经济补偿金的中位数，按体力劳动者的工资率计算，不超过劳动者 8 周的工资，通过调解解决的解雇案例中经济补偿金一般会更低（see Dickens，1994）。Root（1987）的研究结果也表明，只有大约一半的劳动者在企业裁员时得到了经济补偿（这也反映出，1989 年的《就业法案》（Employment Act）对享有解雇保护权利的资格要求较高），平均数额不超过劳动者两个月的工资。因此，可以得出结论，英国企业的直接解雇成本是比较低的。

第三个研究考察的是美国习惯法体系下不公平解雇的诉讼（see Dertouzos，Holland and Ebener，1988）。研究以洛杉矶高级法庭所受理案件为基础，对加利福尼亚州 1980—1986 年间的 120 个不公平解雇案件进行了深入讨论，该研究还对这些案件中的 200 名原告和辩护律师做了访谈。研究得出了原告的个人特点和就业经历，被告企业的特点，代表原告或被告的法律公司的信息，案件中的利害关系，以及不公平解雇案的判决结果。在加利福尼亚州，雇佣随心所欲的理念受到了习惯法最强有力的挑战。虽然据估计美国每年民事法庭受理的不公正解雇案总量不超过15 000件（see Maltby，1994），但是研究发现，加利福尼亚州的原告包含很多类型的雇员，有低工资职员，也有企业的经理；工龄也相差很大，从不足1年到15年以上。大多数（81%）原告都是因为不能胜任工作而被解雇的，95%的案件都在法庭判决之前有了结果，这也反映了法律程序高昂的交易成本。在余下5%的案件中，原告胜诉的比例是2/3，很多案件的诉讼时间很长，有的甚至超过了两年。

平均来看，陪审团判给原告65万美元的赔偿费（其中，39万美元为补偿金，26万美元为损失费），中位数是17.7万美元。经济补偿的数额因劳动者的年龄、以前的收入以及企业规模的不同而不同。但是，相比之下，二次上诉后的补偿金减少了将近一半。此外，原告的法律诉讼费用平均占到了补偿金额的35%～40%，被告的法律费用总计达到8万美元，无论最终结果如何。因此，考虑到二次上诉的可能性和法律费用，胜诉原告的净收益不到7.5万美元（初始收益的42%）。于是，研究者得出结论，对于大多数被告而言，向劳动者支付开始要求的补偿金而不上法庭，对于他们更为有利（Dertouzos et al.，1988，p. ⅷ）。而对于被解雇的员工而言，像英国和德国那样的制度可以使他们获益更多，因为这些制度要求雇主在解雇员工时自动支付一笔可观的补偿金（Dertouzos et al.，1988，p. ⅳ）。由于美国不公平解雇案的发生率很低，所以总体而言，解雇的直接成本仍然相对较低，据估计，在80年代，平均每个解雇员工的直接解雇成本为200美元。

总的来说，上述研究向我们展现了几种不同的解雇保护机制，并分析了在不同管制措施下的直接解雇成本。特别地，美国的习惯法没有为大多数劳动者提供有效的解雇保护，交易成本相对较高。然而，关于解雇的发生率和直接成本的研究没有考虑到（或者低估了）解雇保护政策总的经济成本（和收益）。[13]这个问题将在下面的影响评估中讨论。

3.2 影响评估

这类评估由两种不同的研究组成：(1) 利用不同的研究方法，从简单的描述统计到复杂的宏观建模，通过观察各国劳动力市场结果的差别，推断不同国家解雇保护机制的政策效果；(2) 通过搜集数据，直接了解解雇保护政策对企业行为的影响，关注微观经济效率，通常不考虑解雇保护机制对整体劳动力市场的影响。

3.2.1 宏观论据

在宏观层面上，已经有很多研究通过比较不同国家劳动力市场针对产品市场变化的调整速度，来推断就业保障体系的影响（see Abraham and Houseman，1993，1994；Kraft，1994；Maurau and Oudinet，1988）。这些研究显示，一般说来，不同的国家在就业弹性和就业调整速度上存在很大的差异。意大利和法国劳动力市场的调整速度明显慢于英国、美国和德国。从1970年到1990年，Abraham and Houseman（1994，p. 79）发现，制造业就业调整对产品市场变化的滞后期在法国是14个季度，在德国是5个季度，而在美国只有0.6个季度。然而，当我们考察工时（而不是就业人数）的变化时，三个国家的调整模式基本相似。这说明，欧洲比美国更多地运用减少工时的方式进行短期就业调整。但是经过一段时间后（即一年以内），德国劳动力市场的调整速度明显加快，甚至赶上了美国

(Abraham and Houseman, 1993, p. 73)。Kraft (1994) 也得出了类似的研究结果。他利用均衡模型比较了从 1979 年到 1990 年四个国家制造业就业的调整速度。最快的是德国，随后是英国、意大利，最慢的是法国。为了解释调整模式上的这种国家差异，Abraham and Houseman (1993) 不仅强调了配套措施（例如工作分享补助）的重要性，而且指出了不同宏观经济政策框架的影响。政策框架会影响经济波动的幅度，决定企业通过大规模裁员进行劳动力调整的需求。研究者发现，美国与德国在周期性就业变化上的差异反映了德国制造业产量的波动比美国小，因此德国企业在经济衰退时期裁员的压力也相对较小 (see also Bertola, 1990)。

为进一步了解就业保障政策对劳动力调整模式和外部劳动力流动的影响，很多研究对各国的就业稳定性、以工龄为基础的留职率和离职率进行了比较（see Bellmann, Schasse, Wadsworth and Wolfs, 1992; OECD, 1993, pp. 119－149; 1994, pp. 64－67)。结果显示，法国、德国和日本的平均任职期限和留职率明显比英国和美国高。然而，这种差异主要源于工龄较短的员工（即最近雇佣的劳动者）留职率的不同，对这些员工的解雇限制在大多数国家是很弱的。尤其是德国，数据显示，低工龄劳动者占劳动力的比重呈现出顺应经济周期的趋势（与英国、日本和美国不同），这说明在经济萧条时期，德国企业劳动力调整政策的主要方式是停止雇佣（英国和美国则不同）。此外，尽管在大龄员工方面美国和德国有类似的任期结构，而且终身工作的比率也相近，但是两个国家青年员工（30 岁以下）的情况差别很大。德国比美国青年员工的留职率更高。这也反映出德国企业通过对员工进行早期职业培训所做出的投资收到了显著的作用。

这些研究的共同缺点是它们没有区分是员工主动离职、退休引起的就业下降还是解雇或裁员引起的就业下降。因此很难看出解雇限制的影响。然而，这些研究对国家政策严格程度的排序提出了质疑。比如，英国曾经被认为是解雇限制最少的国家；德国与美国在调整的灵活性上被认为存在巨大差距，德国有高度复杂的解雇保护法律，而美国是劳动法律规范很少的国家。

要评估解雇保护政策的总体影响，还有一种研究方法，就是利用时间序列分析，考察各国在解雇保护法律变化以后劳动力调整模式的变化（see Abraham and Houseman, 1993, 1994; Burgess, 1988; Kraft, 1988, 1993)。概括地说，这些研究显示，法律框架的改变（无论朝哪个方向），对观察到的行业层面就业调整模式的影响并不显著。究其原因，可能是法律通常只是把大多数企业的雇佣实践法典化，或者是当企业的人力资源管理实践不能对法规变化做出立即反应时（行为惯性），法律取消或放松管制。

研究的一个主要分支方向试图把各国劳动力市场结果的差异与解雇保护政策的相对严格程度（采用之前的国家排序形式，见 1.2 部分）联系起来。但是，因为排名所固有的缺陷，而且有很多中间变量影响着解雇保护政策的效果，所以我们难以根据这些研究的结果就各国就业保障和解雇保护机制的影响做出具有说服力的结论。

Lazear (1990) 曾进行过一项跨部门、跨国家的比较研究，该研究得到了很多研究的引证。他发现，平均而言，对于一名拥有十年工龄的劳动者，遣散费的数额（根据法律教材中的信息，用 22 个国家的样本算出）与就业率、劳动力参与率和工作时间负相关 (p. 717)。可能由于负面激励的作用，遣散费数额对失业率的影响不大。基于他所得到的参数，Lazear (1990) 估计，在其他条件相同的情况下，遣散费增加三个月将使就业人口占总人口的比例减少1.08%。在美国这相当于损失100万个工作岗位（p.719）。此外，在法定遣散费大幅增加的国家中，1956—1984年失业率的上升（如法国，59%），在很大程度上能够为解雇成本的提高所解释，尽管研究者提醒我们，对于这里的因果关系问题，还需谨慎对待。

也有学者对上述Lazear（1990）的结论提出了质疑。Bertola（1990）认为，在就业保障程度较高的国家，经济上升时期缓慢的就业增长可能与衰退时期较小的就业下降相抵消。他对十个国家从1960到1973年、从1975到1986年制造业的增长率所做的分析支持了上述假设（see also Bentolila and Bertola，1990）。相应地，Bertola（1990）发现，尽管就业保障水平较高的国家显示出不同的失业动态，尤其是失业具有长期性（滞后现象），但是在就业保障机制的相对严格程度与平均失业水平之间并没有相关性。在高就业保障的国家中，也没有证据表明工资决定机制中存在内部人策略，内部人策略将就业机会留给内部人，而将失业的外部人拒之门外。Bertola（1990，p.877）得出结论，不应该急于把欧洲国家劳动力市场不景气的现象简单地归因于较严格的就业保障制度。

还有两个研究关注了内部人一外部人问题，比较了欧洲国家劳动力市场结果和工作模式的几个方面。运用欧盟雇主调查得出的各国就业保障政策相对严格程度的排序，Mosley and Kruppe（1992）发现，在解雇保护程度与解雇后失业的发生率之间存在较强的负相关关系。反过来看，高就业保障、低解雇率也伴随着内部人—外部人隔离的各种现象，例如较高的长期失业率和较低的新增就业率，较高的青年失业率（在德国，青年失业率并不高）和较低的中年男性雇员失业率。与Mosley and Kruppe（1992）相反，Grubb and Wells（1993）以更详细的排名为基础，发现在解雇保护机制严格的国家中，20世纪80年代固定期限劳动合同和临时工的比例显著上升（意大利和比利时除外，因为在这两个国家中此类劳动合同也受到了严格的限制）。这些证据表明，当就业保障水平非常高时，雇主会采用这种不受保护的劳动合同来规避法律对于永久就业的种种解雇限制。

关于就业保障政策是否减慢了劳动力结构化调整的速度，阻碍了劳动力从衰退行业向新兴行业的转移，Burgess（1994）进行了一些讨论。在部分均衡的分析框架下，他比较了十个样本国家（包括法国、德国、意大利、日本、英国和美国）1971—1988年不同行业的就业增长情况，他发现，那些就业保障机制更严格的国家劳动力重新配置的速度比英国、日本、美国要略慢一些。

运用宏观研究方法的最后一个例子是Dertouzos and Karoly（1993）对解雇管制的经济成本研究，他们检验了美国民事法庭的介入对于随心所欲雇佣理念的影响。由于面向不公平解雇的习惯法只在少数几个州中得到了贯彻，这就相当于创造了一个类似于自然实验的研究背景，于是，研究者可以明确地将法律规定作为内生变量（这些法规的采用是当地很多因素的函数，这些因素包括政治环境、法律环境和区域经济条件等）构建模型，同时，控制外生变量的影响，例如产业构成和总需求。以美国50个州分行业的就业数据为基础，通过对各州法律实行状况的分析，研究者得出结论：解雇保护法律的实行减少了州就业人数，减慢了劳动力市场对于经济条件变化的反应速度。考虑到不公平解雇诉讼的直接成本很低，这个研究结果是出人意料的。法律专家和经济学家提供的解释是，法律的不确定性很大，各州之间差异明显；同时，习惯法体系下，陪审团提出的损失费数额大，且难以预测，这使得雇主对不公平解雇诉讼非常警惕，他们会调整自己的人事政策，提供遣散费，并主动采用合法的解雇程序（Troy，1990）。

3.2.2　微观论据

前面提到的宏观影响评估都是建立在一系列假设基础之上的，这些假设包括企业和劳动者（以及他们的集体组织）如何根据解雇保护法律的介入改变自己的行为，他们在没有法律管制时会采取哪些行为，等等。由于许多欧洲国家的解雇保护立法都要追溯到 20 世纪 60 年代，有的甚至更早，再加上法律的适用范围非常广，涵盖了符合一定条件的所有企业和劳动者，这就使得研究者们难以采用实验性评估技术，因此，关于就业保障政策所导致的微观层面的行为变化，实证研究很少。仅有的研究可以分为三类：(1) 定性和定量的企业调查。在调查中直接向企业管理者询问解雇保护法律对企业人力资源管理实践和劳动力调整的影响。(2) 评估解雇保护法律的几个要素对劳动者的工作稳定性和劳动力市场经历的影响。(3) 根据企业对最近放宽劳动法管制的政策的反应，推断解雇保护管制的影响。

第一类研究包括一些一般性的商业调查，例如，关于劳动力市场灵活性的两项连续调查，调查对象为十个欧盟成员国在 1985 年和 1989 年的情况（see Hofmann，1993）。虽然研究方法上也许有点问题（调查问卷中有些问题具有暗示性），但是调查结果还是说明了不同国家企业观点的差异。企业管理者把雇佣和解雇的不灵活看作增加就业的主要障碍：具体来说，在 1985 年，7％的英国企业认为这一因素非常重要，而这一数字在德国是 23％，法国是 48％，意大利是 52％。从后两个国家的数据可以看出，就业保障法律似乎对企业的雇佣决策有显著影响，进而影响了社会的总体就业水平。

与这些研究结果相反，在英国和德国进行的更详尽的调查显示，大多数公司认为就业保障立法对他们的雇佣决策没有太大的影响（see Büchtemann，1993b，pp. 34－36；Dickens，1994）。这个回答尤其适用于经济原因导致的解雇，而且与一些论据是一致的：解雇最主要发生在某些小公司（see Büchtemann，1993c）。大多数雇主喜欢用软方式进行劳动力调整，比如停止雇用、鼓励员工辞职、买断工龄和提前退休等。如果说解雇保护法律对企业的人力资源管理实践有即时的影响，那主要表现在开除中。根据几个雇主调查的结果，解雇保护政策使企业在绩效评估时更为谨慎，尤其是对新雇用的员工。这些变化伴随着企业解雇员工程序的规范化，解雇的集权化，决策权由员工的直接上司转向了人力资源部门。同样，法律对企业的雇佣行为影响也不大。如果非要说有影响的话，那么影响的主要是新雇员的质量和招募程序，而不是招募数量。特别地，雇主会采取更复杂的招聘程序，更加凸显了考察应聘者生产率的宗旨，避免人职不匹配的现象，从而降低提前终止劳动合同的概率。然而，企业层面的一些案例也说明了另外一个问题，解雇保护政策使企业在雇佣特殊群体时存在歧视现象，比如残疾人（see Büchtemann and Hoeland，1989，pp. 292－294）。

第二类研究包含几个少数的微观研究（主要针对美国）。研究关注的是解雇的提前告知期对员工工作搜寻的努力程度和员工被解雇后的劳动力市场经历的影响（美国的情况，参见 Addison and Portugal，1991；德国的情况，参见 Frick，1993）。基于人口调查的纵向数据，研究显示，提前告知期（无论正式还是非正式）对员工的工作搜寻强度有积极影响，与解雇后失业的概率负相关。因此，通过全面贯彻提前告知规定，解雇保护法律对总体失业水平可能有减弱的作用。

第三类研究试图从企业人力资源管理实践的变化中推断解雇保护政策的影响（见本手册第 21 章）。Evans et al.（1985）在英国做了研究。他们以一系列的企业案例调查为基础，得出了如下结论：尽管大多数英国企业欢迎撒切尔政府在1979年实行的延长法定解雇案件等候期的规定（从6个月延长到24个月），但是企业并没有在随后的几年中改变雇佣和解雇行为，也没有利用延长的期限实行短期雇佣政策，或者延长新员工的试用期。德国一项研究的结论与上述类似。Büchtemann（1993c）对固定期限劳动合同法的影响做了评估。在法律施行的最初几年里，大多数私人部门的企业都没有采用雇佣固定期限员工的策略以规避解雇保护。在运用此项策略的企业中（不到私人部门企业总数的4%），最主要的动机是延长新员工的试用期，而通过雇佣或解雇实现外部劳动力调整以及用外部员工替代核心员工的超时工作并没有起到作用。此外，有研究考察了法国的情况。法国政府在1986年废除了针对经济性解雇的过于烦琐的行政审批制度。研究结果也与上述国家类似，这项政策对法国企业的人事政策几乎没有明显的影响。起初裁员数量增加，随后，解雇数量恢复到以前的水平，在1987年后甚至下降到20世纪80年代以来的最低水平（see Genthon and Maroni，1989）。

4. 总结及未来研究方向

本章对就业保障和解雇保护领域的各种评估方法进行了介绍，从中可以看出，大多数的评估研究在评估解雇保护机制的经济影响时都没有建立起比较完善的理论标准。这种不完善在某种程度上是由于在实证研究中把理论概念操作化的难度很大，同时难以得到必要的数据，而且成本很高。此外，该领域既有的研究大多没有对复杂的问题进行系统的、理论导向的分析。我们还必须看到，在详细的绩效评估和以宏观数据为基础的影响评估之间存在理论上和研究方法上的差距。前者强调法律程序，各国解雇保护机制的效果，通常忽略制度更深远的经济影响。后者往往忽略许多相关的法律细节、执行环节以及解雇保护政策的配套措施，事实上，这些配套措施在很大程度上决定着解雇保护机制对劳动力市场结果的影响。研究问题的复杂性，包括法律对于经济性解雇和纪律纪律性解雇的不同规定，也使人们对多国比较研究方法的有效性产生了疑问。因此，多国比较研究只能以一般化、简单化的假设为基础，尤其在缺乏执行环节及其劳动力市场背景的匹配数据时。

由于存在这些困难和缺点，大多数既有研究的结果往往是相互矛盾的，很难得出关于解雇保障政策影响的结论性论断。在缺乏关于解雇保护政策潜在收益和福利的数据时，这种情况就更加明显，因为此时很难权衡政策的收益和经济成本之间的关系。例如，在美国引入高绩效工作和生产系统的同时，企业层面开始自发地制定关于员工纪律和经济萧条时期风险共担的公平规定。这说明政策收益确实很大。从理论上讲，企业、员工以及公众的这些收益必须与其他劳动关系管理结构（比如，单纯依靠私人契约，或通过民事合同法来处理争议）下的成本和收益相比较，因为后者代表了当前解雇保护机制的机会成本。目前看来，在解雇保护领域使用实验性评估方法几乎是不可行的，因此，未来研究需要对完全不同制度类型的国家进行更加详细的实证比较，比如对欧洲和北美或日本的比较。

注释

[1] 一个例外是特殊解雇保护制度，该制度适用于几种特殊类型的员工，例如，企业工人代表大会

（如德国的劳资联合委员会）的成员，服兵役的员工，怀孕期和休产假的女员工，重度残疾员工等。但即使在这些情形下，企业也可能通过支付受保护员工遣散费来鼓励他们离开职位。这种特殊保护制度，不是本章的核心，它实际上也只是增加了终止劳动关系的成本，并不能绝对地保障劳动者不被解雇。

[2] 这里的“效率”是指，从既定的一揽子投入中得到最大的产出价值。

[3] 大多数模型都假设，交易的双方是相互平等的市场参与者，并且，初始产权得到了明晰的界定和分配。这种产权“确立了权利的初始分配，权利的排他性，以及有效的产权转移机制”（Spulber，1989，p.48）。如果产权不明晰，或不具有排他性，就不会产生市场交易。

[4] Carter（1988）所进行的历史分析表明，自19世纪末至20世纪末，在美国（加利福尼亚州），雇佣关系的持续时间明显延长，同时，终身工作也变得更加重要。

[5] 循着这一思路，Margolis（1987）提出了对有效的法律体系的一种正式定义：“有效的法律体系下，产权明晰，责任明确，因而，在交易成本既定的情况下，社会中一切事物的价值，用支付意愿来表示，达到了最大化”（pp.473-474）。

[6] 这里的“合理”指的是各种不会危及企业生存的措施。从这种意义上说，Cooter and Rubinfeld（1989）指出：“法律所谓的‘合理’或者说‘通情达理’的人，与经济学所谓的‘理性人’差不多”（p.1068）。大多数的解雇保护法体系都建立在雇主通情达理的基础之上。

[7] 反映这种不明确的标准所导致的无效率的一个经验指标是解雇诉讼的数量（Barnard，Clark and Lewis，1995，pp.36-37）。

[8] 据Stieber and Rodgers（1994）估计，1993年，美国私人部门中约7 300万名雇员处于被雇主“随心所欲”雇佣的地位。

[9] 在美国就业保险计划的某些条款中，我们可以看到一些例外。美国的就业保险计划，与欧洲国家不同，雇主的缴费按经验费率厘定（即与该企业的解雇数量相挂钩）。失业保险税的经验费率，以及对劳动者领取失业金的资格要求（并非由于劳动者的过失而失业）中，隐含了公平解雇原则，因为失业保险管理机构在审批领取福利的资格时需要了解解雇原因方面的基本信息（see Anderson and Meyer，1993）。

[10] 这个准政府机构负责在需要的地区推广全国统一的法律条款。

[11] 这些缺陷也是某些国家在不同研究中的排序发生变化的原因之一，特别是法国、荷兰、德国和意大利。

[12] 例如，在德国，大多数生产工人在得到提前通知与实际离开企业之间的平均时间长度恰好处于企业当前订单所需的平均生产时间之内（see Büchemann，1994，p.94）。

[13] 我们需要记住，绝大多数解雇保护机制的初衷是要防止不公平解雇的发生，而不仅仅是向遭到不公平解雇的雇员提供补偿。

参考文献

Abraham, K. H. and S. N. Houseman (1993), *Job Security in America. Lessons from Germany*, Washington, DC: Brookings.

Abraham, K. H. and S. N. Houseman (1994), 'Does Employment Protection Inhibit Labour Market Flexibility? Lessons from Germany, France, and Belgium', in R. M. Blank (ed.), *Social Protection versus Economic Flexibility. Is There a Trade-off?*, Chicago, IL: University of Chicago Press, pp. 59–94.

Addison, J. T. (1989), 'Job Rights and Economic Dislocation', in R. Drago and R. Perlman (eds), *Micro-economic Issues in Labor Economics: New Approaches*,

New York: Harvester-Wheatsheaf, pp. 130–54.

Addison, J. T. and P. Portugal (1991), 'Advance Notice', in J. T. Addison (ed.), *Job Displacement: Consequences and Implications for Policy*, Detroit: Wayne State University Press, pp. 203–43.

Anderson, P. M. and B. D. Meyer (1993), 'Unemployment Insurance in the United States: Layoff Incentives and Cross Subsidies', *Journal of Labor Economics*, 11 (1), 70–95.

Barnard, C., J. Clark and R. Lewis (1995, April), *The Exercise of Individual Employment Rights in the Member States of the European Community*, London: Department of Employment.

Bellmann, L., U. Schasse, J. Wadsworth and G. Wolfs (1992), 'An International Comparison of Employment Tenure', Nuremberg: Federal Employment Agency 1992. (Unpublished manuscript)

Bentolila, S. and G. Bertola (1990), 'Firing Costs and Labour Demand: How Bad is Eurosclerosis?', *Review of Economic Studies*, 57, 381–402.

Bertola, G. (1990), 'Job Security, Employment, and Wages', *European Economic Review*, 34, 851–86.

Bierman, L., K. Vinton and S. A. Youngblood (1993), 'Montana's Wrongful Discharge from Employment Act: The Views of the Montana Bar', *Montana Law Review*, 54 (2), 367–84.

Blanpain, R. (ed.) (1990), *International Encyclopedia of Labour Law and Industrial Relations*, Vol. 1, Deventer: Kluwer.

Brown, C., M. Reich and D. Stern (1992), 'Innovative Labor-management Practices: The Role of Security, Employee Involvement, and Training: Final Report', Institute for Industrial Relations, UC Berkeley. (Unpublished manuscript)

Büchtemann, C. F. (ed.) (1993a), *Employment Security and Labor Market Behavior: Interdisciplinary Approaches and International Evidence*, Ithaca, NY: Cornell University Press (ILR).

Büchtemann, C. F. (1993b), 'Introduction: Employment Security and Labor Markets', in C. F. Büchtemann (ed.), *Employment Security and Labor Market Behavior: Interdisciplinary Approaches and International Evidence*, Ithaca, NY: Cornell University Press (ILR), pp. 3–68.

Büchtemann, C. F. (1993c), 'Employment Security and De-regulation: The West German Experience', in C. F. Büchtemann (ed.), *Employment Security and Labor Market Behavior. Interdisciplinary Approaches and International Evidence*, Ithaca, NY: Cornell University Press (ILR), pp. 272–96.

Büchtemann, C. F. (1994), *Employment Security in Germany: An Economic Analysis*, report prepared for the Italian Consiglio Nazionale dell Economia e del Lavoro, Santa Monica, CA. (Published in Italian in CNEL 1995).

Büchtemann, C. F. and A. Hoeland (1989), *Befristete Arbeitsverträge nach dem Beschäftigungsförderungsgesetz*, report on behalf of the Federal Minister for Employment and Social Affairs (BMA), Bonn: BMA.

Burgess, S. M. (1988), 'Employment Adjustment in UK Manufacturing', *The Economic Journal*, 98, 81–103.

Burgess, S. H. (1994), 'The Reallocation of Employment and the Role of Employment Protection Legislation', discussion paper no. 193, Centre for Economic Performance, London: London School of Economics and Political Science (LSE).

Carter, S. B. (1988), 'The Changing Importance of Life-time Jobs, 1892–1978', *Industrial Relations*, 27 (3), 287–300.

CNEL (Consiglio Nazionale dell Economia e del Lavoro) (ed.) (1995), *La Gestione Delle Eccedenze Di Personale In Europa. Gli studi-paese a confronto*, 2 Vols, Rome: Documenti CNEL.

Cohen, G. M. and M. L. Wachter (1989), 'An Internal Labor Market Approach to

Labor Law: Does Labor Law Promote Efficient Contracting?', in B. D. Dennis (ed.), *Proceedings of the 41st Annual Meeting of the IRRA*, Industrial Relations Research Association (IRRA), Madison, WI: Industrial Relations Research Association, pp. 243–50.

Commission of the European Communities (1993), *Employment in Europe 1993*, DG V, Brussels, EU Commission, pp. 173–85.

Cooter, R. D. (1991), 'Economic Theories of Legal Liability', *Journal of Economic Perspectives*, 5, 11–30.

Cooter, R. D. and D. L. Rubinfeld (1989), 'Economic Analysis of Legal Disputes and Their Resolution', *Journal of Economic Literature*, 27, 1067–97.

Cooter, R. D. and T. Ulen (1988), *Law and Economics*, Glenview, IL: Scott, Foresman & Co.

Craswell, R. and J. E. Calfee (1986), 'Deterrence and Uncertain Legal Standards', *Journal of Law, Economics, and Organization*, 2, 279–303.

Deregulierungskommission (Unabhängige Expertenkommission zum Abbau marktwidriger Regulierungen) (1991), *Marktöffnung und Wettbewerb, Reports of 1990, 1991*, Stuttgart: Poeschel.

Dertouzos, J. N., E. Holland and P. Ebener (1988), *The Legal and Economic Consequences of Wrongful Termination*, report no. R–3602–ICJ, Santa Monica, CA: The RAND Corporation.

Dertouzos, J. N. and L. A. Karoly (1993), 'Employment Effects of Worker Protection: Evidence from the United States', in C. F. Büchtemann (ed.), *Employment Security and Labor Market Behavior: Interdisciplinary Approaches and International Evidence*, Ithaca, NY: Cornell University Press (ILR), pp. 215–27.

Dickens, L. (1994), 'Comparative Systems of Unjust Dismissal: The British Case', *Annals of the American Academy for Political and Social Science*, 536, 43–55.

Dickens, L., M. Jones and B. Weekes (1985), *Dismissed: A Study of Unfair Dismissal and the Industrial Tribunal System*, Oxford, UK: Basil Blackwell.

Emerson, M. (1988), 'Regulation or Deregulation of the Labour Market. Policy Regimes for the Recruitment and Dismissal of Employees in the Industrialised Countries', *European Economic Review*, 32 (4), 775–817.

Epstein, R. (1984), 'In Defense of the Contract at Will', *University of Chicago Law Review*, 51, 947–82.

Evans, S., J. Goodman and L. Hargreaves (1985), 'Unfair Dismissal Law and Employment Practice', research paper no. 53, London: Department of Employment.

Falke, J., A. Hoeland, B. Rohde, G. Zimmermann, F. Laaser, K. Lammers, M. Merz and D. Renter (1981), 'Kündigungspraxis und Kündigungsschutz in der Bundesrepublik Deutschland', *Forschungsberichte*, Vol. 47, ed. by the Federal Ministry of Labor and Social Affairs (BMA), Bonn: BMA, pp. 965–7.

Fisher, S. M. (1994), 'Legislative Enactment Process: The Model Employment Termination Act', *Annals of the American Academy for Political and Social Science*, 536, 79–92.

Frick, B. (1993), 'Employment Protection Regulations and Dismissals in Germany: Empirical Evidence from the Socio-economic Panel', University of Trier, Fachbereich für Betriebswirtschaft, Germany. (Unpublished manuscript)

Frick, B. (1995), 'Betriebsverfassung und Personalfluktuation', in K. Semlinger and B. Frick (eds), *Betriebliche Modernisierung in personeller Erneuerung*, Berlin: edition sigma, pp. 123–40.

Genthon, V. and P. Maroni (1989, August), 'Moins de licenciements économiques, davantage de préretraites et de conventions de conversion', *Dossiers statistiques du travail et de l'emploi*, 51, 41–5.

Gould, W. B. IV (1993), *Agenda for Reform: The Future of Employment Relationships and the Law*, Cambridge, MA: MIT Press, pp. 63–108.

Grubb, D. and W. Wells (1993), 'Employment Regulation and Patterns of Work in EC Countries', *OECD Economic Studies*, 21, 7–58.

Hall, R. and E. Lazear (1984), 'The Excess Sensitivity of Layoffs and Quits to Demand', *Journal of Labor Economics*, 2 (2), 233–57.

Hamermesh, D. S. (1993), 'Employment Protection: Theoretical Implications and Some U.S. Evidence', in C. F. Büchtemann (ed.), *Employment Security and Labor Market Behavior: Interdisciplinary Approaches and International Evidence*, Ithaca, NY: ILR Press, pp. 126–43.

Hemmer, E. (1988), *Sozialplanpraxis in der Bundesrepublik: Eine empirische Untersuchung*, Cologne: Deutscher Institutsverlag.

Hofmann, C. (1993), 'Institutional Barriers to Job Creation: Views and Expectations of Firms and Workers in the European Community', in C. F. Büchtemann (ed.), *Employment Security and Labor Market Behavior: Interdisciplinary Approaches and International Evidence*, Ithaca, NY: Cornell University Press (ILR), pp. 442–50.

IOE (International Association of Employers) (1985), 'Adapting the Labour Markets', Geneva. (Unpublished manuscript)

Kolstad, C. D. (1990), 'Ex-post Liability for Harm versus Ex-ante Safety Regulation: Substitutes or Complements?', *American Economic Review*, 80 (4), 888–901.

Kraft, K. (1988), 'Sind die Beschäftigungsverhältnisse in der Bundesrepublik über Zeit inflexibler geworden?', *Zeitschrift für Betriebswirtschaft (ZfB)*, (suppl. 2), 7–15.

Kraft, K. (1993), 'Eurosclerosis Reconsidered: Employment Protection and Employment Adjustment in West Germany', in C. F. Büchtemann (ed.), *Employment Security and Labor Market Behavior: Interdisciplinary Approaches and International Evidence*, Ithaca, NY: Cornell University Press (ILR), pp. 297–304.

Kraft, K. (1994), *A Comparison of Employment Adjustment Patterns in France, Germany, Great Britain and Italy*, WZB discussion paper FS I 94–207, Wissenschaftszentrum Berlin für Sozialforschung.

Krueger, A. B. (1991), 'The Evolution of Unjust Dismissal Legislation in the United States', *Industrial and Labor Relations Review*, 44 (4), 644–60.

Krueger, A. B. (1992), 'Reply to Jack Stieber and Richard N. Block', *Industrial and Labor Relations Review*, 45, 796–9.

Kuechle, H. (1990), 'Kündigungsvorschriften im internationalen Vergleich', *WSI Mitteilungen*, 43 (6), 392–400.

Lazear, E. P. (1990), 'Job Security Provisions and Employment', *Quarterly Journal of Economics*, 105, 699–726.

Leonard, A. S. (1988), 'A New Common Law of Employment Termination', *North Carolina Law Review*, 66, 631–86.

Leslie, D. L. (1989), 'Economic Analyses of Labor Law', in B. D. Dennis (ed.), *Proceedings of the 41st Annual Meeting of the Industrial Relations Research Association* (IRRA), Madison, WI: IRRA, pp. 227–35.

Levine, D. J. (1991), 'Just-cause Employment Policies in the Presence of Workers Adverse Selection', *Journal of Labor Economics*, 91, 294–305.

Levine, D. J. and L. d'Andrea Tyson (1990), 'Participation, Productivity, and the Firm's Environment', in A. S. Blinder (ed.), *Paying for Productivity: A Look at the Evidence*, Washington, DC: The Brookings Institution, pp. 183–243.

Maltby, L. L. (1994), 'The Projected Economic Impact of the Model Employment Termination Act', *Annals of the American Academy for Political and Social Science*, 536, 103–18.

Margolis, S. E. (1987), 'Two Definitions of Efficiency in Law and Economics', *Journal of Legal Studies*, 16, 471–82.

Maurau, G. and J. Oudinet (1988), 'Précarité et flexibilité: un essai de comparaison des industries européennes', *La note de l'IRES*, 18, 4–17.

Mosley, H. and T. Kruppe (1992), *Employment Protection and Labour Force Adjustment*, WZB discussion paper FS I 92–9, Wissenschaftszentrum Berlin für Sozialforschung.

OECD (1993), *Employment Outlook*, Paris: OECD, pp. 95–119.

OECD (1994), *The OECD Jobs Study: Evidence and Explanations, Part 2: The Adjustment Potential of the Labour Market*, Paris: OECD Publications.

Payne v. Western & Atlantic Railroad, 81 Tenn. 507, 518–9 (1884).

Posner, R. A. (1984), 'Some Economics of Labor Law', *The University of Chicago Law Review*, 51, 988–1011.

Rodriguez-Pinero, M. (1992), 'Individual Dismissals in the Member States of the European Community: The Advantages and Difficulties of Community Action', unpublished report on behalf of the Commission of the European Communities, DG V, Madrid.

Root, L. S. (1987), 'Britain's Redundancy Payments for Displaced Workers', *Monthly Labor Review*, 110, 18–23.

Rosen, S. (1985), 'Implicit Contracts: A Survey', *Journal of Economic Literature*, 23, 1144–75.

St. Antoine, T. (1994), 'The Model Employment Termination Act: A Fair Compromise', *Annals of the American Academy for Political and Social Science*, 536, 93–102.

Schwab, S. (1989), 'The Economics Invasion of Labor Law Scholarship', in B. D. Dennis (ed.), *Proceedings of the 41st Annual Meeting of the Industrial Relations Research Association* (IRRA), Madison, WI: IRRA, pp. 236–42.

Shavell, S. (1984), 'Liability for Harm versus Regulation for Safety', *Journal of Legal Studies*, 13, 357–74.

Soltwedel, R., A. Bothe, M. Hoffmeyer, C.-F. Laaser, K. Lammers, M. Merz and D. Renter (1990), 'Regulierungen auf dem Arbeitsmarkt der Bundesrepublik', *Kieler Studien*, Vol. 233, Tübingen: J. C. B. Mohr/Siebeck, pp. 28–31.

Spulber, D. F. (1989), *Regulation and Markets*, Cambridge, MA: MIT Press.

Stieber, J. and R. Rodgers (1994), 'Discharge for Cause: History and Development in the United States', *Annals of the American Academy for Political and Social Science*, 536, 70–78.

Troy, K. (1990), 'Rethinking Employment Security', *The Conference Board Research Bulletin* (New York), no. 244.

UNICE (1995, September), 'Releasing Europe's Potential through Targeted Regulatory Reform', UNICE. (Unpublished manuscript)

Weiler, P. C. (1990), *Governing the Workplace: The Future of Labor and Employment Law*, Cambridge, MA: Harvard University Press, pp. 48–60.

Youngblood, S. A. and L. Bierman (1994), 'Employment-at-Will: New Developments and Research Implications', *Research in Personnel and Human Resources Management*, 12, 303–24.

第Ⅲ篇

劳动力市场政策的制度框架评估

第 23 章　解读国家对防止失业的干预

——18 个国家中制度对积极劳动力市场政策支出的影响

Thomas Janoski *

对劳动力市场及其他福利开支的解释，大多集中在经济、人口或政治方面，如人均 GNP、失业率、人口变化和左翼政党力量，计划、执行和制定政策的制度则常常被忽略。这是因为对制度的衡量比较困难，尤其是，制度的各项重要特征随着时间的推移几乎没有变化。本章的重点是，对 18 个国家的积极劳动力市场政策开支做出制度性解释，并就这些政策所引起的政治经济变化（如失业率和左翼政党力量的变动）进行比较。目的是明确积极劳动力市场政策干预的制度性原因，及其优点和功效；同时推进制度性理论的改革和动态分析，以促进社会各方和国家间的合作与信任。

1．积极劳动力市场政策的影响因素

第二次世界大战以前，大多数的劳动力交流、岗位创造，甚至一些职业培训的政策都是作为整体政策措施的一部分而存在的，名义上没有采用过积极劳动力市场政策。两位瑞典经济学家——Gösta Rehn（1948）和 Rudolph Meidner（1948）——最先将积极劳动力市场政策作为在追求充分就业的情形下控制通货膨胀的一项社会民主策略提出（see also Lewin，1998，pp. 159-203 and 275）。20 世纪 60 年代中期，在 OECD 国家普遍采用和宣扬瑞典型政策后，积极劳动力市场政策被公认为是一种独特的政策类型。从那以后，一些研究开始集中关注积极劳动力市场政策对经济增长和失业的影响（Boreham and Compston，1992；Calmfors，1994；Esping-Andersen，1987；Furåker and Johansson，1990）。Bellmann and Jackman（本手册第 24 章）考察了积极劳动力市场政策开支对失业，尤其是

* Thomas Janoski 的联系方式：Department of Sociology，268 Sociology/Psychology Building，Duke University，Durham，North Corolina。我十分感谢 Anders Björklund，Lei Delsen，Jap de Koning，James Heckman，Bernd Reissert，Klaus Schömann 和 Günther Schmid 曾对本文所作的评论。在该项目的数据收集阶段，我从 Günther Schmid，Bernd Reissert，Hugh Mosley，David Stambrook 和 Jan Johannssen 那里得到了很多帮助。我同样十分感谢 Elizabeth Glennie，Haven White，Christa McGill 和 Vanessa Tinsley 对这项研究的帮助。该项目得到了 NSF 项目 SES-92-11542、柏林社会科学研究中心、瑞典 200 周年基金、加拿大使馆项目、杜克大学国际研究中心的资助。

对岗位安置、职业培训和岗位创造政策的影响。

本章集中关注积极劳动力市场政策的决定因素。一些有关积极劳动力市场政策制定的研究已经对特定积极劳动力市场政策法规的通过做出了解释（Blankenburg，Schimd and Treiber，1976；Webber，1982；Webber and Nass，1984）。这些研究通常会强调社会民主党派所发挥的重要作用，但同时研究者也注意到，虽然积极劳动力市场政策是高失业环境的产物，但是在失业率较低的情况下，一些重要的劳动力市场法律也能获得通过。

目前，只有少数几项研究对发达工业化国家的积极劳动力市场政策进行了一些解释。例如，Therborn（1986）对“为什么某些人群比其他人更容易失业”的问题进行了分析。他避开了失业、社会民主力量、社团主义对解释充分就业的贡献，并认为，政治学和经济学也不能很好地解释该问题（p. 22）。他指出，“充分就业的制度性贡献”需要强调以下几点：（1）竭尽全力地追求充分就业；（2）积极运用凯恩斯主义的反周期经济政策；（3）全面落实积极劳动力市场政策；（4）不以高失业为代价去实现其他目标（如降低通货膨胀）（pp. 23 and 124－127）。[1]

在柏林社会科学研究中心，Günther Schmid 领导的小组成员在对积极劳动力市场政策做出解释的同时，也积极探索了相应的制度性解释。他们的研究方法可参见 Schmid，本手册第 25 章和 Appelbaum and Schettkat，本手册第 26 章（see also Matzner，1989；Schmid，1989，1990，1993；Schmid and Reissert，1988）。Schmid，Reissert and Bruche（1992）对六个国家——奥地利、德国、法国、英国、瑞士和美国——进行了考察，他们发现，实行基于总收入的财政制度的国家（如瑞士）与实行基于保险收入制度的国家（如德国）相比，前者在积极劳动力市场政策方面的财政投入更为自由，原因在于以总收入为基础的制度所施加的限制。

目前，已有两项研究表明，左翼政党力量和经济变量也能导致积极劳动力市场政策的施行。Muszynski（1985）认为，在 20 世纪 60 年代，意识形态的变化和劳工运动规模的扩大促进了加拿大积极劳动力市场政策的实施（p. 299）。Janoski（1990）对美国和德国过去 30 年的数据进行了时间序列分析，从而对支出做出了制度性解释：在德国，是由于左翼政党力量和失业；在美国，则是由于人口压力和民主政治。此外，他还提出了一种制度性解释：在美国，每通过一项新的积极劳动力市场政策法规，其开支就会减少一些，这主要是由于，相关机构（如美国就业服务机构）的力量不够强大，从而导致了组织上的混乱。Janoski（1994）也将德国模式延伸到了瑞典。

尽管如此，到目前为止，还没有研究对 18 个 OECD 国家中积极劳动力市场政策支出的水平及其增长趋势进行国际比较，也没有研究将制度性变量纳入考察范围。主要的困难在于，积极劳动力市场政策的支出难以衡量，同时，相关的制度性变量也很难找到。在本章中，这些困扰都将得到规避和解决。本章将同时使用制度性变量和宏观经济变量对五个不同时期的积极劳动力市场政策做出解释。

2. 制度理论的分支

最近，社会学、政治科学和经济学方面的一些研究促进了制度理论的蓬勃发展。[2]传统上，制度理论一般着眼于政府机构、选民和利益集团之间的正式和非正式关系（Commons，1934；Gouldner，1954；Selznick，1949；and Veblen，1904）。但由于缺乏自己的概念和方法，这种制度性观点在 20 世纪六七十年代逐渐衰落。从那之后，新制度主义从社会学和政治科学中得到了发展（March and Olsen，1984，1989；Steinmo，Thelen and Longstreth，1992）。根据新制度主义的观点，社会制度是由正式或非正式的准则所确定和协调的、具有一定模式的相互联系，它独立于阶级、种族、性别或其他社会分类结构（Steinmo et al.，1992，p. 11）。这里的模式指的是政治机构和以民主形式或其他参与形式而自发形成的联盟团体。同时，政策领域和组织网络方面的一些研究形成了制度结构的另一个方面（Burstein，1991；Knoke，1992；Knoke，Pappi，Broadbent，Kaufman and Tsujinaka，1993）。政策领域的结构指的是各类组织、群体和公众之间形成了怎样的特定网络，以及他们各自的角色和思想观念。[3]

经济学对制度也产生了新的兴趣。例如，历史制度主义开始更加关注各种规则随时间的演进方式（North，1993，pp. 12 and 17）。而在主张管制的学派中，研究者更加强调岗位控制和政策管制对经济增长和失业的重要影响（Boyer，1993）。交易成本方面的研究对规则的关注程度降低，转而更加重视在市场和政府管制之间的理性选择，选择的结果取决于两种成本的比较：一是市场交易的不确定性，二是保持政府对供给者和生产者的控制所带来的成本（Williamson，1975，1985）。社会选择方面的研究者则着眼于在不同制度之间的理性选择，这些制度多以市场为导向，或以理性原则为基础。我们看到，这些研究的范围非常广泛，从最不依赖于个体理性和市场的进化论和历史观点，到最理性主义的社会选择论（Furubotn and Richter，1993，p. 3）。

本章不会就制度理论中存在的很多争议进行深入探究，但会沿袭新制度主义研究所经常使用的两种方法——“机制型”和“经济控制型”。首先，Esping-Anderson 的“福利国家体制”思想积极推进了比较法在社会政策分析中的运用。这种方法概括了福利国家中的整体制度结构，这些福利国家可分为三类：社会民主制国家、自由主义国家和保守主义国家。其次，Campbell，Hollingsworth and Lindberg（1991）等对市场、网络和管理机构进行了分析，从而推动了制度理论的进一步发展。他们区分了市场、网络和管理机构的两两作用和多方相互作用，从而可以区分受限制的交易和普遍性的交易（1991，pp. 14－28）。但其中的“多方相互作用”理论仍有待发展，由简单的多方作用扩展至各种政治交易（Crouch，1992；Janoski，in press；Marin，1990a，1990b）。要建立一套更全面的劳动力市场政策理论，研究者们需要以时间为标准，将制度的形成、发展和消亡带入制度理论发展的前沿。这种努力有助于长期利益关系与合作的形成，其中，社会政策的三方机制就是一个很好的例子。[4]

对比较劳动力市场政策的关注给制度理论的发展带来了新的挑战和机遇。接下来，我将考虑以下几个问题。首先，建立一个制度模型，为积极劳动力市场政策提供解释。其次，构造时间序列型制度变量，而不是常量。这些时间序列变量会被运用到从 1970 年到 1989 年间每五年一个阶段的分析中。最后，对这一用于解释积极劳动力市场政策的制度模型进行相关性和回归分析。

3. 用于解释积极劳动力市场政策的制度模型

积极劳动力市场政策的支出受四种制度的影响：（1）就业服务部门的结构和权力；（2）在企业层面，是否存在劳资联合委员会之类的组织，是否存在劳资双方共同决策的机制，而这些会与积极劳动力市场政策相互影响；（3）国家福利制度和教育体系；（4）影响工资和宏观经济谈判的国家制度政策。这些变量都放入了模型，且都是滞后变量和每五年的平均值（见图 23—1）。

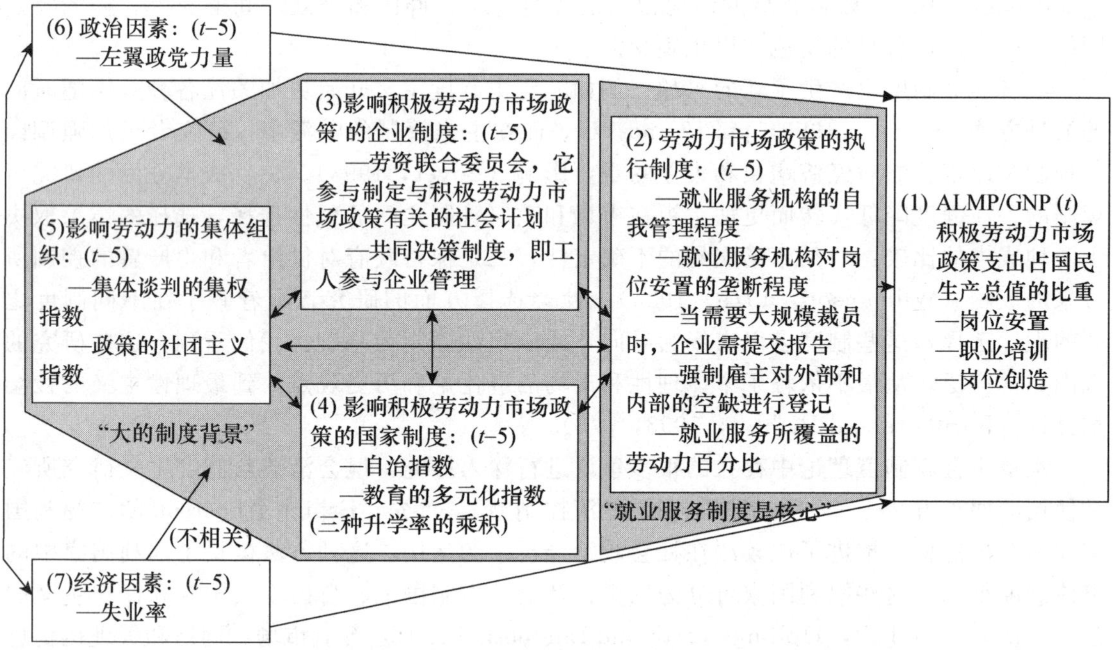

图 23—1 积极劳动力市场支出占 GNP 比重的横截面制度模型

在本章中，我认为劳方、资方和政府三方间在各个层级（国家、州和地方）的协作越规范，那么，积极劳动力市场政策获得成功的可能性就越大，也越容易得到更多的资金支持。就让我们看看这些制度变量所起到的作用。

首先，就业服务机构直接影响着积极劳动力市场政策的实施，因为它在劳动力交流过程中扮演着核心角色，在很多国家中，绝大多数积极劳动力市场政策都由它予以执行（参见 Walwei，本手册第 13 章，关于就业服务机构的讨论）。当企业被要求将其空缺职位报告给就业服务机构时，服务机构就拥有了岗位安置的垄断权。此外，石油危机爆发后，许多国家都要求雇主在大规模裁员和关闭工厂时提前告知就业服务机构。当就业服务机构在劳动力市场上发挥着重要作用时，它就能更好地协调和更成功地贯彻大量的积极劳动力市场政策。

社会伙伴和各级政府对就业服务机构的自我管理，能够加大它的管理力度。三方协商制定政策的方式使劳方、资方和相应层级的政府有效地结合起来，共同讨论和制定有关政策。这将促进各群体为实现共同利益而联合起来，促进交流。当政策制定出来时，社会伙伴已经就其内容达成了一致。可见，这种方法更可能使政策得以成功实施。就业服务机构较为薄弱的国家则设置了一些新的代理机构，各机构的职能相互重叠，在劳动力市场上的作用也并不理想。自我管理的缺失意味着劳方、资方是以一种“局外人”的身份看待国家政策，他们可能决定忽视它、不相信它，甚至公然反对它。这使得一些谨慎的参与者只愿意调拨少量的资源以方便其随时退出。相反，强大的就业服务机构能够使社会伙伴参与到政策的制定过程中，从而能使各项政策得到成功实施。总之，政府可以通过提高参与程度，加大干预力度，运用代理机构，来改变社会伙伴的态度，调整劳动力市场。

第二，劳资联合委员会和劳资双方参与企业管理的共同决策机制也会对积极劳动力市场政策产生影响。当存在强大的劳资联合委员会时，就业服务机构和工会共同制定“社会计划”，这些社会计划通常包含着积极劳动力市场政策的重要方面。劳资联合委员会和劳资双方参与企业管理的共同决策机制有利于企业与就业服务机构的合作，有助于就业服务机构为即将遭遇解雇的员工寻找工作。培训任务可以由企业承担，或者，企业可以采用适时工作计划，减少每个员工的工作时间，但发放常规工资。结果，劳动者在找工作时，有了更多的时间、更好的规划和更多的帮助。

第三，自我管理在福利制度其他领域的运用也产生了相似的作用。例如，养老保险、医疗保险、工伤险和失业保险领域的自我管理将进一步增强社会伙伴和政府之间的交流。但自我管理的作用并不是直接的；尽管如此，失业者在找工作期间仍然需要持续的利益保护机制。更进一步，福利制度的这种自我管理模式对劳动力市场政策会产生溢出效应。它能够避免雇主和工会就雇员因为残疾、健康问题或其他项目而回避工作等问题而发生无休止的争执。的确，自我管理足以有这样的影响力，因为社会伙伴直接管理着类似的项目且对此负有部分责任。

教育系统，无论从结构还是从强度上来讲，都对积极劳动力市场政策方案的成功实施有着显著影响。学校系统能够提供广泛的选择机会，培养基本的职业技能，为进一步的培训打下基础，这些将有助于提高积极劳动力市场政策的有效性。但如果学校系统所输送的毕业生是同质的，且缺乏职业技能，那么将使得积极劳动力市场政策的实施一切从零开始。在这种情况下，就需要对员工广泛地开展培训，因为他们并不熟悉工作规章或工作所需的技能。此时，引入一套有效的学徒体系将很有帮助。

第四，国家制度对整个经济进行协调，它对积极劳动力市场政策的影响虽然不那么直接，但也十分重要。如劳工、企业和政府就工资、政策进行商议的三方协商机制就能够给积极劳动力市场政策支出带来有益的影响。如果三方在工资协商过程中顺应这种逻辑，从团结协作的角度出发，那么三方协商机制的影响力将与就业服务相当。

第五，政治经济变量（如左翼政党力量、失业率、劳动力参与率等）不以制度为基础。但这些变量可能会产生明显的影响，因此，在考察制度变量的影响时需要将这些作为控制变量（Janoski，1990，1994）。

这个模型与很多用于解释社会政策的一般模型有着明显的不同，因为它将宏观经济学方法与制度研究方法结合了起来。政治经济状况体现在失业和左翼政党力量两方面，而这两者通常就是政治经济学研究中权力—资源方法的核心（see Korpi，1983，1991；Shalev，1983）。制度变量（如就业服务、企业中的权力分享、自我管理、教育的多元化和社团主义）都与政府中心论（Katzenstein，1984，1985；Skocpol，1992；Skocpol and Orloff，1986）——又名政体论——有着理论关联。但是，由于制度的复杂性及其相互之间的关系，只有少数定性研究采用了这种研究方式。

制度主义者常常强调“制度背景”的重要性，但“制度背景”是个十分模糊的概念。为了尽可能使这一背景具体化，本章采用了很多制度变量，对分析劳动力市场政策的政体论或政府中心论所经常使用的变量进行了操作化定义。这些变量中，有些是彼此高度相关的，另一些不太相关的制度也是十分重要的。比如，尽管就业服务机构毫无疑问地对积极劳动力市场政策有显著的影响，但其他制度变量也提供了支持性的政策环境。例如，如果没有法律赋予企业内部劳资联合委员会权力，如果没有法律规定企业内部的劳资共同决策机制，以及劳资双方在福利制度其他领域的合作，那么，就业服务机构即使很强大，也难以执行积极劳动力市场政策。而这，正是社会伙伴之间进行社会合作这样一个大背景所发挥的作用。

4. 衡量积极劳动力市场政策和制度

积极劳动力市场政策（ALMP）指的是政府对劳动力市场的直接干预，以防止或减少失业。按 Calmfors（1994）的狭义定义，积极劳动力市场政策通常包括岗位安置、职业培训和岗位创造等政策，但不包括失业保险、提前退休或其他没有就业促进作用的消极政策。对大多数国家来说，积极劳动力市场政策的作用并不像养老金、医疗保险和其他福利措施一样明显。（当然，在这一领域处于带头地位的瑞典是例外。）在很多国家，关于积极劳动力市场政策的数据和相关报告都是由不同的部门和司法机构独立发布的，且在部分国家中这些机构还常常更改名称和职责，这给搜集 18 个国家的积极劳动力市场政策数据带来了困难。

本章中关于积极劳动力市场政策的数据来源于国家资料。在积极劳动力市场政策较为突出的国家（如瑞典、挪威和德国）中，关于积极劳动力市场政策的报告由一个机构发布，这个机构可以是就业服务机构，也可以是一个与之密切相关的机构。在英国、芬兰和新西兰等国家中，由劳工部或就业部门公布积极劳动力市场政策的开支。其余大多数国家则以国家预算明细的形式发布，有时也包含在国家和地区关于劳动力市场政策的报告中。本章所使用的就是这些包含有细分数据的国家资料，需要包含细分数据，是为了计算狭义积极劳动力市场政策的开支。数据为时间序列形式，从 1960 年至 1989 年。但由于荷兰和丹麦从 20 世纪 80 年代才开始收集这方面的数据，所以对于 70 年代的资料我不得不采用二手数据。

这些原始数据与 OECD 在 1986—1990 公布的数据几乎是等同的，只有一个例外。这些数据不包括为提前退休员工提供的资金，因为这些项目不但没有创造岗位，反而以养老金为激励，使员工提前退出劳动力群体。显然，这种基金的发放是消极的。OECD 的数据来源于国家报告，这些国家报告一般以深入的国家分析为基础，也有少数没有经过细致的分析而仓促完成。[5] 本章所呈现的积极劳动力市场政策数据与 Schmid，Reissert and Bruche（1992）关于 5 个欧洲国家和美国在 1973—1988 年间的数据，以及 1986 年至今的 OECD 数据是一致的。关于积极劳动力市场政策数据的计算细节参见本章附录。

意大利的积极劳动力市场政策数据来自由 Leon Tronti 提供的 Cassa Integrazione

Guadagni (CIG) 数据。CIG 既包含积极政策，又包含消极政策；二者难以分开（Ferrera，1988，p. 492；Tronti，1990）。我将 CIG 开支的一半作为积极劳动力市场政策支出，但这种假设可能高估了意大利积极劳动力市场政策的支出，因为大多研究报告指出 CIG 是一种消极的失业保险政策。尽管如此，意大利在积极劳动力市场政策上的开支还是相对较少的。

最后，ALMP/GNP，即积极劳动力市场政策支出占国民生产总值的比值，为 1950—1959 年的十年平均值，和以后每五年的平均值：1960—1964 年，1965—1969 年，1970—1974 年，1975—1979 年，1980—1984 年和 1985—1989 年。此项研究的因变量为 1965—1989 年的五个时期。将所有的积极劳动力市场政策变量都除以 GNP（由要素成本计算得到），结果见表 23—1。

表 23—1　　18 个国家的 ALMP/GDP 比值[a]（以百分比表示）

国家	1985—1989 年	1980—1984 年	1975—1979 年	1970—1974 年	1965—1969 年	1960—1964 年	1950—1959 年
澳大利亚	0.45	0.25	0.20	0.01	—	—	—
奥地利	0.31	0.21	0.18	0.18	0.10	0.22	0.12
比利时	0.50	0.49	0.29	0.10	0.10	0.11	0.15
加拿大	0.44	0.53	0.50	0.57	0.50	0.37	0.03
丹麦	1.42	1.37	0.44	0.23	0.14	0.09	—
芬兰	1.09	1.23	0.44	0.23	0.21	0.26	0.21
法国	1.43	1.10	0.88	0.42	0.30	0.18	—
德国	1.11	1.00	0.81	0.63	0.33	0.32	0.39
爱尔兰	0.95	0.67	0.37	0.22	0.19	—	—
意大利[b]	0.23	0.26	0.13	0.07	0.06	0.05	—
日本	0.10	0.10	0.09	0.09	0.12	0.17	0.22
荷兰	0.58	0.59	0.32	—	—	—	—
新西兰	1.02	0.88	0.27	0.06	0.06	0.36	0.05
挪威	0.83	0.50	0.52	0.22	0.22	—	—
瑞典	1.81	1.94	1.75	1.40	0.95	0.75	0.27
瑞士	0.23	0.01	0.02	0.001	0.002	0.007	0.02
英国	0.86	0.79	0.53	0.18	0.15	—	—
美国	0.21	0.23	0.38	0.18	0.15	0.04	0.02

a. 积极的劳动力市场政策（ALMP）开支包括岗位安置和管理，职业培训及岗位创造等政策的开支，但不包括消极措施，如失业保险或鼓励员工提前退出劳动力市场的养老金计划。

b. 意大利的数字是基于 1986—1992 年 OECD（1993）和 CIG 的开支计算的。CIG 既包含消极政策，也包含积极政策，且二者难以分开。本表将 CIG 开支的一半作为积极劳动力市场政策的开支，但其中 90%都是消极的。

资料来源：澳大利亚：Department of Employment and Industrial Relations（1980—1990），*Annual Report*，Canberra：Australian Government Publishing Service；Department of Employment，Education and Training（1989—1992），*Annual Report*，Canberra：Australian Government Publishing Service；S. Kesteven（1987—1988），*Commonwealth Employment and Training Schemes since 1973—August 1978*，Current Issues Paper no. 1：Canberra：Legislative Research Service；Ministry of Finance（1962—1990），Budget Statements，Canberra：Australian Government Publishing Service.

奥地利：Austria（1980—1992），*Programmbudget der Arbeitsmarktverwaltung*，Vienna：Österreichische Staatsdruckerei；Austrian Government（Budget）（1948—1979），*Teilheft zum Bundesvoranschlag*，*Gruppe 1*，*Innenverwaltung*，*Kapital 15 und 16*，Vienna：Österreichische Staatsdruckerei.

比利时：ONEM（1950—1992），*ONEM Rapport Annuel*，Brussel：Office National de 1'Emploi.

加拿大：Canada（1960—1992），*Public Accounts of Canada*，Ottawa：Receiver General for Canada；Employment and Immigration Canada（1976—1990），*Annual Report*，Hull：EIC；D. Papandreou，（1990），'Historical Estimates of Selected EIC Program Expenditures', Strategic Policy and Planning Section, Policy and Program Analysis, Hull: EIC; Statistics Canada (1967—1990), *Unemployment Insurance Statistics*, *Annual Supplement*, Ottawa: Statistics Canada.

丹麦：Nordic Council (1975—1990), *Yearbook of Nordic Statistics*, Oslo: Norway: Danish Government, Labour Directorate (1974—1992), *Arbejdsdirektoratets arsberetning*, Copenhagen: Arbejdsdirektoratet; OECD (1988—1993), *Employment Outlook*, Paris: OECD.

芬兰：Ministry of Labour, Planning Division (1970—1990), *Employment and Manpower Policy Measures in Finland*, Helsinki: Ministry of Labour; OECD (1988—1993), *Employment Outlook*, Paris: OECD.

法国：Ministre del'Emploi (1982, 1984), Comptes de l' emploi: données physico-financières, Paris: La Documentation Française; Ministère du Travail, dc l' Emploi et de la formation Professionnelle (1990, 1991), Comptes de l' Emploi de la Formation Professionnelle—Dossier financier 1980—1989, Paris: La Documentation Française; idem. (1991), Dépenses d' Insertion et de Réinsertion des Demandeurs d' Emploi: données financières 1975—1989, Paris: Division Emploi et Politiques d'emploi; idem. (1981), Retrospective budgetaire du Ministère du Travail, 1960—1980, Paris: Service des Études et la Statistique (internal document); Liaisons Sociales (1988), 'Tableaux Sociaux Statistiques Retrospective', Liaisons Sociales, 3 November 1988, No. 10329.

德国：Bundesanstalt für Arbeit (1952—1992), *Amtliche Nachrichten der Bundesanstalt für Arbeit*: Arbeitsstatistik, Jahreszahlen, Nuremberg: BAA.

爱尔兰：Department of Labour (1967—1990), 'Revised Estimates', *in The Department of Labour Annual Report*, Dublin: Stationery Office.

意大利：L. Tronti (1990), '*Employment Protection and Labor Market Segmentation: Economic Implications of the Italian "Cassa Integrazione Guadagni"*', paper presented at the ILO, IILS and WZB conference on Workers Protection and Labour Market Dynamics, 16-18May; OECD (1988—1993), *Employment Outlook*, Paris: OECD.

日本：Information calculated and supplied by the Japanese Ministry of Labour.

荷兰：D. Moraal (1994, 8), 'Evaluierung der Reorganisation der Arbeitsverwaltung in den Niederlanden', WZB discussion paper 94-204, Wissenschaftszentrum Berlin für Sozialforschung; OECD (1988—1993), *Employment Outlook*, Paris: OECD.

新西兰：House of Representatives (1955—1992), *Report of the Department of Labour*, Willington: Government Printer; House of Representatives (1955—1992), *Report of the Department of Social Welfare*, Willington: Government Printer; House of Representatives (1955—1992), *Estimates of the Expenditure of the Government of New Zealand*, Willington: Government Printer, R. J. Gill (1989), *Inventory of Labour Market Measures*, 1970—1989, Willington: Department of Labour, Labour Market Analysis Uni.

挪威：Arbeidsdirektoratet (1950—1990), *Department of Labour Annual Report*, Oslo: Arbeidsdirektoratet.

瑞典：Arbetsmarknadsverket (AMS) (1950—1992), *Annual Report*, Solna: Arbetsmarknadsstyrelsen.

瑞士：Switzerland (1970—1990), Öffentliche Finanzen der Schweiz, Bern: Eidgenössisches Statistisches Amt; Switzerland (1950—1990), Statistisches Jahrbuch der Schweiz, Basel: Verlag Birkhauser.

美国：US Department of Labor (1964—1982), *Manpower Report of the President*, Washington, DC: Government Printing Office (GPO); US Department of Labor (1988—1995), *The Labor Market Report of the Secretary of Labor*, *Washington*, DC: GPO; US President (1950—1992), *Budget of the United States Government*, Washington, DC: GPO.

英国：UK (1948—1975), *Civil Appropriations*, London: HMSO; UK, *Civil Estimates*, London: HMSO; UK (1976—1992), *The Governments' Expenditure Plans*, London: HMSO; UK Manpower Services Commission (1977—1984), *The Annual Report for the Manpower Services Commission*, London: HMSO.

5. 在长期中评估制度

首先，在“经济治理”的核心思想中，制度是以时间序列的方式进行衡量的。对于每一个变量，都构建了它从1950年到1989年的值（细节请参见本章附录）。我们先来看就业服务，这其中有五点非常重要。第一，就业服务机构的管理模式是根据劳方、资方和政府三方参与自我管理的程度来进行评估的。第二，三方自我管理的层级包括联邦、州和地方三个层面。第三，就业服务机构对岗位安置的垄断程度。第四，雇主上报制度能够确保就业服务机构掌握大量的职位空缺信息，通过两种方式进行衡量：企业内部的空缺职位（如：晋升和横向流动）；外部空缺职位，即劳动力市场上的职位。不论内部还是外部出现职位空缺雇主都须上报的国家得分较高（OECD，1991，p. 218）。第五，在有些国家，当需要裁员 50 人或更多员工，或者工厂即将关闭时，雇主同样需要向就业服务机构提交报告。

三方管理模式和管理层级的评估分值相加，再除以其中的最大值（如：3）。劳动力市场上就业服务机构对雇主的控制权取决于其他三个要素。计算方法也是加总，并除以它们当中的最大值。这两个分值的和，再乘以享受就业服务的劳动力的百分比，得到一个变化范围为 0～2 的指数，但事实上，这个指数的最低值为美国的 0.13，最高为德国的 1.09（1980—1984 年数据）。可见，该指数能够在较大程度上反映这些国家就业服务机构的整体情况。

但是，就业服务机构的预算和雇员的数量并没有包括在内，因为这都属于结果的一部分（即就业服务机构的预算是 ALMP/GNP 的一部分；雇员工资也与 ALMP/GDP 有关）。若将预算包括在内，则会导致一部分重复计算。上述就业服务指数中的每一个要素都是就业服务本身的一个制度性特性，且这些要素是根据法律规定而非资金来源确立的。衡量这些要素也没有对组织机构的预算资金多寡有任何限制。例如，在就业服务机构的控制权上，法国、比利时、奥地利得分都比较高，但法国在积极劳动力市场政策方面开支较大，比利时居中，奥地利很少。官僚体制较为薄弱的国家则更容易花费大量资金用于弥补其管理上的不足，特别是在失业率高企期间。于是，就业服务机构的制度特点是独立于积极劳动力市场政策开支的。

第二种制度类型是以企业内部为主。劳资联合委员会衡量的是针对不同劳动力的法规。在不同的经济部门（各国的分类方式各不相同）中，劳资联合委员会制度通常先立法明确，再予以实施。评估变量综合考虑了法律（虚拟变量）、所覆盖的劳动力比例、反映各具体部门劳资联合委员会中实际委员比例情况的平等性和发言权因子。法律、所覆盖的劳动力比例、平等性和发言权因子共同形成了特定部门在劳资联合委员会方面的最终分值。其他部门也采用同样的方法计算。将各部门的分值加总后就可得到一个指数，该指数就代表了能够被劳资联合委员会法有效覆盖到的劳动力的百分比。

关于共同决策制度的评分方法与劳资联合委员会制度类似。由于存在不同的法律，因此对每一个部门（不论是按规模、行业还是按私营比例进行划分）单独计算一个分值。我们用一个变量来反映特定部门中是否存在相关的法律法规，以及这些法规对劳动力的覆盖程度。至于平等性因子，主要考察的是劳工代表在企业管理中的参与程度。这三方面结合起来得到的结果就能大致反映出各个国家中“完全平等，共同决策”制度所覆盖的劳动力百分比。

第三，采用自我管理模式的福利制度为劳资双方的协作提供了平台，从而能够促进劳动力市场上雇主与员工之间的合作。自我管理指数，是养老金、医疗保险、残疾险和失业保险的分值加总再除以 4。最后的结果反映了劳方、资方和政府在制定社会福利政策过程中的参与度。

教育变量是对教育体系多元化的评估。而学校选择的多元化也涉及针对特定职业的教育体系的评估，特别是实行学徒制的学校。该指数需要再乘以中等义务教育的入学率，其中中等义务教育包括：（1）学术性的学校体系（高中，及其他通向大学或高等教育的学校）；（2）职业性或半职业性的学校（毕业后授予技师证或其他职业证书的高中）；（3）学徒性质的非全日制继续教育学校（采用学徒制并在学员毕业时发放相应证书的高中）。以一种与基尼系数相似的计算方法，将以上三种入学率相乘：这些入学率越接近，则指数越大；这些入学率差异越大，则指数趋于 0。

第四，社团主义变量是从更高的层面上反映三方协商机制，它衡量的是工会、雇主和政府在全国层面或行业层面工资谈判中的参与度。本章将只对谈判情况做出衡量，而不会探究导致谈判的原因，如工会化或集权制。作为一种独立的衡量指标，我主要考察雇主、工会和政府参与政策协商的程度。虽然当收入政策与工资谈判有关时我们很难将政策协商与工资谈判分离开来，但我们可以将其他社会政策与工资谈判区分开来。这一衡量指标是在国家和行业的层面上进行计算的。这两种层面上的集体谈判合并成一个新的、意义更广的社团主义变量。

每一组独立变量和指数都视为等距变量，因为大多数情况下我们可以将一些单个因素定义为虚拟变量。当包含三个类别时，很显然，等距的变量是可以相加的（如：1～3 级政府或 1～3 级管理机构）。此外，视为等距变量，也是因为，很多基本变量都可以通过相加求和得到一个指数，往往还要乘上制度所覆盖的劳动力所占的比率。由于这些变量都是复杂的指数，同时，分析单位也各不相同，因此，“低成本，高收益”的结果（如：x 每增加一单位，y 就会随之增加特定单位）并不能提供大量信息。这样，在分析中就需要一个标准化的 β 系数。

在这些制度性假设形成的过程中，对左翼政党力量和失业的分析是不能忽略的。在大多数情况下，它们都是评估制度影响时的控制变量。左翼政党力量反映了左翼政党所控制的席位比重。从事左翼政治活动者和其他一些激进左翼政党并没有包括在内，除非这些政党参与政府管理（如法国和意大利）。[6] 标准化的失业率数据来自 OECD 的资料。这些制度、宏观经济变量在我们所分析的第一阶段的数值可见表 23—2。

表 23—2　按积极劳动力市场开支高低分类的制度和政治经济变量，宏观经济变量（以百分比形式表示）

国家		六类制度变量：（1980—1984 年）[a]						宏观经济变量：（1980—1984 年）[b]	
按 1985—1989 年 ALMP/GNP 排序		(1)	(2)	(3)	(4)	(5)	(6)	(7)	(8)
		ES	WC	COD	SELF	ED	COR	Left	UE
高									
瑞典	1.8	1.05	0.23	0.09	2.50	1.80	0.001	46	2.8
丹麦	1.4	0.56	0.07	0.12	2.00	1.29	0.85	48	9.6
法国	1.4	0.79	0.13	0.08	1.80	1.14	0.40	59	8.0
芬兰	1.1	0.41	0.00	0.09	1.00	1.00	0.002	27	5.1
新西兰	1.0	0.17	0.00	0.00	1.00	0.67	0.35	49	4.1
德国	1.0	1.09	0.84	0.30	2.30	0.97	1.04	42	6.0
爱尔兰	1.0	0.33	0.00	0.00	1.00	0.90	0.25	18	11.6
英国	0.9	0.45	0.00	0.00	1.00	0.56	0.24	38	9.5
挪威	0.8	1.00	0.04	0.04	2.30	1.46	0.09	46	2.5
均值	1.16	0.65	0.19	0.08	1.66	1.09	0.36	41.4	6.58
低									
荷兰	0.5	0.47	0.23	0.00	1.80	1.42	0.50	32	9.9
比利时	0.4	0.84	0.28	0.01	1.60	1.24	0.10	30	11.3
加拿大	0.4	0.17	0.00	0.00	1.00	0.33	0.05	11	9.8

续前表

国家		六类制度变量：(1980—1984 年)[a]						宏观经济变量：(1980—1984 年)[b]	
按 1985—1989 年 ALMP/GNP 排序		(1) ES	(2) WC	(3) COD	(4) SELF	(5) ED	(6) COR	(7) Left	(8) UE
澳大利亚	0.3	0.13	0.00	0.00	1.00	0.89	0.16	48	7.3
意大利	0.2	0.27	0.00	0.00	1.70	0.89	0.87	42	8.6
奥地利	0.2	0.61	0.85	0.32	2.30	1.87	1.09	50	3.2
瑞士	0.2	0.17	0.00	0.00	1.40	0.79	0.73	25	0.6
美国	0.2	0.13	0.00	0.00	0.80	0.25	0.001	37	8.2
日本	0.1	0.23	0.00	0.00	1.10	0.57	0.001	34	2.4
均值	0.28	0.34	0.15	0.04	1.41	0.92	0.39	34.3	6.81

a. ES 即综合三方管理机制和就业服务机构对雇主控制力的就业服务机构权力指数；WC 即劳资联合委员会指数；COD 即企业董事会的共同决策制指数；SELF 即福利制度四个领域的自我管理指数；COR 即用工资和政策谈判指标直接构建起来的社团主义指数；ED 即教育入学指数。

b. 左翼政党力量采用的是相对概念（如：由于民主主义，美国就存在左翼政党力量）；UE 即五年的平均失业率。

6. 解读积极劳动力市场政策

ALMP 支出/GNP 的值各国差异很大。最先实施和提倡积极劳动力市场政策的瑞典，在我们所考察的七个时期中有六个时期都处于领先地位。在 20 世纪 70 年代早期，瑞典是第一个 ALMP/GNP 超过 1%的国家，而且后来一直保持在 1%以上。

运用 Esping-Andersen (1990) 的“福利国家体制”理论，以积极劳动力市场政策为依据，将各国划分为以下三类：社会民主体制、保守体制和自由体制（见表 23—3）。

表 23—3　　按照福利国家体制类型[a]划分的 18 个国家的 ALMP/GNP（按要素成本计算）

体制类型和国家	1985—1989 年	1980—1984 年	1975—1979 年	1970—1974 年	1965—1969 年
社会民主体制					
丹麦	1.42	1.37	0.44	0.23	0.14
芬兰	1.09	1.23	0.44	0.23	0.21
荷兰	0.58	0.59	0.32	—	—
挪威	0.83	0.50	0.52	0.22	0.22
瑞典	1.81	1.94	1.75	1.40	0.95
均值	1.146	1.126	0.694	0.520	0.380
保守体制					
奥地利	0.31	0.21	0.18	0.18	0.10
比利时	0.50	0.49	0.29	0.10	0.10
法国	1.43	1.10	0.88	0.42	0.30
德国	1.11	1.00	0.81	0.63	0.33
爱尔兰	0.95	0.67	0.37	0.22	0.19
意大利	0.23	0.26	0.13	0.07	0.06
均值	0.755	0.621	0.443	0.270	0.180
自由体制					
澳大利亚	0.45	0.25	0.20	0.01	—

续前表

体制类型和国家	1985—1989 年	1980—1984 年	1975—1979 年	1970—1974 年	1965—1969 年
加拿大	0.44	0.53	0.50	0.57	0.50
日本	0.10	0.10	0.09	0.09	0.12
新西兰	1.02	0.88	0.27	0.06	0.06
瑞士	0.23	0.01	0.02	0.001	0.002
英国	0.86	0.79	0.53	0.15	0.07
美国	0.21	0.23	0.38	0.18	0.15
均值	0.416	0.400	0.284	0.152	0.150

a. 若要了解更多关于体制类型的解释，可参见 The Three Worlds of Welfare Capitalism，G. Esping-Andersen，1990，Princeton：Princeton University Press。

由表中可看出，社会民主体制国家的均值总是高于其他两种类型的国家，有时甚至是后者的两倍。而保守体制国家的均值，尽管低于社会民主体制国家，但仍比自由体制国家高出 30%～50%（只有在 1965—1969 年期间较为接近）。Esping-Andersen 提出的制度变量与积极劳动力市场政策之间具有很强的相关性。着眼于整体分配和利益均等的社会民主体制变量与积极劳动力市场政策在最近两个时期的相关性很强（$r=0.62$，0.61），在前两个时期则稍弱一些（$r=0.38$，0.36）。自由体制变量包括家计调查指数、私人养老金和医疗保险的发展程度等，这些变量在最近两个时期与积极劳动力市场政策呈负相关关系（$r=-0.54$，-0.51），之前两段时期的这种负相关关系相对弱些（$r=-0.27$，-0.19）。同时，基于强大民间组织和针对特定职业的多样化保险体系的保守体制变量，其相关性就较为复杂，也相对较弱了；这一点毫不奇怪，因为德国和奥地利都属于这种类型，但两国的积极劳动力市场政策开支一高一低（相关系数分别为 $r=-0.06$，-0.08；$r=-0.06$，-0.10）。可见，根据这种体制分类，我们可以观察到各种福利国家制度下积极劳动力市场政策开支的制度性结构（Esping-Andersen，1990，p. 70）。

表 23—4　　五个时期内 18 个国家中积极劳动力市场政策与制度变量之间的 0 阶相关系数表

自变量（均值的基础上滞后五年）	1985—1989 年	1980—1984 年	1975—1979 年	1970—1974 年	1965—1969 年
就业服务机构的权力，$t-5$[a]	0.57* (0.01)	0.50* (0.03)	0.65** (0.004)	0.61** (0.009)	0.52* (0.04)
共同决策制指数，$t-5$	0.14 (0.58)	0.17 (0.49)	0.22 (0.39)	0.30 (0.24)	0.13 (0.63)
劳资联合委员会指数，$t-5$	0.06 (0.82)	0.07 (0.78)	0.20 (0.43)	0.26 (0.31)	0.14 (0.60)
自我管理指数，$t-5$	0.38 (0.13)	0.38 (0.12)	0.50* (0.04)	0.56* (0.02)	0.43 (0.09)
教育多元化指数，$t-5$	−0.13 (0.61)	−0.05 (0.84)	−0.19 (0.45)	−0.13 (0.61)	−0.31 (0.24)
工资集体谈判指数，$t-5$	0.33 (0.32)	0.36 (0.17)	0.17 (0.52)	0.22 (0.43)	0.21 (0.48)
政策集体谈判指数，$t-5$	0.18 (0.49)	0.39 (0.13)	0.26 (0.35)	0.37 (0.17)	0.31 (0.28)

续前表

自变量（均值的基础上滞后五年）	1985—1989 年	1980—1984 年	1975—1979 年	1970—1974 年	1965—1969 年
左翼政党力量 $t-5$	0.36	0.12	0.11	—	—
	(0.13)	(0.63)	(0.87)	—	—
失业，$t-5$	0.04	0.003	−0.14	—	—
	(0.89)	(0.99)	(0.64)	—	—

a. 每一个自变量与因变量相比滞后五年（例如，我们用 1980—1984 年就业服务机构的权力预测 1985—1989 年的积极劳动力市场政策）。

* $p<0.05$；

** $p<0.01$。

在本章中应用这种“福利体制”方法主要有两点不足。一方面，在每一种体制类型内，都有很大的差异。例如，属于保守体制的法国和德国在积极劳动力市场政策方面的开支较高，它们容易发展成为社会民主体制，同样，新西兰也容易从自由体制转变为社会民主型。单从各类体制国家的均值，我们难以看到这些极端的值，但从统计分析来看，标准差会比较大。另一方面，Esping-Andersen 提出的体制类型实际上主要针对的是福利制度变量，而不是劳动力市场变量。结果，对于本章来说，这种理论并不是十分直接。

侧重于劳动力市场的制度性变量则具有更强的解释力。通常，对积极劳动力市场政策最直接的影响体现在就业服务机构的权力方面，它在我们考察的所有五个时期中都与积极劳动力市场政策强相关（见表 23—4）。

然而，共同决策制和劳资联合委员会变量与积极劳动力市场政策的相关性较弱，而自我管理指数在早期（1970—1974 年和 1975—1979 年）与积极劳动力市场政策的相关性较高，但在最近有所变化。两种社团主义指数得出的结果都很模糊，相关性都不强；教育变量甚至呈现出负相关关系。

为简化指数，我以劳资联合委员会和共同决策制变量为基础构建了一个企业指数，由工资谈判制和政策谈判制变量构建了一个社团主义指数。其中，社团主义指数在 1985—1989 年、1980—1984 年、1975—1979 年和 1970—1974 年四个时期与积极劳动力市场政策强相关（$r=0.41$，0.50，0.39，0.45），但企业指数的相关性却十分微弱（$r=0.08$，0.10，0.21，0.28）。总的说来，最显著的制度变量是就业服务机构的权力，随后是自我管理。除了教育指数，其他的制度变量也都正相关。

就业服务机构的权力与积极劳动力市场政策之间的相关性很强，但其他变量与就业服务之间也高度相关。在制度背景的前提下，这种相关性是我们意料之中的。在最近四个时期中，就业服务机构分别与企业指数（$r=0.66$，0.67，0.63，0.64）、社团主义指数（$r=0.63$，0.68，0.69，0.77）、自我管理指数（$r=0.83$，0.82，0.79，0.78）强相关，但与教育多元化指数之间的相关性较弱（$r=0.14$，0.14，0.12，0.11）。可见，这种相关性会造成多重共线性的问题，这样，体制类型变量可能更为适合。

在回归分析中，单独就业服务这一个变量，就可以解释 ALMP/GNP 变动的 20%以上（按时间顺序从后往前，修正的 R^2 分别为：0.28，0.20，0.38，0.33，0.22）。因为就业服务机构与 ALMP/GNP 的相关性很强，所以它应当能够在多元分析中通过检验。但是，当把就业服务变量和左翼政党力量、失业率和其他变量都放入等式后，结果并非如此（见表 23—5）。

表 23—5　五个时期内 ALMP/GNP 的回归方程

（表中所列为标准化后的 β 值，括号中为显著性水平）

	t=1985—1989 年	t=1980—1984 年	t=1975—1979 年	t=1970—1974 年	t=1965—1970 年
就业服务机构的权力，t-5	0.50* (0.049)	0.55* (0.048)	0.82** (0.013)	0.6** (0.009)	0.52* (0.044)
左翼政党力量，t-5	0.25 (0.29)	−0.08 (0.79)	−0.09 (0.75)	— —	— —
失业率，t-5	0.19 (0.39)	0.09 (0.74)	0.27 (0.41)	— —	— —
R^2	0.36	0.26	0.48	0.37	0.27
修正 R^2	0.23	0.11	0.33	0.33	0.22
n	18	18	18	17	16

* $p<0.05$；

** $p<0.01$。

在前三个等式中，就业服务变量对积极劳动力市场政策具有最强的解释力度，并在 $p=0.05$ 的水平上显著。标准化的 β 分别为 0.50（1985—1989 年），0.55（1980—1984 年）和 0.82（1975—1979 年）。根据样本容量调整后，它对因变量变动的解释力度分别为 23%（1985—1989 年），11%（1980—1984 年），33%（1975—1979 年）。在二元回归方程中，就业服务变量更具解释力（分别为 28%以上，20%，38%）。因为这种调整减去了新增变量的额外变动。

在第四、第五两个时期中，样本量减少，方程的计算无法进行。表 23—5 所列为就业服务和 ALMP/GNP 的二元关系。在任何一种情况下，其系数都是显著的，解释力度分别为 33%（1970—1974 年）和 22%（1965—1970 年）。

这五个方程都不能很好地反映瑞典的情况。就业服务、左翼政党力量和失业率会低估瑞典的 ALMP/GNP。因为这个领域内，瑞典在很多方面都是领军者和开拓者。它的积极劳动力市场政策开支水平较高，是因为它是先行者，并且在很大程度上，它的社会政策也深深打上了积极劳动力市场政策的“烙印”。

这些方程表明，在这三个不同时点的横截面分析中，与宏观经济变量相比，作为一种制度变量的就业服务变量具有相对较强的解释力度。在所有五个时期中，与二元回归结果的对比表明，就业服务比左翼政党力量、失业率具有更强的相关性。[7] 在这些结果的基础上，可以进行混合截面分析和时间序列分析，在这些分析中，制度变量比面板数据更具动态性。当我们这样做时，虽然制度变量具有更大的变异性，但仍不足以在长期中对积极劳动力市场政策进行解释。左翼政党力量和失业却能够很好地解释随时间推移所发生的变动，制度的变异性还不足以使它成为影响积极劳动力市场政策的一个因素。但在国际比较中，制度变量将会展现出它的解释力度。

7. 结　论

本章就劳动力市场制度对积极劳动力市场政策的影响进行了初步探讨，但要探究那些压制政治经济发展的相关制度的具体影响，却是一项艰巨的任务。过去很多对制度的衡量指标似乎一直没有发生变动，尽管如此，本章在动态面板的背景下实现了劳动力市场制度衡量指标的操作化。我也尝试衡量了更广阔的“制度背景”，因为劳动力市场制度正是在这种背景下运行的。这些尝试最终得到了一些强有力的、显著的结果。

尽管如此，仍然还有很多研究需要继续。第一，对 1950 年至今的变革进行更全面的分析，可以得到更详细的制度变量。从而可以进行混合截面分析。第二，劳动力市场体制的划分可根据这 18 个国家各自劳动力市场的特点进行重构。这可能会运用到相关文献所提出的福利制度变量和劳动力市场制度的一些特定方面。第三，劳动力市场政策的“制度背景”可通过 LISREL 或典型相关分析法进行更准确的分析，而这两种方法都需要建立在因子分析的基础上。这样可以克服由于制度变量间的高度相关性所导致的多重共线性问题，同时也能构建出与积极劳动力市场政策最相关的制度指数。这种更复杂的不可观测的指数将对“制度背景”进行更有效的评估。第四，还应强调劳动力市场体制的转变。在过去的 40 年里，劳动力市场的确经历了很多变化，大多数国家都在不同时期经历了不同的体制转型。接下来的十年中，制度主义学者所面临的一项艰巨的任务和挑战便是，把握劳动力市场体制转型所提供的契机，找出转型背后的动机和潜在逻辑。

附录：制度变量

每一组自变量都是五年的平均值：1965—1969 年，1970—1974 年，1975—1979 年和 1980—1984 年。以下是所使用资料的来源：Bamber and Lansbury（1987）；Crouch（1992）；Ferner and Hyman（1992）；Ferrera（1988）；Flora（1988）；Hartog and Theeuwes（1993）；Kennedy（1980）；国家教育统计中心（1994）；Olson（1988）；OECD（1991，1993，1994）；MISEP 报告（1987—1994）；Ricca（1988）；Rogers and Streeck（1994）；Rothstein（1992）；Sisson（1987）；UN（1991，1993）；Walwei（1991）和各种国家、国际统计年鉴。期间，我也咨询了 T. Hubert（就就业服务方面的问题进行了私下交流）。

1. 就业服务机构的权力（表 23—2 第 1 列）

（1）三方管理：三方（政府、劳工和雇主代表）参与政策管理的，3 分；双方（政府和雇主代表）参与政策管理的，2 分；只有单方进行政策管理的，1 分；不存在任何就业服务机构的，0 分。

（2）管理的层级：在所有三个层级（联邦、州或省、地方）上都设有就业服务机构的，3 分；在两个层级上设有就业服务机构的，2 分；只在一个层级上设有就业服务机构的，1 分；未设立就业服务机构的，0 分。

（3）就业服务机构的垄断性：所有私人和临时性机构都被禁止的，2 分；只允许设立临时性机构的，1 分；在法律规定范围内允许设立两种机构的，0 分。

（4）关于雇主向就业服务机构上报职位空缺的要求：内、外部空缺职位均须上报的，2 分；只上报外部空缺职位的，1 分；没有上报机制的，0 分。

（5）雇主向就业服务部门上报裁员信息：裁员超过 50 人就报告的，2 分；超过 100 人才报告的，1 分；没有上报机制的，0 分。

以上前两个和最后两个要素的分值先相加，再除以相应的最大分值。得到的结果再乘以就业服务所覆盖的劳动力比重。在计算这个比重时，分子不包括政府雇员和自我雇佣的劳动者。

2. 企业内部的制度

（1）劳资联合委员会（表 23—2 第 2 列）：作为虚拟变量的劳资联合委员会相关法律

要乘以各种法律所覆盖的劳动力群体的百分比（欧共体，1990；OECD，1970—1993）。各部门得到的结果再加总。在一些国家中，允许雇主代表参与劳资联合委员会，我们会用劳工代表在所有代表中所占的比例作为平等性因子，对相关变量进行调整。这会降低相应国家的分值。我们还以德国为标准，计算了发言权因子。如果劳资联合委员会没有否决权或共同决策的权力，发言权因子也会减少分值。这两个调整因子使得一些拥有劳资联合委员会制度的国家分值也很低。

（2）共同决策制或员工参与公司董事会（表23—2第3列）：因为存在不同的法律，所以我们对每一个部门（以企业规模或行业为划分依据）单独计算了一个分值。因此，作为虚拟变量的法律也要乘以它在不同部门中所覆盖的劳动力的百分比（欧共体，1990；OECD，1970—1993）。平等性因子衡量的是在企业董事会中双方代表是否对等。当劳方代表少于资方代表时，该因子会相应地减少分值。

3. 福利制度

（1）自我管理（表23—2第4列）：该变量是养老、医疗、伤残和失业保险部门自我管理水平的平均分值。赋分情况如下：三方参与自我管理的，3分；劳资双方参与自我管理的，2分；企业和政府双方参与自我管理的，1.5分；政府单方决策的（政府管理所有项目），1分；不存在任何政策制定组织的，0分。

4. 教育体系

（1）教育多元化（表23—2第5列）：教育入学率主要来自各国统计年鉴，且与OECD（1986，1990）和NU（1991，1993）资料核对过。这三种比率相乘后，再乘以30，这样调整的目的是使教育多元化指数值处于0～1之间。

5. 社团主义（表23—2第6列）

（1）工资谈判衡量的是工会、雇主和政府三方是否都参与到全国层面或行业层面的工资谈判中来。赋分情况如下：工会（雇主或政府）在谈判中起主导作用的，2分；工会（雇主或政府）在谈判中居次要地位的，1分；工会（雇主或政府）不参与谈判的，0分。最后的分值由工会、雇主和政府的分值分别除以它们各自的最大值，再相加得到。

（2）政策谈判机制：它衡量雇主、工会和政府参与政策谈判的程度。当收入政策涉及工资谈判时，我们很难将政策谈判与工资谈判分离开来，尽管如此，我们可以将其他类型的社会政策与工资谈判分开来。该衡量指标只在国家层面进行计算。

最后，这两种类型的集体谈判分值平均后得到一个新的社团主义变量。

注释

[1] 这种关于积极劳动力市场政策的观点——“协调劳动力市场供给与需求的特定机制”（Therborn，1986，p. 23），由于过于模糊，实际上可以涵盖各种政策。这使得Therborn能够分析奥地利、瑞士和日本的情况，因为在这些国家中，积极劳动力市场政策的使用水平较低，他根据这一观点考察了一系列在功能上等价于积极劳动力市场政策的措施。

[2] 关于制度理论的综述，可参见Dugger（1992），Eggertsson（1990），Hodgson（1989，1993），Knight（1992），Powell and DiMaggio（1991），Thelen and Steinmo（1992）。

[3] 组织性制度主义是研究制度的另一种方法，它主要关注组织如何形成规范、价值或文化，这些规范、价值和文化并不直接与理性相联系（DiMaggio，1988；Fligstein，1990；Powell and DiMaggio，1991）。组织理论在一定程度上不同于新制度主义，因为组织理论较关注组织环境对内部组织的影响，其

理论以过程为导向，适用于所有组织。

[4] 管理群体最主要的贡献之一就是对机制的变化或改革进行审查，并以此作为研究的重点。这不仅为制度提供了更为准确的概括，而且为这些制度的存在给出了潜在的理由。福利国家体制和交易观点有这样一个共性，即大多研究都是静态的，同时，对制度的形成、转变和替代过程中的结构和逻辑的关注还需在新的研究中进一步加强。

[5] 例如，加拿大官员就告诉我他们的 OECD 数据是错的，且直到他们最近完成一项研究之后才了解到加拿大 ALMP 的实际开支数额。

[6] 我们对选举年份进行了调整（例如，如果选举于 11 月份举行，那么，相应的变量数据包括上一年的 11/12 和下一年的 1/12）。

[7] 唯一不起作用的制度变量是教育多元化指数。

参考文献

Bamber, G. and R. Lansbury (eds) (1987), *International and Comparative Industrial Relations*, London: Allen Unwin.

Blankenburg, E., G. Schmid and H. Treiber (1976), 'Legitimitäts- und Implementierungsprobleme "aktive Arbeitsmarktpolitik"', in R. Ebbinghausen (ed.), *Bürgerlicher Staat und politische Legitimation*, Frankfurt on the Main: Suhrkamp Verlag, pp. 247–80.

Boreham, P. and H. Compston (1992), 'Labour Movement Organization and Political Intervention', *European Journal of Political Research*, 22, 143–70.

Boyer, R. (1993), 'Labor Institutions and Economic Growth: A Survey and "Regulationist" Approach', *Labour*, 7 (1), 25–72.

Burstein, P. (1991), 'Policy Domains: Organization, Culture, and Policy Outcomes', *Annual Review of Sociology*, 17, 327–50.

Calmfors, L. (1994), 'Active Labor Market Policy and Unemployment: A Framework for the Analysis of Crucial Design Features', *OECD Economic Studies*, 22, 7–47.

Campbell, J. L., J. R. Hollingsworth and L. Lindberg (eds) (1991), *Governance of the American Economy*, Cambridge, MA: Cambridge University Press, pp. 14–28.

Commons, J. R. (1934), *Institutional Economics*, New York: Macmillan.

Crouch, C. (1992), *Industrial Relations and European State Traditions*, Oxford: Clarendon.

DiMaggio, P. (1988), 'Interest and Agency in Institutional Theory', in *Institutional Patterns and Organizations*, Cambridge, MA: Ballinger, pp. 3–22.

Dugger, W. M. (1992), *Underground Economics*, Armonk, NY: Sharpe.

EC (1990), *Enterprises in the European Community*, Brussels: Commission of the European Communities.

Eggertsson, T. (1990), *Economic Behavior and Institutions*, Cambridge: Cambridge University Press.

Ekeh, P. (1974), *Social Exchange Theory*, Cambridge, MA: Harvard University Press.

Esping-Andersen, G. (1987), 'Institutional Accommodation to Full Employment', in H. Keman, K. Paloheimo and P. Whiteley, *Coping with the Economic Crisis*, Beverly Hills: Sage, pp. 83–100.

Esping-Andersen, G. (1990), *The Three Worlds of Welfare Capitalism*, Princeton: Princeton University Press, p. 70.

Ferner, A. and R. Hyman (1992), *Industrial Relations in the New Europe*, Oxford: Blackwell.

Ferrera, M. (1988), 'Italy', in P. Flora (ed.), *Growth to Limits*, Berlin: de Gruyter, pp. 475–528.

Flanagan, R., J. Hartog and J. Theeuwes (1993), 'Institutions and the Labour Market', in J. Hartog and J. Theeuwes (eds), *Labour Market Contracts and Institutions*, Amsterdam: Elsevier, pp. 415–46.

Fligstein, N. (1990), *The Transformation of Corporate Control*, Cambridge, MA: Harvard University Press.
Flora, P. (ed.) (1988), *Growth to Limits*, Berlin: de Gruyter.
Furåker, B. and L. Johansson (1990), 'Unemployment and Labour Market Policies in the Scandinavian Countries', *Acta Sociologica*, 33 (21), 141–64.
Furubotn, E. and R. Richter (1993), 'The New Institutional Economics: Recent Progress; Expanding Frontiers', *Journal of Institutional and Theoretical Economics*, 149 (1), 1–10.
Gouldner, A. (1954), *Patterns of Industrial Bureaucracy*, New York: Free Press.
Hartog, J. and J. Theeuwes (eds) (1993), *Labour Market Contracts and Institutions*, Amsterdam: North-Holland.
Hodgson, G. (1989), *Economics and Institutions*, Cambridge: Polity.
Hodgson, G. (1993), *Economics and Evolution: Bringing Life Back into Economics*, Cambridge: Polity.
Hubert, T. (1993), 'Private Employment Services', Brussels. (Unpublished manuscript)
Janoski, T. (1990), *The Political Economy of Unemployment*, Berkeley: University of California Press.
Janoski, T. (1994), 'Direct State Intervention in the Labor Market', in T. Janoski and A. Hicks, *The Comparative Political Economy of the Welfare State*, New York: Cambridge University Press, pp. 54–92.
Janoski, T. (in press), 'Citizenship and Civil Society', Cambridge University Press. (Unpublished manuscript)
Katzenstein, P. (1984), *Corporatism and Change*, Ithaca, NY: Cornell University Press.
Katzenstein, P. (1985), *Small States in World Markets*, Ithaca, NY: Cornell University Press.
Kennedy, T. (1980), *European Labor Relations*, Lexington, MA: Lexington Books.
Knight, J. (1992), *Institutions and Social Conflict*, Cambridge: Cambridge University Press.
Knoke, D. (1992), 'Networks as Political Glue: Explaining Public Policy-making', in W. J. Wilson (ed.), *Sociology and the Public Agenda*, Newbury Park: Sage.
Knoke, D., F. Pappi, J. Broadbent and Y. Tsujinaka (1996), *Comparing Policy Networks: Labour Politics in the U.S., Germany and Japan*, Cambridge: Cambridge University Press.
Korpi, W. (1983), *The Democratic Class Struggle*, London: Routledge & Kegan Paul.
Korpi, W. (1991), 'Political and Economic Explanations for Unemployment: A Cross-national and Long-term Analysis', *British Journal of Political Science*, 21 (3), 315–48.
Lewin, L. (1988), *Ideology and Strategy*, Cambridge: Cambridge University Press, pp. 159–275.
March, J. and J. Olsen (1984), 'The New Institutionalism: Organizational Factors in Political Life', *American Political Science Review*, 78 (3), 734–49.
March, J. and J. Olsen (1989), *Rediscovering Institutions*, New York: Free Press.
Marin, B. (1990a), *Governance and Generalized Exchange*, Boulder, CO: Westview.
Marin, B. (1990b), *Generalized Political Exchange*, Boulder, CO: Westview.
Matzner, E. (1989), 'Policies, Institutions, and Employment', in E. Matzner and W. Streeck (eds), *Beyond Keynesianism*, Aldershot: Gower, pp. 231–60.
Meidner, R. (1948), 'Lönepolitikens dilemma vid full sysselsättning', *Tiden*, 9, 464–70.
MISEP (Mutual Information System on Employment Policy) (1987–94), *Employment Policies—Basis Information Report* for each individual EC country), Maastricht/Berlin: Commission of the European Communities.

Muszynski, L. (1985), 'The Politics of Labour Market Policy', in G. B. Doern (ed.), *The Politics of Economic Policy*, Toronto: University of Toronto Press, pp. 251–305.
National Center for Educational Statistics (1994), *Digest of Educational Statistics 1994*, Washington, DC: US Department of Education.
North, D. (1990), *Institutions, Institutional Change and Economic Performance*, Cambridge: Cambridge University Press.
North, D. (1991), 'Institutions', *Journal of Economic Perspectives*, 5 (1), 97–112.
North, D. (1993), 'Institutions and Credible Commitment', *Journal of Institutional and Theoretical Economics*, 149 (1), 11–23.
OECD (1970–93), *National Accounts Statistics*, Paris: OECD.
OECD (1986), *Educational Statistics in OECD Countries*, Paris: OECD.
OECD (1990), *Education in OECD Countries*, Paris: OECD.
OECD (1991), 'Unemployment Benefit Rules and Labour Market Policy', *Employment Outlook*, Paris: OECD, 199–231.
OECD (1993), 'Active Labour Market Policies', *Employment Outlook*, Paris: OECD, 39–80.
OECD (1994), 'The Public Employment Service in Japan, Norway, Spain and the U.K.', *Employment Outlook*, Paris: OECD, 227–54.
Olson, S. (1988), 'Sweden', in P. Flora (ed.), *Growth to Limits*, Berlin: de Gruyter, pp. 1–116.
Powell, W. and P. DiMaggio (eds) (1991), *The New Institutionalism in Organizational Analysis*, Chicago: University of Chicago Press.
Rehn, G. (1948), 'Ekonomisk politik vid full sysselsättning', *Tiden*, 3, 135–42.
Ricca, S. (1988), 'The Changing Role of Public Employment Services', *International Labour Review*, 127 (1), 19–34.
Rogers, J. and W. Streeck (1994), 'Workplace Representation Overseas: The Works Councils Story', in R. Freeman (ed.), *Working Under Different Rules*, New York: Russell Sage, pp. 97–156.
Rothstein, B. (1992), 'Labor-market Institutions and Working-class Strength', in S. Steinmo, K. Thelen and F. Longstreth (eds), *Structuring Politics*, Cambridge: Cambridge University Press, pp. 33–56.
Schmid, G. (1989), 'Die neue institutionelle Ökonomie: Königsweg oder Holzweg zu einer Institutionentheorie des Arbeitsmarktes?', *Leviathan*, 17 (3), 386–408.
Schmid, G. (1990), 'Institutions Regulating the Labor Market: Support or Impediments for Structural Change?', in E. Appelbaum and R. Schettkat (eds), *Labor Market Adjustments to Structural Change and Technological Progress*, New York: Praeger.
Schmid, G. (1993), 'Equality and Efficiency in the Labor Market: Towards a Socioeconomic Theory of Cooperation in the Globalizing Economy', *Journal of Socio-Economics*, 22 (1), 31–67.
Schmid, G. and B. Reissert (1988), 'Do Institutions Make a Difference?', *Journal of Public Policy*, 8 (2), 125–49.
Schmid, G., B. Reissert and G. Bruche (1992), *Unemployment Insurance and Active Labor Market Policy*, Detroit: Wayne State University Press.
Schmid, G. and K. Schömann (1994), 'Institutional Choice and Flexible Coordination', in G. Schmid (ed.), *Labor Market Institutions in Europe*, Armonk, NY: Sharpe, pp. 9–58.
Selznick, P. (1949), *The TVA and the Grassroots*, Berkeley: University of California Press.
Shalev, M. (1983), 'The Social Democratic Model and Beyond', *Comparative Social Research*, 6, 315–52.
Sisson, K. (1987), *The Management of Collective Bargaining*, Oxford: Blackwell.

Skocpol, T. (1992), *Protecting Soldiers and Mothers*, Cambridge, MA: Harvard University Press.

Skocpol, T. and A. Orloff (1986), 'Explaining the Origins of Welfare States', in S. Lindenberg, J. Coleman and S. Nowak (eds), *Approaches to Social Theory*, New York: Russell Sage Foundation, pp. 229–54.

Steinmo, S., K. Thelen and F. Longstreth (eds) (1992), *Structuring Politics*, Cambridge: Cambridge University Press.

Thelen, K. and S. Steinmo (1992), 'Historical Institutionalism in Comparative Politics', in S. Steinmo, K. Thelen and F. Longstreth (eds), *Structuring Politics*, Cambridge: Cambridge University Press, pp. 1–32.

Therborn, G. (1986), *Why Some Peoples are More Unemployed Than Others*, London: Verso, p. 23.

Tronti, L. (1990), 'Employment Protection and Labor Market Segmentation: Economic Implications of the Italian "Cassa Integrazione Guadagni"', WZB conference on Workers Protection and Labour Market Dynamics, 16–18 May.

United Nations (UN) (1991), *World Education Report*, Geneva: UN.

United Nations (UN) (1993), *World Education Report*, Geneva: UN.

Veblen, T. (1904), *The Theory of Business Enterprise*, New York: Scribner.

Walwei, U. (1991), 'Job Placement in Europe: An International Comparison', *Intereconomics*, 26, 248–54.

Webber, D. (1982), 'Combatting and Acquiescing in Unemployment', *West European Politics*, 5, 23–43.

Webber, D. and G. Nass (1984), 'Employment Policy in West Germany', in J. Richardson and R. Henning (eds), *Unemployment*, Beverly Hills: Sage, pp. 167–94.

Williamson, O. (1975), *Markets and Hierarchies*, New York: Free Press.

Williamson, O. (1985), *The Economic Institutions of Capitalism*, New York: Free Press.

第 24 章　劳动力市场政策对工资、就业及市场不匹配的影响

Lutz Bellmann，Richard Jackman

本章主要就积极劳动力市场政策对宏观经济各方面的影响进行实证估计。一些理论和方法论上的问题已在本手册第 5 章中探讨过。

既有的关于积极劳动力市场政策（ALMP）对微观经济影响的实证研究很多，但对宏观经济影响的实证研究很少。一个最直接的困难就是缺乏一个明确的理论框架来指导对宏观经济影响的分析。Baily and Tobin（1977）曾提出一种方法，即培训项目的实施可能会改变劳动力的技能构成，从而移动菲利普斯曲线，降低失业率。但是这种以“标准的考虑预期因素的菲利普斯曲线”为基础的分析方法，常常被指责为是研究者刻意安排的，因为均衡失业率的基本决定因素仍没有具体化。

Jackman and Layard（1980），Johnson（1980）和 Johnson and Layard（1986）曾在市场出清均衡模型的框架下对针对性就业补贴进行过分析。Layard and Nickell（1986），Layard，Nickell and Jackman（1991）则采用了更为一般的劳动力市场均衡模型，他们没有假设市场出清。该模型还可用于分析积极劳动力市场政策对决定就业、失业率的主要经济变量或经济过程的影响（如 Calmfors，1994），包括：(1) 对匹配过程的影响；(2) 对劳动力的影响；(3) 生产率效应；(4) 内部人的竞争效应；(5) 无谓损失和替代效应；(6) 挤出效应。

关于（5）和（6）的实证，我们已经在前面进行过大量的讨论，本手册第 5 章也对（4）展开过讨论。而在本章中，我们主要探讨（1）、(2)、(3)。下面的讨论将表明，从理论上，我们很难推断出积极劳动力市场政策对实际工资水平、就业的影响，从而更不可能了解积极劳动力市场政策对整体就业、失业情况的影响。而实证研究所得出的结果也不明确。

我们首先将简要介绍 Layard-Nickell 模型，以它为基本分析框架，讨论如何考察积极劳动力市场政策的影响。第 2 部分将列出我们自己的实证估计结果，积极劳动力市场政策对失业率的整体影响和对上述结构性因素的影响都包括在其中。这些估计主要以国际横截面比较为基础。积极劳动力市场政策在 OECD 国家的实施经常还具有自然实验的特点。遇到同样问题的不同国家在处理方式上各不相同，而且有时会突然改变相关的政策方案。因此，结合国际比较和政策实施前后的比较，我们可以更好地了解积极劳动力市场政策的影响。

1．理论思考

1.1 Layard-Nickell 模型

Layard-Nickell（1986）模型已成为劳动力市场分析的标准框架。在 Calmfors（1994）的基础上，本章将展示如何运用这一模型来分析积极劳动力市场政策的影响。该模型假设存在具有价格决定能力的企业和非竞争性的工资。就业情况和工资的决定如图 24—1 所示。纵轴表示实际工资（使用 GDP 平减指数对名义合同工资进行调整得到），横轴表示就业。就业曲线 DD 向下倾斜，反映的是在既定实际工资水平下企业愿意雇佣的员工数。这取决于企业的技术水平、资本存量、雇主纳税和产品市场上的竞争性。（在完全竞争环境下，DD 曲线就是劳动力需求曲线；更一般地，企业同时确定雇佣量和产品价格。）

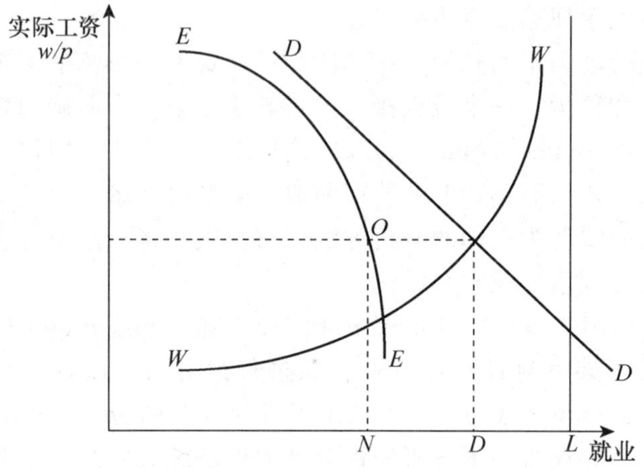

图 24—1 Layard-Nickell 模型

为简便起见，我们设劳动力 L 是既定的（独立于实际工资），WW 曲线为工资谈判所确定的工资，它是就业率的函数（更准确地说，是与工资谈判中所确定的金额相对应的预期实际工资）。在工会谈判模型中，这条曲线的位置由劳资双方各自的“外部选择”和相对谈判力量决定。而在因罢工引起的谈判中，工资取决于工人的法定权利、福利或其他罢工期间的收入变量，个人财富、失业情况、产品市场竞争性和生产的资本密集程度（see Layard et al.，1991）。因为在谈判中双方都会考虑就业所导致的预期工资结果，所以，工资曲线在原则上是与就业曲线紧密联系的。例如，生产率的一种“中性”提高将使就业曲线和工资决定曲线同时向上移动。

在图 24—1 中，就业曲线与工资决定曲线的交点就决定了工资和所期望的就业水平。但实际上，并非所有的岗位上都一直有员工。贝弗里奇曲线（如图 24—2 所示）就描述了职位空缺和失业之间的关系，在这条曲线上，新雇佣与退出岗位恰好相等，因此就业总量保持不变。总的说来，职位空缺越多，失业率就越低，空缺职位增多引起雇佣行为的增加，而求职者数量的减少引起职位匹配行为的减少，二者相互抵消，最终使总就业量保持不变。

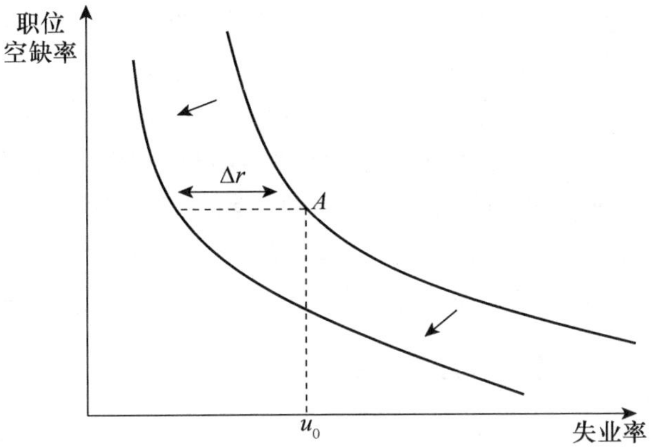

图 24—2　贝弗里奇曲线

把贝弗里奇曲线结合到图 24—1 中就得到曲线 *EE*，表示实际雇佣量，*DD* 和 *EE* 之差就是任一时点上的职位空缺数量。*DD* 和 *EE* 之间的距离取决于职位匹配过程的效率，从而依赖于影响工作搜寻的制度规定、失业金体系和积极劳动力市场政策条款等。*O* 点是这个系统的均衡点。在这一点，有 *N* 个人就业，失业率（非加速通胀失业率（NAIRU））$u=(L-N)/L$，共有 *D* 个岗位，岗位空缺率 $v=(D-N)/N$。NAIRU 的上升可解释为 *WW* 曲线的向上移动，*DD* 曲线的向下移动或 *EE* 曲线远离 *DD* 曲线向左移动（*DD* 曲线或 *EE* 曲线的移动也将会影响 *WW* 曲线）。

为分析积极劳动力市场政策的影响，Calmfors（1994）对这个模型稍稍进行了一些修改，原因是需要区分劳动者因劳动力市场项目而就业和常规就业两种情况。为此，就业曲线和工资决定曲线的横轴表示常规就业（即不包括参与就业项目所导致的就业）（图 24—3）。劳动力市场项目的参与情况用劳动力数量 *L* 与垂直线 *RR* 之间的横轴距离 r_0 来表示，*RR* 曲线表示的是没有参加积极劳动力市场项目的劳动力数量。这样，就业曲线与工资决定曲线的交点 *O* 就决定了常规就业人数，而均衡点 *O* 和 *RR* 曲线之间的距离则反映了失业情况。

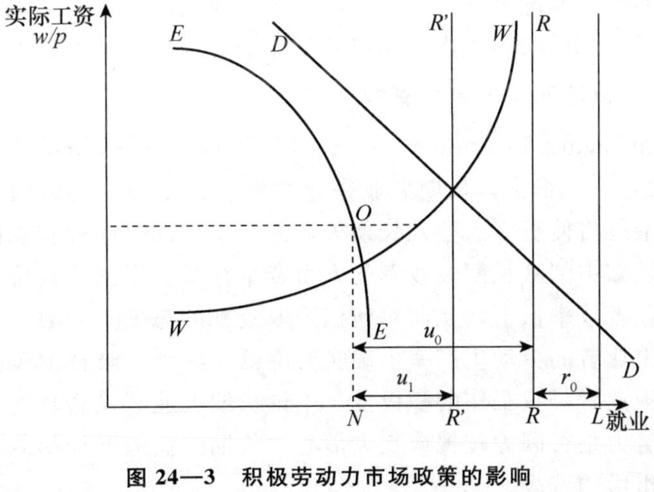

图 24—3　积极劳动力市场政策的影响

该图可用来说明积极劳动力市场政策带来的各种影响。更多的劳动力参与培训或就职于新创造的工作岗位，在图 24—3 中，可由 *RR* 曲线向左移动来表示。如果保持其他条件不变，这种影响将直接体现为相应数量公开性失业数量的减少，失业率从 u_0 下降到 u_1。但如果像我们通常所假设的那样，工资决定是失业率的函数，而不是取决于常规就业劳动力所占的比例，那么 *RR* 曲线向内移动将伴随着工资决定函数 *WW* 的向内移动。因此，这些促进就业项目的开展减少了常规就业劳动力的数量，却提高了工资。为考察总影响，我们必须分析清楚决定工资、常规劳动力需求和劳动力参与的各因素分别受到了怎样的影响。

1.2 积极劳动力市场政策的宏观经济分析

1.2.1 对匹配过程的影响

实施积极劳动力市场政策的目的是改善劳动力市场上工作搜寻者与企业所提供的岗位之间的匹配状况。这种存在于不同次级劳动力市场中的不匹配现象要随着积极劳动力市场政策的实施逐渐消除，以尽可能地使工作搜寻者的任职资格与企业需求相匹配。搜寻的效果可通过岗位安置服务予以改善，且参加过培训课程的这些劳动力也给潜在的雇主释放了“信号”，从而消除了雇主对求职者就业能力的疑虑。由此看来，需要对贝弗里奇曲线进行一定的修正。第一，需要允许公开性失业者提高其搜寻行为的有效性；第二，需要将项目参与者与公开性失业者都作为工作搜寻者，因为工作机会是同时向二者提供的（Calmfors，1994，p. 11）。公开性失业者工作搜寻效率的提高所带来的影响体现在图 24—3 中就是，*EE* 曲线向右移动，更靠近 *DD* 曲线。结果导致失业和空缺职位的同时减少。在更完整的模型中，*DD* 曲线和 *WW* 曲线也会移动（本手册第 5 章中曾讨论过）。这种为工作搜寻提供的帮助可能会因为减少了对失业的恐惧心理而增加了工资压力。或者，由于空缺职位能够很快被填补上，企业所承担的成本很低，从而出现更多的空缺职位。这就相当于劳动力需求的增加，就业曲线向右移动。

随着参加促进就业项目劳动者人数的增多，*EE* 曲线会向左移动，直到项目参加者搜寻工作的积极性低于公开性失业者为止。另一方面，培训和工作经验也可以改善项目参与者的就业前景，从而改善匹配过程。但这同时也有负面效应，参与培训和岗位创造项目的劳动者会降低其搜寻工作的努力程度，期待着就业服务机构为其找到工作。

1.2.2 对劳动力供给和生产率的影响

很多研究——如 Budd，Levine and Smith（1988），Layard and Nickell（1986）以及 Layard et al.（1991）——指出，长期失业是导致失业持续的主要原因。研究者认为，这种不利冲击的延长最终将使更多人陷入长期失业的状态，同时这种较长的失业持续期也会从事实上和雇主的认知中削减长期失业者的人力资本存量。根据这几位学者的观点，企业可能会认为长期失业者效率低下，从而对他们采取歧视的态度；同时，考虑到某种程度的状态依赖性，长期失业者的劳动生产率也确实会降低。此外，歧视或丧失信心（或二者同时发生）都会降低失业者寻找工作的积极性。不论长期失业者是否真的是生产率低，不论他们减少工作搜寻努力是否因为歧视或丧失信心，长期失业的增加都意味着既定实际工资水平下有效劳动力供给的减少。

此外，因为没有找到工作而丧失信心的工人会倾向于离开劳动力队伍。这种负向的供给效应在大龄劳动者身上体现得尤为明显，尤其当企业试图通过鼓励提前退休来减少劳动力数量时，例如在比利时、法国、德国、荷兰和北欧国家都是如此。除此之外，潜在的新进入群体，特别是已婚妇女，在高失业时期可能选择不进入劳动力队伍（Calmfors，1994，p. 15）。

因此，当积极劳动力市场政策对长期失业产生作用时，就会显现出正向的劳动力供给效应。例如，长期失业者可通过工作咨询服务而提高搜寻效率，则 *EE* 曲线会向内移动，就业量增加，因为劳动力市场的空缺职位存量减少。更明显的是，随着空缺职位之间的竞争日益激烈，积极劳动力市场政策对工资会产生向下的压力，使 *WW* 曲线向下移动。（关于积极劳动力市场政策对工资的影响的深入讨论请参见本手册第 5 章。）

为长期失业者提供培训或临时性岗位所带来的影响是十分复杂的，因为我们必须考虑到这样一个事实，即公开性失业者在参加项目后可能会减少他们的搜寻行为。因此，公开性失业中“登记失业”的减少就会导致 *WW* 曲线在任何就业水平下都向上移动。在新的均衡点，就业人数减少，工资水平提高。于是，常规就业者在劳动力中所占比重减少，更多的常规失业者处于公开性失业状态或正参与各种项目，从这个意义上说，这恶化了劳动力市场状况。不过，有经验证据显示，工资压力对短期失业比对长期失业敏感得多，所以，对参与项目的长期失业者进行安置，给工资带来的负面影响并不大。

针对长期失业者和其他边缘人群（青年人、妇女、之前未找过工作的人和移民）而设计的项目也提高了他们相对于核心雇员群体或内部人的竞争力。这可通过以下方式实现：提高他们的生产率，在雇主甄选求职者时以参与劳动力市场项目代替常规工作经验，鼓励更积极的工作搜寻行为。对这些情况的分析与对长期失业者的分析是一样的（参见本手册第 5 章）。

1.2.3　激励效应

积极劳动力市场政策所提供的失业补偿金一般比失业保险金高，目的是激励失业者参加各种培训课程或申请加入公共项目。虽然，在没有失业补偿金的情况下，失业保险金也能够在一定程度上激励失业者参与公共项目，但是在某些国家，失业者如果拒绝参加培训或拒绝临时工作，政府也会拒绝向他支付失业保险金。但是，额度较高的失业补偿金也面临着和高额失业保险金一样的风险（Atkinson and Micklewright，1991），因为搜寻常规工作的动机削弱了。

现实中的确存在这样一群依靠领取失业保险金生活而不努力寻找工作的人。失业水平越高，就业服务机构的岗位安置部门越难清楚了解每一位失业保险金申领人的真实就业意愿。但是，失业者如果拒绝接受一个空缺的职位或拒绝参加培训项目，就从某种程度上表明他没有就业意愿（see Grubb，1993；OECD，1991）。OECD（1991）对积极劳动力市场政策的这种就业意愿测试效应进行了分析，研究发现，在加大向失业者提供就业咨询和就业意愿测试的力度之后，5%～10%的目标群体离开了登记失业者的行列。

2．实证结果

2.1　积极劳动力市场政策与失业率

一个根本性问题在于，积极劳动力市场政策能否给整体经济变量带来影响，如失业率。让我们先来看一看整体数据。有没有经验证据表明，更多的积极劳动力市场项目伴随着更低的失业率（不论是以时间为分析维度还是通过国家间的比较）呢？

就积极劳动力市场政策的影响进行国际比较的研究结果受到了很多人的质疑。Grubb (1994) 对有关数据的主要特点已经作过描述。他认为，在简单的比较研究中，失业率高的国家用于促进就业政策的支出也相对较大，但政策支出的增加与失业率的上升并不是等比例的。积极劳动力市场政策的总开支与失业是正相关的，但失业者人均积极劳动力市场政策开支与失业之间却是负相关关系。

理解这个结论的关键问题在于，积极劳动力市场政策的实施程度能够影响失业率，但同样，失业水平也会影响积极劳动力市场政策开支。它们之间的关系可通过“政策反应机制”来解释。即当失业率上升的时候，政府会削减失业者人均积极劳动力市场政策开支，而不是低的积极劳动力市场政策开支带来高失业率。（要了解决定积极劳动力市场政策支出的政治因素，请参见 Janoski，本手册第 23 章。）

处理这种内生性问题的一个办法就是，假设政府关于积极劳动力市场政策支出的决策原则为：使失业者人均积极劳动力市场支出固定在一定水平上，随经济周期上下浮动。在整个经济周期中，积极劳动力市场政策支出可作适当调整，但也难以完全随着失业情况的变化而改变，因为短期内改变项目规模十分困难，成本也很高。在政策既定的情况下，这种周期性会导致失业与积极劳动力市场政策总开支之间的正相关关系，以及失业与失业者人均政策开支之间的负相关关系。在国际比较研究中也可以看到同样的模式，因为不同的国家往往处于经济周期中的不同阶段。

如果确实存在这样一种“政策反应机制”，那么通过观察整个周期内的平均失业率和失业者人均积极劳动力市场政策开支的关系就可克服识别问题。整个周期内的失业者人均积极劳动力市场政策开支反映了“外生”政策立场，它与平均失业率之间的关系也就衡量了积极劳动力市场政策开支的影响。Layard et al. (1991) 曾做过这类分析，结果发现，在 20 世纪 80 年代，失业者人均积极劳动力市场政策开支与失业之间的确存在负相关关系。

但我们仍然不能断定这就是对“政策反应机制”的准确描述。比如，有人可能会说，事实也许像 OECD (1993) 中那样，政府拿出 GDP 的一定比例作为积极劳动力市场开支，而不是通过失业者人均政策开支来确定总体开支水平。这种政策反应机制也没有排除周期性变化，但可以通过考察若干年的平均值来消除周期性变动。因此，在重新进行 Layard et al. (1991) 的研究时，OECD (1993) 使用的是积极劳动力市场政策总开支的数据（以 GDP 的百分比表示），而不是失业者人均开支，结果是，积极劳动力市场政策对整个周期内的平均失业没有明显的影响。

这些方法的差异在于就政策对失业的反应使用了不同的潜在假设。Layard et al. (1991) 假设积极劳动力市场政策开支与失业率的变化成比例变动，而 OECD 假设政策开支不随之发生变化。

为了解清楚这个问题，首先需要明确“政策反应机制”。这里，我们采用 Jackman (1994) 的理论。假设各国政府针对积极劳动力市场开支都会制定相应的政策。它们需要决定向每一位客户提供服务的类型及标准，从而决定了潜在客户的人均支出 x^*。这可能会影响预期客户的数目，其中，预期客户的数量可视为预期失业率 u^e 的函数。事先，我们并不清楚随着 u^e 的增加 x^* 是会增加还是会减少。一方面，u^e 越高，提供高标准服务的成本就越高；另一方面，u^e越高也意味着失业问题越严重，尤其是长期失业等问题，因而采用积极劳动力市场政策的压力也就越大。

从短期来看，如果实际失业情况超过预期水平，则潜在客户人均实际开支 x 就会下降，因为政策难以在短期内得到完全灵活的调整，同时还会受到预算的限制。因此，失业者人均实际开支是

$$x = x^* - b_1 (u - u^e) \cdots \tag{24.1}$$

其中，　$x^* = x_0^* - b_2 u^e$

于是，　$x = x_0^* - b_1 (u - u^e) - b_2 u^e \cdots,$　(24.2)

式中，u 是失业率，x_0^* 是对政策立场的衡量，$b_1 > 0$，$b_2 = ?$

我们所关心的是政策对失业的影响，这个关系的等式如下：

$$\begin{aligned} u &= u_0 - a_1 x + a_2 z \\ &= u_0 - a_1 [x_0^* - b_1 (u - u^e) - b_2 u^e] + a_2 z \cdots \end{aligned} \tag{24.3}$$

目标是找出 a_1 的值。当 $b_1 = b_2 = 0$ 时，x 的变动取决于 x_0^* 的变动，这样，根据等式（24.3）就可得到 a_1 的值。但是如果 $b_1 > 0$（且 $b_2 = 0$），x 的变动主要源自 u 的变动，这就是典型的时间序列回归。如式（24.3）所示，失业率 u 这个变量自相关，从而显示出政策无效的假象。但如果以若干年的数据为基础进行横截面分析，则可避免这个问题，因为从理论上说，$(u - u^e)$ 是趋于 0 的。如前所述，这就是 Layard et al.（1991）和 OECD（1993）所采用的方法。

但是，如果 $b_2 \neq 0$，x 的变化主要来自 u^e 在各国之间的差异，这将再次导致失业变量的自相关，因为一段时期后，u 趋近于 u^e。在这种情况下，u 的影响取决于 b_2 的符号和大小，而不是 b_1，这是很多因素共同作用的结果，总体作用的方向不确定，大小估计也较弱。但如果 u 和 x 之间负相关，这并不意味着政策无效，而是表明"政策反应机制"等式中的 b_2 是正值（也就是说，当失业率持续较高时，政府倾向于减少失业者人均积极劳动力市场政策开支）。

但我们可以使用单个国家的时间序列数据估计出等式（24.2）中 b_2 的值。初步的考察（Jackman，1995）表明，与之前的预期相反，大多数国家的 b_2 都是正值，大小和显著性均与 b_1 不相上下。虽然这只是初步的研究，但它表明，使用整个周期的均值还不足以克服识别问题；并且，在研究中，以 GDP 的百分比表示的积极劳动力市场政策开支比人均开支更稳定、更可靠。

2.2　积极劳动力市场政策与主要劳动力市场变量

本章中，我们进一步分析积极劳动力市场政策的宏观经济影响，主要采用以下两种方式。第一，我们使用面板数据，以增加样本量，从而提高统计分析的效力。第二，我们不仅考察失业率的决定因素，同时也考察各种政策对结构性经济变量的影响，因为正是通过这些变量，积极劳动力市场政策才得以对整体就业或失业情况发挥作用。这些变量包括劳动力参与率、工资、收入差距、匹配过程的效率（贝弗里奇曲线的移动），以及长期失业者数量（用长期失业者占总失业者人数的百分比表示）等。

依据贝弗里奇曲线评估积极劳动力市场政策对工作匹配过程的影响已由 Jackman，Pissarides and Savouri（1990）探讨过。他们认为，需求的波动和工资决定机制的变化都会影响一个经济体在曲线上的位置，而积极劳动力市场政策，通过提供就业指导和信息来提高工作匹配的效率和提高失业者的搜寻效力，可以使贝弗里奇曲线发生移动。

Calmfors（1993）和 Jackman et al.（1990）都曾从国家层面对贝弗里奇曲线和积极劳动力市场政策进行研究，但他们都没有考察积极劳动力市场政策支出水平与贝弗里奇曲线移动之间的关系。Bourdet and Persson（1995）通过对瑞典和法国的比较，发现法国的贝弗里奇曲线向内发生了移动，而瑞典却没有。

积极劳动力市场政策会加剧就业的竞争性，从而减少工资压力。但是，如果雇主被迫提高工资来吸引那些可获得与项目参与者一样工资的工人，那么它反而会增加工资压力。下文中，我们将通过对国际面板数据的回归分析，来揭示这两种效应中哪一种更强。

2.2.1 变 量

理论上，我们采用 17 个 OECD 国家 19 年（1975—1993 年）的数据，共 153 个观测值。但并非所有国家所有年份的数据都能得到，因此，大部分回归所使用的样本量都没有这么大，从而损失了一部分统计效力。

因变量分别是失业率、就业增长率、不同性别的劳动力参与率、单位劳动力成本的增加（以相应国家的货币表示）、收入的 9/10 分位数和 5/10 分位数的比率（D9/D5），以及收入的 1/10 分位数和 5/10 分位数的比率（D1/D5）。（在最后两个与工资差距有关的回归方程中，D9/D5 和 D1/D5 越接近 1，收入的分配就越平等。）

我们所使用的积极劳动力市场政策开支数据来源于 OECD。分类方式也与 OECD（1988）的分类体系相同。

（1）公共就业服务的提供（PES），即促进雇主与求职者之间交流的各项措施：工作信息的搜集、就业信息交流网络的搭建（鼓励雇主通过该网络发布空缺岗位的信息）、岗位安置服务等。

（2）面向失业的成年人和面临失业风险的人群提供培训项目（TRAIN）：政府推出的培训计划，向参加培训课程的失业者发放补助，向那些给失业者提供培训的雇主发放补贴，等等。

（3）私人部门常规就业补贴（SUB）：向雇佣失业者的雇主发放补贴，资助自主创业的失业者，等等。

（4）在公共部门或非营利部门创造直接的就业机会（DJC）：临时性公共就业项目，政府鼓励地方当局或其他机构为失业者创造一些公共工作机会，等等。

针对每一个类别，我们计算了两个变量。第一个是政府用于积极劳动力市场政策的开支占 GDP 的比重。在计算过程中我们发现一个问题，即使在 ALMP/GDP 的比值相同的几个国家中，各国在失业者的人均开支上有着很大的差别。根据 Heylen（1993），我们也构建了一个失业者人均实际支出水平的衡量指标。为进行国际比较，这些支出数据使用购买力平价汇率折算成美元表示出来，并使用美国的 GDP 平减指数进行调整（1990 年＝100）。当然，这个变量存在内生性问题，这在前面已经讨论过，因为它是根据失业者人数计算得到的。

除了上述两种支出变量，我们还计算了用于直接改进劳动力市场效率的总支出。这个支出值用 GALMP 表示，它是 PES、TRAIN 和 SUB 的总和。但我们没有计入用于创造岗位的开支，因为创造岗位不一定能直接改进市场效率。OECD（1990，p.51）也曾指出，岗位创造政策的引入主要是为了实现某些社会目标，而不是作为提高劳动力市场效率的一种手段。

作为对劳动力市场政策立场的一种衡量，变量 ACTIVE 指的就是积极劳动力市场政策开支占全部劳动力市场政策总开支的比例（即包括用于失业保险金和提前退休计划的开支）。ACTIVE 是通过 1988—1993 年的均值来衡量的（Huckemann and van Suntum，1994；但结果没有列在表中）。但对于某些措施，我们很难将它们归入积极或纯粹消极支出下的某个类别；同时，不论政府拨出多少预算，管理不善的积极项目也可能沦为完全消极的收入维持项目（see Schömann，1995）。至于控制变量，和 Heylen（1993）一样，我们定义了两个反映失业保险金慷慨程度的变量。RR 表示失业的最初几个月里的工资替代率，DUR 表示补助保持一个合理水平的最大持续期（以月计）（这两个变量所使用的都是 1985 年的数据）。

我们也试图控制那些影响工资谈判和宏观经济结果的制度安排上的差异。Calmfors and Driffill（1988）根据工资谈判机制所发生的最高层面（CI）对各个国家进行了排序。在很高的层面（如国家层面）上进行谈判，可使为更多劳动力提供就业机会和适当工资的这种外在利益内在化，而这很难在较低的谈判层面发生。这与企业层面的工资谈判形成了鲜明的对比，在企业层面，工资对失业的变化很敏感，因为劳动力需求的工资弹性比较高。（Appelbaum and Schettkat，本手册第 26 章，就这个问题进行了深入探讨）。同样，和 Heylen（1993）一样，我们引入了一个衡量制度僵化程度的变量，相关数据来自 Choi（1983），而这也反映了 Olson（1979）的观点。Olson 沿时间维度对经济发展（尤其是工资和价格的弹性）进行了分析。在现代产业和民主社会中，工资和价格的弹性取决于组织结构和共同利益群体（寡头买方垄断，工会等）。最后，我们还在控制变量中加入了工会密度（UNION），以控制工资谈判中的内部人力量。

此外，我们还引入了一个虚拟变量，用于区别那些允许临时性下岗失业（TEMP）的四个国家（加拿大、丹麦、意大利和美国），因为这几个国家都存在临时裁员法。（Abraham and Houseman，1993；Heylen，1993；Schmid and Semlinger，1980，曾讨论过德国用于替代临时性裁员的短时工作补贴；关于德国回聘情况的实证研究，参见 Mavromaras and Rudolph，1994。）不仅工作搜寻者的人数与我们的研究有关，他们的搜寻有效性（即他们的技能和动机）和搜寻强度也有关（see Layard et al.，1991）。由于临时裁员法规定，那些失去工作的人还能够被重新回聘，因此这些人倾向于降低了他们的搜寻有效性。这就给就业水平、劳动力市场不匹配，以及失业的工资缓和效应带来了负面影响。

2.2.2　估计的结果

关于积极劳动力市场政策开支对失业率的影响，实证研究的相关估计结果见表 24—1。衡量不同类别积极劳动力市场政策开支的四个变量——公共就业服务的提供（PES）、培训项目（TRAIN）、向提供就业机会的私人部门发放补贴（SUB）、直接的岗位创造（DJC））在通常的显著性水平上都不显著。作为 PES、TRAIN 和 SUB 的总和，衡量用于提高市场效率的政策支出的 GALMP 变量也不显著。变量 ACTIVE，表示积极劳动力市场政策开支占所有劳动力市场政策开支的比重，在 5%的水平上显著，符号为负。Jackman et al.（1990）和 Layard et al.（1991）也得到了相似的结果（参见 OECD，1993，p.70 的讨论）。临时性裁员变量的影响为负，非常显著。这说明，临时性的裁员能降低失业率。但失业保险金的持续时期和替代率这两个变量都不显著，这与 Jackman et al.（1990）和 Layard et al.（1991）得到的结果相反。我们得到的估计结果与他们存在差异可能是方法不同所致。Jackman et al.（1990）还引入了两个虚拟变量衡量新项目的开展情况，以及社团主义和职位空缺率的影响，他们还分别构建了社团主义、职位空缺与积极劳动力市场支出的交互项。而 Layard et al.（1991）控制了通货膨胀的变化，以及工会与雇主之间的协调。所有这些变量都在 5%的水平上显著。

表 24—1　　促进就业项目的支出对失业率和长期失业发生率的影响：实证估计结果[a]

自变量	因变量			
	失业率		长期失业发生率	
	A	B	A	B
UNION	−0.012	−0.017	0.385	0.015
IS	0.096**	0.106**	−0.690**	−0.278
CI	0.379*	0.325*	0.326	1.140
RR	−0.065	−0.028	0.920**	0.732**
DUR	0.066*	0.072*	1.552**	1.058**
TEMP	−5.805**	−4.271**	48.070**	10.451
DJC	0.003	0.001	0.037**	0.044**
SUB	−0.020	—	0.098*	—
PES	−0.008	—	−0.112**	—
TRAIN	0.004	—	−0.018**	—
GALMP/100	—	−0.002	—	−2.199**
截距	1.945	−1.602	−48.471**	−38.666*
R^2	0.763	0.721	0.949	0.938
$\bar{R}^2$	0.720	0.681	0.937	0.927
N	65	65	53	63

a. 长期失业占总失业的百分比。
* 在 5%的水平上显著。
** 在 1%的水平上显著。

以长期失业的发生率为因变量得出的回归结果与使用失业率得到的回归结果差别很大。我们的估计结果显示，培训措施和公共就业服务的开支会明显地降低长期失业比重，而直接的岗位创造和向提供就业机会的私人部门发放补贴两项措施反而会提高长期失业人员在失业者中所占的比重，这可能是由于补贴并不仅仅限于雇用长期失业人员。失业保险金的领取期限越长，替代率越高，也会提高长期失业人员的比例，因为这削弱了长期失业者的搜寻积极性。正如我们所预期的，临时裁员法也会显著提高长期失业人员所占比重。但令人惊讶的是，制度越僵化，长期失业的发生率反而越低。

至于促进就业项目的开支对就业增长率的影响，估计结果见表 24—2。变量 ACTIVE，即积极劳动力市场政策开支占所有劳动力市场政策开支的比例，与就业增长是显著的正相关关系。在衡量积极劳动力市场政策影响的四个变量之中，培训变量是唯一显著的变量。作为 PES、TRAIN 和 SUB 总和的变量 GALMP 也是显著的，却是负面的影响，与理论上所期望的结果恰好相反。其他变量均不显著。Kraft（1994）就劳动力市场政策的有效性进行了实证研究，它采用了联立方程模型，其中，工资和就业都是内生变量。研究者发现，消极劳动力市场政策与被雇佣人数之间是负相关关系，积极劳动力市场政策则相反。

表 24—2　　促进就业项目的开支对就业率增长的影响：实证估计结果

自变量	因变量：就业增长率	
	A	B
UNION	−0.027	−0.024
IS	0.033	0.031
CI	−0.012	−0.039
RR	0.045	0.034
DUR	−0.015	−0.004
TEMP	−0.756	0.537
DJC/100	−0.115	−0.010
SUB	−0.006	—
PES	0.005	—
TRAIN	−0.007*	—
GALMP	—	−0.005*
截距	−0.473	0.569
R^2	0.510	0.465
$\bar{R}^2$	0.419	0.388
N	65	65

* 在 1%的水平上显著。

表 24—3 所列是促进就业项目的开支对男、女劳动力参与率的影响。不论是男性还是女性劳动力参与率，变量 ACTIVE 都具有显著的正向作用。但是，直接的岗位创造和补贴私人雇主这两个变量虽然显著，与女性劳动力参与率之间却是负相关关系。而直接的岗位创造对男性参与率的影响不显著，针对私人雇主的补贴却是显著的正相关关系。类似地，培训措施和公共就业服务的改善能够提高女性的参与率，但培训却明显地降低了男性的参与率。作为 PES、TRAIN 和 SUB 总和的变量 GALMP 与女性参与率之间呈现出显著的正相关关系。高失业金和较长的享受福利的期限对男、女参与率都会产生负面影响。和我们预期的一样，临时性裁员使得内部人与劳动力市场的纽带更加牢固，结果显著降低了男、女劳动力参与率。开展集体谈判的层面高，工会密度高，也会降低女性的参与率。一种可能的解释是工会中男性员工和大龄员工的比例高。（不同国家男、女劳动力参与率方面的差异主要是退休年龄不同所致。如果退休年龄的差别大，就会导致女性参与率较低，工会化程度较高。）

表 24—3 促进就业项目的开支对劳动力参与率的影响：实证估计的结果

自变量	因变量：劳动力参与率			
	男性		女性	
	A	B	A	B
UNION	−0.212**	−0.207**	0.260**	0.268**
IS	0.150**	0.136**	0.029	0.047
CI	−1.142**	−1.069**	0.529	0.206
RR	−0.248**	−0.301**	−0.240**	−0.190**
DUR	−0.306**	−0.315**	−0.418**	−0.331**
TEMP	−5.603*	−7.700**	−6.466*	−0.308
DJC	−0.006	−0.003	−0.015**	−0.014**
SUB	0.029	—	−0.058**	—
PES	0.013	—	0.053**	—
TRAIN	−0.004	—	0.013**	—
GALMP	—	0.001	—	0.016**
截距	114.754**	119.880**	67.909**	63.354**
R^2	0.781	0.744	0.943	0.919
$\bar{R}^2$	0.739	0.707	0.931	0.807
N	63	63	63	63

* 在 5%的水平上显著。

** 在 1%的水平上显著。

表 24—4 列出了促进就业项目的开支对收入差距的影响。积极劳动力市场政策能够显著地缩小中上（D9/D5）收入人群间的差距和中下（D1/D5）收入人群间的差距。对于中上收入人群，直接的岗位创造和补贴私人雇主也能够缩小他们之间的收入差距，但用在公共就业服务和培训项目方面的资源反而加剧了收入的不平等。对于中下收入人群，直接的岗位创造能够缩小收入差距；制度的僵化也会使收入的分配更加平等，这一点是符合我们的预期的。令人奇怪的是，工会密度高和中央谈判机制的存在却会扩大中下收入人群的工资差距。不论在中上收入人群间还是中下收入人群间，临时裁员机制都会扩大收入差距。

表 24—4 促进就业项目的开支对工资差距的影响：实证估计结果

自变量	因变量			
	D9/D5[a]		D1/D5[b]	
	A	B	A	B
UNION	0.008	0.010	−0.003**	−0.004**
IS	−0.010**	−0.011**	0.005**	0.005**
CI	0.074**	0.072**	−0.009**	−0.013**
RR	0.003	0.010	0.001	−0.001 *
DUR	0.006	0.011**	−0.002**	−0.003**
TEMP	0.329	0.767**	−0.485**	−0.485**
DJC/100	−0.070**	−0.083**	0.008**	0.014**
SUB/100	−0.427**	—	0.001	—
PES/100	0.089	—	0.031**	—
TRAIN/100	0.031	—	−0.002	—

续前表

自变量	因变量			
	D9/D5[a]		D1/D5[b]	
	A	B	A	B
GALMP	—	0.021	—	0.006**
截距	1.000	0.322	0.712**	0.828**
R^2	0.917	0.831	0.991	0.983
$\bar{R}^2$	0.881	0.776	0.987	0.978
N	34	34	36	36

a. D9 和 D5 分别为第 9 个十分位数和第 5 个十分位数。
b. D1 和 D5 分别为第 1 个十分位数和第 5 个十分位数。
* 在 5%的水平上显著。
** 在 1%的水平上显著。

接下来，我们来看积极劳动力市场政策开支对单位劳动力成本的影响，回归结果显示，积极劳动力市场政策活动的开展具有显著的积极作用，但直接的岗位创造却显现出负面作用。一种可能的解释是，公共部门所创造的岗位加入了私人企业内岗位的竞争，使得岗位之间的竞争相对激烈。正如我们所预期的，工会的密度和谈判层面都会导致单位劳动力成本的增加，享受福利的期限越长，单位劳动力成本也就越高。这可能是由于福利持续时间对长期失业者比例和劳动力参与率的影响（表 24—1 和表 24—3），减少了劳动力的实际供给，提高了单位劳动力成本。

3. 结　论

由 Layard and Nickell（1986）提出的劳动力市场模型为研究积极劳动力市场政策对主要宏观经济变量（尤其是实际工资水平和常规就业）的影响提供了理论框架。积极劳动力市场政策对就业的总影响或净影响为项目参与者的数量送去因劳动力市场措施而减少的常规就业量。第 1 部分概述了不同类型积极劳动力市场政策对整体劳动力市场相关变量产生影响的途径。

积极劳动力市场政策的影响有很多，以下几种政策能够达到减少工资压力和增加常规就业的目的：提高劳动力参与率的措施，鼓励外部人参与岗位竞争的政策措施，对就业意愿进行测试。提高匹配效率对劳动力市场均衡的影响仍不明确；就业曲线向右移动，但工资决定曲线既可向左也可向右移动，这取决于政策的性质。旨在消除长期失业的政策措施对劳动力供给有着积极的影响，从而能够促进就业量的增加。

我们的回归结果如表 24—5 所示。

表 24—5　　**回归结果概要**

	U	LTU/U	ΔL/L	LFP 男性	LFP 女性	D9/D5	D1/D5
UNION				−	+	−	−
IS	+	(−)		+		−	+
CI	+			−		+	−

续前表

	U	LTU/U	ΔL/L	LFP 男性	LFP 女性	D9/D5	D1/D5
RR		+		−	−		(−)
DUR	+	+		−	−	(+)	−
TEMP	−	(−)		−	(−)	(+)	−
DJC		+			−	−	+
SUB		+			−	−	
PES		−			+		+
TRAIN		−	−		+		
GALMP		−	−		+		+
表	24.1	24.1	24.2	24.3	24.3	24.4	24.4

说明：表中仅列出了显著的结果。括号表示该结果只在 A、B 中的一个模型里显著。

U 即失业率；LUT/U 即长期失业的发生率；LFP 即劳动力参与率；D9/D5 即上十分位数；D1/D5 即下十分位数；MM 即不同职位失业率的比例（不匹配）。

UNION 即工会密度；IS 即制度的僵化程度；CI 即工资谈判所开展的层面；RR 即失业保险金的替代率；DUR 即享受保险金的最长期限；TEMP 即临时性裁员（虚拟变量：1＝丹麦、加拿大、意大利、美国，0＝其他国家）；DJC 即直接的岗位创造；SUB 即向提供就业机会的私人部门发放补贴；PES 即公共就业服务；TRAIN 即培训措施；GALMP 即 PES＋SUB＋TRAIN。

为了更好地理解这些实证分析结果，我们还可以对得到安置的失业者进行调查（see de Koning，1991），或到地方劳动部门进行访谈（see Schmid and Semlinger，1980）。

我们的分析结果表明，虽然对积极劳动力市场政策的微观经济分析显示，参与就业项目能够改善失业者的境况，但是，微观经济分析高估了积极劳动力市场政策对总体就业的影响，因为它没有考虑替代效应。但是，不管怎么说，积极劳动力市场政策还远远不能遏制西欧国家高失业问题的持续。

参考文献

Abraham, K. G. and S. N. Houseman (1993), *Job Security in America: Lessons from Germany*, Washington, DC: Brookings Institution.

Atkinson, A. and J. Micklewright (1991), 'Unemployment Compensation and Labour Market Transitions: A Critical Review', *Journal of Economic Literature*, 29, 1796–927.

Baily, M. N. and J. Tobin (1977), 'Macroeconomic Effects of Selective Public Employment and Wage Subsidies', *Brookings Papers on Economic Activity*, 1, 511–44.

Bourdet, Y. and I. Persson (1995), 'Does Labour Market Matter? Long-term Unemployment in France and Sweden', in J. Johannesson and E. Wadensjö (eds), *Labour Market Policy at the Crossroads*, Expert Group for Labour Market Evaluation Studies, Ministry of Labour, Stockholm, pp. 117–49.

Budd, A., P. Levine and P. Smith (1988), 'Long-term Unemployment and the Shifting U–V Curve: A Multi-country Study', *European Economic Review*, 31, 296–305.

Calmfors, L. (1993), 'Lessons from the Macroeconomic Experience of Sweden', *European Journal of Political Economy*, 9, 25–72.

Calmfors, L. (1994), 'Active Labour Market Policy and Unemployment: A Framework for the Analysis of Crucial Design Features', *OECD Economic Studies*, 22, 7–47.

Calmfors, L. and J. Driffill (1988), 'Bargaining Structure, Corporatism and Macroeconomic Performance', *Economic Policy*, 6, 13–61.
Choi, K. (1983), 'A Statistical Test of Olson's Model', in D. Mueller (ed.), *The Political Economy of Growth*, New Haven: Yale University Press, pp. 57–78.
de Koning, J. (1991), 'Measuring the Placement Effects of Two Wage Subsidy Schemes for the Long-term Unemployed', paper presented at the annual conference of the European Associations of Labour Economists (EALE), El Escorial, 26–29 September.
Grubb, D. (1993), 'Some Indirect Effects of Active Labour Market Policies in OECD Countries', Paris: OECD. (Unpublished manuscript)
Grubb, D. (1994), 'Direct and Indirect Effects of Active Labour Market Policies in OECD Countries', in R. Barrell (ed.), *The UK Labour Market*, Cambridge, UK: Cambridge University Press.
Heylen, F. (1993), 'Labour Market Structures, Labour Market Policy and Wage Formation in the OECD', *Labour*, 7 (2), 25–51.
Huckemann, S. and U. van Suntum (1994), *Beschäftigungspolitik im internationalen Vergleich: Länder-Ranking 1980–1993*, Gütersloh: Verlag Bertelsmann Stiftung.
Jackman, R. (1994), 'What Can Active Labour Market Policy Do?', *Swedish Economic Policy Review*, 1, 221–57.
Jackman, R. (1995, May), 'International Evidence on the Macroeconomic Effect of Labour Market Policies', paper presented at the Centre for Economic Performance Annual Conference, Stoke Rockford, UK.
Jackman, R. and R. Layard (1980), 'The Efficiency Case for Long-run Labour Market Policies', *Economica*, 47, 331–49.
Jackman, R., C. Pissarides and S. Savouri (1990), 'Labour Market Policies in the OECD Countries', *Economic Policy*, 5 (11), 450–90.
Johnson, G. E. (1980), 'The Theory of Labour Market Intervention', *Economica*, 47, 309–29.
Johnson, G. E. and R. Layard (1986), 'The Natural Rate of Unemployment Explanation and Policy', in G. E. O. Ashenfelter and R. Layard (eds), *Handbook of Labour Economics*, Vol. 2, Amsterdam: North-Holland, pp. 921–99.
Kraft, K. (1994), *An Evaluation of Active and Passive Labour Market Policy*, WZB discussion paper FS I 94–208 of the Research Area on 'Labour Market and Employment', Wissenschaftszentrum Berlin für Sozialforschung.
Layard, R. and S. J. Nickell (1986), 'Unemployment in Britain', *Economica* (suppl. 53), S121–S70.
Layard, R., S. J. Nickell and R. Jackman (1991), *Unemployment—Macroeconomic Performance and the Labour Market*, Oxford, UK: Oxford University Press.
Mavromaras, K. and H. Rudolph (1994, September), 'Recalls in the German Labour Market', paper presented at the annual conference of the European Association of Labour Economists (EALE), Warsaw.
OECD (1988), *Economic Outlook*, Paris: Publications Service of the OECD.
OECD (1990), *Labour Market Policies of the 1990*, Paris: Publications Service of the OECD.
OECD (1991), *Economic Outlook*, Paris: Publications Service of the OECD.
OECD (1993), *Economic Outlook*, Paris: Publications Service of the OECD.
Olson, M. (1979), 'An Evolutionary Approach to Inflation and Stagflation', in J. Gapinsky and C. Rockwood (eds), *Essays in Post-Keynesian Inflation*, Cambridge, MA: Ballinger, pp. 137–59.
Schmid, G. and K. Semlinger (1980), *Instrumente gezielter Arbeitsmarktpolitik: Kurzarbeit, Einarbeitungszuschüsse, Eingliederungsbeihilfen-Durchführung, Wirksamkeit und Reformvorschläge*, Königstein im Taunus: Anton Hain.
Schömann, K. (1995), *Active Labour Market Policy in the European Union*, WZB discussion paper FS I 95–201 of the Research Area on 'Labour Market and Employment', Wissenschaftszentrum Berlin für Sozialforschung.

第25章　针对继续培训的新公共管理

Günther Schmid

随着高失业问题的持续，失业的“结构性”特点也逐渐显现出来。主要体现在两方面：其一，工资不能随着边际生产率的变化而相应调整；其二，边际生产率也不能调节到与工资相等。前一种情况称为“向下调整”，第二种情况则是根据结构变化而做出的“向上调整”。出于种种原因，“向上调整”受到了更多的关注，人们也越来越重视继续培训或再培训，因为这种培训有助于失业者或面临裁员风险的员工适应结构性变化。培训内容的设定，人员的甄选，项目的具体实施和对结果的监测，可以通过各种不同的形式实现。由于预算赤字不断增长，开支的增长幅度受到了很大的限制，同时，更多的开支也不一定意味着更好的结果，为使继续培训政策的制定和执行更有效，一些国家已经开始进行组织机构改革。

这类改革通常都属于“新公共管理”的范畴。虽然具体的改革方式各不相同，但都具有以下共同点：强调目标管理、强调以绩效为导向的预算、加强供给者之间的竞争、强调决策权和执行权的下放等（see Aucoin，1991；Hood，1991）。要对这些改革方式进行评估，我们首先要了解：这些制度方面的变化有没有减少结构性失业？有没有加快结构性变化的调整过程？新模式与以往的模式相比有哪些不同？这些区别是否重要？另一个基本问题则涉及分配目标和配置目标之间的权衡：究竟政府出资的继续培训是应该面向弱势群体（缺乏技能的劳动者和长期失业者）还是应该针对市场失灵所引起的技能瓶颈？如何权衡这种由新公共管理带来的公平、效率问题？是否存在相应的组织体制能够使这些目标相辅相成而不是相互排斥？

到目前为止，还没有研究者对继续培训或再培训的各种不同组织方式进行过系统的研究。这方面的既有文献很少，在此不作回顾。我将采用本手册第7章所提出的分析框架，对在柏林科学中心一项大规模探索性研究中所得到的经验证据[1]进行分析。至于其他相关的研究和方法，我也会在适当的地方进行简要介绍。

数据涉及四个欧盟成员国，之所以选这四个国家，是因为它们在就业体制和劳动力市场政策的组织机构改革方面比较有代表性。德国（D）对劳动力市场的管制通常被公认为是最严格的（有人认为这是优点，也有人认为这是缺点），它同时也是积极和消极劳动力市场政策相结合的典型。在丹麦（DK），继续培训项目的开展水平很高，它实行的是自由劳动力市场体制（如：没有解雇保护法），在所有层面上都通过社团主义进行决策。英国

(UK) 被称为“放松管制的天堂”；在欧洲国家中，撒切尔政府的私有化改革最为彻底，从根本上遏制了原本就很弱小的社团主义。荷兰（NL）引起世界范围的关注则是因为它将劳动力市场的管理分散化和区域化，赋予社会伙伴（除地方政府当局以外）更多的决策权；但是，不同于英国，在荷兰，隶属于劳动力市场管理机构的继续培训中心并没有私有化。

接下来，在第 1 部分中，我将对这四个国家的政策体制进行比较；面对技能和培训需求方面所出现的结构性变动，这四个国家给予了不同的回应，对于他们的回应措施，我也将在第 1 部分中进行评估。第 2 部分将分析各国在继续培训政策执行过程中的主要差异，并将其与组织效率指标结合起来。第 3 部分将试图评估不同激励体制对项目参与水平和选择性的影响。第 4 部分将讨论各种直接和间接的劳动力市场影响，并从成本有效性的角度对这些影响进行评价。第 5 部分从理论上对这些研究结果进行讨论，并提出了公私联合提供继续培训的最优方案。第 6 部分为本章的结论。[2]

1. 政策体制与回应

当社会面临一些从未遇见过的问题时，第一反应往往源自既有的行为模式，即那些已经实行过并得到检验的行为模式。因而，“政策选择”实际上取决于决策规则，这种决策规则的形成要经历漫长的历史实践过程，而且，一旦形成便几乎不会发生改变。各种制度安排的集合可视为一种“政策体制”，因为不论是否存在不确定性，它都能在很大程度上预先决定政策策略的雏形。

评估政策体制的第一步就是对该体制及其所经历的变化进行系统性的描述。这种描述可以以社会协调的四种主要体制为基础（see Schmid，本手册第 7 章）：价值结构、参与结构、市场结构和法律结构（见图 25—1 的左半部）。

价值结构反映了某一特定政策领域中各行为主体的主要道德倾向。这些价值观往往由文化所决定；就个人而言，它形成于儿童时期。价值观发挥着引导个体行为的作用。换句话说，我们的问题是：哪些原则指导着人们的行为，是自身利益最大化（个人主义—竞争性），还是对他人的伤害最大化（个人主义—侵略性）？是集体利益最大化（集体主义—团结型），还是他人利益最大化（集体主义—利他型）？

参与结构反映了人们要求和维护有关利益的模式。在民主社会中，有两种典型的模式：一是“多元主义体制”，共同利益为特定目的而产生，各方利益相互斗争；另一种是“社团主义体制”，受关注的是特定社会群体的长期利益，这些利益之间的冲突由相关群体按规定程序予以解决（例如：就工资或培训补助进行谈判）。多元主义体制重视多数人决策规则，由于不同群体所能施加的压力的大小不同，一些少数人的利益受到了忽视；社团主义体制虽注重各利益群体代表权的均衡，却要为此付出革新缓慢和结构变化缓慢的代价。

市场结构反映的是在经济交换过程中占主导地位的协调机制。在一个极端（市场自由主义），价格是唯一的决定因素，遵循供给和需求法则；而在另一个极端（社会体制），交换价值完全由社会标准（例如：需求或社会地位）来确定。在自由市场体制下，由于生产率上的差异，工资收入的差异也很大；而在社会体制下，再分配政策和最低工资立法的存在可以缩小工资差距。

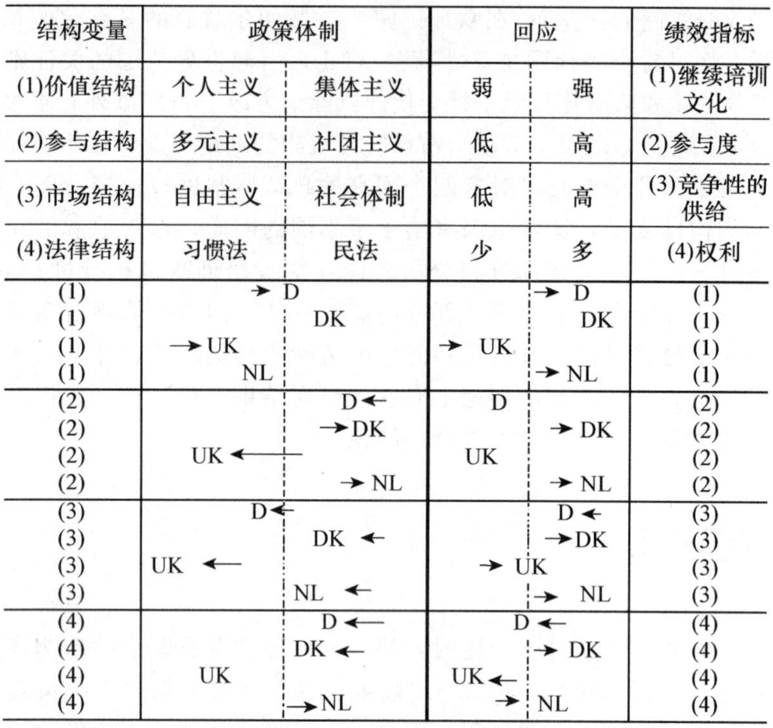

图 25—1　政策体制与回应

说明：→表示 20 世纪 80 年代以来的变化。

法律结构则描述了法律所规定的权利和义务，正式（如：以联邦制或中央集权制的形式组织社会）且具体（如：有无接受继续培训的权利）。一种典型的情形是，由习惯法协调各种关系，但在需要时可做出迅速调整；在其他法律体系（民法）下，权利由宪法赋予，非常正式和详细，因而很难通过政治手段加以改变。

评估政策体制的第二步是对体制本身及其演变历程的评估（见图 25—1 的右半部）。这里，为制定出特定政策领域内的绩效指标，需要对有关四种社会协调机制的措施进行分析。例如，在价值结构层面上，继续培训文化的良好发展反映了政策体制对劳动力市场上结构性变化的适应能力（回应）。在决定继续培训的需求和制定继续培训政策的过程中，较高的社会参与度（参与结构）是利益协调成功的标志。有效的市场结构则体现为高质量的继续培训机构推出多样化的培训内容，人们可以在不同的继续培训项目之间进行选择。就继续教育而言，良好的法律结构能够切实保护个人接受继续培训的权利和公平性。

在评估政策体制时还有两个基本问题：我们如何将政策体制的结构特点和绩效维度——政策的"回应"——合理、连贯地描述出来？如何定义和证明或否定存在于结构变化与回应之间的系统性联系？

为展开结构分析和政策体制评估，我提出一个定性描述（"Verstehen"）和定量评价相结合的二维评分体系。四个结构和绩效维度被定义为准二分形式：即在两个端点之间存在连续性。各国都处于这个连续的区间中，它们的具体位置由我们的观察和评估决定；这些位置都是主观评定的，我们需要论证其合理性。[3]但可以想见，我们今后还可以对这种评估方法进行改进，由专家们运用德尔菲法[4]确定各个国家的位置，然后根据排序赋值。

运用这种方法，制度变化可以用箭头表示，箭头的长短取决于变化的重要性；如果没有箭头，就说明在观察期内，其政策体制在我们所考察的维度上没有发生明显的变化。除了这套体系，我还为衡量政策体制的绩效构建了定量指标。

1.1　政策体制随时间的变迁

通过国际比较分析，我们得出了一些结论（见图 25—1）。首先，基于团结型—集体主义原则，政府在继续培训方面承担了越来越多的责任。通过对积极劳动力市场政策支出和继续培训支出的衡量，我们发现，除英国以外，这也导致了政策回应的增多。其次，合作结构的增强（荷兰和丹麦）和削弱（德国，尤其是英国）也显而易见。此外，研究发现，在具体事务的管理上，地方和地区层面拥有越来越多的决策权（荷兰和丹麦，德国在一定程度上也是如此），虽然有时在制定大的管理框架（例如，不同部门或地区的继续培训标准）时中央政府拥有更多的权力。第三，各国都在努力强化竞争结构，不论是采取全面私有化的形式（英国），还是放松管制（最初，英国废除了劳动力市场管理当局对岗位安置的垄断权，之后丹麦和德国也相继做出了这样的政策决定）、权力下放、区域化或者劳动力管理部门更加以绩效为导向（丹麦，尤其是荷兰）的形式。但关于继续教育的法律规定，存在两种相反的趋势：一方面，丹麦扩大了享有继续培训权利的范围，更多的人，在更多的情形下可以接受继续培训；另一方面，德国废止了部分权利。在荷兰，法定权利本身没有发生变化，只是更多的人能够享有这种权利。[5]

为了区别这两种趋势，我们来看一下德国废止相关权利的具体细节。即使德国在观察期内没有正式做出法律上的变动，它在权力下放和区域化的过程中也会给操作层面带来影响。五个新联邦州的建立加强了德国的联邦原则。在实际操作中，联邦州（Länder）对于继续培训项目的开展承担越来越多的责任。原因有三：第一，高失业状况的持续，使得失业者参与联邦项目的机会越来越少，于是，作为福利的保证者（例如提供最低社会福利等），州或地方政府受到的压力越来越大，因而不得不采取行动；第二，培训项目的计划和实施越来越需要区域化的视角和能力；第三，欧洲社会基金也起到了促进作用，因为如果要申领基金，各地区必须提交资金的使用计划，并且愿意自行筹集部分经费。

1.2　政策体制的绩效指标

积极政策率，即积极劳动力市场项目开支占总的劳动力市场公共预算的比率，通常被看作回应的衡量指标，因为它反映了政策体制对实现充分就业所承担的实际责任。但是，由于就业水平不仅与劳动力市场政策有关，也与社会、经济政策有关，因此我们需要将这项指标放在更广阔的政策背景下去理解。通过该指标的考察，我们看到，20 世纪 80 年代中期，四个国家的政策回应都有不同程度的上升，尤其是荷兰（见表 25—1）。但最新数据却显示出不同的发展趋势。

表 25—1　　政策回应的绩效指标：积极政策率、总财政支出和继续培训支出

	(1) 积极劳动力市场政策开支占总开支的百分比				
	1985 年	1990 年	1993 年	Δ（1993 年与 1990 年）	Δ（1993 年与 1985 年）
德国	36.6	48.4	37.8	−10.6	1.2
丹麦	24.2[a]	22.3	27.8	5.5	3.6

英国	26.0	39.0	29.5	−9.5	3.5
荷兰	25.1	32.4	33.9b	1.5	8.8
(2) 针对一个百分点的失业率，积极劳动力市场开支占GDP的百分比					
	1985年	1990年	1993年	Δ(1993年与1990年)	Δ(1993年与1985年)
德国	0.11	0.21	0.24	0.03	0.13
丹麦	0.16	0.15	0.18	0.03	0.02
英国	0.07	0.09	0.05	−0.04	−0.02
荷兰	0.10	0.14	0.14p	0.00	0.04
(3) 针对一个百分点的平均失业率，用于失业人员的培训开支占GDP的百分比					
	1985年	1990年	1993年	Δ(1993年与1990年)	Δ(1993年与1985年)
德国	0.04	0.07	0.10	0.03	0.06
丹麦	0.08	0.06	0.09	0.03	0.01
英国	0.01	0.02	0.01	−0.01	0.00
荷兰	0.02	0.02	0.03	0.01	0.01

a. 1986年数据；
b. 1992年数据；
p. 估算值。
资料来源：OECD *Employment Outlook*；OECD-datafile Expenditure on Labour Market Policy；author's calculation.

首先，出乎意料的是，丹麦的积极政策率较低。只有约1/4的开支是用于促进就业的，其余资金则都投入到了失业金或提前退休措施上，其中，后者所占的比例很大。近几年，丹麦的积极政策率即政策回应有所上升，根据定性分析，我们预期政府对实现充分就业所承担的责任会不断增多，但定量分析结果表明，事实并非如此。要更清楚地了解这一问题，需要对执行体制（尤其是资金结构）进行分析。

相比较而言，德国的积极政策率较高：超过1/3的开支用于"积极"政策措施。这与政策体制分析的预期结果一致。德国重新统一后，不论新的联邦州政府是否情愿，都不得不承担起更多的责任，采取措施，缓解就业量的急剧减少。但是，这种政策回应的增加，在很大程度上都是劳动力市场政策的滥用，因为政策制定者急于去弥补之前经济政策上的错误。在1992—1993年经济萧条时期，政策回应减少，一部分原因是，政府开始纠正这种滥用行为，同时，这也是德国的某些机制所致，即在衰退时期，积极劳动力市场政策会受到消极政策的"排挤"。这是德国独特的筹资体系带来的结果：积极和消极政策的资金来源是相同的，都来源于缴费（Schmid，Reissert and Bruche，1992）。

英国的积极政策率也出现了短暂的高峰，虽然这并未能使英国成功度过经济危机。政府大幅减少了它为实现充分就业而付出的努力，原因之一在于，劳动力市场政策方案越来越局限于某些弱势目标群体。但与德国不同的是，英国积极政策率下降的主要原因并非失业金开支的增加，而是它削减了用于积极政策措施的预算。这一点可以通过其他指标得到更清晰的说明（见下文）。

荷兰的积极政策率则呈平稳上升的趋势，由1/4上升至1/3。据此，可以说，荷兰的劳动力市场政策回应的确有了改善。这与之前定性分析的结果和预期也是一致的。尽管如此，总体来看，荷兰仍只处于中等水平，因为荷兰将用于促进残疾人就业的开支也包括在了积极政策率的计算中，而且，这部分开支至少占全部积极政策支出的一半。[6]如果我们不考虑这部分与社会政策有关的开支，就很难确定荷兰政府承担实现充分就业的责任意识低的原因。丹麦的情况也很难找到原因，但它的资金结构向我们提供了线索。此外，荷兰重视集体议定劳动力市场政策，这样，有些资金没有体现在劳动力市场预算中。但是，由于荷兰仍处于大规模劳动力市场改革的过程中，我们预期它的积极政策率还会进一步上升。同时，由于工会不愿意在没有工资补偿的情况下缩短工作时间（或进行工作分享），为了保持与工会的合作，政府也必须推出更多的积极政策。

当然，作为一项考察指标，积极政策率也有不足之处，它并没有表明自身与失业水平之间的关系：同样的积极政策率下，财政所承担的资金比例却可能有很大的差别。因此，应该用平均每一个百分点失业率的 ALMP/GDP 值作为财政支出的标准化衡量指标。考虑到积极劳动力市场政策开支与失业水平之间具有显著的正相关关系，常用的非标准化指标不适宜用来比较不同政策体制的回应情况。[7]标准化“财政支出”指标的优势在于它能就财政为实现充分就业所做出的贡献提供一种量化的概念。

正如我们所预期的，从这个角度来评估，丹麦的结果要好很多（见表 25—1），甚至在 20 世纪 80 年代中期超过了德国。尽管失业率不断攀升，但丹麦的政策体制对失业的回应确定有所改善。在这方面，重新统一后的德国取得了更大的成功。但是，在荷兰，政策回应的增多应主要归结于失业率的下降（这也是“工作分享计划”实施带来的结果），而与此同时，积极劳动力市场政策的实际开支微弱上涨。换用这种衡量方式后，英国是唯一的政策回应明显减少的国家。

此外，也可以从单个方面——比如，继续培训——来分析财政支出。这也会涉及指标的标准化问题。由于不同国家对职位空缺率的衡量方式不同，失业者和成年在职员工的继续培训费用占 GDP 的比重也需要通过平均失业率来进行标准化，这样可以消除失业的周期性波动（它与继续培训支出之间不存在正相关关系）。在德国，平均下来，每一个百分点的失业率，对应着 0.1%的继续培训支出（1993 年），从这个指标看，它是排在第一位的国家；丹麦紧随其后。和前面一样，荷兰的这项指标较低，因为它的大部分“积极政策”支出都用在了社会政策措施上。从这个指标来看，英国的政策体制的回应程度不仅较低，而且呈现出下降的趋势。

2. 执行体制与组织效率

即使得到了大量的财政资源，如果没有配套的组织结构，最优的政策项目也会以失败而告终。于是引发了一系列新的问题：谁来执行继续培训政策？是否有足够的受过培训的执行人员？执行人员在执行过程中是否拥有灵活处理的空间？或者必须严格照章执行？执行过程会涉及所有目标人群吗？项目的管理者能够得到哪些经济激励？计划相对稳定吗？是进行长期规划，还是对政策进行不断的试验和改进？执行方式的不同最终会导致组织效率上的差异吗？

接下来，我们将对国家执行体制进行介绍和评估（2.1 部分），也会用到之前提到的两分法评分体系，同时还会尝试引入定量绩效指标来评估执行体制（2.2 部分）。

2.1　执行体制随时间的变迁

在分析执行体制时，那些负责计划、组织和实施继续培训的工作人员的价值取向（在价值结构的层面上）也需要纳入考虑范畴。在这四个国家中，政府进行组织机构改革的动机都是相同的，即鼓励那些负责执行项目的人员在实际操作中能够更加切合（地区或部门）市场的需求。基本的思路是，使公共劳动力市场机构从原先的以供给为导向转变为以需求为导向，比如，通过私有化来实现这种转变。但在英国却出现了明显的制度不一致：私有化之后，项目管理者的价值取向明显转化为以需求（即市场需求）为导向，但并没有在实践中体现出来，因为政府加大了对参与继续培训人群的限制，只有"问题群体"才能参与继续培训。而其他三个国家的价值取向仍然倾向于以供给为导向，但明显呈现出日趋平衡的趋势。平衡的价值取向是指效率（直接针对市场需求合理地配置资金）与公平（同时也会考虑到失业者所处的不利地位及他们的长期市场利益）兼顾，它只有在能够提供各种执行激励的组织结构中才能发挥作用。一种可能是，赋予项目管理者更多的调配空间，使他们能够在一定范围内自行决定发放给失业者的最低生活费或继续培训补助。例如，那些低技能、低收入的人员（或失业者）在脱岗参加培训时可能需要替代率为100％的补助（即等于他的潜在工资），但对于高技能高收入者，替代率只要达到失业金的水平即可（见图25—2）。

图25—2 执行体制和组织效率

说明：→表示20世纪80年代以来的变化。

在利益诉求方面，英国彻底消除了政策执行结构中的社团主义残余。但在评估这种做法究竟提高了还是降低了组织效率的过程中，我们仍然需要将社团主义特点纳入考虑范畴。在英国，即使参与度很低，组织效率的下降也可能并不明显，因为某些行业的从业人员仍然会组织起大规模的工会，从而对继续培训所带来的职业流动形成阻碍。相反，在荷兰和丹麦，社会伙伴承担了更多的责任，它们在地区层面上不仅参与政策选择，还会参与政策的执行。毫无疑问，丹麦的组织效率得到了很大的提高，因为在丹麦，不仅存在按部门组织起来的工会，而且存在按地区组织起来的工会。但是荷兰工会的组织结构特点是，工会的层级很高，形成于中央层面，同时，工会的密度呈现出逐渐下降的趋势，因此，对于社会伙伴的高参与度能否给荷兰带来积极影响，目前还不敢断定。[8]

德国是唯一由同一机构同时执行积极和消极劳动力市场政策的国家。其他国家将积极和消极劳动力市场政策分开执行的做法本身并不会明显地改善执行结果，但我们可以清楚地看到，它们都自发地努力通过立法方式建立合作关系或合作网络，以应对可能产生的协调问题。在整个欧洲都存在这样一种趋势，即由地方当局在当地提供一系列劳动力市场服务，有人称之为分散的“一站式服务”机构。但将各种服务整合在一起的做法也存在问题。比如，无法保证对积极措施的管理独立于失业保险系统的纯管理层面。如果这两者不能相互独立，政策的执行就可能陷入一种恶性循环，就像德国那样，当失业率上升时，用于执行积极项目的资源反而减少了（因为消极福利的成本上升了），积极政策部门“以顾客为导向”的景象变成了劳动力市场管理机构发放“救济”的场景。可见，如果由两个相互独立的组织机构分别承担积极和消极劳动力市场政策的执行，同时二者之间又能相互协调，将更有益于以服务为导向的项目管理理念的形成。各种服务整合在一起的组织结构没有这样的优势，是因为它会优先考虑对失业的管理。此外，分工所能带来的优势也会支持我们将二者分离开的观点。

在积极劳动力市场政策的资金来源方面，德国也是一个特例。它是唯一使用失业保险缴费为继续培训提供资金的国家。这种筹资结构的优点在于，它比通常的税收收入要稳定，因为税收收入容易受政策变动的影响。正常情况下，这种筹资结构运行良好。但是，当失业率上升时，便会出现“积极”与“消极”劳动力市场政策对稀缺资源展开争夺的局面，因为二者的资金来源相同。在这种情形下，“消极”政策支出往往高于“积极”政策支出，于是，继续培训的实施是以一种顺应经济周期，而不是逆周期的形式进行。这是一个很严重的问题，因为事实上，经济衰退时期更需要进行再培训。

德国的这种筹资模式还存在一个问题，即雇主的非工资劳动力成本增加了，企业雇员的社会保险缴费增多了，但自雇佣者和公务员（他们至少能够间接受益于积极劳动力市场政策）等并没有向继续培训提供资金，因为他们不缴纳社会保险费。因此，学界和政界都呼吁税收收入应向继续培训提供更多的资金。相反，在丹麦，继续培训的资金主要来自税收，他们希望增加来源于缴费的资金比重。由此看来，与培训的“混合物品”的特点相对应，一个有效的继续培训执行结构必须配有“混合的筹资结构”。

在政策的执行方面，德国依赖于多样化的市场，政府和私人机构都可以提供继续培训。但在这种执行结构下，质量标准如何得到保证，成为一个问题；例如，在德国东部，曾经短时间内涌现出大量的商业培训机构，培训质量一时难以得到控制，许多培训机构颁发的资格证书都很令人怀疑。为解决这一问题，德国正着手设立一些独立的机构（“继续培训 TÜV”)[9]，对培训的质量进行严格的监控。

在继续培训的供给者方面，荷兰也是一个特例。它主要依赖于公共继续培训机构，这些培训机构直接隶属于地区劳动力市场管理部门，资金也主要来自税收收入。最近，资金预算的急剧缩减迫使地区政府部门减少现有的继续培训的供给能力，从市场上购买相关服务；这个过程很有可能导致公共继续培训机构的部分私有化，以使它们能够承受来自国外（如德国）商业培训机构的竞争压力，或者与这些外国机构建立合作性伙伴关系。这样看来，欧洲市场的“一体化”似乎促使了各国执行体制的趋同。

荷兰的公共继续培训机构有三方面优势：(1) 课程设计的灵活性；(2) 集中关注劳动力市场上的弱势群体；(3) 能够应对地区劳动力市场上不可预料的危机或异常的紧张形势（如：大规模的倒闭或新建）。但随着私有化进程的推进，这些优势逐渐消失，削脂现象——挑选就业前景最好的失业者进行培训——越来越普遍。

除了前面已经提到的差别，这四个执行体制也存在许多共同的趋势，并且，随着欧洲“一体化”市场的形成，这些共同趋势也越来越明显。各国采取各种方式加强继续培训的市场导向性和竞争性，这些方式包括：私有化、购买外部服务、出售公共服务等。以绩效为导向的预算配置也是提高效率的一种尝试，且不仅仅限于私人部门；不过，只有荷兰和丹麦在这个方向上迈出了第一步。虽然地区和地方政策在项目执行过程中拥有了更多的自主权，但是中央层面仍需要在以下两个方面进行谨慎地权衡：质量控制的决心（更高的效率和更好地满足社会需求）与减少支出。换句话说，中央当局试图通过预算控制（如荷兰）和对继续培训内容的规定，或绩效监督等方式，重新获得失去的自主控制权。

2.2 组织效率的绩效指标

“组织效率”的复杂本质使得我们无法使用简单的衡量工具，由于缺乏可比较的数据，定量分析的结果往往也是无效的。尽管如此，下面将要介绍的这些指标虽然存在不足，但能带给我们一些有意义的结果，从而为上文中关于组织效率的定性分析提供补充。

我们可以将直接从事政策执行的工作人员数量作为对实际所用到的资源的衡量。假设中央的控制、管理和监督机构只使用了很少的资源，而地方层面的操作机构被赋予了大量的资源，那么，资源分配的分散程度也可以以该指标进行补充。此外，在当今这个时代，有效的服务不可能不使用现代技术，良好的基层建设，特别是工作人员的高工资，项目管理的总支出占 GDP 的比重及其与执行人员数量之间的关系等，都可以为我们提供额外的信息。

令人惊讶的是，在 20 世纪 80 年代，相对于失业者人数，英国的执行人员数量最多，尽管在私有化之后呈下降趋势。[10]荷兰的执行人员数量最少，虽然在组织机构改革之后有所增加，但仍低于丹麦和德国（Schmid，1994，p. 49）。但是，如果参考上述其他指标，那么在权力分散指标和人均开支这两方面，荷兰均居首位。只有德国在项目执行总开支方面超过了荷兰；丹麦的开支几乎只有荷兰的一半，英国用于执行人员的预算则是最少的。

为了衡量基层的合作程度，我们可以评估社会伙伴在政策选择和执行阶段所享有的管理权，同时，也可以对合作关系的网络进行类型分析，并对既有的数据进行分析。组织化程度可用于衡量“合作能力”，即社会伙伴发动自己所代表的群体采取联合行动的能力。每千人因罢工而损失的工作天数也可以反映出社会伙伴之间关系的特点，以及他们进行双边合作的能力。

根据这三个指标，英国的评估结果最差（Schmid，1994，p. 51）。荷兰的工会密度很低[11]，但是，社会伙伴在劳动力市场政策方面的参与度很高。但是，从考察合作结构的其他指标来看，荷兰领先于其他国家，丹麦则比德国略好。

为对有效控制进行衡量，我们可以利用执行体制将失业者尽早安置到继续培训计划中的能力——假设无论对于供给方还是需求方，这些培训计划都是实用的。显然，该指标是合理的：大多数评估研究都认为，培训项目的劳动力市场影响与培训之前的失业持续时间之间是负相关关系（Schimd and Schömann，1994）。[12]但是，要迅速将失业者纳入继续培训项目，不仅需要灵活多样的基层建设，而且需要能够提供制度性激励的财政结构。

按这个标准衡量，丹麦的改革取得了一定的成功，参与继续培训项目之前的失业持续时间有所缩短：1984 年，49%的低技能参与者（成人职业培训课程）之前的失业持续时间不足 100 天。该数据在 1991 年为 67%，到 1992 年则超过 93%。高技能参与者的相应数据却没有这么明显：1984 年为 38%，1992 年为 49%。[13]但是，由于培训机构的接纳能力有限，大量的失业者不得不一直等到他们被划归为长期失业者，才能拥有参与继续培训的法定权利。

德国也是如此。失业者一般能很快被安排参加培训，而且德国在这方面依然在改进。1983 年，只有 25%的培训项目参与者之前的失业持续时间不到 3 个月，但到了 1991 年，这个数字就上升至 40%，1992 年为 39.1%；只有 18%的参与者失业持续时间超过 1 年（Linke，1994，p. 71）。但英国的情况并不理想。在 1990—1991 年间，尽管有 30%的参与者之前的失业时间不到 6 个月，但也有 42%的人失业超过 1 年（Mosley and Degen，1994，p. 45）。但这使得政府制定更为严格的失业持续时间标准，于是，短期失业者所占的比重进一步减少。

最后，项目的连续性、计划的稳定性和时机的适当性也是组织效率的重要方面。用于继续培训的财政支出的变化情况可以向我们提供一些这方面的信息：如果项目的连续性和计划的稳定性欠佳，每年的支出就会出现很大的波动（周期波动之外的波动），如果支出的变化呈现出顺应经济周期的趋势，那么就与我们逆周期对抗措施的初衷相悖。换句话说，如果用于继续培训方面的开支平行于经济发展趋势或与失业率的变动相反（即失业率上升时支出下降），则项目开展的时机也是不合适的。

根据这些衡量标准，排在最末的还是英国。不仅波动幅度最大（表 25—2 第 2 行），支出的变动也显示出明显的顺应周期的趋势（第 4、第 5 行）：开支随着 GDP 的增加而增加，随着失业率的上升而下降，反之亦然。德国的波动幅度也很大，它的支出在一定程度上也是顺应经济周期的，虽然从总的回归结果来看，这一点并不明显，因为在经济衰退初期总是存在短暂的逆周期支出，之后才出现顺应周期的趋势（see also Schmid et al.，1992）。丹麦，尤其是荷兰的支出较为平稳，从项目开展的时机来看，也更具目标一致性（虽然在统计上并不显著）。

表 25—2　　继续培训支出的增长与GDP增长、失业增长之间的比较

	德国			丹麦			英国			荷兰		
	Δ继续培训支出	ΔGDP	Δ失业	Δ继续培训支出	ΔGDP	Δ失业	Δ继续培训支出	ΔGDP	Δ失业	Δ继续培训支出	ΔGDP	Δ失业
	1	2	3	1	2	3	1	2	3	1	2	3
1984年												
1985年		2.0	1.7		4.3	−13.4		3.8	4.9		2.6	−7.4
1986年	25.9	2.3	−3.3		3.6	−23.0	14.4	4.3	1.6	14.1	2.7	−4.6
1987年	25.6	1.5	0	−0.6	0.3	1.3	7.9	4.8	−10.0	5.2	1.2	2.8
1988年	10.2	3.7	0.6	−18.4	1.2	4.0	53.4	5.0	−19.4	12.9	2.6	−2.6
1989年	6.1	3.6	−9.1	4.6	0.6	25.8	49.9	2.2	−25.5	2.3	4.7	−8.4
1990年	17.3	5.7	23.9	−4.7	1.4	3.4	−8.8	0.4	−10.2	1.5	4.1	−7.5
1991年	40.2	4.5	3.0	16.6	1.0	9.1	−26.8	−2.2	43.1	−9.6	2.1	−5.0
1992年	42.1	2.1	14.5	15.4	1.2	7.5	−13.7	−0.6	19.5	5.6	1.4	−2.4
1993年	−14.1	−1.3	14.8	14.6	1.2	9.5	−0.5	1.9	7.0	3.3	0.1	23.6
1994年					4.0							
(1) 均值	19.16	2.68	5.12	3.93	1.88	2.69	9.48	2.18	1.22	4.41	2.40	−1.28
(2) 标准差	18.58	2.02	10.43	12.91	1.48	14.00	28.97	2.55	21.01	7.35	1.40	9.94
(3) 变异系数	97%	75%	204%	329%	79%	521%	306%	117%	1719%	167%	58%	−778%
(4) 回归系数 1/2	3.77			−0.63			7.93*			−0.04		
(标准误)	(3.20)			(14.67)			(3.07)			(2.01)		
(5) 回归系数 1/3	−0.06			0.49			−1.07*			0.02		
(标准误)	(0.69)			(0.67)			(0.30)			(0.29)		
(6) 回归系数 3/2	0.09			−8.44*			−5.70*			−5.52*		
(标准误)	(1.96)			(2.22)			(2.25)			(1.68)		

* 在1%的水平上显著。

资料来源：OECD-datafile 1994，OECD *Employment Outlook*，1994，and own calculations (Germany: since 1990 eastern and western Germany; therefore, time series for Germany are distorted).

3. 激励体制与目标群体对项目的接纳程度

有效的执行体制并不能确保劳动力市场政策的成功，所执行的项目、方案还必须能够得到目标群体的认可与接受。在这里，我们需要了解的是，哪些方式能够激励失业者为改善他们的就业前景而接受继续培训。

分析激励体制的目的是考察劳动力市场政策能否为失业者提供足够的激励以使他们愿意接受继续培训。[14]这里，我们将区分心理、社会、经济和政治四种激励——这与四种社会协调机制的分析类似：在他们看来，继续培训真的能改善失业者的就业前景吗？他们关于这一问题的回答对于他们是否愿意参与继续培训项目有影响吗？或者，真正起决定性作用的是失业者的内在动机吗？社会等级能否激励失业者通过继续培训改善他们的处境？是否存在经济激励？例如，培训时的最低生活费比失业保险金高，或者，接受培训后可以找到工资更高的工作。继续培训能提供哪些其他“权利”？比如，能够找到法律保护程度更高的工作，相应地，这些工作的进入门槛也相对较高。

面对一个特定的继续培训机会，是接受还是拒绝？在决策过程中，上述四个维度的因素产生影响。接下来，我们将集中考察既有文献所指出的激励体制的几个特点（见图 25—3），并将这些结构特点与定量绩效指标结合起来（见表 25—3）。

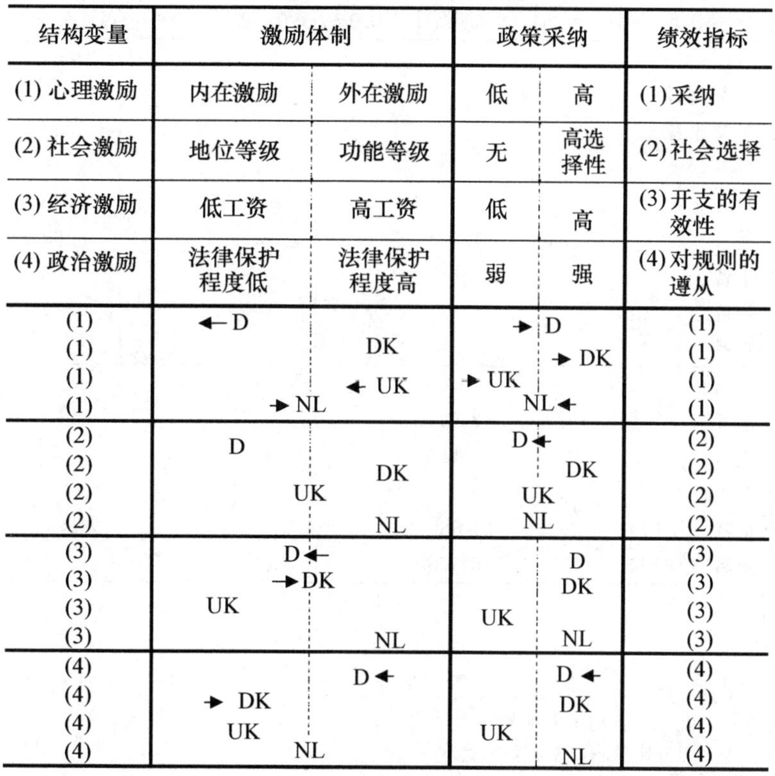

图 25—3　激励体制和政策采纳

说明：→表示 20 世纪 80 年代以来的变化。

表 25—3　　**政策采纳指标**

	德国		丹麦		英国		荷兰	
	1987 年	1993 年	1987 年	1993 年	1987 年	1993 年	1987 年	1993 年
（1）继续培训的参与者								
（a）失业者（千人）	355	764	67	114[a]	560	240	116	109
（b）就业者（千人）	242	114	102	135[a]	106	13	4	—
（2）（1）占劳动力的百分比								
（a）失业者	1.21	2.0	2.4	3.9[a]	2.04	0.89	1.79	1.47[a]
（b）就业者	0.82	0.3	3.6	4.7[a]	0.39	—	0.06	—
（3）失业率	6.2	6.7	7.8	10.4	10.3	10.3	9.6	8.3
（4）（1）占失业者的百分比	19.5	29.9	30.8	37.5	19.8	8.6	18.6	17.7
（5）相当于全年参与者								
（a）失业者（千人）	168	384	13	23	174[b]	130	27	37
（b）就业者（千人）	178	81	5	5	?	—	—	—

续前表

	德国		丹麦		英国		荷兰	
	1987 年	1993 年	1987 年	1993 年	1987 年	1993 年	1987 年	1993 年
(6)(5) 占劳动力的百分比								
(a) 失业者	0.57	1.00	0.48	0.78[a]	0.63[b]	0.45	0.47[c]	0.53[c]
(b) 就业者	0.61	0.21	0.17	0.18[a]	?	—	—	—
(7) 项目的选择性						0.63		
> 男性短期失业者						0.52		
> 女性短期失业者						0.87		
> 男性长期失业者						1.10		
> 女性长期失业者				n. i.	f	0.58	n. i.	
> 短期失业者	1.14[d]	1.02[d]				0.93		
> 长期失业者	0.66	0.64				1.08		
> 男性失业者						0.87		
> 女性失业者								
(8) 支出（百万埃居）								
(a) 用于失业者		8 325		357[c]		929		500
(b) 用于就业者		446		96[c]		—		—
(9) 相当于全年支出								
(a) 用于失业者（埃居）		21 680		15 522		7 146		13 514
(b) 用于就业者（埃居）		5 506		19 200		—		—

a. 1992 年数据；
b. 1989 年数据；
c. 总估计数；
d. 短期失业≤3 个月，其他≤6 个月；
e. 成人职业培训支出的 1/3 被用于失业者；
f. 项目的选择性＝参与者比重除以失业者比重；
说明：n. i. 表示没有信息。
资料来源：OECD-datafile；Höcker，1994：Tables A6，A7；Moslcy and Degen，1994：Tables 3 and 5；Linke，1994：Tables 1 and 7，Figure A2；author's calculations.

在心理激励方面，带有强烈的职业色彩的激励体制——如德国——注重失业者的内在动机，即针对职业特点，扩充和开发自己的知识和能力。理论上，这有利于继续培训的开展，但当需要进行彻底的再培训（比如，从传统的产业职位向现代服务业转变）时，也会产生负面作用。如果开展的继续培训是不与工作直接挂钩的长期培训课程，那么那些技能水平较低的失业者便会丧失积极性。例如，德国培训课程的平均持续时间明显比其他三个国家长（尤其与丹麦相比），因此，参与培训的低技能人员很少，不论他们是否处于失业状态。对这些目标群体而言，直接与工作相关联的、模块化的、渐进型的培训课程可能更合适。

当职业色彩不那么浓重时，继续培训的外在激励（如劳动力市场信号和经济激励）起决定性作用。在这方面，丹麦和荷兰的评估结果位于德国和英国之间，英国的继续培训最不具有职业色彩。英国继续培训的主要功能是为了弥补初始职业培训的缺乏或不足。但它的培训质量很低，以至于很少有失业者愿意参加继续培训项目。结果，英国的培训项目参与率最低，坚持到项目结束的参与者也最少（见表 25—3）。荷兰，特别是丹麦，提供的继续培训灵活性较强，更加模块化，更加以经济利益为导向，从而能够比德国的培训体系更好地契合低技能失业者的动机。丹麦的继续培训证书是全国通用的，并且，雇主倾向于雇佣受过培训并拥有该证书的人员。结果，丹麦继续培训的参与率很高，培训项目的持续时间也比德国短很多。此外，失业者参与继续培训的经济激励，在德国正逐渐减少，而丹麦却加大了经济激励力度。值得注意的是，等级性的劳动力市场分割（尤其是内部和公共劳动力市场）也会给继续培训带来额外的社会和政治激励；所有被调查的国家中都有迹象反映了这一点。

继续培训参与人数的数据显示，丹麦的参与水平最高，人们对政府出资的培训项目的接纳程度也最高。参与培训项目的失业者占劳动力的 4%。这一数字几乎是德国（2%）的两倍，也比荷兰（1.5%）和英国（大约 1%）的比重要高。但由于丹麦培训项目的平均持续时间短，若按全日制参与来计算，则丹麦和德国的排序将会对换：平均说来，德国在 1993 年的任何一个时点上都有不少于 1%的劳动力参与到继续培训中来；这一数字在丹麦是 0.8%，荷兰和英国则大约为 0.5%（见表 25—3）。

“削脂”现象在所有国家都很普遍，即在目标群体中优先选择最有能力、最易于安置的人员参加培训项目的歧视现象。在这里，政策陷入了“效率—公平”的困境中：从效率角度来说，需要继续培训的失业者应尽早抓住机会参与培训项目；但从公平的角度考虑，这种方式可能会使长期失业者受到更严重的排挤。因此，需要一种能二者兼顾的政策，丹麦的政策在这方面就做得很好：一方面，有各种不同的继续培训课程供年轻的和有能力的失业者选择，而这些课程由不同的培训机构独立提供；另一方面，错过培训机会或面临长期失业的人员也有权密切关注继续培训计划或其他相关项目。

但劳动力市场政策能否成功最终取决于劳动力市场所处的整体背景。对于一项特定的政策，执行体制和激励体制，人口发展趋势（供给），或技术、经济结构的变化（需求）都会影响劳动力市场政策的有效性。因此，接下来，我们要对这四个国家中继续培训政策在劳动力市场上的实际成效做一个评价。

4. 继续培训政策在劳动力市场上的成效

劳动力市场政策的成功同样可以按社会协调机制的维度划分为四个层面：(1) 接受过继续培训的失业者能够在多长时间内找到工作？这种岗位安置能否持久（就业效应）？(2) 哪种类型的失业者（如，长期失业人员）接受完继续培训后，在重返劳动力市场的过程中仍处于劣势（分配效应）？(3) 继续教育对于新工作有用吗？它会带来更高的收入吗？技能不匹配的程度能降低吗（生产率效应）？(4) 与成本相比，劳动力市场政策或继续培训的净效益如何（成本—收益比，效率）？[15]

遗憾的是，对于这些问题尚没有满意的答案。在这方面，我们没有系统性的、长期的信息，有时即使能得到一些相关信息，也不能满足最低评估标准。尽管用于劳动力市场政策的开支不断增多，但我们很难看到系统性的绩效监测，哪怕是技术上最简单的监测方式；方法上不存在问题的影响评估很少见。在评估新公共管理方式成效时还存在另外一个问题，即更为深入的改革都是近期才发生的，由于观察时间太短，我们难以判断这些改革是否带来了持久的变化；甚至根本性的改革还没有开始，如德国。鉴于以上原因，我们只能将零散的、质量不一的数据拼凑起来，对这四个案例进行研究（见表 25—4）。接下来，基于评估结果我们将试图作更为全面的分析，不过，这仅仅只是第一步。

表 25—4　　继续培训的劳动力市场效应

		德国	丹麦	英国	荷兰
一、就业效应					
1.	继续培训的再就业效应（以百分比表示）	半年以后（1991 年） —继续培训：72.6 —再培训：86.0 —企业内部培训：94.1	n. i.	就业培训：33（1990—1991 年） 职业培训计划：70（1985 年）	正的，但净影响很小
2.	参与继续培训 1～2 年后的再就业效应（以百分比表示）	9 个月之后（汉堡研究） —继续培训：75，控制组为 47 —再培训：65，控制组为 56	n. i.	n. i.	两年后没有明显的差别
3.	失业持续时间的缩短	比非参与者短 12 周	正式培训缩短了处于主要年龄段的女性的失业持续时间，但对男性没有明显影响	与控制组相比，失业持续时间缩短 9％	与控制组相比，失业持续时间缩短 50％
二、分配效应					
1.	继续培训的再就业效应（以百分比表示）	1991 年：男性 / 女性 继续培训：70.1 / 74.7 再培训：84.1 / 87.9 企业内部培训：93.7 / 95.0	AMU：只降低了男性的失业风险；对长期失业者没有作用（ATB）	男性 / 女性 就业培训：28 / 41	对大龄人员的净影响最大
2.	1～2 年后的再就业效应（按失业持续时间划分）（以百分比表示）	1986 年 <3 个月：65.0 3～6 个月：61.3 6～12 个月：57.1 >12 个月：43.4	UTB / UDY >12 个月：13 / 30	就业培训（1990/1991 年） ＜ 6 个月：49 6～12 个月：29 >12 个月：＝24 职业培训计划（1985 年）：47	n. i.
3.	参与继续培训 1－2 年后重新融入劳动力市场的情况（以百分比表示）	1986 年 <3 个月：54 4～6 个月：56 7～12 个月：57 13～18 个月：69	<3 个月：10 / — 4～6 个月：12 / 4 7～12 个月：19 / 26 13～18 个月：— / 41 重复参与培训项目的失业者比例：33～38（1984—1988 年）	n. i.	n. i.

续前表

		德国	丹麦	英国	荷兰
三、生产率效应					
1.	职业资格的提升	汉堡研究 —31%实现了向上的流动，控制组为 15% —74%胜任工作，控制组为 55%	n. i.	重新找到工作的参与者中：26% 得到改善，56% 不变；17%退化	信号效应可能比生产率的实际增长要大
2.	收入水平的提高	—28%工资降低，控制组为 38% —72%工资提高，控制组为 53%	1%工资上涨（男性）	25% 的参与者得到了更高的工资	n. i.
3.	不匹配的减少	贝弗里奇曲线几乎没有变化	n. i.	可能没有影响，因为规模很小，并且局限于问题群体	贝弗里奇曲线几乎没有变化
四、效率					
1.	成本有效性	n. i.	n. i.	n. i.	n. i.
2.	成本—收益	n. i.	n. i.	n. i.	n. i.

说明：贝弗里奇曲线反映的是失业与职位空缺之间的关系；n. i. 表示没有相关信息。

资料来源：Germany：Linke 1994，Kasparek and Koop 1991；Denmark：Höcker 1994，Westergård-Nielsen 1993，Rosholm 1994；United Kingdom：Mosley and Degen 1994；Netherlands：Moraal 1994，de Koning 1993.

所有指标都表明，继续培训能够促进失业者重返劳动力市场，缩短失业的持续时间；即使在失业水平较高的情况下也是如此。但是，这种成功在很大程度上取决于继续培训项目的质量，可以从暂时性、具体性和正式性等维度进行考察。四个国家的比较结果表明，在培训计划的启动需尽快，需赶在失业者产生消极情绪之前。培训内容的选择也很重要。例如，在极少数采用（准实验）控制组的欧洲研究中，一项荷兰的研究发现，参加金属加工和建筑课程的失业者，其失业持续时间减少了一半，但对于文书类的课程，这种效应并不明显（de Koning，Koss and Verkaik，1991）。最后，培训方案的执行既要具有目标的一致性，同时也要能够满足参与者的需求：对于有些参与者，某个特定的目标（如：获得一种新职业的从业资格）只有在参加完长期的全日制课程之后才能实现；而对于另一些参与者，渐进式的培训课程（模块化的课程组织形式）更有效。总的来说，在现实中，职业资格培训和某些质量高的再培训，所颁发的证书能够得到劳动力市场的承认，因而最有效（OECD，1993；Schmid and Schömann，1994）。

但继续培训的机会成本也很大。失业者在参与继续培训课程时难以积极地寻找工作，在这段时间，高强度的工作搜寻和岗位安置可能意义更大；如果原有的资格证书不够，出于工作保障性的考虑，可以为自己充电。可见，结构性政策和劳动力市场政策之间的相互协调越来越重要，而这种趋势始于丹麦的灵活政策体制。

虽然既有的研究发现，失业者参与继续培训的时间越早就越容易取得成功，但仍应该让各类失业者拥有同等的机会参与继续培训，也就是说，向长期失业者提供培训也是值得的。很多评估研究发现，继续培训对另一个目标群体——依靠社会救济的单身母亲以及重返劳动力市场的女性——的作用也很明显（OECD，1993；对丹麦的研究：Rosholm，1994）。不过，要收到良好的效果，在培训项目中，细致的引导、持续的监督、频繁的安置活动（例如安置到工作经验项目中）等都必不可少。

个人生产率效应，即高工资、优越的工作条件等，与培训项目的质量正相关；不过，目前这种趋势趋于减弱。实际上，瑞典的一项研究显示了收入与培训项目质量之间的负相关关系（Regnér，1993）。这一结果是出乎意料的，对此，一种解释（已得到复杂计量经济分析的支持）是继续培训的反向激励效应：一个没有失业保险金或领取期限快要截止的失业者，如果参与四个月的培训，就可以重新获得领取失业金的资格，且失业金的持续时间与之前相同（see also Schmid and Reissert，本手册第 8 章）。因此，失业者参加培训项目的主要动机也许是延长其领取失业金的期限，而不是提高技能水平。这些研究结果可以归结为两点：第一，失业保险体系不宜鼓励失业者对重要政策工具（如培训）的滥用；第二，工作任务的安排和工资结构，尤其工资的决定过程，都应为失业者或面临失业风险的人员带来更多参与继续培训的激励。

关于继续培训的宏观经济效应，尽管 WZB 团队试图通过贝弗里奇曲线进行经济计量分析，但结果仍不明确。[16] 由于缺乏相关信息，我们无法就效率和公平进行总体评估，从而也无法进行成本有效性分析和成本—收益比较。

5. 讨　论

在本章中，就有关继续培训的劳动力市场政策，我介绍了几种“新公共管理”方式，并试图对它们的效力和效率进行评价。尽管这些方式多种多样，但一种新的劳动力市场政策范式已悄然出现：即逐渐从“干预型积极劳动力市场政策”过渡到“合作型劳动力市场政策”，合作型模式主要依赖于合作网络以及地方和地区层面网络的建立。但是，作为市场与政府之间的协调机制，这种网络需要在非常特殊的条件下才能发挥作用。它无法从象牙塔中产生，也不受法律的约束。它以一种有机的形式组成，有时需要市场和政府基层建设予以补充。因此，有必要在最后来讨论一下继续培训政策执行过程中出现的典型的协调问题（见 5.1 部分），并了解清楚哪些公共管理策略有助于解决这些问题（见 5.2～5.4 部分）。在这些讨论的基础上，我们还将分析，如何使继续培训政策的形成和执行过程更加公平有效（见第 6 部分）。

5.1　管理继续培训政策过程中可能出现的协调问题

第一个协调问题源于这样一个事实，即继续培训是一种典型的“混合物品”，兼具“私人”物品和“公共”物品的特点。因此，继续培训会产生正外部性，所有人都可以从中受益，这样便会出现“搭便车”现象。另一方面，潜在的负外部性也不容忽视，这些负外部性可能是过度专业化的产物。私人部门对这一协调问题的反应通常是提供过少的一般性培训和过多的专业化培训，公共部门的解决方式则会带来过多的继续培训活动，除非制度的零散导致财政无法提供配套的资金。由政府提供继续培训还会带来效率上的损失。事实上，四个国家中都存在混合型的组织结构。不过，“新公共管理”正朝着私有化和分权化的方向发展，因此，我们必须先明确这种方式是不是解决这一协调问题的有效办法。

第二个问题与信息有关。就继续培训而言，首先，我们不确定未来的任职资格要求，也不确定失业者是否有能力通过继续培训获得这些资格。其次，劳动力供给方和需求方之间的信息是不对称的：失业者对他们未来的工作了解甚少，而对此，公共安置服务机构也无从改变；另一方面，雇主对失业者的实际资历也不了解，即便拥有相关的资格证书也无法弥补这个缺陷。

机会主义行为常常以各种不同的形式出现，这也是一个协调问题。例如，企业经常“与公共项目博弈”吗？比如，利用公共继续培训以节约培训成本（无谓损失或替代效应）？项目管理者会利用其职权挑选那些就业前景较好的劳动者，无论他们是否处于就业状态吗（削脂效应）？失业者会借培训项目的名义来达到延长福利领取期限的目的吗（道德风险）？

最后，公平也是一个协调问题，因为个体所获得的机会是不均等的，而且有关资源不断地被重新打乱再分配。企业将工作机会给谁，它会解雇哪些员工，这些决策越来越多地决定于正式教育和资格证书，这就需要找到解决这种协调问题——即“文凭主义”或“统计性歧视”——的办法。此时，由于路径依赖和自我强化过程，即使是一点点小的巧合也能产生大范围的影响。

接下来，我们将讨论资金来源（5.2 部分）、组织机构（5.3 部分）和对继续培训的管制（5.4 部分）如何作用于这些协调问题：是减轻了还是加剧了？

5.2　为继续培训提供资金

“谁来提供资金”是劳动力市场政策改革中最为重要的问题。财政的不协调是导致协调问题产生的关键因素（5.2.1部分）；其次还有社会经济的不平等（5.2.2部分）和激励不当（5.2.3部分）。

5.2.1 财政的不协调

怎样的制度安排能够激励财政资金更多地应用于有效的继续培训，而不是消极的失业金？从我们的比较研究中可以得到哪些结论？显然，若纯粹从财政角度考虑，对于财政资金主要来源于税收收入或全民社会保障基金的国家来说（英国、丹麦和荷兰），无论资金是直接发放给失业者还是用于继续培训，对于劳动力市场管理机构来说都没有太大的差别。这种财政体系未能明确地反映出对其中任何一种的偏好，除非继续培训的开展能迅速地实现再就业，从而减轻财政负担，那么，中央资金机构（通常为中央政府）就会鼓励执行者开展更多的继续培训。

英国政府希望通过计划和执行的私有化来产生这种激励。但这种效应并没有成为现实，因为失业保险体系（现在也包括对失业者的安置）以及积极劳动力市场政策项目的执行依然由各独立的机构承担，从而导致了协调问题。这种分割的管理方式会阻碍失业者在接受完继续培训后的安置。但我们发现，对这一失败负有更大责任的是政府意愿——英国政府不愿意向继续培训提供足够的资金。

前面我们已经提到过，丹麦在项目的参与率方面远远落后于其他国家，其主要原因也是筹资结构的问题。在丹麦，由失业保险体系发放的工资补偿金相对充裕（see Schmid and Reissert，本手册第8章）。失业保险体系的资金来源于工会基金，但在很大程度上来自税收收入的补助。因此，工会一般不愿推动积极措施，特别是，丹麦的平均失业持续时间比其他（欧洲）国家要短，因为劳动力市场政策项目向长期失业者提供了再就业的保障，这就使失业的负担得到了更为平均的分配。同时，领取失业金的资格要求较宽松，一些“消极”的支出也在某种程度上发挥了补偿临时性裁员或短时工作的作用；而这也属于“积极”成分，因为它提高了企业进行人力资源管理的灵活性。如果这一假设成立，那么，雇主也不会有改变这种体系的动机。结果，虽然丹麦在继续培训方面的公共与社会基层建设比其他国家好，但其筹资结构却成为失业者继续培训体系演变的一大阻碍。例如，由于未能向临时失业者提供足够的培训，丹麦的继续培训拥有很长的潜在参与者等候单。

在德国，联邦劳动局（Federal Labour Office）用于继续培训的财政资金至少比救助失业者的成本低20%（Bruche and Reissert，1985，p. 133）。直接参与政策执行的机构在提供资金时，可能会略微倾向于失业者补助项目，而非继续培训项目。即使对于承担最终财政责任的中央政府也是如此。但这种制度上的缺陷可以通过法律激励予以弥补，法律赋予失业者接受继续培训的权利（直至1993年）；同时，继续培训与失业金、岗位安置之间的协调也不是问题。和其他国家的情况一样，只有当失业持续时间延长或用于补助失业者的政府支出增加时，中央政府才会受到压力，才可能采取行动（在德国，失业救济金也来自国家预算，即来自纳税人）。通过这样的比较，我们发现，应尽快消除影响德国就业服务部门在资助培训方向的阻碍因素，例如，中央政府有条件地拨款给联邦劳动局，同时重新赋予失业者接受继续培训的法定权利。

5.2.2 社会经济的不平等

财政体系能够补偿在工作竞争中处于弱势的失业者吗？在欧盟，没有任何一个国家要求失业者承担继续培训的全部成本，最多只是失业者在培训期间无法领取失业金。从这个角度来说，财政体系的确提供了社会补偿。但在仅仅依靠缴费为资金来源的筹资体系（如德国）中，能够接受补偿的对象——由于对等性这一保险原则——仅限于那些失业前工作年限较长、具备失业金申领资格的人。因此，从宏观上讲，获得这种经济补偿的先决条件就是，“平均失业者”之前必须有就业经历，但该条件越来越难以得到满足。例如，在德国，1992 年新沦为失业者的人群中，只有 56.5%在失业前参加过工作，而在 1982 年却有 78.6%；1992 年的新失业者中，6.8%直接来源于学校毕业生，其余的（36.7%）则来自各种类型的非劳动力。因此，地方或州政府不得不承担起补偿任务，因为他们制定和执行积极劳动力市场政策的权力是非常有限的。[17]前面提到的对等性问题可能会削弱社会经济补偿机制，但在以税收收入为主要来源的筹资结构下是不存在的（Schmid et al.，1992）。同样，可以通过中央政府有条件地向就业服务部门拨款来提高筹资体系的补偿能力。

5.2.3　经济激励不足

目前的筹资体系实际上没有对参加继续培训的失业者提供经济激励[18]，也没有对失业状况所带来的损失进行补偿。即使曾经有过这种激励[19]，现在也已废止。通行的做法是，继续培训期间的最低生活补助水平与失业金（如果不参加继续培训，这些失业者就可以领取失业金）持平，充其量也只是对较高的生活成本做出了少量的补偿（如：前往继续培训中心的交通费用，更高的家务劳动成本）。

保留领取失业金的权利也许可以提供进一步的激励。在丹麦，这种推测是有根据的，但在英国则相反，潜在的继续培训参与者陷入了一种困境：由于不确定在参加继续培训后是否享有领取失业金的权利，失业者往往不太愿意接受潜在的培训机会。此外，英国企业向失业者提供继续培训的方式主要是让他们在工作岗位上从事生产性劳动，有人认为这是一种剥削。因此，有必要通过其他途径来激励失业者参加继续培训。

加强直接的个人激励的措施还包括，当劳动力管理机构建议或要求失业者参加继续培训[20]时，失业者如果不遵从，将会受到惩罚，比如，失去领取失业金的权利。但目前没有任何一个国家使用这种方式。另一方面，即使这种惩罚措施很少得到实施，该类措施的存在本身就足以发挥作用：如果失业者意识到，自己不参加培训就有可能失去失业金，那么，即使是较差的继续培训机会，他们也会接受。

将继续培训补助降低到与失业金相同水平的做法存在问题，特别是对于能够提高职业资格的培训，必须提供很强的动力和凝聚力才能推动更多的失业者参与。而现在，经济上的考虑会产生负面的影响。这种做法存在的另一个问题是，失业者可能还面临着其他选项，这些选项能够提供更高的经济补偿，虽然其劳动力市场影响不一定更大。[21]此外，这种不公平的经济差别也阻碍了培训计划的成套实施，或者“循序渐进的课程链”的开展，因为这意味着，参与一个培训项目就得参与一系列的相关项目。

5.3　继续培训的组织管理

权力下放、区域化和私有化是新公共管理的三大组织要素。权力下放主要是指将项目执行权从空间上转移至“低层”机构（5.3.1 部分），区域化则使地区层面的决策权限进一步扩大（5.3.2 部分）。私有化是组织改革中最激进的方式，因为一切都交由市场力量来决定，当然，出于特定的社会或公共考虑而采取的以市场为导向的干预也是允许的(5.3.3部分)。新公共管理三大组织要素的目标是弥补政府失灵，包括信息的闭塞、僵化的政府控制、预算限制的不严格，以及项目管理中个人责任或绩效激励体制的缺乏。

5.3.1 权力下放

我们的案例研究发现，由于权力的下放，目前各国项目在实施过程中的灵活性有了很大的提高，但是，新的问题也随之出现。在英国，虽然灵活性提高了项目执行的效率（我们无法得到准确的数据），但劳动力市场的效率却降低了。认为成本有效性得到改进的观点，主要是以价格自由化和严格预算限制的引入为基础的。但是，从访谈中的暗示到预算核算的复杂方法，以及监测的高交易成本，都对这种效率的提高打上了问号（Gay and Howells，1994）。

除了成本有效性的提高受到争议以外，目标群体的选择仍由中央政府决定的做法，显然只是解决信息和公平问题的一种不彻底的、具有争议性的方法。将目标群体逐渐局限于长期失业者的中央决定，使得项目管理者无法关注区域层面的技能瓶颈，从而无法触动一系列的劳动力市场反应；事实上，这些劳动力市场反应最终也会使处于弱势的失业者受益。此外，很明显，培训与企业委员会中虽有雇主代表，但他们很少就未来的信息需求做出评论。在中央层面搜集关于总体发展趋势的信息，甚至只是区域或地方层面的比较优势，都是必要的。另一方面，数量标准的制定由中央层面完成，却由基层执行，将导致削脂效应，这在荷兰体现得尤其明显。

由此可见，有选择的集权和有选择的分权相结合是改进继续培训组织效率的最佳策略(Aucoin，1990，p.129)。当政策制定者追求具体的战略目标（如公平待遇或信息沟通、教育和培训整体水平的提升）时，集权化的公共管理模式能够发挥作用。这就需要明确规定一些优先权，建立相应的操作性指标，对目标的实现程度进行有效监控（see Auer and Kruppe，本手册第30章）。当出现一些迫切需要解决的政策性问题（如技能不匹配或个人就业受阻）时，分权化的模式更有利于政策的形成和执行。从中央到地方，以绩效为导向的预算分配可能是两种模式的结合，并引发了我们的下一个讨论话题：劳动力市场政策的区域化。

5.3.2 区域化

最常见的区域化形式就是将中央预算的权力下放给地区，依据有关劳动力市场条件的特定标准，赋予它们适当的执行权。这样做是为了解决三大协调问题：信息问题（地区机构比中央政府更了解什么对他们是有益的）、预算管理（通过规定预算上限从而达到对预算的控制），以及公平的资源分配（中央根据客观标准划拨资金）。

接下来，我们先看一下公平分配问题。在德国，失业者享有接受继续培训的法定权利(直到1993年)，因而各地区的继续培训资金没有上限。研究表明，在这种情况下，培训需求（用失业者人数表示）最多的地区往往会资金不足。因此，在20世纪80年代，继续培训的地区开支水平与地区失业率之间，实际上呈现出负相关关系（−0.54），相反，失业率与用于临时性公共岗位创造的地区开支（唯一由中央拨款的措施）之间，相关系数高达0.8(Reissert，1989，p.6)。但这种负相关关系并非无条件地证明了协调问题的存在，因为培训措施与失业保险体系之间的关系也会对此产生影响。在高失业的地区，失业金管理占用了越来越多的资源；能够领取培训期间最低生活补助的失业者越来越少。由于这种负相关性源于上述两个因素，因而可以认为，存在协调失灵。还有一种可能的原因是，当失业者人数越来越多时，继续培训的作用较小，因为此时最主要的问题不是简单的资历不足，而是岗位数量的短缺（需求不足）；如果是这样，我们就不能从负相关关系推断协调失灵。由于缺乏相关数据，我们难以做出最后的定论。

中央向地区拨付资金需要订立一个客观的拨付标准。在荷兰，地区资金的划拨过程中，就业水平与失业水平的权重分别为 0.25 和 0.75。[22]但显然，这种机械的配给方式并未真正激励就业部门。因此，提倡采取一些更加以绩效为导向的拨付标准，例如，以长期失业者得到有效安置的（绝对和相对）数量作为权重。但在这里，我们得到的结论和分析权力下放时的结论相同：在劳动力市场政策的决策过程中，如果对政策的成功执行赋予更多的权重，就必须更加注重对项目执行的监督。荷兰的劳动力市场当局总是抱怨监控不力，其他国家中目前也还没有出现明显更好的体系（see Auer and Kruppe，本手册第 30 章）。

正如前面所指出的，由中央向地方拨付资金也是限制预算的一种方式。基本的思路是，地区的预算上限和灵活的执行方式，能激励他们在项目管理上从简，实现资源的有效分配。预算上限取代了公共机构中常见的成本覆盖原则，当我们考虑机会成本时，后者是没有意义的。同时，这也会刺激地方政府提高自己的收入，比如，通过收取服务费用（但收取失业者的安置费在各国都是被禁止的）或服务项目的销售。丹麦和荷兰的地区劳动力市场当局已明确表示要采取这种模式，但在德国尚没有；英国的培训与企业委员会也允许采用这种方式。然而，这种市场收入与总支出相比很少。荷兰的中央政府正在推行一种更加以市场为导向的政策工具（虽然尚未成规模），目的是弥补机械式资金分配带来的负面后果：中央设立一项实验基金，鼓励各地区之间在创新型项目设计方面相互竞争。这种方式可能代表了未来的发展方向。

5.3.3　私有化

私有化是最激进的，也是最受争议的新公共管理方式（Salamon，1989）。隐藏在继续培训私有化背后的主要动机是更好地了解市场需求信息，以及更有效地进行绩效监督；私有化之后，绩效监督的主要形式是商业性预算约束，即低效率的组织机构在市场竞争中将无法生存。其次才是提高成本的有效性，这也是前一个动机带来的直接结果。在我们继续讨论之前，我想提一点，继续培训的私有化目前只用于公共服务的提供，尚未涉及资金支持。即使是在一直致力于推进私有化的英国，继续培训的资金也仍由政府提供。这就是“准市场”模式（Le Grand and Bartlett，1993）。

为实现继续培训的私有化，首先要保证私人提供者之间的竞争性，否则，垄断的公共需求就会面对私有化的垄断卖方，这很可能造成不利的后果，因为在供给私有化的进程中，国家将逐渐丧失对该行业的质量标准、价格和工资的直接控制。结果，价格竞争不得不承担起质量控制的作用。其次，为提高这种“准市场”模式的效率，还必须保证买方的竞争程度，因为如果相互竞争的供给者依赖于唯一的买方，那么这名客户就可以自行决定交易条件。在极端情况下，这将导致供给者之间的恶性竞争。

对英国的研究表明，出于各种原因，供给方（主要由所谓的“培训管理者”组成）的竞争机制尚不完善。第一，他们主要存在于地方市场；第二，他们通常专属于特定的劳动力市场部门；第三，他们通常也向失业者提供就业指导（当然，这是从他们的利益出发的）；第四，竞争者的进入门槛非常高。由于竞争性不强，空缺职位或培训机会等信息的交流受到了限制，因为培训管理者通常把这些信息当作私有财产。此外，准公共安置机构（培训与企业委员会（TECs））与分包者（培训管理者）之间的互相信任关系，使得“外部人”（潜在的市场进入者）很难得到机会展示他们可能更高的服务质量。

对于买方来说，英国的中央政府仍然是失业者继续培训的垄断买者。但英国继续培训体系的建设远不及丹麦或德国。例如，半政府或商业性供给者也向就业者提供继续培训（培训费用由企业和/或劳动者个人承担），从而获得收入。但是，由于培训管理者现在越来越多地提供其他服务，特别是在管理咨询领域，因而政府作为买方垄断者对它的影响并不大。同样，作为中间人的培训与企业委员会，既要实施其他一些政府项目，又要（越来越多地）开展劳动力市场上的商业服务，因而，这一问题主要表现为如何激励他们执行继续培训计划。

针对这个问题，英国政府引入了奖励机制，这样，仅仅参与项目与取得实际成效（即失业者重新融入劳动力市场）这两种情况将得到不同的奖励。但这类奖励机制也存在问题，它进一步加剧削脂趋势（即从目标群体中挑选出最有能力的人）——商业化之后，削脂效应已经很明显了。理论上，这一问题是可以解决的，即根据社会标准来调整奖励机制，但在实践中尚没有这种做法。

到目前为止，私有化对于改进信息的质与量几乎没有作用。实际上，前面所提到的竞争性供给者争夺信息的趋势，在这方面反而会起到相反的作用。另一方面，一些培训与企业委员会已经成立专门调查小组，了解区域劳动力市场的有关情况，为今后的决策提供基础。但类似的活动也可以在纯公共体系内开展，例如荷兰也成立了系统性的调查小组。德国采用的是集权模式，它在联邦层面建立了调查小组，这对地区层面可能用处不大，因为样本量较小，还有数据保护等问题。在最后的分析中，二者都必须包含在内——地区或地方层面特有的、以问题为导向的调查数据，以及为分析总体趋势和比较研究提供基础的中央数据体系。

关于私有化改革后，对一名失业者进行为期一周的继续培训（培训质量相同）所产生的成本有没有降低，仍然不明确。由于能够得到的信息十分有限，这个假设能否成立的确令人怀疑。作为私有化的执行主体——如英国的培训与企业委员会——现在不得不从外部购买所有与培训有关的服务，从而承担了很多交易成本，而这是不会出现在等级组织结构中的。同时，政府与私人承包商之间签订的短期合同也会带来成本的增加，因为不可避免地需要展开一次又一次的谈判。单说培训与企业委员会与政府之间的谈判就已经非常费时，而且谈判结果往往会产生一份很厚的合同，合同的公布又非常不及时。由于供给方不能对其长期发展做出规划，从而抑制了他们的基础设施投资；而要提供高质量的服务，该项投资数额巨大。它不仅涉及成本得不到补偿的机器和设备，而且包括专业化的（因而高成本的）工作团队。因此，难以实现规模经济（要实现高的平均效率，规模经济是必要条件），同时，也无法加剧供给方的竞争程度，无法享受竞争带来的好处。

荷兰采用的是一种与英国截然不同的模式，向失业者提供继续培训的仍然是隶属于公共劳动力市场管理机构的35个地区培训中心。这些培训中心实现了规模经济，它们在功能上的灵活性（即根据需求的变化做出相应调整的能力）也没有受到影响。依据整体绩效进行灵活供给，这是小规模的私人供给者办不到的。此外，公共服务机构在某种程度上能够保证高质量的储备能力，以应对不时之需。就像对“市场失灵”拥有解决之道一样，对“政府失灵”，我们也有解决的办法：首先，在荷兰，集体决策机制是解决信息问题和强大公共培训能力所引发的制度惰性问题的一种方法。其次，降低预算上限，向公共供给者施加更大的压力，使得他们不得不向外部市场出售服务。第三种解决途径是，放松有关公共垄断的法律法规，鼓励私人供给者踊跃出现。

由于缺乏数据，我们并不确定这些控制机制是否有效。正如上面所提到的（参见 2.1 部分），在荷兰，荷兰模式已受到越来越多的质疑。私有化，或至少提高公共培训中心之间的竞争程度，建立与绩效更相关的预算分配机制和与地方参与主体更加密切的合作网络，已成为日益迫切的需求。最近的一次预算削减触到了荷兰劳动力市场管理机构的核心，它将带来公共继续培训中心的“减肥”。[23] 丹麦和德国的执行结构处于英国和荷兰之间，它们在地方或地区层面上也都形成了明显的网络结构。

5.4　对继续培训的规范

通过质量标准来规范继续培训似乎是一个不错的选择。不论政策体制如何，质量标准都有助于缓解协调问题，特别是“搭便车”现象和信息不对称。对经济学中“道德维度”的重新认识（Etzioni，1998），指出了无条件的集体主义价值观对于实现有效社会协调的重要性，为上述假设提供了支持。从这个角度来看，我们似乎应该将英国的“人民投资者（IiP）”项目视为培训“道德”文化形成过程中的榜样。首先，该项目采取基于价值理念的标准作为活动开展的支点。与一般的社会习惯（如交通法规）不同，诸如“质量”之类的标准也被赋予了情感价值（Frank，1988，p. 157），从而能够比一般的社会习惯或简单的呼吁提供更有效的激励。第二，遵守这些标准可获得相应的证书，企业可以出售，也可以将它作为提升企业形象的标志 。第三，这种质量证书可作为政府提供补助的筛选依据。最后，为扩大项目的影响，英国政府还对企业发放经济补贴，补贴金额与企业为参与项目而做出的投资严格对应。1993—1994 年，政府总共投入了 3 900 万英镑（约合 5 000 万埃居）的专款（就业部门，1993，p. 16 至最后）。

除了这类以激励为导向的项目，以促进集体主义培训文化的形成为目标的成文和不成文的规定也是必不可少的。实行社团型政策体制的国家（丹麦、荷兰）正在推动继续培训成为一项公认的权利。丹麦正着手扩大长期失业者继续培训权的范围，包括培训、休假等，德国保守—自由型的政府则在最近废除了这一法定权利。

6. 结　论

评估劳动力市场政策（新）公共管理的方法目前仍处于探索阶段，认识到这一点非常重要。本章以对继续培训的管理为例对这种方法进行了介绍，在正视问题复杂性的同时，也十分注重实用性、连贯性和透彻性。尽管这种方法有许多需要改进的地方，但对此方法的运用常常由于缺乏数据而未能实现。要改变这种局面，需要建立起有效的监督体系（see Auer and Kruppe，本手册第 30 章），从而使研究者能够将财政、组织和规则结构方面的数据与净就业效应结合起来进行分析。

基于以上原因，关于有效组织结构特点的结论仍只是一般性的假说。但有一点是清楚的：简单的解决方式，如“建立联系”、“分权化”、“放松管制”等，要么不存在，要么会使问题变得更加复杂。实证研究和协调失灵理论都表明，劳动力市场政策的管理需要多种协调机制并用，其中，竞争与合作是两大必不可少而又相辅相成的要素。

但是，协调机制的组合并不是随意的，而是由政策目标和执行的环境条件决定的。未来将逐步取消社会控制。无论市场、集中的政治控制（等级）还是经常被提到的联系网络，都不能给未来劳动力市场政策的发展指明道路。毫无疑问，劳动力市场政策必须促进合作关系；逐步加强继续培训供给者之间的竞争；对劳动力市场管理的有效控制也必须通过权力下放和以绩效为导向来实现；当政治优先权清晰、具体时，对质量标准的集中控制和相应的监测体系也是必要的；最后是继续培训文化的重新恢复，即要让人们感觉到，继续培训的权利不是仅存在于法律层面，而是切实需要的。

基于以上分析，接下来，针对劳动力市场政策中必不可少的组成要素——继续培训，提出一些公共管理实施要点：

- 为了解决公共预算限制不够严格的问题，必须建立有效的信息和控制机制，例如，增强培训供给者之间的竞争，建立监督体系和以绩效为导向的预算分配机制。无结余的年度预算要转变为长期预算，并划定预算上限，节约财政开支。

- 为了更有效地解决信息不完全和信息不对称（尤其是针对失业者和面临失业风险的就业者的继续培训信息）问题，必须从地方和区域层面上改进参与结构，扩大区域自主决策权。

- 继续培训究竟是公共物品还是半公共物品？为解决这个问题，即消除“搭便车”现象，既要加强公共基础设施建设，又要不断推进外部效应的内在化。例如，员工在同一家企业中工作的年限越长，流动性就越低；相应地，（长期）失业的风险也较高，这可由参与继续培训的机会或失业保险基金更高的缴费予以补偿。

- 为了促进合作关系网的建设，可以通过间接的经济激励（奖励自愿加入合作的对象）或直接在合作过程中由政府出面斡旋的形式予以支持。另一方面，要严惩不合作行为，如取消其获得政府资助和参与竞标的权利，或公开揭露其行为，例如，对于一些涉及人力资源管理争端的大型企业，就会面临名誉损失的危险。

- 在某些特定情况下，合作网络还需要具有法律强制性的再分配系统（如强制向继续培训基金缴费），促进社会公平，防止“搭便车”行为。

- 最后，通过自行施加集体主义价值观，努力营造继续培训文化。但我们只能察觉和确定结构变化的总体趋势；从理论上说，它的变化节奏及各地区具体的状况是不确定且无法控制的。政策干预的空间非常有限，但不管怎样，都要充分利用起来。例如，一方面提供信息和大力动员，另一方面，对先进企业给予经济上的激励，从而为参与继续培训的求职者创造更多的实习性培训机会，并通过“培训和雇佣”体系促进岗位轮换。此外，还可以奖励自愿接受质量审查的企业。在继续培训文化的形成过程中，全民继续培训权需要建立在分权化、自愿和自我组织的基础上。

如果这些原理都能运用到实践中去，那么继续培训制度将可能成为当前教育体系的第四根支柱（除小学、中学、大学之外）。同时，对于所有劳动者来说，继续培训的制度化为传统的预防性劳动力市场政策注入了新的活力。

注释

[1] See Höcker, 1994; Linke, 1994; Moraal, 1994; Mosely and Degen, 1994; Schmid, 1994.

[2] 1995 年 6 月我在柏林就本章的初稿进行宣讲时，得到了很多有益的建议；特别感谢 Karsten Jensen，他提醒我，丹麦的政策和执行体制仍处于变动之中。遗憾的是，我没能将最近的变化（1995 年）考虑进来。

[3] 因篇幅所限，图 25—1 中的结果仍较为粗略；详细的讨论请参阅本章中所引的相关文献。

[4] 德尔菲法用于由专家们进行排序的过程，这个过程一直持续到各位专家就排序达成一致或排序达到稳定状态为止。

[5] 荷兰有宪法，却没有法庭。权力分散的私人仲裁委员会能够影响荷兰的法律；而政府的特定部门或地方当局对荷兰法律的影响更大，因为它们的规则和措施就是实际上的法律。政策的执行机构本身拥有对法律如此强大的影响力，除了荷兰，这种情形不可能在其他国家见到。尽管其邻国德国和法国都沿袭民法的传统，拥有正式的立法程序，但荷兰在立法方面非常注重实用性，只有在极为必要时才会形成新法议案，即使新法中有很多漏洞。"种种迹象表明，荷兰相对于周围国家而言，是运用法律较少的国家"(Blankenburg and Bruinsma, 1994, p. 5)。不过，随着欧洲一体化进程的深入，其法律化的趋势也不可避免。

[6] 很多研究没有考虑到这一点，比如，Moraal (1994)。

[7] 该指标背后的一个潜在假设是，在各种失业水平下，积极劳动力市场政策所发挥的作用都是一样的。高失业越是由需求问题所致（即凯恩斯失业），这一假设越难以成立。

[8] 事实上，Dercksen 和 de Koning (1995) 最近对荷兰的组织机构改革进行了评估，他们发现，在地区层面建立三方机制很困难。

[9] TÜV (Technischer Überwachungsverein) 即技术监控机构——在德国，人们对这个机构又敬又怕——它对技术标准进行监控。以汽车为例，没有经过常规检测、没有相应证书的汽车是不允许上路的。

[10] 但这可能只是一种统计数据上的假象，因为私人机构的人员可能未被计入；我无法清楚地了解这一点。

[11] 据我所知，在雇主的组织程度方面似乎尚无国际比较数据，这是该研究的不足之处。

[12] Mosley and Degen (1994, p. 46) 指出，在英国，接受过继续培训的失业者成功重返劳动力市场的可能性随着失业持续时间的延长而降低，但他们同时指出，很难将持续时间的影响与失业者本身的特点分离开来，而后者正是决定其能否成功返回劳动力市场的关键因素。

[13] 这里的计算以 Höcker, 1994, 表 A4b 和 A4c 为基础。

[14] 这里我们将失业者作为政策实施的目标群体。如果是以雇主为目标群体，引导雇主行为的某些变化，也可以进行类似的分析。

[15] 在评估继续培训的收益时，它的社会—心理效应（如，成功完成继续培训后变得更加自信）也应考虑进来，尽管难以对它进行量化。

[16] 职位空缺与失业者之间的平衡只在德国有所改进，这也是劳动力市场政策实施的结果。这个并不令人满意的结果可归结为所采用数据的质量不高，但在一定程度上也是由于贝弗里奇曲线并不是一种非常精确的衡量工具，以至于不能过于依赖它来反映政府出资的继续培训的相关影响，这将不可避免地导致结果的不显著 (Schmid, 1994, p. 76)。

[17] 更进一步说，随着失业状况的持续，失业者领取工资补偿金的权利将终止，同样，继续培训期间领取的最低生活补助也会终止。1994 年，重复参加继续培训的行为也受到了限制：培训结束后至少要

有一年的就业经历才能参加下一期的培训课程。

[18] 在讨论"激励体制"时，激励还包括继续培训带来的"回报"，比如，更高的收入，但这里所指的激励主要是继续培训期间的失业保险金和最低生活补助。

[19] 例如20世纪70年代初期的德国，继续培训期间的最低生活补助是失业前工资的90%，而失业保险金则只是68%。

[20] 例如，在英国，这些失业者会被强制（在6个月或12个月后）再次接受职业辅导。

[21] 例如，德国的就业岗位创造计划（ABMs）提供正常工资，该计划一直实施至1995年。

[22] 丹麦的拨付标准（劳动力0.5，失业者0.25）还包括雇员数量在2人以上的企业数——权重为0.25——这样，拥有大量中小型企业的地区在资金分配中占有优势；换句话说，这为依据目标群体制定相应的积极劳动力市场政策提供了更多的财政激励。这与1993年之前的德国形成了鲜明的对比——开支水平由法定权利和分权化的执行体制决定。

[23] 1995年削减了1亿荷兰盾，1996—1998每年又削减了4亿荷兰盾，削减的钱都被市政当局用于岗位创造。

参考文献

Aucoin, P. (1990), 'Administrative Reform in Public Management: Paradigms, Principles, Paradoxes and Pendulums', *Governance*, 3 (2), 115–37.

Blankenburg, E. and F. Bruinsma (1994), *Dutch Legal Culture*, Deventer/Boston: Kluwer Law and Taxation Publishers (2nd revised and enlarged ed.).

Bruche, G. and B. Reissert (1985), *Finanzierung der Arbeitsmarktpolitik*, Frankfurt: Campus Verlag.

de Koning, J. (1993), 'A Method for Evaluating Training Policy for the Unemployed: The Dutch Experience', in K. Jensen and P. K. Madsen (eds), *Measuring Labour Market Measures*, Copenhagen: Ministry of Labour, pp. 265–93.

de Koning, J. (in press), 'A Method for Evaluating Training Policy for the Unemployed with Special Reference to the Frisian Situation', in C. H. A. Verhaar, P. M. de Klaver, M. P. M. de Goede, J. A. C. van Ophem and A. de Vries (eds), *On the Challenges of Unemployment in a Regional Europe*, Avebury: Aldershot, pp. 263–83.

de Koning, J., M. Koss and A. Verkaik (1991), 'A Quasi-experimental Evaluation of the Vocational Training Centre for Adults', *Environment and Planning C: Government and Policy*, 9, 143–53.

Department of Employment (1993), *The Government's Expenditure Plans 1993–94 to 1995–96*, London: HMSO.

Dercksen, W. and J. de Koning (1995), *The New Public Employment Service in the Netherlands (1991–94)*, WZB discussion paper FS I 95–207, Wissenschaftszentrum Berlin für Sozialforschung.

Etzioni, A. (1988), *The Moral Dimension. Toward a New Economics*, New York/London: The Free Press and Collier Macmillan Publishers.

Frank, R. H. (1988), *Passions within Reason. The Strategic Role of the Emotions*, New York/London: W. W. Norton & Company.

Guy, R. and D. Howells (1994), 'Training and Enterprise Councils: Are They Cost-effective?', *Policy Studies*, 15 (2), 19–36.

Hansen, L. (1991), 'Nonmarket Failure in Government Training Programs', in D. Stern and J. M. Ritzen (eds), *Market Failure in Training*, Berlin/Heidelberg/New York: Springer, pp. 215–33.

Höcker, H. (1994), *Reorganisation der Arbeitsmarktpolitik. Weiterbildung für Arbeitslose in Dänemark*, WZB discussion paper FS I 94–202, Wissenschaftszentrum

Berlin für Sozialforschung.

Hofbauer, H. and W. Dadzio (1987), 'Mittelfristige Wirkungen beruflicher Weiterbildung', *Mitteilungen aus der Arbeitsmarkt- und Berufsforschung*, 2, 129–41.

Hood, C. (1991), 'A Public Management for All Seasons', *Public Administration*, 69 (1), 3–19.

Jensen, K. and P. K. Madsen (eds) (1993), *Measuring Labour Market Measures. Evaluating the Effects of Active Labour Market Policy Initiatives*, Copenhagen: Ministry of Labour.

Kasparek, P. and W. Koop (1991), 'Zur Wirksamkeit von Fortbildungs- und Umschulungsmaßnahmen. Eine kritische Auseinandersetzung mit den Untersuchungen des Instituts für Arbeitsmarkt- und Berufsforschung', *Mitteilungen des Instituts für Arbeitsmarkt- und Berufsforschung*, 2, 317–32.

Le Grand, J. and W. Bartlett (eds) (1993), *Quasi-markets and Social Policy*, Houndmills/London: The Macmillan Press.

Linke, L. (1994), *Reorganisation der Arbeitsmarktpolitik. Weiterbildung für Arbeitslose in Deutschland*, WZB discussion paper FS I 94–203, Wissenschaftszentrum Berlin für Sozialforschung.

Moraal, D. (1994), *Die Reorganisation der Arbeitsmarktpolitik. Weiterbildung für Arbeitslose in den Niederlanden*, WZB discussion paper FS I 94–204, Wissenschaftszentrum Berlin für Sozialforschung.

Mosley, H. and C. Degen (1994), *The Reorganisation of Labour Market Policy. Further Training for the Unemployed in the United Kingdom*, WZB discussion paper FS I 94–205, Wissenschaftszentrum Berlin für Sozialforschung.

OECD (1992), *High-quality Education and Training for All*, Paris: OECD Publications.

OECD (1993), 'Active Labour Market Policies: Assessing Macroeconomic and Microeconomic Effects', in *OECD Employment Outlook 1993*, Paris: OECD Publications, pp. 39–80.

Regnér, H. (1993), 'Choosing among Alternative Nonexperimental Methods for Estimating the Impact of Training: New Swedish Evidence', Meddelande, no. 8, Institutet för Social Forskning, Stockholm.

Reissert, B. (1989), 'Regionale Umverteilung der Arbeitsmarktpolitik: Hilfe für Problemregionen', *WZB–Mitteilungen*, 43, 5–8.

Rose, R. and E. C. Page (1990), 'Action in Adversity: Responses to Unemployment in Britain and Germany', *West European Politics*, 13 (4), 66–84.

Rosholm, M. (1994), 'Effektmaling af ATB m.v. Aarkus', Centre for Labour Market and Social Research. (Unpublished manuscript)

Salamon, L. M. (ed.) (1989), *Beyond Privatization. The Tools of Government Action*, Washington, DC: The Urban Institute Press.

Schmid, G. (1994), *Reorganisation der Arbeitsmarktpolitik—Märkte, politische Steuerung und Netzwerke der Weiterbildung für Arbeitslose in der Europäischen Union*, WZB discussion paper FS I 94–213, Wissenschaftszentrum Berlin für Sozialforschung.

Schmid, G., B. Reissert and G. Bruche (1992), *Unemployment Insurance and Active Labor Market Policy*, Detroit: Wayne State University Press.

Schmid, G. and K. Schömann (1994), 'Institutional Choice and Labor Market Performance', in G. Schmid (ed.), *Labor Market Institutions in Europe*, Armonk, NY: Sharpe, pp. 9–58.

Steedman, H. and K. Wagner (1987), 'A Second Look at Productivity, Machinery and Skills in Britain and Germany', *National Institute Economic Review*, 11, 84–95.

Streeck, W. and J. Hilbert, K.-H. Kevelaer, F. Maier and H. Weber (1987), *Steuerung und Regulierung der beruflichen Bildung*, Berlin: edition sigma.

Westergård-Nielsen, N. (1993), 'Effects of Training: A Fixed-effect Model', in K. Jensen and P. K. Madsen (eds), *Measuring Labour Market Measures. Evaluating the Effects of Active Labour Market Policy Initiatives*, Copenhagen: Ministry of Labour, pp. 167–99.

第 26 章　工资谈判制度对就业绩效的重要性

Eileen Appelbaum，Ronald Schettkat *

制度的重要性在任何社会科学领域（包括经济学）都是毋庸置疑的，但是对于何种制度安排能够为经济绩效提供最好的支持却没有一个统一的认识。本章中，我们讨论劳动力市场制度（在这里，指的是工资谈判体系）对工业化经济中的就业所可能产生的影响。政治学家曾经对这个议题进行过讨论，他们称之为“社团主义”。最近，经济学家对此产生了兴趣，不过他们将这个问题归结为“工资谈判与经济绩效”。

既有文献的一个普遍看法是，制度对劳动力市场绩效有很强烈的影响，但是工资谈判制度和经济绩效之间的具体关系仍然是不明确的。一些经济学家认为，更加有组织的工资决定制度意味着对外部冲击更好的补偿，从而能够降低非加速通货膨胀失业率（NAIRU）。这种认为集中的工资谈判与失业之间为负线性关系的看法在最近的研究中受到了挑战，新观点认为，集中的和分散的工资谈判体系都能够通过工资约束得到合意的结果，虽然二者的作用机制完全不同。在分散的谈判体系中，工资约束是通过市场压力得到的，然而在集中的体系中，中央工资谈判代表将工资增长过度的负效应内在化了，从而更像是市场协调了工资决定机制。那些在中间层面（如地方层面）展开工资谈判的国家中，受制于劳工组织的市场力量，难以做到消极反馈效应的内在化。因此，这些国家的就业绩效较差。

既有研究一般解决的是实际总工资对就业和失业的影响，而没有明确地对工资结构进行分析，也未考察特定行业经济中的就业结构。然而，不同的工业化经济体在就业的部门构成和工资差别上存在明显的不同。在工业化经济体中，过去的 20 年里，一个行业的生产率增长与相应的就业增长之间呈现出负的相关性（Appelbaum and Schettkat，1995）。这个事实与 Salter（1960）所描述的正相关关系不符。Salter 认为，这种正相关是工业化经济的特点，从而推动了瑞典（Rehn-Meidner）工资和产业政策模式的形成。在新的环境条件下，总体就业增长依赖于低生产率增长行业（主要是服务业）的就业增加。

生产率的提高和就业增长之间关系的改变与失业的增长同时发生，即伴随着劳动力市场上的不均衡。在这个背景下，劳动力市场制度越来越重要。如果已经接近充分就业，并且名义工资和就业在高生产率增长的行业中增长幅度最大时，各国在制度上的差异对结

* 感谢 Yan Yuan 卓越的编程能力以及 Richard Jackman 和 Günther Schmid 向我们提出的宝贵建议。

果带来的影响很小。然而，当就业增长和生产率提高的关系开始逆转时，总体就业增长的实现就逐渐依赖于低生产率增长行业的就业增长。于是，国家之间制度上的差异便开始显现，不同的制度环境对低生产率增长行业就业（通常是服务业）的促进作用是不同的。

在这里，我们讨论工业化经济体的工资决定理论，以及既有研究衡量影响工资决定理论的制度安排的方式（第 1 部分）。大部分研究者都将注意力放在工资谈判制度和总体工资约束的关系上，并且通过这种机制来研究总体就业增长。但在 20 世纪 80 年代，就业增长的行业模式逐渐成为影响总就业趋势的重要因素，这表明，工资谈判制度对工资还有另外一种重要的影响，即行业间的工资分布。我们认为，工资谈判制度会影响工资的分布，并通过这种机制影响私人部门的就业增长。此外，广义的社团主义（参见第 2 部分）——包括与政府的协调——可能会影响政府直接提供或政府补贴服务业的就业增长。我们的结论是，在 80 年代，行业间工资差别小且社团主义制度不完善的国家中，总体就业增长最缓慢。

1. 工资谈判与经济绩效：理论问题

一些经济学家认为，工会确定工资的能力日益增强，因为失业保险和其他福利措施缓解了失业者的工资压力。因此，要想实现非通货膨胀的经济发展途径，就必须忍受较高的失业率。换句话说，非加速通货膨胀失业率（NAIRU）逐渐上升。尽管有研究通过国际比较发现，福利措施能够对失业产生影响（see，e. g. Layard，Nickell and Jackman，1991），但在纵向分析中，研究者们很难确定这些关系（see，e. g. Houseman and Abraham，1995；Schettkat，1995）。

在工资决定方面，失业对工会行为的影响取决于工会的职责，工会的职责会受到它所代表的劳动力的规模和构成的强烈影响。在集体谈判过程中，工会所代表的劳动力范围能产生两种影响：(1) 工会所代表的劳动力越全面，它所拥有的市场力量就越大，从而能够推动工资的增长和工作标准的提高；(2) 随着组织所包含群体的规模越来越大，工资谈判的负面影响逐渐变为内生。[1] Mancur Olson（1982）的理论指出，如果特殊利益群体拥有权力却不需要承担责任，那么他们将最具破坏性。

那些仅由部分劳动力组成的工会（如职业工会或企业工会），只有在工会成员受到影响时才会关心失业问题。因为这类工会不需要考虑失业的财务成本——这些成本主要由组织以外的人承担，大多独立于工会的效用函数。但当工会成员为全体劳动力（比如国家工会）时，情况则有所不同。现在，工会行为的所有外部效应都直接进入工会的效用函数。假设工资的增长导致了失业，那么，为了支付额外的失业金就需要增加税收，而税收的增加就会减少工会成员工资的净增加值。换句话说，这种行为的负面效应内生于这个工会。由此可见，通过外部效应的内在化，一个工会所包含的劳动力情况能够对工资谈判过程产生影响。另一个影响途径是：工会实现工资增长的力量。它可以被假设为工会劳动力比重的增函数。

如果工会与单个雇主就工资进行谈判，那么工资增长与就业之间的权衡取舍在很大程度上取决于该企业产品的需求价格弹性。[2]垄断企业的产品需求价格弹性为零，因而它可以轻易地将工资的增加转嫁到它的消费者身上而不会影响需求。但垄断企业毕竟是很少见的，大多数情况下，对于一个特定企业而言，市场上都存在许多竞争对手，它们所生产的产品可以作为该企业产品的替代品。[3]在极端情况下，即完全竞争市场中，企业面对着完全弹性的需求，因此，成本和由此引发的价格上涨会使一个特定企业的产品需求下降到零。[4]因此，完全竞争市场上，在企业层面，工资的增长和就业之间的权衡取舍是很清楚的，企业工会在进行工资谈判时也会认识到这一点（关于工资谈判可能带来的外部性的理论研讨综述，请参见 Calmfors (1993)）。简而言之，工会在企业层面的力量为产品市场的竞争所限制。

地方工会的决策可能建立在一个与企业工会类似的目标函数的基础上。同样，相当比例的失业金负担是可以外部化的，但同时，竞争带来的影响可能没有那么大，因为产品市场的替代品并不多见，因此，地方工会面对的需求弹性（绝对值）比企业工会要低。[5]国家工会制定工资水平的权力更大，但是这种工资决定的负面影响也是完全内生的。如果劳动者失去了工作，开始依靠失业金，那么这些失业金就要由工会成员提供资金，因此，工资的过度增长将直接影响成员的净工资。类似地，如果工资增长导致了通货膨胀，那么，工会成员的实际工资也会受到直接影响。因此，中央层面的工会（和雇主协会）会考虑他们的行为对宏观经济的影响，因为此时没有外部环境来转嫁负面效应。

Olson 的这些思考引发了经济学家的一系列研究。有些经济学家（Calmfors and Driffill，1988）认为，企业层面（分散）和国家层面（集中）的工资谈判都能带来合意的宏观经济结果，如低失业率、低通货膨胀率和高就业率。但对于中间层面的工资谈判，工会的力量不能实现负效应的内在化。因此，一般认为，在以该层面谈判为主的国家中，宏观经济结果不是很好。

然而，工资约束对企业工会的影响在非完全市场上可能会弱得多。而且，更重要的是，企业内工资的变化对产品价格的影响主要取决于企业所使用的中间产品的数量。在企业层面上，产出中工资成本所占的份额约为 20%，然而在总体层面上，该数值约为 70%（Nickell，1988）。这些数字表明，工资决定的负效应所产生的影响随着汇总范围的扩大而单调递减。换句话说，工会组织越大，他们越重视自身行为所产生的负效应。从小工会到大工会，合作的程度递增。因此，中央集权的工资谈判和工资约束之间的关系可能从一开始就是负相关的。

根据假设的“工会工资决定力量方程”（工资约束方程）的具体形式以及“外部性方程”，最后得到的曲线在形状上有很大的差异，因此，就工资机制对经济绩效的影响有着不同的理解预期。图 26—1 说明了两种可能的关系。在左半部的图形中，负外部效应的生成位于内在化函数的上方，两个函数都是非线性的，从而可能导致驼峰状的净效应函数，如 Calmfors and Driffill（1988）所提出的那样。另一方面，在右半部的图形中，负外部效应的内在化函数位于其生成函数的上方，从而导致了净效应的线性递减函数。支持这种负（线性）关系的研究包括：Bruno and Sachs（1986），Layard，Nickell and Jackman（1991），以及 Soskice（1990）。

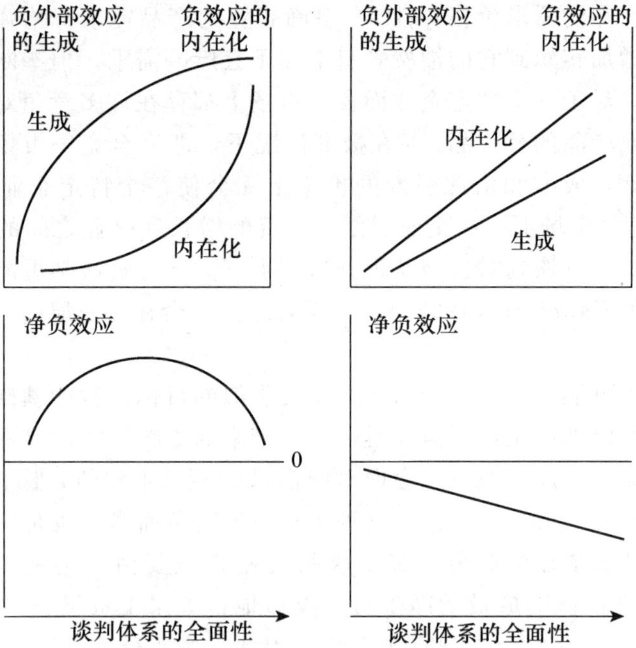

图 26—1　工资谈判制度与负外部效应之间的关系

2. 社团主义与工资谈判：测量问题

广义地说，针对社团主义与工资谈判体系的文献强调社会制度根据宏观经济需要组织工资谈判的能力。Lehmbruch（1984）对社团主义给出了三种定义：（1）唯一拥有代表权的中央组织的发展壮大；（2）中央组织与政府交涉的特权；（3）在管理劳资冲突的过程中，以及在劳资双方与政府之间进行协调时，劳资之间的社会伙伴关系。[6]第一种定义与经济学关于工资谈判对经济绩效影响的讨论关系最为密切。第三种定义最全面，既涵盖了劳动者和企业，也包含了政府。它为某些政治学家提供了分类依据。然而，即使在只关注工资谈判过程本身的情况下，社团主义也不是一个一维变量。更确切地说，工资谈判体系的潜在影响至少取决于两个因素：展开谈判的层面和集体谈判协议所覆盖的劳动者的份额。

对于"社团主义"，不存在标准的定义，制度特征通常难以量化，同时，将不同的变量结合为单一指标的做法总会或多或少地包含有主观臆断。因此，很多文献所研究的都是分类问题，同一个国家，在有些研究中被列为"社团主义国家"，在另外一些研究中又被列为"非社团主义国家"。表 26—1 列出了部分研究对各国所进行的排序情况（各国最靠前和最靠后的名次，及其名次的中位数）。在进行比较的过程中，我们挑选了能够覆盖表中所有国家的研究。日本的名次变动幅度最大（最靠前和最靠后的名次之差为 9），其他国家的名次变动幅度也不小。

一些研究者使用工会密度来反映集体谈判所能影响到的劳动者份额，以及工资协议的执行和贯彻程度。根据定义，高工会密度导致高覆盖率，但是，如法国的例子所示（见表 26—2，第 1～第 4 列），在低工会密度的条件下也可以实现高覆盖率。通过法律将集体谈判

表 26—1　　**20 世纪 70 年代各国的“社团主义”程度排名**

国家	排名		
	最小值	最大值	中位数
美国	1	5	2
日本	2	11	5
加拿大	1	4	2
英国	1	6	4
荷兰	5	11	8
法国	1	6	4
澳大利亚	3	9	6
比利时	4	10	7
德国	7	12	9
奥地利	10	13	13
挪威	9	12	12
瑞典	9.5	13	11
芬兰	6	13	9

资料来源及原始指标的介绍：
Calmfors and Driffill (1988)：工会和雇主组织的集中化；
Bruno and Sachs (1986)：工会集中化、车间代表、雇主协调、劳资联合委员会的存在；
Blyth (1979)：谈判、工会和雇主合作的层面；
Cameron (1984)：工会的集中化、中央组织的控制能力、工会成员；
Tarantelli (1986)：工会和雇主在意识形态和政治方面意见的一致程度、谈判的集中化、产业冲突的管理；
Lijphardt and Crepaz (1991)：其他一些指标的均值；
Schettkat (in press)：覆盖范围和谈判层面（基于 OECD 数据）。

协议的适用范围扩大至没有参加工会或雇主组织的劳动者和企业，能够收到与高工会密度（和/或雇主组织程度）类似的效果（相关的综述请参见 Hartog and Theeuwes，1993）。[7]

工资谈判的开展层面也很重要。Layard et al.（1991，p. 138）的观点与 Olson（1982）关于特殊利益群体的影响的分析一致，他们认为，工会覆盖程度可以产生各种不同的影响，取决于谈判体系是集中的还是分散的。当工会密度和力量比较强大而谈判却分散进行时，容易导致高通货膨胀和高失业，因为分散的谈判主体不能充分考虑他们的行为所产生的宏观经济影响。而在一个集中的谈判体系下，负面效应被内在化了，因而失业和通货膨胀水平会比较低。

Rowthorn（1992）指出，工资谈判的协调并不必然依赖于正式的结构，工会也可能在这个结构以外对工资谈判进行协调。这就是隐性的协调，例如在德国，钢铁工人工会所要求的工资增长额度经常成为其他行业的标杆（see Meyer，1990；OECD，1994）。根据 Soskice（1990），工资的协调不仅可以在正式结构外进行，它甚至不需要一个集中化的和具有高度组织性的劳工运动。他认为，虽然日本只拥有分散的谈判体系，但它实际上是一个有着协调型工资决定机制的经济体。[8]

因此，理论探讨表明，用于描述工资谈判的指标体系需要能够同时反映覆盖率和工资谈判所发生的层面。即使是集中的工资谈判，如果只覆盖到很少的劳动者，也很难对工资产生影响。表 26—2 第 7、第 8 列中的全面性指标，衡量了工资谈判的这两个方面。根据包含了政府参与的定义，这不是对社团主义的衡量。这个指标的优点是：它反映的是与理论文献最为相关、也是最容易衡量的部分。更重要的是，从 20 世纪 70 年代和 80 年代的数据中，我们可以得到大部分国家在这两方面的数据。因此，我们能够对工资谈判体系发生的变化做出解释。

表 26—2　　描述工资谈判体系和工资差别的指标

	工会密度		覆盖率		谈判层面		全面性排名[a]		Calmfors-Driffill 指数[a]	工资差别（最高十分位/最低十分位）		工业收入的方差（%）		工业收入的变异系数（%）[b]
	1975 年	1985 年	70 年代	80 年代	70 年代	80 年代	70 年代	80 年代	70 年代	1980 年	1990 年	1975 年	1986 年	1985 年
	1	2	3	4	5	6	7	8	9	10	11	12	13	14
美国	23	18	26	18	1	1	1	1	2	4.8	5.6	25.0	28.0	22.0
日本	34	29	28	23	1	1	2	2	4	4.3	4.6	26.0	29.0	29.0
加拿大	34	36	37	38	1	1	3	3	1	4	4.4	22.0	26.0	22.0
瑞士	33	29	53	53	2	2	4	6	3	—	—	19.0	17.0	16.0
新西兰	50	47	67	67	2	2	5	7	8	—	—	—	—	19.0
葡萄牙	52	52	70	79	2	2.5	6	16	—	—	2.6	—	—	—
英国	48	46	70	47	2	1	7	4	5	3	3.9	19.0	19.0	17.0
荷兰	38	29	76	71	2	2	8	9	10	2	2.3	15.0	16.0	11.0
西班牙	30	16	67	68	2.5	2	9	8	—	—	—	—	—	—
法国	23	16	85	92	2	2	10	14	6	3.1	3	15.0	14.0	12.0
澳大利亚	56	57	88	80	2	1	11	5	7	2.6	2.8	—	—	18.0
比利时	55	54	90	90	2	2	12	12	9	2.5	2.3	19.0	20.0	15.0
德国	37	37	91	90	2	2	13	13	11	2.6	2.5	17.0	19.0	12.0
奥地利	56	49	98	98	2	2	14	15	15	3.4	3.5	21.0	25.0	21.0
挪威	53	56	75	75	3	3	15	17	14	2.1	2	—	—	13.0
瑞典	82	94	83	83	3	2	16	11	13	2	2.1	9.0	10.0	8.0
芬兰	67	69	95	95	3	1.5	17	10	12	—	—	—	—	16.0

续前表

		工会密度	覆盖率	谈判层面	全面性排名[a]	Calmfors-Driffill指数[a]	工资差别（最高十分位/最低十分位）	工业收入的方差（%）	工业收入的变异系数（%）[b]
工资差别									
最高十分位/最低十分位	1980年（10）	−0.81	−0.65	−0.71	1.00				
	1990年（11）	−0.87	−0.76	−0.76	0.96	1.00			
工业收入的方差	1975年（12）	−0.73	−0.55	−0.65	0.88	0.84	1.00		
	1986年（13）	−0.62	−0.61	−0.48	0.87	0.82	0.98	1.00	
工业收入的变异系数	1985年（14）	−0.67	−0.63	−0.52	0.87	0.84	0.94	0.94	1.00

a. 名次数值越小表示“社团主义”程度越低；

b. 根据就业对小时收入进行加权；男性和女性的收入视为不同的观测值；仅为制造业数据；

说明：—表示缺少数据或不适用。

资料来源：第7、第8列：Behind the U-shape. *Wage Bargaining Systems and Economic Performance* by R. Schettkat (in press).

第10、第11列：‘Earning Inequality：Changes in the 1980s’ by OECD，1993，*Employment Outlook*，Paris：OECD，157−184；values for UK，Japan and Australia estimates based on male-female deciles compared to averages wages from Inter-country Comparison of Labor Force Trends and of Related Developments：An Overview，NBER working paper，no. 1438，by J. Mincer，1984. Values are not strictly comparable between countries.

第12、第13列：‘Labor Market Institutions and Economic Performance’ by R. Freeman，1988，Economic Policy，6，63−80.

第14列：*Measuring Employment Performance* by R. E. Rowthorn，1994，background paper prepared for ILO，Geneva：ILO.

由 Lars Calmfors and John Driffill（1998）开发的指标体系应用得最为广泛。该指标是以下两个量之和：工资谈判所发生的层面（企业层面；行业层面；国家层面），中央工会和雇主组织的数量（没有中央工会；多个中央工会或雇主协会；一个中央工会和一个中央雇主协会）。因此，该指标不能用来衡量集体谈判所覆盖的劳动者数量。不过，Calmfors-Driffill 指标体系与全面性指标具有高度的相关性（70 年代，$r=0.9$；80 年代，$r=0.82$）。

通常认为，制度是非常稳定的，但是大部分关于社团主义和经济绩效的研究均发表于 80 年代的早期和中期，并且主要以 70 年代为参考。然而，从那以后，有些国家经历了很大的变化。在瑞典，集中的谈判自 80 年代早期就消失了；在英国，工会的影响在逐渐减小；新西兰从多雇主谈判转变为单一雇主谈判（见表 26—2 第 5、第 6 列），但也并没有出现统一的谈判分散化趋势。在有些国家，工资谈判变得更加集中，很多国家则没有发生改变（详情请见 OECD，1994）。

3. 谈判制度与工资

Calmfors and Driffill 曾经指出，实际工资增长与谈判体系的集中程度之间为驼峰状关系。他们在 1988 年的一项研究，以失业率（就业率）为因变量，以他们所构建的集中度指标（见第 3 部分）为自变量进行回归，回归结果呈现出驼峰状，从而支持了他们之前的观点。[9]该研究因对模型进行了过多的推导而遭到批评，因为这种效应应该贯穿工资决定机制，宜直接进行检验（Freeman，1988）。很多研究分析了工资谈判体系对总体工资弹性的影响，在开始讨论工资结构之前，我们先简要介绍一下总体工资弹性。在检验工资决定机制对失业的敏感度——一个重要的变量——时，Layard et al.（1991）使用了 Calmfors-Driffill 指标体系，却没有发现 Calmfors 和 Driffill 提出的驼峰形关系，而是发现了一种线性关系：工资谈判越集中，工资决定机制对失业的敏感度越高。另一项关于总体工资决定的研究，以全面性指标为基础（参见表 26—2），也得到了类似的结论（Schettkat，in press）。

仅有少量关于谈判体系和经济绩效的研究考察了工资的分布（Appelbaum and Schttkat，1993；Freeman，1988；Rowthorn，1992）。总体来说，工资谈判体系与工资差别之间是线性关系：低排名国家的工资差别大，而高排名的国家中工资差别小。工资差别是以国民核算账户为基础来计算的，这表明行业内部的工资差别被忽略了。最近，以 Alan Krueger and Lawrence Summers（1988）的微观数据分析为基础的一些研究得到了更加具体的信息（see Freeman and Katz，1995；OECD，1993）。表 26—2 列出了各国的工资差别，虽然数据来源不同，但所显示出的规律却是一致的（参见表 26—2 下半部分的相关性）。在国际比较研究中[10]，工资差别随着表 26—2 中排名数值的上升而缩小（第 7～第 9 列）。

例如，瑞典，在 20 世纪 80 年代之前排名很高，以其团结型工资政策而闻名，这种工资政策致力于减少行业间和不同技能群体之间的工资差别（Flanagan，1987；Meidner and Hedborg，1984）。尽管在 80 年代，瑞典的工资谈判体系开始分散化，从而工资差别开始扩大，但与其他国家相比，仍然处于很低的水平。不过，与瑞典在工资决定方面的制度改变（工资谈判层面的降低，见表 26—2 第 5、第 6 列）相比，工资差别变化得非常缓慢。又如，奥地利，无论从哪一个“社团主义”指标来看，它的排名都很高，它在工资差别方面的排名也很高（参见表 26—2）。[11]采用不同的方法对工资不平等进行衡量，并不会影响各国工资差别的基本情况。表 26—2 显示了它们之间的高相关性（见表格的下半部分）。这些实证数据表明，工资谈判体系不仅能够影响总体工资弹性（如上所示），而且能够作用于工资结构。后者在 70 年代以后的低增长时期可能非常重要。

相对工资在经济理论中发挥着很重要的作用。劳动者通常会抵制名义工资的下降，却能够接受价格上涨所导致的实际工资的减少，Keynes（1936）认为，相对工资是这种现象的一个关键解释变量。当名义工资下降时，单个劳动者在工资等级中的位置可能会发生变化，然而由价格上涨所导致的实际工资的减少不会改变劳动者的相对位置（see also Tobin，1972）。这种论证实际上从不完全信息的角度对名义工资的刚性做出了解释，在新古典综合学派中，它被称为非理性货币幻觉。“同工同酬”[12]几乎是所有工会的目标，集中程度越高的工会越有能力推行这一概念。[13]然而，劳动力市场对某些群体的需求比其他群体高，于是，这些群体不断地试图改善他们的相对位置。特定群体的利益在一个集中的工资谈判环境中能够得到更好的管理和控制[14]；实证研究已经表明，工资谈判集中程度的提高可以缩小工资差别（Freeman，1988；Schettkat，in press）。

有人认为，80 年代，工资差距的扩大是必要的，因为在此期间技能要求发生了变化；在某些国家，由于教育体系不能适应技能变化，不能提供所需要的新型劳动者，因此工资的不平等程度加剧。那些得以灵活应对新技能需求的国家就能够避免工资差距的扩大（see Freeman and Katz，1995）。此外，生产率如今对设备的依赖已比以前少，而激励、工作任务的安排和决策过程的参与等拥有了更多的重要性。例如，效率工资理论表明，生产率是内生变量，高工资能通过各种机制提高生产率（参见 Akerlof and Yellen（1986）的综述）。因此，支付高工资是有效率的。Gibbons and Freeman（1995）与 Ramaswany and Rowthorn（1993）用这些机制解释了瑞典集中型工资谈判的衰落。

然而，工资分布本身也可能会对经济结构产生影响。例如，Calmfors and Driffill（1988）发现，在就业率（失业率）与工资谈判体系的 U 形（驼峰形）关系背后，可能潜藏着工资结构和广义的“社团主义”。

4. 失业和就业趋势

在 20 世纪 80 年代，不少研究发现了工资谈判制度与失业（驼峰形）和就业（U 形）之间的非线性关系（Calmfors and Driffill，1988；Freeman，1988；Rowthorn，1992）。Calmfors and Driffill（1988）对这种非线性关系提出了一种理论解释，他们认为，工资谈判制度的极端情况进展得很好，因为它们对总体工资产生了限制作用（参见上面的讨论）。但 Rowthorn（1992）采用 Calmfors-Driffill 指标体系发现，这种关系在 80 年代是成立的，却不存在于 70 年代初期，因为在那时几乎所有的工业化国家都处于充分就业的状态。

表 26—3 列出了我们的回归分析结果。我们分别以失业率和就业人口比（就业率）对 Calmfors-Driffill 指标进行回归，并与其他研究进行比较。和 Rowthorn（1992）（也是根据 Calmfors-Driffill 指标体系所作的分析）一样，我们也没有发现 70 年代早期谈判体系的全面程度与就业率、失业率之间的非线性关系。如果说它们之间存在某种关系的话，也只是失业率和该指标之间的负线性关系。这种关系在 80 年代发生了变化，即开始出现驼峰形（U 形）的失业（就业）关系。相对于使用失业率（就业率）的水平，当我们采用失业率（就业率）的变化时，这种关系更加明显（见表 26—3 的下半部分）。换句话说，工资谈判体系和失业（就业）之间的关系似乎在 70—80 年代间发生了本质的变化。[15]

表 26—3　　劳动力市场绩效对工资谈判体系的回归分析

因变量		自变量		统计摘要		
		常数	CD－U	R^2	F	N
			水平			
失业率						
	1970—1973 年	3.32	－0.28	0.15	2.3	15
		(1.25)	(0.21)			
	1985—1989 年	3.13	0.74	0.23	3.78	15
		(1.81)	(0.38)			
就业率（就业人数与总人口的比值）						
	1970—1973 年	69.69	－0.54	0.04	0.55	15
		(5.35)	(0.73)			
	1985—1989 年	74.67	－1.84	0.22	3.67	15
		(4.60)	(0.96)			
			变化			
失业率						
	70/80s	－0.19	1.02	0.5	13.11	15
		(1.34)	(0.28)			
就业率（就业人数与总人口的比值）						
	70/80s	5	－1.3	0.25	4.3	15
		(3)	(0.63)			

说明：CD－U 表示以 Calmfors-Driffill 指标体系为依据的国家排名，呈 U 形；
水平是指考察期内的平均值；
变化的计算方法如下：70/80s 表示 1985—1989 年间的平均值减去 1970—1973 年的平均值；
指标的线性形式均不显著；
括号中的数字为根据异方差调整后的标准误。

那么，为什么驼峰形的关系出现在 80 年代，而在充分就业的 70 年代早期却不明显呢？[16]虽然制度可以发生显著的变化，但是由这些制度所创造的潜在的经济结构是不太可能迅速发生变化的。[17]大多数的就业增长都发生于服务业，并且，某些服务行业正遭受着“成本危机”的困扰（Baumol，1967）。公共部门与私人部门之间发展情况的不同可以对上述现象提供一种解释。低生产率增长的服务业，往往存在于私人市场，只要工资有足够的向下变动的弹性，就能够抵消这些服务相对价格的上升带来的负需求效应。因此，在工资谈判体系集中程度较低的国家，工资差距较小，就业的扩张可能发生在私人服务业中。[18]

然而，在拥有全面的工资谈判体系和低工资差别的经济体中，就业率的增长也很迅速，也主要集中于向消费者提供服务的行业（Scharpf，1990）。但在这种情况下，就业和服务的提供是由公共部门来组织的（提供资金或者直接提供）。公共提供（非市场化：参见 Glyn，1992）意味着相对价格的上升所产生的负效应得到了抑制，因此，这些行业中就业的扩张不会导致工资差距的扩大。Calmfors-Driffill 指标与公共部门就业率（公共部门就业人口与总人口的比值）之间的正线性关系和与私人部门就业率（私人部门就业人口与总人口的比值）之间的负线性关系支持了上述观点（参见图 26—2）。

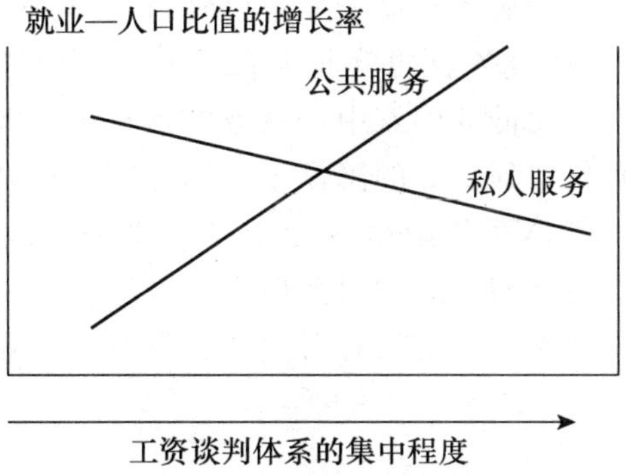

图 26—2　U 形关系的背后：私人部门和公共部门的就业增长与工资谈判体系之间的关系

说明：私人服务：社区服务，社会服务，个人服务，娱乐服务；
公共服务：国民核算账户的政府部门；
CD 表示根据 Calmfors and Driffill（1988）的排名。
回归：
私人服务的平均增长率＝R^2＝0.37，F（1.8）＝4.8
1.5－0.08CD
（0.19）（0.03）
公共服务的平均增长率＝R^2＝0.48，F（1.8）＝7.6
－0.25＋0.23CD
（0.42）（0.08）
括号中的数字为根据异方差调整后的标准误。

以家庭为导向的服务业中的这些趋势，似乎是集中和分散工资谈判体系下就业发展模式的主要区别。虽然工资不平等会加剧，但私人部门的就业得到了增加，即使在那些生产率增长缓慢的工作岗位上。但是这种就业创造的方式在集中的工资谈判体系下并不适用。在这里，公共部门就业的扩张是解决就业问题的一种方法。也就是说，这些良好的就业趋势，并不是源自能够高度整合各不同群体利益的谈判体系本身（狭义的社团主义），而是来自它与政府之间的相互作用（广义的社团主义）。

5. 结　论

在本章中，我们讨论了工资谈判制度对劳动力市场绩效的影响，其中，对劳动力市场绩效，使用就业—人口比值和失业率进行衡量。我们发现，工资谈判制度的集中程度与就业—人口比值（失业率）之间存在一种U形（驼峰形）关系，但这种关系存在于20世纪80年代，在70年代早期却没有。可见，人们一直热烈讨论的工资谈判制度集中化与劳动力市场绩效之间的非线性关系，主要源于70—80年代的发展。在极端分散的、和极端集中的经济体中，失业小幅上升；但在处于中间位置的经济体中，失业大幅上升，同时，就业增长也很缓慢。

Michael Brunos 和 Jeffrey Sachs 曾经指出，通货膨胀的压力可以通过总体工资约束予以削减，因此，非加速通货膨胀失业率与社团主义程度之间为负的线性关系，这一观点在60年代和70年代早期可能是成立的。但到了80年代，通货膨胀并不是首要问题；经济增长明显减缓，失业一般也有所上升。在80年代，工资差别对于私人部门的就业增长可能比总体工资约束更为重要，因为后者在高失业下已经自动得到了实现。分散型和集中型工资谈判体系下，虽然在80年代服务业的就业都有所增长，但潜在的就业趋势有着明显的不同。在工资谈判体系集中程度低的国家中，就业的增长主要源自私人部门以市场为导向的就业；而在工资谈判体系集中程度高的国家中，则主要源自公共部门就业的增长和税率的提高。然而，那些工资谈判体系集中程度处于中等水平的国家并没有经历这种就业增长，却试图通过削减劳动供给（如，通过提前退休）来达到控制失业的目的。但是高额政府转移的成本也是巨大的，结果，尽管没有对生产、消费和就业的促进作用，税率也会相应提高。

注释

[1] 全面型工会组织能够存在于不同层面，但它的一个前提是，组织能够有效管辖的成员与承担行为负面结果的群体必须来自相同的范围（Crouch，1992）。

[2] Wolfgang Franz（1995）指出，在企业谈判的情况下，工资冲突发生在企业内部，而地区层面的谈判可以消除实际过程中的冲突，从而减少了生产中的摩擦。

[3] 工资增长所导致的价格上涨可以表示为：$d\log p=\alpha d\log w$，在这里 p=价格，w=工资，α=劳动力成本所占份额，通常随着计算层面（即在地方层面还是中央层面进行计算）的上升而上升。产出效应取决于需求的价格弹性：$d\log Y=\eta d\log p$，其中 η=需求的价格弹性（$\eta>0$）。在竞争市场中，η 为正无穷；行业的 η 值比企业低。因此，α 和 η 的作用方向是不同的。

[4] 同步的工资上涨意味着行业中的每个企业都处于同一位置，所有企业会根据成本的增加而同时提高价格。

[5] 世界市场竞争程度的加剧带来的影响，或者换言之，参与世界市场的程度越来越高，会使权衡曲线——工资谈判体系的集中程度与可能的负面效应之间的权衡取舍——变得更平缓。极端情况下，当外国产品是本国产品的完全替代品时，国家制度就可能变得不相关了。实际上，国家对价格的影响不如相同情境下的竞争企业多。

[6] Crouch（1985）对斯堪的纳维亚国家和其他国家进行了区分，在斯堪的纳维亚国家，社会民主党长期在政府中代表劳动者的利益，而在其他国家中，政党很少能获得绝对的优势，因而以协商一致为主，如荷兰、德国和比利时。他得出结论，那些拥有工资谈判协调机制的国家同时也是那些遵循社会民主传统或一党占主导地位的国家。其他国家（美国、英国、比利时、法国、加拿大、爱尔兰、意大利、日本、澳大利亚和新西兰）被 Crouch 划归为自由主义类。这种分类方式大体上和 Lehmbruch（1984）一致，Lehmbruch 将日本和法国划归为“没有劳动者参与的利益协商”，其中在日本，雇主协会占主导地位（see also Soskice，1990）。而法国的特点是政府的影响力很大。

[7] 通过法律将集体协议的适用范围扩大的做法实际上也可能影响工会密度和雇主组织程度。当存在这类法律时，劳动者不必成为工会成员就能够享受集体协议带来的好处，却不需要承担任何成本；因此，参与工会的动机就被削弱了。另一方面，雇主可能想要影响谈判结果，因为这些谈判结果也会被应用于他们，因此他们便有加入雇主组织的动机。重要的是实际覆盖率，而不管它是通过高工会密度还是法律手段实现的。

[8] 这就是日本在 Tarantelli 指标中排名很高的原因。日本排名低（如在 Calmfors-Driffill 指标体系中）是源于企业谈判。雇主协调的谈判对工资结构产生的影响不同于由工会协调的谈判。总体工资协调可以通过所谓的 Shunto 攻势达到，但是在日本经济中，小企业与大企业在工资和工作条件方面存在很大的差异，这正是分散的谈判所导致的结果（Aoki，1988；Deutschmann，1989）。日本的工资差异非常大（参见表 26—2），但是根据 Tarantelli（1986），这些源自谈判也达成了在分配方面的共识，所以日本在他的指标体系中排名很高。

[9] 在排名中，排在最低和最高位次的国家（参见表 26—2）被赋值 1，与它紧挨着的国家被赋值 2，依此类推。

[10] 当然，国家间的工资差别很难比较，因为工资总额与工资净额可能相差很大，而且公共部门提供的服务也可能存在很大的差异。

[11] 奥地利看起来确实像个离群者，因为在全面性指标值高的国家中，工资差别一般比较小。对奥地利一瑞士差异的一个解释是两国社团制度的发展历程不同（Therborn，1992）。在瑞典，作为解决产业冲突的一种方式，社团制度——为《就业机会创造协议》所高度强调（Meidner and Hedborg，1984）——得到了发展。相反，奥地利的劳工运动更多地是以第二次世界大战后的共识为基础的（Guger，1992）。最近，Zweimüller and Bart（1994）指出，奥地利的工资差距较大，在很大程度上可以归因于人力资本的差异。

[12] Horst Albach（1995）指出，标准工资给绩效低于平均水平的企业带来了压力，而对于绩效高于平均水平的企业而言，却能够开展创新活动。

[13] 一种解释是，低报酬员工在工会成员中所占的比例比他们在所有劳动力中所占的比例要高，该群体工资的提高，能够减小工资差距（Freeman，1988）。瑞典的“团结型工资政策”（由 Gösta Rehn 和 Rudolf Meidner 设计；see Meidner and Hedborg，1984）致力于加快总体生产率的增长（与市场结果相比）（类似的研究请参见 Bell and Freeman，1985）。然而，如果高生产率增长的行业不再增长（在工业化经济体中似乎已经出现了这种情况），那么这项政策就会遇到问题（Appelbaum and Schettkat（1993），对此进行了理论分析）。

[14] 这在瑞典是一个持续性的问题（Meidner and Hedborg，1984）。瑞典的经济中经常会显现出工资的变化趋势；Flanagan（1990）指出，在 20 世纪 70—80 年代的瑞典，白领的工资增长了 20%，蓝领的工资增长了 45%。工资的变动趋势随经济周期的变化而变化。失业率低的时候工资增长快，而当经济处于衰退期时工资的增长缓慢（Edgren，Faxen and Odhner，1973）。

[15] 有些国家中失业率的增长幅度小，这并不是因为劳动力参与的降低。相反，谈判体系比较极端的国家在劳动力供给和就业方面的表现比其他国家要好。

[16] 总体工资决定过程对于失业的敏感性支持了与工资谈判体系全面性的正线性关系（see Layard et al.，1991；Schettkat，in press）。

[17] 尽管工资谈判制度随着时间的推移在不断变化，但是工资差别不会发生本质的变化，即使工资谈判转移至较低的层级进行。工资谈判的分散化可能会导致工资差别的扩大，但这是一个缓慢的过程，70 年代的谈判结构仍然能够很好地解释 80 年代各国在工资不平等程度上的差异（Schettkat，in press）。

[18] 需要注意的是，虽然国际比较分析有助于解释制度的变化，与此同时能够获得的变量数目就会变得非常少，这将会限制分析的可能性。

参考文献

Akerlof, G. and J. Yellen (1986), *Efficiency Wage Models of the Labor Market*, Cambridge: Cambridge University Press.

Albach, H. (1995), *Notwendige Innovationen in der Lohnpolitik*, WZB discussion paper FS IV 95–14, Wissenschaftszentrum Berlin für Sozialforschung.

Aoki, M. (1988), *Information, Incentives, and Bargaining in the Japanese Economy*, Cambridge: Cambridge University Press.

Appelbaum, E. and R. Schettkat (1993), *Employment Developments in Industrialized Economies*, WZB discussion paper FS I 101, Wissenschaftszentrum Berlin für Sozialforschung.

Appelbaum, E. and R. Schettkat (1995) (in press), 'The Employment Problem in Industrialized Economies', *International Labour Review*.

Baumol, W. (1967), 'Macroeconomics of Unbalanced Growth: The Anatomy of the Urban Crisis', *American Economic Review*, 57, 415–26.

Bell, L. A. and R. Freeman (1985), *Does a Flexible Wage Structure Increase Employment? The U.S. Experience*, NBER working paper, no. 1604, Cambridge, MA: National Bureau of Economic Research.

Blyth, C. A. (1979), *Interaction between Collective Bargaining and Government Policies in Selected Member Countries, Collective Bargaining and Government Policies*, Paris: OECD.

Bruno, M. and J. Sachs (1986), *Economics of Worldwide Stagflation*, Cambridge, MA: Harvard University Press.

Calmfors, L. (1993), 'Lessons from the Macroeconomic Experience of Sweden', *European Journal of Political Economy*, 9, 25–72.

Calmfors, L. and J. Driffill (1988), 'Bargaining Structure, Corporatism and Macroeconomic Performance, *Economic Policy*, 6, 14–61.

Cameron, D. R. (1984), 'Social Democracy, Corporatism, Labour Quiescence and the Representation of Economic Interest in Advanced Capitalist Society', in J. H. Goldthorpe (ed.), *Order and Conflict in Contemporary Capitalism*, Oxford: Oxford University Press, pp. 143–78.

Crouch, C. (1985), 'Conditions for Trade Union Wage Restraint', in L. N. Lindberg and C. S. Maier (eds), *The Politics of Inflation and Economic Stagnation*, Washington, DC: Brookings Institution, pp. 105–39.

Crouch, C. (1992), 'Trade Unions in the Exposed Sector: Their Influences on Neocorporatist Behaviour', in R. Brunetta and C. Dell'Aringa (eds), *Labor Relations and Economic Performance*, London: Macmillan, pp. 68–91.

Deutschmann, C. (1989), 'Labor Markets, Employment and Organization: Japan and West-Germany in Comparison', WZB conference paper, Wissenschaftszentrum Berlin für Sozialforschung.

Edgren, G., K.-O. Faxen and C.-E. Odhner (1973), *Wage Formation and the Economy*, London: Allen & Unwin.

Flanagan, R. (1987), 'Efficiency and Equality in Swedish Labor Markets', in B. Bosworth and A. Rivlin (eds), *The Swedish Economy*, Washington, DC: Brookings Institution, pp. 125–84.

Flanagan, R. (1990), 'Centralized and Decentralized Pay Determination in Nordic Countries', in L. Calmfors (ed.), *Wage Formation and Macroeconomic Policy in Nordic Countries*, Oxford: Oxford University Press, pp. 395–412.

Franz, W. (1995), *Die Lohnfindung in Deutschland in einer internationalen Perspektive: Ist das deutsche System ein Auslaufmodell?*, discussion paper, no. 24, Center for International Labor Economics, University Constance.

Freeman, R. (1988), 'Labor Market Institutions and Economic Performance', *Econ-*

omic Policy, 6, 63–80.

Freeman, R. and L. Katz (1995), 'Rising Wage Inequality: The United States vs Other Advanced Countries', in R. Freeman and L. Katz (eds), *Differences and Changes in Wage Structure*, Chicago: University of Chicago Press, pp. 29–62.

Glyn, A. (1992), 'Corporatism, Patterns of Employment, and Access to Consumption', in J. Pekkarinen, M. Pohjola and R. E. Rowthorn (eds), *Social Corporatism. A Superior Economic System*, Oxford: Clarendon Press, pp. 132–77.

Guger, A. (1992), 'Corporatism: Success or Failure? Austrian Experiences', in J. Pekkarinen, M. Pohjola and R. E. Rowthorn (eds), *Social Corporatism. A Superior Economic System*, Oxford: Clarendon Press, pp. 338–62.

Hartog, J. and J. Theeuwes (1993), *Labour Market Contracts and Institutions. A Cross-national Comparison*, Amsterdam: North-Holland.

Houseman, S. and K. Abraham (1995), 'Labor Adjustment under Different Institutional Structures', in F. Buttler, W. Franz, R. Schettkat and D. Soskice (eds), *Institutional Frameworks and Labor Market Performance; Comparative Views on the German and US Economies*, London/New York: Routledge, pp. 285–315.

Keynes, J. M. (1936), *The General Theory of Interest and Money*, London: Macmillan.

Krueger, A. B. and L. H. Summers (1988), 'Efficiency Wages and the Inter-industry Wage Structure', *Econometrica*, 56 (2), 259–93.

Layard, R., S. Nickell and R. Jackman (1991), *Unemployment. Macroeconomic Performance and the Labour Market*, Oxford: Oxford University Press.

Lehmbruch, G. (1984), 'Concertation and the Structure of Corporatist Networks', in J. H. Goldthorpe (ed.), *Order and Conflict in Contemporary Capitalism*, Oxford: Oxford University Press, pp. 60–80.

Lijphart, A. and M. L. Crepaz (1991), 'Corporatism and Consensus Democracy in Eighteen Countries: Conceptual and Empirical Linkages', *British Journal of Political Science*, 21, 235–56.

Meidner, R. and A. Hedborg (1984), *Modell Schweden. Erfahrungen einer Wohlfahrtsgesellschaft*, Frankfurt on the Main/New York: Campus.

Meyer, W. (1990), *Bestimmungsfaktoren der Tariflohnbewegung. Eine empirische, mikroökonomische Untersuchung für die Bundesrepublik*, Frankfurt on the Main/New York: Campus.

Mincer, J. (1984), *Inter-country Comparison of Labor Force Trends and of Related Developments: An Overview*, NBER working paper no. 1438, Cambridge, MA: NBER.

Nickell, S. (1988), 'Discussion of Calmfors/Driffill', *Economic Policy*, 52.

OECD (1993, July), 'Earning Inequality: Changes in the 1980s', *Employment Outlook*, Paris: OECD, pp. 157–84.

OECD (1994), 'Collective Bargaining: Levels and Coverage', *Employment Outlook*, Paris: OECD.

Olson, M. (1982), *The Rise and Decline of Nations. Economic Growth, Stagflation, and Social Rigidities*, New Haven/London: Yale University Press.

Ramaswany, R. and R. E. Rowthorn (1993), *Centralized Bargaining, Efficiency Wages, and Flexibility*, IMF working paper no. 25, Washington, DC: IMF.

Rowthorn, R. E. (1992), 'Centralisation, Employment and Wage Dispersion', *The Economic Journal*, 102, 506–23.

Rowthorn, R. E. (1994), *Measuring Employment Performance*, background paper prepared for the ILO, Geneva: ILO.

Salter, W. (1960), *Productivity and Technical Change*, Cambridge: Cambridge University Press.

Scharpf, F. W. (1990), 'Structures of Post-industrial Society—or—Does Mass-unemployment Disappear in the Service and Information Economy?', in E. Appelbaum and R. Schettkat (eds), *Labor Market Adjustments to Structural Change and Technological Progress*, New York/Westport/London: Praeger Publishers, pp. 17–35.

Schettkat, R. (1995), 'The Macroperformance of the German Labor Market', in F. Buttler, W. Franz, R. Schettkat and D. Soskice (eds), *Institutional Frameworks and Labor Market Performance; Comparative Views on the German and US Economies*, London/New York: Routledge, pp. 316–42.

Schettkat, R. (in press), *Behind the U-Shape, Wage Bargaining Systems and Economic Performance*, paper prepared for OECD.

Soskice, D. (1990), 'Wage Determination: The Changing Role of Institutions in Advanced Industrialized Countries', *Oxford Review of Economic Policy*, 6 (4), 36–61.

Tarantelli, E. (1986), 'The Regulation of Inflation and Unemployment', *Industrial Relations*, 25 (1), 1–15.

Therborn, G. (1992), 'Lessons from Corporatist Theorization', in J. Pekkarinen, M. Pohjola and R. E. Rowthorn (eds), *Social Corporatism. A Superior Economic System*, Oxford: Clarendon Press, pp. 24–43.

Tobin, J. (1972), 'Inflation and Unemployment', *American Economic Review*, 62, 1–18.

Zweimüller, J. and E. Bart (1994), 'Bargaining Structure, Wage Determination, and Wage Dispersion in 6 OECD Countries', *Kyklos*, 47, 81–93.

第 27 章　税收制度与劳动力市场绩效

Siv Gustafsson

探究税收政策对经济运行的影响一直是学术界经济学家们的研究兴趣点，目前可能还没有其他议题能够超越它。本章的焦点是劳动力市场，它也是三大经济研究领域的主要研究对象：(1) 最优税收理论和无谓损失；(2) 劳动力需求分析；(3) 劳动力供给分析。我将试图从这些领域来评估研究结果。

所有的税收工具都是在供给价格和需求价格之间加入一个楔子，但不同的税收工具会产生不同的影响。增值税（VAT）会导致物品和劳务价格的上升，以及相对于储蓄而言的消费价格的上升。工资税则导致劳动力需求价格的提高，但对供给价格没有影响。与此同时，它也会提高产品价格，但劳动密集型产品价格上升的幅度比资本密集型产品大。此外，个人所得税会降低劳动者得到的净工资，从而影响劳动力供给。最优税收理论方面的很多文献都致力于解决这样一个问题：什么类型的税收对经济中价格的扭曲作用最小？它们往往将实际的税收制度与不会对相对价格产生任何影响的定额税进行比较。但实际的税收体系还要达成收入再分配的目标，或至少必须考虑支付能力的问题。因此，相对于最好的办法，即定额税，我们更倾向于第二好的解决办法，也就是无谓损失最小的那种。无谓损失是税收的额外成本，由于税收改变了相对价格，消费者、厂商或投资者的行为也会发生改变，从而引起了无谓损失（Auerbach，1985；Musgrave and Musgrave，1973；Slemrod，1990）。

劳动力需求方面的研究，所关注的主要是不同生产要素之间的替代：资本与劳动力，受教育水平高的劳动者与受教育水平低的劳动者，男性与女性，年轻员工与大龄员工。对劳动力征税（如工资税）会导致资本对劳动力的替代，但资本一劳动力的替代程度取决于替代弹性的大小。目前，对劳动力需求的研究远远少于对劳动力供给的分析。在这方面，成就较为突出的是 Hamermesh（1993）。

所得税对劳动力供给的影响是微观经济学和微观计量经济学中研究得较为深入的领域。在估算劳动力供给弹性以及由累进制所得税引起的无谓损失方面，Mofitt（1990）、汇总了近来的很多计量方法。这类文章以方法分析为主，清晰地描述了当前在计量方法方面存在的主要争议。Atkinson and Morgensen（1993）既有对税收体系及其近期改革情况的介绍，又有关于瑞典、英国、德国和丹麦的所得税和工作激励的研究结果。Aronsson and Walker（1995）就针对瑞典的相关研究进行了总结，并提供了与该国政策变化有关的有价值的制度信息。工资的下降（如所得税）既会产生替代效应，又会带来收入效应。在替代效应下，由于劳动者每小时获得的报酬减少，他倾向于增加闲暇时间；在收入效应下，劳动者为了维持原来的收入不得不增加工作时间。哪一种效应更强则是一个有待实证检验的问题。如果替代效应占优势，则税收制度可能会带来效率上的成本或无谓损失，因为劳动力供给减少。如果有一种扭曲效应较弱的税收体系，能够使劳动者增加劳动力供给而又不会下降至较低的无差异曲线上，即不会导致劳动者对其状况的不满，那么，这种税收制度就是值得我们追求的目标。

在欧盟，价格的差异是由各成员国不同的税率引起的。从欧共体成立之时开始，这一直为欧盟政治当局所担忧（EL-Agraa，1990）。面对欧洲的一体化，各成员国不同的税收体制将影响到资源的分配，并可能引起资本和劳动力要素在各国之间的流动。在这种情况下，各国会发现，它们所面临的竞争形势有所改变，从而将努力协调税收政策。因此，对各国不同的税收体系进行比较，并评估它们对公平与效率的影响，是很有意义的。

本章的要点如下。在第1、第2部分，我将比较不同国家的体制。第3部分简单讨论欧盟的协调性政策。对无谓损失的定义和衡量将在第4部分中展开讨论，紧接着在第5部分将回顾税收对工作激励和劳动力供给的影响，其中包括一些在计量经济学方面颇有争议的问题，如净工资对于工作时间的内生性、工作时间制度限制了劳动者选择工作时间的自由，以及对配偶收入单独征税或联合征税带来的影响等。最后，在第6部分，我将探究税收/补贴对劳动力需求的影响。最后是结论。本章的重点是劳动力参与和工作时间，这也是有关劳动力市场影响研究的两大主要研究对象，尽管——如 Aronsson and Walker (1995) 所述——病假、退休决策、是否接受教育的决定、是否参与地下经济等都会不同程度地受到税收制度的影响。

1. 按收入来源分析税收制度

确定一个国家的税收结构需要考虑很多方面，如：谁能够支付税收？什么是公平税收？哪种税收和福利能够有效地引导或遏制某些行为？这种所得税是累退制（即低收入者缴纳更多的税额）还是累进制（针对高收入者征税）？关于什么是公平、什么行为合意、哪种税收在提高税收收入时所造成的扭曲最小从而更有效率等问题的回答，会随着税收结构的变化而变化。税收和补贴同样也起到非关税壁垒的作用。向整个行业（如造船业）支付补贴的做法在欧洲较为普遍。当取消关税壁垒、经济开始一体化时，一个增值税税率低的国家必将处于竞争优势。个人所得税的差异也会导致各国不同的竞争力，例如，对于高级管理人才的争夺。如果一个国家所得税的累进程度过高，则将失去一些高级管理人才。如果一个国家中，男性养家的观念浓厚，从而抑制了女性的劳动力参与，那么，在未来更加一体化的欧洲，它将失去很多夫妻双方都参与劳动力市场的家庭以及高级管理人才。本节的重点是对不同国家的税收制度进行比较。

表27—1（引自 Pechman and Engelhardt，1990）列出了一些国家1987年时税收收入的来源分布。表中列出了五种收入来源。

表 27—1　　各种税收来源在总税收收入中所占的比例（1987 年）

	个人收入所得税	企业所得税	工资税	物品和劳务税	财产税	总计
澳大利亚	45.3	10.2	5.4	29.8	9.3	100.0
加拿大	39.5	8.2	13.5	29.4	9.4	100.0
丹麦	50.8	4.6	4.4	35.0	5.2	100.0
法国	13.2	5.3	46.4	30.3	4.8	100.0
德国	29.0	5.1	37.2	25.5	3.2	100.0
意大利	26.1	10.4	34.6	26.4	2.5	100.0
日本	24.6	22.8	28.5	12.8	11.3	100.0
荷兰	19.8	7.7	42.7	26.0	3.8	100.0
瑞典	37.3	4.1	28.6	24.2	5.8	100.0
英国	26.6	10.6	18.1	31.4	13.3	100.0
美国	36.4	8.0	28.8	16.8	10.0	100.0

资料来源：'The Income Tax Treatment of the Family'（J. A. Pechman and G. V. Engelhardt，1990，*National Tax Journal*，43（1），p. 4，copyright 1990 by National Tax Journal，Adapted by permission.）Original source：*Revenue Statistics of OECD Member Countries*，1965—1988，1987，Paris：OECD。

针对个人收入的征税一般简称为所得税。由于税收在劳动力的需求价格（总工资）和供给价格（净工资）之间加入了一个楔子，因此会对工作努力程度产生影响。企业所得税是对企业利润所征的税，企业家可以在以下两项之间做出选择：显现出企业的高额利润，以及在计算利润之前提高个人收入。工资税是雇主所支付的工资总额的一定百分比，从而提高了劳动力的需求价格。工资税一般包含非工资劳动力成本，如医疗保险、失业保险和养老保险等。有时，这种社会保障缴费是在雇员和雇主之间分摊的，一部分来自雇员的工资，像所得税那样从雇员的工资中扣除，另一部分来自工资税，例如德国和荷兰。此外，诸如在瑞典，社会保障缴费全部包含在工资税中，这使得瑞典的工资税明显高于其他国家。而面向物品和劳务的最普遍的税种就是增值税。最后，财产税是针对资产而征收的，如对住宅价值的征税，在很多国家中，财产税由于扣除了抵押贷款利率而降低。

从表 27—1 可以看出，政策制定者显然已经在不同的税收工具组合中做出了选择。虽然各国在税收的来源分布上存在显著差异，但它们的主要税收来源都是个人所得税、物品劳务税（即增值税）、工资税或工薪税；相比之下，企业所得税和财产税在总税收收入中所占的份额较小。我们看到，在丹麦，税收收入的一半都来自个人所得税，而在法国只有 13.2%。德国、法国、意大利和荷兰最主要的税收收入是工资税。财产税和企业所得税所占的比例在丹麦、法国、德国和瑞典都很小，在盎格鲁-撒克逊国家澳大利亚、加拿大、英国和美国略多一些。企业所得税在日本税收中所占的比例相当于其他国家这一数值的两倍（23%）。

对这些税种的选择以及各种税的征收细则都会对劳动力市场带来影响。表 27—2 列出了各国的具体情况。第（1）列是总税收收入占 GNP 的百分比。1989 年，瑞典是税收收入占 GNP 比例最高的国家：56.1%。比其他高税收国家（如荷兰、挪威、芬兰或比利时）高出 10 个百分点，在那些国家中只占到 45%。

表 27—2 **OECD 国家的税收制度**

	税收收入占 GNP 的百分比	SWB	WBT	VAT 标准
	(1)	(2)	(3)	(4)
澳大利亚	30.1	8.3	9.0	—
奥地利	41.0	18.5	22.7	—
比利时	44.3	17.5	21.2	19.0
加拿大	35.3	9.9	10.9	—
丹麦	38.1	—	—	25.0
芬兰	43.8	18.8	23.2	—
法国	37.8	28.2	39.3	18.6
希腊	—	—	—	18.0
爱尔兰	—	—	—	21.0
意大利	30.6	27.1	37.2	19.0
日本	38.1	14.1	16.4	—
德国	—	19.5	24.2	14.0
卢森堡	—	—	—	12.0
荷兰	46.0	22.6	29.2	18.5
挪威	45.5	15.1	17.8	—
葡萄牙	—	—	—	17.0
西班牙	34.4	23.2	30.2	12.0
瑞典	56.1	27.2	37.4	25.0
瑞士	31.8	13.0	14.9	—
英国	36.5	12.4	14.2	17.5
美国	30.1	16.3	19.5	—

说明：SWB 表示工资税在总收入中所占的份额。

WBT 表示从（2）中获得的工资税：$t=S/(1-S)$，这里 $t=$WBT，S 表示 SWB；1988 年的数据。

—表示没有数据。

资料来源：第（1）列数据来自 OECD Revenue Statistics of OECD Member Countries，1990，Paris：OECD. Figures for 1989；第（2）列和第（3）列数据来自 OECD Employment Outlook 1991，Paris：OECD；第（4）列数据来自 Swedish Taxation in an Integrated Europe by K. Andersson，1992. Figures for 1 January 1992。

第（3）列是由第（2）列得到的工资税。1989 年，工资税最高的是法国，雇主需要向税务机关缴纳雇员收入的 39.3%。紧接着是瑞典（37.4%）和意大利（37.2%）。如此高的工资税使得雇佣成本非常高昂，尤其当个人所得税也很高时。50%的个人所得税和 50%的工资税将使总工资成本高达雇员所得金额的三倍，除非雇主在缴纳所得税前将工资成本扣除，不过这种做法适用于企业，却不适用于雇用家政服务的家庭。

增值税会提高作为征收对象的那些物品和劳务的价格。表 27—2 第（4）列给出了一些国家的标准增值税税率。其中，丹麦和瑞典这两个国家 1992 年的增值税税率为 25%。

除了标准增值税税率，许多国家还向奢侈品（如化妆品和香水）征收较高的增值税，同时对优值物品（如主食和荷兰的鲜花）征收较低的增值税。1993 年，瑞典的标准税率是 25%，食品和餐饮业为 21%，而旅店业和个人交通业为 12%（Fölster and Lindström，1993）。最近（1995 年），瑞典社会民主政府与中央党达成一致，决定在标准税率保持 25%不变的前提下将食品业的增值税税率降至 12%，这表明，税率是不断变化的。至于这种变化能否使低税率国家转变为高税率国家，我们需要对足够多的年份进行观察。然而，不同的国家对福利制度的作用有着不同的理解，有些国家认为，福利制度不过是个“小配角”，另一些国家则认为它发挥着重要的制度性作用。Esping-Andersen (1990) 区分了自由福利国家（如美国）、保守型社团主义福利国家（如德国）和社会民主福利国家（如瑞典）。各国关于福利制度作用的不同认识是由其历史社会进程决定的，并且变化缓慢。结果，我们发现，不同税收制度的一些基本特征长期保持不变。

2. 所得税制度

最为复杂的税种可能当数个人所得税，因为它涉及很多参数。一个国家，在高收入者看来可能是一个相对低税的国家，而在低收入者看来可能是一个相对高税的国家。为了比较各国的所得税，Pechman and Engelhardt (1990) 对许多国家分别计算了普通生产工人和高收入者的税收减免和实际税率。部分结果见表 27—3。

表 27—3　　所得税制度：普通生产工人和高收入者的税率

	基本税收减免		基本税收减免能否由无工作者转移至其配偶	夫妻是否联合缴税	实际平均税率		高收入单身税率
	单身	夫妻			单身	家庭	
	(1)	(2)	(3)	(4)	(5)	(6)	(7)
澳大利亚	18.8	37.6		否[d]	25.3	13.3	47.7
加拿大	22.4	44.6		否[d]	19.3	6.3	43.1
丹麦	15.7	31.3	能[a]	否[d]	43.2	28.7	66.1
法国	18.2	36.4		是[d]	8.1	−7.2	46.2
意大利	8.1	12.5		否[d]	15.6	1.0	38.6
日本	10.8	21.5		否[d]	7.8	0.8	53.1
德国	18.2	23.5	能[b]	是[b]	20.1	5.7	53.3
荷兰	27.2	35.2	能[b]	否[b]	9.9	−1.6	65.5
瑞典	7.9	15.8	否[b]	否[b]	36.1	20.3	69.8
英国	25.1	64.6		否[b]	18.7	1.8	38.1
美国	8.8	17.6	能[c]	是[c]	14.1	7.3	33.6

资料来源：第 (1)、第 (2) 列数据来自‘The Income Tax Treatment of the Family: An International Perspective’ by J. A. Pechman and G. V. Engelhardt, 1990, National Tax Journal, 43 (1), p. 5. 已获准使用该数据。基本税收减免占普通生产工人收入的百分比 (APWE)。1989 年的数据。

第 (3)、第 (4) 列数据来自：a. Pedersen (1993), pp. 241−288; b. Gustafsson and Bruyn-Hundt (1991), pp. 34−38; c. Nelson (1991), p. 17; d. Pechman and Engelhardt (1990), p. 4.

第 (5)、第 (6)、第 (7) 列数据来自 Pechman and Engelhardt (1990), p. 13。第 (5) 列为单身男性生产工人；第 (6) 列为有两个孩子的已婚生产工人，丈夫收入占家庭收入的 75%；第 (7) 列是单身最高税率，所对应的收入为普通生产工人收入的 20 倍。

从第 (1) 和第 (2) 列我们可以看到，基本税收减免占普通生产工人收入的百分比，第 (1)、第 (2) 列分别对应着单身和夫妻两种情况。1989 年，单身生产工人的基本税收减免在加拿大和荷兰最高，对夫妻征收的税率则是英国最高 (64.6%)。

根据这些数据，只在瑞典（特定条件下）和美国，夫妻税收减免为单身工人的两倍。

一个瑞典生产工人——如果他的妻子没有自己的收入来源——将仅仅只扣除他的基本税额，因为瑞典是完全的个人税收体系，即无收入者无权将其基本税收减免转移至配偶。因此，在比较税收制度的过程中，了解清楚夫妻是否联合缴税，以及非就业一方的基本税收减免能否转移至其配偶，是十分重要的。于是，我们将这方面信息列在了表27—3的第(3)、第(4)列。在荷兰，夫妻单独缴税，非就业的一方有权将其基本税收减免转移至其配偶。因此，荷兰是一种联合缴税与单独缴税相混合的税收制度，基本税收减免越高，夫妻联合缴税的覆盖面越大(Gustafsson，1995)。1990年，荷兰的基本税收减免减少了一半，从而削弱了联合缴税的成分(Gustafsson and Bruyn-Hundt，1991)。第(5)、第(6)列分别为单身和已婚工人的实际税率，在已婚家庭中，假设妻子的收入占家庭收入的25%，且有两个孩子。

丹麦对单身工人征税的税率是最高的(43.2%)，其次是瑞典(36.1%)。不过，瑞典1991年的税制改革使平均税率降低至30%，最高边际税率也减少到50%(Gustafsson and Klevmarken，1993)。在1993年之前，丹麦没有经历过任何此类改革(Pedersen，1993)，这意味着，目前，低收入者的所得税税率在丹麦是最高的。在法国、荷兰和日本，单个生产工人支付的税额很少，已婚且有两个孩子的家庭所支付的所得税甚至是负数(法国和荷兰)，因为这些国家会向孩子的父母发放现金补助(Pechman and Engelhardt，1990，p.15)。然而，荷兰的生产工人却要支付其收入的15%作为社会保障缴费，而这显然为Pechman and Engelhardt (1990) 所忽略。在瑞典也是如此，这就解释了为什么在有两个孩子的情况下，工人所面临的实际税率会从36.1%降至20.3%，尽管工人结婚与否对瑞典的税率没有任何影响。

大多数国家对有两个孩子的家庭征税的税率明显低于面向单身工人的税率。第(7)列是1989年时收入为普通生产工人20倍的单身工人所面对的实际税率。瑞典的税率最高，其次是丹麦和荷兰。美国的税率仅为丹麦税率的一半。前面已经提到过，瑞典在1991年将其最高税率降低至50%，荷兰也于1990年将所得税税率降至60%，尽管如此，这两个国家的税率仍然高于意大利、英国和美国；这三个国家对高收入者征税的税率最低。

3. 欧盟的税收协调

随着欧洲各国之间屏障的消除，经济学家和政治学家开始担忧，各国税收体系的差异可能会带来税收竞争，并导致低效率(Andersson，1992；Fölster and Lindström，1993；Sinn，1990)。当各个国家的增值税率存在差异时，消费者可能倾向于从低税国家购买物品和劳务。为了消除这种可能性，整个欧洲的增值税受到了目的地原则的规制，即出口商品免征增值税，但进口商品要征收增值税；换句话说，增值税只在商品输入国征收，而不在商品输出国征缴。Sinn (1990) 则指出，当欧洲各国之间的障碍逐渐消除，即使未直接涉及企业层面，这个原则也很难维持。由于在销售时需要缴税，企业会进行记账管理，从而扣减自己所需支付的增值税。但消费者不会这样做；他们在购买商品时支付了增值税，且不会将商品销售给第三方，因此他们不能索回扣除额。协调各国增值税税率一直都是欧共体当局的主要任务，他们认为，要避免税收竞争和资源配置的扭曲，最佳途径就是使成员国拥有统一的税率。但这很难实现，因为丹麦、爱尔兰等高税收国家担心税收收入的减少，而低税收国家（如德国）又担心税收的增加会引发政治问题（Sinn，1990，p. 492）。

长期以来，欧盟一直在讨论如何协调各成员国的增值税。1987 年，欧盟建议将标准税率定在 14%～20%，最低税率定在 4%～9%。而在 1989 年，提出了 14%的最低增值税税率；1991 年 6 月又将这一数值提高至 15%（Andersson，1992）。同时，欧盟成员国（如果愿意）可以将其增值税税率定为 25%。但对增值税税率较高的国家来说，其商品的需求可能会受影响。Andersson（1992）曾指出瑞典等国家所面临的困境，它们的增值税税率为 25%，私人消费水平与德国相似，但德国的增值税税率仅为 15%（根据 1993 年 1 月的数据）：瑞典加入欧盟后，由于消除了贸易壁垒，瑞典居民就可以直接在德国购买商品。Sinn（1990）生动地描述了这样一种可能："不难想象，新型企业将不断涌现，它们将为消费者提供外国产品的信息，提供送货服务，但这种企业一般不被视为卖主"（p. 492）。如果国内的增值税税率是统一的，那么各国之间增值税税率的差异将只能起到汇率的作用。但 Sinn（1990）指出，这个观点是错误的，因为用于投资的物品是免税的，这将导致低税国家和高税国家之间价格比的不同，从而造成分配的扭曲，结果，低税率国家过于注重消费物品。但当不存在贸易壁垒时，增值税税率在一定范围内的差别也是可以持续的。例如，在美国，不同的州、城市和社区拥有不同的增值税税率。通过对销售额和缴税凭证的研究，Andersson（1992，pp. 73－76）得出结论：尽管没有划分边界，但增值税税率的差别较为明显，从密歇根的 4%到亚拉巴马州 Huntsville-Madison 的 9.5%（Andersson，1992，p. 94）。此外，地理位置远近带来的影响也十分显著：如果增值税税率不同的两个城市在地理位置上较接近，则高税率城市的销售额和就业人数可能会减少。

关于税收协调问题的讨论主要集中在增值税方面，当然，也有关于税基、税率（包括标准税率、最低税率和最高税率），以及哪些物品适用最低税率的讨论。此外，还有关于酒精饮料、石油、烟等物品的考虑（El-Agraa，1990）。可见，目前关注的焦点仍在物品、服务的征税问题上，而对劳动力的征税几乎被忽略，除非涉及社会政策。北欧的工会十分担心来自南欧的（劳动力）社会倾销，因为南欧的工作条件比北欧恶劣。他们采取的策略是：改善南欧的工作条件，一方面有利于工人生活水平的提高，另一方面也是为了缓和社会倾销。不过，这种政策不能一蹴而就，必须循序渐进地展开，否则将可能导致企业破产，最终使南欧的工人陷入更加不利的境地（Dølvik，1993）。

尽管关于协调企业所得税的讨论已提上了欧盟的工作日程，但多次向欧洲货币联盟（EMU）申请投资资金都遭到了拒绝。目前的税收协调计划尚未涉及个人所得税制度，关于福利水平和未来规划也只在讨论预算赤字和政府债务时有所提及。这引起了 Sinn（1990）的担忧，若不能尽早实现税率的协调，欧洲一体化的进程就难以完成：

> 任何试图建立保险制度的国家，都会有保费缴纳人和保险金接受人，前者可能会移居国外，后者则可能迁入。在一体化的欧洲，如果没有税收的协调，消费者、流动的劳动力以及资本的所有者将受益。竞争会向增值税率施加向下的压力。利益受损的人群包括：不流动的工人、土地所有者、穷人和依赖于政府补助的人（p. 502）。

4. 无谓损失或超额负担

公共经济学领域的典型文章往往以无谓损失或超额负担为理论基础构建一般均衡模型，通过对参数值的猜测或引用其他研究中的有关数据来确定无谓损失的规模。这类文章的实证部分更侧重于向读者提供示例；这从《公共经济学手册》（*Handbook of Public Economics*）（Auerbach and Feldstein，1985）和 Slemrod（1990）的文献综述中也可以看到。而劳动经济学方面的相关研究，首先简要提出一个理论模型或引用标准经济模型，然后明确计量模型的形式，运用微观数据对它进行估计，最后就估得的无谓损失的规模进行讨论（Aronsson and Walker，1995；Ashenfelter and Layard，1986；Mofitt，1990）。前面我们关注的是，税收引起的价格扭曲在各国所形成的不同竞争形势，本节将主要分析哪种税收类型引起的效率损失最低。因为人头税或定额税不会影响相对价格，所以，相对于实际税收而言，定额税是最有效的税种，其税收结构不会给个体行为带来不利的影响。这就是最优税收政策研究。“超额负担衡量的是两种福利损失之间的差额：一种是特定税收制度实际执行时所造成的总福利损失（或经济成本），另一种是在没有扭曲私人部门经济决策的假设下，征收等额的税收收入所带来的福利损失”（Musgrave and Musgrave，1993，p. 444）。我们也可以从帕累托有效边际条件的角度来认识超额负担。[1]

（1）X 对 Z 的边际替代率(MRS)＝X 对 Z 的边际转换率(MRT)＝p_x/p_z

（2）L 对 Y 的边际替代率＝L 对 Y 的边际转换率＝w

（3）C_f 对 C_p 的边际替代率＝C_f 对 C_p 的边际转换率＝$1/(1+r)$

以上三个条件强调了：（1）在物品 X 和物品 Z 之间的消费选择；（2）在工作和闲暇之间的选择；（3）在当前消费和未来消费之间的选择。

条件 1 表明，消费者在物品 X 和 Z 之间的替换意愿必须等于两种物品的价格之比，等于生产两种物品的边际成本之比。条件 2 表示，闲暇（L）的边际价值必须等于工资收入，而工资取决于劳动者将工作时间转化为产品的能力。第三个条件为，消费者放弃当前消费（C_p）、增加未来消费（C_f）的边际意愿，必须等于利率的倒数。如果上述条件受到税收的干扰，则会导致超额负担，因为消费者的福利减少了。下面将做具体解释。

图 27—1 示意了各种“选择”。从产品选择，假设只对物品 X 征收增值税，即物品 Z 免税；或者对物品 Z 征收最低税率，而物品 X 适用最高税率。直线 BA 表示没有增值税时 X 与 Z 之间的相对价格线或边际转换率；如果对两种物品征收相同税率的销售税或增值税，那么，在价格比不变的情况下，我们将得到 $B'A'$。结果，消费者的效用水平降低，最优选择从 E' 变为 E''。如果提高物品 X 的增值税率或销售税率，则价格线变为 BF，最优点为 E'''。税率 $E''D$ 此时等于 $E'''H$。但在这种情况下存在超额负担，因为消费者现在处于更低的无差异曲线 i_3 上。作一条与之前的预算约束线平行的线，并与无差异曲线 i_3 相切；无差异曲线 i_2 和 i_3 之间的距离 RS 就是对超额负担的一种估计。这样，由税收引起的这种扭曲就可以在保持其他选择不变的情况下对单一选择进行分析。虽然支付的税额是相同的（$E''D＝E'''H$），但消费者在 E'' 时的境况比在 E''' 要好。

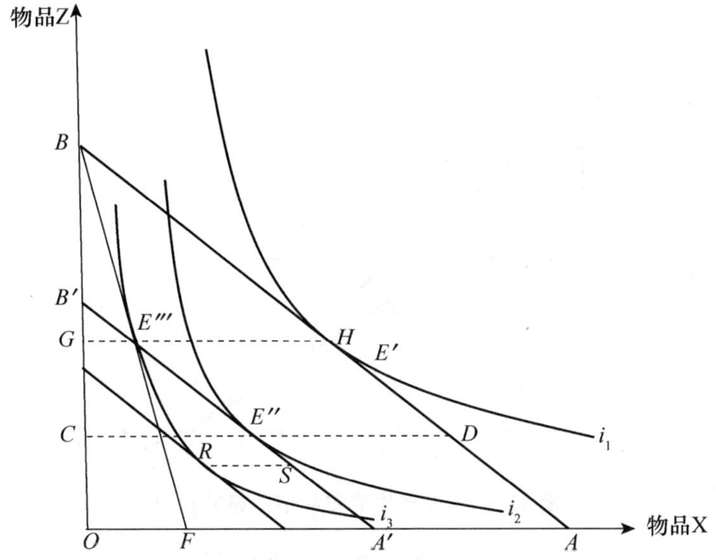

图 27—1　选择性税收和一般税收的调整

说明：i 表示无差异曲线。

同样的分析也适用于闲暇（物品 Z）与工作之间的选择。如果引入所得税，则用收入购买的市场物品（图 27—1 中的物品 X）要纳税，然而闲暇却不用纳税。在定额税的情况下，均衡点为 E''，而在比率税的情况下，均衡点为 E'''。比较 E'' 和 E'''，不难发现，所得税导致了无谓损失，因为上述条件 2 未得到满足。工人获得的净工资与雇主支付的工资不等，但工人闲暇时间减少（OC 替代了 OG）所支付的税额相同，同时也获得了较高的效用。

如果重新定义图 27—1 的坐标轴，以物品 Z 表示当前消费，物品 X 表示未来消费，同样可以进行上述推导。在这种情况下，税前预算线为 $OB=(1+i)OA$，i 是利率。一般消费税，即对当前消费和未来消费都征税的税收制度，将是中性的；而针对收入和利息的所得税将违背上述条件 3，从而导致了总利率和净利率之间的差异。无差异曲线 i_2 和 i_3 之间的距离就是对无谓损失的衡量。

一般说来，很难对效用进行衡量，尽管在劳动力供给的相关文献中曾估计过间接效用曲线。而要衡量无差异曲线，还会面临新的难题，即估得的结果并不是从个体到社会的简单加总，因为它们会受偏好的差异和收入分配的影响（Aronsson and Walker，1995）。一种常见的衡量无谓损失的工具是 Harberger 三角（1964，由 Musgrave and Musgrave（1973）引用）。Hargerger 三角来自需求曲线下面的消费者剩余，如图 27—2 所示。市场需求曲线是 BA，供给曲线为 FS。在引入税收之前，产品的消费量为 OH，消费者剩余为 $\triangle BFD$，因为有消费者愿意为每单位物品支付 OB 的价格。有消费者愿意支付比 OB 稍低的价格，还有一些愿意支付更低一点的价格……直至 OF。如果开始征收消费税 EF，则税收收入为 $EFKL$；但消费者剩余减少的部分不只是 $EFKL$，还包括 $\triangle KLD$。$\triangle KLD$ 就是税收所引起的无谓损失，也就是马歇尔超额负担。Hicks（1942，由 Auerbach（1985）引用）将价格变化的补偿变动定义为：为保持相同的效用水平，必须向消费者支付的金额；等价变动则是消费者为避免价格变化而放弃的收入额。

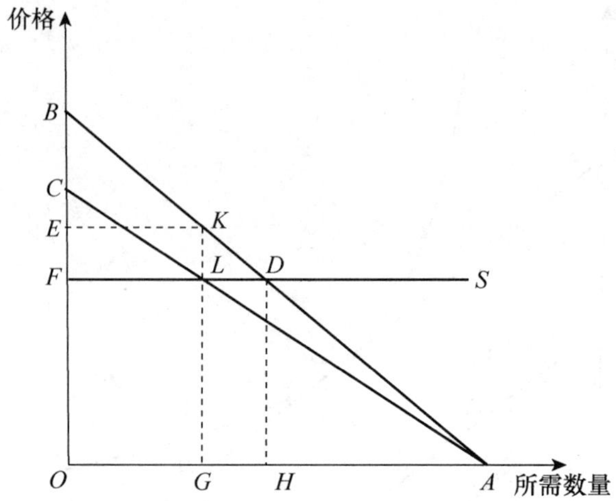

图 27—2　选择性消费税下的超额负担

Hausman（1985）指出，用非补偿性市场需求曲线下的面积来估算无谓损失的做法是错误的，因为补偿性需求曲线（纯替代效应）更为陡峭。Van Soest，Woittiez and Kapteyn（1990）也就等价变动提出了他们的观点：

> 与 Diamond and McFadden（1974）基于补偿变动的衡量方法不同，这种对无谓损失的衡量，依据的是实际可实现的最大效用水平，而不是假想的、没有税收情况下的效用水平（p. 529）。

但无论是在税前还是税后效用水平下，对超额负担的准确衡量都可看作一个纯粹的指数问题。

5．工作激励和劳动力供给

在对劳动者的收入征收所得税时，总会产生两种效应：收入效应（即当收入减少时，劳动者会努力增加劳动力供给，从而保持收入水平不变）和替代效应（随着小时工资的减少，劳动者倾向于增加用于其他活动的时间，因为每工作一小时所挣得的收入减少了）。对于劳动者来说，收入的减少就是效用的损失；理想情况下，这将通过公共物品和劳务的形式得到补偿。但如果收入水平保持不变，我们就可以对替代效应进行分析。如果劳动者通过自己的估算，发现根据他们所获得的净工资，减少工作时间对他们来说是划算的，那么对整个社会而言，可能会带来损失。在累进制所得税结构下劳动者减少工作时间的行为就是一个例子，因为工作时间越长，每一小时额外工作时间所能带来的收入就越少。假设额外工作时间的净工资保持不变，如果劳动者选择增加工作时间，那么社会作为一个整体，其工作时间反而可能减少。设想这样一种情形，工作 10 小时与再工作 40 小时的净小时工资率是一样的。这是计算无谓损失所必须进行的尝试。累进制所得税降低了市场劳动相对于闲暇或家庭劳动的价格，因为用于闲暇或家庭劳动等非市场活动的时间不会产生货币收入，也就不需要纳税。这种相对价格的改变可能会导致无谓损失，研究者们一直试图计算它的大小。

我们想要知道的是税后劳动力供给的补偿性收入弹性。通常，人们根据净工资做出决策，假设劳动者是无差异的，那么对福利损失的估算就必须以收入补偿为基础。但在此过程中也出现了一些问题。其一，当所得税为累进制时，净工资对于工作小时数具有内生性。其二，工人往往不能选择自己的工作时间，因为一份工作通常需要很长时间。虽然也存在对全日制或非全日制劳动者的需求，但雇主很少精确地要求雇员每周工作 21 小时。这两个问题我们将在下面进行讨论。

5.1　净工资对于工作小时数的内生性问题

图 27—3 概括了与累进制所得税相关的几个主要问题。累进制税收产生了一条分段线性的税后预算约束线，它包括三个税率不同的区间，两个转接点所对应的工作时间分别为 h_1 和 h_2。而税前的预算约束则为一条直线。Hausman（1981）曾提出一种解决办法，Blomquist（1983）在此基础上进行了扩展，这在某些文献中被称为 Hausman-Blomquist 模型（Gusstafsson and Klevmarken，1993）。

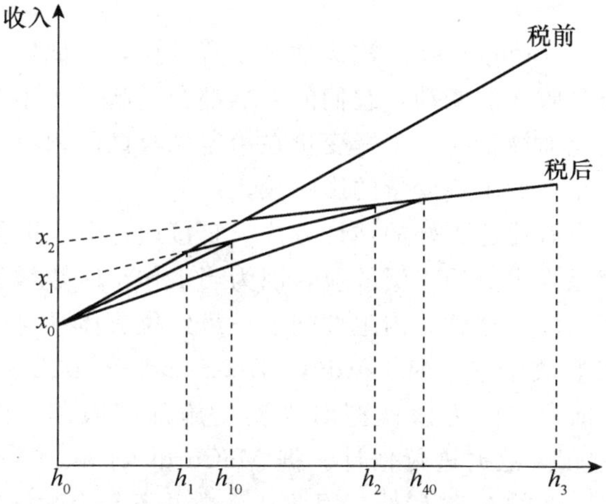

图 27—3　工作 10 小时和 40 小时下根据虚拟收入和净工资得到的预算集：累进制税收

假设不参与劳动力市场时的收入为 x_0，即劳动者的非劳动收入。在第一个税收区间中，税率为零，预算线的斜率与总工资线相同。在第二个税收区间中，斜率减小，因为税收是累进制的。将区间 h_1 至 h_2 的预算线延长至纵轴，得到截距 x_1，表示工作小时数处于第二个税收区间，即 h_1 和 h_2 之间的劳动者所获得的虚拟收入。同样，当工作小时数达到第三个税收区间，即从 h_2 直至最高工作时数 h_3 时，边际税率更高，斜率进一步减小，虚拟收入 x_2 也更高。税前预算线与税后的折线预算集之间的距离可作为对税收收入的衡量。在两个转接点（所对应的工作时间分别为 h_1 和 h_2）的虚拟收入是不明确的。

该模型可通过极大似然法来进行估计，研究者通常首先采用搜寻算法确定所处的税收区间，继而确定相应的虚拟收入，最后，在虚拟收入和边际工资率既定的情况下找出最优的工作时间。运用这种方法，Blomquist and Hansson-Brusewitz（1990）的研究表明，工资弹性为正，收入弹性为负，从而形成了正的补偿性工资弹性。这个结论非常重要，因为根据经济理论，收入补偿性自身价格弹性——即当产品自身价格上涨时其需求量所发生的变化——应当为负值。如果工资上涨，闲暇的收入补偿性需求就会下降，工作时间延长，从而使得劳动力供给的收入补偿性工资弹性为正。在既有文献（e.g. Aronsson and Walker，1995；Atkinson and Mogensen，1993；Mofitt，1990）中，很多研究都对工资弹性（E_w）和收入弹性（E_y）进行过估计，补偿性弹性都是正的（$E_w - E_y > 0$）。

Blomquist and Hansson-Brusewitz（1990，p. 340）的研究结果显示，在瑞典，如果引入定额税，那么无论男性还是女性都可以在效用不受损失的情况下增加劳动力供给。因为定额税既不会改变工作相对于闲暇的价格，也不会产生收入再分配效应。他们估计了 1980 年瑞典税收体系的无谓损失或超额负担，对男性而言，无谓损失约为税收收入的 15.7%，对于女性，该数值则为 25.8%。Aronsson（1993，由 Aronsson and Walker（1995）引用）则指出，1980 年，瑞典已婚夫妇的无谓损失共计税收收入的 30%，但到 1989 年，该数值降至 23%，1990 年为 8%。这一结果有力地支持了降低累进梯度的做法，也支持了瑞典 1991 年的税收改革，当时，大多数工人所面对的边际税率降至 30%，最高税率也降到了 50%（see Aronsson and Walker，1995；Gusstafsson and Klevmarken，1993）。

有人认为，Hausman-Blomquist 方法高估了工资效应，而低估了收入效应。凭直觉来说，无论工资的变动还是收入的变动，它们的影响都会引起工作小时数的变化。如果收入变量由于虚拟收入的变化而被抬高，工资变量在给定税收区间内有所下降，那么，估得的收入变量的系数可能较小，而工资变量的影响较大。

尽管如此，目前却没有比这更好的估计方法。直接通过劳动力供给的反应程度对边际净工资率进行回归，将显现出负的工资效应，因为当工作小时数增加时，由于累进制的税收结构，边际净工资率下降，这就是内生性问题。虽然税收体系对于劳动力供给决策是外生的，但净收入和工资取决于它。MaCurdy，Green and Paarsch（1990）就对 Hausman-Blomquist 模型提出了批评，因为该模型对观测值施加了限制，即必须满足 Slutsky 条件[2]，而不是直接通过相关数据进行估计。据 MaCurdy et al.（1990），这种限制将发生在内部转折点，即图 27—3 的 h_1 和 h_2 处，因此，系数并不是由数据决定的。此外，其他点也受到了这种事前约束的影响（MaCurdy et al.，1990，p. 437）。Gusstafsson and Klevmarken（1993）得出结论："Flood 和 MaCurdy 曾指出，工资率和收入是内生的。如果这是对的，那么它将对有关劳动力供给的分析产生深远的影响"（p. 79）。对此，Zimmermann（1993）也评论道："Flood and MaCurdy（1991）的研究结果显示，收入弹性较小，非补偿性工资弹性为负。这一结果会带来很高的代价，因为他们估得的补偿性工资弹性是负的，这与经济理论不符。因此，不清楚为什么这两位研究者对他们所得到的结果还如此满意"（p. 218）。

Gusstafsson（1992）提出的方法虽然简单，但很有说服力，且没有施加任何限制。他的研究显示，在德国和瑞典，对于妻子的劳动力供给，工资效应为正，收入效应为负。对于 0 小时工作时间下的非劳动收入，他采用的是实际观测值，而不是虚拟收入。因此，在图 27—3 中，x_0 始终是对收入的衡量。工资变量以平均净工资来计算，在这里，则为已婚女性分别工作 10 小时和 40 小时的平均净工资。工作 10 小时获得的净工资以及非劳动收入，以及其他一些变量，共同决定了女性参与劳动力市场的概率；工作 40 小时获得的净工资则用来计算女性从事全日制工作的概率。在图 27—3 中，工作 10 小时情况下的净工资率（w_{10}）由从 x_0 到税后预算约束 h_{10} 之间的线段表示；工作 40 小时情况下的工资率（w_{40}）则是从截距 x_0 到税前预算约束 h_{40} 之间的线段。w_{10} 和 w_{40} 都是外生的，因为在计算这两个量的过程中只用到了总工资和税收制度方面的信息。这种方法没有使用虚拟工资，因为虚拟工资的构建方式使得它比现实中的非劳动收入要高。Gusstafsson（1992）分别分析了税后预算线上的这两个点。他用这个模型分析了配偶单独缴税和联合缴税对妻子工作激励的不同影响，但没有用它来估计无谓损失。

5.2　对工作时间的需求限制

Van Soest et al.（1990）对劳动者往往不能自由选择工作时间的问题进行了分析。他们分别估算了两个不同模型中的无谓损失。在第一个模型中，工作时间可自由选择；而在另一个模型中，只有几个固定的工作时间选项供劳动者选择。图 27—4 显示了分段线性税收体系下的无谓损失。和图 27—3 一样，在第一段或第一个税收区间中，税率为零，即总工资率等于净工资率。

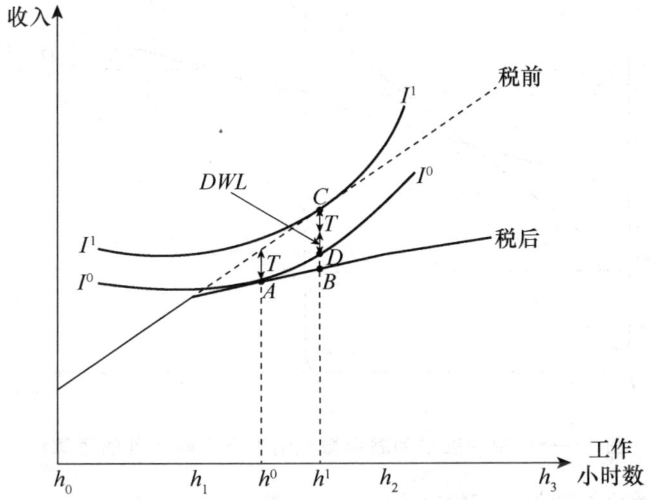

图 27—4　累进税和工作时间受限情形下的无谓损失

说明：*DWL* 表示无谓损失；*I* 表示无差异曲线。

通常劳动者会选择 *A* 点，因为给定税后预算线，这是他所能获得的最高无差异曲线。如果他能得到总工资，那么他将选择 *C* 点，即无差异曲线 I^1I^1 与税前预算线的切点。线段 *CD* 的长度可分为税收 *T* 和无谓损失 *DWL*；后者 *DWL* 表示的是，如果劳动者能够得到补偿从而仍然位于无差异曲线 I^0I^0 上（当他工作 h^0 小时时所能得到的效用水平），那么他在工作 h^1 小时的情况下所需支付的额外税额。但当他工作 h^1 小时时，他需要支付的税收为 *BC*，使他的处境下降到更低的无差异曲线；这不是最优点，因为它穿过预算线，而不是与预算线相切（没有在图中表示出来）。Van Soest et al.（1990）的研究结论是，在工作小时数受限制和劳动者可自由选择工作时间这两种情况下，前者的无谓损失比后者小。这表明，对工作时间的限制使得劳动者更接近 *A* 点，相对于 *B* 点，无谓损失较小。

5.3 单独所得税与联合所得税

Van Soest et al.（1990，p. 538）指出，如果荷兰女性能够找到工作时数合意的工作，那么女性劳动力参与率将会由39.6%上升至82.5%。这些女性中，约3/4的人希望每周的工作时间不足20小时。[3]如果取消对工作时间的限制，不仅不会造成效用的损失，反而还可能增加劳动力供给，也就是说，福利损失会减少。另一方面，对家庭中第二个工资领取者的劳动力供给采用联合征税制，会带来负的激励效应。特别地，对于在家操持家务、正在考虑从事非全日制工作的已婚女性来说，如果要联合缴税，那么她们就会面临和从事全日制工作的丈夫一样的高边际税率。单独缴税时则不会产生这种效应：从事非全日制工作的妻子，收入较低，税率也较低。图27—5体现了这种差别。

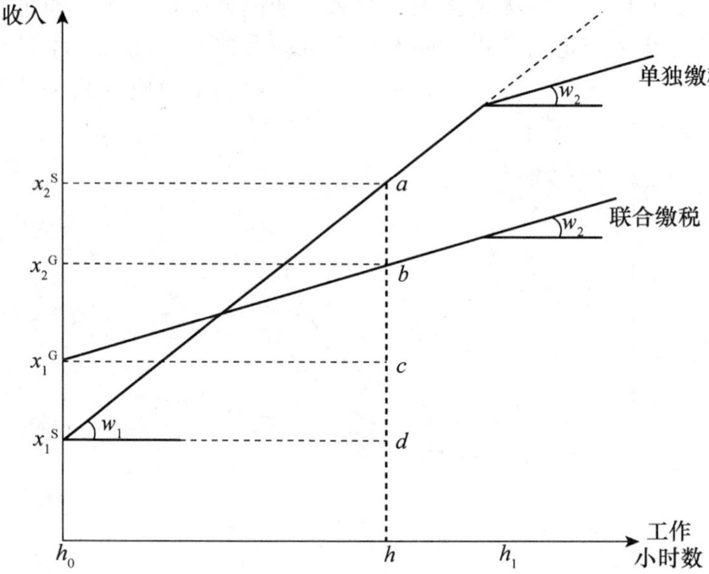

图27—5 单独缴税和联合缴税情形下已婚女性的预算集

说明：x表示参加工作的妻子的净非劳动收入；w表示净工资。

在给定的工作小时数h点，一名参加工作的妻子的净非劳动收入是x_1^s，她的工资率处于税率为零的第一个区间。她对家庭收入的贡献是ad。如果她要缴纳的是联合税，那么她的非劳动收入更高（x_1^g），因为她的丈夫将扣除两项基本津贴，但是她的净工资会被征收更高的税率，在图27—5中，她所面临的税率与单独征税时的第二个区间相同。在联合税收体系下，参与工作的妻子对家庭收入的贡献是bc。Gustafsson（1992）在对瑞典和德国的基础上就此进行过分析。他们估算了每个国家中已婚女性的劳动力参与率。然后，在两种税收体系下，分别计算了每一对夫妇在工时为10小时和40小时情况下的净工资，以及当妻子不参加工作时丈夫的净收入。接着，他们对瑞典（S）进行了如下计算：

$$p^S = a_1 x_1^S + a_2 w_{10}^S + \text{其他变量} \tag{27.1}$$

$$x^S = a_1 x_1^G + a_2 w_{10}^G + \text{其他变量} \tag{27.2}$$

德国：

$$p^G = b_1 x_1^G + b_2 w_{10}^G + \text{其他变量} \tag{27.3}$$

$$x^G = b_1 x_1^S + b_2 w_{10}^S + \text{其他变量} \tag{27.4}$$

式中，p——实际劳动力参与率；

x——劳动力参与率的预测值；

a，b——待估参数；

x——非劳动收入，包括丈夫的收入；

w——净工资。

用别国的收入和工资变量来预测女性的劳动力参与率，得到如下结果：如果对瑞典女性实行德国的税收体系，她们的劳动力参与率将从 80%下降到 60%；反之，若是在瑞典的税收体系下，德国女性的劳动力参与率将从 50%上升至 60%。可见，德国的税收体系可能给已婚女性带来了无谓损失，这和荷兰女性的境况一样。不过，在荷兰，是不灵活的工作时间造成了无谓损失（Van Soest et al.，1990，Euwals and Van Soest，1994）。1971 年瑞典引入单独缴税体系的最主要原因就是，人们认为，联合税制减少了已婚女性的劳动力供给。Schettkat（1987，1989）对宏观数据进行了时间序列分析，但在瑞典引入单独纳税制后，并没有发现女性劳动力参与率的明显改变，不论是劳动力参与率时间序列的截距还是斜率，都没有显著的变化。但 Löfström（1989）（以及 Löfström and Gustafsson，1991）采用了一个更精致的时间序列模型，考虑到了其他政策变化对女性就业的影响，最终发现，单独纳税制对瑞典产业工人产生了积极影响。

除了劳动力供给会对累进税作出反应，以及由此造成的净工资对工作时间的内生性问题，在对劳动力供给的估计中还存在许多其他问题。需要对预算集进行更为准确的描述。Gustafsson and Klevmarken（1993）计算了与收入相关联的现金福利、儿童补助、失业金、积极劳动力市场政策、养老金体系和疾病现金福利等对边际税率的影响。其他问题还包括如何评估丈夫和妻子同时做出的劳动力参与决策，以及整个生命周期中的劳动力供给决策。Aronsson and Walker（1995）得到了一些关于夫妻共同决策的研究结果。

6. 税收与劳动力需求

劳动力需求是一种派生需求，它受物品和劳务需求的影响。从欧洲税收协调的角度来看，有两个问题需要回答。第一，某一特定欧洲国家的税率会给提供物品和劳务的欧盟竞争对手造成不利影响吗？第二，如果欧盟要协调税率，标准将如何确定？经济增长决定了劳动力需求，同时，如果税收体系有碍于经济增长，就需要进行改革。但是，如果一种生产要素的税负比其他生产要素重，那么税收也可能改变投入生产的要素比例。因此，了解清楚相对于资本而言劳动力的要素需求弹性，以及各类劳动力彼此之间的需求弹性，很有帮助。这也是劳动力需求分析中一个非常重要的部分。Hamermesh（1993）对此作了出色的分析，并收录了很多劳动力需求方面的研究。他认为，既有的政策评估往往视角不够广阔。它们大多局限于分析劳动力市场政策对政策目标群体的影响，而没有对整个劳动力市场所受到的影响进行分析。评估研究既要就政策措施对目标群体的影响进行经济学分析，也应当关注政策对其他群体的作用。“不客气地说，有效的评估需要更多的经济学分析，包括所提出的问题和解决问题所使用的方法”（Hamermesh，1993，p. 202）。为分析税收和/或补助对劳动力需求的影响，Hamermesh（1993，第 5 章）介绍了一种有用的方法。根据 Hamermesh 的分类，政策可分为 P 型和 Q 型，这取决于该政策是否会改变雇佣各类劳动力或某些特定群体的成本（P 型），或者它能否影响整体劳动力供给或特定群体的劳动力供给（Q 型）。如果只有特定群体的劳动力受到影响，该政策就是 P-特定型政策；若是所有劳动者都受到了同样的影响，则为 P-整体型政策，例如，整体工资税。P-特定型政策的一个例子是面向落后地区特定劳动力群体、长期失业者或青年失业者采用较低的工资税，因为这会降低雇佣此类劳动者的成本。

再比如，移民法的变更也构成了 P-整体型政策，即从 1993 年 1 月起不再限制劳动者在欧盟的流动，这使得欧洲劳动者可自由移民至就业机遇较好的国家。

> 大多数旨在增加受过培训的员工数量的政策都属于 Q-特定型政策。包括私人部门在职培训以提高技能的项目，面向低技能工人的公共部门就业项目，高等教育补助，法定劳动力—产出比等，都是 Q-特定型政策（Hamermesh，1993，p. 166）。

对于 P 型政策和 Q 型政策，无论是整体型的还是特定型的，都可根据它们所使用的工具类型将它们分为劳动力政策和非劳动力政策。后者能够改变劳动力替代品的成本，例如，能源成本补助或投资补助。此外，政策也能够影响不同工作时间的成本，例如，对于每星期工作超过 40 小时的劳动者给予一定的津贴，或增加非全日制劳动者的社会权利。然后，根据以下两个等式（Hamermesh，1993，p. 168），就可以从工资和就业的角度来分析工资税或补助的影响：

$$\frac{\delta \ln w^*}{\delta \tau}=\frac{\eta LL}{\in -(1+\tau)\eta LL} \tag{27.5}$$

和

$$\frac{\delta \ln L^*}{\delta \tau}=\eta LL[1+\frac{\eta LL}{\in (1+\tau)^{-1}-\eta LL}] \tag{27.6}$$

式中，w^*——均衡工资；

L^*——均衡就业；

τ——工资税；

ηLL——劳动力需求弹性；

$\in$——劳动力供给弹性。

如果我们从零工资税的情形着手，政策变化带来的影响可从两种极端情况来理解。如果劳动力供给弹性接近零，则只有工资效应，没有就业效应。这可从式（27.5）和式（27.6），以及图 27—6（C）看出来。另一方面，如果劳动力供给弹性无穷大，则只有就业效应，没有工资效应，同样，可以从式（27.5）和式（27.6），以及图 27—6（B）看出来。图 27—6 显示了工资税的减少带来的影响。

在图 27—6（A）中，工资税的减少既带来了工资效应又产生了就业效应，然而，如果劳动力的供给完全富有弹性，如图（B）所示，那么，工资税的减少能够实现预期的就业增长效应。但如果劳动力的供给完全无弹性，如图（C）所示，则工资税的减少只会增加劳动者的净工资。对于处于两个极端之间的情况，既有就业效应又有工资效应，这就要取决于劳动力供给弹性和需求弹性的相对大小了。Hamermesh 对各种不同的劳动力供给和

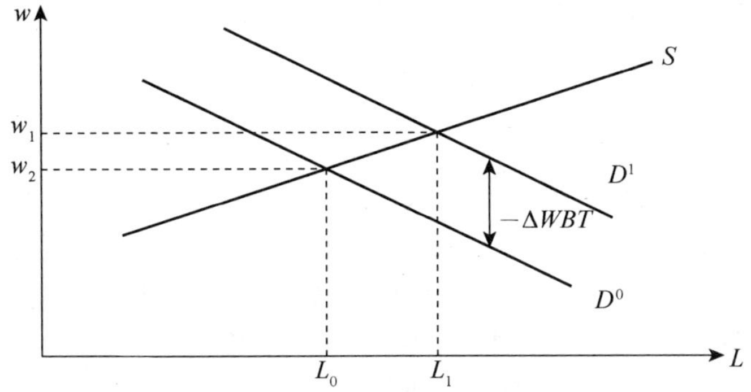

(A) 劳动力供给弹性处于0到无穷大之间

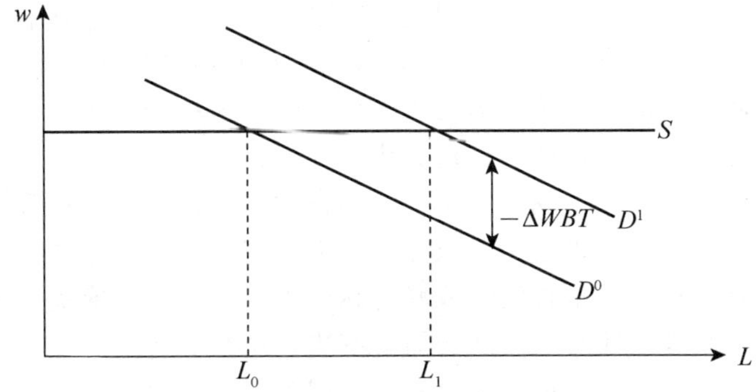

(B) 劳动力供给完全富有弹性

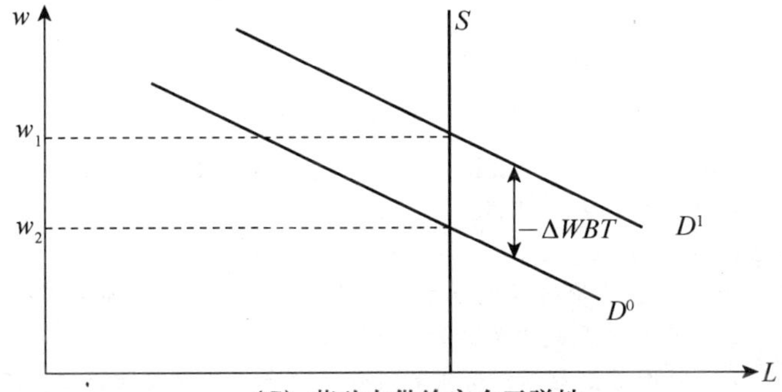

(C) 劳动力供给完全无弹性

图 27—6　工资税下降带来的工资和就业效应

说明：w 表示工资；L 表示就业；WBT 表示工资税；S 表示劳动力供给；D 表示劳动力需求。

需求弹性进行了分析，他得到的结论是："从长期看来，通过工资补贴来扩大就业，或以税收方式来减少就业的做法难以产生明显的效果。先不考虑实证研究的改进问题，我们目前的推断是，工资税主要来自工资"（p. 172）。至于针对弱势群体的补助，Hamermesh (1993) 的研究结论为："这些政策的净就业效应取决于劳动者在市场工作、家庭生产和闲暇之间的选择——即享受补助的劳动者和其他劳动者的供给弹性"（p. 182）。

这样的结论不一定是悲观的，它只是表明，对于复杂的问题，没有简单的答案。要充分考虑不同国家的具体情况及国家间的差异。当然，也需要将该领域中一些琐碎的研究结合起来，包括对个人数据的研究、关于劳动力供给的横截面或面板研究、关于劳动力需求的时间序列新古典经济增长模型，以及关于最优税收政策的抽象理论分析等。

7. 结 论

关于税收制度对劳动力市场绩效影响的评估，到目前为止，有没有得出清晰的结论？但有一点是明确的：要评估税收制度的影响，了解劳动力的需求弹性和供给弹性是前提。这个结论证明了很多研究努力的合理性，包括评估税收/补助体系对工作激励的影响和在经济增长模型中估算劳动力需求的反应程度等。本章已表明，要利用计量方法估算劳动力的供给弹性，是十分困难的。这种复杂性导致了方法上的争议，甚至带来了失望，因为目前尚没有令人满意的解决措施。如果我们拥有劳动力供给弹性数据，将它代入Hamermesh等式，不失为一个好办法，因为据此我们就可以估计劳动力需求的反应程度，并可以了解到哪种政策最能扩大劳动力需求。但我认为这种希望十分渺茫，因为准确的劳动力供给弹性数据是不存在的，而且劳动力供给弹性在不同的人群和不同的国家中是有差异的，原因是各国的制度背景不同，关于性别角色的观念也不同。在我看来，我们不得不承认，比如说，母亲的劳动力供给——虽然在很大程度上取决于市场工作的净收益，从而间接取决于产假、日托补助、单独纳税或联合纳税等因素——也取决于关于女性角色的历史观念和社会观念。此外，还有一个问题需要解决，这在上文中已经提到过，即政策评估往往忽略了经济分析，没有对它加以充分利用，同时，在致力于推进欧盟税收协调的政策背后，经济推理过程也非常粗略。

注释

[1] Pareto，Vilfedo (1848—1923)。帕累托最优均衡意味着，此时如果我们要改善某些人的处境，那么，其他一些人的利益将会受到损失，且损失额至少会达到受益者的受益额。如果上述三个条件都能得到满足，则达到了帕累托最优均衡。

[2] Slutsky 条件要求补偿性自身价格弹性为负值。当物品价格上涨，如果价格上升所造成的收入损失能够得到补偿，那么人们的反应会是减少物品的购买量吗？

[3] 在这项研究中，工作时间意愿是根据研究者所作的分布假设得到的，但在后来的一篇文章（Euwals and Van Soest，1994）中，该变量直接通过观测得到。Euwals and Van Soest（1994）肯定了 Van Soest et al.（1990）的研究结论。

参考文献

Andersson, K. (1992), 'Svensk beskattning i ett integrerat Europa', *Medium Term Economic Survey 1992* (suppl. 2), Stockholm: Allmänna Förlaget.

Aronsson, T. and J. R. Walker (1995), *The Effect of Sweden's Welfare State on Labor Supply Incentives*, NBER/SNS project: Reforming the Welfare State, occasional paper, 64, SNS: Stockholm.

Ashenfelter, O. C. and R. Layard (eds) (1986), *Handbook of Labor Economics*, Vols 1 and 2, Amsterdam: North-Holland.

Atkinson, A. B. and G. V. Mogensen (eds) (1993), *Welfare and Work Incentives. A North European Perspective*, Oxford: Clarendon Press.

Auerbach, A. J. (1985), 'The Theory of Excess Burden and Optimal Taxation', in A. J. Auerbach and M. Feldstein (eds), *Handbook of Public Economics*, Amsterdam: North-Holland, pp. 61–127.

Auerbach, A. J. and M. Feldstein (eds) (1985), *Handbook of Public Economics*, Amsterdam: North-Holland.

Blomquist, N. S. (1983), 'The Effect of Income Taxation on the Labour Supply of Married Men in Sweden', *Journal of Public Economics*, 22, 169–97.

Blomquist, N. S. and U. Hansson-Brusewitz (1990), 'The Effect of Taxes on Male and Female Labour Supply in Sweden', *Journal of Human Resources*, 24 (3), 317–57.

Blundell, R. (1993), 'Taxation and Labour-supply Incentives in the UK', in A. B. Atkinson and G. V. Mogensen (eds), *Welfare and Work Incentives. A North European Perspective*, Oxford: Clarendon Press, pp. 135–91.

Dølvik, J. E. (1993), 'Economic Integration, the Nordic Model and Unemployment', in J. Fagerberg and L. Lundberg (eds), *European Integration: A Nordic Perspective*, Brookfield, VT/Aldershot: Avebury, pp. 353–79.

El-Agraa, A. M. (1990), *Economics of the European Community* (3rd ed.), New York: Philip Alan.

Esping-Andersen, G. (1990), *The Three Worlds of Welfare Capitalism*, Cambridge: Polity Press.

Euwals, R. and A. Van Soest (1994), 'Desired and Actual Labour Supply in the Netherlands', Department of Economics, University of Tilburg, The Netherlands. (Unpublished manuscript)

Flood, L. and T. MaCurdy (1991), 'Work Disincentive Effects of Taxes: An Empirical Analysis of Swedish Men', Department of Economics, University of Göteborg, Sweden. (Unpublished manuscript)

Fölster, S. and E. Lindström (1993), *Sveriges offentliga sektor i Europeisk konkurrens —konsekvenser av EES–avtalet och medlemsskap i EG/EU*, Consequence Investigation (suppl. 6), Stockholm: Allmänna Förlaget.

Gustafsson, B. and A. N. Klevmarken (1993), 'Taxes and Transfers in Sweden: Incentive Effects on Labour Supply', in A. B. Atkinson and G. V. Mogensen (eds), *Welfare and Work Incentives. A North European Perspective*, Oxford: Clarendon Press, pp. 50–134.

Gustafsson, S. (1992), 'Separate Taxation and Married Women's Labour Supply. A Comparison of West Germany and Sweden', *Journal of Population Economics*, 5, 61–85.

Gustafsson, S. (1995), 'Public Policies and Women's Labour Force Participation: A Comparison of Sweden, the Netherlands and Germany', in T. P. Schultz (ed.), *Investment in Women's Human Capital*, Chicago: University of Chicago Press, pp. 91–112.

Gustafsson, S. and M. Bruyn-Hundt (1991), 'Incentives for Women to Work. A Comparison between the Netherlands, Sweden and West Germany', *Journal of Economic Studies*, 18 (5/6), 30–65.

Hamermesh, D. S. (1993), *Labor Demand*, Princeton, New Jersey: Princeton University Press.

Hausman, J. (1981), 'Exact Consumer's Surplus and Deadweight Loss', *American Economic Review*, 71 (4), 626–76.

Hausman, J. (1985), 'Taxes and Labour Supply', in A. J. Auerbach and M. Feldstein (eds), *Handbook of Public Economics*, Amsterdam: North-Holland, pp. 213–64.

Löfström, Å. (1989), *Diskriminering på svensk arbetsmarknad. En analys av löneskillnader mellan kvinnor och män* (Umeå Economic Studies no. 196), Umeå: University of Umeå.

Löfström, Å. and S. Gustafsson (1991), 'Policy Changes and Women's Wages in Sweden', *International Review of Comparative Public Policy*, 3, 313–30.

MaCurdy, T., D. Green and H. Paarsch (1990), 'Assessing Empirical Approaches for

Analyzing Taxes and Labour Supply', *Journal of Human Resources*, 23 (3), 415–90.

Mofitt, R. (ed.) (1990), *The Journal of Human Resources*, 25 (3), 314–558, special issue on Taxation and Labour Supply in Industrial Countries.

Musgrave, R. A. and P. B. Musgrave (1973), *Public Finance in Theory and Practice*, Tokyo: McGraw-Hill Ltd.

Nelson, J. A. (1991), 'Tax Reform and Feminist Theory in the United States: Incorporating Human Connection', *Journal of Economic Studies*, 18 (5/6), 11–29.

OECD (1991), *Employment Outlook*, Paris: OECD.

Pechman, J. A. and G. V. Engelhardt (1990), 'The Income Tax Treatment of the Family: An International Perspective', *National Tax Journal*, 43 (1), 1–77.

Pedersen, P. (1993), 'The Welfare State and Taxation in Denmark', in A. B. Atkinson and G. V. Mogensen (eds), *Welfare and Work Incentives. A North European Perspective*, Oxford: Clarendon Press, pp. 241–88.

Schettkat, R. (1987), *Erwerbsbeteiligung und Politik—Theoretische und empirische Analyse von Determinanten und Dynamik des Arbeitsangebots in Schweden und der Bundesrepublik Deutschland*, Berlin: edition sigma.

Schettkat, R. (1989), 'The Impact of Taxes on Female Labour Supply', *International Review of Applied Economics*, 3, 1–24.

Sinn, H. W. (1990), 'Tax Harmonization and Tax Competition in Europe', *European Economic Review*, 34 (2/3), 489–503.

Slemrod, J. (1990), 'Optimal Taxation and Optimal Tax Systems', *Journal of Economic Perspectives*, 4 (1), 157–78.

Van Soest, A., I. Woittiez and A. Kapteyn (1990), 'Labour Supply, Income Taxes and Hours Restrictions in the Netherlands', *Journal of Human Resources*, 25 (3), 517–58.

Zimmermann, K. F. (1993), 'Labour Responses to Taxes and Benefits in Germany', in A. B. Atkinson and G. V. Mogensen (eds), *Welfare and Work Incentives. A North European Perspective*, Oxford: Clarendon Press, pp. 192–240.

第Ⅳ篇
欧洲层面政策目标的评估

第 28 章　欧洲社会基金：分类评估策略*

Robert M. Lindley

欧洲社会基金（Europe Social Fund，ESF）是欧共体为处理劳动力市场问题和促进就业而最早设立的财政政策工具。它与欧洲区域发展基金（European Reginal Development Fund，EROF，旨在缩小欧洲区域经济发展差距）和欧洲农业指导和保障基金（European Agricultural Guidance and Guarantee Fund，EAGGF，为国家农业援助计划提供部分资金，致力于推进农村地区的多元化发展）中的指导部分（Guidance Section）并称为三大结构性基金。最近又增设了第四个财政政策工具，即渔业指导基金（Financial Instrument for Fisheries Guidance，FIFG)，用于援助渔业部门的结构重建。虽然欧盟委员会努力通过各种方式进行政策的整合，但是，劳动力市场措施中的这些基金项目之间，还是不可避免地存在部分重叠。

本章的目标包括：（1）简要回顾欧洲社会基金的发展历程（第 1 部分）；（2）借鉴劳动力市场的评估经验，对与评估欧洲社会基金相关的经验进行总结（第 2 部分）；（3）考察欧洲社会基金评估过程中出现的具体问题，特别是各种不同的政策方案和评估方法所导致的问题（第 3 部分）；（4）提出一种评估欧洲社会基金的方法，在现有的研究基础上开发新方法，并对它加以有效利用（第 4 部分）。第 5 部分为主要结论。

本章的重点是欧洲社会基金发展历程背后的原理，以及该基金目前所处的发展阶段；本章的讨论没有涉及行政层面，虽然它在现实中占有相当重要的地位。这一点体现在很多地方，包括：在哪一级政府层面对欧洲社会基金项目进行管理，对专家机构的使用，同一政策方案下各独立单元之间的关系，以及在欧洲层面采取某些措施时成员国和欧盟委员会之间的关系（CEC，1993a）。

1．欧洲社会基金的发展演变

欧洲社会基金的发展历程可以划分为几个不同阶段。本节前半部分，关于改革阶段的

* 本章内容主要来自为欧共体委员会准备的一项研究，该研究属于“欧洲社会基金评估方法”项目的一部分。在此，我要特别感谢 Aviana Bulgarelli，Jordi Planas 和 Claudine Romani，他们参与了项目的讨论。同时也要感谢 John Temple，Jacqueline O'Reilly，Günther Schmid 和柏林“手册研讨会”的其他参与者对本章初稿提出的宝贵建议。本章问题的处理细节请见 Lindley（1993）。

介绍和相关的统计数据来自 Nevin（1990）对欧洲社会基金的简单介绍；对于在此之后的阶段，可参考 CEC（1989，1991，1992a，1992b，1993a）。对于相邻的两个阶段，后一阶段的支出水平总是比前一阶段高，后一阶段对基金背后原理的阐述也总比前一阶段明晰，所要引导的目标行为更为合适，监督力度也更大，并逐步开始为最终引入真正的评估做准备。

第一阶段：一个平稳的开始

欧洲社会基金是《罗马条约》（第 123～第 127 条）所设立的唯一的就业政策工具。在 20 世纪 60 年代，就业政策关注的焦点是经济高速增长时期的地理迁移和职位流动，但很少有相关方案申请资助，欧洲社会基金的影响力也很小。Nevin（1990，p. 212）指出，欧洲社会基金面向 7 500 万名欧洲劳动力的年平均支出约为 1.66 亿埃居（按 1986 年价格计算），相比之下，欧洲煤钢协会（Europe Coal and Steel Community，ECSC）每年支出的 0.62 亿埃居仅用于相应行业的员工调换。

根据《罗马条约》第 200 条的规定，对于欧洲社会基金，法国和德国分别提供 32％的资金，意大利提供 20％。同一时期，这三个国家分别向欧共体的预算提供 28％的资金。虽然最初的目标主要是援助意大利，但 1960—1971 年间，基金的 44％拨给了德国，36％拨给了意大利。成员国相关项目支出的 50％来自欧洲社会基金，这些项目只有成员国可以参与。基于这个低水平的支出，我们很难相信这些项目的执行高度依赖于欧共体所提供的这部分资金。

第二阶段：应对不断攀升的失业率

70 年代，欧洲社会基金进入了第二个发展阶段。1971 年，该基金开始接纳欧共体预算的拨款，1972—1977 年间，其可利用资源达到了 1960—1971 年间的 5 倍。基金的支出中，一半用于特定类型的劳动者（起初是农业和纺织业的从业人员，青年和残疾人），另一半用于“纠正不合意的就业形势”，实际上指的是萧条地区。这使得后来的政策设计面临着一个两难的局面，即要在面向特定劳动力群体的措施和针对空间经济区域的政策之间取得平衡。

在欧洲社会基金的这一发展阶段，欧洲劳动力市场的状况发生了迅猛的变化：1970—1978 年间，失业人数从 200 万增长到 600 万（欧共体 9 国数据——最初的 6 个成员国加上丹麦、爱尔兰和英国），25 岁以下的失业人数增加了 5 倍。到 1978 年底，欧洲社会基金下出现了一个新的支出类别：青年劳动者的岗位创造计划。结果，从 1972 年到 1977 年，基金总额的 13％提供给了这部分年轻人，而到了 1978—1983 年间，这一数字上升为 40％。在这两个时期内，基金总额翻了一番，可见，提供给这些青年的资金增长了 5 倍。

第三阶段：经济萧条和空间定位

在第三个发展阶段，所有成员国正处于高失业时期，1977—1983 年间的总失业人数增长了一倍，在高失业率地区和低收入地区之间的选择受到了越来越多的关注。最后，基金的 40％拨至穷困地区，剩下的部分用于欧共体任何一个成员国的高失业率地区，这 60％中，75％拨给年轻人。创新型项目也受到了很多关注，因为它们能给成员国带来宝贵的经验和教训。1984—1986 年间，欧洲社会基金与它的主要目标更接近了：五个最富有的国家总共只收到了基金的 10％。虽然如此，但公正地说，欧洲社会基金仍旧是一个“鼓励机制”，而不是一个实质性的政策工具。在这个阶段，最高达欧共体投入数量 50％的资金被保留下来，但是私人和公共机构都可以申请。对公共机构的项目，欧共体投入的资金不会超过成员国所投入的资金。最终结果为 6％的欧共体预算用于欧洲社会基金，主要用于职业培训项目，招募和就业补助，重新安置项目和促进地理迁移的项目。

第四阶段：大改革——提高凝聚力，强化责任心

《单一欧洲法案》(Single European Act) 的谈判协调过程极大地推动了结构性基金地位的形成。虽然现在人们一致认为，结构性基金的目的是提高经济、社会的凝聚力，但在 1988 年之前，情况并非如此，当时的目标是使欧洲社会基金和欧洲区域发展基金到 1993 年都翻一番，吸收 25％的欧共体预算。

在 1989—1993 年的资金筹备时期，结构性基金的改革遵循四大原则。第一，改革的目标是使资源集中到最需要它的地方；第二，赋予欧共体委员会新的责任——推进成员国政府、社会经济发展中的其他有关机构和欧共体委员会之间的伙伴关系；第三，重视资助过程中的项目化管理，在对目标经济区域和目标劳动力群体的境况进行全面评估后，展开一系列相关的项目；第四，要获得更多的资源，必须对资助过程进行严格的监督。

至于结构性基金的支出规模，在 1989—1993 年 600 亿埃居（按 1989 年价格计算）的支出中，约 2/3 用于目标 1 对应的区域——欧共体中最落后的地区。这些地区覆盖了欧共体约 1/5 的人口。据 Padoa-Schioppa（1987）估计，要使最落后地区的 GDP 增长 1％，需要 550 亿～760 亿埃居的投资。尽管如此，社会基金的拨款在这些地区的宏观经济指标中占有不小的份额：1989 年，基金拨款约占希腊、爱尔兰和葡萄牙 GDP 的2％～2.5％，到 1993 年，又提高了 1.5 个百分点。

拨给目标 2 对应的地区（工业严重衰退的地区）的资金占基金总额的 12％；目标 3（抵御长期失业）和目标 4（帮助 25 岁以下青年融入职业生涯）共占基金的 12％；目标 5a（强化农业结构）和 5b（农村发展）各拨 5％；大约 2％的预算用于过渡性措施，以及欧共体的特殊项目（例如，环境计划、跨国合作、研究和技术革新、能源网、平等机会等）。

至于人口的分布，目标 1 和目标 2 对应的两类区域分别拥有欧共体 22％和 17％的人口；目标 5b 也覆盖了 5％，而其他目标和措施基本持平，没有涉及特定空间范围的人口。

在不同类别支出的平衡方面，在面向特困地区的欧共体援助体系（Community Support Frameworks，CSFs）[1]中，这些地区的差异非常明显。例如，在意大利和西班牙，基础设施花费了近一半的援助金额，而在爱尔兰只占 1/4。劳动力市场项目支出占爱尔兰援助资金的 40％，而在希腊和意大利，这一数字仅为 15％。

虽然存在某种程度的重合，但由于不同的基金需要发挥不同的作用，因此，它们在各不同目标之间的分布也会表现出明显的差异。超过 80％的欧洲区域发展基金与目标 1 有关，而对于欧洲社会基金和欧洲农业指导与保障基金，与目标 1 相关的份额分别为 64％和 55％。欧洲社会基金的其余部分几乎全部投入到了目标 3 和目标 4 的就业和培训计划中。欧洲农业指导与保证基金的结余则用于农村地区的发展。

第五阶段：“改革中的改革”

在筹备 1994—1999 年间的结构性基金时，也延续了第四阶段所阐明的那些基本原则

(CEC, 1993a, 1994)。但这一阶段更加重视评估问题。基金本身开始更加谨慎地划定属于目标 2 的区域；为了进一步满足产业变化所带来的需求，目标 3 和目标 4 也开始不断调整；着眼于农村多样化发展的目标 5b 受到了更多的重视，同时，增设了针对渔业的目标 6。而面向四个最贫穷的国家，推出了一项新的政策工具，即凝聚基金（Cohesion Fund）。将这一基金包括在内，1999 年，也就是欧共体援助体系规划时期的最后时刻，结构性基金的资助金额约占目标 1 地区 GDP 的 3%。在总固定资本的形成过程中，8%的资金来自欧洲区域发展基金。

结构性基金的发展达到了一个新的阶段。在这一阶段，就基金对产出、就业和收入的影响进行评估的过程中，出现了方法上的各种困难。对于目标 1 对应的国家，采用宏观经济模型（不管是对短期还是长期）进行预测和模拟，都表明，结构性基金和凝聚基金的规模对宏观经济指标具有非常重要的作用。同时，其他一些计划和项目，比如欧洲社会基金下的其他项目，具有非常明确的定量和/或定性目标，它们通常运行于现存的劳动力市场结构或培训市场结构中，或对这些结构加以改变。因此需要更多微观层面的评估方法。介于宏观和微观之间，还有很多研究对地区/子地区或部门/分部门层面进行了分析，其中有些侧重于宏观层面，有些则侧重于微观层面。

以上述结构性基金的发展历程为基础，结合相关的人力资源问题，下面将简要介绍与欧洲社会基金密切相关的几种评估方法。

2. 对劳动力市场项目的评估

2.1 评估实践的不同领域

总体而言，关于政策的劳动力市场影响的评估研究之所以有不同的类型：是因为相关的政策可以划分为五大类别：

(1) 税收—补贴政策，这类政策以就业、投资以及环境指标为目标，需要充分考虑宏观经济政策的限制。

(2) 大规模的地区或子地区政策，对劳动力成本或资本投资进行补贴。

(3) 针对特定行业（包括公共部门的企业）的政府帮扶政策，有时是由于地区经济萧条而推出这类政策。

(4) 空间发展政策，通常为某一地区大规模的经济活动。

(5) 就业和培训措施，属于"积极的劳动力市场政策"，它具有区域上和功能上的差异性。

虽然针对上述各类政策的评估实践有着很大的不同，但对于为什么评估研究会从不同的方向切入，却在某种程度上有着相同的答案。

在宏观经济模型已经发展了三十多年的今天，我们很难相信，一项关于税收一补贴政策的评估研究可以不采用计量模型。但是在欧盟各成员国之间，数据质量的差异很大，构建模型的研究基础也不一样。

单个国家的宏观经济模型和多部门模型可以描述经济行为的主要方面，其分析结果也可以为评估研究提供量化基础，从而为政策的决策过程提供参考。研究者还对欧盟构建了多国、多部门模型，例如，HERMES（CEC，1993b）和 E3ME（Barker and Gardiner，in press），不过，前者对劳动力部门的处理非常粗略，后者尚在出版中。

但目前似乎还没有真正意义上针对单个欧盟国家的多地区模型可用于构建地区层面的标准宏观经济变量。虽然存在单一地区模型，但这些模型往往只适用于很短的时期，无法服务于持续的预测或政策评估。至于子地区模型的发展，可以想见，也十分有限。

上述这些对于评估以发展特定区域为目标的政策带来了很大困难。首先，对于大规模的财政干预，例如通过市场机制（即调节价格而不是直接操纵数量）运作的区域性就业和投资补贴，几乎没有可用于模拟分析的模型。目前也没有模型能对大型投资项目的影响进行很好的评估：在地区层面，通过对模型的特殊处理，还可以对某些国家进行评估，但在子地区层面则无法实现（不过，可参考 Wilson，Assefa and Beard（1995），最近的建模计划）。

其次，现有的子地区模型所包含的行为内容十分有限，难以成为一些常见政策的分析基础。这些政策包括：针对特定劳动力群体的工资补贴，短时工作补助，招募补贴，向提供培训的雇主发放劳动力成本补贴，向参加培训的劳动者提供劳动力成本补助或津贴，对培训所需的资本支出进行补贴，以及向小型企业提供公用设备。这些都是欧洲社会基金下的典型项目。现有的多地区模型或单一地区模型以及子地区模型，由于能够反映相应区域经济环境的主要特征，可用于进行“背景模拟/试点”。这些主要特征可作为假设用于更集中的项目评估，不过，在解读这些统计数据（如在课程结束后一年内找到工作者占培训参与者总人数的比重，持续时间超过一年的岗位占新创造岗位的比例）时需要考虑到这些假设。

至于对上述第三种政策的评估，即政府对困难行业的帮扶效果，目前所采用的方法主要集中于对企业战略的评估，以及对投资可行性的评估，把重点放在了产品市场分析，而不是劳动力市场结果上。对不同的企业所在地进行影响评估，虽然属于第四个评估类别，即“经济影响分析”，但相关的研究没有对产业政策的评估研究多。

在经济影响分析的历史上，成败参半。关于区域或地方经济环境，以及作为分析对象的具体的影响“事件”，由于没有足够的数据，很多分析都掺入了过多的猜测。研究背景通常会涉及：（1）行业紧缩；（2）正处于建设阶段的新行业大发展；（3）服务业的发展，服务业往往需要优良的办公环境和符合任职要求的员工；（4）农业发展；（5）促进旅游和休闲；（6）农村和城市的基础设施建设；（7）公共部门制度性就业对地方经济的影响（政府部门，教育机构）。

一些既有的区域或地方经济模型可以运用到某些影响分析中，但是这些模型数量有限。目前主要通过谨慎地使用凯恩斯乘数来进行分析研究，凯恩斯乘数的估计值来自研究者所搜集的调查数据或者借鉴其他相关的研究（Lewis，1998）。

但是，劳动力市场项目的评估者通常难以得到进行影响分析所需要的数据。而且，即使得到了相关数据，在研究者所选定的地区中，项目的规模与上述研究相比往往较小。当然，在对“示范措施”进行评估的过程中不需要加入影响分析。但是，无论是对小型经济体（即子地区）的小规模政策干预进行评估，还是对大规模的政策“冲击”进行评估，要构建“反事实”情形都是很麻烦的。

在某些情况下，欧洲结构基金的项目是介于大型、可确定经济影响和小型、发展中的干预之间的。在研究特困地区时，我们必须认识到这一点，因为在那里，虽然单个项目的规模有限，但各类发展援助合在一起，帮扶的力度很大。

最后，"积极的劳动力市场政策"从性质和规模上来说，与欧洲社会基金在欧洲大部分地区所资助的项目非常接近。很多研究对这类就业和培训措施的各不同演进阶段进行了考察。例如，Layard（1979），Lindley（1980，1983，1986）和 Stern（1988）对英国政策试验时期的各种措施进行了研究，另外，Johannesson and Wadensjö（1995）对瑞典劳动力市场政策的主要经验进行了最新总结。

但总的来说，对具体项目的评估有两种不同的研究思路。第一种是以参与计划者的微观数据为基础，有时也有非参与者的相关数据，考察参与计划对于个人以后的经历，即找到工作的概率，能否产生影响，这可能还涉及其他一些因素，包括：工作与培训类型之间的相关度，工作与培训计划中所习得的工作经验之间的相关度，以及可能得到的工资水平。Heckman and Smith，Björklund and Regnér（分别见本手册的第 2、第 3 章）对实验性和非实验性评估进行了评论；有关的方法论问题，以及具体的评估实例，可参见其他章节（也可参见 Jensen and Madsen（1993），搜集了近期关于积极劳动力市场措施影响的研究）。

第二种研究思路更加关注特定政策所对应的市场状况。采用这种思路，部分原因是前面所提到的数据问题，即没有足够的可用于微观计量研究的反事实/控制组数据；此外，这种思路也有其自身的合理性。因为它认识到，很多计划的规模及其总体影响意味着将它们放在局部均衡分析中作为边际干预进行考察是不够的。我们还需要评估这些计划带来的其他间接影响，包括对个人和非参与机构，以及地方、区域或全国经济的影响。

2.2 劳动力市场措施

招募、雇佣、培训员工的成本，"维护"员工的身心健康、向员工提供保险的成本，以及退休员工的成本都会受到国家财政和监管政策的影响，包括援助社会弱势群体和落后地区的专门计划，但是不同类别的补贴和管制之间的界限往往并不清晰。培训和"维护"（前者通过提高员工的技能水平来提升企业可利用的人力资本，后者专注于劳动者的身体健康和心理健康）与企业的招募成本、入职培训成本，以及之后不断产生的非工资雇佣成本密切相关。不论是企业特殊型员工保险还是法定保险计划，既可以保障与工作相关的风险，如健康、安全和失业风险，又能够分担一些与就业状况不直接挂钩的一般性风险。劳动力的规模和年龄结构会影响养老金的持续性，以及在基本养老金基础上的增补幅度，而这些又会对雇主或雇员所承担的退休成本（包括因生病引起的临时性退出）产生影响。退休成本还可能与招聘措施相关，例如，政府通过自愿提前退休计划用特定类型的失业者替换愿意退休的大龄劳动者。

在对不同计划的效果进行评估时，会用到一些基本概念，由这些基本概念可以产生一些简单的绩效指标。

- 无谓效应：某些受补贴个体（工作或人）的状态并没有因补贴而发生改变，这部分个体所占的百分比就是无谓效应。
- 防御效应（或多米诺效应）：若不是为了支付给其他个体，某些受补贴个体原本不需要补贴，这种原本不需要补贴的受补贴者所占的百分比就是防御效应。
- 替代效应：在同一家企业中，受补贴个体替代非补贴个体的百分比，或者，在招募补贴的情况下，受补贴个体替代非补贴劳动力的百分比，不论他们对于企业而言是内部人还是外部人。

- 置换效应：受补贴个体取代非受补贴企业中个体的百分比。

显然，这些概念体现了企业及其竞争对手对于补贴制度的反应，包括生产要素比例、产出、价格、利润和投资等方面的潜在变化。如果相对于行业成本而言，补贴的规模很大，那么，它对产量和产品市场的影响也可能较明显，可以直接测量，从而能够对这样的行业进行影响分析。而在其他情况下，补贴对单个企业或单个行业的影响较小，在任何计量经济分析中，都可能由于其他经济因素发挥了更大的作用而难以为研究者所觉察。于是，这方面的实证评估可能更侧重于使用来自受补贴企业和非补贴企业的抽样调查数据。

对于无谓效应、防御效应和替代效应，从原则上说，只需面向受补贴企业精心设计一些问题，便可以了解相关信息。但对置换效应的衡量，则必须包含不享受补贴的企业。结果虽然只是勉强过得去，但这种方法并不逊色于对其他产业激励形式的评估。

并不是所有参与这些计划的失业者都被计入了失业人数。如果失业人数的减少比就业人数的增加更加明显，则可以对此进行调整。调整的另外一个好处就是，能够考虑到所节约的失业金和相关转移支付的金额。了解到节约金额，加上所避免的裁员支付，结合更高的税收收入和社会保障缴费带来的首轮效应，我们可以大致估计短期内每个净增岗位的净创造成本，以及失业人数数据中每减少一个人所对应的净成本（参见 Delander and Niklasson，本手册第 6 章，对该领域的成本收益分析展开了广泛的讨论）。宏观模拟模型（Layard and Nickell，1980）或宏观计量模型（Turner，Wallis and Whitley，1987；Whitley and Wilson，1983）也许可用于探索长期动态，不过，需要项目的规模足以在我们所研究的层面产生明显的影响，同时，通过对参数的适当处理，政策项目的机制能够在模型结构中得到体现。

2.3　在特定背景下进行评估

除了复杂技术分析的局限性，以上的评估工作还显示，在实践中，评估研究所发生的背景也非常重要。背景中的某些特征将影响到具体政策的干预效果，或者更确切地说，将影响到任何来自我们所考察地域（国家、地区或子地区）外部的外生变化所产生的作用。背景的影响有时会使一个设计精确的项目——例如，工资补贴，招募补贴，培训，促进企业发展，增建基础设施等——相形见绌，这取决于项目的设计过程中是否考虑到了背景因素。在对监督计划的种类和具体指标进行选择的过程中，背景因素的作用也不容忽视。

因此，项目的影响以及相应的评估技术会随以下项目属性而改变：

规模：	（1）相对于执行评估时所处的社会经济空间的规模，项目的覆盖面有多大；（2）相对于受到政策影响的行为主体所感知到的成本，税收支出达到何种程度。
选择性：	只面向部分经济活动，例如，某一部门（如农业或制造业）、某一区域（如贫困国家或地区）、某一主要社会经济群体（如女性）。
针对性：	针对特定部门（如煤矿）、子地区（即欧盟统计局地域分类中的第 2 级）或者劳动力群体（如失业青年，重返劳动力市场的女性）。

暂时性：　在行为主体看来，政策措施仅仅是暂时性的，或不断重复的。
反周期性：　一项政策措施，在事先（而不是在事后）就可以看出它是反周期的。
长期性：　有些政策干预是长期性措施，尽管它的某些方面会随社会经济条件而改变。

在一个极端，需要对小型的、有针对性的、暂时性的措施进行分析；在另一个极端，分析对象是大型的、无选择性的、长期的措施。[2]在前一种情况下，评估的技术难题可能主要在于项目的建立和运行方面的行政管理，因此，评估所耗费的时间可能远远长于整个项目的持续时间。此外，如果政策及其执行重点（不论是以政策方案的形式，还是以方案下的政策项目形式）在不断发生改变，那么还需要明确决策和评估之间的本质关系。

劳动力市场政策和相关区域政策、产业政策或社会政策的评估环境在 20 世纪 80 年代动荡不定，到了 90 年代也是如此。在政策的制定和执行方面，下列共同因素会对评估过程造成影响：

（1）试点政策的范围，以及政策原则的改变幅度。

（2）政策传导机制的不稳定性。

（3）项目数量的急剧增长，每个项目又都包含着不同的基本要素和传导机制。

（4）数据的不足，难以满足审计、监督和评估要求。

（5）政策制定者对于研究和评估的贡献具有不确定性。

考虑到从宏观到微观层面存在大量的政策发展和执行计划，我们需要对这些政策及评估的连贯性进行考察。第一，需要认识到，项目的发展遵循一定的生命周期，各种因素都可能对政策的效果及其评估过程造成影响。第二，由于纵向数据十分有限，我们需要充分利用横截面数据（例如各不同职业/行业/地区/国家的横截面数据）。第三，在对项目或方案进行分析时，必须采用分类分析法对最重要的要素（例如，对就业/招募/培训的补贴）进行考察，这样，对于特定计划的分析可以得到更多有关其他计划和整个政策方案的信息。

最后，由于社会经济政策的范围更广，且经常发生变动，因此，我们应当更加重视持续性监督系统的建立，而不是依赖于针对特定项目的调查数据和行政管理数据库。（参见 Auer and Kruppe，本手册第 30 章，他们对欧盟成员国和美国监督系统的发展进行了回顾。）一些欧盟国家已经在这方面有所改进，比如，国家劳动力调查已由年度调查转变为季度调查，同时，为了考察不稳定就业或职业，还引入了重叠样本，并在问卷中加入了一些新的问题。另一个很有前景的发展方向是对同时代的青年进行调查。

3. 对欧洲社会基金的监督与评估的启示

很多政策能够直接作用于特定的区域、行业或其中的社会经济群体，对这些不同的政策所进行的评估能给我们带来哪些结论呢？其中，哪些又与欧洲社会基金的评估有关呢？

从根本上来说，这个答案取决于“基本评估”和“渐进式评估”之间的平衡。关于对评估过程的处理，参见 Schmid，本手册第 7 章，以及 Schmid 等人为本书所写的前言。显然，根据各成员国中具有可行性的各类评估，只能采用“最小公约数”方法。那些劳动力市场信息系统不完善的国家和/或开展评估分析的制度能力有限的国家，决定了评估的性质。另外，还有一种方法可以采用，即在评估计划中明确表述接下来的评估改善途径。当然，基本评估会被包含在渐进式评估之中。

在设计渐进式评估计划时，应以统一的标准对待审计、监督和评估，审计是监督的前提，而监督又是评估的先决条件。举一个例子，审计过程中所使用的财务控制系统应当拥有清晰全面的支出和收入明细，从而可以直接服务于监督和评估。这样的“评估”事实上也是审计或监督。如果将评估放在最重要的位置上，那么可能需要在审计的深入程度和监督、评估的深入程度之间进行权衡。

从欧盟的角度来看，欧盟委员会和成员国政府之间在不同的审计、监督和评估要素之间的分工，取决于任务的复杂性，以及对推进共同标准的关注。但显然，单从政策项目的数量来看，不论是欧盟委员会还是成员国政府，都难以对所有项目执行 100%的评估。实际上，是不是所有政府都能够有效地监督它们的欧洲社会基金项目还是一个问题，它们能否开展全面的审计工作也令人怀疑。

因此，欧盟委员会的评估策略包含四个要素：

（1）拟在国家层面使用的评估方法。

（2）选取评估项目/方案的标准。

（3）按要素 1 和要素 2，对所使用的评估方法和所选择的样本进行仔细审查。

（4）按要素 3，就接下来的渐进式评估制定计划。

如果没有要素 2，评估将会退化成一场游戏，只要具备先验能力，各国都将选择最有前景的项目进行评估。如果没有要素 3 和要素 4，就难以提高评估的质量。（如果没有要素 2、要素 3、要素 4，各国会倾向于将评估保持在一个最为基础的水平，即成本最低的水平，因为这样他们可以对更大的项目样本（样本量大于欧盟委员会的要求）进行评估，从中选出最成功的结果形成报告。）

显然，在实践过程中，行政和外交方面的因素将对评估产生很大影响，但如果想要对结构性基金进行更为严谨的评估，则需要对上述方面加以控制。

评估策略还将考虑到评估的目的——是评估欧洲社会基金的总体影响，还是侧重于直接将评估作为管理工具。前者要求我们选择具有代表性的项目/方案样本。后者对评估预算的调配将侧重于那些难以满足评估标准的国家/地区，或某类看似有效的政策方案。

对于发展水平不同的国家和地区，在按评估标准分配资金时需要格外小心。可以想见，富有的国家更可能满足较高的标准，因为它们拥有更完备的统计、评估和研究体系。因此，当资金的分配取决于评估标准时，我们需要综合考虑结构性基金所要消除的不平等。

如果要保持标准，并避免上述问题，那么，可以采用分类分析法进行评估。这就需要假设：欧洲范围内，特定类型的项目/方案在“类似的”劳动力市场和地方经济中会产生“类似的”影响。于是，欧盟委员会所关心的将是建立一个评估数据库，这个数据库将按项目的类型对研究进行分类，其中的地方劳动力市场需要能够反映项目的主要特征，以及与欧洲社会基金的目标有关的经济环境。

因此，欧盟委员会的评估策略就是整理优秀评估（如果不是最优秀的评估的话）的数据库，并对欧洲社会基金项目/方案按同样的类型进行归类。评估的第一阶段需要将研究计划与同类项目之前的情况进行比较。这是一种先验性的评估，只要各成员国政府提供了合适的分类摘要数据，这一阶段可由欧盟委员会自行完成。

只要评估数据库中的项目所对应的经济条件具有足够的代表性，这种分类形式的先验评估就不会使那些统计和评估体系不完善的国家处于劣势。但优秀评估可能主要来自发达地区，因而其代表性可能不够充分。要改变这种不平衡，欧盟委员会可以选择一些项目一劳动力市场的组合，资助它们的优秀评估，以弥补评估数据库的这些缺陷。

在构建评估数据库的过程中，还有许多操作难题需要应对。不同的研究，在评估项目时所使用的定量指标不同，对定性信息的使用程度也不同。当我们评价项目在促进公平、提高效率或加强共同凝聚力等方面的作用时，需要进行一些主观评价，但这与欧盟委员会和成员国政府官员已经做出的评价没有什么不同。对于结构性基金，会有越来越多的评估，因而也越来越需要这类主观评价。

可以说，到目前为止，尚没有关于欧洲社会基金的事后评估，但审计和监督体系在某些国家已经建立得很稳固。审计方面，目前比较迫切的是，对审计数据的分类进行调整，使之与政策项目的操作性目标相对应，同时，财务和非财务审计数据也能够与监督数据相对应。后者实际上来自前者。

所建议的主要方法如下：

（1）对旨在实现欧洲社会基金目标的不同干预手段进行分类。

（2）要求所有获批的基金项目都至少采用一种干预手段。

（3）要求对项目和当地的经济环境进行初步统计，了解主要统计摘要，便于对项目的性质和环境对于项目成败的作用进行评判。

（4）使用评估数据库和要素1～要素3展开分类形式的先验评估。

（5）要求监督信息与要素3的统计摘要一一对应。

（6）根据要素4和要素5对评估项目进行抽样。

要使用以上所描述的分类评估方法，首先需要了解整个评估过程中的三个主要组成部分。这三个部分分别与项目的类型、特定区域的社会经济类型、开展评估研究的背景有关（见表28—1）。

表28—1　分类评估：主要组成部分

1. 项目类型	
项目目标：	短期/周期/长期
	需求方导向（直接/间接的岗位创造）
	供给方导向（培训，企业家，创业，基础设施）
项目机制：	直接的岗位创造，投资补贴，工资补贴，招募补贴，培训补贴，企业发展，基础设施支持（信息，建议，共享设备等。）
2. 空间区域	空间区域能够对项目实现其目标的难度产生影响，根据这种影响划分地域类型
3. 评估背景	项目的规模、选择性、针对性、暂时性、反周期性、长期性

至于项目，人力资源项目通过管制、向劳动力市场上的一类或多类行为主体提供教

育、培训或劳动力服务和/或财政转移而发挥作用。要想了解人力资源项目实现其预定目标并产生其他影响的主要机制，需要对其中的每一个项目和方案进行考察。政策方案的名称并非都能反映方案的主要影响，因此，需要按机制和预定目标对项目/方案进行分类。评估时应尽量减少项目在表达和操作上的复杂性，使它们能够直接反映项目的主要内容。

要展开分类评估形式，所需要的第二个要素是对空间区域的分类。即，将具有相似社会经济条件的地区分在同一个类别下。如果能够实现这样的分类，那么，某类项目在一个地区的评估结果，与同类项目在同类其他地区的潜在评估结果之间，可能具有一定的关联。这样，事后对一个地区进行分析所得到的结果，不仅有益于针对同一地区类似项目的事前评估，而且对其他地区类似项目的事前评估也具有借鉴意义。

最后一个要素是开展评估的背景。类似的项目在类似的地区可能会产生不同的结果，因为有些可能更具针对性，有些可能实施于经济萧条时期，有些则执行于经济复苏之后的最高点，等等。区别项目和社会经济环境的主要因素已在前面进行过讨论，见表 28—1。

如果以这种方式对项目和空间区域进行分类，那么，我们就能很好地了解评估背景，从而提高评估研究的成本有效性，降低学习成本，利用规模经济。从欧盟的角度来看，这样的体系能够提高高质量评估的回报率，因为不同项目背景（项目类型和地域类型）下的评估结果之间相互借鉴能够带来正的外部性。欧盟可以通过管制手段和财政激励来推进更为严格的评估。在管制手段下，要想得到欧洲社会基金的资助，必须执行特定的审计、监督和评估步骤。至于财政激励，我们的目标是了解不同类型的项目在不同类型的地域和评估背景下的作用，如果对实现这一目标具有重要贡献，那么就给予更多的资金支持。

4. 项目指标——分类视角

分类评估方法就确定政策方案或项目的主要特征和主要影响进行了新的尝试。其目标是从每一项评估中得到尽可能多的启示，这不仅是为了研究这一个个案，同样也是为了研究其他相关个案。为了实现这个目标，在设计分类评估时，需要考虑到研究结果的“可转移性”。首先，其目的是对某类项目进行细致的评估，需要涵盖各种不同的空间社会经济环境。其次，一系列的评估已经建立起来，分类后，可以应用到其他“类似的”项目和环境中。

这一部分将讨论项目分类的有关方面，特别是从评估所需要的绩效指标的角度进行一些说明。

区分审计、监督和评估是非常重要的，虽然在现实中这三者之间的界限有些模糊。在这里，我们使用以下定义：

- 审计：确定每个项目下活动的数量和相应的支出水平。
- 监督：从项目通过审批直至项目结束，根据不同的利益和项目的内部有效性，关注项目活动的主要方面。
- 评估：鉴定项目对参与者与非参与者、参与组织与非参与组织的影响，同时，在合适的层面对项目的总体净收益和成本进行评价（例如，子地区、地区、国家、欧共体），其中，对收益和成本的计算既包括财务方面，也包括非财务方面。

对于评估，我们也需要区分两种类型：一种是对项目社会经济影响的全面评估，另一种是对项目有没有实现其预定目标的考察。后者与前者相比较为狭隘，不过，这取决于那些预定目标的细化程度。

狭义的评估，实际上可能无异于监督，因为所考察的目标可能都集中在项目的效率和短期总效应方面。例如，某项培训计划成功地降低了培训者的人均成本，但仍然维持着以前的就业成效（比如接受培训的劳动者在课程结束后一个月内的就业情况）。

显然，这里存在一种可能，即在设定目标时，将所有致力于评估项目净影响的要素都排除在外。但这样的项目在一开始就不会通过审批。

可以从很多不同的角度来看待审计、监督和评估过程中所使用的指标，但这些指标主要来自某些基本的信息类别，见表28—2。值得一提的是，这些指标不仅关注受到政策影响的劳动力市场过程，也关注政策管理系统。例如，第一点和第五点相结合可考察“项目群”与地方社会经济环境（第六点）和“非项目群”之间的关系。一些没有参与项目的管理者、个人和组织也可能受到项目的影响：项目的干预也许会刺激或改变就业和培训机会、收入、当地产销量等。

表28—2　　监督和评估指标的基本信息

1. 项目特征
   - 项目管理
   - 参与个体
   - 参与组织
   - 活动内容（例如培训类型、岗位、创业）
2. 项目期间
   - 创造
   - 对参与者的选择
   - 主要活动
   - 后续活动（如果可行的话）
   - 监督期
   - 评估期
3. 选择过程
   - 用来选取参与个体或组织的总体
   - 选择标准
   - 申请者相对于总体的规模
   - 被选中的参与者相对于申请人的规模
   - 能够接纳项目的参与者相对于被选中的参与者的规模
   - 初始参与者相对于接纳项目者的规模
4. 项目过程
   - 对项目期间参与者人数的减少按退出项目的原因进行分类
   - 关键阶段的成功率（适用于部分项目，例如模块化培训）
   - 出席率
   - 完成率
   - 认证率
5. 项目结束后的情况
   - 项目管理（其他项目等）

- 参与个体（工作和培训经历）
- 参与组织（生存能力、持续雇佣个体、对未来项目的参与情况）

6. 地方社会经济环境
- 地方经济的繁荣程度和社会福利
- 地方经济发展所面临的威胁和机遇
- 目标弱势群体的境况
- 未参与项目经理人
- 未参与个体
- 未参与组织

7. 定性信息

项目期间面向参与个体的意见调查
- 财务安排
- 组织的质量
- 培训/工作经验的质量，及其与现实工作的相关度
- 参与原因
- 退出原因

面向参与组织的意见调查
- 财务安排
- 组织的质量
- 培训/工作经验的质量，及其与现实工作的相关度

面向项目经理人的意见调查
- 财务安排
- 负责管理项目所属的政策方案的组织的质量
- 计划和策略

在执行意见调查的过程中，关键点在于调查的连贯性，只有这样，才能得到可靠的信息；此外，要对国家之间甚至地区之间的差异做出评价，是极为困难的。

8. 管制和财政制度
- 管理就业合同的条款
- 社会保障管理及规定
- 个体权利和平等机会管制
- 与上述内容有关的集体协议

还有两类信息与此有关。项目内行为主体的态度和观点（第七点）也为项目的有效性提供了重要的定性信息。此外，类似的项目在不同的管制和财政体系（第八点）下可能会产生不同的结果。例如，对于新进入劳动力队伍的青年，他们能够享受的社会保障权利将会影响他们参与培训和工作经验项目的可能性，以及项目结束后的就业经历。

在使用监督和评估所要求的这些基本信息类型时，需要确定具体的指标。上述信息有些可以作为审计和监督活动的一部分而进行系统的搜集，但对那些关于地方经济环境（包括潜在的“控制组”）的指标，单独搜集可能更加有效。但还有两类指标处于二者之间：关于项目期间参与者情况的定性指标，参与者在项目结束后的定性和定量指标。这两类指标都依赖于调查数据和案例研究结果，仅有项目的行政管理信息是不够的。

在具体实践中，调查和案例研究只对一小部分项目是可行的。考虑到这种局限性，本章第 3 部分提出了一种评估策略——使用评估数据库。这一策略重视对项目通用类型的调查和案例研究，这些项目是重要的，但在某些背景下没有得到足够的重视；或者这些项目

是创新性的，可以为我们提供有关某种新项目类型有效性的信息。

在行政监督数据和通过调查得到的评估数据之间，还可以就前者和后者的重叠程度进行选择（在行政数据体系的基础上进行跟进调查，就是一个很好的例子）。这一选择在某种程度上取决于项目管理的组织结构。

此外，我们也需要区别用于评估的主要指标和用于解释的主要指标。例如，一种可能的情况是，我们得出结论，某项目未能提高弱势群体在培训项目中的参与率，但我们并不知道为什么会出现这样的结果。对可能的参与率结果的预期，也许会导致相关数据的搜集，这些数据能够反映，比如，宣传攻势，或者，有没有根据公共交通和/或接送孩子上下学的时间对培训时间进行了特别的安排。但是，在没有专门的调查数据或案例研究的情况下，这些数据由于尚不足以提供令人信服的分析而可能给基本的监督/评估过程带来负担。

调查和案例研究的目的应该是服务于前面提到的四个“量化的主要效应”（无谓效应、防御效应、替代效应和置换效应），计划的定性方面，以及出于审计和监督目的而搜集的信息的可靠性。此外，宏观经济效应和溢出效应，只能从具体的宏观经济模型中通过粗略计算得到。

4.1 按经济发展水平对空间区域进行分类

最后，我们来看一下空间分类在评估过程中的重要性。很多政策项目（例如，青年培训计划）能够贯穿整个经济体，对这类项目的评估表明，空间位置在决定人们的就业经历，以及参与项目对就业经历的影响方面，发挥着重要作用。空间位置在横截面统计分析中可以用空间虚拟变量来表示，也可以用反映地方经济状况（特别是找到工作的难度）的指标值（如地区或子地区失业率）来表示。

但在使用英国的数据时，Green and Champion（1991）强调了刻画地方劳动力市场的难度，虽然地方劳动力市场只是特定项目的实施地区或子地区的一部分。同时，他们还指出了构建指标所面临的难题，要在区域层面对“反事实”情形进行评估，难度很大，因为区域经济模型和劳动力市场模型很少见。这类模型的存在能够为更复杂的评估提供机会，但评估过程中必须考虑到区域反事实情形可能显现出的异质性。

如果由于异质性问题，某种对社会经济区域的分类方法不够理想，那么能否建立起一种更好、更适用于政策执行和政策评估的分类方法呢？聚类分析技术可以将总体中具有某种已知特征的个体分配至同一个组，从而使得组内差异最小化，而组外差异最大化。如果有具体的数据，聚类分析可能比利用行政区划的地方层面信息更有用。

从评估的角度来说，最终所选择的组别应当是，组内各不同区域面临着类似的问题以及类似的解决问题的机会。严格地说，对于每一项劳动力市场政策，都应当进行重新分类，因为各项政策所要实现的目标是不同的。[3]

在实践中，待评估的政策方案每换一次，就重新进行分类的做法是不可行的。Green，Owen，Hasluck（1991）所划分的类别也许可以视为较通用的分类方法。在他们的分类基础上，如果有正当理由，可以进行一些调整。这种分类方法所依靠的各变量旨在反映出地方经济和劳动力市场的关键结构特征，供求相互作用下的劳动力市场结果，以及考察期内的改变程度。[4]

实际上，分类也提供了一种粗略地构建反事实情形的潜在可能，因为一个类别往往很大，其中有些区域实际上无法得到发展资助。在发展政策（如欧洲社会基金）的持续时期，它们的经济形势就可以作为反事实情形，用于估计享有资金支持的其他地区的经济运行状况。这种聚类分析如果一致地应用于欧洲地区及其子地区，比将它应用于单个国家要受到更多的限制。然而，它的应用可视为开发统计体系的最终目标。

5. 结　论

随着欧洲社会基金活动范围的扩大和类型的多样化，本章就评估研究在欧盟框架下如何开展进行了讨论。现总结如下：

（1）仅有少数评估项目可以产生“优秀”评估——可用于评估的资源也无法超越这一局限性。

（2）欧盟委员会应当事先对所有项目按评估数据库的分类方法进行分类。

（3）评估数据库应当包括既有“优秀”评估的研究结果，即政策方案的特征和政策效果的多样性方面的关键指标。

（4）评估策略应当是双重的：

1）为填补评估数据库的重要缺口而进行的评估；

2）侧重于对徘徊在评估标准边缘的项目的评估，而不是按类型、国家或地区选取具有充分代表性的样本。

（5）需要对空间区域进行类型分析，对项目已经得到评估的地区和项目正在执行的地区，按影响欧洲社会基金项目成败的因素进行分类：特定项目的地域类别也应被包含在评估数据库中。

（6）欧盟委员会应当采用渐进式评估，而不仅仅开展基本评估，这样，评估标准就可以根据欧洲不同地区的资源和经验不断提高，而且可以避免国家层面的评估者在特定情况下选择较低标准的倾向。

本质上讲，上述计划不仅是为推进更加透明的评估而设计的，同时也是为了使对欧洲社会基金下社会经济政策的评估变得更有效率。

注释

[1] 欧共体援助体系（CSFs）是一个规划平台，在这个平台上，欧共体委员会和成员国就结构性基金的分配达成一致。

[2] 例如，英国在 20 世纪 80 年代的所有就业补贴都具有高度的选择性，虽然并不是所有的补贴都具有较强的针对性。比如，90％享受临时就业补贴的岗位（其中约有一半的岗位属于纺织、皮革和制衣业）和 95％享有暂时性短时工作计划资助的岗位（60％属于金属和工程设计行业）都集中在制造业。约 75％的小型企业补贴也仅限于制造业；青年员工计划虽然没有这种针对性，但实际上，将近 50％的青年工资补贴都用在了制造业。同时，所有这些补贴都是暂时性的。在事后进行的分析中，其中一部分补贴具有反周期性。但这种看法可能夸大了政策的连贯性，因为补贴的申领要求、补贴金额以及申领时限都很少发生改变。

[3] 拥有同一问题（如长期失业）的各不同地区可能不会面对其他相同的问题（如青年失业或女性就业机会的短缺），至少不会在相同程度上面对其他问题。然而，在评估政策方案的整体效果和方案下各项目的成效时，更大的困难在于不同地区的潜在环境对于实现政策目标的影响。例如，一个长期失业水平较高的地区，可能会受益于即将建立的大型油田或发电站，而另外一个面临相同长期失业问题的地区却没有这样的前景。在这两个地区实施同样的项目，那么，项目成功（用参与者在项目结束后的就业经历来表示）的可能性会差别很大。

[4] 最常用的区域劳动力市场指标包括特定部门（例如，商业服务之类的动态部门）的失业、失业持续时间、就业量，住房市场的增长趋势，以及劳动力市场的发展动态（例如，失业人数最近的变化、平均的失业持续时间），偶尔也加入一些平均收入变量。

参考文献

Barker, T. and B. Gardiner (in press), 'Employment, Wage Formation and Pricing in the European Union: Empirical Modelling of Environmental Tax Reform', in C. Carrano and D. Siniscalco (eds), 'The Double Divided' (provisional title), Cambridge, MA: Kluwer Academic.

CEC (1989), *Guide to the Reform of the Community Structural Funds*, Luxembourg: Office for Publications of the European Communities.

CEC (1991), 'The European Social Fund', *Social Europe*, 2, Luxembourg: Office for Publications of the European Communities.

CEC (1992a), *Reform of the Structural Funds: A Tool to Promote Economic and Social Cohesion*, Luxembourg: Office for Official Publications of the European Communities.

CEC (1992b), *Fourth Annual Report on the Implementation of the Reform of the Structural Funds 1992*, Luxembourg: Office for Official Publications of the European Communities.

CEC (1993a), *Community Structural Funds, 1994–99*, Luxembourg: Office for Publications of the European Communities.

CEC (1993b), HERMES, *Harmonized Econometric Research for Modelling Economic Systems*, Amsterdam: North Holland.

CEC (1994), *Competitiveness and Cohesion: Trends in the Regions*, 5th periodic report on the social and economic situation and development of the regions in the Community, Brussels: CEC.

Green, A. E. and A. G. Champion (1991), 'The Booming Towns Studies: Methodological Issues', *Research Policy and Review*, 35, 'Environment and Planning A', 23, 1393–408.

Green, A., D. Owen and C. Hasluck (1991), 'The Development of Local Labour Market Typologies: Classifications of Travel-to-work Areas', Department of Employment research paper, London: Department of Employment.

Jensen, K. and P. K. Madsen (eds) (1993), *Measuring Labour Market Measures: Evaluating the Effects of Active Labour Market Policies*, Copenhagen: Ministry of Labour.

Johannesson, J. and E. Wadensjö (1995), *Labour Market Policy at the Crossroads*, Stockholm: EFA, Ministry of Labour.

Layard, P. R. G. (1979, July), 'The Costs and Benefits of Selective Employment Policies: The British Case', *British Journal of Industrial Relations*, 17, 187–204.

Layard, P. R. G. and S. J. Nickell (1980), 'The Case for Subsidizing Extra Jobs', *Economic Journal*, 90, 51–73.

Lewis, J. (1988), 'Economic Impact Analysis: A UK Literature Survey and Bibliography', in D. Diamond and J. B. McLoughlin (eds), *Progress in Planning*, 30 (3), 159–209, Oxford: Pergamon.

Lindley, R. M. (1980), 'Employment Policy in Transition', in R. M. Lindley (ed.) *Economic Change and Employment Policy*, London: Macmillan, pp. 330–82.
Lindley, R. M. (1983), 'Active Manpower Policy', in G. S. Bain (ed.), *Industria Relations in Britain*, Oxford: Blackwell, pp. 339–60.
Lindley, R. M. (1986), 'Labour Demand: Microeconomic Aspects of State Interven tion', in P. E. Hart (ed.), *Unemployment and Labour Market Policies*, Aldershot Gower, pp. 154–75.
Lindley, R. M. (1993, September), 'Generic Evaluation in the Context of the European Social Fund', Colloque sur l'Evaluation des Politiques d'Emploi, Ministère de l'Enseignement Supérieur et de la Recherche, Paris.
Nevin, E. (1990), *The Economics of Europe*, London: Macmillan.
Padoa-Schioppa, T. (1987), *Efficiency, Stability and Equity: A Strategy for the Evolution of the Economic System of the European Community*, Brussels: Commission of the European Communities.
Stern, J. (1988, May), 'Methods of Analysis of Public Expenditure Programmes with Employment Objectives', Government Economic working paper no. 103, Treasury working paper no. 53, London: HM Treasury.
Turner, D. S., K. F. Wallis and J. D. Whitley (1987), 'Evaluating Special Employment Measures with Macroeconomic Models', *Oxford Review of Economic Policy*, 3 (3), 25–36.
Whitley, J. D. and R. A. Wilson (1983), 'The Macroeconomic Merits of a Marginal Employment Subsidy', *The Economic Journal*, 93 (372), 862–80.
Wilson, R. A., A. Assefa and J. Beard (1995), 'A Local Economy Forecasting Model (LEFM) for the UK Economy', paper presented at the European Symposium on Labour Market Developments, 18–19 May, University of Warwick.

第 29 章 欧洲对社会标准的管制：社会保障、工作时间、工作场所参与度、职业安全与健康

Jacqueline O'Reilly，Bernd Reissert，Volker Eichener

欧盟委员会一直认为，如果要建立一个统一的市场，使得劳动力、资本、物品和劳务能够自由流动，那么，经济一体化必然伴随着社会的整合与凝聚。然而，一体化的进程并非一帆风顺，这其中遇到了很多阻碍和困难。各国用于规范劳动力市场的制度和规定各不相同。在某些地区，这种差异不但没有减小，反而在不断扩大。关于《社会宪章》(Social Chapter) 的激烈争论使得有些人相信，在追求经济目标的过程中，共享社会标准的发展将被忽视。一种担忧便是"社会倾销"的出现。即面对来自欧洲单一市场内外更加激烈的经济竞争，政府可能会将它所承担的责任"倾销"至社会规则和劳动标准中（"胡佛事件"，1993 年)，目的是赢得比高标准成员国更多的竞争优势。这可能会导致成员国之间降低社会成本的"竞赛"，从而导致欧盟社会标准的普遍下降，背离了维持各国就业水平的初衷。

Streeck (1994) 认为，欧洲一体化使得高质量的社会标准成为一种浪费；OECD (1994) 最近的报告也指出，为促进经济增长，欧洲国家有必要取消一些劳动力保护机制。然而，正如 McLaughlin (1994) 所指出的，由于政治和经济的原因，欧洲国家无法将它们的劳动力成本降低至，比如，中国或东欧国家的水平。从企业的角度来说，它们可能更愿意迁至社会标准较低、管制较少的欧洲经济体，从而促进了"社会倾销"，它们的这种搬迁意愿取决于多种因素。特别地，企业需要在低工资、低技能的劳动力与高生产率部门的高质量物品之间进行权衡。例如，尽管德国是欧洲工资成本最高的国家之一，但它的生产率水平也很高，因而单位劳动力成本较低。因此，当企业决定迁至欧盟内或欧盟外的低生产率区域时，不仅要从劳动标准的角度，还需要从其他经济因素的角度来看待它。此外，最近的研究发现，在某些欧洲国家中，贫富分化，以及就业者与非就业者之间的两极分化日趋明显。各国在失业率上的差异也很突出，相对于核心国家而言，南部和边缘国家的失业水平较高。这种情形给未来欧洲的凝聚和协调一致带来了诸多问题。其中一个主要的挑战就是如何防止社会排斥从而鼓励整合。

本章的目标是，集中在试图建立统一标准的四大政策领域内评价这些发展动态和有关观点。这些领域分别是：雇员在工作场所的参与度，工作时间，职业安全与健康，社会保障。本章并非要对这些领域的劳动标准做出经济评估——即分析劳动标准对经济主体（企业、劳动者等）行为的影响，OECD (1994) 曾做过这种尝试，而是要考察欧洲对欧盟各成员国的国家标准的管制带来的影响。更准确地说，它的问题是，欧洲层面的管制有没有

对成员国的社会标准带来影响。关键是这些标准是否得到了改进，它们是否在一个最低的共同层面上达成了妥协。

这里我们提出的主要观点是，欧洲层面的管制措施对各国标准的影响在四个政策领域有着很大的不同。当欧洲层面的管制措施成功对国家标准带来影响时，主要可归功于三方面的因素。第一，决策过程的本质及有效多数投票（QMV）的运用。在某些政策领域，这使得一些国家丧失了对决策的否决权，从而能够很快达成有效的欧洲标准。第二，欧盟委员会、成员国政府、雇主和工会组织之间的利益联盟可以保障一些特定措施的成功采纳。第三，欧洲层面的管制措施，在不涉及已经建立起来的、根深蒂固的国家实践时，更容易得到采纳。本章的四个例子支持了这一分析，并解释了这种管制在某些领域取得较大成功的原因。

1. 工作场所参与度

1.1　关于管制的争论

随着越来越多的员工参与到企业的决策过程中，产业民主的不断推进已成为欧洲社会政策史中一个长期而激烈的争论点。欧盟委员会于 1994 年 9 月 22 日通过的关于信息交流与协商的指示，标志着产业民主进程中的一座里程碑。不过，它对欧洲劳动力市场的影响还在评估之中（Gold，1994；Gold and Hall，1994）。

20 世纪 70 年代，欧洲公司法草案首次提出了基于劳资联合委员会的德国模式，从那时起，欧共体委员会一直希望促进欧洲各国的信息交流与沟通（Blank，1994，pp. 145－146）。尽管这些努力遇到了重重困难并最终失败，但是，员工参与制定欧洲标准一事仍处于政策议程中，并或多或少地被赋予了优先权，这其中有很多原因。在很大程度上，它是由于在欧洲范围内，公司的合并和扩张越来越普遍（Marginson，Buitendam，Deutschmann and Perulli，1993；Sisson，Waddington and Whitston，1991）。欧共体委员会认为，当欧洲层面的商业决策越来越多，员工们应当有权知晓这些会影响到他们的决策，并有权对它们进行评论。更进一步，单一欧洲市场项目的重构结果必须能够得到“社会的接纳”，并能保障欧洲劳工运动的后盾（Gold and Hall，1994，p. 178）。总的说来，在这方面，欧共体委员会的整体理念就是，经济的一体化不能以牺牲“社会维度”为代价。在欧盟的这一指示出台之前，法律上的空白为“社会倾销”创造了机会；社会倾销在美国被称为“特拉华效应”，即企业从共同决策机制较完善的地区转移到不完善的地区。企业行为的这种可能性会破坏一体化项目所要实现的社会凝聚，不仅因为它会造成共同决策机制较完善地区的失业，而且会导致地区间的“竞赛”，使它们相继削弱劳动者的相关权利，从而会降低整体管制程度。

在过去的 25 年里，对这些措施的批判主要来自雇主组织，如欧洲雇主联合会（Union of Industrial and Employers' Confederation of Europe，UNICE）。他们反对标准化的员工协商形式和信息沟通渠道，并认为这种统一的体系缺乏灵活性，因为在欧盟内，企业活动有多种多样的形式。同时这也削弱了现行的、国家和企业为满足特定需求而采取的措施，并与分权化管理结构的发展形成了冲突。此外，这会带来巨大的成本，同时也会提高劳动力成本。更重要的是，尽管通常不会明确地表述出来，但他们也担心，这种措施最终会导致欧洲层面集体谈判的出现，从而逐步蚕食管理特权（Gold and Hall，p. 178）。

1.2 目前欧洲管制的状态

欧盟委员会关于劳资联合委员会的指示在名称的使用上有些不恰当，因为该指示实际上是为雇员创造了知情权和协商权，而没有涉及集体谈判制度（Blank，1994，p. 158；Streeck，1994）。最终发布的指示以“信息交流与协商”渠道代替了原标题中的“劳资联合委员会”。而对于最近一项指示，有人认为是一种“打了折扣”的妥协，远远偏离了欧盟委员会的初衷（Blank，1994）；但 Gold and Hall（1994，p. 181）认为，最近起草的指示，“无论是其整体结构还是政策草案，都在很大程度上保留了其最初的状态”。

要评估这项管制的影响，一个关键点是，信息交流和协商渠道定义的严格程度。如果不够严格，则传递到雇员手中的信息会很少。Gold（1994）认为，如果以直接的表达作为交流的形式，员工只是有机会作为个体或作为群体的代表，通过诸如质量圈之类的形式，将他们的意见表达出来而已（‘Thriving on Diversity’，1993）。较严格的定义则是形成“信息与协商”的双向交流，这样，员工的意见能够对管理决策产生一定的影响。Gold（1994）将之定义为代表型参与形式，即劳资联合委员会或工会采纳关于组织机构及其对雇员整体影响的观点。后一种定义更接近欧盟委员会最初的目标。

欧洲公司法最初的提案，包括员工协商，主要是以德国模式为基础，并受到 20 世纪 70 年代中期德国体系改革的影响而提出的。[1]起初是要强制推行双重委员会体系，但之后修改为“在趋同的进程中促使各国不同的结构形式相互兼容”（Blank，1994，p. 148）。但这一变化并未得到实施。1980 年，关于员工参与的《弗雷德林指示》就试图确保国外分公司的雇员也能够了解和评论他们所在的企业及其运行状况：“母公司有义务向位于不同成员国的分公司雇员代表提供有关相应群体经济地位的信息，以及任何可能危害雇员利益的计划的相关信息”（Blank，1994，p. 155），但这遭到了来自雇主群体的强烈抵制，以及英国政府的完全反对。虽然该指示在 1983 年得到了修订，降低了对员工超过1 000 人的企业的要求，减少了信息发布的频率和信息范围，但该指示还是遭到反对并最终不得不被放弃。1983 年，一项经过修订的指示提出了两种可选的模式，并将对适用企业的要求由员工人数达到 500 人提高为员工人数达到 1 000 人（Streeck and Vitols，1993，p. 8）。该项指示的失败最终促成了 1989 年修正草案的出台，在起初的德国模式的基础上提供了一系列可供选择的选项。总之，最先颁布的指示是要覆盖所有企业，《弗雷德林指示》主要针对跨国企业，最近的这份草案则只能应用于分公司和跨国关系的管理。

Delors 委员会再次兴起了对一体化进程“社会维度”的重视。1990 年，它起草了一份关于欧洲劳资联合委员会的指示。实际上，这些劳资联合委员会的主要任务是在全欧洲论坛上为劳工代表和管理层之间的信息交流与协商提供平台：劳工代表由各地方分公司指派至委员会，只在公司总部层面行使他们的权利。与之前的指示相比，这份指示的要求较低，且相对灵活。该指示最终得到通过，主要归功于《马斯特里赫特条约》对于社会政策协商步骤的改革，从而准许了有效多数投票机制的实行（Addison and Siebert，1994，p. 20）。过去，在一致同意的表决制下，英国可以成功妨碍所有措施的推行。但改革后，只要 66 个席位中有 44 个投票赞成，就可保证协议的达成（‘New European Information’，1994）。伴随着英国不再参与社会政策的决定，就劳资联合委员会达成一致的局势已非常明朗。

虽然欧洲雇主联合会强烈反对这类措施，但雇主之间在意见上出现了分歧。它强调了这样一个事实：“指示本身受到了某些公司已有的‘欧洲劳资联合委员会雏形’的影响，虽然这些雏形主要集中在法国的国有跨国企业中”（Gold and Hall，1992；Gold and Hall，1994，p. 179；‘Information and Consultation’，1993a，1993b）。1991 年 10 月，欧洲雇主联合会改变了之前的反对立场，接受《马斯特里赫特条约》关于政策制定的修订内容，同意与欧洲工会联合会（European Trade Union Confederation，ETUC）进行谈判。这实际上是一项防御性策略：这种谈判使得欧洲雇主联合会可以规避或推迟欧盟立法。随着一次次对话的破裂，欧盟委员会决意立法。

劳资联合委员会的议题，在英国和葡萄牙的任期内未被提上理事会日程；但在比利时和丹麦的任期内重新得到了重视。比利时总统发布了一份折中的声明，不再使用“劳资联合委员会”一词，而是代之以“信息交流与协商”机制；这种做法随后为丹麦总统所采纳。该项指示规定，如果企业在两个或两个以上欧盟成员国中雇佣了 1 000 名以上的员工，其中，非本国员工达 100 人，那么，该企业必须设立劳资联合委员会，并且，劳资联合委员会每年都需要了解并参与讨论公司策略，包括倒闭、裁员、新产品信息和财务绩效等。这些企业须在 1996 年 9 月 22 日之前协商建立这样的委员会。之后，所有劳资联合委员会都要采取指示中所规定的结构。由于英国决定不再参与这类措施，因此英国的雇员没有被包括在内，同时，英国企业也无须建立这类机制。尽管如此，该指示发布后，英国一些领先企业自愿建立了与工会的谈判机制，这些企业包括 United Biscuits，Electrolux 和 Coats Viyella。随后，其他一些企业也相继加入这一行列。

1.3　能一致达到较高的水平吗

关于可能受到该指示影响的企业数量，出现了几种不同的估计值：欧洲雇主联合会认为是 2 000 家企业，欧洲工会联合会认为是 1 200 家，欧盟委员会则认为，该指示所覆盖的企业数量约为 1 400 家（‘States Find’，1995）（表 29—1 列出了欧盟委员会的估计值）。将英国排除在外意味着一些英国企业并没有被包括在内。尽管如此，有些英国公司内部自愿达成的协议表明，它们愿意独立开设信息交流和协商渠道（‘Information and Consultation’，1993a；‘Thriving on Diversity’，1993）。

表 29—1　　　可能受到《信息交流与协商指示》影响的企业数量

国家	企业数量（估计值）
德国	290
法国	180
英国[a]	102
荷兰	100
比利时	50
其他欧盟成员国 ＋4[b]	278

续前表

国家	企业数量（估计值）
其他国家[c]	200
总计	1 200

a. 就英国境外的运营而言。

b. 丹麦、希腊、爱尔兰、意大利、卢森堡、葡萄牙和西班牙，加上奥地利、芬兰、挪威和瑞典。

c. 理论上说，美国、日本和瑞士。

资料来源：European Commission，cited in ‘Unions Will Campaign-All Out for Euro-council Deals Now’，1994，Industrial Relations Europe，22（262），2.

自愿性委员会的建立一方面可能是为了抢先实现指示的落实，另一方面，也可能是因为它对于跨国企业管理其多样性的员工而言，是一种经济有效的方式。Streeck and Vitols（1993，pp. 6－7 and p. 18）认为，这种机制的发展主要取决于国家产业关系体系的性质；同时，该指示的发布是为了维持国家和部门的多样性，而不仅是促进它们的趋同。

Marginson（1992）指出，这种自愿协议更可能出现在欧洲层面具有相同所有制结构的企业中，因为它们拥有相同的运营方式，其商业运作较为国际化。自愿协议也更可能出现在已经存在工会的部门，或拥有正式协商机制的大型企业中，因为该指示尚未触及小型本土企业。

据欧盟委员会估计，该项指示十分有利于劳动生产率的提高和员工责任感的增强，从而有助于提高竞争力。而每年花在每个员工身上的、与这些会谈有关的成本至多为 10 埃居。但是，这一数据对于员工数、代表数及国家的数量非常敏感（‘New European Information’，1994）。由于单位劳动力成本比实际劳动力成本更为重要，因此，该项措施所引起的生产率的提高可以抵消这些成本。

关于委员会机制是将被淘汰还是与企业管理结构相融合，Gold and Hall（1994）提出了疑问。

> 既有的、欧洲层面的自愿组织的情况可能预示了这些组织未来的发展趋势，非正式的制度趋于正式化，仅仅传递信息的机制中有时可以加入一定的协商成分。另一方面，工厂和国家员工的利己主义也许会抑制欧洲层面共同立场的达成。例如，这样的因素可能已经限制了大众汽车欧洲劳资联合委员会——被公认为是目前最成熟的自愿协议——在巴塞罗那 SEAT 工厂关闭一事中所发挥的作用（pp. 183－184）。

此外，他们也认为，该指示对于协商的影响远大于既有的三十多家自愿机构，但它对产业关系的影响仍不确定。

显然，在 1996 年的截止日期之前，企业都会力图就信息交流与协商达成某种形式的集体协议，在 1996 年之后，所有企业都必须采用指示中所规定的标准形式。该指示的采用意味着欧盟委员会有能力在除英国之外的所有其他国家执行相关规定（在英国，一些企业也自愿建立了委员会）。从很多角度来说，该指示确实取得了显著的成绩（Goetschy，1994；Ross，1994），虽然 Streeck（1994）对此持批评态度。欧盟委员会也在积极探索引入一种所有社会伙伴都能遵守的基本最低准则，而不是强制执行协调一致的标准。对于那些已广泛建立劳资联合委员会的国家，该指示的作用很小，它的潜在威力主要体现在一些尚未制定这类法律的国家。

2. 工作时间

2.1　关于管制的争论

工作时间问题同样也受到很多争议，不仅包含在最近关于欧盟管制的争论中，而且一直贯穿欧洲工业化的进程。争议的结果导致不同国家或同一国家的不同部门中出现了不同形式的工作时间管制。自 20 世纪 70 年代中期以来，欧盟内部的争论持续不断。主张规范工作时间的观点主要集中在两方面：减少工作时间以及增强雇主和雇员工作时间的灵活性。其中减少工作时间的做法由于能够使就业机会的分配更加平均而得到了工会的青睐，促进了工会对工作分享措施的推行（Meager and Buchan，1988）。但 Hinrichs，Roche and Sirianni（1991）指出，这些目标与雇主对灵活就业时间制的需求相比将会黯然失色。在欧盟，《增长、竞争力与就业白皮书》（欧共体委员会，1994c）主张提高工作时间的灵活性，而《社会宪章》（欧共体委员会，1989）却试图扫除硬性工作时间制所受到的阻碍。雇主曾经指出这两份文件是相互矛盾的（'Officials Seek'，1994，p. 8 ）。有些国家因为减少工作时间对于创造就业的作用很小而更换了自己的目标。于是，人们对灵活工作时间制的引入和推广越来越关注。同时，欧共体委员会也试图推出各国都同意的工作时间标准，从而防止"社会倾销"，因为企业更愿意在管制较松的地区进行生产。

欧洲工作时间管制的一个困难在于不同国家之间的差异。"标准工作时间"的概念在法国、德国这样的国家中比较普遍，而在英国或爱尔兰，工作小时数的分布范围较广（欧共体委员会，1994a）。特别地，英国劳动者的工作时间最为分散。而在其他欧洲国家，工作时间的变动幅度很小，有些国家中，甚至一半以上的劳动力都适用同一个工作时间段。例如：

> 1990 年，9.7％的英国雇员在其主要岗位上每周工作时间不足 16 小时，而欧共体平均为 5％；同时 16％的英国雇员每周工作时间超过 48 小时，欧共体平均则只有 6.8％（Watson，1992，p. 540）。

这些差异的存在使得英国很难就工作时间达成统一的标准和规范。英国政府不得不对决策这类指示的法律基础进行挑战。雇主，特别是英国的雇主，反对关于工作时间的管制，因为这不利于工作时间的灵活调整和安排——尤其在英国等国家，近年来逐渐放开了对工作时间的管制；例如，少数部门在周日也准许工作。Hinrichs et al.（1991）表示：

> 根据西欧国家的近况和美国长期以来的发展，我们也许见证了在过去一个多世纪中，由工会和雇主发起的、得到政府支持的、标准化工作时间制度的一步步消亡（p. 4）。

之所以需要这些变化，既是雇主追求自身利益所致，也是出于雇员对自由和自主选择的需要。不过，我们尚不确定更加灵活的工作时间制度是否给雇主和雇员带来了等量的益处。非全日制工作、短时工作和临时工作（即随叫随到型工作）的增加进一步破坏了原先的标准工作周模式。支持对工作时间进行规范的观点主要认为由此可以鼓励岗位的创造和提高就业的灵活性，并能够抑制不利工作条件的蔓延。

雇主对这种规范的抵制主要是由于他们认为这必然妨碍其对企业的自由管理。对于英国雇主而言，尤其如此，因为按照英国劳动法的规定，英国雇主享有合同自由。而在诸如法国之类的国家，就业措施受到了《劳动法》的规范（O'Reilly，1994a，第9章）。同时，与增加工资相比，雇主对减少工作时间的反对更加强烈，因为很难通过生产率的提高来弥补工作时间的减少所造成的损失。此外，工作日程也需要重新安排，从而导致了劳动力成本的上升。

尽管工会成员在更高工资和更多闲暇之间优先选择前者，但在减少工作时间的运动中工会还是起到了带头作用。虽然工会支持减少标准工作时间，但它们依然抵制像非全日制工作这样的灵活工作时间制。因为这种安排潜在地影响了劳资双方就标准工作时间的工资支付进行的协商。在英国这样的国家，非全日制工作相对普遍，工会的责任则是尽可能地保障这些工人的权益；然而在法国，非全日制工作较为罕见，理论上说，工会就比较反对这种发展趋势。

对工作时间进行管制的另一个问题是，雇员偏好的多样性：男性员工倾向于在一周的某一天（通常为周五）结束工作或者两周工作九天，女性员工则希望每天早点结束工作，这样能将家务劳动与有偿工作结合起来（Hinrichs et al.，1991；O'Reilly，1994b）。大龄员工不像青年员工那样欢迎提前退休计划，因为大龄员工在离开劳动力队伍时的养老金缴费水平可能较低。这种偏好的多样性影响了工会发动策略统一型运动的能力。

减少工作时间所涉及的各种问题，以及对各种不同灵活工作时间形式的规范给未来欧洲的一体化和对不利工作条件的改善带来了阻碍。然而，在很多国家中，现行的指示还只是规定了最低标准。

2.2 当前欧洲管制的状态

第一份关于工作时间管制的指示草案是在1990年8月递交给欧共体部长理事会的。讨论期间，争论点主要集中在周最长工作时间的确定。起初，德国反对将周最长工作时间定为48小时，而法国却希望降低这个标准。1993年6月，欧共体部长理事会达成了一致（'Working Time Directive'，1993）；该指示自1996年11月23日起在各成员国实行。

该指示详细规定了工作时间的组织安排中对职业安全与健康的最低要求。同时，它还规定，每天的最低休息时间为每24小时中连续休息11小时；每周至少休息24小时（外加每天11小时的休息时间），这其中从原则上来说，包含了周日；所有员工每年可获得四周的年假（大多数国家目前已经能够保证这一点）；员工休假每天超过6小时的情况需要在集体协议或国家法律中予以规定；周工作时间最长不得超过48小时，不过，这是4个月内的平均水平（或按集体协议，为6个月内的平均水平）。对夜间工作也有相应的保护措施，每24小时内不得超过8小时；夜间工作的员工可获得免费体检。

该指示并未适用于所有员工，很多劳动者都不受它的管辖。例如，运输业、海运行业的工作者和见习医生就不在该指示的适用范围内。同时拥有"无限决策权或自主决策权"的员工也被排除在外，例如，管理经理、家庭工作者或宗教工作者。离家参与安全保障和监督活动的工作者也不受上述指示的约束，因为这类活动通常要求持续的参与，例如，医院、监狱、媒体、应急中心及公用事业或农业。此外，易受季节性波动影响的行业，如旅游业、邮政服务和农业，也不属于该指示的适用范围（'Working Time Directive'，1993，

p. 17)。免受管辖也需要通过集体协议或国家法律的方式做出规定。

成员国必须在该指示通过之日起的三年之内实施与指示相一致的法律，或者必须通过集体谈判确保相关措施的落实。在执行该指示的初期，成员国可以选择不将周最长工作时间规定为 48 小时（第 6 条）。但 7 年后，必须就每周最长工作时间做出规定，不过，在这之前，理事会和委员会对原先的工作时间标准进行重新评估。尽管如此，雇主也不能强迫雇员每周工作 48 小时以上，而且，雇主必须就员工延长工作时间进行记录。此外，原来不执行每年 4 星期年假的那些国家在大约 6 年后也必须执行。同时，年假不得短于 3 周。

按《欧共体条约》第 118 条 A 款，该指示属于职业安全与健康措施，在有效多数投票制的基础上得到了通过。但是，放弃投票权的英国政府却对该指示的法律基础提出了质疑，并于 1994 年 3 月 7 日向欧洲法庭提起了诉讼。

2.3 能一致达到较高的水平吗

在大多数欧盟成员国中，该项指示一般都未能成功地改变既有的工作时间制。该指示还做出了一些其他规定，希望国家和部门层面的集体谈判就这些规定达成一致。同时，在执行过程和未来评论方面，它给出了较大的灵活性，从这个角度来看，它仅仅提供了工作时间的最低标准。[2]

表 29—2 中的数据表明，大多数国家目前每周的工作时间都没有超过 48 小时。然而，平均数并没有告诉我们工作时间的分布：在许多国家中，大多数劳动者所从事的都是标准的全日制工作；英国是个例外，在那里，工作时间的分布范围很广（欧共体委员会，1994a)。英国之所以反对该项指示，是由于它引入这类管制的成本很高：

表 29—2 欧共体国家每周的实际工作时间

（男性与女性的平均）

国家	1983 年	1992 年
英国	42.3	43.4
爱尔兰	40.2	40.4
葡萄牙	—	41.3
西班牙	—	40.6
希腊	41.0	40.5
德国	40.9	39.7
卢森堡	40.0	39.7
法国	39.7	39.7
荷兰	41.0	39.4
丹麦	40.5	38.8
意大利	39.2	38.5
比利时	38.6	38.2
欧共体 12 国	40.3	

说明：—表示未能得到 1983 年西班牙和葡萄牙的数据。

资料来源：Eurostat (Statistical Office of the European Communities), quoted in 'States Find Common Ground on National Euro-council Rules', 1995, Industrial Relations Europe, 23 (266), 1-2.

1991 年，3.0%的工作小时数违反了每周最长 48 小时的规定，0.4%与最低休息期限（每日 11 小时和每周 24 小时）相抵触。此外，据估计，赋予所有员工 20 天的带薪休假会使企业的劳动力成本上升 14 亿英镑，约占工资总的 0.5%（Addison and Siebert，1994，p. 17）。

对该项指示重要性的评估也引发了激烈的争论。Addison and Siebert（1994，p. 14）对此持乐观态度，他们认为，“既然能够接受每周工作时间不超过 48 小时的规定，那么通过立法方式对工作时间施加进一步的限制就更容易了”。但在该指示的批准过程中，欧共体委员会却不得不接受一份“打了折扣”的指示草案。结果，雇主得以通过集体协议规避这项管制，而且起初，国家政府也没有义务去执行这些条款。未来的管制，在很大程度上，将主要取决于欧洲有关机构之间的利益联盟，以及工会在集体谈判中的力量。

3. 职业安全与健康

3.1 关于管制的争论

职业安全与健康管制方面的协调是实现单一欧洲市场的核心要素，也是目前最成功的一个要素。就像机器设备的安全要求一样，不同的产品标准就相当于一种非关税贸易壁垒，可以将不符合国内安全标准的外国产品挡在国门之外。但人们正在怀疑德国——欧洲最大的机械生产基地和销售市场——是否在利用复杂的技术标准体系来保护国内市场。欧共体在机械方面的指示通过统一的安全标准，试图打开各国的国内市场。过程标准，即对生产过程的要求，也受到了不同程度的规范和保护。这些都会影响到欧洲国家之间的成本关系：职业安全与健康保障水平较低的国家比保障水平高的国家更具成本优势。

在欧洲统一安全标准实施之前，各国在管制水平和实际安全水平上存在很大的差异。1991 年，西班牙每 1 000 名劳动者中遭遇死亡事故的数目（0.134）几乎是荷兰（0.015）的 10 倍（国际劳工组织，1993）。在荷兰，15.1%的员工认为他们的健康与安全正受到某些工作方面因素的威胁，而在西班牙，这一数字则为 62.6%，其中很多人担心自己会遭受职业伤害（Paoli，1992，p. 105）。根据“第一欧洲工作环境调查（1991—1992）”的结果（Paoli，1992），丹麦和荷兰的安全水平最高，紧接着是德国西部；比利时、英国和卢森堡，稍高于平均水平；爱尔兰、意大利和德国东部处于中间水平；法国则低于平均水平，但它领先于工作条件最差的西班牙、葡萄牙和希腊。

在各成员国由“机械性”方法向“创新性”方法过渡的过程中，不同国家的管制体系及执行强度有很大的差异。大多数高度工业化国家所使用的传统型“机械性”方法主要集中在事故、疾病、风险防范和技术安全方面，“创新性”方法则在安全记录良好的国家中更为普遍：如丹麦和荷兰。这些国家采用的是瑞典对健康的定义，包括身体健康、精神健康及心理健康三方面。这些国家职业安全的范畴已延伸至整个工作环境，并与社会的技术进步和社会的发展相挂钩。相反，南部一些成员国既不采用也不执行其中任何一种方法；现有的法律体系也不够完善，执行力度的不足进一步削弱了法律体系的影响（Baldwin and Daintith，1992；Vogel，1991）。协调各国标准以达成一致，既是由于经济因素，也是出于对欧洲社会融合的考虑。

3.2 当前欧洲管制的状态

各国体系的差异为企业实行社会倾销提供了机会。一般认为，低标准国家对产品标准的一致更有兴趣，而不是生产过程的标准化。这样，低标准国家就可以以低成本的优势进入欧洲市场，因为它们不用承担生产过程标准和改进工作环境所带来的成本（Rehbinder and Stewart，1985）。由此看来，低标准国家可能会结成一个群体，防止欧盟成员国间达成高水平的统一标准。因此，欧洲统一标准的建立可能会经历一个漫长的过程（Scharpf，1994）。

1985 年后发生的事件的确令人震惊。欧共体委员会意识到了危机的存在，即成员国之间的竞争削弱了对职业安全与健康的保护。于是，委员会启动了一项全面的管制方案，按他们在《职业安全与健康指示》（Safety and Health at Work Directive）前言中的说法，其“根本目标”是维持和提高成员国的安全保护水平（欧共体，1989a）。这一纲领性的指示带来了一系列具体的指示，内容涉及工作场所、工作设备、个人保护设备的使用、显示器设备、重物卸载的操作、临时性或流动性工作地点、渔业和农业、噪音、危险物品等。对生产过程进行规范的欧洲指示，一般以第 118 条 A 款——职业安全与健康条款——为基础，为各欧洲国家提供了一个最低标准，各国可以超过但不能低于这一标准。在对生产过程进行管制的同时，委员会双管齐下，也对产品标准的协调一致做出了规定，这些规定通常以《单一欧洲法案》第 100 条 A 款为基础，对产品要求进行了全面的规范。第一项——也是最重要的一项——关于产品安全要求的指示，是《机械产品指示》（Directive on Machinery，欧共体，1989b）。在此之后，先后出台了关于压力容器、个人保护设备、燃气设备及医疗设备等的具体指示。

在 1985 年以前，由于各成员国难以协商一致，技术协调指示平均历经 10 年才得以通过。而《单一欧洲法案》生效之后，欧洲推出了“技术协调与标准化的新方法”。它与《内部市场的形成白皮书》（White Paper on the Completion of the Internal Market），以及 1985 年的一项理事会决定一起，迅速推动了职业健康指示的出台。“新方法”的关键在于，限制欧洲立法对“基本要求”的规定。协调欧洲各标准的具体细节则是由私法的欧洲标准化机构予以规范，这些机构包括：欧洲标准化委员会（Europen Committee for Standardization，CEN），欧洲电气标准化委员会（European Committee for Electrotechnical Standardization，CENELEC）和欧洲电信标准研究所（European Telecommunications Standards Institute，ETSI）。《机械产品指示》的通过标志着“新方法”开始收到成效。它促使了大量标准化活动的开展，涉及近 100 个技术委员会、几百个工作组及上千名技术专家。尽管此项工作尚未完成（部分原因在于，技术标准需要经常更新），但参照《欧洲标准》（European Standards，EN）已对欧盟内出售的大多数机械设备，以及家庭用品（如儿童玩具）已产生了深远的影响。

尽管这些活动的开展产生了很大的影响力，但欧盟在职业安全与健康领域的管制方案还远远没有完成。他们已经对某些指示进行了修订。例如，《机械产品指示》，最初通过于 1989 年，修订于 1991 年。另外，在《职业安全与健康指示》的基础上，除了原先计划的七项具体指示，还可以制定更多指示。例如，欧共体委员会先后提出或通过了放射物、致癌物、生物类物质、安全标志、采矿业、孕期妇女、物理介质、运输活动、临时性岗位、海运业的医疗待遇、残疾人的运送，以及青少年就业群体等方面的指示。尽管这些指令中大多数的截止日期为 1992 年 12 月 31 日，但要将它们转化为国家法律，还有很长的一段路要走。这说明，各国政府在适应来自布鲁塞尔的新规则时的确困难重重。

3.3 能一致达到较高的水平吗

1989年以来，对欧洲职业安全与健康的管制已经取得了一些喜人的成绩（Eichener，1993），因为理事会决定采用职业安全与健康的广义、创新概念。欧洲的管制超越了传统的机械式方法，采用了创新性的斯堪的纳维亚概念，并对这一概念进行了扩展，使得它具有六个关键原则：全面覆盖、雇主责任、健康的广义定义、组织结构、风险评估方法，以及不管技术限制要求绝对安全的理念。

（1）对所有部门所有员工的保护

随着欧洲层面的指示逐渐转化为各国法律，史上第一次，在大多数成员国中，实现了工作场所保护对所有雇员的覆盖。由于历史发展过程中的种种因素，大多数国家层面的管制都将很多劳动者排除在外。可见，仅仅是保护范围的扩大，就已经意味着国家保护标准的巨大改进。

（2）雇主保障和改善职业健康的责任

雇主不仅要遵循各种管制，接受官方的监督检查（很多国家都做出了这样的规定），而且必须积极主动地采取预防性措施，保障雇员安全。

（3）健康的全面定义，包括心理方面

传统意义上，大多数欧洲国家的职业安全条例仅限于避免各种威胁身体健康的风险，如机械伤害、有毒物品或放射物。欧洲层面的指示采用了世界卫生组织或国际劳工组织所定义的“健康”概念，将心理健康（心理压力、疲劳、甚至不适等）也包含在内。

这个全面的概念所带来的实际结果是，职业安全与健康将人类工程学和人性化也纳入了考虑范围。例如，在工作内容的安排上应当避免单调的工作周期。可见，在这方面已经取得了很大的进展。这一点与德国的职业安全与健康管制相比将更加明显。在德国，从20世纪70年代初开始，人性化工作就已成为一个政治目标，但政府仅仅表示出支持的态度，从未就此推出过相应的政府管制。

（4）包括了对工作环境的考虑

欧洲管制理念对于机械式方法的超越还体现在其他方面。传统上，职业安全与健康管制仅限于技术要素、工具、机械、设备及工作场所，但欧洲指示所涉及的内容包括工作任务的组织和工作时间、雇主开展风险分析的义务、有关信息的提供和培训、员工及员工代表的知情权和参与权、体检、员工培训，以及社会关系的其他方面，而这些传统上只在某些社会伙伴之间的自主安排中出现过，从未以法律条款的形式表达出来。

（5）风险评估方法

这对于机械产品指示（欧共体，1989b）十分关键。风险评估方法是很有创新性的，因为它使得有效预防风险成为一项法律义务。不论机械生产商还是雇主都必须对风险做出估计，包括组合效应所引起的危险，并采取多重措施予以避免，尤其是将一些最新的评估技术考虑进去。不难看出，风险评估方法的预防性将有利于提高大多数成员的安全水平（Pickert，1992，p.88）。

（6）绝对安全要求

传统的职业安全与健康管制是与技术发展水平相联系的。管制规定所要求的安全水平一般是相对的，因为它取决于技术所允许的范畴。例如，传感器技术能够使机器的运转自动停止。但是，技术是不断变化的，而有关的管制规定却是基本不变的，从而滞后于技术的发展，通常低于技术所能实现的安全水平。一些律师认为，要解决这个问题，需要一部“动态化的法律”（Wolf，1987，p. 387）。《机械产品指示》正体现了这种方法的运用，它规定了绝对的安全要求，而不论技术上的可能性和限制。尽管在法律通过之时还难以达到这些要求，但基本的理念是，应将未来的技术进步考虑在内。

欧洲职业安全与健康立法防止了社会倾销，并促成了全面、一致、创新的管制过程。即使是第118条A款指示所规定的“最低标准”也高于大多数成员国既有的保护水平。纲领性指示中所规定的确保员工职业安全与健康的总体职责“当然不能被看作最低标准。实际上，它要求所有雇主履行他们的义务，保障员工的职业安全与健康”（Baldwin and Daintith，1992，p. 12）。例如，显示器设备指示给各国的管制带来了明显的变化，尤其涉及软件工效学及对个人数据的保护（欧共体，1990）。

要将欧洲层面的管制转化为各国的法律，比预想中还要困难。在该指示得到通过之时，很多国家可能并未充分意识到这些结果。甚至连一些专家也低估了欧洲管制的影响。起初，很多人认为，欧洲指示要么会进入既有的国家管制体系，要么只是规定一些较低的具体标准。似乎一开始只有英国意识到欧共体将取代国家立法者成为“职业安全与健康法律法规的原动力”（Baldwin and Daintith，1992）。当这些指示在各国的国家体系下执行时，其影响力是可以看得见的。让采用传统体系的成员国适应这种创新性的管制理念十分困难。特别是工作环境概念（而不只是狭义的工作场所）、新的健康理念（包括精神压力），以及员工参与制等新增的管制范围给它们带来了巨大的挑战。很显然，欧盟将起到统领的作用。

由于几乎所有成员国都认为执行体系较薄弱，因此，这些创新性的标准在欧洲理事会内部轻松得到了通过（see Baldwin，1992，pp. 229－230，关于英国、荷兰、意大利、西班牙、德国和法国有关情况的介绍）。起初，没有贯彻法律的行政能力，直到欧洲职业安全与健康局（European Agency for Health and Safety at Work）成立后，这些法律才有了自己的执行体系，并开始监督车间和办公室里这些规则的执行情况。

4. 社会保障

4.1　关于管制的争论

和其他方面的劳动标准一样，欧盟各成员国的社会保障体系也各不相同。不论是组织形式、筹资模式，还是申领条件、领取期限及额度，都存在明显的差异。虽然欧盟正稳步迈向单一劳动力市场和单一经济区域，但20世纪70年代初以来，一些子系统的国家间差异反而扩大了，特别是失业补偿体系。这一方面是由于欧共体向南方的延伸，另一方面则是因为，面对失业率的上升，不同的国家采取了不同的策略（Reissert，1993；Schmid，Reissert and Bruche，1992）。各国的社会保障体系通常依据保险原则或福利原则而建立。在社会保险体系或俾斯麦模式下，主要资金来源是与工资相关联的缴费，缴费额度与之前的就业状态和收入有关；德国、法国和西班牙采用的就是这种模式。福利体系或贝弗里奇模式可见于英国、爱尔兰和丹麦，主要资金来源为税收，而不是缴费；这种体系保障最低收入或提供固定额度的补助（补助金额只可能因婚姻状况或孩子数量的不同而不同）。

各国的社会保障体系在支出水平和资金来源方面的差异也很大（见表29—3）。欧洲北部的社会保障支出（占GDP的百分比）高于南部，并且，支出水平与各国的经济发展水平（即人均GDP）密切相关（Chassard，1992，p.17；欧共体委员会，1993b，pp.41-42；Wilensky，1975）。

表29—3　　社会保障支出和筹资，1993年

	社会保障支出占GDP的百分比	与工资相关联的缴费占社会保障总开支的百分比
荷兰	33.6	54
丹麦	33.2	7
法国	30.9	78
英国	27.8	41
比利时	27.6	68
德国	27.6	63
意大利	25.8	66
卢森堡	24.9	51
西班牙	24.0	65
爱尔兰	21.4	38
葡萄牙	18.3	54
希腊	16.3	—
欧共体12国	27.8	61

说明：—表示没有找到相关数据。

资料来源：引自Social Protection Expenditure and Receipts 1980—1983，Eurostat（Statistical Office of the European Communities），1995，Luxembourg：Official Publications of the European Communities，pp.16-25；以及作者自己的计算。

在单一的劳动力市场和经济区域内，多种社会保障体系的并存导致会至少三个问题（see Chassard，1992；Deakin and Wilkinson，1992；Mosley，1990；Walwei and Werner，1991）。首先，它影响了国家之间的劳动力流动。劳动者如果从原居住国迁移到一个福利水平较低或工作条件较艰苦的成员国，就将面临（部分或全部）丧失社会保护的风险，这种差异阻碍了欧盟内部劳动力的最优配置。其次，各国之间的差异由于可能导致“福利观光客”，即有些劳动力可能会迁移至福利水平较高或申领条件宽松的国家，也遭到了批评。最后，社会保障体制的差异会扭曲劳动力成本，从而引发“社会倾销”。例如，如果社会保障的资金来源不是与工资相挂钩的社会缴费，那么，较高的间接工资成本就难以为相应的高劳动生产率所抵消。单一欧洲市场内部竞争压力的增大将可能导致各成员国降低其社会保障水平，从而降低由雇主承担的社会成本，以赢得相对于其他成员国的竞争优势。这将可能形成各成员国之间争相降低社会成本的“竞赛”，从而导致欧盟社会保护水平的整体下降。

4.2　当前欧洲管制的状态

为解决或至少减轻前两个问题——劳动力流动障碍及“福利观光客”现象——1971年欧共体通过了一部管制条例，在《欧洲经济共同体条件》第51条的基础上，规定了欧共体内部移民享受社会保障的条件（see Altmaier，1992；欧共体，1992；Reissert，

1993；van Raepenbusch，1991；Wanka，1991；Watson，1992）。按照这项管制条例，欧共体内的劳动者在多个成员国的社会保障资格期限可以累加，而且对于大多数社会保障现金福利，他可以从一个成员国转移至另一个成员国申领。但对于失业移民，失业补偿金的“出口”受到了严格的限制，并仅限于很短的时期。可见，欧洲对于移民的管制似乎是在以下两个相互冲突的目标中寻求平衡：促进劳动力的流动和预防“福利观光客”（欧共体委员会，1993a，pp. 53－54）。

然而，这些管制措施还不足以解决这些问题。当雇员迁往其他成员国时，他可以将他的资格期限和缴费一并转移，但在他迁移之后，如果他失业了，那么可依据他所迁移至的国家的相关条件领取失业补偿金。但如果新居住国的福利水平较低，反而会降低流动率（Simon，1990，p. 30）。另一方面，虽然失业补偿金的“出口”受到了严格的限制（目的是使失业者能够在别国寻找工作），但它至少在一定程度上，也为那些纯粹因为个人原因（并非真的工作搜寻者）而迁移的人所利用。因为新居住国的就业部门（毕竟它们不用承担福利出口的成本）一方面不会去证实，另一方面也没有兴趣知道这些人是否真的愿意工作（Wanka，1991，p. 99）。由于这些问题，至少从理论上说，欧共体委员会及南部成员国扩大失业补偿金出口范围的尝试到目前为止都未取得成功。它们遭到了一些成员国的强烈抵制，这些成员国往往福利水平较高，外国员工的比例较大，因此，失业金出口权利的扩大对它们而言是不利的。

为应对成本优劣势和“社会倾销”的问题，欧共体委员会试图为所有成员国制定一个社会保障体系的最低标准（欧共体委员会，1993a，pp. 43－44，60－61；欧共体委员会，1994b，pp. 52－53）。从欧共体委员会的角度来看，他们希望这种最低标准能够带来各国社会保障体系的趋同（Chassard，1992）。但直到 1993 年《马斯特里赫特条约》得到批准之前，欧洲没有任何一项条约能够为最低标准的制定提供法律基础。因此，欧共体委员会只能就“社会保护目标和政策的趋同”提出一些没有约束力的建议，随后几经修改，直到 1992 年 7 月才得到了理事会的采用（理事会，1992）。

自《马斯特里赫特条约》之后，立法状况发生了改变。现在，欧盟在社会保障领域制定最低标准的做法有了法律基础，虽然只面向 15 个成员国中的 14 个：除了英国，各成员国间在《马斯特里赫特条约》之后，还就社会政策达成了一致，签订了《社会政策协议》（Agreement on Social Policy，1993）。该协议第 3 部分第 2 条规定，除了英国，理事会可通过指示，采用“社会保障和劳动者的社会保护”领域的最低要求。虽然如此，但到 1995 年，这些授权仍未生效，因为与工作场所参与决策不同，授权需要理事会成员的全票通过。目前还没有就社会保障设定最低标准的指示。

4.3　能一致达到较高的水平吗

欧盟为社会保障体系制定的最低标准似乎并未超越现行国家体系的最低共同标准。例如，对于失业补偿，1992 年，理事会在“社会保护目标和政策的趋同”倡议中规定，各成员国应当

> 向现已失业的员工提供固定额度的、或与失业前工资收入相关联的补助，根据他们对合适的社会保障项目（得到相应的工作机会或接受以促进就业为目的的职业培训）的参与，在一定程度上维持他们的生活标准（理事会，1992）。

由这段话可以看出，理事会的该项倡议在固定额度和与收入相挂钩这两种补助形式之间，没有任何偏向，因而也就没有超出各国现行失业补偿体系所共有的成分。而在欧共体委员会最初所提出的倡议草案中，明显可以看出，他们倾向于通过保险项目来保护被裁减员工，他们认为失业者应当获得“占原工资很大比重的补助”（欧共体委员会，1991，p.12）。但需要预防的是，这种保险体系的扩散可能会引起工资成本考虑，从而导致社会倾销。然而，欧共体委员会的这种偏好未能在理事会的讨论中得到通过，因为理事会的决策需要得到所有成员国政府的一致同意。在社会保障的其他领域，也可以见到这种类似的对草案的修改。这样看来，在一个需要所有成员国一致通过的决策制度下，似乎很难实现各国社会保障体系的趋同。

但欧洲关于移民社会保障的管制所面临的情形是不同的。它并未遭到成员国的反对，因为它仅仅为移民在不同国家申领社会保障提供了一个管理框架。这项管制一般也不会给单个成员国带来明显的额外负担或不利。但对于少数例外，比如失业移民的福利，即刻遭到了需要承担额外负担的成员国的强烈反对。

5. 关于劳动标准成效差异的解释

从本章所考察的这四个关键领域可以看出，对欧洲社会标准的协调在不同的方面所收到的成效是不同的。职业安全与健康管制最为成功，而社会保障管制却收效甚微。本章我们已经了解了协调的目的和欧洲立法的现状。但由于许多标准还没有完全得到执行和监督，目前还难以对这些标准进行评估，因此，我们将目光转向那些影响欧洲层面形成共同准则的因素。[3]在前面，我们已经指出过，决策程序的变化、联盟的发展，以及指示对既有国家体系的改变作用，都是决定有关规则能否达成一致的关键因素。在本章的最后，我们将进一步阐述这一观点。

5.1 决策规则

前面的例子反映了决策制定过程的不同法律基础。要发布欧洲指示，打破僵局的一个关键因素就是有效多数投票机制的引入和推广。这种机制能够有效地消除单个国家（即英国）否决协议的权力。当英国拒绝接受《社会宪章》时，作为对《马斯特里赫特条约》的补充，《社会政策协议》则赋予了其余成员国采用协议内容的权利。该协议第 2 条规定，除了英国，理事会可以通过指示，以有效多数投票制为基础，就某些社会政策（即“与员工的信息交流和协商”）的逐步实施制定最低要求。而在此之前，协议的达成需要全票通过。

至于决策程序的效果，我们可以从比较成功的例子——职业安全与健康，以及工作场所参与中看出来；在这两个例子中，欧洲国家分别根据《欧共体条约》第 118 条 A 款和《社会政策协议》第 2 条，在有效多数投票制的基础上达成了一致。但在社会保障领域的收效很有限，其中一个重要原因就是，协议的达成需要其余 14 个成员国的全票通过，这仍然是一种较大的障碍。Scharpf（1976，pp.42-45）曾指出，组织之间或政府之间决策上的牵连是达成一致的关键。但在欧洲，双重立法过程的存在也带来了合法性和一致性的问题，因为有时投票程序并不明确。这一问题在工作时间指示中得到了体现。依据《欧共体条约》第 118 条 A 款，它属于对职业安全与健康的管制，于是采用有效多数投票制获得了通过。但是，英国政府却对这一决策的法律基础提出了质疑。这项措施在全票制下不会得到通过。这一合法性问题会在 1996 年的政府间会议上讨论。

5.2　联盟的建立

对于一项指示能否得到通过，第二个关键影响因素是，支持或反对该项措施的政治联盟的性质。比如，工作场所参与，一旦决策程序发生改变，那么，利益联盟更容易寻得足够的支持来推动相关指示的通过。但我们必须意识到，这种利益联盟具有分裂的可能性。雇主们通常强烈反对采用这种统一的措施，一方面可能会提高成本，另一方面也限制了他们的管理特权。尽管如此，雇主组织内部也存在较大的利益，尤其是法国和德国的企业，它们准备支持咨询委员会这种协商形式。这些企业将这样的计划作为确保雇员承担相应义务的一种手段，从而更有效地开展组织变革。尽管各国和各种意识形态对欧共体委员会的提议持不同态度，甚至有观点认为它潜在地削弱了各国目前已经得到保障的某些权利，但工会运动支持提高它们的代表地位和扩大它们所能了解的公司信息的范围。此外，欧洲工会联合会也赞同这种委员会形式的采用，并提议由欧共体委员会对这方面问题进行管制。最后，由于议会和部分雇主的支持，他们就该项指示达成了一致。

至于职业安全与健康，原以为低标准的成员国会提出反对，但事实上这种情况并没有发生。究其原因：第一，他们能够从产品的标准化中受益，因为这有利于他们进入富裕的北方市场。第二，即使通过国家立法予以规定，职业安全与健康过程的执行力度也很弱。既然不会得到严格执行，那么不论这些指示是否得到通过，都不会带来太大影响。第三，欧洲社会基金（European Social Fund，see Lindley，本手册第 28 章）对资源的再分配促进了边缘国家适应高社会标准的需求。Addison and Siebert（1994，p. 18）则认为，未来“对落后地区补助力度的加大将会使他们更愿意执行较高的标准”。目前尚不存在任何政治利益团体来推动社会保障体系的协调一致；在工作时间方面，降低标准的做法平息了法国与德国之间的冲突。“成功”经验表明，如果能够建立利益联盟，即使有时联盟内部的动机和利益会起冲突，但联盟的存在能够促成欧洲共同标准的达成。欧洲范围或国家范围的联盟之间的冲突结果将决定共同标准得以接受及执行的程度。

5.3　对国家管制体系的嵌入性

对于能否在欧洲层面达成一致，第三个关键因素是，这些管制措施要求各国既有管制体系进行重组的程度。社会保障就是这方面的一个很好的例子，它充分展现了深入的改革是如何对国家体系造成破坏的。即使在一些与外国员工有关的保障措施方面达成了一致，也更多地是为了填补现有国家立法体系的空白。各国的国家社会保障体系拥有悠久的历史，它已深深地嵌入了整个制度体系，尤其是各国的产业关系体系。各国社会保障体系的设计和实践都与工资决定机制、就业保护体系、工会和雇主组织的角色、商业保险的角色等密切相关。因此，国家社会保障体系所经历的任何大的变动都会对其他政策领域甚至该国的整个制度体系产生极其深远的影响。也正是出于这个原因，那些旨在促进欧洲社会保障体系趋同的决策很难实现。

其他政策领域所面临的情形则有所不同。职业安全与健康似乎是一个比较“技术性”的领域，与各国的整体制度和产业关系体系联系不紧密，因而抵制大规模变动的可能相对较小。类似地，欧洲层面对于跨国企业（只有跨国企业受到了欧洲指示的约束）工作场所参与的管制似乎也不会影响到既有的国家管理模式以及其他政策问题。在这些政策领域，欧洲管制得以实现，是因为这不会对其他政策领域带来大的影响。

Rubery（1992）指出，这种协调一致需要在不同的层面上实现，以适应各种政治经济影响：

> 遵循欧洲观点的积极性取决于欧洲观点与地方议程之间的关系，即是相互补充还是相互冲突。因此，欧洲政策的实际执行情况仍然可能反映出特定的文化和政治议程，即各国有选择性地执行欧洲政策以满足国内要求。但这种情形并不代表社会和文化发展的停滞，而是欧洲层面、国家之间和国内影响相互作用下的一种演进（p. 254）。

总之，如 Addison and Siebert（1994）所述，一些指示的效力在制定的过程中就已开始削弱，但欧共体委员会也会加大督促力度，确保执行。现在，欧洲法庭有权对拒绝执行指示的国家处以罚金。很多指示目前还处于制定阶段，即使在最为成功的职业安全与健康和工作场所参与领域也是如此，而要评估这些指示的影响，需要它们得到完全的执行和监督，所以这将成为未来评估研究的一个重要议题。

注释

[1] 关于雇员参与措施发展史的综述，请参见 Cressey（1993）和 Hall（1992）。

[2] 目前，非标准化的工作时间已引发了许多争议，尤其是非全日制工作和临时性工作的运用（see also O'Reilly，本手册第 19 章；Rogowski and Schömann，本手册第 21 章）。

[3] OECD（1994）曾试图对国家劳动标准的经济影响进行评估。

参考文献

Addison, J. T. and W. S. Siebert (1994), 'Recent Developments in Social Policy in the New European Union', *Industrial and Labour Relations Review*, 48 (1), 5–27.

'Agreement on Social Policy Concluded between the Member States of the European Community with the Exception of the United Kingdom of Great Britain and Northern Ireland' (1993), in M. Gold (ed.), *The Social Dimension: Employment Policy in the European Community*, London: Macmillan, pp. 232–5.

Altmaier, P. (1992), 'Unemployment Benefits', *Social Europe*, 3, pp. 38–45.

Baldwin, R. (1992), 'The Limits of Legislative Harmonization', in R. Baldwin and T. Daintith (eds), *Harmonization and Hazard: Regulating Workplace Health and Safety in the EC*, London: Graham & Trotman, pp. 223–51.

Baldwin, R. and T. Daintith (1992), *Harmonization and Hazard: Regulating Workplace Health and Safety in the EC*, London: Graham & Trotman.

Blank, M. (1994), 'The Prospects for Codetermination in the EC', in G. Bosch (ed.), *International Integration and the Regulation of Working Conditions*, SAMF working paper no. 1994–5, Gelsenkirchen: Arbeitskreis Sozialwissenschaftliche Arbeitsmarktforschung (SAMF), pp. 143–61.

Chassard, Y. (1992), 'The Convergence of Social Protection Objectives and Policies: A New Approach', *Social Europe* (suppl. 5), pp. 13–20.

Commission of the European Communities (CEC) (1989), *Communication from the Commission Concerning Its Action Programme Relating to the Implementation of the Community Charter of Basic Social Rights for Workers*, COM (89), 568 final, Brussels: CEC.
Commission of the European Communities (1991), *Proposal for a Council Recommendation on the Convergence of Social Protection Objectives and Policies*, COM (91), 228 final, Brussels: CEC.
Commission of the European Communities (1993a), *European Social Policy: Options for the Union*, Green Paper, Luxembourg: Office for Official Publications of the European Communities.
Commission of the European Communities (1993b), *Social Protection in Europe 1993*, Luxembourg: Office for Official Publications of the European Communities.
Commission of the European Communities (1994a), *Employment in Europe,* COM (94) 381, DG V, Brussels.
Commission of the European Communities (1994b), *European Social Policy*, White Paper, Luxembourg: Office for Official Publications of the European Communities.
Commission of the European Communities (1994c), *Growth, Competitiveness and Employment: The Challenges and Ways Forward into the 21st Century*, White Paper, Luxembourg: Office for Official Publications of the European Communities.
Council of the European Communities (1992), 'Council Recommendation of 27 July 1992 on the Convergence of Social Protection Objectives and Policies' (92/442/EEC), *Official Journal of the European Communities*, L 245, p. 49.
Cressey, P. (1993), 'Employee Participation', in M. Gold (ed.), *The Social Dimension: Employment Policy in the European Community*, London: Macmillan, pp. 85–104.
Deakin, S. and F. Wilkinson (1992), 'European Integration: The Implications for UK Policies on Labour Supply and Demand', in E. McLaughlin (ed.), *Understanding Unemployment*, London: Routledge, pp. 196–214.
Eichener, V. (1993), 'Social Dumping or Innovative Regulation? Processes and Outcomes of European Decision-making in the Sector of Health and Safety at Work Regulation', EUI working paper no. SPS 92/28, Florence: European University Institute.
European Communities (1989a), Council Directive no. 89/391/EEC on Safety and Health at Work, *Official Journal of the European Communities*, L 183 (29 June), p. 1.
European Communities (1989b), Council Directive no. 89/392/EEC on the Safety of Machinery, *Official Journal of the European Communities*, L 183 (29 June), p. 9.
European Communities (1990), Council Directive no. 90/270/EEC on Display Screen Equipment, *Official Journal of the European Communities*, L 156 (21 June), p. 14.
European Communities (1992), Consolidated Version of Council Regulation (EEC) no. 1408/71 on the Application of Social Security Schemes to Employed Persons, to Self-employed Persons and to Members of Their Families Moving within the Community, *Official Journal of the European Communities*, C 325 (10 December), p. 1.
Eurostat (1995), *Social Protection Expenditure and Receipts 1980–1993*, Luxembourg: Office for Official Publications of the European Communities.
Goetschy, J. (1994), 'A Further Comment on Wolfgang Streek's "European Social Policy after Maastricht"', *Economic and Industrial Democracy*, 15 (3), 477–85.
Gold, M. (1994), *Direct Communications in European Multinationals: A Case Study Approach*, Dublin: European Foundation for the Improvement of Living and Working Conditions.
Gold, M. and M. Hall (1992), *European-level Information and Consultation in Multinational Companies: An Evaluation of Practice*, Dublin: Office for Official Publications of the European Communities.

Gold, M. and M. Hall (1994), 'Statutory European Works Councils: The Final Countdown?', *Industrial Relations Journal*, 25 (3), 177–86.

Hall, M. (1992), 'Behind the European Works Councils Directive: The European Commission's Legislative Strategy', *British Journal of Industrial Relations*, 30 (3), 547–66.

Hinrichs, K., W. Roche and C. Sirianni (eds) (1991), *Working Time in Transition: The Political Economy of Working Hours in Industrial Nations*, Philadelphia: Temple University Press.

'The Hoover Affair and Social Dumping' (1993), *European Industrial Relations Review*, 230, 14–20.

ILO (International Labour Office) (1993), *Yearbook of Labour Statistics 1993*, Geneva: ILO.

'Information and Consultation in European Multinationals, Part 1' (1993a), *European Industrial Relations Review*, 228, 13–19.

'Information and Consultation in European Multinationals, Part 2' (1993b), *European Industrial Relations Review*, 229, 14–20.

Marginson, P. (1992), 'European Integration and Transitional Management–Union Relations in the Enterprise', *British Journal of Industrial Relations*, 30 (4), 530–45.

Marginson, P., C. Buitendam, C. Deutschmann and P. Perulli (1993), 'The Emergence of the Euro-company: Towards a European Industrial Relations?', *Industrial Relations Journal*, 24 (2), 182–90.

McLaughlin, E. (1994), 'Flexibility or Polarisation?', in M. White (ed.), *Unemployment and Public Policy in a Changing Labour Market*, London: Policy Studies Institute (PSI), pp. 11–34.

Meager, N. and J. Buchan (1988), 'Job-sharing and Job-splitting: Employer Attitudes', *IMS Report*, 149, Brighton: Institute of Manpower (IMS).

Mosley, H. (1990), 'The Social Dimension of European Integration', *International Labour Review*, 129 (2), 147–64.

'New European Information and Consultation Draft' (1994), *European Industrial Relations Review*, 245, 18–23.

OECD (1994), *Employment Outlook*, Paris: OECD.

'Officials Seek Close Match in National Euro-council Rules', (1994), *Industrial Relations Europe*, 22 (263), 1–8.

O'Reilly, J. (1994a), *Banking on Flexibility: A Comparison of Flexible Employment Strategies in the Retail Banking Sector in Britain and France*, Aldershot: Gower.

O'Reilly, J. (1994b), 'What Flexibility Do Women Offer? Comparing the Use of, and Attitudes to, Part-time Work in Britain and France in Retail Banking', *Gender, Work and Organization*, 1, 138–50.

Paoli, P. (1992), *First European Survey on the Work Environment 1991–1992*, Luxembourg: European Foundation for the Improvement of Living and Working Conditions.

Pickert, K. (1992), 'Die europäischen Normungsarbeiten zur Maschinensicherheit und zur Gefahreneinschätzung', in TGB (Europäisches Technikbüro der Gewerkschaften für Gesundheit und Sicherheit) (ed.), *Die Mitwirkung der Gewerkschaften an den europäischen Normungsarbeiten*, Brussels, pp. 79–88.

Rehbinder, E. and R. Stewart (1985), 'Environmental Protection Policy', *Integration through Law 2*, Berlin: de Gruyter.

Reissert, B. (1993, Autumn), 'National Unemployment-support Schemes in the EC', in Commission of the European Communities (ed.), *Employment Observatory—Policies (inforMISEP)*, 43, 19–27.

Ross, G. (1994), 'On Half-full Glasses, Europe and the Left: Comments on Wolfgang Streeck's "European Social Policy after Maastricht"', *Economic and Industrial*

Democracy, 15 (3), 486–96.
Rubery, J. (1992), ‘Productive Systems, International Integration and the Single European Market’, in A. Castro, P. Méhaut and J. Rubery (eds), *International Integration and Labour Market Organisation*, London: Academic Press, pp. 224–56.
Scharpf, F. W. (1976), ‘Theorie der Politikverflechtung’, in F. W. Scharpf, B. Reissert and F. Schnabel, *Politikverflechtung*, Kronberg: Scriptor, pp. 13–70.
Scharpf, F. W. (1994), ‘Mehrebenenpolitik im vollendeten Binnenmarkt’, discussion paper 94/4, Max-Planck-Institut für Gesellschaftsforschung, Cologne.
Schmid, G., B. Reissert and G. Bruche (1992), *Unemployment Insurance and Active Labour Market Policy: An International Comparison of Financing Systems*, Detroit, MA: Wayne State University Press.
Simon, G. (1990), ‘Ein Standpunkt zur Mobilität der Bevölkerung in der EG: Tendenzen und Perspektiven im Vorfeld des Binnenmarktes’, *Soziales Europa*, 90 (3), 22–36.
Sisson, K., J. Waddington and C. Whitston (1991), ‘Company Size in the European Community’, *Human Resource Management Journal*, 2 (1), pp. 40–64.
‘States Find Common Ground on National Euro-council Rules’ (1995), *Industrial Relations Europe*, 23 (266), 1–2.
Streeck, W. (1994), ‘European Social Policy after Maastricht: The “Social Dialogue” and “Subsidiarity”’, *Economic and Industrial Democracy*, 15 (2), 151–78.
Streeck, W. and S. Vitols (1993), *European Works Councils: Between Statutory Enactment and Voluntary Adoption*, WZB discussion paper FS I 93–312, Wissenschaftszentrum Berlin für Sozialforschung.
‘Thriving on Diversity: Another View of MNC Information/Consultation’ (1993), *European Industrial Relations Review*, 238, 19–23.
‘Unions Will Campaign All out for Euro-council Deals Now’ (1994), *Industrial Relations Europe*, 22 (262), 2.
van Raepenbusch, S. (1991), *La sécurité sociale des personnes qui circulent à l’intérieur de la Communauté économique européenne*, Brussels: Story-Scientia.
Vogel, L. (1991), *A Survey of Occupational Health and Safety Services in the Member States of the European Community and the European Free Trade Association. First Interim Report: The Existing Legal Frameworks in the Different States*, Brussels: European Trade Union Technical Bureau for Health and Safety.
Walwei, U. and H. Werner (1991), ‘Soziale Sicherung bei Arbeitslosigkeit im Europäischen Binnenmarkt: Konsequenzen für die Bundesrepublik Deutschland?’, *Beiträge aus der Arbeitsmarkt- und Berufsforschung*, 142, 72–88.
Wanka, R. (1991), ‘Wechselwirkungen zwischen dem europäischen Recht und den Vorschriften über das Recht der Arbeitslosenversicherung der Bundesrepublik Deutschland’, *Beiträge aus der Arbeitsmarkt- und Berufsforschung*, 142, 89–103.
Watson, G. (1992, November), ‘Hours of Work in Great Britain and Europe: Evidence from the UK and European Labour Force Surveys’, *Employment Gazette*, 100 (11), 539–57.
Wilensky, H. (1975), *The Welfare State and Equality*, Berkeley: University of California Press.
Wolf, R. (1987), ‘Zur Antiquiertheit des Rechts in der Risikogesellschaft’, *Leviathan*, 15 (3), 357–91.
‘Working Time Directive–Common Position’ (1993), *European Industrial Relations Review*, 235, 15–18.

第 30 章　欧盟成员国对劳动力市场政策的监督*

Peter Auer，Thomas Kruppe

与劳动力市场政策（LMP）评估不同，劳动力市场政策监督方面的既有研究不多。它主要出现在目前关于劳动力市场政策绩效的讨论之中。资源的稀缺性、结果的不确定性以及权力下放的趋势使得我们越来越需要一种能够对政策进行持续且全面跟进的工具，而不只是对政策进行选择性的事后评估。在劳动力市场政策监督方面，尚没有丰富的文献；同时，至少在欧洲，它直到最近才得到发展，从而难以对它进行实证分析，因此，本章对于劳动力市场政策监督的分析主要是探索性的。在第 1 部分，我们尝试从实证上（以专家访谈为基础）和理论上（根据既有的少量文献）对劳动力市场政策监督进行定义；在第 2 部分，我们讨论近来欧盟成员国引入这种监督系统的原因；在第 3 和第 4 部分，我们概述监督系统的功能，引用某些欧盟成员国建立劳动力市场监督系统的实例，指出在监督系统的建立过程中成员国劳动力市场管理部门遇到的困难。最后，在第 5 部分，我们讨论欧盟和美国经验对劳动力市场政策监督的启示，并提出一些建议。[1]

1. 什么是监督

目前尚没有关于监督的明确定义。这种定义上的模糊性给实证信息的搜集带来了极大的困难，因为在访谈中，人们有时不能清晰地理解什么是监督活动。同时，在我们所访谈过的所有国家中，都存在一种明显的趋势：各国都会对积极劳动力市场政策的财政指标和物质指标（政策措施的参与者）开展绩效导向型评估和监督，而这些又可以反过来作用于政策方案的执行。然而，这些活动常常被冠以跟进、报告、控制或评估的名字，只在有些时候才被称为监督。

既有文献对于监督是怎样表述的呢？曾有一个专家组对几个欧盟成员国的就业政策进行过评估，在他们形成的最终报告（就业政策共享信息系统（MISEP），1989）中，英国的评估专家指出，监督主要是对政策方案管理部门所设定的、可量化的目标的控制。但他

---

* 在研究过程中，我们收到了大量的内部行政记录、管制文件、统计数据，以及其他类型的官方材料。此外，我们还对许多国家的项目管理者和研究者进行了访谈。

们也指出，对数量目标的追求可能会妨碍质量目标的实现；从而对评估的重要性产生影响（MISEP，1989，p. 14）。在他们的报告中，监督并无反馈环，只有评估会引起项目的改变或对项目的重新评价。在这种狭隘的定义中，监督仅仅是控制政策方案“表面情况”（开支和参与情况）的一种管理工具。评估则包括对“表面情况”的背后所进行的分析，例如，通过成本一收益分析来计算项目的净成本，或者通过纵向研究来评价项目的中期和长期整体影响。根据这项研究（MISEP，1989），由于采用了复杂的数量分析，评估能够提供定性信息，而这是监督所没有的。

与此相反，Bellmann and Walwei（1994）在对劳动力市场信息进行定性讨论时指出，监督是项目执行领域内最常用的一种形式。“在较复杂的情况下，监督能够向项目管理者提供与目标相关联的绩效指标。并且，通过这种形式的评估，我们可以评价，比如，招募补助的额度是否足以引导雇主采取目标行为”（p. 9）。在这里，评估与监督之间，以及定性与定量之间的区别很模糊。Hasan（1991）将监督看作“过程分析”的一部分。Schmid（本手册第 7 章）也这样认为。然而，Melchior（1992）解释了对《职业培训协作法》（JTPA，美国最重要的培训和就业项目）的监督从过程导向向结果导向的转变。从狭义的角度来讲，这对应着从监督向评估的转变。但是，“绩效管理系统”，例如，JTPA 所规定的绩效管理系统，是一种持续性的监督系统，拥有有效的反馈环（以及激励和制裁），这是许多欧盟方案里所没有的。Schmid 也认为反馈是监督的一个重要组成部分：“监督中的有效反馈包括降低预算补贴、停止晋升甚至解雇等形式的制裁”（Schmid，1994，p. 19）。

因此，监督与劳动力市场政策的传导过程有着多种联系。从广义上说，结果也需要受到监督。换句话说，在评估和监督之间仍然难以进行区分。这一问题在评估概念的基本要素中体现得很明显。一般认为，评估包括五个基本要素（see e. g. Kuhlmann and Holland，1995，p. 17，and Meyer-Krahmer，1990，p. 211）：（1）总的来说，项目有效吗？原先的假设正确吗？（2）是否影响到了目标群体？（3）产生了哪些直接影响和间接影响？（4）是否达到了目标？（5）执行和管理是否有效？

上述第 2 点和第 4 点是监督系统的核心内容，但其他几点——除了第 1 点以外——都可以直接通过评估和监督来进行评价，这包括有关间接影响的第 3 点和较具有分析性的第 4 点。但是，监督更多地是作为一种工具，来记录绩效以及在执行过程中遭遇的失败；解释的任务则由评估来完成。尽管监督和评估之间很难划定清晰的界限，但从实用的角度讲，监督活动可理解为：为改善政策方案的执行甚至方案的设计，对劳动力市场政策投入/产出以及绩效（结果）的统计指标所开展的一种定期的观察。Affholter（1994）将监督（特别是对结果的监督）定义为：“一种对项目结果的定期（定期的、经常性的）报告，以供利益相关者了解和评价”（p. 97）。

2. 为什么对劳动力市场政策的监督日益重要

将积极劳动力市场政策作为政府经济和社会政策干预常用手段的做法，在不同的国家开始于不同的时期。例如，瑞典在 20 世纪 50 年代末采用了这种做法，德国则是在 60 年代末。法国较为完善的就业政策也是在 70 年代中期和 80 年代初才形成的。不管是从什么时候开始的，如今，绝大部分欧盟成员国都已经在贯彻这种政策了。用于积极劳动力市场政策的支出在不断增加，并且有更多的人在职业生涯的某个时刻加入积极劳动力市场政策计划，主要是职业培训和岗位创造。[2]

尽管劳动力市场政策已经成为一种重要的经济政策，但人们对它仍然存有争论。不少人认为，劳动力市场政策基本上是对劳动力市场的一种扭曲，不但没有解决市场失灵的问题，而且通过对并不需要补助的企业和个人给予丰裕的补助，引致了他们的非市场行为。劳动力市场政策的这种尴尬地位，主要并不是由于缺乏评估研究（也不是由于缺乏复杂的评估手段），而是由于评估研究的复杂性，以及评估研究结果之间的相互矛盾。目前，还没有人统计过关于积极劳动力市场政策对欧盟影响的评估研究到底有多少。然而，所有这些研究的结果都不是令人信服的，这经常导致政策制定者希望有“独臂经济学家”。[3]尽管政策的影响是复杂的，而且用于分析这些影响的方法工具更加复杂，但仍然应该向政策制定者们提供有关这些影响的更加实用的信息。事实上，政策制定者的这种需要最近又得到了重申，例如在申请欧洲社会基金（ESF）的资金支持时就需要做出这样的规定。批评家们抨击了评估研究结果的复杂性（甚至有时，评估研究对结果的陈述使用的是“机密”语言）。他们还认为，开展评估研究的时机不恰当，也就是说，评估研究往往都是事后进行的分析，并且这些研究只有在经过了数月或数年之后，才能得出结果。Kuhlmann and Holland（1995）在他们关于科技政策的评估中引用了这一批评。在描述了如何选取评估研究，如何设计合同内容，如何开始工作之后，研究者指出：

> 要形成一份报告，还需要很长一段时间……对于政治决策者而言，这样的报告过于冗长。同时，如果要求政治决策者及时地阅读它们，这些深奥的术语又使它们难以理解。有时候，这种报告又变得与它们的出发点以及政策的改进无关。结果就是，首先，它们被束之高阁，不会对政策、项目以及预算决策产生影响。其次，更糟糕的是，当人们认为它们出现得太晚，并对它们提出批评时，它们还会对评估研究的声誉起到负面作用（Evans，由 Kuhlmann and Holland，1995，p. 247 引用）。

这种在科技政策背景下出现的谴责，可能仅仅适合于某类特定的评估（选择性的、通过分包完成的评估）。但引文中的这种问题也给劳动力市场政策领域的许多评估研究带来了困扰。从使用评估的那些人的角度来说，这种批评显示了对于一种“高相关性的”、相对简单的、“可以直接采用”的工具的需求，这种工具能够便于人们对结果和既定目标的比较，能够提供足够的信息使得劳动力市场项目的管理者能够对某些目标进行更改、争取更多的资金或采用不同的方式对资金进行分配。

评估研究自身也需要拥有一套系统，搜集系统性信息，并对具体的劳动力市场政策指标进行观察，因为某些关键指标的第一手信息非常有用，它可以减轻评估者自行搜集相关数据的工作。正如 Lindley（本手册第 28 章）所述，在一个渐进式的（欧洲社会基金）评估方案中，对待审计、监督以及评估的方式要一致，审计是监督的前提，而监督又是评估的前提。如果我们接受这种观点，那么一套监督系统（以及用于监督的审计工具——基本上是一个财务会计系统）对于评估而言非常关键。我们甚至可以认为，这些系统在不同的层面上实现各自的功能，一方面，有效的监督系统可能会减少对某种特定评估的需求，但另一方面，它也使得评估者能够去钻研那些不能仅仅由数量指标观测值未解决的问题。例如，我们很难想象一个监督系统怎样应对无谓损失、替代效应或置换效应，以及药物作用（接受补助成瘾）或其他问题，除非我们拥有非常复杂的数据系统，允许我们进行交叉对照。[4]我们还会回到这些效应，并会就监督系统能否处理这些效应展开讨论。

还有其他一些更直接的原因表明，对劳动力市场政策的监督不仅是可能的，也是必要的。

(1) 财政约束，节约型管理以及公共部门的改革。新公共服务的理念，包括由官僚制的、中央集权的决策系统向权力下放的、市场导向的决策机制的转变，评价系统和更高的公共支出透明度（管理者会更经常地开展审计工作），都对建立监督系统起到了推动作用。与此同时，公共部门中私人部门管理方法的引入（如目标管理、“利润中心”或“成本中心”），以及权力的下放（见下文），都进一步加大了对结果进行评价的需求。部分地由于这种需求，在劳动力市场政策方案中植入绩效监督和评估系统的做法越来越常见。前面已经提到过，《职业培训协作法》就是一个例子。法国的《五年雇佣法》（一部关于就业措施的中期法案）明确了对结果进行评价的任务。葡萄牙的一项法令也就面向长期失业者的培训和岗位创造措施规定了这种植入性的监督（每季度都需要对影响进行测量），但是后来这种监督就中断了。

(2) 劳动力市场政策执行过程中的权力下放。将劳动力市场政策方案的职责下放至较低的管理层级，从而削弱了集权化管理方案原有的控制能力，使劳动力市场政策的监督变得更为复杂。但权力下放从两个方面促进了监督的采用。第一，它向地方当局提供了有关信息。第二，它也能够向中央当局提供地方机构的信息。后一种作用提高了中央当局的控制能力，因为他们可以就各地的结果进行比较。同时，它也使得地方机构可以更好地设定目标，因为他们可以参照类似地方机构的结果。地方机构拥有更大自由裁量权的趋势（例如，地方就业办公室可以自行决定什么样的措施——比如岗位创造或职业培训——最适合它们的客户）也进一步加大了监督力度。毕竟，地方当局关于资源配置的决策必须是合法的。

(3) 欧洲社会基金为欧盟成员国的劳动力市场政策提供了很多资金[5]，并将继续对后续政策提供资金支持。在结构性基金 1989 年的改革之后，产生了多年度的项目，而且，在成员国和欧洲社会基金共同提供资金的政策措施中，成员国在执行监督和结果监督中的参与度得到了提高。随着《操作性项目的监督》(Monitoring Operational Programmes) 的发布，欧盟委员会与成员国合作建立了监督系统。据称，结构性基金的支出应当“符合基金的目标、管理规定以及财务管理原则”（爱尔兰创业和就业部 (DEE)，1994，p. 6)。理事会 4253/88 号文件第 25 条规定，欧盟委员会和成员国必须“对资金的使用进行有效的监督”(DEE，1994，p. 7)。成员国有责任为每一个项目提供一系列物质上和财务上的指标，用于对项目的过程、管理及其他有关问题进行衡量。欧盟成员国在执行有效监督系统时遇到的困难，使得我们很多的访谈对象都认为欧洲社会基金的有关规定对于监督的影响很小。但某些国家设立了专门的监督单位（例如，爱尔兰为欧洲社会基金项目建立了评估单位）。同时，随着欧洲社会基金参与提供资金来源的项目越来越多，欧洲社会基金的监督扩展到了国家层面的监督活动中，反之亦然。

(4) 欧盟委员会力图使欧盟的 GNP 增长更加就业密集化，这不仅导致劳动力市场政策更加活跃（欧盟委员会，1994)，而且扩大了对监督的需求。在欧洲理事会一系列会议之后，特别是在欧洲理事会埃森会议决议（1994 年 12 月）之后，就业和就业政策必须接受欧盟委员会的监督，从 1995 年底开始每年需要上报发展情况。欧盟委员会试图在成员国、欧洲统计局及其就业观测所（MISEP；SYSDEM）构建就业政策指标，以实现对国家政策从账务和物质方面的跟进。这些活动也导致了国家监督的增加。[6]

（5）计算机技术的广泛应用。技术进步使得在组织的较低层级进行监督成为可能，同时，数据网络也便利了数据的传输。这些变化为建立监督系统铺平了道路。在这个领域，许多复杂的系统已经或即将发展起来。其中包括法国的就业培训信息系统（STEF），这个系统把某些劳动力市场措施的参与数据从劳动部直属的地方当局传送到动态统计和研究中心（DARES），由劳动部负责对劳动力市场政策项目进行监督（详细情况请见后文）。同时，劳动部的就业委员会也掌管着一套名为“就业措施的快速评估和分析方案”的计算机系统，但他们目前正在努力为就业政策建立一个更新更完备的管理系统——干预过程管理（GPI）系统。在很多国家中都存在局部型项目（它们正变得越来越全面），但瑞典正在准备建立一个名为 PRESTO 的、全国范围的监督系统，以及一个名为“AMS 信息系统”（AMS Information System，AIS）的、计算机化的信息和监督系统。

总之，劳动力市场政策物质上和财务上的重要性，评估结果的不确定性、选择性和发布时间的滞后性，向新公共服务的转变以及权力下放，欧盟活动和资金的增多，以及总体上相对紧张的预算与“瘦了身的行政系统”相结合，都促进了对于“高相关性”、低复杂性和高透明度的劳动力市场政策监督系统的需求。此外，信息技术的发展为监督系统的建立提供了技术基础。

由于支出在不断增加，结果却是不确定的，因此，财务控制机构加强了它们对政策执行部门的控制，这也是需要更严格的监督系统的另外一个原因。这两个因素的相对重要性，在欧盟各成员国之间是不同的。例如，监督由欧洲社会基金参与提供资金的措施，对于“南部”国家和爱尔兰具有更重要的影响，而这种监督对于法国、英国或者德国却没有太大的影响，因为它们在此之前已经建立了评估机制。同时，加大政策执行机构的财务责任在不同的国家也有不同的情况。例如，在法国，属于《五年雇佣法》管辖范围的劳动力市场政策方案的执行必须受到监督。而在德国，1993 年上半年，金融危机阻碍了就业岗位创造计划（ABMs）的执行，此后，如果当时政府没有为该项目划拨额外的资金，这个项目可能在 1993 年的下半年也不得不停止执行，即使在德国东部也是如此。同样，葡萄牙也因为类似的积极劳动力市场政策措施的预算赤字，加强了对劳动力市场政策方案的财务监督。

尽管具有以上这些促进因素，建立完善的监督系统的脚步依然缓慢。在深入地考察这其中所受到的阻碍之前，我们先简要地介绍理想的劳动力市场政策监督系统的模式，以及它在劳动力市场政策评估中的作用和功能。

3. 监督系统的功能

对于积极劳动力市场政策的理想的监督和评估，应该包括持续性的信息收集，对具体财务和物质指标的持续性监督，以及对整个政策方案某些具体方面或影响的定期评估。然后，这些信息提供给政策方案的执行者，可以使他们据此进行预算的调整，政策制定者也可以及时地修订或终止现行措施，设计新的政策方案。各个不同的行为主体对政策方案进行修改的能力呈现出明显的等级制特点。在地方层面，对项目支出拥有较大权限的执行者可以——根据他们自己的监督结果——改变一些项目的重心，将资金重新分配给另外一些项目（例如，如果目标群体在项目参与者中所占的比例较小，或者项目的采纳率较低）。而层级较高的劳动力市场管理部门在政策微调方面拥有较大权限，一般以操作性指标为手段，促进既定目标的实现。在政策形成过程的最高层级，决策者拥有明确的目标，即改进劳动力市场绩效，他们会以这些信息为基础，对政策方案的结果进行评估，终止无效率的项目，扶持和推出更有效的、预期效果更好的项目。

监督的前提是项目在财务上和物质上的可量化目标（例如，地方行为主体的支出，目标群体对项目的采纳及他们在项目参与者中所占的份额）的确定，物质和财务指标的构建（可能是二者的结合，例如参与者的人均支出）以及按照项目进度和所投入的监督资源定期对这些指标所进行的观测（如每月或每季度观测一次）。此外，不仅需要确定最终目标，而且需要明确中期目标。例如，对于一个一年期的项目，每月或至少每季度都需要将财务和物质上的进展与目标进行比较，这样才可能及时地采取纠正行动。

理想的监督系统应当包括：

(1) 由国家、地区和地方的政治和行政机构所确定的具体目标；

(2) 对可用于衡量目标的指标的定义；

(3) 以 (1) 和 (2) 以及信息收集（与 (1) 和 (2) 相关的财务和物质方面的统计信息）为基础的实际监督过程；

(4) 反馈，以确保所观测到的反常情况得到恰当的处理。

图 30—1 描绘了监督过程的“理想模式”。它从政策的形成开始；这个时期需要确定政策的整体方案和单个措施。但是，要进行有效的监督，即使在这样一个刚刚开始的时期，也必须设定清晰的项目目标，并构建能够测量项目目标实现情况的指标。也就是说，有效的监督必须写进法律法规（例如美国的《职业培训协作法》和法国 1994 年的《五年雇佣法》）。当项目投入执行以后，就应该开始持续的观测，但这个开始的时间点因政策措施而异。每个季节进行一次观测的频率可认为是一种合理的安排，但对于短期项目而言，提高频率可能更为合适。监督的核心功能是探测那些“亮起红灯”的指标，以及接下来的补救行动（反馈）。监督与项目执行之间的反馈比监督和政策形成之间的反馈要强。但是，监督结果——包含有政策方案的标准绩效结果——也应当反馈到政策的形成中。而评估，由于考虑了无谓损失、替代效应以及其他因素，因此能够向我们提供比监督更加深刻的影响评估，并会影响项目的执行。也正是出于同样的原因，评估比监督对政策形成的影响更大。

但是，监督只会将那些不能直接观测或者不能经常观测的指标留给评估。一个相对简单的监督系统能够允许我们对国家和地区或地方进行分类分析，以便于不同机构之间的比较。对于一个特定的项目而言，它必须至少建立在定期（每月或者每季度）观测的基础上：

- 分配到的预算和已使用的预算（如果可能，按目标群体和目标部门分类分析），
- 计划的参与情况与实际参与情况（如果可能，按目标群体和目标部门分类分析），
- 每人每小时的成本（以上述两项为基础）以及按目标群体和目标部门分类分析。

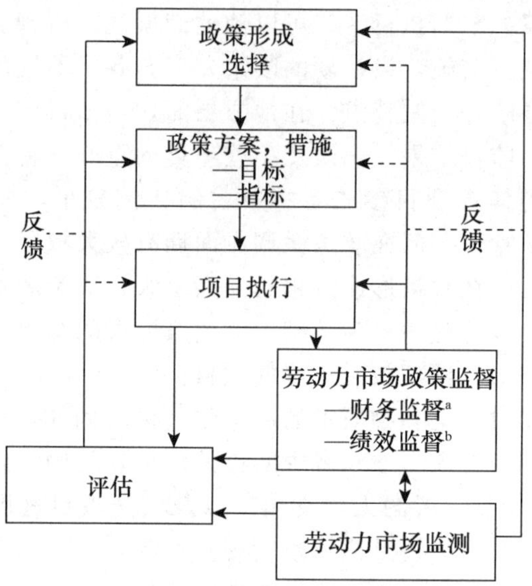

图 30—1　劳动力市场政策监督

a. 对预算支出和客户数量加以控制，确保它们符合既定目标。

b. 对某些结果指标加以观测（例如，参与项目后的就业情况）。

所以，监督系统会就财务和物质方面的使用和成本情况提供有用的信息。通过对所有地方单位的比较，可以了解各地目标实现情况的差异，从而发现“极端的个案”，同时还可以了解到是否需要对方案进行修改和调整。

上述指标使得我们能够对基金的流出和与目标有关的参与情况进行密切的监督，并对不同措施的人均成本进行比较。因此，这些指标对于项目管理者具有很高的价值。他们主要考察的是投入—产出比，因而必须得到结果—绩效测量指标（例如，项目参与者在参与项目之后的就业情况，或者，项目参与者通过培训项目所达到的技能水平）的补充（see Affholter，1994）。定期监督甚至能够发现政策措施带来的某些意料之外的影响，如无谓损失。在对德国的一个工资—补贴项目的评估中，Schmid（1980）发现了无谓损失的经验证据，因为在春季，即通常建筑行业活动增多的时期，建筑行业补贴的增长与它们的活动不成比例。因此，我们似乎可以认为，即使在没有补贴的情况下，也有很大一部分雇佣会发生。对行业情况进行月度监督可以非常迅速地发现这一点，从而及时地调整申领标准。

如果我们把对劳动力市场政策的监督与对劳动力市场的监测联系起来（虽然只是一个连接，却会带来一个比现行系统复杂得多的系统），那么，某些效应——比如没有补贴的工人被有补贴的工人替代，甚至置换（员工不享受补贴的企业被有补贴的企业所代替的情况）——就能被尽早地发现。这种监督能力依赖于有关统计指标的复杂性。它们还必须合法，因为这些效应虽然明显不是特意安排的，但决不能是非法的。

总体而言，劳动力市场政策监督与劳动力市场监测之间的联系，对于劳动力市场政策监督的进一步发展极为关键。这种联系存在于两个方面：一方面，劳动力市场状况（例如，失业和就业）是劳动力市场政策基金分配的重要依据；另一方面，劳动力市场政策对——比如就业和失业——的影响，与劳动力市场监测指标有着紧密的关联。

4. 监督的现实状况

总的来说，在我们所访谈过的国家中，还没有发现完善的监督系统。瑞典是个例外，它在几个地区劳动力市场办公室拥有这样的监督系统，并将构建全国范围的系统。但即使在瑞典，这一过程也十分漫长，直到目前才趋于完成。在系统建成以后，各劳动力市场办公室或劳动力市场慈善机构（照料残疾人的机构）都可以通过网络了解各项劳动力市场措施的预算额度、实际支出额等方面的数据。它们也可能获得关于参与者的类似信息。这样，在咨询阶段，个人工作安置员或职业顾问就可以，比如说，通过网络计算客户的花费。个人工作安置员对多数基金的分配拥有决定权。仅仅在特殊情况或特殊项目下，需要向上级咨询讨论。权力的这种下放是可以实现的，因为在这套监督系统下，工作安置员及其上级能够快速地核查那些重要变量。至于是否符合既定的预算目标或参与目标，这种核查会被辅以结果方面（包括劳动力市场数据）的月度数据。这些结果现在还没有上传到网上，但会上传至 1996 年新建立的 AIS（劳动力市场管理信息系统）。持续的预算核查、月度结果追踪、年度客户调查（包括公司客户和个人客户），以及两年一次的员工调查构成了对地区劳动力市场行政管理的评估。地区机构每年花两天的时间对每个地方分支机构进行审计，中央机构每两年用三天时间对地区机构进行审查。当然，监督结果在审计中起着十分重要的作用，同时也留出了更多的时间用于对问题区域（问题区域可通过对所有地方和地区机构进行比较而发现）的讨论。

因此，瑞典的系统非常接近全面的监督系统。其他国家在一些区域也开展了一些监督活动，如法国长期失业项目或者转换培训方案，以及德国的某些培训活动。但总的来说，目前它们对不同就业政策措施的物质指标和财务指标还没有进行全面、系统、持续的追踪。显然，这个评价依赖于我们对监督的定义，但是，接受过我们的访谈的成员国专家都认为，目前监督还是实验性质的。

尽管在所有国家，建立这样一套监督系统已经成为一个明显的趋势，但我们很难对这些活动的进展情况进行测量。德国的联邦就业服务中心（BA）及其研究性的分支机构就业研究所（IAB），有权利和义务对项目的有效性进行评估；德国目前正尝试开发一种可用于监督多种项目的工具。但是，如他们的一位专家所述，“这个系统仍处于发展的初级阶段”。其他一些项目，例如，“绩效导向型管理”，旨在将目标管理推广至劳动力市场政策方案，也已经开始进行。这些活动产生于“就业办公室 2000”计划的大背景下，按“就业办公室 2000”计划，2000 年之前，在整个德国，将建立一套高效率、结果导向型的就业办公室系统。

另外一个至少部分地推动了德国监督系统发展的技术因素是起初为支持德国东部岗位创造计划的执行而创建的电子数据系统。该系统现已经过改进，成为一项在整个德国广泛应用的软件产品。例如，岗位创造措施的安置者人均成本可以通过这个系统传递到所有的地方就业办公室，从而可以就这项数据进行比较。对于结果导向型的监督，劳动力市场培训措施的前参与者在接受培训六个月之后的就业状况，需要形成季度报告。各项措施都在不同程度上受到了监督，但没有形成一个全面的监督系统，以供地方机构对所有项目的支出和参与实行定期的监督。

法国的情况也是如此，一些管理单位负责进行监督。近来，为了实现对劳动力市场政策更加密切的监督，这些单位之间加强了合作（见下文）。尽管还没有建立全面的监督，但对不同项目（如促进长期失业者融入劳动力市场的项目）的跟进程度不同。在奥地利和葡萄牙，也部分地存在劳动力市场政策监督。在这两个国家，正式的监督责任由劳动部承担，但最近改组的奥地利就业服务中心（AMS）和葡萄牙就业和职业培训机构有时也会扮演重要角色，因为他们直接负责大多数项目的执行和监督用数据的提供。

第一批专家访谈给我们的大体印象是，所有欧盟成员国目前都开展了监督活动。他们试图比过去更加密切地监督劳动力市场政策的执行，但我们无法在"从无系统到完善的系统"之间设几个层级，然后将各不同国家归入不同的层级。唯一的例外是瑞典，我们将它置于名单的顶端。对监督趋势的分析还不能允许我们对国家进行比较，但各国在建立监督系统的过程中都遇到了问题。尽管有些问题具有共同性，但一些国家由于其特殊的行政结构和其他特定因素，面临着更为复杂的问题。因此我们按以下几个方面来探讨来自不同国家的发现。

（1）负责监督的各不同机构之间的协调问题；

（2）就业政策措施缺乏明确的目标；

（3）缺乏构建监督指标的数据；

（4）缺少有效监督所需要的人力和资金资源；

（5）监督与政策的执行或设计之间的反馈问题；

（6）目标群体对项目的接纳程度和激励问题。

4.1 机构之间的协调与合作问题

一国所特有的就业政策传导机制的制度背景以及监督职责的分配，与不同机构之间的协调与合作问题有关。当监督职责被分为几个部分（例如，由劳动部和就业服务机构共同承担监督工作）时，问题将更严重。例如，在法国，监督活动涉及很多行为主体。原则上，由劳动部负责对劳动力市场政策的追踪，劳动部为此还专门设立了一个单位：动态统计和研究中心（DARES）。但监督活动也涉及行政管理与现代化委员会（DAGEMO）和就业代表团（DE）。此外，国家就业中心（ANPE，国家的就业服务机构）执行监督行动，履行"进度合约"，该合约强化了 ANPE 的监督职责。其他一些公共或半公共的机构，例如 AFPA（成人培训中心）和 UNEDIC/ASSEDIC（失业保险基金）也会参与监督。劳动力市场统计数据一般不存在"这方面的……单一系统"（Chastand，1994，p. 27）。总之，这种现象较常见，从而引发了这些行为主体之间的交流与合作问题。

但我们也不应夸大问题，因为这些行为主体之间的合作趋势日益明显。这与新近为监督就业政策而做出的努力有关，因为各行为主体的数据来源不同，彼此之间需要合作。例如，DARES 使用了 ANPE 提供的数据。更重要的是，就业政策的通用管理系统（GPI）建成后，将包含 DAGEMO，DARES 和 DE，可能是因为财务数据在监督中越来越重要，该系统将归 DAGEMO 管辖。这个新系统将通过法国劳动部的部门服务，在网上提供统一格式的财务数据和物质数据，从而更便于监督。总之，在法国，很多行为主体都参与到了劳动力市场政策的监督活动中，但为了实现一个有效的监督系统，这些行为主体之间建立了更多的合作。当然，它们之间潜在的交流问题仍然存在。同时，随着权力的逐渐下放，某些项目（例如职业培训）的责任将会转移到其他层面（如地区层面）。由于缺乏全面的监督系统，这样的改变将削弱中央的监督能力。

在葡萄牙，对劳动力市场政策活动的监督主要由成立于 1991 年的劳动部中央委员会（GD）负责。如果不能与主要执行机构——就业与职业培训中心（IEFP）及其地区和地方办公室——建立合作，将难以实现对有关措施的监督。原则上，由 IEFP 向 GD 提供数据，但我们所访谈的专家指出，合作不是一件容易的事情。交流问题（例如，数据交流）也会在 GD 和地区执行机构之间发生。其中一个问题是，在 GD 层面上没有财务数据。

基本而言，德国没有面临合作问题，因为其责任划分明确，BA 承担着对措施进行追踪的任务。出于这个目的，BA 拥有自己的就业研究机构——IAB。但是，特定项目（岗位创造或培训）的中央执行单位（中央机构）和其他执行单位（部门）对政策进行监督。目前德国处于监督系统的建立阶段，BA/IBA 正努力进行合作。很多工作小组（例如，在 BA 和 IBA 内部，都存在为监督和评估工作而成立的跨部门的工作小组——效率调研小组）已经成立。

目前为止，瑞典劳动力管理部门对劳动力市场政策活动所进行的监督，是一个优秀的例子，它所面临的协调或合作问题较少。与德国类似，AMS 的任务就是对劳动力市场政策措施进行追踪。权力下放的程度很高，但是，通过地方与地区劳动力办公室之间，以及地区与中央劳动部之间的对话来确定目标的惯例降低了产生利益分歧的可能性。到目前为止，劳动部对 AMS 日常工作的影响还相对较小，但两个机构之间的关系似乎有所变化，因为就业形势的严重恶化使得政府部门越来越像劳动力市场政策的中央代理人。这种改变也许会对项目的执行产生不利影响（见结论部分）。

4.2　缺乏明确的项目目标

显然，如果目标不明确，我们就很难构建用于衡量目标实现程度的指标。当一个项目需要同时实现多个目标，甚至这些目标彼此之间存在冲突时，构建指标的任务就很难完成。对于不同行为主体的利益也是这样。项目目标存在冲突的一个例子是以目标群体为导向、推进原失业者自我雇佣的项目。特别地，难安置人群往往缺乏创业激情和所需技能。如果这个事实在项目中被忽视，那么将导致较低的采纳率或高失败率。

至于各行为主体的利益，任何一项积极劳动力市场政策措施减少失业的短期效应对于政治家都是重要的，特别是在选举未决之时。而中期和长期整合效果，以及劳动力市场管理部门所追求的技能提升，在一项措施中是次要的。于是，从政治角度来看，在这里，评判项目成功与否的标准是它的短期就业效应，改善劳动力市场结构的长期效应也许会被忽略。但事实证明，短期效应和长期效应之间往往是相矛盾的。例如，JTPA 的绩效评价显示，

> “在短期内实现对就业的促进”这一绩效标准和相应的激励不一定意味着 JTPA 参与者能够在长期中取得劳动力市场上的成功。有关部门的反应将是，不再强调成本指标的重要性，而是关注于提高参与者在项目之后的长期就业能力、岗位的维持、成人的收入和青年的技能提升等指标（DOL，1994，p.2）。

另一个例子是 1995 年瑞典就业政策措施的数量目标。受到来自高失业率、公共意见和反对党的压力，瑞典劳动部多少有些武断地大幅提高了数量目标。可以认为，这一改变

直接否定了之前设定AMS目标时自下而上的对话程序，因而导致了AMS（以及县级劳动力管理机构）和劳动部之间的冲突。同时，新设定的数据目标也约束了县和地方就业服务机构的权限。虽然原则上它们能够自由地将资金分配给不同的措施，但过高的数据目标使得它们不得不将资金主要用于花费不等的措施，如职业生涯经历（ALU），而不是代价高昂的措施，如培训。

4.3 缺乏数据

缺乏足够的数据阻碍了监督系统的建立。这个问题反映在各个方面：物质数据或财务数据本身的缺乏，各不同行为主体不能同等地享用数据资源（并且，他们之间缺乏交流），个人数据保护规则带来的阻碍，数据可比性[7]和精确性方面的严重问题，以及数据的收集问题（例如，手动收集而不是转化为数字形式）。后几个障碍甚至仍然存在于德国的某些项目中。

在葡萄牙，物质指标方面的数据相对协调，但财务指标有时无法得到。一个原因是，承担着就业政策主要跟踪责任的机构（就业和职业培训委员会）不参与财务控制管理。另一个问题是生成数据所需要的时间。即使政策方案的管理者就指标给出了定义，但要得到数据，还需要一个漫长的过程。还有一个问题也会产生类似的效应，即对丰富的数据缺乏了解，收集到的很多有用的数据遭到了闲置。

4.4 稀缺的资源

尽管管理上和政治上都希望加大监督力度，但是，紧缩的预算和精简化的管理降低了将财政资源和人力资源分配给监督的可能性。而且，持续增长的高失业意味着地方当局不得不增加他们用于客户的时间，从而减少用于监督的时间。这些问题在某些国家比其他国家严重。例如在葡萄牙，招募从20世纪80年代初就停止了，因此，劳动力的老龄化问题与劳动力市场的封闭性并存。

但是，Höcker（1994）提供的OECD数据显示，在葡萄牙，积极劳动力市场政策的相关事务由一个公共就业服务机构承担，它的服务强度（至少在统计上）比德国或者法国要高。在德国，这样的机构平均需要向60名失业者提供服务；在法国，这个数字是130名；但是在葡萄牙，一个公共就业服务机构仅服务于50名失业者。另一方面，公共就业服务机构和劳动部中参与监督工作的人数，我们很难得到有关数据，因此这些数字只能作为衡量人力资源的一种非常粗略的估计。至于其他资源（如资金方面的资源），目前唯一具有可比性的数据是用于管理和就业安置的开支（占GDP的百分比）。Schmid曾经以项目执行的人事方面数据为基础构建了一种指标（see Schmid，1994，p.49），根据这一指标，仅仅用于项目执行的开支，在德国占GDP的0.16%；法国，GDP的0.9%；葡萄牙，GDP的0.11%。但我们要重申，这些数据只能非常粗略地反映那些可能与劳动力市场政策方案监督活动有关的相对服务强度。

4.5 反馈问题

关于劳动力市场政策监督本身的实证研究很少，关于监督反馈的资料则更少。监督与项目之间的反馈问题是多方面的。基本而言，我们需要区分两种改变：一种是资金分配方面相对较小的改变，通常属于技术决策；另一种改变较大，通常涉及政治决策，反馈的实现有时需要经历一个漫长的决策过程，而且反馈的结果还具有不确定性。“技术”反馈也在很大程度上依赖于地区和地方项目机构的权限，各个机构都开始享受更大的自由。在瑞典，原则上，向不同项目分配资金的自由权达到 100%，但也会受到一些限制，例如受制于前一年度的支出结构，规划时所设定的目标（见上文），以及当下由中央决定的数量目标。在法国和德国，相关的权限仍然较小。法国的某些项目，例如那种面向长期失业者推出的三重措施[8]，地方当局有权决定资金在这三项措施之间的分配，不过，上限为总资金的 30%。自 1993 年起，德国的地方就业办公室可以将 20%以上的资金在岗位创造和培训之间进行自由分配。在德国，资金管理和项目决策方面的权力下放，主要是 1993 年金融危机的结果，当时，岗位创造项目的资金在年初就用完了。

也就是说，地方机构对资金分配的调整是在一定限度之内的。但瑞典可能是个例外，它的标准化监督目前可以对基本的财务指标和物质指标进行持续的观测，但地方层面上的这种调整权并不是系统性项目监督的产物，而是源自地方经验、专家意见，以及地方社会伙伴共同做出的决策。在更为集权化的环境中，如葡萄牙，地方执行单位则没有这种自由裁量权。[9]

总之，一个常规化的监督系统，作为项目执行管理过程的一部分，只有在集权化组织中才能迅速对指标的“异常”（例如，偏离既定目标）做出反应，重新分配资金，或采取其他纠正措施。例如瑞典正在建立的这套全国系统，其中有些地区就业办公室已经拥有很长的监督历史了。

目前，对于监督和政策形成过程之间的反馈，还没有系统性的依据。监督和反馈看起来属于不同的领域（例如，行政管理领域和政治领域），而不同的利益往往意味着不同的目标（见上文）。因此，措施的废止或修正，以及新措施的推出，很少来源于监督（或评估），而是政治干涉的结果。

4.6　接纳和激励问题

由代理理论（新古典企业理论）可知，上级无法完全了解员工的工作努力程度，而监督（在根据绩效好坏奖惩分明之外）有助于解决这一问题（Fama and Jensen，1983）。但是，近期关于“社会交换契约”——信任建立在持续性交换的基础上，委托人给予信任、忠诚和认可（还应加上就业的稳定性和工资），员工付出努力作为回报——的研究表明，监督甚至可以发出不信任的信号（Barkema，1995）。在这种情况下，员工的反应可能会单方面地违背社会交换契约，甚至降低他们的努力程度。这样的监督是没有效果的，对于绩效反而是有害的。

尽管这一理论主要应用于私人部门的企业，但公共就业服务机构采用的是私人部门的管理方法（如，目标管理和决策权下放），而且，从引入监督的那一刻起，这样的“委托—代理”问题就已经存在了。在我们的访谈中，一些访谈者曾谈到，委托人必须努力说服代理人，使代理人相信，监督的目的在于增进组织绩效，而不是控制他们个人的工作努力。

关于激励对于改善激励项目的效果目前还没有什么实证资料。增强效果的一种方式是，对于管理有效的地方就业机构，加满其主管的工资。与此同时，加大在各项措施之间分配资金的自由权。这两种激励方式相结合，能够提高项目传导的有效性，但缺点是，可能会使得执行者在长期绩效和短期绩效中更加偏向于后者。以美国的《职业培训协作法》为例，绩效优秀（有效率的传导地区）可以得到“奖金”，用于新项目或向最需要帮助的项目参与者提供更多的服务（DOL，1994）。将储备金分配给绩优者，同时，加大地方层面政策传导的自由度能够改善效果，也不一定会忽略资源相对密集的目标群体。但 Courty and Marschke（1995）显示，单个 JTPA 项目的管理者可以与绩效奖励体系“博弈”，最大化他们的激励奖金，而不是向客户提供最好的服务。虽然这些研究者可能过于重视激励奖金这一管理活动的基础（它平均只占当地预算的 3%），但他们确实指出了一个重要的问题。一套包含有绩效措施的激励体制必须符合组织的真正目标，否则将产生道德风险。正是因为这个问题，削脂行为（优先选择“容易”的个案，用最小的服务成本，尽最大可能地改善可观测的项目绩效）曾经导致 JTPA 中一项成本一收益指标的废止。瑞典劳动部于 1995 年设定的数量目标也会带来类似的结果，也就是说，最成功的区域（地区和地方就业办公室）也就是那些用最廉价的措施向尽可能多的人提供服务的区域。（不过，瑞典系统并没有提供公然的奖励，成功的办公室不会得到更多的资金，也没有工资奖金；即使有，也很少）。

5. 结　论

本章描述了欧盟成员国在建立劳动力市场政策监督系统的过程中遇到的一些问题，简述了劳动力市场政策绩效监督日益重要的原因，并概括了监督系统的功能。欧盟大多数成员国还处于建立劳动力市场政策指标观测系统的阶段，与成熟的监督系统还有很长一段距离。因此，研究对象仍然是一个“移动的靶子”，难以从实证上进行把握。然而，我们依然可以看到一些主要的趋势。一方面，监督将会成为项目执行的日常管理程序，并且能够实现劳动力市场政策的财务指标和物质指标相结合；另一方面，监督需要对结果持续做出评价。最终，投入（支出）指标、产出（参与者）指标，以及结果（绩效）指标共同组成一套监督系统。当前，大力建设劳动力市场政策监督系统的原因是多方面的，但与一定财务约束时期内执行权的下放密切相关。为提高公共部门的效率，很多以前仅用于私人部门的管理方法也被引入了公共部门。目标管理或成本中心理念，与权力下放的思想一起，形成了公共部门内的竞争。但是，原先由中央执行的任务如今得到了下放，使得对结果的测量变得更为必要。在中央集权的时代（在某些国家依然存在，如葡萄牙），依照规章办事是十分重要的，如果项目的执行符合规章制度，那么，监督主要只包含控制；在分权的时代，主要的焦点则是对绩效的监督（有时，这仅仅意味着努力达到具体的支出和参与目标）。

让人费解的是，为什么没有早一点引入行政监督？而且在以前，公共支出并没有受到现在这些约束。在我们所调查的国家中，有两个国家正是由于缺乏财务监督才在项目的传导中出现了问题。因此，监督系统的一个基本目标就是实现既定预算的平稳支出，使得支出流处于可控的范围。当然，就公共资金的去向，以及这笔资金如何分配才能最有效地实现既定目标提供有关信息，也是监督系统的基本目标之一。对资金分配/支出的观测，与政策适用区域/部门的计划参与情况/实际参与情况等指标相结合，是任何一套就业政策监督系统的核心特征。这些非常简单的投入/产出数据，与结果指标一起，可以构成一套对劳动力市场政策进行全面观测的系统，有助于各级行为主体对就业措施进行追踪。

目前资金约束已成为各方关注的焦点，而这也引发了一些担心：对有效公共支出的过分关注最终可能意味着对项目的评估会以其短期效果（如，低人均支出）为主，这不利于长期目标和质量目标的实现。同样，政治层面的兴趣也已不再集中在复杂的长期评估研究，而更加关注简单的、及时的、明确的绩效评价。

在我们研究的这个阶段，所有的建议都只是初步的，但仍可以总结出几条经验教训。瑞典的经验（它的劳动部门在监督系统方面非常先进）表明，对既定的预算和参与目标进行监督，能够使实际结果与计划结果更加接近。然而，如果目标是通过自下而上的“民主”设定的，并且地方机构拥有一定的权限，那么实现目标的可能性似乎会增加。在中央机构层面上（通过议会的帮助）集中设定目标，将这些目标强加给劳动力市场服务机构的这种新趋势，大大提高了实现目标的难度，并阻碍了对权力的下放。虽然事实上监督只是一种“中性”的工具，但是，谁来监督对于这个工具的效率具有重大影响。根据美国 JTPA 的经验，如果在政策方案中植入监督功能，似乎能够促进项目的绩效。如 DOL（1994）所述：

> 从我们的绩效导向型管理系统中所能得到的最宝贵经验也许是，地方项目能够对所要求的绩效指标做出迅速的反应。一旦开始执行绩效标准，离开项目后的就业率和个人工资水平就开始上升，且每一年都会有所增长（p. 1）。

因此，像法国的《五年雇佣法》一样，在项目中植入绩效指标的做法是正确的。

监督意味着可以得到各个地区和地方的项目指标，以及在这些指标之间进行比较。因此，它可以促进有效的项目传导。但是，对于起点不同（比如，目标人群所占的比重或地方经济形势）的地区，要对它们的劳动力市场政策项目的绩效进行协调将面临问题。也就是说，对绩效指标进行地方调整非常关键（see also Barnow，1995）。敏感的数据——如人均成本——必须按地区差异予以调整。

总之，明确的目标，清晰的财务和物质绩效指标，简明的统计量，合适的观测频率，用于指导基层传导组织的反馈，以促进绩效为目的的激励，以及地方当局越来越多的自由，都有助于形成最优的“一揽子交易”，为实现对劳动力市场政策的有效监督铺平道路。最后，在控制力之外，监督的一个非常重要的方面是接纳程度：只有观测者和被观测者之间的对话，特别是在设定目标和定义监督时，才能带来令人满意的结果。

注释

[1] 本章是正在进行的欧盟监督系统研究的一部分。该研究将提供欧盟成员国监督系统运作经验的概况。它的资料来源包括仅有的少数关于监督系统的文献（包括对美国的研究），以及在法国、德国、奥地利、葡萄牙和瑞典进行的专家访谈。后续研究还会向所有欧盟成员国的专家发放问卷，并对问卷调查结果进行分析。

[2] 1993—1994 年，欧盟国家和欧洲自由贸易联盟（European Free Trade Association，EFTA）国家中，约有 3.1%的 GDP 被用于劳动力市场政策（约 1.03%用于积极劳动力市场政策，2.06%用于消极劳动力市场政策）。1991 年，在爱尔兰，约 8%的劳动力进入了积极劳动力市场项目，法国的这一数字约为 10%，意大利约为 5%，瑞典约为 7%（OECD，1994，p. 53）。

[3] 政策制定者通常开玩笑说，经济学家经常采用这样的句式——“一只手上（一方面）……另一只手上（但另一方面）……”——给出不确定的建议。

[4] Gautié, Gazier and Silvera (1994, p. 2005) 整理了经济学家在评估就业项目时发现的 40 个不同的微观和宏观影响。

[5] 1991 年，欧盟劳动力市场政策支出中，13%来自欧洲社会基金的资金支持。但这个数字在不同的成员国之间差别很大，例如，在葡萄牙，约为 25%。

[6] MISEP 是欧盟委员会的就业政策共享信息系统，它定期报告各国所采取的就业措施，并管理反映各成员国有关情况的一些基本数据，这些数据每年更新一次。就业档案系统（System of Documentation on Employment，SYSPEM）能够提供就业的总体趋势以及就业领域内的研究。由于政治原因（如权力下放政策），同时，欧盟委员会除了通过欧洲社会基金提供资金支持以外，没有超越国家层面的就业政策，因此，事实上，这些监督活动也是关于成员国就业政策的最好的信息系统。

[7] 例如，由欧洲社会基金共同筹资的爱尔兰劳动力市场政策措施监督系统就遇到了这一困难，因为不同机构提供的数据不可比。以培训项目的参与者人数为例，一个机构认为，是一年之中接受过培训帮助的人数，另一个机构则将参与者用全日制受训人数表示出来，还有机构认为是对参与人数的估算值(DEE，1994，p. 29)。在我们的访谈中，葡萄牙的五个地区就业办公室也遇到了类似的情况，监督数据没有可比性。

[8] 这些措施包括一次性总付的工资补助（CRE)，短期适应型培训课程（SAE）和工作—培训安排(SIFE)。

[9] 一个有趣的例子是，在法国，曾经由于可比性数据而形成一种反馈（虽然不直接属于劳动力市场政策领域)。对 22 个地区工作搜寻活动的月度调查显示，在审查性访谈中，被拒绝给予福利待遇的人所占的比例，在不同地区之间差异很大。但随着时间的推移，这一差异逐渐消失。据说这个逐渐趋于一致的过程源自监督，因为地区官员能够就结果与其他地方进行比较。

参考文献

Affholter, D. P. (1994), 'Outcome Monitoring', in J. S. Wholey, H. P. Hatry and K. E. Newcomer (eds), *Handbook of Practical Program Evaluation*, San Francisco: Jossey-Bass-Publishers, pp. 96–118.

Barkema, H. G. (1995), 'Do Top Managers Work Harder When They Are Monitored?', *KYKLOS*, 48, 19–42.

Barnow, B. S. (1995), 'Performance Management and Programme Impact in the Job Training Partnership Act: Exploring the Relationship between Them', Interim Report, Johns Hopkins University, Baltimore, MD.

Bellmann, L. and U. Walwei (1994), *Public Employment Services and Labour Market Information*, Labour Administration Branch Document 40–3, Geneva: International Labour Organization (ILO).

Chastand, A. (1994), 'Statistiques et Politiques de l'Emploi', *Courrier des Statistiques*, 70.

Courty, P. and G. R. Marschke (1995, June), 'Moral Hazard under Incentive Systems: The Case of a Federal Bureaucracy', paper prepared for the 7th Karl Eller Center, 'Business/Academic Dialogue, Reinventing Government and the Problem of Bureaucracy: Implication for Regulation and Reform', University of Chicago.

DEE (Department of Enterprise and Employment) (1994), *Evaluation Report: Recording and Reporting Systems*, Dublin: ESF Evaluation Unit.

DOL (US Department of Labor) (1994), 'Performance Standards: Lessons Learned', Washington, DC. (Unpublished manuscript)

European Commission (ed.) (1994), *Growth, Competitiveness and Employment*, White Paper, Brussels and Luxembourg.

Fama, E. F. and M. C. Jensen (1983), 'Separation of Ownership and Control', *Journal of Law and Economics*, 26, 301–51.

Gautié J., B. Gazier and R. Silvera (1994), *Les Subventions à l'Emploi: Analyses et Expériences Européennes*, Paris: La Documentation Française.

Hasan, A. (1991), 'Evaluation of Employment Training and Social Programmes: An

Overview of Issues', in OECD (ed.), *Evaluating Labour Market and Social Programmes: The State of a Complex Art*, Paris: OECD, pp. 21–42.
Höcker, H. (1994), 'The Organisation of Labour Market Policy Delivery in the European Union', *inforMISEP Policies*, 48, 26–35.
Kuhlmann, S. and D. Holland (1995), *Evaluation von Technologiepolitik in Deutschland*, Heidelberg: Physica.
Melchior, A. (1992), 'Performance Standards and Performance Management', in US Department of Labor (ed.), *Dilemmas in Youth Employment Programming. Findings from the Youth Research and Technical Assistance Project*, Vol. 2, Research and Evaluation Report Series 92c, Washington, DC: Department of Labor, pp. 77–142.
Meyer-Krahmer, F. (1990), 'Evaluation der Wirksamkeit von Instrumenten der Forschungs- und Technologiepolitik', in H. Krupp (ed.), *Technikpolitik angesichts der Umweltkatastrophe*, Heidelberg: Physica, pp. 210–14.
MISEP (Mutual Information System on Employment Policies) (1989), *Rapport Final du Groupe de Travail sur les Evaluations des Mesures de Politique d'Emploi*, European Centre for Work and Society, Maastricht, Netherlands: European Centre.
OECD (1994), *Employment Outlook*, Paris: OECD.
Schmid, G. (1980), *Strukturierte Arbeitslosigkeit und Arbeitsmarktpolitik*, Königstein: Athenäum.
Schmid, G. (1994), *Reorganisation der Arbeitsmarktpolitik. Märkte, politische Steuerung und Netzwerke der Weiterbildung für Arbeitslose in der Europäischen Union*, WZB discussion paper FS I 94–213, Wissenschaftszentrum Berlin für Sozialforschung.

缩略词及术语列表

ABM　*Arbeitsbeschaffungsmabnahme*（就业岗位创造计划，德国的一项临时公共就业计划）

ADA　《美国残疾人法案》（残疾歧视立法，美国）

AFDC　抚养孩子家庭援助计划（针对美国单亲家庭的福利计划）

AFPA　*Association pourla Formation Professionnelle des Adultes*（成人职业培训协会；法国的成人培训中心）

AIF　*Actions d'Insertion et de Formation*（整合与培训行动；法国的一项综合性劳动力市场计划）

AIS　AMS信息服务（瑞典用于监督劳动力市场政策项目绩效的计算机信息系统）

ALMP　积极的劳动力市场政策

AMS　（1）*Arbetsmarknadsstyrelsen*（国家劳动力市场委员会，瑞典劳动力管理机构）；（2）*Arbeitsmarktservice*（奥地利近期改组的就业服务中心）

ANPE　*Agence National pour l'Emploi*（国家就业中心，法国的就业服务机构）

ASSEDIC　*Association Pour L'Emploi dans l'Industrie et le Commerce*（法国的失业保险基金）

BA　*Bundesanstalt für Arbeit*（德国的联邦就业服务机构）

CBA　成本收益分析

CES　*Contrats Emploi Solidarite*（法国的互助就业契约）

CETA　《综合就业和培训法》（美国）

CIG　*Cassa Integrazione Guadagni*（工资补偿基金，意大利）

CIG-O　*Cassa Integrazione Guadagni Ordinari*（工资补偿基金的常规干预，意大利）

CIG-S　*Cassa Integrazione Guadagni Straordinari*（工资补偿基金的特殊干预；意大利）

CLMS　持续追踪人力调查（美国）

COMETT　关于技术教育和培训的社区行动方案（企业—大学合作提供培训的方案，欧盟）

CPS	当前人口调查（美国）
CRE	*Contrat de Retour à l'Emploi*（重返工作岗位合同，法国面向长期失业者提供的一次性工资补助）
CWEP	社区工作经验项目（美国的一项临时就业措施）
DAGEMO	*Direction de l'Administration Générale et de la Modernisation*（行政管理与现代化委员会，法国）
DARES	*Direction de l'Animation de la Recherche, des Etudes et des Statistiques*（动态统计和研究中心，法国劳动部下属机构，主要负责对劳动力市场政策方案进行监督）
DE	*Delegation à l'Emploi*（法国劳动部的一个机构）
DEE	爱尔兰创业与就业部
DG	总理事会（欧盟委员会的一部分）
EAGGF	欧洲农业指导和保障基金
EC	欧洲共同体
EEC	欧洲经济共同体
EITC	劳动收入税减免（美国面向有小孩的低收入员工提供的一种劳动收入补助）
ELFS	欧洲劳动力调查
ERDF	欧洲区域发展基金
ESF	欧洲社会基金
ETUC	欧洲工会联合会
EU	欧盟
EURES	欧洲就业服务网
EUROSTAT	欧盟统计局
GAIN	独立大道计划（加利福尼亚州的劳动力市场项目）
GDP	国内生产总值
GHS	总体家庭调查（英国）
GMI	最低收入保障
GNP	国民生产总值
GPI	*Gestion des Procédures d'Intervention*（法国为测量劳动力市场政策项目绩效而发展的一个新型综合计算机管理体系）
HERMES	经济系统统一计量研究模型（针对欧盟构建的一个宏观经济模型）
IAB	*Institut für Arbeitsmarkt-und Berufsforschung der Bundesanstalt für Arbeit*（就业研究所，德国就业服务部门的研究性分支机构）
ILO	国际劳工组织
IRCA	《移民改革与控制法案》（美国）
ISCO	国际职业分类标准
ISSA	国际社会保障协会
JOBS	工作机会与基本技能（美国面向福利领取者推出的一项劳动力市场项目）

JTPA	《职业培训协作法》（美国的培训计划）
LDB	纵向数据库（丹麦的面板数据库）
LISREL	线性结构关系（潜在或不可测变量的结构方程模型；也指用于估计这些模型的计算机程序）
LMP	劳动力市场政策
LO	*Landsorganisationen*（瑞典工会联合会）
MDRC	人力展示研究公司（美国）
MISEP	就业政策共享信息系统（欧盟委员会的就业观测站）
MISSOC	欧共体社会保护共享信息系统
NACE	欧共体经济活动命名法
NAIRU	非加速通货膨胀失业率，"均衡"失业率
NLS	国家劳动力市场经验纵向调查（美国）
NSW	享受国家扶持的工作（美国的一个劳动力市场项目）
OECD	经济合作与发展组织
OSA	*Organiatie voor Strategisch Arbeidsmarkt Onderzoek*（战略性劳动力市场研究组织，荷兰）
PES	公共就业服务
PRES	私人就业服务
PSID	收入动态面板调查（美国）
QMV	有效多数投票（欧盟）
RMI	*Revenu Minimun d'Insertion*（法国的最低收入保障项目）
SAE	*Stage d'adaptation à l'emploi*（法国面向长期失业者的短期适应性培训课程）
SER	正规雇佣关系
SIFE	*Stage d'insertion et de formation à l'emploi*（针对长期失业者的工作—培训安排，法国）
SMIC-jeunes	*Salaire Minimum de Croissance pour les Jeunes*（法国的青年最低工资）
SOEP	*Sozio-ökonomisches Panel*（社会经济面板；德国的面板研究）
TECs	培训与企业委员会（英国负责若干积极劳动力市场政策措施的准公共机构）
TJTC	面向特定工作的税收减免（美国）
TRILD	*Temps réduit indemnisé de longue durée*（法国的长期短时薪酬补贴计划）
TUC	*Travaux d'Utilité Collective*（法国的社会公共事业工作项目）
UB	失业补贴
UDY	*Uddanelsesydelse*（面向长期失业者的培训补助和培训项目）
UI	失业保险
UNEDIC	*Union Nationale d'Emploi Dans l'Industrie et le Commerce*（法国负责失业保险的中央机构）

UNICE	欧洲雇主联合会
UTB	*Uddannelsestilbud*（针对长期失业者的培训项目）
VAT	增值税
WIRS	工作场所劳资关系调查（英国）
YTS	青年培训计划（英国）

词汇表

absenteeism 旷工
  rates of part-timers 非全日制工作者的旷工率
active labour market policy 积极劳动力市场政策
  activity rate 积极劳动力市场政策的活动率
  aggregate impact of 积极劳动力市场政策的总体影响
  and the ESF 积极劳动力市场政策和欧洲社会基金
  and 'welfare state regime' theory 积极劳动力市场政策和福利体制理论
  in job-rationing models 工作配给模型中的积极劳动力市场政策
  instructural models of unemployment 失业结构模型中的积极劳动力市场政策
  institutional explanations of ALMP expenditures 对积极劳动力市场政策支出的制度性解释
  measuring ALMP expenditure 测量积极劳动力市场政策的支出
  measuring the impact of labour market institutions on 测量劳动力市场制度对积极劳动力市场政策的影响
  to encourage the use of part-time work 鼓励非全日制工作的积极劳动力市场政策
  universalistic programmes 积极劳动力市场政策的普遍型项目
  work-test effect of 积极劳动力市场政策的工作测试效应
  see also labour market policy 另见劳动力市场政策
administrative data 行政数据
adverse selection 逆选择
  related to disabled persons 与残疾人有关的逆选择
affirmative action programmes 反歧视行动计划
  evaluations of 反歧视行动计划的评估
  see also equal opportunities policies 另见平等机会政策
age discrimination legislation 年龄歧视立法
agency theory 代理理论
  see also principal agent theory 另见委托代理理论
agency work 代理工作
  aggregate impact analysis 代理工作的总体影响分析
  of self-employment 自我雇佣活动的代理工作
aggregate secondary analysis of part-time work 非全日制工作的总体二次分析
apprenticeship 学徒
  system 学徒制
attitudes 态度
  towards female labour force participation 对女性劳动力参与的态度
  see also preferences 另见偏好
attrition 损耗
atypical employment 非典型雇佣
  see also fixed-term employment; nonstandard employment 另见固定期限雇佣，非正规雇佣
auditing 审计
  definition 审计的定义
Australia 澳大利亚

fiscal incongruity *see* institutional incongruence 财政的不一致，可见制度的不一致
fiscal substitution 财政替代
Fisher model 费雪模型
fixed-effect method 固定效应法
fixed-term contracts *see* fixed-term employment 固定期限合同，可见固定期限雇佣
fixed-term employment 固定期限雇佣
　age selectivity 年龄的选择性
flexibility 灵活性
　and pension systems 灵活性与养老金体系
　debate 灵活性争议
　employee 雇员灵活性
　external and internal 外部灵活性和内部灵活性
　firm-level 企业层面的灵活性
　functional 功能的灵活性
　functional and numerical 功能和数量的灵活性
　in programme implementation 项目执行的灵活性
　internal 内部灵活性
　labour 劳动力的灵活性
　labour law 劳动法的灵活性
　labour market 劳动力市场的灵活性
　of employment contracts 雇佣合同的灵活性
　of law regimes 法律体制的灵活性
　of wages and prices 工资和价格的灵活性
　through segmentation in an internal labour market 通过内部劳动力市场分割体现出的灵活性
　wage 工资的灵活性
　working time 工作时间的灵活性
France 法国
　activity rate 法国的活动率
　beneficiary rates 法国的受益人比率
　Beveridge curve 法国的贝弗里奇曲线
　childcare provision 法国的儿童照料条款
　concept of employability 法国的就业能力概念
　decentralization of the PES 法国公共就业服务的权力下放
　disability and social security 法国的残疾人与社会保障
　dismissal costs and unemployment 法国的解雇成本与失业
　dismissal protection 法国的解雇保护
　early retirement 法国的提前退休
　employment adjustment speed 法国的就业调整速度
　employment service power 法国的就业服务
　family policy 法国的家庭政策
　financing the ESF 法国为欧洲社会基金提供部分资金
　five-year employment law 法国的《五年雇佣法》
　fixed-term employment 法国的固定期限雇佣
　immigration 法国的移民
　introduction of ALMP 法国积极劳动力市场政策的引入
　job search clubs 法国的工作搜寻俱乐部
　labour market programmes for the hard-to-place 法国针对难安置群体的劳动力市场项目
　legislation on illegality on the labour market 法国针对劳动力市场违法行为的立法
　LMPs and part-time work in 法国的劳动力市场政策与非全日制工作
　monitoring 法国的监督
　parental leave 法国的父母产假
　part-time unemployment benefits 法国非全日制工作的失业保险金
　positive action policies 法国的反歧视政策
　quota system for disabled people 法国面向残疾人的配额体系
　regulation of workplace safety 法国的工作场所安全规定
　school-to-work issues and policies 法国从学校到工作的转换问题及政策
　self-employment 法国的自我雇佣
　short-time work 法国的短时工作
　social security system 法国社会保障体系
　old age pension 法国的大龄养老金
　studies of the effect of wage studies 法国关于工资效应的研究
　surveys on firms hiring behaviour 法国对企业雇佣行为的调查
　taxed and tax regime 法国的税收与税收体制
　transition rate from sheltered to open employment 法国从保护性就业到公开就业的转换率

策数据资源
parental leave　挪威的父母产假
part-time work　挪威的非全日制工作
sheltered employment　挪威的保护性就业
taxation　挪威的税收制度
Training Experiment　挪威的培训实验
wage subsidies　挪威的工资补贴
occupational health and safety regulation in the EU　欧盟的职业安全与健康规定
occupational mobility *see* mobility　职业流动，可见流动
occupational segregation　职业隔离
summary index measures to describe　描述职业隔离的指标摘要
occupational status and life-long learning　职业地位与终身学习
loss of　职业地位和终身学习的丧失
occupational training *see* vocational training　职业培训，可见职业培训
old age pension systems　大龄养老金体系
see also early retirement　另见提前退休
older people　大龄人员
older workers　大龄劳动者
part-time work for　大龄劳动者的非全日制工作
omission bias　忽略偏误
opportunistic behavior　机会主义行为
opportunity costs　机会成本
organizational regime　组织体制
definition　组织体制定义
outflow rates　流出率
from unemployment, and ALMP　失业的流出率与积极劳动力市场政策
from unemployment to self-employment　失业向自我雇佣的流出率
overschooling　过度的学校教育
own-price elasticity　自我价格弹性

panel attrition　面板损耗
panel studies　面板研究
parental leave　父母产假
and woman's labour supply　父母产假与女性劳动力供给
costs of　父母产假的成本
part-time　非全日制的父母产假
take-up of　父母产假的采用
part-time work　非全日制工作
and firm-level flexibility　非全日制工作与企业层面的灵活性
and social security　非全日制工作与社会保障
as form of labour market adjustment　作为一种劳动力市场调整形式的非全日制工作
definitions　非全日制工作的定义
for/of disabled people　残疾人的非全日制工作
goals of　非全日制工作的目标
passive labour market policy　消极劳动力市场政策
goals and impact of related to part-time work　与非全日制工作有关的消极劳动力市场政策的目标和影响
paternity leave　父亲产假
penetration rate　渗透率
pension schemes　养老金计划
and part-time retirement/work　养老金计划与非全日制退休/工作
company　公司养老金计划
see also old age pension systems　另见大龄养老金体系
performance indicators　绩效指标
activity rate　活动率
beneficiary rates　受益人比率
cost-effectiveness　成本有效性
degree of LMP activity　劳动力市场政策的活跃程度
distribution effect　分配效应
earnings effects　收入效应
employment adjustment speed　就业调整速度
employment effects　就业效应
index of dissimilarity　差别指数
index of segregation　隔离指数
organizational efficiency　组织效率
outflow rates　流出率
from unemployment　失业的流出率
from unemployment to self-employment　失业向自我雇佣的流出率
policy take-up　政策采纳
productivity effect　生产率效应

United States 美国
  affirmative action policies 美国的反歧视行动政策
  bonus and job search experiments 美国的奖金和工作搜寻实验
  CBA of the Job Corps programme 美国工作队计划的成本收益分析
  childcare provision 美国的儿童照料条款
  'Delaware effect' 美国的"特拉华效应"
  disability legislation in 美国的残疾人立法
  disabled people and LMPs for 残疾人与美国的劳动力市场政策
  dismissal protection 美国的解雇保护
  duration of unemployment benefits and outflow from unemployment 美国失业保险金的持续时间与失业的流出
  early retirement 美国的提前退休
  employment service power 美国的就业服务
  experience-rating 美国的经验费率厘定
  high-level professional occupations held by women 美国女性占据的高级别专业工作
  immigration policy 美国的移民政策
  impact of equal treatment legislation 美国平等待遇立法的影响
  impact of training for men and women 在美国，培训对男性和女性的影响
  invalidity pension system 美国伤残抚恤金体系
  job search clubs 美国的工作搜寻俱乐部
  JTPA 美国的《职业培训协作法》
  LMPs for the hard-to-place 美国面向难安置人员的劳动力市场政策
  long-term unemployment and unemployment benefits 美国的长期失业与失业保险金
  longitudinal data bases and studies 美国的纵向数据库与纵向研究
  migration 美国的移民
  minimum wage 美国的最低工资
  monitoring of sex equality litigation 美国对性别平等诉讼的监督
  old age pension 美国的大龄养老金
  part-time work 美国的非全日制工作
  penetration rates of the PES 美国公共就业服务的渗透率
  PES 美国的公共就业服务
  private returns on tertiary education 美国高等教育的私人收益
  school-to-work issues and policies 美国从学校到工作的转换问题及政策
  self-employment 美国的自我雇佣
  short-time work and temporary layoffs 美国的短时工作和临时解雇
  studies of the effect of wage subsidies 美国的工资补贴影响研究
  taxes and tax regime 美国的税收和税收制度
  temporary layoffs 美国的临时解雇
  unemployment compensation system 美国的失业补偿体系
  working time regulation 美国对工作时间的管制
  youth unemployment 美国的青年失业
unmarketed goods 非市场物品
unobservables 不可观测变量
  see also selection on unobservables 另见基于不可观测变量的选择
unobserved heterogeneity 不可观测的异质性
utility 效用

vacancies 职位空缺
vocational rehabilitation 职业康复
  centres for 职业康复中心
vocational training 职业培训

wage bargaining 工资谈判
  assumption of myopia in, and ALMP 工资谈判中的目光短浅假设与积极劳动力市场政策
wage-bargaining institutions 工资谈判制度
  and corporatism 工资谈判制度与社团主义
  and gender equality 工资谈判制度与性别平等
  and unemployment and employment 工资谈判制度与失业和就业
  and wage dispersion 工资谈判制度与工资离散程度
wage-bargaining systems 工资谈判体系
wage determination *see* wage bargaining 工资决定，可见工资谈判
wage differentials 工资差别

译后记

《劳动力市场政策评估国际手册》是由德国经济政策研究所冈特·施密德、杰奎琳·奥赖利、克劳斯·朔曼三位教授共同编撰的。本书被誉为“劳动力市场政策评估领域的《圣经》”。它集合了全球该领域最顶尖的专家教授，涵括了几乎所有重要的政策评估议题，兼顾理论方法体系构建与政策评估的国别实践，为全球研究学者与政策实践者提供了完整的政策评估理论与实践指南。本书于 1996 年出版，迄今为止仍是本领域独一无二的权威和经典之作。

本书的主要内容包括：(1) 对传统评估研究中所采用的各种方法进行了概括并加以评价。第Ⅰ篇主要介绍了传统评估研究的方法论以及评估研究者所能使用的工具，包括经典实验的应用，纵向数据在设计评估研究方面的应用，从一般均衡角度探讨劳动力市场政策与宏观经济绩效的关系以及成本收益分析方法等。书中列出了很多实例，这些例子体现了传统评估研究中使用过的各种研究方法。(2) 针对特定的劳动力市场政策和制度框架进行分析、总结与评估。第Ⅱ篇包含 15 章，前 5 章主要讨论促进个体实现劳动力市场转变的政策，如 OECD 国家的失业补偿体系、改善长期失业的政策以及促进从学校到工作这一关键转变的政策等。随后 8 章回顾了劳动力市场政策和相关的政策评估研究，如公共和私人失业安置服务的作用，旨在抑制职业隔离和性别歧视所导致的不公平和无效率的劳动力市场政策以及改善技能短缺状况的劳动力市场政策等，这些政策都旨在应对市场失灵和纠正不合理的劳动力市场分配结果。第Ⅲ篇共 5 章，从不同角度考察了各种宏观制度框架和政策体制对劳动力市场政策和劳动力市场绩效的影响，广义制度框架包括就业管理、产业关系、工资谈判体系等。(3) 对制度框架以及现有的劳动力市场监管和信息系统进行评估，探讨可以更有效地设计政策以及进行实证方面政策评估的方法。第Ⅳ篇分别从国家和全欧洲层面分析劳动力市场政策监督及未来要求，介绍欧洲政策机构的政策倡议并对这类欧洲机构能够在多大程度上执行、监督和评估这些政策进行分析。

本书的主要观点包括：(1) 市场失灵和政策失灵的存在需要对劳动力市场政策进行评估。市场和公共政策为私人市场交易确立了法律框架，二者不是相互替代而是高度互补的社会组织形式。历史经验表明，纯粹的市场机制并不能协调社会所需要的所有行为，反而有可能导致市场失灵。公共政策干预则能够有效弥补市场缺陷，从而通过各种途径增加社会福利。但是公共政策也存在失灵，导致政策收效甚微，甚至会损害而不是促进市场的运行。在这样的条件下，需要确定哪种政策方案能够在不产生负面影响的情况下，最显著地改变目标主体的行为和实现目标结果，亦即需要对政策进行评估。(2) 较之传统劳动力市场政策评估方法，目标导向型政策评估方法有所突破。传统评估研究方法主要源自自然科学中所使用的方法技术，将政策影响评估类比于新药物测试实验：根据实验组和控制组的不同反应来衡量特定政策的影响。该方法有其局限性，如参与者的选择偏差、应用随机化选择过程的困难，以及采用其他替代方案的可能性使得实验方案难以对反事实情形进行准确界定和操作化等。目标导向法不仅仅局限于从方案目标的各不同维度对特定政策方案的影响进行测量，还以广义的政策目标作为出发点。目标导向法强调，政策设计和执行能否取得成功，一方面取决于政策目标与各方案之间的协调，另一方面取决于相关主体的行为倾向（利益）及其可采取的全部行为（能力）之间的协调。目标导向法从累积影响的角度审视劳动力市场政策评估的结果；累积影响包括不同政策和政策体制之间的相互影响，及其对特定目标领域劳动力市场结果的影响。(3) 研究者运用目标导向法从方案目标的各不同维度对政策方案的影响进行测量，寻求相应经济和制度条件下的最优政策结合，扩展了未来评估工作的视角，也对评估工作条件提出了更高要求。在第Ⅱ篇中，作者更加详尽地分析了劳动力市场政策干预的具体目标领域，以及在这些目标领域评估政策绩效和影响的各种方法。第Ⅲ篇关注中观和宏观层面的政策目标。这些研究对不同政策以及政策组合进行分析，有些研究面临着数据缺失、测量缺陷和评估方法方面的问题，研究者在此基础上对未来改善政策执行和评估的途径与方法提出了诸多建议。(4) 在市场与公共政策相互作用的过程中，我们需要对劳动力市场政策进行更为全面的评估，需要制定出一系列更为有效的干预政策。未来劳动力市场政策和评估的关键问题是：各项政策干预能够在多大程度上相互协调，从而提高劳动力市场的灵活性，改善劳动力市场的运行。而该问题的解决需要劳动力市场政策的制定者、执行者和评估者的视野更加开阔，能够从先前的评估研究中汲取经验和教训并能协调与合作，从而通过政策在当前的劳动力市场上创造更多的流动机会和转变机会。

原著中多次提到“德国”。需要提醒读者注意的是，1990 年，原联邦德国与原民主德国实现统一，成立新的联邦德国。因此，在看到“德国”的概念时，请读者注意时间。

我国一直关注加强政策投入促进劳动力市场发展，改进劳动者福利，但严格地说，国内还从来没有对劳动力市场政策进行过严格科学的评估，所以我们既不能清晰地了解国家及地方政策有没有效果，也不能测量国家的资金投入有没有价值。本书首次将科学、系统的劳动力市场与政策评估方法引入国内，为政府、专业机构和国内学者的劳动力市场政策评估研究工作提供了可借鉴和比较的基础，书中所展现的研究过程和研究结果将为国内劳动经济学学科领域的测量和评估提供新的研究视角，这对我国劳动力市场政策体系的完善有着极为重要的意义。

本书的翻译历时 7 年，先后参加翻译工作的人员有十多位。第一轮工作始于 2007 年，主要是由中国人民大学劳动人事学院的在校研究生进行初译，他们是：陈华娟、高峰、黄敏、李权琦、廖毅、沈媛婷、宋扬、王倩倩、吴婷、谢欢；第二轮的工作主要是由陈华娟、代懋、宋扬、杨伟国等人进行第二次翻译，特别是关注基本原理的正确性和专业术语的统一；第三轮，美国俄亥俄州立大学陈华娟博士独立承担了全书的再译统稿任务，杨伟国进行了第一次初步校对；第四轮由杨伟国进行校对性翻译，主要任务是进一步把握细节问题的处理，并协助曾湘泉教授进行全面校对。感谢所有参与本书译校工作的同学和老师，特别是陈华娟博士，即便说本书是她一人的功劳也不为过。特别感谢曾湘泉教授的信任，他将原著从德国带回国内，同时还参与了本书的校对工作。最后，特别感谢中国人民大学出版社于波老师，她帮助我们顺利解决版权问题并以最专业的水平完成了这项工程的最后也是最重要的工作。

杨伟国

2014 年 7 月 1 日于求是楼

International Handbook of Labour Market Policy and Evaluation by Günther Schmid, Jacqueline O'Reilly and Klaus Schömann

This edition arranged with Edward Elgar Publishing Limited (EE) through Big Apple Agency, Inc. , Labuan, Malaysia.